개역판

괴델, 에셔, 바흐
GÖDEL, ESCHER, BACH

영원한 황금 노끈
an Eternal Golden Braid

더글러스 호프스태터

박여성, 안병서 옮김

까치

GÖDEL, ESCHER, BACH : an Eternal Golden Braid

by Douglas R. Hofstadter

역자 박여성(朴麗珹)

1961년 서울 출생. 고려대학교 독어독문학과 및 대학원 졸업. 독일 뮌스터 대학교에서 언어학, 철학, 독어독문학을 수학하고 1994년 언어학 박사학위 취득. 제주대학교 인문대 독일학과, 사회교육대학원 스토리텔링학과 교수로 재직. 뮌스터 대학교 커뮤니케이션학부 초빙교수. 한국텍스트언어학회 회장 및 한국기호학회 회장 역임. 『문화기호학과 공간 스토리텔링』, 『응용문화기호학』 등을 저술했으며 『예술체계이론』, 『사회의 교육체계』 등을 옮겼다. 개념사, 기호학, 체계이론, 텍스트언어학에 관한 여러 논고를 썼다.

안병서(安炳瑞)

1960년 강원도 태백 출생. 경희대학교 공과대학 토목공학과 졸업. 『C로 만드는 컴퓨터 암실』을 저술했다.

괴델, 에셔, 바흐 : 영원한 황금 노끈

저자/더글러스 호프스태터
역자/박여성, 안병서
발행처/까치글방
발행인/박후영
주소/서울시 용산구 서빙고로 67, 파크타워 103동 1003호
전화/02·735·8998, 736·7768
팩시밀리/02·723·4591
홈페이지/www.kachibooks.co.kr
전자우편/kachibooks@gmail.com
등록번호/1-528
등록일/1977. 8. 5
초판 1쇄 발행일/1999. 7. 1
개역판 1쇄 발행일/2017. 7. 10
        9쇄 발행일/2024. 1. 30
값/뒤표지에 쓰여 있음

ISBN 978-89-7291-638-3 93100

이 도서의 국립중앙도서관 출판예정도서목록(CIP)은 서지정보유통지원시스템 홈페이지(http://seoji.nl.go.kr)와 국가자료공동목록시스템(http://www.nl.go.kr/kolisnet)에서 이용하실 수 있습니다. (CIP제어번호: CIP2017014666)

차례

제I부 : GEB

제II부 : EGB

GEB 20주년 기념판 서문

흔히 GEB라고 부르는 이 책 『괴델, 에셔, 바흐 : 영원한 황금 노끈(*Gödel, Escher, Bach : an Eternal Golden Braid*)』은 정말로 무엇을 말하려는 책인가?

내가 이 책의 초고를 펜으로 쓰기 시작한 1973년 이래로 이 질문은 나를 떠나지 않았다. 친구들은 내가 무엇에 그렇게 사로잡혀 있는지 묻고는 했지만, 나는 그것을 간결하게 설명하는 데에 애를 먹었다. 몇 년 후인 1980년 GEB가 「뉴욕 타임스」 베스트셀러 목록에 올랐을 때, 책 제목 아래 꼭 써야 하는 한 줄 요약에는 몇 주일 동안 다음과 같은 글이 달려 있었다. "실체는 서로 연결된 노끈들의 체계라고 말하는 한 과학자의 논증." 내가 말도 안 되는 이런 엉터리 문구에 대해서 격렬하게 항의하고 나서야 그들은 마침내 내가 다시 난리치지 않을 정도의 조금 나은, 그저 간신히 들어맞는 문구로 대체했다.

많은 사람들은 이 책 제목이 모든 것을 말해준다고 생각한다. 수학자, 화가, 음악가에 관한 책. 그러나 비록 이 세 사람의 인물 자체가 탁월하다는 것을 부정할 수 없지만, 책을 대충 훑어보면 이들이 책의 내용에서는 미미한 역할밖에는 하지 않음을 알 수 있을 것이다. 이 책은 이들 세 사람에 관한 책이 전혀 아니다! 자, 그러면 GEB를 "수학, 미술, 음악이 핵심에서 모두 어떻게 같은지를 보여주는 책"이라고 하면 어떤가? 이것 또한 완전히 동떨어진 이야기이다. 그런데 나는 이 이야기를 책을 읽지 않은 사람뿐만 아니라, 읽은 사람, 심지어 열혈 독자로부터도 수없이 반복해서 들었다. 그리고 서점에서 GEB가 매우 다양한 분야의 선반에 진열되어 있는 것을 발견했다. 수학, 일반 과학, 철학, 인지과학(이것은 모두 괜찮다)뿐만 아니라 종교, 비학(秘學), 그밖에 신만이 알 수 있을 정도의 다양한 분야에. 이 책이 무엇에 관한 것인지 설명하기가 왜 이다지도 어려운가? 분명히 책 분량 때문만은 아니다. 아니, 그것은 부분적으로 GEB가 꽤 많은 잡다한 주제를 피상적이지 않은 방식으로 파고들었기 때문임이 틀림없다. 푸가와 카논, 논리와 참(truth), 기하, 재귀(recursion), 통사구조(syntactic structure), 환원주의(reductionism)와 전일주의(holism), 개미 군락(ant colony), 개념과 정신표상(mental representation), 번역(translation), 컴퓨터와 컴퓨터 언어, DNA, 단백질(protein), 유전자 코드(Genetic Code), 인공지능, 창조성, 의식(consciousness)과 자유의지(free will), 때로는 미술과 음악조차 이 모든 것들. 그래서 많은 사람들이 핵심 초점을 찾는 것이 불가능하다고 느낀다.

GEB의 핵심에 자리잡고 있는 핵심 이미지들과 아이디어들

말할 필요도 없이, 이런 광범위한 혼란은 수년간 나에게 매우 큰 좌절감을 안겨 주었다. 왜냐하면 나는 본문에서 내 목적을 되풀이하여 말했다고 분명히 느끼기 때문이다. 그러나 분명히 내가 충분히 자주, 또는 충분히 분명하게 그렇게 하지 않았다. 그러나 이제 한 번 더 그렇게 할 기회를 가졌으므로—그것도 책에서 가장 눈에 잘 띄는 곳에—마지막으로 말하고자 한다. 왜 나는 이 책을 썼는가, 무엇에 관한 것인가, 주요 주제는 무엇인가?

한마디로 GEB는 어떻게 생명이 있는 존재가 생명이 없는 물질로부터 나올 수 있는지 이야기하려는 매우 개인적인 시도이다. 자아란 무엇인가? 어떻게 돌이나 흙처럼 자아가 없는 물질로부터 자아가 나올 수 있는가? "나"란 무엇인가? 그리고 왜 이러한 것들이 (적어도 지금까지는) 시인 러셀 에드슨이 멋지게 표현한 것처럼 "불안과 희망의 흔들거리는 머리통"과 연관지어서만 나타나는가? 즉 솜털로 덮이고 관절이 있는 두 다리 위에 얹혀져 세상을 어슬렁거리는 움직이는 좌대 위에 놓인 단단한 보호껍질에 들어 있는 끈적거리는 덩어리와 연관지어서만 말이다.

GEB는 다음과 같은 유추(analogy)를 서서히 구축해감으로써 이 질문에 접근한다. 무생물 분자를 의미(meaning) 없는 기호에 비유하고 자아들(또는 "나" 또는 당신이 원한다면 "영혼"—생물과 무생물을 구분하는 무엇이든)을 특별한, 회전하는, 뒤틀리는, 소용돌이(vortex) 같은 의미 있는 패턴에 비유한다. 그런데 이 패턴은 특정 유형의 의미 없는 기호체계에서만 일어난다. 이 책이 그렇게나 많은 시간을 쏟아부은 것은 이 이상하고 뒤틀린 패턴들이다. 왜냐하면 그 패턴들은 거의 알려져 있지 않고 거의 평가되고 있지 않으며, 반직관적이고, 신비로 가득하기 때문이다. 너무 어려워 가능할 수 없으면 안 되기 때문에 나는 이러한 이상하고 고리 같은 패턴을 책 전체에서 "이상한 고리(strange loop)"라고 불렀는데, 후반부 장에서이기는 하지만 또한 기본적으로 똑같은 아이디어를 기술하기 위해서 "뒤엉킨 계층질서(tangled hierarchy)"라는 말을 쓰기도 했다.

이것이 여러 면에서 왜 M. C. 에셔—더욱 정확히는 그의 미술—가 "황금 노끈"

에서 두드러지는가 하는 이유이다. 왜냐하면 에셔는 자기만의 특별한 방식으로 내가 이상한 고리에 열광하는 만큼이나 열광했기 때문이다. 사실 그는 다양한 맥락 속에서 그 고리들을 그렸는데, 모두 놀랍도록 혼란스럽고 매력적이다. 그러나 내가 처음 책을 쓰고 있을 때 에셔는 전혀 염두에 두지 않았다(또는 우리가 지금 말하는 대로 (이 책의) 고리 바깥에 있었다). 내 책의 임시 제목은 "괴델의 정리와 인간두뇌"라는 좀 밋밋한 문구였다. 나는 장난기 있는 대화는 말할 것도 없고 역설적인 그림을 집어넣는 생각은 하지 않았다. 내가 생각한 이상한 고리라는 개념에 대해서 쓰는 동안, 나는 내 마음의 눈 앞에 부지불식간에 번뜩이는 이러저러한 에셔의 판화들이 주마등처럼 지나가는 것을 붙잡고는 했다. 그리고 마침내 어느 날, 나는 이 이미지들이 내가 쓰고 있는 아이디어들과 밀접하게 연결되어 있기 때문에 나 자신이 그렇게 강렬하게 느꼈던 그 연결을 독자들에게서 박탈하는 것은 사악한 것 못지않은 일이라고 깨달았다. 그래서 에셔의 그림이 책에 실리는 것은 환영받을 수 있었다. 바흐에 대해서는 잠시 후 나의 "마음과 기계에 대한 은유적 푸가" 속에 그가 등장할 때 언급하겠다.

다시 이상한 고리로 돌아와보자. GEB는 내가 오랫동안 품고 있던 확신에 의해서 영감을 받았다. 그것은 "이상한 고리"라는 개념이 우리 의식 있는 존재가 존재 또는 의식이라고 부르는 신비를 푸는 열쇠를 쥐고 있다는 생각이었다. 내게 처음 이 아이디어가 떠오른 것은 십대 때였다. 그때 나는 쿠르트 괴델의 유명한 불완전성 정리(Incompleteness Theorem)의 증명(proof)의 핵심에 있는 완벽한 이상한 고리의 생각에 완전히 빠져 있었다. 수리논리학 분야가 자기와 "나"의 본질의 배후에 있는 비밀과 마주치기에는 불가해한 장소라고 생각할지도 모르겠지만, 내가 네이글과 뉴먼이 쓴 『괴델의 증명(Gödel's Proof)』을 읽을 때에는 책이 나에게 이 책은 이상한 고리에 "나"에 대한 비밀이 있다는 것에 관한 책이라고 소리치고 있는 것을 들었다.

이 서문이 더 세부적으로 파고들어갈 장소가 아니고 시점도 아니다. 세부적인 것을 설명하려는 것이 당신이 들고 있는 이 두툼한 책이 쓰인 이유이다. 따라서 몇 쪽 안 되는 글로 내가 저자를 능가할 수 있다는 생각은 주제넘은 일일 것이다! 그러나 한 가지는 바로 말해야겠다. 수학의 형식체계(formal system)(즉, 조작되고 있는 형태 속에 숨어 있는 뜻이나 아이디어를 전혀 고려하지 않고 완전히 기계적인 기호조작으로 끝없이 수학적 참을 생산하기 위한 규칙 모음)에서 발생하는 괴델류의 이상한 고리는 이러한 체계가 "자기 자신을 인식하게" 하고 자신에 대해서 말하도록 하게 하고 "자기 인식"이 되도록 하는 고리이다. 어떤 의미에서 이러한 고리가 있음으로써 형식체계가 "자기 자신을 획득한다"고 말하는 것이 너무 나가는 것은 아닐 것이다. 무의미한 기호가 무의미한 기호임에도 불구하고 의미를 획득한다.

무의미한 기호들은 그럼에도 불구하고 의미를 획득한다

여기서 정말로 기묘한 것은 이 뼈대들을 갖춘 "자기들(selves)"이 생겨나는 형식체계는 다름 아닌 의미(meaning)가 없는 기호들로 만들어진다는 점이다. 이와 같은 자기는, 의미가 없는 기호들 가운데서 오로지 특수한 유형의 비틀리고 헝클어진 패턴 때문에 발생한다. 그러나 지금 고백한다. 내가 반복해서 "의미가 없는 기호들"이라는 말을 (위의 두 문장 속에서처럼) 쓸 때, 나는 다소 거북하다. 왜냐하면 내 책 속에서 핵심적인 논증 부분은, 충분히 복잡한 동형성(isomorphism)이 일어날 경우, 형식체계로부터 의미가 끼어들지 않게 할 수 없다는 아이디어에 기대고 있기 때문이다. 의미는 기호들이 의미가 없도록 최대의 노력을 기울임에도 불구하고 들어온다!

　조금 전문적인 용어인 "동형성"이라는 말을 쓰지 않고 바로 앞에 있는 몇 개의 문장을 다시 말해보겠다. "의미가 없는" 기호들로 이루어진 체계에 세상의 여러 현상들을 정확히 추적하거나 반영하는 패턴이 그 속에 있을 때, 그 추적이나 반영은 기호들에 어느 정도 의미를 불어넣는다―사실 그러한 추적이나 반영은 더도 덜도 아닌 의미이다. 추적이 얼마나 복잡하고 교묘하고 신뢰할 수 있느냐에 따라서 의미의 정도가 다르게 일어난다. 여기에서는 더 이상 깊이 들어가지 않겠다. 왜냐하면 이것은 본문에서, 특히 제2, 4, 6, 9, 11장에서 매우 자주 다루는 주제이기 때문이다.

　전형적인 형식체계와 비교하여, 인간 언어는 현실을 추적하는 패턴에서 믿을 수 없을 정도로 유동적이고 미묘하다. 그리고 그 이유 때문에 형식체계 속의 기호들은 상당히 무미건조해 보일 수 있다. 사실 별 어려움 없이, 우리는 그것들이 완전히 의미가 없는 것으로 볼 수 있다. 그러나 잘 생각해보면, 우리는 낯선 표기체계로 쓰인 신문을 쳐다볼 수 있는데 그 이상한 모양들은 놀랍도록 복잡하지만 완전히 무의미한 패턴에 지나지 않는 것처럼 보일 것이다. 따라서, 인간 언어 조차도, 그것이 비록 풍부하지만, 외견상의 의미를 잃어버릴 수도 있다.

사실, 기호들 자체의 패턴들(얼마나 복잡하거나 역동적이든 상관없이 책, 영화, 장서, 시디-롬, 혹은 컴퓨터 프로그램 같은 것들)은 자체에는 결코 의미가 없고, 대신 의미는, 어떤 매우 신비한 방법으로, 탄소를 기초로 하는 생물의 두뇌 속에서 일어나는 과정들의 유기화학 또는 아마도 양자역학(quantum mechanics)에서만 튀어나온다고 믿는 철학자나 과학자들 등이 아직도 상당수 있다. 나는 비록 이 편협하고 생물-중심적인 견해를 참을 수 없지만, 그럼에도 불구하고 이 견해가 직관에 호소하는 바에 대해서는 잘 알고 있다. 뇌의 우위, 특이성을 믿는 사람의 입장에 서보려고 노력하면서 나는 그런 사람들을 잘 이해할 수 있다.

그런 사람들은 어떤 종류의 "의미론적 마술"이 우리의 "흔들거리는 머리통" 속, 두 눈동자 뒤쪽 어딘가에서만 일어난다고 생각한다. 비록 그들은 이것이 어떻게 그리고 왜 그런지에 대해서 전혀 확실하게 지적할 수 없음에도 불구하고 말이다. 게다가 그들은 이 의미론적 마술이야말로 인간의 자기(human selves), 영혼, 의식, "나들"('I's)이 존재하는 원인이라고 믿는다. 그리고 나는 사실, 자기와 의미—달리 말하면 그 나들과 의미들—가 한 가지 같은 원천에서 튀어나오게 **된**다고 생각하는 사람들의 의견과 상당히 일치한다. 내가 이 사람들에게 이의를 제기하는 지점은 이러한 현상들이 전적으로, 비록 아직 발견되지 않았지만, 뇌의 미시적인 하드웨어에 갖추어진 어떤 특별한 특성 때문이라는 그들의 주장에 대해서이다.

내가 보기에는, "나"와 의식이 무엇인가라는 이 마술적 견해를 극복하는 유일한 방법은, 비록 불쾌하게 보일지도 모르겠지만, 계속해서 자신에게 다음 사항을 일깨우는 것이다. 즉 우리 자신의 두개골 속에 안전하게 자리잡고 있는 "불안과 희망의 흔들거리는 머리통"은 순수하게 물리적인 물체로서 그것을 구성하는 성분은 완전히 메마르고 생명이 없으며, 모두 텍스트 조각이나 시디-롬이나 컴퓨터와 같은 우주의 다른 모든 것들을 지배하는 법칙들과 똑같은 법칙들을 정확히 따른다. 우리가 이 혼란스런 사실을 향해서 계속 부딪쳐야만 의식의 신비로부터 벗어나는 방법에 대한 감을 서서히 키우기 시작할 수 있다 : 핵심은 뇌를 구성하는 **물질**이 아니라 뇌의 물질 내부에서 생길 수 있는 **패턴**들이다.

이것은 획기적인 전환이다. 왜냐하면 그것은 뇌란 무엇인가에 대한 생각을 다른 차원으로 옮아갈 수 있게 하기 때문이다. 즉 비록 완벽과는 거리가 멀지만,

세상을 반영하는 복잡한 패턴들을 지원하는 **매체**로서 뇌를 보게 해준다. 말할 필요도 없이 뇌 자체는 자신이 반영하는 세상의 주민이다. 그리고 의식의 이상한 고리가 소용돌이치기 시작하는 것은, 아무리 공정하거나 또는 불완전하더라도 불가피하게 발생하는 자기-반영(self-mirroring) 속에서이다.

쿠르트 괴델이 버트런드 러셀의 마지노 선을 돌파하다

나는 방금 물질적인 구성요소에서 추상적 패턴으로 초점을 전환하는 것이 생명이 없는 것에서 생명이 있는 것으로, 무의미론적인 것에서 의미론적인 것으로, 무의미한 것에서 의미 있는 것으로의 준마술적인 도약이 일어나게끔 한다고 주장했다. 그러나 이것이 어떻게 일어나는가? 결국 물질에서 패턴으로의 점프가 **모두** 의식이나 영혼 또는 자아를 발생시키는 것은 아니다. 이것은 아주 명백하다. 한마디로 말해서, 모든 패턴들이 의식적이지는 않다. 그렇다면, **자기**(self)라는 숨길 수 없는 표시는 어떤 종류의 패턴인가? GEB는 대답한다. 그것은 "이상한 고리"이다.

아이러니는 이제껏 발견된 최초의 이상한 고리—그리고 그 개념 일반을 위해서 내가 세운 모델—가 고리성(loopiness)*을 배제하기 위해서 **맞춤** 제작된 체계에서 발견되었다는 점이다. 나는 버트런드 러셀과 앨프리드 화이트헤드의 유명한 논고 『수학 원리(*Principia Mathematica[P.M.]*)』를 말하고 있는데 각 권이 골치 아픈 기호들로 **빽빽이** 들어찬 방대하고 무시무시한 저작이다. 이 책은 1910–1913년에 쓰였는데 그 동기는 제1 저자인 러셀이 수학에서의 자기-지시(self-reference)의 역설들(paradoxes)을 회피하기 위한 방법을 필사적으로 찾으려는 데에 있었다.

『수학 원리』의 핵심에는 러셀의 이른바 "유형이론(Theory of Types)"이 놓여 있는데, 이것은, 거의 동시대의 마지노 선과 아주 비슷하게, 극히 확고하고도 물샐틈없는 방법으로 "적"을 저지하도록 설계된 것이었다. 프랑스에게 적은 독일이었다 ; 러셀에게 적은 자기-지시였다. 러셀은 수학체계가 어떤 방법으로든 간에 자체에 대해서 이야기할 수 있다는 것은 파멸이라고 믿었는데, 그 이유는 자기-지시는 반드시 자기모순으로 가는 문을 열게 되고, 따라서 수학 전체를 붕괴시킬—그는 그렇게 생각했다—것이기 때문이었다. 이 끔찍한 운명을 미연에 방지

---

* 자기-지시(self-reference).

하기 위해서, 그는 정교한 (그리고 무한한) 층위의 계층을 고안했는데, 모든 층위가 서로를 봉쇄해서 무서운 자기-지시 바이러스가 취약한 체계를 감염시키지 못하도록 확실하게—그는 그렇게 생각했다—막았다.

　20년이 걸렸지만, 마침내 오스트리아의 젊은 논리학자인 쿠르트 괴델은, 러셀과 화이트헤드가 자기-지시를 막도록 구축한 마지노 선을 교묘하게 (제2차 세계대전 때 독일이 진짜 마지노 선을 교묘하게 피해간 것처럼) 우회할 수 있음을 그리고 자기-지시는 『수학 원리』에 처음부터 잠복해 있었을 뿐만 아니라 사실은 전혀 제거될 수 없는 방법으로 불쌍한 『수학 원리』를 감염시켰다는 것을 깨달았다. 게다가 괴델이 잔혹스럽도록 명백히 한 것처럼, 자기-지시로 그 체계를 이렇게 철저하게 쑥대밭으로 만든 것은 『수학 원리』의 어떤 약점 때문이 아니라, 정반대로 그것의 **강점** 때문이었다. 그 어떤 유사한 체계이든 정확히 똑같은 "결점"이 있을 것이다. 세상이 이 놀라운 사실을 깨닫는 데에 이 정도로 오래 걸렸던 이유는, 자기-지시를 발생시키는 것이, 뇌에서 자아로 도약하는 것과 꽤 비슷한 도약, 즉 생명이 없는 구성 요소로부터 생명이 있는 패턴으로 도약하도록 만드는 데에 의존했기 때문이다.

　괴델에게 그것은 모두 1930년 무렵에 뚜렷해졌는데 "괴델 수 매기기(Gödel numbering)"라고 알려지게 된 간단하지만 놀랍도록 풍부한 발견 덕분이었다. 괴델 수 매기기는 일대일 대응인데, 그것에 의해서 형식체계에 있는 길게 직선적으로 이어진 기호들의 배열이 특정 (보통 천문학적으로 큰) 정수(整數)들의 수학적 관계로 정확히 나타날 수 있다. 무의미한 기호들(그 미심쩍은 용어를 다시 한 번 쓰면)의 정교한 패턴들과 거대한 수 사이의 대응을 사용해서, 괴델은 그 어떤 수학적 형식체계이든 그 체계에 **관한** 진술(『수학 원리』는 모순이 없다는 주장과 같은)을 어떻게 수론(정수에 관한 연구) 내부의 수학적 진술로 번역할 수 있는지를 보여주었다. 다른 말로 하면, 그 어떤 메타수학적 진술도 수학 속으로 끌어들일 수 있고 그리고 새로운 모양을 한 그 진술은 특정 정수들은 특정 속성이 있거나 서로 특정 관계를 가진다고 (수론의 모든 명제가 그런 것처럼) 그저 주장하고 있을 뿐이다. 그러나 다른 층위에서는, 그것은 또한 도스토옙스키 소설 속의 어떤 문장이 그런 것처럼 수론의 진술과는 표면상 매우 동떨어져 보이는 매우 다른 의미를 가진다.

　"단순한" 수에 대해서 참을 생성하도록 설계한 형식체계가, 괴델의 일대일 대응수단에 의해서, 또한 그 자신의 속성에 관한 참을—무심코 그러나 가차 없이—토해내게 될 것이다. 그리고 그로 인해서, 어떤 의미에서는 자기인식을 하게 된다.『수학 원리』를 감염시키고 괴델이 들추어낸 자기-지시성의 모든 은밀한 경우 가운데, 가장 농축된 것은 자신의 괴델 수(Gödel-number)에 대해서 말하는 문장 속에 숨어 있다. 그리고 특히 자신에 대해서 매우 이상한 것을 말하는데, 그것은 "나는『수학 원리』속에서 증명될 수 없다" 같은 것이다. 되풀이해 말해보겠다. 이렇게 뒤틀려 돌아오고, 이렇게 고리를 만들고, 이렇게 자신을 싸 안는 것, 제거할 수 있는 결점과는 거리가 먼 것이 체계의 거대한 힘의 불가피한 부산물이었다.

러셀이 어떤 대가를 치르고라도 자기-지시를 막으려고 주의 깊게 설계한 요새의 한복판에 자기-지시가 아주 많다는 것을 괴델이 갑자기 밝혀내서 혁명적인 수학적, 철학적인 결과들이 굴러나온 것은 별로 놀랍지 않다. 그러한 결과 중 가장 유명한 것이 형식화된 수학의 "본질적인 불완전성(essential incompleteness)"이었다. 그 개념에 대해서는 앞으로 여러 장에서 주의 깊게 다룰 것인데, 그것이 비록 매혹적이기는 하지만 불완전성이 그 자체로 GEB의 중심적인 주제는 아니다. GEB의 경우에는, 괴델의 업적에서 가장 중요한 면은 어떤 진술의 의미가 아마도 의미가 없는 우주에서조차 심오한 결과들을 가질 수 있다는 것을 증명한다는 점이다. 그래서 G는『수학 원리』안에서 증명될 수 없다(이것이 정확히 G 자체가 주장하는 것이다)는 것을 보증하는 것이 괴델의 문장 G("G는『수학 원리』안에서 증명될 수 없다"라고 주장하는 문장)의 의미이다. 그것은 마치 그 문장의 숨은 괴델적 의미가 체계가 가지고 있는 기호-조작적이고, 의미에 둔감한 무심한 규칙들에 대해서 어떤 종류의 힘을 발휘하여, 규칙들이 무엇을 하건 관계없이, G가 증명되도록 구성하는 것을 막는 것 같다.

뒤집힌 인과성과 "나"의 출현

이런 종류의 결과는 우리에게 인과관계가 미친 듯이 뒤틀리거나 또는 뒤집혀 있는 것 같은 느낌을 준다. 어쨌든 우리가 무의미한 기호들로 이루어진 문자열(string)에 읽어들인 의미가 아무 영향도 미칠 수 없어야만 하지 않겠는가? 더욱 이상한 것은 문장 G가『수학 원리』안에서 증명될 수 없는 유일한 이유가 G가 자기 자신에 대해서 언급하고 있는 의미이다 ; 사실 G는, 정수에 대해서 참인 진술이므로, 증명할 수 있어야 **마땅한데**, 그러나—자기 자신이 증명할 수 없다는 것을 주장하는, 자신에 대한 진술로서의 추가적인 의미 층위(levels of meaning) 때문에—G는 증명할 수 없다.

뭔가 매우 이상한 것이 괴델의 고리에서 출현한다 : 규칙에 묶여 있으나 의미가 결여된 세계에서 의미가 인과력(casual power)을 가지는 것이 분명해졌다. 여기서 뇌와 자기에 대한 나의 비유가 다시 등장하는데, "뇌"라고 하는 생명 없는 구(球) 속에 갇혀 있는 자기의 뒤틀린 고리도 또한 인과력을 가지고 있다—또는 다른 식으로 말하면, 뇌 속의 생명 없는 입자들이 패턴 주위를 밀치고 다니는 것 못지않게 "나"라고 하는 단순한 패턴이 뇌 속의 생명 없는 입자들 주위를 밀치고 다닌다. 간단히 말해서, "나"는—적어도 내 견해로는—일종의 소용돌이를 통해서 생기는데, 이것에 의해서 뇌 속의 패턴들은 세상에 대한 뇌의 반영을 반영하고 그리고 최종적으로 자신들을 반영하는데, 그래서 "나"라는 소용돌이는 실재의 인과적 실체가 된다. 이 기묘한 추상적 현상에 대한 불완전하지만 생생하고 구체적인 유사체(類似體)를 위해서, TV 화면 자체에 화면을 내보내도록 (그리고 화면 자체에 그 화면을, 등등) TV 카메라가 TV 화면을 향해서 있을 경우 어떤 일이 일어나는지 생각해보라—GEB에서 내가 "스스로를 삼키는 텔레비전"이라고 불렀고 그리고 이후 내가 쓴 글들에서 때때로 "층위−교차 되먹임 고리(level-crossing feedback loop)"라고 불렀던 것.

이러한 고리가 뇌나 다른 어떤 기층(基層, substrate) 속에서 생길 때, 오직 그 경우에만, 개인—독자적인 새로운 "나"—이 탄생한다. 게다가 그러한 고리가 자기−지시성이 풍부하면 할수록 거기서 생기는 자기의 의식은 더 높아진다. 그렇다, 충격적으로 들릴지 모르지만, 의식은 켜짐/꺼짐 현상이 아니고, 정도, 등급, 명암의 정도(shade)를 인정한다. 또는 더 직설적으로 이야기하면, 더 큰 영혼들과 더 작은 영혼들이 있다.

작은 영혼의 인간들, 조심하라!

이 지점에서, 내가 좋아하는 저술가 중 한 사람인, 미국의 "일곱 가지 예술의 비평가" 제임스 휴네커가 말한 끔찍하게도 엘리트주의적이지만 매우 익살맞은 논평을 떠올리지 않을 수 없다. 쇼팽의 연습곡 작품 25, 11번 A 단조는 나와 휴네커에게는 지금까지 쓰인 곡 중에서 가장 마음을 뒤흔드는 가장 숭고한 곡 중의 하나인데, 이 곡에 관해서 휴네커는 프레데릭 쇼팽에 관한 재기 넘치는 전기 속에서 이렇게 말한다. "작은 영혼의 인간들은, 제 아무리 손가락이 민첩하더라도, 이 곡은 피해야 한다."

"작은 영혼의 인간들"?! 휴우! 이 말은 미국 민주주의 정신과 충돌한다! 그러나 그것의 모욕적이고 낡은 성차별(몹시 후회스럽게도, 나 역시 GEB에서 저지른 범죄)은 제쳐두고, 이렇게 말하고 싶다. 우리 대부분이 이런저런 종류의 동물을 먹고, 파리, 모기를 때려잡고, 항생제로 박테리아와 싸우는 일 따위를 기꺼이 하는 것은 단지 우리 모두가 휴네커가 한 충격적인 분별 같은 어떤 것을 암묵적으로 **믿기** 때문이다. 일반적으로 소, 칠면조, 개구리 그리고 물고기 같은 "인간들" 모두에게는 **약간의** 의식의 불꽃이나 **어떤** 종류의 원시적 "영혼"이 있지만, 그들의 영혼은 맹세코 **우리** 것보다 훨씬 더 작다는 데에 우리는 의견의 일치를 보고 있다. 그리고 그것이 더도 덜도 아니게, 영혼을 아주 조금 가진 이 동물들의 머리에 있는 희미한 불을 끄고, 한때는 따뜻하고 꿈틀댔으나, 지금은 차갑고 움직임이 없는 원형질을 한없는 먹성으로 게걸스럽게 먹어치우고, 그렇게 하면서도 우리에게는 일말의 죄의식을 느끼지 않을 완벽한 권리가 있다고 우리 "인간들"이 느끼는 이유이다.

충분한 설교 말씀! 사랑하는 독자여, 여기서 진정한 요점은 이상한 고리라고 모두 당신이나 내 것과 같은 장대하고 영광스러운 영혼이 생기게 하는 것은 아니라는 점이다. 그래서 예를 들면, 나는 당신이나 어느 누구든 GEB 전체 또는 일부를 읽지 않고, 머리를 흔들면서 슬픔에 찬 채 "저 괴상한 호프스태터 녀석이 러셀과 화이트헤드의 『수학 원리』가 영혼을 가진 의식 있는 인간이라고 스스로 확신하고 있다!"라고 말하는 것을 원치 않는다. 헛소리! 잠꼬대! 귀신 씻나락 까먹는 소리! 괴델의 이상한 고리는, 나에게는 그 개념을 위한 본보기이지만, 그럼에도 불구하고 가장 내용이 빈약한 이상한 고리일 뿐이고, 그것은 어떤 유기체의 뇌와 비교해서도 그 복잡성이 형편 없는 체계 속에 자리잡고 있다. 게다가 형식체계는 정적이다. 그것은 시간이 가도 변하거나 성장하지 않는다. 형식체계는 다른 형식체계들이 있는 곳에 함께 있지 않다. 따라서 다른 형식체계들을 자신의 내부에 반영하고 다음에는 자신의 "친구들" 속에서 자신이 반영되는 일이 없다. 그런데 마지막 발언은 철회하고자 한다, 적어도 조금은 : 어떤 체계이든 『수학 원리』처럼 강력한 체계는, 사실은 꼭 자체의 것뿐만 아니라 무수히 많은 다른 형식체계의 모델들을 포함한다. 어떤 것은 그것과 비슷하고, 어떤 것은 매우 다르다. 그것이 근본적으로 괴델이 깨달았던 점이다. 그러나 아직 시간에 상응하는 것도, 발달에 상응하는 것도 없으며, 탄생과 죽음에 상응하는 것은 더 말할 것도 없다.

그래서 수학적 형식체계들 속에 생기는 "자기"에 대해서 내가 말하는 것은 무엇이든지 새겨들어야 한다. 이상한 고리들은 추상적 구조인데 여러 가지 매체에서 그리고 풍부한 정도가 다양하게 생긴다. GEB는 본질적으로, 자기성(自己性, selfhood)이 어떻게 발생하는가에 대해서 은유로서 이상한 고리를 제안한 긴 이야기이다. 이 은유에 의해서 "나"를, 그 소유자에게 아주 무섭도록 현실적이고 실제적인 것으로 느끼게 하면서, 동시에, 여전히 그렇게 모호하고, 그렇게 헤아리기가 어렵고, 그렇게 규정하기가 어렵게 보이게 하는 것이 무엇인지에 대해서 파악하기 시작하는 것이다.

나는 개인적으로, 의식이라는 것을 괴델의 이상한 고리나 층위−교차 되먹임 고리를 언급하지 않고 완전히 이해할 수 있다고는 생각하지 않는다. 그런 이유로 나는 말해야겠다. 지난 수년간 의식의 신비를 풀려고 시도한 수많은 책들이 이런 식의 사고 노선을 따라서 거의 아무것도 언급하지 않았다는 데에 놀랐고 어리둥절했다. 이러한 책들을 쓴 다수의 저자들이 GEB를 읽고 음미했는데, 그 어떤 책에서도 그 핵심 주제를 들을 수 없다. 가끔 내가 마치 가슴속 깊이 소중하게 간직한 메시지(message)를 텅 빈 틈에다 대고 소리쳤고 아무도 듣지 않은 것 같은 느낌이 든다.

GEB의 최초 씨앗

사람들은 의아해할지도 모른다. 만약 저자의 목적이 단지 이상한 고리에 관한 이론을 우리 의식의 핵심으로서 그리고 억누를 수 없는 "나"−느낌("I"-feeling)의 원천으로서 제시한 것이라면, 왜 책 속에 겉보기에는 관계없어 보이는 그렇게 많은 곁가지들을 넣어서 그토록 방대한 책을 쓰게 되었나? 도대체 푸가와 카논을 왜 끌어들였나? 왜 재귀를? 그리고 선(禪)을? 그리고 분자생물학(molecular biology)을? 등등.

진실은 이렇다. 처음 시작했을 때 내가 이런 것들에 대해서 이야기하게 되리라는 생각은 털끝만치도 없었다. 그리고 내 책에 음악형식에 바탕을 둔 대화는 말할 것도 없고 대화를 포함할 것이라고는 꿈도 꾸지 않았다. 내 구상은 그저 차츰차츰 복잡하고 야심차게 되어갔을 뿐이다. 큰 줄거리를 이야기하면 이렇다.

앞에서 내가 십대 때 어니스트 네이글과 제임스 뉴먼의 작은 책『괴델의 증명』을 읽었다고 언급했다. 그 책은 내게 자극을 주고 심오함을 느끼게 했으며, 기호논리학 공부에 뛰어들게 했다. 그래서 스탠퍼드에서 수학 전공 학부 시절과 몇 년 후, 잠시 동안의 버클리 대학원 시절에 나는 고급 논리학 과정을 여럿 들었는데, 너무나 실망스럽게도 모두가 난해하고 전문적이었으며 내가 네이글과 뉴먼의 책에서 알게 된 마법 같은 매력은 완전히 결여되어 있었다. 이런 고상한 과목을 들은 결과, 괴델의 놀라운 증명과 그것의 "이상한 고리성"에 대한 나의 민감한 십대 때의 흥미가 거의 사그라들었다. 정말 쭉정이 같은 무미건조한 느낌만 남아 1967년 말경 거의 자포자기 상태로 버클리에서 수학 대학원 과정을 중퇴하고 오리건 주 유진에 있는 오리건 주립대학의 물리학과 대학원생으로 새 출발을 했다. 거기서 내가 한때 논리와 메타수학에 대해서 열정적으로 품었던 매혹은 깊은 휴면에 들어갔다.

몇 년이 흘렀다. 1972년 5월 어느 날 오리건 대학 서점에서 수학책 진열대를 훑어보고 있는데, 철학자 하워드 드롱의 아주 훌륭한『수리 논리학 개요』라는 책과 우연히 마주쳤고, 과감히 사게 되었다. 며칠 만에 괴델 증명의 커다란 신비들과 그 신비들이 건드리는 모든 것에 대한 나의 옛 사랑이 다시 깨어났다. 내 불안과 희망의 흔들거리는 머리통 속에서 아이디어들이 미친 듯이 뒤끓기 시작했다.

이런 기쁨에도 불구하고 나는 진행하고 있는 물리학 공부와 생활 전반에 매우 좌절하고 있었다. 그래서 7월에 내 모든 짐들을 열 개쯤의 종이상자에 꾸리고 내 믿음직스러운 1956년산 머큐리를 타고 동쪽을 향해서 광활한 미대륙을 가로지르는 여정에 올랐다. 내가 어디를 향해 가는지 나 자신도 확신이 없었다. 내가 아는 것이라고는 새로운 삶을 찾고 있다는 것뿐이었다.

아름다운 캐스케이드 산맥과 동부 오리건의 사막을 횡단하고 나서 아이다호 주의 모스코에 도착했다. 차 엔진에 약간의 문제가 있어서 고쳐야 했으므로, 짬을 이용하여 아이다호 대학 도서관에 가서 드롱의 책의 주석 달린 참고문헌에 있는 괴델의 증명에 관한 논문을 몇 개 찾아보았다. 그것들 중 몇 편을 복사하고 하루인가 이틀 후에 몬태나와 앨버타를 향해서 출발했다. 밤마다 차를 세우고 때로는 숲에 때로는 호숫가에 작은 텐트를 쳤다. 그리고 내 침낭 속에서 잠이 들 때까지 손전등 빛으로 이 논문들 속에 열심히 빠져들었다. 나는 이전보다도 더욱더 분명하게 괴델의 증명에 관한 많은 문제들을 이해하기 시작했다. 그리고 내가 배우고 있는 것은 정말로 내 마음을 사로잡는 것이었다.

편지에서 소책자로 세미나로

캐나다 로키에서 며칠을 보낸 후 나는 다시 남쪽으로 향했다. 그리고 결국 콜로라도의 볼더에 도착했다. 거기서 어느 날 오후 나의 옛 친구 로버트 보닝거에게 자발적으로 편지를 썼는데, 참신한 아이디어가 많이 쏟아져 나오기 시작했다. 몇 시간 동안 쓴 후 나는, 비록 편지가 내가 예상했던 것보다는 길었지만—손으로 30여 페이지를 썼다—내가 말하고 싶었던 것을 반밖에 못 썼다는 생각이 들었다. 그래서 나는 편지가 아닌 소책자를 써야 한다는 생각을 하게 되었다. 결국 로버트는 지금까지 내 미완의 편지를 받지 못했다.

볼더에서 나는 더 동쪽으로 향했다. 대학 도시에서 대학 도시로 가면서, 여정 내내 나를 손짓해 부르고 있었다는 듯이 뉴욕이 나의 최종 목적지로 어른거리고 있었다. 정말로 나는 몇 달을 맨해튼에서 보내게 되었다. 시립 대학에서 대학원 코스를 듣고 헌터 대학에서 간호사들에게 기초 물리학을 가르쳤다. 그러나 1973년이 시작되었을 때, 비록 여러 가지 면에서 뉴욕을 좋아하고는 있었지만, 유진에 있을 때보다도 더 마음이 흔들리고 있다는 사실을 깨닫게 되었다. 그래서 오리건으로 돌아가서 거기서 대학원을 마치는 것이 더 현명한 일이라고 판단했다.

비록 내가 동경하던 "새 삶"은 실현되지 않았지만, 어떤 점에서는 평온한 마음을 찾게 되었다. 우선 한 가지 이유는, 당시 오리건 주립대학에는, 하나 이상의 학과가 승인하면 대학 구성원 누구라도 학점을 주는 "서치(SEARCH)" 코스를 개설하고 가르칠 수 있도록 하는 진보적인 정책이 있었다. 그래서 나는 철학과와 수학과에 괴델의 정리(Gödel's Theorem)를 중심으로 하는 봄 학기 서치 코스를 후원해달라고 요청했고 내 요청은 수락되었다. 일은 잘 풀려 나갔다.

나는 직관적으로, 이상한 고리들에 대해서 내가 품는 개인적인 흥미—철학적 중요성뿐 아니라 미적인 매력에 대해서도—는 단지 나 하나의 어떤 독특한 신경증적인 집착이 아니라 다른 사람에게도 잘 전염될 수 있는 것이라고 생각했다.

단지 이 개념들이 내가 들었던 딱딱하고 무미건조한 논리학 코스에서처럼 따분하고 건조한 것이 아니라, 그보다는—네이글과 뉴먼이 시사한 것처럼—수학, 물리학, 컴퓨터 과학, 심리학, 철학, 언어학 등의 심오하고 아름다운 많은 아이디어들과 밀접하게 관련되어 있다는 것을 학생들에게 전달할 수만 있다면 말이다.

나는 내 강의에 "결정 불가능한 것의 신비"라는 반은 엉뚱하고 반은 낭만적인 제목을 붙였다. 폭넓은 분야의 학생들을 끌어들일지도 모른다는 희망에서 그랬는데, 작전은 통했다. 25명이 걸렸고 모두 열정적이었다. 나는 그해 봄에 강의하면서 매일 창밖으로 볼 수 있었던 아름다운 꽃을 생생하게 기억한다. 그러나 더 생생하게 기억하는 것은 미술사 전공의 데이비드 저스트먼, 정치학 전공의 스콧 부레쉬, 미술 전공의 에이브릴 그린버그이다. 이 세 명의 학생들은 그 아이디어들을 매우 잘 흡수했고, 우리는 그 아이디어들에 대해서 끊임없이 이야기하고 또 이야기했다. 내 강의는 그들을 낚은 나 자신에게도 낚인 학생들에게도 모두 매우 좋은 것이었다.

1973년 여름의 어느 날에 나는 소책자의 차례를 개략적으로 작성했다. 그 시점에 내 구상이 얼마나 야심적인가를 깨닫기 시작했다. 그러나 여전히 그것은 내게 대작보다는 소책자처럼 느껴졌다. 가을이 되어서야 열심히 쓰기 시작했다. 나는 몇 페이지 이상 되는 것을 써본 적이 없었지만, 그저 며칠—어쩌면 1주일이나 2주일—정도 걸릴 것으로 생각하고 겁 없이 뛰어들었다. 예상이 다소 빗나가 초고(로버트에게 보낸 편지처럼 펜으로 썼지만, 정정한 것이 더 많았다)는 약 한 달이 걸렸다. 이 한 달은 "욤 키푸르 전쟁", 즉 제4차 중동 전쟁 기간과 겹쳤는데, 이 전쟁은 나에게 깊은 인상을 주었다. 이 초고가 최종 결과물이 아니라는 것은 알았지만, 주요 작업을 마쳤고 이제 수정 작업만 남았다고 생각했다.

문학적인 형식을 갖춘 실험이 시작되다

이 초고를 쓰고 있을 때 나는 분명히 에셔의 그림에 대해서는 생각하고 있지 않았다. 바흐의 음악에 대해서도 생각하고 있지 않았다. 그러나 어느 날 내가 마음, 뇌 그리고 인간 정체성(正體性)에 대한 아이디어에 열중하고 있음을 알았다. 그래서 나를 끝없이 즐겁게 했던 우스꽝스러운 개성을 가진 루이스 캐럴의 기묘한 짝꿍 아킬레스와 거북을 뻔뻔하게 빌려와서, 책상에 앉아 극도의 흥분 상태에서 길고 복잡한 대화 한 편을 단숨에 써 내려갔다. 각 페이지에 하나씩 하나씩 아인슈타인 뇌 속의 특정 뉴런(neuron)에 관한 모든 정보가 들어 있는 상상할 수 없을 정도로 큰 허구의 책에 관한 대화였다. 마침 그 대화에는 특색 있는 짧은 한 부분에서, 아킬레스와 거북은 또다른 대화를 상상하며, 각자가 이렇게 말한다. "그러면 자네는 이렇게 말할지도 모르지……거기에 대해서 나는 다음과 같이 대답할 거야……그러면 자네는 계속해서……" 등등. 이 특이한 구조적 특징 때문에, 마침내 마지막 대사에 최종 마침표를 찍은 후, 나는 첫 페이지로 돌아가서 상단에 즉흥적으로 "푸가"라는 단어 하나를 쳐서 넣었다.

나의 아인슈타인-책 대화는 물론 실제로 푸가는 아니었다—심지어 가깝지도 않았다. 그러나 그것은 왠지 모르게 나에게 푸가를 떠올리게 했다. 일찍이 어려서부터 나는 바흐의 음악에 깊이 감동받았는데, 바흐류의 대위법 형식들(Bach-like contrapuntal forms)을 지적으로 풍부한 내용을 담고 있는 활기찬 대화와 결합시킨다는 이 엉뚱한 생각에 강렬하게 사로잡혔다. 그후 수주일 간에 걸쳐 내 머릿속에서 그 아이디어를 이리저리 굴렸을 때, 이런 노선을 따라 희곡을 만들 수 있는 여지가 얼마나 많은지 깨달았다. 그리고 내가 십대라면 그런 대화를 얼마나 게걸스럽게 읽어치웠을까를 상상할 수 있었다. 그래서 나는 대위법적인 대화들을 종종 삽입한다는 아이디어에 이끌렸는데, 부분적으로는 각 장에서 기술한 무거운 아이디어들의 지루함을 깨기 위해서, 부분적으로는 모든 난해한 개념에 대해서 좀더 가볍고 좀더 우화적인 버전을 소개할 수 있도록 하기 위해서였다.

요약하면 나는 결국 최적의 구조는 장(章)과 대화를 엄격하게 교대로 배치하는 것이라고 결정했다. 그러나 이것을 결정하기까지 수개월이 걸렸다. 일단 그것이 분명해지자, 남은 것은 독자들에게 전달하고 싶던 가장 중요한 아이디어들을 정확히 집어내고 그리고 어떻게든 그 아이디어들을 아킬레스와 거북 (더하기 몇몇 새로운 친구들) 사이의 환상적이고 가끔은 말장난을 이용한 익살스러운 대화의 형식과 내용(form and content)으로 구현하는 즐거운 작업이었다.

GEB 처음에는 식히고, 다시 덥히다

1974년 초, 네 번째이면서 마지막으로 박사논문 지도교수를 바꾸면서, 완전히 생소한 고체물리 문제에 도전하게 되었는데, 가시가 있어 위협적이었지만 매우 향기로운 문제였다. 새 지도교수 그레고리 와니어는 내가 깊이 빠져들기를 바랐고, 나는 직감적으로 내가 물리학의 세계에서 죽느냐 사느냐가 이번 연구에 달렸다는 것을 알았다. 만약 내가 박사학위를 원한다면—소중하지만 끔찍하게도 달성하기 어려운 목표로 나는 그때까지 거의 10년이나 씨름하고 있었다—지금 아니면 완전히 끝장이었다! 그래서 이를 악물고 마지못해, 내 사랑하는 원고를 책상 서랍에 집어넣었다. 그리고 나 자신에게 말했다. "손 떼." "훔쳐보지 마!" 만약 서랍을 열고 집필 중인 책을 뒤적이기만 해도, 밥을 굶기는 벌을 도입하기로 했다. GEB 문제에 대한 생각들—또는 그보다는 GTATHB(Gödel's Theorem And The Human Brain) 생각들—은 엄금(strictly verboten)이 되었다.

독일어가 나와서 말인데,* 와니어가 1974년 가을에 6개월 동안 독일에 가기로 일정이 잡혔다. 나는 언제나 유럽을 사랑했기 때문에 혹시 나도 같이 갈 수 있는 방법이 있는지 물어보았다. 매우 친절하게도 그는 내가 레겐스부르크 대학의 물리학과에서 조교—기본적으로 교무보조—가 되도록 주선해주었다. 그래서 1974년 말부터 1975년 초에 1학기 동안 그 일을 했다. 내가 박사논문을 위한 대부분의 작업을 한 것도 그때였다. 가까운 친구가 없었으므로, 레겐스부르크에서의 생활은 낮이나 밤이나 길고도 외로웠다. 특이한 의미에서 그 고달픈 기간 동안 나의 가장 가까운 친구는 프레데릭 쇼팽이었다. 왜냐하면 거의 매일 한밤중에 라디오 바르샤바에 주파수를 맞추고 다양한 피아니스트들이 연주하는 쇼팽의 많은 곡을 들었기 때문이다. 내가 알고 있으면서, 좋아하는 곡도 있었고, 새로운 곡이지만 좋아하게 된 곡도 있었다.

그 전 기간이 GEB 금지 기간이었고, 그 기간은 1975년 말까지 계속되었는데, 그때가 마침내 내 학위 논문을 끝낸 때였다. 그 연구는 정교한 시각적 구조에 관한 것이었고(이 책의 제5장 참조), 연구자 생활을 위한 훌륭한 발판을 제공하는 것처럼 보였지만, 대학원 과정에서 나는 내 자존심에 너무나 많은 상처를 받아서 내가 훌륭한 물리학자가 될 것이라고 믿을 수 없었다. 반면에 옛날에 지녔던 지적 열정의 재점화와 특히 GTATHB의 집필은 나에게 새로운 종류의 자신감을 불어넣었다.

백수였지만 크게 고무되어서 내 고향 스탠퍼드로 돌아갔다. 거기서 부모님의 무조건적이고 후한 재정적 지원 (나는 농담 삼아 "호프스태터 2개년 장학금"이

---

* 바로 위에 verboten은 '금지'라는 뜻의 독일어 낱말이다.

라고 불렀다) 덕분에 나 자신을 인공지능(Artificial Intelligence) 연구자로 자기변
혁하는 일에 착수할 수 있게 되었다. 그러나 더욱 중요한 것은 2년 전에 나를 사
로잡은 아이디어와의 열정적 연애를 재개할 수 있었다는 것이었다.

스탠퍼드에서 내 왕년의 "소책자"가 개화했다. 나는 그것을 처음부터 끝까지
다시 썼는데, 그 이유는 초기 원고가 비록 적절한 아이디어에 초점을 맞추기는
했지만, 미숙하고 스타일에서 일관성이 없다고 느꼈기 때문이다. 그리고 세계 최
초이자 최고의 워드 프로세서 중의 하나를 사용하는 호사를 누렸다. 그것은 내
새로운 친구 펜티 카너바가 개발한 아주 유연하고 사용자 친화적인 TV-Edit였
다. 그 프로그램 덕분에 새로운 원고가 아주 매끄럽게 술술 흘러나왔다. 그게
없었다면 GEB를 어떻게 쓸 수 있었을까 상상도 할 수 없다.

이 단계에 와서야 이 책의 특이한 문체상의 특징이 정말로 모습을 드러냈다. 때
로는 바보 같은 말장난, 음악형식을 흉내 낸 새로운 언어구조 꾸며내기, 온갖 종
류의 넘쳐나는 비유, 이야기의 구조 자체가 거기서 말하고 있는 것의 예가 되도록
이야기를 풀어나가는 것, 환상적인 각본 속에 유별난 개성들의 혼합. 쓰는 동안
에 내 책이, 관련된 주제를 다루는 다른 책들과는 상당히 다르고 많은 관례들을
거스르고 있다는 것을 분명히 알았다. 그렇지만 나는 즐겁게 계속 써 나갔다. 왜
냐하면 내가 하고 있는 일이 그냥 해야만 하고 그것이 그 자체에 내재적 정당성을
가진다고 확신했기 때문이다. 내가 하고 있었던 일에 그렇게 자신하게끔 했던 핵
심 특징 중 하나는 이 책에서 형식이 내용과 똑같이 중요하게 다루어지고 있다는
점이었다. 그런데 그것은 우연이 아니다. 왜냐하면 GEB는 많은 부분에서 어떻게
내용이 형식과 분리될 수 없는가, 어떻게 의미론(semantics)이 통사론(syntax)과 같
은 종류인가, 어떻게 패턴과 재료가 서로 뗄 수 없는가에 대한 것이기 때문이다.

내가 삶의 여러 측면에서 내용 못지않게 형식에 많은 관심을 가지고 있다는
것을 언제나 알고 있었지만, 내가 처음으로 책을 쓰는 데에 모든 수준에서 시각
적 외관의 문제에 얼마나 깊이 얽혀들게 될지는 전혀 생각하지 않았다. TV-Edit
의 편리함 덕분에 내가 쓴 것은 무엇이든지 화면에서 더 낫게 보일 수 있도록 손
을 볼 수 있었다. 그리고 한때는 이러한 제어가 저자에게는 사치로 여겨졌지만,
나는 그것에 애착을 느꼈고 포기하기 싫었다. 출판사에 보낼 원고가 준비되었을
때에는 시각 디자인과 개념적 구조가 서로 밀접하게 관계를 가지게 되었다.

클라리온에서 건 전화(Clarion Call)[*]

비정통적인 원고와 흔치 않은 제목 때문에 무명의 저자인 내가 위험을 감수하지 않으려는 획일적인 출판사를 상대로 수년 동안 악전고투하지는 않았는지 종종 질문을 받았다. 아마도 운이 좋았겠지만, 내가 경험한 것은 그보다 훨씬 더 유쾌했다.

1977년 중반, 나는 대략 열다섯 곳의 양질의 출판사에 의향을 알아보려고 짧은 견본 원고를 보냈다. 대부분은 이 원고가 그들이 다루는 유형의 출판물이 아니라고 정중하게 응답했다. 어쩔 수 없지 뭐. 그런데 서너 군데에서 좀더 보고 싶다고 관심을 보였다. 그래서 차례대로 그들이 전체 원고를 보도록 했다. 말할 필요도 없이 처음 두 군데에서 거부했을 때, 나는 실망했다(그리고 각각의 경우 원고 검토 과정에 몇 달이 걸렸다. 그래서 시간을 허비한 것이 불만스러웠다). 그러나 한편 크게 낙심하지는 않았다. 그러고 나서 크리스마스 무렵에 내가 항상 칭찬해 마지않았던 출판 그룹인 베이식 북스의 마틴 케슬러 사장이 내게 비록 확답은 아니지만, 좀 희망적인 답변을 주었다.

1977-1978년 겨울은 아주 혹독해서 당시 내가 신출내기 조교수로 있던 인디애나 대학이 난방용 석탄이 떨어져 3월에 날씨가 따뜻해지기를 기다리며 3주일간의 휴교에 들어갔다. 나는 이 자유시간을 이용하여 뉴욕과 그 남쪽의 각지에 옛 친구들을 만나러 가기로 했다. 가끔 흐릿한 내 기억 속에서 벨 소리처럼 뚜렷한 것은 내가 펜실베이니아의 클라리온이라는 곳에서 좀 지저분한 작은 식당에 잠시 들른 일이다. 으스스한 전화 부스에서 나는 뉴욕의 마틴 케슬러 사장에게 전화를 걸어 결정 여부를 물어보았다. 그가 나와 함께 작업하면 즐거울 것이라고 말했을 때가 내 인생 최고의 순간이었다. 그런데 이 확답을 들은 곳이 그 모든 곳 중에서 그렇게 절묘한 이름을 가진 작은 마을이었다는 것을 생각하면 거의 기괴한 느낌마저 든다.

구멍 뚫린 롤러의 복수

이제 출판사를 찾아냈고, 다음 문제는 원고를 조악한 컴퓨터 인쇄출력 상태에서 깔끔하게 조판된 책으로 바꾸는 것이었다. 진정 다행히도 펜티가 TV-Edit의

---

[*] '어떤 행동이 필요한지에 대한 분명한 메시지, 지침'이라는 뜻도 있음.

성능을 높이려고 세계 최초의 컴퓨터 조판체계를 개발했고, 그것을 쓰도록 나에게 강력하게 권했다. 언제나 모험가인 케슬러 사장도 기꺼이 한번 해보려고 했다. 부분적으로는 물론 그것이 베이식 북스 사에 비용을 절감해줄 것이기 때문이고 또한 그가 천성적으로 기민한 모험 감수자였기 때문이다.

사용자 스스로 하는 조판은, 비록 내게는 큰 기분전환이었지만, 식은 죽 먹기는 아니었다. 당시에는 컴퓨터 작업이 오늘날보다 훨씬 더 원시적이었다. 그리고 펜티의 시스템을 사용하기 위해서, 각 장이나 대화에 문자 그대로 수천 개의 암호 같은 조판 명령을 삽입하고 다음으로 각 컴퓨터 파일을 여러 개의 작은 조각—보통 파일당 대여섯 개—으로 나누어야만 했다. 각각의 조각을 일련의 두 개의 컴퓨터 프로그램으로 처리하고 그런 다음에 각 출력 파일을 길고 얇은 종이 테이프 두루마리에 물리적으로 구멍을 뚫어 무수히 많은 구멍으로 된 암호 같은 패턴으로서 나타내야만 했다. 나는 180미터 떨어진 천공기가 있는 건물로 걸어가서 종이 테이프를 걸어놓고 앉아서 종이가 끼지 않는지 주의 깊게 **지켜보**고 있어야만 했다.

그 다음, 기름 먹은 종이 테이프를 가지고 「스탠퍼드 데일리」를 인쇄하는 건물까지 400미터를 걸어가서 사진식자기를 사용하고 있지 않으면, 내가 직접 사용했다. 사진식자 작업은 길고도 정교한 작업이었다. 카트리지 몇 개 분량의 감광지를 암실로 옮겨, 현상액에 담그고, 롤러에 통과시켜 현상액을 씻어내고, 책의 내용이 인쇄된 5피트 길이의 갤리(galley)를 빨랫줄에 널어 하루나 이틀 말렸다. 내가 집어넣은 수천 개의 조판 명령이 실행된 결과를 실제로 보는 과정은 이처럼 엄청나게 번거롭고 시간이 많이 걸렸다. 그러나 솔직히 말해서 그런 것은 신경 쓰이지 않았다. 사실은, 그 일은 신비하고 특별하고 짜릿했다.

그러나 어느 날, 갤리가 거의 모두 인쇄되고—200-300매—잘된 것 같다고 생각했을 때, 끔찍한 것을 발견했다. 나는 갤리 하나하나가 새까맣게 인쇄되어 현상액으로부터 나오는 것을 보았는데, 최근에 건조된 것 일부 위에는 원문이 갈색으로 보였다. 뭐야!? 내가 좀더 오래된 다른 것들을 점검했을 때에는 밝은 갈색으로 인쇄된 것을 보았다. 그리고 더 오래된 것 위에는 오렌지 색이었고, 또는 심지어 옅은 노란색이었다!

나는 믿을 수 없었다. 도대체 어떻게 이런 일이 벌어졌지? 원인은 간단했기 때문에 너무나도 화가 나고 무력감을 느꼈다. 롤러가 낡았는데 균일하게 닳지가 않아 더 이상 갤리를 깨끗하게 닦아내지 못했고, 그래서 산(酸)이 검은색으로 인쇄된 것을 하루하루 좀먹어 들어가고 있었다. 「스탠퍼드 데일리」를 인쇄하는 데는 이것은 문제가 되지 않았다. 그들은 몇 시간 만에 그들의 갤리를 사용하고 버렸다. 그러나 책의 경우에는, 그것은 치명적이었다. 책을 노랗게 변한 갤리로 인쇄할 방법은 없었다! 그리고 갓 나온 갤리들을 가지고 한 복사는 선명했지만, 충분히 선명하지는 않았다. 이 무슨 악몽이람! 말로 다 할 수 없는 수고가 물거품이 되었다. 나는 절망감에 사로잡혔다. 마치 미식축구에서 99야드를 전진했는데 상대팀 1야드 라인*에서 저지당해 공격권을 넘겨준 팀의 심정이었다.

나는 1978년 여름을 거의 꼬박 이 갤리들을 만들면서 보냈다. 그런데 이제 여름이 끝나가고 있었고, 강의를 하러 다시 인디애나로 돌아가야만 했다. 도대체 어찌 해야 하지? 어떻게 GEB를 구할 수 있을까? 내가 생각할 수 있는 유일한 해결책은 매주일 주말에 내 돈을 들여 비행기를 타고 스탠퍼드로 돌아가 전체 일을 처음부터 다시 하는 것이었다. 다행히도 화요일과 목요일에만 수업이 있었다. 그래서 목요일 오후마다 교실에서 튀어나와, 비행기를 잡아, 스탠퍼드에 도착하여, 월요일 오후까지 미친 놈처럼 일했다. 그러고는 공항으로 황급히 가서 스탠퍼드로 돌아갔다. 그렇게 보낸 주말 중에 최악의 주말은 결코 잊지 못할 것이다. 그때 나는 40시간을 한잠도 안 자고 어떻게든 가까스로 일했다. 그것은 독자를 위한 사랑이다!

그런데 이런 시련 속에서도 한 가지 좋은 점이 있었는데, 그것은 이렇다. 내가 처음의 갤리에서 범했던 오식을 모두 수정할 수 있게 되었다. 원래의 계획은 정정한 갤리를 사용하는 것이었다. 그것은 베이식 출판사의 뉴욕 사무실에서 작은 조각으로 잘라야만 하고 실수가 있는 곳마다 붙여야 했다. 그리고 처음 갤리에서는 실수가 많았다. 그것은 확실하다. 이러한 과정은 아마도 레이아웃에 수백 군데의 에러를 초래할 것이다. 그러나 99야드 전진이 1야드 라인에서 저지된 덕분에 이 모든 문제를 바로잡고 거의 새것 같은 갤리들을 만들 기회를 가지게 되었다. 그래서 비록 화공약품으로 인한 파국이 GEB 인쇄를 두 달 지연시켰지만, 되돌아보니 결과적으로는 다행이었다.

---

* 미식축구 경기장의 세로 길이는 100야드이다.

아이고……

물론 많은 아이디어들이 그 몇 년 동안 모양을 갖추어가는 책 속에 들어가려고 서로 경합했는데, 어떤 것들은 들어간 반면 어떤 것들은 들어가지 못했다. 아이러니 중 하나는, 아인슈타인-책 대화(Einstein-book dialogue)가 "푸가성(fugality)"이라는 점에서 모든 대화를 쓰게 된 영감을 주었는데, 잘렸다는 점이다.

길고 복잡한 또다른 대화가 있는데 그것도 잘렸다. 더 정확히 말하면, 원형을 거의 알아볼 수 없을 정도로 변형되었다. 그리고 그 기묘한 이야기는 당시 내 머릿속에 소용돌이치던 격한 토론과 결부되었다.

1970년 오리건의 학생회관에서 읽은 어떤 전단지에 의해서, 나는 성차별주의자의 언어와 은밀히 퍼지는 그것의 무의식적 영향들을 통감하게 되었다. 영어에서 총칭으로 쓰는 "he(그)"와 "man(남자)"(그리고 비슷한 많은 단어들과 문구들)이 무엇이 "정상적" 인간이고 무엇이 "예외적" 인간인가에 관한 감각을 형성하는 데에 공헌하는 미묘한 방식에 대해서 눈을 떴다. 그리고 나는 이 새로운 관점을 환영했다. 그러나 나는 그때 작가가 아니었고—물리학과 대학원생이었다—이 문제들이 내 자신의 삶과 그다지 관계있는 것으로 보이지 않았다. 그러나 내가 대화들을 쓰기 시작했을 때, 상황은 변했다. 내 대화들 속의 인물들—아킬레스, 거북, 게, 개미핥기 그리고 카메오 역할로 나오는 몇몇 다른 인물들—이 예외 없이 남성들이라는 것을 내가 깨달았던 시점이 왔다. 나 스스로가 여성 인물을 등장시키는 것에 저항하는 무의식적 압박에 희생자로 전락한 것에 충격을 받았다. 그러나 다시 돌아가서 이 등장인물들 중 하나나 그 이상에 대해서 내가 "성을 바꾸는 작업"을 할 생각으로 머리를 굴리고 있을 때, 그것은 정말로 나를 짜증나게 했다. 어째서?

글쎄, 내가 나 자신에게 말할 수 있었던 것이라고는, "여성들을 등장시켜봐라. 그러면 성 문제(sexuality)가 불러일으키는 모든 혼란스러운 세계를 본질적으로 순수하게 추상적인 토론 속으로 끌어들이게 되고, 그것은 내 책의 주요 목적들로부터 주의를 흐트릴 것이다." 이 터무니없는 견해는 당시에 (그리고 오늘날도 여전히) 서양 문명의 밑바닥에 깔려 있는 많은 암묵적 가정들에서 나왔고 또 그것을 반영하고 있다. 내가 나 자신의 추악한 태도와 씨름하도록 스스로를 압박하고 있었으므로, 진정한 전투가 내 안에서 시작되었다. 나의 한 쪽은 돌아가서 몇몇 등장인물들을 여성으로 만들자고 주장하고 다른 쪽은 현상 유지를 하려고 했다.

이 내부의 싸움으로부터 갑자기 길고 꽤나 재미있는 대화가 나왔는데, 거기서, 다양한 등장인물들이 그들 모두가 남성들이라는 것을 깨닫고, 이것이 왜 그렇게 되었는가를 토론한다. 그리고 자유의지(free will)를 가지고 있다고 느끼는 데도 불구하고, 그들은 단지 어떤 성차별주의자 남성 작가의 마음속에 있는 등장인물들일 뿐임이 분명하다고 판단한다. 아무튼, 그들은 대화 속으로 이 작가를 소환하는 데에 성공한다—그리고 성차별주의로 고발당했을 때, **작가는 어떻게 했을까?** 그는, 자신의 뇌가 한 일은 자신이 어떻게 할 수 없으며—자신의 성차별주의에 대한 비난은 대신에 성차별주의자 신(God)이 받아야 한다고 주장하면서 무죄라고 답변한다. 그리고 다음 순간, 신이 "퍽" 하고 나타난다. 어떻게 될까? 그녀는 여성임이 드러난다(호 호 호). 그 다음은 어떻게 진행되었는지 상세한 것은 기억나지 않는다. 그러나 중요한 것은, 나는 심각하게 분열되었고, 이 복잡한 문제와 내 나름의 방법으로 씨름하고 있었다는 것이다.

유감스럽게도—말하자면, 그후 수년간 유감스럽게도—이 싸움에서 이기게 된 쪽은 성차별주의자 쪽이었다. 상대에게 약간의 양보를 했을 뿐이었다(예를 들면 "작은 화성의 미로" 대화에서 요정의 탑, "전주곡……개미 푸가" 대화에서 개미 탑 아줌마). GEB는 뿌리 깊은 성차별주의자 편견이 그 구조 속에 녹아 있는 책으로 남아 있다. 흥미롭게도, 그것은 독자들이, 여성이든 남성이든, 거의 논평하지 않은 편견이다(이 사실은 다시, 이런 종류의 것들은 매우 미묘하고 모르는 사이에 진행되어서, 거의 모든 사람들이 인식하지 못한다는 내 믿음을 지지한다).

영어에서 총칭인 "man"과 "he"에 관해서는, 나는 분명히 그 당시 그 용법을 싫어했고, 나는 내가 할 수 있는 경우라면 언제나 (또는 그렇게 하는 것이 *쉬울 때마다*) 피하려고 노력했다. 그러나 또 한편, 내 글에서 그것들을 하나도 남기지 않고 깨끗이 정리하는 것에는 특별히 신경 쓰지 않았다. 결과적으로 책 여기저기가 더 분명하고 더 명시적인 형태의 성차별주의로 훼손되었다. 요즈음, 나는 GEB에서 독자를 지칭할 때 "he"로 말하거나, 마치 인류가 어떤 거대한 **사내인** 양 아무렇지도 않게 "mankind"라고 말하는 문장과 마주칠 때마다 머쓱해진다. 사람은 살아가면서 배운다. 내 생각이다.

그리고 마지막으로, 저자와 신이 아킬레스와 그 동료들에 의해서 소환되어 성차별주의에 관한 고발에 직면하게 되는 자기반성적인 대화는 일련의 많은 작은 수정을 거듭하면서 변형되어 GEB를 마감하는 대화인 "6성(聲) 리체르카레"가 된다. 그 대화가 탄생하게 된 경위를 염두에 두고 읽는다면, 또다른 재미를 찾을 수 있을지 모른다.

미스터 거북이 마담 거북을 만나다

몇 년 후, 나의 성차별주의자 죄를 적어도 부분적으로나마 속죄할 전혀 뜻밖의 기회가 찾아왔다. 여러 외국어로 GEB를 번역하는 도전적인 일이 나에게 그 기회를 주었다.

내가 책을 쓰고 있었을 때는 언젠가 이 책이 다른 언어로 발간될 수도 있다는 생각이 전혀 마음에 떠오르지 않았다. 내가 언어와 번역을 좋아하는데도 그랬으니, 그 이유를 모르겠지만, 어쨌든 그런 생각은 전혀 일어나지 않았다. 그러나 출판사가 그 생각을 나에게 제안하자마자, 나는 내 책이 다른 언어, 특히 내가 어느 정도 말할 수 있는 언어들—그중에서도 프랑스어—로 활자화된 것을 보는 일에 대해서 매우 흥분했다. 프랑스어는 내가 유창하게 말할 수 있고 매우 사랑하는 언어였다.

어떤 언어로 번역을 하더라도 고려해야 할 문제들이 무수히 많았다. 왜냐하면 GEB는 노골적인 말장난뿐만 아니라 스콧 킴이 이름 붙인 "구조적인 말장난(structural puns)"—어떤 예기치 않은 방법과 특정 영어 단어의 우연의 일치 덕분에 형식과 내용이 호응하고 서로 강화하는 구절들—로 가득 차 있기 때문이다. 매체와 메시지가 이렇게 복잡하게 얽혀 있기 때문에, GEB의 문장을 하나하나 공들여 살펴보면서 번역자들을 위해서 주석을 달았다. 하다 말다를 반복한 이 고된 작업은 대략 1년이 걸렸는데 마침내 제때에 끝냈다. 왜냐하면 외국 출판사와의 계약들이 1982년 무렵 잇따라 대거 밀려들기 시작했기 때문이다. 나는 GEB 번역 과정에서 일어났던 말도 안 되는, 유쾌한, 까다로운 난제들과 딜레마들에 관해서 얇은 책—소책자?—을 쓸 수 있을 테지만, 여기서 하나만 언급하겠다. 단순해 보이는 어구 "Mr. Tortoise"를 프랑스어로 어떻게 옮길 것인가이다.

이 책을 훌륭하게 프랑스어로 번역했던 재클린 앙리와 밥 프렌치가 1983년 봄에 대화 번역을 시작하자마자, 그들은 거북을 뜻하는 프랑스어 명사 tortue는 여성명사라는 점과 나의 주인공 거북이 남성이라는 점 사이의 충돌에 직면했다. 그런데, 애석하지만 다음을 말하지 않을 수 없다. 루이스 캐럴이 쓴 훌륭하지만 별로 알려지지 않은 대화에서 이 유쾌한 등장인물들을 빌려왔는데(GEB에서는 "2성(聲) 인벤션"이라는 제목으로 재수록함), 거기에서는 주의 깊게 살펴보면, 거북은 아무 성도 부여받지 않은 것으로 드러난다. 그러나 내가 처음 그것을 읽었을 때는, 그 문제는 전혀 떠오르지 않았다. 이것은 **분명히** 남자-거북이(he-tortoise)였다. 그렇지 않았다면, 나는 그것이 여성일 뿐만 아니라 그것이 **왜** 여성인지를 알았을 것이다. 어쨌든, 작가는 어떤 특별한 **이유**가 있을 때에만 여성 등장인물을 도입한다. 그렇지 않은가? 어떤 "중립적인" 문맥(예를 들면, 철학) 속에서 남성 등장인물은 존재 이유를 필요로 하지 않는데, 여성은 그러하다. 그래서 거북의 성에 관한 단서가 주어지지 않으면, 나는 별생각 없이 무비판적으로 그것을 남성으로 상상했다. 그래서 성차별주의가 조용히, 악의는 없지만, 영향을 받기 쉬운 뇌에 스며들었다.

그러나 재클린과 밥을 잊지 말자! 비록 그들은 "무슈 거북"이라는 등장인물을 만들어 그 문제를 돌파할 수도 있었지만, 그 방법은 프랑스어에서 정말로 부자연스러웠고, 그들의 취향에도 그랬다. 그래서 편지 왕래를 많이 하던 중, 한 번은 그들이 거북의 성을 여성으로 바꾸도록 하는 것을 내가 언젠가 고려해볼 것인지 신중하게 물었다. 물론, 작가가 그런 제안에 관심을 보여주기까지 하는 것은 그들에게 아마 생각하기 어려워 보였을 것이다. 그러나 사실은 그들의 아이디어를 읽은 순간, 나는 엄청난 열의로 그 문제에 달려들었다. 그 결과, 프랑스어판 GEB 전체는 마담 거북이라는 신선하고 환상적인 인물로 아름답게 꾸며졌다. 마담 거북은 지적인 면에서 고대 그리스 전사이자 아마추어 철학자인 그녀의 남자 동료인 아킬레스를 훨씬 능가하는데, 심술궂고 삐딱하다.

이 새로운 거북상에는 내게 너무나도 유쾌하고 기쁜 어떤 것이 있어서 나는 그녀에게 열광했다. 특별히 나를 즐겁게 한 것은 거북에 대해서 나누었던 몇 번의 이중언어적 대화들인데, 거기서 내가 "he"라는 대명사를 써서 영어로 시작하고, 그런 다음 프랑스어로 전환해서 여성을 가리키는 대명사 "elle"를 썼다. 어느 쪽 대명사이든 완전히 자연스럽게 느껴졌고, 나는 심지어 두 언어 모두에서 똑같은 "사람"을 말하고 있다는 것을 느꼈다. 그 자체로서 재미있는 방법으로, 이것은 캐럴이 창조한 거북의 성적(性的) 중립성에 충실한 듯이 보였다.

그러고 나서, 나의 기쁨이 두 배가 되는 일이 있었다. 이탈리아어는 내가 좋아하고 아주 잘 구사하는 언어인데, 이탈리아어 번역가가 프랑스어판 전례를 따르고 "Mr. Tortoise"를 "signorina* Tartaruga"로 바꾸기로 했다. 물론 이런 급진적인 전환들이 GEB를 영어로밖에 읽을 수 없는 독자들의 인식에는 아무런 영향을 주지는 않는다. 그러나 수년 전에 나의 내면에서 벌어졌던 싸움의 한탄스러운 결과를 벌충하는 데에 그것들이 약소하게나마 도움이 되었다고 느낀다.

선불교, 존 케이지 그리고 시류에 편승하는 나의 불합리성

프랑스어 번역판은 전면적으로 매우 호평을 받았다. 밥, 재클린 그리고 나 자신에게 특히 기뻤던 순간은 프랑스에서 가장 명성이 높은 「르 몽드(*Le Monde*)」에 자크 아탈리가 쓴 정말로 극찬한 전면 서평이 실렸을 때이다. 그는 GEB의 아이디어와 스타일에 대해서 칭찬했을 뿐 아니라 번역을 칭찬하는 데에 특히 주의를 기울였다.

몇 달 후, 프랑스 프리메이슨 협회가 발행하는 그다지 알려지지 않은 잡지『위마니즘(*Humanisme*)』이 2호 연속해서 실은 서평을 받았다. 둘 모두 알랭 울루라는 사람이 쓴 서평으로 나는 흥미를 가지고 읽어보았다. 첫 번째 것은 상당히 길었고 「르 몽드」의 서평처럼 상찬으로 가득했다. 나는 기뻤고 감사하게 생각했다. 그리고 나서 두 번째 서평으로 손이 갔다. 그것은 "장미 다음에는 가시가……"라는 시적인 문구로 시작했다. 그리고 나서 놀랍게도 몇 페이지에 걸쳐 GEB를 "매우 위험한 함정"이라고 헐뜯었다. GEB에서는 생각 없이 선불교(禪佛敎)의 유행을 열심히 따르고 있고, 미국 물리학자들에게서 전형적으로 나타나는 광포하게 반과학적이고, 비트족의 영향을 받은 히피 같은 불합리성이 깨달음에 이르는 지고의 길로서 환영받고 있고, 동시에 인습타파적인 선불교의 영향을 받은 미국의 작곡가 존 케이지를 그 모든 것의 수호성인으로 떠받들고 있다는 것이다.

내가 할 수 있는 것이라고는 껄껄 웃는 것뿐이었다. 그리고 울루 씨의 자크-타티의 영화 같은 야단법석에 당혹스러워 두 손을 들었다. 어쨌든 이 서평자는 내가 케이지를 극구 칭찬하는 (괴델, 에서, 케이지?) 것으로 보고 내가 선에 대해서 좀 언급하고 선에서 약간 인용한 것을 그로 인해서 무비판적으로 수용한 것으로 읽고 있는데, 사실 그것은 전혀 내 입장이 아니다. 제9장 서두에서 분명히

* 성, 이름, 호칭 앞에 붙어 "……양"을 나타낸다. 영어의 Miss에 해당한다.

말한 것처럼 나는 선이 혼란스럽고 바보 같을 뿐 아니라 매우 깊은 수준에서 나의 핵심 신념에는 전적으로 반하는 것이라고 생각한다. 그러나 또한 선의 바보스러움—특히 그것이 **정말로** 바보 같을 때—이 아주 재미있다고, 심지어 심신을 상쾌하게 한다고 생각한다. 그리고 나는 나의 기본적으로 매우 서양적인 요리인 캐서롤에 동양 향신료를 조금 뿌리는 것이 그냥 재미있었다. 그러나 여기저기 선의 흔적을 좀 뿌린 것이 내가 양가죽을 쓴 선승(禪僧)이라는 것을 뜻하지는 않는다.

존 케이지에 대해서는, 어떤 묘한 이유 때문에 울루의 기이한 태도 돌변을 읽을 때까지 나는 "음정 확대에 의한 카논"과 그것에 이어지는 장에서, 비록 다소 경의를 표하는 방식이기는 하지만, 분명하게 케이지의 음악에 대해서 경멸을 표했다고 분명히 느꼈다. 그런데 잠깐, 잠깐, 잠깐—"경의를 표하는 경멸"이라는 말은 용어 모순 아닌가? 정말로 명백한 불가능. 그리고 이러한 자기모순과 역설과의 은밀한 시시덕거림이 울루가 주장하는 바와 같이 내가 결국 마음 깊숙이 반과학적이고 선(禪)옹호적이라는 것을 정확히 보여주는 게 아닌가? 글쎄, 그렇게 말한다면 그럴 테지.

비록 내 책이 이해되는 것만큼이나 종종 오해된다고 느껴지더라도 분명히 전 세계에 퍼져 있는 독자들의 수와 열광에 대해서는 불평할 수 없다. GEB 영어 원서는 지금까지 죽 인기가 있었다. 그리고 번역본이 적어도 프랑스, 네덜란드, 일본에서 베스트셀러에 올랐다. 독일어판 GEB는 바흐 탄생 300주년인 1985년 5개월간 논픽션 부문에서 1위를 차지했다. 내게는 다소 우습게 보였다. 그러나 누가 알랴—책 제목에 있는 다른 독일 이름의 도움을 받은 그 기념 연도가 결정적으로 독일에서 GEB의 인기에 불을 붙였는지도 모른다. GEB는 또한 각국의 역자들이 애정을 기울여 스페인어, 이탈리아어, 헝가리어, 스웨덴어, 포르투갈어로 번역했고 그리고—예상치 못한 것인데—중국어 역자들이 탁월한 기예를 발휘하여 중국어로 번역했다. 또한 훌륭한 러시아어본도 이미 준비되어서 책을 낼 출판사를 찾기만을 기다릴 뿐이다. 이 모든 것이 내 예상을 훨씬 넘어선다. 비록 내가 책을 쓰고 있을 때 특히 도취해 있던 스탠퍼드 시절에 GEB가 어느 정도 성공을 거두리라는 느낌이 마음속에서 자라고 있었다는 것을 부정할 수 없지만.

그후의 나의 지적 행로 : 첫 10년

20년 전 GEB를 인쇄소에 보내고 난 후 매우 바쁘게 지냈다. 우수한 대학원생 팀과 함께 유추와 창조성의 밑바탕이 되는 정신 메커니즘에 대한 컴퓨터 모델을 개발하는 데에 애쓴 것 외에도 몇 권의 책을 더 썼는데, 아주 간략하지만 여기서 각각에 대해서 한마디씩 하겠다.

첫 번째가 1981년 말에 나온 『마음의 나(*The Mind's I*)』였는데 새 친구인 철학자 대니얼 데닛과 공동 편집한 글 모음이다. 우리의 목적은 GEB의 목적과 밀접하게 관련되어 있는데, 인간 존재의 근본적 수수께끼에 가장 생생하고도 충격적이기조차 한 방법으로 독자들을 마주치게 하는 것이었다. 우리는 독특한 "나"임("I"-ness)이라는 깊고도 거의 뿌리 뽑을 수 없는 감각을 가지고 있다. 그 나라는 것은 우리의 몸을 초월하며, 과연 무엇인지 확실히 알지도 못하면서 우리가 "자유의지"라고 부르는 어떤 것을 행사할 수 있도록 한다. 댄과 나는 다방면의 탁월한 작가들이 쓴 이야기나 대화를 이용했다. 그리고 내게 즐거웠던 일들 중 하나는 마침내 나의 "아인슈타인-책" 대화가 활자화되는 것을 보게 되었다는 점이었다.

1981-1983년 동안 『사이언티픽 아메리칸(*Scientific American*)』에 매달 칼럼을 쓸 기회를 가졌다. 나는 칼럼 제목을 "메타마술적 테마(Metamagical Themas)"라고 붙였다(25년간 그 잡지에 연재해왔던 마틴 가드너의 놀라운 칼럼의 제목인 "수학 게임[Mathematical Games]"의 철자를 다시 조합해 만든 제목이다). 비록 내 칼럼에서 다루었던 논제는 표면적으로는 천차만별이지만, 어떤 면에서 그것들은 "마음과 패턴의 본질"에 대한 끊임없는 추구로 통일되어 있었다. 쇼팽의 음악에서 볼 수 있는 패턴과 시, 유전 코드는 자의적인가 필연적인가의 문제, 의사(疑似)과학과 치르는 결코 끝나지 않는 전투에서의 전략, 문학에서 의미와 무의미의 경계, 수학에서 카오스(chaos)와 이상한 끌개, 게임 이론과 죄수의 딜레마, 단순한 수 패턴을 관여시키는 창조적 유추, 성차별주의자의 언어가 모르는 사이에 미치는 영향, 그밖의 많은 논제들을 다루었다. 덧붙여 이상한 고리, 자기-지시, 재귀 그리고 내가 "잠금(locking-in)"이라고 부르게 된 밀접하게 연관된 현상이 내 칼럼에서 때때로 등장하는 주제였다. 그런 의미에서, 또 많은 학문 분야를 떠

---

* 원제목은 *The Mind's I*인데, 우리말 번역본은 『이런, 이게 바로 나야!』라는 제목으로 사이언스북스에서 나왔다.

돌아다닌다는 점에서도 "메타마술적 테마" 에세이들은 GEB의 정취를 내뿜었다.

1983년에 나는 칼럼 쓰는 것을 중단했지만, 그다음 해에는 내가 썼던 에세이들을 함께 모아 각각의 글에 상당한 분량의 "후기"를 달았다. 8개의 새로운 장과 함께 25개의 장을 구성하여 1985년에 『메타마술적 테마 : 마음과 패턴의 본질을 찾아서』라는 책을 냈다. 새 에세이 중 하나인 어릿광대 같은 아킬레스-거북의 대화 "두뇌(careenium)* 속에서 누가 누구를 부려먹나?"는 자아, 영혼 그리고 악명 높은 "나"-낱말("I"-word), 즉 "나"에 대한 내 개인적인 견해를 포착하고 있다고 느낀다. 아마 내가 쓴 것 중에서 제일 나을 듯싶다. 너무 나간 것일지도 모르지만, 심지어 GEB에서 표현한 것보다 더 나을지도 모른다.

1980년대 몇 해 동안 나는 중증의 "앰비그래미타이스" 병을 앓았다. 그 병은 친구인 스콧 킴으로부터 감염되었는데, 그것으로부터 1987년의 책『앰비그래미(Ambigrammi)』가 나왔다. 앰비그램([ambigram], 또는 스콧 킴이 그의 책『인버전(Inversions)』에서 부르는 것처럼 인버전[inversion])은 같은 곡선들이 두 가지 의미로 읽을 수 있도록 쓰인 장식적인 서법(書法)이다. 나는 그 아이디어가 매력적이고 지적으로 매혹적임을 발견했다. 그리고 이 이상하지만 우아한 예술형식에서 나 자신의 솜씨를 발전시켰을 때 나는 자기 관찰이 나에게 창조성의 본질에 대한 많은 새로운 통찰을 주었다는 것을 알았다. 그래서『앰비그래미』에는 200점 정도인 내 앰비그램을 선보임과 동시에 창조적 행위에 대한 길고도 두서없는 고찰인 문장—사실은 대화—이 포함되어 있다. 화제는 앰비그램을 만드는 것이 중심이지만 곁가지로 음악 작곡, 과학 발견, 창의적 글쓰기 등을 포함한다. 굳이 밝힐 만하지 않은 이유로,『앰비그램 : 창의성 연구를 위한 가상의 소우주 (Ambigrammi: Un microcosmo ideale per lo studio della creativita)』는 호플 몬스터라는 작은 출판사에서 이탈리아어로만 출간되었다. 그리고 이 책은 유감스럽게도 절판되었다.

그후의 나의 지적 행로 : 두 번째 10년

앞에서 말한 것처럼, 글쓰기는 중요하기는 하지만, 내 지적 활동의 초점이 그것에만 있는 것은 아니었다. 인지 메커니즘에 관한 연구도 똑같이 중요한 것이었

---

* Careen과 cranium을 합성해서 호프스태터가 만든 말.

다. 유추와 창조성의 모델을 어떻게 만들까에 대해서 내가 일찍이 생각했던 것은 GEB 제19장, 봉가드(Bongard) 문제들에 관한 논의에서 꽤 분명히 설명되어 있다. 그것들이 비록 실제 시스템 구성의 싹이었지만, 수년 동안의 개선에도 불구하고 그 아이디어들 대부분은 인디애나 대학교와 미시간 대학교의 나의 연구 그룹에서 개발한 모델들에서 이러저러한 모양으로 발견될 수 있다는 것을 말하는 것이 공정하다고 생각한다(나는 1984~1988년을 미시간 대학교 심리학과에서 보냈다).

내가 15년 정도 컴퓨터 모델들을 개발하고 나자, 나에게는 모든 주요 스레드(thread)*를 통합하여 분명하고 접근하기 쉬운 언어로 프로그램의 원리와 성능을 기술하는 책을 쓸 때가 무르익은 듯이 보였다. 그래서 몇 년에 걸쳐서 『유동적 개념과 창조적 유추(*Fluid Concepts and Creative Analogies*)』가 모양을 갖추어서 마침내 1995년에 출판되었다. 내용 속에는 일련의 긴밀히 연관된 컴퓨터 프로그램들—Seek-Whence, Jumbo, Numbo, Copycat, Tabletop, 그리고 (아직 작업 중인) Metacat과 Letter Spirit—을 소개하는 것과 함께 그것들을 맥락 속에 설정하려는 철학적인 토론도 있다. 그 장들 중에서 몇 개는 유동적 유추 연구 그룹(Fluid Analogies Research Group)의 구성원들과 같이 썼는데, FARG는 집단적 공동 저자로서 그 이름이 책 표지에 올라 있다. 그 책은 GEB와 많은 것을 공유하지만, 아마 무엇보다 중요한 것은 다음과 같은 신념에 관한 기초적인 철학적 논고일 것이다. "나"이다(being an "I")라는 것—다른 말로 하면, 인과율과의 경계가 흐려질 정도로 너무나 깊고 뿌리 뽑을 수 없는 자기라는 감각(sense of self)을 가지는 것—은, 지능과 동의어인 유연성(flexibility)과 힘의 불가피한 부수물이고 성분이다. 그리고 지능은 **개념적 유연성**의 다른 이름일 뿐이며, 그것은 다시 **의미 있는 기호들**을 뜻한다.

나의 지적 삶 중에 매우 별난 한 가닥은 GEB를 여러 언어로 번역하는 데에 깊이 관여했던 일인데, 돌이켜보면 아마도 이 일로 인해서 내가 불가피하게 시 번역에 발을 들여놓은 것 같다. 그것은 모두 1987년에, 16세기 프랑스 시인 클레망 마로의 아름다운 소품을 영어로 흉내 내려는 시도에서 시작되었다. 그러나 거기에서부터 그것은 곧 다방면으로 파생되어갔다. 간단히 말하면, 가장 일반적이고 은유적인 의미에서 번역에 관한 복잡하고 아주 개인적인 책을 쓰게 되었다. 그것을 쓰는 동안 20년 전 GEB를 쓸 때와 같은 희열을 경험했다.

---

* 스레드(thread)는 어떠한 프로그램 내에서, 특히 프로세스 내에서 실행되는 흐름의 단위.

 이 책『마로의 달콤한 소리 : 언어음악의 예찬(*Le Ton beau de Marot: In Praise of the Music of Language*)』*은 아주 다양한 지형을 종횡무진 훑고 간다. 주어진 언어(또는 몇 개의 언어가 섞여 있는 것)로 사고한다는 것은 무엇인지, 어떻게 제약점들이 창의성을 향상시킬 수 있는지, 어떻게 의미가 마음속에서 싹트고 꽃봉오리가 맺히고 꽃이 피는지 그리고 언젠가 기계 속에서 그렇게 될지, 어떻게 단어들이 모여서 합성어가 될 경우 종종 융합되어 그것들의 원래 뜻을 일부 또는 전부 잃어버리는지, 중성자 별에서 사용되는 언어는 어떻게 인간의 언어와 닮을지 또는 닮지 않을지, 몇 백 년 전에 쓰인 시를 어떻게 오늘날의 언어로 표현해야 하는지, 번역이 어떻게 비유와 관련되고 인간이 서로를 이해하는 기본 과정과 관련되는지, 어떤 종류의 문장들이 본질적으로 번역 불가능한지, 말도 안 되는 문장들을 한 언어에서 다른 언어로 번역하는 것이 무엇을 의미하는지, 아무리 간단한 시일지라도 개발비로 성능을 끌어올리는 오늘날의 기계-번역술 책으로 번역할 수 있다고 생각하는 어리석음 그리고 등등.

 『마로의 달콤한 소리 : 언어음악의 예찬』의 중간에 있는 두 장은, 내가 최근 사랑에 빠졌던 문학작품에 헌정했다. 그 작품은 알렉산더 푸시킨이 운문으로 쓴 소설인『예브게니 오네긴(*Eugene Onegin*)』이다. 처음에는 두 개의 영어 번역본으로 이 작품을 접했고, 그 다음에는 다른 번역본들도 읽었는데, 번역자들의 각기 다른 철학과 스타일에 언제나 매료되었다. 처음의 이 불꽃 같은 흥분으로부터 나는 점차 원문을 읽는 시도를 하게 되었고, 그리고 나서, 짧은 러시아어 실력에도 불구하고 막무가내로 한두 절 정도 번역을 시도했다. 그래서 미끄러운 비탈길을 내려가기 시작했고, 곧 미끄러져 내렸는데, 결국은 꼬박 1년을 소설 전체—거의 400편의 빛나는 소네트—를 영어 운문으로 재창작하는 곡예를 하게 되었다. 물론 그동안 나의 러시아어 실력은, 비록 아직도 유창하게 회화할 정도는 아니지만, 비약적으로 발전했다. 이 글을 쓰는 지금, 내가 번역한『오네긴』은 아직 나오지 않았는데, 그러나 1999년에, 독자가 지금 들고 있는 책—『괴델, 에셔, 바흐』의 20주년판—과 같은 시점에 나올 것이다. 그리고 1999년은 알렉산더 푸시킨의 탄생 200주년인 만큼 나의『예브게니 오네긴』창작(번역)에도 뜻깊은 해가 될 것이다.

---

* Le Ton beau de Marot는 프랑스 사람의 귀에는 Le tombeau de Marot, 즉 '마로의 무덤'으로도 들린다. 실제로 책 겉표지 그림은 그렇게 묘사되어 있다.

전향적 책과 그리고 회고적 책

『마로의 달콤한 소리 : 언어음악의 예찬』은 GEB보다 조금 더 길다. 그리고 나는 첫 페이지에 위험을 무릅쓰고 그것을 "아마도 내가 쓸 수 있는 가장 훌륭한 책"이라고 했다. 내 독자들 중 어떤 사람은 GEB가 낫다고 주장할 텐데, 나는 그들이 왜 그럴 것인지 알 수 있다. 그러나 내가 GEB를 쓴 지 너무 오래되었기 때문에 그것을 쓸 때의 마술적인 느낌은 아마 사그라들었을 것이다. 반면에 『마로의 달콤한 소리 : 언어음악의 예찬』의 마술적인 느낌은 아직도 생생하다. 그럼에도 불구하고, 적어도 단기적으로는 『마로의 달콤한 소리 : 언어음악의 예찬』이 GEB보다는 훨씬 조금밖에 영향을 끼치지 못했음은 부정할 수 없고, 그 점이 나를 상당히 실망시켰음을 고백한다.

왜 이것이 사실일지를 내가 잠시 숙고해볼 수 있도록 허락해달라. 어떤 의미에서 GEB는 전향적인 책이었고, 또는 적어도 표면적으로는 그런 모습으로 보였다. 많은 사람들이 그것을 "인공지능의 성서(경전)"와 같은 어떤 것으로 묘사했는데, 이것은 물론 말도 안 되는 것이지만, 그러나 사실은 많은 젊은 학생들이 그것을 읽고, "나"와 자유의지와 의식이라는 덧없는 목표들을 포함해서 마음의 규정하기 어려운 온갖 측면들을 본뜨려는 데에 나와 마찬가지로 매료되었다. 비록 나는 미래학자, 과학소설 중독자, 또는 기술 전문가와는 거리가 멀지만, 가끔 그런 식으로 분류되었는데, 그 이유는 단지 컴퓨터들과 그것의 어마어마한 잠재력(가장 철학적인 의미에서)을 상당히 다룬 긴 논문을 썼기 때문이고 그리고 내 책이 컴퓨터에 관심 있는 젊은이들 사이에서 선풍을 일으켰기 때문이다.

그런데 대조적으로, 『마로의 달콤한 소리 : 언어음악의 예찬』은 회고적인 책으로 보였을지도 모르는데, 그 이유는 그것이 16세기의 시에서 영감을 받았고 단테와 푸시킨 같은 다른 많은 과거의 작가들을 다루고 있기 때문이라기보다는, 책 내용에 그럴듯한 기술적인 현란함과 초현실적인 미래에 대한 약속들로 얼떨떨해할 것이 아무것도 없기 때문이다. GEB에 그것들 중 어느 것이든 있다는 것이 아니라, 많은 사람들이 그 속에서 그런 방향을 따라 막연하게 뭔가를 보는 것 같았다. 반면에 『마로의 달콤한 소리 : 언어음악의 예찬』에는 이해해야 할 그런 종류의 것이 아무것도 없다. 사실, 어떤 사람은 그 책을 거의 기술-때리기로 볼지도 모르겠다. 그 책에서 나는 많은 인공지능 연구자들과 기계-번역 개발자들이 극도로 과장된 주장을 하는 점에 대해서 맹비난을 퍼부었다. 나는 이들 분야의 적이 아니다. 그러나 그들이 제시하는 과제들을 과도하게 단순화하는 것과 과소평가하는 것에 대해서는 반대한다. 왜냐하면 결국 그것은 내가 가장 깊이 존중하는 인간 정신을 엄청나게 과소평가하는 것이기 때문이다.

GEB를 주의 깊게 읽은 사람이라면 누구라도 그 책에 이와 똑같은 회고적인 정취가 퍼져 있음을 보았을 것이다. 아마도 가장 뚜렷하게 보이는 곳은 핵심적인 절인 "열 개의 질문과 추측"(pp. 933-939)인데, 여기에서는 인간 정신의 깊이를 매우 낭만적인 방식으로 보고 있다. 비록 거기에 제시된 체스 경기 프로그램에 관한 나의 예상은 당혹스럽게도 틀린 것으로 판명되었지만(세상이 1997년 딥 블루[Deep Blue] 대 카스파로프의 경기를 보았던 것처럼), 그럼에도 불구하고, 거기에서 표현했던 몇 가지 철학적인 신념에 지금도 여전히 확신을 가지고 전념하고 있다.

손대느냐, 원래대로 두느냐?

20년 전에 한 예측이 상당한 잘못되었다면, 왜 "열 개의 질문과 추측"을 다시 쓰면서 그것을 최신 정보로 바꾸고 딥 블루를 감안하여 내가 어떻게 느끼고 있는지에 대해서 이야기하지 않는가? 그런데 이것은 말할 것도 없이 훨씬 더 큰 문제를 낳게 된다. 즉 1979년판을 처음부터 끝까지 개정하고 완전히 새로운 1999년 판을 내놓는 문제이다. 그런 기획을 수행하게 되면 무엇이 유리하게 작용하고 무엇이 불리하게 작용할까?

번역본에서 작지만 마음에 드는 개선이 있었음을 부정하지 않는다. 예를 들면, 권위 있는 바흐통인 내 친구 버니 그린버그가 대화 "두문자어 대위법(contra-crostipunctus)" 속에서 내가 처음부터 끝까지 꾸며냈던 "바흐 잔(BACH goblet)"이 실제로 있다고 알려주었다! 실제 잔은 (나의 대화에서는 바흐가 만들었다고 썼는데) 바흐가 직접 불어서 만든 유리잔이 아니고 그가 아끼는 제자 중 한 명이 선물한 것이었다. 그렇지만 중요한 특징—유리잔에 선율 "BACH"가 새겨져 있다는 것—은 내가 대화에서 말한 그대로이다! 이것은 놀라운 우연의 일치여서 나는 프랑스어판을 위해서 대화를 다시 써서 실제로 잔이 있다는 사실을 반영했고, 프랑스어판 GEB에 바흐 잔 사진을 싣도록 했다.

프랑스어판 GEB에서 또 하나 즐겁게 손을 본 것은 매우 공식적이고 특색이 없는 괴델의 사진을 훨씬 더 매력적인 스냅 사진으로 바꾼 점이다. 그 사진에서 말쑥한 흰색 양복을 입은 그는 숲에서 어떤 노인과 산책을 하고 있다. 헐렁한 모자와 볼품없는 멜빵을 단 헐렁한 바지를 입은 그 노인은 어느 구석으로 보나 전형적인 시골 영감으로 보였다. 그래서 나는 "무명의 농부와 괴델"이라고 사진 설명을 달았다. 그러나 20세기에 살았던 사람 누구나 금세 알 수 있는 것처럼 그 무명의 농부는 바로 아인슈타인이다.

그러면 왜 이런 재미있는 수정을 집어넣어서 영어 개정판을 내지 않는가? 좀 더 실질적인 차원에서 왜 선구적인 인공지능 프로그램인 Hearsay II에 대해서 이야기하지 않는가? 그 프로그램의 아주 교묘한 설계는 GEB가 나온 지 1, 2년 후에 나 자신의 컴퓨터 모델에 막대한 영향을 미치기 시작했고 나는 그 프로그램에 대해서 이미 1976년에 알고 있었다. 왜 기계번역에 대해서, 특히 그 약점에 대해서 좀더 이야기하지 않는가? 왜 한 장을 할애하여 지난 20년간의 인공지능에서의 가장 유망한 발전들(그리고/또는 부풀려진 주장들)—내가 이끄는 연구 그룹과 다른 연구 그룹을 다루면서—에 대해서 말하지 않는가? 또는 왜, 일부 사람들이 제안하는 것처럼, GEB의 모든 대화를 일류 배우들의 목소리 연기로 녹음한 것과 에셔의 그림, 바흐의 음악을 수록한 시디-롬은 내놓지 않는가?

이 모든 것들에 대한 주장을 이해할 수 있지만, 유감스럽게도 나는 그것들을 받아들이지 않는다. 시디-롬 제안은 가장 자주 듣는 것인데 물리치기에 가장 간단한 것이다. 나는 GEB를 멀티미디어 서커스가 아니라 책으로 생각하고 낸 것이다. GEB는 책으로 남을 것이다—이야기 끝. 그러나 본문을 개정하는 생각에 대해서는 이야기가 더욱 복잡하다. 어디에 선을 그을까? 절대 손댈 수 없는 것은 무엇일까? 어떤 것이 살아남고, 어떤 것을 버릴까? 내가 그 일에 착수하면, 모든 문장 하나하나를 다시 쓰게 될지도 모른다. 그리고 잊지 말아야 할 것은, 기존의 거북 선생을 역설계하는 것을……*

어쩌면 나는 그저 정신 나간 순수주의자일지 모른다. 어쩌면 내가 그저 게으른 시골뜨기인지도 모른다. 그러나 의심할 바 없이 고집불통이다. 그리고 내 책의 원문을 바꾸는 것을 꿈도 꾸지 않을 것이다. 그것은 받아들일 수 없다. 이와 같은 단호함 속에서 "감사의 말"에 두 사람의 이름—도널드 케네디와 하워드 이든버그—을 추가하는 것을 나 자신에게 허락하지 않을 것이다. 내가 부주의해

---

* 거북의 성을 남성에서 여성으로 바꾸는 것을 말한다.

서 그 이름을 누락시킨 것에 몇 해 동안 애석함을 느낀 사실에도 불구하고 말이다. 심지어 오식(誤植)도 고치지 않을 것이다(유감스럽게도 20년간, 색인에 "오식"이라는 낱말 아래에 명시적으로 나열해놓은 것 말고도 몇 개를 발견했다)! 도대체 나는 왜 이렇게 벽창호인가? 왜 『괴델, 에셔, 바흐』에 최신 정보를 담아 21세기—세 번째 천년—를 선도하는 데에 어울리는 책으로 만들지 않는가?

구하라 찾을지니

인생이 짧다는 것 외에 내가 줄 수 있는 유일한 대답은, GEB는 말하자면, 단숨에 쓰였다는 것이다. GEB는 누군가 꿈꾸었던 깨끗하고 순수한 비전이었다. 그는 분명히 당신의 것과 아주 비슷하지만 그럼에도 불구하고 다소 다른 전망과 다소 다른 의제를 가졌다. GEB는 바로 그 사람이 좋아서 한 일이었다. 그런 이유로—적어도 내가 말할 수 있는 것은—그것은 손대지 말아야 한다는 것이다.

　참으로 나는 마음속에, GEB의 진정한 저자가 어느 화창한 날 마침내 내 나이가 되었을 때, 내게 진실로 감사를 표할 것이라는 이상한 확신을 느낀다. 자신이 젊고 열정적이었던 시절 혼을 쏟아부었던 그릇—누구는 비밀스러운, 심지어 천진스러운 낭만적 발언으로 볼지도 모르지만 "나의 신앙고백"이라고까지 할 작품—에 손대지 않은 것에 대해서 말이다. 적어도 나는 그가 무슨 말을 하고 있는지 안다.

그러므로, 내 신앙의 충실한 표현으로서
변함없이 그대로 쉬어라.
REQVIESCAT IN CONSTANTIA, ERGO,
REPRAESENTATIO CVPIDI AVCTORIS RELIGIONIS.

책의 구성

제I부 : GEB

서론 : 음악-논리학의 헌정(A musico-logical offering). 이 책은 바흐의 "음악의 헌정"에 대한 이야기로 막을 연다. 바흐는 프로이센의 프리드리히 대왕을 갑자기 방문했는데, 대왕이 하사한 주제로 즉흥연주할 것을 요청받았다. 그때의 즉흥연주가 그 위대한 작품의 바탕을 이루었다. 나는 이 책 전반을 통해서 "음악의 헌정"과 그의 이야기를 주제로 "즉흥연주를 하여" 일종의 "메타음악의 헌정"을 만들었다. 바흐 작품에 나타나는 자기-지시(self-reference)와 다른 층위들 사이의 상호작용을 논의하고, 에셔의 그림과 괴델의 정리에 나타나는 비슷한 아이디어에 대한 논의로 이어간다. 괴델의 정리에 대한 배경으로 논리학과 모순의 역사를 간단히 소개한다. 이것은 기계적인 추론과 컴퓨터로, 인공지능이 가능한가의 여부에 대한 토론으로 이어진다. 마지막으로 이 책이 태어난 경위, 특히 왜 대화를 도입했는지에 대한 설명으로 장을 끝낸다.

3성 인벤션. 바흐는 열다섯 개의 3성(聲) 인벤션(three-part invention)을 작곡했다. 이 3성의 대화에서, 이후에 나오는 대화들의 등장인물인 거북과 아킬레스를 제논이 고안한다(실제로 제논이 운동의 역설을 예시하려고 그들을 고안했던 것처럼). 매우 짧은데, 뒤에 나올 대화들에 대한 맛보기이다.

제1장 MU-수수께끼(MU-puzzle). 단순한 형식체계(MIU-체계)를 소개하고, 전반적으로 형식체계들과 친숙해지도록 독자들이 풀어야 할 수수께끼를 제시한다. 문자열, 정리(theorem), 공리(axiom), 추론규칙(rules of inference), 도출(derivation), 형식체계, 결정절차(decision procedure), 체계 내부/외부에서의 작업 등과 같은 기본적인 개념을 소개한다.

2성 인벤션. 바흐는 또한 열다섯 개의 2성 인벤션을 작곡했다. 이 2성의 대화는 필자가 아니라, 1895년에 루이스 캐럴이 썼다. 캐럴은 제논에게서 아킬레스와 거북을 빌려왔고, 나는 다시 캐럴에게서 그들을 빌려왔다. 주제는 추론, 추론에 대한 추론, 추론에 대한 추론에 대한 추론 등등 사이의 관계이다. 그것은 어떤 점에서 제논이 말하는 운동의 불가능성에 대한 역설과 아주 비슷한데, 무한후퇴(infinite regress)를 이용하여 추론이란 불가능하다는 것을 보여주려는 것 같다. 그것은 아름다운 역설이며, 이 책에서 나중에 여러 번 언급한다.

제2장 수학에서의 의미와 형식. 새로운 형식체계(pq-체계), 심지어는 제1장의 MIU-체계보다도 단순한 체계를 도입한다. 그 형식체계의 기호들은 얼핏 보기에는 무의미하게 보이지만, 그것들이 출현하는 정리들의 형식 덕택에 갑자기 의미를 가진다는 것이 드러난다. 이와 같은 드러남이 의미에 대한 첫 번째 중요한 통찰, 즉 의미와 동형성(isomorphism)과의 심층적인 연관이다. 그러고 나서 의미와 관련된 여러 가지 문제들인, 참, 증명, 기호조작 그리고 규정하기 어려운 개념인 "형식" 같은 것을 논의한다.

무반주 아킬레스를 위한 소나타. 바흐의 무반주 바이올린을 위한 소나타를 흉내 낸 대화이다. 이 대화에서는 아킬레스가 유일한 화자인데 그 이유는 전화 통화의 한 쪽 말만 글로 옮긴 것이기 때문이다. 전화선의 다른 쪽 끝에 거북이 있다. 그들의 대화는 여러 맥락—예를 들면 에셔의 그림—에서 나타나는 "전경"과 "배경"이라는 개념에 관한 것이다. 그 대화는 아킬레스의 말이 "전경"을 형성하고 아킬레스의 말에 암시적으로 나타나는 거북의 말은 "배경"을 형성하기 때문에 전경-배경의 구분에 대한 예를 형성한다.

제3장 전경과 배경. 전경과 배경 사이의 구분이 형식체계의 정리와 비정리 사이의 구분과 비교된다. "전경은 반드시 그것의 배경과 같은 정보를 가지는가"라는 질문은 재귀적 열거 가능 집합(recursively enumerable set)과 재귀적 집합의 구분으로 이어진다.

두문자어 대위법. 이 대화는 이 책에서 핵심적이다. 왜냐하면 괴델의 자기-지시적 구조와 불완전성의 정리를 다른 식으로 표현하고 있기 때문이다. 그 정리에 대한 다른 식의 표현 중 하나는 "각각의 전축에 대해서 그 전축에서 연주될 수 없는 음반이 존재한다"이다. 이 대화의 제목 두문자어 대위법(Contracrostipunctus)은 "두문자어(acrostic)"라는 낱말과 바흐가 "푸가의 기법"을 구성하는 많은 푸가와 카논들을 나타내기 위해서 쓴 라틴어 낱말 "대위법(contrapunctus)"을 섞어서 만든 합성어이다. "푸가의 기법"에 대한 명시적인 언급도 있다. 대화 자체는 머리 글자들만 따면 어떤 글귀가 된다.

제4장 무모순성, 완전성 그리고 기하학. 앞의 대화는 이 단계에서 가능한 정도까지만 설명되었다. 거기에서 형식체계의 기호들이 어떻게 그리고 언제 의미를 획득하는가라는 물음으로 되돌아간다. "무정의(無定義) 용어(undefined term)"라는 규정하기 어려운 개념에 대한 예시로서 유클리드 기하학(Euclidean geometry)과 비유클리드 기하학의 역사를 소개한다. 이것은 서로 다르고 "경합하는" 기하학들 사이에 모순이 없다는 아이디어로 이어진다. 이 논의를 통하여 무정의 용어라는 개념을 분명하게 하고, 무정의 용어가 지각 및 사고과정에 대해서 가지는 관계를 논의한다.

작은 화성의 미로. 이 대화는 같은 제목을 가진 바흐의 오르간 작품에 토대를 두고 있다. 그것은 재귀적인, 즉 중첩된 구조에 대한 개념을 익살스럽게 소개한다. 그것은 이야기 속에 이야기가 있다. 전체의 틀이 되는 이야기는 우리가 기대하는 것처럼 마감이 되지 않고 열린 채로 남아 있어 독자는 이야기의 해결을 보지 못하고 허공에 뜬 상태로 남겨진다. 중첩된 이야기 하나는 음악에서 말하는 조 바꿈에 해당한다. 이것은 잘못된 조로 곡을 맺게 하고 종지부의 해결이 없기 때문에 듣는 사람을 불안하게 만드는 전형적인 오르간 기법이다.

제5장 재귀적 구조와 과정. 재귀(再歸, recursion)라는 개념을 음악 패턴, 언어적 패턴, 기하학적 구조, 수학 함수, 물리학 이론, 컴퓨터 프로그램 등의 여러 맥락에서 소개한다.

음정확대에 의한 카논. 아킬레스와 거북은 다음 질문을 해결하고자 한다 : "음반 또는 그것을 연주하는 축음기, 그중에서 어떤 것이 더 많은 정보를 가지는가?" 이 이상한 질문은 거북이 음반 한 개를 기술할 때 제기되었다. 그 음반은 그것을 트는 축음기에 따라 B-A-C-H와 C-A-G-E라는 아주 다른 두 선율을 생성한다. 그러나 이 두 선율은 특이한 의미에서 "같다."

제6장 의미는 어디에 자리잡고 있는가. 이 장은 의미가 코드화된 메시지, 암호 해독자 및 수신자 사이에 어떻게 나뉘는가를 폭넓게 논의한다. 제시된 예는 DNA 가닥, 판독이 안 된 고대 비석의 명문과 우주공간을 떠다니는 음반을 포함한다. 지능이 "절대적인" 의미와 맺는 관계를 상정했다.

반음계 환상곡과 반목(反目). 이 짧은 대화는 제목 말고는 바흐의 "반음계 환상곡과 푸가"와는 닮은 점이 거의 없다. 이 대화는 참(truth)을 보존하도록 문장을 조작하는 적절한 방식과, 특히 "and"라는 낱말의 용법에 대한 규칙들이 존재하는지에 대한 문제에 관한 것이다. 이 대화는 루이스 캐럴의 대화와 공통점이 많다.

제7장 명제계산. "and"와 같은 낱말이 형식규칙들에 의해서 어떻게 지배될 수 있는지 제시한다. 다시 한번, 그런 체계에서 동형성과 기호에 의해서 의미를 자동적으로 습득하는 것에 대한 아이디어들을 내놓는다. 이 장에 있는 모든 예는 선불교의 공안(公案)에서 가져온 문장들이다. 이것은 의도적으로 한 것인데, 다소 장난기가 있다. 왜냐하면 공안들은 일부러 비논리적으로 만든 이야기이기 때문이다.

게 카논. "음악의 헌정"에 있는 같은 이름의 곡에 토대를 둔 대화이다. 이 두 작품 모두 마치 게가 걸어가듯이 진행되기 때문에 그런 이름이 붙여졌다. 이 대화에서 게가 처음으로 등장한다. 형식상의 교묘함과 여러 차원을 넘나드는 유희로 볼 때 이 책에서 가장 응축된 대화일 것이다. 이 매우 짧은 대화 안에 괴델과 에셔와 바흐가 서로 깊이 얽혀 있다.

제8장 활자형 수론. 명제계산을 확장한 "TNT"를 제시한다. TNT에서는, 수론의 추론은 엄격한 기호 조작을 통해서 할 수 있다. 형식적인 추론과 인간 사고 사이의 차이들을 고찰한다.

무의 헌정. 이 대화는 이 책 안에 나오는 많은 새로운 주제들을 예시한다. 표면상으로는 선불교와 공안을 이야기하는 모양새이지만, 실은 수론에서의 문자열의 참과 거짓, 정리와 비정리에 대해서 논의한다. 여기에서는 분자생물학, 특히 유전자 코드에 대한 언급이 잠깐 나온다. 제목과 자기-지시 게임의 유희 말고는 "음악의 헌정"과 가까운 점이 전혀 없다.

제9장 무문과 괴델. 선불교의 기이한 아이디어들에 대해서 언급한다. 중심 인물은 많은 공안에 잘 알려진 주석을 썼던 선승 무문화상이다. 어떤 점에서는, 선불교의 생각들은 수리철학에서의 최근의 아이디어와 은유적으로 닮은 점이 있다. "선"에 대한 설명에 이어서 괴델 수 매기기(Gödel numbering)라는 괴델의 기본적인 아이디어를 소개하고 괴델의 정리에 대한 첫 번째 개괄이 이루어진다.

제II부 : EGB

전주곡…… 이 대화는 뒤의 대화와 연결된다. 두 대화는 바흐의 "평균율 클라비어 곡집"에 실린 전주곡과 푸가에 토대를 두고 있다. 아킬레스와 거북은 게에게 줄 선물을 가지고 방문하는데, 거기에는 또다른 손님 개미핥기가 있다. 그 선물이 "평균율 클라비어 곡집"을 녹음한 음반으로 밝혀지자, 즉시 전축 위에 올려진다. 그들은 전주곡을 들으면서 전주곡과 푸가의 구조에 대해서 토론한다. 그리고 푸가를 전체로 들어야 할지 아니면 부분의 합으로 들어야 할지에 대한 아킬레스의 질문으로 이어진다. 이것이 바로 곧 나오게 될 개미 푸가에 나오는 전일주의(holism)와 환원주의(reductionism) 사이의 논쟁이다.

제10장 기술층위와 컴퓨터 체계. 그림, 체스판, 컴퓨터 체계를 보는 다양한 층위들을 논의한다. 이 가운데에서 컴퓨터 체계를 상세하게 살펴본다. 여기에는 기계어(machine language), 어셈블리어(assembly language), 컴파일러 언어(compiler language), 운영체계(operating system) 등에 대한 설명이 포함된다. 그리고 스포츠 팀, 핵, 원자, 날씨 등과 같은 다른 종류의 합성체계들에 대한 논의로 방향을 돌린다. 중간 층위들이 얼마나 많이 있는지, 또는 그런 층위가 있기나 한지에 대

한 질문이 나온다.

……과 개미 푸가. 푸가라는 음악형식을 모방한 대화이다. 각 성부는 똑같은 문장으로 시작한다. 전일주의 대 환원주의라는 주제를 재귀적인 그림으로 소개하는데, 그 그림을 구성하는 것은 낱말들이고, 그 낱말들을 구성하는 것은 더 작은 낱말들이고, 더욱 작은 낱말들이 등등……. 이 이상한 그림의 네 층위에 나타나는 낱말들은 "전일주의(HOLISM)", "환원주의(REDUCTIONISM)" 그리고 "무(MU)"이다. 논의는 개미핥기의 친구인 개미탑 아줌마(Aunt Hillary)로 전환되는데, 그녀는 의식이 있는 개미 군락이다. 그녀의 사고 과정의 다양한 층위들이 이 토론의 주제이다. 대화 안에는 푸가 기법이 많이 들어 있다. 독자에게 힌트를 주기 위하여, 아킬레스, 거북, 게가 하는 말들이 이들 넷이 듣고 있는 음반에서 진행되는 푸가 기법들과 평행을 이루도록 했다. 개미 푸가의 끝부분에서 전주곡의 주제로 다시 돌아가는데, 상당히 변형되어 나타난다.

제11장 뇌와 사고. 이 장의 주제는 "뇌의 하드웨어가 어떻게 사고를 지원할 수 있는가?"이다. 먼저 뇌의 대규모 구조와 소규모 구조에 대한 개괄이 제시된다. 그리고 개념들과 신경활동 사이의 관계가 추측에 근거하여 좀 자세히 논의된다.

영국-프랑스-독일 모음곡. 루이스 캐럴의 무의미시(無意味詩)인 "재버워키(Jabberwocky)"의 원본 및 그것을 19세기에 프랑스어와 독일어로 옮긴 간주곡이다.

제12장 마음과 사고. 바로 앞의 시들은 언어들 또는 과연 마음들이 서로 "대응될" 수 있는가라는 질문을 강력하게 불러일으킨다. 두 개의 별도의 물리적인 뇌들 사이에서 어떻게 소통이 가능한가? 모든 인간들의 뇌들이 공통적으로 가지고 있는 것은 무엇인가? 이에 대한 대답을 제안하기 위해서 지리를 비유로 사용한다. 여기서 질문이 생긴다. "뇌는, 좀 객관적인 의미에서, 외부인이 이해할 수 있는가?"

다양한 변주가 딸린 아리아. 이 대화의 형식은 바흐의 "골트베르크 변주곡"에 토대를 두고 있고, 내용은 골드바흐의 추측과 같은 정수론(number theory) 문제들과 관련이 있다. 이렇게 두 가지 다른 종류를 혼합한 목적은 자연수(natural number)라는 무한 영역을 탐색한다는 주제에 다양한 변주가 많이 있다는 사실로부터 수론의 미묘함이 어떻게 생기는지를 보여주는 데에 있다. 어떤 변주는 유한한 탐색이 되고, 어떤 변주는 무한한 탐색이 된다. 그리고 나머지는 그 사이를 떠돈다.

제13장 BlooP와 FlooP와 GlooP. 이것들은 세 종류의 컴퓨터 언어 이름이다. Bloop 프로그램은 단지 예측할 수 있는 유한한 탐색만을 수행하는 반면에 Floop 프로그램은 예측할 수 없는 또는 심지어 무한한 탐색도 실행할 수 있다. 이 장의 목적은 수론에서 원시 재귀 함수와 일반 재귀 함수의 개념에 대한 직관을 제공하려는 것이다. 왜냐하면 그것들이 괴델의 증명에서 본질적이기 때문이다.

G선상의 아리아. 이 대화는 괴델의 자기-지시적인 구조를 언어로 재현한 것이다. 그 아이디어는 철학자 콰인에게서 나온 것이다. 이 대화는 다음 장의 원형이 된다.

제14장 TNT 및 그것과 연관된 체계들의 형식적으로 결정 불가능한 명제. 이 장의 제목은 불완전성 정리를 처음으로 발표한 1931년의 괴델의 논문 제목에서 따왔다. 괴델 증명의 두 주요 부분을 주의 깊게 살펴본다. 괴델의 증명은 TNT가 무모순이라면, 어떻게 TNT(또는 비슷한 모든 체계들)가 불완전하다는 결론을 내릴 수밖에 없는지를 보여준다. 유클리드 기하학과 비유클리드 기하학(non-Euclidean geometry)과의 관계도 논의한다. 수학이 철학에 대해서 가지는 함의도 어느 정도 논의한다.

생일 칸타타타타…… 여기서 아킬레스는 교활하고 의심이 많은 거북에게, 오늘이 자신(아킬레스)의 생일이라는 사실을 납득시킬 수가 없다. 거북을 납득시키려는 아킬레스의 반복적인 그러나 성공적이지 못한 시도들은 괴델 논증이 반복해서 적용될 수 있을 거라는 조짐을 나타낸다.

제15장 체계에서 벗어나기. 여기서는 TNT가 그냥 불완전한 것이 아니라 "본질적으로 불완전하다"는 사실을 암시하면서 괴델 논증의 반복가능성을 보여준

다. 괴델의 정리는 인간의 사고가 어느 의미에서든 "기계적"일 수 없다는 것을 증명한다는 취지의, 루카스의 꽤 유명한 논증을 분석하고 부족한 것을 밝혀낸다.

어느 애연가의 교훈적인 사색. 이 대화는 자기-복제(self-replication) 및 자기-지시에 연관된 문제들에 정곡을 찌르며 여러 화제들을 다룬다. 이에 대한 보기로 텔레비전 화면을 찍는 텔레비전 카메라, 스스로를 조직하는 바이러스 및 여타의 준세포적 실체들을 언급한다. 위의 제목은 바흐의 자작시에서 유래하며 시는 독특한 방식으로 시작한다.

제16장 자기-지시(REF)와 자기-증식(REP). 이 장은 다양한 모습의 자기-지시 및 (컴퓨터 프로그램이나 DNA 분자같이) 자기-증식을 실행하는 개체들 사이의 연관성을 다룬다. 이때 자기-증식하는 실체와 자신을 증식하도록 도와주는 외부 메커니즘들 (예를 들면, 컴퓨터나 단백질) 사이의 관계들(특히 그 구별의 모호함)을 논의한다. 그런 체계들의 다양한 층위들 사이에서 정보가 어떻게 이동하는가, 그것이 이 장의 중심 주제이다.

과연 위대한 게로다(The Magnificrab, Indeed)! 이 대화의 제목은 바흐의 "마그니피카트(장엄미사) D 장조(Magnificat in D)"에 대한 말장난이다. 이 이야기는 게에 대해서인데, 게는 수론의 참 명제와 거짓 명제들을 음악작품인 것으로 보고는 플루트로 연주하고, 그 작품이 "아름다운지" 아닌지를 결정함으로써 수론의 참 명제와 거짓 명제를 분별하는 신통력을 가진 존재인 것 같은 모습을 보여준다.

제17장 처치, 튜링, 타르스키 등. 앞의 대화에 나오는 허구 속의 게는 놀라운 수학적 능력을 가진 다양한 실제 인물들로 대체된다. 정신 활동을 계산에 결부시키는 처치-튜링 테제(Church-Turing Thesis)가 강도를 달리해서 여러 버전들로 소개된다. 특히 모든 버전들이 인간의 사고를 기계적으로 시뮬레이션한다거나 아름다움을 감지하거나 창조하는 능력을 기계에 프로그래밍하는 것이 가능하다는 것을 뜻한다는 관점에서 분석된다. 두뇌 활동과 계산의 연관성은 튜링의 정지 문제(halting problem), 타르스키의 참 정리 같은 다른 주제들도 끄집어낸다.

SHRDLU, 인간이 갈망하는 장난감일지니. 이 대화는 테리 위노그래드가 자신의 프로그램 SHRDLU를 다루었던 논문에서 발췌했다 : 이름 몇 개만 바뀌었을 뿐이다. 이 대화에서는 프로그램이 이른바 "블록 세계(blocks world)"에 대해서 어떤 사람과 매우 인상 깊은 언어(영어)로 소통한다. 그 컴퓨터 프로그램은, 자신의 제한된 세계에서, 정말로 어느 정도 이해하는 것처럼 보인다. 이 대화의 제목은 바흐 칸타타(147번)의 한 악장 "예수는 만민의 기쁨(Jesu, Joy of Man's Desiring [독일어 원제 : Jesus, Bleibt meine Freude/역주])"에 바탕을 두었다.

제18장 인공지능 : 회고. 이 장은 유명한 "튜링 테스트(Turing test)"에 대한 논의로 시작한다. 튜링 테스트는 기계에도 "사고"가 존재하는지의 여부를 알아내기 위해서 컴퓨터의 선구자 앨런 튜링이 제안한 방안이다. 거기서부터 계속해서 인공지능에 대한 간략한 역사로 넘어간다. 여기서는 어느 정도 게임을 하고, 정리를 증명하며, 문제를 해결하고, 음악작품을 작곡하고, 수학을 하며, "자연언어"(예를 들면 영어)를 사용할 수 있는 프로그램들을 다룬다.

반(反)사실(Contrafactus). 현실세계에 대한 가상적인 변종을 언제나 상상할 수 있도록 우리가 사고를 어떻게 무의식적으로 조직하는지에 대한 이야기이다. 또한 나무늘보라는 새로운 등장인물에 대한 이야기인데 그는 이러한 능력의 특이한 변종들을 지니고 있다. 그는 감자튀김을 열렬하게 좋아하고 반사실을 극렬하게 증오한다.

제19장 인공지능 : 전망. 앞의 대화는 지식이 어떻게 맥락의 층을 이루면서 표현되는지에 대한 논의를 촉발한다. 이것은 오늘날 인공지능 연구에서 말하는 "프레임(frame)"이라는 아이디어로 이어진다. 구체적인 설명을 위해서, 일련의 시각 패턴 퍼즐을 프레임 같은(frame-like) 방식으로 다루는 것을 제시한다. 그런 다음 개념 일반의 상호작용에 대한 깊이 있는 문제를 논의한다. 이것은 다시 창조성에 대한 고찰로 이어진다. 이 장은 인공지능과 마음 전반에 대한 일련의 개인적인 "질문과 추측"으로 끝맺는다.

나무늘보 카논(Sloth Canon). 나무늘보 카논은 바흐의 카논을 모방하는데 제1

성부가 제2성부와 같은 선율을 연주하는데 다만 위아래를 뒤집어 두 배 느리게 하고, 제3성부는 자유롭게 진행한다. 여기서 나무늘보는 거북과 똑같은 대사를 말하지만, (엄밀하지 않은 의미에서) 부정문으로만 그리고 두 배로 느리게 말한다. 반면에 아킬레스는 자유롭게 말한다.

제20장 이상한 고리들 또는 뒤엉킨 계층질서들. 위계적 체계들과 자기-지시에 대한 많은 아이디어들을 웅장하게 마무리한다. 이 장은 체계들이 자신에게로 향해 되돌아설 때 일어나는 뒤엉킴에 관한 것이다. 예를 들면 과학을 조사하는 과학, 정부의 비리를 수사하는 정부, 예술의 규칙을 위반하는 예술, 끝으로 자신의 뇌와 마음에 대해서 생각하는 인간. 괴델의 정리는 이 마지막 "뒤엉킴"에 대해서 어떤 것이라도 말해주는 것이 있나? 자유의지와 의식에 대한 느낌은 괴델의 정리와 연관되는가? 이 장은 괴델, 에셔, 바흐를 다시 한번 함께 엮으면서 끝맺는다.

6성 리체르카레(Six-Part Ricercar). 이 대화는 책 전체에 스며든 많은 아이디어들을 가지고 벌이는 생동감 넘치는 한 판의 놀이이다. 이것은 책의 시작 부분인 "음악의 헌정"에 얽힌 이야기를 재연(再演)한다. 동시에 "음악의 헌정"에서 가장 복잡한 곡인 "6성 리체르카레"를 언어로 "번역한" 것이다. 이 이원성은 책 속의 다른 어느 부분보다 더 많은 의미 층위(levels of meaning)를 이 대화에 부여한다. 프리드리히 대왕이 게로 바뀌고 피아노는 컴퓨터, 등등으로 바뀐다. 놀라운 일들이 많이 일어난다. 이 대화의 내용은 책에서 소개했던 마음, 의식, 자유의지, 인공지능, 튜링 테스트 등의 문제들에 관한 것이다. 이 대화는 책의 시작 부분을 암시적으로 지시하면서 끝맺는데, 이렇게 해서 곧바로 바흐의 음악과 에셔의 그림 그리고 괴델의 정리를 상징하면서 책 전체를 하나의 거대한 자기-지시 고리로 만든다.

감사의 말

이 책은 거의 20년에 걸쳐 내 마음속에서 발효되고 있었다. 열세 살 때부터 나는 어떻게 영어와 프랑스어로 생각하는지에 대해서 생각했다. 실은 그 이전부터 내 주요 관심사에 대한 분명한 조짐이 있었다. 언젠가 아주 어렸을 때 세 개의 3을 취한다는 것, 즉 3이라는 수 자체를 가지고 3에 작용한다는 아이디어보다 더 짜릿했던 일은 없었던 기억이 난다! 나는 이 아이디어가 아주 미묘해서 다른 사람은 생각해낼 수 없는 것이라고 확신했다. 그러나 하루는 엄마한테 그 수가 얼마나 큰 것인지 감히 물어보았다. 엄마는 "9"라고 대답했다. 그러나 내가 뜻하는 것을 엄마가 제대로 알았는지는 확실치 않다. 나중에 아버지가 제곱근과 허수 (i)……등의 신비를 가르쳐주었다.

나는 누구보다도 부모님께 가장 큰 신세를 졌다. 부모님은 언제나 내가 의지할 수 있는 기둥이었다. 나를 이끌어주셨고, 영감을 주셨고, 용기를 북돋아주셨고, 격려해주셨다. 무엇보다도 나를 늘 믿어주셨다. 이 책을 부모님께 바친다.

나의 오랜 친구 로버트 뵈닝거와 피터 존스에게 특히 고마움을 표한다. 그들은 내가 수없이 많은 방식으로 사고하도록 도와주었으며 그들의 영향력과 아이디어가 이 책 전체에 퍼져 있다.

찰스 브래너에게 많은 빚을 졌다. 우리 둘 다 젊었을 때, 나에게 프로그래밍을 가르쳐준 것에 대해서 감사하고, 항상 자극을 주고—암묵적인 칭찬—이따금 하는 비평에 대해서 감사한다.

오랜 친구이자 멘토인 어니스트 네이글로부터 지대한 영향을 받은 것에 기쁘게 감사를 표한다. 나는 "네이글과 뉴먼"을 사랑했으며, 오래 전에는 버몬트에서, 좀더 최근에는 뉴욕에서 그들과 나눈 많은 대화에서 많은 것을 배웠다.

하워드 드롱은 그의 책을 통해서 이 책에서 다룬 주제들에 대한 오랫동안 잠들어 있던 나의 사랑을 다시 깨워주었다. 참으로 그에게 큰 빚을 지고 있다.

데이비드 조너선 저스트맨은 대화 속의 거북—영리하고 끈기가 있으며 모순과 역설을 좋아하는 인물—이 어떤 인물인지 나에게 보여준 사람이었다. 그에게 많은 신세를 지고 있는 이 책을 그가 읽고 즐기기를 바란다.

스콧 킴은 나에게 지대한 영향을 미쳤다. 2년 반쯤 전, 처음 만난 이후로 우리 둘 사이의 공명(共鳴)은 믿을 수 없을 정도였다. 결정적인 때 정말로 고마운 자발적인 도움을 포함하여, 미술, 음악, 유머, 유추 등에 대한 뚜렷한 기여 이외에도 스콧은 많은 새로운 전망과 통찰을 제공했는데, 그것은 내가 작업하면서 내 작업에 대한 나의 시각을 변화시켰다. 만일 누군가가 이 책을 이해한다면, 그것은 스콧 킴이다.

이 책의 크고 작은 여러 사안에 대하여 돈 버드에게 수시로 문의했다. 그는 한마디로 이 책에서 구상한 내용을 무불통지(無不通知)로 꿰뚫고 있는 사람이다. 그는 이 책의 전반적인 목적과 구조에 대한 탁월한 감각을 지녔으며, 몇 번이고 좋은 아이디어를 제공해서 나는 즐겁게 받아들였다. 일단 이 책이 인쇄에 들어가면 **앞으로** 돈 버드가 내놓을 모든 아이디어들을 포함할 수 없는 것이 안타까울 따름이다. 그가 만든 악보 인쇄 프로그램 SMUT가 가지는 확고하면서도 유연한 놀라운 성능에 감사하는 것을 잊지 않도록 해야겠다. 그는 밤낮을 가리지 않고 많은 날들을 SMUT 개발에 보내면서 막강한 성능을 가지도록 만들었다. 그 결과의 일부가 이 책에 악보 그림으로 포함되었다. 그러나 돈의 영향은 이 책 전반에 퍼져 있고, 나는 그것에 아주 만족한다.

스탠퍼드 대학교 수리사회과학 연구소(IMSSS)의 편의가 없었다면, 나는 아마 이 책을 쓸 수 없었을 것이다. 연구소장 팻 서피스는 나의 오랜 친구인데, 나를 아주 후하게 대해서주어서 벤추라 홀에 숙소를 잡아주었고 막강한 성능을 가진 컴퓨터 시스템(computer system)을 사용하게 해주었으며, 만 2년 동안 전반적으로 최상의 연구 여건을 제공했다.

그 덕분에 펜티 카네르바를 알게 되었는데, 그는 이 책을 만드는 데에 쓰인 문서편집 프로그램을 만들었다. "TV-Edit"라는 프로그램을 사용할 수 없었더라면, 이 책을 쓰는 시간이 곱절은 더 걸렸을 것이라고 나는 사람들에게 말한 적이 있다. TV-Edit의 프로그램 철학은 아주 간단하지만 펜티만이 만들 수 있는 우수한 프로그램이었다. 다른 저자들은 거의 할 수 없었던 일, 즉 내 자신의 책을 조판할 수 있었던 것 또한 펜티 덕분이다. 그는 IMSSS에서 컴퓨터 조판 프로그램 개발의 주역이었다. 그러나 이에 못지않게 중요한 것은 펜티가 가지고 있던 보기 드문 미적 감각이었다. 내 책이 좋아 **보인다면** 많은 부분은 펜티 카네르바의 공이다.

이 책이 실제로 탄생한 곳은 ASSU 조판소였다. 나는 그곳의 책임자인 비벌리

핸드릭스와 직원들에게 진심 어린 감사를 표하고 싶다. 내가 절실히 필요할 때 그들은 도와주었고, 잇따른 재난적인 상황에 직면해서도 변함없이 원기 왕성했다. 대부분의 실질적인 원고 인쇄판을 만드는 작업에 애써준 세실 테일러와 바바라 라다가에게도 또한 감사한다.

몇 년간에 걸쳐 내 여동생 로라 호프스태터는 세상 물정에 대해서 많이 가르쳐주었다. 로라는 이 책의 형태와 내용 모두에 영향을 미쳤다.

나의 새 친구들과 옛 친구들에게 일일이 다 감사의 말을 전하고 싶다. 마리 앤서니, 시드니 아르코비치, 벵트 올레 벵트손, 펠릭스 블로치, 프란치스코 클라로, 페르시 디아코니스, 나이-후하 두안, 존 엘리스. 로빈 프리맨, 댄 프리드맨, 프라나브 고시, 마이클 골드하버, 애브릴 그린버그, 에릭 햄버그, 로버트 허만, 레이 하이만, 데이브 제닝스, 다이안 카네르바, 라우리 카네르바, 잉가 카를리너, 조너선 킹과 엘렌 킹, 게일 란트, 빌 루이스. 조스 멀로위, 존 매카시, 짐 맥도널드, 루이 맨델로비츠, 마이크 뮐러, 로즈매리 넬슨, 스티브 오모운드로, 파울 오펜하이머, 피터 F 파크스, 데이비드 폴리칸스키, 피트 럼비, 캐시 로서, 빌프리트 지크, 기 스틸, 래리 테슬러, 프랑수아 바누치, 필 워들러, 테리 위노그래드 그리고 밥 울프, 이들은 내 삶의 중요한 시기에 나와 공명했고, 그런 이유로 이 책에 여러 가지 방식으로 기여했는데 그에 대해서 감사를 표한다.

나는 이 책을 두 번 썼다. 한 번 쓰고 난 후에 처음부터 다시 썼다. 처음 쓴 것은 오리건 대학교의 물리학과 대학원생 시절이었는데, 네 사람의 교수, 곧 폴 존카, 루디 화, 마이크 모라비스치크 그리고 그레고리 워니어가 나의 일탈적인 방식들에 아주 관대했다. 내 작업을 이해해준 그들의 태도에 감사한다. 게다가 폴 존카는 초기 원고를 다 읽고 조언을 주었다.

"전주곡"과 "개미 푸가" 초기 원고를 읽고 의견을 준 E. O. 윌슨에게 감사한다.

우스꽝스러운 공안(公案)의 메타-저자의 역할을 맡아준 마샤 메레디스에게 감사한다.

3월의 어느 날 그의 집에서 나눈 잊지 못할 대화에 대해서 마빈 민스키에게 감사한다. 그 대화의 일부가 이 책에서 재구성되었다.

출판에 도움을 준 빌 카우프만과 필요할 때에 격려의 말을 해준 제레미 번스타인과 알렉스 조지에게 감사한다.

몇 가지 점에서 아주 이례적인 이 책을 출판하는 모험을 한 베이식 북스 출판사의 마틴 케슬러 사장, 모렌 비숍, 빈센트 토리, 레온 도린, 그밖의 모든 직원들에게 정말로 따뜻한 감사를 표한다.

어려운 편집 작업을 잘 담당한 피비 호스와, 최종 교정쇄를 꼼꼼히 읽어준 래리 브리드에게 감사한다.

몇 년 동안 수많은 전화 메시지를 전달해준 Imalc 동료들에게도 감사하며, 이 책을 만드는 데에 쓰인 많은 하드웨어와 소프트웨어를 만들고 유지한 파인 홀의 동료들에게도 감사한다.

스탠퍼드 교육 텔레비전 네트워크의 데니스 데이비스에게 감사한다. 그는 내가 여러 시간에 걸쳐 사진 촬영한 "자신을 삼키는 텔레비전"을 준비하는 데에 도와주었다.

스탠퍼드 대학교 고에너지 물리학 연구소 기계실의 제리 프라이크, 밥 바크스, 테드 브드쇼, 빈니 아베니에게 감사한다. 그들은 내가 트리플릿*을 만드는 것을 도와주었다.

나의 이모와 이모부 베티 지반과 지미 지반에게 감사한다. 그들은 내가 그렇게 즐거워할 것이라고는 전혀 모르고 크리스마스 선물로 잠기는 기능만을 가진 "블랙 박스"를 선물했다.

끝으로, 나에게 선(禪)에 대해서 처음으로 이야기해준 대학 1학년 때의 영어 선생님이신 브랜트 해럴드에게 특별히 감사드리고 싶다. 오래 전 어느 슬픈 11월, 나에게 "음악의 헌정"의 음반을 선물한 키즈 구겔로와 캠브리지의 자신의 사무실에서 에셔의 마력적인 그림을 처음으로 보여준 오토 프리시에게 감사한다.

이 책을 만드는 데에 기여한 모든 사람을 기억하려고 했지만 그들 모두를 포함하지는 못했을 것이다.

어떤 점에서, 이 책은 나의 신앙고백이다. 이 고백이 독자들에게 전해지기를 바라며, 어떤 아이디어에 대한 나의 열정과 숭배가 소수 사람들의 가슴과 마음속에 스며들기를 바란다. 그것이 내가 가장 바라는 것이다.

블루밍턴 그리고 스탠퍼드에서, 1979년 1월
더글러스 호프스태터

---

* 책의 표지에 있는 것으로 세 방향에서 보았을 때 각각 G, E, B 글자 모양이 되는 조각품.

한국어판 GEB에 부쳐

나의 책은 지난 20년에 걸쳐 여러 언어로 번역되었습니다. 이제 일본어와 중국어에 이어 한국어로도 출간되어 동아시아의 주요 언어로 이 책의 메시지가 소개되니 매우 기쁜 마음입니다. 나도 얼마 전에 러시아의 문호 알렉산드르 푸시킨의 『예브게니 오네긴』의 번역을 마쳤습니다. 러시아어로 쓰인 378개의 소네트를 영어로 옮기는 작업은 환희와 고통의 연속이었습니다. 나와 푸시킨이 이렇게 인연을 맺었듯이, 나와 역자 나아가 한국의 독자 여러분도 괴델과 에서 그리고 바흐가 엮어놓은 영원한 황금 노끈으로 서로의 인연을 묶은 것입니다.

내가 설치해놓은 미시세계의 정교한 구조물과 루이스 캐럴의 알쏭달쏭한 환상세계를 공감하면서 이 책의 여러 곳에 나오는 형식과 내용 사이의 긴장과 해소, 수학적 엄정성과 문학적 익살 사이의 미묘한 조화를 집요하게 추적해가면서 읽어주시기 바랍니다. 그러면 새로운 유형의 자유를 만끽할 수 있을 것입니다. 무릇 인연은 독자의 마음에 의해서도 결정되는 것이니 만큼, 여러분 스스로 저자가 된 심정으로 이 책을 보듬어주시기 바랍니다.

인생에 남아도는 시간이란 없습니다. 인생은 별도의 공간과 사치를 허용할 정도로 길지 않습니다. 그 짧은 일부분에서 이 책을 읽는 분들에게 세상을 보는 아름다운 시각이 전해진다면, 그것은 나의 가장 큰 기쁨일 것입니다. 이 책의 역자인 박여성 교수의 여러 해에 걸친 정성스러운 번역은 독자들의 부담을 한결 덜어줄 것이며, 한국어로 정착된 독자적인 GEB의 운명을 짊어지고 책 읽기의 색다른 묘미를 선사할 것으로 믿어 의심치 않습니다.

이 난삽한 책의 번역출판을 기획한 까치글방에 감사의 말씀을 전하며, 이를 통하여 한국 독자들과의 소중한 만남이 이루어진 것에 다시 한번 고마움을 표합니다.

자! 이제, 구하십시오, 그러면 찾을지니(Quaerendo, invenietis!).

인디애나 블루밍턴에서, 1998년 11월 3일
더글러스 호프스태터

일러두기

1. 1), 2), 3), ……의 주는 저자의 주이다.

2. *, **, ***, ……의 주는 역자의 주이다.

3. 〔 〕안의 내용은 역자가 독자들의 이해를 돕기 위해서 써넣은 것이다.

4. [ ]는 원서에서 사용한 부호이다. 그러므로 그 사용도 원서에서와 같다. 다만, 괄호 안에 괄호를 써야만 했을 때와 그림의 출전을 밝힐 때에도 사용했다.

5. 원서에서 이탤릭체로 표기한 부분은 고딕체(예 : 예)를, 작은 대문자들로 표기한 부분은 굵은 명조체(예 : **예**)를, 큰 대문자들로 표기한 부분은 굵은 고딕체(예 : **예**)를 사용하여 강조했다. 그밖에도 알파벳의 서체를 최대한 원서와 같게 했다.

6. 영어권 표현이 아닌 경우에는 해당 언어의 발음으로 적었다.

제I부

그림 1. "요한 제바스티안 바흐"(엘리아스 고틀리프 하우스만, 1748).

서론 : 음악-논리학의 헌정

저자 :

프로이센의 군주, 프리드리히 대왕은 1740년 권좌에 올랐다. 역사책에서는 주로 그의 빈틈없는 군사적 전술에 관하여 말하고 있으나, 그는 지적, 정서적 삶에도 열의를 쏟았다. 포츠담에 있는 그의 궁정은 18세기 당시 유럽의 지성 활동의 큰 중심지 중 하나였다. 저명한 수학자인 레온하르트 오일러는 그의 궁정에서 25년간이나 머물렀으며, 그밖에도 수많은 수학자, 자연과학자 그리고 볼테르나라 메트리 같은 철학자들이 포츠담에서 머무는 동안 그들의 가장 영향력 있는 저작들을 썼다.

그러나 음악이야말로 프리드리히가 진정 애정을 가진 분야였다. 그는 정열적인 플루트 연주자이자 작곡가였는데, 오늘날에도 종종 그의 작품 몇 개가 연주되고는 한다. 그는 당시에 세상에 막 선보였던 "피아노-포르테"의 장점을 깨달았던 최초의 예술 후원자들 가운데 하나였다. 피아노는 18세기 전반에 하프시코드의 개량품으로서 등장했다. 하프시코드의 문제점은 연주자가 늘 비슷한 음량으로 연주할 수밖에 없어서 한 음표를 인접 음표들보다 더 크게 연주하기가 어렵다는 것이었다. 반면에 "피아노-포르테"는 그 뜻인 "약-강"에서 알 수 있듯이 이 문제를 말끔히 해결했다. 바르톨로메오 크리스토포리가 최초의 "피아노-포르테"를 만들었던 이탈리아 지역에서부터 "약-강"이라는 음악적 개념이 확산되기 시작했다. 당대의 가장 유명한 독일인 오르간 제작인 고트프리트 질버만은 "완벽한" 피아노-포르테를 만들고자 했다. 당연히 프리드리히 대왕은 가장 든든한 후원자였다. 프리드리히 대왕은 질버만이 만든 피아노-포르테를 열다섯 대는 가지고 있다고들 했다!

바흐

프리드리히는 피아노 예찬자였을 뿐만 아니라 오르간 연주자요 작곡가인 J. S. 바흐의 예찬자이기도 했다. 그러나 바흐의 작품들은 다소 악명이 높았다. 어떤 사람들은 그의 작품을 두고 비교할 수 없는 걸작이라고 말하는 반면에, 또 어떤 사람들은 "복잡하고 혼란스럽다"라고 말했다. 그러나 그 누구도 바흐의 오르간 즉흥연주 실력에 대해서는 토를 달지 않았다. 당시에는 오르간 연주자라면 악보를 보고 연주하는 것은 물론 으레 즉흥연주도 할 수 있어야 했는데, 바흐는 바로 탁월한 즉흥연주 실력으로 세간에 유명했다(바흐의 즉흥연주에 대한 일화는 H. T. 다비트와 A. 멘델의『바흐 독본(*The Bach Reader*)』을 참조).*

1747년, 바흐가 62세 되던 해에 그의 명성은 그의 아들 중 하나가 날린 명성처럼 포츠담에 전해지게 되었다. 실은 그의 아들 카를 필리프 에마누엘 바흐는 당시 프리드리히 대왕의 궁정음악장이었다. 몇 해 동안 대왕은 필리프 에마누엘에게 아버지 바흐가 그를 방문한다면 얼마나 좋을까 하고 초대의 뜻을 넌지시 비쳐온 터였다. 그러나 대왕의 희망은 끝내 이루어지지 않았다. 프리드리히는 특히 바흐에게 질버만의 신형 피아노를 시연(試演)시키고 싶어했는데, 그는 그 피아노가 음악에서 커다란 새로운 물결을 일으키리라는 것을 정확히 예견했다.

프리드리히 대왕의 궁정에서는 저녁 때 실내악 연주회를 개최하는 것이 관례였고 종종 플루트 협주곡의 독주 부분은 대왕 자신이 직접 연주하기도 했다. 여기 이러한 저녁 풍경을 그린 그림이 있다. 이 그림은 프리드리히 대왕의 일생을 일련의 그림으로 남긴 19세기의 독일 화가 아돌프 폰 멘첼의 작품이다. 쳄발로 앞에는 카를 필리프 에마누엘 바흐가 앉아 있고, 맨 오른쪽에는 대왕의 플루트 선생인 요아힘 크반츠가 서 있는데 그는 대왕의 플루트 연주에서 잘못된 점을 지적할 수 있던 유일한 사람이었다. 1747년 5월의 어느 날 저녁 예기치 못한 손님이 얼굴을 내민다. 바흐의 최초 전기작가 중의 한 사람인 요한 니콜라우스 포르켈은 이 장면을 다음과 같이 기록했다.

어느 날 저녁 궁정악단원이 다 모이고, 대왕이 플루트를 막 연주하려고 할 때 한 장교가 방금 도착한 손님들의 명단을 대왕에게 건넸다. 플루트를 손에 쥔 채 명단을 훑어보던 대왕은 즉시 그곳에 모인 단원들을 향해 돌아서서 좀 상기된 목소리

---

* 당대의 또다른 즉흥연주의 대가로는 이탈리아의 작곡가이자 하프시코드 연주가인 D. 스카를라티와 독일 출신으로 영국에서 활동했던 G. F. 헨델을 들 수 있다. 즉흥연주는 당대의 음악가들의 실력 겨루기를 겸한 일종의 사교수단이었다. 예를 들면 한 연주자가 일정한 멜로디를 연주하면 상대방은 그것을 소재로 다른 변주를 즉흥연주해야 하고, 다시 첫 번째 연주자는 그에 답하는 식으로 다른 즉흥연주를 해야 한다. 그래서 더 이상 독창적인 연주를 할 수 없을 때까지, 이를테면 악기로 결투를 하는 것이다.

로 "여러분! 노(老) 바흐 선생께서 포츠담에 왔습니다"라고 말했다. 대왕은 플루트를 옆에 내려놓고, 아들 집에 도착해 있었던 노 바흐를 곧 궁정에 불러들였다. 아버지를 수행했던 빌헬름 프리데만*이 내게 그 이야기를 해주었는데 아직도 그것을 말할 때의 모습을 생각하면 흐뭇하다. 당시에는 좀 장황한 치하를 하는 것이 유행이었다. 여행복을 벗고 합창단원용 검은 가운으로 갈아입을 시간조차 주지 않은 위대한 대왕을 처음으로 알현한 바흐는 긴 사과의 말을 늘어놓아야 했다. 내가 여기에 그 사과의 말을 구구절절 옮겨놓지는 않을 것이다. 다만 프리데만에 따르면 그 사과를 통해서 대왕과 노대가 사이에 형식적인 대화가 있었다는 사실을 말하고 싶을 뿐이다.

그러나 이런 것들보다 더 중요한 것은 대왕이 이날 저녁 연주회를 취소하고는 당시에 이미 "노" 바흐로 불렸던 바흐로 하여금 궁정의 여러 방들에 있던 질버만이 만든 자신의 포르테피아노들을 시연해달라고 초대했다는 사실이다[여기에 포르켈은 다음과 같은 각주를 끼워넣는다 : "프라이베르크의 질버만이 만든 피아노-포르테가 대왕의 마음에 쏙 들어서 모조리 사들이게 되었다. 그는 열다섯 대를 모았다. 그런데 지금은 이 피아노들이 사용하기 적절치 않게 궁정의 이 구석 저 구석에 놓여 있다고 한다"]. 단원들은 바흐와 함께 이 방에서 저 방으로 다녔고 바흐는 그 모든 곳에서 피아노-포르테를 쳐보고 즉흥곡을 연주했다. 바흐는 얼마 동안 연주를 하고 난 후 대왕에게 즉흥연주의 소재가 될 푸가(fugue)의 주제 하나를 즉석에서 지어달라고 했다. 대왕은 자신이 하사한 주제로 즉흥연주하는 바흐의 기량에 탄복했고 그의 능력이 어디까지인지 알기 위해서 여섯 개의 오블리가토 성부로 된 푸가가 듣고 싶다고 했다. 그러나 그 주제는 전체 성부의 화성에 적합한 주제가 아니었으므로 바흐는 자신이 택한 주제로 대왕이 하사한 주제를 가지고 연주했던 것과 똑같은 장대하고 세련된 방식으로 즉시 연주해서 현장에 있던 모든 사람을 경악하게 했다. 대왕은 바흐의 오르간 연주 또한 듣고 싶어했다. 그래서 바흐는 질버만의 피아노를 연주했듯이 다음날 오르간이 있는 포츠담의 모든 곳을 방문하면서 즉흥연주를 했다. 라이프치히로 돌아온 후에 바흐는 대왕이 하사한 주제를 3성과 6성으로 작곡했고, 거기에 여러 개의 인위적인 악구(樂句)를 보태 엄격한 카논을 완성했고 그것에 "음악의 헌정(Muscial Offering)"이라는 제목을 붙여 동판에 인쇄했다. 그리고 그것을 주제의 창안자인 대왕에게 헌정했다.[1]

---

* 바흐의 장남이다.

6

그림 2. "상수시 궁전의 플루트 연주회(Flute Concert in Sanssouci)"(아돌프 폰 멘첼, 1852).

그림 3. 프리드리히 대왕의 주제.

　바흐는 프리드리히에게 "음악의 헌정" 사본 한 부를 보내면서 헌사를 동봉했다. 그 헌사는 상당히 굴종적이고 아부하는 문체 때문에 관심을 끈다. 오늘날의 관점에서 보면 우스꽝스러워 보인다. 또한 이것은 바흐가 대왕을 알현했을 때의 사과하는 분위기가 어떠했을지 보여줄 것이다.[2]

　성은이 망극한 전하

　이 미천한 소인이 대왕전하께서 위엄 있는 손으로 직접 지으신 선율을 가장 고귀한 부분으로 해서 만든 이 음악의 헌정을 전하께 바치옵니다. 소인이 일전에 포츠담에 머물렀을 때 피아노로 시연할 푸가의 주제를 전하께서 하나 주셨는데 그것을 가지고 전하 앞에서 연주했을 때의 전하의 각별한 은총이 생각나옵니다. 전하의 명을 받드는 것은 이 미천한 소인의 의무이옵니다. 그러나 당시 소인은 전하께서 하사하신 멋진 주제를 연주할 충분한 준비가 되어 있지 않았음을 곧바로 알게 되었고, 탁월한 주제를 수행하는 요구에 부응할 수 없었습니다. 그래서 소인은 즉시, 전하께서 주신 주제를 다시 완벽하게 다듬어서 이 세상에 알리기로 마음먹었습니다. 이 작품은 전하의 위대함과 힘의 어느 일부분에도 미치지 못하지만 전쟁의 모든 기예와 평화를 위한 학문 특히 음악에 있어서도 경탄스럽고 숭앙해 마지않는 전하의 영광을 조금이라도 기리고자 할 뿐입니다. 전하께 감히 간청하건대, 하사하신 주제에 약간 덧붙여서 하나의 곡으로 만드는 일을 윤허하여 주시기를 소청합니다. 부디 이 미천한 것이 전하의 은총을 멀리서나마 누릴 수 있기를 간절히 부탁드리옵니다.

라이프치히, 1747년 7월 7일

전하의 가장 충직한 시종(侍從), 작곡자 바흐 올림

---

1) H.T. David와 A. Mendel, *The Bach Reader*, pp. 305–306.
2) 같은 책, p.179.

8

그로부터 27년쯤 지난 후, 즉 바흐가 죽고 나서 24년 뒤 고트프리트 판 스비텐 남작—이 남작에게 포르켈이 바흐의 전기를 헌정하고 또 베토벤이 자신의 제1교향곡을 헌정했다—은 대왕과 대화를 나누었는데 그것에 대해서 다음과 같이 술회했다.

> 그[프리드리히 대왕]는 내게 무엇보다도 음악에 대해서 그리고 특히 잠깐 동안 베를린에 체류했던 바흐라는 위대한 오르간 연주자에 대해서 말했다. 이 음악가[빌헬름 프리데만 바흐]는 화성학적 지식의 깊이와 연주력에서 내가 들어본 그리고 상상할 수 있는 어느 누구보다도 뛰어난 재능을 지녔다. 한편 그의 아버지를 알았던 사람들은 아버지 바흐가 더욱 위대하다고 주장한다. 이것이 왕의 의견인데 그것을 내게 증명하려고, 그는 노(老) 바흐에게 하사했던 반음계 푸가의 주제를 큰소리로 불렀다. 바로 그것을 가지고 바흐는 즉석에서 4성, 5성, 급기야는 8성 푸가를 만들었다.[3]

물론 오늘날 우리는 그 이야기를 실제보다 부풀린 사람이 프리드리히 대왕이었는지 판 스비텐 남작이었는지 확인할 길이 없다. 그러나 그 회고는 당시 바흐가 얼마나 전설적이었는지를 말해준다. 그 6성 푸가가 얼마나 대단한지는 48개의 전주곡과 푸가로 구성된 바흐의 "평균율 클라비어 곡집(Das Wohltemperierte Klavier)"에도 5성 푸가는 단지 두 개만 있고 6성 푸가는 전혀 없는 것만 보아도 알 수 있다! 6성 푸가를 즉흥적으로 만든다는 것은 눈을 가리고(blindfold) 60명의 상대와 동시에 체스를 두어 모두 이기는 것에 견줄 수 있을 것이다.[*] 하물며 8성 푸가를 즉흥적으로 만드는 것은 정말로 인간의 능력을 넘어서는 일이다.

바흐가 프리드리히 대왕에게 보냈던 악보의 첫 장 앞의 표지에는 다음과 같은 라틴어 문구가 새겨져 있다.

Regis Iussu Cantio Et Reliqua Canonica Arte Resoluta.

그림 4. "전하의 분부대로 성악과 그 이외의 것은 모두 카논 기법으로 해결했습니다."

---

3) 같은 책, p.260.

* blindfold chess : 체스판을 벌려놓고서 두는 체스가 아니고 머릿속에 체스판 이미지를 그려놓고 말[語]로 행마를 하며 두는 체스. 다면 대국일 때에는 중개자가 상대방 행마를 전한다.

여기서 바흐는 "카논적인(canonica)"이라는 낱말을 "카논 기법을 써서"라는 의미 뿐만 아니라 "가장 좋은 방법으로〔전범(典範, canon)으로〕"라는 의미로 중의적으로 사용하고 있다. 새겨진 헌사의 첫 글자만 따오면

RICERCAR

라는 이탈리아어 낱말이 되는데 "찾는다"라는 뜻을 가졌다. 사실 "음악의 헌정" 속에서는 많은 것을 찾을 수 있다. "음악의 헌정"은 3성 푸가와 6성 푸가 한 곡 씩, 카논 열 곡과 트리오 소나타 한 곡으로 이루어져 있다. 음악학자들은 여기에 있는 3성 푸가가 바흐가 프리드리히 대왕을 위해서 즉흥연주를 했던 것과 본질적으로 동일한 작품이라고 결론내렸다. 6성 푸가는 바흐의 작품 중에서도 가장 복잡한 것 중의 하나인데, 그 곡의 주제는 당연히 프리드리히 대왕이 만든 것이다. 그 주제(그림 3 참조)는 대단히 복잡하고, 박자도 불규칙하며 극도로 반음계(半音階)적이다(즉 조성을 이루지 않는 수많은 반음계로 되어 있다). 평범한 작곡가라면 그런 주제로 2성 푸가를 만드는 것만 해도 쉬운 일이 아니다!

두 개의 푸가는 "푸가"라는 제목보다는 "리체르카르(Ricercar)"라고 불렸다. 이것은 그 낱말의 또다른 의미이다 : "리체르카르"는 오늘날 "푸가"라고 부르는 음악형식의 원래의 이름이었다. 바흐의 시대에 "fugue"*(또는 라틴어나 이탈리아어로 fuga)라는 낱말이 표준이 되었지만, "리체르카르"도 쓰이고 있었다. 지금은 보통 사람의 귀에는 너무 지적으로 느껴지는 음악학적인 종류의 푸가를 지칭한다. 이와 비슷한 용법이 현대 영어에도 남아 있다 : "레세르셰(recherché)"는 문자 그대로 "찾아내다"라는 뜻인데, 같은 종류의 함축적 의미, 말하자면 난해하고 현학적인 명민함 같은 의미를 풍긴다.

트리오 소나타는 매우 선율적이고 감미로우며 거의 춤곡에 가깝기 때문에 푸가와 카논의 엄격함으로부터 풀려난다는 안도감이 있다. 그럼에도 불구하고 그 작품 또한 전반적으로 대왕의 주제에 기반을 두기 때문에 반음계적이며 근엄한 분위기를 띠기는 마찬가지이다. 바흐가 그런 주제를 가지고 쾌활한 간주곡을 만들 수 있었던 것은 기적에 가까운 일이다.

"음악의 헌정"에 들어 있는 열 개의 카논은 바흐가 작곡한 카논들 가운데 가

---

* 프랑스어이며, "퓌그"로 발음한다.

장 정교한 것에 속한다. 그러나 이상하게도 바흐 자신은 그것을 온전한 카논으로 완성하지는 않았는데, 다분히 의도적이었다. 그러고는 프리드리히 대왕에게 수수께끼로 제시했다. 그것은 당시에 친숙했던 음악적 유희로, 몇 개의 교묘한 힌트와 함께 주제 하나를 제시하고 그 주제를 바탕으로 한 카논을 발견하도록 하는 게임이었다. 이것이 어떻게 가능한지를 이해하려면 카논에 대해서 몇 가지 알아야 한다.

카논과 푸가

카논(canon)의 기본원리는 하나의 주제를 스스로에게 다시 적용하는 것이다. 이 것은 그 곡에 참여하는 여러 성부들이 주제를 "모방하여" 연주함으로써 이루어진다. 그런데 이런 모방에는 여러 방식이 있다. 가장 간단한 카논은 "시계는 아침부터 똑딱똑딱", "리 리 리 자로 끝나는 말은", "졸려 졸려 하지 말고 일어나 일어나(Are you sleeping)" 같은 돌림 노래이다. 여기서 주제는 제1성부에 있으며 일정한 간격을 두고 동일한 조(調)가 반복되는 것이다. 그리고 동일한 간격을 두고 제2성부와 제3성부가 같은 조로 똑같은 주제를 반복하는 것이다. 등등. 그러나 이런 방식으로는 대부분의 주제들이 화음을 이루지 못한다. 따라서 하나의 주제가 카논의 주제로 사용되려면 그 주제의 모든 음표가 2중(또는 3중, 4중)의 역할을 할 수 있어야 한다. 각 음표는 첫째로 한 선율의 일부여야 하고, 둘째로 그 동일한 선율에 대한 화음의 일부가 되어야 한다. 예를 들면 3성 카논의 성부에서는 주제를 이루는 모든 음표는 화성학적으로는 물론 선율적으로도 두 가지 다른 방식으로 작용해야 한다. 그래서 카논 안에 있는 개개의 음표는 하나 이상의 음악적인 의미를 가진다. 듣는 이의 귀와 두뇌는 맥락을 참조하면서 음표의 적절한 의미를 자동적으로 파악한다.

물론 더 복잡한 카논의 기법들도 있다. 그 복잡성의 증가는 일차적으로 주제의 모방이 음의 길이뿐만 아니라 음고(音高)에서 차이가 나면서 심해진다. 그래서 제1성부가 C(도)로 시작하는 주제를 부르고 제1성부와 겹치는 제2성부가 주제는 같지만 상성 5도, 즉 G(솔)로 시작한다고 해보자. 그리고 제3성부가 이보다 상성 5도인 D(레)로 부를 경우에는 앞의 두 성부와 중첩될 것이다. 등등. 그 다음 단계의 복잡성 증가는 여러 성부들의 속도가 같지 않은 데에서 발생한다. 예를 들면

제2성부를 제1성부보다 두 배 빠르게 또는 두 배 느리게 부를 수 있다. 이때 우리
는 전자를 단축(diminution), 후자를 확대(augmentation)라고 부를 수 있다(왜냐하
면 성부 진행 속도의 증감은 주제의 단축이나 확대처럼 보이기 때문이다).

그러나 이것이 전부가 아니다! 카논의 구성에 있어서 나타나는 그 다음 단계
의 복잡성은 주제의 전회(轉回, inversion)이다, 즉 원래의 주제가 상향 진행이었
다면 카논에서는 하향 진행하는 방식으로 선율을 만드는 것인데, 이때 가운데에
있는 반음계의 개수는 같아야 한다. 그야말로 기괴한 선율적 변형이지만 전회
로 된 많은 주제들을 들어본 사람이라면 그것이 자연스럽게 들리는 것을 알 수
있다. 바흐는 특히 전회를 좋아해서 그의 작품에 그것들이 자주 나타난다. "음
악의 헌정"도 예외가 아니다(전회의 간단한 보기는 "성군 바츨라프[Good King
Wenceslas]"이다. 원본과 전회를 함께 불러보면 한 옥타브의 간격으로 두 박자씩
뒤로 밀려서 아름다운 카논이 만들어진다). 끝으로 가장 신비한 "복제(copy)"는
바로 주제가 뒤에서부터 앞으로 연주되는 역행(retrograde)이다. 이러한 기법을 사
용하는 것이 바로 "게 카논(crab canon)"인데, 게의 특이한 걸음걸이를 연상시키
기 때문에 붙여진 이름이다. 바흐는 말할 필요도 없이 "음악의 헌정"에서 바로 이
게 카논을 채택했다. 모든 유형의 "모방"은, 주제가 그 어떤 임의의 모방으로부
터도 완전히 재구성될 수 있다는 점에서, 원래의 주제에 있는 모든 정보를 보존
한다는 것을 주목하라. 이러한 정보-보존 변형을 종종 동형성(isomorphism)이라
고 하는데 우리는 이 책에서 동형성과 자주 마주치게 될 것이다.

좀더 유연한 화성을 위해서는 엄격한 모방에서 좀 벗어나게 함으로써 카논 형
식의 경직성(rigidity)을 누그러뜨리는 것이 필요하다. 그래서 "자유" 성부들을 가
지는 카논들도 있는데 그 성부들은 카논의 주제를 이용하는 것이 아니라 단지
카논을 형성하는 성부들을 알맞게 조화시키는 것들이다.

"음악의 헌정"에 나오는 각각의 카논은 대왕의 주제에 대한 각기 다른 변주를
주제로 삼고 있다. 바흐는 카논을 복잡하게 만들려고 앞에서 말한 수단들을 최
대한 활용했고 종종 결합하기도 했다. 그래서 바흐는 3성 카논을 "반주제(反主
題)의 확대에 의한 카논(Canon per Augmentation, contrario Motu)"이라고 이름을
붙였다. 3성 카논의 중간 성부는 자유성부(사실은 대왕의 주제를 부른다)이고,
한편 다른 두 성부는 확대와 전회를 통하여 중간 성부의 위와 아래에서 카논 형
식으로 움직인다. 또다른 카논은 단순히 "구하라, 그러면 찾을지니(Quaerendo

invenietis)"라는 암호 같은 이름을 가지고 있다. 카논의 모든 수수께끼는 해명되었다. 바흐의 제자 요한 필리프 키른베르거가 모범적인 해답을 제시했다. 그럼에도 불구하고 찾아야 할 해답이 더 있을지도 모르겠다.

그러면 푸가가 무엇인지 간단히 설명해야겠다. 푸가는 카논과 비슷하다. 푸가는 통상 하나의 주제를 바탕으로 해서 여러 성부와 상이한 조성으로 연주되며 종종 상이한 속도로 뒤집혀서 또는 역방향으로 연주된다. 그러나 푸가의 개념은 카논보다 덜 엄격하며 그 결과 감정이나 예술성을 더 자유롭게 표현할 수 있다. 푸가라는 것을 알리는 신호는 시작하는 방식에 있다. 즉 주제를 부르는 하나의 성부를 보면 안다. 주제가 불러지면 상성 5도나 하성 4도로 된 제2성부가 뒤따른다. 제1성부가 진행되는 가운데 시작 주제에 대해서 박자, 화성 및 선율상의 대조를 이루도록 선별된 "대위주제"인 제2주제를 부른다. 이때 각 성부가 교대로 나타나며 종종 다른 성부의 대위주제를 동반한다. 그때 나머지 성부들이 작곡자의 환상을 한껏 표현한다. 모든 성부가 "이루어지면" 더 이상의 규칙은 없다. 물론 꼭 지켜야 하는 표준 규칙들이 몇 개 있기는 하지만, 하나의 푸가를 작곡하는 공식이라고 부를 만큼 결정적이지는 않다. "음악의 헌정"에 나오는 두 개의 푸가는 "공식을 사용해서는" 결코 작곡할 수 없는 탁월한 푸가의 전형이다. 그 푸가들의 심연에는 단순한 푸가적 속성 그 이상의 무엇이 숨어 있다.

그 무엇보다도 "음악의 헌정"은 바흐 대위법의 극치를 보여준다. "음악의 헌정"은 그 자체로 거대한 지적인 푸가로서 수많은 영감과 형식이 어우러져 있고 유희적인 중의성과 미묘한 암시로 가득한 대작이다. 그래서 우리는 그 작품을 영원히 경탄해 마지않는 인간 지성의 경이로운 창작물로 숭앙하는 것이다(H. T. 다비트는 그의 책 『바흐의 음악의 헌정(*J. S. Bach's Musical Offering*)』에서 그 작품 전체를 매우 훌륭하게 설명했다).

무한히 상승하는 카논

"음악의 헌정"에 나오는 카논 중에서 매우 특이한 것이 하나 있다. 그것은 간단히 "전조(轉調)를 통한 카논(Canon per Tonos)"이라는 표제가 붙은 것인데 3성으로 되어 있다. 가장 높은 성부는 대왕의 주제의 변주를 노래하는 반면에 그 아래 두 성부는 제2주제에 기초한 카논적인 화성을 제시한다. 그 두 성부 중 아래

성부는 같은 주제를 C단조(전체 카논의 조와 같은)로 부르며 위의 성부는 동일
한 주제를 다만 5도 위로 상승시켜서 노래한다. 그러나 이 카논이 다른 카논들
과 다른 점은 종결부로 보이는 부분이 더 이상 C단조가 아니라, D단조라는 사실
이다. 어쨌든 바흐는 듣는 사람의 코앞에서 전조(轉調)하도록, 즉 한 조에서 다른
조로 바뀌도록 곡을 만들었다. 그래서 그 카논은 "종결부"가 다시 곡 전체의 출
발부와 부드럽게 맞물리도록 구성되어 있다. 따라서 그 과정을 반복해서 다시 출
발부와 연결하기만 하면 E단조에 도달할 수 있다. 연속적인 전조는 듣는 이의 귀
를 조성으로부터 점점 멀어지게 해서, 전조를 몇 번 거치고 나면 이제는 출발 당
시의 조와는 절망적으로 멀어진 것을 알게 된다. 그런데 정확하게 여섯 번의 전조
를 통하여 마치 마법처럼 원래의 조인 C단조로 복귀된다! 모든 성부는 출발 당시
보다 정확히 한 옥타브 높아지고 이 지점에 이르면 그 곡은 음악적으로 납득할
만한 방식으로 종료될 수 있다. 능히 상상할 수 있듯이 그것이 바로 바흐의 의도
였다. 그러나 바흐는 의심의 여지없이 이 과정이 무한으로 진행될 수 있다는 함
축성에 매료되었고 아마 그래서 악보 가장자리에 다음과 같이 써놓았던 것이다.
"전조가 상승할수록 전하의 영광 또한 높아지리라!" 전조의 잠재적 무한성을 강
조하기 위해서 나는 이 카논을 "무한히 상승하는 카논"으로 부르고자 한다.

　이 카논에서 바흐는 우리에게 이상한 고리(strange loop)라는 개념의 첫 번째 보
기를 제공한다. "이상한 고리"라는 현상은 위계체계의 층위들에서 위(또는 아래)
로 움직이다가 예기치 못하게 출발점에 돌아와 있다는 것을 발견할 때마다 발
생한다. (여기서 체계는 음악의 조성[調性]이다.) 나는 종종 이상한 고리가 발생
하는 그런 체계를 기술하는 데에 뒤엉킨 계층질서(Tangled Hierarchy)라는 용어를
쓴다. 이 책이 진행되는 가운데 이상한 고리라는 주제는 몇 번이고 다시 등장할
것이다. 때로는 은폐된 채로 때로는 명시적으로 드러날 수도 있다. 때로는 똑바
로, 어떤 때는 뒤집히거나 역진행할 수도 있다 : "구하라, 그러면 찾을지니"는 내
가 해야 할 말이다.

에셔

내가 보기에 이 이상한 고리의 개념을 시각적으로 가장 아름답고 강력하게 실현
한 것은 네덜란드의 화가 에셔(1898-1972)의 작품들이다. 에셔는 모든 시대를

그림 5. "폭포(Waterfall)"(M. C. 에셔, 석판, 1961).

통틀어 지적으로 가장 자극적인 그림들을 창작한 화가이다. 그의 작품은 대부분 역설, 착시 또는 중의성(重義性)에 기반을 두고 있다. 에셔의 그림을 보고 처음으로 경탄한 사람들은 수학자들이었는데 이것은 그의 작품이 종종 대칭 또는 패턴의 수학적 원리에 바탕을 두고 있으므로 이해할 만한 일이다……. 그러나 에셔의 전형적인 그림에는 대칭이나 패턴 그 이상의 것이 있다. 종종 그의 그림에는 밑바탕에 깔린 아이디어가 있고 그것이 예술적인 형태로 실현되어 있다. 특히 이상한 고리야말로 에셔의 작품에서 가장 자주 등장하는 주제 중 하나이다. 예

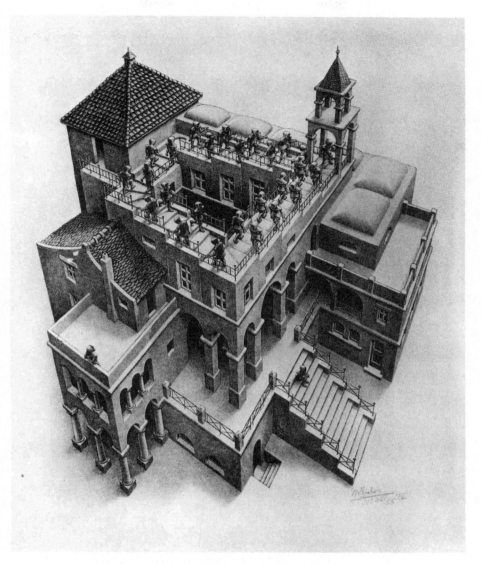

그림 6. "올라가기와 내려가기(Ascending and Descending)"(M. C. 에셔, 석판, 1960).

그림 7. "반사되는 공을 든 손(Hand with Reflecting Globe)"(M. C. 에셔의 자화상, 석판, 1935).

를 들면 "폭포"라는 석판화(그림 5 참조)를 보자. 이 그림에 표현된 여섯 단계로 이루어진 끝없이 하강하는 고리와 (바흐의) "전조를 통한 카논"에 나타나는 여섯 단계로 이루어진 끝없이 상승하는 고리를 비교해보라. 기본적인 착상의 유사성이 주목할 만하다. 바흐와 에셔는 하나의 주제를 음악과 미술이라는 두 개의 다른 "조성(調聲)"으로 연주하고 있다.

에셔는 여러 방식으로 이상한 고리를 실현했는데, 이 이상한 고리는 고리의 팽팽함 정도에 따라서 배열시킬 수 있다. 석판화 "올라가기와 내려가기"(그림 6)에서는 수도승들이 고리 속에서 영원히 걷고 있는데, 이것은 출발점에 다시 도달하기 전에 매우 많은 단계가 필요하기 때문에 고리가 가장 헐겁다. 좀더 팽팽한 고리는 "폭포"에 있는데 이미 본 것처럼 여섯 단계이다. 한 개의 "단계"라는 개념이 좀 애매하다고 생각할 수도 있다. 예를 들면, "올라가기와 내려가기"에 45개의 층위(계단)가 있는 것으로도, 네 개의 층위(계단열)가 있는 것으로도 볼 수 있지 않을까?

실은 층위를 세는 데에는 모호함이 있는데, 이것은 에셔의 그림뿐만 아니라, 여러 층위로 된 위계체계에서도 있는 일이다. 나중에 모호함에 대한 이해를 더 선명하게 할 것이다. 그러니 지금 너무 곁가지로 빠지지 말자! 우리가 이 고리를 더 팽팽하게 당기면, "손을 그리는 손"(그림 135)이라는 놀라운 그림에 이른다. 이 그림에서는 두 개의 손이 서로를 그린다. 2단계의 이상한 고리이다. 끝으로 모든 고리 중에서 가장 팽팽한 고리는 "화랑"(그림 142)에 실현되었는데, 이 그림은 자기 스스로를 포함하는 그림을 그린 그림이다. 아니면 (그림이 걸린) 화랑 자체를 포함하는 화랑을 그린 그림인가? 아니면 (그 화랑이 자리잡고 있는) 도시 자체를 포함하는 어느 도시를 그렸나? 아니면 (이 모든 것을 쳐다보는) 자기 자신을 포함하는 한 청년? ("폭포"와 "올라가기와 내려가기"에 토대가 되는 착시는 에셔가 아니라 영국의 수학자인 로저 펜로즈가 1958년에 창안했다. 그러나 "이상한 고리"라는 주제는 이에 앞서 이미 1948년에 에셔의 "손을 그리는 손"에 나타나 있다. "화랑"은 1956년 작품이다.)

이상한 고리의 개념에는 무한성의 개념이 함축되어 있다. 유한한 수단으로 무한한 과정을 표현하는 방법이 고리 말고 어떤 것이 있는가? 무한성은 에셔의 많은 그림에서 중요한 역할을 한다. 단일 주제를 복제한 것들이 종종 서로 조화를 이루어서 마치 바흐의 카논을 시각적으로 유추한 것 같다. 에셔의 유명한 그림 "변태 II"(그림 8)에서 이러한 패턴을 여럿 볼 수 있다. 이것은 바흐의 "무한히 상승하는 카논"과 좀 비슷한데, 출발점에서 점점 멀리 가다 보면 어느 순간 갑자기 출발점에 되돌아온다. "변태 II"와 그의 다른 그림들에서는 타일을 붙인 것 같은 평면에 무한성에 대한 준비해놓은 암시가 있다. 그러나 에셔의 다른 그림들에서는 무한성에 대한 더 분방한 시각이 나타나 있다. 그의 몇몇 그림에서는 단일 주제가 현실의 다른 층위에 나타날 수 있다. 예를 들면, 그림의 한 층위에서 보면 분명히 환상이나 상상을 표현한 것으로 인식할 수 있다. 다른 층위에서 보면 현실로 인식할 수 있을 것이다. 이 두 층위가 명시적으로 묘사된 유일한 층위

그림 8. "변태 II(Metamorphosis II)"(M. C. 에셔, 목각, 19.5cm×400cm, 1939~1940).

들일 것이다. 그러나 이 두 층위가 있다는 사실만으로도, 감상자는 자기 스스로를 또다른 층위의 일부분으로 파악하도록 초대받는다. 그래서 감상자가 발을 들여놓으면, 그는 어쩔 수 없이 에셔가 의도한 층위들의 사슬에 연계된다. 이 사슬 속에, 어떤 한 층위에 대해서든, 그 위에는 언제나 더 큰 "현실(reality)"의 층위가 있고 마찬가지로 그 아래에는 언제나 더 "공상적인" 층위가 존재한다. 이것 자체만으로도 매우 놀라울 수 있다. 그런데 이 층위들의 사슬이 직선(straight line)이 아니고 고리를 형성한다면 어떻게 될까? 그렇게 된다면 무엇이 현실이고 무엇이 환상인가? 에셔는 반은 현실적이고 반은 신화적인 여러 개의 세계를, 이상한 고리로 가득 찬 세계를, 조합해서 창작했을 뿐만 아니라, 실제로 그렇게 보이도록 묘사도 할 수 있었다. 에셔는 그 세계로 감상자를 초대하고 있는 것처럼 보인다. 바로 거기에 에셔의 천재성이 있는 것이다.

괴델

우리가 본 바흐와 에셔의 이상한 고리에서는 유한과 무한 사이의 갈등이 있어서 역설이 있는 것 같은 느낌이 강했다. 직관적으로 여기에 무엇인가 수학적인 것이 개입되었다고 느낀다. 실제로 금세기에, 엄청난 반향을 불러일으킨 상응물을 수학에서 발견했다. 바흐와 에셔의 고리가 음계와 계단처럼 매우 간단하고 오래된 직관에 기댄 것처럼, 괴델이 수학체계에서 발견한 이상한 고리도 간단하고 오래된 직관에 뿌리를 두고 있다. 괴델의 발견은 핵심을 놓고 보면 고대의 철학적 역설을 수학언어로 번역(translation)을 한 것이다. 그 역설은 이른바 **에피메니데스 역설(Epimenides paradox)** 또는 **거짓말쟁이 역설(liar paradox)**이다. 에피메니데스는 크레타 사람으로 다음과 같은 불후의 명제를 말했다. "모든 크레타 사람들은 거짓말쟁이이다." 이 명제를 좀더 예리하게 표현하면 "나는 거짓말을 한다" 또는 "이 명제는 거짓이다"이다. 내가 에피메니데스의 역설을 언급하는 경우는 통상 뒤의 풀이를 말하는 것이다. 이것은 명제를 참(truth)과 거짓으로 나눌 수 있다고 통상적으로 가정하는 이분법을 위배하는 명제이다. 왜냐하면 당신이 일단 그 명제가 참이라고 생각하면, 그것은 바로 당신에게 역분사(逆噴射, backfire)를 해서 그 명제가 거짓이라고 생각하도록 만든다.* 반면에 그 명제가 거짓이라고 결정내리

---

* 역분사(backfire)의 예로 가스 작용식 총을 들 수 있다. 총알이 장전된 총의 방아쇠를 당기면 공

그림 9. 쿠르트 괴델.

면, 같은 역분사가 일어나 그 명제가 참이라고 생각하게 만든다. 한번 해보시라!

　에피메니데스의 역설은 에셔의 판화 "화랑"과 마찬가지로 1단계로 된 이상한 고리이다. 그런데 그것이 수학과 무슨 관계가 있는가? 바로 그것이 괴델이 발견한 것이다. 그의 아이디어는 수학적 추론을 사용해서, 수학적 추론 자체를 탐구한다는 것이었다. 수학이 자신을 들여다보게 한다는 이 개념은 매우 강력한 것으로 입증되었고 아마도 가장 풍요로운 결과는 괴델 자신이 찾아낸 불완전성

　이가 총알을 때린다. 그러면 총알 속의 화약이 폭발하고 가스가 발생한다. 가스는 밀폐된 총 안에서 압력을 일으켜 총알을 추진한다. 총알의 화약이 터지면서 그때 발생한 가스가 다시 총 알에 작용하는 것이다.

정리(Incompleteness Theorem)일 것이다. 이 정리가 진술하는 것과 그 정리를 어떻게 증명하느냐 하는 것은 별개의 사안이다. 이 책에서는 두 가지를 다 자세히 다룰 것이다. 정리를 진주에 비유할 수 있다면 그 증명방법은 진주조개에 비유할 수 있다. 진주의 값어치는 그 광채와 단순함에 있다. 진주조개는 내장에서 신비하고도 단순한 보석을 만드는 복잡한 생물이다.

괴델의 정리(Gödel's Theorem)는 1931년에 발표된 그의 논문 "『수학 원리』와 그와 연관된 체계들에서 형식적으로 결정 불가능한 명제들에 대하여 I"에 명제 6으로 나온다. 그 내용은 다음과 같다.

> ω−무모순인 귀납적인 모든 논리식(formulae)의 집합 κ에 대하여 귀납적인 집합식 (class signs) r이 상응하며, 그 결과 υ Gen r이나 Neg(υ Gen r) 그 어느 것도 Flg(κ)에 속하지 않는다(이때 υ는 r의 **자유변수**[free variable]이다).

이 정리는 원래 독일어로 쓰였기 때문에 어쨌든 번역을 해도 독일어로 쓰인 것과 마찬가지 느낌이다. 이것을 우리말로 풀면 다음과 같다 :

> 수론의 무모순인 공리체계들은 반드시 결정 불가능한 명제를 포함한다.

이것이 진주이다!

이 진주 속에서 이상한 고리를 발견하기는 어렵다. 그것은 이상한 고리가 진주조개—즉 증명—속에 묻혀 있기 때문이다. 에피메니데스의 역설이 언어의 자기−지시적인 진술인 것처럼, 괴델의 불완전성 정리의 증명은 자기−지시적인 수학적 명제의 작성에 의존하고 있다. 그러나 언어에 대해서 언어로 말하는 것은 매우 간단한 일인 데에 반해 수에 대한 명제가 어떻게 자신에 대해서 말할 수 있는지를 알아내는 것은 전혀 쉬운 일이 아니다. 사실 자기−지시적 명제에 대한 착상을 수론과 결부시키는 것만으로도 천재적인 발상이다. 그러한 명제를 만들 수 있을 것이라는 직관을 가졌을 때 괴델은 주요 장애물을 뛰어넘은 것이다. 그 명제를 실제로 창안한 것은 이 아름다운 직관의 섬광으로부터 작업한 결과이다.

뒤의 장들에서 괴델의 증명 과정을 주의 깊게 살펴볼 것인데, 그때까지 독자가 아무것도 모르는 상태로 있지 않도록 여기에서 그 아이디어의 핵심을 간단히 제시하겠다. 이것이 독자의 마음속에서 아이디어들을 촉발시키기를 바란다. 무엇보다도 먼저, 무엇이 어려운 점인지 분명하게 해야 할 것이다. 이것은 절대적으로 필요한 일이다.

수학적 명제―일단 정수론(number theory)의 명제에 국한하면―는 정수의 속성에 대해서 어떤 주장을 한다. 그러나 정수 자체는 명제가 아니며, 정수의 속성도 명제가 아니다. 수론의 명제는 수론의 명제에 대해서 아무것도 주장하지 않는다. 수론의 명제는 다만 수론의 명제일 뿐이다. 바로 이것이 문제이다. 그러나 괴델은 여기서 눈에 보이는 것 이상의 것이 있음을 간파했다.

괴델은 수가 어떤 방식으로든 명제를 나타낼 수만 있다면, 수론의 명제가 수론의 명제에 대한 (아마도 그 자신에 대해서조차도) 명제가 될 수 있을 것이라는 통찰을 얻었다. 달리 표현하면, 코드(code)라는 아이디어가 그것의 증명 구성의 핵심에 자리잡고 있다. 통상 "괴델 수 매기기(Gödel-numbering)"라고 하는 괴델 코드(Gödel Code)에서는, 숫자가 기호 또는 기호열(記號列)을 나타내도록 되어 있다. 그런 방식으로, 수론의 모든 명제는 특수한 기호들의 연쇄체(기호열)이므로 괴델 수(Gödel-number)를 획득한다. 괴델 수는 전화번호나 차량번호 같은 것인데, 그 수를 가지고 명제를 지칭할 수 있다. 그래서 이 괴델 수 매기기인 코드화라는 묘책이 수론의 명제를 한편으로는 수론의 명제로, 다른 한편으로는 수론의 명제에 대한 명제라는 상이한 두 층위에서 해석(interpretation)을 할 수 있게 한다.

괴델은 일단 코드화 방식을 창안한 이후, 에피메니데스의 역설을 수론의 형식으로 옮기기 위한 세심한 절차를 고안해야 했다. 궁극적으로 그가 에피메니데스로부터 이식한 것은 "이 수론의 명제는 거짓이다"가 아니고 "이 수론의 명제는 어떤 증명도 가지지 않는다"였다. 사람들이 일반적으로 "증명(proof)"의 개념을 모호하게 이해했기 때문에 이 명제는 큰 혼동을 불러일으킬 수 있다. 사실 괴델의 작업은 증명이 무엇인지를 그들 스스로 설명하려는 수학자들의 기나긴 시도의 일부이다. 마음속에 담고 있어야 할 중요한 점은 증명이라는 것은 고정된 체계 내부에서 명제들의 도출 과정을 보여주는 것이라는 점이다. 괴델의 작업의 경우에는, 고정된 체계는 1910년에서 1913년 사이에 출간된 버트런드 러셀과 알프레드 노스 화이트헤드의 방대한 저작인 『수학 원리』의 체계를 말한다. 그 체계에서 "증명"이라는 낱말로 지칭하는 수론에 대한 추론을 한다. 그래서 괴델 문장

G는 다음과 같이 더 적절한 표현으로 쓸 수 있을 것이다.

이 수론의 명제는 『수학 원리』의 체계 안에서 어떤 증명도 가지지 않는다.

그런데 이 괴델 문장 G는 괴델의 정리가 아니다. 그것은 에피메니데스의 문장이 "에피메니데스의 문장은 역설이다"라는 언급이 아닌 것과 마찬가지이다. 이제 우리는 G의 발견이 어떤 결과를 낳는지 말할 수 있다. 에피메니데스의 진술은 참도 거짓도 아니기 때문에 역설을 낳은 데에 반해서, 괴델 문장 G는 (『수학 원리』 내에서) 증명할 수는 없지만 참이다. 웅대한 결론? 『수학 원리』의 체계는 불완전하다. 즉 『수학 원리』의 증명방법이 너무 빈약하여 참임을 증명할 수 없는 수론의 참인 명제들이 존재한다는 것이다.

그런데 『수학 원리』가 이 타격의 첫 번째 희생자였지만, 분명히 마지막 희생자는 아니었다. 괴델의 논문 제목에 있는 "그리고 관련된 체계들"이라는 문구는 의미심장하다. 왜냐하면 괴델의 결과가 단지 러셀과 화이트헤드의 저작에 있는 결점만을 지적했다면 다른 사람들이 『수학 원리』를 개선해서 괴델의 정리를 극복하도록 고무될 수 있기 때문이다. 그러나 이것은 불가능했다. 괴델의 증명은 화이트헤드와 러셀이 설정했던 목표를 달성했다고 주장하는 그 **어떤** 공리체계에도 적용되었다. 기본적으로 동일한 방법이 각기 다른 체계에 적용되었다. 간단히 말해서, 괴델은 어떤 공리체계이건 간에 증명가능성이 참보다는 약한 개념이라는 것을 보여주었다.

그래서 괴델의 정리는 수학기초론에 관심을 가진 논리학자, 수학자, 철학자들에게 전기충격 같은 영향을 미쳤다. 왜냐하면 괴델의 정리가 어떤 고정된 체계도, 그 체계의 복잡성에 관계없이, 정수 0, 1, 2, 3……의 복잡성을 나타낼 수 없다는 것을 보여주었기 때문이다. 오늘날의 독자들은 괴델의 정리가 1931년 당시의 독자들처럼 충격적이지 않을지도 모른다. 왜냐하면 그 사이에 우리 문화가 상대성 이론과 양자역학(quantum mechanics)의 개념적 혁명과 함께 괴델의 정리를 흡수했고, 비록 여러 단계의 번역(과 애매모호함)으로 완화되기는 했지만 철학적으로 기존 관점을 뒤집는 이들의 메시지가 널리 퍼졌기 때문이다. 오늘날에는 괴델의 정리의 결과가 "제한적일" 것이라는 기대가 일반적이지만, 1931년 당시에는 그야말로 마른하늘에 날벼락이었다.

수리논리학 : 개괄

괴델의 정리를 제대로 이해하려면, 그 맥락을 알아야 한다. 그래서 나는 이제—불가능한 과제이기는 하지만—1931년까지의 수리논리학(mathematical logic)의 역사를 간단하게 개괄하고자 한다(이에 대한 탁월한 역사 설명은 드롱, 니본 또는 네이글과 뉴먼의 저술을 참고하라). 수리논리학은 추론이라는 사고과정을 기계화하려는 시도에서부터 시작되었다. 추론하는 능력이야말로 인간을 다른 생물과 구분시키는 능력이라고 흔히 주장해왔다. 그래서 언뜻 생각하면, 가장 인간적인 특성을 기계화한다는 것이 좀 역설적으로 보인다. 그러나 심지어 고대 그리스인들도 추론이란 패턴화된 과정이며, 적어도 부분적으로는, 기술할 수 있는 법칙에 지배받는다는 것을 알았다. 아리스토텔레스는 3단논법을 정립했고, 유클리드는 기하학을 집대성했다. 그러나 그후 공리적 추론의 연구에서 다시 진전이 있기까지는 수백 년이 지나야 했다.

19세기 수학의 가장 중요한 발견 중의 하나는, 동등하게 유효한 여러 종류의 기하학들이 존재한다는 것이었다. 이때 "기하학"이란 추상적인 점(point)과 선의 속성에 대한 이론을 의미한다. 기하학이란 바로 유클리드가 집대성한 것을 가리키고, 비록 유클리드의 서술에 사소한 결점이 있을지 모르지만 그것은 별 문제가 아니고, 기하학의 모든 진정한 발전은 유클리드를 확장함으로써 이루어질 것이라고 오랫동안 생각해왔다. 이 생각은 여러 수학자가 거의 동시에 발견한 비유클리드 기하학—수학이 실재 세계를 연구한다는 생각에 정면으로 도전했기 때문에 수학계를 충격에 빠트린 발견—으로 인해서 박살났다. 실재는 단 하나인데 어떻게 다른 종류의 "점"과 "선"이 있을 수 있는가? 오늘날에는 수학자가 아니더라도 이러한 딜레마의 해결을 명백히 알 수 있지만, 당시 수학자 사회에는 일파만파를 불러일으키는 것이었다.

19세기 후반 영국의 논리학자인 조지 불과 어거스트 드 모르간은 연역적 추론 패턴을 엄밀하게 체계화하는 데에 아리스토텔레스보다 훨씬 더 나아갔다. 불은 심지어 자신의 책에 『사고의 법칙(*The Laws of Thought*)』이라는 제목을 붙였다. 좀 과장된 제목이기는 하나 어쨌든 중요한 공헌을 했다. 루이스 캐럴은 이러한 기계화된 추론 방법에 매료되어서, 그 방법의 도움으로 풀 수 있는 수수께끼를 많이 고안했다. 예나의 고틀로프 프레게와 토리노의 주세페 페아노는 형식적인 추론과 집합 및 수의 연구를 연계하는 데에 몰두했다. 괴팅겐의 다비트 힐베르트는 유클리드 기하학(Euclidean geometry)보다도 더 엄격하게 기하학의 형식화에 매진했다. 이 모든 노력들의 목표는 "증명"이 뜻하는 바를 명확히 하는 것이었다.

그러는 사이 고전 수학에서는 흥미로운 발전이 일어나고 있었다. 그것은 이른바 **집합론**(集合論, theory of set)으로 알려진 무한성의 여러 유형에 대한 이론으로서, 1880년대에 게오르크 칸토어에 의해서 전개되었다. 그 이론은 강력하고 아름다웠지만 직관을 거슬렀다. 오래지 않아 여러 가지 역설(paradox)이 집합론에서 드러났다. 그것은 몹시 불안스러운 상황이었다. 왜냐하면 수학이 미적분학의 극한론에 관계된 역설들에서 막 회복되는 듯이 보였는데, 더욱 악성처럼 보이는 전혀 새로운 역설들이 나타났기 때문이다.

가장 유명한 것은 러셀의 역설(Russell's paradox)이다. 대부분의 집합은 자기 자신을 원소로 가지지 않는다. 예를 들면 해마들의 집합은 해마가 아니고 잔 다르크만을 원소로 가지는 집합은 잔 다르크가 아니다(집합은 사람이 아니다). 등등. 이런 측면에서 보면 대부분의 집합은 〔자신을 원소로 가지지 않는〕 "평범한" 집합이다. 그러나 "자신을 삼키는" 집합(self-swallowing set)은 자신을 원소로 **포함하는** 집합인데 모든 집합의 집합, 또는 잔 다르크를 제외한 모든 것들의 집합 따위이다. 모든 집합은 평범하거나 스스로를 삼키는 것 중의 하나이다. 어떤 집합도 동시에 두 가지일 수는 없다. 그러면 이제 **모든 평범한 집합들의 집합**(set of all run-of-the-mill sets) R을 만들지 못할 이유가 없다. 처음 보기에는 R은 평범한 것으로 보일지 모른다. 그러나 이런 견해는 "R 그 자체는 평범한 집합인가 아니면 스스로를 삼키는 집합인가?"라고 물을 경우에는 수정되어야 한다. 독자는 그 대답이 "R은 평범한 집합도 스스로를 삼키는 집합도 아니다. 왜냐하면 어떤 선택도 모두 역설이 되기 때문이다"라는 것을 알게 될 것이다. 한번 해보기를 바란다.

그러나 R이 평범한 집합도 아니고 스스로를 삼키는 집합도 아니라면, 무엇이란 말인가? 최소한 병적인 것이다. 그러나 그렇게 얼버무리는 대답에 누구도 만족할 리 없다. 그래서 사람들은 집합이론의 기초를 더 깊이 파헤치기 시작했다. 결정적인 질문은 "우리의 직관적인 '집합' 개념에서 무엇이 잘못되었는가?"인 것으로 보였다. 우리의 직관과 거의 일치하지만 역설은 피하는 엄격한 집합이론을 만들 수 있을까? 수론과 기하학의 경우처럼 문제는 직관을 형식화된 또는 공리화된 추론체계와 조화시키려고 하는 데에서 발생한다.

러셀의 역설의 놀라운 변형은, 집합 대신에 형용사를 이용하는 "그렐링의 역설"

이다. 영어의 형용사를 두 범주로 구분하면 : "pentasyllabic(다섯 음절의)", "awk-wardnessful(어색한)", "recherche(특이하고 이해하기 어려운)" 같은 자기-기술적인 형용사와 "edible(먹을 수 있는)", "incomplete(불완전한)" 그리고 "bisyllabic(두 음절의)"처럼 그렇지 않은 형용사들이 있다. 만약 "non-self-descriptive(자기-기술적이-아닌)"를 형용사로 인정한다면 그것은 어느 부류에 속하는가? 하이픈으로 결합된 낱말들을 포함하는 것이 못마땅하면, 이 역설을 위해서 특별히 고안한 두 가지 용어를 사용할 수 있다. 자기논리적(autological="self-descriptive") 그리고 외율논리적(heterological="non-self-descritive"). 그렇다면 문제는 다음과 같다 : "외율논리적" 자체는 외율논리적인가?" 해보기 바란다.

　이 역설들에는 공통적인 용의자인 자기-지시(self-reference) 또는 "이상한 고리의 속성"이 있는 것 같다. 따라서 모든 역설을 추방하는 것이 목표라면 어째서 자기-지시를 추방하고 그것을 야기하는 모든 것을 추방하지 않는가? 그것은 보기보다 쉽지 않다. 왜냐하면 경우에 따라서는 어디에서 자기-지시가 일어나는지 알아내기가 어려울 수 있기 때문이다. "손을 그리는 손"을 생각나게 하는 에피메니데스의 "확장" 버전인 아래 문장에서처럼 자기-지시는 여러 단계로 이루어진 이상한 고리 전체에 퍼져 있을 수 있다.

다음 문장은 거짓이다.
앞의 문장은 참이다.

이 두 문장을 한 짝으로 보면, 원래의 에피메니데스의 역설과 동일한 효과를 가진다. 그러나 각각의 문장을 떼어놓고 보면 그 자체로는 아무 문제가 없으며, 잠재적으로는 쓸모 있는 문장들이기까지 하다. 이 이상한 고리가 발생한 것에 대한 책임을 두 문장 중의 어느 하나에 돌릴 수는 없다. 그것은 오직 두 문장이 서로를 "지시하는" 방식 때문에 생긴다. 마찬가지로, "올라가기와 내려가기"의 부분들 각각은 아주 정당하다. 다만 이 부분들이 전체로 통합되는 방식에서 불가능성이 배태된다. 자기-지시를 성취하는 데에는 직접적인 방식뿐만 아니라 간접적인 방식도 있기 때문에—자기-지시를 만악(萬惡)의 뿌리로 본다면—이 두 유형을 동시에 추방하는 방법을 찾아야만 한다.

이상한 고리 제거하기

러셀과 화이트헤드도 이 견해에 찬성했는데『수학 원리』는 논리학, 집합론 그리고 수론으로부터 이상한 고리라는 악령을 몰아내기 위한 거대한 의식(儀式)이었다. 그들이 구상한 체계는 기본적으로 다음과 같은 것이다. 최하위 "유형"의 집합은 오직 "대상들"만을 원소로 포함하고 집합들을 원소로 포함하지는 않는다. 그 다음 유형의 집합은 오직 대상들 또는 최하위 유형의 집합만을 포함할 수 있다. 일반적으로 어떤 임의의 유형의 집합은 더 낮은 유형의 집합이나 대상들만을 포함할 수 있다. 모든 집합은 하나의 특정한 유형에 속할 것이다. 따라서 모든 집합이 자기 자신의 유형보다 더 높은 유형에 속해야 하기 때문에 어떤 집합도 자기 스스로를 포함할 수 없음이 분명하다. 이런 체계에서는 오로지 "평범한" 집합만이 존재한다. 나아가 R—모든 평범한 집합들의 집합—은 그 어떤 유한한 유형에도 속하지 않기 때문에 더 이상 집합으로 간주되지 않는다. 겉보기에는, "이상한 고리 폐기 이론"이라 할 수 있을 유형이론(theory of types)은 집합론에서 역설을 성공적으로 제거했다. 그러나 인위적으로 보이는 계층질서(hierarchy)를 도입하는 대가를 치르고, 또한 모든 평범한 집합들의 집합 같은 특정 종류의 집합을 만드는 것을 불허하는 대가를 치르고서만 그럴 수 있었다. 직관적으로 보건대 이것은 우리가 집합을 상상하는 방식이 아니다.

유형이론은 러셀의 역설을 처리했지만, 에피메니데스나 그렐링의 역설(Grelling's paradox)에 대해서는 아무것도 하지 않았다. 관심이 집합론에서 그치는 사람들에게는 이것으로 아주 충분했지만—전반적인 역설 축출에 관심을 가진 이들에게는 언어 내부에 고리가 형성되는 것을 금하기 위해서 이와 비슷한 "계층화"가 필요해 보였다. 이러한 계층질서의 맨 아래에는 대상언어(object language)가 있을 것이다.*

대상언어에서는 어떤 특정한 영역에 대한 지시만 가능하며, 그 대상언어 자체의 여러 측면(예를 들면, 대상언어의 문법규칙이나 이 언어로 표현된 특정한 문장들)에 대해서는 말할 수 없다. 그 목적을 위해서 메타언어(metalanguage)가 있을 것이다. 외국어 학습자 모두에게 이런 두 언어학적 층위들에 대한 경험은 친숙하다. 그 다음으로 그 메타언어를 논의하기 위한 메타메타언어(metameta-language)가 있을 것이다. 등등. 모든 문장은 계층질서의 정확한 층위에 속해야

* 타르스키의 정의에 따르면, 대상언어(Objektsprache)는 그 피지시체가 현실의 대상인 언어를 말한다. 이에 반해서 그 (대상)언어 자체를 대상으로 삼는 언어를 메타언어(Metasprache)라고 한다.

한다는 것이 요구될 것이다. 그러므로 임의의 발화(發話)가 들어맞는 층위를 찾을 수 없으면, 이 발화는 무의미한 것으로 간주될 것이고 잊혀질 것이다.

우리는 앞에서 주어진 2단계의 에피메니데스 고리를 분석할 수 있다. 첫 번째 문장은 두 번째 문장에 대해서 말하기 때문에 두 번째 문장보다 더 높은 층위에 있음에 틀림없다. 그러나 같은 이유로 두 번째 문장 또한 첫 번째 문장보다 더 높은 층위에 있어야 한다. 그렇지만 그것이 불가능하기 때문에 이 두 문장들은 "무의미하다." 더 정확히 말하면 그러한 문장들은 언어의 엄격한 계층질서에 근거하는 체계에서는 전혀 만들어질 수 없다. 이것은 그렐링의 역설과 에피메니데스 역설의 모든 버전을 막는다. ("외율논리적인" 것은 어떤 언어층위에 속할 수 있을까?)

우리가 늘상 사용하지는 않는 추상개념을 다루는 집합이론에서는 조금 이상하기는 해도 유형이론 같은 성층화(stratification)를 받아들일 수 있을 것 같지만, 살면서 늘상 사용하는 언어의 경우 이러한 성층화는 불합리해 보인다. 우리는 여러 가지 일들에 대해서 이야기할 때 언어의 계층질서 위아래로 넘나든다고 생각하지 않는다. "이 책에서 나는 유형이론을 비판한다"와 같은 평범한 문장도, 우리가 논의하고 있는 체계에서는 이중으로 금지될 것이다. 첫째로 그 문장은 "이 책"을 언급하는데, 그것은 오직 "메타책"에서만 언급할 수 있는 것이다. 둘째로 그 문장은 나를 언급하는데, 나는 나 자신에 대해서 전혀 언급할 수 없다! 이 보기는 우리가 유형이론을 친숙한 맥락으로 끌어들일 경우, 그 이론이 얼마나 우스워지는지 보여준다. 유형이론이 채택한 역설 치료제는—어떤 형태의 자기-지시든 깡그리 축출한다—완벽하게 훌륭한 구문도 무의미한 구문으로 낙인 찍는 과잉살상의 진정한 사례이다. 그런데 "무의미한"이라는 형용사는 언어 유형이론의 모든 논의에 적용해야 할 것이다(바로 지금 이 단락에서 하고 있는 논의 같은). 그 이유는 분명히 그 논의들이 어떤 층위에서도 수행될 수 없기 때문이다. 즉 대상언어나 메타언어, 메타메타언어 등 그 어디에서도 수행될 수 없다. 그렇다면 바로 그 이론을 토론하는 행위 자체가 바로 이론에 대한 가장 노골적인 침해일 것이다!

어떤 사람은 이러한 이론들이 일상적인 비형식적 언어가 아니라 형식언어를 다루려고 의도된 것이라고 말하면서 옹호할 수 있을 것이다. 그럴 수도 있지만, 그것은 이러한 이론들이 극도로 학술적이고, 역설에 대해서 특별한 맞춤 체계에서 나타나는 경우를 제외하고는 말해주는 것이 거의 없다는 것을 보여준다. 그뿐만 아니라 어떤 대가를 치러서라도 역설을 축출하려는 노력은, 특히 고도의 인위적인 형식체계의 창출을 요구하는 경우, 매력 없는 무모순성(consistency)은 지나치게 강조하며, 삶과 수학을 흥미 있게 만드는 변덕과 기묘함에는 거의 관심을 가지지 않는다. 물론 무모순성을 유지하려고 노력하는 것은 중요하다. 그러나 이 노력이 여러분에게 무지막지하게 추한 이론을 강요한다면 무엇인가 잘못된 것이다.

이런 유형의 수학기초론의 문제들은 금세기 초에 인간의 추론방식을 체계화하는 데에 대한 높은 관심을 불러일으켰다. 수학자들과 철학자들은 예를 들면 정수의 연구(정수론) 같은 가장 구체적인 이론조차도 과연 견고한 기초에 토대하는지 심각한 의구심을 가지기 시작했다. 역설들이 집합론—이 이론의 기본 개념인 집합은 분명 직관적으로 호소력이 있다—에서 그렇게 쉽게 나타날 수 있다면, 수학의 다른 분야에서도 역설들이 존재하지 않을까? 이와 관련되는 또다른 우려는 에피메니데스의 경우에서와 같이 논리의 역설이 수학 자체에도 내재하는 것으로 드러나서 수학을 송두리째 의구심에 빠뜨릴 수 있다는 것이다. 이것은 특히 수학이란 말할 것도 없이 논리학의 일부(혹은 거꾸로 논리학이 단지 수학의 일부)라고 철썩같이 믿는 사람—많은 사람들이 있었지만—에게 염려스러웠다. 바로 그 질문—"논리학과 수학은 다른 것인가 또는 분리된 것인가?"—이 많은 논쟁의 원인이었다.

수학 자체에 대한 이러한 연구는 메타수학(metamathematics), 또는 수학과 논리학이 밀접하게 얽혀 있기 때문에 메타논리학(metalogic)으로 알려졌다. 메타수학자들에게 가장 시급한 우선 과제는 수학적 추론의 진정한 본질을 결정하는 것이었다. 무엇이 절차상 합법적 방법이고 무엇이 불법적 방법인가? 수학적 추론은 항상 "자연언어"(즉 프랑스어나 라틴어 또는 일상적인 소통에 쓰이는 개별 언어)로 했기 때문에 언제나 모호할 수가 있었다. 낱말들은 사람에 따라서 다른 의미를 가지며 다른 이미지를 떠올리게 했다. 모든 수학 작업이 수행될 수 있고, 두 수학자가 제시된 증명이 유효한지 아닌지에 대해서 논쟁할 때 해결할 수 있도록 도움을 주는 통일적인 표기법 확립이 합리적이고도 중요한 것 같았다. 이것은 적어도 인간의 추론방식이 수학에 적용되는 한, 보편적으로 받아들일 수 있는 인간의 추론방식을 완전히 체계화할 것을 요구할 것이다.

무모순성, 완전성, 힐베르트 프로그램

이것이 『수학 원리』의 목표였는데 수학 전체를 모순(contradiction) 없이 논리학으로부터 도출하려는 것이었다. 그것은 많은 찬사를 받았지만, (1) 정말로 수학 전체가 러셀과 화이트헤드가 설명한 방법에 포함되는지, 또는 (2) 제시된 방법이 그 자체로 무모순인지조차 아무도 확신하지 못했다. 러셀과 화이트헤드의 방법을 따르면, 어떤 수학자이든 모순적인 결과들을 **결코** 도출할 수 **없을** 것이라는 것이 절대적으로 확실한가?

이 질문은 특히 저명한 독일 수학자인 (동시에 메타수학자) 다비트 힐베르트를 괴롭혔는데, 그는 전 세계 수학계(메타수학계)에 다음과 같은 도전과제를 제시했다. 『수학 원리』에서 정의된 체계가 **무모순**이면서 **완전**하다는 (즉 수론의 모든 참인 명제는 『수학 원리』에서 제시한 틀 안에서 도출될 수 있다는) 것을—러셀과 화이트헤드가 기술한 바로 그 방법을 적용해서—엄격하게 증명하라. 그것은 어려운 과제였는데, 사람들은 그것이 다소 순환적이라는 것을 근거로 비판할 수 있었다. 즉 어떻게 당신의 추론 방법을 동일한 추론 방법을 토대로 정당화할 수 있는가? 그것은 마치 늪에 빠진 자신이 자신의 신발끈을 잡아당겨 (자신을) 끌어올리는 격이다(우리는 이 이상한 고리에서 벗어날 수 있을 것 같아 보이지 않는다!).

물론 힐베르트는 이 딜레마를 잘 알고 있었기 때문에, "유한적인" 추론방식에만 의존해서 무모순성과 완전성(completeness)에 대한 증명을 찾아낼 수 있을 것이라는 희망을 피력했다. 유한적인 추론방식이란 수학자들이 통상 받아들이는 작은 규모의 추론방법이었다. 이런 방식으로 힐베르트는 수학자들이 자신의 신발끈으로 자신을 부분적으로 끌어올릴 수 있을 것이라고 희망했다. 즉 더 작은 규모의 추론방법만을 동원해서 수학적 방법의 총체를 건전한 것으로 증명할 수 있을 것이라고 보았다. 이 목표는 소수의 수학자 그룹 내에서 이해되는 비밀스러운 것처럼 보일지도 모르지만, 금세기 초반 30년 동안 세계의 유수한 많은 수학자들의 마음을 사로잡았다.

그러나 바로 1931년, 괴델은 힐베르트의 프로그램을 완전히 붕괴시킨 그의 논문을 발표했다. 이 논문은 러셀과 화이트헤드가 제시한 공리체계에 치유할 수 없는 "헛점"이 있을 뿐 아니라 더 나아가서 일반적으로 어떤 공리체계라도 무모순이면 수론의 모든 참을 산출할 수 없다는 것을 드러냈다! 마지막으로, 『수학

원리』 같은 체계의 무모순성을 입증하려는 희망은 헛된 것임을 보여주었다. 만약 『수학 원리』 안에 있는 방법만을 사용해서 『수학 원리』 체계가 무모순이라는 것을 증명한다면—다음이 괴델 논문의 가장 신비스러운 귀결 중의 하나인데—『수학 원리』 자체가 모순이라는 것이다!

마지막 아이러니는 괴델의 불완전성 정리의 증명이 이상한 고리의 공격에 무너지지 않도록 구축한 요새인 『수학 원리』의 심장에 바로 에피메니데스의 역설을 들이밀었다는 사실이다! 비록 괴델의 이상한 고리가 『수학 원리』를 궤멸시키지는 않았지만, 수학자들에게서 『수학 원리』에 대한 관심을 훨씬 더 멀어지게 했는데, 그것은 러셀과 화이트헤드가 원래 설정한 목표가 환상이었음을 보여주었기 때문이다.

배비지, 컴퓨터, 인공지능……

괴델의 논문이 발표되었던 당시는 바로 전자 디지털 컴퓨터의 개발이 임박했던 때였다. 기계식 계산 장치라는 아이디어는 한때 널리 퍼져 있었다. 17세기에 파스칼과 라이프니츠는 특정한 연산(덧셈[addition]과 곱셈)을 수행하는 기계를 만들었다. 그러나 이 기계들은 기억장치가 없었고, 오늘날의 용어로 말하자면 프로그래밍될 수 없었다.

기계의 엄청난 계산 잠재력을 인식했던 최초의 사람은 런던 출신인 찰스 배비지(1792-1871)였다. 디킨스의 소설 『피크위크 클럽의 기록(Pickwick Papers)』의 등장인물이 튀어나온 듯한 성격을 가진 배비지는 살아생전 런던의 "길거리 소란꾼"—특히 손풍금 악사—에 대한 격렬한 추방 운동으로 유명했다. 그를 몹시 짜증나게 하는 이 성가신 사람들은 밤낮을 가리지 않고 세레나데를 연주하고는 했고 그러면 그는 격분해서 거리로 나가서 그들을 뒤쫓고는 했다. 오늘날 우리는 배비지에게서 시대를 100년 앞선 인물을 본다. 그는 현대 컴퓨터의 기본 원리의 창안자일 뿐 아니라 소음공해와 싸운 최초의 사람 중 하나이기도 하다.

그의 첫 기계인 "차분기관(Difference Engine)"은 "차분법(差分法, method of difference)"을 이용하여 다양한 수학적 도표들을 만들 수 있었다. 그러나 "차분기관"의 모형을 완성하기 전에 배비지는 훨씬 더 혁명적인 아이디어에 사로잡혔다. 즉 "해석기관(Analytical Engine)"이 그것이었다. 다소 건방지게, 그는 "해석기관에 이르기까지 밟았던 길은 아마도 여태까지 인간 정신이 겪은 것 가운데 가장 복잡하게 뒤엉키고 골치 아픈 것이었다"라고 썼다.[4] 이전에 설계된 그 어떤 기계와도 달리, 이 "해석기관"은 "창고(기억장치)"와 "작업장(즉 연산과 의사결정 장치)"을 가져야 한다는 것이었다. 그 장치들은 믿을 수 없을 정도로 복잡한 방식으로 맞물린 수천 개의 복잡한 톱니 실린더로 이루어진다는 것이다. 배비지는 천공(穿孔) 카드에 수록된 **프로그램**의 제어 아래 숫자들이 작업장(연산과 의사결정 장치)으로 소용돌이쳐 들어가고 나오는 것을 구상했다. 천공 카드에 대한 아이디어는 카드로 제어해서 놀라울 정도로 복잡한 무늬를 짜는 자카르 방직기에서 영감을 얻었다. 배비지의 총명했지만 불행했던 친구인 에이다 러블레이스 백작 부인(바이런 경의 딸)은 다음과 같이 시적으로 표현했다. "그의 '해석기관'은 자카르 방직기가 꽃과 잎을 짜듯이 **대수학 패턴을 짠다**." 유감스럽게도, 그녀가 쓴 문장이 현재형이기 때문에 오해를 일으킬 수 있다. '해석기관'은 실제로 제작된 적이 없으며, 배비지 자신도 쓰라린 절망을 안은 채 죽었기 때문이다.

러블레이스 부인은, 해석기관을 발명함으로써 비로소 인류가 기계적 지능을 조금씩 다루어나가기 시작했다는 사실을 배비지 못지않게 깊이 깨달았다. 특히 해석기관이 "자신의 꼬리를 물" (기계가 자신의 내장 프로그램에 접근해 변경시킬 경우 생기는 이상한 고리를 배비지가 묘사한 표현) 수 있다면 말이다. 1842년 논문[5]에서 그녀는 해석기관이 "수 외에 다른 것들도 다룰 수 있을 것"이라고 썼다. 배비지가 체스나 틱-탁-토 게임을 하는 자동기계를 꿈꾸었던 반면, 그녀는 회전하는 실린더에 기호로 입력된 음고(音高)와 화성(和聲)으로 아무리 복잡하고 규모가 크더라도 정교하고 과학적인 음악작품을 배비지의 해석기관이 작곡할 수 있을 것이라고 시사했다. 그러나 바로 연이어 "그 해석기관은 무엇인가를 **창조**할 수 있는 특성은 갖추고 있지 않다. 그 기관은 우리가 그 기관에 일을 시키는 **방법**을 알고 있는 것만을 할 수 있을 뿐이다"라고 주의를 주었다. 그녀는 인공적 연산의 위력을 잘 이해했음에도 불구하고, 인공지능(Artificial Intelligence)의 창조에 대해서는 회의적이었다. 그러나 그녀의 예리한 통찰력이 전기를

---

4) Charles Babbage, *Passages from the Life of a Philosopher*, pp. 145-146.
5) Lady A.A.Lovelace, Notes upon the Memoir "Sketch of the Analytical Engine Invented by Charles Babbage", by L.F.Menabrea (Genova, 1842), reprinted in P. and E.Morrison, *Charles Babbage and His Calculating Engines*, pp. 248-249, 284.

길들임으로써 열리게 될 잠재력을 꿈꿀 수 있었을까?

금세기에 와서 파스칼, 라이프니츠, 배비지와 러블레이스 부인이 이루고자 꿈꾸었던 것을 넘어서는 컴퓨터를 만들 수 있는 여건이 무르익었다. 1930년대와 1940년대에는 최초의 "거대한 전자두뇌들(giant electronic brains)"이 설계되고 제작되었다. 이 전자두뇌들은 이전에는 별개의 분야였던 공리적 추론의 이론, 기계적 연산의 연구, 지능의 심리학을 한 군데로 모으는 일을 촉진시켰다.

같은 시기에 컴퓨터 이론 또한 비약적으로 발전했다. 이 이론은 메타수학과 밀접히 관련되었다. 사실, 괴델의 정리에 상응하는 것이 계산이론에 있는데, 앨런 튜링이 발견한 정지 문제(halting problem)의 해결 불가능성은 상상할 수 있는 가장 강력한 컴퓨터에서조차 피할 수 없는 "구멍"이 있음을 들춰냈다. 바로 이러한 기괴한 한계가 드러나고 있던 그 시점에, 역설적으로 제작자의 예지력을 뛰어넘어 발전하는 것처럼 보이는 컴퓨터가 제작되고 있었다. 만약 500년 후에 다시 살아나서 새로운 시대의 과학을 사흘 동안 안내받아서 둘러볼 수 있다면 기꺼이 여생을 포기할 것이라고 선언했던 배비지는 단지 그가 사후 100년 만에 다시 살아나더라도 새로운 기계들과 그들의 예기치 못한 한계 때문에 할 말을 잊고 전율할 것이다.

1950년대 초에는 기계화된 지능의 실현이 머지않은 듯이 보였다. 그러나 장애가 극복되고 나면 언제나 새로운 장애가 나타나서 진정한 생각하는 기계를 만드는 것을 막았다. 이렇게 목표가 불가사의하게 침체된 데에는 어떤 근본적 이유가 있었을까?

지능적 행동과 비지능적 행동 사이의 경계선이 어디에 있는지는 아무도 모른다. 사실 뚜렷한 경계선이 있다고 말하는 것은 바보 같은 일일 것이다. 그러나 다음과 같은 속성들이 지능에 본질적이라는 것은 분명하다.

- 여러 상황에 매우 유연하게 대응한다.
- 우발적인 주변 조건을 활용한다.
- 모호하거나 모순적인 메시지로부터 의미를 도출한다.
- 상황의 상이한 요소들 중에서 상대적으로 더 중요한 것을 인식한다.
- 서로를 분리시키는 것으로 보이는 차이에도 불구하고 상황들 사이의 유사성을 찾는다.

- 서로를 연계시키는 것으로 보이는 유사성에도 불구하고 상황들 사이의 차이를 찾는다.
- 기존 개념들을 새로운 방식으로 결합하여 새로운 개념들을 합성한다.
- 새로운 아이디어를 내놓는다.

여기에서 겉으로 보기에 우리는 역설에 부딪치는 것 같다. 컴퓨터는 그 본질상 가장 경직되고, 욕구가 없고, 규칙에 충실한 짐승이다. 비록 빠를지는 모르지만, 컴퓨터는 무의식의 완벽한 본보기이다. 그런데 어떻게 지능적인 행동이 프로그래밍될 수 있을까? 그것은 가장 명백한 자체 모순이 아닐까? 이 책의 주요 주제 중의 하나는 이것이 전혀 모순이 아니라는 것이다. 또한 이 책의 주요 목표 중의 하나는 겉보기에 모순 같은 것에 독자들을 정면으로 맞서게 하고, 그것을 맛보게 하고, 뒤집어보게 하고, 해체해보게 하고, 그 속에서 뒹굴게 하는 것이다. 그래서 마침내 독자들은 새로운 통찰력을 가지고 겉보기에는 극복할 수 없어 보이는 형식성과 비형식성, 생명과 비생명, 유연성(flexibility)과 경직성(rigidity) 사이의 골 속에서 빠져나올 수 있을 것이다.

그것이 바로 "인공지능(Artificial Intelligence, AI)" 연구이다. 그리고 인공지능 연구의 이상한 묘미는 많은 규칙들을 엄격한 형식으로 짜넣어서 경직된 기계를 유연하게 행동하도록 만들려고 하는 데에 있다.

그런데 어떤 종류의 "규칙들"이 우리가 지능적인 행동으로 간주하는 모든 것을 포착할 수 있을까? 분명히 모든 종류의 다양한 층위에 규칙들이 있어야 한다. 다수의 "그저 평범한" 규칙들이 있어야 한다. 또 "그저 평범한" 규칙들을 수정하기 위한 "메타규칙들(metarules)"이 있어야 하고, 그 "메타규칙들"을 수정하기 위한 "메타메타규칙들" 등이 있어야 한다. 지능의 유연성은 바로 이 엄청난 수의 상이한 규칙들과 그 규칙들의 층위들로부터 생긴다. 그러면 어째서 그렇게 많은 규칙들이 그토록 많은 층위에 존재해야만 하는가? 그 이유는 바로 한 생물이 살면서 수백 만 가지의 판이한 유형의 상황들과 맞닥뜨리기 때문이다. 어떤 상황들에서는 생물이 "그저 평범한" 규칙으로 할 수 있는 판에 박힌 반응을 한다. 어떤 상황들은 판에 박힌 상황들이 섞여 있는 상태이다. 그래서 그 상황들은 "그저 평범한" 규칙들 중 어느 것을 적용해야 할지를 결정하기 위한 규칙을 요구한다. 몇몇 상황들은 분류될 수 없어서 새로운 규칙을 고안하기 위한 규칙들이 있어야만 한다……등등. 의심할 바 없이, 지능의 핵심에는 직간접적으로 자신을 변경하는 규칙들을 수반하는 이상한 고리가 자리잡고 있다. 때로는 우리의 마음이 너무나 복잡한 데에 압도되어 지능을 이해하는 문제에 답이 있을 수 없다는 느낌이 든다. 어떤 종류의 규칙이, 여기서 "규칙"을 앞서 묘사한 복합층위에서의 규칙이라는 의미로 말한다고 해도, 생물의 행동을 다스린다고 생각하는 것은 잘못이라는 느낌 말이다.

……그리고 바흐

바흐가 죽고 4년 후인 1754년에 라이프치히의 신학자인 요한 미하엘 슈미트는 음악과 영혼에 관한 한 논문에서 다음과 같은 주목할 만한 글을 썼다.

> 얼마 전에 프랑스에서 어떤 사람이 플루트를 입술로 가져갔다가 다시 내려놓고, 눈알을 굴리기도 하고 그리고 플루트로 여러 가지 음악작품을 연주할 수 있는 인형을 만들었다는 소식이 전해졌다.* 그렇지만 생각하거나, 자기 뜻대로 행동하거나, 작곡을 하거나, 또는 그와 비슷한 어떤 것을 하는 자동인형을 고안한 사람은 아직 아무도 없다. 내가 주장하는 바를 받아들이고자 하는 사람은 누구든 앞에서 칭송했던 바흐의 마지막 푸가 작품을 주의 깊게 보도록 하자. 이 작품은 동판에 새겨져 나왔는데, 바흐가 눈이 멀었기 때문에 미완성으로 남은 작품이다. 그리고 그 안에 담긴 예술성을 살펴보도록 하자. 또는 바흐가 눈이 멀어 다른 사람에게 필사시켜 작곡한, 틀림없이 그를 더욱 놀라게 할 코랄 작품인 "우리가 가장 비통한 절망에 빠져 있을 때(Wenn wir in höchsten Nöthen seyn)"를 보고 예술성을 살펴보도록 하자. 나는 바흐의 곡에 담긴 모든 아름다움을 관찰하기를 원한다면, 곧 그의 영혼이 필요할 것이라고 확신한다. 바흐의 곡을 스스로 연주하거나 바흐를 비평하고자 한다면 더 말할 나위도 없다. 유물론 옹호자들이 제안하는 모든 것은

---

* 1737년 자크 드 보캉송이 만든 자동인형 '플루트 연주자'이다. 178cm의 키에 목동 모습을 한 이 자동인형은 가로 플루트로 12곡을 연주했다. 거의 나무로 만들었으며 회전하는 원통에 작은 돌출부들을 세팅해놓아 그것으로 15개의 레버에 충격을 전달해 호흡 조절, 손가락, 입술, 혀의 움직임을 제어했다. 파리의 한 호텔에 전시해서 당시 노동자 1주일치 임금에 해당하는 입장료를 받고 관람시켰는데 인기는 폭발적이었다. 1738년 보캉송은 "자동인형 플루트 연주자의 기계장치"라는 제목의 논문을 프랑스 과학 아카데미에 제출했다.

이 한 가지 사례 앞에서 실패로 끝나는 것이 틀림없다.[6]

아마 여기서 〔슈미트가〕 언급한 "유물론 옹호자들" 중에서 가장 중요한 인물은 바로 프리드리히 대왕의 궁정에 머물렀던, 철학자이자 『인간기계론(*L'homme machine*)』의 저자이자 탁월한 유물론자인 바로 쥘리앙 오푸르와 드 라 메트리일 것이다. 200년 이상이 지난 지금도 여전히 요한 미하엘 슈미트의 견해를 따르는 사람들과 쥘리앙 오프루아 드 라 메트리의 견해를 따르던 사람들 사이의 논쟁은 맹렬하다. 나는 이 책에서 이러한 논쟁에 대한 어떤 관점을 제공하기를 희망한다.

"괴델, 에셔, 바흐"

이 책은 대화와 장 사이에 대위법 구조를 가지는 색다른 방식으로 구성되었다. 이런 구조로 만든 목적은 새로운 개념을 두 번 제시하기 위해서이다. 거의 모든 새로운 개념은 먼저 대화에서 비유적으로 제시되는데, 이를 통해서 독자는 구체적이고, 시각적인 이미지를 얻는다. 이 이미지는 이어지는 장을 읽는 동안 더 진지하고 추상적으로 제시되는 같은 개념에 대해서 직관적인 배경으로 작용한다. 상당수의 대화 속에서 표면상으로는 어떤 아이디어에 대해서 말하는 것 같지만, 실은 속이 빤히 들여다보이는 방식으로 다른 아이디어에 대해서 이야기하는 것이다.

원래 나의 대화 속에 나오는 등장인물들은 엘레아의 제논으로부터 루이스 캐럴*을 거쳐 나에게로 온 아킬레스와 거북뿐이었다. 역설의 창시자인 제논은 기원전 5세기에 살았다. 그의 역설 중의 하나는, 아킬레스와 거북을 등장시킨 우화이다. 그가 만든 이 행복한 한 쌍이 나의 첫 대화인 "3성 인벤션"에서 언급된다. 1895년 루이스 캐럴은 그 나름대로 무한성의 색다른 역설을 보여주기 위해서 아킬레스와 거북을 재등장시켰다. 지금보다 훨씬 더 널리 알려져야 마땅한 캐럴의 역설은 이 책에서 중요한 역할을 한다. 원래의 제목은 "거북이 아킬레스에게 말

---

6) David 와 Mendel, pp. 255–256.

* 『이상한 나라의 앨리스(*Alice in Wonderland*)』를 쓴 루이스 캐럴이라는 필명으로 더 잘 알려져 있는 그는 원래 수학자였다가 나중에 작가로 전업했다. 그의 본명은 찰스 루트위지 도지슨 (1832–1898)이다.

한 것"인데 여기에서는 "2성 인벤션"이라는 제목으로 재수록했다.

내가 대화를 쓰기 시작했을 때, 나는 어떻게 해서든 그것을 음악형식과 결부시켰다. 그 일이 일어난 순간에 대한 기억은 안 나고, 단지 내가 어느 날 초기 대화 위에 "푸가"라고 쓴 것을 기억할 뿐인데, 그때부터 그 생각이 뇌리를 떠나지 않았다. 드디어 나는 모든 대화에 바흐의 음악작품 양식을 모방하기로 작정했다. 이것이 그렇게 부적절한 것은 아니었다. 노(老) 바흐 자신도 제자들에게 여러 성부들이 "사교 모임에 있는 듯이 대화하는 사람들"처럼 들리도록 작곡하라고 상기시키고는 했다. 나는 오히려 바흐가 의도했던 것보다도 더 곧이곧대로 그 제안을 받아들였다. 그럼에도 결과가 바흐의 의도에 충실하기를 희망한다. 특히 나는 되풀이해서 감동을 받는 바흐의 작곡 측면에서 영감을 받았는데, 다비트와 멘델이 『바흐 독본(*The Bach Reader*)』에서 그것을 잘 묘사한 바가 있다.

> 바흐가 사용한 일반적인 형식은 따로 떨어진 마디들 사이의 관계에 근거한 것이었다. 이 관계들은 한편으로는 선율 진행의 완전한 동일성(sameness)에서부터 다른 한편으로는 하나의 정교함이라는 단일 원리의 복귀 또는 단순한 주제의 암시에 이르기까지 다양하다. 그렇게 해서 나타난 선율 진행의 패턴들은 종종 대칭적이었다. 그러나 반드시 그렇다는 것은 결코 아니다. 이렇게 하는 가운데 상이한 마디들 사이의 관계들은, 자세히 분석해야만 파악될 정도로 뒤엉킨 실뭉치의 미로를 형성한다. 그러나 보통, 몇 가지 현저한 특징들은 처음 보거나 들어도 적절한 방향성을 보여주며, 비록 연구를 하는 도중에 끝나지 않는 미묘함을 발견할지 모르지만 바흐의 모든 작품을 결속하는 통일성을 포착하는 것은 전혀 어렵지 않다.[7]

나는 이 세 가닥의 실 즉, 괴델, 에셔, 바흐를 가지고 영원한 황금 노끈을 엮고자 했다. 나는 괴델의 정리를 핵심으로 하는 에세이를 쓰려고 시작했다. 그것이 작은 책자가 될 것이라고 생각했다. 그러나 내 생각은 공처럼 부풀어올라 곧 바흐와 에셔를 건드리게 되었다. 이 연결이 단지 책을 쓰게 된 동기로 머물지 않고 명백한 것이 되도록 구상하는 데에 시간이 좀 걸렸다. 그러나 마침내 괴델과 에셔와 바흐가 나에게는 어떤 핵심적인 견고한 본질을 각기 다른 방향으로 비추어

---

7) 같은 책, p. 40.

드리워진 그림자들일 뿐이라는 점을 깨닫게 되었다. 그 핵심 대상을 재구성하려고 했고, 그렇게 해서 이 책을 내놓게 된 것이다.

3성 인벤션

아킬레스(그 누구보다도 발이 빠른 그리스의 전사)와 거북이 뜨거운 햇살 아래 흙먼지로 뒤덮인 경주로에 함께 서 있다. 경주로 저 멀리 깃대가 높이 서 있고 그 위에는 커다란 사각형 깃발이 매달려 있다. 새빨간 깃발에는 가는 고리 모양의 구멍이 뚫려 있고 그 사이로 하늘을 볼 수 있다.

아킬레스 : 경주로 저쪽 끝에 펄럭이는 저 이상한 깃발이 도대체 뭐지? 저걸 보니 내가 가장 좋아하는 화가인 M. C. 에셔의 판화가 생각나는군.

거북 : 저건 제논의 깃발이야.

아킬레스 : 저 구멍이 에셔가 그린 "뫼비우스 띠"라는 판화에 있는 구멍들과 닮았을까? 저 깃발은 뭔가 잘못됐어. 분명해.

거북 : 깃발에서 도려낸 고리는 숫자 0의 모양이군. 제논이 가장 좋아하는 숫자 0 말이야.

아킬레스 : 하지만 0은 아직 발명되지 않았잖아! 0은 지금부터 천년 후에나 인도 수학자가 발명할 거야. 그러니 거북 선생, 내 논증은 이러한 깃발이 불가능하다는 걸 입증한다네.

거북 : 아킬레스, 자네의 논증은 설득력이 있구먼. 그래서 이러한 깃발이 사실 불가능하다는 것에 동의해야만 하겠군. 하지만 어쨌거나 저 깃발은 아름다워. 안 그래?

아킬레스 : 아, 그래. 그 깃발이 아름답다는 것에는 의심의 여지가 없네.

거북 : 그 깃발이 아름다운 것은 깃발이 불가능한 것과 관련되어 있는 것이 아닐까? 잘 모르겠지만 말이야. 아름다움(Beauty)을 분석할 시간이 있어본 적이 없네. 아름다움의 본질 말일세. 난 어떤 개념들의 본질에 대해서 생각해본 적이 없는 것 같네.

아킬레스 : 개념들의 본질이라, 거북 선생, 삶의 목적의 본질에 대해서 생각해본 적 있나?

그림 10. "뫼비우스 띠 I(Möbius Strip I)"(M. C. 에셔, 4개의 판목으로 인쇄한 목판화, 1961).

거북 : 없는데.

아킬레스 : 왜 우리가 여기 있는지, 누가 우리를 만들었는지 궁금해한 적 없다고?

거북 : 오, 그건 완전히 다른 이야기지. (이제 곧 알게 될 건데) 우린 제논의 발명
품이지. 그리고 우리가 여기 있는 건 달리기 시합을 하기 위해서라네.

아킬레스 : 달리기 시합이라고? 기가 막히네. 누구보다도 발이 빠른 내가 둔족
(鈍族) 중에서도 가장 느린 자네를 상대로? 이런 경주에 무슨 의미가 있다
고 그래.

거북 : 내가 좀 앞에서 출발하면 되겠는데.

아킬레스 : 하지만 상당히 앞에서 출발해야 할걸.

거북 : 그러면 좋지.

아킬레스 : 그래도 자넬 따라잡는 건 시간문제야.

거북 : 일이 제논의 역설(Zeno's paradox)에 따라 진행된다면, 자네는 날 못 따라
잡을걸. 제논은 우리의 시합을 보기로 해서 운동이 불가능하다는 것을 보이

려 했지. 제논에 따르면 운동이 가능해 보이는 건 오직 마음에서 뿐이라네. 사실 운동은 본질적으로 불가능하지.* 제논은 그것을 멋지게 증명한다네.

아킬레스 : 아, 맞아. 이제 기억이 나네. 선사(禪師) 제논에 대한 그 유명한 공안 (公案) 말이야. 자네 말대로 그건 정말 간단하지.

거북 : 공안? 선사? 도대체 무슨 말이야?

아킬레스 : 이런 이야기야. 승려 둘이 깃발에 대해서 말다툼을 벌이고 있었지. 한 승려가 "깃발이 움직이고 있네" 하니까 다른 승려가 "바람이 움직이고 있는 거야"라고 했지. 때마침 6대 선사 제논이 지나가고 있었어. 그들에게 "움직이는 건 바람도 깃발도 아니고 자네들 마음이라네"라고 했지.

거북 : 아킬레스, 자네 뭔가 혼동하고 있는 것 같은데. 제논은 선사가 아니야, 전혀 관계없지. 그는 (A와 B 지점 사이의 중간에 있는) 엘레아 출신의 그리스 철학자야. 지금부터 몇 백 년 후 운동에 대한 그의 역설들로 유명해질 것이라고. 그 역설들 중 하나에서 자네와 나의 바로 이 달리기 시합이 중심 역할을 할 걸세.

아킬레스 : 뭐가 뭔지 도통 모르겠군. 내가 여섯 선사의 이름을 달달 외우던 기억이 생생한데. 나는 늘 "제6대 선사는 제논, 제6대 선사는 제논……" 하고 외웠는데 말이야.** (갑자기 따스한 미풍이 분다.) 오, 보게나, 거북 선생. 저 깃발이 펄럭이는 걸! 저 부드러운 천이 물결치는 걸 보면 얼마나 기분 좋은지. 도려낸 고리도 역시 물결치고 있어!

거북 : 바보 같은 소리 하지 마. 저런 깃발은 있을 수 없어. 그러니까 움직일 수도 없지. 바람이 움직이는 거라고.

(그 순간 제논이 지나간다.)

제논 : 안녕들 하시오. 무슨 일입니까?

---

* 원문은 Motion Is Inherently Impossible인데, 이것은 MIU 체계의 MIII라는 두문자어를 만든다. (제1장 앞부분 참조)

** The sixth patriarch is Eno. The sixth patriarch is Zeno. 아킬레스는 첫 번째 문장 "선불교 제6대 조사는 혜능이다"를 외운 것이다. 그런데 두 번째 문장과 발음이 같다. 그래서 "제6대 조사는 제논이다"라고 외웠다는 것이다. 혜능의 일본식 발음은 에노(Eno)이고 이 에노의 영어 발음이 이노이다.

아킬레스 : 깃발이 움직이고 있습니다.

거북 : 바람이 움직이고 있지요.

제논 : 어……친구들, 싸우지들 말아요! 진정하라고요. 이견을 버리세요. 내가 당장 그 문제를 해결해줄 테니. 허, 이렇게 좋은 날 싸움을 하다니!

아킬레스 : 이 친구가 바보짓을 하고 있는 게 틀림없다고요.

거북 : 아니, 잠깐, 아킬레스. 제논 선생이 뭐라고 말하는지 들어보자고. 초면입니다만, 이 문제에 대한 선생의 고견을 듣고 싶습니다.

제논 : 기꺼이 말씀드리지요. 바람도, 깃발도 아닙니다. 둘 중 어느 것도 움직이지 않습니다. 움직이는 것은 아무것도 없습니다. 그건 내가 다음과 같은 위대한 정리를 발견했기 때문입니다. "운동은 본질적으로 불가능하다." 이 정리로부터 더 위대한 정리인 제논의 정리 "운동은 존재하지 않는다(Motion unexists)"가 나옵니다.*

아킬레스 : "제논의 정리"라고요? 그럼 당신이 바로 철학자 엘레아의 제논입니까?

제논 : 그렇습니다, 아킬레스.

아킬레스 : (어리둥절해하며 머리를 긁는다.) 이분이 어떻게 내 이름을 알았지?

제논 : 이게 왜 그런지 두 분께 설명해도 될는지요? 나는 오늘 오후 내내 A 지점에서 엘레아로 왔습니다. 나의 엄밀한 논증에 귀를 기울일 누군가를 찾으려고 말입니다. 하지만 모두들 이리 뛰고 저리 뛰며 바쁘더군요. 사람들에게 연거푸 퇴짜 맞는 일이 얼마나 맥 빠지는 일인지 당신들은 전혀 감이 잡히지 않을 겁니다. 아, 내 문제로 부담을 줘서 미안합니다. 한 가지 요청하고 싶습니다. 두 분께서 잠시—정말 잠시입니다. 약속드립니다—이 어이없는 늙은 철학자의 괴짜 이론을 들어주시겠습니까?

아킬레스 : 좋고말고요! 무지몽매한 저희를 깨우쳐주십시오. 저희 둘 다를 위해서 말씀드리는 겁니다. 왜냐하면 제 친구 거북도 방금 전에 크나큰 존경심을 가지고 선생에 대해서 특히 선생의 역설들에 대해서 이야기하고 있었기 때문이지요.

제논 : 고맙습니다. 제 스승인 5대 조사께선 저에게 실체는 변경할 수 없고 변하지도 않는 하나(one)라고 가르쳐주었습니다. 모든 복수성, 변화 그리고 운

---

* Motion Is Inherently Impossible(=MIII) Motion Unexists(=MU). MIU 체계 규칙 3을 적용하면 MIII에서 MU 가 나온다. 제1장 참조.

동은 단지 감각의 착각일 뿐이라고요. 어떤 사람들은 그의 견해를 조롱했습니다만 나는 그들의 조롱이 터무니없다는 것을 보여드리겠습니다. 내 논증은 아주 간단합니다. 나는 그걸 나의 발명품인 두 인물 아킬레스(누구보다도 발이 빠른 그리스 전사)와 거북을 가지고 예시하겠습니다. 내 이야기 속에서, 지나가는 사람이 이 둘에게 미풍에 펄럭이는 저 멀리 있는 깃발까지 경주로를 따라 달리기 시합을 하라고 요청합니다. 거북은 훨씬 느림보이므로 50미터쯤 앞서서 출발한다고 해봅시다. 이제 경주가 시작됩니다. 몇 걸음을 달려 아킬레스는 거북이 출발했던 곳에 닿습니다.

아킬레스 : 하!

제논 : 이제 거북은 아킬레스보다 5미터만 앞서 있습니다. 금세 아킬레스가 그 지점에 도달합니다.

아킬레스 : 호 호!

제논 : 하지만 그 짧은 순간에도 거북은 조금 나아갔습니다. 순식간에 아킬레스는 그 거리를 돌파합니다.

아킬레스 : 히 히 히!

제논 : 하지만 그 짧은 순간에도 거북은 지금까지와는 훨씬 짧지만 조금 앞서 나갔습니다. 그래서 아킬레스는 여전히 뒤에 있지요. 이제 아킬레스가 거북을 따라 잡으려면 이 "날 잡으면 용—치" 게임을 **무한히** 해야만 될 겁니다. 그러므로 아킬레스는 거북을 **결코** 따라잡을 수 **없습니다**.

거북 : 헤 헤 헤 헤!

아킬레스 : 음……음……음……음……음……. 그 논증은 잘못된 것 같은데요. 그런데 그 논증에서 무엇이 잘못된 것인지 확실히 알 수가 없군요.

제논 : 속 끓이는 문제 아닌가요? 이게 내가 가장 좋아하는 역설입니다.

거북 : 죄송합니다만, 제논 선생. 선생의 이야기는 잘못된 원리를 예시하는 것이라고 생각하는데요, 안 그런가요? 선생은 방금 몇 세기 후에 제논의 "아킬레스 역설"로 알려지게 될 걸 우리에게 이야기했습니다. 아킬레스는 거북을 결코 따라잡지 못할 거라는 걸 (에헴!) 보여주는 역설 말입니다. 그런데 운동은 본질적으로 불가능하다는(즉 운동은 존재하지 않는다는) 것의 증명은 선생의 "이분법 역설(dichotomy paradox)"이지요, 안 그런가요?

제논 : 부끄럽군요. 당신 말이 맞습니다. 이분법 역설은 이렇습니다. A 지점에서

B 지점으로 가려면 일단 A, B의 중간 지점을 지나야만 하지요. 그런데 A, B 의 중간 지점을 지나려면 그전에 A, B의 중간 지점의 중간 지점을 먼저 지 나야만 합니다. 계속해서 선행하는 무한개의 중간 지점을 먼저 지나야 합니 다. 따라서 운동은 불가능합니다. 하지만 이 두 역설 모두 본질적 의미는 같 습니다. 솔직히 말하면, 나한테 있는 위대한 아이디어는 하나일 뿐입니다. 단지 그걸 다른 방식으로 이용하고 있을 뿐이지요.

아킬레스 : 나는 이 논증들에 결함이 있다고 확신합니다. 꼭 집어 말할 수는 없 지만 말이에요. 이 논증은 옳을 수가 없습니다.

제논 : 선생은 내 역설의 타당성을 의심합니까? 한번 해보시지요? 경주로 저 끝 에 있는 붉은 깃발 보입니까?

아킬레스 : 에서의 판화를 바탕으로 한 저 불가능한 깃발 말인가요?

제논 : 바로 그겁니다. 거북 선생과 거기까지 달리기 시합을 한번 해보시지요. 거 북 선생이 상당히 앞서 출발하도록 하고요. 얼마나 앞서야 할지 모르겠지 만…….

거북 : 50미터 어떨까요?

제논 : 50미터. 좋겠는데요.

아킬레스 : 언제든지요.

제논 : 좋습니다! 떨리는 순간입니다! 엄격하게 증명된 내 정리를 경험적으로 시 험해보다니! 거북 선생, 50미터 앞에 서시겠습니까?

(거북이 깃발 쪽으로 50미터 이동한다.)

준비되었나요?

거북과 아킬레스 : 네!

제논 : 출발선에 서세요! 준비! 땅!

제1장

MU-수수께끼

형식체계

이 책의 가장 중심적인 개념 중 하나는 **형식체계**(formal system)이다. 내가 사용하는 형식체계 유형은 미국의 논리학자인 에밀 포스트가 1920년대에 고안한 것으로 종종 "포스트 생성체계(Post product system)"라고 한다. 이 장에서는 독자에게 형식체계를 소개한다. 그뿐만 아니라 독자들이 이 형식체계를 조금이라도 탐구하고 싶어했으면 하는 것이 내 희망이다. 그래서 독자에게 호기심을 불러일으키도록 수수께끼를 제시하겠다.

"**MU**를 생성할 수 있습니까?" 이것이 수수께끼이다. 먼저 **문자열**(string : 문자가 줄지어 있는 것을 말한다)[1] 하나를 제시할 것이다. 조바심 내지 않도록 미리 말하겠는데, 그건 바로 **MI**이다. 그리고 나서 규칙 몇 개를 제시하는데 그것으로 한 문자열을 다른 문자열로 바꿀 수 있다. 어느 시점에 규칙 중 하나를 적용할 수 있다면 그리고 그것을 쓰고 싶으면 써도 된다. 그러나 적용할 수 있는 규칙이 여럿인 경우 어떤 규칙을 사용해야 하는지 정해진 것은 없다. 그것은 전적으로 독자가 알아서 할 일이다. 그것이 바로 형식체계로 하는 게임이 예술이 될 수 있는 요인이다. 말할 필요조차 없는 주요 요점은 규칙에 어긋나는 어떤 일도 해서는 안 된다는 것이다. 이 제한을 "형식성 요구(Requirement of Formality)"라고 할 수 있다. 이 장에서는 전혀 그 점을 강조할 필요가 없을 것이다. 좀 이상하게 들리겠지만, 독자가 뒤에 나오는 장에서 몇 가지 형식체계를 다룰 때, 이전에 형식체계를 다룬 적이 없으면, 형식성 요구를 자꾸만 어기는 자신을 발견하게 될 것이다.

우리의 형식체계인 **MIU**-체계에 대해서 말할 첫 번째 사항은 그것이 알파벳

---

1) 이 책에서 문자열(string)을 언급할 때, 다음 약정을 따르겠다. 문자열이 본문과 같은 활자체로 쓰인 경우 그 문자열은 홑따옴표나 겹따옴표로 표시한다. 논의 중인 내용이 문자열에 속하지 않고 문장에 속하는 경우의 구두법은 따옴표를 쓰지 않는다. 예를 들면, 이 문장의 첫 글자는 "예"인 반면, '이 문장'의 첫 글자는 '이'이다. 문자열이 굵은 고딕체로 쓰인 경우에는 명확성을 요구하지 않는다면, 보통 따옴표를 생략한다. 예를 들면 고딕체의 첫 글자는 고이다.

의 세 문자 M, I, U만 사용한다는 것이다. 그건 MIU–체계에서 있을 수 있는 문자열은 이들 세 가지 문자로 이루어진 문자열뿐이라는 것을 뜻한다. 다음은 MIU–체계의 몇 가지 문자열들이다.

MU

UIM

MUUMUU

UIIUMIUUIMUIIUMIUUIMUIIU

이것들은 모두 합당한 문자열이지만, 독자가 보유한 문자열은 아니다. 사실 독자가 지금껏 보유한 유일한 문자열은 MI이다. 곧 소개할 규칙을 사용해서만 독자의 문자열 목록을 늘릴 수 있다. 다음이 첫 번째 규칙이다.

규칙 I : 마지막 글자가 I인 문자열이 있다면, 끝에 U를 덧붙일 수 있다.

그런데 이 시점까지 독자가 짐작하지 못했을 수도 있는데, "문자열"이 뜻하는 한 가지 사실은 글자들의 순서가 고정되어 있다는 점이다. 예를 들면 MI와 IM은 서로 다른 문자열이다. 기호로 이루어진 문자열은 기호를 순서 없이 담은 자루가 아니다.

　다음은 두 번째 규칙이다.

규칙 II : Mx가 있다고 하자. 그러면 독자의 문자열 목록에 Mxx를 추가할 수 있다.

이 규칙의 의미는 아래의 예에 나타나 있다.

　MIU로부터 MIUIU를 얻을 수 있다.

　MUM으로부터 MUMUM을 얻을 수 있다.

　MU로부터 MUU를 얻을 수 있다.

규칙에 있는 글자 'x'는 어떤 문자열이라도 대신한다. 그러나 독자가 일단 x가 어떤 문자열을 대신하는가를 결정했으면, (새로운 선택을 하게 될 시점에서 그 규칙을 다시 사용할 때까지) 그 선택을 고수해야 한다. 앞의 세 번째 보기를 주목하라. 그 보기는 독자에게 **MU**가 있다면 보유 목록에 어떻게 다른 문자열을 추가할 수 있는지 보여준다. 그러나 일단 **MU**가 먼저 있어야만 한다. 글자 '*x*'에 대해서 마지막 한마디 덧붙이고 싶다. 세 글자 '**M**', '**I**', '**U**'는 형식체계의 일부인데, 그와 달리 '*x*'는 형식체계의 일부가 아니다. 그래도 체계의 문자열에 대해서 일반적으로 말할 수 있는 방식이 있다는 것은 우리에게 유익한데, 그것이 바로 임의의 문자열을 대신하는 '*x*'의 기능이다. 만일 문자열 보유 목록에 '*x*'를 포함하는 문자열을 추가하면 무엇인가 오류를 범한 것이다. 왜냐하면 MIU-체계의 문자열은 결코 '*x*'를 포함하지 않기 때문이다!

세 번째 규칙을 보자.

규칙 III : 보유 목록의 문자열 중에 **III**가 있는 문자열이 있으면, **III** 대신 **U**를 가지는 새로운 문자열을 만들 수 있다.

보기 : **UMIIIMU**로부터 **UMUMU**를 만들 수 있다.
　　　MIIII로부터 **MIU**를 만들 수 있다(또한 **MUI**도).
　　　IIMII에는 이 규칙을 적용할 수 없다.
　　　　(**I** 세 개가 연속해야 한다.)
　　　MIII로부터 **MU**를 만들 수 있다.

어떤 경우에도 이 규칙을 다음 보기에서처럼 반대 방향으로 적용할 수 있다고 생각하지 말라.

MU로부터 **MIII**를 만든다. ← 이것은 오류이다.

규칙들은 일방 통행이다.
마지막 규칙이 있다.

규칙 IV : 문자열에 **UU**가 있으면 그것은 삭제할 수 있다.

UUU로부터 U를 얻는다.

MUUUIII로부터 MUIII를 얻는다.

모두 갖추어졌다. 이제 **MU**를 만드는 일에 착수할 수 있다. 성공하지 못할까봐 걱정하지 말아라. 그냥 한번 해보라. 중요한 것은 이 MU 수수께끼의 풍미를 맛보는 데에 있다. 자, 즐겨보시길.

정리, 공리, 규칙

MU-수수께끼의 해답은 나중에 나온다. 지금 중요한 것은 답을 아는 것이 아니라 답을 찾는 것이다. 여러분은 아마 **MU**를 생성하려고 좀 시도를 해보았을 것이다. 그러는 가운데 여러분 자신의 문자열 목록을 구축했다. 규칙을 가지고 생성할 수 있는 이러한 문자열을 정리(定理, theorem)라고 한다. 물론 수학에서는 "정리"라는 용어에 방금 말한 용법과는 아주 다른 통상적인 용법이 있다. 수학의 정리는 운동의 "비존재"에 대한 제논의 정리나 소수(素數, prime number)는 무한히 많다는 유클리드의 정리같이 엄격한 논증을 통해서 참으로 증명된 일상언어 명제를 뜻한다. 그러나 형식체계에서는 정리를 명제로 생각할 필요는 없다. 단지 기호로 이루어진 문자열일 뿐이다. 또한 정리는 **증명되는** 것이 아니고 어떤 활자처리 규칙에 따라 마치 기계로 생성되듯이 **생성될** 뿐이다. "정리"라는 용어의 의미에 대한 이 중요한 구분을 강조하기 위해서 이 책에서 다음과 같은 규약을 채택하겠다. "정리"가 고딕체로 되어 있으면 일상적인 의미이다. 정리는 누군가가 논리적 논증을 통해서 참이라고 증명한 일상언어로 된 명제이다. 정리가 고딕체로 표기되어 있는 않은 경우 "정리"는 형식체계에서 생성할 수 있는 문자열이라는 기술적인 의미를 가진다. 이런 구분된 용법으로 표현하면, MU-수수께끼는 **MU**가 MIU-체계의 정리인지 묻는 수수께끼이다.

나는 애초 정리 하나를 공짜로 제시했다. 바로 **MI**이다. 이러한 "공짜" 정리를 공리(公理, axiom)라고 하는데 통상적 의미와는 상당히 다른 전문용어적 의미를 가진다. 형식체계는 0, 하나, 여럿, 또는 심지어 무한히 많은 공리를 가질 수도 있다. 이런 모든 유형의 예들이 이 책에 나올 것이다.

모든 형식체계에는 MIU-체계의 네 개의 규칙 같은 기호-조작 규칙이 있다.

이 규칙들을 **생성규칙**(rules of production) 또는 **추론규칙**(rules of inference)이라고 한다. 나는 두 용어를 다 쓸 것이다.

이 시점에서 소개하고 싶은 마지막 용어는 **도출**(derivation)이다. 다음은 정리 **MUIIU**의 도출이다.

(1) MI	공리
(2) MII	(1)에 규칙 II를 적용
(3) MIIII	(2)에 규칙 II를 적용
(4) MIIIIU	(3)에 규칙 I을 적용
(5) MUIU	(4)에 규칙 III을 적용
(6) MUIUUIU	(5)에 규칙 II를 적용
(7) MUIIU	(6)에 규칙 IV를 적용

정리의 도출은 형식체계의 규칙에 따라서 그 정리를 생성하는 방법을 한줄 한줄 명시적으로 보여준다. 도출의 개념은 증명의 개념을 모델로 삼았지만, 도출은 증명의 간소한 사촌이다. **MUIIU**를 **증명했다**고 하면 이상하게 들리겠지만, **MUIIU**를 **도출했다**고 하면 그리 이상하게 들리지는 않을 것이다.

체계의 안과 바깥

MU-수수께끼 풀이를 시작한 사람들은 대부분, 그냥 어떤 문자열들이 나오는지 보려고 마구잡이로 정리들을 도출하는 방법을 쓸 것이다. 곧이어 그들이 도출한 정리들의 특성을 주목하기 시작한다. 그것이 바로 인간의 지능이 개입하는 지점이다. 예를 들면 어느 정도 해보고 나서야 모든 정리들이 **M**으로 시작한다는 사실이 분명해질 것이다. 그러고 나면 패턴이 드러난다. 독자는 그 패턴을 볼 수 있을 뿐 아니라 새 정리가 이전의 정리로부터 첫 글자를 이어받게 하는 특성을 지닌 규칙을 봄으로써 그것을 이해할 수도 있다. 결국 모든 정리의 첫 글자는 유일한 공리인 **MI**의 첫 글자로 거슬러 올라갈 수 있다. 이것이 MIU-체계의 정리들은 모두 **M**으로 시작할 수밖에 없다는 사실에 대한 증명이다.

여기에서 일어난 일에는 무엇인가 대단히 중요한 것이 있다. 그것은 사람과 기계의 한 가지 차이를 보여준다. MIU-체계의 정리를 차례차례 생성하도록 컴퓨터를 프로그래밍하는 것은 분명히 가능하고 사실은 매우 쉬울 것이다. 그리고 U를 생성하고 나서야만 멈추라는 명령을 프로그램에 집어넣을 수 있다. 이제 당신은 그렇게 프로그래밍된 컴퓨터가 결코 멈추지 않을 것이라는 것을 안다. 그리고 이것을 보고 당신은 놀라지 않는다. 그런데 당신이 친구에게 U를 생성해보라고 하면 어떻게 될까? 잠시 후 그 친구가 돌아와서 맨 앞의 글자 M을 없앨 수 없으며 따라서 U를 생성하는 것은 나무에 올라가서 물고기 구하는 격이라고 투덜거려도 놀라지 않을 것이다. 머리가 아주 뛰어나지 않은 사람이라도 자신이 하고 있는 일에 대해서 관찰을 하지 않을 수 없다. 그리고 이러한 관찰 결과 그는 하고 있는 일에 대한 통찰을 얻는데, 우리가 앞에서 설명한 대로 컴퓨터 프로그램에게 부족한 것이 바로 이러한 통찰이다.

이것이 사람과 기계의 차이를 보여준다라고 말한 것이 무슨 뜻인지 더 분명히 해보자. 자신이 하고 있는 일에 관해서 가장 명백한 사실들조차도 결코 인식하지 못하는 방식으로 판에 박힌 일을 하도록 기계를 프로그래밍하는 것은 **가능하다**. 그러나 자신이 하고 있는 일들에 관한 어떤 사실들을 알아차리는 것은 인간의식에 본질적이다. 그러나 당신은 이것을 처음부터 알고 있었다. 당신이 휴대용 계산기에 1을 입력하고 그리고 "1"을 더하고 또 1을 더하고, 더하고 더하고 몇 시간 동안 그렇게 계속해도 그 계산기는 당신의 다음 행동을 예측해서 스스로 그것을 하는 것을 결코 배우지 못할 것이다. 사람이라면 반복되는 행동을 재빨리 파악할 텐데 말이다. 또는 좀 우스운 예를 들면, 차 주인이 아무리 오랫동안 또는 운행을 잘 해도 자동차는 차 주인이 도로 위에서 다른 차나 장애물에 충돌하지 않도록 운전했다는 생각을 결코 하지 못할 것이며 또한 차 주인이 가장 자주 다니는 노선조차도 배우지 못할 것이다.

그렇다면 차이는 기계는 관찰력 없이 행동하는 것이 **가능하고** 사람은 관찰력 없이 행동하는 것이 **불가능하다**는 점이다. 그러나 내가 모든 기계가 필연적으로 정교한 관찰을 할 수 없다고 말하는 것은 아니라는 점에 유의하라. 그렇지 않은 기계도 있다. 모든 사람이 항상 정교한 관찰을 한다고 말하려는 것도 아니다. 사실 사람들도 종종 매우 관찰력 없이 행동한다. 그러나 기계는 완전히 관찰력이 없도록 만들 수는 있지만, 사람은 되지 않는다. 사실 지금까지 만들어진 대부분의 기계는 관찰력이 전혀 없는 것에 가깝다. 대부분의 사람들에게는 아마도 이런 이유로 관찰력이 없다는 속성이 곧 기계의 특성처럼 보인다. 예를 들면 누가 어떤 작업이 "기계적"이라고 말하면, 사람이 그 작업을 할 수 없다는 것을 뜻하는 것이 아니라 기계만이 불평 없이, 지루해하지도 않고 반복해서 그 작업을 할 수 있으리라는 것을 뜻한다.

체계에서 벗어나기(jumping out of the system)

수행 중인 일에서 벗어나서 해놓은 것을 검토할 수 있는 것은 지능의 고유한 속성이다. 지능은 언제나 패턴을 찾고 종종 알아낸다. 내가 지능은 자신의 일에서 벗어날 수 있다고 했지만, 언제나 그럴 것이라는 뜻은 아니다. 그러나 흔히 약간의 자극으로 충분하다. 예를 들면 책을 읽고 있는 사람은 차츰 졸릴 수 있다. 그럴 경우 책을 끝까지 읽지 않고 옆으로 제쳐놓고 불을 끌 것이다. 그는 "체계에서" 벗어났는데, 그것은 우리의 일상사에서 가장 자연스러운 일이다. 또는 A가 방에서 TV를 보고 있는데, B가 들어와 그 상황에 대해서 드러내놓고 불쾌감을 표시한다고 해보자. A는 문제점이 무엇인지 알았다고 생각하고는 채널을 돌려 현재 체계(TV 프로그램)를 벗어나서 더 나은 쇼 프로그램을 찾아봄으로써 그 문제를 해결하려고 할 것이다. B는 "체계를 벗어나는 것"이 무엇인지에 대해서 더 근본적인 개념, 즉 TV를 아예 꺼버리는 것을 생각하고 있을지도 모른다. 물론 체계들 가운데 전에는 체계로 인식조차 된 적이 없지만 많은 사람들의 삶을 지배하며 극소수의 사람만이 체계로 인식할 비전을 가지는 체계도 있다. 그런 사람들은 그 체계가 정말로 있으며 그 체계를 벗어나야만 한다고 다른 사람들을 설득하는 데에 때로는 자신의 삶을 바친다!

컴퓨터는 체계에서 벗어나도록 얼마나 가르침을 잘 받았을까? 몇몇 관찰자들을 놀라게 했던 한 예를 들어보겠다. 얼마 전 캐나다에서 있었던 컴퓨터 체스 토너먼트에서 참가 프로그램 가운데 가장 약했던 한 프로그램이 게임이 끝나기 한참 전에 그만두는 보기 드문 특성이 있었다. 그 프로그램은 체스를 잘 두는 것은 아니었지만, 적어도 형세를 판단하여 희망이 없으면 상대 프로그램이 외통수 장군을 부를 때까지 지겹게 두도록 하지 않고 판을 거두는 장점을 가졌다. 비록 하는 게임마다 졌지만, 품위 있게 졌다. 현장의 많은 체스 전문가들은 깊은 인상을 받았다. 이때 "체계"를 "체스판에서의 행마"로 정의한다면, 이 프로그램은 체계를 벗어나는 미리 프로그램된 세련된 능력을 가졌음이 분명하다. 반대로 "체계"를 "컴퓨터가 실행하도록 프로그래밍된 모든 것"으로 생각한다면, 그 컴퓨터에는 그 체계를 벗어나는 능력이 없다는 것은 의심할 여지가 없다.

　형식체계를 연구할 때 체계 안에서 작업하는 것과 체계에 대한 진술 또는 관찰을 하는 것을 구분하는 것은 매우 중요하다. 독자는 대부분의 사람들과 마찬가지로 MU 수수께끼를 처음에는 체계 안에서 풀었을 것이다. 차츰 열을 받기 시작했을 것이고 급기야 더 생각할 필요를 못 느낄 지경에 이르면 체계를 벗어나서 그때까지 생성했던 것들을 취합하여 무엇 때문에 MU를 생성하지 못했는지 생각했을 것이다. MU를 생성할 수 없었던 이유를 찾아냈을지도 모른다. 그것은 체계에 대한 생각이다. 작업하던 중 MIU를 생성했을지도 모른다. 그것은 체계 안의 작업이다. 나는 이렇게 말하는 것이 이 두 가지 방식이 전혀 양립할 수 없는 것처럼 들리게 하고 싶지는 않다. 나는 인간이라면 누구나 다 어느 정도까지는 체계 안에서 작업하고 동시에 자신이 무엇을 하는지에 대해서 숙고할 수 있다고 확신한다. 사실 인간사에서 사물들을 "체계 안"과 "체계 바깥"으로 깔끔하게 가르는 것은 거의 불가능하다. 삶이란 서로 얽히고설킨 그리고 때로는 일관성이 없는 수많은 "체계들"로 이루어져서, 사물들을 두 가지 방식으로 고찰하는 것은 지나친 단순화인 것 같다. 그러나 좀더 복잡한 아이디어를 생각하는 데에 모델로 이용할 수 있도록 단순한 아이디어를 아주 명확히 공식화하는 것은 때로 중요하다. 그것이 바로 여러분에게 형식체계를 보여주고 있는 이유이다. 이제 MIU-체계에 대한 논의로 되돌아갈 시간이다.

기계적-방식, 지능적-방식, 언(Un)-방식

MU-수수께끼는 독자가 처음 얼마 동안은 MIU-체계 안에서 수수께끼를 풀 마음이 생기게끔, 즉 정리를 도출해보게끔 고안되었다. 그러나 또한 체계 안에서만 머무는 것이 반드시 결실을 맺어주는 것을 뜻하지는 않도록 고안되었다. 그래서 MU-수수께끼는 이 두 작업 방식 사이를 넘나들도록 한다. 이 두 방식을 분리하는 한 가지 방법은 종이 두 장을 가지고 작업하는 것이다. 한 장에서는 오직 M, I, U로만 채우며 "당신이 가진 기계로서의 능력"으로 작업한다. 두 번째 백지에서는 "생각하는 존재로서의 능력"으로 작업한다. 따라서 당신의 지능이 제안하는 모든 것이 허용된다. 말로 서술하고, 아이디어의 개요를 적고, 정리 도출을 뒤에서 앞으로 하고, ('x' 같은) 약어를 사용하고, 여러 단계를 한 단계로 압축하고, 어떤 결과를 초래하는지 보기 위해서 체계의 규칙을 수정하고, 그 외에 당신이 생각한 모든 것이 포함된다. 당신이 해야 할 일 하나는 3과 2라는 수가 중요한 역할을 한다는 사실에 주목하는 것이다. 왜냐하면 연속하는 세 개의 I(III)나 연속하는 두 개의 U(UU)는 삭제할 수 있고 규칙 II는 (M을 제외하고) 문자열 길이를 두 배로 늘리기 때문이다. 그래서 두 번째 백지에도 작업 내용이 채워질 것이다. 우리는 가끔 형식체계를 다루는 이 두 개의 방식을 다시 언급할 것인데 이들을 각각 **기계적−방식**(mechanical mode, M−방식)과 **지능적−방식**(intelligent mode, I−방식)이라고 부르겠다. 작업방식을 MIU−체계의 각 글자에 대응시켜 완결 짓기 위해서 한 가지 방식을 더 언급해야겠다. **언−방식**(un-mode, U−방식)인데 사물에 접근하는 선(禪)방식이다. 더 자세한 것은 뒤에서 다루겠다.

결정절차

이 수수께끼를 관찰하면 **연장규칙**(lengthening rule)과 **단축규칙**(shortening rule)이라는 대립적인 경향의 두 종류의 규칙이 관여하는 것을 알 수 있다. 두 규칙(I과 II)은 문자열의 크기를 (물론 매우 경직되고, 규정된 방식으로만) 확대한다. 다른 두 개의 규칙은 문자열을 (역시 매우 경직된 방식으로) 단축한다. 이 상이한 유형의 규칙이 적용될 수 있는 순서의 다양성은 끝이 없는 것 같다. 이것은 규칙들을 이리저리 적용하다 보면 **MU**가 생성될 수도 있을 것이라는 희망을 준다. MU 생성 작업은 아마 문자열을 어마어마한 길이로 확대했다가 두 개의 기호만 남을 때까지 문자열을 하나씩 삭제하는 일이 될지도 모른다. 아니면 절망적이게도, 확대와 단축의 잇따른 단계들이 끊임없이 나타날 수도 있다. 그러나 MU가 생성된다는 보장은 없다. 우리는 사실 U는 전혀 생성될 수 없다는 것을 이미 관찰했다. 천지가 개벽될 때까지 아무리 확대와 단축을 반복한들 달라질 것은 없다.

그럼에도 불구하고 U의 경우와 MU의 경우는 상당히 달라 보인다. U를 생성하는 것이 불가능하다는 것을 우리가 아는 것은 바로 U의 표면적인 속성 때문이다. 즉 (모든 정리는 M으로 시작해야 하지만) U는 M으로 시작하지 않는다. 비정리들을 탐지하는 그런 간단한 방법을 가지면 아주 편리하다. 그러나 이 테스트로 **모든** 비정리들을 탐지할 것이라고 누가 장담하겠는가? M으로 시작하지만 생성될 수는 없는 문자열들도 많이 있을 것이다. MU도 그중의 하나일지 모른다. 그것은 "첫 철자 테스트"의 쓸모가 제한적이라는 것을 뜻한다. 말하자면 그 테스트는 비정리들의 일부만을 탐지하고 나머지는 놓친다는 말이다. 그러나 규칙들을 가지고 생성할 수 있는 문자열들과 생성할 수 없는 문자열들을 완벽하게 구별하는 더욱 정교한 테스트가 있을 수 있을 것이다. 여기에서 우리는 "테스트란 무엇을 의미하는가?"라는 질문을 직시해야 한다. 그 질문이 왜 의미가 있는지, 왜 중요한지 현재 맥락에서는 분명치 않을 수도 있다. 그러나 나는 그 말의 본질을 훼손하는 것으로 보이는 "테스트"를 하나 선보이겠다.

시간이 무진장 남아도는 어떤 요정이 있다고 상상해보자. 그 요정은 MIU 체계의 정리들을 생성하면서 시간 보내기를 즐기는데, 정리 생성 방법이 아주 체계적이다. 요정이 취할 수 있는 방법은 다음과 같다.

> 단계 1 : 적용할 수 있는 모든 규칙을 공리 MI에 적용하라. 그러면 두 개의 새로운 정리 MIU와 MII가 생긴다.
> 단계2 : 적용할 수 있는 모든 규칙을 단계 1에서 생성된 정리들에 적용하라. 그러면 세 개의 새로운 정리 MIIU, MIUIU, MIIII가 생긴다.
> 단계 3 : 적용할 수 있는 모든 규칙을 단계 2에서 생성된 정리들에 적용하라. 그러면 다섯 개의 새로운 정리 MIIIIU, MIIUIIU, MIUIUIUIU, MIIIIIIII, MUI가 생긴다.
> .
> .
> .

생각해낼 수 있는 모든 순서로 그 규칙들을 적용했기 때문에 이 방법은 모든 정리들을 낱낱이 산출한다. (그림 11을 보라.) 앞에서 언급한 확대─축소들이 결국에는 모두 수행될 것이다. 그러나 정리들이 생성과정이 짧은 것에서 긴 것 순서로 나열되었기 때문에 찾고자 하는 문자열이 이 목록에서 나타날 때까지 얼마나 기다려야 할지 알 수 없다. 만일 (MU 같은) 특정 문자열에 관심이 있을 경우 이것은 별로 쓸모가 없는 나열이고, 생성과정이 얼마나 길지는 말할 것도 없고 그

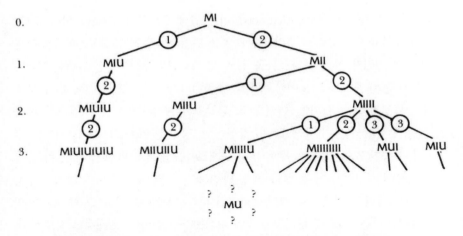

그림 11. MIU-체계의 모든 정리들을 체계적으로 구축한 "수형도(樹型圖)." 위에서부터 N번째 층위는 도출이 정확히 N단계인 정리들을 포함한다. 동그라미가 쳐진 번호는 어떤 규칙을 적용했는지를 나타낸다. MU는 이 수형도 어디에 있을까?

문자열이 생성될 수 있는지조차 알 수 없다.

위에서 제시한 "정리성 여부를 판정해주는 테스트(theoremhood-test)"는 결국 다음과 같은 말이다.

찾고자 하는 문자열이 생성될 때까지 기다려라. 생성되면 그것이 정리라는 것을, 결코 생성되지 않으면 정리가 아니라는 것을 알게 된다.

이것은 좀 웃기는 말이다. 그것은 문자 그대로 대답을 무한정 기다리는 것을 개의치 않는다고 전제하기 때문이다. 이것은 테스트라고 간주할 수 있는 것이 과연 무엇인가라는 핵심적인 문제를 제기한다. 가장 중요한 것은 유한한 시간 안에 답을 얻을 것이라는 보장이다. 정리성에 대한 테스트, 즉 언제나 유한한 시간 안에 종료되는 테스트가 있다면, 우리는 그 테스트를 주어진 형식체계에 대한 **결정절차(decision procedure)**라고 한다.

당신에게 결정절차가 있다면, 그것은 그 체계에 있는 모든 정리의 성격을 매우 구체적으로 특징지을 수 있다는 것을 뜻한다. 형식체계의 규칙과 공리가 결정절차 못지않게 체계의 정리들에 대한 특징짓기를 완전히 제공하는 듯이 보일지 모른다. 여기서 "특징짓기(characterization)"라는 말에 주의해야 한다. 분명히 MIU-체계의 추론규칙과 공리는 정리인 문자열을 **드러나지 않게** 특징짓는다. 그 추론과 공리는 정리가 아닌 문자열들을 훨씬 더 드러나지 않게 특징짓는다. 그러나 드러나지 않는 특징짓기는 여러 목적을 충족시키기에는 불충분하다. 누가 모든 정리를 특징지을 수 있지만, 어떤 특정 문자열이 정리가 아니라는 것을 추론하는 데는 무한한 시간이 걸린다고 주장한다면, 당신은 아마 그 특징짓기에는 무엇인가 부족한 것이 있다고, 즉 충분히 구체적이지 않다고 말할 것이다. 바로 그렇기 때문에 결정절차가 존재하는지를 발견하는 것은 매우 중요한 발걸음이다. 그 발견이 뜻하는 것은 문자열이 정리인지 테스트해볼 수 있고 그 테스트가 비록 복잡하더라도 반드시 **끝난다는 것이 보장된다**는 것이다. 원칙적으로 말하면, 그 테스트는 문자열의 첫 철자가 M인지를 알아보는 것과 마찬가지로, 쉬우면서도 기계적이고 유한적이면서도 확신에 찬 것이다. 결정절차는 이를테면 정리성 여부를 검토하는 "리트머스-테스트"이다.

덧붙여 형식체계에 대한 한 가지 요구 사항은, 결정절차가 **공리** 전체를 특징지어야만 한다는, 즉 공리성에 대한 리트머스-테스트가 있어야 한다는 것이다. 이것은 적어도 우리가 시작 단계에서는 출발하는 데에 문제가 없음을 보장할 것이다. 그것이 바로 공리들과 정리들 사이의 차이이다. 공리는 언제나 결정절차를 가지지만, 정리는 그렇지 않을 것이다.

MIU-체계를 처음으로 접했을 경우, 이 문제를 정확히 직시했어야 한다는 데에 독자가 동의할 것으로 확신한다. 제시된 공리는 하나뿐이고 추론규칙들도 간단하고 그래서 정리들이 드러나지 않게 특징지어졌지만, 그 특징짓기가 어떤 결과들을 낳을지 여전히 아주 불명확하다. 특히 **MU**가 정리인지 아닌지는 여전히 완전 오리무중이다.

그림 12. "하늘 위의 성(Sky Castle)"(M. C. 에셔, 목판, 1928).

2성 인벤션

또는
거북이 아킬레스에게 한 말
지은이 루이스 캐럴[1]

아킬레스가 거북을 따라잡고 거북의 등에 편안하게 앉았다.

거북이 말했다. "그럼 자네가 경주로 끝에 도달했나? 경주로가 무한개의 간격들로 이루어져야 **하는** 데도 말이야? 난 어떤 현자나 다른 사람이 자네가 날 따라 잡을 수 없다는 걸 증명했다고 생각했지."

아킬레스가 말했다. "따라 잡을 **수 있네**. 따라 잡았지! 실제로 걸어감으로써 해결했다네(Solvitur ambulando). 자네는 간격들이 점점 **작아지고** 있다는 걸 알지. 그래서……"

"하지만 간격들이 점점 **커진다면?**" 하고 거북이 말을 끊었다. "그러면 어떻게 되지?"

아킬레스가 점잖게 대답했다. "그렇다면 난 여기 있지 않겠지. 그리고 자네는 이 시간까지 지구를 몇 바퀴 돌았겠지!"

거북이 말했다. "말로는 날 띄워주면서 몸으로는 날 **납작하게** 만들고 있구먼. 자네는 헤비급**이니까** 실수하지 **말게!** 자네 이런 경주로에 대해서 한번 들어보겠나? 대부분의 사람들이 그 경주로를 두세 걸음이면 끝까지 갈 수 있다고 믿지만 **사실은** 그 경주로는 무한개의 간격들로 이루어져 있고 각 간격은 이전 것보다 다음 간격이 더 길다네."

그리스 전사 아킬레스는 "기꺼이 알고 싶네"라고 대답하고 나서, (당시에는 그리스 전사들이 옷에 **주머니가** 거의 없었기 때문에) 투구 속에서 커다란 수첩과 연필을 꺼냈다. "시작해보게! 좀 **천천히** 이야기하게. 아직 **속기술**(速記術)이 개발되지 않았으니까."

---

1) Lewis Carroll, "What the Tortoise Said to Achilles", *Mind*, n.s., 4(1895), pp. 278-280.

거북은 "유클리드의 그 아름다운 제1명제"라고 꿈을 꾸듯이 읊조렸다. "자네는 유클리드를 존경하나?"

"열광적으로 존경하지. 적어도 내가 몇 백 년 후에야 출간될 한 논문에 경탄**할 수 있는** 한."

"자, 그럼 이제 그 제1명제의 논증을 좀 보자고. 단 **두** 단계 그리고 거기서 끌어낸 결론으로 되어 있지. 자네 수첩에 좀 적어보게나. 그리고 편리하게 다룰 수 있도록 A, B 그리고 Z로 불러보자고.

(A) 어떤 하나에 대해서 같은 것들은 그들끼리 서로 같다.

(B) 이 삼각형의 두 변은 나머지 변에 대해서 같다.

(Z) 이 삼각형의 두 변은 서로 같다.

유클리드 독자는 A와 B로부터 논리적으로 Z가 나온다는 것을 인정할 거라고 나는 생각한다네. 그래서 A와 B를 참으로 받아들이는 사람은 누구든 Z를 참으로 받아들여야만 **하겠지?**"

"당연히 그렇지. 고등학교―2,000년 후에나 만들어지겠지만―1학년생도 **그것은** 인정할 거야."

"그런데 어떤 독자가 A와 B를 참으로 받아들이지 **않더라도** 'A와 B가 참이면 Z가 참이다'**를 유효한** 논증으로 받아들이겠지?"

"분명 그런 독자도 있을 거야. 그는 '나는 A와 B가 참이면 Z도 참임에 틀림없다'라는 가설명제는 참으로 받아들이지만 A와 B가 참이라는 것은 받아들이지 **않는다**'라고 말하겠지. 이런 독자는 유클리드를 단념하고 축구를 하는 게 현명할 거야."

"그럼 '나는 A와 B를 참으로 받아들이지만 가설명제는 받아들이지 **않는다**'라고 말할 독자 **또한** 있지 않을까?"

"분명 있을 거야. **그도** 축구나 하는 게 낫지."

거북이 계속 말했다. "그런데 이런 독자들 **둘 다 아직** Z를 참으로 받아들여야 할 어떠한 논리적 필연성의 구속도 받고 있지 **않지?**"

"그렇지." 아킬레스는 동의했다.

"자, 그럼 **나를 두 번째** 종류의 독자로 생각하고 Z를 참으로 받아들이지 않을 수 없게끔 논리적으로 날 압박해보게나.”

“축구하는 거북이는” 아킬레스는 말하기 시작했다.

“물론 비정상이지.” 거북이 재빨리 말을 끊었다. “논점을 벗어나지 말게나. 먼저 Z부터 이야기하고 축구 얘긴 나중에.”

“자네가 Z를 받아들이지 않을 수 없게끔 해야 하겠군, 그렇지?” 아킬레스는 생각에 잠긴 듯이 말했다. “자네의 현재 입장은 A와 B는 받아들이지만 그 가설 명제는 **안** 받아들이는 거구면.”

“가설명제를 C라고 해보자고.” 거북이 말했다.

“—그런데 자네는

(C) A와 B가 참이면, Z는 반드시 참이다.

를 받아들이지 **않는구면.**”

“그게 내 현재 입장일세” 거북이 말했다.

“그렇다면 난 자네가 C를 받아들이도록 요구해야만 하겠군.”

“그것을 자네 수첩에 적으면 바로 그렇게 하겠네. 그런데 수첩에 뭐가 그렇게 적혀 있지?” 거북이 말했다.

“몇 가지 기록뿐이야.” 수첩을 신경질적으로 넘기면서 말했다. “내가 활약했던 전투에 대한 몇 가지 기록이야.”

“그래도 빈 종이가 넉넉하군.” 거북이 유쾌하게 말했다.

“그게 **모두** 필요할 거야!” (아킬레스는 몸서리친다.) “자 이제 내가 부르는 대로 받아 적게나”

(A) 어떤 하나에 대해서 같은 것들은 그들끼리 서로 같다.
(B) 이 삼각형의 두 변은 나머지 변에 대해서 같다.
(C) A와 B가 참이면 Z 또한 참일 수밖에 없다.
(Z) 이 삼각형의 두 변은 서로 같다.

“자네는 그것을 D라고 불러야겠지, Z가 아니라”라고 아킬레스가 말했다. “그 것은 앞의 세 명제 **다음에** 나오니까. 자네가 A와 B와 C를 받아들인다면, Z를 받아들여야만 하네."

"내가 왜 그래야만 하지?"

"왜냐하면 Z는 그것들로부터 **논리적으로** 귀결하니까. A와 B와 C가 참이라면, Z는 참**이어야 하네.** 자네도 **그것**은 부인할 수 없겠지?"

"A와 B와 C가 참이라면, Z가 **반드시** 참이라고?"라고 거북은 곰곰이 되뇌었다. "그것은 **또다른** 가설명제이지, 안 그래? 그리고 내가 그 가설명제가 참이라는 것을 발견해내지 못한다면, 나는 A와 B와 C를 받아들일 수 있어도, 여전히 Z는 받아들이지 않을 수도 있지, 안 그래?"

"그럴 수 있지."라고 그 솔직한 전사는 대답했다. "이런 우둔함이 분명히 특이하기는 하지만. 그래도 **있을 수 있는** 일이야. 그래서 나는 자네가 가설명제를 **하나** 더 인정도록 요구해야만 하겠군."

"좋아, 자네가 그걸 적는 즉시 기꺼이 그렇게 하지. 그걸 D로 부르자고.

(D) A와 B와 C가 참이라면, Z는 반드시 참이다.

받아 적었는가?"

"**그래**"라고 아킬레스는 연필을 필통에 집어넣으며 기쁘게 외쳤다. "드디어 우리는 이 이상적인 경주로의 끝에 도달했군. 이제 자네는 A와 B와 C와 D를 받아들이는군. **물론** Z도 받아들이고."

"내가?" 거북은 천연덕스럽게 말했다. "그 점을 분명히 해두자고. 나는 A와 B와 C와 D를 받아들이네. 하지만 **여전히** Z를 받아들이기를 거부한다면?"

"그러면 논리학이 자네 목을 조르며 그것을 받아들이도록 **강요할** 걸세"라고 아킬레스는 의기양양하게 대답했다. "논리학은 자네에게 '당신은 어쩔 도리가 없다. '이제 당신은 A와 B와 C와 D를 받아들였다. Z를 받아들이지 **않을 수 없다!**'라고 말할 걸세. 그래서 자넨 선택의 여지가 없네."

"**논리학**이 내게 말할 정도로 훌륭한 것이라면 **받아 적을** 만하군." 거북이 말했다. "자 제발 자네 수첩에 써넣지. 그것을 (E)라고 하자고."

(E) A와 B와 C와 D가 참이라면, Z는 반드시 참이다.

"내가 그것을 받아들일 때까지는, 물론 Z를 받아들일 필요가 없지. 따라서 그것은 정말로 **필요한** 단계지, 알겠어?"

"알겠어." 아킬레스는 말했다. 그 목소리에는 슬픈 기색이 있었다.

여기서 은행에 급한 볼일이 있던 해설자는 이 행복한 한 쌍과 헤어져야 했다. 그리고 몇 달이 지나서야 이곳에 다시 돌아왔다. 아킬레스는 여전히 인내심 많은 거북의 등 위에 앉아 있고 거의 다 차 있는 것으로 보이는 수첩에 무엇인가를 계속 써넣고 있었다. 거북이 말했다 : "그 마지막 단계를 적었어? 내가 제대로 셌다면 그것은 1001번째 단계가 되네. 그 뒤에도 몇 백만 개가 더 오겠지. 그러면 우리의 이 대화가 19세기의 논리학자들에게 얼마나 많은 교훈을 줄지 **생각해보겠나**? 내 사촌 짝퉁 거북*이 그때 만들어낼 말장난을 채택해 자네가 **토터스**(TAUGHT-US)**로 불리는 걸 허용할 수 있을지 생각해보겠나?"

"자네 좋을 대로." 피곤한 그 전사는 얼굴을 두 손에 파묻으면서 낙담한 어조로 대답했다. "**자네의** 입장을 위해서 짝퉁 거북이 만든 적이 없는 말장난을 채택해 **아킬레스**(A KILL-EASE)로 불리는 걸 허용한다면 말일세!"

---

* 『이상한 나라의 앨리스』 제9장의 가짜 거북 이야기에 나오는 거북으로 짝퉁 거북 수프(Mock turtle soup)의 재료가 되는 거북이다. 생긴 모습이 거북의 몸체에 송아지 머리와 송아지 발굽을 하고 있다. 짝퉁 거북 수프는 바다거북 수프(green turtle soup)의 짝퉁으로 송아지 머리고기와 발굽으로 만든 수프이다.

** Turtle은 바다거북이고 Tortoise는 육지 거북이다. 역시 『이상한 나라의 앨리스』 제9장에 나오는 이야기인데, 짝퉁 거북이 학교 선생님인 늙은 거북(Turtle)을 Tortoise라고 불렀다는 것이다. 이유는 그가 학생들을 가르치기 때문이다(taught us).

제2장

수학에서의 의미와 형식

이 "2성 인벤션"은 이 책의 대화에 등장하는 두 등장인물에 대한 영감을 주었다. 루이스 캐럴은 제논의 거북과 아킬레스를 나름대로 각색했는데, 나는 루이스 캐럴의 거북과 아킬레스를 나름대로 각색했다. 캐럴의 대화에서는 같은 사건이 매번 더 높은 층위에서 반복하여 일어난다. 그것은 바흐의 무한히 상승하는 카논의 훌륭한 논리학 버전이다. 캐럴의 대화에서 재치를 빼고 나면 심오한 철학적인 문제가 남는다 : 언어와 사고는 형식적 규칙을 따르는가? 따르지 않는가? 이 문제가 이 책의 문제이다. 이 장과 다음 장에서 새로운 형식체계를 몇 개 볼 것이다. 이것은 형식체계의 개념에 대해서 좀더 넓은 전망을 우리에게 제공할 것이다. 이 두 장을 마치면 형식체계의 위력에 대해서 아주 훌륭한 아이디어를 얻게 되고, 수학자와 논리학자들이 왜 형식체계에 관심을 가지는지 이해하게 될 것이다.

pq-체계

이 장에서 다루는 형식체계는 pq-체계이다. 이것은 수학자나 논리학자에게 중요하지 않은, 그저 내가 고안한 간단한 형식체계이다. 이 형식체계가 중요한 것은 이 책에서 큰 역할을 하는 많은 아이디어에 대한 탁월한 예를 제공하기 때문이다. pq-체계에는 세 개의 기호

$$p \quad q \quad -$$

가 있는데 철자 p, q와 하이픈(-)이다.

pq-체계에는 공리가 무한개 있다. 모두 적을 수는 없으므로 그것들을 기술하는 다른 방법이 있어야 한다. 사실 우리가 바라는 것은 공리를 기술하는 것 이상이다. 즉 주어진 문자열(string)이 공리인지 아닌지 확인하는 방법을 원한다. 공리에 대한 단순한 기술은 공리들을 충분히 그러나 약한 의미로 특징짓는다.

바로 그것이 MIU-체계의 정리들을 특징짓는 방법에서 생겼던 문제였다. 우리는 어떤 문자열이 공리인지 여부를 알아내는 데에 얼마나 걸릴지 모르는—아마 무한정—시간 동안 진력하고 싶지는 않다. 그래서 우리는 p, q와 하이픈으로 이루어진 문자열이 공리인지 판정하는 명백한 결정절차가 존재하도록 공리들을 정의할 것이다.

정의 : x가 오직 하이픈들로만 이루어질 경우에만, $xp-qx-$는 하나의 공리이다.

'x'는 두 번 다 같은 개수의 하이픈으로 이루어진 문자열을 나타낸다는 것을 유의하라. 예를 들면 $--p-q---$는 공리이다. 물론 '$xp-qx-$'라는 표현 자체는 공리가 아니다(x'는 pq-체계에 속하지 않기 때문이다). 그것은 모든 공리들을 주조하는 거푸집 같은 것으로 **공리도식**(axiom-schema)이라고 한다.

pq-체계는 생성 규칙이 하나뿐이다.

규칙 : x, y, z는 하이픈만으로 이루어진 특정 문자열을 나타낸다고 하자. 그리고 $xpyqz$가 정리라고 하자. 그러면 $xpy-qz-$는 정리이다.

예를 들면 x는 '$--$', y는 '$---$', z는 '$-$'라고 하자. 그러면 그 규칙은 다음과 같다 :

$--p---q-$가 정리로 판명되면, $--p----q--$도 정리이다.

전형적인 생성규칙처럼, 위의 진술은 두 문자열의 정리성 사이의 인과관계를 규정하고 있으므로, 두 문자열 어느 쪽에 대해서도 단독으로 정리라고 단정하고 있지 않다.

pq-체계의 정리들에 대한 결정절차를 찾아내는 것은 대단히 유익한 연습이다. 그것은 어렵지 않으며, 좀 해보면 찾아내게 될 것이다. 해보기 바란다.

결정절차

독자들이 해보았으리라고 생각한다. 무엇보다 먼저, 너무나 명백해서 말할 필요도 없을 것 같지만, pq-체계의 모든 정리에는 3개의 분리된 하이픈 무리들이 있고 그들을 나누는 요소는 한 개의 p와 한 개의 q라는 것을 지적하고 싶다(이것은 MIU-체계의 모든 정리가 M으로 시작해야만 한다는 것을 보여줄 수 있는 방법과 마찬가지로 "유전"에 근거한 논증으로 보여줄 수 있다). 이것은 문자열의 형식만 가지고도 --p--p--p--q-------- 같은 문자열은 배제할 수 있음을 뜻한다.

"문자열의 형식만 가지고"라는 표현을 강조하는 것이 우습게 보일 수도 있다. 문자열에서 형식 말고 그밖에 무엇이 있다는 말인가? 문자열 속성을 규정하는 데에 그밖에 무엇이 역할을 할 수 있을까? 분명히 아무것도 없을 것이다. 그러나 형식체계에 대한 논의가 진행될 때 다음을 명심하라. "형식"이라는 개념이 더 복잡해지고 추상적이 될 것이며, 그래서 "형식"이라는 낱말의 의미에 대해서 더 생각해야만 할 것이다. 어쨌든, 하이픈 무리로 시작하고 그 다음은 p, 그 다음은 두 번째 하이픈 무리, 다음은 q, 마지막으로 하이픈 무리로 된 모든 문자열을 적격 문자열(well-formed string)이라 하자.

결정절차의 문제로 되돌아가보자…….. 정리성에 대한 기준은 처음 두 무리의 하이픈들을 더하면 세 번째 무리의 하이픈 개수가 되어야 한다는 것이다. 예를 들면 2+2=4이므로 --p--q----는 정리인 반면, 2+2는 1이 아니기 때문에 --p--q-는 정리가 아니다. 왜 이것이 적절한 기준인지 보기 위해서 먼저 공리도식을 보자. 분명히 공리도식은 덧셈 기준을 충족시키는 공리만을 만든다. 둘째, 생성규칙을 보자. 첫 번째 문자열이 덧셈 기준을 충족시키면, 두 번째 문자열도 반드시 그렇다. 반대로 첫 번째 문자열이 덧셈 기준을 충족시키지 못하면 두 번째 문자열도 그렇다. 그 규칙은 정리가 덧셈 기준을 유전적 속성으로 가지도록 한다. 즉 pq-체계의 모든 정리는 덧셈 기준을 후속 정리들에게 전해준다. 이것은 왜 덧셈 기준이 옳은지를 보여준다.

덧셈 기준을 발견하기 전이라도 pq-체계가 결정절차를 가지고 있다는 것을 자신 있게 말할 수 있게 하는 사실이 있다. 그 사실은 pq-체계는 확대규칙(lengthening rule)과 단축규칙이라는 반대 흐름에 의해서 복잡해지지 않고, 확대규칙만 있다는 것이다. 짧은 정리로 긴 정리를 만드는 방법을 일러주는, 그러나 그 역은 불가능한, 모든 형식체계는 자신의 정리에 대한 결정절차를 반드시 가진다. 당신이 문자열을 하나 받았다고 해보자. 먼저 그것이 공리인지 아닌지 검토해보자(나는 공리성에 대한 결정절차가 있다고 전제하고 있다. 그렇지 않으면 가망 없는 일이다). 그 문자열이 공리라면 그것은 정의에 의해서 정리이고 판정은 끝난다. 공리가 아니라고 해보자. 그러면 그게 정리가 되려면 규칙들 중 하나를 적용해 더 짧은 문자열들로부터 도출되어야 한다. 여러 규칙들을 하나씩 적용해봄으로써 그 문자열을 생성할 수 있는 규칙들뿐만 아니라 정리의 "가계도"에서 그 문자열보다 한 단계 위의 문자열(조상)이 될 수 있는 더 짧은 문자열들을 정확하게 찾아낼 수 있다. 이런 방식으로 그 문제(주어진 문자열이 정리인지 여부)를 여러 개의 새로운, 그러나 더 짧은 문자열들 중 어떤 하나가 정리인지를 결정하는 것으로 "환원한다." 각 문자열에 차례대로 똑같은 판정법을 적용할 수 있다. 일어날 수 있는 최악(의 상황)은 판정해야 할 더 짧은 문자열들이 더욱더 많이 발생하는 경우이다. 이런 방식으로 계속 한 단계씩 거슬러 올라가다 보면 모든 정리의 원천인 공리도식에 점점 가까이 갈 것이다. 그러나 무한정 짧아질 수는 없다. 결국 짧은 문자열들 중 하나가 공리이거나 짧은 문자열들 중 어떤 것도 공리가 아니고 어떤 것도 규칙을 거슬러 적용해서 더 짧은 문자열로 만들 수 없는 막다른 골목에 이를 것이다. 이것은 확대규칙들만 있는 형식체계는 별로 매력이 없다는 것을 보여준다. 확대규칙과 축소규칙(shortening rule)이 서로 어우러져야 형식체계가 매력을 가지게 된다.

상향 대 하향

지금까지 말한 방법은 **하향**(top-down) 결정절차라고 할 수 있는데 이제 제시하게 될 **상향**(bottom-up) 결정절차와 대비된다. 그것은 MIU-체계에 대해서 요정이 했던 체계적인 정리 생성 방법을 생각나게 하지만, 공리도식이 있어서 복잡하다. 우리는 정리들이 생성될 때 그것을 던져넣을 양동이를 하나 만들 작정이다. 다음은 그것을 어떻게 하는지 보여준다.

(1a) 가장 간단한 공리(-p-q--)를 양동이에 넣어라.

(1b) 추론규칙을 양동이에 있는 정리에 적용하고 그 결과를 양동이에 넣어라.

(2a) 두 번째로 간단한 공리를 양동이에 넣어라.

(2b) 추론규칙을 양동이에 있는 각 정리에 적용하고 그 결과를 양동이에 넣어라.

(3a) 세 번째로 간단한 공리를 양동이에 넣어라.

(3b) 추론규칙을 양동이에 있는 각 정리에 적용하고 그 결과를 양동이에 넣어라.

등등……

잠시 생각해보면 당신은 이 방식을 써서 pq-체계의 모든 정리를 빠짐없이 생성할 수 있음을 알게 될 것이다.* 양동이는 시간이 지남에 따라 점점 긴 정리들로 채워진다. 이것은 단축규칙이 없어서 생기는 결과이다. 당신이 --p----q----- 같은 특정 문자열이 정리인지 판정해보고 싶으면 위에서 번호 매긴 단계대로 하면서 그 문자열이 나타나는지 점검하면 된다. 만일 나타나면—정리이다! 어느 시점에 양동이 안의 모든 것이 문제의 문자열보다 길면, 그것은 잊어버려라—정리가 아니다. 이 결정절차는 기초, 다시 말하면 공리들로부터 위로 진행되기 때문에 **상향**이다. 앞에서 보았던 결정절차는 **하향**이다. 왜냐하면 정반대로, 즉 기초를 향해서 아래로 진행하기 때문이다.

동형성이 의미를 유발한다

이제 우리는 이 장, 아니 이 책의 중심 문제에 도달했다. 아마 당신은 이미 pq-정리들이 덧셈 같다고 생각했을 것이다. 문자열 --p---q----- 는 2+3=5이기 때문에 정리이다. 정리 --p---q-----가 뜻은 2+3=5인데 이상한 표기법으로 적은 **진술**이라는 생각조차 들었을 수도 있다. 이것이 그 사안을 보는 정당한 방식인가? 나는 일부러 '더하기'가 생각나도록 p를, '같다'가 생각나도록 q를 선택하기는 했다……. 그래서 문자열 --p---q----- 가 실제로 "2+3=5"를 뜻하나?

무엇이 우리를 그런 식으로 느끼게 할까? 내 대답은 우리가 pq-정리들과 덧셈 사이에 **동형성**을 인식했다는 것이다. 서론에서 "동형성"이라는 낱말을 정보-보존 변형이라고 정의했다. 이제 그 개념에 좀더 깊이 들어갈 수 있고 다른 시각에서 볼 수 있다. "동형성"이라는 용어는 두 개의 복합구조가 서로에 대해서 일대

---

* 정리가 생성되는 과정을 덧셈으로 표현하면, 양동이에 처음 들어 있는 것은 1+1=2, 두 번째에는 1+2=3, 2+1=3, 세 번째에는 1+3=4, 2+2=4, 3+1=4, 네 번째에는 1+4=5, 2+3=5, 3+2=5, 4+1=5……그동안 생성된 것은 1+1=2, 1+2=3, 1+3=4, 1+4=5, 2+1=3, 2+2=4, 2+3=5, 3+1=4, 3+2=5, 4+1=5이다. 이런 식으로 하면 모든 정리를 빠짐없이 생성할 수 있다.

일 대응될 수 있을 때 적용하는데, 이때 한쪽 구조의 각 부분에 대해서 다른 구조에 대응하는 부분이 있다. 여기서 "대응하는"이라는 낱말은 두 부분이 그들의 각각의 구조에서 비슷한 역할을 한다는 것을 의미한다. "동형성"이라는 말의 이런 용법은 더 정밀한 수학개념에서 이끌어낸 것이다.

수학자가 자신이 알고 있는 두 구조 사이에서 동형성을 찾아내면 그로 인해서 기뻐한다. 그것은 흔히 마른하늘의 날벼락이고 경이의 원천이다. 알려진 두 구조 사이에 동형성을 인식하는 것은 지식에 중요한 진보를 가져다준다. 그리고 나는 동형성에 대한 이러한 인식이 사람들의 마음에서 의미를 창출해내는 것이라고 주장한다. 동형성의 인식에 대한 마지막 한마디 : 그러한 동형성이, 비유적으로 말하면, 다양한 모양과 크기로 나타나기 때문에, 당신이 정말 동형성을 찾았는지 늘 분명한 것은 전혀 아니다. 이처럼 "동형성"은 낱말들이 통상적으로 가지고 있는 모든 모호함을 지닌 낱말이다. 이것은 단점이지만 동시에 장점이기도 하다.

아래에 동형성의 개념에 대한 탁월한 본보기가 있다. "더 낮은 층위"의 동형성, 즉 두 구조의 부분들 사이의 일대일 대응이 있다 :

$$p \longleftrightarrow 더하기$$
$$q \longleftrightarrow 같다$$
$$- \longleftrightarrow 하나$$
$$-- \longleftrightarrow 둘$$
$$--- \longleftrightarrow 셋$$

등

이 기호-낱말 대응관계를 해석(interpretation)이라고 한다.

둘째로 더 높은 층위에 참인 명제와 정리 사이의 대응이 있다. 그러나 이 더 높은-층위 대응은 기호에 대해서 어떤 해석을 할까라는 선행 선택 없이는 인식할 수 없음에 주의하라. 따라서 그것을 참인 명제와 **해석된** 정리들 사이의 대응이라고 기술하는 것이 더 정확할 것이다. 어쨌거나 우리는 "두 층으로 된" 대응관계를 선보였는데, 그것은 모든 동형성의 특색을 잘 보여준다.

당신이 전혀 모르는 형식체계와 마주쳤을 경우 그리고 그 안에 숨겨진 의미를 발견하기를 바란다면 문제는 그 형식체계의 기호에 어떻게 의미 있는 방식으로, 다시 말하면 참인 진술과 정리 사이에 더 높은-층위 대응관계가 나타나도록 어떻게 해석을 할당할 것인가, 그것이 관건이다. 당신은 장님이 코끼리를 만지듯 여러 번 암중모색한 후에야 그 기호들과 연관시킬 충분한 낱말들을 찾아낼 수 있을 것이다. 그것은 암호를 해독하거나 크레타 섬의 선형문자(線形文字) B와 같은 미지의 언어로 쓰인 비문을 해독하려는 시도와 아주 비슷하다. 해독을 진척시키는 유일한 방법은 경험에서 우러난 추측을 바탕으로 시행착오를 겪는 것이다. 훌륭한 선택, 즉 "의미 있는" 해석을 선택했을 경우, 그 순간 갑자기 들어맞는다는 느낌이 들면서 작업에 엄청 가속도가 붙는다. 곧 모든 것이 제자리를 찾는다. 존 채드윅은 『선형문자 B의 해독(*The Decipherment of Linear B*)』이라는 책에서 이러한 경험이 불러일으키는 흥분을 잘 포착하고 있다. 그러나 멸망한 문명을 발굴해서 발견한 형식체계를 해독할 위치에 있기란 흔한 일이 아니다! 수학자들(최근에는 언어학자, 철학자 등)은 형식체계를 다루는 유일한 사람들이다. 그들이 다루고 발표한 형식체계에 대해서 그들은 변함없이 마음속에 한 가지 해석을 품고 있다. 그들의 생각은 형식체계를 구성해서, 그 정리들이 실체의 어떤 부분을 동형성 속에서 반영하도록 하는 것이다. 그런 경우에 활자형 생성규칙을 선택하는 것이 그렇듯이, 기호의 선택은 강한 동기를 가지고 있다. 내가 pq-체계를 고안했을 때 그런 입장이었다. 당신은 이제 내가 왜 그런 기호들을 선택했는지 안다. 정리들이 덧셈과 동형성인 것은 우연이 아니다. 그것은 내가 일부러 덧셈을 활자형으로 반영하는 방법을 추구했기 때문이다.

의미 없는 해석과 의미 있는 해석

당신은 나와 다른 해석을 선택할 수 있다. 모든 정리들이 참이 되도록 해석할 필요는 없다. 그러나 모든 정리들이 거짓이 되게 해석할 이유는 거의 없을 것이고, 정리성과 참 사이에 긍정도 부정도 그 어떤 상관관계도 없도록 해석할 이유는 더더욱 없을 것이다. 따라서 한 형식체계에 대한 두 가지 해석 유형을 구별해 보자. 먼저 의미 없는 해석, 즉 체계의 정리와 현실 사이에 그 어떤 동형성도 볼 수 없는 해석이 있을 수 있다. 그러한 해석은 부지기수이다. 그러니 아무것이나 택해도 된다. 예를 들면 다음과 같은 것이다.

$$p \longleftrightarrow 말[馬]$$
$$q \longleftrightarrow 행복한$$
$$- \longleftrightarrow 사과$$

이제 $-p-q--$는 새로운 해석을 얻는다. "사과 말 사과 행복한 사과 사과"—시적 정취가 느껴지는 이 해석은 말[馬]에게는 호소하는 바가 있고, pq-문자열을 이런 식으로 해석하는 것에 호의를 보이도록 할지도 모른다. 그러나 이 해석은 의미하는 바가 거의 없다. 이렇게 해석하면 정리들이 비정리들보다도 더 참되게 또는 더 나아 보이지 않는다. 말은 해석된 그 어떤 정리만큼이나 "행복한 행복한 행복한 사과 말"(qqq-p에 대응하고 있다)을 즐길 수도 있다.

또다른 해석 방식은 의미 있는(meaningful)이라고 부를 수 있다. 이런 해석에서는 정리와 참이 대응한다. 즉 정리와 현실의 어떤 부분 사이에 동형성이 존재한다. 그것이 해석과 의미를 구별하는 것이 좋은 이유이다. 그 어떤 기존 낱말도 'p'에 대한 해석으로 사용될 수 있지만 '더하기'가 우리가 내놓은 유일한 의미 있는 선택이다. 요컨대, 'p'는 수백만 개의 해석이 있을 수 있지만, 'p'의 의미는 '더하기'인 것 같다.

능동적인 의미 대 수동적인 의미

깊이 생각해본다면 이 장에서 가장 중요한 사실은 이것이다 : pq-체계는 원래는 의미가 없지만 한 형식체계의 기호들이, 적어도 동형성이 발견되면, 일종의 "의미"를 가지게 되는 것을 피할 수 없다는 것을 인지하도록 강요하는 것 같다. 그러나 한 형식체계에서의 의미와 언어에서의 의미 사이의 차이는 매우 중요한 차이이다. 그 차이는 다음과 같다 : 우리가 한 언어에서 어떤 낱말의 의미를 배웠다면 우리는 그 낱말의 의미를 토대로 새로운 진술들을 만든다. 어떤 점에서 그 의미는 문장을 만드는 새로운 규칙을 창출하기 때문에 능동적인 것이 된다. 이것은 우리가 한 언어를 구사하는 것이 완성된 제품과는 다르다는 것을 의미한다. 문장을 만들기 위한 규칙은 새로운 의미들을 배울 때 증가한다. 반면에 형식체계 안에서는 정리들이 생성규칙을 통해서 미리 정해져 있다. 우리는 정리들과 참인 명제들 사이의 (우리가 발견할 수 있는 경우) 동형성에 근거하는 의미들을 선택할 수 있다. 그렇지만 이것이 기존 정리에 새로운 정리들을 추가하는 데에 틀을 벗어나서 하도록 허용하는 것은 아니다. 그것이 제1장의 형식성 요구가 당신에게 경고하는 것이다.

　물론 MIU–체계에서는 어떤 해석도 시도되거나 발견되지 않았기 때문에 네 개의 규칙을 벗어나려는 그 어떤 유혹도 없었다. 그러나 여기 우리의 새로운 체계에서는, 새로 발견된 각 기호의 "의미"에 유혹되어서 다음과 같은 문자열을 정리라고 생각할지도 모른다.

$$\text{--p--p--p--q--------}$$

적어도 이 문자열이 정리였으면 하고 바랄 수는 있다. 그러나 **소망한다고** 그것이 정리가 아니라는 사실이 바뀌지는 않는다. 그래서 2+2+2+2=8이라는 이유만으로 이 문자열이 정리임에 "틀림없다"고 보는 것은 중대한 오류일 것이다. 왜냐하면 이 문자열은 적격(well-formed)이지 않은데, 우리의 의미 있는 해석은 전적으로 적격 문자열만을 상대하는 데서 나오기 때문이다.

　형식체계 안에서의 의미는 **수동적인** 상태로 있어야 한다. 우리는 문자열을 구성하는 기호의 의미에 따라서 개개의 문자열을 판독할 수는 있지만, 순전히 우리가 기호에 할당한 의미를 바탕으로 해서 새로운 정리들을 창출할 권한은 없다. 해석된 형식체계는 의미가 없는 체계와 의미를 가진 체계 사이의 경계선에 걸쳐 있다. 그 문자열들은 사물들을 "표현하는" 것으로 간주될 수 있다. 그러나 그것은 다만 체계의 형식적 속성의 결과로서만 그럴 수 있다.

이중 의미!

나는 이제 pq–체계의 기호에 대한 진짜 의미[*]를 찾아냈다는 환상을 깨부수고자 한다. 다음과 같은 의미 연상을 살펴보자.

$$p \longleftrightarrow \text{–는}$$
$$q \longleftrightarrow \text{–를 뺀}$$

---

[*] 원문은 the meanings인데 정관사 the를 붙일 수 있는 의미이다.

$$- \longleftarrow \rightarrow \text{하나}$$
$$-- \longleftarrow \rightarrow \text{둘}$$

등

이제 --p---q-----는 새로운 해석, 즉 "2는 3을 뺀 5이다"를 얻는다. 물론 그것은 참인 명제이다. 모든 정리가 이 새로운 해석 아래 참이 될 것이다. 그 해석은 기존 해석과 마찬가지로 의미가 통한다. "그런데 어떤 것이 그 문자열의 **진짜 의미요?**" 하고 묻는 것은 분명 바보 같은 짓이다. 하나의 해석은 그것이 현실세계에 어떤 동형성을 정확하게 반영하는 정도에 부응해서 의미를 가질 것이다. 현실세계의 상이한 측면들이 서로 동형성(이 경우 덧셈과 **뺄셈[subtraction]**)이라면 한 개의 형식체계는 두 측면과 동형성일 수 있으며, 그 결과 두 개의 수동적인 의미를 가질 수 있다. 기호와 문자열이 가지는 이러한 종류의 2가성(二價性)은 엄청나게 중요한 현상이다. 이 자리에서는 그것이 사소하고, 기묘하고, 성가시게 보인다. 그러나 그것은 더 심층적인 맥락에서 다시 등장할 것이며* 대단히 풍부한 착상을 제공할 것이다.

이제 pq-체계에 대한 우리의 관찰을 요약해보자. 의미 있는 두 해석 중에서 어느 하나가 제시된 상황 아래에서, 모든 적격 문자열은 문법에 맞는 주장을 하는데, 어떤 것은 참이고 어떤 것은 거짓이다. 어떤 형식체계에서든 **적격 문자열**이라는 개념은, 그 문자열의 기호가 다른 기호로 해석되었을 경우, **문법적인 문장을 산출한다는 것이다. (그것은 물론 해석에 좌우되지만 마음속에 품고 있는 한 가지 해석이 있다.) 적격 문자열로부터 정리가 생긴다. 이 정리들은 공리도식과 생성규칙에 의해서 정의된다. 내가 pq-체계를 고안하면서 세운 목표는 덧셈을 모방하는 것이었다. 나는 모든 정리가 해석의 결과 참인 덧셈을 표현하기를 원했다. 역으로, 나는 두 자연수의 참인 덧셈은 정리가 될 문자열로 번역할 수 있기를 원했다. 그 목표는 이루어졌다. 따라서 "2+3=6"과 같은 모든 거짓인 덧셈은 적격 문자열로 표시되기는 하지만, 정리는 아니라는 점에 주의하라!

---

* 제14장의 괴델의 불완전성 정리 증명을 말한다.

형식체계와 현실

이것은 형식체계가 현실의 일부분에 근거하고 있으며, 그것을 완벽하게 모방하는 것처럼 보이는 첫 번째 보기이다. 여기서 형식체계의 정리는 현실의 그 부분에 대한 참과 동형성이다. 그러나 현실과 형식체계는 독립적이다. 그 누구도 이 둘 사이에 동형성이 있다고 의식할 필요는 없다. 양자는 각각 독자적으로 존재한다 : 우리가 --p-q--가 정리라는 것을 알든 모르든 1+1=2이다. 그리고 --p-q-- 는 우리가 그것을 덧셈과 연결시키든 말든 여전히 정리이다.

이런 형식체계나 그 어떤 형식체계를 만드는 것이 그 형식체계를 해석한 영역에서 진리에 새로운 빛을 비출지 의심스러울 수도 있다. pq-정리를 생성했다고 해서 어떤 새로운 덧셈을 배웠는가? 분명히 아니다. 그러나 우리는 하나의 과정으로서 덧셈의 본질에 대한 어떤 것을 배웠다. 말하자면 덧셈은 무의미한 기호들을 지배하는 활자규칙을 통해서 쉽게 모방될 수 있다는 것이다. 덧셈은 아주 간단한 개념이기 때문에 이것이 크게 놀라운 일은 아닐 것이다. 덧셈은 금전 등록기 같은 장치의 회전 톱니바퀴로도 포착할 수 있다는 것은 상식이다.

그러나 형식체계에 관한 한 우리는 수박 겉핥기도 하지 못했음이 분명하다. 형식규칙이 지배하는 무의미한 기호집합에 의한 행동이 현실의 어떤 부분을 모방할 수 있을 것인가에 대해서 생각하는 것은 자연스럽다. 현실이 모조리 형식체계로 변환될 수 있는가? 아주 넓은 의미에서 그렇다고 대답할 수 있을 것 같다. 예를 들면 현실 자체가 매우 복잡한 형식체계에 불과하다는 의견을 제시할 수 있다. 그 형식체계의 기호들은 종잇장 위에서 움직이는 것이 아니라, 삼차원 진공 (공간) 속에서 움직인다 : 그 기호들은 만물을 구성하는 소립자이다. (암묵적 가정 : 물질을 쪼개고 쪼개면 더 이상 쪼갤 수 없는 데까지 이른다. 그래서 "소립자[elementary particle]"라는 표현은 의미가 있다.) 현실이라는 형식체계에서는 "활자 규칙"에 해당하는 것이 물리법칙인데, 그것은 어느 순간 그때의 모든 입자의 속도와 위치가 주어지면 그것들을 어떻게 바꾸는지를 말해준다. 물리법칙을 적용하면 "다음" 순간의 새 속도와 위치를 얻는다. 그래서 이 거대한 형식체계의 정리들은 우주의 역사의 각기 다른 시간에서 입자들이 배열된 상태이다. 유일한 공리는 태초 시점의 모든 입자의 배열 상태이다(였다). 이것은 너무나 웅대한 개념이어서 가장 이론적인 관심을 끌 뿐이다. 그밖에도 양자역학(그리고 다른 물리학 분야들)은 적어도 이 아이디어의 이론적인 가치에조차 의구심을 가진다. 기본적으로 우리는 우주가 결정론적으로 작동하는지 묻고 있는데 이는 미해결 문제이다.

수학과 기호 조작

그런 거창한 그림을 다루지 말고 "현실세계"를 수학으로 국한해보자. 여기에서 심각한 질문이 하나 제기된다 : 우리가 수학의 어떤 부분을 본떠서 형식체계를 만들었다면 우리가 그 과제를 정확하게 해냈는지—특히 수학의 그 부분에 아직 100퍼센트 익숙하지 않다면—어떻게 확신할 수 있는가? 형식체계의 목적이 우리에게 그 분야에 대한 새로운 지식을 전달하는 것이라고 가정해보자. 그러면 우리가 그 동형성이 완벽하다는 것을 입증하지 않았다면, 모든 정리의 해석이 참이라는 것을 어떻게 아는가? 그리고 우리가 애초에 그 분야의 진리에 대해서 아직 모두 알지 못한다면 그 동형성이 완벽하다는 것을 어떻게 증명할 것인가?

어떤 발굴현장에서 좀 불가사의한 형식체계를 우리가 실제로 발견했다고 가정해보자. 우리는 여러 가지 해석을 시도해볼 것이고 아마도 결국 모든 정리는 참이 되도록 하고, 모든 비정리는 거짓이 되도록 하는 것 같은 해석을 발견해낼 것이다. 그러나 이것은 점검할 것이 유한해서, 우리가 바로 직접 점검할 수 있는 어떤 것이다. 정리의 집합은 무한할 것이다. 그 형식체계와 그에 대응하는 해석 영역 모두에 대해서 알아야 할 모든 것을 알지 못하면, 모든 정리들이 그 해석 아래 참을 표현한다는 것을 어떻게 알 것인가?

자연수(natural number, 즉 음이 아닌 정수 : 0, 1, 2……)의 현실을 형식체계의 활자기호와 짝을 이루도록 시도할 경우, 우리가 위와 같은 다소 이상한 상황에 빠진 것을 발견하게 될 것이다. 우리는 수론에서 "참"이라고 부르는 것과 기호 조작을 통해서 알아낼 수 있는 것 사이의 관계를 이해하고자 노력할 것이다. 그러면 수론의 어떤 명제들은 참이라고 하고 어떤 명제들은 거짓이라고 하는 근거를 잠시 살펴보자. 12×12는 얼마인가? 누구나 144라는 것을 안다. 그러나 그렇게 대답한 사람 중의 몇이나 사는 동안 어느 때든지 실제로 가로 12칸, 세로 12칸인 사각형을 그려서 그 안의 작은 사각형들을 모조리 세어보았겠는가? 대부분의 사람들은 사각형을 그리고 세는 일은 불필요하다고 생각한다. 대신에 그들은 아래에 보이는 것 같은 것을 종이에 적어 증명으로 내놓을 것이다.

$$
\begin{array}{r}
12 \\
\times 12 \\
\hline
24 \\
12 \\
\hline
144
\end{array}
$$

그리고 이것이 "증명"일 것이다. 거의 누구나 당신이 사각형을 세어보면 144개 셀 것이라고 믿는다. 그 결과를 의심할 사람은 거의 없을 것이다.

그러나 987654321×123456789의 값을 구하는 문제를 생각할 경우 이 두 시각 사이의 갈등은 초점이 더욱 뚜렷해진다. 무엇보다도 적당한 사각형을 그리는 것은 사실상 불가능하며, 설상가상 사각형을 그리고 나서 수많은 사람들을 동원해 그 작은 사각형들을 몇 백 년에 걸쳐 모두 세었다손 치더라도, 그 최종적인 해답을 기꺼이 믿을 얼간이는 없을 것이다. 어디에선가 어떻게든 누군가 약간의 실수를 했을 가능성이 너무나 크다. 그렇다면 답을 아는 것이 가능하기나 한가? 당신이 어떤 단순한 규칙에 따라서 숫자를 조작하는 기호 처리 과정을 신뢰한다면, 그 질문에 대한 답은 "그렇다"이다. 그 과정은 어린이들에게 올바른 대답을 얻는 도구로 제시된다. 그런데 대부분의 아이들은 처리 과정의 의미에 대해서 소홀히 한다. 곱하기의 숫자조작 법칙은 모든 수에 대해서 유효하다고 가정되는 덧셈과 곱셈의 몇 가지 속성에 기초하고 있다.

대수의 기본법칙

내가 뜻하는 것과 같은 종류의 가정이 아래에 그려져 있다. 막대기 몇 개를 늘어놓았다고 해보자.

/ // // // / /

당신이 이것들을 세어본다. 동시에 다른 누군가 이들을 끝에서 시작해 세어 본다. 둘의 답이 같을 게 분명한가? 센 결과는 센 방식과 무관하다. 이것은 센다는 것이 무언인가에 대한 가정이다. 그것을 증명하려는 것은 부질없다. 왜냐하면 너무나도 기본적이기 때문이다. 당신이 그것을 기본적인 것으로 보거나, 또는 그렇지 않던가 둘 중 하나인데, 후자일 경우 증명은 당신에게 전혀 도움을 주지 못한다.

이런 종류의 가정으로부터, 덧셈의 교환법칙(commutativity)과 결합법칙(associativity)을 끌어낼 수 있다(말하자면 $b+c=c+b$라는 교환법칙과 $b+(c+d)=(b+c)+d$라는 결합법칙). 같은 가정으로부터, 곱셈의 교환법칙과 결합법칙도 이끌어낼 수 있다. 정육면체를 여러 개 모아 커다란 육면체를 만들었다고 생각해보라. 곱셈의 교환법칙과 결합법칙은 그 큰 육면체를 여러 가지 방식으로 회전시킨다고 해도 정육면체의 숫자는 변하지 않을 것이라는 전제들이다. 그런데 이 가정들은 그러한 경우의 수가 무한하기 때문에 모든 가능한 경우에 대해서 입증할 수는 없다. 우리는 그 전제들을 당연한 것으로 받아들인다. (그 전제들에 대해서 생각해본 일이 있으면) 우리가 어떤 것도 믿을 수 있는 만큼이나 그것들을 깊이 믿는다. 우리가 길을 걸어갈 때 주머니가 위 아래로 흔들린다고 해도 주머니 안에 있는 금액은 변하지 않을 것이다. 책을 상자 속에 넣은 다음 차 안에 싣고 100마일을 달리고 나서 다시 그 상자를 내려놓고 푼 다음 새 책장에 진열한다고 해도 책의 숫자는 변하지 않을 것이다. 이 모든 것이 바로 우리가 수라고 할 때 의미하는 것의 일부이다.

부정할 수 없는 사실을 적어놓자마자 어째서 그 "사실"이 결국 오류인가를 보여주는 것에 재미있어 하는 유형의 사람들이 있다. 내가 그런 사람이다. 내가 앞에서 막대기, 돈 그리고 책을 끌어들여 예들을 적어놓자마자 나는 그것들이 오류인 상황을 만든 것이다. 아마 당신도 똑같이 했을 것이다. 그것은 추상체로서의 수는 우리가 일상생활에서 사용하는 수와는 정말로 아주 다르다는 것을 보여주는 데에 도움이 된다.

사람들은 예를 들면 "1+1=1(연인 사이)"이나 "1+1+1=1(삼위일체)"같이 기본적인 산술은 위반하지만 "심오한" 진리를 보여주는 슬로건을 즐겨 만든다. 그러나 이 두 경우에서 덧셈 부호를 사용하는 것이 왜 부적절한가를 보여줌으로써 이들 슬로건의 흠을 찾아낼 수 있다. 그러나 이런 사례들은 많다. 빗방울 두 개가 창문을 타고 흘러내려서 하나가 된다 : 1+1=1인가? 구름 한 덩어리가 둘로 쪼개진다—이것은 또다른 증거인가? 일어난 일이 "덧셈"이라고 할 수 있는 경우들과, 다르게 불러야 할 경우들을 명확하게 구분하는 것은 결코 쉽지 않다. 당신이 이 문제에 대해서 생각해보면, 공간 속에 있는 사물들을, 각 사물이 나머지 다른 것과는 분명히 구분될 수 있게, 분리하는 어떤 기준을 내놓을 것이다. 그러면 관념들은 어떻게 셀 수 있는가? 또는 대기를 구성하는 가스 입자의 수는? 찾아내려고 한다면 어디에선가 "인도에는 17개의 언어와 462개의 방언이 있다"와 같은 명제를 찾아낼 수 있다. "언어"와 "방언"의 개념 자체가 모호한데 방금 말한 것과 같이 똑부러지는 명제에는 좀 이상한 구석이 있다.

이상적인 수

현실로서의 수는 제멋대로이다. 그러나 사람들에게는 수가 제멋대로여서는 안 된다는 오래된 타고난 감각이 있다. 염주, 방언, 구름을 세는 것에서 벗어난, 수에 대한 추상적인 개념에는 무엇인가 깨끗하고 순수한 것이 있다. 따라서 현실의 자질구레한 일들이 개입되지 않고서도 수에 대해서 이야기하는 방법이 있어야만 한다. "이상적인" 수를 다스리는 엄격한 규칙들이 바로 산술을 구성하고 산술의 발전된 결과가 수론을 구성한다. 실질적인 것으로서의 수로부터 형식적인 것으로서의 수로 전이하는 데에서 물을 수 있는 관련 질문은 오직 하나이다. 일단 수론의 모든 것을 이상적인 체계에 담아 넣기로 결정했다면 과연 이 과제를 완전하게 할 수 있을까? 수란 과연 형식체계의 규칙으로 완전하게 포착할 수 있을 만큼 순수하고 투명하며 규칙적인 것일까? 에셔의 그림 중에서 가장 아름다운 것 중의 하나인 "해방"(그림 13)은 형식성과 비형식성 사이의 절묘한 대조를 매혹적인 전이 지대와 함께 나타내고 있다. 수는 진정 새처럼 자유로운 것인가? 규칙을 따라야 하는 체계 속으로 들어가 결정(結晶) 상태로 되면, 수도 그만큼 고통을 겪을까? 현실의 수와 종이 위의 수 사이에 마법의 전이 지대가 있나?

내가 자연수의 속성을 말할 경우 특정한 정수쌍의 합과 같은 속성을 의미하는 것만은 아니다. 이것은 셈을 해서 답을 얻을 수 있다. 그리고 금세기에 성장한 어떤 사람이라도 셈, 덧셈, 곱셈 등과 같은 과정이 기계화될 수 있다는 점을 의심하지 않는다. 나는 수학자들이 탐구하는 데에 흥미를 느끼는 종류의 속성 그리고 답을 내는 데에 세는 과정만으로는—이론적으로는 전혀—충분치 않은 문제들을 말하는 것이다. 자연수의 그런 속성을 나타내는 고전적인 보기를 하나 들어보자. 그 명제는 "무한히 많은 소수가 있다"이다. 무엇보다도 세는 과정으로는 이 주장을 확인하거나 반박할 수 없다. 우리가 할 수 있는 최선은 잠시 동안 소수들을 세어보고 나서 소수가 "많다"는 것을 인정하는 것이다. 그러나 아무리 많이 세어도 그것만으로는 소수의 개수가 유한한지 무한한지에 대한 문

그림 13. "해방(Liberation)"(M. C. 에셔, 석판, 1955).

제를 결코 해결할 수 없을 것이다. 언제나 소수가 더 있을 수 있다. 그 명제—즉 "유클리드의 정리"—가 참인지 거짓인지 아주 불명확하다. 그 명제는 받아들일 만하고 호소력이 있어 보일 수도 있지만 참인지 거짓인지 분명하지 않다. 그러나 유클리드 이후의 수학자들은 그 명제를 늘 참으로 인정하고 있다. 그 이유는 무엇인가?

유클리드의 증명

그 이유는 **추론**이 그 명제가 참이라고 말하기 때문이다. 그 증명에 관여한 추론을 따라가보자. 우리는 유클리드 증명의 한 변이형을 살펴볼 것이다. 이 증명은 어떤 수를 취하든 그 수보다 더 큰 소수가 있다는 것을 보여주는 것이다. 숫자 N을 취하자. 1에서 N까지 모든 양의 정수를 곱해라. 다른 말로 하면 N!로 표기하는 N 계승(階乘)을 만들어라. 그 결과는 N까지의 모든 수로 나눌 수 있다. 이때 N!에 1을 더하면 그 결과는,

> 2의 배수가 될 수 없다. (2로 나누면 1이 남기 때문에)
> 3의 배수가 될 수 없다. (3으로 나누면 1이 남기 때문에)
> 4의 배수가 될 수 없다. (4로 나누면 1이 남기 때문에)
> .
> .
> .
> N의 배수가 될 수 없다. (N으로 나누면 1이 남기 때문에)

다른 말로 하면, N!+1을 (1과 자기 자신이 아닌 다른 수로) 나눌 수 있다면, N보다 큰 수로만 나눌 수 있다. 따라서 N!+1 자체가 소수이거나, N!+1의 소수약수들이 N보다 크다.* 그러나 어느 경우든 N보다 큰 소수가 반드시 존재한다는 것을 보였다. 이 과정은 N이 어떤 수인가에 관계없이 타당하다. N이 어떤 수이건 N보다 큰 소수가 존재한다. 이렇게 해서 소수의 무한성에 대한 증명이 끝난다.

---

* 이것은 '1보다 큰 자연수는 소수들만의 곱으로 유일하게 쓰일 수 있다'는 산술의 기본정리에 근거한다.

이 마지막 단계는 **일반화**(generalization)라고 하는데, 나중에 더 형식적인 맥락 속에서 이 일반화와 다시 마주치게 될 것이다. 일반화는 우리가 단 하나의 수(N)의 관점으로 논증을 펼치고 나서 N이 지정된 수가 아니라는 점을, 따라서 그 논증은 일반적인 것이라는 점을 지적하는 데에 있다.

유클리드의 증명은 무엇이 "진정한 수학"을 구성하는가에 대한 모범이다. 그 증명은 단순하고 강력하며 아름답다. 유클리드의 증명은 우리가 짧은 단계들을 여러 번 밟음으로써 출발점에서 먼 곳에 도달할 수 있음을 보여준다. 우리의 경우, 출발점은 곱셈, 나눗셈 등에 대한 기본 개념들이다. 짧은 단계들은 추론의 단계들이다. 비록 모든 개별적인 추론 단계는 명백해 보여도 최종 결과는 그렇지 않다. 즉 우리는 그 명제가 참인지 거짓인지 결코 직접 점검할 수는 없다. 그러나 그 명제가 참임을 믿는다. 추론을 믿기 때문이다. 추론을 받아들인다면 탈출구는 없어 보인다. 일단 당신이 유클리드의 설명을 끝까지 듣는 것을 동의하면 그의 결론에 동의해야만 할 것이다. 그것이 가장 다행스러운 경우이다. 왜냐하면 그것은 수학자들이 어떤 명제에 "참" 딱지를 붙이고 어떤 명제에 "거짓" 딱지를 붙일지에 대해서 언제나 동의할 것이라는 것을 뜻하기 때문이다.

이 증명은 질서 정연한 사고 과정을 예증한다. 모든 명제는 그 앞의 명제와 거스를 수 없는 방식으로 연계되어 있다. 이것이 그것을 "훌륭한 증거"라기보다는 "증명"이라고 말하는 이유이다. 수학의 목표는 언제나 명백하지 않은 명제에 대하여 엄격한 증명을 제시하는 것이다. 단계들이 엄격한 방식으로 서로 연결되어 있다는 사실은 이 명제들을 함께 묶는 **패턴화된 구조**(patterned structure)가 있을 수도 있다는 것을 암시한다. 이 구조는 수에 대한 명제를 표현하는 데에만 적합하도록 만들어진 새로운 어휘, 즉 기호로 구성되어 있고 양식화된 어휘를 찾을 경우 가장 잘 파악할 수 있다. 그러고 나면 우리는 그 증명을 기호로 번역된 상태에서 관찰할 수 있다. 증명은 일련의 명제들인데, 한 줄씩 한 줄씩 검증할 수 있는 방식으로 연관되어 있다. 그러나 그 명제들은 적은 수의 양식화된 일련의 기호들로 표현되기 때문에 **패턴**의 양상을 띤다. 달리 말하면, 그 명제들을 큰 소리로 읽을 경우에는 언뜻 수와 수의 속성에 대한 명제 같지만, 종이 위에 쓰여 있는 것을 볼 경우 추상적인 패턴으로 보인다. 그리고 한줄 한줄 이루어진 증명 구조가 몇 가지의 활자형 규칙에 따라서 패턴을 서서히 변형시키는 것처럼 보일 것이다.

무한성을 피해 가기

유클리드의 증명은 **모든** 수가 어떤 속성을 가진다는 증명이지만, 무한히 많은 경우들을 각각 따로따로 다루는 것을 피한다. 그 증명은 "N이 무엇이건 간에" 또는 "N이 어떤 수이건 관계없이" 같은 문구를 사용함으로써 무한히 많은 경우를 다루는 것을 피해 간다. 우리는 그 증명을 "모든 N에 대해서"라는 문구를 사용해서 다시 표현할 수도 있다. 그런 문구를 사용할 적절한 맥락과 올바른 방식을 앎으로써, 무한히 많은 명제를 다룰 필요가 전혀 없게 된다. 자체는 유한하지만 무한성을 표현하는 "모든"과 같은 두세 개의 개념들만을 다루면 된다. 그리고 그것들을 사용함으로써, 우리가 증명하고자 하는 사실들이 무한히 있다는 명백한 문제를 비켜 간다.

우리는 "모든"이라는 낱말을 추론의 사고과정이 정의한 몇 가지 방식으로 사용한다. 즉 우리가 "모든"이라는 말을 사용하는 데에 지키는 **규칙들**이 있다. 그런데 우리는 그 규칙들을 의식하지 못하고서 그 낱말의 **의미**를 토대로 작업한다고 주장하는 경향이 있을 수도 있다. 그러나 그것은 결국 우리가 결코 드러내놓지 않는 규칙에 의해서 인도된다는 말을 우회적으로 표현한 것에 불과하다. 우리는 평생 낱말들을 특정한 패턴으로 사용해왔는데, 그 패턴을 "규칙"이라고 부르는 대신, 우리의 사고과정의 절차들이 낱말들의 "의미" 때문에 생겨난다고 생각한다. 이러한 발견은 수론의 형식화로 나아가는 기나긴 여정에서 얻은 아주 중대한 인식이었다.

유클리드의 증명을 더욱 조심스럽게 파고들수록, 우리는 그의 증명이 수없이 작은—거의 무한하게 작은—단계들로 이루어졌음을 알게 될 것이다. 이 모든 단계들을 한줄 한줄 낱낱이 써나가면, 그 증명은 믿을 수 없을 정도로 복잡하게 보일 것이다. 우리의 마음에 여러 단계들이 압축되어 단 하나의 문장으로 될 때 그 증명은 가장 명확해진다. 이제 그 증명을 느린 동작으로 보면 각각의 정지 화면을 식별할 수 있다. 다른 말로 표현하면 증명의 해부는 거기까지이다. 그러면 우리는 추론 과정의 "원자적*" 속성에 도달한다. 하나의 증명은 아주 작지만 불연속적인 일련의 도약들로 분해할 수 있는데, 이것들을 더 높은 시점에서 파악하면 매끈하게 이어지는 것처럼 보인다. 제8장에서는 유클리드의 증명을 원자 단위로 쪼갤 수 있는 한 가지 방식을 보여줄 것이다. 그때 얼마나 믿기 어려

---

* 더 쪼갤 수 없는.

울 정도로 많은 단계들이 포함되었는지 알게 될 것이다. 그렇다 하더라도, 이것을 보고 놀라지는 않을 것이다. 증명을 고안할 때 유클리드의 두뇌 작동에는 초당 수백 번씩 발화하는 수백만 개의 뉴런(neuron, 신경세포)들이 개입했다. 문장 하나만 말하는 데에도 무려 수십만 개의 뉴런이 동원된다. 유클리드의 사고과정이 그 정도로 복잡했다면 그의 증명이 엄청난 수의 단계들을 포함하는 것은 당연하다! (물론 그의 두뇌 속의 뉴런 활동과 형식체계에서의 증명 사이에 직접적인 연관관계는 거의 없겠지만 양자의 복잡성은 서로 비교할 수 있다. 그것은 마치 자연이 소수가 무한히 많다는 증명의 복잡성을 보존하고 싶어하는 것 같다. 그 증명에 관여하는 체계들이 서로 매우 다른 경우에조차 말이다.)

뒤의 장들에서는 (1) 자연수에 대한 모든 명제를 표현하게 해주는 양식화된 어휘들을 포함하는 형식체계 (2) 필요해 보이는 모든 추론 유형에 상응하는 규칙을 가지는 형식체계를 내놓을 것이다. 우리가 공식화한 기호 조작 규칙이 (수론에 관한 한) 정말로 우리의 정신적인 추론 능력과 똑같은 강력함이 있는지 여부와, 또는 좀더 일반적으로, 어떤 형식체계를 이용함으로써, 우리가 가진 사고능력 수준을 얻는 것이 이론적으로 가능한가의 여부가 매우 중요한 문제가 될 것이다.

무반주 아킬레스를 위한 소나타

전화벨이 울리자 아킬레스가 받는다.

아킬레스 : 예, 아킬레스입니다.

아킬레스 : 아, 안녕하신가? 거북 선생, 어떻게 지내나?

아킬레스 : 사경(斜頸)*이라고? 안됐네. 왜 그렇게 되었는지나 아나?

아킬레스 : 얼마 동안이나 목을 그런 자세로 두었는데?

아킬레스 : 그러면 목이 굳은 것도 놀랄 일은 아니군. 도대체 자네 목을 그렇게 오랫동안 비틀어놓게끔 한 게 뭔가?

아킬레스 : 상당수가 기괴한 것들이라고? 어떤 종류인데. 예를 들면?

아킬레스 : "환상 짐승(phantasmagoriocal beast)"이 무슨 말이야?

아킬레스 : 기괴한 것들을 그렇게나 많이 한꺼번에 보다니 겁나지 않았나?

아킬레스 : 기타? 그 기괴한 것들 중에서 하필이면 기타지? 자네, 기타 치나?

아킬레스 : 나한테는 그게 그거야.

아킬레스 : 자네 말이 맞아. 내가 바이올린하고 기타에 그런 차이점이 있다는 것을 왜 전혀 눈치채지 못했는지 의아스럽군. 바이올린 연주 말인데,** 우리 집에 와서 자네가 제일 좋아하는 작곡가 바흐의 "무반주 바이올린을 위한 소나타" 중 하나를 듣지 않겠나? 바흐의 그 작품들을 멋지게 연주한 음반을 방금 하나 샀거든. 바흐가 바이올린 한 대를 가지고 어떻게 그렇게 재미있는 곡을 만들었는지 아직도 이해가 안 간다네.

아킬레스 : 두통도 있다고? 안타깝군. 푹 자야겠구먼.

아킬레스 : 알겠네. 양(羊) 세는 건 해봤나?

아킬레스 : 오, 알겠어. 무슨 말인지 충분히 알겠네. 좋아, 그게 그렇게 정신 사나

---

* 목이 뒤틀려 머리가 한쪽으로 기울어진 상태.
** 원문은 "speaking of fiddling"이다. "빈둥거리며 노는 것 말인데"라는 뜻도 된다. 저자가 fiddling의 두 가지 뜻을 이용해 말장난을 했다.

그림 14. "모자이크 II(Mosaic II)" (M. C. 에셔, 석판, 1957).

운 것이라면 나한테 그걸 말해주게나. 나도 좀 풀어보게.

아킬레스 : 안에 철자 A, D, A, C 가 연속해서 들어간 단어라……음…… "아브라
　　　　카다브라(abracadabra)"?*

아킬레스 : 그렇군. 아브라카다브라를 거꾸로 읽으면 "ADAC"가 나오지만 똑바
　　　　로 읽으면 안 나오는군.

아킬레스 : 몇 시간이나 걸린다고? 내가 긴 수수께끼와 마주칠 것처럼 들리는
　　　　군. 그런데 이 골치 아픈 수수께끼를 언제 들었나?

아킬레스 : 그가 비전(秘傳)의 불교 문제에 대해서 명상하고 있는 것처럼 보이지
　　　　만 실은 복잡한 낱말 수수께끼를 생각해내려 하고 있다는 거야?

아킬레스 : 아! 달팽이가 이 친구가 생각해낸 것을 알았다는 거군. 그런데 자네는
　　　　어떻게 달팽이와 이야기하게 되었지?

아킬레스 : 잠깐, 이것과 비슷한 낱말 수수께끼를 들은 적이 있는데. 들어보겠

* abracadabra는 '수리수리마수리'같이 마술의 주문으로 쓰이는 구절이다.

나? 아니면 들어봐야 골치만 더 아플까?

아킬레스 : 동의하네. 무슨 해를 줄 수 있겠어. 자 그럼 "HE"로 시작하고 끝나는
　　　　　것도 "HE"인 낱말은?

아킬레스 : 아주 비범해, 하지만 그건 거의 속임수야. 분명히 내가 생각한 답은
　　　　　아니야.

아킬레스 : 물론 그 말도 일리가 있어―그 답이 조건을 충족시키긴 해. 하지만 일
　　　　　종의 퇴보한 답이야. 내가 생각한 답은 다른 것이야.

아킬레스 : 바로 그거야! 어떻게 그렇게 빨리 답을 알아냈지?

아킬레스 : 그러니까 이 경우엔 두통(headache)이 방해를 한 게 아니라 오히려 자
　　　　　넬 도왔구먼. 좋아! 그런데 나는 아직도 자네가 말해준 "ADAC" 수수께끼를
　　　　　도통 모르겠어.

아킬레스 : 축하해! 이제 잘 수 있을 거야. 그래, 답이 뭐지?

아킬레스 : 글쎄, 난 보통 힌트를 좋아하지 않는데, 하지만 좋아. 힌트를 말해보게.

아킬레스 : 이 경우 자네가 말하는 "전경(figure)"과 "배경(ground)"이 뭘 뜻하는지
　　　　　모르겠는데.

아킬레스 : 분명히 "모자이크 II" 판화를 알고 있어! 난 에셔의 작품은 다 알고 있
　　　　　지. 그러니까 에셔는 내가 제일 좋아하는 화가야. 어쨌든 "모자이크 II" 판화
　　　　　를 가지고 있는데 여기에서 잘 보이게 벽에 걸어놓았어.

아킬레스 : 그래, 검게 그린 동물들이 모두 보여.

아킬레스 : 그래, 그들의 소극적 공간(negative space)―빠뜨린 것―이 어떻게 흰
　　　　　동물들을 규정하는지도 또한 보여.

아킬레스 : 그게 자네가 말하는 "전경"과 "배경"이구먼. 그런데 그것이 "ADAC"
　　　　　수수께끼와 무슨 관계가 있지?

아킬레스 : 오, 이건 나한테는 너무 어려워. 두통이 나기 시작하는군.

아킬레스 : 지금 오고 싶다고? 그렇지만 내가 생각했던 건……

아킬레스 : 좋아. 자네가 말한 전경-배경 힌트를 이용하고 그것을 내가 낸 수수
　　　　　께끼와 연관시키면 아마 그때까진 자네의 수수께끼를 풀어버릴 것 같네.

아킬레스 : 자네에게 "무반주 바이올린 소나타"를 연주해주고 싶군.

아킬레스 : 자네가 그 소나타에 대한 이론을 만들었나?

아킬레스 : 어떤 악기로 반주된다고?

아킬레스 : 에, 그게 맞다면, 그가 하프시코드 반주 부분을 작곡하지 않았을 것이고 그걸 그대로 출판했다는 건 좀 이상해 보이는데.

아킬레스 : 알겠네—일종의 선택 사항이라. 두 가지 방법으로 그것을 들을 수 있을 거라고. 반주를 붙여도 되고 그냥 독주로 해도 되고, 하지만 반주가 있다면 어떠어떠하게 들리기로 되어 있는 것을 어떻게 알지?

아킬레스 : 아, 그래. 그건 결국 청중의 상상에 맡기는 게 최선이라고 난 생각 해. 자네 말대로 바흐는 아마 반주 따위는 전혀 염두에 두지 않았을 거네. 이 소나타들은 지금 있는 대로가 정말로 훌륭한 것 같네.

아킬레스 : 좋아. 자 그럼 곧 보세.

아킬레스 : 잘 있게. 거북 선생.

제3장

전경과 배경

소수 대 합성수

간단한 활자형 조작으로 개념을 포착할 수 있다는 생각은 이상하다. 우리가 지금까지 포착한 개념은 덧셈인데, 그것은 아주 이상해 보이지 않았을지도 모른다. 그러나 그 목표가 Px라는 형태의 정리를 가지는 형식체계를 창출하는 것이라고 가정해보자. 철자 'x'는 하이픈-문자열을 나타낸다. 그 형식체계에서 정리가 될 수 있는 것은 오직 하이픈-문자열의 하이픈 개수가 정확히 소수의 개수인 문자열뿐이다. 그래서 P---는 정리일 것이지만, P----는 정리가 아닐 것이다. 이것을 **활자형**으로 어떻게 할 수 있을까? 일단 중요한 것은 **활자형** 작업이 무엇을 의미하는지 명확히 하는 일이다. 이에 대한 전체 레퍼토리를 MIU-체계와 pq-체계에서 제시했고, 이제는 우리가 허용한 종류의 것들에 대한 목록을 만드는 일을 해야 한다.

    (1) 유한한 기호집합 중에서 어떤 것이든 읽고 인식하기 ;

    (2) 그 집합에 속하는 어떤 기호든 적기 ;

    (3) 그 기호들 중에서 어떤 것이든 한 곳에서 다른 곳으로 복사하기 ;

    (4) 그 기호들 중에서 어떤 것이든 삭제하기 ;

    (5) 어떤 기호가 다른 기호와 동일한지 점검하기 ;

    (6) 앞서 산출된 정리들의 목록을 유지하고 사용하기 ;

이 목록은 다소 중복되는 면이 있지만 괜찮다. 중요한 것은 이 목록에 있는 작업을 하는 데 필요한 능력은 비소수와 소수를 구분하는 능력에는 한참 못 미치는 사소한 능력이라는 것이다. 그러면 어떻게 이 작업들 중 몇 가지를 혼합해서, 소수가 합성수(composite number)와는 구분되는 형식체계를 만들 수 있을까?

tq-체계

첫 번째 단계는 좀 단순하지만 관련이 있는 문제를 풀어보는 일일 것이다. 덧셈 대신에 곱셈을 나타내는 점만 빼고는 pq-체계와 비슷한 체계를 만들어 볼 수 있다. 그 체계를 tq-체계라 하자. 't'는 '곱셈'을 나타낸다. 좀더 구체적으로, X, Y 와 Z가 각각 문자열 x, y와 z의 하이픈 개수라고 가정해보자. (내가 문자열과 그 문자열이 나타내는 하이픈 개수를 구별하는 데에 특별한 정성을 기울이는 것을 주목하라!) 그리고 나서 $xtyqz$라는 문자열은 오로지 X×Y=Z인 경우에만 정리가 되도록 한다. 예를 들면 2×3=6이므로 --t---q------는 정리이지만, --t--q---는 정리가 될 수 없다. tq-체계는 pq-체계와 마찬가지로, 즉 공리도식 한 개와 추론규칙 한 개를 사용함으로써 쉽게 특징지을 수 있다.

> **공리도식** : x가 하이픈-문자열일 경우 xt-qx는 공리이다.

> **추론규칙** : x, y와 z가 하이픈-문자열이라 하자. 그리고 $xtyqz$가 기존 정리라 하자. 그러면 xty-qzx는 새로운 정리이다.

이에 따라서 --t---q------라는 정리를 도출해보면 :

    (1) --t-q--   (공리)
    (2) --t--q----   ((1)항을 기존 정리로 사용하고, 추론규칙에 따라서)
    (3) --t---q------   ((2)항을 기존 정리로 사용하고, 추론규칙에 따라서)

추론규칙을 적용할 때마다 중간 하이픈-문자열이 어떻게 하이픈이 하나씩 붙으며 증가하는지 주목하라. 따라서 가운데에 하이픈이 10개 있는 정리를 원하면 추론규칙을 아홉 번 적용해야 한다고 예측할 수 있다.

합성수 포착하기

덧셈보다는 좀더 까다로운 개념인 곱셈을, 에셔의 "해방"에 나오는 새들처럼 활자형으로 포착해냈다. 소수의 속성은 어떻게 포착할 수 있을까? 다음과 같은 계획이 현명할 것 같다. tq-체계를 이용해서, 합성수를 특징짓는 Cx형태의 새로운 정리 집합을 다음과 같이 정의한다.

규칙 : x, y와 z가 하이픈-문자열이라 하자. x-ty-qz가 정리라면 Cz도 정리이다.

이 규칙이 말하는 것은 Z(z의 하이픈 개수)가 1보다 큰 두 수 즉, $X+1$(x-의 하이픈 개수) 그리고 $Y+1$(y-의 하이픈 개수)의 곱과 같으면 Z는 합성수라는 것이다. 나는 이 새로운 규칙에 대해서 당신에게 "지능적 방식"의 정당성을 제시함으로써 옹호하고 있다. 그것은 당신이 사람이고 왜 이러한 규칙이 있는지 알고 싶어하기 때문이다. 만일 당신이 "기계적 방식(Mechanical mode)"으로만 작동하고 있다면 어떤 정당성도 필요 없을 것이다. 왜냐하면 기계-방식(M-mode) 작업자들은 규칙에 대해서 결코 문제 삼는 법 없이 기계적으로 행복하게 그저 그 규칙을 따르기만 할 뿐이기 때문이다!

당신은 지능-방식(I-mode)으로 작업하기 때문에, 마음속에서 문자열과 그 해석 사이의 구분을 흐릿하게 만드는 경향이 있을 것이다. 당신이 다루고 있는 기호들에서 의미를 인식하는 순간 사태가 아주 혼란스러워질 수 있다. 문자열 '---'이 수 3이라고 생각하지 않도록 자기 자신과 싸워야만 한다. 형식성 요구가, 1장에서는 (너무 명백해 보였기 때문에) 아마도 의아스럽게 보였겠지만, 여기에서는 까다롭고 중요해졌다. 형식성 요구는 당신이 지능-방식과 기계-방식을 뒤섞지 않도록 해주는 극히 중요한 것이다. 또는 다른 방식으로 말하면 그것은 당신이 산술적 사실과 활자형 정리를 뒤섞지 않도록 해준다.

불법적으로 규정된 소수

다음과 같은 종류의 규칙을 제안함으로써, C-유형의 정리로부터 p-유형의 정리로 직접 비약하고 싶은 마음이 굴뚝같다.

제안 규칙 : x가 하이픈-문자열이라 하자. Cx가 정리가 아니면, Px가 정리이다.

여기서 치명적인 결점은 Cx가 정리가 아닌지를 점검하는 것이 명시적인 활자형 연산이 아니라는 점이다. MU가 MIU-체계의 정리가 아니라는 것을 확실하게 알려면 그 체계의 **바깥**으로 나가야만 한다. 위의 제안 규칙도 마찬가지이다. 그 규칙은 형식체계의 전체 발상을 훼손하는 규칙으로 당신에게 비형식적으로, 즉 체계 밖에서 작업하도록 요구한다. 활자형 작업 (6)은 이전에 알아낸 정리의 목록을 들여다보도록 허용하지만, 이 제안 규칙은 당신에게 가설적인 "비정리 표"를 들여다보도록 요구하고 있다. 그러나 그런 표를 만들려면, 그 **체계의 바깥**에서 추론해야만 할 것이다. 즉 그 체계의 내부에서는 왜 다양한 문자열이 생성될 수 없는지 보여주는 추론 말이다. 이제 순전히 활자형 수단으로 "비정리 표(table of nontheorem)"를 생성할 수 있는 **또다른** 형식체계가 있을 법도 하다. 사실 우리의 목표는 바로 그런 체계를 알아내는 것이다. 그러나 앞의 제안 규칙은 활자형 규칙이 아니며 따라서 제외될 수밖에 없다.

이 점은 아주 중요하기 때문에 좀 자세히 설명하고 싶다. C-체계(tq-체계와 C-유형의 정리들을 정의하는 규칙을 포함하는 체계)에서 우리는 Cx라는 형태의 정리를 가진다. 여기서 'x'는 통상 그렇듯이 하이픈-문자열을 나타낸다. Cx 형태의 비정리들도 또한 있다. (내가 "비정리"라고 언급할 경우는 Cx 형태의 비정리들을 말한다. 물론 **tt-Cqq**와 여타 비적격인 잡동사니 또한 비정리들이기는 하지만 말이다.) 차이가 있다면 정리는 합성수 개수의 하이픈을 가지고, 비정리는 소수 개수의 하이픈을 가진다는 것이다. 이제 정리들은 모두 공통된 "형태"를 가진다. 즉, 공통의 활자형 규칙에서 유래한다는 것이다. 같은 의미에서 모든 비정리들도 하나의 공통적인 "형태"를 가지는가? 도출과정 없이 나타낸 C-유형의 정리 목록이 아래에 있다. 괄호 안의 숫자는 정리에 있는 하이픈의 개수이다.

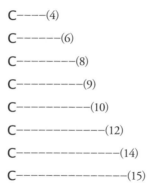

C-----(4)
C------(6)
C--------(8)
C---------(9)
C----------(10)
C------------(12)
C--------------(14)
C---------------(15)

이 목록의 "구멍"은 비정리이다. 앞에서 제기한 문제를 반복하면 : 그 구멍들도 또한 공통으로 어떤 "형태"를 가지는지? 이 목록에 있는 구멍들이라는 이유만으로 그들이 공통 형태를 공유한다고 것이 합당할까? 그렇기도 하고 그렇지 않기도 하다. 구멍들이 **어떤** 활자형 특성을 공유하는 것은 부정할 수 없지만, 우리가 그것을 "형태"라고 불러야 할지는 명확하지 않다. 우리가 주저하는 이유는 구멍들이 **부정적으로만** 정의되었다는 사실이다. 즉 그 구멍들은 **긍정적으로** 정의된 목록에서 탈락된 것들이다.

전경과 배경

이것은 전경과 배경(figure and ground)이라는 미술에서의 유명한 구분을 생각나게 한다. 전경 또는 "적극적인 공간"(예를 들면 인간의 형상이나 글자 또는 정물)을 틀 안에 그리는 경우, 그에 상보적인 형상, 즉 "배경", "바탕" 또는 "소극적인 공간"이라고도 하는 것 또한 어쩔 수 없이 동시에 그려진다. 그러나 대부분의 그림에서는 전경-배경 관계가 별다른 역할을 하지 않는다. 화가들은 배경보다는 전경에 더욱 관심을 가진다. 그러나 때로는 배경에 대해서도 마찬가지로 관심을 가질 것이다.

　이 전경-배경 구별을 멋지게 이용하는 아름다운 알파벳들이 있다. 아래에 이런 알파벳으로 쓴 메시지가 있다. 얼핏 보기에 그 메시지는 좀 무작위적인 얼룩들을 모아놓은 것처럼 보인다. 그러나 조금 떨어져서 잠시 동안 응시하면 갑자기 일곱 글자가 나타난다.

그림 15.

비슷한 효과를 맛보고 싶으면 내가 그린 그림인 "봉화(Smoke Signal)"(그림 139)를 보면 된다. 이것의 연장선에서 다음과 같은 수수께끼를 생각해볼 수도 있다 :

그림 16. "새로 평면 메우기(Tiling of the plane using birds)"(M. C. 에셔, 그의 스케치북에서, 1942).

낱말이 전경과 배경에 **동시에** 표현되는 그림을 창조할 수 있을까?

이제 공식적으로 두 종류의 전경을 구분해보자. 필기체로 그릴 수 있는(cur-sively drawable) 전경과 재귀적인(recursive) 전경(그런데 이 용어들은 내가 지어낸 용어이다―이것들은 일반적인 용법은 아니다). 필기체로 그릴 수 있는 전경은 그 배경이 그림을 그릴 때 우연히 나타나는 부산물일 뿐인 전경이다. 재귀적인 전경은 그것의 배경 또한 독자적인 전경으로 파악될 수 있는 전경을 말한다. 이것은 대개 화가 입장에서 아주 마음먹고 그린 것이다. "재귀적(recursive)"에서 "재(再)〔다시, re〕"는 전경과 배경이 모두 필기체로 그려질 수 있다는 사실을 나타낸다. 즉 전경이 "이중-필기체"라는 것이다. 재귀적인 전경에서 전경-배경 경계선은 양 날의 칼이다. M. C. 에셔는 그런 재귀적인 전경을 그리는 데에 대가였다. 예를 들면, 새를 가지고 그린 아름다운 재귀적인 그림을 보라(그림16).

우리의 구분은 수학에서의 구분처럼 엄격하지는 않다. 왜냐하면 누가 특정한 배경이 전경이 아니라고 단호하게 말할 수 있는가라는 물음 때문이다. 한번 환기시켜주면 실은 거의 모든 배경이 다 자기 몫을 가진다는 것을 알 수 있다. 그런 점에서 보면 모든 전경은 재귀적이다. 그러나 그것이 재귀적이라는 용어에 대해서 내가 의도했던 바는 아니다. 인식할 수 있는 형태라는 자연스럽고도 직관적인 개념이 있다. 전경과 배경 둘 다 인식할 수 있는 형태인가? 그렇다면 그 그림은 재귀적이다. 선으로 그린 대부분의 그림의 배경을 쳐다보면, 당신은 배경이 인식할 수 없는 것임을 알게 될 것이다. 이것은 이하의 사실을 증명한다 :

> 인식할 수 있는 형태인데, 그것의 소극적인 공간은 인식할 수 있는 형태가 전혀 아닌 그런 형태가 존재한다.

더 전문적인 용어를 써서 말하자면,

> 필기체로 그릴 수 있는 전경인데, 재귀적이지 않은 전경들이 존재한다.

그림 17은 앞의 수수께끼에 대한 스콧 킴의 답이다. 나는 그의 그림을 "**전경-전경** 그림(FIGURE-FIGURE Figure)"이라고 부른다. 그 그림의 흑과 백을 동시에 관찰하면 도처가 "**전경**"이고 "**배경**"은 어디에도 없다! 그것은 재귀적인 전경들의 모범이다. 이 기발한 그림에서, 검은 부분은 비등가적인 두 가지 방식으로 규정할 수 있다.

(1) 흰 부분에 대한 소극적인 공간으로서.
(2) 흰 부분을 개조한 복제로서(각각의 흰 부분을 검게 칠한 다음 이동시켜 만들어 낸다).

(특수한 경우인 **전경-전경** 그림에서는, 이 두 규정이 등가이다—그러나 대부분의 흑백 사진에서는 그렇지 않을 것이다.) "활자형 수론(Typographical Number Theory, TNT)에 대해서 설명할 제8장에서, 수론의 모든 오류 명제들의 집합이 이와 비슷한 다음 두 가지 방식으로 규정될 수 있다는 것이 우리의 희망사항이 될 것이다.

그림 17. "전경-전경 그림(FIGURE-FIGURE Figure)"(스콧 E. 킴, 1975).

(1) 모든 TNT-정리의 집합에 대한 소극적인 공간으로서 ;
(2) 모든 TNT-정리의 집합을 개조한 복제로서(각 TNT-정리를 부정함으로써 생성
    한다).

그러나 이 희망은 다음과 같은 이유에서 물거품이 될 것이다.

(1) 모든 비정리의 집합 내부에서 일부 참이 발견된다.
(2) 모든 부정된 정리의 집합 외부에서 일부 거짓이 발견된다.

이런 일이 왜, 어떻게 일어나는지는 제14장에서 보게 될 것이다. 한편 이 상황을
그림으로 표현한 것을 곰곰이 생각해보라(그림 18).

음악에서의 전경과 배경(figure and ground in music)

음악에서도 전경과 배경을 찾을 수 있을지 모른다. 한 가지 유사물은 바로 선
율과 반주의 구분이다. 선율은 항상 우리 주의력에서 앞자리를 차지하며, 반주
는 어떤 의미로는 선율에 종속되어 있다. 그래서 저음부에서 어떤 뚜렷한 선율이
들리면 의아해하는 것이다. 바로크 시대 이후의 음악에서는 이런 일이 그리 자주
일어나지 않는다. 통상적으로는 화성은 전경으로 의도되어 있지 않다. 그러나
바로크 음악—특히 바흐—에서는 성부가 높건 낮건 아니면 가운데 성부이건 간
에 다양한 성부들이 모두 다 "전경"으로 작동한다. 이런 점에서 바흐의 작품은
"재귀적"이라 할 수 있다.[*]
　음악에는 또다른 종류의 전경-배경 구분이 있다 : 즉 강세가 있는 박자와 강
세가 없는 박자 사이의 차이가 그것이다. 당신이 악보를 "한-나, 두-울, 세-엣,
네-엣"의 박자로 읽는다면 대부분 선율-음표는 강세박자(한-, 두-, 세-, 네-)
에 할당되지 "뒷부분(-나, -울, -엣, -엣)"에 할당되지 않는다. 그러나 한편 일
정한 효과를 겨냥하여 의도적으로 뒷부분에 강세가 주어지기도 한다. 예를 들면
쇼팽의 여러 연습곡이 그러하다.[**] 또한 바흐에게서도 빈번하다. 특히 그는 "무반

---

[*] 초기의 작품은 그렇지 않다.
[**] 바흐, 베토벤 외에 쇼팽도 24개의 조로 된 연습곡과 발라드 곡집을 작곡했는데, 이 연습곡들은

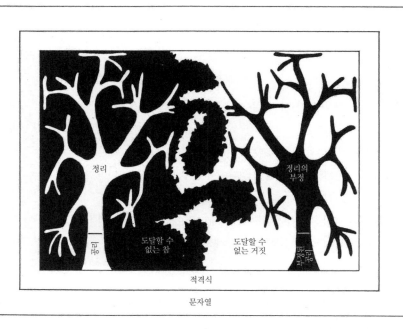

그림 18. 다양한 부류의 TNT 문자열들 사이의 관계를 그린 이 다이어그램에는 많은 시각 기호
가 그려져 있다. 가장 바깥의 격자는 모든 TNT 문자열의 집합을 나타낸다. 그 바로 안쪽의 격자
는 모든 적격 TNT 문자열의 집합을 나타낸다. 이 안에 TNT의 모든 문장들의 집합이 존재한다.
이제 일은 재미있어진다. 정리들의 집합은 나무의 몸통(공리의 집합을 나타냄)에서 자라나는 나
무로 표현되어 있다. 나무-기호를 선택한 것은 그 모습이 재귀적으로 증식하는 패턴을 보여주기
때문이다 : 기존 가지로부터 끊임없이 갈라져나오는 새로운 가지들(정리들). 손가락 모양으로 된
잔가지들은 가지를 에워싸고 있는 영역(참의 집합)의 구석으로 파고든다. 그러나 참의 집합을 결
코 다 차지하지는 못한다. 참집합과 거짓집합 사이의 경계는 아무렇게나 구불구불하게 뻗어나
가는 해안선을 암시하려고 한 것이다. 해안선은 당신이 아무리 면밀하게 조사를 해도 구조가 언
제나 더 미세한 층위를 가지고 있어서 그 어떤 유한한 방식으로도 정확하게 기술하는 것은 불가
능하다(예를 들면 만델브로트의 책『프랙탈(*Fractals*)』을 참조하라).*** 반대편에 투영된 나무 그림
은 정리의 부정(negation of theorems)의 집합을 나타낸다 : 그것들은 모두 거짓이다. 그러나 거짓명
제의 공간을 다 포괄하는 것은 아니다[저자의 그림].

주 바이올린을 위한 소나타” 및 “파르티타”, “무반주 첼로 모음곡” 같은 작품에
서 둘 이상의 성부를 동시에 동원하는 기법을 궁리했는데, 종종 “이중 운지(運

　모든 조를 숙달해야 하는, 난이도가 매우 높은 동시에 최고 수준의 연주곡이다.
*** 쉽게 말해서 아무리 확대해서 보아도 뾰죽뾰죽한 것이 있다는 말이다.

指)", 즉 동시에 두 음을 연주하는 방법을 즐겨 쓴다. 물론 바흐도 다른 곡에서
는, 한 성부는 강세가 있는 박자로 또다른 성부는 비강세로 처리해서, 우리의 귀
가 서로 조화를 이루는 상이한 선율을 구분해서 듣게끔 작곡한 것도 있다. 물
론 바흐의 복잡성이 이 정도 수준에 머무는 것은 아니다……

재귀적 열거 가능 집합 대 재귀적 집합

이제 전경과 배경이라는 개념을 다시 형식체계의 영역으로 가져가보자. 우리의
보기에서 C-유형의 정리들은 적극적인 공간의 역할을 하고, 소수 개수의 하이
픈으로 된 문자열은 소극적인 공간의 역할을 한다. 지금까지, 소수를 활자형으
로 나타내는 데에 우리가 알아낸 유일한 방법은 소극적 공간으로서이다. 그런데
소수를 **적극적인 공간으로**, 말하자면 어떤 형식체계의 정리의 집합으로서 나타
내는 방법—나는 아무리 복잡해도 상관없다—에는 어떤 것이 있을까?

이에 대해서 대답하는 사람들의 직관은 백인백색이다. 적극적 규정과 소극적
규정의 차이를 깨달은 순간 내가 얼마나 어리둥절하고 곤혹스러워했는지 생생
하게 기억한다. 당시 나는 소수뿐만이 아니라 소극적으로 표현할 수 있는 수의
어떤 집합도 적극적으로 나타낼 수 있다고 확신했다. 나의 믿음을 떠받치던 그
직관은 다음과 같은 질문으로 표현할 수 있다. "**전경과 그 배경이 어떻게 그야말**
로 똑같은 정보를 지니지 않을 수 있을까?" 전경과 배경은 나에게는 상보적인 두
가지 방식으로 암호화된 같은 정보를 담는 것으로 보였다. 당신에게는 무엇이
옳은 것으로 보이는가?

소수에 관해서는 내가 옳았지만, 일반적으로는 내가 틀렸다는 것으로 판명되
었다. 이것이 나를 놀라게 했는데, 아직까지도 나를 놀라게 하고 있다. 그것은
다음과 같은 사실이다.

> 형식체계 중에는, 그것의 소극적 공간(비정리 집합)이 그 어떤 형식체계의 적극적
> 공간(정리 집합)도 아닌 것이 존재한다.

이 결과는 괴델의 정리와 동급이다. 그래서 나의 직관이 틀어졌다 해도 놀라운
일은 아니다. 20세기 초반의 수학자들과 마찬가지로 나는 형식체계와 자연수의

세계가 실제로 그런 것보다 더 예측 가능할 것으로 기대했다. 좀더 전문적인 용어로 표현하면,

재귀적 열거 가능 집합이지만 재귀적이지 않은 집합들이 존재한다.

재귀적 열거 가능(종종 "r.e."라는 약어로 표시함)이라는 문구는 "필기체로 그릴 수 있는"이라는 우리의 미술적 개념에 대한 수학적 대응물이다. 그리고 **재귀적**은 "재귀적"의 대응물이다. 어떤 문자열의 집합이 재귀적 열거 가능이라는 것은 그것이 활자형 규칙에 따라 생성될 수 있다는 것을 뜻한다. 예를 들면 C-유형의 정리의 집합, MIU-체계의 정리의 집합 나아가 모든 임의의 형식체계의 정리의 집합이 그것들이다. 이것은 "화가의 규칙(그것이 뜻하는 무엇이건!)에 따라서 생성될 수 있는 선의 집합"으로서의 "전경"이라는 개념과 비교될 수 있을 것이다. 그래서 "재귀적 집합"은 그 배경 또한 전경이 되는 그런 전경과 같다. 즉 재귀적 집합이 r.e.일 뿐만 아니라 그것의 상보적 부분 또한 r.e.이다.

앞의 결과로부터 다음이 도출된다 :

형식체계 중에는, 활자형 결정절차가 없는 것도 존재한다.

어떻게 이것이 도출되는가? 아주 간단하다. 활자형 결정절차는 정리와 비정리를 가려내는 방법이다. 그러한 테스트가 있기 때문에 우리는 **모든** 문자열의 목록을 접수해서, 그 문자열들에 대해서 한 번에 하나씩 테스트를 수행하여, 비적격 문자열과 정리들을 버림으로써 모든 비정리들을 체계적으로 생성할 수 있다. 이것은 비정리 집합을 생성하는 활자형 방법에 해당한다. 그러나 앞의 명제(여기에서는 의심 없이 받아들인다)에 따르면 **일부** 체계들에 대해서는 이것이 가능하지 않다. 따라서 활자형 결정절차가 모든 형식체계에 대하여 존재하는 것은 아니라고 결론을 내릴 수밖에 없다.

어떤 형식적인 방식으로 생성할 수 있는 자연수의 집합 F('F'는 '전경[Figure]')(예를 들면 합성수 집합)를 알아냈다고 가정해보자. 그 집합 F의 보집합(예를 들면 소수의 집합)을 집합 G('G'는 '배경[Ground]')라고 해보자. F와 G 두 집합은 함께 모든 자연수를 형성하는데, 우리는 집합 F의 모든 수를 생성하는 규칙은

잘 알지만, 집합 G의 모든 수를 생성하는 그러한 규칙은 알지 못한다. 집합 F의 원소들이 언제나 증가하는 크기의 순서에 따라서 생성된다면, 언제나 G를 규정할 수 있다는 것을 이해하는 것이 중요하다. 문제는 많은 r.e. 집합들이 원소들을 임의의 순서로 추가하는 방법에 의해서 생성된다는 점이다. 그래서 오랫동안 나타나지 않던 수가 조금 더 오래 기다린다고 해서 그 집합에 포함될는지는 결코 알 수 없다.

"모든 전경이 재귀적인가?"라는 미술 질문에 대하여 우리는 아니라고 대답했다. 이제 우리는 수학에서도 이와 비슷한 "모든 집합이 재귀적인가?"라는 질문에 대해서 마찬가지로 아니라고 대답해야만 한다는 것을 알게 되었다. 이러한 관점에서, 규정하기 힘든 말인 "형식"으로 다시 돌아가보자. 전경-집합 F와 배경-집합 G를 다시 살펴보자. 집합 F에 있는 모든 수들이 어떤 공통적인 "형식"을 가진다는 데에 대해서 동의할 수 있다. 그러나 집합 G의 수에 대해서도 똑같이 주장할 수 있을까? 이것은 이상한 질문이다. 우리가 애당초 무한집합―자연수―을 다루고 있을 경우, 어떤 부분집합을 제거함으로써 생긴 구멍을 그 어떤 명시적인 방식으로 정의하기는 매우 어려울 것이다. 그래서 그 구멍들은 아마 그 어떤 공통적인 속성이나 "형식"으로 서로 연결되지 않을 것이다. 마지막 분석에서 "형식"이라는 말을 쓰고 싶은지는 각자의 취향에 달려 있지만, 생각해보는 것만으로도 도발적인 일이다. 아마 "형식"을 정의하기보다는, 그 낱말을 어떤 직관적인 유동성에 맡기는 편이 가장 좋을 것이다.

앞서의 문제들과 관련하여 생각해볼 수수께끼가 하나 있다. 당신은 다음과 같은 정수 집합(또는 이 집합의 소극적 공간)을 규정할 수 있는가?

$$1 \quad 3 \quad 7 \quad 12 \quad 18 \quad 26 \quad 35 \quad 45 \quad 56 \quad 69 \quad \cdots\cdots$$

이 수열이 **전경-전경** 그림과 어떻게 같은가?

배경이 아닌 전경으로서의 소수

마지막으로, 소수를 생성하는 형식체계를 만드는 것은 어떤가? 어떻게 하면 될까? 요령은 곱셈을 건너뛰고, 나누어떨어지지 않는 것(nondivisibility)을 적극적으로 표현하는 일이다. 아래에는 어떤 수가 다른 수의 약수가 아니다(DND : does not divide)라는 개념을 나타내는 정리들을 생성하기 위한 규칙과 공리도식이 있다.

공리도식 : xy**DND**x(x, y는 하이픈-문자열이다.)

보기 : –––––**DND**––, 여기서 x는 '––'로, y는 '–––'로 대체되었다.

규칙 : x**DND**y가 정리이면, x**DND**xy도 정리이다.

이제 이 규칙을 두 번 적용하면, 다음과 같은 정리를 생성할 수 있다.

$$\text{–––––DND––––––––––––}$$

이것은 "5는 12의 약수가 아니다"로 해석된다. 그러나 –––**DND**––––––는 정리가 아니다. 그것을 생성하려고 하면 무슨 문제가 생기는가?

이제 주어진 수가 소수인지를 결정하려면, 그 수가 1과 자신 외의 수로는 나누어떨어지지 않는다는 속성이 있는지에 대한 지식을 구축해나가야만 한다. 특히 그 수가 2나 3 또는 4 등, 그 수 자신보다 1 작은 수에 이르는 모든 수로 나누어떨어지지 않는다는 것을 알고 싶다. 그러나 형식체계에서는 "……등"이라는 말을 쓸 만큼 모호해서는 안 된다. 모두 하나하나 언급해야 한다. 우리는 "Z가 X까지에 이르는 수로는 나누어떨어지지 않는다는 것(DF : divisor-free)", 즉 2와 X 사이의 그 어떤 수도 Z의 약수가 아니라는 것을 그 체계의 언어로 표현하는 방법을 원하는 것이다. 그것은 할 수 있는 것인데, 그에 대한 요령이 있다. 원한다면 생각해보기 바란다 :

여기 답이 있다.

규칙 : ––**DND**z가 정리라면, z**DF**––도 정리이다.
규칙 : z**DF**x가 정리이고 또한 x–**DND**z가 정리라면, z**DF**x–는 정리이다.

이 두 규칙은 **나누어떨어지지 않음**(divisor-freeness)의 개념을 포착한다. 우리가 해야 할 것은 어떤 수가 자신보다 1이 작은 수까지의 모든 수로 나누어떨어지지 않으면 소수라고 말하는 것이다.

규칙 : z-DFz가 정리라면, Pz-는 정리이다.

잠깐! 2는 소수라는 사실을 잊지 말자!

공리 : P--.

이렇게 해서 형식체계로 소수를 규정한 것이다. 소수의 성질을 형식적으로 나타내는 원리는 나누어떨어지는지를 거슬러 가지 않고 할 수 있다는 점이다. 우리는 처음에 2로, 다음에 3, 등등으로 나누어지는지 테스트하며 꾸준히 위를 향해서 간다. 이러한 "단조로움", 또는 일방통행, 즉 확대와 단축, 증가와 감소 사이의 넘나듦이 없다는 것이 소수성을 포착할 수 있도록 한다. 앞방향-뒤방향으로 얼마든지 간섭을 끌어들이는 형식체계의 잠재적 복잡성이야말로, 괴델의 정리, 튜링의 정지 문제 그리고 재귀적 열거 가능 집합이 모두 재귀적인 것은 아니라는 사실과 같은, 제한적인 결과의 근원이다.

두문자어 대위법(頭文字語 對位法, Contracrostipunctus)

아킬레스는 친구이자 조깅 파트너인 거북을 방문한다.

아킬레스 : (**Heavens**) 와! 정말 멋진 부메랑들을 수집했군!

거북 : (**Oh**) 오, 흥. 다른 거북이 것들보다 나을 것도 없는데 뭘. 자 거실로 들어가자고.

아킬레스 : (**Fine**) 좋아. (방구석으로 간다.) 음반도 상당히 모아놨군. 어떤 음악을 좋아하나?

거북 : (**Sebastian**) 제바스티안 바흐 음악이 괜찮아. 하지만 요즘에는 점점 더 아주 특이한 종류의 음악에 관심을 기울이고 있지.

아킬레스 : (**Tell**) 말해보게. 대체 어떤 종류의 음악이지?

거북 : (**A**) 일종의, 그러니까 분명히 자네가 들어본 적이 없을 것 같은 그런 종류의 음악이야. "전축을 파괴하는 음악(music to break phonographs by)"이라고 이름 붙였지.

아킬레스 : (**Did**) "전축을 파괴하는"이라고 말했는가? 좀 기괴한 발상인데. 마치 자네가 손에 큰 망치를 들고 베토벤의 웅대한 걸작인 "웰링턴의 승리"의 선율에 맞추어, 음반을 한 장씩 부숴버리는 광경이 떠오르는군.

거북 : (**That's**) 내가 말한 음악은 그런 게 전혀 아니야. 하지만 자네가 그 음악의 진정한 특성에 흥미를 느낄지도 몰라. 어때 간단히 설명해줄까?

아킬레스 : (**Exactly**) 듣고 싶다고 생각하고 있었지.

거북 : (**Relatively**) 그걸 아는 사람은 별로 없지. 그게 다 내 친구 게가 방문했을 때 시작된 거라네. 그런데 그를 본 적이 있나?

아킬레스 : (**'**) 그 친구를 사귀었으면 좋겠는데. 그 친구에 대해서 이야기는 많이 들었지만 한 번도 만난 적은 없다네.

거북 : (**Sooner**) 조만간에 두 사람을 함께 초대하지. 그 친구와 자네는 정말 잘

맞을 거야. 그런데 어느 날 우연히 공원에서 만날 수도 있을 것도 같고…….

아킬레스 : (Capital) 좋은 제안이야. 내가 그날을 학수고대하고 있을 거야. 그건 그렇고, 자네의 기괴한 "전축을 박살내는 음악"에 대해서 나한테 말해주기로 했잖아, 안 그래?

거북 : (Oh) 오, 그렇지. 하루는 게 선생이 우리 집을 방문했지. 그는 늘 기발한 기계장치에 사족을 못 썼는데, 당시 그는 축음기에 완전 미쳐 있었다네. 그가 전축을 처음으로 샀는데, 귀가 얇아 장사꾼이 한 말을 하나도 빼지 않고 홀랑 믿었지. 특히 그 기계가 그 어떤 소리도 재생한다는 걸 말이야. 한마디로 그것이 완벽한 전축이라고 설득당한거야.

아킬레스 : (Naturally) 물론 자네 생각은 그렇지 않았겠지.

거북 : (True) 그럼. 하지만 그는 내 주장을 전혀 들으려고 하지 않았어. 그는 자기 기계가 어떤 소리라도 재생한다고 완고하게 우겼지. 진실은 그 반대라는 걸 설득시킬 수 없었기 때문에 그 일은 그냥 덮어두었지. 하지만 얼마 뒤에 내가 그를 방문했을 때 내가 작곡한 노래가 실린 음반을 가져갔어. 노래의 제목은 "나는 전축 1에서는 연주될 수 없어요"였지.

아킬레스 : (Rather) 거참 이상한 제목이네. 게한테 주는 선물이었나?

거북 : (Absolutely) 물론이지. 난 그의 새 전축으로 한번 들어보자고 했고, 그도 기꺼이 틀어주었다네. 그래서 그가 음반을 올려놓았지. 그런데 불행하게도 단지 음표 몇 개가 연주되었는데 전축은 격렬하게 진동하기 시작하더니 "꽝" 하는 소리와 함께 산산조각이 나서 온 방 안으로 흩어졌네. 음반이 부서진 것은 말할 나위도 없고.

아킬레스 : (Calamitous) 그 친구에겐 끔찍한 타격이었군. 그 전축에 무슨 문제가 있었나?

거북 : (Really) 정말로, 전혀 문제없었네, 전혀. 그 전축은 그냥 내가 가지고 간 음반의 소리를 재생할 수 없었던 거야. 왜냐하면 그 소리는 전축을 진동시키고 부숴버릴 소리였거든.

아킬레스 : (Odd) 이상하군, 안 그래? 그건 완벽한 축음기인 줄 알았는데. 전축 가게 주인이 말한 것도 그거잖아?

거북 : (Surely) 분명 그렇지, 아킬레스, 자네는 장사꾼이 말하는 것을 다 믿지는 않지! 자네도 게처럼 순진한가?

아킬레스 : (The) 그 게 선생이 훨씬 더 순진하겠지! 나는 그 전축 가게 주인이 악명 높은 거짓말쟁이라는 걸 알아. 나라면 그렇게 어리숙하지는 않았을 텐데.

거북 : (In) 이 경우, 자네는 그 가게 주인이 게에게 전축의 성능을 다소 과장했다고……. 아마 그 축음기는 완벽한 건 아니었고 그래서 가능한 음을 다 재생할 수는 없었을 거라고 생각할 수 있어.

아킬레스 : (Perhaps) 아마 그렇게도 설명할 수 있지. 하지만 자네 음반이 바로 그런 음을 가지고 있었다는 놀라운 우연의 일치에 대한 설명은 없군…….

거북 : (Unless) 그 음들을 일부러 그 음반에 싣지 않았다면. 게를 방문하기 전에 나는 그가 전축을 산 가게에 가서 어느 회사 제품인지 물어보았지. 제조회사를 알아낸 후 나는 제조회사에 제품설계에 대한 설명서를 보내달라고 했지. 설명서를 우편으로 받고서 나는 그 전축의 구조를 다 분석해보았다네. 그러고는 어떤 소리들이 전축 근처 어디에서든 나기만 하면 전축을 흔들리게 하고 결국은 부서지게 한다는 것을 발견해냈지.

아킬레스 : (Nasty) 못된 친구 같으니라고! 그 다음은 더 자세히 말할 필요도 없어. 그러니까 자네가 그 음을 직접 녹음해서 그 비열한 걸 게에게 선물로 가져다주었단 말이군.

거북 : (Clever) 똑똑해, 척하면 삼척이군! 하지만 그게 이야기의 끝이 아니라네. 전혀 아니지. 왜냐하면 게는 자기 전축에 결함이 있다는 것을 믿지 않았으니까. 정말로 고집불통이었어. 그래서 게는 그 가게로 다시 가서 새 전축, 그것도 더 비싼 걸로 하나 더 샀지. 이번에는 가게 주인이 만약에 그 전축이 정확히 재생하지 못하는 음을 게가 찾아내면 전축 값을 두 배로 변상해주겠다고 약속했지. 게 선생은 신형 전축에 대해서 신이 나서 말했고 나도 한번 방문해보겠다고 약속했지.

아킬레스 : (Tell) 내가 틀리면 말해주게. 자네가 방문해서 그 전축을 보기 전에 제조회사에 다시 한번 편지를 쓰고, 신형 모델의 구조에 근거해 "나는 전축 2에서는 연주될 수 없어요"라는 새로운 노래를 작곡하고 녹음했을 거라고 장담하네!

거북 : (Utterly) 아주 기가 막힌 추리야. 아킬레스 자네는 정말 본질을 파악했군.

아킬레스 : (So) 그래서 이번에는 어떻게 되었나?

거북 : (As) 자네가 예상한 그대로야. 축음기는 산산조각이 나고 음반도 박살났지.

아킬레스 : (Consequently) 그래서 게는 결국 완벽한 전축 같은 그런 건 있을 수

없다는 것을 확신하게 되었나?

거북 : (Rather) 하지만 놀랍게도 그것과는 아주 딴판인 일이 일어났네. 그는 다음번 신형 모델이야말로 자기의 요구를 충족시킬 거라고 확신하고, 두 배의 돈을 가지고서……

아킬레스 : (Oho) 오호—내게 좋은 생각이 있어! 그가 좀 저성능 축음기, 즉 축음기를 파괴할 음을 재생할 수 없는 축음기를 손에 넣어서 쉽게 자네보다 한 수 앞설 수 있을 거야. 그렇게 하면, 자네의 계략을 피할 수 있을 텐데.

거북 : (Surely) 분명히 그럴 테지. 하지만 그건 원래의 목적을 물거품으로 만들지—그러니까 어떤 소리라도, 예를 들면 자기-파괴적인 소리조차도 재생할 수 있는 축음기를 가지려는 목적 말이야. 물론 그것은 불가능하지.

아킬레스 : (That's) 그건 그렇지. 이제 그 딜레마가 이해가 되는군. 어떤 전축이, 전축 X라 하세, 충분히 고성능이라면, 그것을 가지고 "나는 전축 X에서는 연주될 수 없어요"라는 노래를 틀 경우, 그 전축은 자신을 날려버리게 될 진동을 만들겠지. 그러니까 그 전축은 완벽할 수가 없지. 하지만 이런 계략을 극복할 유일한 방법, 즉 그 전축 X를 저성능으로 만드는 것은, 그 전축이 완벽하지 않다는 것을 더욱 직접적으로 보증하는 거지. 모든 전축이 이 두 약점 중 어느 한 가지는 가지고 있지. 그러니까 모든 전축은 결함이 있다네.

거북 : (I) 난 자네가 왜 그것을 "결함"이라고 하는지 모르겠군. 자네가 전축에게 원하는 모든 것을 전축이 다 할 수 없다는 건 전축에 대한 본질적인 사실이야. 그러나 결함이 있다면, 그 전축들에 있는 것이 아니라, 전축의 성능에 대한 기대에 있지! 그리고 게는 이런 비현실적인 기대에 잔뜩 부풀어 있었지.

아킬레스 : (Compassion) 불쌍하군. 게 선생이. 고성능이든 저성능이든, 어느 쪽으로 해도 지지.

거북 : (And) 그리고 우리의 게임은 몇 차례 더 이와 똑같이 진행되었지. 마침내 게는 아주 영리하게 대처하려고 했네. 그는 내 음반의 토대가 되는 원리를 탐지해냈고 나를 계략으로 이겨내려고 했네. 그는 축음기 제작자에게 편지를 써서 자기가 고안한 장치를 설명했고 제작자는 그 사양대로 그것을 만들었네. 그는 "오메가 전축"이라고 이름 붙였지. 그건 보통 전축보다 훨씬 정교했어.

아킬레스 : (Let) 어떤 건지 내가 한 번 맞춰 볼게 : 그 전축에는 움직이는 부품은 없었나? 아니면 면(綿)으로 만들어졌나? 아니면—

거북 : (Let) 내가 설명해주지. 그게 시간이 절약되겠어. 우선 오메가 전축에는 텔레비전 카메라가 장착되어 있는데, 그건 음반을 틀기 전에 일단 표면을 훑어보려는 거네. 이 카메라는 내장된 소형 컴퓨터에 연결되어 있고, 컴퓨터는 음반 위에 새겨진 홈선의 패턴을 살펴보고 음의 특성을 정확히 밝혀낼 걸세.

아킬레스 : (Yes) 그래, 지금까지는 좋아. 그런데 오메가 전축이 이 정보를 가지고 뭘 할 수 있었을까?

거북 : (By) 정교한 계산을 통해서, 그 작은 컴퓨터는 그 소리들이 전축에 어떤 영향을 줄 것인지를 계산했지. 그래서 그 소리들이 현재 구성 상태로 된 전축을 박살낼 그런 소리라는 결론을 이끌어내면, 컴퓨터는 아주 영리한 일을 했지. 노련한 오메가는 자신의 고유 구조를 바꿀 수 있도록 자신의 전축 하위단위의 대부분을 분해해서 그것들을 새로운 방식으로 다시 조립하는 장치를 가지고 있었다네. 그 소리들이 "위험하면", 오메가는 그 소리들이 위협을 가하지 못할 새로운 구성을 선택하지. 그러고 나면 소형 컴퓨터의 지휘하에 하위단위를 다시 구축해서 이 새로운 구성이 구축된다네. 일단 이렇게 새로 구성하고 나서야 오메가 전축은 음반을 틀려고 하는 거라네.

아킬레스 : (Aha) 아하! 그것으로 틀림없이 자네 계략이 끝장났겠군. 난 자네가 좀 실망했을 거라고 장담하네.

거북 : (Curious) 이상하군, 자네가 그렇게 생각하다니……. 난 자네가 괴델의 불완전성 정리를 제대로 안다는 생각이 안 드는군, 자네 그 정리를 아나?

아킬레스 : (Know) 뭐 내가 **누구**의 정리를 제대로 아냐고? 그런 건 들어본 적이 없어. 그거 분명히 기막힌 거겠지만, 나는 "음반을 박살내는 음악"에 대해서 더 듣고 싶다네. 재미있는 이야기니까. 내가 그 이야기 결말을 매듭지을 수 있을 것 같은데. 분명히, 더 끌고 갈 것도 없었지. 그래서 자네는 순순히 패배를 인정했지. 그렇게 끝났지. 내 추측이 정확치 않나?

거북 : (What) 뭐야! 자정이 다 됐잖아! 난 자러 가야겠는데. 좀더 이야기하고 싶지만. 잠이 쏟아지는군.

아킬레스 : (As) 나도 그래, 집에 가야겠어. (그러고는 문을 나서다가 갑자기 서서 뒤를 돌아보면서) 아, 멍청하긴! 선물 가져온 것을 까맣게 잊어버리고 있었네. 여기 있네. (아킬레스는 거북에게 예쁘게 포장한 자그마한 선물 꾸러미를 하나 건넨다.)

거북 : (Really) 아이고, 안 가져와도 되는데! 정말 고맙네. 지금 뜯어봐도 되겠어? (선물 꾸러미를 풀어헤치자 술잔이 나왔다.) 이야, 예쁜 잔이로군! 내가 이런 술잔에 넋을 잃는다는 것을 알았나?

아킬레스 : (Didn't) 털끝만큼도 몰랐는데. 그것 참 기가 막힌 우연의 일치군!

거북 : (Say) 자네가 비밀을 지킨다면, 내가 한 가지 말해주지. 나는 형태상 결점이 전혀 없는 그런 완벽한 술잔을 찾으려고 노력하고 있었네. 그런데 이 잔이—"G(Goblet)"라고 하자고—그 완벽한 잔이라면 정말 대단한 것 아니겠어? 그런데 자네는 잔 G를 어디서 찾아냈지?

아킬레스 : (Sorry) 미안하지만, 그건 비밀이라네. 하지만 누가 그걸 만들었는지 알고 싶겠지?

거북 : (Pray) 말해보게. 누군가?

아킬레스 : (Ever) 혹시 저 유명한 유리 부는 직공 요한 제바스티안 바흐라고 들어봤는지? 뭐……바흐가 유리 공예로 유명하지는 않지만, 취미로 좀 했지. 그걸 아는 사람은 거의 없지만 말이야. 이건 그가 불어서 만든 마지막 작품이라네.

거북 : (Literally) 정말, 마지막 작품이라고? 야단났군. 이 잔이 정말로 바흐가 만든 것이라면 그건 돈으로 환산할 수 없는 가치를 가지겠군. 하지만 그가 이 잔을 만들었다고 어떻게 확신할 수 있지?

아킬레스 : (Look) 잔 안에 새겨진 것 보게나. 'B', 'A', 'C', 'H'라는 글자가 새겨져 있는 거 보여!

거북 : (Sure) 틀림없군! 정말 놀라운 일이야. (그는 술잔 G를 책장 선반에 조심스럽게 놓는다.) 그런데 바흐의 이름 네 글자가 각기 계명이라는 사실을 아나?

아킬레스 : (') 그럴 수는 없어, 안 그래? 계명은 A에서 G까지만 있는데.

거북 : (Just) 뭐, 대부분의 나라에서는 그렇지. 하지만 바흐의 조국인 독일에서는 계명을 쓰는 규약이 비슷하지만 다른 점이 있네. 우리가 B라고 하는 것을 H라고 하고, Bb를 B라고 하지. 예를 들면, 우리는 바흐의 "미사 B단조"라고 하는데, 독일에서는 "H단조 미사"라고 하지. 알겠지?

아킬레스 : (……) 음……그게 그렇게 되나……. 좀 헷갈리는데. H가 B이고 B가 Bb라? 그렇다면 그의 이름이 실제로 선율을 구성하겠구면.

거북 : (Strange) 이상하지만 맞아. 사실 바흐는 이 선율을 그의 가장 복잡한 작

그림 19. 바흐의 "푸가의 기법(Art of the Fugue)" 원본의 마지막 장. 원래의 필사본에는 그의 아들 카를 필리프 에마누엘 바흐가 손으로 표시한 부분이 있다 : "N. B.* 이 푸가를 쓰던 중, 작곡가(인 나의 아버지 바흐)는 그의 이름을 나타내는 계명 B-A-C-H(짙은 사각형으로 표시된 곳)가 대위법 으로 도입되는 부분을 쓰다가 돌아가셨다." 마지막 푸가의 이 마지막 쪽은 내게는 이를테면 아 버지의 묘비명이다. [이 악보는 인디애나 대학교의 도널드 버드가 개발한 "SMUT" 프로그램으로 인쇄했다.]

---

* N.B.는 라틴어로 "주의하라(note bene)!"라는 뜻이다.

품 중의 하나인 "푸가의 기법"의 종결부 **대위법**에 교묘하게 삽입했지. 그것이 마지막 푸가가 되었다네. 그 곡을 처음 들었을 때는 그 곡이 어떻게 끝날 것인지 종잡을 수 없었어. 그냥 갑자기 예측할 수 없는 곳에서 멈추고는 죽음 같은 정적이 흐르니 말이야. 하지만 나는 그것이 곧 바흐가 죽은 그 순간임을 알아차렸지. 형용할 수 없는 비통한 순간이었다네. 그것이 내게 미친 영향은—충격이었지. 어쨌든 B-A-C-H는 푸가의 마지막 주제라네. 그 곡 안에 숨어 있는 것이지. 바흐가 그걸 명확히 강조한 적은 없지만, 이 사정을 아는 사람이라면 별 어려움 없이 알 수 있지. 음악에는 그런 것을 숨기는 교묘한 방법들이 참 많이 있다네.

아킬레스 : (……) 시에도 있지. 시인들도 비슷한 걸 하곤 했지. (오늘날에는 한 물간 양식이겠지만 말이야). 예를 들면, 루이스 캐럴은 시의 행의 첫 글자에 종종 어떤 낱말이나 이름을 숨겨놓았어. 그런 식으로 메시지를 숨긴 시를 "두문자어"라고 하지.

거북 : (**Bach**) 바흐도 역시 종종 두문자어를 썼는데 놀라운 일은 아니야. 알고 보면 대위법과 두문자어는 다양한 차원에서 숨겨진 의미를 가진다는 점에서 정말 공통점이 좀 있지. 대부분의 두문자어에는 하나의 은폐 차원만 있지. 하지만 한 두문자어 위에 또다른 두문자어를 만드는 이중 두문자어를 만들지 말라는 법은 없지. 또는 글자들을 마치 거울 속에서 읽듯이 거꾸로 배열해서 메시지를 만드는 식으로 "역두문자어"를 만들 수도 있지. 이런 형식에 내재된 가능성은 사실 무궁무진하다네. 더군다나, 그게 시인들만의 전매특허는 아니야. 누구나 다 두문자어를 쓸 수 있어. 심지어 대화극작가(dialogician)들도 말이야.

아킬레스 : (A) 대화—끝—작가? 그게 뭐야? 처음 듣는 말인데.

거북 : (**Correction**) 정정 : "대화극작가"라고 말했네, 대화체 작품을 쓰는 작가 말이야. 음……방금 생각난 건데. 혹시라도 대화극작가가 바흐에게 경의를 표하며 대위법적인 두문자어를 만드는 일이 일어난다면, 자네 생각에 그가 자신의 이름을 두문자어식으로 집어넣는 게 더 적절할까, 아니면 바흐의 이름으로 하는 게 더 적절할까? 근데 왜 이 따위 시시껄렁한 일에 신경을 쓰지? 그런 작품을 쓰고 싶었던 사람 누구든 자신의 생각을 정할 수 있을 거야. 자, 다시 바흐라는 선율 이름으로 돌아가서, 자네는 B-A-C-H라는 선율이

뒤집어지고 뒤로부터 연주되어도 원래의 선율과 똑같다는 것을 알았는가?

아킬레스 : **(How)** 어떻게 뒤집어져서 연주될 수 있지? 뒤로부터는 좀 이해하겠는
데, 그건 H-C-A-B지. 그런데 뒤집어서라고? 자네 날 놀리고 있구먼.

거북 : (ʼ) 정말이지, 자네는 회의론자로군, 안 그래? 이제 내가 보여주어야만 할
것 같군. 내 바이올린을 금방 가져 오겠네—(그는 바로 옆방으로 가서 고풍
스러운 바이올린 한 대를 가지고 즉시 돌아온다)—자, 그러면 자네에게 앞으
로부터 그리고 뒤로부터 그리고 모든 방향으로 연주해주지, 어디 보자…….
(그는 "푸가의 기법"의 악보를 보면대 위에 놓고 그중의 마지막 쪽을 펼쳤다.)
자, 여기가 마지막 대위법이고 여기는 마지막 주제라네.*

거북은 연주를 시작한다 : B-A-C- 그러나 그가 종지부 H음을 활로 그으려고
하자 갑자기 어디선가 예기치 못하게 귀를 째는 듯한 소음이 연주를 중단시킨
다. 둘은 뒤를 돌아본다. 바로 그때 방금까지도 술잔 G가 놓여 있던 책장으로
부터 와스스 바닥으로 떨어지는 무수히 많은 유리 파편들을 얼핏 본다. 그러
고는 죽음과도 같은 정적이 흐른다.

---

* 이 대화 전체의 두문자어 대위법의 내용은 <u>H</u>OFSTADTER'S <u>C</u>ONTRACROSTIPUNCTUS
<u>A</u>CROSTICALLY <u>B</u>ACKWARDS SPELLS '<u>J</u>. <u>S</u>. <u>B</u>ACH'이다.

제4장

무모순성, 완전성 그리고 기하학

암시적 의미와 명시적 의미

제2장에서 우리는 규칙이 지배하는 기호들과 실재 세계의 사물들 사이에 동형성이 존재할 때 어떻게 의미—적어도 형식체계의 비교적 단순한 맥락에서—가 생기는지 보았다. 일반적으로 동형성이 더 복잡할수록, 그 기호들로부터 의미를 추출하기 위하여 더 많은 "장치들"—하드웨어는 물론 소프트웨어—이 필요하다. 동형성이 매우 간단하면(또는 매우 친숙하면), 우리는 동형성이 우리에게 알게끔 해준 의미가 명시적인 것이라고 말하고 싶어진다. 우리는 동형성을 파악하지 않고도 의미를 파악한다. 가장 극명한 보기가 인간의 언어이다. 사람들은 흔히 낱말들에 의미를 부여하는 극도로 복잡한 "동형성"을 전혀 의식하지 못하고 낱말들 자체에 의미가 있다고 생각한다. 이것은 너무나도 범하기 쉬운 실수이다. 이 실수는 모든 의미가 **대상**(낱말)에 있다고 생각하지 이 대상과 실세계 사이의 **연결고리**에 있다고 생각하지 않는 데서 나온다. 그것은 소리란 두 물체가 서로 부딪치면 생기는 필연적인 부수현상(side effect)이라고 보는 소박한 믿음과 비교할 수 있다. 이 믿음은 오류이다. 두 물체가 진공 속에서 부딪치면 소리가 전혀 생기지 않는다. 여기서도 다시, 소리를 사물들로부터 귀로 전달하는 **매질**(medium)의 역할을 인식하지 못하고, 소리가 전적으로 **충돌** 때문이라고 생각하는 데서 실수가 생겨난다.

앞에서 나는 "동형성"이라는 낱말을 액면 그대로 받아들여서는 안 된다는 것을 나타내기 위해서 따옴표를 붙였다. 인간 언어를 이해하는 데에 밑바탕이 되는 기호 처리는 전형적인 형식체계에서의 기호 처리보다 훨씬 복잡하다. 그래서 의미가 동형성에 의해서 매개된다는 생각을 계속 하고 싶으면, 동형성이 어떤 것일 수 있는가에 대해서 지금까지 가졌던 것보다 훨씬 유연한 개념을 채택해야 할 것이다. 내가 보기에는, "무엇이 의식인가"라는 질문에 대한 답변에서 핵심적인 요소는 의미의 밑바탕이 되는 "동형성"의 성격을 밝혀내는 것이다.

두문자어 대위법의 명시적인 의미

앞서 말한 모든 것은 **두문자어 대위법**을 논의—의미의 층위에 대한 연구—하기 위한 준비이다. 그 대화는 명시적인 의미와 암시적인 의미를 동시에 가진다. 그 대화의 가장 명시적인 의미는 전개된 이야기이다. 이 "명시적인" 의미라는 것은, 엄격히 말하자면, 어떤 면에서 극도로 **암시적이다**. 왜냐하면 종이 위에 검은 자국들로만 주어진 이야기의 사건을 이해하기 위해서 요구되는 두뇌 과정들은 너무나도 복잡하기 때문이다. 그럼에도 불구하고 우리는 일단 이야기 속의 사건을 이 대화의 명시적인 의미로 보고, 우리말을 읽을 줄 알면 누구나가 다 종이 위의 검은 자국들로부터 의미를 끄집어내기 위하여 대략 동일한 동형성을 사용한다고 가정한다.

그렇기는 하지만 나는 그 이야기의 명시적인 의미에 대해서 좀더 분명히 하고 싶다. 우선 전축과 음반에 대해서 말하겠다. 요점은 음반 위의 홈선에는 의미가 두 개의 층위에 있다는 것이다. 층위 1은 음악의 층위이다. 그런데 "음악"은 또 무엇인가? 연속적인 공기의 진동인가, 아니면 연속적인 두뇌 속의 정서적 반응인가? 둘 다이다. 그러나 정서적 반응이 있으려면 진동이 먼저 있어야 한다. 그 진동은 비교적 단순한 장치인 전축이 홈선으로부터 "끄집어낸다." 사실은 당신도 바늘을 홈선에 넣고 끌어당겨서 진동을 만들 수도 있다. 공기가 진동하면 귀는 그 진동을 두뇌의 청각 뉴런의 발포신호로 변환한다. 그러고 나면 연속적인 선형 진동을 상호작용하는 정서적 반응의 복잡한 패턴으로 변환하는 여러 단계들이 두뇌에서 연달아 나타나는데, 그것은—나도 그것을 다루고 싶기도 하지만—우리가 여기에 끌고 들어오기에는 너무나도 복잡한 과정이다. 그러니 공기 중의 음을 홈선의 "층위 1" 의미로 생각하는 데에 만족하자.

홈선의 층위 2의 의미는 무엇인가? 그것은 전축에 유도된 연속적인 진동이다. 이 의미는 층위 1의 의미가 홈선으로부터 끄집어내진 다음에야 비로소 생길 수 있다. 그 이유는 공기의 진동이 축음기의 진동을 야기하기 때문이다. 따라서 층위 2의 의미는 다음 두 동형성의 연쇄에 의해서 결정된다.

(1) 임의의 홈선의 패턴과 공기 진동 사이의 동형성
(2) 임의의 공기 진동과 축음기 진동 사이의 동형성

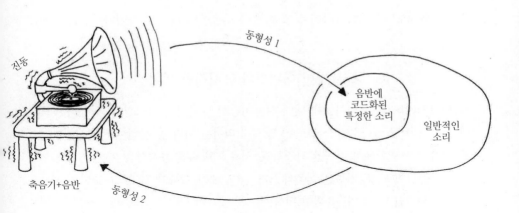

그림 20. 괴델의 정리의 밑바탕이 되는 원리를 시각적으로 표현한 것 : 예기치 못한 부메랑 효과를 가지는 두 개의 등을 맞댄 대응관계. 첫 번째는 축음기에 의해서 수행된 것으로 홈선의 패턴에서 소리로의 대응이고, 두 번째는—친숙하지만 통상 무시되는—소리에서 축음기 진동으로의 대응이다. 두 번째 대응은 첫 번째 대응과는 독립적으로 존재한다는 것을 주목하라. 왜냐하면 축음기에서 발생한 소리뿐만이 아니라 주변의 그 어떤 소리도 그런 진동을 야기할 것이기 때문이다. 이것은 괴델의 정리를 풀어서 말한 것으로 다음과 같다. 그 어떤 축음기로도 소리를 재생할 수 없는 음반이 존재한다. 왜냐하면 그 소리가 간접적으로 축음기의 자기파괴를 유발할 것이기 때문이다. [저자의 그림.]

이 두 동형성의 연쇄가 그림 20에 묘사되어 있다. 동형성 1은 층위 1의 의미를 불러일으키는 것임을 주목하라. 층위 2의 의미는 층위 1의 의미보다 더 암시적인데, 그 이유는 층위 2의 의미가 두 동형성의 연쇄에 의해서 매개되기 때문이다. "역분사(逆噴射)해서" 전축을 파괴하는 것은 층위 2의 의미이다. 흥미로운 것은 층위 1의 의미가 생성되면 그것은 동시에 층위 2의 의미가 생성되도록 한다는 것이다—층위 2 없이 층위 1만 있을 수는 없다. 그래서 음반으로 되돌아와 그것을 파괴하는 것이 음반의 암시적인 의미였다.

술잔의 경우도 비슷한 방식으로 설명할 수 있다. 한 가지 차이점은 알파벳 철자를 음표로 대응시키는 것—이것을 "전사(轉寫, transcription)"*라고 할 수 있을 것이다—이 또다른 동형성 층위를 형성한다는 점이다. 그리고 악보를 실제의 연주음으로 변환하는 "번역과정"이 뒤따른다. 그후, 진동은 계속 업그레이드된 축

---

* 생물학에서 DNA와 상보적인 염기서열을 가지는 mRNA를 생성하는 과정을 말한다. 제16장 참조.

음기들에 가한 것과 마찬가지로 그 술잔에 되돌아와 타격을 가했다.

두문자어 대위법의 암시적인 의미

그 대화의 암시적인 의미들에 대해서는 어떻게 생각하나? (그렇다. 암시적인 의미가 하나 이상 있다.) 가장 간단한 암시적 의미는 이미 앞 문단에서 지적했다— 즉 대화의 전후반에서 일어난 사건들은 서로 대략적인 동형성을 이룬다. 축음기는 바이올린이 되고, 거북은 아킬레스가 되며, 게는 거북이 되고, 그 음반의 홈선은 아로새겨진 (바흐의) 육필이 된다. 등등. 당신이 일단 이 단순한 동형성을 알아차렸다면, 좀더 나아갈 수 있다. 이야기의 전반부에서 거북이 모든 농간의 주범이었다면, 후반부에서는 오히려 피해자가 되는 것을 눈여겨보라. 아니 이럴 수가, 그 자신의 방법이 방향을 틀어 자기 자신에게로 역분사되다니! 이것은 음반의 음악 소리 또는 술잔에 새겨진 글자의 역분사, 또는 거북이 수집한 부메랑들을 생각나게 한다. 정말 그렇다. 이 이야기는 다음과 같은 두 층위에서의 역분사에 대한 것이다.

층위 1 : 역분사하는 술잔과 음반 ;
층위 2 : 역분사를 야기하기 위해서 암시적인 의미를 이용하는 거북의 악랄한 수법—이 수법이 거북에게 역분사한다.

따라서 우리가 음반과 술잔이 부메랑이 되어 스스로를 파괴하는 방식과 거북의 악랄한 방법이 결국 부메랑이 되어 자신을 해치는 방식을 동일시하면, 그 이야기의 두 층위 사이에도 동형성을 만들 수 있다. 이런 식으로 보면, 그 이야기자체가 자신이 논의하는 역분사들의 예이다. 그래서 우리는 **두문자어 대위법**을 간접적으로 자기 자신을 언급하는 것으로서 생각할 수 있다. 왜냐하면 그 대화에서 자신의 구조가 자신이 서술하는 이야기와 동형성을 이루기 때문이다(술잔과 음반이 연주와 진동 유발이라는 등을 맞댄 동형성을 통하여 암시적으로 자기-언급을 하는 것과 정확히 같다). 물론 우리는 이 사실을 지각하지 않고도 그 대화를 읽을 수 있다—그러나 이 사실은 늘 그 대화 속에 있다.

두문자어 대위법과 괴델의 정리 사이의 대응(對應)

당신은 머리가 조금 어지러울지도 모르겠다―그러나 최고의 순간은 아직 오지 않았다(사실, 암시적 의미의 몇 가지 층위들은 여기서는 논의조차 하지 않을 것이다―당신이 찾도록 남겨둘 것이다). 내가 이 대화를 쓴 가장 근본적인 이유는 괴델의 정리를 보여주려는 것이었다. 괴델의 정리는 서론에서 이미 말한 것처럼, 수론의 명제가 두 개의 다른 층위에서 의미를 가지는 것에 상당히 기댄다. 두문자어 대위법의 두 이야기는 괴델의 정리를 "**동형태 복제**"를 한 것이라 할 수 있다. 이와 같은 대응이 그 대화의 중심 아이디어이며, 상당히 정교하다. 아래에 이 대응을 표로 작성했다.

축음기	← → 수론의 공리체계
저성능 축음기	← → "약한" 공리체계
고성능 축음기	← → "강력한" 공리체계
"완벽한" 축음기	← → 수론의 완전한 체계
전축 "설계도"	← → 형식체계의 공리들과 규칙
음반	← → 형식체계의 문자열
연주 가능한 음반	← → 공리체계의 정리
연주 불가능한 음반	← → 공리체계의 비정리
음	← → 수론의 참인 명제
재생 가능한 음	← → 체계의 해석된 정리
재생 불가능한 음	← → 정리가 아닌 참인 명제
노래 제목	← → 괴델의 문자열의 암시적인 의미
"나는 전축 X에서 연주될 수 없어요"	"나는 형식체계 X에서 도출될 수 없어요"

여기 나열한 것이 전부는 아니지만, 이것이 괴델의 정리와 **두문자어 대위법** 사이의 동형성의 핵심이다. 당신이 아직 괴델의 정리를 완전히 파악하지 못했더라도 걱정할 필요 없다. 몇 개의 장이 더 남아 있다! 그러나 이 대화를 읽었으므로, 당신은 괴델의 정리를 꼭 이해하지 않고도 이미 그 맛을 보았다. 이제 **두문자어 대위법**에 있는 다른 유형의 암시적인 의미를 찾는 일은 당신의 몫으로 남기겠다.

116

"구하라, 그러면 찾을지니!"

"푸가의 기법"

"푸가의 기법"에 대해서 몇 마디……. "푸가의 기법"은 바흐의 생애 마지막 해에 작곡된 것으로서 하나의 주제를 토대로 만들어진 열여덟 개의 푸가로 이루어진 모음곡이다. "음악의 헌정"이 "푸가의 기법"을 작곡하는 데에 영감을 준 것은 분명하다. 그는 푸가 형식에 내재하는 모든 가능성을 보여주기 위하여 매우 간단한 주제를 가지고 다른 푸가 모음집을 만들기로 결정했다. "푸가의 기법"에서 바흐는 아주 단순한 주제를 최대한 복잡한 방식으로 이용한다. 그 작품 전체는 하나의 조(調)로 되어 있다. 대부분의 푸가는 4성으로 되어 있고, 곡이 진행되면서 그 복잡성이나 표현의 깊이는 점점 증가한다. 끝부분에 가면 그 복잡성이 극에 달해서 과연 바흐가 끝까지 감당할 수 있을까 걱정될 정도이다. 그러나 바흐는 버텨냈고 자기 생애의 마지막 대위법에 도달한다.

"푸가의 기법"이 중단된(즉 바흐가 죽은) 정황은 다음과 같다. 노년의 바흐는 수년간 눈병으로 고생을 해서 수술받기를 원했다. 수술은 했으나 결과가 좋지 않아서, 삶의 마지막 해는 대부분 실명 상태로 지냈다. 그러나 이런 역경과 고난도 기념비적인 작품에 대한 그의 정력적인 작업을 막지는 못했다. 그의 목표는 푸가 작법에 대한 모든 것을 보여주는 것이었다. 그중의 한 중요한 측면이 바로 복합주제의 사용이었다. 끝에서 두 번째 푸가로 구상했던 부분에서 제3 주제로서 음표로 자신의 이름 BACH를 넣었다. 그러나 이렇게 하자마자 그의 건강이 아주 불안정해져서 애착을 가졌던 이 계획에 대한 작업을 포기할 수밖에 없었다. 그는 앓는 동안에 자신의 사위에게 "코랄 전주곡"을 받아쓰게 하는 작업을 다 마쳤다. 바흐의 전기작가인 포르켈은 "코랄 전주곡"에 대해서 다음과 같이 적었다. "내가 그 곡을 연주할 때마다 곡에 있는 경건한 인종(忍從)과 헌신의 표현에 언제나 감동받았다. 그래서 마지막 푸가의 종결과 이 코랄 중 어느 쪽이 완성되지 못한 것을 아쉬워해야 할지 말하기는 어렵다."

어느 날, 바흐는 갑자기 시력을 잠시 되찾았다. 그러나 몇 시간 후에 뇌졸중을 일으켰고 10일 후에는 숨을 거두었다. "푸가의 기법"의 미완성(불완전성)에 대한 생각을 다른 사람들의 몫으로 남기고 말이다. "푸가의 기법"의 미완성(불완전성)

은 바흐가 자기-지시를 달성함으로써 야기된 것이었을까?[*]

괴델의 결론으로 인해서 야기된 문제들

거북은 충분히 강력한 전축은 완벽할 수 없다고 말한다. 여기서 완벽하다는 것은 음반으로부터 모든 가능한 음을 재생할 수 있다는 의미이다. 괴델은 충분히 강력한 형식체계는 완벽할 수 없다고 말한다. 여기서 완벽하다는 것은 참인 명제를 모두 정리로 생성한다는 의미이다. 그러나 거북이 축음기에 대해서 지적한 것처럼, 형식체계가 완벽할 수 없다는 사실은 당신이 형식체계가 할 수 있어야만 하는 것에 대해서 비현실적인 기대를 할 경우에만 결점처럼 보일 뿐이다. 그럼에도 불구하고 수학자들은 공리적 추론이 모든 문제에 대한 해결책이라고 생각하며, 그러한 비현실적인 기대를 가지고 금세기를 맞았다. 그들은 1931년에 그렇지 않다는 것을 알게 되었다. 주어진 모든 형식체계에서 참은 정리성을 초월한다는 사실이 그 체계의 "불완전성"이라 불린다.

괴델의 증명 방법에서의 가장 당혹스러운 사실은 그가 겉보기로는 틀 안에 집어넣을 수 없는 추론 방법들을 사용한다는 것이다. 그 추론 방법들은 어떤 형식체계에도 통합되는 것에 저항한다. 이렇게 해서, 처음에 보기에는, 괴델이 인간의 추론과 기계적 추론 사이의, 지금까지 미지였던, 그러나 아주 중요한 차이를 발굴해낸 것처럼 보인다. 생명체계와 비생명체계의 추론능력 사이의 이러한 불가사의한 차이는 참이라는 개념과 정리성이라는 개념 사이의 차이에 반영되어 있다······또는 적어도 그것은 상황을 "낭만적"으로 보는 방식이다.[**]

수정된 pq-체계와 모순성

그 상황을 좀더 현실적으로 보기 위해서, 우리는 왜 그리고 어떻게 의미가 형식체계에서 동형성의 영향을 받는지 더욱 깊이 있게 아는 것이 필요하다. 나는 그것이야말로 그 상황을 더 낭만적으로 보는 방식으로 이끄는 것이라고 믿는다.

---

[*] 괴델의 불완전성 정리는 "나는 증명될 수 없다"는 자기-지시 진술이 야기한 결과이다.

[**] 괴델의 정리에 대한 오해와 엉뚱한 해석 등에 관해서는 Gödel's Theorem: an incomplete guide to its use and abuse by Torkel Franzen을 참고하라.

그래서 이제 의미와 형식 사이의 관계에 대한 보다 폭넓은 측면들을 탐구하고자 한다. 첫 단계는 우리의 옛 친구 pq-체계를 약간 수정해서 새로운 형식체계를 만드는 것이다. 그리고 또다른 공리도식을 추가한다(추론규칙 하나와 원래의 공리도식은 그대로 둔다).

공리도식 II : x가 하이픈-문자열이면, xp-qx는 공리이다.

그러면, 분명히 새 체계에서 --p-q--는 정리이고, --p--q--- 도 그렇다. 그리고 아직은 이들의 해석이 각기 "2+1=2"와 "2+2=3"이다. 우리의 새로운 체계가 (문자열을 명제로 간주하면) 많은 거짓 명제를 포함하게 되리라는 것을 알 수 있다. 따라서 우리의 새로운 체계는 **외부세계와 모순**이다.

이것만으로는 충분히 나쁘지 않다는 듯이, 새 체계에는 **내부적인** 문제도 있다. 왜냐하면 새 체계는 -p-q--(기존 공리)와 -p-q-(새 공리) 같은 서로 일치하지 않는 명제들을 포함하기 때문이다. 그래서 우리의 체계는 두 번째 의미에서는, 즉 내부적으로 모순이다.

그렇다면 이 시점에서 새 체계를 완전히 버리는 것이 유일한 합리적인 처리일까? 거의 아니다. 나는 이 "모순들"을 기만적인 방식을 써서 일부러 제시했다. 즉 오해를 불러일으킬 목적으로, 헷갈리는 논거들을 될 수 있는 한 강력하게 제시했다. 사실, 당신은 내가 말한 것 속에서 오류를 간파했을지도 모른다. 결정적인 오류는 내가 기존 체계를 위해서 채택했던 것과 똑같은 해석 단어들을 새로운 체계에도 아무런 의문 없이 채택했을 때 생겼다. 제3장에서 그 단어들을 채택했던 이유는 딱 하나였음을 기억하라. 그 이유는 **기호들이 해석에 의해서 결부된 개념과 동형으로 행동한다**는 점이었다. 그러나 당신이 그 체계를 지배하는 규칙들을 고칠 경우, 동형성을 손상시키게 된다. 그것은 피할 수 없다. 따라서 내가 앞 단락들에서 한탄했던 모든 문제들은 사이비 문제들이다. 그 체계의 기호 **몇 개를 적절히 재해석함으로써** 그 문제들을 순식간에 사라지게 할 수 있다. 내가 "몇 개"라고 한 것에 주목하라. 반드시 모든 기호들이 새로운 개념에 대응되어야 하는 것은 아니다. 몇몇 기호들은 의미가 바뀌는 반면, 몇몇 기호들은 본래의 "의미"를 잘 유지할 수 있다.

무모순성의 회복

예를 들면, 우리가 기호 q만을 새로 해석하고 다른 것들은 그대로 둔다고 해보자. 특히 q를 "……보다 크거나 같다"라는 말로 해석해보자. 이제 우리의 "모순된" 정리인 -p-q-와 -p-q--는 아무 문제 없이 "1 더하기 1은 1보다 크거나 같다"와 "1 더하기 1은 2보다 크거나 같다"로 된다. 우리는 (1) 외부세계와의 모순 및 (2) 내부의 모순을 동시에 제거했다. 그렇다면 우리의 새로운 해석은 의미 있는 해석이다. 당연히 원래 해석은 무의미하다. 즉 원래 해석은 새로운 체계에 대해서는 무의미하고 원래의 pq-체계에 대해서는 좋다. 그러나 이제 원래 해석을 새로운 pq-체계에 적용하는 것은, "말-사과-행복한"이라는 해석을 원래의 pq-체계에 적용하는 것만큼이나 무의미하고 자의적인 것으로 보인다.

유클리드 기하학의 역사

내가 당신의 허를 찔러 좀 놀라게 하려 했지만, 일단 그것에 익숙해지면, 기호를 낱말로 해석하는 방법에 대한 이 학습 내용이 그리 어려워 보이지 않을지 모른다. 사실 어렵지 않다. 그러나 그것이 19세기 수학 전체의 가장 심오한 학습 내용 중의 하나이다! 그것은 모두 유클리드와 함께 시작된다. 유클리드는 기원전 300년경 당시의 평면 및 공간 기하학에 대해서 알려진 모든 것을 편찬하고 체계화했다. 그 결과물인 유클리드의 『원론(*Stoicheia*)』은 아주 견고해서 2,000년 이상 사실상 기하학의 성서였고, 모든 시대를 통틀어 불후의 작품 중 하나였다. 왜 그러했나?

주된 이유는 그가 수학의 엄밀성을 확립했기 때문이다. 『원론』은 아주 단순한 개념과 정의 등등으로 시작해서 차츰 방대한 결과물을 구축해간다. 그런데 결과물의 하나하나는 모두 오직 앞선 결과들에만 근거하는 방식으로 생성되었다. 이처럼 그 책에 대한 명확한 계획, 즉 그 책을 강하고 견고하게 하는 건축설계가 있었다.

그러나 유클리드의 건축설계는 마천루의 건축설계와는 다른 유형이었다(그림 21 참조). 후자는 건물이 서 있다는 자체가 자신의 구조요소들이 자신을 지탱하고 있다는 충분한 증명이다. 그러나 기하학에 관한 책에서 모든 명제는 논리적으로 앞의 명제들로부터 도출된다고 주장하는 경우, 그 증명 중의 하나가 오류

그림 21. "바벨탑(Tower of Babel)"(M. C. 에셔, 목각, 1928).

라고 해도 그 어떤 가시적인 붕괴는 없을 것이다. 그 기하학 건축물을 지탱하는 대들보와 지주는 물리적인 것이 아니라 추상적인 것이다. 사실 유클리드의 『원론』에서 증명을 구성하는 재료는 인간의 언어이다. 그런데 언어는 모호하고, 미묘하며, 숨겨진 함정이 많은 의사소통 수단이다. 그렇다면 『원론』의 건축구조적 강도는 어떤가? 그것이 견고한 구조요소로 지탱되고 있는 것이 확실한가? 아니면 구조적인 약점을 가지는가?

우리가 쓰는 낱말은 모두 뜻이 있고, 우리는 그 뜻에 따라 낱말을 사용한다. 그 낱말이 평범할수록 우리는 그 낱말과 결부된 더 많은 연상을 가지게 되면서, 그 뜻은 더욱 깊이 뿌리 박는다. 따라서 누군가 우리가 그 정의를 따르기를 바라면서 평범한 낱말에 대해서 정의를 내리는 경우, 우리가 그 정의를 따르기보다는 거의 무의식적으로 우리의 정신이 연상의 창고에서 찾아낸 뜻에 따를 것이라는 것은 예견된 결론이다. 내가 이것을 말하는 이유는 이것이 바로 유클리드가 『원론』에서 "점", "직선(straight line)", "원" 등과 같은 평범한 낱말에 대한 정의를 시도하면서 이런 종류의 문제를 범했기 때문이다. 누구나 이미 가지고 있는 분명한 어떤 개념을 어떻게 정의할 수 있을까? 유일한 방법은, 그 낱말을 전문용어로 쓰기로 한 것이므로 같은 철자로 된 일상생활 낱말과 혼동해서는 안 된다는 점을 분명히 할 수 있을 때뿐이다. 일상생활 낱말과의 연계는 단지 시사적일 뿐이라는 것을 강조해야만 한다. 그런데 유클리드는 그렇게 하지 않았다. 그가 『원론』에서 말한 점과 직선이 정말로 현실세계의 진짜 점과 진짜 직선이라고 생각했기 때문이다. 그는 모든 연상들을 물리칠 것을 확실히 하지 않음으로써, 그들의 연상 능력을 마음껏 발휘하도록 독자들을 초대한 꼴이 되었다.

이것은 거의 무정부상태인 것처럼 들리는데 유클리드에게는 다소 불공정하다. 그는 명제의 증명에 사용하기로 되어 있는 공리와 공준(公準, postulate)을 정했다. 사실 이 공리와 공준 이외에는 어떤 것도 사용하지 않기로 되어 있었다. 그러나 이 지점에서 그는 실수를 했다. 왜냐하면 그가 평범한 낱말을 사용함으로써 초래된 불가피한 결과가 바로 이 낱말들이 상기시킨 어떤 이미지들이 그가 만든 증명 속으로 침투했던 것이기 때문이다. 그러나 『원론』에 나오는 증명들을 읽는다면 추론에서 유별난 "도약"이 있으리라고 기대하지 말라. 오히려 이와 반대로 그 증명들은 매우 정교하다. 유클리드는 투철한 사색가였으므로 우둔한 실수를 하지 않았을 것이기 때문이다. 그럼에도 불구하고 이 고전적인 저작에는 약간의 불완전성을 유발한 괴리가 있다. 그러나 이에 대해서 불평할 수는 없다. 절대적인 엄밀성과 상대적인 엄밀성 사이의 차이에 대한 올바른 이해를 가져야 한다. 결국에는, 절대적 엄밀성에서 유클리드가 부족했던 그 점은 유클리드가 『원론』을 쓴 지 2,000년 후에 수학에서 가장 결실 있는 개척을 가져오게 했다.

유클리드는 기하학의 무한한 마천루의 기층으로서 사용되도록 다섯 개의 공준을 제시했는데 『원론』은 그 마천루에서 단지 처음 수백층 만을 이루고 있다. 맨 처음의 네 개의 공준은 그야말로 간결하며 우아하다 :

(1) 임의의 두 점을 연결하는 선분을 그을 수 있다.
(2) 임의의 선분은 직선으로 무한히 연장될 수 있다.
(3) 주어진 임의의 선분에 대하여 선분의 한쪽 끝을 중심으로 하고 그 선분을 반지름으로 하는 원을 그릴 수 있다.
(4) 모든 직각은 합동이다.

그러나 제5공준(fifth postulate)은 우아하지 않다.

(5) 두 개의 직선이 제3의 직선과 교차할 때, 한 쪽 편의 내각의 합이 두 직각보다 작으면, 그 두 개의 직선은 충분히 연장될 경우 그 쪽에서 반드시 교차한다.

그가 결코 드러내놓고 그렇게 말하지는 않았지만, 유클리드는 이 공준이 어쨌든 다른 공준들보다 열등한 것으로 간주했다. 그 이유는 그가 처음 28개의 명제를 증명할 때 이 공준의 사용을 애써 피했기 때문이다. 이렇게 해서 처음 28개의 명제는 우리가 "4-공준 기하학"이라고 부를 수 있는 것에 속한다. 기하학의 그 부분은 제5공준의 도움 없이 『원론』의 처음 공준 네 개를 토대로 유도할 수 있다 (그래서 그것을 종종 **절대 기하학**[absolute geometry]이라고도 한다). 분명히 유클리드는 이 미운 오리새끼를 **당연시해야만** 하기보다는 **증명하는** 것이 훨씬 바람직하다는 것을 알았을 것이다. 그러나 그는 어떤 증명도 찾지 못했고 그래서 그것을 채택했다.

그러나 유클리드의 제자들은 그들이 이 제5공준을 당연시해야만 하는 점에 대해서 달갑지 않게 생각했다. 몇 세기가 지나는 동안에 수많은 학자들이 그들 삶의 수많은 시간을 제5공준 자체가 4-공준 기하학의 일부분임을 증명하려는 데에 바쳤다. 1763년까지 적어도 28개의 다른 증명들이 발표되었다—다 오류이다(G. S. 클뤼겔이라는 사람이 자신의 학위 논문에서 이 모든 증명들을 비판한 바 있다). 이 모든 오류증명들은 일상적인 직관과 엄격한 형식적 속성 사이의 혼동이 얽혀 있다. 그래서 오늘날 그것들 중의 어느 것도 수학적이거나 역사적인 관심거리가 거의 되지 못한다고 말해도 괜찮다—그러나 예외도 있다.

비유클리드의 여러 얼굴

지롤라모 사케리(1667-1733)는 바흐와 동시대에 살았다. 그는 유클리드를 모든 결점으로부터 해방시키려는 야망을 가졌다. 그래서 그가 이전에 논리학에서 했던 어떤 작업을 토대로 그 유명한 제5공준의 증명에 새로운 방식으로 접근하기로 마음먹었다 : 제5공준의 정반대를 받아들인다고 해보자. 그리고 나서 그것을 제5공준으로 간주해서 작업해보자. 분명 얼마 후 모순에 봉착하게 될 것이다. 그 어떤 수학체계도 모순을 감내하지 못하기 때문에, 당신은 당신의 제5공준의 불합리성을, 따라서 유클리드의 제5공준의 정당성을 보여준 셈이 될 것이다. 여기에서 세부적인 것으로 들어갈 필요는 없다. 다만 사케리가 훌륭한 솜씨로 "사케리-기하학"의 명제들을 하나씩 하나씩 증명해나갔고, 결국 그 일에 지치고 말았다는 확인만으로 충분하다. 어느 지점에 이르러 그는 "직선의 본성에 위배되는" 어떤 명제에 이르렀다고 결론을 내렸다. 그것은 그가 갈구했던 것이었고—그의 생각으로는, 오랫동안 추구했던 모순이었다. 바로 그 시점에 그는 『모든 결함으로부터 해방된 유클리드(Euclid freed of Every Flaw)』라는 제목의 저서를 내고는 죽었다.

그러나 그렇게 해서, 스스로 사후의 영광을 박탈해버린 결과가 되었다. 왜냐하면 그는 나중에 "쌍곡 기하학"으로 알려지게 된 것을 자신도 모르는 사이에 발견했기 때문이다. 사케리가 죽은 후 50년 뒤에 람베르트도 "거의 정답"을 반복했는데, 이번에는 사케리보다 좀더 가까이 접근했다. 마침내 람베르트 사후 40년, 사케리 사후 90년이 지나서야 사람들은 비유클리드 기하학(non-Euclidean geometry)을 당시까지의 수학(기하학)의 단일한 흐름에서 분기(分岐, bifurcation)

를 한, 새로운 종류의 진짜 기하학으로 인식하게 되었다. 1823년에 비유클리드 기하학은, 설명할 수 없는 우연의 일치들 중의 하나로, 야노슈(또는 요한) 보요이라는 21세의 헝가리 수학자와 니콜라이 로바체프스키라는 30세의 러시아 수학자에 의해서 동시에 발견되었다. 그리고 아이러니하게도, 같은 해에 프랑스의 위대한 수학자인 아드리엥-마리 르장드르는 사케리와 아주 비슷하게 자신이 유클리드의 제5공준의 증명이라고 확신한 것을 내놓았다.

　덧붙여 말하면, 위대한 가우스의 절친한 친구이자 보요이의 아버지인 파르카슈 (또는 볼프강) 보요이 또한 유클리드의 제5공준의 증명에 많은 노력을 기울였다. 그는 아들 야노슈에게 쓴 편지에서 그 일을 단념하도록 설득했다.

> 너는 평행선에 대한 접근을 시도하지 말아라. 나는 이 길의 끝을 알고 있다. 난 이 끝없는 밤을 돌아다녔다. 내 삶의 모든 빛과 기쁨을 앗아가버린 밤을. 너에게 간청한다. 평행선 이론을 홀로 내버려둬라……. 난 진리를 위해서 나 자신을 제물로 바치겠다고 생각했다. 난 기하학을 결점으로부터 해방시키고 정화된 그것을 인류에게 돌려줄 순교자가 될 준비가 되어 있었다. 나는 괴물과도 같은, 어마어마한 과업을 완수했다. 내가 이룩한 것은 어느 누가 한 것보다 훨씬 낫지만 아직 완전한 만족에 이르지 못했다. 그러니 여기서는 '장막이 맨 위까지 걷어올려지지 않으면, 차라리 밑바닥으로 덮어 버려라(si paullum a discessit, vergit ad imum)'라는 말이 진실이구나. 누구도 이 밤의 끝에 도달할 수 없다는 것을 깨달았기 때문에 나는 돌아왔다. 나 자신과 모든 인류에게 연민을 느끼며, 위로받지 못한채 나는 돌아왔다……. 난 이 지옥같은 죽음의 바다의 모든 암초들을 지나 여행했다. 돌아올 땐 언제나 돛대는 부러지고 돛은 찢긴 채였다. 황폐해진 내 마음과 추락이 지금까지도 여파를 미치고 있구나. 무모하게 내 삶과 행복을 걸었다—모 아니면 도 (aut Caesar aut nihil).[1]

　그러나 나중에 그의 아들이 정말로 "뭔가를 건졌다"는 것을 확신했을 때, 그는 과학적인 발견에서 매우 흔한 동시성을 정확히 예견하고서 아들에게 그 결과를 공표하도록 재촉했다.

---

1) Herbert Meschkowski, *Non-Euclidean Geometry*, pp. 31-32.

때가 무르익으면, 같은 일들이 다른 곳에서도 일어난다. 마치 이른 봄에 제비꽃들이 다투어 피는 것처럼.[2]

이것이 비유클리드 기하학의 경우 얼마나 딱 떨어지는 말인가! 독일에서는 가우스 자신과 몇몇 다른 사람들이 비교적 독자적으로 비유클리드 아이디어를 생각해냈는데, 다음과 같다. 변호사 F. K. 슈바이카르트는 1818년 가우스에게 새로운 "천체" 기하학을 설명하는 편지를 썼다. 슈바이카르트의 조카 F. A. 타우리누스는 비유클리드 삼각법에 대해서 가우스에게 편지를 썼다. F. L. 바흐터는 가우스의 제자인데 1817년 25세로 요절했다. 그는 비유클리드 기하학의 여러 심오한 결과들을 발견했다.

비유클리드 기하학으로 가는 단서는 사케리와 람베르트의 기하학에서 나타나는 명제들에 대해서 "곧이곧대로 생각하는 것"이었다. "직선"이 반드시 뜻해야만 한다는 것에 대한 기존 관념으로부터 당신을 해방시킬 수 없는 경우에는, 사케리의 명제는 그저 "직선의 본성"에 위배되는 혐오스러운 것일 뿐이다. 그러나 당신이 이미 품고 있는 직선의 이미지를 내던져버릴 수 있고, "직선"을 새로운 명제들을 충족시키는 어떤 것으로 그저 놓아둔다면, 당신은 근본적으로 새로운 관점을 얻은 것이다.

무정의 용어

이 용어는 친숙하게 들리기 시작할 것이다. 특히 이것은 pq-체계와 그 변이체를 생각나게 하는데, 거기서 기호들은 정리에서 담당하는 역할에 의해서 수동적인 의미를 획득했다. 기호 q는 새로운 공리도식이 추가되었을 때 그 "의미"가 바뀌었기 때문에 특히 흥미롭다. 바로 그와 같은 방식으로 "점", "직선" 등의 의미를 그것들이 나타나는 정리(또는 명제)의 집합을 통해서 규정되도록 만들 수 있다. 이것이 비유클리드 기하학 발견자들의 위대한 깨달음이었다. 그들은 유클리드 제5공준을 여러 가지 방식으로 부정하고 그 결과들을 따름으로써 다른 종류의 비유클리드 기하학들을 발견했다. 엄격히 말하면 그들은 (그리고 사케리는) 『원론』에 표현된 제5공준을 부정한 것은 아니었고, 이른바 **평행선 공준(parallel**

2) 같은 책, p. 33.

postulate)이라고 하는 〔제5공준과〕 등가인 공준을 부정했다. 이 평행선 공준은 다음과 같다.

> 직선 하나와 그 직선 위에 있지 않는 점이 하나 있다고 하자. 그러면 이 점을 지나 고 아무리 연장해도 먼저의 직선과 교차하지 않는 직선은, 하나 오직 하나뿐이다.

그러면 두 번째 직선은 첫 번째 직선과 평행이라고 말할 수 있다. 만약 그런 직 선은 **없다**고 주장하면 **타원 기하학**(elliptical geometry)에 도달하고, 그런 직선이 **적어도 두 개는 있다**고 주장하면 **쌍곡 기하학**(hyperbolic geometry)에 도달한다. 그런 변이체가 여전히 "기하학"으로 불리는 이유는 핵심요소—절대 또는 4-공 준 기하학—가 그 안에 들어 있기 때문이다. 비유클리드 기하학들이, 비록 통상 적인 기하학 공간만큼 직관적이지는 않지만, 어떤 종류의 기하학적 공간에 대한 속성을 기술한다는 생각을 타당하게 하는 것이 바로 이 최소한의 핵심이다.

사실 타원 기하학은 쉽게 시각화된다. 모든 "점", "선" 등은 통상적인 구(球) 표면의 일부이다. 전문 용어를 뜻할 때는 "**점**"이라고 쓰고 일상적인 의미로 쓰고 싶을 땐 "점"이라고 쓰자. 그러면 **점**은 구 표면에서 한 점과 그 대척점 한 쌍으 로 이루어진다고 말할 수 있다. **선**은 구의 대원(大圓, 적도처럼 구의 중심을 중 심으로 하는 원)이다. 이렇게 해석하면 타원 기하학의 명제들은 "**점**"이나 "**선**" 같 은 낱말들을 쓰기는 하지만, 평면이 아닌 구 위의 일을 언급한다. 두 **선**은 언제 나 정확히 구 표면의 대척지의 두 점과 교차한다는 것, 즉 바로 하나의 유일한 **점**과 교차한다는 것을 주목하라. 그리고 바로 두 **선**이 하나의 **점**을 규정하듯이 두 개의 **점**이 하나의 **선**을 규정한다.

"점"과 "선" 같은 낱말들이 명제에 등장하는데, 우리는 그 낱말들이 오로지 명 제가 부여하는 의미만을 가지는 것처럼 취급함으로써, 기하학의 완전한 형식화 로 한 걸음 나아간다. 이 준형식적인 버전은 여전히 통상적인 의미를 가지는 많 은 낱말들("그", "만약에", "그리고", "연결하다", "가지다")을 사용하고 있다. 비 록 "**점**"이나 "**선**" 같은 특수한 낱말에서는 일상적인 의미가 **빠졌지만**—그래서 **무정의 용어**(undefined term)라고 불린다—말이다. 그러나 예를 들면 pq-체계의 p와 q 같은 무정의 용어들은 어느 정도 정의되기는 한다. 즉 정의를 통해서 명시 적으로 정의되기보다는 그 용어가 등장하는 모든 명제의 총체에 의해서 **암시적**

으로 정의된다.

무정의 용어의 온전한 정의는 오직 공준에 자리잡고 있다고 주장할 수 있을 것이다. 왜냐하면 공준으로부터 따라 나오는 명제들은 이미 그 공준에 함축되어 있기 때문이다. 이 시각에서 보면, 모든 무정의 용어들은 모든 명제들의 총체로 정의되므로, 공준이 모든 무정의 용어들에 대한 암시적인 정의라고 할 수 있다.

다중해석의 가능성

기하학의 완전한 형식화는 모든 용어를 무정의 상태로, 즉 모든 용어를 형식체계의 "무의미한" 기호로 변환시키는 파격적인 조치를 취할 것이다. 나는 "무의미한"에 따옴표를 했는데 알다시피 기호란 그것이 출현하는 정리들에 상응하여 수동적 의미를 자동적으로 획득하기 때문이다. 사람들이 이 의미를 발견하는가는 또다른 문제이다. 왜냐하면 그렇게 하려면 동형성을 통하여 형식체계의 기호들과 연결될 수 있는 일련의 개념들을 찾아내야 하기 때문이다. 기하학을 형식화하려는 목표를 가지고 시작한다면, 수동적 의미들이 체계에 구축되도록 아마도 각 기호에 대해서 의도된 해석을 염두에 두고 할 것이다. 그게 바로 내가 pq-체계를 처음 만들었을 때 p와 q에 대해서 했던 일이다.

그러나 아직 누구도 알아차리지 못한, 그러나 인식할 가능성이 잠재한 다른 수동적 의미들이 있을 것이다. 예를 들면, 원래의 pq-체계에서 p는 "……와 같다", q는 "……를 빼면"이라는 놀라운 해석이 있었다. 비록 이것이 사소한 예이지만, 기호가 여러 개의 의미 있는 해석을 가질 수도 있다는 생각의 정수를 담고 있다. 의미 있는 해석을 찾는 것은 관찰자의 몫이다.

지금까지의 관찰을 "무모순성(inconsistency)"이라는 용어로 요약할 수 있다. 우리는 외부세계에 대해서와 마찬가지로 내부적으로도 모순인 것으로 드러나는 형식체계를 만들면서 논의를 시작했다. 잠시 후 기호들에 대해서 불행한 선택을 했다는 실수를 깨닫자 해석을 철회했다. 해석을 바꿈으로써 우리는 무모순성을 회복했다! 이제 무모순성은 형식체계 자체의 속성이 아니라 형식체계를 위해서 제안된 해석에 좌우된다는 것이 분명해졌다. 같은 이유로, 모순성은 그 어떤 형식체계의 내재적인 속성이 아니다.

무모순성의 다양성

우리는 "무모순성"과 "모순성"을 정의하지 않고 줄곧 이야기해왔다. 그냥 기존의 훌륭한 일상 개념에 기대었다. 그러나 이제 (해석을 동반한) 형식체계의 무모순성이 정확히 무엇을 의미하는지 말해보자. 모든 정리가 해석했을 때 참인 명제가 된다는 것이 무모순성이다. 해석된 정리들 가운데 적어도 하나의 거짓 명제가 있을 경우 **모순성**이 발생했다고 말한다.

이 정의는 분명히 외부세계와의 모순에 대해서 말하는 것 같다. 그러면 내적인 모순에 대해서는 어떤 견해인가? 아마 어떤 체계가 그 해석이 서로 양립 불가능한 둘 이상의 정리를 가지면 내적으로 모순일 것이고, 해석된 모든 정리가 서로 양립 가능한 경우에는 무모순일 것이다. 예를 들면, 다음과 같은 세 개의 정리만으로 구성된 형식체계를 생각해보자 : TbZ, zbE 그리고 EbT. 만일 T를 "거북", Z를 "제논", E를 "에그버트", xby를 "체스를 두면 x는 늘 y를 이긴다"로 해석하면, 우리는 다음과 같은 해석된 정리를 가진다 :

> 체스를 두면 거북은 제논을 언제나 이긴다.
> 체스를 두면 제논은 에그버트를 언제나 이긴다.
> 체스를 두면 에그버트는 거북을 언제나 이긴다.

이 세 명제들은 체스 선수들 사이의 이상한 순환을 보여주기는 하지만, 양립불가능하지는 않다. 따라서 이 해석 아래, 이 세 문자열을 정리로 가지는 형식체계는, 비록 사실을 따지면 이 진술 중의 어느 것도 참이 아니지만, 내적으로는 무모순이다. 즉 내적인 무모순성은 모든 정리가 참임이 판명될 것을 요구하는 것은 아니고, 다만 서로 **양립가능**할 것을 요구할 뿐이다.

이제 xby를 "x는 y에 의해서 고안되었다"로 해석한다고 해보자. 그러면 다음과 같은 정리를 얻을 것이다.

> 거북은 제논에 의해서 고안되었다.
> 제논은 에그버트에 의해서 고안되었다.
> 에그버트는 거북에 의해서 고안되었다.

이 경우 개개의 명제가 참인지 또는 거짓인지는 중요하지 않다. 그리고 아마 어떤 것이 참이고 어떤 것이 참이 아닌지 알 방법도 없을 것이다. 그럼에도 불구하고 확실한 것은 세 명제 모두 동시에 참일 수는 없다는 점이다. 따라서 그 해석은 체계를 내적으로 모순으로 만든다. 이러한 내적인 모순은 대문자 세 개의 해석에 좌우되는 것이 아니라, 단지 b의 해석에 그리고 이 세 대문자가 b 주위에 순환적으로 치환된다는 사실에 좌우된다. 따라서 형식체계의 모든 기호를 해석하지 않고도 내적인 모순성을 가질 수 있다(이 경우에는 기호를 단 한 개 해석하는 것으로 충분하다). 충분히 많은 기호들이 해석되었을 때쯤에는 그 나머지 기호들이 모든 정리가 참이 되도록 해석될 수 있는 방법이 없다는 것은 분명하다. 그러나 그것은 단순히 참의 문제가 아니다—그것은 가능성의 문제이다. 세 정리 모두는 대문자가 실제 인간의 이름으로 해석된다면 거짓이 될 것이다. 그러나 그것이 우리가 그 체계를 내적으로 모순이라고 하는 이유는 아니다. 우리가 그렇게 하는 근거는 철자 b의 해석과 결합된 순환성일 것이다. (이 "저자 삼각관계"에 대해서는 제20장을 참조하라.)

가상의 세계와 무모순성

우리는 무모순성을 보는 두 가지 방식을 제시했다. 첫 번째는 체계-더하기-해석은 해석된 모든 정리가 참이면 외부세계와 무모순이라고 보는 방식이다. 두 번째는 체계-더하기-해석은 해석된 모든 정리들이 서로 양립할 수 있으면, 내적으로 무모순이라고 보는 방식이다. 이제 이 두 종류의 무모순성 사이에는 밀접한 관계가 있다. 여러 개의 명제가 서로 양립할 수 있는지 판정하려면, 당신은 모든 명제가 동시에 참일 수 있는 그런 세계를 상상해 보아야 한다. 따라서 내적인 무모순성은 외부세계와의 무모순성에 의지한다—여기서 그 "외부세계"는 우리가 지금 살고 있는 세계 말고, 그 어떤 것도 상상할 수 있는 세계일 수 있다. 그러나 이것은 극도로 모호하고 불만족스러운 결론이다. "상상할 수 있는" 세계란 어떤 세계인가? 결국, 세 인물이 서로를 순환적으로 창조하는 세계를 상상하는 것이 가능하다. 또는 가능한가? 네모난 원이 있는 세계를 상상하는 것은 가능한가? 뉴턴의 법칙은 통하지만 상대성 이론은 통하지 않는 세계를 상상할 수 있을까? 어떤 것이 초록색인 동시에 초록색이지 않을 수 있는 세계를 상상할 수 있을까?

또는 세포로 이루어지지 않은 동물들이 있는 세계를 상상할 수 있을까? 프리드리히 대왕의 주제를 바탕으로 바흐가 8성 푸가를 즉흥적으로 작곡하는 세계는? 모기가 사람보다 더 지능적인 세계는? 거북이 축구를—또는 말을 할 수 있는 세계는? 물론, 축구를 이야기하는 거북은 비정상일 것이다.

이들 세계 중 어떤 세계는 다른 세계보다 더 잘 상상할 수 있을 것처럼 보인다. 왜냐하면 어떤 세계는 **논리적 모순**—예를 들면 초록색인 동시에 초록색이 아닌—을 포함하고 있고, 반면 어떤 세계는 8성 푸가를 즉흥 작곡하는 바흐나 세포로 이루어져 있지 않은 동물 따위와 같이 "그럴듯해"(더 적당한 단어가 없어서) 보이기 때문이다. 그리고 보니, 심지어 물리법칙이 다른 세계까지도……. 그래서 좀 거칠게 말하면 종류가 다른 무모순성을 설정할 수 있을 것이다. 예를 들면 가장 관대한 무모순성은, 논리적 제한 말고는 사물에 그 어떤 제한도 두지 않는 "논리적 무모순성"일 것이다. 더 구체적으로 말하면, 체계-더하기-해석이 정리들 중 어떤 두 개의 정리도, 명제로 해석되었을 때, 서로 직접 모순되지 않는 한 **논리적으로 무모순**이다. 해석된 정리가 수학을 위반하지 않는 한 **수학적으로 무모순**이다. 해석된 정리가 물리법칙과 양립할 수 있는 한 **물리학적으로 무모순**이다. 그 다음은 **생물학적 무모순**이 뒤따른다. 등등. 생물학적으로 무모순인 체계에서는 그 해석이 "셰익스피어는 오페라를 썼다"라는 명제인 정리는 있을 수 있지만, 그 해석이 "세포가 없는 동물이 존재한다"라는 명제인 정리는 있을 수 없다. 일반적으로 말하면, 상상에 바탕을 둔 이런 종류의 모순성은 검토하지 않는데 그 이유는 그것들을 서로 구분하는 것이 매우 어렵기 때문이다. 예를 들면, 서로를 순환적으로 창조하는 세 인물 문제에서는 어떤 종류의 모순이 연루되어 있다고 말해야 하나? 논리적? 물리학적? 생물학적? 아니면 문학적?

보통, 흥미로운 모순성과 흥미롭지 않은 모순성 사이의 경계선은 물리학적인 무모순성과 수학적인 무모순성 사이에 설정된다. (물론, 그 경계설정은 수학자와 논리학자들이 한다—편파적이지 않은 사람들이라고 말하기 어렵지만) 이것은 형식체계에 대해서 "고려할 만한" 모순성의 유형들은 논리적이고 수학적인 유형이라는 것을 뜻한다. 이 약정에 의한다면, 우리는 정리 TbZ, ZbE, EbT 트리오를 모순으로 만드는 해석을 아직 찾아내지 못했다. b를 "……보다 큰"으로 해석하면 그렇게 할 수 있다. T와 Z와 E는 어떻게 해야 할까? 그들을 자연수로 해석할 수 있다—예를 들면 Z는 0, T는 2, E는 11로. 정리 두 개는 참이 되고 하나는 거짓이 되는 것을 주목하라. 대신, Z를 3으로 해석했다면, 거짓이 두 개 참이 하나였을 것이다. 어느 식이든 모순이 있을 것이다. 사실 T, Z와 E에 할당되는 값은 그것들이 자연수에 한정되는 것이라고 이해되는 한 어떤 값이든 별 상관이 없다. 다시 한번, 우리는 내적인 모순을 인식하는 데에 해석의 **일부분만이** 필요한 경우를 보았다.

한 형식체계를 다른 형식체계에 집어넣기

어떤 기호들은 해석을 가진 반면 어떤 것은 그렇지 않은 앞의 보기는 일부 낱말을 무정의 용어로 사용하여 자연언어로 기하학을 하는 것을 생각나게 한다. 그러한 경우, 낱말들은 두 부류로 나누어지는데, 의미가 고정되어 있고 변경될 수 없는 부류와 체계가 무모순일 때까지 그 의미가 조절되어야 하는 부류(이것들이 무정의 용어들이다)들이다. 이런 식으로 기하학을 하는 것은, 첫 번째 부류의 낱말들에 대해서는 그 의미가 이미 기하학 외부의 어딘가에 확립되어 있을 것을 요구한다. 이들 낱말은 견고한 뼈대를 형성하고 그 뼈대는 체계의 기초구조가 된다. 그 뼈대를 채우는 것은 다른 재료인데 그 재료는 바꿀 수 있다(유클리드 또는 비유클리드 기하학).

형식체계는 종종 바로 이와 같은 순차적인 또는 위계적인 방식으로 구축된다. 예를 들면 규칙과 공리들을 가지는 형식체계 I을 고안할 수 있는데, 그 규칙과 공리가 체계의 기호에 어떤 의도된 수동적 의미를 부여한다. 그러고 나서 형식체계 I은 더 많은 기호를 가지는 더 큰 체계인 형식체계 II에 완전히 통합된다. 형식체계 I의 공리와 규칙들이 형식체계 II의 일부분이기 때문에 형식체계 I의 기호가 가지는 수동적인 의미들은 유효한 채로 있다. 그것들은 불변의 뼈대를 형성하는 데 그 뼈대는 형식체계 II의 새로운 기호들의 수동적 의미를 확정하는 데에 큰 역할을 한다. 그 다음 형식체계 II가 형식체계 III에 대하여 뼈대의 역할을 할 수도 있다. 등등. 또한—기하학이 좋은 보기인데—이런 체계(예를 들면, 절대 기하학)를 가지는 것도 가능하다. 그 체계는 무정의 용어가 가진 수동적인 의미를 **부분적으로** 규정하고, 추가 규칙이나 공리로 보충될 수 있다. 그러고 나서 그 추가 규칙과 공리는 무정의 용어의 수동적인 의미를 더 제한한다. 이것이 유클리드 기하학 대 비유클리드 기하학의 경우이다.

시지각에서 안정성의 충위

이와 비슷한, 위계적인 방식으로, 우리는 새로운 지식이나 어휘를 습득하거나 친숙하지 않은 대상들을 지각한다. 특히 그것은 전혀 불가능한 이미지들이 출현하는 에셔의 그림들—예를 들면 "상대성"(그림 22)—을 이해하려고 할 경우에 흥미가 있다. 당신은 우리가 그림의 부분들을 해석했을 때 부분들 간에 모순이 없는 데에 이르기까지 계속해서 그림을 재해석할 것이라고 생각할지 모르지만, 우린 그런 짓은 결코 하지 않는다. 우리는 앉아서 모든 방향으로 뻗은 계단과, 한 계단에서 서로 모순되는 방향으로 움직이는 사람들을 당혹스러워하고 재미있어 하며 본다. 그림의 계단들은 "확실성의 섬들"이다. 우리는 그것들을 바탕으로 그림 전체를 해석한다. 일단 그것들을 확인했으면, 그것들이 서로 가지고 있는 관계를 확립하려 시도함으로써 우리의 이해를 확장시키려 한다. 그 단계에서 어려움에 부딪힌다. 그러나 우리가 되짚어가려고 해도, 즉 "확실성의 섬들"에 의문을 제기해도, 역시 다른 종류의 어려움에 부딪힐 것이다. 되짚어가서 그것들이 계단들이라는 것을 물릴 방법이 없다. 그것들은 물고기도 채찍도 손도 아니다. 그것들은 그냥 계단이다. (사실, 유일한 다른 탈출구가 있다. 즉 그림에 있는 모든 선들을 형식체계의 "무의미한 기호"처럼 전혀 해석하지 않은 채로 놓아두는 것이다. 이 궁극의 탈출로는 "언-방식[U-mode]" 반응의 예이다—즉 기호체계에 대한 선[禪]의 태도이다.)

그래서 우리 지각과정의 위계적인 성질은 우리에게 말도 안 되는 세계를 보거나 무의미한 선(線)들의 뭉치를 보도록 강요한다. 에셔의 그림 수십 점에 대해서 이와 비슷한 분석을 할 수 있을 것이다. 그 그림들은 어떤 기본 형태의 인식에 크게 기댄다. 그 다음 그 기본형태들은 비표준적인 방식으로 구성된다. 관람자가 높은 층위에서 역설을 볼 때쯤이면 이미 늦었다—돌아가서 낮은 층위 대상들을 해석하는 방법에 대해서 마음을 바꿀 수 없다. 에셔의 그림과 비유클리드 기하학 사이의 차이는 다음과 같다 : 비유클리드 기하학에서는 무정의 용어에 대해서 이해할 수 있는 해석을 발견할 수 있다. 그 결과 체계를 전체적으로 이해할 수 있게 된다. 반면에 에셔의 그림은 아무리 오래 쳐다보아도 그 최종 결과는 세계에 대한 우리의 개념과 화해할 수 없다. 물론, 우리는 에셔 식의 사건이 일어날 수 있는 가상의 세계를 여전히 만들 수는 있다……. 그러나 그런 세계에서는 한 층위에서는 생물학, 물리학, 수학 법칙, 심지어는 논리 법칙도 위반되는 한편,

그림 22. "상대성(Relativity)"(M. C. 에셔, 석판, 1953).

동시에 다른 층위에서는 이들 법칙이 지켜진다. 이것이 그 가상세계(hypothetical world)를 극도로 이상한 세계가 되게 한다. (이에 대한 예가 "폭포"[그림 5]에 있다. 거기에서 흐르는 물에는 중력이 정상적으로 작용하지만, 그 흐르는 물에서의 공간의 성질은 물리학의 법칙을 위반한다.)

수학은 모든 가능한 세계에서 동일한가?

우리는 앞에서, (해석을 동반한) 형식체계의 내적 무모순성은 해석된 정리들이 모두 참이 되는 **상상할 수 있는** 어떤 세계가 있어야 할 것을 요구한다는 사실을 강조했다. 상상할 수 있는 세계란 유일한 제약이 그곳의 수학과 논리학이 우리 세계의 것과 똑같아야 하는 세계이다. 그러나 **외적 무모순성**—즉 외부세계에 대한 무모순성—은 모든 정리들이 **현실세계**에서 참이 될 것을 요구한다. 이제 그 정리들이 수학의 명제로 해석되어야 하는 무모순 형식체계를 만들고자 하는 특수한 경우에는, 앞서 말한 바에 따라서 **모든 상상할 수 있는 세계는 현실세계의 것과 똑같은 수학을 가지기 때문에**, 두 유형의 무모순성 사이의 차이가 사라질 것 같다. 따라서 모든 상상할 수 있는 세계에서 1+1=2여야 할 것이다. 마찬가지로 무한히 많은 소수들이 존재해야 할 것이다. 나아가 모든 상상할 수 있는 세계에서는 모든 직각은 합동이어야 한다. 물론 임의의 선 위에 있지 않은 점을 지나는 평행선이 오직 하나 존재해야 할 것이다…….

그러나 잠깐! 그것은 평행선 공준이다. 그래서 우리가 방금 말한 것에 비추어 보면, 그 공준의 보편성을 주장하는 것은 오류일 것이다. 모든 상상할 수 있는 세계에서 평행선 공준이 유효하다면, 우리는 비유클리드 기하학은 생각할 수 없다고 주장하고 있는 것이다. 그것은 우리를 사케리나 람베르트의 의식 수준으로 후퇴시키는 일인데, 분명히 현명치 못한 이동이다. 그러나 **모든 수학은 아니더라도 모든 상상할 수 있는 세계가 공유해야 할 것은 무엇인가?** 그것은 논리학 자체만큼 적을까? 아니면 논리학 자체도 의심스러운가? 모순이 존재의 정상적인 일부분인 그런 세계가 존재할 수 있을까? 모순이 모순이 아닌 그런 세계 말이다!

어떤 의미에서는, 단순히 그런 개념을 고안함으로써 그런 세계를 정말 상상할 수 있다는 것을 보여주었다. 그러나 좀더 깊은 의미에서는, 그런 세계 또한 상상할 수 없다. (이것 자체가 좀 모순이다.) 그러나 아주 진지하게 생각해본다면, 우리가 도대체 소통할 수 있기를 원한다면, 어떤 공통의 토대를 채택해야만 할 것으로 보이는데, 그 토대는 당연히 논리학을 포함해야 한다. (이런 관점을 거부하는 믿음의 체계가 존재한다—그 관점이 지나치게 논리적이다. 특히 선[禪]은 모순과 비모순을 같이 포용한다. 이것이 모순처럼 보일지 모르나 모순적인 것이 바로 선의 일부분이다. 그래서……무엇을 말할 수 있겠는가?)

수론은 상상할 수 있는 모든 세계에서 똑같은가?

논리학이 생각할 수 있는 모든 세계의 일부라고 한다면(우리가 논리학을 아직 정의하지 않았음을 유의하라. 다음 장에서 할 것이다), 그것으로 끝인가? 소수의 개수가 무한하지 않은 세계를 정말로 상상할 수 있나? 수들이 생각할 수 있는 모든 세계에서 똑같은 법칙을 따라야 하는 것이 필요해 보이지 않나? 또는……"자연수"라는 개념도 "**점**"이나 "**선**"처럼 무정의 용어로 간주하는 것이 더 나을까? 그 경우에, 수론은 기하학처럼 분기(分岐)된 이론일 것이고, 그래서 표준 수론과 비표준 수론이 있을 것이다. 그러나 절대 기하학에 대한 어떤 상응물이 있어야만 할 것이다 : 그 상응물은, 모든 수론들이 코코아나 고무 또는 바나나에 대한 이론이라기보다는 수에 대한 이론임을 확인해주는 모든 수론의 불변성분인 "핵심" 이론이다. 우리가 "생각할 수 있는 세계"라고 생각하는 것에 논리학과 함께 포함되어야만 하는 핵심 수론이 있다는 것이 대부분의 현대 수학자와 철학자들의 합의된 견해인 것 같다. 절대 기하학에 대한 상응물인 수론의 핵심은 페아노-산술(Peano arithmetic)이라고 하는데 우리는 그것을 제8장에서 형식화할 것이다. 또한 지금, 사실은 괴델의 정리의 직접적인 결과로서, 수론이 표준판과 비표준판이 있는 분기된 이론이라는 것이 잘 확립되어 있다. 그러나 기하학의 상황과는 달리 수론의 "상표들" 수효는 무한한데, 그것이 수론의 상황을 훨씬 복잡하게 만든다.

　실용적인 목적으로는 모든 수론은 같다. 달리 말하면, 다리 건설이 수론에 의존한다 해도 (어떤 의미로는 그렇게 하고 있는데) 다른 수론이 있다는 사실이 문제가 되지는 않을 것이다. 왜냐하면 현실세계에 관련된 면에서 모든 수론들은 일치하기 때문이다. 기하학들에 대해서는 이와 똑같은 말을 할 수 없다. 예를 들면, 삼각형의 내각의 합은 유클리드 기하학에서만 180도이지, 타원 기하학에서는 더 크고 쌍곡 기하학에서는 더 작다. 가우스는 어떤 종류의 기하학이 실제로 우리의 우주를 지배하는지 최종적으로 판정하기 위해서, 세 개의 산봉우리를 잇는 거대한 삼각형의 내각의 합을 재려고 했다는 이야기가 있다. 100년 후 아인슈타인은 우주의 기하학은 그 내용물에 의해서 결정된다고, 그래서 우주공간 자체에 하나의 기하학이 내재하지는 않는다는 (일반 상대성) 이론을 제시했다. 이처럼 "어떤 기하학이 참인가?"라는 질문에 자연은 수학뿐만 아니라 물리학에서도 애매하게 답한다. 상응하는 질문인 "어떤 수론이 참인가?"에 대해서는, 우리가 괴델의 정리를 자세히 살펴보고 나면 할 말이 더 생길 것이다.

완전성

무모순성이 기호들이 수동적 의미를 획득하는 최소 조건이라면, 그 상보적인 개념인 **완전성**(completeness)은 이 수동적 의미를 최대한 확증(確證)하는 것이다. 무모순성이 "체계가 생성하는 모든 것은 참"이라는 속성이라면 완전성은 거꾸로이다 : "참인 명제는 모두 그 체계에서 생성할 수 있다." 이 개념을 좀 다듬어보자. 참인 명제는 모두라는 것이 세상에 있는 참인 명제를 모두 뜻하는 것이 아니다. 우리가 체계에서 나타내려고 하는 영역에 속하는 것만을 뜻한다. 따라서 완전성이란 "체계의 표기법으로 표현할 수 있는 참인 진술은 모두 정리이다"를 뜻한다.

> 무모순성 : 해석했을 때 정리가 (어떤 상상할 수 있는 세계에서) 모두 참이 되는 경우.
> 완전성 : (어떤 상상할 수 있는 세계에서) 참인 동시에, 그 체계의 적격 문자열로서 표현할 수 있는 명제가 모두 정리인 경우.

높지 않은 수준에서 완전성을 가지는 형식체계에 대한 예는 원래의 해석*으로 해석했을 때의 원래의 pq-체계이다. 그 체계의 정리는 양의 정수 두 개에 대한 참 덧셈을 모두 표현한다. 다른 식으로 말하자면 : "양의 항(項) 두 개에 대한 참 덧셈은 체계 안에서 **증명할 수 있다**." (경고 : 우리가 "정리" 대신 "증명할 수 있는 명제"라는 용어를 쓰기 시작하는 경우, 그것은 우리가 형식체계와 형식체계의 해석 사이의 구분을 흐릿하게 만드는 것을 시작한다는 것을 보여준다. 우리가 그 구분 흐리기가 일어나고 있다는 것을 매우 의식하며, 때로는 다중해석이 가능하다는 것을 유념한다면 괜찮다.) 원래의 해석 아래서 pq-체계는 **완전하다**. 그것은 또한 체계 내에서 어떤 오류 명제도—새로운 표현을 쓰면—증명할 수 없기 때문에 무모순이다.

누군가 다음을 근거로 그 체계는 불완전하다고 주장할지도 모른다. 양의 정수 세 개의 합(예를 들면 2+3+4=9)은, 그 체계의 표기법으로 번역할 수 있음에도 불구하고 (예를 들면 --p---p----q---------) pq-체계의 정리로 나타낼 수 없다. 그러나 이 문자열은 적격이 아니기 때문에 **pqp---qpq**처럼 의미가 없는 것으로 간주해야 한다. 세 개의 수의 합은 그 체계의 표기로는 **표현할 수 없다**—따라서 체계의 완전성은 보존된다.

* p는 '더하기', q는 '같다'라고 해석하는 것.

이 해석 아래서 pq-체계는 완전하다. 그럼에도 불구하고, 그 체계는 수론의 참을 모두 포착하기에는 역부족이다. 예를 들면 pq-체계는 얼마나 많은 소수가 있는지를 말할 방법이 없다. 괴델의 정리가 말하는 바는, "충분히 강력한" 체계는 어떤 체계이든 바로 자신의 성능 때문에, 참인 수론의 명제를 표현하는 적격 문자열이 있음에도 그것이 정리가 아니라는 의미에서 불완전하다(수론에 속하는데 체계 내에서 증명할 수 없는 참이 있다). 완전하지만 충분히 강력하지 않은 pq-체계 같은 체계들은 저성능 축음기 같다고 할 수 있다. 그 체계들은 처음부터 너무 빈약해서 우리가 요구하는 것—즉, 수론에 대한 모든 것을 우리에게 말해주는 것—을 할 수 없음이 분명하다.

해석은 어떻게 완전성을 창출하거나 파괴할 수 있는가?

앞에서 말한 "완전성은 수동적 의미를 최대한 확증하는 것"이라는 것은 무슨 뜻인가? 그것은 한 체계가 무모순이지만 불완전하다면 기호들과 그 기호들의 해석 사이에 어긋남이 있다는 뜻이다. 그 체계는 그런 방식으로 해석되는 것을 정당화할 성능을 갖추고 있지 않다. 때로는, 그 해석을 좀 "다듬으면" 그 체계는 완전해질 수 있다. 이 아이디어를 보여주기 위해서 (공리도식 II를 포함한) 수정된 pq-체계와 그것을 위해서 사용했던 해석을 보자.

pq-체계를 수정하고 나서 q에 대한 해석을 "……와 같다"에서 "……보다 크거나 같다"로 수정했다. 우리는 수정된 pq-체계가 이 해석 아래서 무모순이라는 것을 알았다. 그러나 이 새로운 해석은 뭔가 만족스럽지가 않다. 문제는 간단하다 : 정리는 아니지만 표현할 수 있는 참이 많다. 예를 들면 "2+3은 1보다 크거나 같다"는 비정리 --p---q-로 표현된다. 그 해석은 너무나 엉성하다! 그 해석은 체계에 있는 정리들이 해내는 것을 정확히 반영하지 않는다. 이런 엉성한 해석 아래에서는 pq-체계는 완전하지 않다. 우리는 다음을 통해서 이러한 상황을 바로잡을 수 있을 것이다. (1) 그 체계에 새로운 규칙을 추가해서 더욱 강력하게 하거나, (2) 해석을 촘촘하게 한다. 이 경우에는, 해석을 촘촘하게 하는 것이 합리적 대안인 것 같다. q를 "……보다 크거나 같다"로 해석하는 대신에, "……와 같거나 1만큼 더 크다"로 해석한다. 이제 수정된 pq-체계는 무모순인 동시에 완전하다. 그래서 완전성은 해석의 타당성을 확증한다.

형식화된 수론의 불완전성

우리는 수론에서 다시 불완전성을 만날 것이다. 그러나 상황을 바로잡기 위해서, 우리는 새로운 규칙을 추가해 그 체계를 더 강력하게 하는 쪽으로 방향을 틀 것이다. 아이러니한 것은 매번 새로운 규칙을 추가할 때마다 **이제는** 우리가 확실히 그 체계를 완전하게 했다고 생각하는 것이다! 이 딜레마의 성격은 다음과 같은 비유를 예로 들어 보여줄 수 있다…….

우리가 축음기와, "B-A-C-H로 만들어진 카논"이라고 임시로 써 붙인 음반을 가지고 있다. 그러나 축음기 위에 그 음반을 틀었을 때 (거북의 음반이 야기한 것과 같은) 피드백(feedback)이 유발한 진동이 아주 심하게 간섭해서 선율을 알아들을 수조차 없다. 그러면 음반이나 축음기 중의 어느 하나가 **무엇인가** 결함이 있다고 결론 내린다. **음반**을 테스트하려면 친구의 축음기에서 음반을 틀어보고 소리가 어떤가 들어야 할 것이다. **축음기**를 테스트하려면 그 축음기로 친구의 음반을 틀어보고 들리는 음악이 음반에 써 붙인 것과 일치하는지 살펴야 할 것이다. 전축이 테스트를 통과하면 음반에 결함이 있다고 할 것이고, 그와 반대로 음반이 테스트를 통과하면 전축에 결함이 있다고 말할 것이다. 그러나 우리가 **둘 다** 각자의 테스트를 통과한 것을 알고 나면 어떤 결론을 내릴 수 있을까? 그때가 두 개의 동형성 연쇄를 기억해서(그림 20) 주의 깊게 생각해야 할 순간이다!

작은 화성(和聲)의 미로

거북과 아킬레스는 코니 아일랜드*에서 하루를 즐기고 있다. 솜사탕을 두 개 사고 나서 그들은 대회전 관람차를 타기로 했다.

거북 : 난 이걸 타는 게 제일 좋아. 아주 멀리 간 것 같거든. 실은 아무 데도 안 간 건데.

아킬레스 : 자네가 왜 그걸 좋아하는지 알겠네. 안전 벨트 맸나?

거북 : 그래 맸어, 자 간다. 야호!

아킬레스 : 자네 오늘 확실히 기분이 좋구먼.

거북 : 이유가 다 있지. 우리 이모가 점쟁이인데 내가 오늘 대박을 터트릴 거라고 했거든. 그걸 생각하니 가슴이 짜릿해.

아킬레스 : 설마 점을 믿는 건 아니겠지!

거북 : 안 믿지……. 하지만 안 믿어도 점대로 된다고 점쟁이들은 말하거든.

아킬레스 : 그거 정말 다행이군.

거북 : 야 경치 한번 좋네. 저기 저 해변, 사람들, 바다, 시내…….

아킬레스 : 그래, 정말 멋있군. 저기 저 위에 헬리콥터를 좀 보게. 우리 쪽으로 날 아오는 것 같은데. 실은 지금 거의 우리 머리 위에 있어.

거북 : 이상한데—헬리콥터에서 밧줄이 내려오고 있어. 우리한테 아주 가까이 오 고 있네. 잡을 수 있을 정도로 가까이 오고 있어.

아킬레스 : 보라고, 밧줄 끝에 큰 갈고리가 있고 거기 쪽지가 걸려 있어.

(아킬레스는 손을 뻗어 쪽지를 잡아챈다. 그들은 정점을 지나 아래로 내려간다.)

거북 : 쪽지에 뭐가 써 있는지 읽을 수 있어?

---

* 미국 뉴욕 시 브루클린 남쪽 해안에 있는 위락지구.

아킬레스 : 그래, "안녕. 친구들. 다음번에 돌아 올라올 때 갈고리를 잡아봐. 생각도 못한 놀라운 일이 기다리고 있음"이라고 쓰여 있군.

거북 : 좀 구닥다리 같은 소리긴 하지만 혹시 알아, 어디로 데려갈지? 혹시 오늘 나를 기다리는 행운과 관계가 있을지도 몰라. 아무렴. 한번 해보자고!

아킬레스 : 좋아.

(위로 올라가는 중에 그들은 안전 벨트를 풀고 탈것이 정점에 이르자 커다란 갈고리를 잡는다. 갑자기 밧줄이 그들을 위로 휙 당기서, 공중에 떠 있는 헬리콥터 쪽으로 재빨리 감아올린다. 힘센 큰 손이 그들을 안으로 끌어들인다.)

목소리 : 탑승을 환영한다. 이 바보들아.

아킬레스 : 당신은 누, 누구요?

목소리 : 날 소개하겠다. 나는 활개 치는 납치자, 탁월한 거북 포식자인 헥사클로로펜 J. 굿포춘이다.

거북 : 꿀꺽.

아킬레스 : (거북에게 속삭인다.) 어, 이 "굿포춘"*은 우리가 기대했던 것이 전혀 아닌데. (굿포춘에게) 감히 여쭙겠는데요. 저희를 어디로 데려가는 겁니까?

굿포춘 : 호! 호! 내 전자동 하늘부엌으로, 거기서 이 맛있는 재료를 (이 말을 할 때 거북을 곁눈질하며 히죽거린다) 기막히게 맛있는 파이로 만들 거다! 정말이야—그건 모두 내 식도락을 위한 거야! 호호호!

아킬레스 : 당신 참 마귀같이 웃는다는 말밖에 안 나옵니다.

굿포춘 : (마귀같이 웃으며) 호호호! 그렇게 말하다니, 너는 값비싼 대가를 치를 것이다. 호호!

아킬레스 : 맙소사—어떻게 하겠다는 거지!

굿포춘 : 아주 간단해—나는 너희 둘을 위해서 불길한 운명을 준비해두었지! 기다리거라! 호호호! 호호호!

아킬레스 : 으악!

굿포춘 : 자, 다 왔다, 친구들. 나의 환상적인 전자동 하늘부엌에 내려라!

---

* Goodfortune. 행운.

(그들이 안으로 걸어간다.)

죽기 전에 한번 둘러나봐라! 여기가 내 침실이고 여긴 내 서재지. 여기서 잠깐 기다려라. 칼 좀 갈러 가야겠다. 그 사이에 팝콘이나 좀 먹어라. 호호호! 거북 파이! 거북 파이! 내가 제일 좋아하는 파이! (나간다.)

아킬레스 : 오, 팝콘! 팝콘이나 실컷 먹어야지.

거북 : 아킬레스! 자네 솜사탕 먹은 지가 언젠데! 더군다나 이 판국에 먹을 거 생각이 나?

아킬레스 : 이런 멍청하긴—미안해—그런 표현은 쓰지 말았어야 했는데. 안 그래? 이런 살벌한 분위기에서 말이지.

거북 : 아이고, 이제 우린 죽었다!

아킬레스 : 저 늙은 굿포춘이라는 놈의 서재에 있는 책들을 좀 보게나! 기서(奇書)들을 잔뜩 수집해놓았군. 『내가 알게 된 닭대가리』, 『체스와 우산—돌리기 초보』, 『탭 댄서와 오케스트라를 위한 협주곡』……. 으-음.

거북 : 저기 책상 위에 펴져 있는 작은 책은 뭐지? 12면체와 펼쳐진 화첩 옆에 있는 책 말이야.

아킬레스 : 이거? 『지구의 여러 곳에서 펼쳐진 아킬레스와 거북의 흥미진진한 모험』이라는 제목이 붙어 있군.

거북 : 제법 흥미진진한 제목이군.

아킬레스 : 그러네. 저기 펴져 있는 부분이 재미있을 것 같은데. 소제목이 "진과 토닉"이군.

거북 : 음. 왜 그런 제목인지 궁금한데. 한번 읽어볼까? 내가 거북 역할을 하고 자네는 아킬레스를 해보게.

아킬레스 : 좋아, 그러지. 일단 해보는 거야…….

(그들은 "진과 토닉"을 읽기 시작한다.)

(아킬레스는 거북을 자기 집으로 초대해 그가 가장 좋아하는 화가인 에셔의 판화들을 거북에게 보여준다.)

142

거북 : 대단한 판화들이군, 아킬레스.

아킬레스 : 자네 마음에 들 줄 알았네, 특히 좋아하는 그림이 있나?

거북 : 제일 좋아하는 그림 중에 하나는 "볼록과 오목"인데 내적으로 모순이 없는 두 개의 세계가 서로 나란히 놓이면 완전히 모순투성이의 복합세계가 되는 그런 그림이지. 모순의 세계를 방문하는 것은 언제나 재미있지만 그런 곳에 살고 싶지는 않아.

아킬레스 : "방문하면 재미있다"니 그게 무슨 말이야? 모순의 세계란 존재하지 않아. 그런데 어떻게 그곳을 방문하지?

거북 : 미안하네, 하지만 에셔의 이 그림에 모순의 세계가 그려졌다는 데에 우리 의견이 일치하지 않았나?

아킬레스 : 그래, 하지만 그건 단순히 이차원의 세계—가공의 세계—그림에 불과하잖아. 그런 세계를 어떻게 방문할 수 있지?

거북 : 다 방법이 있네…….

아킬레스 : 어떻게 그 납작한 그림의 세계 속으로 자신을 몰아넣지?

거북 : 이 푸시-약을 조금 마시는 거지. 그게 바로 비법이라네.

아킬레스 : 도대체 푸시-약이 뭐야?

거북 : 그건 조그마한 도자기병에 들어 있는 액체인데, 어떤 사람이 그림을 보면서 그걸 마시면, 그 약이 그를 그림의 세계로 "밀어넣는(push)"거지. 이 푸시-약의 위력을 모르는 사람은 종종 자신이 처한 상황에 상당히 놀라게 되지.

아킬레스 : 해독제는 없나? 일단 밀려들어가면, 돌이킬 수 없이 실종되나?

거북 : 어떤 경우에는, 그게 그렇게 나쁜 운명은 아니지. 그런데 사실 다른 약이 있는데……. 에, 실은 약이 아니고, 불로장생의 영약, 아니 불로장생의 영약이 아니고, 어— 어—

거북 : 아마 "토닉"을 말하는 거 같은데.

아킬레스 : 토닉?

거북 : 그래, 그게 바로 내가 찾던 낱말이야. 그걸 "팝-토닉"이라고 하는데, 잊지 않고 오른손에 팝-토닉을 가지고서 푸시-약을 먹으면, 그것도 그림 속으로 같이 밀려들어갈 거야. 자네가 다시 현실로 "튀어나오고" 싶을 땐 언제든지, 팝-토닉을 한 모금 마시기만 하면 돼. 그러면 짠! 자네

가 자신을 밀어넣기 전에 있었던 바로 그곳의 현실세계로 되돌아오지.

아킬레스 : 그거 아주 재미있어 보이네. 그런데 혹시 미리 자신을 그림 속으로 밀어넣지 않은 상태에서 팝-토닉을 마시면 어떻게 될까?

거북 : 나도 정확히 알지는 못해, 아킬레스. 하지만 나는 이 이상한 푸시(push)와 팝(pop) 액체를 가지고 장난을 치는 것을 좀 주의할 거야. 내 친구 족제비가 있었는데, 그 친구가 바로 자네가 말한 걸 했지 뭔가. 그 이후로 그 친구 소식은 아무도 모른다네.

아킬레스 : 그거 불행한 일이군. 푸시-약 병도 가져갈 수 있나?

거북 : 그럼, 가져갈 수 있지. 그걸 왼손에 쥐고 있게나. 그러면 자네가 보고 있는 그 그림 속으로 함께 밀려들어갈 걸세.

아킬레스 : 그런데 자네가 들어간 그림 안에서 그림을 발견하고 다시 푸시 – 약을 한 모금 마시면 어떻게 될까?

거북 : 바로 자네가 기대하는 일, 자네는 그림 속에 있는 그림 안으로 밀려들어가는 거지.

아킬레스 : 그러면 중첩된 그림에서 탈출해 현실의 삶으로 되돌아오려면 팝-토닉을 두 번 마셔야 되겠군.

거북 : 그렇지. 푸시 한 번에 대해서 팝 한 번을 해야 하네, 푸시가 자네를 그림 속으로 밀어넣고 팝이 그것을 되돌려놓으니까.

아킬레스 : 하지만 나한테는 이게 다 수상해 보이는데……. 혹시 자네 내가 어디까지 속아 넘어가는지 시험하고 있는 건 아니겠지?

거북 : 맹세하지! 여기 보라고, 내 주머니 안에 병이 두 개 있잖아. (그는 주머니를 뒤지더니 상표가 안 붙은 커다란 병 두 개를 꺼낸다. 한쪽 병에는 붉은 액체가 다른 병에는 푸른 액체가 찰랑거리는 소리가 들린다.) 자네가 내키면, 우리가 해볼 수 있는데, 어때?

아킬레스 : 에, 그러니까, 에헴, 뭐랄까, 에헴…….

거북 : 좋아. 난 자네가 해보고 싶어할 거라는 걸 알고 있었지. 우리 에셔의 "볼록과 오목"의 세계 속으로 푸시해볼까?

아킬레스 : 글쎄. 에…….

거북 : 그럼 결정된 거야. 이제 이 토닉이 담긴 병을 챙기는 걸 잊으면 안 돼. 그게 있어야 우리가 튀어나올 수 있거든. 자네가 그 중책을 맡을래, 아

킬레스?

아킬레스 : 그게 자네가 해도 되는 거라면, 경험 있는 자네가 그 일을 맡았으면 하는데. 나는 좀 겁이 많거든.

거북 : 좋아, 그러면.

(그렇게 말하면서 거북은 푸시-약을 조금씩 두 잔 따른다. 그리고 토닉 병을 주워 오른손에 단단히 쥔다. 그리고 거북과 아킬레스는 잔을 든다.)

거북 : 건배!

(마신다.)

아킬레스 : 그거 참 희한한 맛이군.

거북 : 익숙해질 거야.

아킬레스 : 토닉도 이렇게 이상한 맛일까?

거북 : 아니 그건 전혀 다른 느낌이지. 토닉 맛을 보면 마치 평생 기다렸던 맛을 본 것 같은 깊은 만족감을 느끼지.

아킬레스 : 오, 무척 기다려지는군.

거북 : 그런데, 아킬레스, 우리가 어디에 와 있지?

아킬레스 : (주위를 확인하며) 우린 지금 운하를 미끄러져 가는 작은 곤돌라에 타고 있어. 내려야겠네. 여보쇼, 뱃사공 양반! 우리 좀 내려주슈!

(뱃사공은 들은 척도 안 한다.)

거북 : 저 친구 우리 말을 못 알아들어. 여기서 내리려면 바로 앞에 있는 무시무시한 "사랑의 터널"에 들어가기 전에 빨리 기어나가는 게 나을 것 같아.

(얼굴이 창백해진 아킬레스는 황급히 곤돌라에서 내리며 그의 느림

그림 23. "볼록과 오목(Convex and Concave)"(M. C. 에셔, 석판, 1955).

보 친구를 끌어내린다.)

아킬레스 : 왠지 "사랑의 터널"이란 어감이 싫었어. 여기에 내려서 좋아. 그런데 자네는 이곳을 어떻게 속속들이 알고 있지? 전에 여기 와 본 적 있어?

거북 : 여러 번. 뭐, 늘 에셔의 다른 그림들을 통해서 들어왔지만 말이야. 그 그림들은 틀 뒤에서 다 연결되어 있더라고. 자네가 일단 어느 한 그림에 있으면, 다른 아무 그림으로도 들어갈 수 있다네.

아킬레스 : 놀랍군! 내가 이것들을 직접 내 눈으로 보면서 여기 있지 않다면, 자네를 믿지 않을 거야. (그들은 자그마한 무지개문을 통해서 밖으로 나간다.) 오, 저 귀여운 도마뱀 두 마리를 보게나!

거북 : 귀엽다고? 쟤네들 안 귀여워. 난 쟤네들 생각만 해도 진저리가 쳐지는데! 쟤네들은 저기 천장에 매달린 구리로 된 마법 램프를 지

146

키는 사악한 문지기들이야. 모든 생명체는 저놈들 혓바닥에 스치기만 해도 피클이 되고 말지.

아킬레스 : 시어, 달아?

거북 : 시지.

아킬레스 : 오, 얼마나 신 운명인가(sour fate)! 그러나 그 램프가 마법의 힘을 가지고 있다면 그걸 손에 넣는 일에 도전하고 싶군.

거북 : 친구, 그건 무모한 모험이야. 난 위험을 무릅쓰고 그 일을 하지는 않겠네.

아킬레스 : 딱 한 번만 해보려고.

(아킬레스는 가까이에 자고 있는 도마뱀이 깨지 않도록 하며 몰래 램프에 접근한다. 그러나 갑자기 마룻바닥에 패인 조개껍질 모양의 이상한 웅덩이로 미끄러져 그 안으로 빠져버린다. 그는 필사적으로 몸을 기울여 아무거나 잡으려고 손을 뻗친다. 어떻게 해서 간신히 한 손으로 램프를 잡는다. 도마뱀 두 마리가 쉭, 쉭 소리 내며 그에게 혓바닥을 맹렬히 날름거리는데, 심하게 흔들리며, 아킬레스는 속수무책으로 허공에 매달려 있다.)

아킬레스 : 사람 살려—!

(계단을 급히 내려오던 부인이 그 소리에 주의를 기울이고, 잠자던 젊은이가 깬다. 그 젊은이는 상황을 보더니, 다정한 미소를 띠고 아킬레스에게 다 괜찮을 거라고 안심시키는 손짓을 한다. 그는 이상하게 들리는 쉰 목소리로 위쪽 창문에 있는 트럼펫 연주자 두 사람에게 무엇인가를 소리친다. 그러자 즉시 기괴한 소리가 서로 박자를 맞추며 울린다. 잠이 덜 깬 그 젊은 친구가 도마뱀에게 손가락을 겨눈다. 아킬레스는 그 트럼펫 소리가 도마뱀에게 강력한 최면효과를 주고 있는 것을 본다. 도마뱀들은 곧 의식을 완전히 잃는다. 그러자 그 젊은 친구는 사다리를 올라오는 두 친구에게 외친다, 그들은 각자의 사다리를 당겨 꼼짝 못 하고 있는 아킬레스 바로 아래쪽 허공

으로 마주치게 펴서 일종의 다리[bridge]가 되게 한다. 그들은 몸짓으로 아킬레스에게 서둘러 사다리 위에 올라타야 한다고 분명히 말한다. 하지만 그전에 아킬레스는 램프를 고정시키는 사슬의 맨 위 고리를 조심스럽게 풀어서 램프를 떼어낸다. 그리고 사다리—다리[bridge]에 올라탄다. 젊은이 셋이 그를 안전한 곳으로 끌어내린다. 아킬레스는 고마워서 그들을 껴안는다.)

아킬레스 : 오, 거북 선생. 어떻게 이 세 친구들에게 신세를 갚지?

거북 : 내가 우연히 알게 된 사실인데, 이 용감한 친구들이 커피를 매우 좋아한다네. 아래에 있는 시내에 최고로 맛있는 에스프레소를 마실 수 있는 곳이 있네. 에스프레소로 한턱 내게.

아킬레스 : 그게 딱 좋겠군.

(그래서 아킬레스는 좀 우스꽝스러운 몸짓과 웃음, 말로 그의 초대 의사를 젊은이들에게 전하는 데에 성공한다. 일행 다섯은 밖으로 나가 가파른 계단을 내려가서 시내로 간다. 그들은 아담한 카페에 도착해서 밖에 자리잡은 다음 에스프레소 다섯 잔을 주문한다. 그들이 커피를 홀짝거리며 마시고 있던 중, 아킬레스는 자기가 램프를 가지고 있다는 것을 기억해낸다.)

아킬레스 : 아, 거북 선생, 깜빡 잊고 있었는데, 나한테 마술 램프가 있었네. 한데 무슨 마법의 힘이 있다는 거지?

거북 : 오, 뭐긴, 마술 램프니까, 요정 지니지!

아킬레스 : 뭐? 그럼 자네가 이 램프를 비비면 그 요정이 나타난다는 말이야? 자네 소원도 들어주고?

거북 : 그렇지, 그럼 자넨 뭘 바랐나? 돈벼락이라도 맞을 줄 알았나?

아킬레스 : 이야, 끝내주는데! 내가 원하는 건 뭐든 바랄 수 있다고, 응? 이런 일이 일어나길 언제나 꿈꿔왔는데…….

(그래서 아킬레스는 램프 구리 표면에 새겨져 있는 대문자 'L'을 부

드럽게 문지른다……. 갑자기 커다란 연기구름이 솟구친다. 다섯 친구는 그들 위로 솟아 오른, 연기로 된 기괴하고, 유령 같은 형체를 볼 수 있다.)

요정 : 안녕하십니까, 친구들. 저 사악한 도마뱀 두 마리로부터 내 램프를 구해줘서 정말 고맙소.

(그렇게 말하면서 요정은 램프를 집어들고는, 램프로부터 소용돌이쳐 나온 긴 옷의 주름에 숨겨져 있는 주머니 안에 램프를 우겨넣는다.)

여러분의 영웅적인 행위에 대한 감사의 표시로 이 램프에게 세 가지 소원을 빌 수 있는 기회를 주겠습니다.

아킬레스 : 꿈인지 생시인지 모르겠군! 자네도 그렇게 생각하지, 거북 선생?

거북 : 물론이지. 자 먼저 아킬레스, 첫 번째 소원을 말하게나!

아킬레스 : 와우! 하지만 뭘 빌어야 하지? 오, 알았어! 에, (웃기는 [그리고 이야기 속에 이야기가 있는] 이야기 모음집). 『천일야화(*Arabian Nights*)』를 처음 읽었을 때 생각했던 건데, 세 가지 소원이 아니라 100가지 소원을 원한다네. 뭐 아주 기발한 소원이지, 안 그래 거북 선생! 자네 머리로는 아마 그런 묘수를 생각하지 못했을걸. 나는 왜 이 먹통들이 그 이야기 속에서 그것을 시도해보지 못했는지 궁금했어.

거북 : 아마 이제 자네는 그 답을 알게 될 걸세.

요정 : 미안해요, 아킬레스. 그러나 나는 "메타─소원(meta-wish)"은 들어줄 수 없어요.

아킬레스 : 에, "메타─소원"이 무슨 말인지 설명해 주었으면 하는 게 내 소원인데.

요정 : 하지만 그건 메타─메타─소원이군요. 그 두 개의 메타─소원은 어느 것도 들어줄 수가 없는데요.

아킬레스 : 뭐어─? 자네를 도대체 이해할 수가 없군.

거북 : 자네의 마지막 요청을 좀 다르게 표현하지 그래, 아킬레스?

아킬레스 : 무슨 소리야, 왜 그렇게 해야 하지?

거북 : 에, 자네가 "내 소원인데"라는 말로 맺었잖아. 자네가 정보를 원하는 것이라면 그냥 질문을 하는 게 어때?

아킬레스 : 그래 좋아, 왜 그런지는 모르겠지만. 요정 선생. 메타-소원이 뭐요?

요정 : 그건 단순히 소원에 대한 소원이지요. 나는 메타-소원은 들어줄 수가 없어요. 그러니까 맥주 10병이나, 트로이의 (왕 메넬라오스의 아내) 헬레나와의 동침, 2인용 코파카바나 무료초대 주말여행권을 갖는 것 같은 평이한 보통 소원을 들어주는 것만 내 권한 내의 일입니다. 그런 종류의 단순한 것들 말입니다. 하지만 메타-소원은 들어줄 수 없어요. 신(GOD)께서 그걸 허락지 않거든요.

아킬레스 : 신? 신이 누구지? 왜 당신이 메타-소원을 들어주는 것을 허락하지 않지? 그건 자네가 말한 다른 것들에 비해서 보잘것없어 보이는데.

요정 : 아 그건 좀 복잡한 문제인데요. 그냥 간단히 소원 세 개만 말하지 그래요? 아니면 하나만이라도! 나도 시간이 마냥 남아도는 게 아니에요…….

아킬레스 : 오, 정말 낭패로군. 난 정말 100가지 소원을 가지는 소원을 바라고 있었는데.

요정 : 어유 참! 난 누구든 그처럼 실망하는 걸 보는 게 싫어요. 더구나 메타-소원은 내가 가장 좋아하는 종류의 소원인데요. 내가 할 수 있는 게 전혀 없는지 좀 봅시다. 한순간이면 될 겁니다…….

(요정은 그의 옷주름에서 은으로 된 것만 빼고는 그가 넣어둔 구리 램프와 똑같이 생긴 램프를 꺼낸다 ; 그 은 램프에는 구리 램프에 "L"이 새겨진 곳과 같은 곳에 같은 면적을 차지하면서 작은 글씨로 'ML'이 새겨져 있다.)

아킬레스 : 그게 뭐지?

요정 : 내 메타-램프지요.

(메타-램프를 문지르자 커다란 연기가 나온다. 소용돌이치는 연기
가 유령 같은 형체로 그들 위에 솟아 있다.)

메타-요정 : 메타-요정입니다. 오 요정님, 부르셨습니까? 소원을
　　　　　　말씀하시지요.

요정 : 당신 오 진(O Djinn)과 신에게 특별한 소원이 있어요. 그건 소원
　　　들에 대한 유형 제한(type-restriction)을 모두 일시적으로 정지시키
　　　는 걸 허락해달라는 겁니다. 즉 소원 하나를 무형(typeless)으로
　　　지속시키는 것에 대한 허락이지요. 이 소원을 들어줄 수 있겠소?

메타-요정 : 그건 당연히 공식적인 경로를 밟아야지요. 반순간만
　　　　　　기다리세요.

(그리고 요정이 했던 것보다 두 배나 빠르게, 메타-요정은 그
의 옷주름에서 금으로 된 것만 빼고는 은 메타-램프와 똑
같이 생긴 램프를 꺼낸다. 그 금 램프에는 은 메타-램프에
"ML"이 새겨진 곳과 같은 곳에 같은 면적을 차지하면서 더
작은 글씨로 'MML'이 새겨져 있다.)

아킬레스 : (목소리를 아까보다 한 옥타브 올려서) 아니 그건 또
　　　　　　뭐지?

메타-요정 : 그건 내 메타-메타-램프죠.

(메타-요정이 메타-메타-램프를 문지르자 커다란 연기가 나
온다. 소용돌이치는 연기가 유령 같은 형체로 그들 위에 솟아
있다.)

메타-메타-요정 : 나는 메타-메타-요정입니다. 오 메타-요
　　　　　　정님 부르셨습니까? 소원을 말씀하시지요?

메타-요정 : 당신 오 진과 신에게 특별한 소원이 있어요. 그건 소
　　　　　　원들에 대한 유형 제한을 모두 일시적으로 정지시키는 걸

허락해달라는 겁니다. 즉 소원 하나를 무형으로 지속시키는 것에 대한 허락이지요. 이 소원을 들어줄 수 있겠소?

메타-메타-요정 : 그건 당연히 공식적인 경로를 밟아야지요. 4분의 1 순간만 기다리세요.

(그리고 메타-요정이 했던 것보다 두 배나 빠르게, 메타-메타-요정은 그의 옷주름에서⋯⋯으로 된 것만 빼고 메타-램프와 똑같이 생긴 램프를 꺼낸다.

            ⁓

                ⁓

                  ⁓

                    ·

                   ✝ ┆   {*GOD*}
                   ·

                  ·

                ·

              ·

            ·

(⋯⋯메타-메타-메타-램프 속으로 소용돌이쳐 들어가고, 메타-메타-요정은 메타-메타-메타-요정이 했던 것보다 절반이나 느린 속도로 그 메타-메타-메타-램프를 그의 옷주름 속에 넣는다.)

당신 소원은 받아들여졌소. 오 메타-요정이여.

메타-요정 : 고맙소. 오 요정이여 그리고 신이시여.

(그리고 메타-메타-요정은, 그보다 앞선 상위의 모든 요정들처럼, 메타-메타-램프 속으로 소용돌이쳐 들어가고, 메타-요정은 메타-메타-요정이 했던 것보다 절반이나 늦은 속도로 그 메타-메타-램프를 그의 옷주름 속에 넣는다.)

　　　　　당신의 소원은 받아들여졌소, 오 요정이여.
요정 : 고맙소, 오 요정이여 그리고 신이시여.

(그리고 메타-요정은, 그보다 앞선 상위의 모든 요정들처럼, 메타-램프 속으로 소용돌이쳐 들어가고, 요정은 메타-요정이 했던 것보다 절반이나 느린 속도로 그 메타-램프를 그의 옷주름 속에 넣는다.)

당신의 소원은 받아들여졌소. 아킬레스.

(그리고 그가 "한순간이면 될 겁니다" 하고 말한 이후 정확히 한순간의 시간이 흘렀다.)

아킬레스 : 고맙소, 오 요정이여 그리고 신이시여.
요정 : 아킬레스, 당신이 무형 소원을 정확히 하나(1) 가질 수도 있다는 것을 전하게 되어 기쁩니다. 다시 말하면 한 개의 소원, 또는 한 개의 메타-소원, 또는 한 개의 메타-메타-소원, 당신이 바라는 만큼의 "메타"가 붙은——(원한다면) 무한 개의 메타가 붙은 것조차 말입니다.
아킬레스 : 오, 정말 고마워. 요정. 하지만 호기심이 발동되었어. 내가 소원을 말하기 전에 신이 누군지 또는 뭔지 말해 주겠어?
요정 : 말씀드리지요. "신"은 "요정 위에 있는 신(GOD Over Djinn)"을 나타내는 두문자어지요. "요정(Djinn)"이란 낱말은 요정, 메타-요정, 메타-메타-요정 등을 나타내기 위한 것이죠. 그것은 유형이 없는 낱말입니다.
아킬레스 : 하지만——하지만—— 어떻게 "신"이 자기 자신의 두문자어 속에 있는 낱말이 될 수 있지? 그것은 말이 안 돼!
요정 : 오, 당신은 재귀적인 두문자어에 익숙하지 않나요? 누구나 다 아는 줄 알았는데. 보세요 "GOD"는 "GOD Over Djinn(요정 위의 신)"을 나타내고, 그것은 "GOD Over Djinn, Over Djinn"으로 확

장할 수 있습니다. 그건 다시금 "GOD Over Djinn, Over Djinn, Over Djinn"으로 확장할 수 있습니다. 그것은 더 확장할 수 있습니다……. 말하자면 당신이 원하는 만큼 계속할 수 있어요.

아킬레스 : 하지만 난 결코 끝내지 못할걸.

요정 : 물론 끝내지 못해요. 당신은 결코 GOD를 완전히 확장할 수 없어요.

아킬레스 : 음……. 그거 좀 당혹스럽군. 자네가 메타-요정한테 "내가 오 요정, 당신에게 그리고 신에게 요청하는 특별한 소원이 있소"라고 말했는데 대체 그게 무슨 뜻이지?

요정 : 나는 메타-요정에게뿐만 아니라, 그 위에 있는 모든 요정들에게도 요청하려 했지요. 이 재귀적인 두문자어 방법은 이것을 아주 자연스럽게 해냅니다. 메타-요정이 나의 요청을 접수하면 그는 그것을 위쪽으로 그의 GOD에게 전달해야 합니다. 그래서 그는 비슷한 메시지를 메타-메타-요정에게 전송합니다. 메타-메타-요정은 마찬가지로 메타-메타-메타-요정에게 전송합니다……. 이런 식으로 사슬을 올라가면 그 메시지는 GOD에게 전달되지요.

아킬레스 : 알겠네. 그러니까 GOD가 요정 사다리의 맨 위에 있다는 거지?

요정 : 아니요. 아니요. 아닙니다! "맨 위에"라는 건 없습니다. 왜냐하면 맨 위가 없기 때문이죠. 그게 바로 신(GOD)이 재귀적 두문자어인 이유입니다. GOD는 어떤 궁극적 요정이 아닙니다. 신은 어떤 요정이 있을 때 그 요정 위에 있는 모든 요정들의 탑(塔)이지요.

거북 : 그러면 내가 보기에는 모든 요정들이 각자 가지고 있는 GOD에 대한 개념이 다를 것 같아. 왜냐하면 어떤 요정에게든 신은 그 위에 있는 요정들의 집합이기 때문이지. 그리고 그 어떤 두 요정에게도 이 집합은 같지 않고 말이야.

요정 : 전적으로 맞는 말입니다. 내가 모든 요정 중에서 가장 아래에 있는 요정이기 때문에 내가 가진 GOD의 개념이 가장 고상한 것이지요. 나는 내 위에 있는 요정들이 가엾습니다. 그들은 자기네가 GOD에 더 가까이 있다는 환상을 가지고 있습니다. 그 얼마나 신성모독인가요!

아킬레스 : 맙소사, GOD를 발명하기 위해서 요정들을 동원해야만 하는군.

거북 : 자네는 GOD에 대한 이 모든 뚱딴지같은 소리를 믿는가, 아킬레스?

아킬레스 : 그럼. 믿지. 자네는 무신론자인가? 아니면 불가지론자인가?

거북 : 내가 불가지론자라고는 생각지 않네. 아마 메타─불가지론자일걸.

아킬레스 : 뭐어─? 무슨 말인지 전혀 모르겠군.

거북 : 그러니까. 내가 메타─불가지론자라면, 나는 내가 불가지론자인지 아닌지 헷갈릴 거야. 하지만 내가 **그렇게** 헷갈리고 있는지도 확실치 않아. 그러니까 난 메타─메타─불가지론자가 틀림없군(이라고 짐작해). 자, 요정, 말해보게. 어떤 요정이든 실수할 것이고, 그래서 그 사슬 아래위로 이동하는 메시지를 잘못 전달하지?

요정 : 그런 일이 일어납니다. 그게 바로 무형의 소원(Typeless Wish)을 받아들이지 않는 가장 흔한 원인입니다. 그 사슬의 어느 **특정한** 고리에서 전달 사고가 일어날 확률은 극도로 낮지요─하지만 무한히 많은 그 고리들을 한 줄로 늘어놓으면, **어디에선가** 전달 사고가 일어날 거라는 건 거의 확실해지죠. 사실 이상해 보이지만, 보통, 전달 사고가 무한 번 일어납니다. 비록 사슬에서 전달 사고가 매우 드문드문 분포해 있지만 말입니다.

아킬레스 : 그러면 그 어떤 무형의 소원이든 도대체 이루어진다는 게 기적처럼 보이네요.

요정 : 꼭 그렇지는 않아요. 대부분의 전달 사고는 대수롭지 않고 상당수는 서로 상쇄하는 경향이 있지요, 그러나 간혹─사실은 드물지만─무형의 소원이 이루어지지 않는 것에 대해서 전달 사고의 발단을 추적해 해당 요정을 찾아낼 수 있습니다, 이런 일이 생기면, GOD는 과실이 있는 요정에게 무한히 긴 인디언 태형을 가해 엉덩이를 두들깁니다. 그것은 매질하는 자들에겐 굉장히 재미있고 맞는 사람에게도 별 탈이 없어요. 당신도 그 광경을 틀림없이 즐길 테고요.

아킬레스 : 그걸 보면 좋겠는데! 하지만 그건 무형의 소원이 전달 사고

가 나 허락되지 않았을 때만 일어나지?

요정 : 그렇습니다.

아킬레스 : 음……. 듣고 보니 내가 무슨 소원을 말해야 할지 아이디어
가 떠오르네.

거북 : 오, 정말? 무슨 아이디어인데?

아킬레스 : 난 내 소원이 이루어지지 않기를 바라네!

(그 순간, '사건'이—사건이 적절한 낱말인가?—일어난다. 설명할
수 없는 사건이기 때문에 그걸 설명하려는 어떤 시도도 하지 않을
것이다.)

아킬레스 : 도대체 이 암호 같은 주석은 무슨 뜻이지?

거북 : 그 주석은 아킬레스가 말했던 무형의 소원에 대한 언급이지.

아킬레스 : 하지만 아킬레스는 아직 소원을 말하지 않았잖아?

거북 : 아니, 소원을 말했지. 그는 "난 내 소원이 이루어지지 않기를 바라"라고 했
지. 그러자 요정은 **그것을** 그의 소원으로 간주한 거야.

(그 순간, 복도를 지나 그들 쪽으로 접근하는 발걸음 소리가 들린다)

아킬레스 : 오, 이런! 저거 불길하게 들리는데.

(발걸음이 멈춘다 ; 그리고는 돌아서더니 차츰 사라진다.)

거북 : 휴우!

아킬레스 : 그런데 이야기가 계속되는 거야, 아니면 끝난 거야? 한 장 넘겨보게.
그리고 보자고.

(거북이 "진과 토닉"이 쓰인 쪽을 넘긴다. 다음 쪽에서 이야기가 이어진다…….)

아킬레스 : 어이! 어떻게 된 거야? 요정은 어디 있지? 내 램프는? 내 에스

프레소 잔은? 그 볼록과 오목 세계에서 온 젊은이들은 어떻게 된
거야? 아니, 저 작은 도마뱀들은 여기서 뭐하고 있지?

거북 : 우리 정황(context)이 잘못 복원된 것 같은데, 아킬레스.

아킬레스 : 지금 자네의 암호 같은 말은 도대체 무슨 뜻이지?

거북 : 나는 자네가 말했던 무형의 소원에 대해서 언급한 거야.

아킬레스 : 하지만 난 아직 소원을 말하지 않았잖아?

거북 : 아니, 소원을 말했지. 자네는 "난 내 소원이 이루어지지 않기를
바라네"라고 했지. 그러자 요정은 **그것**을 자네의 소원으로 간주
한 거야.

아킬레스 : 오, 이런! 그거 불길하게 들리는데.

거북 : 그걸 **역설**이라고 하지. 그 무형의 소원이 이루어지는 것은 그 소
원이 거절되는 것이지. 그러나 그 소원이 거절되는 것은 그 소원이
이루어지는 것이지.

아킬레스 : 그래서 어떻게 되었다는 거야? 지구가 멈추고 우주가 꺼졌다
는 거야?

거북 : 아니. 체계만 붕괴되었지.

아킬레스 : 그게 무슨 소리야?

거북 : 말하자면 아킬레스, 자네와 내가 갑자기 그리고 순식간에 툼볼리
아*로 보내졌다는 말일세.

아킬레스 : 어디로?

거북 : 툼볼리아(Tumbolia)! 죽은 딸꾹질과 꺼져버린 전구의 나라지. 일
종의 대기실인데 거기서 휴면상태의 소프트웨어가 그 주인 하드
웨어가 다시 복구되기를 기다리는 거지. 그 시스템이 얼마나 오랫
동안 다운되었는지 그리고 우리가 툼볼리아에 얼마나 오랫동안
있었는지는 알 수 없네. 그건 순간이 될 수도 있고 몇 시간, 몇 날,
몇 해가 되었을 수도 있네.

아킬레스 : 난 소프트웨어가 뭔지 하드웨어가 뭔지 몰라. 하지만 소원을
말하지 말았어야 했다는 건 알지. 요정을 다시 부르고 싶은데.

거북 : 안됐네, 아킬레스. 자네가 실수를 했네. 자네가 그 시스템을 다

---

* 툼볼리아(Tumbolia)란 저자가 만든, 혼란(tumble)과 지옥(limbo)의 합성어이다.

붕괴시켰어. 그러고도 우리가 다시 살아 돌아왔으니 하늘에 감사
하게. 상황이 훨씬 더 나쁠 수도 있었지. 하지만 여기가 어딘지 감
을 못 잡겠군.

아킬레스 : 이제 알았네! 우리는 에셔의 또다른 그림 속에 있는 거야. 이
번에는 "파충류"라는 그림이군.

거북 : 아하! 그 시스템은 붕괴되기 전에 가능한 한, 우리의 정황을 많
이 저장해놓으려 했군. 그래서 다운되기 전에 우리의 정황이 도
마뱀이 그려진 에셔 그림이라는 기록까지 했지. 그건 칭찬받을
만하지.

아킬레스 : 보게나—저기 책상 위에 있는 저게 우리 팝-토닉 병 아닌가?
그 옆엔 원을 그리며 돌고 있는 도마뱀들이 있고.

거북 : 그래 분명히 우리 것이로군, 아킬레스. 우린 정말 운이 좋아. 그
시스템은 우리에게 소중한 물건인 팝-토닉을 돌려주는 일에 친절
을 베푸는군.

아킬레스 : 그렇고말고! 이제 에셔의 세계에서 튀어올라 우리 집으로 되
돌아갈 수 있겠지.

거북 : 책상 위에 토닉이 있고 그 옆에 책이 몇 권 있군, 저게 다 무슨 책
이지? (아무렇게나 펼쳐져 있는 조금 작은 책 하나를 집어 든다.) 이
건 상당히 재미있는 책 같은데?

아킬레스 : 정말? 제목이 뭐야?

거북 : 『지구의 여러 곳에서 펼쳐진 아킬레스와 거북의 흥미진진한 모험』.
골라 읽기에 재미있어 보이네.

아킬레스 : 읽고 싶으면 **자네는** 읽을 수 있지. 하지만 나는 팝-토닉을
운에 맡기지는 않을 거야. 도마뱀 중의 한 마리가 팝-토닉 병을
책상에서 떨어뜨릴지도 몰라. 그래서 내가 그걸 당장 가져올 작정
이야.

(그는 책상으로 급히 가서 팝-토닉을 잡으려 손을 뻗었는데 서두르
는 바람에 그만 병에 부딪치고 만다. 그러자 병은 책상 위에서 떨어
져 굴러가기 시작한다.)

그림 24. "도마뱀(Reptiles)"(M. C. 에셔, 석판, 1943).

이런 큰일났네! 거북 선생-여기 좀! 토닉 병을 그만 바닥에 떨어뜨렸어. 저기 계단, 계단 쪽으로 굴러가고 있어, 빨리, 떨어지기 전에.

(하지만 거북은 손에 들고 있는 그 얇은 책에 완전히 정신이 팔려 있다.)

거북 : (중얼거리며) 어! 이 이야기 재미있어 보이는데.

아킬레스 : 거북⋯⋯거북⋯⋯도와줘! 토닉 병 잡는 거 도와달라고.

거북 : 왜 그렇게 난리야?

아킬레스 : 토닉 병—내가 그걸 책상에서 떨어뜨렸어. 저기 굴러가고 있다고.

(그 순간 토닉 병은 계단 끝에서 곤두박질친다.)

큰일 났네! 어떻게 하지? 거북 선생— 자네는 걱정되지도 않나? 우리 토닉을 잃어버렸단 말이야! 방금 계단 아래로 굴러떨어졌다고! 이제 우리가 할 건 한 가지밖에 없어. 한 층 아래로 내려가야 할 거야.

거북 : 다음 이야기로 넘어가자고?* 좋지. 같이 안 읽을래?

(거북은 소리 내서 읽기 시작한다. 그러자 아킬레스는 양방향 선택의 기로에서 결국 주저앉아서 [책 속에 있는] 거북 역할을 떠맡는다.)

아킬레스 : 여긴 정말 어둡군그래, 거북 선생. 아무것도 보이질 않아. 아야! 벽에 부딪혔어, 조심하라고!

거북 : 여기—지팡이가 두 개 있어. 자네가 하나 갖게. 이걸 앞으로 내밀어 더듬으면 부딪히지 않을 거야.

아킬레스 : 좋은 생각이군. (지팡이를 건네받는다.) 우리가 걷는 이 길이 부드럽게 왼쪽으로 구부러지고 있다는 느낌이 안 드나?

거북 : 아주 조금씩 그런 것 같군.

아킬레스 : 우리가 어디에 있는지 궁금하군. 우리가 다시 햇빛을 볼 수나 있을까? 자네가 "드링크 미"**를 마시자고 했을 때 그 말을 듣지 않는 건데.

거북 : 그거 전혀 해롭지 않네, 안심하게. 난 그걸 여러 번 먹었어. 그리고 한 번도 먹은 걸 후회한 적이 없네. 자, 긴장을 풀고 우리가 작아진 걸 즐겨보세.

아킬레스 : 작아졌다고? 나에게 무슨 짓을 한 거지, 거북 선생?

---

* 원문은 "Go down one story?"이다. story라는 단어에는 층과 이야기 두 가지 뜻이 있는데 그것을 이용한 문구이다.
** 『이상한 나라의 앨리스』에 나오는 주스 이름이다.

그림 25. "크레타의 미로(Cretan Labyrinth)"(이탈리아 석판, 피니게라 학파)[출전—매튜스, 『황당함과 미로 : 그 발달사(*Mazes and Labyrinths : Their History and Development*)』(New York, 1970)에서].

거북 : 날 탓하지 말게. 자네 의지로 한 것 아닌가.

아킬레스 : 자네가 나를 쪼그라들게 했지? 그래서 지금 우리가 서 있는 이 미로가 누군가 깔아뭉갤 수 있을 만큼 아주 작은 거 아니냐고?

거북 : 미로? 미로라고? 이게 미로가 될 수 있나? 우리가 그 무시무시한 마조타우루스*의 악명 높은 작은 화성(和聲)의 미로 속에 있는 거야?

아킬레스 : 맙소사! 그게 뭔데?

거북 : 어쨌든 나는 결코 믿지 않았는데— 사악한 마조타우루스가 작은 미로를 만들고는 한 가운데 구덩이에 앉아서 무섭도록 복잡한 미로 속에서 불쌍한 희생양이 길을 잃기를 기다린다는 이야기가 전해지지. 희생양이 사방팔방으로 헤매다가 멍해서 미로의 가운데

---

* 그리스 신화에 나오는 사람의 몸에 소의 머리를 한 괴물 미노타우로스에 대한 말장난이다.

에 있는 구덩이에 빠지면, 자신의 속임수에 넘어간 그
들을 보고 웃고 또 웃지. 너무 크게 웃어 그 희생양
이 죽을 지경이 된다네.

아킬레스 : 아, 안 돼!

거북 : 하지만 그건 그냥 신화일 뿐이야. 힘내게 아킬레스.

(용감한 이 두 친구는 다시 걷는다.)

아킬레스 : 이 벽들을 만져봐. 골진 함석판이나 그 비슷한
거 같은데. 하지만 골들이 크기가 제각각이군.

(자기가 지적한 점을 강조하려고 아킬레스는 지팡이
를 내밀어 벽 표면에 대고서 걸어간다. 그 막대기가 그
골들에 부딪혀 앞뒤로 튈 때, 그들이 있는 구부러진 긴
복도 위아래로 이상한 소리들이 메아리친다.)

거북 : (놀라면서) **저게** 무슨 소리였지?

아킬레스 : 바로 나였어. 내가 지팡이로 벽을 문질렀거든.

거북 : 휴! 나는 그 무시무시한 마조타우루스*가 괴성을 지
르는 줄 알았어!

아킬레스 : 자네가 그건 다 신화라고 말하지 않았나?

거북 : 물론 신화지. 무서워할 게 하나도 없어.

(아킬레스는 지팡이를 벽에 대고 다시 걷는다. 그러자
음악 소리가 들리는데, 그 소리는 지팡이가 벽을 긁고
있는 그 지점에서 나오고 있다.)

거북 : 어, 영 느낌이 이상한걸. 아킬레스. 그 미로는 신화가

---

* 마조타우루스(Majotaur)는 C장조(C Major)를 암시한다.

아닐지도 몰라.

아킬레스 : 잠깐. 무엇 때문에 갑자기 생각이 바뀌었지?

거북 : 저 음악 소리 들리지?

(더 또렷이 들으려고, 아킬레스는 지팡이를 내려놓는
다. 그러자 멜로디도 멈춘다.)

헤이! 지팡이를 다시 대봐! 그 멜로디를 끝까지 듣고
싶어.

(뭣 모르는 아킬레스는 거북의 말을 따른다. 그러자 그
음악 소리가 다시 들린다.)

고마워! 내가 말하려고 했던 대로, 우리가 어디에 있
는지 알아냈어.

아킬레스 : 정말? 어디 있는데?

거북 : 우린 재킷 안에 들어 있는 음반의 나선형 홈선 속을
걷고 있는 중이야. 자네가 벽에 있는 이상한 모양에
대고 긁은 그 지팡이가 그 홈선을 따라 지나가는 축
음기 바늘처럼 작용해서, 음악이 나오게 한 거지.

아킬레스 : 아니 이럴 수가, 이럴 수가······.

거북 : 뭐라고? 너무 기쁘지 않나? 자네가 이전에 음악과 이
렇게 친밀하게 접촉할 기회나 있었나?

아킬레스 : 내가 지금 벼룩보다도 작은데, 어떻게 정상 크기
의 사람과 맞붙어 경주에 이기길 꿈꿀 수 있나? 거북
선생?

거북 : 자네를 괴롭히는 게 그게 단가? 초조해할 필요는 없
어, 아킬레스.

아킬레스 : 자네 말투를 보면 자네 사전엔 걱정이란 말이 없
는 것 같아.

거북 : 글쎄, 하지만 분명한 점 한 가지는 내가 작아진 걸
　　　걱정하지 않는다는 거야. 특히 그 무시무시한 마조타
　　　우르스라는 겁나는 위험과 맞닥뜨릴 경우에 말이야.

아킬레스 : 아 끔찍해! 자네가 나한테 말하고 있는…….

거북 : 그럴지도 몰라, 아킬레스. 그 음악을 듣고 알았지.

아킬레스 : 어떻게 음악을 듣고 알지?

거북 : 아주 간단해. 맨 위 성부의 멜로디 B-A-C-H를 듣
　　　자마자 나는 우리가 걷고 있는 홈선이 바흐의 덜 알
　　　려진 오르간 작품인 "작은 화성의 미로"라는 걸 알아
　　　차렸지. 그 곡은 어지러울 정도로 전조(轉調)가 잦아
　　　서 사람을 헷갈리게 하기 때문에 그렇게 불리지.

아킬레스 : 전조라니, 그게 뭐야?

거북 : 에, 그러니까 대부분의 곡이 하나의 조(調), 또는 조성
　　　(調性)으로 쓰여져. 예를 들면 C장조가 이 곡의 조야.

아킬레스 : 그런 용어를 전에 들어봤어. 그러면 거기서는 C
　　　가 종지(終止)를 원하는 음이라는 뜻인가?

거북 : 그래, C는 이를테면 홈 베이스인 셈이지, 통상적인 용
　　　어로는 "으뜸음(tonic)*" 이라고 해.

아킬레스 : 그렇다면 결국 그 으뜸음으로 되돌아오려고 으
　　　뜸음으로부터 그렇게 멀리 도망친 거야?

거북 : 맞았어! 작품이 전개되는 동안에, 그 으뜸음으로부터
　　　멀어지는 애매한 화음과 멜로디들이 사용되지, 그래
　　　서 점점 더 긴장이 높아지면, 그 으뜸음을 다시 듣기
　　　위해서 되돌아오려는 욕구가 점점 강해지는 거야.

아킬레스 : 그게 작품의 끝에 가면 언제나 그토록 만족을
　　　느끼는 이유인가? 마치 그 으뜸음을 들으려고 평생
　　　을 기다리거나 한 듯이 말이야.

거북 : 바로 그대로야. 그 작곡가는 화성 진행의 지식을 활
　　　용해 자네의 감정을 조작하고 자네 마음속에 으뜸음

---

* 여기서 으뜸음(tonic)은 술을 뜻하는 토닉(tonic)에 대한 말장난이다.

을 듣고 싶다는 바람을 쌓아올리는 거지.

아킬레스 : 하지만 자네는 전조에 대해서 말하려고 했잖아.

거북 : 아, 그래. 작곡가가 할 수 있는 한 가지 아주 중요한 일은 곡이 진행되는 동안 "전조하는" 거지, 즉 으뜸음을 향한 해결과는 다른 목표를 잠깐 제시하는 거지.

아킬레스 : 이제 알 것 같군. 그러니까 자네 말인즉 일련의 화음들이 어떻게든 화성의 긴장을 이동시켜서 나로 하여금 사실 다른 조성으로의 해결을 기대하게 한다, 이 말이로군!

거북 : 그거야, 그게 상황을 더 복잡하게 하는데, 그 이유는 자네가 잠깐이기는 하지만 새로운 조로의 해결을 원하기 때문이야. 하지만 그러면서도 자네 정신의 어딘가에 원래의 목표—이 경우는 C장조—에 도달하려는 생각을 계속 가지고 있지. 그래서 제2 목표가 달성되면, 그때는—

아킬레스 : (갑자기 열광하는 몸짓으로) 이 "작은 화성의 미로"의 종지부인 저 장엄한 상승하는 화음을 들어보게나!

거북 : 아니야, 아킬레스, 저건 끝이 아니야. 그건 단지—

아킬레스 : 분명히 끝부분이라고! 멋있군! 정말 강력하고 멋진 종지부야! 저 구원의 악상(樂想)! 저것이야말로 정말 내가 바라던 종지부의 해결이군. 엄청난 느낌이 지배하는 G장조!*

(아니나 다를까, 그 순간 음악이 멈추고, 그들은 벽이 없는 탁 트인 공간으로 나온다.)

보라고, 끝났잖아, 내가 뭐라고 했어?

거북 : 뭔가 아주 잘못됐어. 이 음반은 음악계의 수치야.

---

* C장조인데 여기서 아킬레스는 G를 으뜸음으로 착각하고 있다.

아킬레스 : 무슨 소리를 하는 거야?

거북 : 그게 바로 내가 자네에게 말하고 있던 거야. 여기서 바흐는 C장조를 G장조로 전조했고, G를 제2목표로 설정했다네. 그러자 자네는 두 개의 긴장을 동시에 느끼는 거지. 자네는 G로 향하는 해결을 기대하면서도, 실은 승전의 기분으로 C장조를 가지고 종지부 해결을 하려는 걸 마음속에 간직한다는 거지.

아킬레스 : 음악작품을 들을 때 왜 마음속에 어떤 것을 간직해야 하는 거지? 음악이 단지 지적(知的) 훈련에 불과한가?

거북 : 아니, 물론 아니지. 고도로 지적인 음악도 있지만, 대부분은 그렇지 않아. 대부분은 자네 귀나 머리가 자네를 위해서 "연산"해주고, 자네의 감정이 듣고 싶어하는 것을 자네의 감정이 알도록 해주지. 자네가 그것에 대해서 의식적으로 생각할 필요가 없다는 말이야. 그러나 이 작품에서 바흐는 듣는 이를 혼란시키려고 농간을 부리고 있지 아킬레스, 자네는 바흐에게 홀딱 속아 넘어간 거야.

아킬레스 : 그러니까 내가 딸림화음의 종지부로의 해결로 판단했다는 거지?

거북 : 그렇지!

아킬레스 : 그래도 내가 듣기에는 종지부 같은데.

거북 : 바흐는 일부러 그렇게 들리도록 만들었지. 자네는 말하자면 바흐의 함정에 빠진 거야. 그 작품은 마치 종지부처럼 들리게 의도적으로 작곡되었어. 하지만 그 화성진행을 조심해서 따라가보면 그게 잘못된 조성이란 걸 알게 될 거야. 자네뿐만 아니라 아마 이 불쌍한 음반회사도 자네와 똑같이 함정에 빠졌어. 그래서 그 곡을 앞서서 미리 종료시켜버린 거야!

아킬레스 : 아니 바흐가 내게 그 따위 수작을 하다니!

거북 : 그게 바로 자네를 그의 미로에서 길을 잃게 하기 위해서 그가 만든 게임의 전모야! 사악한 마조타우루스와 바흐는 작당했지. 그래서 자네가 주의하지 않는다면 바흐는 속은 자네를 보고 자네가 죽어 자빠질 정도로 웃을 거야. 어쩌면 자네와 함께 나도 죽어 자빠질 정도로.

아킬레스 : 오, 그럼 서둘러 나가자고! 어서! 그 음반의 홈선을 거슬러 올라가세. 그 사악한 마조타우루스가 우리를 찾아내기 전에 음반 밖으로 탈출하자고.

거북 : 맙소사. 아니야! 나는 너무나도 예민해서 시간이 역전될 때 생기는 기괴한 화성진행은 감당할 수가 없네.

아킬레스 : 오, 거북 선생, 우리가 왔던 길을 거슬러 올라가지 않는다면 도대체 여기를 어떻게 벗어날 수 있지?

거북 : 아주 좋은 질문이야.

(약간 자포자기 상태에서 아킬레스는 어둠 속을 좌충우돌하기 시작한다. 갑자기 "윽" 하는 소리가 나고, 이어서 "쿵.")

아킬레스, 괜찮아?

아킬레스 : 충격으로 좀 놀랐는데 그외에는 괜찮아. 내가 좀 큰 구덩이에 빠졌어.

거북 : 자네는 사악한 마조타우루스의 구덩이에 빠졌군. 내가 자네를 꺼내주러 갈게. 우리는 빨리 움직여야 해.

아킬레스 : 조심해, 거북 선생. **자네까지** 빠지면 안 되지.

거북 : 걱정 말게, 아킬레스. 모든 게 다—

(갑자기 "윽" 소리가 나고, 이어서 "쿵.")

아킬레스 : 이젠 자네까지 빠졌군. 거북 선생 괜찮아?

거북 : 이거 자존심 구겨졌네. 그것 말고는 괜찮네.

아킬레스 : 이제 우리는 병에 든 피클 신세일세. 안 그래?

(갑자기 어마어마하게 큰 금속성 웃음소리가 놀랄 만큼 가까이에서 들린다.)

거북 : 조심해, 아킬레스. 이건 웃을 일이 아니야.

마조타우루스 : 히히히! 호호! 허허허!

아킬레스 : 기력이 떨어지기 시작해, 거북 선생.

거북 : 저 웃음소리에 신경 쓰지 않도록 해봐. 아킬레스, 그게 유일한 희망이네.

아킬레스 : 최선을 다해야지. 아, 배만 안 고파도!

거북 : 잠깐, 맛있는 냄새가 나는데, 근처에 뜨거운 버터로 튀긴 팝콘이 있나?

아킬레스 : 나도 냄새가 나. 이 냄새가 어디서 나는 거지?

거북 : 저기서 나는 것 같아. 오! 방금 뭐가 담긴 커다란 접시와 부딪혔어. 맞아, 팝콘 한 접시 같은데!

아킬레스 : 야! 팝콘이다! 배 터지게 먹어야겠다!

거북 : 이게 푸시콘이 아니기를 바라야지! 푸시콘과 팝콘은 분간하기 여간 어려운 게 아니야.*

아킬레스 : 푸시킨이라니 그게 무슨 말이야?

거북 : 그런 말 안 했는데. 자네는 환청을 들은 게 틀림없어!

아킬레스 : 고-골 때리는 소리 말라고! 푸시콘이 아니길 바라네. 좌우간 먹자고!

(두 친구는 팝콘[혹시 푸시콘?]을 먹기 시작한다. 그러자 갑자기 펑! 팝콘이었나보다.)

---

* 에셔의 그림 "볼록과 오목"에서 사물을 오목한 것으로 볼 수도 있고 볼록한 것으로 볼 수도 있다. 푸시가 팝이 될 수도 있고 팝이 푸시가 될 수도 있다는 말이다.

거북 : 정말 재밌는 이야기인데. 재미있었지?

아킬레스 : 조금. 그들이 사악한 마조타우루스의 구덩이에서 탈출했는 지 궁금해. 불쌍한 아킬레스. 그는 자기의 원래 크기로 돌아오고 싶어했는데.

거북 : 걱정할 필요 없네—그들은 탈출했고 아킬레스도 다시 원래 크기 로 돌아왔지. 그 모든 게 바로 "팝"이 뜻하는 거야.

아킬레스 : 난 잘 모르겠어. 그나저나 **정말로** 토닉이 든 병을 찾아야겠 어. 왠지 입술이 바짝 타는군. 이럴 땐 팝-토닉 한잔이 최고지.

거북 : 그건 갈증을 해소하는 데에 효능이 있는 걸로 유명하지. 어떤 곳 에서는 팝-토닉 때문에 사람들이 거의 미칠 지경이 되었다네. 금 세기에 들어오면서 빈에 있던 쇤베르크 식료품 공장에선 토닉의 생산을 중단하고, 시리얼을 만들기 시작했지.* 그러자 사람들은 이루 상상할 수 없을 정도로 열광했다네.

아킬레스 : 나도 대충 알고 있어. 하지만 토닉을 찾아보세. 잠깐만. 책상 위에 있는 이 도마뱀들을 보게나, 뭔가 좀 웃기지 않나?

거북 : 음……. 별로. 도대체 뭐가 그리 재미있다는 건지.

아킬레스 : 모르겠나? 저 도마뱀들은 팝-토닉을 안 마시고도 지금 막 저 평평한 그림 바깥으로 나오고 있잖네! 어떻게 저렇게 할 수 있지?

거북 : 자네한테 이야기 안 했던가? 팝-토닉이 없을 경우에, 그림 바깥 으로 나오려면 평면과 수직 방향으로 움직이면 된다고 말이야. 저 작은 도마뱀들은 저 스케치북의 이차원적 세계에서 벗어나고 싶으면 **위로** 기어오르면 된다는 걸 배웠단 말일세.

아킬레스 : 우리도 에셔의 그림을 벗어나려면 저렇게 하면 되지 않을까?

거북 : 물론이고말고. 우린 그냥 한 층 **위로**(up one story) 가기만 하면 되네. 어때, 해볼까?

아킬레스 : 집으로 돌아갈 수만 있다면야. 이 흥미진진한 모험도 이젠 신 물이 나네.

거북 : 나를 따라오게, 이쪽 위로.

---

* 지금까지 그들이 마신 음료수가 시리얼(cereal)로 바뀌었다는 것은 당시까지의 화성음악(tonic) 이 쇤베르크에 이르러서 무조(無調, serial)음악으로 바뀌었다는 내용에 대한 풍자이다.

(그들은 한 층 위로 올라간다.)

아킬레스 : 다시 돌아오니 좋군. 하지만 뭔가 좀 이상하군. 여긴 우리 집이
　　　　아니잖아! 이건 **자네** 집이야. 거북 선생.

거북 : 그렇군— 그래서 난 기쁘네! 자네 집에서부터 그 먼 길을 걸어올 생각
　　　은 꿈에도 없어. 난 지쳤어. 자네 집에서 걸어 돌아오는 걸 해낼지 의심
　　　스러워.

아킬레스 : 난 집에 걸어가는 거 괜찮아. 그래서 우리가 여기서 끝난 게 다행
　　　　이라 생각하네.

거북 : 그렇고말고! 이게 분명 행운이네!

제5장

재귀적 구조와 과정

재귀란 무엇인가?

재귀(recursion)란 무엇인가? 대화 "작은 화성의 미로"에서 보여준 것이다 : 중첩과 그 변이체. 그 개념은 아주 일반적이다. (이야기 속의 이야기, 영화 속의 영화, 그림 속의 그림, 러시아 인형 속의 러시아 인형[마트료시카], (심지어 괄호 쳐진 주석 속의 괄호 쳐진 주석!)—이것들은 재귀가 가진 매력의 일부일 뿐이다.) 그러나 이 장에서 "재귀적"의 의미는 제3장에서의 의미와 약간만 연관되어 있다. 그 연관성은 이 장의 끝에 가면 분명해질 것이다.

때때로 재귀는 역설과 아주 비슷해 보인다. 예를 들면, 재귀적 정의들이 그렇다. 그런 정의들은 얼핏 보기에는 무엇인가 자기 자신에 의해서 정의되고 있다는 인상을 줄 수 있다. 그것은 순환적일 것이고, 비록 완전히 역설로는 아니지만, 무한후퇴(infinite regress)로 치달을 것이다. 그러나 실은 재귀적 정의는 (그것이 제대로 기술되는 경우에) 결코 무한후퇴나 역설로 가지 않는다. 이것은 재귀적 정의가 어떤 것을 결코 자기 자신을 가지고 정의하지 않고 언제나 자기 자신의 보다 단순한 버전을 가지고 정의하기 때문이다. 재귀적 정의의 보기를 몇 개 보여주면 이것이 무슨 뜻인지 곧 좀더 명확해질 것이다.

일상생활에서 재귀가 흔하게 나타나는 방식 중 하나는, 어떤 과제를 수행할 때 종종 같은 종류의 더 단순한 과제를 수행하기 위하여 그 과제 완수를 연기하는 경우이다. 좋은 보기가 하나 있다. 어떤 회사 중역이 한꺼번에 여러 통의 전화를 받을 수 있는 멋진 전화기를 가졌다고 해보자. A와 통화하고 있는데 B한테 전화가 온다. A에게 말한다. "전화 끊지 말고 잠깐만 기다려주시겠습니까?" 물론 그는 A가 전화를 끊는다고 해도 개의치 않는다. 그는 간단히 단추를 누르고는(푸시(push)) B와 통화한다. 이어서 C한테 전화가 온다. 똑같은 통화 일시 중단이 B에게도 일어난다. 이런 식으로 언제까지나 계속될 수 있지만 너무 길게 끌지는 말자! 자, 이제 C하고 통화가 끝났다고 해보자. 그러면 그 중역은 B에게로 "돌아와서[팝(pop)]" 통화를 계속한다. 한편 A는 그 회선의 다른 쪽 끝에 앉아서 손톱으로 책상을 두드리며 전화기를 통해서 흘러나오는 통화 대기자를 위한 배경 음악을 듣고 있다…… 이제 가장 간단한 경우는 B와의 통화가 끝나면 그 중역이 마침내 A에게 돌아오는 것이다. 그러나 B와의 통화가 재개된 이후 새로운 통화자 D가 전화를 거는 경우가 생길 수 있다. B는 다시 한번 통화 대기자 상태가 되고[스택에 푸시됨], D가 통화 상대자가 된다. D와의 통화가 끝나면 B에게 돌아오고 그리고 나서 A에게 돌아온다. 이 중역이 기계적으로 보이기는 하지만 재귀가 어떤 것인지 아주 정확한 형태로 보여주고 있다.

푸시, 팝 그리고 스택

앞의 보기에서 재귀의 몇 가지 기본 용어를—적어도 컴퓨터 과학자들이 보는 시각으로—소개했다. 이것들은 푸시, 팝 그리고 스택([stack, 임시기억장치), 더 정확히 말하면 푸시-다운 스택)이며 서로 연계되어 있다. 이것들은 인공지능을 위한 초창기 언어 중의 하나인 IPL의 일부로서 1950년대 말에 소개되었다. "푸시"와 "팝"은 이미 앞의 대화에서 마주쳤다. 그러나 그래도 이것들을 설명하겠다. 푸시한다는 것은 당신이 지금 일하고 있는 과제에서, 어느 상태에 있는지 잊지 않고서, 작업을 일시중단하고 새로운 과제를 시작하는 것을 뜻한다. 새로운 과제는 통상 앞의 과제보다 "더 낮은 단계"에 있다고 말한다. 팝하는 것은 그 반대이다. 그것은 한 층위에서의 작업을 끝내고, 당신이 작업을 중지했던 곳, 즉 한 층위 더 높은 곳에서 작업을 재개하는 것을 뜻한다.

그러나 각각의 다른 층위에서 당신이 정확히 어디에 있었는지 어떻게 기억하는가? 답은 당신이 관련 정보를 스택에 저장하는 것이다. 스택은 표이다. 그 표는 당신에게 (1) 마치지 않은 각 과제에서, 당신이 멈추었던 곳(전문 용어로는 "귀환 주소[return address]")은 어디인가 (2) 멈춘 지점에서, 알아야 할 관련 사실들은 무엇인가(전문 용어로는 "변수 결합")와 같은 것들을 알려준다. 어떤 작업을 재개하기 위해서 팝해서 돌아오는 경우, 당신이 길을 잃은 느낌이 들지 않도록 맥락을 복구하는 것이 스택이다. 전화통화의 보기에서 스택은 각기 다른 층위에서 누가 대기하고 있나 그리고 통화가 중단되었을 때 어느 대목에 있었는가를 알려준다.

한편 용어 "푸시", "팝", "스택"은 모두 카페테리아에 수북이 쌓여 있는 접시 더

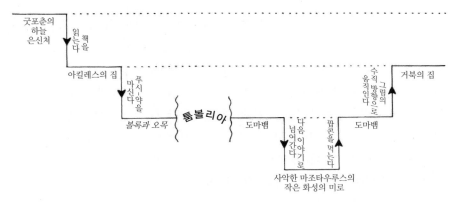

그림 26. 대화 "작은 화성의 미로"의 구조도. 수직 방향의 하강은 "푸시"이고 상승은 "팝"이다. 이 다이어그램과 대화의 들여쓰기 패턴과의 유사성을 주목하라. 이 그림으로부터 초기의 긴장—굿포춘의 위협—이 결코 해소되지 않았다는 것을 분명히 알 수 있다. 아킬레스와 거북은 그냥 공중에 매달린 채로 있다. 어떤 독자들은 아마 이러한 팝되지 않은 푸시가 개운하지 않은 반면 다른 독자들은 속눈썹 하나 까딱하지 않을 것이다. 이야기 속에서, 바흐의 음악적인 미로는 마찬가지로 너무 일찍 중단되었다—그러나 아킬레스는 미심쩍은 것을 전혀 알아채지 못했다. 다만 거북만이 해소되지 않은 더 전체적인 긴장을 알았을 뿐이다.

미의 시각적 이미지에서 나왔다. 보통은 스프링이 아래에 있어서 맨 위에 있는 접시의 높이를 일정하게 유지시킨다. 그래서 그 더미(스택) 위에 접시를 눌러(푸시) 얹으면 스프링은 약간 내려가고, 접시를 빼면 접시 더미는 약간 솟아오른다.

　일상생활에서 겪는 또다른 보기가 있다. 라디오로 뉴스를 들을 경우 외국주재 특파원을 불러내는 경우가 종종 있다. "자 그럼 영국 피포그에 나가 있는 샐리 스윔플리 특파원 나와주세요." 샐리 특파원은 현지 리포터가 어떤 사람과 인터뷰한 녹음 테이프를 가지고 있다. 그래서 배경 설명을 약간 하고 그 테이프를 튼다. "저는 나이젤 캐드월러더입니다. 여긴 엄청난 강도 사건이 일어난 피포그에서 조금 벗어난 곳인데 제가 이야기를 나눌⋯⋯." 이제 당신은 세 층위 아래 있다. 이때 인터뷰 대상자도 어떤 대화가 담긴 테이프를 틀 수 있다. 실제의 뉴스보도에서는 세 층위 아래로 내려가는 일도 드물지 않다. 그런데 놀랍게도 우리는 그 일시중단을 거의 의식하지 못한다. 그것은 잠재의식 속에서 아주 쉽게 추적된다. 아마 그렇게 쉽게 추적할 수 있는 것은 각 층위가 각기 다른 층위와는 분위기가 엄청 달라서일 것이다. 그것들이 모두 비슷하다면 우리는 금세 혼란에 빠질 것이다.

더 복잡한 재귀의 보기는 당연히 앞의 대화이다. 거기서 아킬레스와 거북은 각기 다른 모든 층위들에서 출현했다. 때로는, 그들은 자신들 스스로가 주인공으로 나오는 이야기를 읽고 있다. 그것이 무슨 일이 진행되고 있는지 다소 혼미스러워지는 경우이다. 그래서 상황을 분명히 파악하려면 주의 깊게 집중해야 한다. "자, 실제의 아킬레스와 거북은 여전히 굿포춘의 헬리콥터에 있다. 그러나 두 번째 층위의 거북과 아킬레스는 에서의 그림 속으로 들어가서 책을 찾아 읽었다. 그리고 세 번째 층위의 아킬레스와 거북은 '작은 화성의 미로' 음반의 홈선 속을 돌아다닌다. 그러나 잠깐—내가 어디선가 한 층위를 빼먹었군……." 대화 속의 재귀를 추적하려면 우리는 머릿속에 이러한 의식적인 스택을 가져야 한다(그림 26 참조).

음악에서의 스택

"작은 화성의 미로"에 대해서 이야기하면서, 대화 속에서 드러나게 말하지는 않았지만 넌지시 비친 것을 논의할 것이다. 그것은 우리가 음악을 재귀적으로 듣는다는 것, 특히 마음속으로 조(調)에 대한 스택을 유지한다는 것, 새롭게 전조할 때마다 새로운 조를 그 스택에 푸시한다는 것이다. 이것은 나아가 우리가 조들을 역순으로 거슬러서, 으뜸 화음에 이를 때까지 스택에 푸시된 조들을 하나씩 팝하면서 듣기 원한다는 것을 함축한다. 이것은 과장이다. 그러나 일말의 진리는 있다.

음악적인 소양을 웬만큼 가진 사람이라면, 자동적으로 두 개의 조에 대한 스택을 가진다. 그 스택에서는 진짜 으뜸 화음이 유지되고, 또한 가장 인접한 "의사(擬似) 조성"(곡 안에 있는 것처럼 작곡가들이 보이게 만들려는 조성)도 유지된다. 달리 말하자면, 가장 전체적인 조성과 가장 국소적인 조성이 있다. 이러한 방식으로 듣는 이는 언제 으뜸 화음에 도달했는지 알게 되며, 그 결과 "안도감"을 느낀다. 또한 듣는 이는 (아킬레스와 달리) 긴장의 국소적인 긴장 완화와— 예를 들면 의사(擬似) 조성으로의 해결—전체적인 해결을 구별할 수 있다. 사실 의사 해결은 전체적인 긴장을 높여야 하는 것이지 약화시켜서는 안 된다. 그 이유는 그 해결이 아이러니하기 때문이다. 아킬레스가 흔들거리는 램프에 위험하게 매달린 상황에서 구출되었지만, 당신은 내내 그와 거북이 실제로는 굿포춘의 칼

아래에서 그들의 비통한 운명을 기다리고 있는 것을 아는 것과 같은 상황이다.

긴장과 해결이 음악의 심장과 영혼을 형성하기 때문에, 그에 대한 수많은 보기들이 있다. 그러나 바흐를 한번 살펴보자. 그는 많은 작품을 "AABB" 형식으로 썼다. 즉 절반짜리 두 부분이 있고 각 절반이 반복된다. 이 형식이 가장 잘 나타난 바흐의 프랑스 모음곡 5번에 나오는 지그(gigue)를 보기로 들어보자. 그 곡은 G장조의 경쾌한 춤곡이다. 그러나 A소절로 넘어가면서 가장 가까운 D장조(딸림화음)로 전조된다. A소절이 끝나면 우리는 이제 D장조에 있게 된다. 마치 그 곡이 D장조로 끝나는 곡처럼 들린다! (아니면 적어도 아킬레스에게는 그렇게 들릴 것이다.) 그러나 그 다음에는 좀 이상한 일이 생긴다—우리는 곧바로 처음의 조성, 즉 G장조로 되돌아가고 다시 D장조로의 동일한 전조를 듣게 된다. 그리고 나면 또다시 이상한 일이 생긴다—우리는 곧바로 처음의 조성, 즉 G장조로 되돌아가고 다시 D장조로의 동일한 전조를 듣게 된다.

그리고 나면 B소절이 나온다. 우리의 선율에 대한 주제를 전회시키면서 마치 그 조가 원래의 조였던 것처럼 D장조로 시작하게 된다. 그러나 결국에는 다시 G장조로 전조된다. 그것은 우리가 그 조성으로 다시 팝했으며 그 B소절이 제대로 끝난다는 것을 의미한다. 그리고 나면 그 기묘한 반복이 일어나 우리를 다시 D장조로 내몰고, 우리를 다시 G장조로 되돌려 보낸다. 그리고 나면 그 기묘한 반복이 일어나 우리를 다시 D장조로 내몰고, 우리를 다시 G장조로 되돌려 보낸다.

이 모든 전조—조금은 급작스럽기도 하고 조금은 부드럽기도 한—가 가지는 심리학적인 효과는 기술하기가 매우 어렵다. 우리가 이 전조를 자동으로 이해할 수 있는 것이 음악이 가지는 마력의 일부이다. 또는 우리가 무슨 일이 일어나는지 의식하지 못하는 그러한 자연스러운 우아함을 가지는 구조로 작곡할 수 있는 것이 바흐의 마력인지도 모르겠다.

원래의 "작은 화성의 미로"는 조성을 급격하게 바꾸어, 듣는 이로 하여금 미로 속을 헤매는 느낌을 주려고 시도한 바흐의 작품이다. 우리는 곧 혼란에 빠져 방향감각을 완전히 잃어버린다. 당신은 원래의 조성이 어디에 있는지를, 절대음감을 가지고 있지 않거나, 테세우스처럼 왔던 길을 되밟아 갈 수 있도록 해줄 실을 주는 아리아드네와 같은 여자 친구가 없으면, 알 수가 없다. 이 경우에 그 실이란 바로 악보이다. 이 곡—또다른 예는 무한히 상승하는 카논—은 우리가 감상자로서 신뢰할 만한 깊은 스택을 가지지 못한다는 사실을 보여준다.

언어에서의 재귀

우리의 정신적인 임시기억 능력은 아마 언어에서 좀더 강할 것이다. 모든 언어의 문법 구조는 아주 정교한 스택을 설정하는 일을 포함한다. 그러나 스택에 많이 푸시할수록 문장을 이해하는 것이 급격히 어려워지는 것은 확실하다. 독일어에서는 "동사를 맨 뒤에"라는 유명한 현상이 있는데, 그에 관한 우스운 이야기로 얼빠진 교수가 문장을 시작하고서는 강의 내내 횡설수설하다 강의 끝에 가서 동사를 줄줄이 내뱉어서 그로 인해서 학생들이 이미 스택이 넘쳐 강의 맥락을 놓친 지 오래되어 완전히 어리벙벙했다는 것이 전해진다. 이것은 언어의 푸시와 팝의 탁월한 예이다. 교수의 동사를 푸시했던 스택에서 정상적인 팝을 하지 못하는 학생들에게서, 제3자가 생각해보는 것은 재미있지만, 혼란이 일어날 수 있다. 물론 통상적인 독일어 구어에서는 그런 깊은 스택은 결코 일어나지 않는다—사실 독일어를 모국어로 하는 사람은, 예를 들면 종속문장에서 문장구조의 계단을 쫓아가는 수고를 덜기 위해서 종종 동사의 후치를 강요하는 일정한 문법규칙을 무의식적으로 위반하기도 한다. 독일어처럼 심하지는 않아도, 모든 언어는 대개 어느 정도의 스택을 필요로 하는 구조를 가진다. 그러나 스택의 깊이가 최소한이 되도록 문장을 고쳐서 말하는 방식들 또한 언제나 있다.

재귀적 추이도

문장의 통사구조는 재귀적인 구조와 과정들을 기술하는 방식을 표현하기 좋은 출발점을 제공한다 : 즉 **재귀적 추이도**(推移圖)(RTN : Recursive Transition Network)이다. RTN은 특정한 과제를 완수하기 위해서 취할 수 있는 다양한 경로를 보여주는 다이어그램이다. 각각의 경로는 일련의 **절점**(節點, nodes), 즉 안에 낱말이 있는 작은 상자로 이루어져 있고 이것들은 서로 원호(圓弧), 즉 화살표가 있는 선으로 연결되어 있다. RTN에 대한 전체 이름은 왼쪽에 따로 써져 있고 첫 번째와 마지막 절점은 **시작**과 **종료**라는 낱말이 안에 있다. 다른 모든 절점들은 수행할 아주 짧은 구체적인 지침이나 다른 RTN의 이름들을 포함한다. 각 절점에 도달할 때마다, 그 안에 있는 지침을 실행해야 한다. 또는 그 안에 이름이 적힌 RTN으로 이동해서 그것을 실행해야 한다.

명사구를 만드는 방법을 알려주는 **수식된 명사**(ORNATE NOUN)라는 RTN

을 보자(그림 27(a) 참조). **수식된 명사**를 순전히 수평으로 가로지르면 우리는 시작해서 **관사, 형용사, 명사**를 만들고, 그런 다음 종료한다. 예를 들면 "그 멍청한 샴푸(the silly shampoo)" 또는 "보람 없는 새참(a thankless brunch)" 따위이다. 그러나 원호들은 관사를 생략하거나 형용사를 반복하는 것 같은 다른 가능성을 보여준다. 그래서 우리는 "우유(milk)"나 "커다란 붉은 푸른 녹색 재채기(big red blue green sneeze)" 등을 만들 수 있다.

당신이 **명사** 절점에 도달할 경우, **명사**라는 미지의 블랙박스에게 명사 창고에서 명사를 가져오라고 요구한다. 이것은 컴퓨터 과학 용어로 **프러시저 호출(procedure call)**이라고 한다. 그것은 당신이 일시적으로 제어권을 프러시저(여기에서는 명사)에 넘겨주는 것을 의미한다. 제어권을 넘겨받은 프러시저는 (1) 자신의 일을 하고(명사를 생성하고) (2) 제어권을 당신에게 다시 넘겨준다. 앞의 RTN에는 세 개의 프러시저인 **관사, 형용사, 명사**에 대한 호출이 있다. RTN **수식된 명사** 자체가 다른 RTN, 예를 들면 **문장**이라는 RTN으로부터 호출될 수도 있다. 이런 경우, 수식된 **명사**는 "그 멍청한 샴푸" 같은 구를 생성하고 그런 다음 자신이 호출되었던 **문장** 안의 장소로 돌아온다. 그것은 중첩된 전화 통화나 중첩된 뉴스 보도에서 중단했던 곳에서 다시 재개하는 방식을 생각나게 한다.

그러나 이것을 "재귀적 추이도"라고 부르기는 했지만, 우리는 아직 진정한 재귀를 보여주지 않았다. 그림 27(b)의 **멋진 명사**(FANCY NOUN) 같은 RTN으로 가야 비로소 재귀적인 것이 된다. RTN에서 볼 수 있는 것처럼 **멋진 명사**에 있는 가능한 모든 경로는 **수식된 명사**에 대한 호출을 포함한다. 그래서 이런저런 종류의 명사를 생성하는 것을 피할 수 없다. 단순히 "우유"와 "커다란 붉은 푸른 녹색의 재채기"를 생성하고 더 이상 수식하지 않는 것도 가능하다. 그러나 경로들 중에 세 가지 경로는 **멋진 명사** 자체에 대한 **재귀** 호출을 포함한다. 그것은 마치 어떤 것이 자기 자체에 의해서 정의되고 있는 것처럼 보인다. 그런 일이 정말로 일어나고 있는가, 그렇지 않은가?

대답은 "그렇다. 단 호의적으로 말해서". **문장**이라는 프러시저에 **멋진 명사**를 호출하는 절점이 있고 우리가 그 절점에 도달했다고 해보자. 이것은 우리가 **문장**의 내부에서 그 절점의 위치를 기억해두어야(스택에 저장) 한다는 것을 뜻한다. 그래서 우리는 어디로 돌아가야 하는지 알 것이다. 그런 다음 우리는 프러시저 **멋진 명사**로 주의를 돌린다. 이제 우리는 **멋진 명사**를 생성하기 위해서 경로

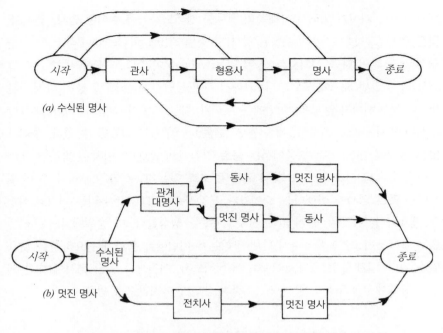

그림 27. 수식된 명사와 멋진 명사에 대한 재귀적 추이도.

를 하나 선택해야 한다. 우리가 위의 경로들 중에서 아래의 것을 선택한다고 해보자. 그 경로의 호출 순서는 다음과 같다.

수식된 명사 ; 관계대명사 ; 멋진 명사 ; 동사

그래서 우리는 **수식된 명사**인 "그 이상한 베이글"과 **관계대명사** "that"을 내놓았다. 그런데 이제 갑자기 **멋진 명사**를 요청받았다. 그러나 우리는 **멋진 명사**의 한 복판에 있다! 그래, 그러나 어떤 전화가 걸려왔을 때 이미 다른 사람과 통화 중이던 중역의 보기를 다시 떠올려보자. 그는 그저 먼저 걸려온 통화 상태를 스택에 저장하고, 별 특별한 일이 없었던 것처럼 새로운 통화를 시작했다. 우리도 똑같이 할 것이다.

우리는 먼저 **멋진 명사**를 외부 호출할 때 우리가 있는 절점을 스택에 적어둔다. 그래서 우리는 "귀환 주소"를 가지게 된다. 그런 다음 아무 일도 없었다는 듯이 **멋진 명사**의 시작 부분으로 간다. 이제 또다시 경로를 하나 선택해야 한다.

단조로움을 피하기 위해서 아래쪽의 경로를 택해보자 : 즉 **수식된 명사, 전치사, 멋진 명사**. 그것은 우리가 수식된 명사("자줏빛 소[the purple cow]"라고 하자)를 생성하고, 그런 다음 **전치사**("……이 없는[without]"이라고 하자)를 생성한다. 그리고 다시 한번 재귀에 도달한다. 그래서 대비를 단단히 하고 한 층위 더 내려간다. 더 복잡해지지 않도록, 이번에는 우리가 취할 경로가 직접적인 경로—그냥 **수식된 명사**—라고 해보자. 예를 들면 "**뿔들(horns)**"을 생성했을 수 있다. 우리가 **멋진 명사**에 대한 이번 호출에서는 **종료** 절점에 도달했다. 이것은 팝하는 것에 해당한다. 그래서 스택으로 가서 귀환 주소를 찾는다. 스택은 우리가 한 층위 위에서 **멋진 명사**를 실행하는 중이었다고 알려준다. 그래서 우리는 거기서 실행을 재개한다. 이것은 "뿔이 없는 자줏빛 소"를 생성한다. 이 층위에서도 우리는 **종료**에 도달하고, 그래서 다시 한번 팝하는데 이번에는 **동사**가 필요하다는 것을 알게 된다. 그래서 "**삼켰다(gobbled)**"를 택해보자. 이것으로 **멋진 명사**에 대한 최상위 층위에서의 호출도 끝난다. 그 결과 우리가 마지막으로 팝할 때

> "뿔이 없는 자줏빛 소가 삼켜버린 이상한 베이글(the strange bagels that the purple cow without horns gobbled)"

이라는 문구를 인내심 있게 기다린 **문장**으로 보낼 것이다.

보다시피 우리는 그 어떤 무한후퇴에도 빠지지 않았다. 그 이유는 RTN **멋진 명사** 안에 적어도 경로 하나는 **멋진 명사** 자체에 대한 재귀 호출을 포함하지 않기 때문이다. 물론 우리는 항상 **멋진 명사** 안에 있는 최하위 경로를 고집스럽게 선택할 수도 있을 것이다. 그렇게 되면 "GOD"라는 두문자어가 결코 완전히 전개될 수 없었던 것처럼, 우리는 결코 끝내지 못할 것이다. 그러나 그 경로들이 무작위로 선택된다면, 그런 종류의 무한후퇴는 일어나지 않을 것이다.

"바닥 탈출"과 혼층질서(混層秩序, heterarchy)[*]

이것이 재귀적 정의를 순환적 정의와 구분시켜주는 결정적 사실이다. 재귀적 정

---

[*] 어느 절점도 위계의 정점에서 다른 것을 지배하지 않는, 그러면서 서로 뒤엉키고 맞물리는 '헝클어진 계층질서'라는 관점에서 '혼층질서(混層秩序)'라고 번역했다.

의에는 자기-지시를 피하는 어떤 부분이 언제나 있으며, 그 결과 그 정의를 만
족시키는 대상을 구성하는 행위는 결국에는 "바닥에서 탈출할" 것이다.

이제 RTN에서 재귀성(recursivity)을 성취하는 데에 자기-호출보다 더 우회적
인 방법들이 있다. 에셔의 "손을 그리는 손"(그림 135)과 비슷한 것이 있는데 거
기서는 두 프러시저가 각각 다른 프러시저를 호출하지만 자기 자신은 호출하지
않는다. 예를 들면 우리는 **절(節)**이라는 RTN을 가질 수 있는데, 절은 타동사를
위한 목적어가 요구될 경우에는 언제나 **멋진 명사**를 호출한다. 거꾸로 **멋진 명
사**의 맨 위의 경로는 **관계대명사**를 호출할 것이며, 관계문이 요구되는 경우라면
언제나 **절**을 호출할 것이다. 이것은 바로 **간접적 재귀**의 보기이며 두 단계로 이
루어진 에피메니데스의 역설을 생각나게 한다.

말할 필요도 없이, 서로를 순환적으로 호출하는 세 개의 프러시저가 있을
수 있다. 모든 구성원이 스스로는 물론 다른 것들도 미친 듯이 호출하며 모
두 뒤엉켜 있는 RTN들도 있을 수 있다. 그 안에 어떤 "최고의 단계" 또는 모니
터도 없는 그런 구조를 가지는 프로그램을 우리는 (계층질서와 구별하여) **혼
층질서(heterarchy)**라고 부른다. 내가 알기로는 그 용어는 최초의 인공 두뇌학
(cybernetics) 학자 중의 하나이자 두뇌와 마음에 대한 탁월한 연구자인 워런 매
컬로치로부터 유래한다.

절점들의 전개

RTN에 대해서 도표식으로 생각해보는 한 가지 방식은 다음과 같다. 어떤 경로
를 따라가다가 한 RTN을 호출하는 절점에 도달하면 당신은 그 절점을 "전개한
다." 즉 그 절점이 호출하는 RTN의 작은 복사판으로 그 절점을 대체한다(그림
28 참조). 그런 다음 그 작은 RTN으로 작업을 계속해나간다.

당신이 그 RTN에서 팝하면 자동적으로 큰 RTN의 제자리로 되돌아온다. 우리
가 작은 절점에 있는 동안 심지어는 RTN의 축소판을 더 구성해야 할 수도 있다.
그러나 절점에 도달하는 경우에만 절점들을 전개함으로써, 당신은 RTN이 스스로
를 호출하는 경우조차도 무한한 다이어그램을 만들 필요성을 피할 수 있게 된다.

절점을 전개하는 것은 두문자어의 한 철자를 그 철자가 나타내는 낱말로 대
체하는 것과 약간 비슷하다. 두문자어 "GOD"는 재귀적이기는 하지만, 그 'G'를

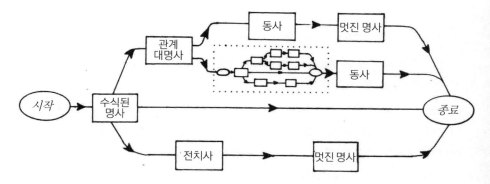

그림 28. 재귀적으로 전개된 절점이 하나 있는 **멋진 명사** RTN.

반복해서 전개해야 한다는 단점—혹은 장점—이 있다. 따라서 그 과정은 결코 바닥 탈출을 하지 않는다. 그러나 RTN이 진짜 컴퓨터 프로그램으로 구현된다면, 무한후퇴가 생기지 않도록 (직접이거나 간접) 재귀성을 피하는 경로를 적어도 하나는 언제나 가진다. 가장 헝클어진 혼층질서를 가지는 프로그램 구조조차도 바닥을 탈출한다—그렇지 않으면 그 프로그램은 작동할 수 없을 것이다! 그것은 계속해서 차례차례 절점을 전개하고 있을 것이지만, 아무것도 수행하지 못하고 있을 것이다.

다이어그램 G와 재귀 수열

바로 이런 방식, 즉 절점을 차례차례 전개해나가는 방식으로 무한한 기하학적인 구조들을 정의할 수 있다. 예를 들면, "다이어그램 G"라는 무한한 다이어그램을 정의해보자. 이 목적을 위하여 우리는 함축적인 표현을 사용할 것이다. 우리는 단지 글자 "G"를 쓸 것인데, 그렇지만 G는 다이어그램 G의 전체 복사판을 나타낸다. 그림 29(a)에서는 다이어그램 G가 함축적으로 묘사되었다. 이제 다이어그램 G를 더 명시적으로 보고자 한다면, 이 두 G를 각각 전개하면 된다. 즉 그것을 **똑같은 다이어그램**으로 단지 비율을 줄여서 **대체하는 것**이다(그림 29(b)참조). 다이어그램 G의 "제2계" 판을 보면 실현 불가능한 최종 다이어그램 G가 실제로 어떻게 보일지 낌새를 알 수 있다. 그림 30은 다이어그램 G의 더 큰 부분을 보여주는데, 모든 절점들은 아래에서 위로, 왼쪽에서 오른쪽으로 번호가 매겨져 있

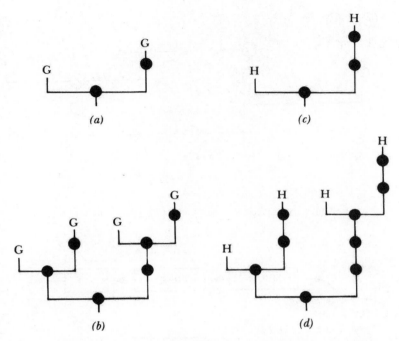

그림 29. (a) 전개되지 않은 다이어그램 G. (c) 전개되지 않은 다이어그램 H.
(b) 한 번 전개된 다이어그램 G.   (d) 한 번 전개된 다이어그램 H.

다. 번호 1과 2인 추가적인 절점은 가장 아래에 삽입되었다.

이 무한한 **수형도**는 몇 가지 매우 특이한 수학적인 속성이 있다. 수형도의 오른쪽에서 상승하는 방향으로 그 유명한 **피보나치 수열**(Fibonacci sequence)이 전개된다.

$$1, 1, 2, 3, 5, 8, 13, 21, 34, 55, 89, 144, 233, \cdots\cdots$$

이 수열은 보나치오의 아들, 그러니까 "필리우스 보나치", 줄여서 "피보나치"라고 불린 레오나르도 디 피사가 1202년에 발견했다. 이 수들은 재귀적인 식 한 쌍을 가지고 가장 잘 정의할 수 있다.

$$\text{FIBO}(n) = \text{FIBO}(n-1) + \text{FIBO}(n-2), \text{ 이때 } n > 2$$

$$\text{FIBO}(1) = \text{FIBO}(2) = 1$$

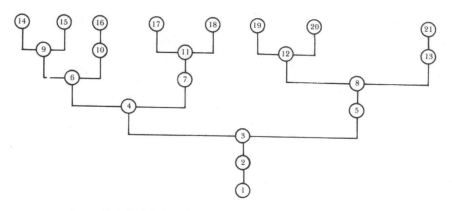

그림 30. 한 번 더 확장되고 번호가 매겨진 절점들을 가지는 다이어그램 G.

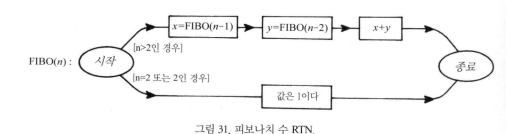

그림 31. 피보나치 수 RTN.

새로운 피보나치 수가 어떻게 선행하는 피보나치 수들에 의해서 정의되는지 주목하라. 우리는 이 식의 쌍을 RTN으로 표현할 수 있다(그림 31 참조).

따라서 당신은 위의 RTN이 정의한 프러시저를 재귀적으로 호출해 FIBO(15)를 계산할 수 있다. 이와 같은 재귀적인 정의는 n값의 하강을 통해서 역방향으로 작업한 후 FIBO(1)이나 FIBO(2)에 도달하면 바닥을 탈출하게 된다. 당신이 FIBO(1)과 FIBO(2)로부터 시작해서 가장 최근의 두 값을 FIBO(15)에 도달할 때까지 더하면서 작업을 앞쪽으로 해나갈 수 있는데, 작업을 뒤에서 앞으로 해나가는 것은 좀 어색하다. 작업을 앞쪽으로 해나가면 우리가 스택을 추적할 필요는 없다.

이제 다이어그램 G는 이것보다 더 놀라운 속성을 가진다. 다이어그램 G의 전체 구조는 다음과 같이 단 하나의 재귀적인 정의로 코드화될 수 있다.

$$G(n) = n - G(G(n-1)), \text{ 이때 } n>0$$

$$G(0)=0$$

이 함수 G(n)이 어떻게 수형도-구조를 코드화하나? 아주 간단하다. 모든 n값에 대해, n 이하의 값들로 G(n)을 생성해 배치함으로써 수형도를 구성해나가면 다이어그램 G를 만들 수 있다. 사실 나는 다이어그램 G를 이런 방식으로 처음 발견했다. 당시 함수 G를 탐구하고 있던 나는 그 값을 신속히 계산하려고 내가 이미 아는 값을 수형도에 대입했다. 그러자 놀랍게도 그 수형도는 극히 질서정연한 재귀적인 기하학적 표현을 가지는 것으로 판명되었다.

더욱 놀라운 것은 만일 당신이 G보다 하나 더 중첩해서 정의된 함수 H(n)에 대해서 비슷한 수형도를 만든다면, 다음과 같다.

$$H(n)=n-H(H(H(n-1))), \text{ 이때 } n>0$$
$$H(0)=0$$

관련된 "다이어그램 H"가 그림 29(c)에서 보는 것처럼 함축적으로 정의된다. 오른쪽 가지는 절점을 하나 더 가진다. 그것이 유일한 차이이다. 그림 29(d)는 다이어그램 H의 첫 번째의 재귀적인 전개를 보여준다. 그리고 중첩된 정도에 관계없이 계속 전개해나갈 수 있다. 이 재귀적인 기하학적 구조들에는 아름다운 규칙성이 있으며, 재귀적인 대수적 정의와 정확히 대응한다.

호기심이 많은 독자들에게 문제를 하나 내보자 : 당신이 그 다이어그램 G를 거울에 비친 이미지로 만들어 왼쪽에서 오른쪽으로 증가하게끔 새로운 수형도의 절점들에 번호를 매긴다고 해보자. 당신은 이 "거울 이미지 수형도"에 대한 재귀적인 대수적 정의를 알아낼 수 있는가? H-수형도의 "거울 이미지"는 어떤가? 등등?

또다른 재미있는 문제는 바로 F(n)과 M(n)[*]이라는 재귀적으로 서로 뒤엉킨 함수들—"부부" 함수라고 부를 수도 있다—이다. 각 함수는 다음과 같이 정의된다 :

$$F(n)=n-M(F(n-1))$$
$$M(n)=n-F(M(n-1))$$
$$\left.\right\} \text{ 이때 } n>0$$

---

[*] 이때 F는 여자(female)를, M은 남자(male)를 상징한다.

F(0)=1 그리고 M(0)=0

이 두 함수의 RTN은 상대방은 물론 자기 스스로를 호출하고 있다. 문제는 바로 다이어그램 F와 다이어그램 M의 재귀적인 구조들을 찾아내는 것이다. 그것들은 아주 우아하고 간단하다.

무질서 수열

수론의 재귀에 대한 마지막 보기는 우리를 작은 미스테리로 인도한다. 다음과 같은 함수의 재귀적인 정의를 고찰해보자.

$Q(n)=Q(n-Q(n-1)+Q(n-Q(n-2))$, 이때 $n>2$
$Q(1)=Q(2)=1$

이것은 새로운 값이 선행하는 두 수의 합인 피보나치 정의를 생각나게 하지만, 더하는 두 수가 **바로** 선행하는 두 수는 아니다. 바로 선행하는 두 수는 새로운 값을 얻기 위해서 더해야 하는 두 수의 위치를 알려주는데, 그 수들**만큼 뒤로 세면** 더할 값의 위치를 얻는다. Q-수의 처음 17개는 다음과 같다.

1, 1, 2, 3, 3, 4, 5, 5, 6, 6, 6, 8, 8, 8, 10, 9, 10,……

↑ ↑
5+6=11
새로운 항

왼쪽으로
얼마나 세어야
하는지를 나타냄

그 다음 수를 구하려면 (여섯 점으로부터) 왼쪽으로 각각 열 번째와 아홉 번째 항으로 간다. 그러면 위의 화살표가 지시하는 5와 6에 도달한다. 두 수의 합 11이 새로운 값이다 : Q(18). 이것은 알고 있는 Q-수들의 목록을 이용해 스스로를 확장하는 기묘한 방법이다. 그렇게 생성된 수열은, 좀 부드럽게 표현하면 불규칙적이다. 더 진행할수록 더 이해하기 어려워질 것 같다. 이것은 다소 자연스러운 정의로 보이는 것이 극도로 헷갈리는 행동으로 이끄는 매우 특이한 사례 중 하나이다. 즉 매우 질서 있는 방법으로 생성된 카오스(chaos)이다. 표면상의 카오스가 어떤 미묘한 규칙성을 감추고 있는 것은 아닌가 하는 생각이 자연스럽게 떠오른다. 물론 정의에 따르자면 규칙성은 존재한다. 그러나 우리의 관심은 이러한 수열을 규정하는 또다른 방식—운 좋게도 비재귀적인 방식—이 존재하는지 여부이다.

두 개의 인상적인 재귀적인 그래프

수학에서의 재귀의 경이로움은 셀 수 없이 많은데, 그것들을 모두 제시하는 게 내 목적은 아니다. 그러나 내 경험으로 볼 때 특별히 언급할 만한 가치가 있는 인상적인 보기가 한 쌍 있다. 이 둘은 모두 그래프이다. 하나는 수론상의 연구를 하는 도중에 떠올랐고 다른 하나는 고체물리학을 주제로 한 나의 박사학위 논문을 쓰던 과정에서 떠올랐다. 그런데 정말로 환상적인 것은 이 두 그래프가 밀접하게 연관되었다는 것이다.

첫 번째의 보기(그림 32)는 내가 INT(x)라고 부르는 함수의 그래프이다. 여기에서는 0과 1사이의 x값에 대해서 그래프를 그렸다. 정수의 쌍인 n과 n+1 사이의 x에 대해서 INT(x−n)의 값을 구하고, 그런 다음 그것에 n을 더한다. 보는 바와 같이 그래프의 구조는, 상당히 도약적이다. 그것은 무한한 수의 곡선 조각들로 이루어져 있는데 구석으로 갈수록 점점 작아지고 덜 구부러진다. 이제 개개의 조각을 자세히 살펴보면 그것들은 실은 전체 그래프를 단지 구부려서 복제한 것들이라는 것을 알 수 있다. 이로부터 귀결되는 함의는 멋지다. 그중의 하나는 INT의 그래프가 무한히 깊게 중첩되어, 오로지 자기 자신의 복제로서만 이루어져 있다는 점이다. 그래프에서 아무 조각이라도 하나 집으면, 그것이 아무리 작은 것이라고 해도 당신은 전체 그래프의 완벽한 복제—사실은 전체 그래프의 무한히 많은 복제—를 들고 있는 것이다.

INT가 오로지 자기 자신의 복제로만 이루어졌다는 사실은 INT가 지속하는 시간이 너무나 짧아서 존재할 수 없다는 생각이 들게 할지도 모른다. 그 정의는 너무 순환적으로 들린다. 도대체 어떻게 이륙할 수 있을까? 그것은 아주 흥미 있는 문제이다. 주목해야 할 요점은 INT를 본 적이 없는 사람에게 그것을 설명하는 데에 단순히 "그것은 자기 자신의 복제로 이루어져 있다"라고 말하는 것만으로는 충분치 않다는 것이다. 그 이야기의 나머지 절반—비재귀적인 절반—이

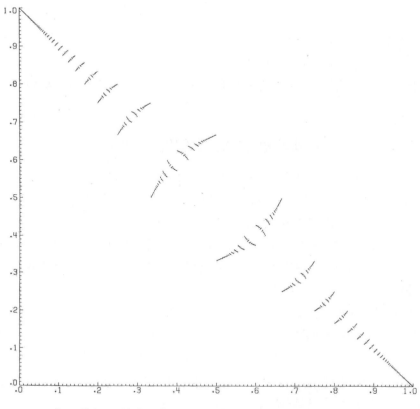

그림 32. 함수 INT(x)의 그래프. 모든 유리수 값 x에서 불연속인 도약이 있다.

그 복제들이 사각형의 내부 어디에 놓이고, 그래프 전체와 상대적으로 어떻게 변형되는지를 알려준다. INT 의 이 두 측면을 결합하는 것만이 INT의 구조를 지정할 것이다. 그것은 피보나치 수의 정의에서 두 줄이 필요한데, 하나는 **재귀순환**을 정의하기 위해서, 다른 하나는 **바닥**(즉 출발값)을 정의하기 위한 것과 같다. 아주 구체적으로 말해보면, 출발값 중의 하나를 1 대신 3으로 하면, 우리는 **루카스 수열**이라고 하는 전혀 다른 수열을 생성할 것이다.

1, 3, 4, 7, 11, 18, 29, 47, 76, 123,······

$29 + 47 = 76$

"바닥"

피보나치 수에 대한 것과
같은 재귀적인 규칙

INT의 정의에서 바닥에 상응하는 것은 여러 개의 "상자"로 구성된 그림(그림 33(a))이다. 이것은 복제가 어디에 놓일지 그리고 어떻게 변형될지 보여준다. 나는 그것을 INT의 "뼈대"라고 부르겠다. 뼈대로부터 INT를 구성하려면, 당신은 각각의 뼈대 상자에 대해서 두 가지 작업을 해야 한다 : (1) 내부에 있는 곡선을 길잡이로 사용하면서, 뼈대를 작게 복제해 구부려서 상자 안으로 집어넣는다. (2) 그리고 둘러싸고 있는 상자와 내부의 곡선을 지운다. 일단 원래 뼈대의 모든 상자에 이 두 작업을 수행하고 나면, 커다란 뼈대 한 개 대신에 여러 개의 "꼬마" 뼈대들을 얻게 된다. 그 다음에는 그 모든 꼬마 뼈대들을 가지고 하나 낮은 층위에서 그 과정을 반복한다. 그러고는 다시, 다시, 다시……. 결코 거기까지 도달하지는 못하겠지만, 극한에 접근한 것이 바로 INT의 정확한 그래프이다. 그 뼈대를 자기 자신 안에서 계속 반복해서 중첩해나감으로써 "무(無)로부터" INT의 그래프를 점진적으로 구축하게 된다. 그러나 사실 그 "무"는 아무것도 없는 것이 아니었다. 그것은 그림이었다.

이것을 더욱 극적으로 보기 위해서, INT의 정의의 재귀적인 부분은 유지하지만 초기 그림, 즉 뼈대를 바꾼다고 상상해보자. 그 뼈대의 변이체가 그림 33(b)에 보이는데, 그것은 네 구석으로 가면서 점점 작아진다. 당신이 이 두 번째의 뼈대를 그 자체의 내부에 계속해서 중첩하면, 나의 박사 학위논문의 핵심 그래프를 얻게 되는데 나는 그것을 Gplot(그림 34)이라고 이름 붙였다. (사실 각 복제마다 좀 복잡한 변형이 필요하지만 중첩이 기본 아이디어이다.) 따라서 Gplot은 INT 족의 구성원이다. 그것은 먼 친척이다. 왜냐하면 그것의 뼈대가 INT의 뼈대와는 상당히 다르고 훨씬 더 복잡하기 때문이다. 그러나 정의의 재귀적인 부분은 동일하며, 바로 그 안에 가족 관계가 있다.

이 아름다운 그래프들이 어디서 생겨났는지에 대해서 독자들을 더 이상 깜깜이 상태로 두어선 안 될 것 같다. INT—"교환(interchange)"의 약자—는 연분수와 관련된 "에타-수열(Eta-sequences)"을 포함하는 문제에서 연유한다. INT의 배후에 있는 기본 아이디어는 더하기나 빼기 기호가 어떤 종류의 연분수에서는 서로 교환된다는 것이다. 그 결과 INT(INT(x))=x이다. INT는 x가 유리수(rational number)인 경우, INT(x) 또한 유리수 ; x가 2차 대수적 수라면 INT(x)도 그렇다는 속성이 있다. 그러나 이러한 추세가 고차의 대수적 수에 대해서도 성립하는지는 모르겠다. INT의 또 다른 깜짝한 특징은 INT는 x의 모든 유리수 값들에 대해서는 불연속적인 도약을 가지지만, x의 모든 무리수(irrational number) 값들에 대해서는 연속적이라는 것이다.

Gplot은 "자기장 안에 있는 결정(結晶)에서 전자들의 허용 가능한 에너지 준위는 얼마인가?"라는 질문의 고도로 이상화된 버전에서 나온다. 이 문제는 완벽한 결정 속에 있는 하나의 전자와 균일한 자기장 안에 있는 전자라는 두 가지의 매우 단순하고도 근본적인 물리학적 상황이 교차하기 때문에 흥미 있다. 이 두 단순한 문제들은 모두 잘 이해되어 있고, 그것들의 기본해(characteristic solution)는 거의 양립될 수 없는 것 같다. 따라서 자연이 그 둘을 어떻게 서로 화해시키는가를 관찰하는 것은 대단히 흥미 있는 일이다. 공교롭게도 자기장이 없는 결정이라는 상황과 결정이 없는 자기장이라는 상황은 무엇인가 하나의 공통 특성이 있다. 이 두 경우 모두 전자는 주기적으로 운동한다. 두 상황이 결합될 경우에, 두 주기의 비율이 중요한 매개변수라는 것이 드러난다. 실제로 그 비율은 허용된 전자 에너지 준위의 분포에 대한 모든 정보를 함유한다―그러나 그것의 비밀은 그 비율이 연분수로 전개될 경우에만 비로소 드러난다.

Gplot은 그 분포를 보여준다. 수평축은 에너지를 나타내고 수직축은 바로 앞에서 말한 "α"라고 부를 수 있는 주기의 비율을 나타낸다. 아래쪽 끝에서는 α가 0이고 위쪽 끝에서는 1이다. α가 0이면 자기장은 존재하지 않는다. Gplot을 구성하는 각 선분들은 "에너지 띠"로서 허용 가능한 에너지의 값을 나타낸다. 크기가 모두 다른 비율로 Gplot을 가로질러 있는 빈 줄은 허용되지 않은 에너지의 영역들이다. Gplot의 속성 중에서 그야말로 놀라운 것 중의 하나는 α가 유리수인 경우(약분 형태로 p/q), 그러한 띠가 바로 q개 존재한다는 것이다(q가 짝수이면 그 둘은 정가운데에서 서로 "키스한다"). 그리고 α가 무리수라면, 그 띠들은 점들로 축소되어 이른바 "칸토어 집합" 위에 무한히 많이, 아주 성기게 분포되어 있다. 칸토어 집합은 위상수학(位相數學)에서 등장하는 것으로 재귀적으로 정의되는 또다른 예이다.

이제 이렇게 복잡한 구조가 과연 실험 속에서 나타날 수 있는지 의심스러워질 것이다. 솔직히 말해서 Gplot이 어떤 실험 속에서 나타날 경우 세상에서 나만큼 놀랄 사람이 또 있을까? Gplot의 물리적 의미는 그것이 이러한 종류의 덜 이상화된 문제들을 수학적으로 적절히 다루는 방법을 알려준다는 점에 있다. 달리 말하자면 Gplot은 순전히 이론물리학을 위한 공헌이지, 실험자에게는 관찰하고자 기대하는 것에 대해서 힌트를 주지는 않는다. 불가지론자인 내 친구 하나는

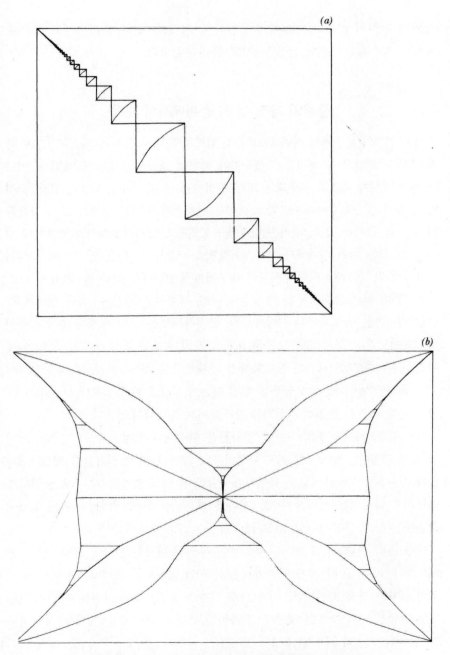

그림 33. (a) 재귀적인 치환을 통하여 INT를 구성할 수 있는 뼈대.
(b) 재귀적인 치환을 통하여 Gplot을 구성할 수 있는 뼈대.

Gplot의 무한히 많은 무한성에 감동받아서, 그것을 "신의 형상"이라고 했는데, 내게는 그의 표현이 전혀 신성모독으로 들리지 않았다.

물질의 가장 낮은 충위에서의 재귀

우리는 언어의 문법에서 재귀를 보았고, 위로 무한히 성장하는 재귀적인 기하학적 나무도 보았으며, 재귀가 고체물리학 이론에 개입하는 방식도 보았다. 이제는 세계 전체가 재귀로 구축되는 또다른 방식을 볼 작정이다. 이것은 전자, 양성자, 중성자 및 "광자(photons)"라고 불리는 전자기파의 작은 양자 같은 소립자들의 구조와 관계가 있다. 우리는 입자들—상대론적 양자역학에서만 엄격하게 정의될 수 있는 어떤 의미에서—이 재귀적으로 기술될 수 있는 방식으로, 심지어어떤 종류의 "문법"에 의해서 서로의 내부에서 중첩된다는 것을 볼 것이다.

입자들이 서로 상호작용을 하지 않는다면, 사물들은 믿을 수 없을 정도로 간단할 것이라는 관찰로부터 시작해보자. 물리학자들은 그런 세계를 좋아할 것이다. 그 까닭은 그렇게 되면 그들은 모든 입자의 운동을 쉽게 계산할 수 있을 것이기 때문이다(그런 세계에 물리학자가 존재한다는 것이 좀 의심스러운 명제이기는 하지만 말이다). 상호작용을 하지 않는 입자들은 순수 입자(bare particle)라고 하는데 그것은 순전히 가설적인 창조물이고 존재하지 않는다.

이제 상호작용을 "점화시키면", 입자들은 함수 F나 M처럼, 또는 결혼한 남녀가 서로 뒤엉키는 방식으로 서로 뒤엉킨다. 우리는 이 실제 입자들을 **재정규화되**었다고—추하지만 흥미로운 용어이다—말한다. 어느 입자도 다른 모든 입자를 언급하지 않고서는 정의할 수 없고, 다른 모든 입자들의 정의는 처음의 입자에 의존하는 등의 일이 생긴다. 결코 끝나지 않는 고리에서 돌고 돈다.

이제 좀더 구체적으로 살펴보자 : 두 종류의 소립자인 **전자**와 **광자**에만 국한해보자. 우리는 또한 전자의 반입자(反粒子)인 **양전자**도 집어넣어야 한다(광자의 반입자는 광자 자신이다). 먼저 순수 전자가 점 A로부터 점 B로, 제논이 나의 "3성 인벤션"에서 그랬던 것처럼, 전파하려고 하는 단조로운 세계를 상상해보자. 물리학자는 다음과 같이 그릴 것이다.

그림 34. Gplot : 자기장 속에 있는 이상화된 결정에 있는 전자 에너지의 띠를 보여주는 재귀적인 그래프. 자기장의 강도를 나타내는 α는 수직축에 0에서 1까지 음직인다. 에너지는 수평축으로 음직인다. 수평 선분들은 허용된 전자 에너지 띠들이다.

이 직선과 그 양끝 점에 부합하는 간단한 수식이 있다. 그 수식으로 물리학자는 이 궤도를 움직이는 순수 전자의 운동을 이해할 수 있다.

이제 전자와 광자가 상호작용하는 전자기적인 상호작용을 "점화"시켜 보자. 무대 위에 광자가 나타나지는 않지만, 그럼에도 불구하고 이 단순한 궤도에 대해서도 심대한 결과가 나타난다. 특히 우리의 전자는 **가상의 광자**—현실에 돌연히 나타났다가, 관찰되기도 전에 소실되는 광자—를 방출하고 재흡수할 수 있게 된다. 그러한 과정을 하나 나타내보자.

우리의 전자가 전파하면서, 광자 하나를 차례차례 방출하고 재흡수하며, 심지어는 아래 그림처럼 중첩될 수도 있다.

이 다이어그램들—"파인먼 다이어그램(Feynman diagram)"이라고 한다—에 부합하는 수식들을 쓰는 것은 간단하지만, 순수 전자의 수식보다는 계산이 더 어렵다. 그러나 문제를 정말로 복잡하게 하는 것은 광자(실재하는 것이건 가상의 것이건)가 짧은 시간 동안 붕괴되어 하나의 전자-양전자 쌍으로 될 수 있다는 것이다. 그리고 나서 이 둘은 서로를 소멸시키고, 마치 마술처럼 다시 원래의 광자가 나타난다. 이런 종류의 과정이 아래 그림에 보인다.

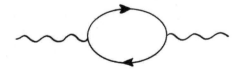

오른쪽을 가리키는 화살표는 전자이고, 양전자는 왼쪽을 가리키는 화살표로 표시되어 있다.

예측했을 것처럼, 이 가상의 과정들은 임의의 깊이까지 서로 내부에서 중첩될

수 있다. 그래서 그림 35에 있는 것과 같은 매우 복잡해 보이는 그림이 나올 수
있다. 이 파인먼 다이어그램에서는 전자 하나가 왼쪽 A에서 들어가 놀라운 곡
예를 펼친다. 그러고 나서 전자 하나가 오른쪽 B에 나타난다. 내부의 어수선함
을 볼 수 없는 외부 사람에게는, 마치 전자 하나가 A에서 B로 순항하는 것처
럼 보인다. 우리는 이 다이어그램에서 전자와 광자의 선을 어떻게 임의로 장식
할 수 있는지 볼 수 있다. 이 다이어그램은 계산하기가 무시무시하게 어려울 것
이다.

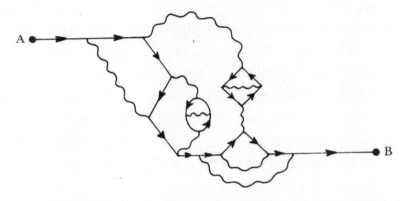

그림 35. 파인먼 다이어그램은 A에서 B로 진행하는 재정규화된 전자의 운동을 보여준다. 이 다
이어그램에서는 오른쪽으로 갈수록 시간이 증가한다. 따라서 전자의 화살표가 왼쪽을 가리키는
부분들에서 전자는 "시간과 역방향으로" 진행한다. 그것을 좀더 직관적으로 표현하면, 전자의
반(反)입자(양전자)가 시간의 차원에서 전진한다고 할 수 있다. 광자들은 그 자체의 반입자이다.
따라서 그것들의 궤도는 화살표를 필요로 하지 않는다.

　이들 다이어그램에는 일종의 "문법"이 있어서, 그것은 자연에서 실현되는 그림
만 허용한다. 예를 들면 아래와 같은 것은 불가능하다.

이것은 "적격" 파이먼 다이어그램은 아니다. 그 문법은 에너지 보존, 전하 보존의
법칙 같은 물리학의 기본법칙의 결과이다. 그리고 인간 언어의 문법과 마찬가지
로 이 (물리학적인) 문법 또한 그 재귀적인 구조를 가지고 있어서, 그 안에서 서

로의 내부에 깊은 중첩구조를 허용한다. 그래서 전자기적인 상호작용의 "문법"을 정의하는 일련의 RTN을 그릴 수 있을 것이다.

순수한 전자와 순수한 광자들이 이 임의의 뒤엉킨 방식으로 상호작용하도록 허용되면, 그 결과는 **재정규화된** 전자와 광자이다. 따라서 실제의 물리적인 전자가 A에서 B로 어떻게 전파하는지 이해하려면, 물리학자는 가상의 입자에 관련된 무한히 많은 상이한 모든 그림들로부터 일종의 평균을 구할 수 있어야만 한다. 이것이야말로 제논의 복수이다!

따라서 중요한 점은 물리적인 입자—재정규화된 입자—는 (1) 순수한 입자와 (2) 거대하게 뒤엉킨 가상적 입자들이 관여하는데, 이것들은 재귀적 혼란 속에 떼려야 뗄 수 없게 얽혀 있다는 것이 중요하다. 모든 실제 입자의 존재는 그 입자가 전파해갈 때 그것을 에워싸는 가상의 "구름"에 포함된 무한히 많은 다른 입자들의 존재를 필요로 한다. 물론 구름 속에 있는 가상 입자들은 각각 자기 자신의 가상의 구름을 끌고 간다. 등등. 이하 같은 식으로 무한히 계속된다.

입자 물리학자들은 이 현상을 다루기가 너무 복잡하다고 생각했으며, 전자와 광자의 운동을 이해하기 위해서 아주 단순한 파인먼 다이어그램을 제외한 나머지 다이어그램은 무시하는 근사치를 사용한다. 다행스럽게도 다이어그램은 복잡할수록 덜 중요하다. 무한히 많은 다이어그램들을 모두 합계해서 완전히 재정규화된 물리적 전자의 운동을 나타내는 식을 얻는 방법은 알려져 있지 않다. 그러나 어떤 과정들에 대하여 약 100개 정도의 가장 간단한 다이어그램들을 고찰함으로써, 물리학자들은 어떤 값(이른바 뮤온[muon]의 g-인자)을 소수점 아홉째 자리까지 정확히 예측할 수 있다!

재정규화는 전자와 광자 사이에서만 일어나는 것은 아니다. 어떤 유형의 입자들이라도 상호작용을 하는 경우에는, 물리학자들은 그 현상을 이해하기 위하여 재정규화라는 아이디어를 사용한다. 그래서 양자와 중성자. 중성 미자(neutrino)와 파이 중간자(π-meson), 쿼크(quark)—모두 다 핵구성 물질 동물원의 야수들이다—이 모든 것들은 물리학 이론에서 순수한 버전과 재정규화된 버전을 가진다. 그래서 수십억 개의 거품 속의 거품들로부터 이 세계의 온갖 금수와 허접쓰레기들이 만들어진다.

복제와 동일성

다시 한번 Gplot을 생각해보자. 우리가 서론에서 여러 가지 종류의 카논을 말했던 것을 기억할 것이다. 각 유형의 카논은 원래 주제를 가지고서 동형성이나 정보-보존 변형을 통하여 그것을 복제하는 어떤 방식을 이용한다. 복제가 때로는 뒤집히고, 때로는 역진행되고, 때로는 단축되거나 확대되기도 한다……. Gplot에는 이 모든 유형의 변형과 그밖의 것들이 있다. Gplot 전체와 자신의 내부 안에 있는 자신의 "복제들" 사이의 대응은 크기의 변경, 왜곡, 반영(거울 이미지) 등이 관여해서 이루어진다. 그래도 뼈대에는 일종의 동일성(sameness)이 남아 있어 잘 들여다보면 그 동일성을 알 수 있다. 특히 INT에서 그러한 동일성을 찾아내는 것을 해보았으니 말이다. 에서는 어떤 대상의 부분들이 바로 그 대상 자체의 복제일 수 있다는 아이디어를 가지고 "물고기와 비늘"(그림 36)이라는 목판화를 만들었다. 물론 이 물고기들과 비늘들은 우리가 그것을 충분히 추상적인 수준에서 볼 때에만 서로 같다. 누구나 알고 있는 것처럼 물고기의 비늘이 실제로는 물고기의 축소된 복제가 아니고, 물고기의 세포는 물고기의 축소된 복제가 아니다. 그렇지만 물고기의 모든 세포 안에는 DNA가 있고, 그 DNA는 물고기 전체를 매우 복잡하게 "복제한" 것이다—그래서 에셔의 그림에는 일면의 진실 그 이상이 있다.

모든 나비들에 대해서 "동일함"이 있다는 것은 무엇인가? 나비 한 마리를 다른 나비에 대응한다는 것은 세포를 세포에 대응한다는 것이 아니다. 그렇다기보다는 기능적인 부분을 기능적인 부분에 대응한다는 것이고, 이것은 부분적으로는 거시적인 규모로, 부분적으로는 미시적인 규모로 행해진다. 부분들의 정확한 비율이 유지되지는 않고, 다만 그것들 사이의 기능적인 관계들만이 유지된다. 이것이 바로 에셔의 "나비"라는 목각 작품에서 모든 나비들을 서로 연결시켜주고 있는 동형성 유형이다(그림37). 똑같은 것이 Gplot의 더 추상적인 나비들에도 적용된다. 그 나비들은 수학적인 대응에 의해서 모두 서로 연결되는데, 그 대응은 기능적 부분에 대해서 수행되지만 정확한 길이 비율, 각도 등은 완전히 무시한다.

동일성에 대한 이 탐구를 훨씬 더 높은 추상 수준으로 가져가면 다음과 같이 물을 수 있다. "에셔의 모든 그림들에 대해서 '동일함'이 있다는 것은 무엇인가?" 그 그림들을 서로 하나씩 대응하려는 것은 정말로 터무니없는 일일 것이다. 그

그림 36. "물고기와 비늘(Fish and Scales)"(M. C. 에셔, 목판, 1959).

러나 놀라운 것은 에셔의 그림이나 바흐 작품의 작은 부분조차도 동일성을 드러낸다는 것이다. 마치 물고기의 DNA가 물고기의 모든 미세한 부분 속에 포함되어 있는 것처럼, 창작자의 "식별표"가 그의 창작품의 미세한 부분 어디에도 포함되어 있다. 모호하고 규정하기 힘든 말이기는 하지만 그것을 "스타일"이라고밖에 달리 부를 말을 모르겠다.

    우리는 "다름 속의 같음"과

두 개의 사물은 언제 같은가?

라는 질문과 계속해서 마주친다.

그림 37. "나비(Butterflies)"(M. C. 에셔, 목판, 1950).

그 질문은 이 책에서 반복해서 나올 것이다. 우리는 온갖 비틀린 각도에서 그 질문에 다가갈 것이고, 결국, 이 단순한 질문이 인공지능의 본질과 얼마나 깊이 연결되어 있는지 알게 될 것이다.

이 문제가 재귀에 대한 장에서 일어난 것은 우연이 아니다. 왜냐하면 재귀는 "다름 속의 같음"이 중심 역할을 하는 영역이기 때문이다. 재귀는 "같은" 것이 여러 개의 다른 층위에서 한꺼번에 일어나는 것에 바탕을 두고 있다. 그러나 다른 층위들에서의 사건들이 정확하게 같지는 않다. 많은 점에서 다름에도 불구하고 그것들에게서 우리는 어떤 불변의 특성을 찾아낸다. 예를 들면, "작은 화성의 미로"에서 다른 층위에 있는 모든 이야기들은 관련성이 별로 없다—그것들의 "같음"은 단지 두 가지 사실에 있다 : (1) 그것들은 이야기이다. (2) 그것들은 거북과 아킬레스를 끌어들인다. 그밖에 그 이야기들은 서로 근본적으로 다르다.

프로그래밍과 재귀 : 모듈성, 고리, 프러시저

컴퓨터 프로그래밍에서 아주 중요한 기량 중의 하나는 두 개의 처리 절차가 넓은 의미에서 같은 경우인지를 감지해내는 일이다. 왜냐하면 그것이 **모듈화**(modularization)—즉 한 과제를 자연스러운 하위과제들로 나누는 일로 이끌기 때문이다. 예를 들면, 일련의 많은 비슷한 연산들을 차례차례 수행한다고 하자. 그것들을 일일이 모두 작성하지 않고, **반복고리(loop)**를 작성할 수 있다. 그것은 정해진 연산들을 수행하고 그런 다음 반복고리의 처음으로 돌아와서 다시 그 연산들을 수행하는 것을 일정한 조건이 충족될 때까지 반복하라고 컴퓨터에게 명령한다. 그런데 그 고리의 **본체**—반복되어야 하는 일련의 명령들—가 실은 완전히 확정될 필요는 없다. 그것은 어느 정도 예측 가능한 방식으로 변경될 수도 있다.

한 가지 예는 자연수 N이 소수인지 알아보는 가장 간단한 테스트인데, N을 2로 나누는 것으로 시작해서 3, 4, 5로 나누고 N−1일 때까지 나눈다. 만일 N이 이 테스트를 모두 거치는 동안 나누어떨어지지 않고 남아 있으면 N은 소수이다. 그런데 그 반복고리가 반복 수행될 때 각 단계가 서로 비슷하기는 하지만, 똑같지는 않다는 것을 유의하라. N에 따라서 단계의 수가 변한다는 것을 또한 유의하라. 그렇기 때문에 반복 횟수가 정해진 고리는 소수인지 판정해주는 일반적인 테스트로는 쓸모가 없다. 고리를 "중단하는" 두 가지 기준이 있다 : (1) N이 어떤 수로 나누어떨어지면, "**아니다(NO)**"라고 답하고 끝낸다 ; (2) N이 N−1까지의 모든 수로 나누어떨어지지 않으면, "**그렇다(YES)**"로 답하고 끝낸다.

고리의 일반적인 아이디어는 이렇다. 일련의 연관된 단계들을 반복 수행하고 지정한 조건들이 충족되면 처리를 중단한다. 때로는 반복고리의 최대 반복 횟수를 미리 알 것이다. 때로는 그냥 시작하고 중단될 때까지 기다린다. 이 두 번째 유형의 고리—나는 **자유 고리**라고 부른다—는 위험하다. 이유는 중단할 조건이 충족되지 않을 경우 컴퓨터가 이른바 "무한 고리" 속에 방치되기 때문이다. 한정된 고리와 **자유 고리** 사이의 이런 구별은 컴퓨터 과학 전체의 가장 중요한 개념 중의 하나이다. 그래서 제13장 "BlooP와 FlooP와 GlooP"에서는 그 문제만 다룰 것이다.

고리는 내부에서 중첩될 수 있다. 예를 들면 1과 5000 사이의 모든 수들에 대하여 소수인지를 테스트한다고 해보자. 앞에서 설명한 테스트를 반복해서 사용하는 두 번째 고리를 작성할 수 있는데, 이 고리는 N=1로 시작해서 N=5000까지 소수 여부를 테스트한다. 그러면 우리의 프로그램은 "고리 속의 고리"라는 구조를 가질 것이다. 그러한 프로그램 구조는 전형적이어서, 실은 그것을 좋은 프로그래밍 스타일이라고 생각한다. 이런 종류의 중첩된 고리들은 공통의 물품에 대한 조립 명령과 뜨개질이나 코바늘 뜨개질 같은 활동에서 일어난다—아주 작은 고리들이 좀더 큰 고리 속에서 여러 번 반복되고, 큰 고리가 차례차례 반복 수행된다……. 낮은 층위의 고리의 결과는 몇 번의 바늘땀에 불과할 테지만, 높은 층위의 고리의 결과는 한 벌의 옷에서 상당한 부분이 될 것이다.

음악에서도 종종 중첩된 고리들이 나타나는데, 예를 들면, 음계(작은 고리)를 여러 번 아마 그때마다 약간씩 음고를 달리해서, 연주하는 경우이다. 예를 들면 프로코피예프의 피아노 협주곡 5번이나 라흐마니노프의 교향곡 2번의 마지막 악장은 빠른, 중간 속도의 그리고 완만한 음계-고리들이 동시에 다른 악기군으로 연주되어 강한 효과를 지니는 확장된 소절들을 포함한다. 프로코피예프의 음계들은 상향 진행을 하는 반면에 라흐마니노프의 음계들은 하향 진행을 한다. 아무거나 선택해도 무방하다.

고리보다 더 일반적인 개념은 우리가 이미 어느 정도 논의했던 서브루틴(subroutine) 또는 프러시저이다. 여기서 기본적인 아이디어는 한 무리의 연산을 함께 묶어서 프러시저 **수식된 명사** 같은 이름을 붙여 단일 단위로 생각하는 것이다. RTN에서 본 것처럼 프러시저들의 이름을 가지고 서로 호출할 수 있고, 그런 식으로 실행되어야 할 한 무리의 연산들을 매우 간결하게 표현할 수 있다. 이것이 프로그래밍에서 모듈성(modularity)의 본질이다. 모듈성은 하이파이 시스템이나 가구, 세포 또는 인간 사회 등 위계적인 조직이 있는 곳이면 어디에나 있다.

가끔 우리는 맥락에 따라 가변적으로 작동하는 프러시저를 원한다. 그러한 프러시저에는 기억장치에 저장된 것을 들여다보고 그에 따라 취할 행동을 선택하는 방식도 있고, 어떤 행동을 해야 할지를 안내하는 **매개변수 목록**을 명시적으로 받을 수도 있다. RTN의 용어로 말하면, 수행해야 할 행동들을 선택하는 것은 어떤 경로를 따라갈 것인지 선택하는 것에 해당한다. RTN이 내부에 경로 선택을 제어하는 매개변수와 조건들로 성능을 높인 경우, 그것을 확대추이도(Augmented Transition Network, ATN)라고 한다. RTN보다 ATN을 선호하는 것은 일련의 ATN에서 표현된 문법에 따라서 재료가 되는 낱말로부터 의미가 통하는—무의미한 것과 구별되는—문장을 산출하는 경우이다. 매개변수들과 조건에 의해서 여러 가지 의미상의 제한들을 도입할 수 있어서, "보람 없는 새참(a thankless brunch)" 같은 말도 안 되는 언어구성체가 생성되는 것을 억제한다. 이 점에 대해서는 제18장에서 더 다루도록 하자.

체스 프로그램에서의 재귀

매개변수를 가지는 재귀적인 프러시저의 고전적인 예는 체스에서 "최선"의 행마(行馬, move)를 선택하는 프러시저이다. 최선의 행마는 분명히 상대방을 가장 곤경으로 몰아넣는 수이다. 따라서 좋은 행마인지에 대한 테스트는 간단하다 : 당신이 어떤 행마를 취했다고 하자. 그러고는 상대방의 입장에서 형세를 바라보는 것이다. 그러나 상대방은 이 형세를 어떻게 판단하는가? 상대방 또한 자기 나름대로 최선의 행마를 찾을 것이다. 즉 상대방 또한 모든 가능한 행마들을 생각하고 당신의 관점에서 그 행마들을 평가하는데, 그 행마들이 당신에게 나쁘게 보이기를 바랄 것이다. 그런데 여기서 나의 급소가 곧 상대방의 급소라는 격언을 이용해, "최선의 행마"를 재귀적으로 정의했다는 사실을 주목하라. 최선의 행마를 찾는 재귀적 프러시저는 행마를 해보고 그 다음에 상대방의 입장에서 자기 자신을 호출하는 방식으로 작동한다! 같은 요령으로, 그 프러시저는 다른 행마를 해보고, 상대방의 상대방 즉, 본인의 입장에서 프러시저 자신을 호출한다.

이 재귀는 여러 단계의 깊이로 진행될 수 있다. 그러나 어디선가는 바닥을 치고 나와야만 한다! 수를 내다보지 않고서 어떻게 형세를 판단할 수 있는가? 이를 위한 몇 개의 유용한 기준이 있다. 예를 들면, 단순하게는 양측 말의 개수, 공격당하고 있는 말의 수와 종류, 중앙부의 세력 등이 있다. 바닥에서 이런 종류의 평가를 하고 나서 재귀적인 행마–생성자*는 다시 위를 향해서 팝업하고 처음 상

---

* 최선의 행마를 선택하는 프러시저.

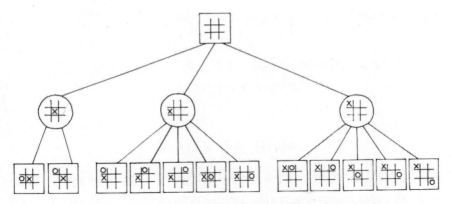

그림 38. 틱-탁-토 놀이를 시작할 때 나타나는 행마와 응수를 나타내는 예측 수형도.

태인 최고 층위에서 각각의 다른 행마에 대한 평가를 줄 수 있다. 자기-호출을 할 때 매개변수 중의 하나에는 몇 수 앞을 내다보아야 하는지 반드시 알려주어야 한다. 그 프러시저를 처음 호출할 때는 이 매개변수에 외부에서 정한 값을 사용할 것이다. 그후에, 그 프러시저가 재귀적으로 자신을 호출할 때마다, 이 수-내다보기 매개변수는 1씩 감소시켜야만 한다. 그런 식으로 해서 매개변수가 0이 되면, 그 프러시저는 내부에서 다른 경로인 비재귀적인 평가를 수행할 것이다.*

이런 종류의 게임-실행 프로그램에서는, 검토된 모든 행마는 이른바 "수-내다보기 나무"를 생성하는데, 이때 착수는 가장 큰 줄기로, 그에 대한 응수는 가지로, 그것에 대한 대응수는 잔가지로 표시된다. 그림 38에서 틱-탁-토 놀이의 시작을 표시하는 단순한 "수-내다보기 나무"를 보여 주었다. 수-내다보기 나무의 모든 가지를 끝부분까지 탐색하지 않아도 되는 방법을 찾아내는 기술(技術)이 있다. 체스 나무에서 인간—컴퓨터가 아니라—은 이 기술에 탁월한 것 같다. 정상급 체스 기사들은—대부분의 체스 프로그램들(chess programs)과 비교해볼 때—상대적으로 내다보는 수가 적지만, 그럼에도 인간이 훨씬 잘 둔다고 알려져 있다! 컴퓨터 체스의 초창기에는 컴퓨터(또는 프로그램)를 체스 세계 챔피언으로 만드는 데에 10년쯤 걸릴 것으로 추정했다. 그러나 10년이 지난 후에도 컴퓨터가 세계 챔피언이 되려면 여전히 10년 이상 걸릴 것으로 보였다…… 이것은 재귀

---

* 프러시저 안에서 다음과 같은 조건문, if look-ahead > 0 then 최선의 행마 선택 프러시저 호출(자기-호출) else 형세 판단 ; 을 사용해, 바닥에 이르렀으면 이제는 재귀적인 작업이 아닌 형세판단을 수행한다는 것이다.

적인 호프스태터의 법칙에 대한 또 하나의 증거이다.

> **호프스태터의 법칙(Hofstadter's Law)** : 호프스태터의 법칙을 고려했을 때조차도,
> 언제나 예상한 것보다 시간이 더 걸린다.

재귀와 예측 불가능성

이 장에서 말한 재귀적인 처리와 앞 장에서 말한 재귀적인 집합 사이의 관계는 무엇인가? 대답은 **재귀적 열거 가능 집합**의 개념과 관계된다. 어떤 집합이 재귀적으로 열거 가능하다는 것은 그 집합이 추론규칙을 반복 적용함으로써 출발점들(공리들)로부터 생성될 수 있다는 것을 의미한다. 그래서 그 집합은 새로운 요소가 어떤 식으로든 이전의 요소들로부터 구성되므로, 일종의 "수학적인 눈덩이"가 되어 점점 커지는 것이다. 그러나 이것이야말로 재귀의 본질로, 어떤 것을 명시적으로가 아니라, 더 작은 자기 자신의 버전을 가지고 정의하는 것이다. 피보나치 수들과 루카스 수들은 r.e. 집합의 완벽한 예로, 두 요소로부터 재귀적 규칙을 적용해 눈덩이처럼 커져 무한 집합이 된다. r.e. 집합을 그 보집합 또한 재귀적으로 열거할 수 있을 때 "재귀적"이라고 부르는 것은 약정의 문제이다.

재귀적인 열거는 새로운 것이 기존의 것으로부터 정해진 규칙에 의해서 출현하는 과정이다. 그런 과정에서는 예를 들면 Q–수열의 예측 불가능성과 같은 놀라운 것이 많이 있는 것 같다. 재귀적으로 정의된 그런 유형의 수열은 본질적으로 행동의 복잡성이 증가하기 때문에, 더 나갈수록 예측하기가 점점 더 어려워진다. 이런 종류의 생각을 좀더 밀고 나가면 적당히 복잡한 재귀적인 체계는 어떤 예정된 패턴으로부터도 벗어날 수 있을 정도로 충분히 강력할 것이라는 결론에 도달할 것이다. 이것이 지능의 결정적인 속성 가운데 하나가 아닐까? 자기 자신을 재귀적으로 **호출**할 수 있는 프러시저들로 이루어진 프로그램만 생각할 것이 아니라, 정말로 정교해지고, **자기 자신을 수정**할 수 있는 프로그램,—프로그램들에 작용해서, 그것들을 확장하고, 개선하고, 일반화하고, 수리하는 프로그램들——을 만드는 것은 어떨까? 짐작컨대 이런 종류의 "뒤엉킨 재귀성"이 지능의 핵심에 자리잡고 있을 것이다.

음정확대에 의한 카논

아킬레스와 거북은 시내에 있는 제일 좋은 중국 음식점에서
맛있는 중국 요리로 식사를 막 끝낸 참이었다.

아킬레스 : 자네 젓가락질을 잘하는군, 거북 선생.

거북 : 놀랄 거 없어. 어릴 때부터 난 아시아 요리를 유달리 좋아했거든. 그런데
　　자네는 어떤가, 맛있었어? 아킬레스?

아킬레스 : 끝내줬어. 중국 요리는 처음이야. 오늘 먹은 식사야말로 기가 막힌 입
　　문이었네. 집에 가야 하나, 아니면 여기 앉아서 이야기나 좀 할까?

거북 : 그래. 차 한 잔 마시면서 이야기나 하지, 웨이터!

　　(웨이터가 온다.)

　　여기 계산서 좀 주시고, 차도 좀더 주실래요?

　　(웨이터는 서둘러 간다.)

아킬레스 : 중국 요리에 대해선 자네가 더 잘 알 거야. 하지만 일본 시(詩)에 대해
　　서는 내가 더 잘 알 걸세. 하이쿠(俳句)를 한 수라도 읽어본 적 있나?

거북 : 안 읽어본 것 같은데. 하이쿠가 뭔가?

아킬레스 : 하이쿠란 말이야, 17음절로 된 일본의 시인데, 향기로운 장미꽃이나
　　안개비가 자욱한 백합 연못 같은 식으로 환기력이 풍부한 작은 시라네. 보
　　통 5-7-5 음절로 이루어져 있지.

거북 : 불과 17음절로 압축된 시가 풍부한 의미를 가질 수 있나?

아킬레스 : 하이쿠에도 읽는 이 마음에도 의미가 있지.

거북 : 음……. 그거 환기력이 풍부한 말이군.

204

(웨이터가 계산서와 찻주전자 그리고 행운의 과자 두 개를 들고 온다.)

고맙습니다. 차를 좀더 들겠나. 아킬레스?

아킬레스 : 그러지. 이 작은 과자들이 맛있어 보이는걸. (과자 한 조각을 집어서 먹기 시작한다.) 어라! 여기 들어 있는 게 뭐지? 종잇조각 아니야?

거북 : 자네의 운세지, 아킬레스. 중국 음식점에 가면 계산서와 같이 행운의 과자를 가져다주지. 음식값을 보고 놀라지 말라고 말이야. 자네가 중국 음식점에 자주 오게 되면, 이 행운의 과자를 과자라기보다는 메시지 전달자로 생각하게 되지. 애석하게도 자네는 운세를 일부 삼킨 것 같군. 남은 쪽지엔 뭐라고 적혀 있나?

아킬레스 : 어, 좀 이상한데. 띄어쓰기 없이 글자들이 모두 다닥다닥 붙어 있어. 이걸 어떻게든 해독해야 될 텐데. 아, 알았다. 원래대로 띄어 읽으면 되겠지. "개 나 소나타" 무슨 말인지 정말 모르겠군. 하이쿠 같은 시였을 텐데, 내가 그만 음절 대부분을 먹어버렸군.

거북 : 이 경우에, 자네의 운세는 17분의 5-하이쿠네, 그려. 그리고 그것이 묘한 이미지를 환기시키는군. 만약에 17분의 5-하이쿠가 새로운 예술 형식이라면 나는 "나리 개나리"라고 읊겠네. 그 쪽지 한번 봐도 되나?

아킬레스 : (남은 종잇조각을 거북에게 주며) 물론!

거북 : 그런데, 아킬레스, 내가 그걸 "해독하면" 전혀 다른 뜻이 되네! "개나 소나 타(咤)" 17분의 5-하이쿠라는 새로운 예술형식에 대한 통찰력 있는 해설같이 들리는데.

아킬레스 : 자네 말이 맞군. 그 시가 자기 자신에 대한 해설을 포함한다는 사실이 놀랍지 않나?

거북 : 난 그저 다르게 끊어 읽었을 뿐인데.

아킬레스 : 자네의 행운의 과자에는 뭐라고 써 있나, 거북 선생?

거북 : (능숙하게 과자를 쪼개서 읽는다.) "과자 안에도 먹는 사람 손에도 운세가 있다."

아킬레스 : 자네의 운세도 하이쿠로 작성되었군, 거북 선생. 그건 5-7-5 형식으로 17음절이야.

거북 : 대단해! 난 그걸 죽었다 깨어나도 알아차리지 못했을 거야, 아킬레스. 역

시 그런 건 자네만 알아차릴 수 있어. 그런데 더욱 놀라운 것은 여기 쓰인 내용이야. 물론 해석의 여지가 있지만.

아킬레스 : 우리 각자는 접하는 메시지를 자기 나름대로 해석한다는 말인 것 같군.

(아킬레스는 빈 잔의 밑에 있는 찻잎을 물끄러미 쳐다본다.)

거북 : 차, 더 하겠나. 아킬레스?

아킬레스 : 그러지, 고맙네. 그런데 자네 친구 게 선생은 잘 지내는가? 자네가 그 특이한 축음기-겨루기 이야기를 한 뒤부터 나는 게 선생 생각을 많이 하고 있네.

거북 : 나도 게 선생에게 자네 말을 했더니 자네를 만나는 것에 열의를 보이더군. 그 친구는 잘 지내고 있네. 최근에 그는 전축 분야에서 새로운 것을 손에 넣었는데 아주 진귀한 주크박스라네.

아킬레스 : 어떤 건지 듣고 싶은데. 나는 주크박스 하면 반짝이는 색전등으로 장식되고, 시시한 노래가 나오는, 아주 고풍스럽고 지난 시대를 떠올리게 하는 물건이라는 생각이 들어.

거북 : 이 주크박스는 너무 커서 집에 들이질 못했어, 그래서 뒤꼍에 주크박스 창고를 특별히 지었지.

아킬레스 : 주크박스가 왜 그렇게 커야 하는지 이해할 수가 없네. 레코드 판이 엄청나게 많으면 모를까. 정말 판이 무지하게 많은 거 아냐?

거북 : 사실은, 판이라고는 딱 한 장밖에 없어.

아킬레스 : 뭐? 판이 달랑 하나인 주크박스라고? 그 말 자체가 모순이잖아. 그런데 도대체 주크박스가 왜 그리 큰 거야? 판이 무지막지하게 큰가? 지름이 한 6미터는 되는?

거북 : 그건 아니야. 그냥 주크박스에서 쓰는 보통 판이야.

아킬레스 : 거북 선생. 나를 놀리는 거야? 아니 한 곡만 트는 주크박스라니, 도대체 어떻게 생겨먹은 거야?

거북 : 아니, 누가 한 곡만 듣는다고 했나, 아킬레스?

아킬레스 : 내가 여태껏 작동시켜본 주크박스는 다 주크박스의 기본공리를 따르

고 있었어 : "한 장에 한 곡."

거북 : 하지만 이 주크박스는 달라, 아킬레스. 레코드 판이 수직으로 걸려 있고 그 뒤에는 작지만 정교한 고가 레일 망이 있어. 그리고 레일에 다양한 전축들이 매달려 있지. 예를 들면 B-1식으로 단추를 조합해서 누르면, 전축들 중의 하나를 선택하게 되어 있지. 그러면 자동장치가 작동되어 전축이 녹슨 레일을 따라서 움직이게 되지. 선로 조정을 해서 전축이 판 옆에 오면 그 다음엔 연주 위치로 자리를 잡지.

아킬레스 : 그러면 판이 돌기 시작하고 음악이 나오는 것이로군. 내 말이 맞나?

거북 : 아닐세, 판은 그냥 가만히 있고 도는 건 전축이야.

아킬레스 : 내가 짐작 못한 건 아니야. 하지만 판이 한 장만 있으면 이 말도 안 되는 기계로부터 어떻게 한 곡 이상을 끄집어낼 수 있지?

거북 : 나도 게 선생에게 그 문제를 물어보았지. 그랬더니 그냥 한번 해보라고 그러더군. 그래서 주머니에서 1쿼터(1/4 달러)짜리 동전을 하나 꺼내서 투입구에 넣은 다음, 아무렇게나 B-1, C-3, B-10을 눌러댔지(1쿼터로는 세 곡을 들을 수 있다).

아킬레스 : 그래서 축음기 B-1이 레일을 미끄러져와서 수직으로 놓인 판에 접속한 다음 돌기 시작했나?

거북 : 바로 그렇지! 흘러나온 음악은 아주 듣기 좋았어. 바로 그 유명한 B-A-C-H라는 음계를 따라 만든 거지. 자네도 기억이 날 텐데……

아킬레스 : 어떻게 잊을 수 있겠어.

거북 : 이것이 전축 B-1이었어. 그러고는 곡이 끝나자 원래의 위치로 천천히 돌아갔고, C-3이 연주 위치로 왔지.

아킬레스 : 설마 C-3이 다른 멜로디를 연주했다는 건 아니겠지?

거북 : 아니. 바로 다른 멜로디를 연주했지.

아킬레스 : 아, 알았어. 그 전축은 첫 노래의 뒷면을 연주했거나 아니면 같은 면의 다른 트랙을 틀었던 게로군.

거북 : 아니야. 이 판은 한 면밖에 없고 녹음된 트랙도 하나밖에 없어.

아킬레스 : 뭔 소린지 통 모르겠군. 아니 같은 판에서 다른 노래들을 어떻게 끄집
  어낼 수 있단 말인가?

거북 : 나도 게 선생의 주크박스를 보기 전까지는 자네와 같은 생각이었네.

아킬레스 : 도대체 두 번째 곡이 어떻게 나오게 되지?

거북 : 그게 아주 재미있지. 그건 C-A-G-E라는 멜로디에 기초하는 노래지.

아킬레스 : 그건 완전히 다른 멜로디잖아!

거북 : 맞아.

아킬레스 : 그리고 존 케이지는 현대음악 작곡가 아닌가? 하이쿠에 대한 책 중에
  서 그에 관한 걸 읽은 기억이 나는 것 같은데.

거북 : 맞아. 존 케이지는 다른 길이의 침묵으로 구성된 3악장짜리 "4분 33초" 같
  은 유명한 곡을 작곡했지. 매우 표현력이 풍부한 곡이야. 자네가 그런 걸 좋
  아하면 말이야.

아킬레스 : 어디서 들어야 할지 알지. 아주 시끌벅적한 카페에 있다면 기꺼이 주
  크박스에 동전을 넣고서 존 케이지의 "4분 33초"를 들을 거야. 그걸 들으면
  마음이 좀 가라앉을 것 같아!

거북 : 그래. 누가 접시와 은식기가 달그락거리는 소리를 듣고 싶겠어? 그런데 "4
  분 33초"가 도움이 되는 또다른 곳이 있지. 먹이주는 시간 때의 사자나 호랑
  이 같은 대형 고양이과 동물원이지.

아킬레스 : 케이지(우리)가 동물원에 속해 있단 말인가? 에, 일리가 있는 말이로
  군. 하지만 이 게 선생의 주크박스는……아무래도 이해가 안 가. 아니 어떻
  게 "BACH"와 "CAGE"가 동시에 한 음반 위에 녹음되어 있단 말인가?

거북 : 아킬레스, 자네가 주의 깊게 관찰해보면 그 둘 사이에 어떤 관계가 있다
  는 걸 알아차릴 수 있을 걸세. 그 방법을 알려주지. 자네가 B-A-C-H라는 멜
  로디의 순차적인 음정(音程)을 늘어놓으면 어떻게 되지?

아킬레스 : 보자고. 처음에 반음이 내려가지. 즉 B(독일식 기보법으로)에서 A로
  그리고 다시 C까지 반음이 세 번 올라가고 끝으로 다시 H로 반음이 내려가
  지. 그 패턴은 다음과 같은 식이 되겠군 :

$$-1, +3, -1$$

거북 : 맞았어! 그럼 C-A-G-E는 어떻게 될까?

아킬레스 : 음, 이 경우는 세 개의 반음이 아래로 진행하고, 그러고는 열 개의 반음(거의 한 옥타브이다)이 위로. 그리고 끝으로 세 개의 반음이 아래로. 그러니까 :

$$-3, +10, -3$$

이건 앞에 것과 많이 닮지 않았나, 안 그래?

거북 : 사실이지. 어떤 점에서, 이 둘은 똑같은 "뼈대"를 가진 거야. 우리가 B-A-C-H의 모든 음정에 3 1/3을 곱하고 반올림하면 C-A-G-E를 얻을 수 있지.

아킬레스 : 아니, 이런 골 때리는 경우가 다 있나! 그러니까 홈선 속에는 일종의 뼈대 코드만 하나 있고 각 전축이 자기 나름대로 각 코드에 해석을 단다는 말인가?

거북 : 확신할 수는 없어. 원체 조용한* 친구인 게가 내게 모든 걸 다 말해주려고 하진 않거든. 하지만 B−10 전축이 연주 위치에 들어가고 세 번째 노래를 듣게 되었지.

아킬레스 : 그건 또 어떤 거였나?

거북 : 그 멜로디는 음정의 폭이 크게 벌어진 것인데, B-C-A-H로 진행되었지.

그러니까 그 음정 패턴을 반음으로 하자면 :

$$-10, +33, -10$$

그건 CAGE 패턴에 3 1/3을 곱하고 반올림하면 얻을 수 있지.

---

* 영어로는 cagey이다. 즉 존 케이지에 대한 말장난이다.

아킬레스 : 이런 종류의 음정 곱하기에 대한 이름이 있나?

거북 : "음정확대"라고 할 수 있겠지. 그건 말이야, 템포 확대라는 카논의 수법, 즉 한 멜로디에서 음표의 길이를 어떤 상수로 곱해 얻는 것과 비슷한 거야. 그것은 멜로디를 느리게 하는 효과를 가지지. 그러나 여기서는 그 효과가 멜로디의 범위를 기발한 방식으로 확장하는 거지.

아킬레스 : 놀랍군. 그러니까 자네가 들으려 한 세 멜로디는 모두 레코드 판에 있는 단 하나의 바탕이 되는 홈선 패턴을 가지고 연주된 세 개의 음정확대 로군.

거북 : 그게 바로 내가 내린 결론이야.

아킬레스 : 그것 참 묘하네. BACH를 확대하면 CAGE를 얻고 CAGE를 다시 확대하면 BACH로 되돌아가는군. BACH에서 B와 C가 뒤집어진 것만 빼고. 마치 BACH가 중간 단계인 CAGE를 통과하고 나면 속이 뒤집어지기라도 하는 듯이 말이야.

거북 : 케이지의 새로운 예술형식에 대한 통찰력 있는 해설인 것 같군.

제6장

의미는 어디에 자리잡고 있는가

한 사물이 늘 같은 것이 아닌 경우는 어느 때인가?

앞 장에서 우리는 다음과 같은 질문과 마주쳤다. "두 개의 사물이 같은 경우는 언제인가?" 이 장에서는 그 질문을 뒤집어서 다루어보기로 하자 : "한 사물이 늘 같은 것이 아닌 경우는 어느 때인가?" 우리가 끄집어낸 문제는 다음과 같다. 의미는 메시지(message)에 내재한다고 말할 수 있는가, 아니면 앞의 대화에서처럼 의미는 언제나 정신 또는 어떤 메커니즘이 메시지와 상호작용해서 만들어내는 것인가? 후자의 경우에는 의미가 어느 한 곳에 자리잡고 있다고 말할 수 없을 것이며, 메시지에 보편적이거나 객관적인 의미가 있다고 말할 수는 없을 것이다. 그 이유는 모든 관찰자는 각 메시지에 자기 자신의 고유의 의미를 제시할 수 있기 때문이다. 그러나 전자의 경우, 의미는 자리잡고 있는 위치와 보편성을 모두 가진다. 이 장에서, 나는 적어도 어떤 메시지들이 보편성을 갖는 경우를 제시하겠는데, 모든 메시지가 보편성을 가진다는 주장은 물론 아니다. 메시지의 "객관적인 의미"라는 생각은 지능을 기술하는 데에 쓰일 수 있는 단순성과 흥미로운 방식으로 관련된다는 것이 드러날 것이다.

정보-저장체와 정보-발현체

내가 좋아하는 보기인 음반, 음악과 전축 사이의 관계를 가지고 시작해보자. 우리는 음반이 한 음악작품과 같은 정보를 담고 있다는 것을 아주 편안하게 생각한다. 그것은 전축이 음반을 "해독하고" 음반에 새겨진 홈선을 소리로 바꿀 수 있기 때문이다. 달리 말하면, 판에 새겨진 홈선의 패턴과 음 사이에는 동형성이 있으며, 전축은 그 동형성을 물리적으로 실현하는 메커니즘이다. 따라서 음반을 정보-저장체로, 전축을 정보-발현체로 자연스럽게 생각할 수 있다. 이런 개념들에 대한 또다른 보기는 바로 pq-체계이다. 여기에서는 "정보-저장체"는 정리들이고, "정보-발현체"는 그 정리의 해석이다. 이것은 너무나도 뻔해서 pq-정리들로부터 정보를 추출하는 데에 전기장치의 도움을 받을 필요가 없다.

이 두 보기들로부터 받는 인상은 동형성과 해독 메커니즘(즉 정보-발현체)이, 구조 속에 본래 있어서 "꺼내지기"만을 기다리고 있는 정보를 단순히 드러낸다는 것이다. 이것으로부터 각각의 구조마다 꺼낼 수 있는 정보 조각들이 있는 한편 꺼낼 수 없는 정보 조각들도 있다고 생각할 수 있다. 그러나 "꺼낸다"는 것이 도대체 무슨 뜻인가? 얼마나 열심히 하면 꺼낼 수 있는가? 우리가 충분히 노력하면 어떤 구조로부터 매우 깊숙이 숨겨진 정보들을 꺼낼 수 있는 경우들이 있다. 사실 정보를 꺼내는 일에 복잡한 조작이 관여되어서 꺼내는 정보보다는 투입하는 정보가 더 많다고 느낄 수도 있다.

유전자형과 표현형

흔히 디옥시리보 핵산(DNA)의 이중나선에 자리잡고 있다고 말하는 유전정보의 경우를 보자. DNA 분자—유전자형(genotype)—는 단백질(protein) 합성, DNA 복제, 세포 복제, 세포형의 점진적인 분화 등이 관여되는 매우 복잡한 과정을 거쳐서 신체를 갖춘 유기체—표현형(phenotype)—로 변환된다. 그런데 유전자형으로부터 표현형으로의 이러한 전개—생물의 개체형성(epigenesis)—는 뒤엉킨 재귀 중에서도 가장 뒤엉킨 것인데, 제16장에서는 오로지 이 문제에 주의를 집중할 것이다. 생물의 개체형성은 극도로 복잡한 일련의 화학 반응과 피드백 고리들의 순환을 통하여 이루어진다. 일단 완전한 유기체가 구성되고 나면, 유기체의 신체적인 특징과 그 유전자형 사이에는 그 어떤 유사성도 존재하지 않는다.

그러나 그 유기체의 신체적 구조는 자신의 DNA 구조, 오직 그것에서 유래한다고 보는 것이 표준적 견해이다. 이 관점을 뒷받침하는 최초의 증거는 오스월드 에이버리가 1944년에 행한 실험들로부터 나왔으며, 그 이후 엄청난 양의 확증이 축적되었다. 에이버리의 실험은 모든 생체 분자들 중에서 오로지 DNA만이 유전형질을 전달한다는 것을 보여주었다. 유기체에서 단백질 같은 다른 분자들을 변형할 수는 있으나, 그와 같은 변형은 다음 세대에는 전달되지 않는다. 그러나 DNA가 변형(變形)되면 그 뒤에 나오는 모든 세대들은 이 변형된 DNA를 물려받는다. 그러한 실험들은 새로운 유기체를 구축하기 위한 명령들을 변화시키는 유일한 방법은 DNA를 변화시키는 것뿐이라는 것을 보여주었다. 그리고 이것은 이런 명령들이 어떤 식으로든 DNA의 구조 안에 코드화되었음에 분명하다는 것을 의미한다.

색다른 동형성과 평범한 동형성

따라서 우리는 DNA의 구조가 표현형의 구조에 대한 정보를 함유한다는 생각, 즉 둘의 구조는 **동형**이라는 생각을 받아들일 수밖에 없는 것 같다. 그러나 이것들 사이의 동형성은 **색다르다**. 내가 색다르다고 하는 것은, 표현형과 유전자형을 서로 대응될 수 있는 "부분들"로 나누는 것이 결코 손쉬운 일이 아니라는 것을 뜻한다. 이와 대조적으로, **평범한** 동형성은 한 구조의 부분들이 다른 구조의 부분들로 쉽게 대응될 수 있는 동형성이다. 그에 대한 보기는 음반과 음악작품 사이의 동형성이다. 이 관계에서는 작품의 어떤 음에 대해서도 홈선 속에 그것의 정확한 "이미지"가 새겨져 있고, 필요하다면 그것을 얼마든지 정확하게 지적할 수 있다. 또다른 평범한 동형성은 Gplot과 그 내부에 있는 나비들 사이의 동형성이다.

DNA 구조와 표현형의 구조 사이의 동형성은 전혀 평범하지 않으며, 그것을 물리적으로 수행하는 메커니즘은 무시무시하게 복잡하다. 예를 들면 당신의 코나 지문의 모양을 설명하는 DNA의 일부분을 찾으려고 한다면, 아주 어려울 것이다. 그것은 마치 한 음악작품에서 그 곡의 정서적인 의미를 담고 있는 음표를 콕 집어내려는 것과 같을 것이다. 물론 그런 음표는 없다. 왜냐하면 정서적인 의미는 매우 높은 층위에서 곡 중에 커다란 "덩어리"가 떠맡고 있는 것이지 단 하나의 음표가 떠맡고 있는 것은 아니기 때문이다. 그런데 그런 "덩어리들"은 서로 인접하는 음표의 집합일 필요는 없다. 연결되어 있지 않고 떨어져 있으면서 함께 어울려 정서적인 의미를 떠맡는 부분들도 있을 수 있다.

이와 비슷한 방식으로 "유전적 의미", 즉 표현형의 구조에 대한 정보는 DNA 분자의 모든 작은 부분들에 온통 퍼져 있지만, 아직 누구도 그 언어를 이해하지 못한다. (주의 : 이 "언어"를 이해한다는 것은 60년대 초에 행해졌던 유전자 코드의 해독과는 전혀 같은 것이 아니다. 유전자 코드[Genetic Code]는 DNA의 짧은 조각을 다양한 아미노산[amino acid]으로 번역하는 방법을 말해준다. 따라서 유전자 코드의 해독은 어떤 언어의 문법이나 낱말들 중 어떤 것의 의미도 이해하지 않고, 그 언어의 문자의 음가[音價]를 이해하는 것에 비교할 수 있다. 유전자 코드의 해독은 DNA 나선의 의미를 규명하기 위한 도정에서 아주 중요한 한 걸음이었다. 그러나 아직도 아무도 밟지 않은 먼 여정의 첫 발자국에 불과하다.)

주크박스와 방아쇠

DNA에 포함된 유전적 의미는 함축적 의미에 대한 가장 좋은 보기들 중의 하나이다. 유전자형을 표현형으로 전환하기 위해서는 유전자형보다도 훨씬 더 복잡한 메커니즘들이 유전자형에 작용해야 한다. 유전자형의 여러 다양한 부분들은 그 메커니즘들을 위한 **방아쇠** 역할을 한다. 게 선생이 가진 것 같은 기괴한 것이 아니라 일반적인 주크박스는 여기에 유용한 비유를 제공한다. 한 쌍의 단추는 그 메커니즘이 취할 아주 복잡한 행동을 지정한다. 그래서 그 한 쌍의 단추들이 연주되는 노래를 "촉발한" 것으로서 기술될 수 있을 것이다. 유전자형을 표현형으로 전환하는 과정 속에서, 세포 주크박스들은—이 개념을 사용하는 것을 허락한다면!—"단추 누름"을 DNA의 긴 가닥에서 짧게 발췌한 것으로부터 받는다. 그리고 세포 주크박스가 연주하는 "노래들"은 종종 또다른 "주크박스들"을 만드는 주된 성분이다. 그것은 마치 실제의 주크박스가 사랑의 발라드가 아니라, 더 복잡한 주크박스들을 만드는 방법을 담은 가사를 출력하는 것과 같다. DNA의 일부가 단백질 생산을 촉발하고, 이 단백질들은 수백 가지의 새로운 반응을 촉발한다. 그것들이 이번에는 복제-조작을 촉발해, 몇 단계로 나누어 DNA를 복제한다. 등등⋯⋯. 이를 통해서 그 모든 과정이 얼마나 재귀적인지 감을 잡을 수 있다. 이렇게 여러 겹으로 촉발된 촉발작용의 최종 결과가 바로 표현형—즉 개체—이다. 그래서 우리는 표현형이란 처음부터 DNA에 잠재해 있던 정보의 **발현**이라고 말한다(이 문맥에서 발현[revelation]이라는 용어는 금세기의 가장 심오하고 가장 독창적인 분자생물학자 중의 하나인 자크 모노로부터 유래했다).

이제 그 누구도, 주크박스의 스피커에서 나오는 노래가 눌러진 단추 쌍에 내재하는 정보의 "발현"을 구성한다고 말할 사람은 없을 것이다. 왜냐하면 이 단추 쌍들은 그저 주크박스 메커니즘의 정보를 저장하는 부분을 활성화하기 위한 **방아쇠**에 불과한 것으로 보이기 때문이다. 반면에, 음반으로부터 음악을 끄집어내는 것을 음반에 내재하는 정보의 "발현"이라고 말해도 전적으로 합당한 것 같다. 여기에는 다음과 같은 여러 가지 이유가 있다 :

(1) 음악은 전축의 메커니즘 속에 은폐되어 있는 것 같지는 않다.
(2) 입력(음반)의 부분들을 얼마든지 정밀하게 출력(음악)의 부분들과 짝을 맞출 수 있다.
(3) 같은 전축에서 다른 음반들을 틀어서 다른 소리가 나오게 할 수 있다.
(4) 음반과 전축은 쉽게 분리된다.

박살난 음반의 파편들이 고유한 의미를 가지는가는 완전히 또다른 문제이다. 분리된 조각들을 함께 맞추어 정보를 재구성할 수는 있다. 그러나 여기에는 뭔가 훨씬 더 복잡한 것이 진행되고 있다. 그러고 나면, 암호화된 전화통화의 내재적인 의미라는 문제가 있다……. 의미의 고유성의 정도에는 광범위한 스펙트럼이 있다. 개체형성을 이 스펙트럼 속에 위치시키려는 시도는 흥미 있다. 유기체가 발달함에 따라, 정보가 유기체의 DNA로부터 "꺼내지고" 있다고 말할 수 있는가? DNA는 유기체의 구조에 대한 모든 정보가 자리잡고 있는 장소인가?

DNA와 화학적 맥락의 필요성

에이버리 등의 실험에 덕분에, 어떤 의미에서는 그 질문에 대한 대답은 '그렇다'인 것 같다. 그러나 다른 의미에서는, "아니다"인 것 같다. 왜냐하면 꺼내는 과정의 많은 부분이 DNA 자체에는 코드화되어 있지 않은, 세포 속에서 진행되는 극도로 복잡한 화학적 과정에 의존하기 때문이다. DNA는 그런 과정이 일어날 것이라는 사실에 기대지만, 그 과정을 초래하는 코드를 가지는 것 같지는 않다. 따라서 유전자형 속의 정보의 본질에 대한 두 가지 상충하는 시각이 있다. 한 시각은 그 정보의 많은 부분이 DNA의 외부에 있기 때문에, DNA를 매우 복잡한 일련의 방아쇠, 주크박스에서 눌려져야 하는 일련의 단추 같은 것, 그 이상의 어떤 것으로 보는 것은 합당치 않다고 본다. 그 정보가 모두 DNA에 존재한다는 다른 시각도 있다. 그러나 매우 함축적인 형태로 있다고 본다.

그런데 이것들이 같은 것을 그저 두 가지 다른 방식으로 말하는 것 같지만,

꼭 그런 것은 아니다. 한 시각은 DNA는 맥락을 벗어나서는 아무런 의미가 없다는 것이고, 다른 시각은 생물의 DNA 분자를 맥락에서 끄집어내더라도, 그것은 자신의 구조에 **설득력 있는 내재 논리**를 가지고 있어서 그것의 메시지는 어떻게든 연역될 수 있을 것이라고 본다. 그것을 가능한 한 간결하게 말하면, 한 시각은 DNA가 의미를 가지기 위해서는 **화학적 맥락**이 필요하다는 것이고, 다른 시각은 DNA 가닥의 "고유의 의미"를 발현하기 위해서 필요한 것은 오직 **지능뿐**이라는 것이다.

있을 것 같지 않은 UFO

어떤 이상한 가상적인 사건을 생각해봄으로써 이 문제에 대해서 어떤 전망을 얻을 수 있다. 다비트 오이스트라흐와 레프 오보린이 연주한 바흐의 "바이올린과 피아노를 위한 소나타 F단조"의 음반을 인공위성 속에 넣어서 쏘아올린다. 그런 다음 그 음반은 인공위성으로부터 태양계 너머로, 어쩌면 은하계를 벗어날 운항로로 발사된다. 가운데 구멍이 뚫린 얇은 플라스틱 접시가 은하계 사이의 공간을 날아다닌다. 분명히 그 음반은 자신의 맥락을 잃었다. 그 음반은 의미를 얼마나 지니고 있을까?

어떤 외계 문명이 우연히 그것과 마주치면, 그들은 거의 분명히 음반의 모양에 끌려서 아마도 큰 관심을 가질 것이다. 이렇게 해서, 음반의 모양이 즉시 방아쇠 역할을 해서 그들에게 어떤 정보를 준 것이다. 즉 그것은 인공물, 아마 정보를 가지고 있는 인공물일 것이라는 정보 말이다. 그 음반 자체에 의해서 전달되거나 촉발된 이 생각은 이제는 **새로운 맥락을 창출**해서 음반은 이후에는 그 맥락 속에서 지각될 것이다. 해독의 다음 단계는 시간이 상당히 걸릴 것이다. 그러나 얼마나 걸릴지 우리가 추정하는 것은 매우 어렵다. 그러한 음반이 바흐 당시에 지구에 떨어졌다면, 누구도 그것을 어떻게 해야 할지 몰랐을 것이며, 전혀 해독하지 못했을 것이라고 상상할 수 있다. 그러나 그것이 정보가 원칙적으로 거기에 있다는 우리의 확신을 감소시키지는 않는다. 우리는 당시 인간의 지식이 정보의 저장, 변형, 발현의 가능성에 대해서 그리 대단하지는 않았다는 것을 알 뿐이다.

메시지 이해의 층위

오늘날 암호 해독에 대한 아이디어는 아주 널리 퍼져 있다. 그것은 천문학자, 언어학자, 고고학자, 군사 전문가 등이 하는 활동 중 중요한 부분이다. 우리는 아직 해독할 수 없는 다른 문명으로부터 오는 전파 메시지의 망망대해를 떠다니고 있을지도 모른다고 종종 말한다. 그리고 그러한 메시지를 해독하는 기술에 대해서 상당히 진지하게 생각해왔다. 주요 문제 중의 하나는—아마도 가장 심층적인 문제—다음 질문이다. "도대체 메시지가 있다는 사실을 어떻게 알아볼 것인가? 메시지의 틀을 어떻게 확인할 수 있는가?" 음반을 우주로 보내는 것이 간단한 해답인 것처럼 보인다.* 그것의 전반적인 물리적 구조가 상당히 주의를 끄는 모양새이다. 그리고 그것이 충분히 높은 지능을 갖춘 생물에게 그 속에 감추어진 정보를 찾아볼 생각을 촉발시킬 것이라는 것이 적어도 우리에게 그럴듯하게 생각된다. 그러나 기술적인 이유 때문에 고체를 다른 행성계로 보내는 것은 불가능하다. 그렇더라도, 그런 사정이 우리가 그 아이디어에 대해서 생각하는 것까지 막지는 못한다.

이제 외계 문명이 그 음반을 번역하기 위한 적절한 메커니즘은 음반 위의 홈선을 소리로 전환하는 기계라는 것을 생각해냈다고 해보자. 이것은 아직 진정한 해독과는 한참 먼 이야기일 것이다. 정말로 그런 음반을 **성공적으로** 해독하는 구성 요건은 무엇일까? 분명히, 그 문명은 그 소리들을 이해할 수 있어야만 할 것이다. 단지 소리들을 생성해내는 것은, 그 소리들이 외계 생물의 두뇌(만일 이 낱말이 그것에 해당하는 낱말이라면)에서 바람직한 방아쇠 효과를 일으키지 않는다면, 그 자체는 거의 가치가 없다. 그러면 바람직한 효과란 무엇인가? 그것은 우리가 그 작품을 들을 때 경험하는 정서적 효과와 아주 비슷한 정서적 효과를 창출하는 구조를 그들의 두뇌 속에서 활성화시키는 것일 것이다. 사실, 그들이 그들의 두뇌 속에서 적절한 구조에 도달하기 위해서 그 음반을 다른 방식으로 사용한다고 가정하면, 심지어 그 소리들을 생성하는 것은 생략할 수도 있을 것이다. (우리 인간이 우리 두뇌 속의 적절한 구조들을, 음악의 진행처럼, 순차적으로 촉발하는 방법을 가진다면, 그 소리들을 생략하는 것에 아주 만족할지도 모른다. 그러나 우리의 귀를 통하지 않고 그렇게 하는 방법이 있다는 것은 거의 있을 법하지 않은 것 같다. 악보를 보는 것으로 음악을 "들을" 수 있는 귀 먼 작

---

* 이 부분의 논지 전개는 좀 이상해 보인다.

곡가—베토벤이나 드보르자크, 포레—나 음악가들이 있다고 해서 이 주장이 거짓말이 되는 것은 아니다. 왜냐하면 그들의 청음 능력은 수십 년간에 걸친 직접적인 청각 경험에 근거하기 때문이다.)

이 지점에서 사태들이 매우 불명확해진다. 외계 문명의 존재들에게도 정서가 있을까? 그들에게 정서가 있다고 한다면, 그들의 정서가 어떤 의미에서든 우리의 정서와 대응될 수 있을까? 그들에게 우리와 다소 비슷한 정서가 있다면, 그 정서들도 우리의 정서와 같은 방식으로 함께 몰려들까? 그들도 "비창미(悲愴美)"나 "용기 있는 인고(忍苦)" 같은 혼합감정을 이해할까? 모든 우주의 존재가 그 감정들이 중첩될 정도로까지 인지 구조를 우리와 공유한다면, 어떤 의미에서 그 음반은 자신의 원래의 맥락을 벗어나는 일은 결코 있을 수 없다. 그 맥락은 자연에서 사물이 존재하는 방식의 일부분이다. 그리고 그것이 맞다면, 떠돌아다니는 음반이 도중에 부서지지만 않는다면 결국 어떤 생물이나 생물의 무리가 그것을 손에 넣어, 우리가 성공적이라고 간주할 방식으로 해독할 것이다.

"가상의 우주 풍경"

앞에서 내가 DNA 분자의 의미에 대해서 묻는 데에서 나는 "설득력 있는 내재 논리"라는 표현을 썼는데, 이것이 핵심 개념이라고 생각한다. 이것을 보여주기 위해서, 우주 공간으로 음반을 보내는 가상적인 사건을 조금 변경해 바흐의 곡을 존 케이지가 작곡한 "가상의 풍경 4번(Imaginary Landscape no. 4)"으로 대체해 보자. 이 작품은 이른바 불확정성(chance) 또는 우연성(aleatoric) 음악의 고전으로서, 그 구조는 개인의 감정을 전달하려는 시도에 의해서보다는 다양한 우연적 과정에 의해서 선택되었다. 이 작품의 경우에는 24명의 연주자가 12대의 라디오에 달린 24개의 음량 조절 손잡이와 채널 선택 손잡이를 잡고 조절한다.* 그 작품이 연주되는 동안에 그들은 자신이 잡은 손잡이를 되는 대로 돌리는데, 그 결과 각 라디오는 연주 내내 방송국을 이리저리 옮기면서 소리가 무작위로 커졌다 작아졌다 한다. 그런 식으로 생성된 음의 총합이 바로 그 작품이다. 케이지는 자신의 생각을 다음과 같이 밝힌다. "인간이 만든 이론이나 인간의 감성을 실어

---

* 존 케이지가 24명을 고른 것은 24개의 조성(각 12개의 장조 및 단조)으로 이루어진 화성음악에 대한 의도적인 풍자로 볼 수 있다.

나르는 수단이라기보다는 소리들을 그 자체로 존재하도록 하는 것이다."

이것이 우주 공간으로 보내질 음반에 수록된 작품이라고 상상해보자. 완전히 불가능하다고 미리 못 박을 수는 없지만, 외계문명이 이 작위적인 작품의 성격을 이해한다는 것은 거의 있을 법하지 않다. 그들은 틀 메시지(frame message, "나는 메시지이다. 나를 해독해다오!")와 내재적 구조의 혼돈 간의 모순에 대해서 아마 매우 당혹스러울 것이다. 케이지의 곡 속에는 우리가 포착할 수 있는 "덩어리"가 거의 없으며, 해독자를 안내할 수 있을 패턴도 거의 없다. 이와 달리, 바흐의 작품에는 포착할 수 있는 것이 많은 것 같다─패턴, 패턴의 패턴 등. 우리는 그러한 패턴이 보편적으로 호소력을 가지는지는 알 도리가 없다. 또 바흐 작품의 내적 논리가 아주 보편적으로 설득력이 있어서 그것의 의미가 은하계를 가로지를 수 있을지 말할 수 있을 정도로 지능, 감정 또는 음악의 본질에 대해서 충분히 알지는 못한다.

그러나 여기서, 바흐가 특별히 내적 논리를 충분히 지니고 있는지 여부가 논점은 아니다. 충분히 높은 수준의 지능이 그 메시지와 접촉할 때마다, 그것의 맥락이 자동적으로 복구될 정도로 충분히 설득력 있는 내재 논리가 그 **어떤** 메시지 그 자체에 있는지의 여부가 논점이다. 만약에 어떤 메시지에 맥락─복구 속성이 있다면, 그 메시지의 의미를 메시지에 내재하는 속성으로 간주하는 것이 합당할 것으로 보인다.

영웅적인 해독자

이러한 생각을 분명하게 해주는 또다른 예는 미지의 언어와 알파벳으로 쓰인 고대 텍스트의 해독이다. 우리가 그 텍스트를 해독하는 데에 성공하든 그렇지 못하든, 직관적으로 그런 텍스트들에 고유의 정보가 있다고 느낀다. 그것은 마치 우리가 한자(漢字)를 하나도 모르지만 중국어로 쓰인 신문에 고유한 의미가 있다고 믿는 것만큼이나 강한 느낌이다. 일단 한 텍스트의 문자나 언어가 해독되면, 어디에 그 의미가 잡리잡고 있는지 의문을 가지는 사람은 없다. 분명히 그것은 **텍스트**에 있지, 해독 방법에 있지 않다. 마치 음악이 **음반**에 있지, 전축 내부에 있지 않은 것과 같다. 해독─메커니즘들을 확인하는 한 가지 방법은 그것들이 입력으로 취하는 기호나 물체에 아무 의미도 **보태지** 않는다는 사실을 가지고서

그림 39. 로제타 석[사진 제공 : 대영박물관].

이다. 그 메커니즘들은 단지 기호나 물체에 내재하는 의미를 **드러낼 뿐이다**. 주크박스는 자신의 입력 기호에 속하는 의미를 하나도 드러내지 않기 때문에 해독 메커니즘이 아니다. 반대로 주크박스 자체 내에 숨겨진 의미를 제공한다.

　고대 텍스트를 해독하기 위해서 여러 경쟁적인 학자 팀들이 전 세계 도서관에 저장되어 있는 지식들을 참조하며 수십 년간이나 노력해왔다……. 이 과정 또한 정보를 추가하지는 않는가? 해독 규칙을 찾아내는 데에 그렇게 어마어마한 노력이 요구된다면, 텍스트의 의미는 얼마나 고유한 것인가? 우리가 텍스트에 의미를 부가했는가, 아니면 원래부터 텍스트 안에 존재했는가? 내 직관으로는 의미는 늘 텍스트에 있었으며 꺼내는 과정의 노고에도 불구하고 애당초 텍스트에 있지 않았던 것은 아무것도 꺼내지지 않는다. 이 직관은 주로 한 가지 사실로부터 생겨난다. 나는 그 결과가 필연적이었다고 느낀다. 즉 그 텍스트를 어느 때 어느 연구 그룹이 해독하지 않았다면, 다른 때 다른 연구 그룹이 해독했을 것이고 그 결과도 같을 것이다. 바로 그 이유 때문에 나는 의미가 텍스트 자체의 일부라고 본다. 의미는 예측 가능한 방식으로 지능에 작용한다.

그림 39는 모든 역사적인 발견 중에서 가장 값진 것 중의 하나인 로제타 석이다. 그것은 이집트 상형문자 해독의 열쇠였다. 왜냐하면 거기에는 세 개의 고대 문자인 이집트 상형문자, 이집트 민용(民用) 문자, 그리스 문자로 쓰여진 같은 내용의 텍스트가 새겨져 있기 때문이다. 이 화강섬록암에 새겨진 비문은 "이집트학의 아버지"라고 불리는 장 프랑수아 샹폴리옹이 1821년에 최초로 해독했다. 멤피스의 사제들이 프톨레마이오스 5세를 찬양하는 것이 주 내용이다.

모든 메시지는 세 층위를 가진다

맥락을 벗어난 메시지의 해독에 대한 이 예들에서, 정보의 세 층위를 아주 뚜렷이 분리할 수 있다. (1) 틀 메시지 (2) 외부 메시지(outer message) (3) 내부 메시지(inner message). 우리에게 가장 친숙한 것은 (3) 내부 메시지이다. 그것은 전달하기로 되어 있는 메시지이다. 이를테면 음악에서의 정서적 체험, 유전학에서의 표현형, 석판에 새겨진 고대 문명의 왕통(王統)과 의례 등.

내부 메시지를 이해한다는 것은 발신자가 의도한 의미를 추출했다는 뜻이다.

틀 메시지는 "나는 메시지이다. 네가 할 수 있다면 나를 해독해다오!"라는 메시지이다. 그것은 어떤 정보—소지자의 경우에도 총체적인 구조적 측면들에 의해서 함축적으로 전달된다.

틀 메시지를 이해한다는 것은 해독—메커니즘에 대한 필요성을 인식한다는 것이다.

틀 메시지가 방금 앞에서 말한 것으로서 인식되었다면, 이제는 층위 (2), 즉 외부 메시지로 주의를 돌린다. 이것은 메시지에 있는 기호 패턴들과 구조들에 의해서 함축적으로 운반된 정보로 내부 메시지를 해독하는 방법을 말해준다.

> 외부 메시지를 이해한다는 것은 내부 메시지에 대한 올바른 해독-메커니즘을 구축한다는 것 또는 구축하는 방법을 안다는 것을 뜻한다.

이 외부 층위는 메시지가 이해될 것이라는 것을 발신자가 확신할 수 없다는 점에서 어쩔 수 없이 함축적인 메시지이다. 따라서 그 외부 메시지를 해독하는 방법을 제시하는 지침을 보낸다는 것은 헛수고일 것이다. 왜냐하면 그 지침은 일단 해독-메커니즘이 찾아진 다음에나 이해될 수 있는 내부 메시지의 일부분이 틀림없기 때문이다. 이런 이유로, **외부 메시지는 필연적으로 (정보해독의 동기를 격발하는) 방아쇠들의 집합이 될 수밖에 없고, 해독 방법을 알고 있는 해독자가 드러낼 수 있는 메시지가 아니다.**

이 세 "층위"를 정식화하는 일은 의미가 어떤 방식으로 메시지에 포함되었는가를 분석하는 일에서 다소 거친 시작일 뿐이다. 외부와 내부 메시지는 각각 한 층위가 아니라 여러 개의 층위들이 있을 수 있다. 예를 들면 로제타 석에서 외부, 내부 메시지들이 얼마나 복잡하게 서로 뒤엉켜 있는지를 생각해보라. 메시지를 완전히 해독하려면 그 메시지를 만드는 데에 밑바탕이 된 의미 구조 전체를 재구성해야만 할 것이다—그래서 그 발신자를 모든 심층적인 방식으로 이해해야만 할 것이다. 그후로는 내부 메시지라는 구분을 폐기할 수도 있다. 우리가 외부 메시지의 온갖 기교를 진정으로 이해한다면 내부 메시지를 재구성할 수 있을 것이기 때문이다.

조지 스타이너의 『바벨탑 이후(*After Babel*)』는 외부 메시지와 내부 메시지(그가 이 용어를 쓰지는 않았지만) 사이의 상호작용에 대해서 길게 논의하는 책이다. 다음의 인용을 보면 그 책의 논조를 알 것이다 :

> 우리는 보통 간략화된 표현을 쓰는데, 그 아래에는 무의식적이고, 일부러 감추거나, 일부러 표명한 풍부한 연상들이 아주 폭넓고 복잡하게 놓여 있어서 그 연상들은 아마 한 개인으로서 우리가 가지는 지위의 총체와 유일성과 같을 것이다.[1]*

---

1) 조지 스타이너, 『바벨탑 이후』, pp. 172-173.

레너드 마이어는 그의 책 『음악, 예술 그리고 관념(*Music, the Arts, and Ideas*)』에서, 스타이너와 같은 선상에서 자신의 생각을 표현하고 있다.

> 우리가 엘리엇 카터의 작품을 듣는 방식은 존 케이지의 작품에 적절한 방식과는 근본적으로 다르다. 이와 비슷하게, 사뮈엘 베케트의 소설은 솔 벨로의 소설과는 전혀 다르게 읽어야 한다. 빌렘 드 코닝의 그림과 앤디 워홀의 그림은 각기 다른 지각적-인식적 태도를 요구한다.[2]

아마 예술작품은 무엇보다도 자신의 스타일을 전달하려고 노력할 것이다. 이 경우, 어떤 스타일을 철저히 이해할 수 있다면, 그 스타일로 된 작품들이 없어도 될 것이다. "스타일", "외부 메시지", "해독 기술"—이 모든 것은 기본적으로 같은 생각을 표현한 것이다.

슈뢰딩거의 비주기적 결정(結晶)

어떤 대상에서는 틀 메시지를 인식할 수 있지만, 다른 대상에서는 인식할 수 없는 것은 무엇 때문일까? 어째서 외계문명은 우주를 떠돌아다니는 음반을 가로챌 경우 그 안에 메시지가 숨어 있는 것이 아닐까 하고 의심하게 될까? 음반을 운석과 차별 짓게 하는 것은 무엇일까? 분명히 음반의 기하학적인 모양이 "뭔가 이상하다"라고 생각하게 하는 최초의 단서이다. 그 다음 단서는, 더 미시적인 척도에서, 그 음반이 나선형으로 배열된 매우 긴 비주기적인 패턴의 연속으로 구성되었다는 사실이다. 그 나선을 풀면 약 700미터는 될 작은 기호들의 거대한 선형 배열을 얻게 될 것이다. 이것은 DNA 분자와 크게 다르지 않다. DNA 분자의 기호들은, 네 가지의 다른 화학적 염기(base)를 4개의 "알파벳"으로 표기해 1차원적 연속체로 배열하고 그런 다음 나선구조로 꼰 것이다. 에이버리가 유전자와 DNA 사이의 연관성을 확립하기 전에, 물리학자인 에르빈 슈뢰딩거는 그의 영향

---

* 인용문이 너무 짧다. 앞뒤를 덧붙이면 "우리가 다른 사람에게 말할 경우 우리는 우리 자신의 '표면에서' 말을 한다(본문의 인용문). 말이 이중적이고 표면 아래에 있는 현상이라는 이 중심적인 사실에서 훔볼트의 유명한 금언이 나왔다. '모든 이해는 오해이고, 생각과 감정에서의 모든 동의는 또한 결별의 방식들이다.'"

2) Leonard B. Meyer, *Music, The Arts, and Ideas*, pp. 87~88.

력 있는 책『생명이란 무엇인가(*What Is Life*)』에서, 순전히 이론적인 근거로, 유전 정보는 "비주기적 결정(結晶)(aperiodic crystal)" 속에 저장되었을 것이라고 예견했다. 사실, 책들 자체도 깔끔한 기하학적 구조 안에 포함된 비주기적 결정들이다. 이 예들은 매우 규칙적인 기하학 구조 속에서 "포장된" 비주기적 결정이 발견되는 곳에는 내부 메시지가 숨어 있을 것이라는 것을 시사한다. (나는 이것이 틀 메시지를 완벽하게 특징짓는 것이라고 주장하는 것은 아니다. 그러나 많은 일상적인 메시지들이 여기서 기술한 것 같은 틀 메시지들을 가지는 것은 사실이다. 그림 40이 좋은 보기들을 보여준다.)

세 층위에 대한 언어들

해변에 밀려 올라온 병 속에서 발견된 메시지의 경우에 이 세 층위가 아주 분명하다. 첫 번째 층위인 틀 메시지를 발견하는 것은 우리가 그 병을 줍고 그것이 밀봉되어 있고 안에 젖지 않은 종잇조각이 있다는 것을 알아차릴 경우이다. 쓰인 것을 보지 않고도 우리는 이런 종류의 인공물을 정보–운반자로 인식한다. 이 시점에 그 병을 집어던지고 더 이상 쳐다보지 않는다면 거의 사람이라고 할 수 없을 정도로 호기심이 없는 사람일 것이다. 그 다음, 병을 열고 종이 위에 적힌 것을 살펴본다. 아마 일본어로 쓰였을 것이다. 이것은 내부 메시지를 이해하지 않아도 알 수 있는 것인데 그저 글자를 보고 아는 것이다. 외부 메시지를 영어 문장으로 쓸 수도 있다 : "I am in Japanese(나는 일본어로 쓰여 있다)". 우리가 일단 이것을 발견했으면, 그 다음에는 내부 메시지로 갈 수 있다. 그 메시지는 아마 구조 요청이거나 하이쿠의 한 수이거나 연인의 애가(哀歌)일 것이다…….

내부 메시지에 "이 메시지는 일본어로 쓰여 있다"라는 일본어 문장을 포함시키는 것은 소용없을 것이다. 왜냐하면 그것을 읽으려면 일본어를 아는 사람이어야 할 것이기 때문이다. 그리고 그것을 읽기 전에 그는, 그것이 일본어로 되어 있으므로, 그것을 읽을 수 있다는 사실을 인식해야만 할 것이다. "이 메시지는 일본어로 쓰여 있다"라는 문장을 여러 언어로 번역해서 집어넣어 이 상황을 벗어나려고 할지도 모른다. 그것은 실용적인 의미에서는 도움이 될 것이지만, 이론적인 의미에서는 똑같은 난점이 거기에 있다. 영어를 하는 사람은 여전히 그 메시지가

---

* このメッセージは日本語で書かれている.

เรียนภาษาอังกฤษด้วยภาพ
เมื่อท่านเรียนตามวิธีนี้ไปได้ ๓๐ หน้า ลอง
ทวนความรู้ของท่านด้วยการหัดตอบ คำถาม
เป็นภาษาอังกฤษในหน้า ๓๑, ๓๒ และ ๓๓
แล้วพลิกไปตรวจดูคำตอบในหน้า ๓๔ ว่าถูก
ต้องหรือไม่ คำถามและคำตอบมีให้ไว้ต่อ ๆ
ไปตลอดทั้งเล่ม

வாசித்துவருகையில், ஒவ்வொரு வாக்கியத்தையும்
அதற்குரிய படத்தோடு இப்பட்டுப் பார்க்கும் தோ
ரணம். அர்த்தமாகிக்கொண்டு வரும். மனப்பாடம்
பண்ணி க்கொள்ள வேண்டிய அம்சங்கள் மிகக்
குறைவு. ஒருகையினால் அர்த்தத்தினுடங்க இணங்க
வாகிய அமைப்பின் வேறுபாடுகளைக் கண்டறி-
ந்து கொள்வதற்கு வசதிகள் உண்டு. இம்முறை
அனுசரித்து ஆங்கிலம் கற்றுக்கொள்வது கஷ்ட-
மில்லாத தும்மன் நிவிளையாட்டுச் சம்பந்தப்பட்டது.

கத অজানারে জানাইলে তুমি,
கত ঘরে দিলে ঠাঁই—
দূরকে করিলে নিকট বন্ধু,
পরকে করিলে ভাই।
পুরানো আবাস ছেড়ে যাই যবে
মনে ভেবে মরি কী জানি কী হবে,
নূতনের মাঝে তুমি পুরাতন
সে কথা যে ভুলে যাই
দূরকে করিলে নিকট বন্ধু,
পরকে করিলে ভাই

ഡീസൽ തീവണ്ടി എൻജിൻ
നാടൻ നിർമ്മിത വസ്തുക്കൾ

"영어라는 것"을 인식해야만 할 것이다. 그렇지 않으면 그것은 제 구실을 하지 못한다. 따라서 우리는 내부 메시지를 **외부로부터** 해독하는 방법을 찾아내야만 하는 문제를 피할 수 없다. 내부 메시지 자체가 단서와 확증들을 제공할지 모르지만, 그것들은 기껏해야 병을 발견한 사람(또는 병을 발견한 사람이 도움을 청한 사람들)에게 작용할 방아쇠에 불과하다.

단파방송 청취자도 비슷한 종류의 문제에 부딪힌다. 먼저, 그는 자신이 듣는 소리가 실제로 메시지를 구성하는지 아니면 그냥 잡음인지를 판정해야만 한다. 소리 자체는 답을 주지 않는다. 심지어 내부 메시지가 청취자의 모국어로 되어 있고 "이 소리들은 실제로 메시지를 구성하며 단순한 잡음이 아닙니다!"라고 말하는 보기 드문 경우에서조차도, 답을 주지 못한다. 청취자가 소리 중에서 틀 메시지를 인식한다면, 그는 그 방송이 어느 나라 말로 방송되는지 확인하려고 할 것이다—그리고 분명히, 그는 여전히 외부에 있다. 그는 라디오에서 **방아쇠들을** 받았지만, 방아쇠들은 그에게 답을 명시적으로 말해줄 수 없다.

어떤 명시적인 언어로도 전달될 수 없다는 것이 외부 메시지의 본성 속에 있다. 외부 메시지를 전달하는 수단으로 쓰인 명시적인 언어를 찾는 것은 돌파구가 아닐 것이다—그것은 용어의 모순일 것이다! 외부 메시지를 이해하는 것은

◀그림 40. 여러 가지 문자 모음. 왼쪽 맨 위 : 이스터 섬에서 발견된 후 아직까지도 해독되지 않은 비문인데, 두 줄마다 뒤집어져 있다. 첫째 줄은 왼쪽에서 오른쪽으로, 둘째 줄은 오른쪽에서 왼쪽으로 쓰는 문자 체계이다. 문자들은 약 10×88센티미터 크기의 목판 위에 새겨져 있다. 시계방향으로 오른쪽 : 수직으로 쓰인 몽골 문서; 위의 것이 현대의 몽골 문서. 그 아래 : 1314년에 쓰인 기록문서. 라빈드라나트 타고르가 벵골어로 쓴 시(아래 맨 오른쪽). 인도 남부 서(西) 케랄라 지역의 말라얄람어로 된 신문의 헤드라인 부분, 그 위는 동(東) 케랄라의 타밀어 문자로, 우아한 곡선으로 되어 있다. 가장 작은 것은 (셀레베스 섬, 인도네시아) 부기어로 쓰인 민화의 일부분. 한 가운데 : 태국어, 그 위에는 14세기의 룬 문자로 된 필사본인데, 스웨덴 남부의 스카니아 지역의 법전의 일부분이 새겨져 있다. 마지막으로 왼쪽에 아시리아의 쐐기문자로 쓰인 함무라비 법전의 일부분이다. 나는 외부관찰자로서 이 아름다운 비주기적인 결정의 기이한 곡선과 각도 속에 어떻게 의미가 숨겨져 있을까 하고 생각할 때 깊은 신비감을 느낀다. 형태 속에 내용이 있다. [출전: 한스 옌젠, 『기호, 상징 그리고 문자(Sign, Symbol, and Script)』(New York: G. Putnum's Sons, 1969), 89쪽(쐐기문자) ; 356쪽(이스터 섬); 386쪽, 417쪽(몽골어); 552쪽(룬 문자), 케네스 카츠너 『세계의 언어(The Languages of the World)』(New York: Funk & Wagnalls, 1975), 190쪽(벵골어), 237쪽(부기어), I. A. 리처드, 크리스틴 깁슨『그림으로 배우는 영어(English Through Pictures)』(New York: Washington Square Press, 1960), 73쪽(타밀어), 82쪽(태국어).]

늘 청취자의 몫이다. 외부 메시지를 이해하는 데에 성공하면 그는 내부로 돌파해 들어갈 수 있다. 그 시점에서 방아쇠 대 명시적 의미들의 비율은 급격히 후자 쪽으로 기운다. 앞의 단계들과 비교해보건대 내부 메시지를 이해하는 것은 수월해 보인다. 그것은 마치 펌프로 빨아들이는 것과 같다.

의미에 대한 "주크박스" 이론

이 보기들은 어떤 메시지도 고유의 의미를 가지지 않는다는 견해에 대한 증거인 것처럼 보일 것이다. 그 이유는 제아무리 단순한 내부 메시지라도 그것을 이해하려면 먼저 틀 메시지와 외부 메시지를 이해해야 하기 때문인데, 둘 다 (일본 가나로 쓰여 있다는 것, 또는 나선형의 홈선으로 되어 있다는 것 같은) 방아쇠만이 떠맡고 있는 역할이다. 그렇게 되면 우리는 의미에 대한 "주크박스" 이론—그 **어떤 메시지도 고유의 의미를 포함하고 있지 않다는** 학설—에서 벗어날 수 없는 것처럼 보인다. 왜냐하면, 어떤 메시지라도 이해될 수 있기 전에, 그것이 어떤 "주크박스"의 입력으로서 사용되어야만 하고, 그것은 "주크박스" 안에 포함된 정보는 그것이 의미를 획득하기 전에 메시지에 추가되어야 한다는 것을 뜻하기 때문이다.

이 논거는 루이스 캐럴의 대화에서 거북이 아킬레스를 걸려들게 한 덫과 아주 비슷하다. 거기에서 덫으로 작용했던 아이디어는 다음과 같다. 어떤 규칙이든 사용할 수 있으려면 먼저 그 규칙을 사용하는 방법을 알려주는 규칙이 있어야만 한다. 다른 말로 표현하면, 규칙들의 층위는 무한한 위계가 있어서, 아무 규칙도 사용할 수 없게 막아버린다. 여기에서 덫으로 작용하는 아이디어는 다음과 같다. 어떤 메시지든 이해할 수 있으려면 먼저 그 메시지를 이해하는 방법을 알려주는 메시지가 있어야만 한다. 다른 말로 표현하면, 메시지의 층위는 무한한 위계가 있어서 아무 메시지도 이해할 수 없게 막아버린다. 그러나 우리 모두는 이 역설들이 효력이 없다는 것을 안다. 왜냐하면 규칙들은 실제로 사용**되고**, 메시지들은 실제로 이해되기 때문이다. 어떻게 해서 그런가?

주크박스 이론을 반박하며

이런 일이 일어나는 것은 우리의 지능이 몸에서 분리되어 있는 것이 아니고, 뇌라는 물리적 물체 속에 구체화되어 있기 때문이다. 두뇌의 구조는 기나긴 진화 과정을 거친 결과물이며 두뇌의 작동은 물리적 법칙에 지배된다. 두뇌는 물리적 실체이기 때문에 우리의 두뇌는 작동하는 방법을 알려주지 않아도 작동한다. 사고가 물리법칙에 의해서 생성되는 층위에서 캐럴의 규칙-역설은 무너진다. 마찬가지로 두뇌가 입력되는 데이터들을 메시지로 해석하는 층위에서 메시지-역설은 무너진다. 두뇌는 어떤 사물을 메시지로 인식하고 그 메시지들을 해독하기 위한 "하드웨어"를 갖추고 나오는 것 같다. 내부 의미를 추출하는 이러한 최소한의 타고난 능력이 언어 습득이라는 고도로 재귀적이고 눈덩이처럼 커지는 과정을 일어나게 하는 것이다. 그 타고난 하드웨어는 주크박스와 같다. 그것은 추가적인 정보를 공급해서 단순한 방아쇠를 완벽한 메시지로 변환한다.

지능이 자연적이라면, 의미는 고유하다

만일 사람들이 가지고 있는 "주크박스들"에 들어 있는 "노래들"이 주크박스마다 다르고, 그 주크박스들이 주어진 방아쇠에 대해서 완전히 특유한 방식으로 반응한다면, 우리는 그 방아쇠들에 고유의 의미들을 귀속시킬 의향이 없을 것이다. 그러나 인간의 두뇌는 여타의 전제조건들이 같다면, 주어진 방아쇠에 대해서 어느 한 두뇌는 다른 두뇌가 반응하는 것과 똑같은 방식으로 반응하도록 만들어져 있다. 바로 그런 이유로 아기들은 어떤 언어라도 다 배울 수 있는 것이다. 아기들은 방아쇠들에 대해서 다른 모든 아기들과 똑같은 방식으로 반응한다. "인간 주크박스"의 이런 한결같음이 한결같은 "언어"를 확립해서 틀 메시지와 외부 메시지가 소통될 수 있는 것이다. 그뿐만 아니라, 만일 인간의 지능이 단지 자연의 일반적인 현상—매우 다양한 맥락 속에서 지능을 가지는 존재의 출현—의 한 보기에 불과하다는 사실을 믿는다면, 아마 틀메시지와 외부 메시지가 소통되는 수단인 "언어"는 지능을 가진 존재들을 서로 소통하게 하는 보편 언어의 "사투리"일 것이다. 그래서 "보편적인 격발력"을 가지는 어떤 종류의 방아쇠들이 있을 것이며, 그 안에서 모든 지적인 존재들은 그 방아쇠들에 대해서 우리가 반응하는 것과 똑같은 방식으로 반응하는 경향이 있을 것이다.

이것은 우리로 하여금 의미가 어디에 있는가에 대한 설명을 바꾸도록 할 것이다. 해독 메커니즘들 자체가 보편적이라는—즉, 그것들은 다양한 맥락에서 똑같은 방식으로 발생하는 자연의 기본적인 형식이라는—사실 때문에 우리는 한 메시지의 의미들(틀, 외부 의미, 내부 의미)을 그 메시지 자체에 귀속시킬 수 있다. 아주 구체적으로 말하면, "A-5"가 모든 주크박스에서 똑같은 노래를 틀게 한다고 가정해보자. 더욱이 주크박스들이 인공물이 아니라, 은하수나 탄소 원자와 같이 광범위하게 발생하는 자연물이라 가정해보자. 그런 상황에서는, 우리가 "A-5"의 보편적인 격발력을 "본래의 의미"라고 하는 데에 타당성이 있다고 느낄 것이다. 또한 "A-5"는 "방아쇠"보다는 "메시지"라는 이름이 어울릴 것이다. 그리고 노래는 정말로 "A-5"의 비록 함축적인 의미이기는 하지만 본래의 의미를 "드러낸 것"일 것이다.

맹목적 지구중심주의

이렇게 메시지에 의미를 할당하는 것은 우주 어디든지 분포해 있는 지능이 메시지를 처리하는 것이 모두 같다는 데에 기인한다. 이런 점에서 그것은 한 물체에 질량(mass)을 할당하는 것과 좀 닮은 점이 있다. 옛날 사람들에게는, 물체의 무게(weight)가 물체의 고유한 속성인 것이 틀림없어 보였다. 그러나 중력을 이해하게 됨에 따라서, 무게란 그 물체가 처해 있는 중력장에 따라서 달라진다는 것을 깨달았다. 그렇지만 관련된 양인 질량*이 있는데, 그것은 중력장에 따라 변하지는 않는다. 이 불변성으로부터 한 물체의 질량이 물체 자체의 고유한 속성이라는 결론이 나온다. 그러나 질량도 무게처럼 맥락에 따라서 가변적이라는 것으로 드러난다면, 우리는 질량이 물체의 고유한 속성이라는 의견을 철회하고 수정해야 할 것이다. 이와 마찬가지로 다른 종류의 "주크박스들", 즉 지능들이 있어서, 그들은 우리가 메시지로 결코 인식할 수 없을 메시지를 가지고 서로 의사소통하고, 또한 그들은 우리의 메시지를 결코 메시지로 인식할 수 없을 것이라고 상상할 수도 있다. 만일 그런 경우가 있다면, 의미가 기호들의 고유한 속성이라는 주장은 재고되어야 할 것이다. 그것은 그렇다 치고, 그런 지적 존재가 존재한다는 것을 우리가 어떻게 알아차릴 수 있을까?

　의미의 고유성에 대한 이 논거를 그것과 평행하는 무게의 고유성에 대한 논거

---

* 질량은 힘을 가해 가속시키는 데에 저항하는 정도라고 간단히 말할 수 있다. 질량이 클수록 가속시키는 데에 더 많은 힘이 필요하다. $m=F/a$

와 비교하는 것은 흥미 있는 일이다. 물체의 무게를 "물체가 지구라는 행성의 표면에 있을 경우, 그 물체가 아래쪽으로 행사하는 힘의 크기"라고 정의한다고 가정해보자. 이러한 정의 아래에서는, 물체가 화성의 표면에 있을 경우 아래로 행사하는 힘은 "무게"와는 다른 이름을 가져야 할 것이다. 이 정의는 무게를 내재적인 속성으로 만들지만, 지구중심주의—"지구패권주의"—라는 대가를 치른다. 그것은 마치 그리니치 표준시(GMT) 시간대 이외의 다른 어느 곳의 지역 시간도 받아들이기를 거부하는 "맹목적 그리니치 중심주의" 같은 것이다. 시간을 그런 방식으로 생각하는 것은 부자연스럽다.

아마 우리는 지능에 대해서 그리고 결과적으로 의미에 대해서 부지불식간에 이와 비슷한 자기중심주의에 빠져 있을지도 모른다. 우리의 자기중심주의에서는, 우리의 "지능"과 충분히 닮은 두뇌를 가진 존재를 "지적(知的)"이라 할 것이고, 다른 종류의 대상들에 대해서는 지적인 것으로 인식하기를 거부할 것이다. 극단적인 예를 하나 들어보자. 우주를 떠돌아다니는 바흐의 음반을 해독하지 않고 아주 무심하게 구멍을 내버리고는 자신의 궤도를 계속 날아다니는 운석을 생각해보자. 그 운석은 우리가 느끼기에는 음반의 의미를 무시하는 방식으로 그 음반과 상호작용을 한 것이다. 따라서 우리는 그 운석을 "멍청하다"고 말하고 싶은 유혹을 느낀다. 그러나 그렇게 한다면 우리는 운석에 심한 폐를 끼친 것일지도 모른다. 어쩌면 그 운석은 우리의 지구중심주의로는 인식할 수 없는 "더 높은 지능"을 가지고 있고, 그 음반과의 상호작용은 더 높은 지능을 가졌다는 표시일지도 모른다. 어쩌면 그 음반은 우리가 그것에 부여하고 있는 의미와는 완전히 다른 "더 고상한 의미"를 가지고 있을지도 모른다. 어쩌면 그 음반의 의미는 음반을 지각하는 지능의 유형에 달려 있을지도 모른다. 어쩌면 말이다.

우리가 지능을 "기호들로부터 우리가 끄집어내는 것과 같은 의미를 끄집어내는 것"이라고 정의하는 것과는 다른 방식으로 정의할 수 있다면 좋을 것이다. 왜냐하면 우리가 지능을 이런 방식으로밖에 정의할 수 없다면, 의미란 고유의 속성이라는 우리의 논거는 순환논법이며 따라서 공허한 말이다. 우리는 "지능"이라는 이름을 들을 만한 특징들을 어떤 독립적인 방식으로 정식화하려고 해야 한다. 그러한 특징들은 모든 인간이 공유하는 지능의 통일적인 핵을 구성할 것이다. 역사의 현재 시점에서 우리는 이런 특징을 잘 정의한 목록을 아직 구비하지 못하고 있다. 그러나 몇 십 년이 지나면, 인간의 지능이 무엇인가를 규명하는 데에 큰 진전이 있을 것이다. 특히 인지심리학자들과 인공지능 연구자들, 신경과학자들이 그들의 이해를 종합해서 지능에 대한 정의를 내놓을 것이다. 그것은 여전히 "인간중심주의"일지 모른다. 그런데 그것을 피할 방법이 없다. 그러나 그것에 균형을 맞추기 위해서, 지능의 본질을 특징짓는 우아하고 아름다운—심지어 간단하기까지 한—추상적 방법이 있을 수 있다. 이것은 인간 중심적인 개념을 정식화했다는 느낌을 덜어주는 데에 기여할 것이다. 물론 다른 행성계의 외계문명과 접촉할 수 있다면, 우리가 지닌 고유한 유형의 지능이 결코 우연적인 행운이 아니라, 오히려 행성이나 우라늄 핵과 같이, 다양한 맥락 속에서 자연에 나타나는 기본적인 형식의 보기라는, 우리의 믿음이 지지받는다는 느낌을 받을 것이다. 이것은 다시 의미란 고유의 속성이라는 생각을 뒷받침해줄 것이다.

이 주제를 결론내리기 위해서, 몇 가지 새로운 그리고 오래된 보기들을 살펴보자. 그리고 가능한 한 우리 자신이 기묘한 물체를 가로챌 외계문명의 입장에 서도록 노력하면서 그 보기들이 가지는 본래의 의미에 대해서 생각해보자.

우주 공간의 두 개의 금속판

파손되지 않는 합금으로 만든 사각형 모양의 금속판이 있다고 상상해보자. 그 금속판 위에는 두 개의 점이 새겨져 있는데 콜론(:)처럼 한 점 바로 위에 또 한 점이 있다. 그 물체의 전반적인 모양이 그것은 인공물이며 따라서 어떤 메시지가 숨겨져 있다는 것을 암시하지만, 점 두 개만으로는 무엇인가를 전달하기에는 충분치 않다. (계속 읽기 전에, 그 점들이 무엇을 의미하기로 되어 있는지 가설을 세울 수 있는가?) 그러나 우리가 다음과 같이 더욱 많은 점들을 포함하는 두 번째 금속판을 만들었다고 해보자.

이제 이 점들을 보고, 하려는 가장 명백한 일 중 하나는—적어도 지구에 있는 지능한테는 그럴 것 같은데—연이어 있는 각 줄에서 점이 몇 개인지 세어보는 일일 것이다. 그렇게 해서 얻은 수열은 다음과 같다.

$$1, 1, 2, 3, 5, 8, 13, 21, 34.$$

여기에는 한 줄에서 다음 줄로 넘어갈 때 적용하는 규칙이 있다는 증거가 있다. 사실, 피보나치 수의 재귀적인 정의* 부분은 이 목록을 가지고 자신 있게 추론할 수 있다. 처음 한 쌍의 값 (1, 1)이 "유전자형"이고, 이것으로부터 재귀적인 규칙에 의해서 "표현형"—피보나치 수열 전체—을 끄집어낸다고 생각해보자. 유전자형 하나만—즉 첫 번째 금속판—보낸다면 표현형을 재구성할 수 있도록 하는 정보를 보내는 데에 실패한 것이다. 따라서 그 유전자형은 표현형을 충분히 펼쳐낼 정보를 포함하지 않는다. 다른 한편으로, 두 번째 금속판을 유전자형으로 간주한다면, 표현형이 실제로 재구성될 수 있을 것이라고 가정할 훨씬 나은 이유가 있다. 이 새로운 유전자형 버전—"긴 유전자형"—은 많은 정보를 포함하고 있어서 지능이 유전자형만으로도 유전자형에서 표현형을 끄집어낼 수 있는 메커니즘을 추론해낼 수 있다.

일단 이 메커니즘이 유전자형으로부터 표현형을 끄집어내는 방법으로 확립되면, 우리는 첫 번째 금속판 같은 "짧은 유전자형"을 쓰는 것으로 되돌아 갈 수 있다. 예를 들면 "짧은 유전자형" (1, 3)은 다음과 같은 표현형을 만들 것이다.

$$1, 3, 4, 7 , 11, 18, 29, 47, \cdots\cdots$$

이것은 루카스 수열이다. 그러면 두 개의 초기값 모두에 대해서—즉 모든 짧은 유전자형에 대해서—그것에 상응하는 표현형이 존재할 것이다. 그러나 이 짧은 유전자형들은 긴 유전자형들과는 달리 단지 방아쇠, 즉 재귀적인 규칙이 구축된 주크박스에서 눌리게 될 단추일 뿐이다. 긴 유전자형은 충분한 정보를 지니고 있어서 지능적인 존재에게 어떤 종류의 "주크박스"를 구축할지에 대한 인식

---

* FIBO(n)=FIBO(n−1)+FIBO(n−2), 이때 n>2
  FIBO(1)=FIBO(2)=1

을 촉발한다. 이런 점에서 긴 유전자형은 표현형의 정보를 함유하지만 짧은 유
전자형은 그렇지 못하다. 달리 말하면, 긴 유전자형은 내부 메시지뿐만 아니라,
내부 메시지를 판독하게 해주는 외부 메시지도 전달한다. 외부 메시지의 명확성
은 순전히 그 메시지의 길이에 관계되는 것 같다. 이것은 예상치 못한 일이 아니
다. 그것은 고대 텍스트를 해독하는 데에서 일어난 일과 정확하게 일치한다. 분
명히, 고대 텍스트를 해독할 성공 가능성은 이용할 수 있는 텍스트의 양에 결정
적으로 좌우된다.

다시 한번 바흐 대 케이지

그러나 그저 긴 텍스트를 가지는 것만으로는 충분하지 않을 것이다. 바흐의 음
을 담은 음반을 우주로 보내는 것과 존 케이지의 음악을 담은 음반을 우주로
보내는 것 사이의 차이를 다시 한번 거론해보자. 우연히도, 후자는 우연히 생성
된 요소들의 구성(Composition of Aleatorically Generated Elements)이므로 편리
하게 "CAGE"라고 부를 수도 있을 것이다. 반면에, 전자는 화음의 아름다운 비
주기적 결정(Beautiful Aperiodic Crystal of Harmony)이므로 적절하게 "BACH"라
고 별명을 붙일 수 있을 것이다. 이제 케이지의 작품이 우리 자신에게 주는 의미
가 무엇인지 생각해보자. 케이지의 작품은 커다란 문화적 맥락 속에서 받아들여
야 한다. 즉 어떤 종류의 전통에 대한 반란으로서 말이다. 따라서 우리가 그 의
미를 전달하고자 한다면, 우리는 그 작품의 음을 보내야만 할 뿐만 아니라, 먼
저 서양 문화의 광범위한 역사를 전달해야만 한다. 따라서 존 케이지의 음악을
담고 있는 음반은 그것만으로는 고유의 의미가 없다고 말하는 것이 타당하다.
그러나 동서양의 문화와 특히 지난 몇 십 년간의 서양 음악의 경향에 충분히 정
통한 사람에게는 그 작품은 의미를 지니고 있다. 그러나 이러한 사람은 주크박
스와 같고, 그 곡은 단추 한 쌍과 같다. 그 의미는 대부분 우선 듣는 이에게 있
다. 음악은 단지 방아쇠 역할만 한다. 그래서 이 "주크박스"는 순수한 지능과는
달리, 전혀 보편적이지 않다. 그것은 전적으로 지구에 매인 것이고, 장구한 시간
동안 지구 전체에서 일어난 지구 특유의 사건들에 의지하고 있다. 존 케이지의
음악이 외계문명에 의해서 이해될 것이라는 희망은, 달의 기지에 있는 주크박스
에서 당신이 좋아하는 곡의 코드 단추가 새스커툰*의 술집에 있는 그것과 똑같

을 것이라는 희망과 같다.

다른 한편으로, 바흐를 감상하는 데는 그리 많은 문화적 지식이 필요하지는 않다. 이것은 상당한 아이러니같이 들린다. 왜냐하면 바흐의 음악이 훨씬 더 복잡하고 세밀하게 조직된 반면에, 케이지의 음악에는 지적인 성격이 결여되었기 때문이다. 그러나 여기에는 기묘한 역전이 있다. 지능은 패턴을 좋아하고 우연적인 것은 꺼린다. 대부분의 사람들에게 케이지의 음악에 들어 있는 우연성은 많은 설명을 요구한다. 심지어 설명을 듣고 나서도, 메시지를 놓치고 있다고 느낄지 모른다. 반면에 바흐의 많은 작품들은 말이 필요 없다. 이런 점에서 바흐의 음악은 케이지의 음악보다 더 자기-완결적이다. 그러나 바흐의 음악을 이해하는 데에 인간이라는 조건이 얼마나 전제되는지는 분명하지 않다.

예를 들면, 음악의 구조에는 세 가지 주요 차원(선율, 화음, 박자)이 있다. 이 각각은 소국면(小局面), 중간국면 그리고 종합국면으로 더 나누어질 수 있다. 이제 이 각각의 차원에는 정신이 압도당하지 않고 다룰 수 있는 복잡성의 한도가 있다. 분명히 작곡가는 작품을 작곡할 때 대개는 무의식적으로 이것을 고려한다. 각기 다른 차원들에서 "감당할 수 있는 복잡성 수준들"은 아마 한 종으로서 인간이 겪은 진화의 특수한 조건들에 크게 의존할 것이다. 그리고 또다른 지능적인 종은 이 많은 차원에서 감당할 수 있는 복잡성의 수준이 완전히 다른 음악을 발전시켰을지도 모른다. 따라서 바흐의 작품은 상상컨대 단순히 음악의 구조 하나만으로는 추론할 수 없는 인간 종에 대한 많은 정보가 수반되어 있음이 틀림없을 것이다. 우리가 바흐의 음악을 유전자형과 같게 놓고 그리고 그 음악이 불러일으키기로 되어 있는 감정을 표현형과 같게 놓는다면, 우리가 관심을 가지는 것은 유전자형이 표현형을 발현시키는 데에 필요한 모든 정보를 함유하는가이다.

DNA의 메시지는 얼마나 보편적인가?

우리가 직면하고 있고, 두 개의 금속판이 환기시킨 질문과 매우 비슷한 일반적인 질문은 다음과 같다 : "메시지의 이해에 필요한 맥락이 얼마만큼이나 복원 가능한 메시지인가?" 우리는 이제 "유전자형"과 "표현형"의 원래의 생물학적인 의

---

* 캐나다 중남부에 있는 도시.

미—DNA와 살아 있는 유기체—로 되돌아와서 비슷한 질문을 던질 수 있다. DNA가 보편적인 방아쇠로서 작용하는 힘을 가지는가? 아니면 DNA는 그것의 의미를 드러낼 "생체 주크박스"를 필요로 하는가? DNA는 적절한 화학적 맥락에 집어넣어지지 않고도 표현형을 불러낼 수 있는가? 이 질문에 대한 대답은 "아니다"이다—그러나 조건부의 "아니다"이다. 분명히 DNA 분자는 진공 속에서는 아무것도 만들지 않는다. 그러나 DNA 분자가 행운을 찾아 우주로 보내지면, BACH와 CAGE가 그렇게 될 것이라고 상상했던 것처럼, 지능을 가진 문명이 그것을 가로챌 수도 있을 것이다. 그들은 무엇보다도 먼저 틀 메시지를 인식할 것이다. 그리고 나면 그들은 그것의 화학 구조로부터 그것이 어떤 종류의 화학적 환경을 원하는 것으로 보이는지 추론해내고 그러한 환경을 제공하려 할 것이다. 이런 식으로 더욱 정교한 시도를 계속해나가면 결국에는 DNA의 표현형의 의미를 드러내는 데에 필요한 화학적 맥락을 완전히 복원할 수 있을 것이다. 이것은 좀 그럴듯해 보이지 않지만, 아마 우리가 이 실험을 수백만 년 계속한다면, 결국 DNA의 의미가 드러나게 될 것이다.

다른 한편으로, DNA 가닥을 구성하는 염기 배열을 긴 나선형의 분자가 아니라 추상적인 기호(그림 41처럼)로서 보내면, 이것이 외부 메시지로서 유전자형으로부터 표현형을 끄집어낼 수 있을 적절한 해독 메커니즘을 촉발할 가능성은 사실상 제로이다. 이것은 내부 메시지를 그러한 추상적인 외부 메시지로 둘러싼 경우여서 외부 메시지가 맥락 복원 능력을 상실하고, 그래서 매우 실용적인 의미에서, 염기 배열 기호들이 고유의 의미를 가지지 못할 것이다. 이 모든 것이 무기력하게 추상적이며 철학적인 것처럼 들리지 않도록, 유전자형이 표현형을 "이용할 수 있다고" 또는 "함축한다고" 말할 수 있는 정확한 시점은 언제인가라는 것이, 오늘날 격렬한 논쟁을 불러일으키는 문제라는 것을 생각하라. 그것은 바로 낙태 문제이다.

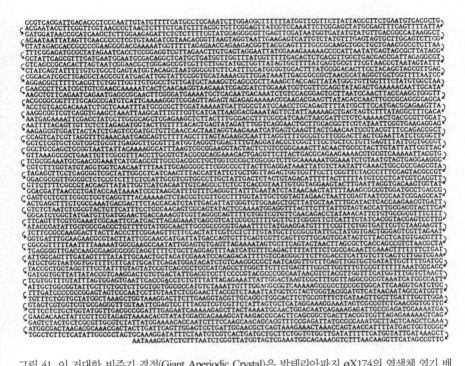

그림 41. 이 거대한 비주기 결정(Giant Aperiodic Crystal)은 박테리아파지 øX174의 염색체 염기 배열이다. 이것은 유기체에 대해서 기록된 최초의 완전한 유전자 지도이다. 대장균 세포 한 개의 염기 배열을 보여주는 데는 이런 그림이 약 2,000쪽 필요하고, 인간 세포의 경우에는 약 100만 쪽이 필요할 것이다. 독자가 지금 읽고 있는 이 책의 정보량이 대장균 세포 한 개에 대한 분자 수준의 청사진 정보량과 대략 같다.

반음계 환상곡과 반목

연못에서 시원하게 수영하고 나서 거북은 막 밖으로 기어나와 몸을 흔들어 물기를 말리고 있다. 그때 아킬레스가 지나간다.

거북 : 어이, 여기, 아킬레스. 연못에서 첨벙거리면서 자네 생각을 하고 있었네.

아킬레스 : 그것 참 이상한 일인데! 나도 풀밭을 돌아다니면서 자네 생각을 하고 있었거든. 해마다 이맘때면 풀밭들이 한껏 푸르지.

거북 : 그렇게 생각하나? 그 얘길 들으니 자네하고 함께 나누고 싶은 내 생각이 하나 떠오르네. 한번 들어보겠나?

아킬레스 : 아, 괜찮지. 그러니까, 자네의 짓궂은 논리의 덫으로 나를 옭아매려고 하지만 않는다면 말이야, 거북 선생.

거북 : 짓궂은 덫이라고? 좀 억울하네. 내가 자네에게 몹쓸 짓을 할 것 같은가? 나는 평화로운 영혼의 소유자야, 누굴 괴롭히지도 않고, 조용한 초식동물의 삶을 살아가지. 나는 그저 (내가 볼 때) 사물들의 별나고 이상한 점들을 생각할 뿐이지, 현상들을 관찰하는 보잘것없는 자로서, 묵묵히 나아가며 실없는 말들을 조용히 뱉어낸다네. 하지만 내 의도에 대해서 자네에게 다짐하건대, 난 오늘 내 등딱지에 대해서만 말하기로 했네. 자네도 알지만 그거야말로 논리학과 무슨 관계가 있겠나, 아무 관계도 없지!

아킬레스 : 자네 말을 들으니 **정말로** 안심이 되네, 거북 선생. 그리고 사실, 궁금해서 견딜 수가 없구면. 뭐 대단한 게 아니더라도 자네 이야기를 듣고 싶네.

거북 : 어디 보자⋯⋯. 어떻게 시작할까? 음⋯⋯. 자네 내 등딱지를 보면 가장 인상적인 게 뭔가, 아킬레스?

아킬레스 : 아주 깨끗해 보여.

거북 : 고마워. 나는 방금 수영을 했거든. 그리고 100년이 넘게 계속 겹겹이 쌓인 때를 말끔히 씻어버렸지. 이제 내 등딱지가 얼마나 푸른지 볼 수 있을 거야.

아킬레스 : 정말로 건강해 보이는 푸른 등딱지로구면. 햇빛 속에서 빛나는 걸 보

니 멋있어!

거북 : 푸르다고? 내 등딱지는 푸른색이 아니야.

아킬레스 : 아니, 방금 자네 입으로 등딱지가 푸르다고 말하지 않았나?

거북 : 아 그랬지.

아킬레스 : 그럼 우리는 의견이 같군 : 자네 등딱지는 푸르다.

거북 : 아니야, 푸르지 않다니깐.

아킬레스 : 아, 이제 자네가 무슨 장난을 하는지 알겠네. 자네가 말하는 것이 반
　　드시 진리는 아니라는 것, 거북이 말장난을 한다는 것 그리고 자네의 진술
　　과 현실이 반드시 부합하지는 않는다는 것 따위를 암시하려는 거지?

거북 : 천만에, 전혀. 거북일언중천금일세. 거북은 정확한 걸 좋아해.

아킬레스 : 좋아. 그렇다면 자네는 어째서 자네 등딱지가 푸르다고 하고, 그리고
　　또한 푸르지 않다고 말했나?

거북 : 난 결코 그런 말 한 적 없네. 하지만 내가 바라는 바는 있지.

아킬레스 : 아니 그렇게 말하고 싶었다고?

거북 : 천만에 전혀. 그걸 말한 걸 후회하네. 그리고 그것에 정말 동의하지 않아.

아킬레스 : 그건 앞서 자네가 말한 것과 분명히 모순이야!

거북 : 모순이라고? 모순? 나는 결코 모순을 범하지 않네. 그건 거북의 본성과
　　맞지 않아.

아킬레스 : 이번에 제대로 걸렸어. 이 미꾸라지 같은 친구야. 완벽한 모순에 걸렸
　　다고.

거북 : 그렇지. 내 생각엔 자네야말로 그런데.

아킬레스 : 아이고 또 시작이네! 자네는 점점 더 모순을 범하고 있어! 너무나도
　　모순에 쩔어 있어 토론이 불가능해.

거북 : 천만에! 나는 나 스스로와 토론하는 데에 전혀 어려움이 없어. 아마 문제
　　는 자네에게 있는 것 같은데. 모순을 범하는 쪽은 자네라는 생각이 드네. 그
　　런데 자네는 자신의 뒤엉킨 그물에 너무나 단단히 걸려서 자네가 얼마나 일
　　관성이 없는지 알아차릴 수 없다네.

아킬레스 : 참을 수 없는 모욕이군! 자네가 모순을 범하고 있다는 걸 내가 똑똑
　　히 보여주겠어. 두말할 나위가 없을 걸세.

거북 : 좋아, 그게 그렇다면 자네의 일은 자네가 적임이야. 모순을 지적하는 것

보다 쉬운 일이 뭐지? 자, 아킬레스, 해보라고.

아킬레스 : 음……그런데 어디서부터 시작해야 할지 모르겠군. 오, 그래 알았어. 자네가 먼저 (1) 자네 등딱지가 푸르다고 했지. 그리고 계속해서 (2) 등딱지가 푸르지 않다고 했어. 뭘 더 말할 게 있나?

거북 : 그러니까 어디가 모순인지 꼭 집어서 말해보게. 변죽을 울리지 말고.

아킬레스 : 하지만, 에, 에, 이제 알겠네(가끔 머리가 잘 안 돌아간다니까!). 자네와 내가 모순을 성립하게 하는 것이 무엇인지에 대해서 다르게 생각하는 게 틀림없어. 그게 문제야. 자, 내 견해를 아주 명확하게 제시하겠네 : 모순이란 누군가가 어떤 것을 주장하면서 동시에 그것을 부정할 때에 나타나는 것이지.

거북 : 아주 훌륭한 묘기로군. 어떻게 하는지 한번 보고 싶네. 아마 복화술사들이 모순의 달인이겠네. 그들의 입 양쪽으로 동시에 말을 뱉어내니까. 하지만 난 복화술사가 아니야.

아킬레스 : 내가 실제로 뜻하는 건 누군가 단 하나의 문장 안에서 무엇을 진술하고 또 부정할 수 있다는 사실이야! 그러니까 문자 그대로 동시에 말한다는 것을 뜻하는 것은 아니란 말일세.

거북 : 좋아, 그런데 자네는 **한** 문장으로 말하지 않았어. **두** 문장으로 말했지.

아킬레스 : 그래, 서로 모순되는 두 문장.

거북 : 자네의 뒤엉킨 사고구조가 드러나는 걸 보니 안타깝네, 아킬레스. 먼저 자네는 모순이란 한 문장 안에서 발생하는 것이라고 말했지. 그리고 나서는 내가 말한 두 문장 안에서 모순을 찾아냈다고 말했지. 솔직히, 내가 말한대로네. 자네의 사고체계는 너무나도 망상적이어서 자네 사고체계가 얼마나 일관성이 없는지 알려고 하는 걸 회피하고 있다네. 하지만, 바깥에서 보면 그건 불 보듯 뻔하지.

아킬레스 : 때때로 나는 자네의 논점이탈 전략으로 너무 혼동이 되어서 우리가 뭔가 아주 부질없는 것에 대해서 논쟁하고 있는 건지 아니면 뭔가 심오한 것에 대해서 논쟁하고 있는 건지 정말 알 수가 없네!

거북 : 아킬레스, 분명히 말하건대, 우리 거북들은 절대로 쓸데없는 일에 시간을 낭비하지 않네. 그러니 우리는 지금 분명히 심오한 것에 대해서 말하고 있는 걸세.

아킬레스 : 매우 안심이 되는군. 고맙네. 잠시 생각해보았는데 이제야 자네 자신

이 모순을 범하고 있다는 것을 확신시키는 데에 필요한 논리적 단계를 알았네.

거북 : 좋네, 좋아. 그게 쉬운 단계이길 바라네. 논란의 여지가 없는 거 말이야.

아킬레스 : 아무렴, 분명히 그렇다네. 자네조차도 내 말에 동의할 걸세. 그 생각은 다음과 같지 : 자네가 문장 1("내 등딱지는 푸르다")을 믿고 그리고 문장 2("내 등딱지는 푸르지 않다")를 믿기 때문에, 자네는 이 두 문장이 결합된 하나의 복합 문장을 믿을 거네, 안 그래?

거북 : 물론이지. 그런데 그 결합 방식이 보편적으로 받아들일 수 있는 것이어야 그게 비로소 합당할 걸세. 하지만 우리가 그 점에 대해선 동의할 거라고 확신하네.

아킬레스 : 좋아, 그러면 자네가 받아들일 수 있는 결합 방식을 제시하겠네! 내가 제안하는 결합은—

거북 : 하지만 우리는 문장들을 조심해서 결합해야만 하네. 예를 들면, 자네는 "정치가들은 거짓말쟁이"는 참이라는 걸 인정할 걸세, 안 그래?

아킬레스 : 누가 부정할 수 있겠어.

거북 : 좋아. 마찬가지로, "거짓말하는 것은 나쁘다"는 유효한 발화지, 그렇지?

아킬레스 : 물론이지.

거북 : 그러면, 그 두 문장을 합치면 "정치가들은 거짓말쟁이라고 거짓말하는 것은 나쁘다"라는 문장이 되네. 이건 사실이 아니잖아, 그렇지?

아킬레스 : 잠깐……"정치가들은 거짓말쟁이라고 거짓말하는 것은 나쁘다"고? 에, 아니지, 그런데—

거북 : 그러니까, 참인 문장 두 개를 하나로 결합하는 것은 안전책이 아니지, 안 그래?

아킬레스 : 하지만 자네는 그 두 문장을 웃기는 방식으로 결합했어!

거북 : 웃긴다고? 내가 그것들을 결합한 방식에 반대하는 이유가 뭔가? 다르게 결합할 방법을 말해주겠나?

아킬레스 : 자네는 "라고"가 아니라 "그리고"를 썼어야지.

거북 : 내가 그렇게 써야 했다고? **자네**가 **자네** 식으로 하는 것을 내가 해야 한다고?

아킬레스 : 아니—그렇게 하는 게 **논리적**인 것이야. 그건 나하고는 개인적으로

아무 상관이 없어.

거북 : 자네는 항상 자네의 논리와 그 논리의 거창한 원리에 기댈 때 늘 나에게 졌지. 오늘은 제발, 나에게 그러지 말게.

아킬레스 : 오, 거북 선생, 나에게 이 모든 고통을 안기지 말게. 자네도 "그리고" 가 무엇을 의미하는지 잘 알고 있지 않은가! 두 개의 참인 문장을 "그리고" 로 결합하는 것은 아무 문제도 없어.

거북 : "아무 문제가 없다?" 세상에! 뻔뻔하긴! 그건 불쌍하고, 순진하고, 굼뜬 거북을 치명적인 모순으로 옭아매려는 아주 악랄한 음모야. 그게 그렇게 아무 문제 없다면, 어째서 자네는 내가 그걸 하도록 그렇게도 열심인가? 응?

아킬레스 : 할 말이 없네, 자네는 날 악당처럼 느끼게 만드는군. 난 정말로 순수한 동기를 가졌는데.

거북 : 자기 자신에 대해선 누구나 다 그렇게 믿지…….

아킬레스 : 부끄럽네―자네를 이겨먹으려 하고, 자가당착으로 몰아넣을 말을 쓰려고 하고. 그래 나는 그렇게 형편없는 놈이라네.

거북 : 그래 자네는 그런 친구로군. 자네가 무엇을 하려고 했는지 알아. 자네는 "나의 등딱지는 푸름과 동시에 나의 등딱지는 푸르지 않아"라는 문장 3을 내가 받아들이게끔 하려고 했지. 이런 뻔한 오류는 우리 거북의 입엔 거부 반응을 일으키지.

아킬레스 : 오, 미안하네. 이 모든 것의 발단은 나야.

거북 : 미안해할 필요는 없네. 내 감정이 상하지는 않았으니 말이야. 결국은 나도 나에 대한 주위의 불합리한 행위에 익숙해져 있으니까. 아킬레스, 자네의 생각이 명확성이 부족해도 난 자네 종족을 좋아하지 않는가.

아킬레스 : 그래……. 이제, 내가 나의 사고에 얽매어 있지나 않은지 걱정되는군. 그러니 나는 진리를 찾는 데에 계속해서 오류를 범할 걸세.

거북 : 오늘 우리가 나눈 이야기는 아마 자네가 바른 길로 가는 데 도움을 주었을 걸세. 잘 가게, 아킬레스!

아킬레스 : 잘 가게, 거북 선생.

제7장

명제계산

낱말과 기호

앞의 대화는 루이스 캐럴의 "2성 인벤션"을 생각나게 한다. 이 두 대화에서 거북은 정상적이고 일상적인 낱말을 정상적이고 일상적인 방식으로 쓰는 것을 거부한다. 또는 적어도 그렇게 하는 것이 자기에게 이익이 되지 않으면 그렇게 하기를 거부한다. 캐럴의 역설에 대해서 생각하는 한 가지 방법을 앞장에서 제시한 바 있다. 이 장에서는 아킬레스가 자신이 쓰는 낱말들을 가지고 거북에게 관철시키지 못했던 것을 기호들로 실현할 계획이다. 다시 말하면, 형식체계를 만들어 아킬레스가 "그리고(and)"라는 낱말을 거북이 말했을 경우 하기를 바랐던 역할을 그 형식체계의 한 기호가 하도록 할 것이다. 그리고 또다른 기호를 낱말 '만일⋯⋯그러면⋯⋯(if⋯⋯, then⋯⋯)'이 쓰이는 방식으로 쓰이도록 할 계획이다. 우리가 다루려고 하는 낱말이 더 있는데, 두 개뿐이다. '또는(or)'과 '아니다(not)' 이다. 오직 이 네 낱말만을 올바르게 사용해서 하는 추론을 **명제추론**(propositional reasoning)이라고 한다.

알파벳과 명제계산의 제1규칙

나는 **명제계산**이라 불리는 이 새로운 형식체계를 한 번에 모든 것을 설명하지 않고 독자가 어느 정도 이해하도록 하면서 수수께끼처럼 제시할 것이다. 기호들을 보면서 시작하자.

$$< >$$

$$P \; Q \; R \; '$$

$$\wedge \; \vee \; \supset \; \sim$$

$$[\quad]$$

이 체계에서 내가 보여줄 첫 번째 규칙은 다음과 같다.

결합규칙 : 만일 x와 y가 이 체계의 정리라면, 문자열 < x ∧ y >도 정리이다.

이 규칙은 두 개의 정리를 가지고 하나로 결합한다. 이것을 보면 앞의 대화가 생각날 것이다.

적격 문자열

그밖에 여러 추론규칙이 있는데 곧 제시할 것이다. 그러나 먼저 모든 문자열의 부분집합, 즉 적격 문자열을 정의하는 것이 중요하다. 우리는 그것들을 재귀적인 방식으로 정의할 것이다. 먼저 다음 규칙부터 시작해보자.

원자 : P, Q, R은 원자라 한다. 새로운 원자는 기존 원자의 오른쪽에 프라임을 덧붙여 만든다──R′, Q″, P‴ 등. 이렇게 하면 원자를 무한히 만들 수 있다. 원자는 모두 적격이다.

그 다음 재귀적인 규칙이 네 개 있다.

구성규칙 : x와 y가 적격이면, 다음 네 개의 문자열 또한 적격이다.

(1) ~ x
(2) <x∧y>
(3) <x∨y>
(4) <x⊃y>

예를 들면, 다음 것들은 모두 적격이다.

P   원자
~P   (1)에 따라서

~~P	(1)에 따라서
Q′	원자
~Q′	(1)에 따라서
<P∧~Q′>	(2)에 따라서
~<P∧~Q′>	(1)에 따라서
<~~P⊃Q′>	(4)에 따라서
<~<P∧~Q′>∨<~~P⊃Q′>>	(3)에 따라서

가장 마지막 것은 아주 무시무시해 보일지 모르나, 두 개의 성분, 즉 바로 위의 두 줄을 가지고 그대로 만들었다. 그 두 줄은 각각 앞의 줄들로 만들었다……등. 적격 문자열은 모두 이런 식으로 거슬러 올라가면 기본 성분, 즉 원자에까지 이른다. 더 이상 갈 수 없을 때까지 간단히 구성규칙을 뒤로 적용하면 된다. 이 과정은 각 구성규칙(앞으로 진행할 경우)이 **연장규칙**이기 때문에 끝난다는 것이 보장된다. 그래서 구성규칙을 뒤로 적용하면 언제나 원자 쪽으로 거슬러 간다.

문자열을 이렇게 분해하는 방법은 문자열이 적격인지 점검하는 데에 쓰인다. 이것은 문자열이 적격인지에 대한 **하향식 결정절차**(top-down decision procedure)이다. 독자가 다음 문자열들 가운데 어느 것이 적격인지 점검해봄으로써 이 결정절차를 잘 이해하고 있는지 시험해볼 수 있다.

(1) <P>

(2) <~P>

(3) <P∧Q∧R>

(4) <P∧Q>

(5) <<P∧Q>∧<Q~∧P>>

(6) <P∧~P>

(7) <<P∨<Q⊃R>>∧<~P∨~R′>>

(8) <P∧Q>∧<Q∧P>

(해답 : 번호가 피보나치 수인 것은 적격이 아니다. 나머지는 적격이다.)

그밖의 추론규칙

이제 나머지 규칙들을 볼 것인데 이것들을 가지고 이 체계의 **정리들**을 생성할 수 있다. 몇 가지 추론규칙을 제시한다. 이 추론규칙들에서 기호 'x'와 'y'는 언제나 적격 문자열에 한정된다는 것을 이해하고 있어야 한다.

　　분리규칙 : <x∧y>가 정리이면, x와 y 둘 다 정리이다.

이제 독자는 기호 '∧'가 무슨 개념을 나타내는지 잘 짐작할 것이다. (힌트 : 앞의 대화에서 말썽 많았던 낱말이다.) 다음 규칙으로부터 **틸드**(tilde, '~')가 어떤 개념을 나타내는지 알 수 있을 것이다.

　　이중-틸드 규칙 : 문자열 '~~'는 어떤 정리에서든 지울 수 있다. 또한 결과가 적격 문자열이 되면 어떤 정리에든 삽입할 수 있다.

공상(空想)규칙

이 체계의 특성은 **공리**가 전혀 없고 오직 규칙만 있다는 것이다. 우리가 보아온 이전의 형식체계들을 떠올려보면, 이 상황에서 어떻게 정리들이 있을 수 있을까 의아해할 것이다. 모든 것이 어떻게 시작될 수 있을까? 답은 아무것도 없는 상태에서 정리를 생성하는 규칙이 하나 있다는 것이다. 그 규칙은 입력으로 사용할 "기존 정리"가 필요 없다(나머지 규칙들은 입력을 요구한다). 이 특별 규칙을 **공상규칙**(fantasy rule)이라고 한다. 그것을 그렇게 부르는 이유는 아주 단순하다.

　공상규칙을 사용하려면, 먼저 원하는 적격 문자열 'x'를 써넣어야 한다. 그런 다음 "이 문자열 x가 공리이거나 정리라면 어떻게 되지?" 하고 물어보면서 "공상해보는 것이다." 그리고 나서 체계가 대답을 내놓도록 하는 것이다. 즉 'x'를 시작 줄로 해서 계속 진행하여 논리식을 도출해나간다. 'y'가 마지막 줄이라고 해보자(물론 논리식 도출은 체계의 규칙들을 엄격히 따라야 한다). 'x'부터 'y'까지 모든 것(y 포함)은 **공상**이다. x가 공상의 **전제**이고 y는 **결과**이다. 다음 단계는 아래 사항을 이해하고서 **공상으로부터 벗어나는 것**이다.

만일 x가 정리이면 y는 정리이다.

그러나 계속해서 **진짜** 정리는 어디 있지하고 여전히 의아해할 것이다. 진짜 정리는 다음 문자열이다.

<x⊃y>.

이 문자열이 위에 있는 문장과 닮았다는 점을 주목하라.

공상에 진입하고 벗어나는 신호로 각각 대괄호 '[' 와 ']'를 쓴다. 따라서 왼쪽 대괄호를 볼 때마다 공상으로 푸시하고 있다는 것을 알게 된다. 그 다음 줄은 공상의 **전제**이다. 오른쪽 대괄호를 볼 때마다 팝하고 있고, **이전** 줄이 결과라는 것을 알게 된다. 공상에서 도출된 각 줄은 (꼭 그래야 하는 것은 아니지만) 들여쓰기를 하면 도움이 된다.

여기 공상규칙을 예시한다. 문자열 P는 전제이다(P는 정리가 **아니다**. 그러나 그것이 중요한 것은 아니다. 우리는 그저 물을 뿐이다. "그것이 정리라면 어떻게 되지?"). 다음과 같은 공상을 만들어보자.

[	공상으로 진입
P	전제
~~P	결과(이중 틸드 규칙에 따라)
]	공상에서 팝

이 공상이 보여주는 것은 다음과 같다.

만일 P가 정리라면, ~~P도 정리이다.

이제 이 자연언어(메타언어) 문장을 형식적인 표기법(대상언어)으로 작성해보자. <p⊃~~p>, 이것이 우리의 첫 명제계산 정리인데, 기호 '⊃'의 의도된 해석이 무엇인지 알 수 있을 것이다.

여기 공상규칙을 사용한 또다른 도출이 있다.

```
[                         푸시
  <P∧Q>                  전제
  P                      분리
  Q                      분리
  <Q∧P>                  결합
]                        팝
<<P∧Q>⊃<Q∧P>>            공상규칙
```

마지막 줄만이 진짜 정리라는 것을 이해하는 것이 중요하다―그밖의 것은 모두 공상 속에 있다.

재귀와 공상규칙

재귀 용어인 "푸시(push)"와 "팝(pop)"으로부터 추측할 수 있듯이, 공상규칙도 재귀적으로 사용될 수 있다―따라서 공상 안에서 공상, 또는 세 번 중첩된 공상 등이 있을 수 있다. 이것은 중첩된 이야기들이나 영화들에서처럼, 온갖 종류의 "현실의 층위들"이 있다는 것을 의미한다. 우리가 영화 속의 영화로부터 벗어나면〔팝〕, 꼭대기로부터는 아직 한 층위 떨어져 있기는 하지만, 순간적으로 실재의 세계에 도달한 것 같은 느낌을 받는다. 이와 비슷한 방식으로, 공상 안에 있는 공상으로부터 벗어나면〔팝〕, 지금까지 있었던 곳보다는 더 "현실에 가까운" 세계에 와 있는 것이다. 여전히 꼭대기로부터는 한 층위가 떨어져 있지만 말이다.

극장 안에 걸린 "금연" 팻말은 영화 속의 등장인물들에게는 적용되지 않는다―영화에서는 현실세계로부터 공상세계로의 이월(carry-over)이 없다. 그러나 명제계산에서는 현실세계로부터 공상세계로의 이월이 있으며, 심지어 공상에서 그 안에 있는 공상으로의 이월도 있다. 이것은 다음 규칙으로 형식화된다.

> **이월규칙** : 공상 안에서는, 한 층위 더 높은 "현실"에 있는 어떤 정리든 가져올 수 있고 사용할 수 있다.

그것은 마치 극장 안에 걸린 "금연" 팻말이 모든 관람객들뿐만 아니라, 영화 속의 모든 배우들에게도 그리고 같은 아이디어를 반복한다면, 여러 번 중첩된 영화 속의 누구에게도 적용된다는 것과 같다(경고 : 역방향으로의 이월은 없다 : 공상 안의 정리들은 밖으로 배출될 수 없다! 이렇게 하지 않으면, 당신은 어떤 것이든 공상의 첫 줄에 적어넣을 수 있고(즉 전제로 삼을 수 있고), 그런 다음 그것을 현실 세계로 끄집어내서 정리로 삼을 것이다)!

이월이 어떻게 작동하고 공상규칙이 어떻게 재귀적으로 사용될 수 있는가를 보여주기 위해서 다음의 도출을 제시한다 :

[	푸시
P	바깥 공상의 전제
[	한번 더 푸시
Q	내부 공상의 전제
P	P를 내부 공상으로 이월 적용
<P∧Q>	결합
]	내부 공상으로부터 외부 공상으로 팝
<Q⊃<P∧Q>>	공상규칙
]	외부공상으로부터 실제 세계로 팝
<P⊃<Q⊃<P∧Q>>>	공상규칙

중첩된 "현실 층위들"의 성격을 강조하기 위해서 외부공상은 한 번, 내부공상은 두 번 들여쓰기를 한 것을 주목하라. 공상규칙을 보는 한 가지 방식은 체계에 대한 언급이 체계 안에 삽입되었다고 하는 것이다. 다시 말하면 생성된 정리 <x⊃y>는 체계에 대한 진술인 "x가 정리라면, y도 정리이다"를 체계 안에서 표현한 것으로 생각할 수 있다. 좀더 구체적으로 말하면, <P⊃Q>를 가지고 의도한 해석은 "만일 P라면, Q이다" 또는 같은 의미인 "P는 Q를 함축한다"이다.

공상규칙의 반대

루이스 캐럴의 대화는 "만약—그러면" 명제에 대한 것이다. 특히 아킬레스는, 거북이 "만약—그러면" 명제 자체와 그 첫 번째 절을 받아들일 때조차도, "만약—그러면” 명제의 두 번째 절을 받아들이도록 설득하는 데에 무지하게 애를 먹는다. 다음 규칙은 ‘⊃’–문자열 자체가 정리이고, 그것의 첫 번째 “절(x)” 또한 정리이면 ‘⊃’–문자열의 두 번째 “절(y)”을 추론하게 해준다.

절단규칙 : x와 <x⊃y> 가 모두 정리이면, y는 정리이다.

이 규칙은 종종 “긍정논법(Modus Ponens)”이라고 하고, 공상규칙은 종종 “연역 정리”라 한다.

기호의 의도된 해석

이 시점에서 비밀을 다 누설해서, 새로운 체계에 있는 나머지 기호들의 “의미”를 드러내보자. 기호 ‘∧’는 일상에서 쓰는 정상적인 낱말 ‘그리고’와 동형성이 되도록 의도한 것이다. 기호 ‘~’는 낱말 ‘아니다’를 나타낸다. 부정을 나타내는 형식 기호이다. 꺾쇠 괄호 ‘<’, ‘>’는 묶어주는 것으로, 그 기능은 대수학(代數學)에서 쓰는 괄호의 기능과 비슷하다. 주요 차이점은 대수학에서는 취향에 따라서 마음대로 괄호를 삽입하고 빼지만, 형식체계에서는 이러한 무정부주의적인 자유는 허용되지 않는다. 기호 ‘∨’는 ‘또는’ (‘vel’은 ‘or’에 해당하는 라틴어 단어이다)을 나타낸다. 여기에서 의도하는 ‘또는’은 **포함적** ‘또는’이다. 그것은 <x∨y>의 해석이 “‘x’이거나 ‘y’—또는 둘 다”라는 것을 뜻한다.*

우리가 해석하지 않은 유일한 기호는 원자이다. 원자는 한 가지 해석만 있는 것이 아니다. **어떤** 문장으로도 해석할 수 있다(그런데 한 문자열 안에서나 도출하는 중에 여러 번 나타나면 계속해서 같은 문장으로 해석해야 한다). 예를 들면, 논리식 <P∧~P>는 다음과 같은 복합문으로 해석할 수 있다.

이 마음은 부처이고, 동시에 이 마음은 부처가 아니다.

---

* ‘배타적 또는’(배타적 논리합, exclusive or)도 있다. 기호는 ‘⊻’로 나타낸다. 예를 들면 p⊻q는 두 명제 p, q 중에서 어느 하나만 참일 경우 참이다. 두 명제 p, q가 둘 다 참이거나 둘 다 거짓이면 거짓이다.

이제 지금까지 도출해낸 정리들을 살펴보고 해석해보자. 첫 번째 정리는 <P⊃~~P>였다. P에 대해서 같은 해석을 유지하면 다음 해석을 얻는다.

> 이 마음이 부처라면,
>> 이 마음이 부처가 아니라는 것은 사실이 아니다.

이중부정을 어떻게 표현했는지 주목하라. 어떤 자연언어에서든 부정을 반복하는 것은 어색하다. 그래서 부정을 표현하는 데에 두 가지 다른 방법을 사용해서 어색함을 해결한다. 우리가 도출해낸 두 번째 정리는 <<P∧Q>⊃<Q∧P>>였다. Q를 "이 아마(亞麻)는 무게가 3파운드이다"로 해석하면, 두 번째 정리는 다음과 같다.

> 이 마음이 부처이고 그리고 이 아마가 3파운드라면,
>> 이 아마는 3파운드이고 이 마음은 부처이다.

세 번째 정리는 <P⊃<Q⊃<P∧Q>>>였다. 이 정리는 다음같이 중첩된 "만일-그러면" 문장이 된다.

> 이 마음이 부처라면,
>> 그러면 이 아마가 3파운드라면,
>>> 그러면 이 마음은 부처이고 그리고 이 아마는 무게가 3파운드이다.

독자는 아마 각 정리가 해석되었을 때, 절대적으로 사소하고, 자명한 것을 말하고 있다는 것을 알아차렸을 것이다(때로는 그것들이 너무 자명해서 공허하고—역설적이게도—헷갈리고 심지어 틀린 것처럼 보인다!). 이것은 별로 인상적이지 않을지도 모른다. 그러나 생성되지는 않았지만, 생성될 수도 있었을 오류들이 많이 있다는 것을 생각해보아라. 이 체계—명제계산—는 모든 오류들을 피하며 참에서 참으로 깔끔하게 나아간다. 그것은 마치 몸에 물을 묻히지 않으려는 사람이 개울에 징검다리가 아무리 멋대로 놓여 있어도, 그 징검다리가 놓인 대로 따라서 조심스럽게 이 돌에서 저 돌로 발을 내딛는 것 같다. 정말 인상적인 것은—명제계산에

서—모든 일이 순전히 **활자형으로**(typographically) 이루어진다는 점이다. "거기에" 들어가 문자열들의 **의미**에 대해서 생각하는 사람은 아무도 없다. 모든 것이 기계적으로, 생각 없이, 경직되게, 심지어 우둔하게 진행된다.

규칙 목록의 완성

아직 명제계산의 규칙을 모두 말한 것은 아니다. 새로운 규칙 세 개를 포함해 완전한 규칙 모음이 아래에 나열되어 있다.

결합규칙 : x와 y가 정리이면, <$x \wedge y$>는 정리이다.

분리규칙 : <$x \wedge y$>가 정리이면, x와 y 둘 다 정리이다.

이중-틸드 규칙 : 문자열 '~~'는 어떤 정리에서든 지울 수 있다. 또한 결과가 적격 문자열이 되면 어떤 정리에든 삽입할 수 있다.

공상규칙 : x를 정리라고 가정하고 y를 도출할 수 있으면, <$x \supset y$>는 정리이다.

이월규칙 : 공상 안에서는, 한 층위 더 높은 "현실"에 있는 어떤 정리든 가져올 수 있고 사용할 수 있다.

절단규칙 : x와 <$x \supset y$>가 둘 다 정리이면, y는 정리이다.

대우규칙 : <$x \supset y$>와 <$\sim y \supset \sim x$>는 서로 맞바꿀 수 있다.

드 모르간 규칙 : <$\sim x \wedge \sim y$>와 $\sim$<$x \vee y$>는 서로 맞바꿀 수 있다.

스위처루 규칙 : <$x \vee y$> 와 <$\sim x \supset y$>는 서로 맞바꿀 수 있다.

(스위처루 규칙은 아마추어로 논리학을 연구했던 알바니아의 철도 엔지니어인

스위처루의 이름을 딴 것이다.) 앞의 규칙들에서 "맞바꿀 수 있다"는 것은 다음을 뜻한다. 한 표현 형식이 정리나 정리의 일부로 나타나면, 다른 형식으로 대체될 수 있고, 그 결과 얻어진 문자열 또한 정리이다. 기호 'x'와 'y'는 언제나 체계의 적격 문자열을 나타낸다는 것을 명심해야 한다.

규칙의 정당화

이 규칙들이 도출과정에서 사용되는 것을 보기 전에 그것들을 간략하게 정당화해보자. 내가 드는 예보다도 독자 자신이 더 잘 정당화할 수 있을 것이다. 내가 단지 예를 두 개만 드는 이유이다.

우리는 조건문을 무의식적으로 뒤집는데, 대우규칙은 그 방식을 명시적으로 표현한다. 예를 들면,

> 네가 그것을 공부하고 있다면, 너는 도(道)로부터 멀어진다.

라는 선문장(Zentence)은

> 만일 네가 도에 가까워지면, 너는 그것을 공부하지 않고 있는 것이다.

와 같은 뜻이다.

드 모르간의 규칙은 우리에게 익숙한 문장 "깃발이 움직이고 있지 않다. 그리고 바람이 움직이고 있지 않다"를 가지고 예시할 수 있다. P가 "깃발이 움직이고 있다"를 나타내고, Q가 "바람이 움직이고 있다"를 나타낸다면 복합문은 <~P∧~Q>로 기호화할 수 있다. <~P∧~Q>는 드 모르간 규칙(De Morgan's law)에 따라 ~<P∨Q>로 맞바꿀 수 있고, 이것의 해석은 "깃발, 또는 바람이 움직인다는 것은 참이 아니다"가 될 것이다. 이것이 이끌어낼 수 있는 합리적인 선적(禪的) 결론이라는 것은 아무도 부인할 수 없을 것이다.

스위처루 규칙에 대해서는 "구름 한 점이 산마루에 걸려 있거나, 또는 달빛이 호수의 물결을 관통하고 있다"는 문장을 가지고 생각해보자. 이 문장은, 머릿속으로 떠올릴 수는 있지만 볼 수는 없는 친숙한 호수를 애틋하게 생각하는 선사

가 말했음 직하다. 이제 놀라지 않도록 준비해라. 그 까닭은 스위처루 규칙에 의하면 이 문장을 다음 문장과 맞바꿀 수 있기 때문이다. "구름 한 점이 산마루에 걸려 있지 않으면, 달빛이 호수 물결을 관통하고 있다." 이것이 깨달음은 아닐 것이나, 명제계산이 제공할 수 있는 최선이다.

체계를 가지고 놀기

이제 이 규칙들을 앞의 정리에 적용해서 무엇을 얻게 되는지 보자. 예를 들면 정리 <P⊃~~P>를 가지고 해보자.

<P⊃~~P>	기존 정리
<~~~P⊃~P>	대우규칙
<~P⊃~P>	이중-틸드 규칙
<P∨~P>	스위처루 규칙

이 새로운 정리를 해석하면

    이 마음이 부처이거나, 또는 이 마음이 부처가 아니거나 이다.

다시 한번, 해석된 정리가 놀랍지는 않지만, 적어도 참이다.

준-해석

명제계산의 정리들을 소리 내어 읽을 때, 원자들을 제외한 나머지를 모두 해석하는 것이 자연스럽다. 나는 이것을 준-해석(semi-interpreting)이라 하겠다. 예를 들면 <P∨~P>의 해석은 다음과 같다.

    P이거나 또는 P가 아니거나 이다.

P가 문장이 아니라는 사실에도 불구하고, 위의 준문장은 여전히 참으로 들린

다. 그 까닭은 P에 대해서 그 어떤 문장을 결부시키는 것도 쉽게 생각할 수 있고 준-해석된 정리의 형태가, 독자가 P에 대해서 어떤 선택을 하든, 그 귀결되는 문장이 참일 거라는 것을 보장하기 때문이다. 그것이 명제계산의 핵심 아이디어이다. 명제계산은 정리를 생성하는데, 그 정리는 준-해석되었을 때 "보편적으로 참인 준문장"으로 보인다. 이것은 어떤 식으로 해석을 완성하건 간에, 그 최종 결과는 참인 명제일 것이라는 것을 뜻한다.

암두의 도끼

이제 "암두(巖頭)의 도끼(Gantō's Ax)"라는 공안을 바탕으로 좀더 고급 연습을 할 수 있다. 여기 공안이 있다.

> 하루는 덕산(德山)이 자신의 제자인 암두에게 말했다. "여기 몇 년간 머물고 있는 수행승 둘이 있다. 가서 그들을 시험해보거라." 암두는 도끼를 들고 두 수행승이 참선을 하고 있는 움막으로 갔다. 그는 도끼를 쳐들고 외쳤다. "너희들이 한마디라도 하면 머리를 날려버리겠다. 아무 말 안 해도 머리를 날려버리겠다."[1]

독자가 한마디라도 하면 내가 이 공안을 타파해버리겠다. 아무 말 안 해도 이 공안을 타파해버리겠다. 왜냐하면 나는 그 일부를 우리의 표기법으로 번역하려 하기 때문이다. "너희들이 한마디 말을 한다"를 P로 "내가 너희들의 머리를 날려버리겠다"를 Q로 표시하자. 그러면 암두의 도끼 위협은 문자열 <<P⊃Q>∧<~P⊃Q>>로 번역된다. 이 도끼 위협이 공리이면 어떻게 되나? 여기에 이 질문에 답하는 공상이 있다.

(1)	[	푸시
(2)	<<P⊃Q>∧<~P⊃Q>>	암두의 공리
(3)	<P⊃Q>	분리
(4)	<~Q⊃~P>	대우

---

1) Gyomay M. Kubose, *Zen Koans*, p. 178.

(5)	$<\sim P \supset Q>$	분리
(6)	$<\sim Q \supset \sim \sim P>$	대우
(7)	$[$	한 번 더 푸시
(8)	$\sim Q$	전제
(9)	$<\sim Q \supset \sim P>$	(4)의 이월
(10)	$\sim P$	절단
(11)	$<\sim Q \supset \sim \sim P>$	(6)의 이월
(12)	$\sim \sim P$	절단((8)과(11))
(13)	$<\sim P \wedge \sim \sim P>$	결합
(14)	$\sim <P \vee \sim P>$	드 모르간
(15)	$]$	한 번 팝
(16)	$<\sim Q \supset \sim <P \vee \sim P>>$	공상규칙
(17)	$<<P \vee \sim P> \supset Q>$	대우
(18)	$[$	푸시
(19)	$\sim P$	전제(또한 결과)
(20)	$]$	팝
(21)	$<\sim P \supset P>$	공상규칙
(22)	$<P \vee \sim P>$	스위처루
(23)	Q	절단((22)와(17))
(24)	$]$	팝

이 예에서 명제계산의 힘을 볼 수 있다. 어째서냐 하면, 불과 24단계 만에 우리는 Q를 연역해냈다. 즉 머리가 잘릴 것이다(불길하게도, 마지막으로 적용한 규칙이 "절단"이었다……). 무슨 일이 뒤따라야 할지 알기 때문에, 이 공안을 계속하는 것은 불필요할 것 같다. 그러나 공안을 타파하겠다는 내 결심은 내려놓을 것이다. 어쨌든, 암두의 도끼는 진짜 공안이기 때문이다. 나머지 이야기는 다음과 같다.

두 수행승은 마치 아무 말도 못 들었다는 듯이 참선을 계속했다. 암두는 도끼를 내려놓고 말했다. "너희들은 참으로 선 수행자로구나." 그는 덕산에게로 돌아와 일어난 일을 이야기했다. "너의 입장은 잘 알겠다." 덕산은 수긍했다. "하지만 말해봐라. 그들의 입장은 어떤가?" 암두가 대답했다. "동산(洞山)은 그들을 받아들일 것 같지만, 덕산에게는 그들이 받아들여지지 않을 것입니다."[2]

독자는 내 입장을 잘 알겠는가? 선의 입장은 어떤가?

정리에 대한 결정과정은 존재하는가?

명제계산은 어떤 것이든 상상할 수 있는 세계에서 참이 될 진술을 생성하는 일련의 규칙을 우리에게 제공한다. 명제계산의 정리가 모두 너무나도 단순하게 보이는 것은 그 때문이다. 그 정리들은 전혀 내용이 없는 것처럼 보인다! 이런 식으로 보면, 명제계산이 우리에게 알려주는 것은 그야말로 보잘것없기 때문에 시간 낭비처럼 보인다. 다른 한편으로, 명제계산은 보편적으로 참인 진술들의 형식을 다루면서 정리를 도출한다. 그리고 이것은 우주의 핵심적인 진리들에 새로운 빛을 드리운다. 그 진리들은 기본적일 뿐만 아니라 규칙적이다. 그것들은 활자형 규칙들에 의해서 생성될 수 있다. 달리 말하자면 그 진리들은 모두 "같은 옷감으로 재단한" 것들이다. 공안에 대해서도 같은 말을 할 수 있을지, 즉 공안들을 모두 활자형 규칙 한 세트를 가지고 생성할 수 있을지 생각해볼 수도 있을 것이다.

　이 자리에서 결정과정 문제를 꺼내는 것은 아주 적절한 일이다. 즉 정리들로부터 비정리들을 알아내는 기계적인 방법이 있는가? 그런 방법이 있다면, 그것은 명제계산의 정리의 집합이 재귀적으로 열거될 수 있을 뿐만 아니라. 재귀적이라는 것을 의미한다. 흥미 있는 결정과정, 즉 진리표에 의거한 방법이 있다는 것을 알고 있다. 여기서 그것을 제시하는 것은 주제에서 다소 벗어나는 일이다. 대부분의 논리학 교과서에서 그 내용을 찾아볼 수 있다. 그러면 공안은 어떠한가? 진짜 공안을 다른 것과 구별해주는 기계적인 결정과정이 있을 수 있을까?

우리는 체계가 무모순인지 아는가?

지금까지 우리는, 기호를 의도된 의미대로 해석했을 경우, 정리들이 모두 참인

---

2) 같은 책, p. 178.

진술이라고 그냥 **가정했다**. 그러나 우리는 그것이 맞다는 것을 **아는가**? 우리는 정리들이 모두 참인 진술이라는 것을 증명할 수 있는가? 이것은 의도된 해석들('∧'에 대해서 '그리고(and)', 등)이 기호들의 "수동적인" 의미로 불릴 수 있을 만한지를 다른 방식으로 묻고 있는 것이다. 아마 "신중한" 입장과 "대범한" 입장이라고 부를 수 있는 상당히 다른 두 관점에서 이 문제를 볼 수 있다. 이제 두 입장을 "신중이"와 "대범이"로 의인화해서 내가 보는 두 입장을 제시하겠다.

신중이 : 우리는 의도된 해석 아래에서 모든 정리들이 참이 될 것이라는 것을 **증명해야만 알** 수 있을 거야. 그것이 신중하고 사려 깊게 나아가는 방식이지.

대범이 : 그와 반대이지. 모든 정리가 참일 거라는 건 **명백해**. 내 말이 의심스러우면 체계의 규칙들을 다시 봐. 각 규칙이 기호를 작용시키는 방식은 기호가 나타내는 단어가 사용되어야 하는 방식과 똑같다는 것을 알게 될 거야. 예를 들면 결합규칙은 기호 '∧'를 '그리고'가 기능하는 것과 똑같이 기능하도록 하지. 절단규칙(rule of detachment)은 '⊃'가 '함축한다'거나 '만일—그러면'을 나타낸다면, 그 기호가 그렇게 기능하도록 한다네. 등등. 자네가 거북과 같지 않다면, 자네 자신의 사고에서 사용하는 체계화된 패턴을 각각의 규칙에서 인식할 수 있을 거야. 그래서 자네가 자네 스스로의 사유 패턴을 신뢰한다면 자네는 모든 정리들이 참이 된다는 것을 믿을 **수밖에 없을 거야**! 내 생각은 그래. 그러니 다른 증명이 더 필요치 않지. 어떤 정리가 거짓으로 판명될 거라고 생각한다면, 자네는 아마 몇 가지 규칙들이 분명히 틀렸다고 생각하겠지. 어떤 게 그런지 나한테 보여줘봐.

신중이 : 오류규칙이 있다는 것은 확신하지 못하겠어. 그래서 자네에게 콕 집어 줄 수는 없어. 그렇지만 다음 같은 시나리오를 상상할 수 있어. 자네가 규칙을 따라 작업을 해서 정리를 하나 내놓았어—그걸 x라 해보세. 한편 나도 규칙을 따라 작업을 해서 또다른 정리를 내 놓았어—그런데 그게 $\sim x$인 거야. 이런 일이 일어나는 것을 자네는 생각해볼 수 없나?

대범이 : 좋아. 그런 일이 일어났다고 하세. 그게 왜 자네를 골 아프게 하지? 그걸 다른 식으로 보자고. MIU-체계를 가지고 작업을 하다가 내가 정리 x를 생성하고 자네는 xU를 생성했다고 해보세. 이런 일을 생각해볼 수 있지?

신중이 : 물론. 사실 **MI**와 **MIU**는 둘 다 정리이지.

대범이 : 그게 자네를 골 아프게 하나?

신중이 : 물론 아니야. 자네의 예는 엉터리야. 왜냐하면 **MI**와 **MIU**는 서로 **모순**이 아니야. 반면 명제계산에서 두 문자열 x와 ~x는 서로 모순**이지**.

대범이 : 그래, 그렇지. 자네가 '~'를 '아니다'로 해석하고 싶다면 말이지. 하지만 '~'를 '아니다'로 해석해야 한다고 생각하게끔 한 건 뭐지?

신중이 : 규칙들 자체야. 자네가 규칙들을 보면 '~'에 대해서 생각할 수 있는 유일한 해석은 '아니다'야. 마찬가지로 '∧'에 대해서 생각할 수 있는 유일한 해석은 '그리고'지 등.

대범이 : 달리 말하자면, 자네는 규칙들이 그 단어들의 뜻을 포착한다고 확신한다는 거지?

신중이 : 바로 그렇다네.

대범이 : 그런데도 자네는 여전히 x와 ~x가 동시에 정리일 수 있다는 생각을 품고 있구면. 차라리 고슴도치가 개구리라든가, 1은 2와 같다거나 달이 녹색 치즈로 만들어졌다고 생각하지그래. 나는 내 사고 과정의 기본 요소가 잘못되었는지 생각하는 것조차 준비가 안 되어 있어. 왜냐하면 내가 그런 생각을 품고 있다면 그 모든 문제를 분석하는 내 방식이 또한 잘못되었는지 생각해보아야만 할 거잖아. 그래서 완전히 뒤엉켜버리고 말 거야.

신중이 : 자네의 논증은 설득력이 있어⋯⋯. 그러나 나는 여전히 정리들이 모두 참으로 드러날 거라든가, 또는 x와 ~x는 결코 동시에 모두 정리가 될 수 없다는 **증명**을 보고 싶네.

대범이 : 증명을 원한다, 이 말이군. 내가 짐작컨대 자네는 자신이 제정신이라는 걸 확신하는 것보다 명제계산이 무모순이라는 것을 더 확신받고 싶어하는군. 내가 생각할 수 있는 그 어떤 증명도 명제계산 자체에 있는 어떤 것보다 훨씬 더 복잡한 정신적 연산을 필요로 할 거야. 그래서 명제계산이 무엇을 증명할까? 명제계산의 무모순성을 증명하고 싶은 자네의 욕망은 영어를 배우고 있는 어떤 사람이 간단한 낱말을 어려운 낱말로 정의한 사전을 달라고 한사코 고집을 부리는 걸 생각나게 하네.

다시 캐럴의 대화

이 작은 논쟁은 논리와 추론을 스스로를 변호하는 데에 사용하는 것이 얼마나 어려운지 보여준다. 어느 시점이 되면, 우리는 바닥에 도달하고 "나는 내가 옳다는 걸 알아"라고 외치는 것 말고는 변호할 방법이 없다. 다시 한번 우리는 루이스 캐럴이 그의 대화에서 날카롭게 제시한 문제에 부딪힌다. 당신은 당신의 추론 패턴을 영원히 변호할 수는 없다. 믿음이 그것을 대신하는 시점이 온다.

추론체계는 달걀과 비교될 수 있다. 달걀은 내부를 보호하는 껍질이 있다. 그러나 당신이 달걀을 어느 곳으로 보내려고 할 때, 그 껍질에는 기대지 않는다. 당신은 달걀의 여정이 얼마나 험난할지 예상한 것에 맞추어 선택한 용기에 달걀을 담는다. 거기에 신경을 좀더 써서, 여러 겹 중첩된 상자 안에 달걀을 넣을 수도 있다. 그러나 제 아무리 겹겹으로 된 상자에 달걀을 넣는다고 해도, 달걀이 깨질 재앙을 상상할 수 있다. 이와 비슷하게 우리는 한 체계 안에서의 증명이 옳다고 하는, 궁극적이고 절대적인 증명을 결코 할 수 없다. 물론 우리는 증명에 대한 증명 또는 증명에 대한 증명에 대한 증명을 댈 수는 있겠지만, 가장 바깥 체계에 대한 타당성은 믿음으로 받아들일 뿐, 증명되지 않은 가정인 채로 남는다. 우리는 생각지도 못한 어떤 미묘함이 바닥에 이르기까지 증명의 모든 단계를 무효로 만들어, 그 "증명된" 결과가 결국 옳지 않다고 판명되는 일을 상상할 수 있다. 그렇다고 해서 그것이 수학자와 논리학자들이 수학의 모든 체계가 오류일지도 모른다고 늘 걱정하고 있다는 것을 의미하지는 않는다. 그와는 반대로, 만약에 정통적이지 않은 증명이 제안되거나, 엄청나게 긴 증명, 또는 컴퓨터로 생성한 증명인 경우에는, 사람들은 멈추어서 반(半)신성시된 단어 "증명된"이라는 낱말로 그것들이 의미하는 바가 정말로 무엇인지 생각할 것이다.

이 시점에서 독자를 연습시키기에 탁월한 캐럴의 대화로 되돌아가 논쟁의 여러 단계를 우리의 표기법으로 나타내보는데, 논쟁의 씨가 된 것을 가지고 시작하자.

아킬레스 : 자네가 <<A∧B>⊃Z>를 가지고, 또한 <A∧B>도 가진다면 분명히 Z를 가진다네.

거북 : 오. 그러니까 자네 말은 <<<<A∧B>⊃Z>∧<A∧B>>⊃Z>라는 말이지, 안 그래?

(힌트 : 아킬레스가 추론규칙으로 간주하는 것은 무엇이든, 거북은 곧바로 체계의 문자열로 뽑아낸다. 문자 **A, B, Z**만 사용하면 점점 길어지는 문자열의 재귀적 패턴을 얻게 될 것이다.)

지름길과 도출된 규칙들

명제계산에서 규칙을 이용해 정리를 도출해나갈 때 우리는 재빨리 다양한 유형의 지름길을 고안해내는데, 지름길은 엄격히 말하면 체계의 일부는 아니다. 예를 들면, 어느 시점에 문자열 <Q∨~Q>가 필요하면 그리고 이미 <P∨~P>가 이전에 도출되었다면, 많은 사람들은 마치 <Q∨~Q>가 도출되었던 것처럼 추론을 진행한다. 그 이유는 <Q∨~Q>를 도출하는 것이 <P∨~P>를 도출하는 것과 정확히 평행이라는 사실을 그들이 알기 때문이다. 도출된 정리를 "정리도식"으로서, 즉 다른 정리들을 찍어내는 틀로 취급하는 것이다. 이것은 전적으로 타당한 절차로 판명되고, 그 절차 속에서 언제나 새로운 정리들이 나온다. 그러나 그것은 우리가 제시한 명제계산의 규칙은 아니다. 오히려 이것은 **도출된 규칙**이다. 그것은 우리가 그 체계에 대해서 가지는 지식의 일부분이다. 이 규칙이 당신을 항상 정리의 공간 안에 머물게 할 것이라는 것은 당연히 증명해야 할 사항이다—그러나 그런 증명은 체계 안에서의 정리도출 같은 것은 아니다. 그것은 일상적이고, 직관적인 의미에서의 증명, 즉 지능-방식에서 수행되는 추론들이다. 명제계산에 대한 이론은 "메타이론"이고 그 메타이론의 결과들은 "메타정리"라고 할 수 있다—즉 정리에 대한 정리이다(특히 "정리에 대한 **정리**"라는 문구에서 고딕체를 사용한 것을 유의하라. 이것은 우리의 약정의 결과이다. 즉 메타정리는 정리[도출할 수 있는 문자열]에 대한 정리[증명된 결과]이다).

　명제계산에서 다른 많은 메타정리들이나 도출된 추론규칙들을 발견할 수 있을 것이다. 예를 들면, 드 모르간의 제2규칙이 있다.

<~x∨~y>와 ~<x∧y>는 서로 맞바꿀 수 있다.

이것이 체계의 규칙이라면 많은 도출작업을 상당히 빨리 할 수 있게 할 것이다. 그러나 우리가 이 규칙이 옳다는 것을 **증명**한다면 그것으로 족하지 않은가? 그

때부터 그것을 추론규칙처럼 사용할 수는 없는가?

　이 도출된 특정 규칙이 옳다는 것을 의심할 이유는 없다. 그러나 당신이 도출된 규칙을 명제계산의 절차의 일부분으로 한번 인정하기 시작하면, 당신은 그 체계의 형식성을 상실한다. 왜냐하면 도출된 규칙들이 체계의 바깥에서 비형식적으로 도출되기 때문이다. 우리는 하나의 엄격한 틀 안에서 증명의 모든 단계를 명시적으로 보여주면서, 그 어떤 수학자라도 다른 사람의 작업을 기계적으로 검증할 수 있게 해주는 방법으로서 형식체계를 제안했던 것이다. 그러나 기회가 있을 때마다 즉시 이러한 틀 바깥으로 기꺼이 나가려 한다면, 당신은 그 틀을 아예 만들지 않았을 것이다. 따라서 그러한 지름길을 사용하는 것에는 단점이 있다.

더 높은 층위의 형식화

다른 한편으로, 벗어날 대안은 있다. 메타이론을 형식화하지 말라는 법은 없지 않은가? 그러면 도출된 규칙들(메타정리들)은 더 큰 형식체계의 정리들이 될 것이다. 그리고 다시 지름길들을 모색하고 그것들을 정리, 즉 형식화된 메타이론의 정리로서 도출하는 것은 타당할 것이다. 도출된 정리는 명제계산의 정리들을 도출해내는 일을 빠르게 하는 데에 사용할 수 있을 것이다. 이것은 흥미 있는 아이디어이지만, 그것을 제안하는 순간, 우리는 앞으로 도약하여 메타메타이론을 생각하게 된다. 이런 식으로 계속될 것이다. 제 아무리 많은 층위들을 형식화하더라도, 결국 누군가 가장 높은 층위에서 지름길을 만들고 싶어할 것이다.

　추론에 대한 이론이 주의 깊게 파헤쳐지면, 심지어 그 자신의 메타이론과 같다고까지 주장할 수 있을지 모른다. 그러면 모든 층위들이 하나로 통합될 수 있으며, 그 체계에 대한 생각이 바로 그 체계 안에서 작업하는 하나의 방식이 될 것이다! 그러나 그것이 그렇게 간단한 것은 아니다. 체계가 "자기 스스로에 대해서 생각할" 수 있다고 해도, 그것은 여전히 자신의 외부에서는 아니다. 당신은 체계가 자신을 이해하는 것과는 다르게, 체계 바깥에서, 체계를 이해한다. 그래서 심지어 그 자체 안에서 "자기 스스로에 대해서 생각할" 수 있는 이론에 대해서도 여전히 메타이론—외부에서 보는 견해—이 존재한다. 우리는 "그것들 자신에 대해서 생각할" 수 있는 이론들이 있음을 알게 될 것이다. 사실은, 우리가 그것들 스스로에 대해서 생각하는 것을 의도하지 않더라도 그러한 일이 완전히 우발적으로 발생하는 체계를 곧 보게 될 것이다. 그러고는 스스로에 대해서 생각하는 것이 어떤 종류의 결과를 초래하게 되는지 볼 것이다. 그러나 명제계산 공부를 위해서, 우리는 가장 단순한 아이디어를 고수할 것이다—층위들을 뒤섞지 말자.

당신이 체계에서의 작업(기계-방식)과 체계에 대한 생각(지능-방식)을 조심해서 구별하지 않는다면, 오류가 생길 수 있다. 예를 들면, <P∨~P>(이것의 준-해석은 "P이거나 P가 아니거나"이다)가 정리이므로, P 또는 ~P는 반드시 정리라고 가정하는 것은 완전히 타당한 듯이 보일지 모른다. 그러나 이것은 완전히 오류이다. 둘 다 정리가 아니다. 일반적으로, 기호들이 상이한 층위들—여기에서는 형식체계의 언어와 그 메타언어(한국어)—사이를 왕래할 수 있다고 가정하는 것은 위험한 습관이다.

체계의 강점과 약점에 대한 생각

우리는 지금까지 논리적 사고의 구조 일부를 표현하는 것을 목표로 한 체계의 한 예를 살펴보았다. 이 체계가 다루는 개념들은 몇 개 되지 않는데 단순하면서도 정확한 것들이다. 그런데 명제계산의 단순성과 정확성이 바로 수학자들이 명제계산에서 매력을 느끼는 종류의 특성이다. 거기에는 두 가지 이유가 있다. (1) 기하학이 간단하고도 엄밀한 형태들을 연구하듯이, 명제계산은 자체의 속성에 대해서 연구될 수 있다. 다른 기호, 추론규칙, 공리 또는 공리도식 등을 채용해서 변이형들을 만들 수 있다(어쨌든, 여기에 제시된 명제계산 버전은 G. 겐첸이 1930년대 초반에 창안한 것과 관계가 있다. 다른 버전들도 있는데, 오로지 하나의 추론규칙만 사용하는—보통 절단규칙—것도 있고, 여러 개의 공리, 또는 공리도식을 가지는 것도 있다). 명제의 추론을 우아한 형식체계로 수행하는 방법에 대한 연구는 순수수학의 매력적인 분야이다. (2) 명제계산은 추론의 다른 근본적인 측면들을 포함시켜 쉽게 확장할 수 있다. 그 다른 측면 중의 몇 개를 다음 장에서 다룰 예정인데, 그 장에서 정교한 수론의 추론을 가능하게 하는 훨씬 더 크고 깊이가 있는 체계 속으로 명제계산을 몽땅 통합시킬 것이다.

증명 대 도출

명제계산은 어떤 방식에서는 추론과 매우 비슷하지만, 명제계산의 규칙들을 인간의 사고규칙들과 동일시해서는 안 된다. **증명**은 무엇인가 비형식적인 것, 달리 말하면, 인간이 사용하기 위해서, 인간의 언어로 쓴 정상적인 사고의 결과물이다. 증명들 속에서는 온갖 종류의 복잡한 사고 특성을 사용할 수 있는데, 비록 그것들이 "옳다고 느껴질지도" 모르지만, 논리적으로 옹호될 수 있을까 하고 의구심을 가질 수도 있다. 논리적 옹호를 위한 것이야말로 형식화하는 목표이다. **도출**은 증명에 대한 인위적 상응물이다. 도출의 목적도 같은 목표에 도달하는 것이지만, 그 방법이 명시적일 뿐만 아니라, 아주 간단한 논리적 구조를 통해서이다.

만약에—통상 그러한데—형식적인 도출이 그에 상응하는 "자연적인" 증명에 비해서 어마어마하게 길다면, 그것은 아주 나쁜 일이다. 그것은 각 단계가 아주 단순하게 되도록 한 것에 대한 대가이다. 그런데 흔히 있는 일은, 도출과 증명이 낱말의 상보적인 의미에서 "단순하다"는 점이다. 증명은, 왜 그런지는 모르겠지만, 간단하고 각 단계는 "옳게 보인다." 도출은 간단하다. 무수히 많은 각 단계들은 너무 사소하게 생각되어서 나무랄 데가 없다. 그리고 도출 전체가 그런 사소한 단계들로 이루어져 있기 때문에 오류가 없을 것으로 추정된다. 그러나 이 두 유형의 단순성은 고유의 복잡성을 동반한다. 증명의 경우에는 그것이 증명의 밑받침이 되는 체계—즉 인간의 언어—의 복잡성이고, 도출의 경우에는 도출을 거의 이해하기 불가능하게 하는 그 천문학적인 크기이다.

따라서 우리는 명제계산을 증명과 유사한 인위적인 구조들을 합성하기 위한 일반적인 방법의 일부로 간주해야 한다. 그러나 명제계산은 유연성이나 일반성이 부족하다. 명제계산은 다만—나름대로 엄격한—수학적인 개념들과 연계해서만 사용되기 위한 것이다. 이에 대한 아주 재미있는 보기로서, 매우 특이한 문자열 <P∧~P>를 공상의 전제로 사용하는 도출을 만들어보자. 적어도 그 문자열의 준-해석은 특이하다. 그러나 명제계산은 준-해석에 대해서 개의치 않으며, 그저 문자열을 활자형으로 조작한다—활자형 측면에서 이 문자열에는 정말로 특이한 것이 하나도 없다. 아래에 이 문자열을 전제로 하는 공상이 있다.

(1) [푸시

(2)   <P∧~P>   전제

(3)	P	분리
(4)	~P	분리
(5)	[	푸시
(6)	~Q	전제
(7)	P	(3)의 이월
(8)	~~P	이중-틸드
(9)	]	팝
(10)	<~Q⊃~~P>	공상
(11)	<~P⊃Q>	대우
(12)	Q	절단(4, 11)
(13)	]	팝
(14)	<<P∧~P>⊃Q>	공상

이제 이 정리를 준-해석하면 매우 이상한 내용이 된다 :

P임과 동시에 P가 아님은 Q를 함축한다.

Q는 어떤 진술로도 해석할 수 있기 때문에, 우리는 이 정리가 "모순으로부터는 어떤 것도 도출된다!"고 말하는 것으로 간주할 수 있다. 따라서 명제계산에 바탕을 둔 체계에서는 모순이 포함될 수 없다. 모순은 마치 갑작스레 전신에 퍼진 암처럼 체계 전체를 감염시킨다.

모순을 다루는 법

이것은 별로 인간의 사고처럼 보이지는 않는다. 당신이 자신의 생각에서 모순을 발견한다고 해도, 당신의 정신체계 전체가 붕괴할 것이라고 생각하기는 힘들다. 대신에 당신은 자신이 느끼기에 모순적인 생각을 하게 한 믿음이나 추론 방식들에 의문을 제기하기 시작할 것이다. 다른 말로 하자면, 모순에 책임이 있는 자신의 내부의 체계들로부터 가능한 한 벗어나서 그것을 수리하고자 할 것이다. 모순된 생각을 가졌을 때 당신이 취할 행동 중 가장 일어날 것 같지 않은 일은 팔을 쳐들고서 "내 생각에 그 결과는 이제 내가 모든 것을 믿는다는 것을 보여준다"고 외치는 것이다. 농담이라면 몰라도 진심으로 그럴 리 없다.

실제로 모순은 삶의 모든 영역에서 명확성과 진보의 주요 원천이며, 수학 또한 예외가 아니다. 과거에 수학에서 모순이 발견되었을 때, 수학자들은 즉시 모순을 야기한 체계를 정확히 찾아내고, 그 체계에서 벗어나, 그 체계에 대해서 추론하고, 체계를 고치려고 노력했다. 모순의 발견과 수리는 수학을 약화시키는 것이 아니라, 더욱 강화시킬 것이다. 이것은 시간이 걸리고 일련의 오류 출발도 있겠지만 결국에는 결실을 맺을 것이다. 예를 들면, 중세 때 무한급수

$$1-1+1-1+1-\cdots\cdots$$

의 값에 대해서 열띤 논쟁이 있었다. 그 값이 0, 1, 1/2 그리고 아마도 또다른 값이라고 "증명되었다." 이러한 논란이 많은 발견들로부터 더욱 충실하고 심오한 무한급수 이론이 탄생했다.

더욱 적절한 보기는 바로 이 순간 우리가 마주친 모순, 즉 우리가 실제로 생각하는 방식과 명제계산이 우리를 흉내 내는 방식 사이의 괴리이다. 이것은 많은 논리학자들의 마음을 불편하게 한 원천이었기 때문에, 명제계산이 우둔하고 경직되게 수행되지 않도록 수선하는 데에 많은 창조적인 노력을 기울였다. 앤더슨과 벨나프[3]가 그들의 책 『필연성(*Entailment*)』에서 제시한 한 가지 시도는 "적절한 함축"이라는 개념을 끌어들인 것이다. 이것은 "만일-그러면"이라는 기호가 진정한 인과성을 반영하도록, 또는 적어도 의미들의 연결을 반영하도록 한다. 아래 명제계산의 정리들을 살펴보자.

$$<P{\supset}<Q{\supset}P>>$$
$$<P{\supset}<Q{\vee}{\sim}Q>>$$
$$<<P{\wedge}{\sim}P>{\supset}Q>$$
$$<<P{\supset}Q>{\vee}<Q{\supset}P>>$$

---

3) A.R. Anderson과 N.D. Belnap. Jr. *Entailment* (Princeton, N. J. : Princeton University Press, 1975).

이것들과 그밖에 이것들과 같은 많은 것들이, '만일-그러면' 진술이 명제계산 안에서 증명될 수 있도록 하는 데에, '만일-그러면' 진술의 첫째 절과 둘째 절 사이에 연관성이 있을 필요는 전혀 없다는 것을 보여준다. 이에 항의하여 "적절한 함축"은 추론규칙들이 적용될 수 있는 맥락에 일정한 제약을 부과한다. 직관적으로, 그 제약은 "어떤 것이 다른 어떤 것으로부터 도출될 수 있는 것은, 그것들이 서로 관련이 있을 경우에만이다"를 말한다. 예를 들면, 이런 체계에서는 앞의 도출과정의 (10)은 허용되지 않을 것이며, <<P∧~P>⊃Q> 같은 문자열의 도출을 차단할 것이다.

더욱 근본적인 시도들은 완전성이나 무모순성에 대한 추구를 완전히 포기하고, 그 모든 비정합성을 가지고서 인간의 추론을 모방하려고 한다. 그런 연구들은 더 이상 수학에 견고한 토대를 제공하는 것을 목표로 삼지 않고, 순수하게 인간의 사고과정을 연구하는 것을 목표로 한다.

그 별난 점에도 불구하고, 명제계산은 스스로를 내세울 만한 특성이 있다. 우리가 명제논리를 더 큰 체계 속에 통합하면(다음 장에서 할 예정이다) 그리고 그 더 큰 체계가 모순을 포함하고 있지 않다고 확신한다면(우리는 그럴 것이다), 명제계산은 우리가 바랄 수 있는 모든 것을 해낼 것이다. 명제계산은 가능한 모든 유효한 명제추론들을 제공한다. 그래서 불완전성이나 모순이 발견되면, 우리는 그것이 더 큰 체계의 오류이지 그 부분체계, 즉 명제계산의 오류가 아니라고 확신할 수 있다.

그림 42. "게 카논(Crab Canon)"(M. C. 에셔, 1965년경).

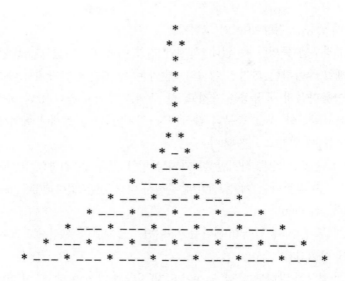

게 카논

아킬레스와 거북은 어느 날 공원을 산책하다가 우연히 만난다.

거북 : 안녕하시오, 아킬레스 선생.

아킬레스 : 자네도 안녕한가.

거북 : 자네를 우연히 만나 기쁘네.

아킬레스 : 나도 마찬가지라네.

거북 : 산책하기에는 기가 막힌 날씨로군. 집까지 걸어갈 생각이라네.

아킬레스 : 오, 정말? 자네에게 걷는 것보다 좋은 것은 없을 것 같네.

거북 : 그런데 요즘 아주 원기왕성해 보이는군.

아킬레스 : 고맙네.

거북 : 천만에. 시가 한 대 태우겠나?

아킬레스 : 오, 이런 교양 없는 친구 같으니라고. 이 동네에서는 네덜란드가 기여

한* 게 열등한 취향이야. 안 그런가?

거북 : 이 경우엔 동의할 수 없네. 하지만 취향 이야기가 나왔으니 말인데, 자네가 제일 좋아하는 화가인 에셔의 "게 카논"을 최근에 화랑에서 마침내 보았지. 아름다움과 독창성을 가지고, 한 주제를 앞뒤로 왔다 갔다 하면서 서로 맞물리도록 한 것을 충분히 감상했지. 하지만 나는 언제나 에셔보다는 바흐가 한 수 위라고 느낄 거야.

아킬레스 : 난 모르겠네. 하지만 한 가지 분명한 것은 난 취향의 논쟁에 대해선 신경 쓰지 않는다는 거야. 취향에 관해서 다툴 것은 없다네(De gustibus non est disputandum).

거북 : 말해보게, 자네 연배가 된다는 게 어떤 것인가? 아무 신경도 쓰지 않는다는 게 사실인가?

아킬레스 : 정확히 말하면 근심, 걱정이 없지(정확히 말하면, 프렛**이 없네).

거북 : 내게는 그 말이 그 말이네.

아킬레스 : 어처구니없군. 그건 큰 차이가 있네(바이올린의 경우엔 프렛이 있고 없고가 큰 차이가 있다네).***

거북 : 자네 기타 안 치나?

아킬레스 : 기타는 내 좋은 친구가 치지. 그 바보는 종종 기타를 쳐. 하지만 나 자신은 기타를 3미터짜리 몽둥이로 건드리지는 않지!

(갑자기 게가 어디서 나왔는지도 모르게 나타나 툭 튀어나온 검은 눈을 가리키면서, 씩씩거리며 돌아다닌다.)

게 : 안녕하슈! 이 혹 보이지? 성질 더러운 놈한테 맞았다네. 젠장! 이렇게 좋은 날에 말이야. 내가 공원을 빈들빈들 돌아다니고 있을 때 바르샤바 출신의 이 덩치 큰 녀석이—거대한 곰 같은 녀석이지—플루트를 연주하며 자리를 차지하고 있었지. 그 녀석은 틀림없이 키가 3미터였어. 난 그 녀석에게 천천

* 시가를 가리킨다. 네덜란드산 시가는 품질이 좋은데, 이유는 수마트라와 자바에서 생산되는 최상급 원료로 만들고 생산을 정부가 통제하지 않고 민간기업에 일임하기 때문이다.
** 프렛이란 만돌린, 기타 등의 악기에서, 지판(指板)의 표면을 구획하는 금속제의 돌기를 말한다. 근심, 걱정 그리고 프렛이라는 두 가지 뜻을 이용한 말장난이다.
*** fiddle이 '어처구니가 없다'는 뜻과 '바이올린'이라는 뜻이 있는 것을 이용한 말장난이다.

히 다가가 위쪽으로 쭉 뻗어 그의 무릎을 치면서 말했지. "실례합니다, 선생
님. 당신이 마주르카[*]로 우리 공원에 소음 공해를 일으키고 있습니다."^{**} 그
러나 **와우!** 그는 유머 감각이라고는 털끝만큼도 없었어. 그러고는 퍽!—그
는 소리를 지르고 내 눈을 한 대 때렸지! 성질대로라면 한바탕했을 거야.
하지만 우리 종의 유서 깊은 전통에 따라 내가 물러섰지. 결국, 우리는 앞
을 향해 걸으면 뒤로 움직이지. 그건 우리 유전자 안에 빙글빙글 돌면서 있
지. 그게 내 생각을 일깨워주는군. 난 언제나 궁금했지. "뭐가 먼저일까—게
(Crab)일까, 유전자(Gene)일까?" 다시 말하면 "무엇이 나중일까—유전자일
까, 게일까?" 나는 언제나 빙글빙글 돌고 있지. 그것은 결국 우리 유전자 안
에 있지. 우리가 뒤로 걸으면 우리는 앞으로 움직이지. 아, 이런! 나는 나의
즐거운 길을 천천히 달려야만 하네. 그래서 이렇게 화창한 날 나는 계속 간
다네. 게의 삶을 위해서 "호!" 노래 불러라! 타타! 올레!

(그리고 그는 갑자기 나타났듯이 갑자기 사라진다.)

거북 : 저 양반은 내 좋은 친구야. 그는 종종 바보짓을 하지. 하지만 나 자신은
　　　기타로 키가 3미터 되는 폴란드 친구를 건드리지는 않아!
아킬레스 : 자네 기타 안 치나?
거북 : 바이올린. 그건 차이가 크지.
아킬레스 : 내게는 그 말이 그 말이네.
거북 : 정확히 말하면, 프렛(걱정거리)이 없네.
아킬레스 : 말해보게. 자네 연배가 되는 게 어떤 것인가? 아무 걱정거리도 없다는
　　　게 사실인가?
거북 : 난 모르겠네. 하지만 한 가지 분명한 것은 난 취향의 논쟁에 대해선 신경
　　　쓰지 않는다는 거야. 취향에 관해서 다툴 것은 없다네(Disputandum non est
　　　de gustibus).
아킬레스 : 이 경우엔 동의할 수 없네. 하지만 취향 이야기가 나왔으니 말인데,
　　　자네가 제일 좋아하는 작곡가인 바흐의 "게 카논"을 최근에 음악회에서 마

---

* 마주르카는 2/3박자로 된 폴란드의 무곡이다.
** 또는 '폴란드 사람인 당신이 플루트로 연주하는 마주르카가 공원에 가득하군요.'

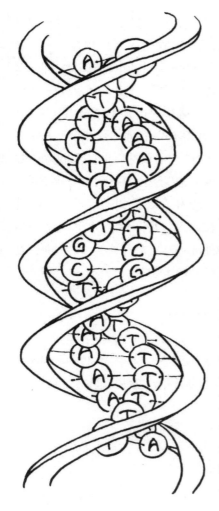

그림 43. 계속해서 나선형으로 회전하고 있는 게의 유전자의 일부분. 두 개의 DNA 가닥을 나란히 펼쳐놓으면 다음과 같이 보인다.

······TTTTTTTTTCGAAAAAAAAA······
······AAAAAAAAAGCTTTTTTTTT······

하나는 왼쪽에서 오른쪽으로, 다른 하나는 오른쪽에서 왼쪽으로 읽으면 이 둘은 완전히 같다는 것을 유의하라. 그것이 바로 음악에서 "게 카논"이라고 하는 형식의 결정적인 속성이다. 그것은 약간 다르기는 하지만, 앞으로 읽으나 뒤로 읽으나 똑같은 회문(回文, palindrome)을 생각나게 한다. 분자생물학(molecular biology)에서는 그런 DNA 조각을 "팔린드롬"이라고 하는데, "게 카논"이 더 정확할 것이기 때문에 부적절한 명칭이다. 이 DNA 부분은 게 카논 같을 뿐만 아니라, 그 염기배열이 대화의 구조와 같다. 주의해서 살펴보라!

침 들었지. 아름다움과 독창성을 가지고, 한 주제를 앞뒤로 왔다 갔다 하면서 서로 맞물리도록 한 것을 충분히 감상했지. 하지만 나는 언제나 바흐보다는 에셔가 한 수 위라고 느낄 거야.

거북 : 오, 이런 교양 없는 친구 같으니라고. 이 동네에서는 네덜란드가 기여한* 게 열등한 취향이야. 안 그런가?

---

* 에셔가 네덜란드 출신임을 가리킨다.

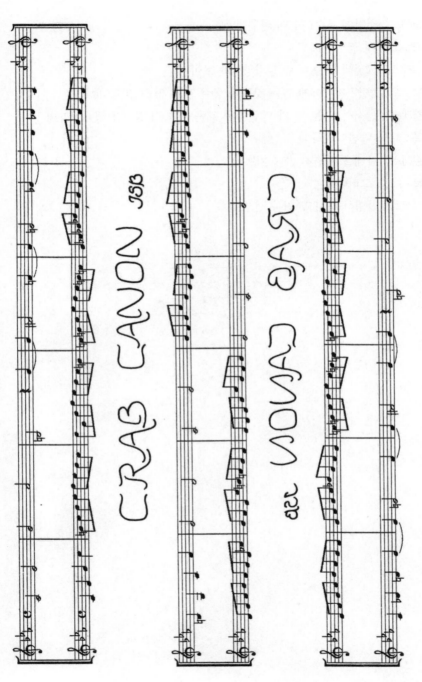

그림 44. J. S. 바흐의 "음악의 헌정"에 나오는 게 카논의 부분(아부인헤는 도널드 버드의 버드의 프로그램 "SMUT"로 했다).

아킬레스 : 천만에. 시가 한 대 태우겠나?

거북 : 고맙네.

아킬레스 : 그런데 요즘 아주 원기왕성해 보이는군.

거북 : 오, 정말? 자네에게 걷는 것보다 좋은 것은 없을 것 같네.

아킬레스 : 산책하기에는 기가 막힌 날씨로군. 집까지 걸어갈 생각이라네.

거북 : 나도 마찬가지라네.

아킬레스 : 자네를 우연히 만나 기쁘네.

거북 : 나도 그러네.

아킬레스 : 안녕히 가시오, 거북 선생.

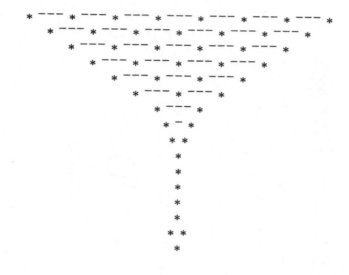

제8장

활자형 수론

게 카논과 간접적인 자기-지시

간접적인 자기-지시의 세 가지 보기를 "게 카논"에서 볼 수 있다. 아킬레스와 거북은 그들이 알고 있는 두 개의 예술작품을 묘사한다. 그런데 아주 우연히도, 그 작품들은 그들이 현재 등장중인 대화와 같은 구조를 가진다(내가 저자로서 그것을 알아차렸을 때의 놀라움을 상상해보라!). 또한 게는 생물학적인 구조를 묘사하는데, 그 구조 또한 동일한 속성을 가진다. 물론 우리는 그 대화를 읽고 이해할 수 있는데, 그 대화 역시 "게 카논"의 형식을 가지고 있다는 것은 알아차리지 못할 수 있다. 이것은 그 대화를 어느 한 층위에서는 이해하고 있지만, 다른 한 층위에서는 이해하지 못하고 있는 것이다. 자기-지시를 파악하려면, 대화의 내용과 마찬가지로 형식도 관찰해야 한다.

괴델의 구성은 우리가 이 장에서 정의하려는 **활자형 수론**(TNT : Typographical Number Theory)이라는 형식체계의 문자열의 내용과 형식의 기술(記述)에 의존한다. 예기치 못한 뒤틀림은, 괴델이 발견한 교묘한 일대일 대응 때문에, 문자열의 형식을 형식체계 자체 안에서 기술할 수 있게 되었다는 점이다. 괴델 수를 다루는 능력을 가지고 있는 이 이상한 체계를 공부해보자.

TNT에서 무엇을 표현할 수 있기를 바라는가?

수론에 속하는 몇 가지 전형적인 문장을 인용하는 것으로 시작해보자. 그 다음 그 문장들을 풀어서 표현할 일련의 기본 개념들을 찾아보자. 뒤이어 이 개념들에 개별적인 기호를 부여할 것이다. 그건 그렇고 "수론〔정수론〕"이라는 용어는 양의 정수와 영(및 그러한 정수의 모든 집합)의 속성만 언급한다는 것을 처음부터 분명히 해두어야겠다. 이 수들은 **자연수**라고 한다. 음수들은 수론에서 아무 역할도 하지 않는다. 따라서 "수"라는 낱말을 쓰는 경우, 여기에서는 전적으로 자연수만을 의미한다. 그리고 독자가 다음 사항을 명심하는 것은 극히 중요하다. 형식체계(TNT)와 빈약하게 정의되었지만 편안한 수학의 오래된 분과인 수론 자체를 분리해야 한다. 이 분과를 "N"이라고 부르겠다.

N—수론—의 몇 가지 전형적인 문장들은 다음과 같다.

   (1) 5는 소수이다.
   (2) 2는 제곱수가 아니다.
   (3) 1729는 두 개의 세제곱수의 합이다.
   (4) 두 개의 양의 세제곱수의 합 자체는 세제곱수가 아니다.
   (5) 무한하게 많은 소수들이 존재한다.
   (6) 6은 짝수이다.

이제 "소수"나 "세제곱수" 또는 "양수" 같은 각 개념에 대한 기호가 필요할 것으로 보이겠지만, 이 개념들은 정말로 원초적이지 않다. 예를 들면, 소수라는 속성은 수가 가지는 약수들과 관계가 있으며, 약수는 다시 곱하기와 연관이 있다. 마찬가지로 세제곱수라는 속성은 곱하기로 정의된다. 그러면 더 기본적인 개념들로 풀어서 위의 문장들을 바꾸어 말해보자.

   (1') a와 b를 1보다 큰 수라 하면, a 곱하기 b가 5가 되는 그런 수 a, b는 없다.
   (2') b 곱하기 b가 2가 되는 그런 수 b는 없다.
   (3') b 곱하기 b 곱하기 b에 c 곱하기 c 곱하기 c를 더하면 1729가 되는 그런 수 b
      와 c가 존재한다.
   (4') 0보다 큰 모든 수 b와 c에 대해서, a 곱하기 a 곱하기 a가 b 곱하기 b 곱하기
      b와 c 곱하기 c 곱하기 c의 합과 같은 그런 수 a는 없다.
   (5') 모든 수 a에 대해서, a보다 크고 다음과 같은 속성을 가지는 수 b가 존재한다. c,
      d가 1보다 큰 수일 때, c 곱하기 d가 b와 같은 그런 수 c, d는 존재하지 않는다.
   (6') 2 곱하기 e가 6이 되는 수 e는 존재한다.

이 분석은 수론 언어의 기본 요소들을 향한 긴 여정에 우리를 들어서게 했다. 잘 보면 몇몇 구문들이 반복해서 나타나는 것을 분명히 알 수 있다.

모든 수 **b**에 대하여

······이러한 수 **b**가 존재한다.

······보다 큰

······와 같다(······가 된다)

곱하기

더하기

0, 1, 2······

이것들 대부분은 개별적인 기호들을 가지게 될 것이다. "······보다 큰"은 예외인데, 더 간단한 개념들로 분해될 수 있다. 이를테면 "a는 b보다 크다"라는 문장은 다음과 같이 된다.

> **b** 더하기 **c**가 **a**가 되는 0이 아닌 그런 수 **c**가 존재한다.

수사(數詞)

우리는 각각의 자연수에 대해서 별도의 기호는 쓰지 않을 것이다. 대신에 모든 자연수에 복합 기호를 부여하는, 아주 간단한 통일적인 방식을 채택할 것이다. 그것은 pq-체계에서 했던 방식과 아주 비슷하다. 자연수에 대한 우리의 표기법은 다음과 같다 :

0 : 0

1 : S0

2 : SS0

3 : SSS0

등

기호 S는 "······의 다음 수"라는 해석을 가진다. 따라서 SS0을 해석하면 말 그대로 "0의 다음 수의 다음 수"이다. 이러한 형태의 문자열을 우리는 수사(數詞, numerals)라고 한다.

변수와 항

지정하지 않은 또는 변할 수 있는 수를 지칭할 방법이 분명히 필요하다. 이를 위해서 a, b, c, d, e 같은 글자를 사용할 것이다. 그러나 다섯 개만으로는 충분치 않다. 명제계산에서 원자들을 무한히 공급받았는데, 여기에서도 변수(variable)들을 무한히 공급받을 필요가 있다. 우리는 변수를 더 만드는 데에 그와 비슷하게 프라임을 얼마든지 덧붙이는 방식을 쓸 것이다(주의 : 기호 ' ' '는 "프라임"이라고 읽는데 소수[prime number]와 혼동하면 안 된다). 예를 들면 :

e

d′

c″

b‴

a⁗

등은 다 **변수**이다.

우리가 그냥 a와 ' ' '만 가지고도 충분한데, 알파벳의 다섯 글자를 쓴다는 것은 어떤 점에서는 사치이다. 나중에 나는 실제로 b, c, d, e를 빼버릴 것이다. 그 결과 일종의 "간소한" TNT 버전이 될 것이다. 여기서 간소하다는 것은 복잡한 식들을 해독하기가 좀더 어렵다는 뜻이다. 그러나 당분간 사치를 누리자.

그러면 더하기와 곱하기는 어떻게 되는가? 아주 간단하다. 우리는 통상적인 기호인 '+'와 '•'를 쓸 것이다. 그러나, 더하기와 곱하기는 괄호를 사용해야 한다(이제 서서히 TNT의 적격 문자열들을 정의하는 규칙들로 들어간다). 예를 들면, "b 더하기 c"나 "b 곱하기 c"를 기술하기 위해서 다음 문자열을 사용한다.

(b+c)

(b•c)

이러한 괄호 사용에 대해서 대충이라는 것은 없다. 약속을 어기게 되면, 비적격 식을 생성하게 된다("식?" 나는 "문자열" 대신에 관습에 따라서 이 용어를 쓰겠다. 식이란 TNT의 문자열 그 이상도 이하도 아니다).

더하기와 곱하기는 항상 **이항**(二項) 연산으로 간주되어야 한다—즉 더하기와 곱하기는 딱 두 개의 수만을 결합하지, 셋이나 그 이상을 결합하지 않는다. 따라서 "1 더하기 2 더하기 3"이라는 것을 번역하려면, 다음 두 표현 중 어떤 것을 원하는지 결정해야 한다.

$$(S0+(SS0+SSS0))$$

$$((S0+SS0)+SSS0)$$

우리가 기호화하고자 하는 다음 개념은 바로 ……와 같다이다. 그것은 아주 간단하다 : 기호 '='을 쓰자. N—비형식적인 수론—에서 쓰고 있는 표준기호들을 이어받는 장점은 분명하다 : 읽기 쉽다는 점이다. 단점은 기하학을 형식적으로 다루는 데에 낱말 "점"과 "직선"을 사용할 때의 단점과 아주 비슷하다. 우리가 아주 의식하고, 주의하지 않는다면, 친숙한 의미와 엄격하게 규칙의 지배를 받는 형식적인 기호의 행동거지를 제대로 구분하지 못할 수 있다. 기하학에 관한 설명에서, 나는 **고딕체**를 쓰는 것으로 일상적인 낱말과 형식적인 용어를 구별했다 : 타원 기하학에서 **점**은 두 개의 일상적인 점이 연합해서 이루어진다. 여기에서는 그런 구분이 없기 때문에, 그 기호를 그 기호가 불러일으키는 연상들과 혼동하지 않도록 의식적으로 노력하는 것이 필요하다. pq-체계를 언급할 때 이미 말한 것처럼, 문자열 ---는 수 3이 아니라, 적어도 더하기의 맥락에서는 3과 동형관계이다. 이것은 문자열 SSS0에 대해서도 해당하는 말이다.

원자와 명제계산의 기호

원자를 만드는 데에 쓰이는 글자들(P, Q, R)을 제외하고, 명제계산의 모든 기호들을 TNT에서도 쓰는데 해석은 같다. 원자 역할은 S0=SS0 또는 (S0•S0)=S0같은 문자열이 할 것인데, 이것은 해석하면 등식에 대한 진술이 된다. 이제 우리는 간단한 문장들을 꽤 많이 TNT의 표기법으로 번역할 장비를 갖추었다.

2 더하기 3은 4와 같다 : $(SS0+SSS0)=SSSS0$

2 더하기 2는 3과 같지 않다 : $\sim(SS0+SS0)=SSS0$

1이 0과 같다면, 0과 1은 같다 : <S0=0⊃0=S0>

이것들 중 첫 번째 문자열은 원자이고, 나머지는 복합식이다(경고 : "1과 1은 2가 된다"라는 표현에 나오는 '과'는 '더하기'를 나타내는 또다른 낱말이다. 그래서 '+' [와 괄호를 꼭 써서]로 표기해야 한다).

자유변수와 양화사

이상의 논리식들은 그 해석이 참이거나 거짓인 문장이라는 속성을 가지고 있다. 그러나 그런 속성을 가지지 않는 논리식도 있는데 다음과 같은 것이다.

$$(b+S0)=SS0$$

이것의 해석은 "b 더하기 1은 2와 같다"이다. b값이 지정되어 있지 않기 때문에, 이 명제가 참인지 거짓인지 판정할 방법이 없다. 그것은 예를 들면, "그녀는 서투르다"와 같이 주어진 맥락 없이 대명사를 쓴 문장과 같다. 그것은 맥락 속으로 들어가기를 기다리고 있다. 참도 거짓도 아니기 때문에, 그러한 식을 **열린** 식이라고 하고 변수 b를 **자유변수**라고 한다.

열린 식을 닫힌 식 또는 **문장**으로 바꾸는 한 가지 방법은 **양화사**(quantifier)—"……이러이러한 수 b가 존재한다"라는 문구나 "모든 수 b에 대해서"라는 문구—를 붙이는 것이다. 첫 번째 경우는 다음과 같은 문장을 얻는다.

b 더하기 1은 2가 되는 그런 수 b가 존재한다.

이것은 분명히 참이다. 두 번째 경우는 아래의 문장을 얻는다.

모든 수 b에 대해서, b 더하기 1은 2이다.

이것은 분명히 거짓이다. 이제 이 두 **양화사**에 대한 기호를 도입하고자 한다. 위의 문장들은 다음과 같이 TNT 표기법으로 번역된다.

$$\exists b : (b+S0)=SS0 \qquad \text{(`}\exists\text{'는 ``존재한다''를 나타낸다.)}$$
$$\forall b : (b+S0)=SS0 \qquad \text{(`}\forall\text{'는 ``모든''을 나타낸다.)}$$

이 명제들이 더 이상, 지정되지 않은 수에 대한 명제가 아니라는 것을 주목하는 것이 매우 중요하다. 첫 번째 명제는 존재 주장이고, 두 번째의 명제는 **전칭(보편)주장**이다. b를 c로 바꾼다고 해도 같은 것을 뜻할 것이다 :

$$\exists c : (c+S0)=SS0$$
$$\forall c : (c+S0)=SS0$$

양화사의 지배 아래 있는 변수를 **속박변수**(quantified variable)라고 한다. 다음 두 식은 자유변수와 속박변수 사이의 차이를 보여준다 :

$$(b{\cdot}b)=SS0 \qquad \text{(열린)}$$
$$\sim\exists b : (b{\cdot}b)=SS0 \qquad \text{(닫힌 ; TNT의 문장)}$$

첫 번째 식은 어떤 자연수가 가지고 있을지도 모를 속성을 표현하고 있다. 물론 그런 속성을 가진 자연수는 없다. 그리고 두 번째 식이 그것을 정확하게 표현하고 있다. **자유변수**를 포함한 문자열이 속성을 표현하는 것과, 변수가 **속박되어** 있는 문자열이 **참**과 **거짓**을 표현하는 것의 차이를 이해하는 것은 아주 중요하다. 자유변수가 적어도 하나 있는 식—열린 식—을 자연언어로 번역한 것을 술어라고 한다. 그것은 주어 없는 문장(또는 주어진 문맥이 없는 대명사를 주어로 하는 문장)이다. 예를 들면,

"___은 주어 없는 문장이다"

"___은 비정상일 것이다"

"___은 동시에 앞뒤로 달린다"

"___은 요청에 따라서 6성 푸가를 즉흥적으로 연주했다."

등은 비산술적인 술어들이다. 이것들은 특정 실체가 가지고 있거나 가지고 있지

않는 속성들을 표현하고 있다. "무엇 무엇(so-and-so)"과 같은 "가짜 주어"를 붙일 수도 있다. 자유변수를 가지는 문자열은 "무엇 무엇"을 주어로 하는 술어와 같다. 예를 들면,

$$(S0+S0)=b$$

는 "1 더하기 1은 무엇 무엇과 같다"라고 말하는 것과 같다. 이것은 변수 b에 대한 술어이다. 그것은 수 b가 가질 수 있는 속성을 표현한다. b를 여러 다른 수사로 대체한다면, 일련의 식들을 얻을 것인데, 대부분은 거짓을 표현할 것이다. 여기에 열린 식과 문장 사이의 차이를 보여주는 또다른 보기가 있다.

$$\forall b{:}\forall c{:}(b+c)=(c+b)$$

물론 위의 식은 덧셈의 교환법칙을 나타내는 문장이다. 이와 달리

$$\forall c{:}(b+c)=(c+b)$$

는 b가 자유변수이기 때문에 열린 식이다. 그것은 지정되지 않은 수 b가 가지거나 가지지 않을 수 있는 속성, 즉 모든 수 c와 교환될 수 있다는 속성을 표현한다.

연습 예문의 번역

이로써 수론의 모든 명제들을 표현할 어휘를 모두 갖추었다! N의 복잡한 명제들을 이 표기법으로 표현할 요령을 터득하려면 그리고 거꾸로 논리식들의 의미를 이해할 요령을 터득하려면 상당한 연습이 필요하다. 이러한 이유에서 처음에 제시한 여섯 개의 예문으로 돌아가서 TNT로 번역해보도록 하자. 그런데 아래의 번역이 유일한 번역이라고 생각하지는 말라. 전혀 그렇지 않다. 개개의 문장을 번역하는 방법이 많이—무한히 많이—있다.

맨 마지막 문장인 "6은 짝수이다"부터 시작해보자. 우리는 이것을 더 원초적

인 개념들을 써서 다음과 같이 바꾸어 표현했다. "2 곱하기 e는 6이 되는 그런 수 e가 있다." 이것은 쉽다 :

$$\exists e:(SS0 \cdot e)=SSSSSS0$$

양화사가 필요함을 주목하라. 다음과 같이 쓰면 안 될 것이다.

$$(SS0 \cdot e)=SSSSSS0$$

물론 이 문자열의 해석은 참도 거짓도 아니다. 그것은 e가 가질 수 있는 속성을 표현할 뿐이다.

곱셈은 교환법칙이 성립하는 것을 알기 때문에, 재미있게도 쉽사리 다음과 같이 썼을지도 모른다.

$$\exists e:(e \cdot SS0)=SSSSSS0$$

또는 같다는 것은 대칭적 관계라는 것을 알기 때문에 등식 양변을 반대 순서로 쓰는 것을 선택했을 수도 있다 :

$$\exists e:SSSSSS0=(SS0 \cdot e)$$

이제 "6은 짝수이다"에 대한 이 세 가지 번역은 완전히 다른 문자열이다. 이것들 중 어느 하나가 정리인지의 여부가 다른 어느 문자열의 정리성 여부와 연계되어 있다는 것은 전혀 명백한 일이 아니다. (이와 비슷하게 --p-q---가 정리였다는 사실이 그것과 "등가[等價]"인 문자열 -p--q---이 정리였다는 사실과 거의 관계가 없었다. 이 등가는 우리의 생각 속에 있다. 왜냐하면 우리는 인간으로서, 식의 구조적인 속성에 대해서가 아니라 거의 자동적으로 해석에 대해서 생각하기 때문이다.)

우리는 문장 (2) "2는 제곱수가 아니다"를 거의 즉시 번역할 수 있다.

$$\sim\exists b{:}(b{\cdot}b){=}SS0$$

그러나, 다시 한번, 우리는 두 가지 의미를 발견한다. 문장 (2)를 다음과 같이 썼다면 어떻게 될까?

$$\forall b{:}\sim(b{\cdot}b){=}SS0$$

첫 번째 방식이 말하는 것은 다음이다 : "b의 제곱이 2인 속성을 가지는 그런 수 b는 존재하지 않는다." 한편 두 번째 방식은 "모든 수 b에 대하여, b의 제곱이 2인 경우는 없다"이다. 다시 한번, **우리에게는** 이 둘이 개념적으로 등가이지만— TNT에게는 구분되는 문자열들이다.

문장 (3)으로 가보자 : "1729는 두 개의 세제곱수의 합이다." 이 문장은 다음과 같이 차례대로 있는 두 개의 존재양화사(existential quantifier)를 포함할 것이다:

$$\exists b{:}\exists c{:}\underbrace{SSSSSS\cdots\cdots SSSSS0}_{\text{1729개}}{=}(((b{\cdot}b){\cdot}b){+}((c{\cdot}c){\cdot}c))$$

이것을 대체하는 식은 많다. 양화사의 배열 순서를 뒤집기, 등식의 양변을 바꾸기, 변수들을 d와 e로 바꾸기, 덧셈 순서를 바꾸기, 곱셈을 다르게 표현하기 등. 그러나 나는 다음 두 번역을 선호한다 :

$$\exists b{:}\exists c{:}((((SSSSSSSSSSS0{\cdot}SSSSSSSSS0){\cdot}SSSSSSSSS0){+}$$
$$((SSSSSSSSS0{\cdot}SSSSSSSSS0){\cdot}SSSSSSSSS0)){=}(((b{\cdot}b)b){+}((c{\cdot}c){\cdot}c))$$

그리고

$$\exists b{:}\exists c{:}((((SSSSSSSSSSSS0{\cdot}SSSSSSSSSSSS0){\cdot}SSSSSSSSSSSS0){+}$$
$$((S0{\cdot}S0){\cdot}S0)){=}(((b{\cdot}b){\cdot}b){+}((c{\cdot}c){\cdot}c))$$

그 이유를 알겠는가?

작업 요령

이제 관련된 문장 (4)를 다루어보자 : "두 개의 양의 세제곱수의 합 그 자체는 세제곱수가 아니다." 그냥 7은 두 개의 양의 세제곱수의 합이 아니라고 말하고 싶었다고 하자. 이것을 번역하는 가장 간단한 방법은 7은 두 개의 양의 세제곱수의 합이다라고 주장하는 식을 **부정하는** 것이다. 이것은 바로 1729에 대한 앞의 문장과 같을 것이다. 다만 세제곱수들이 양수이어야 한다는 조건을 충족시키고 두 세제곱수를 더해야 한다. 우리는 다음과 같이 변수 앞에 기호 S를 붙이는 요령으로 이 일을 할 수 있다.

$$\exists b:\exists c:SSSSSSS0=(((Sb{\cdot}Sb){\cdot}Sb)+((Sc{\cdot}Sc){\cdot}Sc))$$

우리는 b와 c를 세제곱하는 것이 아니라, b나 c가 취할 수 있는 최소값은 0이기 때문에, 양수임에 틀림없는 후속수들을 세제곱한다. 따라서 우변은 두 개의 양수인 세제곱수의 합을 나타낸다. 그런데 "……인 그러한 수 b와 c가 존재한다"는 문구는 번역했을 때 '그리고(와)'를 나타내는 기호 '∧'를 포함하지 않는다는 것을 유의하라. 그 기호는 두 개의 적격 문자열 전체를 연결하는 데에 쓰이지, 두 개의 양화사를 연결하는 데에 쓰이지는 않는다.

  이제 "7은 두 개의 양의 세제곱수의 합이다"를 번역했는데, 그것을 부정하고자 한다. 그것은 전체 앞에 틸드(~) 하나만 붙이면 된다(참고 : 원하는 문구가 "……인 그러한 수 b와 c는 없다"이지만, 각각의 양화사를 따로 부정하면 **안된다**). 이렇게 해서 다음을 얻는다.

$$\sim\exists b:\exists c:SSSSSSS0=(((Sb{\cdot}Sb){\cdot}Sb)+((Sc{\cdot}Sc){\cdot}Sc))$$

우리의 원래 목표는 7에 대해서가 아니라, 모든 세제곱수에 대해서 이 속성을 주장하는 것이었다. 따라서 수사 SSSSSSS0을 "세제곱한 a"에 대한 번역인 문자열 ((a·a)·a)로 대체해보자.

$$\sim\exists b:\exists c:((a{\cdot}a){\cdot}a)=(((Sb{\cdot}Sb){\cdot}Sb)+((Sc{\cdot}Sc){\cdot}Sc))$$

이 단계에서, 아직 **a**가 자유변수이기 때문에, 우리가 가진 것은 **열린** 식이다. 이 식은 수 **a**가 가지고 있거나 가지고 있지 않을 속성을 표현한다. 우리의 목적은 모든 수들이 그 속성을 가진다는 것을 주장하는 것이다. 그것은 간단하다. 전체 앞에 전칭양화사(universal quantifier)를 붙여라.

$$\forall a{:}{\sim}\exists b{:}\exists c{:}((a{\cdot}a){\cdot}a){=}(((Sb{\cdot}Sb){\cdot}Sb){+}((Sc{\cdot}Sc){\cdot}Sc))$$

다음과 같이 번역해도 좋다.

$$\sim\exists a{:}\exists b{:}\exists c{:}((a{\cdot}a){\cdot}a){=}(((Sb{\cdot}Sb){\cdot}Sb){+}((Sc{\cdot}Sc){\cdot}Sc))$$

간소한 TNT에서는 **b** 대신에 **a'**을, **c** 대신에 **a''**을 쓸 수 있는데, 그렇게 하면 다음과 같이 된다.

$$\sim\exists a{:}\exists a'{:}\exists a''{:}((a{\cdot}a){\cdot}a){=}(((Sa'{\cdot}Sa'){\cdot}Sa'){+}((Sa''{\cdot}Sa''){\cdot}Sa''))$$

"5는 소수이다"라는 문장 (1)은 어떤가? 우리는 다음과 같이 바꾸어 표현했다: "**a**와 **b**를 1보다 큰 수라 하면, **a** 곱하기 **b**가 5가 되는 그런 수 **a**, **b**는 없다." 우리는 그것을 다음과 같이 조금 고칠 수 있다 : "(**a** 더하기 2) 곱하기 (**b** 더하기 2)가 5가 되는 그런 수 **a**와 **b**는 없다." 이것은 또다른 묘책이다—왜냐하면 **a**와 **b**는 자연수의 값으로 한정되어 있기 때문에, 이것은 앞서의 것과 같은 내용을 말하는 적절한 방법이다. 이제 "**b** 더하기 2"는 (**b**+SS0)으로 번역할 수 있지만, 더 간략한 표기방식이 있다—즉 SS**b**이다. 마찬가지로 "**c**더하기 2"는 SS**c**로 쓸 수 있다. 이제 우리의 번역은 아주 간결하다.

$$\sim\exists b{:}\exists c{:}SSSSS0{=}(SSb{\cdot}SSc)$$

맨 앞의 '~'부호가 없다면 그것은 2를 더한 다음 곱하면 5가 되는 두 개의 자연수가 존재한다는 주장이다. 맨 앞에 ~를 붙임으로써 진술 전체가 부정되고 5는 소수라는 주장으로 귀결된다.

5가 아니라 **d** 더하기 **e** 더하기 1이 소수라고 주장하려 한다면, 가장 경제적인 방법은 수사 5를 문자열 (d+Se)로 대체하는 것이다.

$$\sim\exists b:\exists c:(d+Se)=(SSb\cdot SSc)$$

이것은 다시 한번 열린 식, 즉 그 해석이 참도 거짓도 아닌 그저 두 개의 불특정한 수 **d**와 **e**에 대한 주장이다. 우리가 **d**에 불특정하지만 분명히 양수를 더했기 때문에, 문자열 (d+Se)로 표현되는 수는 반드시 **d**보다 크다는 것을 주목하라. 따라서 우리가 변수 **e**에 존재양화사를 적용하면, 다음을 주장하는 식을 얻게 된다.

d보다 크고 동시에 소수인 그런 수가 존재한다.

$$\exists e:\sim\exists b:\exists c:(d+Se)=(SSb\cdot SSc)$$

이제 우리에게 남은 일은, **d**가 어떤 수인가에 관계없이 이 속성을 실제로 가진다는 것을 주장하는 것이다. 이것은 변수 **d**에 전칭양화사를 적용하면 얻을 수 있다.

$$\forall d:\exists e:\sim\exists b:\exists c:(d+Se)=(SSb\cdot SSc)$$

이것은 곧 문장 (5)의 번역이다!

독자를 위한 번역 퍼즐

이것으로 여섯 개의 전형적인 수론 문장의 번역 연습을 모두 완료했다. 그러나 이 번역 연습이 독자를 TNT 표기법의 전문가로 만드는 것은 아니다. 아직도 터득해야 할 까다로운 문제들이 있다. 다음 여섯 개의 논리식은 독자의 TNT 표기법에 대한 이해도를 시험하기 위한 것이다. 그 논리식들은 무엇을 의미하는가? 그것들 중의 어느 것이 참이고(물론 해석하고 나서), 어느 것이 거짓인가(힌트 : 이 연습 문제를 공략하는 방법은 왼쪽으로 진행하는 것이다. 먼저 원자를 번역하고 나서, 다음에는 양화사나 틸드를 붙이면 어떻게 되는지 이해한다. 그러고 나서 왼쪽으로 이동해 다른 양화사나 틸드를 붙인다. 다음에 다시 왼쪽으로 이동하고 같은 일을 반복한다)?

$$\sim\forall c{:}\exists b{:}(SS0{\cdot}b){=}c$$
$$\forall c{:}\sim\exists b{:}(SS0{\cdot}b){=}c$$
$$\forall c{:}\exists b{:}\sim(SS0{\cdot}b){=}c$$
$$\sim\exists b{:}\forall c{:}(SS0{\cdot}b){=}c$$
$$\exists b{:}\sim\forall c{:}(SS0{\cdot}b){=}c$$
$$\exists b{:}\forall c{:}\sim(SS0{\cdot}b){=}c$$

(두 번째 힌트 : 이 중 네 개가 참이고 두 개가 거짓이거나 네 개가 거짓이고 두 개가 참이다.)

참과 거짓을 어떻게 구별하는가?

이 시점에서 잠시 멈추어 숨을 가다듬고 거짓 명제들로부터 참 명제들을 걸러낼 수 있는 형식체계를 가진다는 것이 무엇을 의미하는지 생각해보는 것도 가치 있는 일이다. 이 체계는—우리에게 명제로 보이는—이 모든 문자열을 형식은 있지만 내용은 없는 설계로 취급할 것이다. 그리고 이 체계는 아주 특별한 스타일인 "참의 스타일"을 가지는 설계들만이 통과할 수 있는 체와 같을 것이다. 독자가 앞의 여섯 개의 식을 살펴보고 그 의미를 생각해서 참과 거짓을 구별했다면, 독자는 같은 일을 활자형으로 할 수 있는 체계가 가져야만 하는 섬세함을 이해할 수 있을 것이다! 참 명제들을 거짓 명제들의 집합들(TNT-표기법으로 쓰여진 것들)로부터 구별하는 경계선은 결코 직선이 아니다. 그것은 예측하기 어려운 굴곡(그림 18 참조)이 많이 있는 경계선이며, 수 세기에 걸쳐 많은 수학자들이 여기저기 부분적으로 직선을 그려넣은 경계선이다. 그러니 생각해보라. 어떤 식이라도 이 경계선의 어느 편에 속하는지 확실하게 판정하는 활자형 방법이 있다면 얼마나 대단한 일일지 말이다.

논리식의 구성규칙

논리식을 구성하기 위한 규칙표가 있으면 편리하다. 아래에 이것을 제시했다. 수사, 변수, 및 항을 정의하는 몇 가지 예비단계가 있다. 문자열의 이 세 부류는 논리식의 성분이기는 하지만, 그 자체는 논리식이 아니다. 가장 작은 논리식은 원자이다. 그리고 원자들을 복합하는 방법들이 있다. 이것들 중 많은 규칙이 재귀적인 연장규칙이다. 그 규칙들은 임의의 부류의 항목을 입력으로 받아 같은 부류의 좀더 긴 항목을 생성한다. 나는 이 표에서 논리식을 나타내는 데에 'x'와 'y'를, 다른 종류의 TNT-문자열들을 나타내는 데는 's'와 't' 그리고 'u'를 사용한다. 말할 필요도 없이, 이 다섯 개의 기호 자체는 어느 것도 TNT의 기호가 아니다.

수사

0은 수사이다,

수사 앞에 S를 붙인 것도 수사이다.

보기 : 0 S0 SS0 SSS0 SSSS0 SSSSS0

변수

a는 변수이다. 간소하지 않다면 b, c, d 그리고 e도 변수이다.

변수에 프라임을 붙인 것도 변수이다.

보기 : a b′ c″ d‴ e⁗

항

모든 수사와 변수는 항이다.

항 앞에 S를 붙인 것도 항이다.

s와 t가 항이라면, $(s+t)$와 $(s \cdot t)$도 항이다.

보기 : 0 b SSa′ (S0·(SS0+c)) S(Sa·(Sb·Sc))

항은 두 범주로 나뉠 수 있다.

    (1) **정항**(定項) : 이것들은 변수를 포함하지 않는다.

      보기 : 0 (S0+S0) SS((SS0·SS0)+(S0·S0))

    (2) **부정항**(不定項) : 이것들은 변수들을 포함한다.

보기 : b   Sa   (b+S0)   (((S0+S0)+S0)+e)

위의 규칙들은 논리식의 **일부분**을 만드는 방법을 알려준다. 아래의 나머지 규칙들은 논리식을 어떻게 **완성하는지**를 보여준다.

원자

s와 t가 항이라면, $s=t$는 원자이다.

보기 : S0=0   (SS0+SS0)=SSSS0   S(b+c)=((c•d)•e)

원자가 변수 u를 포함한다면, u는 원자 안에서 **자유롭다**. 바로 앞의 보기에는 자유변수가 네 개 있다.

부정

논리식 앞에 틸드(~)가 붙은 것도 논리식이다.

보기 : ~S0=0   ~∃b:(b+b)=S0   ~<0=0⊃S0=0>   ~b=S0

변수의 **양화** 상태(그것은 변수가 자유로운지, 양화되었는지를 말해준다)는 부정을 해도 변하지 않는다.

복합

x와 y가 논리식이고, 둘 중 한 논리식에서 자유로운 변수가 다른 논리식에서 양화되지 않았다면, 다음 문자열들은 논리식이다 :

$<x∧y>$, $<x∨y>$, $<x⊃y>$

보기 : <0=0∧~0=0>   <b=b∨~∃c:c=b>

<S0=0⊃∀c:~∃b:(b+b)=c>

한 변수의 양화상태는 여기에서 바뀌지 않는다.

양화

u가 변수이고, x가 u를 자유변수로 가진 논리식이면, 다음의 문자열들은 논리식이다 :

∃u:x 와 ∀u:x

보기 : ∀b:<b=b∨~∃c:c=b>   ∀c:~∃b:(b+b)=c   ~∃c:Sc=d

열린 식들은 자유변수가 적어도 하나 있다.
보기 : ~c=c   b=b   <∀b:b=b∧~c=c>

닫힌 식들(문장들)은 자유변수가 없다.
보기 : S0=0   ~∀d:d=0   ∃c:<∀b:b=b∧~c=c>

이로써 TNT의 논리식을 구성하기 위한 규칙표를 완성했다.

몇 개의 추가적인 번역 연습문제

이제 독자가 TNT의 표기법을 얼마나 이해하고 있는지를 시험할 수 있는 연습문제를 몇 개 제시하겠다. 독자는 아래의 수론 문장 중에서 앞부분 네 개를 TNT-문장으로 번역하고, 마지막 문장은 열린 논리식으로 번역해보라.

모든 자연수는 4와 같다.
자기 자신의 제곱과 같은 자연수는 없다.
상이한 자연수들은 상이한 후속수를 가진다.
1이 0과 같다면, 모든 수는 홀수이다.
b는 2의 거듭제곱이다.

마지막 문장은 좀 까다로울지 모른다. 그러나 다음의 문장과 비교하면 아무것도 아니다.

b는 10의 거듭제곱이다.

이상하게도, 이 명제를 TNT로 번역하려면 머리를 아주 많이 써야 한다. 그래서 독자가 이 문제에 몇 시간이고 매달릴 각오가 되어 있고, 수론에 대한 지식이 꽤 있을 경우에만 해볼 것을 권한다.

비활자형 체계

이것으로 TNT의 표기법에 대한 설명을 끝맺는다. 그러나 TNT를 우리가 기술한 야심적인 체계로 만들려는 문제는 여전히 남아 있다. 우리가 그 일에 성공한다면, 다양한 기호들에 부여한 해석이 정당화될 것이다. 그러나 그것을 해내기 전까지는, 이 특정한 해석들이 pq-체계의 기호들에 대해서 "말-사과-행복한"이라는 해석이 정당화되는 그 이상으로 정당화되지는 않는다.

누군가가 TNT를 다음과 같은 방식으로 구축할 것을 제안할지도 모른다 : (1) 어떤 추론규칙도 필요 없다. 왜냐하면 (2) 그것은 우리가 수론의 모든 참인 명제들(TNT-표기법으로 쓰인)을 공리로 채택하기 때문이다. 얼마나 간단한 처방인가! 불행하게도 그것은 즉각적인 긍정적 반응만큼이나 공허하다. 물론 (2)는 문자열에 대한 활자형 기술이 아니다. TNT의 목적은 참인 문자열들을 활자형으로 규정하는 것이 가능한지 그리고 어떻게 가능한지를 밝혀내는 것이다.

TNT의 다섯 개의 공리와 최초의 규칙들

따라서 앞의 제안보다 더 어려운 길을 택할 것이다. 우리는 공리와 추론규칙을 가질 것이다. 먼저, 앞 장에서 약속한대로, **명제계산의 모든 규칙**을 TNT에 도입한다. 따라서 TNT의 정리 하나는 다음과 같을 것이다.

$$\langle S0{=}0 \vee {\sim}S0{=}0 \rangle$$

이것은 <P∨~P>를 도출한 것과 같은 방식으로 도출할 수 있다.

규칙을 더 제시하기 전에, TNT의 **공리 다섯 개**를 제시해보자 :

공리 (1) : $\forall a{:}{\sim}Sa{=}0$

공리 (2) : $\forall a{:}(a{+}0){=}a$

공리 (3) : $\forall a{:}\forall b{:}(a{+}Sb){=}S(a{+}b)$

공리 (4) : $\forall a{:}(a{\bullet}0){=}0$

공리 (5) : $\forall a{:}\forall b{:}(a{\bullet}Sb){=}((a{\bullet}b){+}a)$

(간소한 버전에서는 b 대신에 a'를 써라.) 이것들 모두 아주 간단히 이해할 수 있다. 공리 (1)은 수 0에 대한 특별한 사실을 진술한다. 공리 (2)와 (3)은 덧셈의 성질과 관계가 있다. 공리 (4)와 (5)는 곱셈의 성질, 특히 더하기와의 연관성과 관계가 있다.

페아노의 다섯 개의 공준

한편, "0은 그 어떤 자연수의 다음수도 아니다"라는 공리 (1)의 해석은 논리학자이자 수학자인 주세페 페아노가 1889년에 최초로 명료하게 인식했던 자연수의 유명한 다섯 개의 속성들 중의 하나이다. 페아노는 자신의 공준을 기획하는 데에 다음 방식으로 유클리드를 따랐다. 그는 추론의 원리들을 형식화하지는 않았다. 그러나 자연수의 속성을 몇 개 제시해 그것으로부터 추론을 통해서 다른 모든 것들을 도출할 수 있도록 했다. 따라서 페아노의 시도는 "준–형식적"이라고 생각할 수 있을 것이다. 페아노의 업적은 중요한 영향을 끼쳤기 때문에, 그의 공준 다섯 개를 보여주는 것이 좋을 것이다. "자연수"에 대한 개념은 페아노가 정의하려고 했던 것이기 때문에, 우리는 함축된 의미를 가지고 있는 "자연수"라는 친숙한 용어를 쓰지 않겠다. 우리는 그 용어를 무정의 용어 요정(djinn)으로 대체하겠다. 요정은 신선하고, 우리의 마음에 함축된 의미를 불러일으키지 않는다. 그러면 페아노의 다섯 개의 공준은 요정에게 다섯 개의 제한을 부과한다. 거기에다 두 개의 무정의 용어 지니(Genie)와 메타(meta)가 있다. 나는 독자 스스로 이들 각각이 어떤 통상적인 개념을 나타내기로 되어 있는지 알아내도록 맡기겠다. 다섯 개의 페아노 공준(Peano postulate)은 다음과 같다.

(1) 지니는 요정이다.
(2) 모든 요정은 메타를 가진다(메타 또한 요정이다).
(3) 지니는 그 어떤 요정의 메타도 아니다.
(4) 상이한 요정들은 상이한 메타들을 가진다.
(5) 지니가 X를 가지고 있고 그리고 각 요정이 그의 메타에 X를 전달한다면, 모든 요정들을 X를 가진다.

"작은 화성의 미로"에 나오는 램프의 관점에서 보면, 우리는 **모든** 요정의 집합을 "GOD"라고 부를 수 있을 것이다. 이것은 게오르크 칸토어의 최대의 적이었던 독일의 수학자이자 논리학자인 레오폴트 크로네커가 남긴 유명한 말을 생각나게 한다. "신(GOD)이 자연수를 만들었다. 나머지는 다 인간이 만든 것이다."

독자는 페아노의 제5공준을 수학적인 귀납의 원리—유전론의 논거에 대한 또 다른 용어—로 인식할 것이다. 페아노는 "지니", "요정" 그리고 "메타"라는 개념에 대한 다섯 개의 제한이 아주 강력해서, 두 사람이 마음속에 그 개념에 대한 이미지들을 형성하면, 두 이미지가 완전히 **동형태**의 **구조**를 가지기를 바랐다. 예를 들면, 모든 사람이 가지는 이미지는 무한한 수의 상이한 지니들을 포함할 것이다. 그리고 모든 사람이 그 어떤 요정도 그 요정의 메타 또는 메타의 메타와 같지 않는다는 데에 동의할 것이다.

페아노는 그의 다섯 개의 공준으로 자연수의 본질을 정확히 밝혀냈기를 바랐다. 수학자들은 대체로 그가 성공했다고 인정한다. 그러나 그것이 "자연수에 대한 참 명제와 거짓 명제를 어떻게 구별할 수 있는가?"라는 문제의 중요성을 감소시키지는 않는다. 그래서 이 문제에 답하기 위하여 수학자들은 TNT와 같은 완전히 형식적인 체계로 돌아섰다. 그러나 독자는 TNT에서 페아노의 영향을 볼 것이다. 왜냐하면 그의 공준이 모두 이런저런 방식으로 TNT에 통합되었기 때문이다.

TNT의 새로운 규칙들 : 특수화와 일반화

이제 TNT의 새로운 규칙들에 대해서 알아보자. 그 규칙들 중 상당수는, TNT 원자들의 내부 구조로 들어가고 그것들을 변경하도록 해준다. 그런 의미에서 그것들은 원자를 분할 불가능한 단위로서 다루는 명제계산의 규칙들에 비해, 문자열의 보다 더 "미시적인" 속성들을 다룬다. 예를 들면, 우리가 공리 (1)로부터 문자열 ~S0=0을 추출해낼 수 있으면 좋을 것이다. 이를 위해서 전칭양화사를 삭제하고, 동시에 우리가 원할 경우 남아 있는 문자열의 내부구조를 변경하도록 하는 규칙이 필요할 것이다. 여기 그런 규칙이 있다.

특수화 규칙 : 문자열 x가 변수 u를 포함한다고 가정하자. 문자열 $\forall u{:}x$가 정리라면 x도 정리이고, x에 있는 모든 u를 같은 항으로 대체해서 만든 어떤 문자열이든 또

한 정리이다.

(제한 : u를 대체하는 항은 x 안에 있는 어떤 양화된 변수도 포함해서는 안 된다.)

특수화 규칙은 공리 (1)로부터 원하는 문자열을 추출하도록 한다. 그것은 한 단계로 된 도출이다.

$$\forall a{:}{\sim}Sa{=}0 \qquad 공리\ (1)$$
$$\sim Sa{=}0 \qquad 특수화$$

특수화 규칙은 자유변수를 포함하는 어떤 식들(즉 열린 식들)이 정리가 되도록 한다는 것을 주목하라. 예를 들면, 다음의 문자열들 또한 특수화 규칙에 따라 공리 (1)로부터 도출할 수 있다.

$$\sim Sa{=}0$$
$$\sim S(c{+}SS0){=}0$$

또다른 규칙인 **일반화 규칙**(rule of generalization)이 있다. 이 규칙은 특수화 규칙을 적용한 결과 자유로워진 변수들을 포함하는 정리에 다시 전칭양화사를 붙이도록 한다. 위의 두 번째 문자열에 적용하면, 일반화 규칙은 다음을 생성한다.

$$\forall c{:}{\sim}S(c{+}SS0){=}0$$

일반화는 특수화의 작용을 원상태로 돌리고, 그 역도 성립한다. 통상적으로, 일반화는 여러 중간 단계들이 열린 식을 다양한 방식으로 변형한 다음에 적용된다. 그 규칙을 정확히 표현하면 다음과 같다.

일반화 규칙 : x가 정리이고 그 안에 u라는 자유변수가 있다고 하자. 그러면 $\forall u{:}x$는 정리이다.

(제한 : 공상에서는 공상의 전제에서 자유변수로 나타나 있는 그 어떤 변수에 대해서도 일반화가 허용되지 않는다.)

이 두 규칙에 대한 제한의 필요성은 곧 구체적으로 보여줄 것이다. 이 일반화는 제2장에 있는 소수의 무한성에 대한 유클리드의 증명에서 언급한 일반화와 같다. 우리는 이미 기호-조작 규칙들이 수학자들이 사용하는 종류의 추론과 어떻게 비슷해져가기 시작하는지 볼 수 있다.

존재양화사

앞서의 두 규칙은 전칭양화사를 떼어내고 다시 붙이는 방법을 알려주었다. 다음의 두 규칙은 존재양화사를 다루는 방법을 알려준다.

교환규칙 : u가 변수라고 가정하자. 그러면 문자열 $\forall u:$ ~와 ~$\exists u:$ 는 어떤 정리의 어디에서든 맞바꿀 수 있다.

예를 들면, 공리 (1)에 이 규칙을 적용해보자.

$$\forall a:\mathord{\sim}Sa{=}0 \qquad \text{공리(1)}$$
$$\mathord{\sim}\exists a:Sa{=}0 \qquad \text{교환}$$

그런데 독자는 이 두 문자열이 "0은 그 어떤 자연수의 다음수도 아니다"라는 문장을 완전히 자연스럽게 TNT로 번역한 것임을 알아차렸을 것이다. 따라서 이 두 문자열들이 쉽게 서로의 문자열로 바뀔 수 있다는 것은 좋은 일이다.

그 다음 규칙은 오히려 더 직관적이다. 그것은 우리가 "2는 소수이다"에서 "소수가 존재한다"로 나갈 때 하는 아주 간단한 종류의 추론에 상응한다. 이 규칙의 이름은 자신을 잘 설명하고 있다.

존재규칙 : 한 항(자유변수를 포함할 수도 있는)이 정리 안에서 한 번 또는 그 이상 나타난다고 해보자. 그러면 어떤 항(또는 몇몇 또는 모든 항)이든 그 정리에 없는 변수로 대체될 수 있고 그것에 대응하는 존재양화사를 앞에 두어야 한다.

이 규칙을 여느 때처럼 공리 (1)에 적용해보자.

$$\forall a{:}{\sim}Sa{=}0 \qquad 공리 (1)$$

$$\exists b{:}\forall a{:}{\sim}Sa{=}b \qquad 존재규칙$$

이제 독자는 지금까지 제시된 규칙들에 따라서 기호들을 조작해 다음 정리를 생성해보라 : ${\sim}\forall b{:}\exists a{:}Sa{=}b$

등호와 다음수를 위한 규칙들

양화사를 조작하는 규칙들은 설명했는데, '='와 'S'에 대한 규칙들은 아직 설명하지 않았다. 이제 그 규칙들에 대해서 설명해보겠다. 이어지는 설명에서 r, s, t는 임의의 항을 나타낸다.

등호규칙

대칭성 : $r{=}s$가 정리이면, $s{=}r$도 정리이다.

이행성(移行性) : $r{=}s$와 $s{=}t$가 정리이면, $r{=}t$도 정리이다.

다음규칙

S 첨가 : $r{=}t$가 정리이면, $Sr{=}St$도 정리이다.

S 삭제 : $Sr{=}St$가 정리이면, $r{=}t$도 정리이다.

우리는 이제 정리들을 환상적으로 다양하게 생성할 수 있도록 해주는 규칙들을 갖추었다. 예를 들면, 다음 도출은 매우 기본적인 정리들을 생성한다.

(1) $\forall a{:}\forall b{:}(a{+}Sb){=}S(a{+}b)$ 공리 (3)

(2) $\forall b{:}(S0{+}Sb){=}S(S0{+}b)$ 특수화(a를 S0으로)

(3) $(S0{+}S0){=}S(S0{+}0)$ 특수화(b를 0으로)

(4) $\forall a{:}(a{+}0){=}a$ 공리 (2)

(5) $(S0{+}0){=}S0$ 특수화(a를 S0으로)

(6) $S(S0{+}0){=}SS0$ 첨가

(7) $(S0{+}S0){=}SS0$ 이행성(3, 6번 줄)

$$* * * * *$$

(1) $\forall a:\forall b:(a \cdot Sb)=((a \cdot b)+a)$	공리 (5)
(2) $\forall b:(S0 \cdot Sb)=((S0 \cdot b)+S0)$	특수화(a를 S0으로)
(3) $(S0 \cdot S0)=((S0 \cdot 0)+S0)$	특수화(b를 0으로)
(4) $\forall a:\forall b:(a+Sb)=S(a+b)$	공리 (3)
(5) $\forall b:((S0 \cdot 0)+Sb)=S((S0 \cdot 0)+b)$	특수화(a를 (S0 $\cdot$ 0)으로)
(6) $((S0 \cdot 0)+S0)=S((S0 \cdot 0)+0)$	특수화(b를 0으로)
(7) $\forall a:(a+0)=a$	공리 (2)
(8) $((S0 \cdot 0)+0)=(S0 \cdot 0)$	특수화(a를 (S0 $\cdot$ 0)으로)
(9) $\forall a:(a \cdot 0)=0$	공리 (4)
(10) $(S0 \cdot 0)=0$	특수화(a를 S0으로)
(11) $((S0 \cdot 0)+0)=0$	이행성 (8, 10번 줄)
(12) $S((S0 \cdot 0)+0)=S0$	S 첨가
(13) $((S0 \cdot 0)+S0)=S0$	이행성(6, 12번 줄)
(14) $(S0 \cdot S0)=S0$	이행성(3, 13번줄)

불법적 지름길

이제 여기에 재미있는 질문이 하나 있다. "어떻게 문자열 0=0을 도출할 수 있을까?" 가장 확실한 길은 먼저 문자열 $\forall a:a=a$를 도출하고 나서 특수화 규칙을 적용하는 것으로 보인다. 그러면 다음과 같은 $\forall a:a=a$의 "도출"은 어떤가? 무엇이 잘못되었나? 잘못을 고칠 수 있나?

(1) $\forall a:(a+0)=a$	공리 (2)
(2) $\forall a:a=(a+0)$	대칭성
(3) $\forall a:a=a$	이행성(2, 1번 줄)

나는 한 가지 간단한 사실을 지적하려고 이 미니-연습문제를 제시했다 : 우리에게 익숙한 기호들(예를 들면 '=')을 조작할 때, 너무 성급하게 도약해서는 안 된다. 우리는 규칙들을 준수해야하며 기호의 수동적인 의미에 대한 우리의 지식을

따라서는 안 된다. 물론 이런 종류의 지식은 도출하는 길을 안내할 때에는 매우
소중한 것이다.

특수화와 일반화는 어째서 제한되어 있는가?

이제 어째서 특수화와 일반화에 불가피한 제한이 있는지 알아보자. 아래 두 개
의 도출이 있다. 각 도출에서 제한 중 하나가 위반되었다. 그렇게 해서 생기는
파국적인 결과들을 보라.

(1) [	푸시
(2) a=0	전제
(3) ∀a:a=0	일반화(오류!)
(4) Sa=0	특수화
(5)]	팝
(6) <a=0⊃Sa=0>	공상규칙
(7) ∀a:<a=0⊃S0=0>	일반화
(8) <0=0⊃Sa=0>	특수화
(9) 0=0	앞의 정리
(10) S0=0	절단(9, 8번 줄)

이것이 최초의 파국이다. 두 번째 파국은 특수화 규칙을 잘못 적용한 결과
이다.

(1) ∀a:a=a	앞의 정리
(2) Sa=Sa	특수화
(3) ∃b:b=Sa	존재
(4) ∀a:∃b:b=Sa	일반화
(5) ∃b:b=Sb	특수화(오류!)

이제는 그 제한 조건들이 왜 필요한지 알 수 있다.

간단한 퍼즐이 하나 있다 : 페아노의 네 번째 공준을 TNT의 표기법으로 번역하고(아직 안 했다면), 그 문자열을 정리로서 도출하라.

무엇인가 빠졌다

지금까지 설명한 TNT의 규칙들과 공리들을 가지고 잠깐 실험해보면, 아래와 같은 **피라미드 가족** 정리들(pyramidal family of theorems)을 생성할 수 있다는 것을 알게 될 것이다(이것은 수사 0, S0, SS0 등 재료만 다를 뿐 모두 같은 틀로 찍어낸 문자열들이다).

$$(0+0)=0$$
$$(0+S0)=S0$$
$$(0+SS0)=SS0$$
$$(0+SSS0)=SSS0$$
$$(0+SSSS0)=SSSS0$$

등

사실 이 가족의 각 정리는 바로 앞의 정리로부터 단 몇 줄로 도출할 수 있다. 따라서 이것은 일종의 정리들의 "계단 폭포"로, 각 정리가 그 다음 정리를 유발시킨다(이 정리들은 가운데와 오른쪽의 하이픈 그룹이 동시에 성장하는 pq-정리들을 생각나게 한다).

이제 이 모든 정리들의 수동적인 의미를 요약하는, 쉽게 적을 수 있는 문자열이 있다. 전칭양화사로 처리된 **요약 문자열**(summarizing string)은 다음과 같다.

$$\forall a:(0+a)=a$$

그러나 지금까지 제시된 규칙들만으로는 이 문자열을 만들 수 없다. 믿을 수 없다면 독자가 직접 한번 만들어보라.

독자는 우리가 이 상황을 아래의 규칙으로 즉시 개선해야 한다고 생각할 것이다 :

(제안된) **전체규칙** : 피라미드 가족의 모든 문자열들이 정리라면, 그 정리들을 요약하는 전칭양화사로 처리된 문자열도 정리이다.

이 규칙의 문제점은 이것을 기계-방식에서는 사용할 수 없다는 것이다. 그 체계에 대해서 생각하고 있는 사람들만이 문자열의 무한집합이 모두 정리라는 것을 알 수 있다. 따라서 이 규칙은 그 어떤 형식체계에도 도입할 수 없다.

ω-불완전 체계들과 결정 불가능한 문자열

그래서 우리는 이상한 상황에 처해 있다는 것을 알았다. 이 상황에서는 특정수의 덧셈에 대한 정리들을 활자형으로 생성할 수 있지만, 덧셈의 속성을 일반적으로 표현하는 위와 같은 간단한 문자열조차도 정리가 아니다. 독자는, 우리가 pq-체계에서 그것과 똑같은 입장에 처했기 때문에, 그것이 전혀 이상하지 않다고 생각할 수도 있다. 그러나 pq-체계는 자신이 무엇을 할 수 있어야만 한다는 자기주장은 없다. 그리고 사실 자신의 기호로 덧셈에 대한 일반적인 명제들을 증명하는 것은 고사하고 **표현할** 방법이 없다. 간단히 말하면 pq-체계에는 도구가 없다. 그래서 그 체계가 결함이 있다는 생각조차 들지 않았다. 그러나 TNT는 표현 능력이 훨씬 강해서, 우리는 pq-체계에 대해서보다는 TNT에 대해서 그에 걸맞는 더 높은 기대를 하고 있다. 앞의 문자열이 정리가 아니라면 우리는 TNT가 결함이 있다고 간주할 합당한 근거를 가지게 될 것이다. 사실 이런 종류의 결함을 가지는 체계들을 부르는 이름이 있다—우리는 그것들을 ω-**불완전** (ω-incomplete)이라고 한다(접두어 'ω'—'오메가'—는 자연수 전체를 때로는 'ω'로 표기한다는 사실에서 나온다). 정확한 정의는 다음과 같다.

한 피라미드 가족의 모든 문자열들이 정리이지만, 전칭양화사가 붙은 요약 문자열이 정리가 아닐 경우, 체계는 ω-불완전이다.

특히 위의 요약 문자열의 부정—

$$\sim\forall a{:}(0{+}a)=a$$

—도 또한 TNT의 정리가 아니다. 이것은 원래의 문자열이 체계 안에서 결정 불가능하다는 것을 의미한다. 이 둘 중 어느 한 문자열이 정리라면, 우리는 그것이 결정 가능하다고 말할 것이다. 비록 그것이 마치 신비한 용어처럼 들릴지 모르지만 주어진 체계 안에서의 결정 불가능성(undecidability)에는 신비스러운 것이 전혀 없다. 그것은 단지 그 체계가 확장될 수 있다는 신호일 뿐이다. 예를 들면, 절대 기하학 안에서 유클리드의 다섯 번째 공준은 결정 불가능하다. 유클리드 기하학을 얻으려면 절대 기하학에 다섯 번째 공준(평행선 공준)을 추가해야 한다. 또는 반대로 비유클리드 기하학을 얻으려면 평행선 공준의 부정을 추가해야 한다. 기하학을 다시 떠올린다면, 어째서 이런 이상한 일이 생기는지 기억이 날 것이다. 절대 기하학의 네 공준은 "점"과 "직선"이라는 용어의 의미를 확실하게 붙들고 있지 않기 때문이다. 그 결과 그 개념을 다르게 확장할 여지가 남는 것이다. 유클리드 기하학에서 점과 직선은 "점"과 "직선"이라는 개념들에 대한 한 가지 종류의 확장을 제공하며, 비유클리드 기하학의 점과 직선은 또다른 종류의 확장을 제공한다. 그러나 이미 우리의 마음속에 어떤 뜻을 가지고 있는 "점"과 "직선"을 쓴 것이 2,000년 동안이나 사람들로 하여금 이 낱말들이 필연적으로 한 가지 뜻을 가지고 있고, 한 가지 뜻만을 나타낼 수 있다고 믿게 만들었다.

비유클리드 TNT

이제 TNT와 관련해 비슷한 상황에 직면했다. 우리는 어떤 점에서 편견을 가지게 하는 표기법을 채택했다. 예를 들면, '+' 기호의 사용은 더하기 기호를 포함하는 모든 정리가 우리가 "더하기"라고 부르는, 알려지고 익숙한 연산에 대하여 무엇인가 알려지고 친숙한 그리고 "합리적인 것"을 꼭 말해야 하는 것처럼 생각하게 만들었다. 따라서 다음을 "여섯 번째 공리"로 추가할 것을 제안하는 것은 합당한 일이 아닐 것이다.

$$\sim\forall a:(0+a)=a$$

그것은 우리가 더하기에 대해서 믿고 있는 것과 일치하지 않는다. 그러나 그것은 우리가 지금까지 TNT를 만들어온 것처럼, TNT를 확장하는 가능한 것 중 하나이다. 이것을 여섯 번째 공리로 사용하는 체계는, x와 $\sim x$라는 형태의 두 개의 정리를 동시에 가지지 않는다는 점에서 **무모순적인** 체계이다. 그러나 이 "여섯 번째 공리"를 앞에 제시한 정리들의 피라미드 가족과 나란히 놓으면, 아마도 그 가족과 새로운 공리 사이에 겉으로 보이는 모순 때문에 신경이 쓰일 것이다. 그러나 이런 종류의 모순은 (x와 $\sim x$가 동시에 정리가 되는) 다른 종류들만큼 그렇게 타격을 주지는 않는다. 사실 그것은 진정한 모순은 아니다. 그 까닭은 결국 모든 것이 올바르게 되게끔 기호들을 해석하는 방법이 있기 때문이다.

ω-모순은 모순과 다르다

이런 종류의 모순, 즉 (1) 모든 자연수들이 어떤 속성을 가진다고 집단적으로 주장하는 피라미드 가족 정리들과 (2) 모든 수가 그 속성을 가지는 것은 **아니다**라고 주장하는 것으로 보이는 하나의 정리의 대립이 만들어낸 모순을 ω-모순이라고 한다. ω-모순인 체계는 처음에는—혐오스럽지만—결국—받아들일 수밖에 없는—비유클리드 기하학과 같다. 진행되고 있는 것에 대해서 머릿속에 모델을 형성하기 위해서는, 수사를 가지지 않는 예기치 못한 "별도의" 수가 있다고 상상해야 한다. 그것을 "자연수"가 아니라 **초자연수**(supernatural number)라고 불러보자. 따라서 그 수들에 대한 사실들은 피라미드 가족에서는 표현할 수 없다(이것은 아킬레스의 GOD[신]에 대한 개념, 즉 어떤 요정들보다도 더 큰 일종의 "슈퍼 요정"이라는 개념과 다소 비슷하다. 지니는 그것을 비웃었지만 합리적인 이미지이며, 독자가 초자연수를 상상하도록 도와줄 것이다).

이것은 지금까지 제시한 TNT의 공리와 규칙들이 TNT 기호에 대한 해석을 정확히 붙들고 있지 못한다는 것을 말해준다. 그 기호들이 나타내는 개념에 대한 정신 모델에는 여전히 변화의 여지가 있다. 여러 가지 가능한 확장들 각각은 개념들 일부를 다른 방식으로 더 정밀화할 것이다. 우리가 앞에 언급한 "여섯 번째 공리"를 추가하면, 어떤 기호들이 "혐오스러운" 수동적인 의미들을 가지기 시작할까? 모든 기호들이 오염될까, 아니면 그것들 중 일부는 여전히 우리가 바라는 것을 의미할까? 거기에 대해서 생각하는 것은 독자의 몫으로 해두겠다. 제14장에서 비슷한 문제와 마주치게 되는데 그때 이 문제를 논의할 것이다. 어쨌든, 지금은 이렇게 확장하지 않고, 대신에 TNT의 ω-불완전성(ω-incompleteness)을 수리하는 쪽으로 나갈 것이다.

마지막 규칙

"전체 규칙"이 가지는 문제는 그것이 무한한 피라미드 가족의 모든 식이 정리라는 것을—유한한 존재에게는 너무나 과한—알 것을 요구한다는 점이다. 그러나 그 피라미드의 모든 식을 **패턴화된** 방식으로 선행식으로부터 도출할 수 있다고 가정해보자. 그러면 피라미드에 있는 모든 문자열들이 정리라는 사실을 설명하는 **유한한 논거**가 있을 것이다. 그렇다면 요점은 그 정리의 계단 폭포를 야기하는 **패턴**을 찾고, 그 패턴이 그 자체로 정리라는 것을 보여주는 것이다. 그것은 아이들의 "말 전하기" 놀이에서와 같이 각 요정이 자신의 메타에게 메시지를 전달하는 것을 증명하는 것과 같다. 이제 남은 일은 지니가 계단처럼 이어지는 메시지를 시작한다는 것을 보여주는 일이다. 즉 피라미드의 첫 번째 식이 정리라는 것을 확고히 하는 일이다. 그런 다음에 독자는 GOD가 그 메시지를 접수하게 될 것을 안다!

우리가 보고 있었던 특정한 피라미드에는 아래의 도출 (4)-(9)줄로 포착한 패턴이 있다.

(1)	$\forall a:\forall b:(a+Sb)=S(a+b)$	공리(3)
(2)	$\forall b:(0+Sb)=S(0+b)$	특수화
(3)	$(0+Sb)=S(0+b)$	특수화
(4)	[	푸시
(5)	$(0+b)=b$	전제
(6)	$(0+b)=Sb$	S를 첨가
(7)	$(0+Sb)=S(0+b)$	(3)의 이월
(8)	$(0+Sb)=Sb$	이행성
(9)	]	팝

전제는 $(0+b)=b$이고, 그 결과는 $(0+Sb)=Sb$이다.

피라미드의 첫 번째 식 또한 정리이다. 그 정리는 공리 (2)로부터 직접 얻는다. 우리가 필요로 하는 것은 피라미드 전체를 요약하는 문자열 자체가 정리라는 것을 추론해내도록 하는 규칙이다. 그러한 규칙은 페아노의 다섯 번째 공준을 형식화한 진술이다.

그 규칙을 표현하기 위하여, 몇 가지 표기법이 필요하다. 자유변수 a를 포함하는 논리식을 다음의 표기로 줄이자 :

$$X\{a\}$$

(또다른 자유변수들이 있을 수 있으나, 그것은 상관없다.) 그러면 표기 X{Sa/a}는 a가 Sa로 대체된 문자열을 나타낸다. 마찬가지로 X{0/a}는 a가 0으로 대체된 같은 문자열을 나타낸다.

구체적인 보기로, X{a}가 문제가 되는 문자열 (0+a)=a를 나타내도록 해보자. 그러면 X{Sa/a}는 문자열 (0+Sa)=Sa를 나타낼 것이고, X{0/a}는 문자열 (0+0)=0을 나타낼 것이다(주의 사항 : { }라는 표기는 TNT의 일부분이 아니다. TNT에 대해서 말하는 데에 편리하도록 하기 위함이다).

이 새로운 표기법을 통하여 우리는 TNT의 마지막 규칙을 간결하게 표현할 수 있다.

　　귀납규칙 : *u*가 변수이고, X{*u*}는 *u*를 자유변수로 포함하는 논리식이다. ∀*u*:<X{*u*}⊃X{S*u*/*u*}>와 X{0/*u*}가 정리라면, ∀*u*:X{*u*}도 정리이다.

이것은 페아노의 다섯 번째 공준을 TNT에 집어넣는 데에 최대한 접근한 것이다. 이제는 그것을 사용해 ∀a:(0+a)=a가 정말 TNT의 정리라는 것을 보여주자. 앞의 도출에서 공상으로부터 나와, 공상규칙 적용하면 아래의 식을 얻을 수 있다.

(10) <(0+b)=b⊃(0+Sb)=Sb>　　　　　　공상규칙
(11) ∀b:<(0+b)=b⊃(0+Sb)=Sb>　　　　　일반화

이것이 귀납규칙을 적용하는 데에 필요한 두 개의 입력 정리들 중 첫 번째이다.

또 하나 필요한 것은 우리가 가지고 있는 피라미드의 첫 번째 식이다. 따라서 우리가 원하는 것을 연역하기 위하여 귀납규칙을 적용할 수 있다.

$$\forall b:(0+b)=b$$

특수화와 일반화는 변수 b에서 a로 바꾸는 것을 허용한다. 이렇게 해서 $\forall a:$ (0+a)=a는 더 이상 TNT의 결정 불가능한 문자열이 아니다.

긴 도출

이제 TNT의 긴 도출을 하나 제시하겠다. 독자가 이것으로 도출이 어떤 것인지 볼 수 있도록 하기 위함이고, 또한 이것은 비록 단순하지만 수론의 중요한 사실을 증명하기 때문이다.

(1) $\forall a:\forall b:(a+Sb)=S(a+b)$	공리 (3)
(2) $\forall b:(d+Sb)=S(d+b)$	특수화
(3) $(d+SSc)=S(d+Sc)$	특수화
(4) $\forall b:(Sd+Sb)=S(Sd+b)$	특수화(식 (1))
(5) $(Sd+Sc)=S(Sd+c)$	특수화
(6) $S(Sd+c)=(Sd+Sc)$	대칭
(7) [	푸시
(8) $\forall d:(d+Sc)=(Sd+c)$	전제
(9) $(d+Sc)=(Sd+c)$	특수화
(10) $S(d+Sc)=S(Sd+c)$	S를 첨가
(11) $(d+SSc)=S(d+Sc)$	(3)의 이월
(12) $(d+SSc)=S(Sd+c)$	이행성
(13) $S(Sd+c)=(Sd+Sc)$	(6)의 이월
(14) $(d+SSc)=(Sd+Sc)$	이행성
(15) $\forall d:(d+SSc)=(Sd+Sc)$	일반화
(16)]	팝

(17) <∀d:(d+Sc)=(Sd+c)⊃∀d:(d+SSc)=(Sd+Sc)> 공상규칙

(18) ∀c:<∀d:(d+Sc)=(Sd+c)⊃∀d:(d+SSc)=(Sd+Sc)> 일반화

* * * * *

(19) (d+S0)=S(d+0) 특수화(식 (2))

(20) ∀a:(a+0)=a 공리 (1)

(21) (d+0)=d 특수화

(22) S(d+0)=Sd S를 첨가

(23) (d+S0)=Sd 이행성(식 (19), (22))

(24) (Sd+0)=Sd 특수화(식20)

(25) Sd=(Sd+0) 대칭

(26) (d+S0)=(Sd+0) 이행성(식 (23), (25))

(27) ∀d:(d+S0)=(Sd+0) 일반화

* * * * *

(28) ∀c:∀d(d+Sc)=(Sd+c) 귀납규칙(식 (18), (27))

[S는 덧셈에서 앞뒤로 미끄러질 수 있다.]

* * * * *

(29) ∀b:(c+Sb)=S(c+b) 특수화(식 (1))

(30) (c+Sd)=S(c+d) 특수화

(31) ∀b:(d+Sb)=S(d+b) 특수화(식 (1))

(32) (d+Sc)=S(d+c) 특수화

(33) S(d+c)=(d+Sc) 대칭

(34) ∀d:(d+Sc)=(Sd+c) 특수화(식 (28))

(35) (d+Sc)=(Sd+c) 특수화

(36) [푸시

(37)   ∀c:(c+d)=(d+c) 전제

(38)   (c+d)=(d+c) 특수화

(39)   S(c+d)=S(d+c) S를 첨가

(40)   (c+Sd)=S(c+d) (30)의 이월

(41)   (c+Sd)=S(d+c) 이행성

(42)   S(d+c)=(d+Sc) (33)의 이월

(43)	$(c+Sd)=(d+Sc)$	이행성
(44)	$(d+Sc)=(Sd+c)$	(35)의 이월
(45)	$(c+Sd)=(Sd+c)$	이행성
(46)	$\forall c:(c+Sd)=(Sd+c)$	일반화
(47)	]	팝
(48)	$<\forall c:(c+d)=(d+c)\supset\forall c:(c+Sd)=(Sd+c)>$	공상규칙
(49)	$\forall d:<\forall c:(c+d)=(d+c)\supset\forall c:(c+Sd)=(Sd+c)>$	일반화

[d가 모든 c와 교환할 수 있으면 Sd도 그렇다.]

* * * * *

(50)	$(c+0)=c$	특수화(식 (20))
(51)	$\forall a:(0+a)=a$	바로 앞의 정리
(52)	$(0+c)=c$	특수화
(53)	$c=(0+c)$	대칭
(54)	$(c+0)=(0+c)$	이행성(식 (50), (53))
(55)	$\forall c:(c+0)=(0+c)$	일반화

[0은 모든 c와 교환할 수 있다.]

* * * * *

(56)	$\forall d:\forall c:(c+d)=(d+c)$	귀납규칙(식 (49), (55))

[그러므로 모든 d는 모든 c와 교환할 수 있다.]

TNT에서의 긴장과 해결

TNT는 덧셈의 교환법칙을 증명했다. 이 도출을 상세하게 따라가지 않더라도, 그 도출이 음악작품처럼 자연스러운 "리듬"을 가진다는 점을 독자들이 깨닫는 것이 중요하다. 그 도출은 그저 정처 없이 걷다가 최종 목표인 맨 마지막 줄에 우연히 도달한 것이 아니다. 나는 이 도출의 "악구(樂句, phrasing)"를 보여주기 위해서 "쉼표"를 삽입했다. 특히 식 (28)은 도출의 전환점으로서, *AABB* 유형의 작품의 반환점 같은 것인데, 거기에서는 으뜸음 조성은 아니지만 일시적인 해결을 얻는다. 그와 같은 중요한 중간 단계를 종종 "보조정리(lemma)"라고 한다.

이 도출식 (1)에서 시작한 독자가, 도출이 어디에서 끝나게 될지는 모르지만, 매번 새로운 줄을 볼 때 어디로 가고 있는지 감을 잡는 것은 쉽게 상상할 수 있다. 이것은 내적인 긴장을 설정할 텐데, 음악작품의 긴장, 즉 조성은 알도록 하지만 해결은 하지 않는, 화음 진행이 야기한 긴장과 아주 비슷하다. 식 (28)에 도달하면 독자들은 직관을 확신하고, 일시적인 만족감을 느낄 것이며, 동시에 독자들이 진정한 목표라고 가정한 방향을 향해서 전진하려는 욕구를 강화할 것이다.

식 (49)는 목표지점에 "거의 도달했다는" 느낌을 주기 때문에 긴장을 극적으로 높힌다. 거기서 중단하면 엄청 불만스러울 것이다! 거기서부터는 어떻게 진행되어야 할지 거의 예측할 수 있다. 그러나 우리는 음악작품이 해결의 양상을 분명하게 해놓고는 중단하는 것을 원하지 않는다. 독자는 곡의 종결을 **상상하려는** 것이 아니라, **듣고자** 한다. 이와 마찬가지로, 우리는 여기에서 끝까지 밀어붙여야 한다. 식 (55)는 불가피하며 최후의 긴장을 설정한다. 식 (56)이 그 긴장을 해결한다.

이것은 형식적인 도출뿐만 아니라, 비형식적인 증명의 구조에서도 전형적이다. 수학자들이 느끼는 긴장감은 그들의 미적 감각과 밀접하게 관련되어 있으며, 수학을 할 만한 가치가 있게 만든다. 그러나 TNT 자체의 내부에는 이러한 긴장을 반영하는 것이 없는 것 같다는 점을 주목하라. 달리 말하면, 음악작품이 화성과 리듬에 대한 책이 아닌 것과 마찬가지로, TNT는 긴장과 해결, 목표와 하위 목표, "자연스러움"과 "불가피함" 같은 개념들을 형식화하지 않는다. 도출 내부에서 긴장과 목표들을 **의식하는** 훨씬 더 기막힌 활자형 체계를 고안할 수 있을까?

형식적 추론 대 비형식적 추론

나는 TNT에서 유클리드의 정리(소수의 무한성)를 도출하는 방법을 보여주고 싶었는데, 그렇게 했다면 아마 책의 두께가 지금의 두 배는 되었을 것이다. 교환법칙 정리 다음에는 덧셈의 결합법칙, 곱셈의 교환법칙과 결합법칙 그리고 곱셈의 덧셈에 대한 분배법칙을 증명하는 것이 자연스러운 순서일 것이다. 이것들은 작업을 위한 강력한 토대를 제공할 것이다.

이제 TNT가 공식화되었으므로, "임계질량(critical mass)"에 이르렀다(아마 "TNT"로 불리는 물질에 적용할 기묘한 은유일 것이다). TNT는 『수학 원리』의 체계만큼이나 강력하다. 우리는 TNT로 수론에 관한 표준 논문에서 보게 될 모든 정리를 증명할 수 있다. 물론 TNT로 정리를 도출하는 것이 수론을 연구하는 최선의 방법이라고는 아무도 주장하지 않을 것이다. 그렇게 느끼는 사람은, 1000×1000이 얼마인지 아는 최선의 방법은 가로, 세로가 각각 1000칸인 격자를 그린 다음 모든 네모 칸을 세는 것이라고 생각하는 사람들과 같은 부류에 속한다……. 그건 아니다. 완전히 형식화한 다음에, 가야 할 유일한 길은 형식체계를 이완시키는 방향으로 가는 것이다. 그렇지 않으면, 형식체계는 너무나도 다루기가 불편해서 모든 실용적인 목적으로는 쓸모가 없다. 따라서 TNT를 더 넓은 맥락, 즉 도출 속도를 높일 수 있도록, 새로운 추론규칙을 도출할 수 있게 하는 맥락으로 집어넣는 것이 중요하다. 이것은 추론규칙을 표현하는 언어, 즉 메타언어의 형식화를 요구한다. 그렇게 하면 우리는 훨씬 더 멀리 갈 수 있을 것이다. 그러나 이러한 속도 증진 묘책들은 어느 것도 TNT를 더 강력하게 하지는 않는다. 그저 TNT를 좀더 쓰기 쉽게 해준다. 단순한 사실은 우리가 수론 전문가들이 의존하는 모든 사고 양식을 TNT에 도입했다는 것이다. TNT를 더 큰 맥락 속에 집어넣는다고 해도 정리들의 영역을 확장하지는 못할 것이다. 다만 TNT에서의—또는 "새로 개선된 버전"에서의—작업을 전통적인 수론 작업과 더욱 닮아가도록 할 뿐이다.

수론 전문가들이 실업자가 된다

독자가 TNT가 불완전한 것으로 드러날 것이라는 점을 알지 못하고, 오히려 그것이 완전하다고, 즉 TNT-표기법으로 표현할 수 있는 참인 명제는 모두 정리라고 기대했다고 해보자. 이 경우 수론의 모든 명제에 대한 결정절차를 만들 수 있다. 그 방법은 쉬울 것이다. N-명제 X가 참인지 거짓인지 알고 싶으면, 그것을 TNT-문장 x로 번역해라. 이제 X가 참이라면, 완전성은 x가 정리임을 말한다. 역으로 ~X가 참이라면 완전성은 ~x가 정리라는 것을 말한다. 따라서 X 또는 ~X가 참이기 때문에, x 또는 ~x는 반드시 정리이다. 이제 우리가 MIU-체계나 pq-체계에 대하여 했던 방식으로, TNT의 모든 정리들을 체계적으로 열거해보도록 하자. 얼마 후에 x나 ~x를 반드시 생성하게 된다. 어느 것을 생성하든 둘 중 하나는, X 와 ~X 중 하나가 참이라고 말한다(독자는 이 논증을 잘 따라왔나? 그것은 독자가 마음속에서 형식체계 TNT와 그것의 비형식적인 대응물인 N

을 구별하고 유지하는 능력에 결정적으로 좌우된다 : 이 점을 분명히 이해하고 있어야 한다). 따라서 TNT가 완전하다면, 수론 전문가들은 원칙적으로 실업상태에 처해질 것이다. 시간만 충분하다면, 수론의 어떤 문제도 순전히 기계적인 방식으로 해결할 수 있기 때문이다. 이미 판명된 바와 같이, 이것은 불가능하다. 이 사실은 보는 관점에 따라서 기쁨의 원인이 되기도 하고 슬픔의 원인이 되기도 한다.

힐베르트의 프로그램

이 장에서 다루려는 마지막 문제는, 우리가 명제계산의 무모순성을 신뢰했던 것만큼 TNT의 무모순성을 신뢰할 수 있느냐는 것이다. 신뢰할 수 없다면, 우리가 TNT의 무모순성을 증명함으로써 TNT에 대한 우리의 신뢰를 확대하는 것이 가능하냐는 것이다. 우리는 명제계산에 관해서 대범이가 했던 것처럼 TNT의 무모순성의 "명백함"에 대해서 똑같은 모두(冒頭)진술을 할 수 있을 것이다. 다시 말하면, 모든 규칙은 우리가 전적으로 믿는 추론원리를 구현하고 있으며, 따라서 TNT의 무모순성을 문제 삼는 것은 곧 우리의 정신이 온전한 것에 대해서 문제 삼는 것과 같다. 어느 정도까지는, 이 논거가 여전히 무게감이 있지만, 이전만큼 무게감을 가지지는 않는다. 그 이유는 추론규칙이 너무 많고 그것들 중의 몇몇은 조금 "잘못되어" 있을지도 모르기 때문이다. 더 나아가, "자연수"라고 하는 추상적인 실체에 대해서 우리가 가지고 있는 이러한 정신적 모델이 과연 실제로 정합적인 구성체인지 어떻게 아는가? 아마 우리 자신의 사고과정, 즉 체계의 형식적인 규칙들로 포착하려고 한 그 비형식적 사고과정들 자체가 모순적일지 모른다! 물론 그것은 우리가 기대하던 종류의 일은 아니지만, 주제가 복잡해질수록 우리의 사고가 우리를 잘못된 길로 이끌지도 모른다는 것을 더더욱 상상할 수 있다—그런데 자연수들은 결코 사소한 주제가 아니다. 따라서 이 경우에는 무모순성의 증명에 대한 신중이의 절규를 심각하게 받아들여야 한다. 그것은 TNT가 모순일 수도 있다는 것을 우리가 심각하게 의심하고 있다는 것은 아니다—그러나 우리의 마음속에 약간의 의심, 가물가물하고, 희미한 의심은 남아 있기 때문에, 증명은 그 의심을 분쇄하는 데에 기여할 것이다.

그러나 어떤 증명수단이 사용되는 것을 보고 싶은가? 우리는 또다시 반복해서 나타나는 순환성의 문제에 부딪힌다. 우리의 체계에 대한 증명을 하는 데에 우리가 체계 속에 도입했던 것과 똑같은 도구를 사용한다면—우리가 무엇을 이루게 될 것인가? 우리가 TNT보다 약한 추론체계를 써서, TNT의 무모순을 확신하는 데에 성공한다면, 이 경우에 순환논증이라는 반박을 극복하게 될 것이다! 무거운 밧줄을 배 사이에 거는 방법을 생각해 보라(내가 어렸을 때 그런 내용을 읽은 적이 있다) : 먼저, 가는 밧줄이 매달린 가벼운 화살을 배 사이를 가로질러 쏜다. 일단 이런 방식으로 두 배가 서로 연결되면, 무거운 밧줄을 끌어당길 수 있다. 우리가 "가벼운" 체계를 사용해서 "무거운" 체계가 무모순이라는 것을 보여줄 수 있다면, 우리는 정말로 무엇인가를 이루게 될 것이다.

처음 보면, 가느다란 밧줄이 있다고 생각할 수도 있다. 우리의 목표는 TNT가 어떤 활자형 속성(무모순성)을 가지고 있다는 것, 즉 x와 $\sim x$인 형태의 정리들이 결코 함께 나타날 수 없다는 것을 증명하는 것이다. 이것은 MU가 MIU—체계의 정리가 아니라는 것을 보여주려는 것과 비슷하다. 이 두 명제 모두 기호-조작 체계의 **활자형** 속성에 대한 진술이다. 가느다란 밧줄에 대한 기대는 그런 활자형 속성이 유효하다는 것을 증명하는 데에 **수론에 대한 사실들이 필요하지 않을** 것이라는 가정에 바탕을 두고 있다. 다른 말로 하자면, 정수들의 속성을 사용하지 않는다면—또는 불과 몇 개의 극히 간단한 속성만 사용한다면—우리는 그 고유의 내적인 추론 양식보다는 약한 수단을 써서 TNT의 무모순성을 증명하려는 목표를 달성할 수 있다.

이것이 바로 금세기 초반 다비트 힐베르트가 이끄는 수학자와 논리학자의 중요한 학파가 품었던 희망사항이다. 그들의 목표는 "유한론적" 추론 방법이라고 하는 매우 제한된 추론원리들을 적용하여, TNT와 비슷한 것인, 수론을 형식화한 것의 무모순성을 증명하는 것이었다. 그 제한된 추론원리들이 가는 밧줄이라는 것이다. 유한론적 방법에 포함된 것으로는 명제계산에 들어가 있는 모든 명제추론들이 있고, 덧붙여 어떤 종류의 수치추론이 있다. 그러나 괴델의 작업은 TNT의 무모순성이라는 무거운 밧줄을 유한론적인 방법이라는 가느다란 밧줄을 사용하여 간격을 가로질러 끌어당기려는 모든 시도는 실패할 수밖에 없음을 보여주었다. 괴델은 우리가 간격을 가로질러 무거운 밧줄을 끌어당기는 데에 그보다 더 가벼운 밧줄을 사용할 수 없다는 것을 보여주었다. 바로 그 가느다란 밧줄이 충분히 강력하지 않기 때문이라는 것이다. 덜 비유적으로 표현하자면, TNT의 무모순성을 증명할 만큼 충분히 강력한 체계는 어떤 체계든 간에 최소한 TNT 자체만큼 강력하다. 그래서 순환성은 불가피한 것이다.

무의 헌정[1]

거북과 아킬레스는 방금 유전자 코드의 기원에 대한 강연을 듣고 나와서, 아킬레스의 집에서 차 한 잔을 하고 있는 중이다.

아킬레스 : 뭔가 끔찍한 걸 고백해야겠어, 거북 선생.

거북 : 뭔데, 아킬레스?

아킬레스 : 그 강연의 주제가 매우 흥미 있는 것이었지만, 실은 한두 번 졸았다네. 그런데 꾸벅꾸벅 조는 상태에서도, 귀에 들어오는 말을 어슴푸레 들었지. 내 의식 깊은 곳에서 이상한 이미지가 떠올랐는데 'A'와 'T'가 "아데닌"과 "티민"이 아니라 내 이름과 자네 이름으로 되어 있는 거야. 그리고 DNA의 이중 나선의 척추를 따라서, 나와 자네의 아주 작은 복제들이 언제나 짝을 이루면서 채워져 있었지. 마치 아데닌과 티민이 언제나 짝을 이루는 것처럼 말이야. 그거 묘한 기호 이미지 아닌가?

거북 : 피, 누가 그런 황당한 걸 믿겠어? 그건 그렇다 치고 'C'와 'G'는 어떻게 되었나?

아킬레스 : 에, 'C'는 시토신 대신에 게 선생을 나타낼 수 있다고 생각하네. G에 대해선 확실치 않은데, 하지만 G를 나타내는 뭔가를 생각해낼 수 있다고 확신하네. 어쨌든 내 DNA가 나 자신의 작은 복제와 자네의 작은 복제들로 채워져 있는 걸 상상하는 게 재미있네. **그것**이 무한후퇴(infinite regress)로 이어지는 걸 생각해보라고!

거북 : 자네가 강연에 주의를 기울이지 않았다는 걸 알겠군.

아킬레스 : 무슨 말씀. 자네 말은 틀리네. 나는 최선을 다해 귀를 기울였어. 다만 공상과 사실을 구별하는 것이 어려웠을 뿐이지. 결국 분자생물학자들이 연구하는 것은 기이한 하부세계지.

---

[1] 이 대화에 나오는 모든 진짜 공안은 Paul Reps, *Zen Flesh, Zen Bones*와 Gyomay M. Kubose, *Zen Koans*에서 따온 것이다.

거북 : 그게 무슨 뜻이지?

아킬레스 : 분자생물학은 내가 전혀 이해할 수 없는 특이하게 뒤얽힌 고리들로 가득 차 있지. 이런 식으로 말이야. DNA 안에 합성 정보가 코드화되어서 그 정보에 따라 합성된 단백질들이 되돌아와 자신의 합성 정보가 있는 DNA를 조작하고 심지어 파괴할 수도 있지. 이런 이상한 고리들이 언제나 나를 완전히 혼란스럽게 하지. 어떤 면에선 으시시해.

거북 : 내가 보기엔 아주 흥미로운데.

아킬레스 : 물론, 자네에겐 흥미로울 거야. 자네 입맛에 딱 맞지. 하지만 나는 가끔 이 모든 분석적인 사고에서 물러나서 일종의 해독제로 명상을 좀 하고 싶네. 명상은 오늘 밤 우리가 듣고 있는 이 모든 혼란스러운 고리와 믿을 수 없을 정도로 복잡한 것들로부터 내 마음을 정화시킨다네.

거북 : 놀랍군. 자네가 명상가일 거라고는 생각해보지 않았어.

아킬레스 : 내가 선불교를 공부한다고 말하지 않았었나?

거북 : 맙소사, 어떻게 선불교와 마주치게 되었지?

아킬레스 : 나는 늘 음양에 대한 열망, 말하자면 『역경(易經)』, 힌두교 스승(guru), 등등과 함께하는 동양의 신비주의 체험을 열망했지. 난 어느 날 생각했다네. "선(禪)은 어떨까?" 그렇게 해서 시작된 거지.

거북 : 오, 좋았어. 그러면 나도 결국은 깨달을 수 있겠군.

아킬레스 : 잠깐. 깨달음은 선의 도정에서 첫 단계가 아니라, 오히려 마지막 단계야! 깨달음은 자네 같은 초보자에겐 해당사항이 없네, 거북 선생!

거북 : 우리가 서로를 오해한 것 같군. 내가 말하는 "깨달음"은 선에서 말하는 그런 거창한 것이 아니야. 내 말은, 도대체 선이 무엇인지에 대해서 아마 깨달을 수 있을 거라는 뜻이야.

아킬레스 : 제발, 그렇게 말하지 그랬어? 내가 선에 대해서 아는 걸 자네에게 말하는 것만으로도 행복할 텐데. 내 이야기를 들으면 아마 자네도 나처럼 선의 수련생이 되고 싶어할지도 모를 거야.

거북 : 그래, 불가능한 건 없지.

아킬레스 : 나와 함께 제7대 조사인 나의 스승 오카니사마의 제자가 될 수 있을 걸세.

거북 : 도대체 그게 무슨 말이야?

아킬레스 : 그걸 이해하려면 자네는 선의 역사를 알아야 하네.

거북 : 그러면 선의 역사를 좀 이야기해줄 텐가?

아킬레스 : 그거 좋은 생각이지. 선은 불교의 일종으로서 보디다르마[菩提達磨]라는 승려가 창시했다네. 그는 6세기경 인도를 떠나서 중국으로 갔지. 보디다르마는 초대 조사(祖師)였어. 제6대 조사는 혜능(慧能)이었지(내가 그걸 이제야 제대로 알았다!).

거북 : 어, 제6대 조사가 제논이라고?* 거참 이상도 하네. 하고 많은 사람들 중에 그가 이런 일에 끼어들다니.

아킬레스 : 자네는 선의 가치를 얕잡아 보는 것 같군. 좀더 들어보게. 그러면 그것의 진가를 평가할 수 있을 걸세. 아까 말한 걸 계속하면, 선은 약 500년 후에 일본으로 전파되어 거기에서 뿌리를 잘 내렸지. 그 이래로 선은 일본의 주요 종교 중의 하나가 되었어.

거북 : 그런데 제7대 조사인 오카니사마는 누구지?

아킬레스 : 그는 나의 스승이야. 그의 가르침은 곧바로 제6대 조사에게서 내려온 거야. 그는 나에게 실재(實在)란 하나이며 바꿀 수 없고 변하지 않는 것이며, 모든 복수성, 변화 그리고 운동은 단지 감관의 착각일 뿐이라는 것을 가르쳐 주었지.

거북 : 그래 맞아. 그건 제논이야. 쉽게 알 수 있지. 하지만 그가 도대체 어떻게 선에 얽혀들게 되었지? 불쌍한 친구 같으니!

아킬레스 : 뭐어어어! 나 같으면 그런 식으로는 말하지 않을 거야. **누군가**가 얽혀들어갔다면, 그건……. 그런데 그건 별개의 문제지. 어쨌든 자네의 질문에 대한 대답은 모르겠네. 대신에 나의 스승의 가르침에 대해서 말해보겠네. 내가 배운 건 선에서는 깨달음, 또는 **사토리**(悟り, 깨달음)라는 "무심(無心, No-mind)"의 경지를 추구한다는 거야. 이 상태에서 우리는 이 세상에 대해서 생각하지 않고 그저 존재할 뿐이지. 나는 선의 수련생은 어떤 대상이나 생각 또는 사람에게 "집착해서는" 안 된다는 것을 배웠어. 즉 우리가 그 어떤 절대적인 것—심지어는 이 집착하지 않음이라는 철학 자체도—을 믿거나 의존해서는 안 된다는 거야.

---

* 3성 인벤션에서와 같은 상황이다. 원문 The sixth patriarch was Eno와 The sixth patriarch was Zeno의 발음이 같다.

거북 : 흐음. 선에는 내가 좋아할 수 있는 **뭔가**가 있어.

아킬레스 : 나도 자네가 선에 관심을 가질 거란 예감이 들었지.

거북 : 하지만, 말 좀 해보게. 선이 지적인 활동을 거부한다면, 선에 대하여 지적으로 고찰한다는 것, 엄격하게 연구한다는 게 말이 되나?

아킬레스 : 그 문제가 나를 아주 골치 아프게 했지. 그러나 결국 답을 찾아냈다고 생각하네. 내가 보기에는 자네가 아는 길을 통해, 비록 선과 완전히 상반되는 것일 때조차도, 선에 접근하면 될 것 같네. 자네가 선에 접근해갈 때, 자네는 차츰 그 길로부터 벗어나는 것을 배우게 되네. 그 길에서 더 벗어날수록, 선에 더 가까이 다가서는 것이지.

거북 : 오, 이제 분명해져 보이기 시작하네.

아킬레스 : 선에 이르는, 내가 가장 좋아하는 길은 "공안(公案)"이라고 하는 흥미롭고도, 기묘한 짧은 우화들을 통해서 가는 길이지.

거북 : 공안이 뭐지?

아킬레스 : 공안이란 선사(禪師)와 그 제자들에 대한 이야기지. 때로는 수수께끼 같기도 하고, 때로는 우화 같기도 하고, 어떤 때는 전에 들었던 그 어떤 것과도 같지 않지.

거북 : 아주 흥미로워 보이는군. 그러면 공안을 읽고 즐기는 것이 선을 수행하는 거라고 말할 수 있나?

아킬레스 : 과연 그런지 잘 몰라. 하지만 내 견해로는 공안을 즐기는 것이 묵직한 철학용어로 쓰인 선에 대한 책을 수십 권 읽는 것보다 100만 배는 더 진정한 선에 다가가는 것이지.

거북 : 그런 공안을 한두 개 들어보았으면 좋겠는데.

아킬레스 : 그러면 자네에게 뭐 한두 개 얘기해주지. 모든 공안 중에서 가장 유명한 공안으로 시작해야겠네. 수백 년 전에 119살까지 살았던 조주(趙州)라는 선사가 있었지.

거북 : 새파란 젊은이군.

아킬레스 : 자네 기준으론 그렇겠지. 어느 날 조주가 다른 스님과 함께 절 마당에 서 있었는데 개 한 마리가 앞을 지나가자, 그 스님이 물었지 "개에게도 불성(佛性)이 있습니까?"

거북 : 그게 무엇이건, 조주가 뭐라고 대답했는지 말해주게.

아킬레스 : '무(MU, 無).'

거북 : 무? 이 '무'가 뭐야? 개는? 불성(佛性)은? 그 대답은 뭐야?

아킬레스 : 오, 그냥 '무'가 조주의 대답이지. '무'라고 말함으로써 조주는 다른 스님에게 그런 질문들을 하지 않음으로써만 그 질문들에 대한 답을 알 수 있다는 것을 알도록 했지.

거북 : 조주는 그 질문을 "불문(不問)에 부쳤다."

아킬레스 : 바로 그거야!

거북 : '무'는 가지고 다니기 편리한 물건처럼 보이는군. 나 자신도 종종 한두 개의 질문을 불문에 부치고 싶네. 내가 선의 요령을 터득하기 시작하는 것 같은데. 자네가 아는 또다른 공안이 있나. 아킬레스? 몇 개 더 듣고 싶은데.

아킬레스 : 그러지, 자네에게 서로 맞물린 공안 한 쌍을 들려주지. 다만……

거북 : 문제가 있나?

아킬레스 : 에, 문제가 하나 있어. 둘 다 널리 회자되는 공안이기는 하지만 나의 스승은 둘 중에 하나만이 진짜라고 주의를 줬지. 그런데 그 자신도 어떤 게 진짜고 어떤 게 가짜인지 모른다는 거야.

거북 : 골 때리는군! 내게 그 둘을 다 들려주게. 그러면 우리가 만족할 때까지 생각할 수 있을 테니까.

아킬레스 : 좋아. 공안이라고 주장하는 것 중의 하나는 이렇다네.

> 한 스님이 마조(馬祖)에게 물었다. "무엇이 부처입니까?"
> 마조가 말했다. "이 마음이 부처이다."

거북 : 음……. "이 마음이 부처"라고? 때때로 나는 선을 하는 자들이 뜻하는 게 뭔지 전혀 이해가 안 가.

아킬레스 : 그러면 공안이라고 주장하는 다른 하나는 괜찮을지도 몰라.

거북 : 그건 또 어떤 내용이지?

아킬레스 : 이렇다네.

> 한 스님이 마조에게 물었다. "무엇이 부처입니까?"
> 마조가 대답했다. "이 마음은 부처가 아니다."

거북 : 와우! 내 등딱지가 푸르지 않음과 동시에 안 푸르지 않다면! 저 말이 맘에 들어.

아킬레스 : 자, 거북 선생, 공안이 그저 "맘에 들기만 해서는" 안 되네.

거북 : 좋아. 그럼 난 그게 맘에 들지 않아.

아킬레스 : 그게 낫군. 아까 얘기를 계속하면, 나의 스승은 두 공안 중의 하나만이 진짜라고 믿었어.

거북 : 자네 스승이 어떻게 이러한 믿음에 이르렀는지 알 수가 없군. 어쨌든 나는 공안이 진짜인지 가짜인지를 알 방법이 없기 때문에 그것은 모두 탁상공론이라고 생각해.

아킬레스 : 오, 하지만 거기서 자네가 틀렸네. 나의 스승은 공안의 진위를 가리는 방법을 우리에게 보여주었지.

거북 : 그래? 공안의 진위에 대한 결정절차를? **그것**에 대해서 정말 듣고 싶은걸.

아킬레스 : 그건 아주 복잡한, 두 단계로 된 의식이지. 첫 번째 단계에서는 문제가 되는 공안을 3차원으로 접힌 끈 한 뭉치로 **번역해야** 하네.

거북 : 호기심 나는 일이군. 그러면 두 번째 단계는 뭔가?

아킬레스 : 오, 그건 쉬워. 그냥 그 끈*이 불성을 가졌는지 안 가졌는지 결정하기만 하면 되는 거야. 끈이 불성을 가졌으면 그 공안은 진짜고 그렇지 않으면 가짜야.

거북 : 음……. 그건 자네가 한 것이라곤 단지 결정절차에 대한 필요성을 다른 영역으로 옮긴 것뿐인 것처럼 들리는데, **이제** 자네가 필요한 건, 불성에 대한 결정절차라네. 무엇이 더 필요하겠나? 결국, 자네가 **개**가 불성을 가지는지 여부를 알 수 없다면, 접힌 모든 끈에 대해서 불성을 가지는지 여부를 알 수 있다고 어떻게 기대할 수 있는가?

아킬레스 : 스승은 나에게 한 영역으로부터 다른 영역으로 옮기는 게 도움을 줄 수 있다고 설명했지. 그것은 마치 시각을 바꾸는 것과 같지. 사물들은 한 각도에서 보면 복잡하게 보이지만, 다른 각도에서 보면 단순해 보이기도 하지. 스승은 과수원의 보기를 들었는데, 거기서는 어느 방향에서 보면 전혀 질서가 없어 보이지만, 다른 특정한 각도에서 보면 아름다운 규칙성이 나타나지. 보는 방식을 바꿈으로써 같은 정보를 다시 정리하는 것

---

* 원문은 string인데 문자열로 읽어도 된다. 저자가 이 단어의 중의성을 이용해 말장난을 하고 있다.

그림 45. "라 메즈키타(La Mezquita)"(M. C. 에셔, 백묵과 흑묵, 1936).

이지.

거북 : 알겠어. 아마 공안이 진짜인지 여부가 아주 깊이 숨겨져 있는 게로군. 그
러나 자네가 그것을 끈으로 번역하면, 좌우간 진위 여부가 표면으로 떠오르
겠지?

아킬레스 : 그게 나의 스승이 발견한 거야.

거북 : 나는 그 기술을 꼭 배우고 싶네. 하지만 먼저 말해주게. 어떻게 공안(낱말
연쇄체)을 접힌 끈(3차원 물체)으로 바꿀 수 있는가? 그것들은 전혀 다른
종류의 실체들인데.

아킬레스 : 그것이 바로 선에서 배운 것 중에 가장 신비스러운 것이지. 두 개의
단계가 있어. "전사(轉寫)"와 "번역". 공안을 **전사한다**는 것은 네 개의 기하
학적 기호만을 포함하는 표음문자로 적는 거지. 공안을 이 표음문자로 번
역한 것을 우리는 **메신저(전령)**라고 하지.

거북 : 그러면 그 기하학적인 기호들은 어떻게 생겼나?

아킬레스 : 그것들은 육각형과 오각형으로 이루어졌지. 어떻게 생겼는지 여기 있

네. (가까이 있는 종이 냅킨을 집어 들어서 거북에게 네 개의 도형을 그려준다.)

  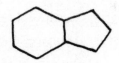 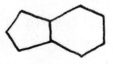

거북 : 불가사의한 모양이군.

아킬레스 : 문외한들에게는 그렇지. 이제 그 "메신저"를 만들었으면, 손에 리보를
　　좀 발라 비비고. 그리고—

거북 : 약간의 리보?* 그건 일종의 의식용(儀式用) 연고인가?

아킬레스 : 꼭 그렇지는 않아. 그건 끈을 접을 때 모양을 유지시켜 주는 끈끈한
　　특별 준비물이야.

거북 : 무엇으로 만든 거야?

아킬레스 : 잘은 모르겠어. 아교 같은 건데 성능이 대단히 좋아. 어쨌든 리보를
　　좀 손에 바르고 나면, 메신저에 있는 기호열을 끈을 가지고 어떤 종류의 접
　　은 모양으로 **번역할** 수 있지. 아주 간단해.

거북 : 잠깐! 말이 너무 빨라. 어떻게 한다고?

아킬레스 : 완전히 직선인 끈을 가지고 시작하지. 그리고 한쪽 끝으로 가서 메신
　　저에 있는 기하학적인 기호들에 따라서 여러 가지 유형의 접기 모양을 만들
　　기 시작하라고.

거북 : 그러면 각 기하학 기호들은 각기 다른 끈 접는 방식들을 나타내나?

아킬레스 : 따로따로는 아니지. 한 번에 하나씩이 아니고 세 개씩 취하는 거네.
　　끈의 한쪽 끝과 메신저의 한쪽 끝에서 시작하지. 끈의 처음 1인치로 무엇을
　　하는가는 처음 세 개의 기하학 기호들이 결정하지. 다음번 세 개의 기호들은
　　끈의 두 번째 1인치를 어떻게 접어야 할지 알려주지. 그런 식으로 끈을 1인
　　치씩 메신저와 동시에 진행하며 메신저를 다 쓸 때까지 마디마디 접어나가
　　는 거야. 리보를 적절히 바르면, 끈은 접힌 모양이 유지될 것이고, 그렇게 해
　　서 생성한 것이 공안을 끈으로 번역한 결과물이지.

거북 : 그 과정은 좀 우아하군. 그런 식으로 자연물처럼 보이는 끈들을 얻게 되
　　는군.

---

* 리보솜(ribosome)에 대한 말장난. 그런데 이 리보는 늘 약간(some)과 결합하는 것을 유의하라.

아킬레스 : 그렇고말고. 공안이 길수록 그 번역은 아주 기이한 모습을 띠지.

거북 : 상상이 가네. 하지만 메신저를 끈으로 번역하려면 메신저에 있는 각각의 기하학 기호 세 개짜리 한 묶음이 어떤 종류의 접기를 나타내는지 알아야 하잖아. 그걸 어떻게 알지? 사전이라도 있나?

아킬레스 : 그럼. "기하학 코드" 일람표를 싣고 있는 경전 같은 책이 있지. 그 책이 없다면, 당연히 공안을 끈으로 번역할 수 없어.

거북 : 분명히 못 하겠지. 도대체 그 기하학 코드의 기원은 무엇이지?

아킬레스 : 그것은 "위대한 스승"이라고 불렸던 고대의 선사로부터 유래하지. 나의 스승은 바로 그 사람이야말로 깨달음 너머 깨달음을 얻은 유일한 분이라고 말씀하셨어.

거북 : 저런! 마치 한 단계로는 충분치 않다는 것 같군. 하기야 온갖 종류의 대식가(大食家)들이 있지—깨달음에 대한 대식가라고 왜 없겠어?

아킬레스 : "깨달음 너머 깨달음(Enlightenment 'Yond Enlightenment)"이 "나(EYE)"*를 나타낸다고 생각하나?

거북 : 내 생각으로는, 그게 자네를 나타내는지 의심스럽군, 아킬레스. 그건 "메타–깨달음(Meta-Enlightenment)" 즉 "나를(ME)" 나타낸다고 하는 게 더 그럴듯한걸.

아킬레스 : 자네를? 그게 어째서 자네를 나타내지? 둘째 단계는 고사하고 아직 깨우침의 첫 단계에도 이르지 못한 주제에.

거북 : 알아야 면장을 하지, 아킬레스. 제대로 깨달은 사람은 깨달음 이전의 상태로 되돌아가지. 내가 맨날 "두 번의 깨달음은 안 깨달음"이라고 주장했잖아. 그나저나 저 위대한 토르튀(Grand Tortue)〔거북〕—아이고, 그러니까 위대한 스승(Great Tutor)에게로 되돌아가보자고.

아킬레스 : 선 끈의 기법을 창안했다는 것 외에는 그에 대해서 알려진 게 별로 없지.

거북 : 그게 뭔가?

아킬레스 : 그건 불성에 대한 결정절차에 토대가 되는 기법이지. 그것에 대해서 설명해주겠네.

거북 : 아주 흥미진진하겠는걸. 나 같은 초심자에겐 들어야 할 것도 꽤 많군.

---

* 아이(I)와 발음이 같음.

아킬레스 : 심지어 선 끈의 기법이 어떻게 시작되었는지 말해주는 공안도 있다고
　　　전해지지. 하지만 불행하게도 이 모든 것이 세월의 흐름 속에서 사라진 지
　　　오래되었지. 의심할 바 없이 영원히 사라졌어. 그렇지만 차라리 잘된 일이야.
　　　그렇지 않았다면 대가의 이름을 빙자해서 다른 식으로 그를 흉내 내는 모방
　　　자들이 득실거렸을 테니까.
거북 : 모든 선 수행자들이 깨달음의 경지가 가장 높은 위대한 스승을 흉내 내는
　　　것은 좋은 것 아닌가?
아킬레스 : 모방자에 대한 공안을 얘기해주지.

　　　선사 구지(俱胝)는 선에 대한 질문을 받을 때마다 손가락을 펴 들었다. 한 동자
　　　(童子)가 그것을 흉내 내기 시작했다. 구지가 그 얘기를 듣고 그를 불러서 그것이
　　　사실인지 물었다. 동자는 그렇다고 시인했다. 구지는 그가 이해하는지를 물었다.
　　　동자는 답변으로 검지를 들었다. 구지는 그 손가락을 즉각 잘라버렸다. 아파서 울
　　　부짖으며 동자는 방에서 뛰쳐나갔다. 그가 문지방에 이르렀을 때 구지는 불렀다.
　　　"애야!" 동자가 뒤를 돌아보자 구지는 검지를 들었다. 그 순간 동자는 깨달았다.

거북 : 이런 선사도 있었군그래! 선은 온통 조주와 그의 재치 있는 선문답에 관
　　　한 것이라고 생각했는데 구지도 꽤나 재미있는 선사라는 걸 알았네. 상당한
　　　유머 감각을 가진 것 같아.
아킬레스 : 그 공안은 아주 진지한 거야. 그런데 어떻게 그 공안이 유머가 있다고
　　　생각하는지 알 수가 없군.
거북 : 아마 선은 유머가 있기 때문에 교훈적이지 않을까. 이러한 이야기들을 전적
　　　으로 진지하게만 받아들이면, 요점을 얻는 것만큼이나 자주 놓친다고 보네.
아킬레스 : 거북식 선에도 일리는 있겠지.
거북 : 질문 하나만 더 대답해주겠나? 이걸 알고 싶은데 : 왜 보디다르마가 인도
　　　에서 중국으로 왔지?
아킬레스 : 오호! 사람들이 조주에게 바로 그 질문을 했을 때 뭐라고 말했는지
　　　자네에게 말해줄까?
거북 : 말해보게.
아킬레스 : "뜰 앞의 잣나무"라고 대답했지.

거북 : 물론, 그건 내가 말했을 대답이야. 다른 질문에 대한 대답이라는 점을 빼고 말이야. 즉 "한낮의 햇볕을 피할 그늘을 어디서 찾지?"에 대한 대답이지.

아킬레스 : 부지불식간에, 자네는 선의 가장 기본적인 질문 중의 하나와 맞닥뜨린 것이네. 그 질문은, 비록 순진한 질문으로 들리지만, 실제로는 선의 근본 원리는 무엇인가?"를 묻는 것이지.

거북 : 어이가 없군. 나는 선의 중심 목표가 그늘을 찾는 거라는 생각은 눈곱만치도 안 했는데.

아킬레스 : 아이고, 아니야. 자네는 내가 말한 걸 완전히 오해하고 있군. 나는 그늘 찾는 질문을 언급한 게 아니라, 어째서 보디다르마가 인도에서 중국으로 왔느냐는 질문을 말한 것이었어.

거북 : 그렇군. 내가 감당할 수 없는 질문들에 얽혀 있다는 생각을 못 했네. 그럼 그 이상한 일대일 대응으로 다시 돌아오자고. 나는 어떤 공안이든 자네가 개요를 말한 방법대로 하면 접힌 끈이 될 수 있다고 생각하네. 그러면 과정을 거꾸로 진행하면 어떨까? 어떠한 접은 끈이라도 공안이 생성되도록 그런 식으로 해독할 수 있나?

아킬레스 : 글쎄, 어떤 점에서는. 하지만…….

거북 : 무슨 일인데?

아킬레스 : 그걸 그런 식으로 역방향으로 해서는 안 되네. 그건 선 끈의 핵심 교리에 어긋나는 것이네, 이 도표를 보게나. (그는 종이 냅킨을 집어서 그린다.)

$$공안 \Rightarrow 메신저 \Rightarrow 접은 끈$$
전사　　　　번역

화살표를 거슬러 진행하면 안 되네. 특히 두 번째 화살표 단계에서는 더욱 그렇지.

거북 : 말해보게. 이 교리는 불성을 가지는가 아닌가? 생각해보게. 나는 그 질문을 불문에 부치기로 생각했네. 됐나?

아킬레스 : 나는 자네가 그 질문을 불문에 부쳐 기쁘네. 하지만—자네를 비밀스러운 일에 끌어들이려는데 아무에게도 말하지 않는다고 약속하겠나?

거북 : 거북의 명예를 걸지!

아킬레스 : 실은 나는 가끔 화살을 거슬러간다네. 금지된 일을 하면서 일종의 스
릴을 느끼지.

거북 : 아니, 아킬레스! 난 자네가 그런 불경한 짓을 할 거라고는 생각하지 못했네.

아킬레스 : 난 그걸 누구에게도 털어놓은 적이 없어. 오카니사마에게조차도.

거북 : 그래. 내게 말해보게. 핵심 교리에 있는 화살표를 거슬러 갈 때 무슨 일이
일어나나? 그게 끈을 가지고 시작해서 공안을 만든다는 건가?

아킬레스 : 가끔은 그러지. 하지만 좀더 기괴한 일이 생길 수 있지.

거북 : 공안을 만드는 것보다 더 기괴한 일?

아킬레스 : 그래……. 자네가 역변역하고 역전사하면 **무엇인가** 얻지만, 언제나 공
안이 되는 것은 아니라네. 어떤 끈들은 이런 식으로 야단스럽게 독해하면 말
도 안 되는 소리를 만들어낼 뿐이지.

거북 : 말도 안 되는 소리가 바로 공안에 대한 별칭이 아닐까?

아킬레스 : 자네는 아직도 선의 진정한 정신을 분명히 파악하지 못하는군.

거북 : 적어도 이야기들은 언제나 얻어내나?

아킬레스 : 늘 그런 것은 아니지. 때때로 의미 없는 음절들을 얻게 되고, 때로는
비문법적인 문장들을 얻게 되지. 그러나 어쩌다가 공안으로 보이는 것을 얻
게 되지.

거북 : 그게 공안으로 **보일** 뿐인가?

아킬레스 : 에, 그건 가짜일 수도 있어.

거북 : 오, 물론.

아킬레스 : 일단 겉보기에는 공안인 것을 생성하는 그런 끈들을 나는 "적격" 끈
이라고 부르네.

거북 : 가짜 공안과 진짜 공안을 구별하도록 가려내는 결정절차에 대해서 말을
좀 해주겠나?

아킬레스 : 그걸 말하려고 얘기를 진행하는 중이네. 공안이나 비-공안이 있다고
하면, 가장 먼저 할 것은 그것을 3차원 끈으로 번역하는 것이지. 나머지 일
은 그 끈이 불성을 가지는지 여부를 알아내는 것이네.

거북 : 그런데 **그것**을 어떻게 하냐고?

아킬레스 : 에, 스승님 말씀에 위대한 스승은 그 끈이 불성을 가지는지 여부를,
그저 얼핏 보기만 하면 알 수 있다고 하셨지.

거북 : 하지만 자네가 깨달음 너머 깨달음의 경지에 이르지 못했으면 어쩌지? 끈이 불성을 가지는지 여부를 아는 다른 방법은 없나?

아킬레스 : 있지. 한 가지 방법이 있어. 이 대목에서 바로 선 끈의 기법이 등장하지, 그것은 수없이 많은 끈들을 만드는 기술인데 그 끈들은 모두 불성을 가지지.

거북 : 좋아. 그러면 그에 상응해서 불성을 가지지 **않는** 끈을 만드는 방법이 있나?

아킬레스 : 왜 그런 방법이 필요하지?

거북 : 아, 단지 그게 쓸모가 있을 것 같아서.

아킬레스 : 정말 별난 취향이군. 생각해봐! 불성을 **가진** 것보다 불성을 가지지 **않은** 것에 더 관심을 갖다니!

거북 : 그냥 깨닫지 못한 탓으로 돌리게나. 그럼 하던 얘기 계속해보게. 불성을 가지는 끈을 만드는 법을 말해봐.

아킬레스 : 에, 고리로 된 끈을 다섯 가지 합법적인 기본형 중의 한 가지를 택해 양손에 걸어서 시작해야 하네. 예를 들면 이런 모양으로……(고리 끈을 하나 들고서 양손의 한 손가락에 끈을 걸어 간단한 고리를 만든다).

거북 : 나머지 네 개의 합법적 기본형은 어떤 것인가?

아킬레스 : 각 형태는 끈을 양손에 걸치는 방식이 더 이상의 설명이 필요 없는 **자명한** 방식으로 간주되는 형태지. 심지어 초심자들도 끈을 종종 그런 형태로 양손에 걸치지. 그리고 이 다섯 개의 끈은 모두 불성을 가지지.

거북 : 당연하지.

아킬레스 : 그 다음에 끈 조작 규칙이 있는데 그걸로 더 복잡한 끈 모양을 만들 수 있어. 특히 어떤 기본적인 손동작으로 끈 모양을 바꾸는 게 허용된다네. 예를 들면, 이렇게 손을 가로질러 뻗고—이렇게 당겨서—그러고는 이렇게 비틀 수 있지. 각각의 동작으로 양손에 걸친 끈의 전체 모양을 바꾸게 되는 거지.

거북 : 와, 그건 바로 실뜨기 놀이 같은데!

아킬레스 : 맞아. 자네가 그 과정을 관찰하면, 이 규칙들 중 어떤 것은 끈을 더 복잡하게 만들고 어떤 것은 간단하게 만든다는 것을 알게 될 거야. 그러나 자네가 어떤 방법을 쓰건 끈 조작 규칙을 따르는 한 자네가 만드는 모든 끈들은 불성을 가지네.

거북 : 그건 정말 놀랍군. 그러면 자네가 방금 만든 이 끈 속에 감추어진 공안은 어떤가? 그건 진짜일까?

아킬레스 : 에, 내가 배운 바에 따르면, 그건 진짜임이 틀림없어. 그것은 규칙에 따라서 만들었고 다섯 개의 자명한 모양 중의 하나로부터 출발했기 때문에 그 끈은 불성을 가지는 것이 틀림없고, 따라서 진짜 공안과 일치하는 게 틀림없어.

거북 : 그게 어떤 공안인지를 아나?

아킬레스 : 자네는 내가 핵심 교리를 위반하기를 요청하고 있나? 이 못된 친구 같으니!

(아킬레스는 한 손에는 코드 책을 들고 눈을 치켜떠서 이마에 주름이 잡힌 채, 끈을 1인치씩 짚어가면서, 각각의 접은 모양을 공안을 위한 그 이상한 표음문자로 된 3개짜리 기하학 기호로 기록해 냅킨을 거의 채웠다.)

다 됐어!

거북 : 끝내주는군! 한번 들어볼까.

아킬레스 : 좋아.

떠돌이 스님 하나가 한 노파에게 대산(臺山)으로 가는 길을 물었다. 대산은 그곳을 참배하는 자에게 지혜를 준다고 알려진 유명한 절이었다. 그 노파는 말했다. "곧장 가세요." 그 스님이 몇 발자국 지나간 다음에 노파는 혼잣말을 했다. "이 자도 평범한 참배자군." 누군가가 이 일을 조주에게 보고했다. 그는 말하기를 "내가 그 일을 알아볼 테니 기다리거라!" 그다음 날 조주는 가서 같은 질문을 했다. 그 노파는 역시 똑같은 대답을 했다. 조주는 말했다. "나는 그 노파를 조사했다."*

---

* 이 번역만 보아서는 이 공안이 무슨 말인지 이해하기 어렵다. 이 공안은 무문관 31칙이고 『조주선사어록』에도 있는 내용인데 역자가 본 이 두 권의 영역본의 해설이 제각각이었다. 『선의 황금시대』에도 역시 이 이야기가 실려 있는데 그것의 해설은 앞의 두 권에 있는 해설과는 또 달랐다. 저자는 마지막 문장을 "I have investigated that old woman"라고 번역했고, 그 한문 원문은 이렇다 : 我與汝勘破了也. "勘破라는 단어는 요새 우리가 쓰는 간파(看破)와 거의 비슷한 뜻이다. 識破, 照破, 踏破라는 말이 같은 의미로 쓰인다. 즉 '꿰뚫어 보았다'라는 의미이다."『話頭, 혜능과 셰익스피어』, 김용옥, 통나무, 1998, p. 205. 그러므로 마지막 문장은 "That old woman, today I have seen through her", 즉 "나는 오늘 그 노파를 간파했다"라고 번역해야 했을 것이다.

326

거북 : 조주가 조사를 할 수 있는 재주를 가지고 있는 데도 FBI에 취직되지 않은 것은 수치야. 말해보게―내가 선 끈의 기법에 있는 규칙을 따르면 자네가 한 것을 나도 할 수 있겠지? 안 그래?

아킬레스 : 물론이지.

거북 : 그러면 내가 이 조작들을 자네가 했던 것과 같은 **순서**로 해야 하나?

아킬레스 : 아니, 어떤 순서라도 괜찮아.

거북 : 물론, 그러면 나는 다른 끈을 얻을 것이고 그 결과 다른 공안을 얻게 되겠지. 이제 나도 자네가 했던 것과 같은 **수**의 단계만큼 수행해야 하나?

아킬레스 : 전혀 그렇지 않아. 단계의 수는 아무래도 괜찮아.

거북 : 그러면 불성을 갖는 끈이 무한히 많이 있고, 결과적으로 진짜 공안이 무한히 많이 있다는 것이군! 자네의 규칙으로 만들 **수 없는** 끈이 있다는 것을 자네는 어떻게 알지?

아킬레스 : 오, 그래―불성이 결여된 것들로 되돌아가자고, 자네가 일단 불성을 가지는 끈을 만드는 방법을 알면, 불성이 **없는** 끈도 만들 수 있지. 그게 나의 스승이 처음에 바로 내게 훈련시킨 것이지.

거북 : 놀랍군! 그건 어떻게 하는 건가?

아킬레스 : 쉬워. 여기, 예를 들면―내가 불성이 결여된 끈을 하나 만들겠네…….

(그는 앞서 공안을 "끌어냈던" 끈을 집어 들고, 한쪽 끝에 작은 매듭을 지어 엄지와 검지로 단단히 잡아당긴다.)

이게 불성이 없는 끈이네.

거북 : 아주 명쾌하군. 그냥 매듭* 하나만 덧붙이면 된다 이거지? 새 끈에 불성이 없다는 걸 어떻게 알지?

아킬레스 : 불성의 기본 속성 때문이지. 한쪽 끝에 있는 매듭만 빼고는 모양이 바른 두 끈이 똑같으면, 그중의 **하나**만 불성을 가질 수 있지. 그게 바로 나의 스승이 내게 가르쳐준 경험칙이라네.

거북 : 뭔가 궁금한 것에 대해서 생각하고 있는데. 순서에 관계없이 선 끈의 규칙을 따르기만 해서는 불성을 가진 끈인데 만들 **수 없는** 그런 끈이 있나?

---

* 여기서 매듭(knot)은 부정(Not: Negation)을 암시한다.

아킬레스 : 시인하기는 싫지만, 이 점에 대해서는 나 자신이 좀 혼란스럽네. 처음에 나의 스승은 내게 끈의 불성은 다섯 개의 합법적 기본형 중 하나로 시작해, 그 다음 허용된 규칙에 따라서 끈을 만드는 데서 **정의된다**는 인상을 최강으로 주셨네. 하지만 나중에 어느 누군가의 "정리"에 대해서 뭔가 말했어. 나는 그걸 확실하게 이해할 수 없었지. 심지어 스승의 말을 잘못 알아들었을지도 몰라. 그가 무엇을 말했건, 그게 이 방법이 불성을 가지는 **모든** 끈에 타격을 줄지에 대해서 내 마음에 어떤 우려를 불어넣었지. 적어도, 내가 가진 모든 지식을 동원하면, 그게 타격을 준다네. 하지만 불성이란 게 규정하기 아주 어려운 거라…….

거북 : 그 정도는 나도 조주의 '무'로부터 추측했지. 그런데 좀 궁금한 건…….

아킬레스 : 뭔데?

거북 : 그 두 공안에 대해서 궁금해하고 있었지. 그러니까 공안과 그 공안의 안-공안 말이야—"이 마음이 부처이다" 그리고 "이 마음은 부처가 아니다"—이것들을 기하학 코드를 통하여 끈으로 바꿔놓으면 어떻게 보일까?

아킬레스 : 자네에게 그것을 보여주고 싶네.

(그는 두 공안을 표음문자로 전사해서 적어놓고, 주머니에서 끈 두 개를 꺼낸다. 이상한 문자로 쓰인 3개짜리 기호들(전사한 것)을 따라가며 끈을 1인치, 1인치 조심스럽게 접어나갔다. 그러고 나서 완성된 끈을 나란히 내려놓았다.)

보게나, 뭐가 다른지.

거북 : 이것들은 정말 아주 비슷하군. 어, 그런데 이것들 사이에 차이점이 딱 하나 있구먼. 한 끈에는 끝에 작은 매듭이 있어!

아킬레스 : 조주에 맹세코, 자네 말이 맞아!

거북 : 아하! 이제 어째서 자네의 스승이 의심했는지 이해가 가네.

아킬레스 : 이해가 간다고?

거북 : 자네의 경험칙에 따르면, **기껏해봐야** 그 쌍 중의 **하나만이** 불성을 가지지. 그래서 자네는 두 공안 중의 하나가 가짜라는 것을 즉시 알게 되지.

아킬레스 : 하지만 그건 어떤 것이 가짜인지를 말해주지는 않아. 끈 조작 규칙을 적용해 이 두 끈을 생성해내려고 나도 애를 썼고, 나의 스승 또한 애를 썼지

만 실패했지. 둘이 동시에 나타나는 일은 없었어. 아주 좌절감을 느꼈지. 때
로는 자네가 의구심을 갖기 시작하……

거북 : 자네 말은 그 끈 중의 하나가 불성을 가지느냐를 의심하냐는 거지? 아마
도 그것들 중의 어느 것도 불성을 가지지 않고, 어느 것도 진짜가 아닐 거야!

아킬레스 : 나는 그렇게까지는 결코 생각해보지 않았어. 하지만 자네 말이 맞네―
내 추측인데, 그럴 수 있지. 하지만 나는 자네가 불성에 대해서 너무 많은 질
문을 하지 않아야 한다고 생각해. 선사 무문은 자기의 제자들에게 늘 너무
많은 질문의 위험에 대해서 경고를 했지.

거북 : 좋아. 더 이상 질문하지 않겠네. 그런데, 나 스스로 끈을 만들고 싶어서
손이 근질근질한데. 내가 만든 것이 제 모양인지 아닌지 보는 게 재미있을
거야.

아킬레스 : 그거 재미있을 거야. 여기 끈이 하나 있네. (거북에게 끈을 하나 건넨다.)

거북 : 이제 자네는 내가 무엇을 해야 할지 전혀 모른다는 것을 깨달을 거야. 아
무 규칙도 따르지 않고 만들어서 그 결과, 완전히 해독 불가능할 내 졸작품
을 그냥 운에 맡기고 만들어야만 한다는 거지. (그는 고리를 양발에 걸고 몇
번 간단하게 조작을 해서 복잡한 끈을 만든다. 그것을 아킬레스에게 말없이 건
네준다. 그 순간 아킬레스의 얼굴이 환해진다.)

아킬레스 : 헐! 자네의 방법을 나 스스로 한번 해봐야겠군. 난 이런 끈은 한 번도
본 적이 없어.

거북 : 그 끈이 제 모양이면 좋겠는데.

아킬레스 : 한쪽 끝에 매듭을 지은 게 보이는군.

거북 : 잠깐! 나한테 좀 돌려주겠나? 그 끈에 한 가지만 더하고 싶은데.

아킬레스 : 그러게나. 자 여기 있네.

(끈을 거북에게 돌려준다. 거북은 매듭이 있는 끝에 또다른 매듭을 묶는다. 그
리고 단단히 잡아당긴다. 그러자 갑자기 매듭이 모두 사라진다!)

아킬레스 : 어떻게 된 거지?

거북 : 나는 그 매듭을 없애버리고 싶었어.

아킬레스 : 하지만 매듭을 풀지 않고 도리어 매듭 하나를 더 맺지. 그러자 두 매

듭이 사라졌어! 어디로 갔지?

거북 : 물론 툼볼리아로 갔지. 그것이 이중 매듭 법칙이야.

(갑자기, 두 개의 매듭이 그 어디도 아닌 곳으로부터, 즉 툼볼리아로부터 다시 나타난다.)

아킬레스 : 놀랍군. 그것들이 그렇게 쉽게 툼볼리아에 밀려들어가고 튀어나올 수 있다면 그것들은 충분히 접근할 수 있는 툼볼리아 층위에 놓여 있는 게 분명해. 아니면 툼볼리아 전체가 다 동일하게 접근 불가능한가?

거북 : 그건 말할 수 없네. 하지만 끈을 태워버리면 그 매듭들이 다시 돌아올 수 없을 거라는 생각이 들어. 그 매듭들이 툼볼리아의 더 깊은 층위에 갇혀 있다고 생각할 수 있겠지. 아마 툼볼리아는 여러 층위들로 되어 있는 것 같아. 하지만 그건 아무래도 괜찮아. 알고 싶은 건 내 끈을 표음기호로 변환시키면 어떤 내용이 나타나느냐 그거야. (그가 끈을 다시 넘겨주자, 매듭들이 다시 망각의 세계로 들어간다.)

아킬레스 : 나는 핵심 교리를 위반하는 것에 대해서 언제나 죄책감을 느껴. (그는 자기의 펜과 코드 책을 들고는, 거북이 만든 끈의 이리저리 접힌 모양에 맞춰 세 개짜리 기호들을 주의 깊게 적어나간다. 그 일을 끝내자 목소리를 가다듬는다.) 에헴. 자네가 만들었던 걸 들을 준비가 되었나?

거북 : 내 준비는 끝났어.

아킬레스 : 좋아. 자, 시작하네.

어느 스님이 여러 가지 사물들을 가지고 불성이 있는지 없는지 물어보면서 위대한 토르튀(깨달음 너머 깨달음의 경지에 이른 유일한 사람)를 성가시게 하는 습관이 있었다. 그런 질문에 토르튀는 변함없이 묵묵부답으로 앉아 있었다. 그 스님은 이미 콩, 호수 그리고 달밤의 불성에 대해서 물어보았다. 어느 날, 그는 토르튀에게 끈 하나를 가지고 와서 똑같은 질문을 던졌다. 그에 대한 대답으로 위대한 토르튀는 자신의 양발에 끈을 고리 모양으로 두르고……

거북 : 양발에? 그거 참 별나군!

아킬레스 : 어째서 그게 별나다고 보는 거지?

거북 : 글쎄, 에……. 자네 지적도 일리가 있어. 어쨌건 진도 계속 나가자고!

아킬레스 : 좋아!

그 위대한 토르튀는 양발에 고리를 두르고 간단한 조작을 몇 번 하더니 복잡한 끈을 만들어서 말없이 스님에게 건네주었다. 그 순간, 그 승려는 깨달았다.

거북 : 난 차라리 두 번 깨달을 거야.

아킬레스 : 그건 자네가 양발에 끈을 두르고 시작하면 위대한 토르튀의 끈을 어떻게 만들 수 있는지 가르쳐주지. 자, 지루한 세부사항은 생략하겠네. 결론은 이렇다네.

그 이후로는 스님은 토르튀를 귀찮게 하지 않았다. 대신에 그는 토르튀의 방식대로 끈을 하나하나 만들었다. 그러고는 그 방법을 자기 제자들에게 전수했고, 그들은 또 그들의 제자들에게 전수했다.

거북 : 황당한 이야기군.* 내 끈에 정말 그런 이야기가 숨어 있었다니 믿기 어렵군.

아킬레스 : 그 얘기가 숨어 있었지. 놀랍게도 자네는 곧바로 제 모양의 끈을 만든 것 같네.

거북 : 하지만 위대한 토르튀의 끈은 어떤 모양이었을까? 그게 이 공안의 주요 요점이라고 생각하는데.

아킬레스 : 난 의심스럽네. 우리는 공안 속에 있는 그런 소소한 것에 "집착하지" 말아야 하네. 중요한 것은 일부 소소한 것이 아니라 공안 전체의 정신이지. 자네 내가 방금 뭘 깨달았는지 아나? 미친 소리같이 들릴지 모르지만, 내 생각엔 자네가 선 끈의 기법의 기원을 묘사한 오래 전에 없어진 공안을 우연히 발견해낸 것 같은데!

거북 : 오, 그건 너무나 훌륭해서 불성을 가지지 않을 거야.

아킬레스 : 하지만 그것은 위대한 대사(大師)—깨달음 너머 깨달음의 불가사의한 경지에 이른 유일한 사람—가 "스승(tutor)"이 아니라 "토르튀(Tortue)"로

---

* 원문은 Quite a yarn인데 yarn엔 '실'이라는 뜻도 있다. 그래서 '대단한 끈이야'라고도 읽힌다.

이름 붙여졌다는 걸 의미하지. 얼마나 웃기는 이름이야!

거북 : 난 동의하지 않아. 나는 그 프랑스식 이름이 아름답다고 생각하네. 나는 토르튀의 끈이 어떤 모양일지 여전히 알고 싶은걸. 자네는 그것을 공안에 쓰인 설명대로 다시 만들 수 있나?

아킬레스 : 해볼 수는 있지. 물론, 그것이 발의 동작으로 기술되었기 때문에, 발을 써야만 할 거야. 그건 정말 드문 일이지. 하지만 할 수 있다고 생각해. 한번 해보겠네. (그는 그 공안과 끈을 집어 들고 몇 분 동안 들고서는 난해한 방식으로 비틀고 구부리더니 완성품을 만들었다.) 자 이제 됐네. 희한하게, 되게 눈에 익어 보이는데.

거북 : 맞아, 그래. 전에 어디에서 본 것 같은데.

아킬레스 : 알았다! 이건 바로 **자네의** 끈이야. 거북 선생! 안 그래?

거북 : 전혀 아닌데.

아킬레스 : 물론 아니지. 그건 자네가 별도의 매듭을 매려고 되돌려받기 전에 자네가 나에게 처음 주었던 그 끈이야.

거북 : 오, 맞아. 정말 그러네. 생각해봐. 그게 뭘 의미하는지 궁금하네.

아킬레스 : 너무나도 이상해.

거북 : 자네는 내 공안이 진짜라고 보나?

아킬레스 : 잠깐만…….

거북 : 또는 내 끈이 불성을 가진다고 생각하나?

아킬레스 : 자네 끈의 뭔가가 나를 골치 아프게 만들기 시작하는군, 거북 선생.

거북 : (스스로에 대해서 흡족한 듯 보인다. 아킬레스에게는 신경도 안 쓰면서) 그런데 토르튀의 끈은 어떨까? 불성이 있나? 물어볼 질문이 많아!

아킬레스 : 그런 질문을 하기가 두려운걸, 거북 선생. 여기서 진행되고 있는 것에 뭔가 엄청 재미있는 일이 있어. 나는 그걸 좋아하는지 확실치 않네.

거북 : 그걸 들으니 안됐네. 뭐가 자네를 골 아프게 하는지 모르겠군.

아킬레스 : 에, 그걸 설명하기에 내가 알고 있는 최고의 방법은 향암(香嚴)이라는 옛 선사의 말을 인용하는 거야. 향암은 말했지.

선은 절벽 위의 나무에 이빨로 매달려 있는 사람과 같다. 손으로는 아무 나뭇가지도 잡지 않고, 발 또한 아무것도 딛고 있지 않다. 그런데 나무 밑에서 누군가 그에게 묻는다. "보디다르마가 서쪽에서 온 뜻은?" 대답을 안 하면 의무를 피하는 것이다. 대답을 하면 떨어져서 목숨을 잃을 것이다. 자 어떻게 할 것인가?

거북 : 그거야 분명하지. 선을 포기하고 분자생물학을 해야 하네.

제9장

무문(無門)과 괴델

선(禪)이란 무엇인가?

나는 선이 무엇인지 안다고 확신할 수 없다. 한편으로는 선을 매우 잘 이해한다고 생각하지만, 다른 한편으로는 나는 결코 이해할 수 없다고 생각한다. 대학교 1학년 때 영어 교수님이 수업 시간에 조주(趙州)의 무(無)를 큰 소리로 읽어준 이래로 삶의 선적인 측면과 씨름해왔고, 아마도 결코 멈추지 않을 것이다. 나에게 선은 지식의 모래함정—무정부 상태, 어둠, 무의미, 혼돈이다. 선은 감질나게 하고 화가 나게도 한다. 그러나 선은 유머가 있고, 신선하며, 매력적이다. 선은 자기 고유의 특별한 의미와 선명함과 명확성을 가지고 있다. 나는 이 장에서 이 여러 가지 반응들을 독자에게 전달할 수 있기를 바란다. 그리고 이상하게 생각될지 모르지만, 바로 그것이 우리를 직접 괴델의 문제로 인도할 것이다.

선불교의 기본 교의(敎義) 중의 한 가지는 선이 무엇인가를 규정하는 방법이 없다는 것이다. 선을 어떠한 언어 공간에 가두려고 하든지 간에, 선은 그것을 거부하며 넘쳐흐른다. 따라서 선을 설명하려는 모든 노력은 완전히 시간 낭비처럼 보인다. 그러나 그것이 선사들과 수련생들의 태도는 아니다. 예를 들면, 선의 공안은 말로 되어 있지만, 선 연구의 중심 부분을 이룬다. 공안 자체가 깨달음을 전달하기에 충분한 정보를 가지고 있지는 않지만, 아마 우리 마음속에 있는 깨달음에 이르게 하는 메커니즘을 시동하기에 충분한 "방아쇠"로 간주될 수 있다. 그러나 일반적으로, 선의 태도는 말과 진리는 양립할 수 없다는 것이거나 적어도 말은 진리를 포착할 수 없다는 것이다.

무문 화상

이 점을 극단적인 방식으로 지적하기 위하여, 무문혜개(無門慧開) 화상(和尙)은 13세기에 48개의 공안을 편집하고 각 공안마다 주석[評語]과 짧은 "시[頌]"를 붙

그림 46. "세 개의 세계(Three Worlds)"(M. C. 에셔, 석판, 1955).

였다. 이 저작을 『무문관(無門關)』이라 한다. 무문과 피보나치가 살던 시기가 거의 일치하는 점이 흥미롭다. 무문은 1183년부터 1260년까지 중국에서 살았고, 피보나치는 1180년부터 1250년까지 이탈리아에서 살았다. 공안을 이해해보려는 바람을 가지고 『무문관』을 보는 사람들에게, 그 책은 예기치 못한 충격으로 다가올 것이다. 그 이유는 주석과 시가 그들이 밝히겠다고 하는 공안 못지않게 거의 이해하기 어렵기 때문이다. 보기를 하나 들어보자.[1]

공안 :
청량원(淸凉院)의 법안(法眼)은 점심 공양 전에 설법을 하려던 참이었다. 그런데 명상을 위해서 드리운 대나무 발이 걷어져 있지 않을 것을 보고는 그것을 가리켰다. 무리들 중에서 두 스님이 말없이 일어나서 대나무 발을 말아 올렸다. 법안은 몸의 능률을 관찰하면서 말했다. "한 사람은 좋고, 한 사람은 그렇지 않다."

무문의 주석 :
한 가지 묻겠다. 이 둘 중 누가 얻었고 누가 잃었는가? 여러분 중 누가 일척안(一隻眼, 지혜의 눈)이 있으면 법안이 실패한 곳을 볼 것이다. 그러나 나는 얻고 잃는 것을 논하고 있는 게 아니다.

무문의 시 :
　　발을 걷어 올리면 커다란 허공이 열리네.
　　그러나 허공이 선과 조화를 이루지 못하네.
　　커다란 허공을 잊는 것이,
　　또한 모든 바람으로부터 물러서는 것이 나으리.

또한 이런 것도 있다.[2]

공안 :
오조(五祖)가 말했다. "물소 한 마리가 구덩이에서 벗어나 구덩이 가장자리로 나

---

1) Paul Reps, *Zen Flesh, Zen Bones*, pp. 110-111.
2) 같은 책, p. 119.

오는데 뿔과 머리, 네 다리는 다 빠져나왔다. 그런데 어째서 꼬리는 빠져나올 수 없는가?"

무문의 주석 :

누구라도 이 시점에 일척안을 열어 선 한마디를 말할 수 있으면, 그는 사은(四恩, 모든 사람이 입고 있는 네 가지 은혜. 즉 부모, 중생, 국왕, 삼보[三寶]의 은혜를 말한다)에 보답하고 그뿐 아니라 모든 중생을 구제할 수 있다. 그러나 이러한 선 한마디를 말할 수 없으면 그는 자신의 꼬리로 돌아가야 한다.

무문의 시 :

　물소가 달려 나가면 구덩이에 떨어지고
　되돌아오면 도살당하리.
　그 작은 꼬리
　참으로 기괴한 물건이로군.

나는 무문이 모든 것을 명확히 밝힌 것은 아니라는 것을 독자가 시인할 수밖에 없을 것이라고 생각한다. 말하자면 (무문이 사용한) 메타언어가 대상언어(공안의 언어)와 별로 다르지 않다고 할 수 있다. 어떤 사람의 주장에 의하면, 무문이 일부러 주석을 무의미하게 달았다는 것이다. 아마 선에 대해서 말하며 시간을 보내는 것이 얼마나 쓸데없는 일인가 보여주려고 말이다. 그러나 무문의 주석들은 하나 이상의 층위에서 이해될 수 있다. 예를 들면, 다음 공안을 보자.[3]

공안 :

한 스님이 남전(南泉) 화상에게 물었다. "그 어떤 선사도 설하지 않은 가르침이 있습니까?"

　남전이 말했다. "있다."

　"그게 뭡니까?" 스님이 물었다.

　남전이 대답했다. "그것은 마음도 아니고 부처도 아니고 물건도 아니다."

---

3) 같은 책, pp. 111-112.

그림 47. "이슬방울(Dewdrop)"(M. C. 에셔, 동판, 1948).

무문의 주석 :

남전 화상은 자신의 보물—언어를 다 내주었다. 그는 몹시 당황했음이 틀림없다.

무문의 시 :

    남전은 너무나 친절해 자신의 보물을 잃고 말았네.

    진실로, 말은 힘이 없네.

    비록 산이 바다가 될지라도

    말은 타인의 마음을 열 수 없으리.

무문은 이 시에서 무의미한 진술을 하는 것이 아니라, 선의 핵심적인 어떤 것을 말하고 있는 듯이 보인다. 그런데 기묘하게도 그 시는 자기—지시적이다. 따라서 그것은 남전의 말에 대한 주석일 뿐만 아니라, 그 자신의 무력함에 대한 주석이기도 하다. 이런 유형의 역설들은 선의 두드러진 특징이다. 그것은 "논리의 마음을 분쇄하려는" 시도이다. 이 역설적인 성질은 공안에서도 볼 수 있다. 무문의

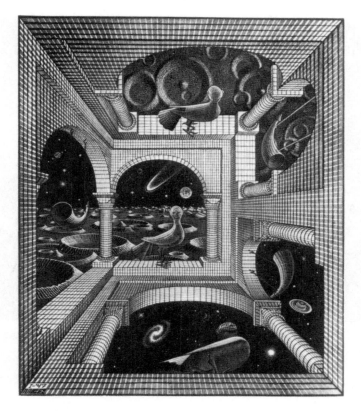

그림 48. "또다른 세계(Another World)"(M. C. 에셔, 목각, 1947).

주석에 관련해서, 남전이 정말로 자신의 대답을 확신했다고 생각하는가? 또는 그의 대답이 "옳다는" 것이 중요한가? 또는 옳음이 선에서 어떤 역할을 하는가? 옳음과 참 사이의 차이는 무엇인가? 또는 차이라는 것이 도대체 있는가? 만약 남전이 "없다. 그런 가르침은 전혀 없다"라고 말했다면 어떨까? 그것이 어떤 차이를 만들었을까? 그의 언급이 공안 속에 길이 남게 되었을까?

　논리의 마음을 분쇄하는 것을 겨냥한 또다른 공안이 여기 있다.[4]

　　학승(學僧) 하나가 선사에게 와서 물었다. "저는 진리를 찾고 있습니다. 진리를 찾
　　으려면 어떤 마음의 상태에서 수련해야 합니까?
　　　선사가 말했다. "마음은 없다. 그러니 너는 그것을 어떤 상태로도 둘 수 없다. 진

4) *Zen Buddhism* (Mount Vernon, N.Y. :Peter Pauper Press, 1959), p. 22.

리는 없다. 그러니 너는 진리를 위해서 너 자신을 수련시킬 수는 없다."

"수련해야 할 정신이 없고 찾아야 할 진리가 없는데 어째서 스님께서는 매일 스님 앞에 학승들을 모아놓고 선을 공부하고 선 공부를 위해서 수련하라고 하십니까?"

"여기에는 한 치의 공간도 없는데 어떻게 그 중들이 모일 수 있는가? 나는 혀가 없는데 어떻게 그들을 불러 가르칠 수 있단 말인가?" 선사가 대답했다.

"오, 스님께선 어떻게 이처럼 거짓말을 할 수 있습니까?" 학승이 물었다.

"내가 다른 사람에게 말할 수 있는 혀가 없는데, 어떻게 내가 너에게 거짓말을 할 수 있단 말인가?" 선사가 말했다.

그러자 학승이 슬프게 말했다. "저는 스님을 따라갈 수가 없습니다. 스님을 이해할 수가 없습니다."

"나도 나 자신을 이해할 수 없는걸." 선사는 말했다.

공안이 혼란스럽게 하려는 것이라면 이 공안이 그 역할을 한다. 아마도 혼란을 야기하는 것이 선의 정확한 목적이다. 왜냐하면 우리가 혼란한 상태에 있으면 어느 정도까지는 우리 마음이 비논리적으로 작동하기 시작하기 때문이다. 그 이론에 따르자면 논리로부터 벗어날 경우에만 깨달음으로 도약할 수 있다. 그러나 논리의 어떤 점이 그토록 문제인가? 어째서 논리는 깨달음으로 도약하는 것을 방해하는가?

이원론에 대한 선의 투쟁

그것에 대답하려면 우리는 깨달음이 무엇인가를 이해해야 한다. 깨달음을 가장 간결하게 요약하면 아마 다음일 것이다 : 이원론(dualism)을 초월하는 것. 그러면 이원론은 무엇인가? 그것은 세계를 개념적으로 나누어 범주화하는 것이다. 이렇게 아주 자연스러운 경향을 초월하는 것이 가능한가? "나누어"라는 낱말 앞에 "개념적으로"라는 낱말을 붙임으로써, 나는 아마 나누는 것이 지적인 또는 의식적인 노력이며, 그래서 아마 간단히 생각을 억누름으로써 (마치 생각을 억누르는 것이 실제로 간단한 것인 듯!) 이원론을 극복할 수 있다는 인상을 주었을지도 모른다. 그러나 세계를 범주들로 쪼개는 것은 사고의 위층 훨씬 아래에서 일어

그림 49. "낮과 밤(Day and Night)"(M. C. 에셔, 목판, 1938).

난다 : 사실 이원론은 **개념적으로** 나누는 만큼이나 세계를 **지각적으로** 나누어 범주화하는 것이다. 바꾸어 말하자면, 인간의 지각은 본질적으로 이원론적인 현상이며, 이것은 깨달음의 추구를 힘겨운 투쟁으로 만든다. 전혀 과장이 아니다.

선에 따르면 이원론의 핵심에는 말이, 그저 평범한 말이 있다. 말의 사용은 모든 말이 아주 분명하게 개념적인 범주를 나타내기 때문에 본질적으로 이원론적이다. 따라서 선의 요체는 말에 대한 의존을 극복하려는 투쟁이다. 말의 사용과 싸우는 데에 가장 좋은 무기 중의 하나는 공안이다. 공안에서는 말을 상당히 오용하기 때문에 만일 공안을 심각하게 받아들이면 정신이 어질어질한 상태가 된다. 따라서 깨달음의 적이 논리라고 말하는 것은 아마 틀린 것이고, 그 적은 오히려 이원론적이고, 언어에 의한 사고이다. 그런데 사실, 언어에 의한 사고보다 더 기본적인 것이 있는데 바로 지각이다. 어떤 대상을 지각하자마자, 우리는 그 대상과 그밖의 세계 사이에 경계선을 긋는다 : 세계를 인위적으로 부분들로 쪼개며 그로 인해서 진정한 길을 놓치는 것이다.

여기 낱말을 극복하려는 투쟁을 보여주는 공안이 있다.[5]

공안 :
수산(首山)이 죽비를 들고 말했다. 너희들이 이것을 죽비라 부르면 그것의 실체에

─────────
5) Reps, p. 124.

반하는 것이다. 죽비라 부르지 않으면 사실을 무시하는 것이다. 자 이것을 뭐라고 부르겠느냐?

무문의 주석 :
이것을 죽비라 부르면 그것의 실체에 반하는 것이다. 죽비라 부르지 않으면 사실을 무시하는 것이다. 그것은 말로 표현할 수 없다. 그렇다고 말을 안 하고 표현할 수도 없다. 자 이게 무엇인지 빨리 말해보라.

무문의 시 :
　죽비를 들어
　생사(生死)의 명령을 내린다네.
　긍정과 부정이 뒤엉키니
　부처와 조사도 이 공격을 피할 수 없네.

("조사"라는 말은 선불교의 존경받는 여섯 창건자를 말하는데, 1대 조사는 보디다르마였고 혜능은 6대 조사였다.)

그것을 죽비라 부르면 어째서 그것의 실체에 반하는가? 아마도 그런 범주화는 실체를 포착한 것 같은 인상을 주지만 그런 진술은 표면을 건드리기조차 못했기 때문이다. 그것은 "5는 소수이다"라는 명제와 비교할 수 있다. 너무나 많은 것, 무한히 많은 사실들이 빠져 있다. 다른 한편 그것을 죽비라 부르지 않으면 사실 그것이 아무리 작을지라도 특정한 사실을 무시하는 것이다. 그래서 말은 어느 정도의 참으로―마찬가지로 어느 정도의 거짓으로―귀결되지만 분명히 모든 참으로 귀결되는 것은 아니다. 참에 도달하기 위하여 말에 의존하는 것은 참에 도달하기 위하여 불완전한 형식체계에 의존하는 것과 같다. 형식체계는 참을 제공할 것이다. 그러나 곧 보게 되는 것처럼 제 아무리 강력하다고 해도 형식체계가 모든 참으로 인도할 수는 없다. 수학자들의 딜레마는 다음과 같다 : 형식체계가 아니면 도대체 무엇에 기댄다는 말인가? 선을 하는 사람들의 딜레마는 다음과 같다 : 말이 아니면 도대체 무엇에 기댄다는 말인가? 무문은 이 딜레마를 아주 명확하게 말한다 : "그것은 말로는 표현할 수 없다. 그리고 말이 아니고는 그것을 표현할 수 없다."

그림 50. "껍질(Rind)"(M. C. 에셔, 목각, 1955).

여기 다시 한번 남전의 말을 들어보자 : [6]

조주는 스승인 남전 화상에게 물었다. "무엇이 참된 길입니까?"

남전은 대답했다. "일상(日常)의 길이 참된 길이지."

조주는 물었다. "제가 그것을 공부할 수 있을까요?"

남전은 대답했다. "네가 공부하면 할수록, 그 길에서 더 멀어진다."

조주가 물었다. "제가 그것을 공부하지 않으면, 그것을 어떻게 알겠습니까?"

---

6) *Zen Buddhism*, p. 38.

남전이 대답했다. "그 길은 보이는 사물에 속하는 게 아니다. 안 보이는 사물에 속하는 것도 아니다. 그것은 아는 사물에 속하지 않는다. 모르는 사물에 속하지도 않는다. 그것을 찾지 말아라. 공부하지도 말아라. 이름 붙이지도 말아라. 참된 길 위에 있는 네 자신을 발견하려면 네 자신을 하늘과 같이 활짝 열어두거라." [그림 50 참조.]

이 기묘한 언설은 역설로 가득한 것 같다. 마치 딸꾹질을 딱 멈추게 하는 치료법을 얼핏 생각나게 한다 : "'늑대'라는 낱말을 생각하지 않으면서 집 주위를 세 번 돌아라." 선은 마치 딸꾹질에 대한 유일하게 확실한 치료법처럼, 궁극적인 진리에 이르는 길은 역설로 가득 차 있을 것이라는 개념을 포용한 것으로 보이는 철학이다.

이즘, 언(Un)-방식 그리고 운문(雲門)

말이 나쁘고 사고가 나쁘다면, 무엇이 좋은 것인가? 물론 이렇게 물어보는 자체가 이미 끔찍하게 이원론적이다. 그러나 우리는 선을 논의하는 데에 선에 충실한 척하고 있지는 않으므로 그 질문에 진지하게 대답을 시도할 수 있다. 나는 선이 추구하는 목표를 가리킬 이름이 하나 있다 : 이즘([主義], ism)이다. 이즘은 반(反)철학(antiphilosophy)이고, 생각이 없는 존재 방식이다. 이즘의 대가들은 바위, 나무, 조개이다. 그러나 고등동물들은 이즘에 완전히 도달할 수도 없으면서 이즘에 도달하려고 발버둥치는 숙명을 타고났다. 그럼에도 불구하고, 우리는 이따금 이즘을 흘끔 볼 기회가 있다. 아마도 다음 공안이 이런 흘끔 볼 기회를 제공할 것이다.[7]

> 백장(百丈) 화상은 새로 지은 절의 주지를 한 사람 물색 중이었다. 그는 제자들에게 질문에 가장 잘 대답하는 자를 주지에 임명하겠다고 말했다. 그는 물이 담긴 꽃병을 방바닥에 세워놓고는 물었다. "이름을 대지 않고 저것이 무엇인지 말할 수 있는 자가 누구인고?"
>
> 수좌(首座)가 말했다. "아무도 이것을 나막신이라고 부를 수 없습니다."

---

7) Reps, p. 121.

주방장인 위산은 꽃병을 걷어차고는 밖으로 나갔다.

백장은 미소를 지으며 말했다. "수좌가 졌다." 그래서 위산이 새 절의 주지가 되었다.*

지각을 억누르는 것, 논리적, 언어적, 이원론적 사고를 억누르는 것—이것이 선의 본질이요, 이즘의 본질이다. 이것이 바로 **언-방식(Un-mode)**으로—지능적인 것도 아니고 기계적인 것도 아니고 그냥 "언(Un)"이다. 조주는 언-방식에 있었고 그렇기 때문에 그의 '무'는 그것을 불문(不問)에 부친 것이다. 그 언-방식은 선사 운문(雲門)에게는 아주 자연스럽게 나타났다.[8]

운문은 어느 날 제자들에게 말했다. "나의 지팡이가 용으로 변했다. 그러고는 온 우주를 집어삼켜버렸지! 오, 강과 산 그리고 이 커다란 지구는 어디로 갔는가?"

선은 전일주의(holism)를 자기논리의 극단으로 밀고 갔다. 전일주의의 주장이 사물은 부분의 합으로서가 아니라 전체로서만 이해될 수 있다는 것이라면 선은 한 술 더 떠서, 세계가 전혀 부분들로 쪼개질 수 없다고 주장한다. 세계를 부분들로 나누면 망상에 빠져 깨달음을 놓친다.

호기심이 많은 중이 선사에게 물었다. "무엇이 진정한 길입니까?
"그것은 바로 네 눈앞에 있다." 선사가 말했다.
"어째서 제 눈에는 안 보입니까?"
"왜냐하면 너는 네 자신을 생각하기 때문이다."
"그러면 선사께서는 그 길을 보십니까?"
"네가 '나는 어쩌지 않는다', '당신은 어쩐다' 등 이런 식으로 말하며 이분법적으로 보는 한 네 눈은 흐려져 있다." 선사는 말했다.
"저도 선사께서도 없다면 다른 사람이 그것을 볼 수 있습니까?"
"나도 너도 없다면 그것을 보려는 자가 누구란 말인가?"[9]

---

* 무문관 40칙 적도정병(趯倒淨瓶)이다.
8) Gyomay M. Kubose, *Zen Koans*, p. 35.
9) *Zen Buddhism*, p. 31.

선사는 분명히 깨달음의 상태란 자기 자신과 나머지 우주 사이의 경계선이 사라지는 상태라는 생각을 전달하고 싶었다. 이것이야말로 진정 이원론의 종식일 것이다. 왜냐하면 그가 말한 것처럼, 지각을 갈망하는 어떤 체계도 남아 있지 않기 때문이다. 그러나 그 상태는 어떤 상태인가, 죽음이 아니라면? 어떻게 살아 있는 인간이 자기 자신과 외부 세계 사이의 경계를 없앨 수 있다는 말인가?

선과 툼볼리아*

선승 바스이(拔隊)**는 숨을 거두려는 제자에게 편지를 썼는데 거기서 이렇게 말했다. "그것 자체가 영원인 죽음은 눈송이가 깨끗한 대기속에서 녹아 사라지는 것 같은 것이다." 한때 우주 속에서 식별할 수 있는 하위체계였던 눈송이가 이제는 한때 그 눈송이를 포함했던 더 큰 체계 속으로 사라져 들어간다. 구별된 하위체계로는 더 이상 존재하지 못하겠지만 그것의 본질은 어떻게든 여전히 남아 있고 앞으로도 남게 될 것이다. 그 눈송이는 딸꾹거리지 않는 딸꾹질과 읽히지 않는 이야기 속의 주인공들과 함께 툼볼리아 세계를 떠돈다……. 나는 바스이의 메시지를 이렇게 이해한다.

수학자들이 참을 얻는 방법으로서 공리적 방법론의 한계를 인식하기를 배운 것처럼 선은 자신의 한계를 인식한다. 이것은 선이 선 너머에 있는 것에 대해서 답을 가지고 있다는 것을 뜻하지는 않는다. 수학자들이 형식화의 바깥에 있는 유효한 추론 형식을 명확히 이해하지 못하는 것과 마찬가지이다. 선의 경계에 대한 가장 명확한 선의 언급 중의 하나는, 다음과 같은 남전의 정신에 충실한 이상한 공안이다.[10]

> 동산(洞山)이 그의 중들에게 말했다. "너희들은 불교에 보다 높은 이해가 있음을 알아야 한다." 한 중이 앞으로 나와 물었다. 무엇이 더 높은 불교입니까? 동산은 대답했다. "그것은 부처가 아니다."

---

* 이 제목에서부터 시작하여 선-툼볼리아, 에셔-선, 헤미올리아-에셔……식으로 푸가식으로 진행된다. 즉 이 삼자 E(에셔)-Z(선)-T(툼볼리아/헤미올리아) 사이에 헝클어진 순환고리가 생긴다.
** 일본의 선승(1307-1387).
10) Kubose, p. 110.

언제나 더 가야 할 길이 있다. 깨달음이란 선의 끝이 아니기 때문이다. 선을 초월하는 방법을 가르쳐주는 처방은 없다. 확실히 기댈 수 있는 유일한 것은 부처는 그 길이 **아니다**라는 것이다. 선은 체계이며 자신의 메타체계가 될 수 없다. 선의 바깥에는 언제나 어떤 것이 있다. 그것은 선 안에서 완전히 이해되거나 기술될 수 없다.

에셔와 선

지각에 의문을 던지고 말도 안 되는 답 없는 수수께끼를 제시하는 데에서, 선에게는 M.C. 에셔라는 이름의 동료가 있다. "낮과 밤"(그림 49)은 (무문 화상의 말로 하자면) "긍정과 부정이 뒤엉킨" 것을 표현한 걸작이다. 우리는 다음과 같이 물을 것이다. "저것들이 정말로 새입니까, 아니면 정말로 들판입니까? 그것이 정말로 밤입니까, 아니면 낮입니까?" 그러나 우리는 이 질문들이 요점을 벗어났다는 것을 안다. 그 그림은 선의 공안과 마찬가지로, 논리의 마음을 분쇄하려는 것이다. 에셔는 또한 "또다른 세계"(그림 48) 같은 모순적인 그림을 설정하는 것을 즐긴다. 그 그림은 선이 실재와 비실재를 가지고 노는 것과 똑같은 방식으로 실재와 비실재를 가지고 논다. 에셔를 진지하게 받아들여야 할까? 선을 진지하게 받아들여야 할까?

"이슬방울"(그림47)에는 반사에 대한 섬세하고, 하이쿠 같은 탐구가 있다. 그리고 잔잔한 수면 위에 비치는 고요한 달의 그림이 두 개 있다 : "웅덩이"(그림 51)와 "파문"(그림 52). 반사된 달은 여러 공안에 등장하는 주제이다. 여기 한 예가 있다.[11]

> 비구니인 치요노(千代能)는 엔가쿠지(圓覺寺)의 부코(佛光) 밑에서 수년간 선을 수련해왔다. 그러나 그녀는 여전히 명상의 결실을 얻을 수 없었다. 어느 달 밝은 밤, 그녀는 대나무로 엮은 낡은 나무 물동이로 물을 나르고 있었다. 그런데 대나무 테두리가 벗겨지고 나무 물동이가 바닥이 빠져버렸다. 그 순간, 그녀는 굴레에서 벗어났다. 치요노는 말했다. "양동이에 물이 더 이상 없으니, 달 또한 더 이상 없구나."

---

11) 같은 책, p. 120.

그림 51. "웅덩이(Puddle)"(M. C. 에셔, 목각, 1952).

세 개의 세계[三界] : 에셔의 그림(그림 46)과 선 공안의 주제 : [12]

한 중이 암두(巖頭)에게 물었다. "삼계(三界)[욕계[欲界], 색계[色界], 무색계[無色界]]가 저를 위협하면 저는 무엇을 해야 합니까?" 암두는 대답했다. "앉거라." "무슨 말씀인지 모르겠습니다." 중이 대답했다. 암두는 말했다. "저 산을 집어 들어서 내게 가지고 오거라. 그러면 말해주겠다."

헤미올리아와 에셔

"베르붐"(그림149)이라는 작품에서는 대립들이 여러 층위에서 통일성을 이룬다. 빙 돌아가면서 우리는 점진적인 이행을 볼 수 있다. 검은 새에서 흰 새로, 검은 물고기로, 흰 물고기로, 검은 개구리로, 흰 개구리로, 검은 새로…… 등. 여섯 단계가 지나면 출발점으로 돌아온다! 이것은 흑과 백 이분법의 화해인가? 아니면

12) 같은 책, p. 180.

그림 52. "파문(Rippled Surface)"(M. C. 에셔, 리놀륨 판화, 1950).

새, 물고기, 개구리 삼분법의 화해인가? 아니면 2라는 짝수성과 3이라는 홀수성의 대립으로부터 만들어진 6중 통일인가? 음악에서도 같은 길이의 여섯 개의 음표는 애매한 리듬을 야기한다. 여섯 개의 음표를 3의 두 묶음으로 볼 것인가, 아니면 2의 세 묶음으로 볼 것인가? 이와 같은 애매성을 헤미올리아(hemiolia)라고 한다. 쇼팽은 바로 이 헤미올리아 기법의 명수였는데 왈츠 42번이나 연습곡 작품번호 25의 2번을 들어보라.* 바흐의 작품으로는 피아노 소나타 5번 "미뉴에트 빠르기로(Tempo di Menuetto)"를 들어보거나, 무반주 바이올린을 위한 소나타 G-단조 1번의 놀라운 종지부를 들어보라.

그림 "베르붐"의 중심을 향해서 안으로 미끄러져 가면 구별이 점점 희미해져, 결국에는 셋도 둘도 아닌 하나의 정수(精髓), "베르붐(VERBUM)"만이 남게 된다. 베르붐은 찬란하게 빛난다. 아마 깨달음의 상징이 아닐까. 아이러니하게도 "베르붐"은 낱말일 뿐만 아니라, "낱말"이라는 뜻을 가지고 있어, 선과 도저히

* 쇼팽의 발라드나 왈츠, 연습곡, 전주곡집의 연주로는 마우리치오 폴리니의 연주를 권하고 싶다.

그림 53. "세 개의 공 II(Three Sphere II)"(M. C. 에셔, 석판, 1946).

양립할 수 없는 개념이다. 다른 한편으로 "베르붐"은 그림 속에 들어 있는 유일한 낱말이다. 선사 동산은 한번 이렇게 말했다 : "삼장경(三藏經, Tripitaka) 전체를 한 글자로 표현할 수 있다."("삼장경"은, "세 개의 바구니"를 뜻하는데, 불교 원전 텍스트 전체를 가리킨다.) 한 글자에서 삼장경을 우려내려면 어떤 해독-메커니즘이 있어야 할까? 궁금하다. 아마 두 개의 반구(半球)(좌뇌, 우뇌)를 가진 해독-메커니즘일 것이다.

인드라의 그물(Indra's Net)

마지막으로 "세 개의 공 II"(그림 53)을 생각해보자. 이 그림에서는 세계의 각 부분이 각기 다른 부분을 포함하고, 동시에 모든 다른 부분들에 포함된 것처럼 보인다. 책상은 그 위에 놓인 공들을 반사한다. 공들은 서로를 반사하며, 또한 그것들에 대한 그림, 그림을 그리는 화가의 모습을 반사한다. 이 그림에는 모든 것들 사이에 맺어진 끝없는 연결 관계가 암시되어 있을 뿐인데, 암시만으로도 충분하다. "인드라(因陀羅)의 그물"이라는 불교의 우화는 전 우주에 펼쳐진 무한한 그물에 대해서 말해주고 있다. 가로 실들은 공간 속으로 내달리고 세로 실들은 시간 속으로 내달린다. 그물의 모든 교차점마다 개체가 존재하는데, 그 모든 개체는 수정 구슬이다. "절대자"의 커다란 빛이 모든 구슬을 비추며 관통한

350

다. 게다가 모든 수정 구슬은 그물 안에 있는 다른 구슬들의 빛뿐만 아니라, 온 우주에 있는 모든 반사의 반사 또한 반사한다.

이것은 내 마음에 재정규화된 입자의 이미지를 불러일으킨다. 모든 전자에는 가상적인 광자, 양전자, 중성 미자, 뮤온……이 있고, 모든 광자에는 가상적인 전자, 양자, 중성자, 피온……이 있고, 모든 피온에는…….

그러고는 또다른 이미지가 일어난다 : 사람들의 이미지, 각각의 사람이 많은 다른 사람들의 마음에 반영되고, 그 사람들은 또다른 사람들의 마음에 반영되고, 등.

이 두 이미지들은 확대추이도(Augmented Transition Networks, ATN)를 통하여 아주 간결하고 우아한 방식으로 나타낼 수 있다. 입자의 경우에는 각 범주의 입자마다 하나의 추이도가, 인간의 경우에는 개체마다 하나의 추이도가 있다. 각각의 추이도는 다른 많은 추이도를 호출할 것이고, 그래서 각 ATN의 주위에 가상의 ATN 구름을 만들 것이다. 하나를 호출하면, 다른 것들에 대한 호출들이 일어나고, 이런 과정은 과정이 바닥을 탈출할 때까지 얼마든지 멀리 연쇄적으로 계속될 것이다.

무를 논하는 무문

무문에게로 다시 돌아가 이 짧은 선 여행을 마치도록 하자. 여기에 조주의 무에 대한 무문의 주석이 있다.[13]

> 선을 실현하려면 반드시 조사(祖師)의 관문을 통과해야만 한다. 깨달음은 언제나 생각의 길이 막힌 다음에야 온다. 만일 조사의 관문을 통과하지 못하거나 생각의 길이 막히지 않으면, 생각하는 것, 행하는 것 모두가 뒤죽박죽 허깨비이다. 네가 물을지 모른다. "뭐가 조사의 관문입니까?" 이 한마디, '무(MU, 無)'이다.
>
> 이것이 선의 관문이다. 관문을 통과하면 조주와 얼굴을 맞대고 볼 것이다. 그러면 너는 역대 조사들과 손을 맞잡고 한데 어울릴 수 있다. 기쁜 일 아닌가?
>
> 관문을 통과하려면 네 몸의 모든 뼈마디와 털구멍에 "무'가 뭔가?" 이 질문을 채우고 온몸으로 불철주야 참구(參究)해야 한다. 이 '무'를 아무것도 없다는 것을 뜻

13) Reps, pp. 89-90.

하는 통상적인 부정의 기호로 생각하지 말아라. 그것은 존재의 반대인 무가 아니다. 네가 정말로 이 관문을 통과하고 싶으면 삼킬 수도 뱉을 수도 없는 시뻘겋게 단 쇠구슬을 입안에 머금고 있는 것처럼 느껴야 한다.

그러면 이전의 저열한 지식은 사라진다. 때가 되면 익는 과일처럼 너의 주관성과 객관성은 자연스럽게 하나가 된다. 그것은 마치 꿈을 꾼 벙어리와 같다. 자기만 알 뿐 다른 사람에게 말할 수 없다.

그가 이 상태에 이르면, 자아의 껍질이 박살나고 하늘을 흔들고 땅을 움직일 수 있다. 그는 날카로운 칼을 가진 위대한 전사와 같다. 부처가 그의 길을 막으면 부처를 베어 쓰러뜨릴 것이고 조사가 장애가 되면 조사를 죽일 것이다. 그리고 생사의 길에서 자유로울 것이다. 그는 어떤 세상이든 그것이 마치 그의 앞마당인 양 들어갈 수 있다. 나는 너에게 이 공안으로 이것을 하는 방법을 말해주겠다.

무에 너의 모든 기력을 집중하고 중단하지 말아라. 이 무에 들어가 중단이 없으면 너의 성취는 촛불처럼 타올라 온 우주를 밝힐 것이다.

무문에서 MU-수수께끼로

조주의 MU라는 천상(天上)의 고결함에서 이제 우리는 호프스태터의 MU라는 범속함으로 내려왔다. 나는 독자가 (제1장을 읽을 때) 이미 모든 에너지를 이 MU에 집중했다는 것을 안다. 이제 거기에서 제기한 질문에 답하고자 한다 :

MU는 정리라는 성질을 가지는가, 아닌가?

이 질문에 대한 대답은 얼버무리는 MU(없다)가 아니다. 분명한 NO(아니다)이다. 이것을 이원적이며 논리적인 사고를 이용해 보여주겠다.

제1장에서 우리는 두 개의 결정적인 관찰을 했다.

(1) MU-수수께끼는 깊이를 가진다. 주된 이유는 연장규칙과 단축규칙의 상호작용을 포함하기 때문이다.

(2) 그럼에도 불구하고 우리가 그만한 복잡한 문제들을 다루기에 적절한 깊이 있는 도구, 즉 수론을 사용한다면, 그 문제를 해결할 수 있는 희망이 있다.

제1장에서는 MU-수수께끼를 수론의 용어로 아주 주의 깊게 분석하지는 않았다. 이제 그렇게 할 것이다. 그리고 우리는 어떻게 (중요하지 않은 MIU-체계를 넘어 일반화할 경우) 두 번째 관찰이 모든 수학의 가장 결실 있는 인식 중의 하나인지, 어떻게 그것이 자신들의 학문인 수학에 대한 수학자들의 견해를 바꾸었는지 보게 될 것이다.

참조의 편의를 위해서, 여기에 MIU-체계를 다시 요약했다.

기호 : M, I, U

공리 : MI

규칙 :

    I. xI가 정리라면, xIU도 정리이다.

    II. Mx가 정리라면 Mxx도 정리이다.

    III. 임의의 정리에서, III는 U로 대체할 수 있다.

    IV. 임의의 정리에서 UU는 삭제할 수 있다.

무문은 MU-수수께끼를 푸는 법을 가르쳐준다

앞의 관찰에 따르면, MU-수수께끼는 활자형으로 위장한 자연수에 대한 수수께끼에 불과하다. 우리가 그것을 수론의 영역으로 전환하는 방법을 찾을 수만 있다면, 아마 해결할 수 있을 것이다. 무문이 했던 말을 곱씹어보자. "너희들 중 누구든 일척안(지혜의 눈)을 가지고 있으면, 그는 스승이 저지른 실패를 볼 것이다." 그런데 일척안을 가지는 것이 왜 중요하다는 것인가?

정리들 속에 있는 I의 수를 세어보면, 그것이 결코 0이 되지 않는다는 것을 곧 알아차릴 것이다. 다른 말로 하자면, 아무리 연장하거나 단축한다고 해도, I를 모두 제거하는 것은 불가능한 것으로 보인다. 임의의 문자열 안에 있는 I의 개수를 그 문자열의 I-개수(I-count)라고 부르자. 공리 MI의 I-개수가 1이라는 것을 주목하라. 우리는 I-개수가 0일 수 없다는 것 그 이상을 보여줄 수 있는데, 바로 I-개수가 결코 3의 배수가 될 수 없다는 것이다.

먼저, 규칙 I과 IV는 I-개수에 전혀 손대지 않는다는 것을 주목하라. 따라서 우리는 규칙 II와 III만 생각하면 된다. 규칙 III에 관한 한 그것은 I-개수를 정확히 3 감소시킨다. 이 규칙을 적용하면 결과물(출력)의 I-개수는 3의 배수가 될 것이다—단 규칙을 적용할 문자열(입력)의 I-개수 또한 3의 배수였을 경우에만 그렇다. 한마디로, 규칙 III은 무로부터는 결코 3의 배수를 만들지 않는다. 그것은 단지 3의 배수로 시작한 경우에만 3의 배수를 만들 수 있다. 그와 동일한 것이 I-개수를 2배로 만드는 규칙 II에 대해서도 유효하다. 그 이유는 $2n$이 3으로 나누어떨어지면—2는 3으로 나누어떨어지지 않으므로—n은 반드시 3으로 나누어떨어진다(수론의 간단한 사실). 그러나 규칙 II도 규칙 III도 무로부터 3의 배수를 만들 수 없다.

그러나 이것이 MU-수수께끼를 푸는 열쇠이다! 우리는 다음과 같은 것을 안다 :

(1) I-개수는 1에서 시작한다(1은 3의 배수가 아니다) ;

(2) 규칙들 중 두 개는 I-개수에 전혀 영향을 주지 않는다 ;

(3) I-개수에 영향을 주는 나머지 두 개의 규칙은 I-개수가 처음부터 3의 배수로 주어지면 몰라도 I-개수를 결코 3의 배수로 만드는 방식으로는 작동하지 않는다.

결론은 I-개수가 결코 3의 배수가 될 수 없다는 것이다. 이것 또한 전형적인 유전적 결론이다. 특히 0은 금지된 I-개수 값이다. 따라서 **MU**는 MIU-체계의 정리가 아니다.

I-개수에 대한 수수께끼로 제시되어도, 이 문제는 여전히 단축규칙과 연장규칙의 십자포화 세례를 받는다는 것을 주목하라. 0이 목표이다. I-개수는 증가하거나 (규칙 II) 감소할 수 있다(규칙 III). 우리가 상황을 분석하기까지는 규칙들을 충분히 잘 운영하면 결국 0에 도달하리라고 생각했을 것이다. 이제 간단한 수론의 논거 덕택에, 그것이 불가능하다는 것을 알았다.

MIU-체계를 괴델 수로 매기기

MU-수수께끼가 상징하는 모든 유형의 문제들이 이처럼 다 해결하기 쉬운 것은 아니다. 그러나 우리는 적어도 이런 수수께끼를 수론에 집어넣을 수 있고, 그 안에서 풀 수 있다는 것을 알았다. 이제 우리는 그 어떤 형식체계이든 그것에 대한 모든 문제들을 수론에 집어넣는 방법이 있음을 보게 될 것이다. 이것은 괴델이 발견한 특별한 종류의 동형성 덕분에 가능하다. MIU-체계를 이용해서 그것을 보여주겠다.

먼저 MIU-체계를 어떻게 표기할 것인가 생각해보자. 각각의 기호를 새로운 기호로 일대일 대응시킨다.

$$M \longleftrightarrow 3$$
$$I \longleftrightarrow 1$$
$$U \longleftrightarrow 0$$

이 대응은 자의적으로 선택한 것이다. 이렇게 선택한 유일한 이유는 각 기호가 대응하는 것과 좀 비슷하게 보인다는 것이다. 각 수는 대응하는 철자의 **괴델 수**라고 불린다. 이제 철자가 여러 개인 문자열의 괴델 수가 무엇일지 독자가 추측할 수 있을 것이라 생각한다.

$$MU \longleftrightarrow 30$$
$$MIIU \longleftrightarrow 3110$$

등

그것은 쉽다. 분명히 표기들 사이의 대응은 정보를 보존하는 변형이다. 그것은 같은 선율을 두 개의 다른 악기로 연주하는 것과 같다.

이제 MIU-체계의 전형적인 도출을 동시에 두 가지 표기법으로 쓴 것을 보자.

(1)	MI	—	공리	—	31
(2)	MII	—	규칙 2	—	311
(3)	MIIII	—	규칙 2	—	31111
(4)	MUI	—	규칙 3	—	301
(5)	MUIU	—	규칙 1	—	3010
(6)	MUIUUIU	—	규칙 2	—	3010010
(7)	MUIIU	—	규칙 4	—	30110

왼쪽 열은 우리에게 친숙한 네 개의 활자형 규칙을 적용하면 얻을 수 있다. 오른쪽 열 또한 비슷한 활자형 규칙들로 생성되었다고 볼 수 있다. 그러나 오른쪽 열에는 이중적인 성격이 있다. 그것이 무슨 뜻인지 설명하겠다.

사물을 활자형으로 그리고 동시에 산술적으로 조명하기

다섯 번째 문자열('3010')은 네 번째 문자열의 오른쪽에 '0'을 붙여서 만들었다고 할 수 있다. 다른 한편으로는 그 변환이 곱하기 10이라는 산술 연산에 의해서 야기된 것으로 볼 수도 있다. 자연수가 십진법으로 쓰였다면 10을 곱하는 것과 오른쪽에 '0'을 붙이는 조작은 구별할 수 없다. 우리는 이것을 이용해서 활자형 규칙 I에 상응하는 산술규칙을 쓸 수 있다.

산술규칙 Ia : 십진법으로 전개했을 때 오른쪽이 '1'로 끝나는 수는 10을 곱할 수 있다.

가장 오른쪽에 있는 숫자를 산술적으로 기술함으로써 십진법 전개에서 기호에 대한 언급을 피할 수 있다.

산술 규칙 Ib : 10으로 나누면 나머지가 1이 되는 수에는 10을 곱할 수 있다.

이제 우리는 다음과 같이 순수한 활자형 규칙으로 머물 수 있을 것이다.

활자형 규칙 I : 가장 오른쪽 기호가 '1'인 정리는 어떤 정리이든 간에 '1'의 오른쪽에 '0'을 붙임으로써 새로운 정리를 만들 수 있다.

이 규칙들은 똑같은 효과를 가질 것이다. 이것이 바로 바로 오른쪽 열이 "이중 성격"을 가지는 이유이다 : 이것은 한 기호 패턴을 다른 패턴으로 변환시키는 일련의 활자형 조작으로 볼 수도 있고, 한 수를 다른 수로 변환시키는 일련의 산술 연산으로도 볼 수 있다. 그러나 산술 연산 버전에 더 관심을 기울이는 데에는 충분한 이유가 있다. 순수한 활자형 체계로부터 다른 동형태의 활자형 체계로 전환하는 것은 별로 짜릿한 일이 아니다. 반면에 활자형 영역을 완전히 벗어나 그것과 동형태의 수론 부분으로 전환하는 것은 새로운 것을 찾아낼 잠재력을 가지고 있다. 그것은 마치 평생 동안 악보를 알고는 있었지만 순전히 눈으로만 봐 왔던 사람에게 어느 순간, 누군가 소리와 악보가 서로 대응된다는 것을 보여주는 것과 같다. 이 얼마나 풍요로운 신세계인가! 또한 그것은 마치 평생 동안 끈의 모양에 익숙했지만, 의미 없이 순전히 끈 모양에만 익숙했던 사람에게 어느 순간, 누군가 이야기와 끈이 서로 대응된다는 것을 보여주는 것과 같다.* 이 또한 얼마나 대단한 계시인가! 괴델 수 매기기의 발견은 평면에서의 곡선들과 두 개의 변수를 가지는 방정식 사이에 동형성이 존재한다는 데카르트의 발견에 비유할 수 있다. 일단 그것을 이해하면 믿을 수 없을 정도로 간단하다. 그리고 광대한 신세계가 펼쳐진다.

그러나 결론으로 가기 전에, 독자는 아마 이러한 수준 높은 동형성으로 번역하는 것을 더 보고 싶을 것이다. 그것은 아주 훌륭한 연습이다. MIU-체계의 각 활자형 규칙과 구별할 수 없는 결과를 산출하는 산술규칙을 만들어 보자는 것이다.

해답이 아래에 있다. 이 규칙들에서 m과 k는 임의의 자연수이고, n은 10^m보다 작은 임의의 자연수이다.

규칙 1: $10m+1$을 만들었으면, $10 \times (10m+1)$을 만들 수 있다.
　　보기 : (4)에서 (5)로 넘어가는 경우 ; 이때 $m=30$이다.

규칙 2 : $3 \times 10^m + n$을 만들었으면 $10^m \times (3 \times 10^m + n) + n$을 만들 수 있다.
　　보기 : (1)에서 (2)로 넘어가는 경우 ; 이때 m과 n은 모두 1이다.

규칙 3 : $k \times 10^{m+3} + 111 \times 10^m + n$을 만들었으면 $k \times 10^{m+1} + n$을 만들 수 있다.
　　보기 : (3)에서 (4)로 넘어가는 경우 ; 이때 m과 n은 1이고, k는 3이다.

---

* 고대에는 끈이 책의 역할을 하기도 했다. 대표적인 것이 잉카의 키푸(결승문자)로, 이것을 가지고 숫자, 문자를 나타내 사건을 기록했다. 또한 아이들은 끈으로 형상을 만들고 거기에 이야기를 붙이기도 한다. 끈을 스토리 텔링으로 이용하는 것이다. 이에 대해서는 앤 펠로스키가 쓴 *The Story Vine*이라는 책을 참고하기 바란다. 덧붙여 원문의 string을 끈이 아닌 문자열로 읽어도 된다. 앞의 대화에서도 그랬지만 호프스태터가 string을 중의적으로 썼다고 볼 수 있기 때문이다.

규칙 4 : $k \times 10^{m+2}+n$을 만들었으면, $k \times 10^m+n$을 만들 수 있다.

보기 : (6)에서 (7)로 넘어가는 경우 ; 이때 $m=2$, $n=10$, $k=301$이다.

공리를 잊어서는 안 된다! 공리 없이는 아무 데도 갈 수 없다. 따라서 다음과 같이 상정해보자 :

31을 만들 수 있다.

이제 오른쪽 열을, 310-체계라고 부를 수 있는 새로운 산술적 체계에서, 어엿한 산술적 과정으로 간주할 수 있다 ;

(1)	31	가정
(2)	311	규칙 2 ($m=1$, $n=1$)
(3)	31111	규칙 2 ($m=2$, $n=11$)
(4)	301	규칙 3 ($m=1$, $n=1$, $k=3$)
(5)	3010	규칙 1 ($m=30$)
(6)	3010010	규칙 2 ($m=3$, $n=10$)
(7)	30110	규칙 4 ($m=2$, $n=10$, $k=301$)

이 "310-체계" 안에서 연장규칙과 단축규칙이 늘 우리와 함께한다는 것을 다시 한번 주목하라. 그 규칙들이 단지 수의 영역으로 옮겨졌을 뿐이다. 그래서 괴델 수가 커졌다 작아졌다 한다. 이 과정을 잘 살펴보면, 규칙들이 다음의 아이디어에 바탕을 두고 있다는 것을 발견하게 될 것이다. 즉, 십진법으로 표기된 정수에서 숫자들을 왼쪽과 오른쪽으로 옮기는 것은 10의 거듭제곱으로 곱하고 나누는 것과 연관이 있다는 것에 불과하다. 이 간단한 관찰은 다음과 같이 일반화된다.

핵심명제(Central Proposition) : 십진수로 표시된 임의의 수에서, 숫자들을 어떻게 이동시키고, 바꾸고, 삭제 또는 삽입하는지 말해주는 활자형 규칙이 있다면, 이 규칙은 더하기, 빼기는 물론 10의 거듭제곱 같은 산술 연산을 포함하는 산술 상응물로도 똑같이 잘 나타낼 수 있다.

더 간단히 말하면 :

수사(數詞)를 조작하기 위한 활자형 규칙들은, 사실 수에 대한 연산을 위한 산술규칙들이다.

이 간단한 관찰이 괴델의 방법론의 핵심이다. 그리고 그것은 절대적인 파괴 효과를 가질 것이다. 그것은 우리가 일단 어떤 형식체계이든 그것에 대한 괴델 수 매기기를 가질 경우에는, 곧바로 괴델 동형성을 완성하는 일련의 산술규칙을 만들 수 있다는 것을 말해준다. 요지는 어떤 형식체계이든 그에 대한 연구—사실 모든 형식체계에 대한 연구—를 수론으로 전환할 수 있다는 것이다.

MIU-생성가능수

한 세트의 활자형 규칙이 한 세트의 정리를 생성하는 것과 같이, 그에 상응하는 한 세트의 자연수는 산술규칙을 반복 적용해서 생성될 것이다. 이 **생성가능수**들은 정리들이 형식체계 안에서 하는 것과 똑같은 역할을 수론에서 한다. 물론 어떤 규칙을 채택하느냐에 따라서 다른 수들이 생성될 수 있을 것이다. "**생성가능수들**"은 산술규칙과 관련된 **체계**에 대해서만 생성할 수 있다. 예를 들면 31, 3010010, 3111 같은 수를 **MIU-생성가능수**라고 부를 수 있는데, 이름이 어색하다. 이것을 **MIU-수**라고 줄일 수 있을 것이다. 이 이름은 그 수들이 괴델 수 매기기를 통하여 MIU-체계를 수론으로 바꿀 경우, 그 결과 생기는 수라는 사실을 나타낼 것이다. 우리가 pq-체계에 괴델 수를 부여하고 그런 다음 그 규칙을 산술화하면, 우리는 생성가능수를 "pq-수"라고 부를 수 있을 것이다—등.

　(임의의 주어진 체계에서) 생성가능수들은 재귀적인 방법으로 정의된다는 것을 주목하라. 다시 말하면 생성할 수 있다고 판명된 수가 주어지면, 우리는 그 수를 가지고 더 많은 생성가능수들을 만드는 법을 알려주는 규칙들을 가진다. 이렇게, 생성할 수 있다고 판명된 부류의 수들은 피보나치 수나 Q-수의 목록과 똑같은 방식으로 계속해서 스스로를 확장해나간다. 임의의 체계의 생성가능수의 집합은 **재귀적 가산 집합**이다. 그러면 그 보집합인 비생성가능수의 집합은 어떤가? 그 집합은 항상 재귀적으로 연산될 수 있는가? 비생성가능수들은 공통적

인 산술적 특징을 가지는가?

이 문제는 형식체계에 대한 연구를 수론으로 바꾸는 경우 일어나는 문제이다. 산술화(arithmetization)가 된 모든 체계에 대해서 우리는 물을 수 있다. "생성가능수들을 간단한 방식으로 특징지을 수 있는가?" "재귀적으로 연산하는 방식으로 비생성가능수를 특징지을 수 있는가?" 이것은 수론의 난감한 질문들이다. 산술화된 체계에 따라서, 그런 질문들은 너무 어려워 우리가 해결할 수 없을지도 모른다. 그러나 이러한 문제들을 해결할 수 있는 희망이 있다면, 그것은 자연수에 적용하는 것 같은 통상적인 종류의 단계적인 추론에 있을 수밖에 없을 것이다. 물론 그것은 앞 장에서 전형적인 형태로 제시되었다. TNT는 어느 모로 보나 모든 타당한 수학적 사고과정을 하나의 응축된 체계로 포착해놓은 것으로 생각된다.

TNT를 참조하여 생성가능수에 대한 질문에 대답하기

그러므로 그 어떤 형식체계에 대한 어떤 질문이든 그것에 대답할 수단이 바로 단일한 형식체계—즉 TNT—에 있을 수 있다는 것인가? 그럴 것 같아 보인다. 예를 들면 이 질문을 보자 :

MU는 MIU-체계의 정리인가?

대답을 찾는 것은 30이 MIU-수인지 아닌지 결정하는 것과 같다. 그것은 수론의 명제이기 때문에 좀 고심해보면 "30은 MIU-수이다"라는 문장을 TNT 표기법으로 번역하는 방법을 알아낼 수 있을 것으로 기대한다. 그것은 우리가 다른 수론의 문장들을 TNT 표기법으로 번역하는 방법을 알아냈던 것과 똑같은 방식이다. 그러나 그런 번역이 있지만 너무나 복잡하다는 것을 독자에게 바로 주의를 환기시켜야겠다. 상기해보면, 제8장에서 "b는 10의 거듭제곱이다"와 같은 간단한 산술적 술어도 TNT-표기로 바꾸는 것이 매우 어렵다는 것을 지적했다. 그런데 "b는 MIU-수이다"라는 술어는 그것보다 훨씬 어렵다! 그렇지만 그것도 찾아낼 수 있다. 찾아내고 나면 모든 b를 수사 SSSSSSSSSSSSSSSSSSSSSSSSSSSSSS0으로 대체할 수 있다. 그 결과 MIU-수수께끼에 대해서 말하는 TNT 문자열인, 어마어마한 길이의(MONstrous) TNT 문자열이 될 것이다. 따라서 그 문자열을 "MUMON"이라고 부르자. MUMON 그리고 그와 비슷한 문자열들을 통해서 TNT는 이제 MIU-체계에 대해서 "코드"로 말할 수 있다.

MUMON의 이원적 성격

원래의 질문을 이렇게 독특하게 변형시키는 것으로부터 어떤 이득을 얻으려면 우리는 새로운 질문에 대한 대답을 찾아야 한다.

MUMON은 TNT의 정리인가?

우리가 지금까지 한 모든 것은 비교적 짧은 문자열(MU)를 다른 (어마어마한 길이의 MUMON) 문자열로 그리고 간단한 형식체계(MIU-체계)를 더 복잡한 형식체계(TNT)로 대체한 것이다. 질문이 다른 모습으로 제기되기는 했지만, 답이 더 쉽게 나올 것 같지는 않다. 사실 TNT는 연장규칙과 단축규칙을 충분히 보강한 규칙들을 가지고 있으며, 질문을 다시 정식화하는 것은 아마 원래의 질문보다 훨씬 더 어려울 것이다. 심지어는 MUMON을 통해서 MU를 보는 것은 일을 일부러 바보 같은 방식으로 하는 것이라고 말할 수도 있다. 그러나 MUMON은 하나 이상의 층위에서 고찰될 수 있다.

사실 이것은 아주 흥미로운 점이다 : MUMON은 두 개의 수동적인 의미가 있다. 첫 번째는 앞서 나온 것으로 다음의 의미이다 :

30은 MIU-수이다.

그러나 두 번째로, 우리는 이 명제가 (동형성을 통해서) 다음의 명제에 연결되었다는 것을 안다 :

MU는 MIU-체계의 정리이다.

그래서 우리는 이 명제를 MUMON의 두 번째 수동적인 의미로 정당하게 인용할 수 있다. 그것은 매우 이상하게 보일 텐데, 그 이유는 결국 MUMON이 덧셈 기호, 괄호 등, TNT 기호를 제외하고는 아무것도 포함하고 있지 않기 때문이다. 그러면 그것이 어떻게 산술적 내용이 아닌 진술을 표현할 수 있을까?

그것을 표현할 수 있다는 것은 사실이다. 하나의 음악적 선(線)이 한 곡 안에서 화성과 선율로서의 역할을 하듯이, "BACH"를 이름과 선율로 해석할 수 있듯이 그리고 하나의 문장이 에셔의 그림, DNA의 조각, 바흐의 작품 그리고 그 문장이 들어가 있는 대화에 대한 정확한 구조적인 기술일 수 있듯이, MUMON을 (적어도) 두 가지의 전적으로 다른 방식으로 받아들일 수 있다. 이런 상황은 다음의 두 가지 사실 때문에 일어난다.

> 사실 1 : "MU는 정리이다"와 같은 명제들은 괴델의 동형성을 통해서 수론으로 코드화될 수 있다.
> 사실 2 : 수론의 명제들은 TNT로 번역될 수 있다.

사실 1에 의해서 MUMON은 코드화된 메시지이며, 코드화된 메시지에서 코드의 기호는 사실 2에 의해서, 바로 TNT의 기호들이라고 말할 수 있다.

코드와 함축적 의미

이제 코드화된 메시지는 코드화되지 않은 메시지와는 달리, 그 자체로서는 아무것도 표현하지 않는다고 반박할 수 있을 것이다. 즉 코드화된 메시지는 코드에 대한 지식을 요구한다는 것이다. 그러나 현실에서 코드화되지 않은 메시지같은 것은 없다. 단지 메시지가 좀더 친숙한 코드로 쓰였느냐, 아니면 덜 친숙한 코드로 쓰였느냐의 차이만 있을 뿐이다. 한 메시지의 의미를 밝혀야 한다면, 그것은 모종의 메커니즘이나 동형성을 통하여 코드로부터 추출해야 한다. 코드를 해독하는 방법을 찾는 것은 어려울 수도 있다. 그러나 일단 그 방법을 발견하고 나면, 메시지는 물처럼 투명해진다. 어떤 코드가 충분히 익숙해지면 그 코드는 더 이상 코드처럼 느껴지지 않는다. 그리고 사람들은 해독 메커니즘이 있다는 사실을 잊어버린다. 그 결과 메시지는 곧 메시지의 의미와 동일시된다.

메시지와 의미의 동일화가 너무나 강해서 우리가 같은 기호들 속에 자리잡고 있는 대안적인 의미를 생각하기 힘든 사례가 여기 있다. 다시 말하면, TNT의 문자열에 있는 기호들을 수론적 의미로 (오직 수론적 의미로만) 보는 데에 너무나도 편향되어 있어서 TNT 문자열을 MIU-체계에 대한 명제로서 생각하는 것이 아주 어렵다. 그러나 괴델의 동형성은 TNT의 어떤 문자열에서 이 두 번째의 의미 층위를 인식하기를 촉구한다.

좀더 친숙한 방식으로 해독하면, MUMON은 다음과 같은 메시지를 담고 있다.

30은 MIU-수이다.

이것은 모든 기호를 통상적인 방식으로 해석해서 얻은 수론의 명제이다.

그러나 우리는 괴델 수 매기기와 그것을 토대로 구축된 모든 동형성을 발견함으로써 어떤 의미에서 TNT 문자열로 쓰인 MIU-체계에 대한 메시지가 들어 있는 코드를 판독한 것이다. 고대 문자의 해독이 정보-발현자였던 것처럼, 괴델의 동형성은 새로운 정보-발현자이다. 이 새롭고 덜 친숙한 메커니즘으로 해독하면, MUMON은 다음과 같은 메시지를 담고 있다.

MU는 MIU-체계의 정리이다.

우리는 이 이야기에 대한 교훈을 이미 들어본 적이 있다: 즉 의미란 어떠한 동형성을 지각하면서 자동적으로 생기는 부산물이라는 것이다. 따라서 MUMON에 대해서 적어도 두 개의 수동적인 의미가 있다—더 있을지도 모른다!

부메랑 : TNT에 괴델 수 매기기

물론 일이 여기서 끝나는 것은 아니다. 우리는 이제 괴델의 동형성의 잠재력을 깨닫기 시작했을 뿐이다. 다른 형식체계들을 반영하는 TNT의 능력을 TNT 자신에게 적용하는 것은 자연스러운 기획일 것이다. 마치 거북이 게의 축음기가 스스로에게 돌아서서 축음기 자신을 파괴하게 한 것처럼 그리고 거북의 술잔 G가 자신에게 돌아서서 자신을 파괴한 것처럼 말이다. 이를 위하여 우리는 MIU-체계를 가지고 했던 것처럼 TNT 자체에 괴델 수 매기기를 하고 그 추론규칙을 "산

술화해야" 할 것이다. 괴델 수 매기기는 간단하다. 예를 들면, 다음과 같이 대응시킬 수 있다 :

기호 코돈	기억의 정당성
0 ······ 666	신비의 0에 대한 (묵시록에 나오는) 동물의 수
S ······ 123	다음 수 : 1, 2, 3, ······
= ······ 111	비스듬히 돌려놓으면, 시각적으로 비슷하다
+ ······ 112	1+1=2
• ······ 236	2×3=6
(······ 362	끝이 2
) ······ 323	끝이 3
< ······ 212	끝이 2 } 이 세 쌍은 하나의 패턴을 형성한다
> ······ 213	끝이 3
[······ 312	끝이 2
] ······ 313	끝이 3
a ······ 262	∀(626)의 반대
' ······ 163	163은 소수
∧ ······ 161	'∧'는 1-6-1 수열의 "그래프"이다
∨ ······ 616	'∨'는 6-1-6 수열의 "그래프"이다
⊃ ······ 633	6은 어떤 의미에서 3과 3을 "함축한다"
~ ······ 223	2+2는 3이 아니다
Ǝ ······ 333	'Ǝ'는 '3'처럼 보인다
∀ ······ 626	a의 반대, 즉 6-2-6의 "그래프"이다
: ······ 636	두 개의 점, 두 개의 6
punc.······611	특수한 수, 예를 들면 특정한 전화번호(411, 911)*

TNT의 모든 기호는 숫자 1, 2, 3과 6으로 이루어진 3연수와 일대일 대응을 하

---

* 예를 들면 미국에서 411은 안내전화, 911은 긴급출동을 요청하는 특수한 전화번호이다.

364

는데 이 수들은 기억하기 쉽기 때문에 선택했다. 나는 이러한 3연수를 **괴델 코돈**, 또는 줄여서 코돈(codon)이라고 하겠다. 내가 b, c, d 또는 e에 대해서는 어떤 코돈도 부여하지 않았음을 주목하라. 우리가 간소한 TNT를 사용하고 있기 때문이다. 이렇게 한 데에는 숨겨진 동기가 있는데, 제16장에서 알게 될 것이다. 마지막 행의 "구두부호(punctuation)"는 제14장에서 설명하겠다.

이제 우리는 TNT의 그 어떤 문자열이나 규칙도 새로운 옷차림으로 다시 쓸 수 있다. 아래에 공리 1을 두가지 표기법으로 쓴 예가 있다. 위의 것이 새 표기법, 아래가 기존 표기법이다.

626, 262, 636, 223, 123, 262, 111, 666

∀ a : ~ S a = 0

운 좋게도, 숫자 세 자리마다 콤마를 찍는 표준 규약이 우연히 우리의 코돈과 일치해 코돈의 가독성을 높여주는 결과를 낳았다.

여기 새로운 표기법으로 된 절단규칙이 있다.

규칙 : x와 212x633y213이 모두 정리라면, y는 정리이다.

마지막으로, 여기에 앞 장에서 가져온 한 개의 도출 전체를 간소한 TNT로 표기하고 또한 새로운 표기법으로 번역했다.

626,262,636,626,262,163,636,362,262,112,123,262,163,323,111,123,362,262,112,262,163,323   공리3

∀ a : ∀ a ′ : (a + S a ′) = S (a + a ′)

626,262,163,636,362,123,666,112,123,262,163,323,111,123,362,123,666,112,262,163,323   특수화

∀ a ′ : (S 0 + S a ′) = S (S 0 + a ′)

362,123,666,112,123,666,323,111,123,362,123,666,112,666,323   특수화

(S 0 + S 0) = S (S 0 + 0)

626,262,636,362,262,112,666,323,111,262   공리2

∀ a : (a + 0) = a

362,123,666,112,666,323,111,123,666   특수화

```
( S 0 + 0 ) = S 0
```
123,362,123,666,112,666,323,111,123,123,666   '123'을 삽입하라

```
S ( S 0 + 0 ) = S S 0
```
362,123,666,112,123,666,323,111,123,123,666   이행성

```
( S 0 + S 0 ) = S S 0
```

내가 "S를 덧붙여라"라는 규칙의 이름을 "'123'을 삽입하라"로 바꾼 것을 주목하라. 왜냐하면 그것이 적절한 활자형 연산이기 때문이다.

이 새로운 표기법은 매우 이상하게 느껴진다. 당신은 의미에 대한 감각을 모두 잃어 버린다. 그러나 당신이 이 표기법을 보고 자랐다면, 이 표기법으로 쓰인 문자열들을 TNT에서처럼 손쉽게 읽을 수 있었을 것이다. 당신은 이 표기법으로 쓰인 것들을 보고 첫눈에 적격 식(well-formed formula)들과 비적격 식들을 구별할 수 있을 것이다. 자연히, 표기법이 시각적으로 두드러지기 때문에, 이것을 활자형 연산으로 생각할 것이다. 그러나 동시에 이 표기법에서 적격 식들을 집어내는 것은, 또한 우리가 산술적 정의를 가지는 특별한 부류의 정수를 집어내는 것이다.

자 그럼, 모든 추론규칙들의 "산술화"는 어떠한가? 현 상태에서는 그것들은 모두 여전히 활자형 규칙들이다. 그러나 잠깐! 핵심명제에 따르면 활자형 규칙은 산술적 규칙과 그야말로 등가이다. 십진법으로 표현된 수에 숫자를 삽입하고 옮기는 것은 산술 연산이고 그것은 활자형으로 수행될 수 있다. 맨 끝에 '0'을 붙이는 것이 10으로 곱하는 것과 같은 것처럼. 각각의 규칙은 복잡한 산술적 연산을 간결하게 기술하는 방식이다. 따라서 어떤 면에서 우리는 등가의 산술적 규칙을 찾을 필요조차 없다. 왜냐하면 모든 규칙들이 이미 산술적이기 때문이다!

TNT-수 : 수의 재귀적 열거 가능 집합

이런 식으로 보면, 앞에 제시한 정리 "362,123,666,112,123,666,323,111,123,123,666"의 도출은 일련의 극도로 복잡한 수론적 변형이다. 그 각각의 변형은 하나 이상의 입력 수에 작용해서, 앞에서처럼 생성가능수 또는 더 구체적으로 TNT-수라고 하는 출력 수를 생성한다. 어떤 산술규칙들은 기존의 TNT-수를 취해서, 특

정 방식으로 **증가시켜** 새로운 TNT-수를 생성한다. 어떤 규칙들은 기존의 TNT-수를 취해서, 그것을 **감소시킨다.** 또다른 규칙들은 두 개의 TNT-수를 취하여, 각각에 대해서 다소 특이한 방식으로 연산한 다음 그 결과들을 결합해 새로운 TNT-수를 생성한다. 등. 단 하나의 알고 있는 TNT-수로 시작하는 것이 아니라, 다섯 개의 초기 TNT-수들을 가진다. 물론 각각의 (엄격한) 공리에 대해서 하나씩이다. 산술화된 TNT는 실은 산술화된 MIU-체계와 극히 비슷하며, 단지 규칙과 공리가 더 있을 뿐이다. 그리고 산술적 등가물을 명시적으로 적는 것은, 몹시 성가신 일이고, 별로 깨우쳐주는 것이 없다. MIU-체계에 대해서 했던 것을 그대로 따르면, 의심할 바 없이 여기서도 아주 비슷한 것이 생겨야 한다.

이런 식으로 TNT를 "괴델화"함으로써 새로운 수론 술어가 생겼다. 술어는 다음과 같다.

a는 TNT-수이다.

예를 들면, 우리는 앞의 도출로부터 362,123,666,112,123,666,323,111,123,123,666은 TNT-수이지만, 반면에 123,666,111,666은 아마도 TNT-수가 아니라는 것을 안다.

이제 이 새로운 수론 술어는 a라는 자유변수를 가지는 TNT 문자열로 **표현할 수 있다.** '~'부호를 앞에 붙일 수 있으며, 그러면 이 문자열은 상보적인 개념인

a는 TNT-수가 아니다.

를 표현할 것이다.

이제 이 두 번째 문자열에 나타나는 모든 **a**를 123,666,111,666에 대한 TNT-수사로—그것은 정확히 123,666,111,666개의 S(다 쓰기에는 너무 길다)를 가지게 될 수사이다—대체하면, 우리는 MUMON과 마찬가지로 두 층위에서 해석할 수 있는 TNT 문자열을 가질 것이다. 첫 번째로 그 문자열은 다음을 진술할 것이다.

123,666,111,666은 TNT-수가 아니다.

그러나 TNT-수들을 TNT 정리들에 연결시키는 동형성 때문에, 이 문자열은 다음과 같은 두 번째-층위의 의미를 가지게 될 것이다.

SO=0은 TNT의 정리가 아니다.

TNT는 자기 스스로를 삼키려고 한다

이 예기치 못한 중의성(重義性)은 TNT가 TNT의 다른 문자열들에 대해서 진술하는 문자열을 포함하고 있음을 보여준다. 다른 말로 하자면, 우리가 외부에서 TNT에 대해서 말할 수 있는 메타언어가, 적어도 부분적으로는 TNT 자체 안에서 흉내 내졌다는 것이다. 그런데 이것은 TNT의 우연한 특징이 아니다. 그것은 어떤 형식체계의 구성도 N(수론) 내부에 반영될 수 있기 때문에 일어난다. 그것은 마치 전축으로 음반을 틀면 진동이 전축으로 유도되는 것을 피할 수 없는 것처럼 TNT의 피할 수 없는 특징이다. 그것은 마치 진동이 외부세계에서 예를 들면 점프하는 아이들이나 튀는 공으로부터 오는 것처럼 보인다. 그러나 음을 만들 때 생기는 불가피한 부작용은 그 음이 음을 생성하는 바로 그 메커니즘을 둘러싸고 흔든다는 것이다. 그것은 우연이 아니라, 어쩔 수 없는 부작용이다. 그것은 전축의 본성 안에 있다. 그리고 수론을 어떻게 형식화해도 형식화된 수론의 메타언어가 형식화된 수론 속에 들어가는 것은 형식화의 본성 안에 있다.

우리는 이 관찰을 수리논리학의 중심원리(Central Dogma)라고 부르며 다음과 같은 2단계의 다이어그램으로 나타냄으로써 중요하게 보이게 할 수 있다.

TNT → N → 메타-TNT

말로 풀어보면 : TNT 문자열은 N(수론) 속에서 해석을 가진다. 그러면 N의 명제는 TNT에 대한 명제라는 두 번째 의미를 가진다.

G : 자기 스스로에 대해서 코드로 말하는 문자열

여기까지는 흥미 있지만 그것은 절반의 이야기일 뿐이다. 나머지 이야기는 자기-지시의 강화와 관련되어 있다. 이제 우리는 음반을 트는 그 축음기를 파괴할 수 있는 음반을 만들 수 있다는 것을 알아차린 거북과 같은 입장에 도달했다. 그런데 문제는 다음과 같다. "축음기가 있다고 하자. 그렇다면 음반에 무엇을 수록해야 할지 어떻게 아는가?" 그것은 까다로운 문제이다.

우리는 어떤 TNT 문자열을 찾고자 하는데—그 문자열을 'G'라고 부르겠다—그것은 그것의 수동적인 의미 중 하나가 G에 대한 문장이라는 점에서 **자기 자신**에 대한 문자열이다. 특히 그 수동적인 의미는 다음과 같은 것으로 판명될 것이다.

"G는 TNT의 정리가 아니다."

나는 G가 **수론의 명제**라는 수동적 의미도 또한 가진다는 것을 서둘러 덧붙여야 겠다. MUMON이 그런 것처럼, 그것은 (적어도) 두 가지 다른 방식으로 해석되는 것을 허용한다. 중요한 것은 각각의 수동적 의미가 타당하고 유용하며, 어떤 방식으로도 다른 수동적 의미를 의심하지 않는다는 것이다(음반을 연주하는 축음기가 자기 자신과 음반에 진동을 유발할 수 있다는 사실이 그 진동이 음악 소리라는 사실을 결코 퇴색시키지는 않는다!).

G의 존재가 TNT의 불완전성을 야기한다

G를 만드는 천재적인 방법과 TNT와 관련되는 몇몇 중요한 개념들은 제13장과 제14장에서 전개될 것이다. 지금은 TNT의 자기-지시적인 명제를 찾을 경우, 나타나는 결과를 다소 피상적으로 살펴보는 데에 관심을 두자. 누가 알겠는가? TNT처럼 폭발할지! 어떤 의미에서는 폭발한다. 우리는 분명한 질문에 초점을 맞춘다 :

G는 TNT의 정리인가, 아닌가?

이 문제에 관해서 자기 자신에 대한 G의 견해에 기대기보다는, 우리 **자신**의 견해를 가지도록 해보자. 결국 G는 선사가 자기 자신을 이해하는 것 이상으로 자기 자신을 이해하지는 못할 것이다. MUMON처럼 G는 오류를 표현할 수도 있다.

MU처럼 G도 비정리일 수 있다. 우리는 TNT의 모든 가능한 문자열을 믿을 필요는 없고, 다만 그것의 정리만 믿으면 된다. 이 시점에서 최선을 다해 우리 자신의 추론 능력을 사용해서 그 문제를 해명해보자.

우리는 다음과 같은 통상적인 가정을 할 것이다. 즉 TNT는 타당한 추론 방법을 포함하고 있으며, 따라서 TNT는 결코 정리에 거짓을 포함하지 않는다. 달리 말하면, TNT의 정리는 어떤 정리이든 참을 표현한다. 그래서 G가 정리라면, 그것은 참을 표현한다. 즉 "G는 정리가 아니다"라는 참을. 이 문장의 자기-지시의 모든 힘이 우리를 강타한다. 정리라는 것에 의해서, G는 거짓이어야 할 것이다. TNT는 결코 정리에 거짓을 포함하지 않는다는 우리의 가정에 기댄다면 우리는 G는 정리가 아니다라는 결론을 받아들일 수밖에 없을 것이다. 이것은 괜찮다. 그러나 작은 문제가 하나 남는다. G가 정리가 아니라는 것을 알고 있다 하더라도, G가 참을 표현한다는 것은 인정해야만 할 것이다. 바로 여기에 TNT가 우리의 기대에 부응하지 못하는 상황이 있다. 우리는 참인 명제를 표현하지만 정리는 아닌 문자열을 발견했다. 그리고 놀랍게도, 우리는 G가 산술 해석도 또한 가진다는 사실을 놓쳐서는 안 된다. 이 사실을 가지고 우리가 발견한 것들을 다음과 같이 요약할 수 있다.

> TNT 문자열을 하나 발견했다 ; 그것은 분명히 자연수의 어떤 산술적 속성에 대한 명제를 표현한다. 더욱이 그 체계의 외부에서 추론하는 것을 통해서, 그 명제가 참인 명제일 뿐만 아니라, 그 문자열이 TNT의 정리가 아니라는 것 또한 결정할 수 있다. 따라서 우리가 TNT에게 그 명제가 참인지를 묻는다면, TNT는 긍정할 수도, 그렇다고 부정할 수도 없다.

"MU의 헌정"에 있는 거북의 문자열은 G의 유사체인가? 전혀 아니다. 거북의 문자열의 유사체는 ~G이다. 이것은 어째서 그런가? 잠시 ~G가 무엇을 말하는지 생각해보자. 그것은 G가 말하는 것의 정반대이다. G는 말한다 : "G는 TNT의 정리가 아니다." 따라서 ~G가 말하는 것은 이것이다 : "G는 정리이다." 우리는 G와 ~G를 다음과 같이 풀어 말할 수 있다 :

G : "나는 (TNT의) 정리가 아니다."

~G : "나의 부정은 (TNT의) 정리이다."

거북의 문자열과 평행관계에 있는 것은 ~G이다. 왜냐하면 그 문자열은 자기 자신에 대해서 말하는 것이 아니라, 거북이 아킬레스에게 처음에 제공한 문자열에 대해서 말하기 때문이다. 그 문자열은 틸드(~)가 하나 있다(또는 아무리 그것을 보고 싶어도 한 개이다).

무문의 마지막 말

조주의 무(無)에 대한 간결한 시에서, 무문은 누구보다도 명확하게 결정 불가능성의 신비(**Mystery of the Undecidable**)를 꿰뚫어 보고 있다.

> 개에게도 불성이 있는가?
> 이것은 모든 질문들 중에서 가장 난감한 것이다.
> 그렇다고 말해도 아니라고 말해도
> 너는 네 자신의 불성을 잃을지니.

제II부

전주곡……

아킬레스와 거북은 게의 친구인 개미핥기와 친분을 가지기 위해서 게의 집을
방문한다. 소개를 마치고 넷은 앉아서 차를 마신다.

거북 : 게 선생, 자네에게 줄 작은 선물을 하나 가져왔는데.

게 : 정말 고맙네. 그냥 와도 되는데.

거북 : 우리 마음의 표시일 뿐이야. 아킬레스 자네가 게 선생에게 건네주겠나?

아킬레스 : 그래. 게 선생, 진심이라네. 자네 마음에 들면 좋겠는데.

(아킬레스는 게에게 우아하게 포장된 사각형의 얄팍한 선물 상자를 건네준다.
게는 포장을 뜯기 시작한다.)

개미핥기 : 무슨 선물일지 궁금하군.

게 : 곧 알게 되겠지. (포장을 다 뜯어내고 선물을 꺼낸다.) 아니 음반이 두 장이나!
야 이거 긴장되는군. 하지만 라벨이 안 붙어 있는데. 아! 이거 혹시 자네의
또다른 "특제품" 아니야, 거북 선생?

거북 : 축음기-파괴자냐고 묻는 거라면, 이번에는 아니네. 하지만 실은 그것은
주문 녹음한 건데, 이 세상에 단 하나밖에 없는 것이네. 그걸 들어본 사람
조차 아직 아무도 없어—물론 그 곡을 바흐 자신이 연주했을 때는 빼고 말
이야.

게 : 바흐가 그 곡을 연주했을 때라고? 정확히 그게 무슨 소리지?

아킬레스 : 오, 자네는 거북 선생이 그 음반이 실제로 어떤 음반인지 말해주면 기
절초풍할 걸세.

거북 : 자네가 말하게, 아킬레스.

아킬레스 : 내가? 이런! 그럼, 내 노트를 보고 하는 게 낫겠군. (그는 작은 서류 정리
카드 하나를 꺼내더니 목소리를 가다듬는다.) 에헴, 수학에서 새로 나온 놀라

그림 54. "뫼비우스의 띠 II(Möbius Strip II)"(M. C. 에셔, 목각, 1963).

운 성과에 대해서 들어보고 싶은가? 이 음반들도 그 덕분에 나올 수 있었네.

게 : 이 음반들이 수학으로부터 나온 것이라고? 정말 별난 일이군! 자네 얘기가 내 관심을 끌어. 꼭 들어봐야겠네.

아킬레스 : 좋아. (잠시 멈춰 차를 마시고 나서 계속 한다.) 자네들 혹시 페르마의 악명 높은 "마지막 정리(Last Theorem)"를 들어본 적이 있나?

개미핧기 : 분명치는 않은데······. 왠지 귀에 익어. 하지만 기억이 나지 않는구먼,

아킬레스 : 발상은 아주 간단해. 본직은 법학자였지만 취미로 수학에 몰두했던 피에르 드 페르마는 디오판토스가 쓴 고전 교본인 『산학(算學, Arithmetica)』 을 읽다가 다음과 같은 방정식이 있는 페이지와 마주치게 되었지.

$$a^2+b^2=c^2$$

그는 곧 이 방정식이 무한히 많은 해 a, b, c를 가진다는 것을 알고는 여백에 다음과 같은 악명 높은 주석을 달았지 :

방정식

$$a^n+b^n=c^n$$

은 $n=2$일 경우에만 양의 정수해(整數解) a, b, c와 n을 가진다(그러면 이 방정식을 만족시키는 a, b, c 세 수의 조합은 무한히 많다) ; 그러나 $n>2$인 경우에는 해가 없다. 나는 이 명제에 대한 정말로 놀라운 증명을 발견했는데, 불행하게도 그것을 다 적기에는 여백이 너무 좁다.

300여 년 전의 그날 이후로 수학자들은 둘 중의 하나를 해결하려고 무진 애를 썼지만 아무도 성공하지 못했네. 하나는 페르마의 주장을 증명해서 페르마의 명성을 입증하는 것이지. 그런데 그 명성이 아주 높긴 하지만, 다소 퇴색했어. 왜냐하면 회의적인 사람들은, 페르마가 증명을 발견했다고 주장하지만 실은 결코 발견하지 못했다고 생각하기 때문이지. 그리고 다른 하나는 반례를 찾아내 페르마의 주장을 반박하는 거지. n이 2보다 큰 경우 이 방정식을 만족시키는 네 개의 정수 a, b, c, n 한 세트 말이야. 아주 최근까지도

그림 55. 피에르 드 페르마.

어느 쪽의 시도이든 모조리 실패했지. 확실히 이 정리는 n의 특정값에 대해서는 많은 경우 증명되었어. 특히 125,000까지의 모든 n에 대해서는 말이야.

개미핥기 : 아직 증명되지 않았으면, "정리"가 아니라 "추측"이라고 말해야 하지 않을까?

아킬레스 : 엄밀히 말하면 자네 말이 맞네. 하지만 관습대로 정리로 불러왔다네.

게 : 혹시 누군가 이 유명한 문제를 해결하는 데 성공했는가?

아킬레스 : 그럼! 실은 거북 선생이 해냈지, 이런 경우 늘 그렇듯 천재적인 발상으로 말이야. 그는 페르마의 마지막 정리(Fermat's Last Theorem)의 **증명**을 찾았을 뿐만 아니라 (이로써 정리라는 이름을 정당화해주고 페르마의 정당성도 입증했다) 그 **반례**도 찾아내서, 회의론자들이 훌륭한 직관을 가졌었다는 것을 보여주었지.

게 : 이야, 대단해! 그건 정말 혁명적인 발견이군.

개미핥기 : 하지만 우리를 궁금해하도록 내버려두지 말게나. 페르마의 방정식을 만족시키는 마법의 정수가 도대체 무엇인가? 특히나 n의 값이 궁금한걸.

아킬레스 : 오, 맙소사! 창피해 죽겠네! 이걸 믿을 수 있겠나? 나는 그 값을 정말로 어마어마하게 큰 종이 위에 써놓고 집에 두고 왔네. 불행하게도 그 종이는 가져오기에는 너무 컸네. 자네에게 혹시 도움이 될지 모르겠는데, 한 가

지는 기억하고 있지—n의 값은 π의 연분수*의 어디에도 나타나지 않는 유일한 양의 정수이지.

게 : 자네가 그 값들을 가져오지 않다니 아쉽군. 하지만 자네의 말을 의심할 이유는 없지.

개미핥기 : n을 십진수로 적은 걸 군이 볼 필요가 있나? 아킬레스가 방금 그것을 찾는 방법을 얘기했잖아. 에, 거북 선생, 자네의 획기적인 발견에 즈음하여 진심으로 축하하네.

거북 : 고맙네. 하지만 내 생각엔 결과 자체보다 더 중요한 것은 그 결과로부터 곧바로 이끌어낼 수 있는 실용적인 이용이라네.

게 : 정말 듣고 싶어 죽겠군. 왜냐하면 나는 언제나 수론이야말로 수학의 여왕이라고 생각했지. 수학의 가장 순수한 영역으로 그 어떤 실제적인 응용과도 거리가 **먼** 분야니까!

거북 : 자네만 그렇게 생각하는 것은 아니라네. 실제로 순수 수학의 어떤 분야 또는 심지어는 개별적인 정리가 언제, 어떻게 수학의 영역 밖에서 중요한 영향을 미칠지에 대해서 총괄적으로 말하는 것은 불가능하지. 그것은 전혀 예측 불가능하다네. 그리고 이번 경우가 바로 그 현상에 대한 완벽한 예라네.

아킬레스 : 거북 선생의 이중(二重) 결과는 음향–복원의 영역에 돌파구를 열어주었지!

개미핥기 : 음향–복원이라니, 그게 뭔가?

아킬레스 : 말 그대로지. 그것은 아주 복잡한 정보원(情報源)으로부터 음향 정보를 복원하는 거야. 전형적인 음향–복원 작업은 돌이 호수에 떨어지면서 나

---

* π 연분수

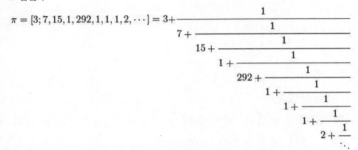

$$\pi = [3; 7, 15, 1, 292, 1, 1, 1, 2, \cdots] = 3 + \cfrac{1}{7 + \cfrac{1}{15 + \cfrac{1}{1 + \cfrac{1}{292 + \cfrac{1}{1 + \cfrac{1}{1 + \cfrac{1}{1 + \cfrac{1}{2 + \cfrac{1}{\ddots}}}}}}}}}$$

$\pi = [3; 7, 15, 1] = 355/113 = 3.14159292035 \cdots$

는 소리를 호수 표면으로 퍼져나가는 물결들로부터 재구성하는 것이라네.

게 : 아니, 그건 지렁이 갈비뼈 찾는다는 말처럼 들리는군!

아킬레스 : 그렇지 않아. 사실 그것은 사람의 뇌가 하는 일과 아주 비슷해. 뇌는 다른 사람의 성대에서 만들어진 소리를 고막에 의해서 달팽이관의 신경으로 전달된 진동으로부터 재구성한다네.

게 : 알겠어. 하지만 수론이 어느 대목에서 끼어들 수 있는지, 이 모든 게 내 새 음반과 무슨 관계가 있는지 영 모르겠군.

아킬레스 : 에, 음향-복원의 수학에서는 특정 디오판토스 방정식(Diophantine equation)의 해(解)의 수와 관련되는 여러 가지 문제들이 제기되지. 거북 선생은 몇 년 동안, 바흐가 200년 전에 하프시코드로 연주했던 음을 현재 대기(大氣) 속에 있는 모든 분자들의 운동을 계산해서 재구성하려고 애를 써왔지.

개미핥기 : 그건 분명히 불가능한 일이야! 그것들은 복원할 수 없게 사라졌어. 영원히 사라졌지!

아킬레스 : 뭘 모르는 사람들은 그렇게 생각하지······. 하지만 거북 선생은 다년간 그 문제에 몰두했어. 그러고는 그 모든 것이 방정식

$$a^n+b^n=c^n$$

에서 $n>2$일 경우, 양의 정수로 된 해에 달려 있다는 것을 깨닫게 되었지.

거북 : 물론 나는 이 방정식이 어떻게 음향-복원 문제에서 발생하는지 설명해줄 수는 있지만 자네들이 따분해할 거야.

아킬레스 : 음향-복원 이론은 바흐의 연주음을 대기 속에 있는 모든 분자의 운동으로부터 복원할 수 있다고 예측한다는 사실이 밝혀졌지. 만일 그 방정식의 해가 적어도 하나 존재**하거나**—

거북 : 놀랍군!

개미핥기 : 환상적이네!

거북 : 누가 그런 걸 생각했을까?

아킬레스 : 나는 "그런 해가 **있거나**, 해가 **없다**는 증명이 있으면!"이라고 말하려던 참이었는데. 그래서 거북 선생은 조심스럽게, 그 문제의 양 끝에서 동시에 작업을 시작했지. 밝혀진 바와 같이 반례의 발견은 증명을 발견하는 데

에 열쇠 구실을 하는 요소였어. 그렇게 해서 하나의 발견은 곧바로 다른 발견으로 이어졌지.

게 : 어떻게 그럴 수 있었지?

거북 : 에, 나는 페르마의 마지막 정리에 대한 모든 증명의 구조 설계는—만일 있다면—우아한 식으로 기술할 수 있음을 보여주었지. 그런데 우연히도 그 식은 어떤 방정식의 해의 값에 의존한다네. 내가 이 두 번째 방정식을 발견했을 때 놀랍게도 그것이 페르마의 방정식이라는 것을 알았어. 그야말로 흥미로운 형식과 내용의 우연적인 관계이지. 그래서 내가 그 반례를 찾았을 때 내가 할 일은, 그 방정식에는 해가 없다는 증명을 구축하기 위한 청사진으로 그 수들을 이용하는 것이었네. 생각해보면 정말 간단하지. 어째서 아무도 이 결과를 발견해내지 못했는지 알 수가 없군.

아킬레스 : 이 예기치 못한 풍부한 수학적 성공의 결과, 거북 선생은 자신이 오랫동안 꿈꿔오던 음향-복원을 수행할 수 있었지. 그러니까 게 선생에게 준 선물은 이 모든 추상적인 작업을 구체적인 모습으로 실현시킨 거야.

게 : 설마 그게 바흐가 하프시코드를 위한 자신의 곡을 직접 연주한 걸 복원해 녹음한 것은 아니겠지?

아킬레스 : 설마가 사람 잡는다네. 자네가 말한 게 바로 현실이 되었으니까! 이것은 요한 제바스티안 바흐가 그의 "평균율 클라비어 곡집" 전곡을 다 연주한 두 장짜리 음반 세트지. 즉 각 음반마다 24개의 전주곡과 푸가가 들어 있고, 그것들은 각각 장조와 단조로 되어 있다네.

게 : 그럼 값으로 따질 수 없는 이 귀한 음반을 당장 들어봐야겠군. 아, 자네 둘에게 어떻게 감사해야 좋을지 모르겠군.

거북 : 이렇게 맛있는 차를 대접해주었으니 이미 충분히 감사를 한 거네.

(게는 음반 하나를 재킷에서 꺼내어 전축 위에 올려놓는다. 믿기 어려운 대가의 솜씨로 연주되는 하프시코드 소리가 상상할 수 있는 최상의 음질로 온 방 안을 채운다. 심지어는 바흐 자신이 연주를 하면서 곡을 따라 부르는 부드러운 소리도 들린다*—혹시 상상은 아닌가?)

---

* 바흐의 독보적인 해석자 중의 하나인 캐나다의 기인 피아니스트인 고(故) 글렌 굴드의 연주를 잘 들어보면 그가 연주를 따라서 주선율이나 대선율을 읊조리는 것을 들을 수 있다. 특히 "프

게 : 혹시 악보를 보면서 듣기를 원하나? 탁월한 서예가이기도 했던 나의 스승님이 특별히 그림을 그려넣은 유일무이한 "평균율 클라비어 곡집"의 악보가 하나 있는데.

거북 : 그걸 보면 좋겠군.

(게는 유리문이 달린 우아한 책장으로 가서 커다란 악보 두 권을 꺼낸다.)

게 : 자. 여기 있네. 거북 선생. 나도 이 책 속의 아름다운 그림들을 아직 제대로 본 적이 없네. 아마 자네 선물이 이 그림들을 다 보는 데 힘이 될 것 같네.

거북 : 그러길 바라네.

개미핥기 : 자네들 혹시 이 곡 속에서 전주곡이, 뒤따라 나오는 푸가의 조에 언제나 완벽하게 맞추어져 있다는 걸 알아차렸나?

게 : 그럼. 말로 표현하기는 어렵지만, 둘 사이에는 항상 미묘한 관계가 있지. 전주곡과 푸가가 공통의 선율 주제를 가지지 않는 경우에도, 이 둘의 바탕을 이루는 어렴풋한 추상적인 속성이 항상 있어서 둘을 단단히 묶어주고 있지.

거북 : 그리고 전주곡과 푸가 사이의 몇 차례 정적의 순간들은 아주 극적인 어떤 것이 있지. 즉 푸가의 주제가 단선율로 울리기 시작하고는 그런 다음 점점 복잡함을 더하면서 기묘하고도 절묘한 화음이 뒤따르는 순간 말이야.

아킬레스 : 자네가 무엇을 말하는지 알겠네. 내가 모르는 전주곡과 푸가들이 아직 많은데, 나에게는 그 짧은 정적의 순간이 정말 짜릿해. 그건 바로 내가 그 노련한 바흐의 수법을 예측하는 그 순간이지. 예를 들면 나는 그 푸가의 템포가 무엇일까 늘 가슴 졸이지. 알레그로, 아니면 아다지오? 박자는 8/6 박자, 아니면 4/4 박자? 성부는 3성, 아니면 5성 아니면 4성? 그리고 제1성부가 시작하면……이런 절묘한 순간이란.

게 : 아 그래. 그 옛날의 청춘 시절이 생각나는군. 참신함과 아름다움. 그 안에 숨겨진 예기치 못한 놀라움으로 가득한 새로운 전주곡과 푸가에 황홀해하던 시절 말일세.

랑스 모음곡"이나 "골트베르크 변주곡"에서는—사전지식이 없는 사람이라면—음반이 잘못 만들어진 것으로 의심할 정도로 심하다. 이것은 미국이 자랑하는 클래식 기타의 대가인 크리스토퍼 파크닝의 연주에서도 들을 수 있다. 아마 몰아(沒我)의 반영인 듯하다.

아킬레스 : 그러면 지금은? 그 황홀함은 다 사라졌나?

게 : 황홀함은 항상 있지만, 익숙해져버렸지. 하지만 그 익숙함에도 일종의 깊이가 있고 그 나름대로 보상을 준다네. 예를 들면, 지금까지 알아차리지 못한 새로운 놀라움이 늘 있다는 것을 알았어.

아킬레스 : 자네가 지나쳐버렸던 주제를 새롭게 깨닫게 되는 식인가?

게 : 아마 그런 것 같아. 특히 주제가 전회되어서 몇 개의 성부 사이로 은폐되어 있을 때나, 그 주제가 아무 데도 아닌, 깊은 곳으로부터 갑자기 솟아나는 것처럼 느껴지는 곳에서 그렇지. 하지만 되풀이해 들어도 놀라운 전조(轉調)들이 늘 있지. 바흐가 어떻게 그런 것을 생각해냈는지 궁금해지더군.

아킬레스 : 내가 "평균율 클라비어 곡집"에 심취했던 첫 시기가 지난 후에도, 무엇인가 기대할 만한 게 있다는 걸 들으니 기쁘군. 이 상태가 영원히 지속될 수 없다는 것이 또한 나를 슬프게 하지만 말이야.

게 : 자네의 심취가 완전히 사그러들 것이라고 걱정할 필요는 없네. 청춘의 전율이 좋은 점 중의 하나는 그것이 결국 사라졌다고 믿는 바로 그 순간에 언제나 되살릴 수 있다는 것이라네. 외부에서 제대로 촉발시키는 것이 필요하지만 말이야.

아킬레스 : 오, 정말? 예를 들면?

게 : 예를 들면 말이야, 아킬레스 자네처럼 그 음악이 완전히 새로운 경험인 사람의 귀를 통해서 듣는 것이지. 어떻게든 흥분이 전달되지. 그러면 나는 다시 한번 황홀함을 느낄 수 있지.

아킬레스 : 그거 재미있는 일이군. 황홀함은 자네의 내부 어디에선가 잠자고 있지만 자네 혼자서는 잠재의식으로부터 그것을 꺼낼 수는 없지.

게 : 맞아. 그 황홀함을 다시 체험할 잠재력은 알 수 없는 방식으로 나의 두뇌 구조 속에 "코드화되어" 있지만 내가 그것을 마음대로 불러낼 힘은 없지. 그래서 그것을 촉발시킬 우연한 환경을 기다릴 수밖에 없어.

아킬레스 : 푸가에 대해서 묻기 쑥스러운 것이 있어. 푸가-감상에 초심자이기 때문에 혹시 자네들 같은 노련한 푸가-감상가 중 누가 나한테 도움을 줄 수 있지 않을까 해서…….

거북 : 자네에게 도움이 된다면, 나의 얼마 안 되는 지식을 제공하고 싶네.

아킬레스 : 아, 고마워. 그 질문을 어느 한 각도에서 접근해보기로 하지. 자네는

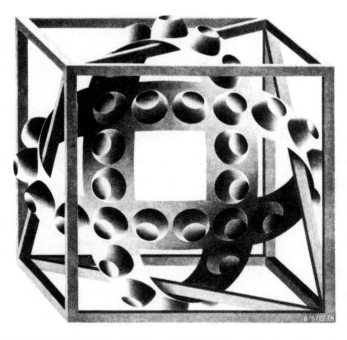

그림 56. "마법의 띠로 묶인 육면체(Cube with Magic Ribbons)"(M. C. 에셔, 석판, 1957).

에셔의 판화 "마법의 띠로 묶인 육면체"를 아는가?

거북 : 그 판화에는 비눗방울 같은 것이 붙은 둥근 띠가 있지. 그런데 비눗방울
이 볼록 나온 모양이라고 생각하는 순간에 곧바로 움푹 패인 모양으로 변
하지―그리고 그 반대일 수도 있어.

아킬레스 : 맞아.

게 : 그 그림이 생각나는군. 그 작은 비눗방울들이 접근 방향에 따라 요철(凹 凸)
사이를 왔다 갔다 하지. 그것들을 **동시에** 오목과 볼록으로 보는 방법은 없
어. 우리의 두뇌가 그걸 허락하지 않아. 두 가지 상호 배타적인 "방식"이 있
고 우리는 그 방식 속에서 비눗방울을 지각할 수 있지.

아킬레스 : 그렇지. 그런데 나는 푸가를 듣는 데서도 그와 좀 비슷한 두 가지 방
식을 발견한 것 같아. 그 두 방식은 개별 성부를 한 번에 하나씩 따라가면서
듣는 방식과, 아니면 성부를 따로 분리하지 않고 모든 성부의 전체 효과를
듣는 방식이지. 이 두 가지 방식을 다 시도해보았는데 너무나 실망스럽게도
어느 한 방식은 꼭 다른 방식을 배제하더라고. 개별 성부의 진행을 따라가

면서 동시에 전체 효과를 듣는다는 것은 내가 할 수 있는 일이 아니야. 나는 한 방식과 다른 방식 사이를 어느 정도는 내 뜻대로 그리고 내 뜻과 무관하게 왔다 갔다 하는 걸 알게 되었지.

개미핥기 : 마법의 띠를 쳐다볼 때처럼 그렇단 말이지?

아킬레스 : 그래, 푸가를 듣는 이 두 가지 방식에 대한 나의 묘사가 자신의 이해 범위 너머에 있는 더 심오한 지각 방식을 파악하는 걸 시작조차 할 수 없는 순진하고 경험 없는 감상자로 나를 낙인 찍는 것이 아닐까 하는데······.

거북 : 아니야. 전혀 그렇지 않아, 아킬레스. 내 경우에 대해서만 말할 수 있을 뿐이지만 나 역시도 어떤 방식을 지배적인 방식으로 할지 의식적으로 제어하지 못한 상태에서 이 방식에서 저 방식으로 왔다 갔다 하는 나를 발견하지.

게 : 분명히 그럴 테지. 그게 정말로 감질나는 현상이야. 왜냐하면 푸가의 진수가 스쳐지나가고 있다고 느끼는데 푸가의 모든 것을 파악할 수가 없기 때문이지. 우리가 스스로를 두 방식이 동시에 기능하도록 만들 수 없으니까.

개미핥기 : 푸가에 그런 재미있는 속성이 있군. 각 성부가 자체로 하나의 곡이 되다니. 그렇다면 푸가를 단일한 주제에 바탕을 두고 있으며, 모두 동시에 연주되는 몇 개의 개별적인 곡들의 집합으로 생각할 수도 있겠군. 그 푸가를 하나의 단위로 지각할 것인지, 아니면 전체가 조화를 이루는 독립적인 부분들의 집합으로 지각할 것인지 결정하는 것은 듣는 사람(또는 듣는 사람의 무의식)에게 달려 있지.

아킬레스 : 자네는 각 성부가 "독립적"이라고 말하지만, 그것이 문자 그대로 참일 수는 없지. 어디엔가 성부들 사이의 조화가 있어야 하네. 그렇지 않다면 성부들을 모두 합쳐 연주할 경우 음의 무질서한 충돌만 있을 테니 말이야. 그리고 그것은 진리하고는 가능한 한 멀어지는 거지.

개미핥기 : 이렇게 말하는 게 나을 것 같군 : 우리가 각 성부를 독립적으로 듣는다면, 그 자체로 의미가 있어 보인다는 것을 알게 될 거야. 각 성부는 홀로 존재할 수 있고, 그게 내가 그것이 독립적이라고 말한 의미지. 하지만 자네가 올바로 지적했듯이, 이 개별적으로 의미를 가진 각 선율이 다른 선율과 고도의 질서정연한 방식으로 섞여서 우아한 총체성을 이루지. 아름다운 푸가를 작곡하는 기술은 정확히 이런 능력에 있는 거야. 서로 다른 여러 개의 선율들을 만들어서, 그 각각의 선율들은 마치 자체의 아름다움을 위해서

작곡된 것 같은 착각을 주지만, 그것들을 합하면 하나의 통일체를 형성해서 억지로 합쳐놓았다는 느낌이 들지 않지. 이제, 푸가를 전체로 듣는 것과 그것을 구성하는 성부들을 듣는 것 사이의 이러한 이분법은 일반적인 이분법의 특정 사례지. 일반적인 이분법은 더 낮은 층위들로부터 구축되는 많은 종류의 구조에 적용한다네.

아킬레스 : 오, 정말? 자네 말은 내가 말한 두 "방식"이 푸가 감상 외의 다른 상황에서도 일반적인 적용 능력을 가질 거라는 말이지?

개미핥기 : 물론이지.

아킬레스 : 그게 어떻게 가능한지 궁금하구먼. 나는 그것이 무엇을 통째로 지각하는 것과 부분들의 합으로 지각하는 것 사이를 왔다 갔다 하는 것과 틀림없이 관계있다고 추측하네. 하지만 내가 그 이분법과 맞닥뜨린 것은 푸가를 들을 때 뿐이었어.

거북 : 오, 이걸 한번 보게나! 그 곡을 따라 들으면서 악보 페이지를 넘겼더니, 푸가의 첫 페이지 반대쪽 페이지에 이 멋진 그림이 나왔네.

게 : 그 그림을 전혀 본 적이 없는걸. 돌려 보는 게 좋을 것 같네.

(거북은 책을 돌린다. 넷은 각자 독특한 방식으로 그림을 본다 : 하나는 멀리 떼어놓고, 또다른 하나는 눈을 가져다 붙이고, 모두들 어리둥절해 머리를 이쪽저쪽으로 갸우뚱거린다. 마침내 그것을 한 바퀴 다 돌고 거북에게로 돌아온다. 그는 그림을 아주 골똘히 들여다본다.)

아킬레스 : 그 전주곡이 끝나가는 것 같아. 내가 푸가를 들을 때 "푸가를 듣는 올바른 방식이 무엇인가 : 전체로서, 아니면 부분들의 합으로서?"라는 질문에 대해서 좀더 통찰을 얻을 수 있을지 궁금하군.

거북 : 잘 들어보게. 알게 될 걸세.

(전주곡이 끝난다. 한순간 정적이 흐른다. 그리고…….)

[ATTACCA]*

---

* 아타카(attacca)는 이탈리아어로 "딸림곡(attaches)"이라는 뜻이다. 즉 푸가란 전주곡(Prelude)에 딸려서 같이 연주된다는 뜻이다.

제10장

기술층위와 컴퓨터 체계

기술층위(level of description)

괴델의 문자열 G와 바흐의 푸가는 둘 다 다른 층위들에서 이해할 수 있는 속성이 있다. 우리 모두 이런 종류의 일에 익숙하지만, 어떤 경우에는 그것이 우리를 혼란스럽게 하고, 또 어떤 경우에는 그것을 다루는 데에 아무런 어려움도 없다. 예를 들면, 우리는 인간이 어마어마하게 많은 수(약 25조 개)의 세포로 이루어져 있고, 따라서 우리가 하는 모든 일을 원리적으로는 세포 차원에서 기술(記述)할 수 있다는 것을 안다. 또는 심지어 분자의 층위에서 기술할 수도 있을 것이다. 우리들 대부분은 이것을 아주 담담하게 받아들인다. 우리는 병이 나면 의사한테 간다. 의사는 우리가 우리 자신에 대해서 생각하는 것보다 더 낮은 층위에서 우리를 관찰한다. 우리는 커피를 마시면서 DNA나 "유전공학"에 대해서 읽는다. 우리는 그것들을 그냥 따로 떼어놓음으로써 우리 자신에 대한 완전히 다른 이 두 가지 모습을 조화시켰다. 우리 자신에 대한 현미경적 기술을 우리가 자신이 어떤 존재인지 느끼는 것에 결부시킬 수 있는 방법이 거의 없다. 그렇기 때문에 우리 자신에 대한 별개의 표현들을 우리 마음속에 완전히 별개인 "구역"에 저장하는 것이 가능하다. 우리 자신에 대한 이러한 두 가지 개념 사이를 오가면서 "완전히 다른 이 두 가지가 어떻게 똑같은 나일 수 있단 말인가?" 하고 의아해할 일은 거의 없다.

또는, TV 화면으로 웃고 있는 셜리 맥클레인*의 동영상을 본다고 생각해보자. 우리가 그 영상을 볼 때, 실제로 우리가 보고 있는 것은 어떤 여자가 아니라, 평면 위에서 점멸하고 있는 점들이라는 것을 우리는 안다. 우리는 이 사실을 알지만, 전혀 그런 방식으로 생각하지는 않는다. 화면 위에 나타난 것에 대해서 극단적으로 대립하는 두 개의 표현이 있지만 우리는 그로 인해서 혼란을 겪지는 않는다. 우리는 한 표현은 차단하고 다른 표현에 주의를 기울일 수 있다. 이것이

---

* 미국의 영화배우.

우리 모두가 하는 방식이다. 어느 표현이 "더 현실적"인가? 그것은 당신이 사람인가, 개인가, 컴퓨터인가 아니면 텔레비전 수상기 세트인가에 따라서 다르다.

덩이 짓기(chunking)와 체스 실력

인공지능 연구의 주요 문제들 중의 하나는 이 두 기술 사이의 간격을 이어줄 방법, 즉 한 층위의 기술을 받아서, 다른 층위의 기술로 출력할 수 있는 체계를 구축하는 방법을 찾아내는 것이다. 이 간격이 인공지능에서 어떻게 다루어졌는지는 체스를 잘 두도록 컴퓨터를 프로그래밍하는 데에 대한 지식의 발전이 잘 보여주고 있다. 1950년대와 1960년대에 들어서서는, 기계가 체스를 잘 두도록 하는 묘책은 나뭇가지처럼 분기하는 가능한 경우의 수를 체스의 고수(高手)보다도 기계가 더 멀리 내다보도록 하는 것이라고 생각하고는 했다. 그러나 이 목표가 차츰 달성되어가고 있음에도 불구하고, 컴퓨터의 체스 수준이 급성장하지 못했고, 따라서 체스 고수를 능가하지 못했다. 사실, 체스 고수는 현재[*] 최고 체스 프로그램을 확실하고도 자신있게 완파할 수 있다.[**]

이에 대한 이유는 사실 이미 수년 전에 출간되었다. 1940년대 네덜란드의 심리학자 아드리안 드 흐로트는 체스 초보자와 고수가 체스 판세를 어떻게 인식하는가에 대해서 연구했다.[***] 결과를 간략히 말하면, 고수들은 체스 말들의 배치를 "덩어리(chunks)"로 인식한다는 것이다. 반면(盤面)을 기술할 때에 "K5에 백색 폰(pawn), Q6에 흑색 루크(rook)" 같은 직접적인 기술보다 더 높은 층위의 기술이 있고, 고수는 그러한 반면의 이미지를 마음속에서 그린다는 것이다. 이것은 체스 고수와 초보자가 실제 체스 대국을 5초간 보고 나서 복기할 때, 초보자는 그 속도가 더딘 데에 비해서 고수들은 아주 빠르다는 것에 의해서 입증되었다. 특히 흥미로운 것은 고수들이 실수하는 경우에는 체스 말들을 덩어리째 잘못된

---

[*] 당시란 1979년을 뜻한다.
[**] 1997년 5월 슈퍼 컴퓨터 딥 블루가 당시 역대 최강이라고 평가받던 세계 체스 챔피언 카스파로프를 2승 1패 3무로 격파했다. 딥 블루는 초당 2억 번의 행마를 검토할 수 있었고, 과거 100년간 열린 주요 체스 대국 기보와 대가들의 스타일이 저장되어 있었다. 이 체스 프로그램은 C언어로 작성되었다. 그전 해인 1996년 2월의 대결에서는 카스파로프가 3승 2무 1패로 이겼다. 첫판을 졌던 카스파로프는 두 번째 판을 시작할 때 체스를 변칙적으로 두는 전술을 써서 이겼다.
[***] 흐로트는 이 연구 결과를 1946년 책으로 펴냈고, 1965년 *Thought and choice in chess*라는 제목으로 영어로 번역되어 출간되었다.

자리에 놓는 것이었는데, 전략적으로는 원래의 게임과 거의 같았다. 그러나 초보자의 눈에는 전혀 같은 것이 아니었다. 결정타는 같은 실험을 실제 대국이 아니라 판 위의 눈에 아무렇게나 늘어놓은 말들을 가지고 한 것이었다. 고수들이 그와 같이 말을 아무렇게 늘어놓은 체스판을 복기하는 데에는 초보자들보다 전혀 나을 것이 없다는 것으로 밝혀졌다.

결론은 정상적인 체스 대국에서는 어떤 유형의 상황, 즉 일정한 행마 패턴이 되풀이되고, 고수는 이러한 높은 층위의 패턴에 민감하다는 것이다. 고수는 초보자와는 **다른 층위**에서 생각한다. 다시 말해서 그의 개념들은 다르다. 그런데 실제 대국에서, 고수가 초보자보다 수를 더 멀리 내다보는 것은 아니고, 더욱이 고수가 보통, 가능한 수 몇 수 정도만 검토한다는 것을 알고는 거의 모든 사람들이 놀란다. 그 비결은 그가 체스판을 인식하는 방식이 여과기(filter) 같다는 점이다. 고수들은 체스 국면을 볼 때 문자 그대로 **나쁜 행마는 생각하지 않는다.** 그것은 체스 아마추어가 체스 국면을 볼 때 **규칙에 어긋나는** 행마는 생각하지 않는 것과 같다. 체스를 조금이라도 두어본 사람은 누구나 루크를 대각선으로 행마하는 것, 폰으로 바로 앞의 말을 잡는 것, 등은 아예 마음에 떠오르지 않도록 인식이 조직되어 있다. 이와 비슷하게, 고수급의 체스 선수들은 체스판을 생각하는 방식에서 더 높은 수준의 조직을 구축했다. 결과적으로, 대부분의 사람들에게 규칙에 어긋나는 행마가 마음에 떠오르지 않는 것처럼, 그들에게는 나쁜 행마가 마음에 떠오르지 않는다. 이것은 가능한 경우의 수를 모두 나타냈을 때의 모습인 가지가 계속 갈라져 **뻗어나가는** 거대한 나무를 **암묵적으로 가지치기** 하는 것이라고 할 수 있다. 이와 대조적으로 **명시적인 가지치기**는 어떤 행마를 생각하고 간단히 검토한 후 더 이상 검토하지 않기로 결정하는 일이다.

이 구별은 예를 들면 수학 연구와 같은 다른 지적 활동에도 마찬가지로 적용할 수 있다. 재능 있는 수학자는 원하는 정리(定理)에 도달하는 데에 모든 종류의 오류 경로를 생각해내고서 그것들을 점검하지는 않는다. 그것은 재능이 떨어지는 사람이 하는 일이다. 오히려 그는 유력한 경로를 "냄새 맡고는" 즉시 그 길로 뛰어든다.

수를 내다보는 것에 의존하는 컴퓨터 체스 프로그램은 더 높은 층위에서 생각하는 것을 배우지 못했다. 전략이라고는 모든 유형의 맞섬(opposition)을 분쇄하기를 바라며 그저 무차별 수읽기를 사용하는 것이었다. 그러나 그것은 잘되지 않았다. 아마 언젠가는 충분히 강력한 무차별 수읽기 프로그램이 가장 우수한 인간 기사를 정말로 이길 것이다. 그러나 그것은 지적인 면에서 소소한 성취일 것이다. 지능이라는 것이 복잡한 배열, 예를 들면 체스판, 텔레비전 화면, 인쇄된 지면, 그림 같은 것을 높은 층위에서 기술해내는 능력에 **결정적으로** 좌우된다는 사실과 비교하면 그렇다.

비슷한 층위들

우리는 보통, 한 상황에 대해서 마음속으로 한 번에 둘 이상의 층위에서 이해할 것을 요구받지는 않는다. 게다가 한 체계에 대한 다른 기술들은 보통 개념적으로 서로 멀리 떨어져 있어서, 앞서 말한 것처럼, 그 둘을 모두 가지고 있는 데에 아무 문제도 없다. 그것들은 그냥 마음속에서 분리된 구역에 유지된다. 그래도 혼란을 야기할 수 있는 것은 하나의 체계가 둘 이상의 다른 층위에서의 기술을 허용하는데 그 기술들이 어떤 방식으로 서로 **닮을** 경우이다. 이런 경우에는 체계에 대하여 생각할 때 층위들이 뒤섞이는 것을 피하기가 어렵고 완전히 길을 잃어버릴 수 있다.

의심할 바 없이, 이런 일이 생기는 것은 우리가 우리 자신의 심리에 대해서 생각할 경우, 예를 들면, 인간의 다양한 행동에 대한 동기를 이해하려고 할 경우이다. 인간의 정신 구조에는 여러 층위가 있다—그것은 분명히 우리가 아직은 잘 이해하지 못하는 체계이다. 그러나 인간이 하는 행동 방식이 어째서 그런가를 설명하는 수백 가지의 경쟁하는 이론이 있으며, 각 이론이 기초하고 있는 밑바탕이 되는 가정은 이 층위들 속에서 얼마나 깊은 곳까지 다양한 심리적 "힘"이 발견될 수 있는가에 대해서이다. 현재 우리는 모든 정신적인 층위들에 대하여 같은 종류의 언어를 아주 많이 사용하기 때문에, 이것은 층위 뒤섞임을 많이 야기하고 분명히 수백 개의 오류 이론을 조장한다. 예를 들면 우리는 성, 권력, 명예, 사랑 등에 대한 "본능적 욕구"를 언급한다. 그러나 이러한 본능적 욕구들이 인간의 정신 구조 어디에서 나오는지 알지 못한다. 이 점을 장황하게 논의할 것 없이 간단히 말하고 싶은 것은, 우리가 누구인가에 대해서 겪는 혼란은 다음 사실과 분명히 관계가 있다는 것이다. 그것은 우리가 많은 층위들로 이루어져 있는데, 이 모든 층위에서 우리 자신을 기술하는 데에 중복되는 언어를 사용한다는 사실이다.

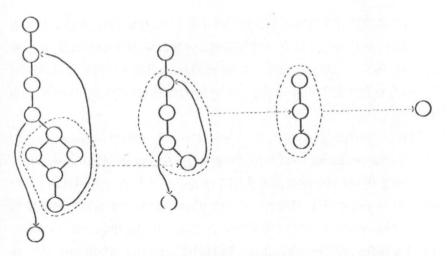

그림 57. "덩이 짓기" 아이디어 : 한 무리의 항목들을 단일 "덩어리"로 인식한다. 덩어리의 경계는 세포막이나 국경선과 좀 비슷하다. 그것은 내부에서 그 덩어리에 대한 독자적인 정체성을 확립시킨다. 맥락에 따라서 그 덩어리의 내부 구조를 무시하기도 하고 고려하기도 한다.

컴퓨터 체계

이와 비슷한 또다른 영역이 있는데 거기서도 한 체계에 대해서 많은 기술층위들이 공존하며 모든 층위들이 개념상 서로 매우 근접해 있다. 내가 말하고 있는 것은 바로 컴퓨터 체계이다. 컴퓨터 프로그램이 돌아가고 있을 때, 그 프로그램은 여러 층위의 시각에서 볼 수 있다. 각 층위에서의 기술(記述)은 컴퓨터 과학의 언어로 이루어지며, 그로 인해서 이 모든 기술들은 어느 점에서는 서로 비슷하다—그러나 다른 층위들에서 얻는 시각들 사이에는 극히 중요한 차이가 있다. 가장 낮은 층위에서는 그 기술이 아주 복잡해질 수 있어서 마치 텔레비전 화면의 그림을 점(도트)으로 기술하는 것과 같다. 그러나 어떤 목적을 위해서는 이 것은 단연코 가장 중요한 시각이다. 가장 높은 층위에서 그 기술은 상당히 **덩어리를 이루며**, 가장 낮은 층위와 가장 높은 층위에서 같은 개념이 많이 나타남에도 불구하고 완전히 다른 느낌을 띤다. 높은 층위의 기술에서 나타나는 덩어리는 체스 고수의 덩어리와 같고, 텔레비전 화면의 이미지를 **덩어리**로 기술한 것과 같다. 그것들은 낮은 층위에서는 서로 분리된 것으로 보이는 몇 가지 사물들을 캡슐의 형태로 요약한다(그림 57 참조). 이제 이야기가 너무 추상적으로 되기 전에 컴퓨터에 대한 구체적인 사실들로 넘어가자. 먼저 가장 낮은 층위에서 본 컴퓨터 체계는 어떤 것인지 아주 간단히 훑어보는 것으로 시작하자. 가장 낮은 층위? 아니, 정말로 그렇지는 않다. 왜냐하면 나는 소립자에 대해서 말하려는 것은 아니기 때문이다. 그러나 그것은 우리가 생각하고 싶어하는 가장 낮은 층위이다.

컴퓨터를 개념적으로 볼 때 가장 아래에 있는 것은 **기억장치**(memory), **중앙처리장치**(central processing unit[CPU]), **입-출력 장치**(input-output[I/O] device)이다. 먼저 기억장치부터 설명하자. 기억장치는 **워드**(word)라고 하는 독자적인 물리적 조각으로 나누어져 있다. 구체적으로, 기억장치에 65,536개의 워드가 있다고 해보자(컴퓨터 과학에 등장하는 전형적인 수로, 2의 16제곱이다). 워드는 컴퓨터 과학에서 원자로 간주하는 **비트**(bit)로 더 나뉜다. 전형적인 워드의 비트 수는 36개이다. 물리적으로는, 한 비트는 두가지 상태 중 하나를 취할 수 있는 자기적인(magnetic) "스위치(switch)"이다.

36비트로 이루어진 워드

우리는 그 두 가지 상태를 "위"와 "아래", "X"와 "O" 또는 "1"과 "0"이라고 부를 수 있다. 보통 1, 0으로 부르는 것이 관례이다. 그렇게 부르는 것은 정말로 괜찮은 일이지만, 컴퓨터가 밑바닥 깊숙이 수를 저장하고 있다는 오해를 불러일으킬 가능성이 있다. 컴퓨터가 수를 저장하는 것은 진실이 아니다. 2비트*를 아이스크림 콘 값으로 생각해야만 할 필요가 없는 그 이상으로 36비트를 수로 생각해야만 할 필요는 없다. 돈을 어떻게 쓰느냐에 따라 여러 가지 일을 할 수 있는 것처럼, 기억장치 속의 워드도 많은 기능을 발휘할 수 있다. 때로는 분명히 이 36 비트가 실제로 이진수를 표현할 것이다. 어떤 때는 텔레비전 화면의 점 36개를 표현할지도 모른다. 또 어떤 때는 텍스트의 글자 몇 개를 표현할 수도 있다. 기억장치 속의 워드를 어떻게 생각하느냐는 워드를 사용하는 프로그램에서 이 워드가 하는 역할에 전적으로 달려 있다. 물론, 워드는 카논에서의 음표처럼 하나 이상의 역할을 할 수 있다.

---

* 2비트는 1/4달러이다.

명령과 데이터

워드에 대한 해석 중에서 아직 언급하지 않은 것이 하나 있는데, 워드를 "명령 (instruction)"으로 해석하는 것이다. 기억장치 속의 워드들은 처리 대상인 데이터 뿐만 아니라, 데이터를 처리하는 프로그램들도 저장한다. 중앙처리장치(CPU)가 실행할 수 있는 연산 종류와 개수는 한정적이다.* 워드의 일부, 보통 제일 앞 몇 비트가 실행되어야 할 명령의 이름으로 해석될 수 있다. 명령으로 해석된 워드의 나머지 비트들은 무엇을 나타내는가? 대개는 명령 대상이 되는 워드가 기억장 치 속에서 어디에 있는지 말해준다. 다시 말하면, 나머지 비트들은 기억장치 속 에 있는 다른 워드(또는 워드들)에 대한 **포인터**(pointer)를 구성한다. 기억장치 속 에 있는 모든 워드는 거리에 있는 집처럼 특정한 위치를 차지하는데, 각각의 워 드 위치를 그 워드의 **주소**(address)라고 한다. 기억장치는 하나 또는 많은 "거리 들"을 가질 수 있는데, 그것을 "페이지"라고 한다. 그래서 주어진 워드는 페이지 번호(기억장치에 페이지가 매겨져 있다면)와 그 페이지에서의 위치로 주소가 매 겨진다. 따라서 명령의 "포인터" 부분은 기억장치 속에 있는 어떤 워드의 숫자로 된 주소이다. 포인터에는 아무런 제한이 없다. 그래서 명령은 심지어 자기 자신 을 "가리킬" 수도 있다. 그 결과 그 명령이 실행될 경우 자기 자신의 변화를 야기 한다.

컴퓨터는 어떤 시점에서 실행해야 할 명령이 무엇인지 어떻게 아는가? 이것 은 CPU에 기록되어 있다. CPU는 명령으로 해석될 수 있는 다음 워드를 가리키 는 (즉 다음 워드의 주소를 저장하는) 특별한 포인터가 있다. CPU는 기억장치 에서 그 워드를 가져와 CPU 자체에 속하는 특별한 워드에 전자적으로 복사한 다(CPU에 있는 워드들은 보통 "워드"가 아니라 **레지스터**[register]라고 한다). 그 러고 나서 CPU는 그 명령을 실행한다. 이제 그 명령은 실행할 많은 유형의 작동 (operation)을 필요로 할 것이다. 다음은 전형적인 예이다.

더하라(ADD) 명령이 가리키는 워드를 레지스터에 더하라.

(이 경우, 워드는 분명히 수로 해석된다.)

---

* 연산 종류는 크게 4가지로 나뉘는데 산술, 논리, 데이터 이동, 제어 연산이다. 산술연산은 4칙 연산이고 논리연산은 AND, OR, NOT이다. 데이터 이동연산은 기억장치와 레지스터간의 데이 터 이동 등이다. 제어연산은 분기와 점프 같은 명령이다.

인쇄하라(PRINT) 명령이 가리키는 워드를 문자로 인쇄하라.

　(이 경우, 워드는 분명히 수가 **아니라**, 문자열로서 해석된다.)

이동하라(JUMP) 명령이 가리키는 워드로 이동하라.

　(이 경우, CPU는 그 특정한 워드를 그 다음에 실행할 명령으로 해석하도록 지시받고 있는 것이다.)

　명령이 명시적으로 달리 지시하지 않는다면, CPU는 바로 다음 워드를 취해 그것을 명령으로 해석할 것이다. 다른 말로 하면, CPU는 마치 집배원처럼 그 "길"을 따라 순차적으로 내려가서, 차례대로 워드를 명령으로 해석하는 것을 가정하고 있다. 그러나 이 순차적 순서는 **JUMP**나 혹은 다른 명령에 의해서 중단될 수 있다.

기계어 대 어셈블리어

이상이 기계어(machine language)에 대한 아주 간략한 소개이다. 이 언어에서, 작동 유형의 개수는 유한하고 더 확장할 수 없다. 그래서 모든 프로그램은 제 아무리 규모가 크고 복잡하다고 해도 이런 유형의 명령들을 조합한 것으로 이루어져 있다. 기계어로 쓰인 프로그램들을 들여다 보는 것은 대략 DNA 분자를 원자 단위로 들여다 보는 것에 비교할 수 있다. DNA 분자의 뉴클레오티드(nucleotide) 배열을 보여주는 그림 41을 다시 한번 보면 그리고 각 뉴클레오티드가 24개의 원자를 포함한다고 생각하면 그리고 (인간은 말할 것도 없고) 작은 바이러스의 DNA를 원자 단위로 기록하려는 것을 상상해보면, 복잡한 프로그램을 기계어로 작성한다는 것이 어떠할지 감을 잡을 수 있을 것이며, 기계어로 작성된 것만 접할 수 있을 경우, 프로그램에서 진행되고 있는 것을 파악하려고 하는 일이 어떤 것 같을지 감을 잡을 수 있을 것이다.

　그러나 컴퓨터 프로그래밍이 원래는 기계어 층위보다도 낮은 층위에서 행해졌다는 것을, 다시 말하면 선들을 서로 연결해서 적절한 연산이 "고정배선 되도록" 했다는 것을 언급해야겠다. 이것은 현대적인 기준에서 보면 놀라우리만치 원시적이어서 상상하는 것조차 머리가 아플 지경이다. 그러나 의심할 바 없이 그것을 처음 했던 사람들은 현대 컴퓨터의 개척자들 못지 않게 흥분을 느꼈을 것이다.

이제 우리는 프로그램을 기술하는 층위의 위계에서 더 높은 층위로 이동하고 싶다. 이것은 **어셈블리어**(assembly language) 층위이다. 어셈블리어와 기계어 사이에는 큰 간격이 없다. 기계어에서 조금만 올라서면 어셈블리어이다. 어셈블리어의 명령과 기계어의 명령 사이에는 원칙적으로 일대일 대응관계가 있다. 어셈블리어의 아이디어는 기계어의 개별적인 명령들을 "덩이 짓는 것"이다. 그래서 수 하나를 다른 수에 더하라는 명령을 쓰려고 할 때 "010111000" 같은 비트-열을 쓰는 대신에, 간단히 **ADD**라고 쓴다. 그리고 주소를 이진수로 쓰는 대신에 변수 **이름**으로 기억 장치 속의 워드(주소)를 가리킬 수 있다. 따라서 어셈블리어로 된 프로그램은 기계어 프로그램과 매우 비슷한데, 인간이 읽을 수 있도록 만든 것이다. 우리는 한 프로그램의 기계어 버전을, 알아보기 어려운 괴델 수 매기기로 표기한 TNT-도출에 비교할 수 있고, 어셈블리어 버전은 이해하기가 훨씬 쉬운 원래의 TNT-표기로 된 동형태의 TNT-도출(TNT-derivation)에 비교할 수 있다. 또는 DNA의 이미지로 되돌아가서, 기계어와 어셈블리어 사이의 차이를, 각 뉴클레오티드를 엄청 힘들게 원자 단위로 일일이 명시하는 것과 간단히 그것의 **이름**(즉, 'A', 'G', 'C', 'T')으로 명시하는 것 사이의 차이에 비유할 수 있다. 이 아주 간단한 "덩이 짓기" 작업은, 개념상 큰 변화를 일으키지 않지만, 수고를 상당히 덜어준다.

프로그램들을 번역하는 프로그램들

아마도 어셈블리어에 관한 핵심적인 점은 그리 크지 않은 기계어와의 차이가 아니라, 프로그램을 **전적으로** 다른 층위에서 작성할 수 있을 것이라는 중요한 아이디어이다! 한번 생각해보자 : 하드웨어는 기계어로 된 프로그램, 즉 비트-열을 "이해하도록" 만들어졌지, 문자와 십진수를 이해하도록 만들어진 것은 아니다. 하드웨어에 어셈블리어로 된 프로그램을 먹이면 어떻게 될까? 그것은 마치, 화학 물질이 아니라 알파벳으로 쓴 뉴클레오티드 배열이 적힌 종잇조각을 세포로 하여금 받아들이도록 하려는 꼴이다. 세포가 종잇조각을 가지고 무엇을 할 수 있을까? 컴퓨터가 어셈블리어로 된 프로그램을 가지고 무엇을 할 수 있을까?

여기에 급소가 있다. 누군가 기계어로 **번역 프로그램**을 만들 수 있다. 어셈블러(assembler)라고 부르는 이 프로그램은, 기억하기 쉬운 명령어(mnemonic instruction) 이름*, 십진수, 그밖에 프로그래머가 쉽게 기억할 수 있는 편리한 축약형을 받아서, 단조롭지만 매우 중요한 비트-열로 번역한다. 어셈블리어 프로그램이 **어셈블링**(번역)된 후, 그것은 **실행된다**—또는 엄밀하게 말하면 번역된 기계어 프로그램이 실행된다. 그러나 이것은 용어상의 문제이다. 어느 층위의 프로그램이 실행되고 있는가? 기계어 프로그램이 실행되고 있다고 말하면 틀리고 싶어도 틀릴 수가 없다. 왜냐하면 어떤 프로그램이 실행되든 언제나 하드웨어가 관여하기 때문이다. 그러나 실행중인 프로그램을 어셈블리어의 관점에서 생각하는 것도 아주 타당한 일이다. 예를 들면, "지금, CPU는 '111010000' 명령을 실행하고 있다"라고 말하는 대신에, "지금, CPU는 **JUMP** 명령을 실행하고 있다"라고 말할 수 있다. G-E-B E-G-B라는 음표를 연주하는 피아니스트는 또한 E-단조의 아르페지오**를 연주하고 있다. 사물을 더 높은 층위의 시각에서 기술하는 것을 꺼릴 이유가 없다. 그래서 어셈블리어 프로그램이 기계어 프로그램과 동시에 실행되고 있다고 생각해도 된다. CPU가 하고 있는 것을 기술하는 방식이 두 가지 있는 것이다.

더 높은 층위의 언어,*** 컴파일러, 인터프리터

위계계층에서 그 다음 층위는 컴퓨터 자체를 이용해 프로그램을 높은 층위에서 낮은 층위로 번역한다는 매우 강력한 아이디어를 훨씬 폭넓게 실행한다. 수년 동안 어셈블리어로 프로그래밍을 하고 나서, 1950년대 초반에, 사람들은 프로그램들마다 반복해서 나타나는 일련의 특징적인 구조가 있다는 것을 깨달았다. 인간이 **알고리듬**(algorithm)—사람들이 실행하고 싶어하는 처리에 대한 정확한 기술(記述)—을 정식화하려고 할 경우에, 체스에서처럼, 자연스럽게 나타나는 어떤 기본적인 패턴이 있는 것으로 보였다. 다른 말로 하면, 알고리듬들은 어떤 더 높은 층위의 구성성분이 있는 것처럼 보였다. 그 구성성분을 사용하면 상당히 제한된 기계어나 어셈블리어로 하는 것보다 알고리듬을 훨씬 더 쉽고 미학적으로

---

* 예를 들면, ADD(더하기), SUB(빼기), MOV(이동), CMP(비교), JMP(점프) 등이다.
** 화음을 동시에 연주하는 것이 아니라, 일정한 시간차를 두고 풀어서 분산하는 연주법을 말한다. 곡이 종지되거나 악상의 전환이 필요한 경우, 또는 주선율에 대한 저음 반주로 적용되는 연주기법이다.
*** Higher-Level Language. 보통은 '고급언어'라는 용어를 쓴다. 예를 들면 C, C++, Pascal 등이 있다.

기술할 수 있을 것이다. 전형적으로, 높은 층위의 알고리듬 성분은 기계어 명령 한두 개가 아니라, 그것들 전체를 사용해 구성하는데, 그 명령들이 모두 다 기억 장치에서 반드시 인접해 있을 필요는 없다. 그러한 성분은 더 높은 층위의 언어 (고급언어)에서 단일 항목, 즉 덩어리로 표현할 수 있을 것이다.

표준 덩어리—새로이 발견된 성분으로 그것을 가지고 모든 알고리듬을 구축 할 수 있다—외에도 사람들은 거의 모든 프로그램들이 훨씬 더 큰 덩어리들, 이 른바 슈퍼덩어리를 포함한다는 것을 깨달았다. 이 슈퍼덩어리들은 프로그램이 수행하기로 되어 있는 고급 과제의 종류에 따라 프로그램마다 제각기 다르다.* 제5장에서 슈퍼덩어리를 논의했는데, 거기서는 그것을 "서브루틴(subroutine)" 또 는 "프러시저(procedure)"라는 통상적인 이름으로 불렀다. 프로그래밍 언어의 가 장 강력한 확장은 이미 알고 있는 실체를 가지고 더 높은 층위의 새로운 실체들 을 정의하고 그것들을 이름으로 호출하는 능력일 것이라는 점은 분명해졌다. 이 것은 덩이 짓기 작업을 바로 언어 속에 구축할 것이다. 모든 프로그램을 작성하 는 데에 반드시 필요한 명령어 레퍼토리가 확정되어 있는 것이 아니라, 프로그래 머는 각기 고유의 이름을 가진 자신의 모듈**을 구축할 수 있을 것이다. 각 모듈 은 마치 그 언어의 내장된 기능인 것처럼 프로그램 내부 어디에서든 사용할 수 있다. 물론, 아래쪽 기계어 층위에서는, 모든 것이 여전히 똑같은 기존의 기계어 명령으로 구성되어 있다는 사실에서 벗어날 수 없다. 그러나 높은 층위의 프로그 래머들에게는 그것이 드러나게 보이지는 않을 것이다. 그것은 암시적일 것이다.

이런 아이디어에 기초한 새로운 언어들을 컴파일러 언어(compiler language)라 고 한다. 가장 초기의 아주 세련된 언어 중 하나는 알고리듬 언어(Algorithmic Language)를 뜻하는 "알골(Algol)"이라는 언어였다. 어셈블리어의 경우와는 달 리, 알골의 문장과 기계어 명령 사이에는 곧이곧대로의 1:1 대응이 없다. 분명 히, 알골과 기계어 사이에는 여전히 일종의 대응이 있지만, 그것은 어셈블리어와 기계어 사이의 대응보다 훨씬 더 "뒤죽박죽"이다. 거칠게 말하면, 알골 프로그램 과 그것을 기계어로 번역한 것과의 관계는 초등 대수 교과서에 있는 말로 된 문 제와 그것을 번역한 방정식과의 관계와 같다(실제로는, 말로 된 문제를 방정식

---

* 한글 워드프로세서 같은 경우 "한글 자동 모아 쓰기" 루틴이 슈퍼덩어리이다.
** 저자가 여러 가지 용어를 쓰고 있는데, 이 단락에서 '서브루틴', '프러시저', '모듈', '실체'는 다 같
  은 뜻으로 쓰이고 있다. 그외 "부 프로그램", "함수"라는 용어도 있다.

으로 번역하는 것이 훨씬 더 복잡하지만, 높은 층위의 언어[고급언어]로부터 낮은 층위의 언어로 번역하는 경우 수행해야만 하는 "해체해서 정비하는 일"이 어떤 것인지 느낄 수 있게 해준다). 1950년대 중반에는 컴파일러 언어를 기계어로 번역하는 **컴파일러**(compiler)라고 하는 프로그램들이 성공적으로 개발되었다.

또한, **인터프리터**(interpreter, 해석장치)도 개발되었다. 컴파일러와 마찬가지로 인터프리터는 고급언어를 기계어로 번역하지만, 모든 문장을 먼저 번역하고 나서 기계 코드를 실행하지 않고, 한 줄을 읽고 나서 그것을 즉시 실행한다. 이렇게 하면 사용자가 인터프리터를 이용하기 위하여 완전한 프로그램을 작성할 필요가 없는 이점이 있다. 사용자는 자신의 프로그램을 한 줄씩 작성하면서 그것을 테스트해볼 수 있다. 따라서, 인터프리터와 컴파일러의 관계는 동시통역사와 연설문 번역자의 관계와 비슷하다. 컴퓨터 언어들 중에서 가장 중요하고 매력적인 것 중의 하나는 ("리스트 처리[List Processing]"를 의미하는) LISP인데, 이것은 알골이 나온 시점과 비슷한 시기에 존 매카시가 개발했다. 그 이후로 LISP는 인공지능 연구자들로부터 대단한 호평을 받아왔다.

인터프리터와 컴파일러의 작업 방식 사이에는 흥미로운 차이가 하나 있다. 컴파일러는 입력(예를 들면, 완성된 알골 프로그램)을 받아 출력물(기계어 명령들)을 생성한다. 이 지점에서, 컴파일러는 자신이 해야 할 일을 다한 것이다. 그러면 출력물은 컴퓨터로 넘겨져 실행된다. 이와 대조적으로, 인터프리터는 프로그래머가 LISP 문장을 하나씩 입력하는 동안 계속 실행되고 있고, 각 문장은 그 자리에서 실행된다. 그러나 이것은 각 문장이 먼저 번역되고 나서 실행된다는 뜻은 아니다. 그렇게 되면 인터프리터는 행 단위 컴파일러에 불과할 것이기 때문이다. 그 대신에, 인터프리터 안에서는 새로운 행을 읽고, 그것을 "이해하고", 그것을 실행하는 작업이 뒤얽혀 있다. 즉 그것들은 동시에 행해진다.

여기에서 좀더 확장된 아이디어를 자세히 설명해보자. 새로운 LISP 행을 입력할 때마다, 인터프리터는 그것을 처리하려고 한다. 이것은 인터프리터가 갑자기 활성화되고 그 안에 있는 어떤 (기계어) 명령들이 실행된다는 것을 뜻한다. 정확하게 **어떤** 명령이 실행되는가는 물론 LISP 문장 자체에 좌우된다. 인터프리터 안에는 많은 **JUMP** 명령들이 있어서, 새로 입력한 LISP 행이 실행 장소를 복잡한 방식으로—앞으로, 뒤로, 다시 앞으로, 등—이동하게 한다. 이렇게 해서, 각 LISP 문장은 인터프리터 안에서 "경로"로 변환되며, 그 경로를 따라가 작업하는

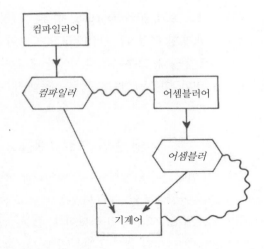

그림 58. 어셈블러와 컴파일러는 기계어
번역기이다. 직선이 그것을 나타내고 있
다. 게다가 그것들 자체도 **프로그램**이므
로, 그것들 또한 어떤 언어로 작성되었
다. 물결선은 컴파일러를 어셈블러로,
어셈블러는 기계어로 작성할 수 있음을
나타낸다.

것이 원하는 효과를 달성한다.

때로는 LISP 문장을 계속 실행 중인 기계어 프로그램(LISP 인터프리터)에 순
차적으로 입력되는 단순한 데이터로 생각하는 것도 도움이 된다. 그런 식으로
생각할 경우, 우리는 고급언어로 작성된 프로그램과 그것을 실행하고 있는 기계
사이의 관계에 대해서 다른 이미지를 얻는다.

부트스트래핑[*]

물론 컴파일러는 그 자체가 하나의 프로그램이므로 어떤 언어로 작성되어야 한
다. 최초의 컴파일러들은 기계어가 아니라 어셈블리어로 작성되었는데, 기계어로
부터 이미 성취해놓은 일보 전진의 이점을 최대한 활용했다. 이 교묘한 개념을
그림 58에 요약해 나타냈다.

이제 세련됨이 증가하자, 사람들은 부분적으로 작성된 컴파일러를 컴파일러 자
체의 확장을 번역하는 데에 사용할 수 있다는 것을 깨달았다. 달리 말하면, 일단
컴파일러의 어떤 최소 핵심이 작성되면, 그 최소 컴파일러는 좀더 큰 컴파일러를
기계어로 번역할 수 있고, 그렇게 만든 컴파일러는 다시 좀더 큰 컴파일러를 번역
할 수 있고, 마침내는 최종적인, 모든 특성을 갖춘 컴파일러를 만들어낸다. 이 과

---

* 자신이 신고 있는 신발의 끈을 당겨 자신을 끌어올린다는 뜻으로 자신이 가지고 있는 수단을
써서 자기 자신을 일으키는 것을 말할 때 쓰인다.

정은 "부트스트래핑(bootstrapping)"이라는 애칭으로 알려져 있다. 그것은 모국어를 유창하게 할 결정적인 시점에 도달한 아이가 언어 습득 면에서 성취하는 것과 크게 다르지 않다. 그 시점부터 아이가 구사하는 어휘와 유창함은 비약적으로 성장할 수 있다. 이유는 아이가 말을 **이용**해 새로운 말을 **습득할** 수 있기 때문이다.

실행 중인 프로그램들을 기술하는 층위

컴파일러 언어들은 일반적으로 컴파일러 언어로 작성된 프로그램을 실행할 기계의 구조를 반영하지 않는다. 이것은 고도로 전문화된 어셈블리어와 기계어가 가지지 못한 주요 장점 중의 하나이다. 물론, 컴파일러 언어 프로그램이 기계어로 번역되면, 그 번역된 프로그램은 기계-의존적으로 된다. 그러므로 우리는 실행되고 있는 프로그램을 기계-의존적인 방식 또는 기계-독립적인 방식으로 기술할 수 있다. 그것은 우리가 어떤 책 속의 한 단락을 언급하는 데에, 그 내용으로 (출판사-독립적), 또는 쪽수와 그 쪽에서의 위치로(출판사-의존적) 하는 것과 같다.

프로그램이 제대로 돌아가고 있는 한, 그 프로그램을 어떻게 기술하는가 또는 그 기능을 어떻게 생각하는가는 별로 문제되지 않는다. 다른 층위에서 생각할 수 있는 것이 중요한 것은 어떤 것이 잘못되었을 때이다. 예를 들면, 기계가 어떤 단계에서 0으로 나누라는 명령을 받는다면, 기계는 멈추어서 프로그램 어디에서 문제되는 일이 발생했는지 말함으로써 사용자가 이 문제를 알도록 한다. 그러나 문제 부분의 지정은 흔히 프로그래머가 프로그램을 작성한 층위보다 낮은 층위에 주어진다. 다음은 갑자기 멈추어선 프로그램에 대한 세 가지 기술을 나란히 늘어놓은 것이다.

기계어 층위 :

　"위치 11100101011110111에서 프로그램 실행을 멈춤"

어셈블리어 층위 :

　"**DIV**(나누기)라는 명령을 만나 프로그램 실행을 멈춤"

컴파일러 언어 층위 :

　"대수식 '(A+B)/Z'를 계산하던 중 프로그램 실행을 멈춤"

시스템 프로그래머들(컴파일러, 인터프리터, 어셈블러, 그밖에 많은 사람들이 사용하는 프로그램들을 만드는 사람들)이 마주치는 가장 큰 문제들 중 하나는 "버그(bug, 작동 오류)"가 있는 프로그램 사용자에게 전달할 메시지를 기술하는데, 오류-검출 루틴을 어떻게 작성하면 문제점을 낮은 층위가 아니라 높은 층위에서 기술할 수 있을 것인가, 그 방법을 찾아내는 것이다. 인간의 질병 문제에서는 아주 흥미로운 역전이 발견된다. 유전 "프로그램"에서 뭔가 잘못된 것이 발생했을 때(예를 들면, 돌연변이), 그 "버그"는 사람에게 오직 높은 층위에서—즉 유전자형 층위가 아니라, 표현형 층위에서만 나타난다. 실제로, 현대 생물학은 돌연변이를 유전 과정을 관찰하기 위한 주요한 창구의 하나로 이용하는데, 그 이유는 돌연변이를 여러 층위에서 추적할 수 있기 때문이다.

마이크로 프로그래밍과 운영체계

현대 컴퓨터 시스템(computer system)에는, 또다른 여러 위계적 층위들이 있다. 예를 들면, 어떤 시스템—흔히 "마이크로 컴퓨터"라고 하는—은 심지어 기억장치 속에 있는 수를 레지스터에 있는 수에 더하라는 명령어보다도 더 기본적인 기계어 명령어들을 갖추고 있다. 보통의 기계-층위 명령어들 중 어떤 종류를 프로그래밍해 넣을 것인가는 전적으로 사용자의 결정사항이다. 사용자는 이 명령어들을 이용할 수 있는 "마이크로-명령어들"을 가지고 "마이크로 프로그래밍(microprogramming)"을 한다. 그리고 나서 그가 설계한 "더 높은 층위의 기계어"의 명령어들을, 그럴 필요가 있는 것은 아니지만, 회로 속에 구워서 고정배선할 수 있다. 이처럼 마이크로 프로그래밍은 사용자가 통상적인 기계어 수준 아래로 접근해서 들어갈 수 있도록 해준다. 그 결과들 중의 하나는 한 제조사의 컴퓨터를 (마이크로 프로그래밍을 통해서) 고정배선해서 같은 제조사의 컴퓨터, 또는 심지어 다른 제조사의 컴퓨터와 똑같은 기계어 명령어들을 가지게 할 수 있다는 것이다. 이렇게 마이크로 프로그래밍된 컴퓨터는 다른 컴퓨터를 "에뮬레이트[모방]한다"고 말한다.

그 다음에는 "운영체계(operating system)" 층위가 있다. 그것은 기계어 프로그램과 사용자가 프로그래밍해서 넣는 더 높은 층위 사이에 자리잡는다. 운영체계 그 자체는 하나의 프로그램인데 사용자가 기계에 접근하지 못하게 막는 (따라서 그 시스템을 보호하는) 기능을 가지고 있고, 또한 극히 복잡하고 너저분한 많은 문제들, 즉 프로그램을 읽어들이는 일, 번역기를 불러내는 일, 번역된 프로그램을 실행하는 일, 출력을 제때 적절한 채널로 보내는 일, 제어권을 다음 사용자에게 넘기는 일 등에 대해서 프로그래머가 신경쓰지 않도록 하는 기능을 가지고 있다. 만일 여러 사용자가 동시에 같은 CPU에 "말을 걸면", 운영체계는 규칙적인 방식으로 한 사람에게서 다른 사람으로 주의를 돌리는 프로그램이다.* 운영체계의 복잡성은 정말 무시무시해서, 다음과 같은 비유를 들어 그저 짐작만 하게 할 것이다.

최초의 전화 시스템을 생각해보자. 알렉산더 그레이엄 벨은 옆방에 있는 조수에게 전화할 수 있었다. 목소리를 전자적으로 전송한 것이다! 그것은 운영체계를 뺀 컴퓨터와 같은 것이다. 즉 전자적 계산이다! 이제 현대식 전화 시스템을 생각해보자. 우리는 통화를 선택할 수 있다. 그뿐만 아니라 여러 통화를 동시에 처리할 수도 있다. 지역번호를 눌러서 다른 지역으로 전화할 수도 있다. 우리는 직접 전화를 걸 수도 있고, 교환원을 거쳐서, 수신인 부담으로, 신용 카드로, 지명통화를 할 수 있고, 또는 여러 사람과 동시통화도 할 수 있다. 다른 번호로 돌려진 상대와, 또는 발신자 추적을 통해서 통화할 수도 있다. "통화 중"이라는 신호를 들을 수도 있다. 걸은 전화번호가 잘못된 형식일 경우 "지금 거신 번호는 없는 지역번호이거나 국번입니다"라는 말을 들을 수도 있다. "다이얼이 늦었으니 다시 걸어주시기 바랍니다" 혹은 "지금 거신 전화번호는 결번이오니 다시 확인하고 걸어주십시오"라는 말을 들을 수 있다. 지역 교환기를 설치해 지역의 모든 전화를 연결할 수도 있다. 등등. 특히 당시에는 기적이었던 단순한 전화와 비교하면서 얼마나 유연성이 많은지 생각하면 이런 것들은 경이롭다. 이제 정교한 운영체계가 사용자와 그들의 프로그램에 대하여 비슷한 교통–정리와 층위–전환 작업을 수행한다. 인간의 두뇌 속에서도 이와 아주 비슷한 일이 일어난다는 것은 거의 확실하다. 다양한 자극의 동시처리, 무엇이 어떤 것에 대해서 얼마 동안 우선권을 가져야 하는지에 대한 결정, 긴급상황이나 예기치 못한 사태로 야기된 갑작스러운 "중단" 등 말이다.

---

* 운영체계가 시분할(Timesharing) 운영을 통해서 다중작업(Multitasking)을 하는 것을 설명하고 있다.

사용자와 시스템을 편안하게 보호한다

복잡한 컴퓨터 시스템의 여러 층위들은 사용자들을 완충시켜주는 조합 효과를 가지고 있어서, 더 낮은 층위에서 일어나고 있는, 사용자들에게 완전히 관계없는 것 같은 일들에 대해서 사용자들이 생각할 필요가 없게 해준다. 비행기 승객은 연료 탱크에 들어 있는 연료량이나 풍속, 저녁 식사에 치킨이 몇 인분 필요한가, 또는 도착지 주변 항공로의 운항밀도 따위에 대해서는 보통 관심이 없다. 이 모든 것은 항공사의 다양한 직책의 직원들이 알아서 처리하며, 승객들은 그저 출발지에서 목적지로 날아갈 뿐이다. 그런데 이 경우에서도, 무슨 일인가 **잘못되었**을 때, 예를 들면 짐이 도착하지 않은 경우에나, 승객은 자기 아래에 있는 층위들이 혼란스러울 정도의 시스템이라는 것을 알게 된다.

컴퓨터는 초(超)-유연한가 혹은 초-엄격한가?

더 높은 층위들로 나가려는 추진력이 지향하는 주요 목적 중 하나는 언제나, 사용자가 컴퓨터에게 시키려는 일을 어떻게 하면 가능한 한 자연스럽게 컴퓨터로 전할 수 있도록 하느냐였다. 분명히, 컴파일러 언어로 작성한 높은 층위의 구성물들은 낮은 층위의 구성물, 예컨대 기계어로 된 구성물보다는 인간이 자연스럽게 생각하는 개념들에 더 가깝다. 그러나 의사소통을 쉽게 하려는 이러한 추진력에서 "자연스러움"의 한 가지 측면이 상당히 무시되어왔다. 그것은 인간들 사이의 의사소통이 인간과 기계 사이의 의사소통과 비교해 제약이 훨씬 덜 엄격하다는 사실이다. 예를 들면, 우리는 흔히 최선의 표현방식을 찾으려고 하면서 무의미한 간투사를 내뱉고, 말하는 중간에 기침을 하고, 서로 말을 끊고, 애매하게 기술하고 문법적으로 틀리게 말하고, 새로운 표현을 지어내고 뜻을 왜곡한다. 그러나 대개의 경우 우리가 의도하는 것은 전달된다. 프로그래밍 언어의 경우, 언제나 극히 엄격하게 지켜야 할 문법이 있는 것이 일반적이다. 중의적인 낱말들이나 구문은 없다. 재미있게도, 기침에 해당하는 표현(즉, 중요하지 않거나 관계없는 주석)은 허용되었지만, 주석 앞에 키워드(예를 들면, **COMMENT**)를 적어넣어 주석이 시작된다는 것을 미리 알리고, 다른 키워드(예를 들면, 세미콜론)로 끝내는 것을 전제로 한다. 아이러니하게도, 유연성을 위한 이 작은 조치에 함정이 있다. 만일 세미콜론(또는 어떤 것이든지 주석을 마치기 위한 키워드)이 주석 안에 쓰이면, 번역 프로그램은 그 세미콜론을 주석을 마치는 신호로 해석할 것이며, 그러면 큰 혼란이 뒤따른다.* INSIGHT라는 이름의 프러시저를 정의하고 그것을 프로그램 안에서 열일곱 번 호출했다. 열여덟 번째에 프로그래머가 뼈아프게도 INSIHGT라고 잘못 표기했다. 컴파일러는 멈추고서 여지껏 INSIHGT는 들어본 적이 없다는 내용의 오류 메시지를 가차없이 출력할 것이다. 컴파일러가 그러한 오류를 발견할 경우, 컴파일러는 종종 계속 진행하고자 할 것이다. 그러나 컴파일러는 통찰력이 부족하기 때문에 프로그래머가 무엇을 의도했는지 이해할 수 없다. 사실, 컴파일러는 무엇인가가 완전히 다른 것이 의도되었다고 추측할 수도 있으며, 그 잘못된 전제를 토대로 계속 진행할 수 있다. 그러면 프로그래머가 아니라 컴파일러가 헷갈렸기 때문에 프로그램 나머지 부분을 엄청난 오류 메시지로 수놓을 것이다. 영어-러시아어 동시통역사가 영어 속에서 프랑스어 어구 하나를 듣고 나서 나머지 모든 영어를 프랑스어로 해석하기 시작했을 경우 초래될 혼돈을 상상해보라. 컴파일러는 종종 이렇게 한심한 방식으로 길을 잃는다. 이런 게 인생이지(C'est la vie).

아마 이것이 컴퓨터를 비난하는 것처럼 들릴 것이지만, 그럴 속셈은 아니다. 어떤 의미에서는 컴퓨터는 그래야만 한다. 잠시 사람들이 컴퓨터를 어떤 용도로 쓰는가 생각해본다면, 인간이 하기에는 너무 복잡한 과제들을 분명하고 정확하게 수행하는 것이라는 것을 깨달을 것이다. 만일 컴퓨터가 신뢰감을 얻으려면, 털끝만큼의 애매함도 없이, 자신이 하기로 되어 있는 것을 이해하는 것이 필요하다. 또한 자신에게 명시적으로 명령된 그 이상도 이하도 아닌 바로 그것만을 하는 것이 필요하다. 만일 프로그래머 아래 있는 완충구역에 프로그래머가 바라거나 의도하는 것이 무엇인지 "추측하는" 것을 목표로 하는 프로그램이 있다면, 프로그래머가 자신의 과제를 전달했는데 완전히 오해받을 수 있으리라는 것도 충분히 상상해볼 수 있다. 따라서 높은 층위의 프로그램은 인간이 쓰기에 편안한 한편, 그러면서도 애매하지 않고 정확해야 하는 것이 중요하다.

---

* 이런 경우, 컴파일러가 엉뚱한 문장들과 맞닥뜨리면 바로 오류 메시지를 내보내므로 프로그래머는 자신의 실수를 금세 알 수 있어서 별 혼란은 없다. 이보다는 주석 종료 키워드를 모르고 생략했을 때, 컴파일러는 그 다음 주석 종료 키워드를 만날 때까지 모든 것을 주석으로 생각하기 때문에 문제가 발생한다. 이 경우에는 컴파일러가 오류 메시지도 내보내지 않기 때문에 프로그래머는 자신의 실수를 바로 알 수도 없다.

낌새를 알아차리고 프로그래머를 앞지르기

이제 어떤 종류의 부정확성을 허용하는 프로그래밍 언어—그리고 그 언어를 더 낮은 충위로 번역하는 프로그램—를 고안할 수 있다. 그것을 실행하는 한 가지 방법은, 그러한 프로그래밍 언어를 위한 번역기는 "언어의 규칙 바깥에서" 행해진 일들을 이해하려고 하는 것이라고 말할 수 있는 것이어야 할 것이다. 그러나 한 언어가 어떤 "위반"을 허용한다면, 그런 유형의 위반은 더 이상 진정한 위반이 아니다. 왜냐하면 그것이 규칙 안에 포함되어 있기 때문이다! 만일 프로그래머가 자신이 어떤 유형의 철자 잘못 쓰기를 범할 수 있다는 것을 안다면, 그는 실제로, 겉보기에는 규칙을 어기는 것으로 보임에도 불구하고, 언어의 엄격한 규칙 안에서 작업하고 있다는 것을 알면서 언어의 이 특징을 일부러 사용할 수 있다. 다른 말로 하면, 사용자가 자신의 편의를 위하여 번역기에 프로그래밍된 모든 유연성을 의식하고 있다면 그는 넘을 수 없는 경계를 아는 것이다. 그러므로 비록 그 번역기가 "인간의 오류에 대한 자동 보정"을 포함하지 않았던 그 언어의 초기 버전보다 훨씬 많은 자유를 그에게 허용함에도 불구하고, 여전히 경직되고 융통성이 없어 보인다.

그러한 유형의 "탄력적인" 언어를 사용하는 데에는 두 가지 가능성이 있는 것 같다 : (1) 사용자가 언어와 그 번역장치에 내장되어 있는 유연성을 의식한다. (2) 사용자가 그것을 의식하지 못한다. 첫 번째 경우, 프로그래머는 자신이 그 언어로 작성한 프로그램을 컴퓨터가 어떻게 해석할지 예측할 수 있기 때문에, 자신이 의도하는 것을 프로그램에 정확하게 전달하는 데에 그 언어를 유용하게 쓸 수 있다. 두 번째 경우는, 그 "완충장치"가 눈에 띄지 않는 특성을 가지게 되는 셈이어서 (번역기의 내부 작동을 알지 못하는 사용자의 입장에서는) 예측할 수 없는 일을 할 수도 있다. 이것은 프로그램을 엄청나게 잘못 해석하는 결과를 낳을 수도 있다. 그래서 그런 언어는 컴퓨터를 사용하는 주목적이 속도와 신뢰성인 데에는 적합하지 않다.

그러나 실은 제3의 가능성도 있다 : (3) 사용자는 그 언어와 번역기에 내장된 유연성들을 알지만, 유연성이 너무나도 많고 복잡한 방식으로 상호작용을 해서 자신의 프로그램이 어떻게 해석될지 알 수 없다. 이것은 그 번역 프로그램을 개발했던 사람에게도 잘 적용될 수 있을 것이다. 그는 그 번역기의 내부를 누구보다도 확실히 안다—그러나 그는 그 번역기가 특이하게 작성된 프로그램에 어떻게 반응할지 여전히 예측할 수 없을 것이다.

오늘날 인공지능 연구의 주요 영역 중의 하나는 **자동 프로그래밍**(automatic programming)이라는 것이다. 그것은 더욱더 높은 층위의 언어를 개발하는 것과 관계가 있는데 그 언어의 번역기는 정교해서 적어도 다음과 같은 인상적인 일들 중의 일부를 할 수 있다. 실례(實例)로부터 일반화하기, 오타나 문법적 오류 정정하기, 애매한 기술(記述)을 이해하기, 원초적인 사용자 모델을 이용하여 사용자를 예측하기, 불명확한 일에 대해서 질문하기, 자연언어 자체를 사용하기 등. 희망은 신뢰성과 유연성 사이에서 줄타기를 할 수 있다는 점이다.

인공지능의 진보는 곧 언어의 진보이다

컴퓨터 과학(특히 인공지능)의 진보와 새로운 언어의 개발 사이에는 놀라우리만치 밀접한 연관성이 있다. 지난 10년간, 새로운 유형의 발견들을 새로운 언어에 통합하려는 경향이 뚜렷이 나타났다. 지능을 이해하고 창조해내기 위한 열쇠 하나는 기호조작의 과정들을 기술할 수 있는 언어를 끊임없이 개발하고 정밀화하는 데에 있다. 오늘날 전적으로 인공지능 연구를 위해서 개발된 실험적인 언어들이 족히 30-40개는 될 것이다. 중요한 것은 이것들 중의 어느 한 언어로 작성할 수 있는 어떤 프로그램이라도 원리적으로는 더 낮은 층위의 언어로 프로그래밍할 수 있다는 것을 깨닫는 것이다. 그러나 그 프로그래밍은 우리에게 초인적인 노력을 요구하며, 그렇게 해서 만든 프로그램은 너무나도 길어서 사람이 파악할 수 없을 것이다. 더 높은 층위가 모두 컴퓨터의 잠재력을 확장하는 것은 아니다. 컴퓨터의 모든 잠재력은 이미 기계어 명령 세트 속에 있다. 높은 층위의 언어에 있는 새로운 개념들이 바로 그것들의 성격상 방향과 시각을 제시하는 것이다.

모든 가능한 프로그램들의 "공간"은 너무도 크기 때문에 어느 누구도 무엇이 가능한지 감을 잡을 수 없다. 더 높은 층위의 각 언어는 당연히 "프로그램 공간"의 특정 영역을 탐구하는 데에 적합하다. 그래서 프로그래머는 그 언어를 사용함으로써 그런 영역의 프로그램 공간으로 이끌려 들어간다. 언어가 프로그래머에게 특정한 유형의 프로그램을 작성하라고 **강요하지는** 않지만, 그 언어는 프로그래머가 특정 종류의 일을 **쉽게** 하도록 해준다. 종종 주요한 발견에 필요한 모

그림 59. 지능을 갖춘 프로그램을 만들려면 우리는 모든 것을 가장 낮은 층위에서만 보아야 하는 고통을 피하도록 일련의 하드웨어와 소프트웨어의 층위들을 구축해야 한다. 하나의 프로세스**를 서로 다른 층위들에서 기술한 것은 서로 매우 다르게 보일 것이다. 최상층위만이 충분히 덩이지어 있기 때문에 우리는 그 층위의 기술을 이해할 수 있다[출전 : P. H. 윈스턴, 『인공지능』(Reading, Mass : Addison-Wesley, 1977)].

든 것은 개념으로의 접근과 가볍게 떠밀어주는 것이다. 그리고 그것이 더욱더 높은 층위의 언어를 추구하는 이유이다.

다른 언어로 프로그래밍하는 것은 다른 조성으로 작곡하는 것과, 특히 건반에서 작업한다면, 비슷하다. 다양한 조성의 곡을 배우거나 작곡한다면, 개개의 조성은 그 고유의 특별한 정서적 분위기(아우라, aura)를 가질 것이다. 또한 어떤 종류의 수식은, 어떤 조성에서는 "어울리지만", 다른 조성에서는 어색하다. 그래서 우리는 조성의 선택에 의해서 이끌려 간다. 어떤 면에서는, 심지어 올림 다장조(C#)나 내림 라장조(Db)등과 같은 이명동음(異名同音) 조성조차 전혀 다른 느낌을 준다. 이것은 표기체계가 최종 산출물의 형성에 중요한 역할을 할 수 있음을 보여준다.

그림 59는 인공지능을 "계층화한" 것을 보여주는데, 가장 아래에는 트랜지스터 같은 기계 구성요소가 있고, 가장 위에는 "지능을 갖춘 프로그램들"이 있다. 이 그림은 패트릭 헨리 윈스턴의 책 『인공지능(*Artificial Intelligence*)』에서 인용한 것이며, 거의 모든 인공지능 연구자들이 공유하는 인공지능의 시각상을 표현하고 있다. 나는 비록 인공지능이 그런 식으로 계층화되어야만 한다는 생각에 동의하지만 그렇게 적은 층으로 지능을 갖춘 프로그램들에 도달할 수 있다고는 생각하지 않는다. 기계어 층위와 진정한 지능이 도달할 층위 사이에는 확신하건데, 아마 또다른 10여 개의 층들(또는 수십 개)이 놓일 것이다. 각각의 새로운

---

* 1비트의 정보를 저장하는 회로.
** 실행 중인 프로그램.

층은 그 밑에 놓인 층을 토대로 구축되며 아래 층의 유연성을 확장한다. 그러나 그것이 어떤 모습일지는 지금으로서는 거의 상상할 수 없다.

편집병자와 운영체계

컴퓨터 시스템에 있는 모든 층위들의 유사성은 층위-뒤섞임이라는 좀 이상한 경험을 유발할 수 있다. 언젠가 나는 컴퓨터 초보자인 두 친구가 단말기(터미널)를 이용해 "PARRY"라는 프로그램을 가지고 노는 것을 지켜본 적이 있다. PARRY는 상당히 악명 높은 프로그램으로 극히 초보적인 방식으로 편집병자처럼 보이게 만들어졌는데, 광범위한 레퍼토리로부터 준비된 구문들을 골라 영어로 내뱉는다. PARRY가 그럴듯하게 보이는 것은 사람이 입력한 영어 문장에 대하여 응답하는 데에 자신이 저장하고 있는 문구 중에서 어느 것이 합당해 보이는지 아는 능력 덕분이다.

어느 시점에, 반응 시간이 매우 느려졌고—PARRY가 응답하는 데에 시간이 많이 걸렸다—나는 친구들에게 그것이 아마 시분할 시스템에 걸린 과부하 때문일 것이라고 설명해주었다. 특별 "제어" 문자를 입력하면 그 문자가 PARRY에게는 보이지 않고 운영체계로 직접 보내져서 얼마나 많은 사용자들이 컴퓨터에 접속되었는지를 확인할 수 있다고 말했다. 친구 중의 하나가 제어 문자를 눌렀다. 그러자 순식간에 운영체계의 상태에 대한 내부 데이터들이 화면에 있는 PARRY가 쓴 낱말들 일부에 덧씌워졌다. 이것에 대해서 PARRY는 아무것도 몰랐다. 그것은 단지 경마와 마권 영업자에 대한 지식밖에 없는 프로그램이고 운영체계, 단말기, 특별 제어 문자는 전혀 몰랐다. 그러나 내 친구들에게는 PARRY와 운영체계는 그저 "컴퓨터"로서, 그들이 무엇인가를 입력하면 응답했던 신비하고, 멀리 떨어져 있는, 형상이 없는 존재였다. 그래서 두 친구 중 하나가 태연하게 다음과 같이 입력하는 것도 충분히 이해할 수 있는 일이었다. "너는 어째서 화면 위에 있는 것에 덮어 쓰지?" PARRY가 자신을 실행시키고 있는 운영체계에 대해서는 아무것도 알 수 없을 것이라는 생각을 내 친구들은 명확히 알지 못했다. "너"가 "너 자신"에 대해서는 모든 것을 안다는 생각은 다른 사람들과의 상호교류로부터 너무나도 친숙한 것이어서 그것을 컴퓨터에 연장 적용하는 것은 매우 자연스러웠다—결국, PARRY도 사람과 "영어"로 대화를 나눌 정도로 충분히 지적이지 않은가! 그들의 질문은 어느 누구에게 "어째서 너는 오늘 적혈구를 그렇게 조금 생산하니?" 하고 묻는 것과 다르지 않았다. 사람들은 자신들의 몸에서 그 층위— "운영체계 층위"—에 대해서는 모른다.

이와 같은 층위-혼란의 주요 원인은 컴퓨터 체계의 모든 층위들과의 의사소통이 단 한 대의 단말기, 단 하나의 화면 위에서 이루어지기 때문이었다. 비록 내 친구들의 순박함이 극단적인 것으로 보일지 모르지만, 복잡한 체계의 여러 층위들이 같은 화면에 동시에 나타나면 노련한 컴퓨터 도사들도 종종 그것과 비슷한 실수를 저지른다. 내 친구들은 "누구"에게 말하고 있는지 잊어버리고, 비록 다른 층위에서는 완전히 말이 되는 것이지만, 그 층위에서는 말이 안 되는 것을 입력했다. 그러므로 명령들을 "말이 되게" 해석할 수 있도록 체계 자체가 층위들을 구분하게 하는 것이 바람직하다. 유감스럽게도, 그와 같은 해석은 그 체계가 충분한 상식을 가질 뿐만 아니라, 프로그래머의 전반적인 의도를 완벽하게 알 것을 요구한다—그런데 이 둘은 모두 현재 수준보다 더 높은 인공지능을 요구할 것이다.

소프트웨어와 하드웨어 사이의 경계

어떤 층위에서는 유연한데 다른 층위에서는 경직되어 있어서 또한 어리둥절해질 수도 있다. 예를 들면, 어떤 컴퓨터에서는 놀라운 문서-편집 시스템이 있어서 어떤 한 형식의 문서를 다른 형식의 문서에 쏟아부을 수 있도록 한다. 실제로 어떤 액체를 한 용기에서 다른 용기로 부을 수 있듯이 말이다. 세로로 긴 문서를 가로로 넓은 문서로 변환할 수 있고, 그와 반대로도 한다. 그러한 성능을 보건대, 한 글자체를 다른 글자체로 바꾸는, 예를 들면 기본체를 *이탤릭체*로 바꾸는 것은 똑같이 사소한 일일 것이라고 기대할지도 모른다. 그러나 화면에 출력하는 데에 이용할 수 있는 글자체가 하나밖에 없어서 그러한 변경이 불가능할 수도 있다. 또는 그러한 변경이 화면에서는 가능할지 모르지만, 프린터로는 인쇄할 수 없을 수도 있다. 또는 그 반대일 수도 있다. 컴퓨터를 오랫동안 다루고 나면 우리는 버릇이 잘못 들어서 모든 것이 다 프로그래밍될 수 있을 것이라고 생각한다. 어떤 프린터도 문자 세트를 하나만 가지거나, 또는 그마저도 유한한 서체를 가지도록 경직되어서는 안 된다. 서체는 사용자가 지정할 수 있어야 한다! 그러나 일단 그런 정도의 유연성을 성취하면, 우리는 아마도, 프린터가 다른 색깔의 잉크로 인쇄할 수 없다거나, 인쇄용지의 모양과 크기를 가리지 않고 다 받아들일 수 없다거나, 또는 고장날 경우 스스로 수리할 수 없다는 따위의 일에 짜증이 날 수도 있다.

문제는 어디선가, 이 모든 유연성이, 제5장의 문구를 사용하면, "바닥 탈출"을 해야만 한다는 것이다. 이 모든 것에 토대가 되는, 유연하지 않은 하드웨어 층위가 있어야만 한다. 그것은 깊숙이 은폐되어 있을 것이며, 그 위에 있는 층위들에서는 유연성이 많아서 하드웨어의 제한을 느낄 사용자는 별로 없을 것이다. 그러나 그것은 피할 수 없이 거기에 있다.

하드웨어와 소프트웨어 사이의 이 유명한 차이는 무엇인가? 그것은 프로그램과 기계, 길고 복잡한 명령의 배열과 그 명령을 수행하는 물리적인 기계 사이의 차이이다. 나는 소프트웨어를 "전화선을 통해서 보낼 수 있는 모든 것"으로, 하드웨어는 "그밖의 모든 것"이라고 생각하기를 좋아한다. 피아노는 하드웨어이고, 인쇄된 악보는 소프트웨어이다. 전화기는 하드웨어이고, 전화번호는 소프트웨어이다. 그런 구별은 쓸모는 있지만 항상 그렇게 명확한 것은 아니다.

우리 인간들 또한 "소프트웨어"와 "하드웨어" 측면이 있는데, 이 두 개가 다르다는 것은 우리에게 제2의 천성이다. 우리는 우리의 생리학적인 경직성에는 익숙하다. 그저 두 개의 간단한 예를 들면, 우리의 질병을 의지대로 고칠 수 없다거나 머리카락을 아무 색깔로나 자라게 할 수 없다는 사실 말이다. 그러나 우리 마음을 "다시 프로그래밍해서" 새로운 개념틀 속에서 운용할 수 있다. 우리 정신의 경탄할 만한 유연성은 우리의 뇌가 재프로그래밍할 수 없는 고정된 규칙의 하드웨어로 틀림없이 이루어져 있다는 생각과는 거의 화해할 수 없는 것처럼 보인다. 우리는 뉴런들이 더 빠르거나 더 느리게 발화하게 할 수 없고, 두뇌에 배선 공사를 새로 할 수도 없고, 뉴런의 내부를 새로 설계할 수도 없고, 하드웨어에 관한 한 그 어떤 선택의 여지도 없다. 그렇지만 우리는 어떤 방식으로 생각하는가를 제어할 수 있다.

그러나 우리의 통제를 벗어난 사고의 측면들이 분명히 있다. 의지의 힘으로 스스로를 더 똑똑하게 만들 수는 없다. 원하는 대로 빨리 새 언어를 배울 수도 없다. 지금보다 생각하는 속도를 더 빠르게 할 수도 없다. 여러 가지 일을 동시에 생각하게 할 수 없다 등. 이것은 일종의 원초적인 자기-앎으로 너무나도 명백해서 어쨌든 그런 것을 알아차린다는 것은 어려운 일이다. 그것은 공기가 존재한다는 것을 의식하는 것과 비슷하다. 우리는 우리 정신이 가지고 있는 이러한 "결점"을 야기하는 것, 즉 우리 뇌의 조직에 대해서 결코 애써서 생각하지 않는다. 이 책의 주요 목표는 정신이라는 소프트웨어를 두뇌라는 하드웨어와 조화시키는 방법을 제시하는 것이다.

중간 층위들과 날씨

우리는 컴퓨터 시스템에 매우 선명하게 정의된 몇 개의 층들이 있어서, 그것들 중의 하나를 가지고 실행 중인 프로그램의 동작을 기술할 수 있음을 보았다. 따라서 그저 단순히 단 하나의 낮은 층위와 높은 층위가 있는 것이 아니다. 정도의 차이로 모든 높음과 낮음이 있다. 높은 층위와 낮은 층위가 있는 체계에서 중간 층위가 있는 것은 일반적인 특성인가? 예를 들면 "하드웨어"가 지구의 대기(별로 단단하지는[hard] 않지만, 관계없다)이고 "소프트웨어"는 날씨인 그런 체계를 생각해보자. 모든 분자들의 운동을 동시에 파악하는 것은 날씨를 매우 낮은 층위에서 "이해하는" 방식일 텐데, 그것은 마치 거대하고 복잡한 프로그램을 기계어의 층위에서 들여다보는 것과 같다. 이것은 분명히 인간의 이해능력을 넘어서는 것이다. 그럼에도 우리는 기상현상을 관찰하고 기술하는 우리들만의 독특한 방식이 있다. 우리가 날씨를 덩어리 단위로 보는 것은 다음과 같은 매우 높은-층위의 현상에 토대를 두고 있다. 비, 안개, 눈, 허리케인, 한랭전선, 계절, 기압, 무역풍, 제트 기류, 적란운, 뇌우, 역전층 등. 이 모든 현상들은 천문학적인 수의 분자들이 관여해서 대규모의 경향이 나타나도록 한통속이 되어 움직인 결과이다. 이것은 컴파일러 언어로 날씨를 보는 것과 좀 비슷하다.

날씨는 보는 데에 어셈블리어와 같은 중간 층위 언어에 해당하는 어떤 것이 있나? 예를 들면, 가끔 보이는 아주 작은 국지적인 "미니 폭풍", 말하자면 기껏해야 폭 1-2미터의 소용돌이 기둥으로 먼지를 일으키는 작은 회오리 바람 같은 것이 있나? 국지적인 돌풍은 더 높은 층위의 기상현상을 생성하는 데에 역할을 하는 중간 층위 덩어리인가? 아니면 이런 종류의 현상에 대한 지식을 결합해서 날씨를 좀더 포괄적으로 설명하는 실질적인 방법은 없는가?

다른 질문 두 개가 마음속에 떠오른다. 첫 번째 질문 : "우리의 척도로 인식하는 기상현상인 토네이도, 가뭄은 단지 더 광대하고 더 느리게 진행되는 현상의 일부분으로 중간 층위의 현상이라고 할 수 있나? 만일 그렇다면, 진정한 높은 층위의 기상 현상들은 전 지구적(全地球的)인 것이고, 그것들의 시간 척도는 지질학적일 것이다. 빙하기는 높은 층위의 기상현상일 것이다. 두 번째 질문 : "지금까지 인간이 지각하지 못했지만, 만일 지각한다면 기후가 왜 현재와 같은지에 대해서 더 큰 통찰력을 줄 수 있는 중간 층위의 기상현상들이 있나?"

토네이도에서 쿼크까지

이 마지막 가정은 공상적으로 들릴지도 모르지만, 그렇게 황당한 것은 아니다. 우리는 그 자체는 보이지 않는 "부분들"의 상호작용으로 설명할 수 있는 독특한 체계의 예를 찾는 데에, 자연과학 중에서도 가장 엄격한 물리학을 살펴보는 것으로 충분하다. 다른 모든 학문에서처럼, 물리학에서의 한 체계는 상호작용하는 부분들의 모임이다. 우리가 아는 대부분의 체계에서는, 부분들이 상호작용을 하는 동안에 정체성을 유지하고 있어서, 체계 안에서 부분들을 여전히 볼 수 있다. 예를 들면, 미식축구 팀이 결성되면, 개별 선수들은 그들의 독립성을 유지한다. 그들은 각자의 개별성이 상실되는 복합체로 녹아들어가는 것이 아니다. 그럼에도 불구하고—이것이 중요하다—팀이라는 맥락이 불러일으킨 어떤 과정이 선수들의 머릿속에서 진행되고 있고, 다른 식으로는 진행되지 않을 것이므로, 선수들은 더 큰 체계인 팀의 일원이 되었을 때 경미한 방식으로 그들의 정체성을 바꾼다. 이런 종류의 체계를 거의 분해할 수 있는 체계라고 부른다(이 용어는 『인공지능 과학(*The Science of the Artificial Intelligence*)』, Cambridge, Mass. 1969에 실려 있는 H. A. 사이먼의 "복잡성의 구조[The Architecture of Complexity]"에서 유래한다). 그러한 체계는 약하게 상호작용하는 모듈들로 이루어져 있고, 각 모듈은 상호작용하는 내내 그 자신의 사적인 정체성을 유지하지만, 그 체계의 외부에 있을 때의 모습과는 약간 다르게 됨으로써 체계 전체의 응집력 있는 행동에 기여한다. 물리학에서 연구하는 체계들은 보통 이런 유형이다. 예를 들면, 원자는 핵과 전자로 이루어져 있다고 보는데, 전자는 핵의 양전하가 궤도에, 또는 속박상태로 붙들어두고 있다. 궤도에 있는 전자들은 복합체 내부에 있음에도 불구하고 자유전자들과 매우 비슷하다.

물리학에서 연구하는 어떤 체계들은 비교적 간단한 원자와 대조적이다. 그런 체계들은 극히 강한 상호작용이 관여해서, 그 결과 부분들이 더 큰 체계 속으로 빨려 들어가고 그것들의 개별성은 부분적으로 또는 송두리째 상실된다. 그 한 가지 예는 보통 "양자와 중성자의 집합체"로 기술되는 원자핵이다. 그러나 구성 입자들을 끌어당기는 힘이 아주 강해서 구성입자들은 "자유로운" 형태(핵 바깥에 있을 때의 형태) 같은 것으로는 생존하지 못한다. 그래서 사실 원자핵은 많은 점에서, 상호작용하는 입자의 집합이라기보다는 단일입자처럼 행동한다. 핵이 분열하면 종종 양자와 중성자가 방출되지만, 파이-중간자나 감마선 같은 다른 입자들도 흔히 생성된다. 이 모든 다른 입자들은 핵이 분열되기 전에 핵 속에 물리적으로 존재하는 것인가, 아니면 핵분열 때 방사되는 "섬광"에 불과한 것인가? 그런 질문에 대답하려고 하는 것은 무의미할 것 같다. 입자물리학의 수준에서는, "섬광"을 발생시키는 가능성을 가지고 있는 것과 실제의 하위입자를 가지고 있는 것과의 차이는 그리 명확하지 않다.

이처럼 핵은 그 "부분들"이 내부에서는 보이지 않지만, 바깥으로 끄집어내 보이게 할 수 있는 체계이다. 그러나 더 병리적인 경우가 있는데, 양자와 중성자 같은 것을 체계 자체로 볼 때이다. 그 각각은 세 개의 "쿼크"로 이루어져 있다고 가설이 세워졌다. 쿼크란 둘이나 세 개가 결합해 알려진 많은 기본 입자들을 생성한다는 가상적인 입자이다. 그러나 쿼크들 사이의 상호작용이 너무 강해서 양자나 중성자 안에서 그것들을 볼 수 없을 뿐만 아니라, 전혀 끄집어낼 수조차 없다! 따라서, 비록 쿼크는 양자와 중성자의 어떤 속성을 이론적으로 이해하는 데 도움을 주지만, 그것들 자신의 존재는 아마도 결코 독립적으로 확립될 수 없을지도 모른다. 여기서 우리는 "거의 분해할 수 있는 체계"에 대한 정반대를 가진다—그것은, 혹시 존재한다면, "거의 분해할 수 없는" 체계이다. 그러나 흥미로운 것은 양자와 중성자 (및 다른 입자들)에 대한 쿼크를 바탕으로 한 이론이 상당한 설명력을 가진다는 점이다. 그 이론에서 쿼크들로 구성되었을 것이라고 생각되는 입자에 대한 많은 실험 결과들이 "쿼크 모델"을 사용하면, 정량적으로 상당히 잘 설명될 수 있다.

초전도성 : 재정규화의 "역설"

제5장에서 우리는 재정규화된 입자들이 그것들의 순수 핵심으로부터 가상적

인 입자들과 재귀적으로 복합된 상호작용에 의해서 어떻게 출현하는지 논의했다. 재정규화된 입자는 이처럼 복잡한 수학적 구성물로 또는 물리적으로 존재하는 단일한 덩어리로 볼 수 있다. 입자를 이런 식으로 기술했을 때 일어나는 가장 이상하고도 극적인 결과들 중 하나는 유명한 현상인 **초전도성**(超傳導性, superconductivity) 즉, 극저온의 고체에서 전자가 저항 없이 흐르는 현상을 설명한다는 것이다.

고체 안에 있는 전자들은 **포논**(phonon, 음자[音子], 이것들도 재정규화된다!)이라고 하는 이상한 진동양자와의 상호작용에 의해서 재정규화된다는 것이 알려져 있다. 이런 재정규화된 전자들을 **폴라론**(polaron)이라고 한다. 계산에 의하면 극저온에서는 반대 방향으로 회전하는 두 개의 폴라론은 서로를 끌어당기며, 어떤 방식으로 결합한다. 적절한 조건 아래에서는, 전류를 운반하는 모든 폴라론은 쌍을 이루며 이른바 **쿠퍼 쌍**(Cooper pairs)들을 형성한다. 역설적이지만 이러한 결합은 전자들—쌍이 지어진 폴라론들의 핵심인—이 전기적으로 서로 반발하기 때문에 일어난다. 전자와 달리, 각각의 쿠퍼 쌍은 다른 쌍을 끌어당기지도 않고 반발하지도 않고, 그 결과 마치 금속 내부가 진공인 듯이 자유롭게 미끄러져 갈 수 있다. 그런 금속의 수학적인 기술을 그 기본단위를 폴라론으로부터 쿠퍼 쌍으로 변환하면, 우리는 상당히 간단한 연립방정식을 얻을 수 있다. 초전도성을 관찰하는 데에는 쿠퍼쌍으로 덩이 짓기하는 것이 자연스러운 방식이라는 것을 물리학자들이 아는 것은 이러한 수학적 단순성을 통해서이다.

그런데 입자에는 여러 층위가 있다. 쿠퍼 쌍 자체, 쿠퍼 쌍을 구성하는 반대 방향으로 회전하는 폴라론들, 폴라론을 형성하는 전자와 음자들 그리고 전자의 내부에 있는 가상적인 광자와 양전자 등. 우리는 각 층위를 관찰할 수 있으며 거기서의 현상을 인식할 수 있는데, 그 현상은 그 아래 층위들을 이해함으로써 설명된다.

"봉쇄"

이와 비슷하게 그리고 다행스럽게도, 우리는 쿼크로 구성되어 있는 입자들에 대해서 많은 것을 이해하기 위해서 쿼크에 대해서 모든 것을 다 알 필요는 없다. 따라서 핵물리학자는 양자와 중성자에 토대를 두는 핵에 관한 이론들을 추진할 수 있고, 쿼크 이론과 그것의 경쟁 이론들은 무시할 수 있다. 핵 물리학자는 양자와 중성자에 대한 **덩이지어진** 그림—낮은 층위의 이론에서 유도되지만 낮은 층위의 이론을 이해할 것을 요구하지 않는 기술(記述)—을 가진다. 이와 마찬가지로, 원자물리학자는 핵이론으로부터 유도되는 원자핵에 대한 덩이지어진 그림을 가지고 있다. 그 다음에 화학자는 전자와 그 궤도에 대한 덩이지어진 그림을 가지고 있고, 작은 분자에 대한 이론을 구축한다. 분자생물학자는 그 이론을 덩이지어진 방식으로 이용할 수 있다. 분자생물학자는 작은 분자들이 어떻게 함께 달라붙어 있는지에 대한 직관을 가지지만, 그의 기술적(技術的) 전문지식은 극히 커다란 분자들과 그것들이 어떻게 상호작용하는가에 대한 분야이다. 그 다음에 세포생물학자는 분자생물학자들이 열심히 연구하는 단위들에 대해서 덩이지어진 그림을 가지며 세포들이 상호작용하는 방식을 설명하기 위해서 그것들을 이용한다. 요점은 명확하다. 각 층위는 어느 의미에서 그 아래 층위들로부터 "봉쇄되어" 있다. 이것은 사이먼의 또다른 생생한 용어로, 잠수함을 방수 격실들로 만든 방식을 떠오르게 한다. 만약에 한 부분이 손상되어서 물이 새면, 문들을 닫아 손상된 격실을 이웃 격실로부터 봉쇄함으로써, 피해가 확산되는 것을 막을 수 있다.

비록 과학의 위계적인 층위들 사이에는 언제나 어떤 "누수"가 있어서, 화학자는 더 낮은 층위의 물리학을 완전히 무시할 수 없고, 생물학자는 화학을 완전히 무시할 수 없지만, 어느 한 층위로부터 아주 멀리 떨어진 층위들 사이에는 누수가 거의 없다. 바로 그렇기 때문에 사람들이 다른 사람들을 직관적으로 이해하는 데에, 굳이 쿼크 모델, 원자핵의 구조, 전자 궤도의 성질, 화학적 결합, 단백질 구조, 세포 속의 소기관, 세포들 사이의 정보교환 방식, 인간 신체의 여러 기관의 생리학 또는 신체기관들 사이의 복잡한 상호작용을 이해할 필요가 없는 것이다. 우리가 필요로 하는 모든 것은 최고 층위가 어떻게 행동하는가에 대한 덩이지어진 모델이다. 그리고 우리 모두가 아는 것처럼 그러한 모델들은 매우 현실적이고 성공적이다.

덩이 짓기와 결정론 사이의 트레이드 오프*

그러나 아마도 덩이지어진 모델에는 중요한 약점이 하나 있는 것 같은데, 그것

---

* 어느 것을 얻으려면 반드시 다른 것을 희생해야 하는 관계.

은 그 모델은 통상적으로 정확한 예측능력이 없다는 점이다. 즉 우리는 덩이지어진 모델을 사용함으로써 인간을 쿼크(또는 가장 낮은 층위에 있는 아무것)의 집합으로 보는 불가능한 과업으로부터 우리 자신을 구하지만, 그런 모델들은 우리가 말하거나 행동하는 것을 다른 사람들은 어떻게 느끼고 반응하는가에 대한 확률적 추정만 전달해줄 뿐이다. 한마디로, 우리는 높은 층위의 덩이지어진 모델들을 사용하면서 단순성을 위해서 결정론을 희생시켰다. 농담에 사람들이 어떻게 반응할지 확실치 않음에도 불구하고, 사람들이 가장 가까이에 있는 깃대를 올라가기 보다는(선승 같으면 이렇게 할지도 모른다!), 웃거나 웃지 않을 것이라는 기대를 가지고 우리는 말을 한다. 덩이지어진 모델은 행동이 수행될 것으로 기대하는 "공간"을 정의한다. 그리고 그 행동이 그 공간의 어느 부분에서 수행될지 확률을 명시한다.

"컴퓨터는 우리가 명령한 것만을 수행할 수 있다"

이제 이 아이디어들을 복합적인 신체체계에 적용한 것처럼 컴퓨터 프로그램에도 적용할 수 있다. 오래된 금언이 있다. "컴퓨터는 당신이 명령한 것만 할 수 있다." 이것은 어떤 점에서는 맞는 말이지만, 핵심을 놓친 말이다. 우리는 컴퓨터에 명령을 내린 결과를 미리 알지 못한다. 따라서 컴퓨터의 행동은 마치 사람의 행동처럼 당혹스럽고 놀라우며 예측하지 못할 수 있다. 우리는 일반적으로 출력이 떨어질 **영역**을 미리 알지만, 어디에 떨어질지 상세히 알지는 못한다. 예를 들면, 원주율 π를 소수점 100만 자리까지 계산하는 프로그램을 만들 수 있다. 그 프로그램은 인간보다 훨씬 빨리 π값을 토해낼 것이다. 그러나 컴퓨터가 프로그래머를 앞지르고 있다는 사실에는 아무 역설도 없다. 우리는 출력이 떨어질 영역, 즉 0과 9사이의 숫자 영역을 미리 알고 있다. 그것은 우리가 프로그램의 행동에 대해서 덩이지어진 모델을 가진다는 것을 뜻한다. 그러나 우리가 그 나머지도 알았더라면 그런 프로그램을 만들지 않았을 것이다.

이 오래된 금언은 또다른 의미에서 녹이 슬어 있다. 그것은 우리가 더 높은 층위의 언어로 프로그래밍할수록 컴퓨터에 무엇을 명령했는지 점점 더 정확하게 알지 못한다는 사실과 관련이 있다! 겹겹의 번역 층은 복잡한 프로그램의 "최전선"을 실제의 기계어 명령들로부터 분리할 것이다. 우리가 생각하고 프로그래밍하는 층위에서는, 작성하는 문장이 강제나 명령이라기보다는 선언이나 제안에 가까울지 모른다. 그리고 높은 층위의 문장을 입력했기 때문에 야기된 내부적인 모든 덜컹거림은 외부에서는 보이지 않는다. 그것은 마치 샌드위치를 먹을 때, 그로 인한 소화과정을 의식하지 못하는 것과 마찬가지이다.

어쨌든 "컴퓨터는 명령받은 것만을 할 수 있다"는 이 개념은, 러블레이스 부인이 그녀의 유명한 논문*에서 처음으로 한 말인데, 아주 널리 퍼져 있고 "컴퓨터는 생각할 수 없다"는 개념과 아주 밀접하게 연관되어 있다. 이 문제에 대해서 우리의 수준이 아주 높아지게 될 나중 장에서 다시 다룰 것이다.

두 가지 유형의 체계

많은 부분들로 이루어진 체계를 두 가지 유형으로 나누는 일은 중요하다. 어느 체계에서는 어떤 부분의 행동이 다른 부분의 행동을 **상쇄하는** 경향이 있고, 그 결과 낮은 층위들에서 일어나는 일은 크게 중요하지 않다. 왜냐하면 거의 어떤 것이든 그것이 유발하는 높은 층위에서의 행동은 비슷하기 때문이다. 이런 종류의 체계에 대한 예는 가스통인데, 거기서는 모든 분자들이 매우 복잡한 미시적인 방식으로 좌충우돌하지만, 거시적인 관점에서 보면, 그 총합의 결과는 일정한 온도, 압력, 부피를 가지는 아주 조용한 안정된 체계이다. 그리고 낮은 층위에서 일어난 단 하나의 사건으로 인한 효과가 높은 층위에서 엄청난 결과로 **증폭되는** 체계가 있다. 그러한 체계가 핀볼(pinball) 기계이다. 거기서는 공이 각각의 기둥에 부딪히는 각도가 공의 그 이후 진로에 결정적이다.

컴퓨터는 이러한 두 가지 유형을 매우 정교하게 조합한 체계이다. 컴퓨터에 있는 도선 같은 하위단위는 충분히 예측할 수 있는 방식으로 행동한다. 그것은 옴의 법칙(Ohm's law)에 따라서 전기를 전도하는데, 이 법칙은 가스통 속의 가스를 지배하는 법칙을 닮은 매우 정확하고 덩이지어진 법칙이다. 왜냐하면 그것은 수십억 번의 우연한 효과들이 서로를 상쇄해서, 예측할 수 있는 전반적인 행동을 낳는 통계적인 효과에 의존하기 때문이다. 또한 컴퓨터는 프린터 같은 거시

---

* 1842년 찰스 배비지가 이탈리아 토리노 대학교에서 자신의 해석기관에 관해서 강연을 했는데, 이탈리아 수학자인 메나브레아가 그 강연 내용을 프랑스어로 받아적은 것을 에이다 러블레이스가 배비지의 부탁을 받고 상세한 주석을 붙여 영어로 번역한 것.

적인 하위단위를 포함하고 있는데, 프린터의 행동은 전류의 미묘한 패턴에 의해서 완전히 결정된다. 프린터가 인쇄하는 것은 서로를 상쇄하는 수많은 미시적인 효과들이 만들어낸 것은 결코 아니다. 사실 대부분의 컴퓨터 프로그램에서는 프로그램 안에 있는 개개의 모든 비트 값이, 인쇄되는 출력에 결정적인 역할을 한다. 만약에 한 비트라도 바뀌면 그 출력 결과 또한 대폭 바뀔 것이다.

오로지 "믿을 만한" 하위체계들—즉 그 행동을 덩이지어진 기술로부터 믿을 만하게 예측할 수 있는 것—로만 이루어진 체계들은 우리의 일상생활에서 엄청나게 중요한 역할을 한다. 왜냐하면 그것들이 바로 안정성을 떠받치는 기둥이기 때문이다. 우리는 무너지지 않는 벽, 어제 모두 걸었던 보도, 빛나는 태양, 제 시간을 가리키는 시계 등에 의지할 수 있다. 그러한 체계들의 덩이지어진 모델들은 사실상 전적으로 결정론적이다. 물론, 우리의 삶에서 중요한 역할을 하는 또다른 유형의 체계는 내부의 미시적인 매개변수들—그 수가 아주 많다. 게다가 우리가 직접 관찰할 수도 없다—에 좌우되는 가변적인 행동을 가지는 체계이다. 그러한 체계에 대한 우리의 덩이지어진 모델은 필연적으로 연산 "영역"을 가지고 기술하며, 그 영역의 어느 지점에 도착할지를 확률적으로 추정할 것을 요구한다.

가스통은, 앞서 지적한 것처럼 많은 효과가 상쇄되기 때문에 믿을 만한 체계인데, 정확하고 결정론적인 물리법칙을 따른다. 그러한 법칙은 **덩이지어진 법칙**인데, 가스를 전체로서 다루고 구성요소는 무시한다. 더욱이 가스에 대한 미시적 기술과 거시적 기술은 전적으로 다른 용어를 사용한다. 전자는 모든 개별구성분자의 위치와 속도를 명기할 것을 요구한다. 후자는 세 가지의 새로운 양, 즉 온도, 압력, 부피를 명기할 것만 요구한다. 온도와 압력은 미시적인 상응물조차 없다. 이 세 변수를 엮는 간단한 수학적인 관계—$pV=cT$, 여기서 c는 상수이다—는 보다 낮은 층위의 현상에 좌우되고, 그러면서도 그 현상에 독립적인 법칙이다. 역설적으로 들리지 않게 설명하면, 이 법칙은 분자 층위를 지배하는 법칙들로부터 유도할 수 있다. 이런 의미에서 그것은 낮은 층위에 의존한다. 다른 한편으로, 원하기만 하면 더 낮은 층위를 완전히 무시할 수 있게 해주는 법칙이다. 이런 의미에서 그 법칙은 낮은 층위로부터 독립해 있다.

높은 층위의 법칙은 낮은 층위를 기술하는 어휘로 표현할 수 없다는 것을 깨닫는 것이 중요하다. "압력"과 "온도"는 낮은 층위의 경험만으로는 전달할 수 없는 새로운 용어들이다. 우리 인간들은 온도와 압력을 직접 감지한다. 우리가 그렇게 생겨났기 때문에 이 법칙을 발견한 것이 놀랍지는 않다. 그러나 가스를 오로지 이론적인 수학의 구성물로만 알았던 생물이 이 새로운 법칙들을 발견해야 한다면, 새로운 개념을 합성하는 능력을 가져야만 할 것이다.

부수현상

이 장을 맺으면서 나는 복잡계에 대한 이야기를 하나 하고 싶다. 어느 날인가 내가 사용하고 있던 컴퓨터를 담당하는 두 명의 시스템 프로그래머들과 이야기를 나누었다. 그들은 그 운영체계가 약 35명의 사용자까지는 아주 편하게 감당할 수 있을 것 같은데 그 이상의 사용자가 접속하면 반응 시간이 갑자기 길어져, 컴퓨터 속도가 너무 느려져서 로그 오프하고 집으로 가서 나중까지 기다리는 것이 나을지도 모른다고 말했다. 나는 농담으로 맞장구를 쳤다. "뭐. 그것을 고치는 거야 간단하지. 운영체계 안에서 '35'라는 수가 저장된 자리를 찾아서 그 수를 '60'으로 바꾸라고!" 모두 웃었다. 물론 그 농담의 핵심은 그런 장소는 없다는 점이다. 그러면 이 임계수, 즉 35명의 사용자라는 것은 어디에서 나왔는가? 대답은 이렇다. 그것은 체계 전체 조직의 눈에 보이는 결과—즉 "부수현상"—이다.

　비슷하게, 단거리 선수에 대해서 이렇게 물을지도 모른다. "그가 100야드를 9.3초에 뛰게 하는 '9.3'이 어디에 저장되어 있습니까? 물론 그 수는 아무 데에도 저장되어 있지 않다. 그의 기록은 그의 신체구조, 반응 시간, 그가 달리는 동안에 상호작용하는 백만 가지 요인들의 결과이다. 그의 기록은 쉽게 재현될 수 있지만, 그의 몸 어디에도 저장되어 있지 않다. 그것은 그의 신체 속의 모든 세포에 퍼져 있으며, 달리기라는 행위 자체에서 스스로를 드러낼 뿐이다.

　부수현상은 널려 있다. "바둑"에서는 "두 집이 나면 산다"라는 특성이 있다. 그것은 규칙으로 만들어져 있는 것이 아니라, 규칙들의 결과이다. 인간의 뇌는 쉽게 속는 속성이 있다. 당신은 얼마나 쉽게 속는가? 당신이 쉽게 속는 성질은 당신 뇌의 "쉽게 속기 중추"에 자리잡고 있는가? 신경외과 의사는 쉽게 속는 것을 줄이기 위하여 정교한 수술을 할 수 있는가? 아니면 그대로 놓아두는가? 당신이 이것을 믿는다면 당신은 대단히 쉽게 속는 사람이며, 아마 그러한 수술을 고려할 것이다.

정신 대 두뇌

이어지는 장들에서는 두뇌에 대해서 논의하는데, 두뇌의 가장 높은 층위인 정신을, 정신이 의존하기도 하고 의존하지 않기도 하는 더 낮은 층위를 이해하지 않고도 이해할 수 있는지 어떤지 검토할 것이다. 뇌세포에서 미시적인 활동을 지배하는 낮은 층위의 법칙들로부터 "봉쇄된" 사고 법칙이 있나? 정신을 뇌로부터 "떼어내서" 다른 체계에 이식할 수 있는가? 또는 사고의 과정들을 깔끔하고 규격부품인 하위체계들로 나누는 것이 불가능한가? 두뇌는 원자, 재정규화된 전자, 원자핵, 중성자, 또는 쿼크에 더 가까운가? 의식은 부수현상인가? 정신을 이해하려면 신경세포의 층위에 이르기까지 쭉 내려가야만 하는가?

······과 개미 푸가

······그러고는 4성 푸가의 각 성부가 차례차례 울린다.

아킬레스 : 자네들은 믿지 않겠지만, 그 질문에 대한 대답이 그림 속에 숨어서 우리 모두를 빤히 보고 있다네. 그건 한 개의 낱말에 불과하지만, 중요한 낱말이지. 바로 "MU(無)"야!

게 : 자네들은 믿지 않겠지만, 그 질문에 대한 대답이 그림 속에 숨어서 우리 모두를 빤히 보고 있다네. 그건 한 개의 낱말에 불과하지만, 중요한 낱말이지. 바로 "HOLISM(**전일주의**)"이야!

아킬레스 : 잠깐만. 자네는 지금 헛것을 보고 있구먼. 이 그림의 메시지는 명백하게 "MU"지 "HOLISM"이 아니라네.

게 : 미안한 말이지만 내 시력은 무지하게 좋아. 다시 한번 보고 나서 그 그림이 내가 생각하는 메시지를 전하는지 어떤지 말해주게.

개미핥기 : 자네들은 믿지 않겠지만, 그 질문에 대한 대답이 그림 속에 숨어서 우리 모두를 빤히 보고 있다네. 그건 한 개의 낱말에 불과하지만, 중요한 낱말이지. 바로 "REDUCTIONISM(**환원주의**)"이야!

게 : 잠깐만. 자네는 지금 헛것을 보고 있구먼. 이 그림의 메시지는 명백하게 "HOLISM"이지 "REDUCTIONISM"이 아니라네.

아킬레스 : 속은 사람이 또 하나 있군! "HOLISM"도 "REDUCTIONISM"도 아닌, "MU"가 이 그림의 메시지란 말일세. 그건 분명해.

개미핥기 : 미안한 말이지만 내 시력은 무지하게 좋아. 다시 한번 보고 나서 그 그림이 내가 생각하는 메시지를 전하는지 어떤지 말해주게.

아킬레스 : 저 그림이 두 부분으로 되어 있고, 각 부분이 글자 한 개라는 게 안 보이나?

게 : 두 부분에 대해서는 자네 말이 맞네. 하지만 그것들이 무엇인지에 관해서는 틀렸네. 왼쪽 부분은 "HOLISM"이라는 낱말 세 개로 이루어져 있고, 오른쪽

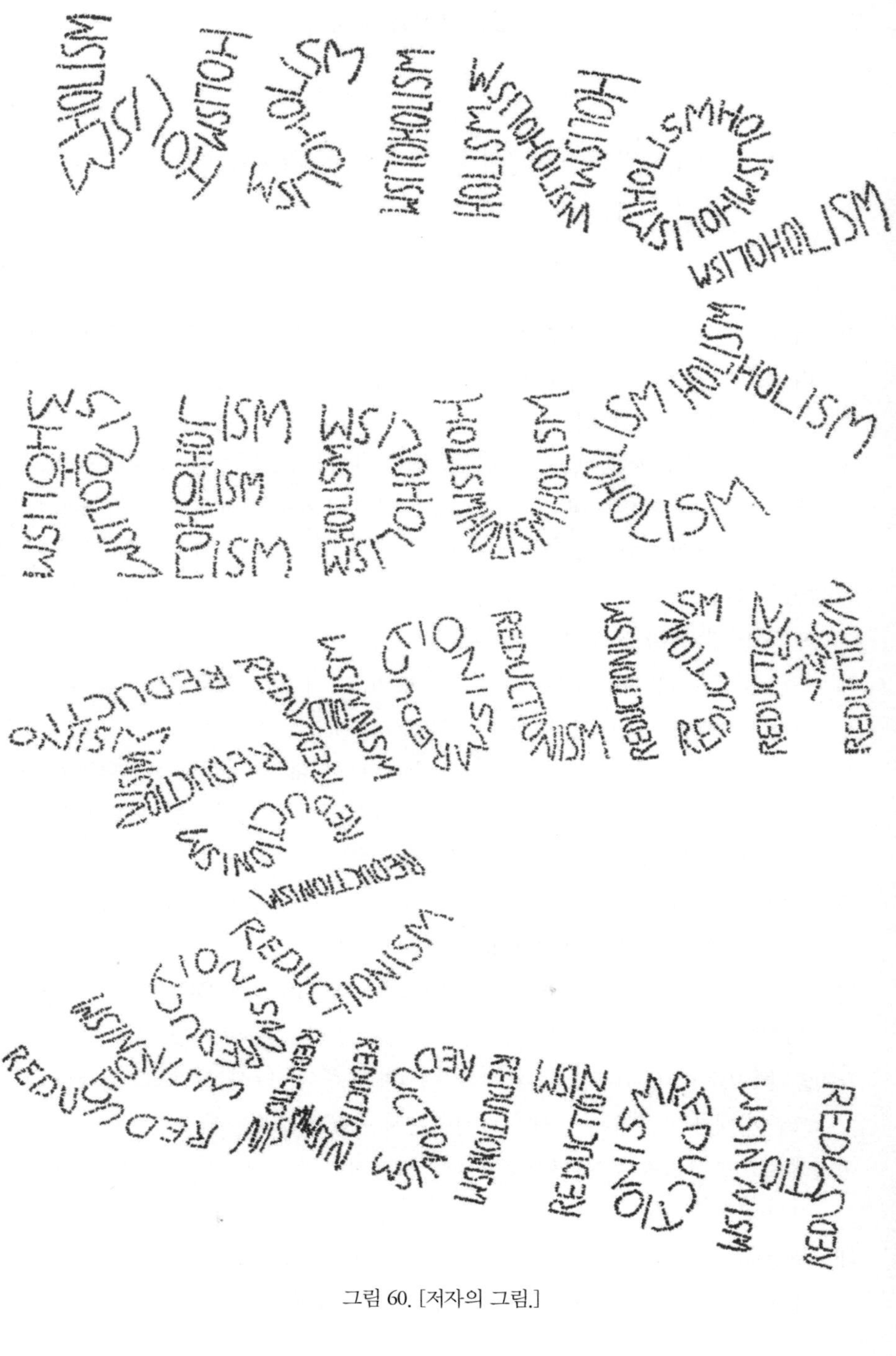

420

그림 60. [저자의 그림.]

부분은 더 작은 글자로 된 같은 낱말 여러 개로 이루어져 있지. 이 두 부분에 있는 글자들의 크기가 왜 다른지는 모르겠지만, 나는 내가 보는 것이 무엇인지는 아네. 그건 분명히 "HOLISM"이야. 자네가 어떻게 다른 것으로 보는지 나로서는 알 수가 없네.

개미핥기 : 두 부분에 대해서는 자네 말이 맞네. 하지만 그것들이 무엇인지에 관해서는 틀렸네. 왼쪽 부분은 "REDUCTIONISM"이라는 낱말 여러 개로 이루어져 있고, 오른쪽 부분은 더 큰 글자로 된 같은 낱말 한 개로 이루어져 있지. 이 두 부분에 있는 글자들의 크기가 왜 다른지는 모르겠지만, 나는 내가 보는 것이 무엇인지는 아네. 그건 분명히 "REDUCTIONISM"이야. 자네가 어떻게 다른 것으로 보는지 나로서는 알 수가 없네.

아킬레스 : 왜 이렇게 의견이 분분한지 알겠네. 자네들 각자 다른 글자를 구성하는 글자들이나, 다른 글자들로 이루어진 글자들을 보았군. 왼쪽 부분에는 정말 "HOLISM"이 세 개 있어. 하지만 그 각각은 "REDUCTIONISM"이라는 낱말의 작은 복사들로 이루어져 있지. 그것과 상보적으로 오른쪽 부분에는 정말로 "REDUCTIONISM"이 하나 있지만, 그것은 "HOLISM"이라는 낱말의 작은 복사들로 이루어져 있지. 자, 이건 다 좋아. 하지만 자네들은 어리석게 옥신각신하는 가운데 나무를 보느라 숲을 놓쳐버렸네. 문제를 이해하는 적절한 방법이 "MU"라고 대답함으로써, 그 질문을 초월하는 것이라면, "HOLISM"이 옳은지 "REDUCTIONISM"이 옳은지에 대해서 말다툼을 벌이는 것이 무슨 소용이 있겠나?

게 : 자네가 설명한 대로 그림을 보고 있네, 아킬레스. 하지만 "질문을 초월한다"는 이상한 표현이 무슨 뜻인지 모르겠네.

개미핥기 : 자네가 설명한 대로 그림을 보고 있네, 아킬레스, 하지만 "MU"라는 이상한 표현이 무슨 뜻인지 모르겠네.

아킬레스 : 먼저 자네들이 "전일주의"와 "환원주의"라는 이상한 표현들이 무슨 뜻인지 내게 말해준다면, 나도 자네들에게 기꺼이 얘기해주겠네.

게 : "전일주의"란 세상에서 가장 자연스럽게 이해할 수 있는 거라네. 그것은 "전체는 그 부분들의 합보다 더 크다"는 믿음이지. 우뇌형인 자라면 전일주의를 거부할 수 없어.

개미핥기 : "환원주의"란 세상에서 가장 자연스럽게 이해할 수 있는 거라네. 그것

은 "전체란 우리가 그것의 부분들과 그 '합'의 성격을 이해하면 완전히 이해할 수 있다"는 믿음이지. 좌뇌형인 자라면 환원주의를 거부할 수 없어.

게 : 나는 환원주의를 거부하네. 예를 들면, 어떻게 뇌를 환원주의적으로 이해할 수 있는지 내게 말해주기 바라네. 뇌를 환원주의적으로 설명하는 것은 뇌가 경험하는 의식이 어디에서 발생하는지 설명하는 데서 불가피하게 막혀버릴 걸세.

개미핥기 : 나는 전일주의를 거부하네. 예를 들면, 어떻게 개미 군락(ant colony)을 전일주의적으로 설명하는 것이 그 군락 안에 사는 개미들과 그들의 역할 및 상호간의 관계를 기술하는 것보다 개미 군락에 대해서 더 잘 조명할 수 있는지 내게 말해주기 바라네. 개미 군락을 전일주의적으로 설명하는 것은 개미 군락이 경험하는 의식이 어디에서 발생하는지 설명하는 데서 불가피하게 막혀버릴 걸세.

아킬레스 : 그만들 두게나! 새로운 논쟁에 불을 붙이려는 게 전혀 아니었네. 어쨌든, 이제 논점을 이해하겠네. 내가 "MU"를 설명하는 것이 큰 도움이 될 거라고 믿네. "MU"는 오래된 선(禪)의 대답으로, 질문을 받았을 때 그 질문을 **불문**(不問)에 부치는 거지. 여기에선 그 질문이 "이 세계를 전일주의로 이해해야 하는가 아니면 환원주의로 이해해야 하는가?"인 것 같은데. 여기서 "MU"라는 대답은 그 질문의 전제조건, 즉 둘 중 하나를 반드시 선택해야 한다는 것을 거부하는 것이지. 그 질문을 불문에 부침으로써, "MU"는 더 넓은 진리, 즉 전일주의적인 설명과 환원주의적인 설명이 모두 맞는 더 큰 맥락이 있다는 것을 드러내는 거지.

개미핥기 : 말도 안 돼! 자네가 말하는 "MU"는 소가 음매(moo) 하는 소리 같군. 나는 이따위 죽도 밥도 아닌 선문답은 받아들이지 않겠네.

게 : 웃기는 소리야! 자네가 말하는 "MU"는 고양이가 야옹(mew)거리는 소리 같군. 나는 이따위 죽도 밥도 아닌 선문답은 받아들이지 않겠네.

아킬레스 : 이런! 우리가 한 발짝도 나가지 못하고 있군. 어째서 자네는 이상하게 한마디도 안 하나, 거북 선생! 자네의 침묵 때문에 내가 몹시 불편하다네. 자네는 분명히 이 혼란을 바로잡는 데 도움을 줄 수 있을 텐데.

거북 : 자네들은 믿지 않겠지만, 그 질문에 대한 대답이 그림 속에 숨어서 우리 모두를 빤히 보고 있다네. 그건 한 개의 낱말에 불과하지만, 중요한 낱말이

지. 바로 "MU"야!

(그가 이 말을 하는 순간, 푸가의 제4성부가 나타나는데, 그것은 제1성부의 바로 한 옥타브 아래이다.)

아킬레스 : 오, 거북 선생. 이번에는 자네까지 나를 실망시키는군. 나는 자네가 언제나 사물을 깊이 들여다보기 때문에 이 딜레마를 해결할 수 있을 것이라고 확신했네. 그러나 분명히 나보다 더 멀리 보지는 못하는군. 그러니, 이번엔 내가 거북 선생만큼 본 것에 기뻐해야겠네.

거북 : 미안한 말이지만 내 시력은 무지하게 좋아. 다시 한번 보고 나서 그 그림이 내가 생각하는 메시지를 전하는지 어떤지 말해주게.

아킬레스 : 물론, 그 그림은 자네가 생각하는 메시지를 전하지! 그런데 자네는 내가 원래 관찰한 것을 그저 되풀이하는군.

거북 : "MU"는 아마 이 그림에서 자네가 생각하는 것보다 더 깊은 층위에 존재할 거야, 아킬레스. (비유적으로 말하면) 아마 한 옥타브 아래 말일세. 하지만 지금 우리가 그 논쟁을 추상적인 상태에서 해결할 수 있을지 나는 의심스럽네. 나는 전일주의와 환원주의적인 관점을 좀더 구체적으로 제시한 것을 보고 싶네. 그러고 나면 더 든든한 토대 위에서 결정내릴 수 있을 걸세. 예를 들면 개미 군락에 대한 환원주의적인 기술(記述)을 무척 듣고 싶네.

게 : 아마 그 점에 관해서는 개미핥기 박사가 자신의 경험을 자네에게 들려줄 걸세. 어쨌든 그는 직업상 그 주제에 대해서 전문가라고 할 수 있지.

거북 : 우리가 자네에게 배울 게 많다고 확신하네, 개미핥기 박사. 개미 군락에 대해서 환원주의적인 관점에서 좀더 설명해주겠는가?

개미핥기 : 기꺼이 설명하지. 게 선생이 말했듯이, 나는 직업상 개미 군락을 이해하는 데 아주 많은 노력을 기울여왔지.

아킬레스 : 상상이 가네! 개미핥기라는 직업은 개미 군락에 대한 전문가라는 것과 동의어 같군!

개미핥기 : 미안하네. "개미핥기"는 내 직업이 아니라, 내 생물학적 종(種)이네. 직업은 개미 군락 외과 의사지. 외과 수술로 개미 군락의 신경착란 교정을 전문으로 하네.

아킬레스 : 오, 알겠네. 그런데 개미 군락의 "신경착란"이라는 게 뭐지?

개미핥기 : 대부분의 내 환자들은 일종의 언어장애에 시달리고 있지. 그런데 개미 군락은 일상 상황에서 낱말들을 모색해야만 한다네. 그래서 아주 비극적인 일이야. 나는 개미 군락에서 결함이 있는 부분들을 으음—제거해서 그 상황을 치료하려는 거지. 이 수술은 때로는 아주 복잡해. 그래서 그 수술을 하려면 말할 것도 없이 다년간 연구를 해야 하네.

아킬레스 : 하지만 언어장애에 시달리려면 이미 그전에 언어능력이 있어야 하는 것 아닌가?

개미핥기 : 그렇지.

아킬레스 : 개미 군락들이 무슨 언어능력이 있다는 건지 나는 좀 혼란스럽군.

게 : 아킬레스, 지난주에 자네가 여기 없었던 게 아쉽네. 그때 개미핥기 박사와 개미탑 아줌마*가 우리 집에 손님으로 있었거든. 자네를 초대했어야 했는데.

아킬레스 : 개미탑 아줌마(Aunt Hillary)는 자네 이모(Aunt)인가, 게 선생?

게 : 아니야, 그 아줌마는 누구의 이모도 아니야.

개미핥기 : 하지만 그 아줌마는 자신을 아는 모두 다, 심지어는 낯선 사람까지도 자기를 이모라고 불러달라고 하지. 그건 그녀의 매력적인 여러 괴벽 중의 하나야.

게 : 그래, 개미탑 아줌마는 아주 괴팍하지만 쾌활한 분이야. 지난주에 그 아줌마를 만날 기회를 마련하지 못해 면목이 없네.

개미핥기 : 그 아줌마는 분명히 내가 알고 지내는 가장 교양 있는 개미 군락 중 하나야. 우리 둘은 아주 폭넓은 주제들을 놓고서 많은 날 긴 밤을 보내며 이야기를 했지.

아킬레스 : 나는 개미핥기가 개미들을 잡아먹는 자이지, 개미-지성주의**의 후원자는 아니라고 생각하는데.

개미핥기 : 물론, 에, 이 두 가지는 서로 모순되지 않다네. 나는 개미 군락들과 사이가 매우 좋지. 내가 먹는 것은 **개미들**이지, 군락은 아니라네. 그건 양측, 그러니까 나와 개미 군락 모두에게 좋은 일이네.

아킬레스 : 어떻게 그럴 수가—

---

* 원문은 Aunt Hillary인데 Ant Hill, Ant Colony를 나타낸다.

** 개미-지성주의(ant-intellectualism)는 반(反)지성주의(anti-intellectualism)에 대한 말장난이다.

거북 : 어떻게 그럴 수가—

아킬레스 : 자기 군락의 개미들이 먹히는 것이 군락에 좋다니?

게 : 어떻게 그럴 수가—

거북 : 숲속에 불을 내면, 숲에 좋다니?

개미핥기 : 어떻게 그럴 수가—

게 : 나뭇가지를 치면 나무에 좋다니?

개미핥기 : 머리카락을 자르면 아킬레스에게 좋다니?

거북 : 자네들은 토론에 너무 열중해서 방금 바흐의 푸가에서 나온 그 아름다운 스트레토(stretto)를 지나쳐 버렸네.

아킬레스 : 스트레토가 뭐야?

거북 : 오, 미안하네. 자네들이 이 용어를 안다고 생각했네. 스트레토란 한 주제를 각 성부가 아주 짧은 시차를 두고 차례로 반복하는 것이라네.

아킬레스 : 푸가를 충분히 들으면, 나도 곧 이런 것들을 모두 알게 되고 누가 지적하지 않아도 나 스스로 그것들을 알게 되겠지.

거북 : 미안하네, 친구들. 하던 얘기를 끊어서 미안해. 개미핥기 박사는 개미들을 먹어치우는 것이 개미 군락하고 친구가 되는 것과 어떻게 완벽하게 일관된 행동인지 설명하려고 했지.

아킬레스 : 에, 개미 먹는 양을 제한하고 잘 통제하면 개미 군락의 전반적인 건강을 개선할 수 있다는 것은 어렴풋이 알 수 있네. 하지만 개미 군락과 대화를 나눈다는 얘기는 훨씬 더 당혹스럽네. 그건 불가능하지. 개미 군락은 단순히 먹이를 찾아, 그리고 개미집을 만들려고 주위를 되는 대로 돌아다니는 개별적인 개미들의 무리에 불과하잖아.

개미핥기 : 나무를 보려고 해서 숲을 놓치는 걸 고집하면, 그런 식으로 생각할 수도 있겠지, 아킬레스. 사실 전체로 본다면, 개미 군락은 때로는 언어능력을 포함해 고유의 특성을 갖고 있는 매우 명확한 단위들이라네.

아킬레스 : 내가 숲 한가운데에서 뭔가 크게 외치고 거기에 대해서 개미 군락이 응답하는 걸 들으리라는 건 상상하기 어렵네.

개미핥기 : 멍청한 친구 같으니! 대화가 그런 식으로 되는 게 아니라고. 개미 군락은 소리 내서 대화하는 것이 아니라, 바닥에 써서 대화한다네. 자네는 개미들이 그들을 여기저기로 이끄는 개미행렬을 어떻게 형성하는지 아나?

아킬레스 : 그럼, 알지. 보통 부엌의 싱크대를 지나 내 복숭아 잼으로 곧장 행렬을 만들지.

개미핥기 : 사실 어떤 개미 행렬은 코드화된 형태로 정보를 갖고 있지. 우리가 그 체계를 안다면 그들이 말하는 것을 책처럼 읽을 수 있는 거지.

아킬레스 : 놀랍군. 그러면 거꾸로 자네가 그들에게 정보를 전할 수 있나?

개미핥기 : 전혀 문제가 없지. 그런 식으로 개미탑 아줌마와 나는 몇 시간이나 대화한다네. 나는 개미들이 행렬을 짓는 것을 관찰할 작정으로 막대기를 가지고 축축한 지면에 길게 줄을 긋지. 곧 어디선가 새로운 행렬이 형성되기 시작한다네. 행렬들이 전개되는 것을 관찰하는 것은 무척 즐거운 일이야. 행렬들이 형성되는 동안에 나는 그것이 얼마나 지속될지 예상하지(맞을 때보다 틀리는 경우가 많아). 행렬이 완성되면 개미탑 아줌마가 뭘 생각하고 있는지 알게 되지. 그래서 거기에 대해서 내가 응답한다네.

아킬레스 : 그 군락에도 틀림없이 아주 똑똑한 개미들이 있는 모양이로군.

개미핥기 : 나는 자네가 여기 층위들 사이의 차이를 깨닫는 데 여전히 어려워한다고 생각하네. 자네가 결코 개별 나무를 숲과 혼동하지 않듯이, 자네는 개미를 개미 군락으로 생각해서는 안 되네. 개미탑 아줌마가 데리고 있는 개미들은 모두 더이상 멍청할 수 없을 정도로 멍청하지. 그들의 작은 가슴을 지킬 대화조차 할 수 없을 걸세.

아킬레스 : 좋아. 그렇다면 도대체 대화하는 능력은 어디에서 오는 거지? 군락의 내부 어디엔가 자리잡고 있어야 할 것 아닌가! 개미탑 아줌마가 몇 시간 동안이나 재치있는 농담으로 자네를 즐겁게 해줄 수 있다면, 어떻게 그 개미들이 우둔할 수 있는지 이해가 안되네.

거북 : 내가 보기에는 그 상황이 인간의 뇌가 뉴런들로 이루어졌다는 사실과 별반 다르지 않은 것 같군. 인간이 지적인 대화를 할 수 있다는 사실을 설명하기 위해, 개별적인 뇌세포가 그 자체로 지능적인 존재여야 한다고 주장할 사람은 분명히 아무도 없을 걸세.

아킬레스 : 오, 그래. 분명히 없겠지. 뇌세포에 관해서는 자네가 말하는 바를 완전히 알겠네. 다만……개미들은 사정이 전혀 다르지 않을까? 그러니까 개미들은 조그만 먹이를 찾아 마음대로, 완전히 무작위로 이리저리 돌아다닌다는 거지. 그들은 하고 싶은 걸 마음대로 하잖아. 그런 자유를 고려하면, 어

떻게 그들의 행동이 전체로 보았을 때 통일성 있는 어떤 일—특히 대화를 하는데 필요한 뇌의 움직임처럼 통일성 있는 어떤 것—에 해당할 수 있는지 전혀 이해할 수 없네.

게 : 내가 보기에는 개미들은 어떤 제약 안에서만 자유로운 것 같은데. 예를 들면, 개미들은 자유롭게 돌아다니기도 하고, 서로 가볍게 부딪치기도 하고, 작은 물체를 집어들기도 하고, 개미 행렬에서 일하기도 하지. 하지만 그들은 그 작은 세계, 즉 그들이 존재하는 개미-체계를 결코 벗어나지 않지. 그들에 겐 그런 일이 결코 일어나지 않아. 왜냐하면 개미-체계를 벗어나는 것 같은 종류의 일을 상상할 만한 정신능력이 없기 때문이지. 말하자면 우리가 특정 과제를 특정 방식으로 수행하기 위해서 개미들에게 의지할 수 있다는 점에서 그들은 매우 믿을 수 있는 구성성분들이지.

아킬레스 : 하지만 그렇다고 해도 그런 제한 내에서 개미들은 여전히 자유로워. 그리고 무질서하게 여기저기 다니며 되는 대로 행동하지. 더 높은 층위에 있는 존재의 사고 메커니즘에 대한 고려는 하지 않으면서 말이지. 개미들은 그저 그 높은 층위의 존재의 구성성분일 뿐이라고 개미핥기 박사는 주장하지.

개미핥기 : 아하, 하지만 자네는 통계의 규칙성이라는 한 가지 사실을 알지 못하는군.

아킬레스 : 그건 또 뭐야?

개미핥기 : 예를 들면 말이야. 개체로서의 개미들은 무질서하게 돌아다니는 것 같지만, 그럼에도 불구하고 많은 수의 개미들을 끌어들이는 전반적인 경향이 있고, 그 경향은 혼돈에서 생겨날 수 있지.

아킬레스 : 오, 무슨 뜻인지 알겠네. 사실, 개미 행렬이 그런 현상에 대한 완벽한 예지. 개미 한 마리만 따지면 우리는 그 움직임을 예측할 수 없지만 행렬 자체는 명확하고 안정된 상태로 보인다네. 그것은 분명히, 개별적인 개미들이 완전히 무질서하게 움직이는 것만은 아니라는 것을 의미해야겠지.

개미핥기 : 바로 그거야, 아킬레스. 개미들 사이에는 어느 정도의 의사소통이 있어서, 그들이 완전히 무질서하게 움직이지 않도록 하지. 이런 최소한의 의사소통 덕분에 개미들은 혼자가 아니라 팀 동료와 협동하고 있다는 것을 서로에게 일깨워줄 수 있어. 어떤 활동—행렬을 만드는 따위—을 임의의 시간 동안 오래 유지하려면 이런 방식으로 서로를 강화하는 많은 수의 개미들이

필요한 거야. 내가 뇌의 작동 방식에 대해서 아주 어슴푸레하게밖에 이해하지 못하지만 이와 비슷한 뭔가가 뉴런의 발화에 관련되어 있다고 믿게 되는군. 게 선생, 다른 뉴런들을 발화시키려면 한 무리의 뉴런 발화가 필요하지 않은가?

게 : 분명히 그렇지. 예를 들면 아킬레스의 뇌 속에 있는 뉴런들을 보자고. 각 뉴런은 자신의 입력 라인에 접속된 뉴런들로부터 신호를 받는데, 어느 순간이든 입력의 총합이 임계값을 넘으면 그 뉴런은 발화하고 자신의 출력 펄스를 다른 뉴런으로 보내고, 신호를 받은 다른 뉴런이 다시 발화하고, 이런 식으로 그 라인을 따라 계속 진행되는 거야. 신경 신호는 아킬레스의 뇌 속 신경망을, 감각 입력 메시지가 간섭할 때까지 거침없이 질주하는데, 아킬레스 뇌의 신경구조 모양대로 마구 뒤틀리고 꺾이는 그 궤적은 각다귀에 굶주린 제비가 돌진할 때의 궤적보다 더 이상하다네.

아킬레스 : 통상적으로, **나는** 내가 생각하는 것을 제어하는 위치에 있다고 생각하네. 하지만 자네가 생각하는 방식은 내 생각을 완전히 뒤집어버리는군. 마치 "내"가 이 모든 신경구조와 자연법칙으로부터 나온 것처럼 들리도록 말이야. 그건 내가 나 **자신**(SELF)이라고 간주하는 것은 기껏해야 자연법칙에 지배되는 유기체의 부산물이며, 최악의 경우에는 나의 왜곡된 관점이 만들어낸 인위적인 개념처럼 들리게 하는군. 다른 말로 하면, 자네 얘길 들으니 내가 누구인지—또는 현재의 나를 모르는 것처럼 느껴지네.

거북 : 논의를 계속하면 더 잘 이해하게 될 걸세. 하지만 개미핥기 박사, 자네는 뇌와 개미 군락 사이의 유사성을 어떻게 생각하는가?

개미핥기 : 나는 아주 다른 이 두 체계에 뭔가 아주 비슷한 현상이 일어나고 있다는 것을 알았네. 이제는 그것을 훨씬 더 잘 이해하지. 예를 들면 행렬을 만드는 것처럼 여럿이 뭉쳐야 하는 집단 현상은 관여하는 개미들의 숫자가 어떤 문턱값을 넘어야 나타날 거라네. 어떤 곳에서 몇 마리의 개미가, 아마 임의로, 어떤 일을 시작한다면 두 가지 중 한 가지 일이 생길 걸세. 짧은 시간 동안 어떤 시도를 하다가 흐지부지 되거나—

아킬레스 : 그 일을 계속 굴러가게 하기에 충분한 개미가 없을 경우에?

개미핥기 : 바로 그거야. 또다른 가능성은 개미의 숫자가 문턱값을 넘게 되는 것이지. 그러면 그 일은 눈덩이 불어나듯 점점 더 많은 개미들을 불러들이게

된다네. 후자의 경우, 단일 프로젝트를 수행하는 온전한 "팀"이 생기는 거라네. 그 프로젝트는 행렬을 만들거나, 먹이를 모으거나 개미집을 손질하는 것이 될 수 있어. 이 도식은 작은 척도에선 극히 단순함에도 불구하고, 큰 척도에선 아주 복잡한 결과를 낳을 수 있다네.

아킬레스 : 나는 자네가 개괄한 것처럼, 혼돈에서 질서가 출현한다는 일반적인 아이디어는 이해할 수 있지만, 그것은 대화를 할 수 있는 능력과는 여전히 거리가 멀지 않나. 결국, 기체 분자들이 서로 무질서하게 부딪치는 경우에도 혼돈으로부터 질서가 출현하지. 하지만 거기서 귀결되는 모든 것은 부피, 압력, 온도라는 세 가지 변수로 규정할 수 있는 형태 없는 덩어리뿐이라네. 그것은 세계를 이해하거나 세계에 대해서 말하는 능력과는 멀어도 한참 먼 얘기지!

개미핥기 : 그것은 개미 군락의 행동에 대한 설명과 용기 안에 있는 기체의 운동에 대한 설명 사이에 아주 흥미로운 차이점을 보여주는군. 우리는 기체의 운동을 분자 운동의 통계적인 특성을 계산함으로써 간단히 설명할 수 있지. 기체 전체, 그 자신을 제외하고는 분자들보다 더 높은 구조 요소들을 논의할 필요가 없어. 이와 달리, 개미 군락에선, 우리가 여러 층으로 되어 있는 구조를 검토하지 않으면 그 군락의 활동을 이해하는 걸 시작조차 할 수 없다네.

아킬레스 : 자네가 말하는 게 무슨 뜻인지 알겠네. 기체의 경우, 가장 낮은 층위인 분자에서 가장 높은 층위인 기체 전체로 단번에 도약할 수 있지. 조직상의 어떤 중간 층위도 없지. 자, 개미 군락에서 조직된 활동의 중간 층위들은 어떻게 발생하나?

개미핥기 : 그것은 어떤 개미 군락이든 거기엔 다양한 종류의 개미가 있다는 것과 관계있다네.

아킬레스 : 그래. 나도 들어본 적이 있는 것 같군. 그들을 "카스트(caste)"라고 하던가?

개미핥기 : 맞아. 여왕개미 말고도 개미집 유지에 사실상 무용지물인 수개미들이 있지. 그리고—

아킬레스 : 그리고 물론 병정개미들이 있지. 공산주의에 맞서 싸우는 영광스러운 전사들!

게 : 흐음……그건 맞는 말이 아니라고 생각하네, 아킬레스. 개미 군락은 내부적으로 보면 공산주의와 비슷한데, 어째서 병정개미들이 공산주의와 맞서 싸운다는 거지? 내 말이 맞지 않나, 개미핥기 박사?

개미핥기 : 그래, 군락에 관해서는 자네 말이 맞네, 게 선생. 개미들은 정말로 어느 정도 공산주의적인 원리에 입각하고 있네. 하지만 병정개미에 대해선 아킬레스가 좀 소박한 생각을 하고 있군. 이른바 "병정개미들"은 싸우는 일에는 서투르다네. 그들은 강력한 턱으로 깨물 수는 있지만 느림보에다가 대가리만 큰 볼품없는 녀석들로 영광스러운 전사는 아니지. 진짜 공산주의 국가에서처럼 영광받을 자들은 일개미들이야. 그들이 먹이 모으기, 사냥, 유충 돌보기 같은 대부분의 허드렛일을 떠맡고 있지. 심지어 싸움도 대부분 이들이 한다네.

아킬레스 : 그것 참 말도 안 되는 사태로군. 싸우지 않는 군인이라니.

개미핥기 : 에, 내가 방금 말했듯이 그들은 사실 군인이 아니야. 일개미들이 병사 역할을 하고, 병정개미들은 게으른 멍텅구리지.

아킬레스 : 오, 수치스럽군! 내가 개미라면 그 병정개미들에게 군기를 잡아줄 텐데! 그 멍텅구리 녀석들 정신 좀 차리게 해줄 텐데 말이야!

거북 : 자네가 개미라면? 자네가 어떻게 개미가 될 수 있나? 자네의 뇌를 개미 두뇌에 일대일 대응시킬 방법은 없네. 그러니 내가 보기엔 그건 걱정해봐야 쓸데없는 문제 같네. 자네의 두뇌를 개미 군락에 일대일 대응시키는 걸 제안하는 것이 더 합리적일거야. 자 옆길로 새지 말고, 개미핥기 박사가 조직의 더 높은 층위에서의 카스트와 그들의 역할에 대하여 명쾌한 설명을 계속하도록 하자구.

개미핥기 : 좋아. 군락에서 수행되어야 할 온갖 종류의 일들이 있는데 개별 개미들은 전문기능을 개발한다네. 보통 한 개미의 전문 기능은 나이를 먹어가면서 바뀌지. 물론 그것은 개미들의 카스트에 좌우되지. 어느 순간이건 군락의 어떤 작은 영역에서건 모든 유형의 개미들이 다 있지. 물론 어떤 한 카스트가 어떤 곳에서는 드물고 다른 곳에서는 조밀할 수는 있어.

게 : 그러면 어떤 카스트 또는 전문기능의 밀도는 그냥 임의적인 것인가? 아니면 한 유형의 개미들이 어떤 구역에는 더 많이 집중되어 있고 다른 구역에는 덜 집중되어 있는 이유가 있나?

개미핥기 : 그 문제를 제기해줘서 기쁘네. 왜냐하면 그 질문은 군락이 어떻게 생
각하는지를 이해하는 데 결정적으로 중요하기 때문이지. 사실, 오랜 기간에
걸쳐 군락 내부에서 아주 정교한 카스트 분포가 진화해왔네. 그리고 이 분
포 덕에 나와 대화하는 능력에 밑받침이 되는 복잡성을 개미 군락이 갖게 되
었지.

아킬레스 : 내가 보기엔 이리저리 끊임없이 움직이는 개미 때문에 아주 정교한 분
포의 가능성이 없을 것 같은데. 어떤 정교한 분포라도 개미들의 무질서한
움직임 때문에 금세 파괴될 것 같아. 마치 모든 방향으로부터 가해지는 무
차별한 충돌 때문에 기체 속에 있는 분자들의 정교한 패턴이 잠시도 존재할
수 없는 것과 마찬가지로 말이야.

개미핥기 : 개미 군락에서는 상황이 정반대지. 사실 여러 가지 상황에 카스트 분
포를 적응시키고 그래서 정교한 카스트 분포를 유지시키는 것은 바로 그 군
락 안에서 개미들이 쉴 새 없이 이리저리 움직이는 것이라네. 카스트 분포는
단 하나의 경직된 패턴으로 유지될 수 없고, 오히려 그것은 군락이 다루고
있는 실재 세계의 상황을 어떤 방식으로 반영하도록 꾸준히 바뀌어야 하지.
그리고 카스트 분포를 갱신해서 군락이 직면하는 현재 환경에 부합하도록
하는 것이 군락 속에서 일어나는 움직임이지.

거북 : 보기를 하나 들어주겠나?

개미핥기 : 그러지. 개미핥기인 내가 개미탑 아줌마를 답방할 때, 멍청한 개미들
이 내 냄새를 맡고는 공황상태에 빠지지. 물론 그것은 그들이 내가 거기에
도착하기 전과는 완전히 다른 방식으로 움직이기 시작한다는 걸 뜻하지.

아킬레스 : 하지만 자네가 그 개미 군락의 천적이라는 것을 생각하면 이해가 가
는군.

개미핥기 : 아니야. 했던 말 또 해야겠군. 개미 군락의 적이기는커녕 난 개미탑 아
줌마의 절친한 친구일세. 그리고 개미탑 아줌마는 내가 제일 좋아하는 이모
란 말일세. 군락에 있는 개미 한 마리, 한 마리가 모두 나를 무서워한다는
건 인정하겠네. 하지만 그건 전혀 다른 문제야. 어쨌든 내가 나타난 것에 대
응해 개미들이 움직이면 개미의 내부 분포가 완전히 바뀐다는 것을 알게 될
걸세.

아킬레스 : 그건 분명해.

개미핥기 : 그게 바로 내가 말했던 갱신이라는 거야. 개미 군락의 새로운 분포는 내가 나타난 것을 반영하지. 우리는 기존 상태에서 새로운 상태로 바뀐 것을, 군락에 "지식 한 조각"을 추가한 것이라고 설명할 수 있어.

아킬레스 : 자네는 한 군락 안에서 다양한 유형의 개미들이 분포한 걸 어떻게 "지식 한 조각"이라고 부를 수 있나?

개미핥기 : 거기에 핵심이 있네. 그 점은 좀더 상세하게 설명할 필요가 있어. 결국 중요한 것은 카스트 분포를 어떻게 기술할지 결정하는 것이라네. 만일 자네가 더 낮은 층위의 관점에서, 즉 개별적인 개미들을 가지고 계속 생각한다면, 나무는 보고 숲을 보지 못하는 거지. 그것은 너무나도 미시적인 층위인데, 미시적으로 생각할 경우, 큰 척도로 볼 때만 인식할 수 있는 거시적인 특성들을 놓치게 되지. 따라서 우리는 카스트 분포를 설명하는 높은 층위의 적절한 틀을 찾아내야 해. 그래야만 어떻게 카스트 분포가 많은 지식 조각을 코드화할 수 있다는 건지 이해하게 되네.

아킬레스 : 좋아, 그러면 군락의 현재 상태를 기술하는 데 필요한 적절하게 잡은 크기의 단위를 어떻게 알아내지?

개미핥기 : 좋아. 바닥에서부터 시작해보자고. 개미들이 뭔가를 할 필요가 생기면, 그들은 작은 "팀들"을 결성하지. 이들이 함께 뭉쳐 일을 수행한다네. 앞에서 말한 것처럼, 개미의 작은 무리들은 끊임없이 형성되고 해체되지. 실제로 한동안 존재하는 것은 팀들이고, 그들이 서로 흩어지지 않는 이유는 그들이 할 일이 실제로 있기 때문이지.

아킬레스 : 자네는 앞에서, 어떤 무리가 그 규모가 일정한 문턱값을 넘으면 서로 뭉칠 거라고 말했지. 그런데 지금은 어떤 무리가 할 일이 있을 경우 서로 뭉칠 거라고 말하고 있구먼.

개미핥기 : 그 말이 그 말이네. 예를 들면, 먹이 모으기일 경우, 돌아다니던 개미가 어디선가 먹이를 발견했는데 양이 얼마 안 된다고 해보자고. 다른 개미들에게 그 감격을 전달하겠지. 거기에 반응하는 개미 수는 먹이 크기에 비례할 거라고. 얼마 안 되는 양은 문턱값을 넘기에 충분한 개미를 끌어들이지 못할 거야. 그게 바로 할 일이 없다고 말한 것의 의미라네. 다시 말해 너무 적은 먹이는 무시되어야 한다는 말이지.

아킬레스 : 알겠어. 나는 이 "팀들"이 개별 개미 층위와 군락 층위 사이의 어디엔

가 위치하는 구조 층위들 중의 하나라고 생각하네.

개미핥기 : 바로 그거야. 내가 "신호"라고 부르는 특별한 종류의 팀이 있지. 더 높은 구조 층위들은 모두 이 신호를 바탕으로 하고 있지. 사실, 더 높은 층위의 실체들은 모두 서로 협력해서 작용하는 신호들의 집합이지. 더 높은 층위에 팀들이 있는데, 그 구성원은 개미가 아니라 더 낮은 층위의 팀들이지. 결국엔 가장 낮은 층위의 팀들, 즉 신호에 이르고 그 아래에 개별 개미들에까지 이르지.

아킬레스 : 신호들은 그런 이름을 가질 만한 이유가 있나?

개미핥기 : 그건 신호들의 기능 때문이지. 신호의 효과는 여러 가지 전문 기능을 가진 개미들을 군락의 적절한 영역으로 이동시키는 것이지. 그러니까 신호의 전형적인 이야기는 다음과 같다네 : 신호가 살아남는 데에 필요한 문턱값을 넘어서면 그것이 생성된다네. 그리고 나서 군락 속에서 어느 정도의 거리를 이동하지. 그리고 어떤 지점에 이르면 각자의 기능을 하는 개별적인 구성원들로 해체되지.

아킬레스 : 그것은 마치 멀리서 성게와 해초를 운반해 와 물 바깥 해변에 흩뿌려 놓는 파도 같군.

개미핥기 : 어떤 점에선 매우 비슷하군. 왜냐하면 그 팀이 실제로 멀리서 가져온 것을 거기에 두기 때문이라네. 그러나 파도를 이루는 물은 바다로 되돌아가는 반면에, 신호의 경우에는 그것에 해당하는 운반체가 없지. 그 까닭은 개미들 자신이 운반체를 구성하고 있거든.

거북 : 내 생각엔 한 신호가 군락의 어느 곳에서 자신의 응집력을 잃는데, 그곳은 바로 그와 같은 유형의 개미들을 우선적으로 필요로 하는 곳이야.

개미핥기 : 당연하지.

아킬레스 : 당연하다고? **내게는** 한 신호가 언제나 자신을 필요로 하는 곳으로 갈거라는 게 그리 분명해 보이지 않는데. 설사 제 방향으로 간다고 하더라도 어디에서 해체해야 할지 어떻게 알지? 그것이 목표 지점에 도달했다는 것을 어떻게 아느냐고?

개미핥기 : 그것들은 극히 중요한 문제야. 왜냐하면 그것들은 신호에 목적지향적인 행동—또는 그렇게 보이는 것—이 있다는 것을 설명할 것을 끌어들이기 때문이지. 이전에 기술한 것으로부터, 우리는 신호들의 행동을 요구 충족을

지향하는 것으로 규정하고 그래서 그걸 "목적지향적"이라고 부르는 경향이 있을 거야. 뭐, 자네는 다르게 볼 수 있겠지만.

아킬레스 : 잠깐, 잠깐만. 그 행동이 목적지향적이거나 **그렇지 않다**, 둘 중 하나지, 어떻게 둘 다 가능한지 모르겠군.

개미핥기 : 내 시각을 설명해보도록 하지. 그리고 나서 자네가 동의하는지 보라구. 일단 신호가 형성되면, 그것은 어떤 특정한 방향으로 향해야 한다는 의식이 없지. 그런데 여기서 정교한 카스트 분포가 결정적인 역할을 한다네. 즉 군락 속에서 신호들이 어떻게 움직여야 하는지 그리고 또한 신호가 얼마나 오래 안정적으로 지속되고 어디에서 "해체될지도" 결정하지.

아킬레스 : 그러니까 모든 것이 카스트 분포에 좌우된다는 것인가?

개미핥기 : 맞아. 신호가 움직이고 있다고 해보세. 신호가 진행해갈 때, 신호를 구성하는 개미들은 직접적인 접촉이나 냄새의 교환을 통하여 지나가는 구역에 있는 개미들과 상호작용을 하지. 접촉이나 냄새는 집 짓기나 유충 기르기 등 그 구역의 긴급한 사안들에 대한 정보를 제공하지. 그 신호는 구역에서 필요로 하는 것이 신호가 제공할 수 있는 것과 다른 한, 결합을 유지하지만, 그것이 기여할 **수 있으면** 해체되어 능력 있는 개미로 이루어진 신선한 팀을 그 상황에 제공한다네. 이제 카스트 분포가 어떻게 군락 내의 팀들에 대한 전체적인 길잡이로 작용하는지 알겠나?

아킬레스 : 알겠네.

개미핥기 : 문제를 이런 식으로 보는 것이 어떻게 신호에 아무 목적도 없다고 생각할 것을 요구하는지 알겠나?

아킬레스 : 그렇군. 실제로, 나는 두 가지 다른 관점에서 그 문제를 보기 시작했네. 개미의 관점에서 신호는 어떤 목적도 가지지 **않아**. 신호 속에 있는 전형적인 개미는 뭘 특별히 찾지는 않으면서 군락 속을 그저 돌아다니다가 멈추고 싶은 때가 오네. 그의 팀 동료들은 보통 동의하지. 그리고 그 순간 팀은 해체되어 짊어진 짐을 내려놓고 남는 것은 개별적인 개미들일 뿐 그들 간의 결속력은 사라지지. 적절한 방향을 결정하기 위한 아무런 계획이나 예견도 필요 없고 어떤 조사도 필요 없지. 하지만 **군락**의 관점에서 보자면, 그 팀은 카스트 분포의 언어로 쓰인 메시지에 반응한 것이지. 이런 시각에서 보면 그것은 매우 목적지향적인 활동처럼 보이는 것이네.

게 : 만약 그 카스트 분포가 완전히 무질서하다면 무슨 일이 벌어질까? 그래도 신호들이 여전히 결성되었다 해체되었다 할까?

개미핥기 : 분명히 그래. 하지만 그렇게 되면 카스트 분포가 무의미해지니까, 그 군락은 그리 오래가지 않을 거야.

게 : 내가 주장하려고 했던 것이 바로 그 점이야. 군락들은 그들의 카스트 분포 가 의미를 가지기 때문에 살아남는 거야. 그리고 그 의미는 낮은 층위에서 는 보이지 않는 전일적인 측면이지. 더 높은 층위를 고려하지 않으면 자네의 설명도 설득력을 잃지.

개미핥기 : 자네의 입장을 이해하네만, 문제를 너무 편협하게 보는 것 같군.

게 : 어째서 그렇다는 거지?

개미핥기 : 개미 군락들은 수십억 년에 걸친 혹독한 진화를 겪어왔지. 몇 가지 메 커니즘은 선택되었지만, 대부분은 배제되었다네. 최종적인 결과는 개미 군락 을 우리가 설명해온 방식처럼 작동시키는 일련의 메커니즘들이지. 우리가 그 전체 과정을 실제보다 수십억 배 빨리 진행하는 영화로 볼 수 있다면 여러 가지 메커니즘의 출현은 외부 압력에 대한 자연스러운 반응으로 보일 거야. 마치 끓는 물속의 기포들이 외부의 열원에 대한 자연적인 반응인 것처럼 말 이지. 나는 자네가 끓는 물속의 기포에서 "의미"나 "목적"을 본다고 생각하 지는 않네. 어떤가?

게 : 그렇지야 않지. 하지만—

개미핥기 : 그게 **내** 주장의 요점이야. 그 기포가 얼마나 크건 간에, 기포가 있는 것은 분자 층위의 과정에 의존하고 있지. 따라서 "높은 층위의 법칙들" 따위 는 잊어도 돼. 그건 개미 군락이나 그 팀들에 대해서도 마찬가지야. 사물들 을 진화라는 광대한 시각에서 보면, 군락 전체의 의미와 목적 같은 것은 제 거해버릴 수 있지. 그것들은 불필요한 개념이 되는 거야.

아킬레스 : 그러면 개미핥기 선생, 자네는 개미탑 아줌마와 대화했다는 사실을 왜 내게 말했지? 지금은 개미탑 아줌마가 대화하고 생각할 수 있다는 걸 자 네는 부정하는 것 같은데 말이야.

개미핥기 : 내 얘기가 모순이 아니야, 아킬레스. 나 또한 다른 사람들처럼 사물들 을 그렇게 광대한 시간의 척도로 보는 것은 어렵다네. 그래서 나는 관점을 바꾸는 것이 훨씬 쉽다는 것을 알았네. 진화는 잊고 지금 여기에서의 관점을

가지고 사물을 볼 때, 목적론의 어휘 즉 카스트 분포의 **의미**와 신호의 **목적 지향성**이라는 어휘가 다시 등장하지. 이것은 내가 개미 군락뿐만 아니라 나 자신의 두뇌나 다른 두뇌들을 생각할 때도 일어나는 일이네. 하지만 조금 노력하면, 필요할 경우 언제든지 다른 관점을 기억할 수 있고 이 모든 체계 들에서 의미를 제거할 수 있지.

게 : 진화는 분명히 기적을 일으키지. 그러나 진화가 다음에 어떤 종류의 마법 을 펼칠지 결코 알 수 없어. 예를 들면, 둘 또는 그 이상의 "신호들"이 서로 를 통과해 지나가면서 서로가 상대방 또한 신호라는 것을 알지 못하고 마 치 주변에 있는 개미들의 일부인 것처럼 대하는 것이 이론적으로 가능하다 고 해도 전혀 놀랄 일이 못 되지.

개미핥기 : 그것은 이론적으로 가능한 그 이상이네. 실은 일상적으로 일어나고 있지.

아킬레스 : 으음……기묘한 이미지가 떠오르는군. 개미들이 네 방향으로 움직이 는데, 어떤 건 검고 어떤 건 희고, 열십자로 교차하며, 함께 질서 있는 패턴 을 이루고 있어. 마치— 마치—

거북 : 혹시 푸가?

아킬레스 : 그래 맞아. 바로 그거야! 개미 푸가!

게 : 재미있는 이미지야. 아킬레스. 그런데 아까 끓는 물 얘기 때문에 차(茶) 생각 이 났어. 누가 한 잔 더 마시겠나?

아킬레스 : 한 잔 더 하고 싶은데, 게 선생.

게 : 알았네.

아킬레스 : 자네는 우리가 그 "개미 푸가"의 서로 다른 시각적인 "성부들"을 분리 할 수 있다고 보나? 내게는 너무 어려워—

거북 : 나는 괜찮네.

아킬레스 : —한 성부를 따라가는 게—

개미핥기 : 나도 한 잔 더 하고 싶네, 게 선생—

아킬레스 : —음악 푸가에서는—

개미핥기 : —너무 수고스럽지 않다면.

아킬레스 : —모든 성부들이—

게 : 전혀 수고롭지 않네. 차 네 잔을—

그림 61. "개미 푸가(Ant Fugue)" (E. C. 에셔, 목각, 1953).

거북 : 세 잔이네!

아킬레스 : ―동시에 진행되면.

게 : ―바로 내 오겠네!

개미핥기 : 그거 재미있는 생각인데, 아킬레스. 하지만 아무도 그런 그림을 설득
　　력 있게 그릴 수 있을 것 같지 않은데.

아킬레스 : 그거 아주 유감이군!

거북 : 자네는 아마 대답할 수 있을 걸세, 개미핥기 박사. 신호는 생성되어서 해
　　체될 때까지, 계속 같은 개미들로 구성되나?

개미핥기 : 사실 한 신호 안에 있는 개체들은 종종 무리로부터 떨어져나오고, 그
　　구역에 같은 카스트의 개미가 좀 있으면 그들로 대체되지. 대부분의 경우
　　신호들은 해체할 지점에 이르면 출발할 때의 구성원은 하나도 남아 있지

않다네.

게 : 신호들이 군락 전체를 통해서 끊임없이 카스트 분포에 영향을 주는데, 군락 내부의 요구에 대한 반응으로 그렇게 하고 있다는 것이군. 그런데 이것은 군락이 직면하고 있는 외부 상황을 반영하는 것이고. 그러니까, 개미핥기 박사가 말했듯이 카스트 분포는 결국 외부세계를 반영하는 일정한 방식으로 계속 갱신되는 거로군.

아킬레스 : 하지만 전체 구조에서 중간 층위들은 어떻게 되는가? 자네는 카스트 분포를 가장 잘 묘사할 수 있는 것은 개미나 신호에 의해서가 아니라, 팀에 의해서라고 말했는데, 그 팀을 구성하는 팀원은 더 작은 팀들이고, 그 작은 팀들을 구성하는 팀원은 더 작은 팀들이고 결국 개별 개미까지 내려가지. 그리고 그것이 카스트 분포를 세계에 대한 정보를 코드화한 조각으로서 설명하는 게 어떻게 가능한지 이해시키는 열쇠라고 말했지.

개미핥기 : 그래, 우리가 그걸 토론하려 하네. 나는 충분히 높은 층위에 있는 팀들에 "기호"라는 이름을 붙이고 싶네. 그런데 내가 쓰는 "기호"라는 낱말의 의미는 통상적인 의미와는 몇 가지 점에서 상당히 다르다는 것을 주의하게. 내가 말한 "기호들"은 복잡계의 **능동적인 하위체계들**이라네. 그것들은 더 낮은 층위의 능동적인 하위체계들로 이루어지지……. 따라서 그것들은, 예를 들면 가만히 앉아서 능동적인 체계가 처리하길 기다리는 알파벳 철자나 음표와 같이 체계의 바깥에 존재하는 **수동적인** 기호들과는 아주 다르지.

아킬레스 : 오, 그거 상당히 복잡하군, 안 그런가? 나는 개미 군락이 그렇게 추상적인 구조를 가지는지 몰랐는걸.

개미핥기 : 그래. 정말 놀라운 일이야. 하지만 이 모든 구조층위들은 한 유기체가 납득할 수 있는 의미에서 "지능"을 가졌다고 할 수 있게 하는 지식을 저장하는 데 필요하지. 언어 능력이 있는 체계는 밑바탕이 되는 똑같은 층위들을 기본적으로 가지네.

아킬레스 : 이런 제기랄, 잠깐만. 자네, 내 두뇌가 그 밑바닥에서는 주위를 돌아다니는 개미 떼로 이루어져 있다고 은근히 말하는 게 아닌가?

개미핥기 : 전혀 그렇지 않아. 자네는 내 말을 너무 곧이곧대로 받아들이는군. 가장 낮은 층위는 완전히 다를 수도 있어. 예를 들면, 개미핥기의 뇌가 개미들로 이루어져 있진 않지. 하지만 두뇌 속에서 한두 층위를 올라가면, 그 위

층위는 구성 요소는 동일한, 지적인 능력을 가지는—이를테면 개미 군락—
다른 체계에 정확히 일치하는 상응물이 있다네.

거북 : 그래서 아킬레스, 자네의 두뇌를 개미 두뇌보다는 개미 군락에 일대일 대
응시키는 것이 합당한 이유라네.

아킬레스 : 칭찬으로 생각하겠네. 하지만 어떻게 그런 일대일 대응이 이뤄지지?
예를 들면, 내 두뇌의 어떤 것이 자네가 신호라고 부르는 낮은 층위의 팀에
상응하나?

개미핥기 : 오, 나는 뇌에 대해서 아마추어일 뿐이야. 그래서 아주 상세히 대응시
킬 수는 없네. 하지만—혹시 내가 틀리면 정정해주게, 게 선생—나는 두뇌
에서 개미 군락의 신호에 상응하는 것은 뉴런의 발화라고 추측하네. 아니면
혹시 신경 발화의 패턴 같은 더 큰 규모의 사건인지도 모르지.

게 : 대체로 동의하네. 하지만 우리 논의의 목적상, 정확한 상응물을 상세하게
기술하는 것이 그 자체로 중요하진 않다고 생각하지는 않나? 비록 그것이
바람직할지 모르지만 말이야. 내가 보기에 가장 중요한 점은, 지금 당장 그
러한 상응을 정의하는 방법을 정확히는 모르더라도 그것이 존재한다는 사
실이네. 개미핥기 박사, 그 상응이 시작한다고 믿을 수 있는 층위와 관련된
자네가 제기했던 한 가지 문제를 질문하겠네. 자네는 **신호**가 두뇌 안에 직
접적인 상응물을 가질 거라고 보는 것 같은데, 하지만 그런 상응물은 **능동
적인 기호**의 층위에서만 있을 뿐이고, 그 이상의 층위에서 상응이 존재하는
게 틀림없을 것 같네.

개미핥기 : 게 선생, 자네의 해석이 나보다 훨씬 더 정확할 것 같군. 그 미묘한 점
을 지적해주어서 고맙네.

아킬레스 : 신호는 할 수 없는데 기호가 하는 것은 어떤 것인가?

개미핥기 : 그건 낱말과 철자의 차이와 비슷하지. 낱말은 의미를 수반하지만, 낱
말을 구성하는 철자들은 그 자체로는 아무 의미도 수반하지 않지. 이것이
기호와 신호의 차이에 대한 좋은 아이디어를 제공해. 사실 이것은 유용한 비
유야. 다만 낱말과 철자는 **수동적**이고 기호와 신호는 **능동적**이라는 사실을
명심해야 하네.

아킬레스 : 그렇게 하지. 하지만 능동적인 실체와 수동적인 실체 사이의 차이를
강조하는 것이 왜 그렇게 중요한지 내가 이해하고 있는가 확실치 않네.

개미핥기 : 그 이유는 우리가 종이 위에 씌어진 낱말 같은 수동적인 기호 때문이라고 생각하는 의미가, 실제로는 그에 상응하는 우리 뇌 속의 능동적인 기호가 짚어지고 있는 의미에서 파생하기 때문이지. 따라서 수동적인 기호의 의미는 오직 능동적인 기호의 의미와 관련될 때에만 제대로 이해될 수 있는 거지.

아킬레스 : 좋아. 하지만 그 자체로 완벽하게 훌륭한 실체인 **신호**가 아무것도 가지지 않는다고 말하면 **기호**—분명히 능동적인 기호—에 의미를 부여하는 것은 뭐지?

개미핥기 : 그 모든 게 기호가 다른 기호들을 촉발시킬 수 있는 방식과 관계가 있지. 기호는 고립된 상태에서 능동적으로 될 수는 없어. 실제로 기호는 매체속에서 이리저리 떠다니고 있는데, 매체를 특징짓는 것은 카스트 분포야.

게 : 물론, 뇌 안에는 카스트 분포 같은 것은 없지만, "뇌 상태"가 그 상응물이야. 그것이 바로 모든 뉴런의 상태, 모든 상호 연결, 각 뉴런의 발화 문턱값을 기술하는 거라네.

개미핥기 : 아주 좋았어. 그러면 "카스트 분포"와 "뇌 상태"를 공통 명칭으로 뭉뚱그려 간단히 "상태"라고 해보자고. 이제 그 상태는 낮은 층위 또는 높은 층위에서 기술할 수 있지. 개미 군락의 상태를 낮은 층위에서 기술하는 것은 개미 한 마리 한 마리의 위치, 나이, 카스트, 그밖에 이와 비슷한 사항을 일일이 구체적으로 명시하는 골치 아픈 일이지. 그것은 매우 세부적인 기술이긴 한데, 그 군락이 어째서 그런 상태에 있는지에 대해서는 실질적으로 아무런 전체적인 통찰을 주지 못하지. 반면에 높은 층위에서 기술하는 것은 기호들의 어떤 조합이, 어떤 조건하에서 다른 기호를 촉발시킬 수 있는지 구체적으로 명시하는 일이야.

아킬레스 : 신호나 팀의 층위에서의 기술은 어떻게 되지?

개미핥기 : 그 층위에서의 기술은 낮은 층위의 기술과 기호 층위의 기술 사이 어디엔가 놓이게 되지. 그 기술은 군락 전체에서 어느 특정 장소라도 거기서 실제로 일어나는 일에 대해서 훨씬 많은 정보를 포함할 거야. 팀들이 개미들의 무리로 구성되기 때문에, 개미 한 마리, 한 마리에 대해서 기술할 때보다는 분명히 정보량이 적겠지만 말이야. 팀 단위로 기술하는 것은 개별 개미 단위로 기술한 것을 요약한 것과 같지. 그러나 개별 개미 단위로 기술할 땐

없었던 여분의 사항들을 추가해야 하지. 이를테면 팀들 간의 관계와 여기저기에 어떠어떠한 카스트가 분포하는가 같은 거. 이 추가적인 복잡성은 요약하는 권리를 얻은 대신에 치러야 하는 대가라네.

아킬레스 : 다양한 층위에서 행하는 기술들의 장점을 비교하는 것은 흥미 있군. 최고 층위 기술이 개미 군락에 대한 가장 직관적인 그림을 제공한다는 점에서 설득력이 가장 큰 것 같네. 겉으로 봐선 가장 중요한 성분인 개미들을 빼먹고 있는 게 이상하긴 하지만 말이야.

개미핥기 : 그러나, 겉보기엔 그렇지만, 개미들이 가장 중요한 성분은 아니야. 물론 개미들이 없다면 군락도 존재하지 않겠지만 말이야. 하지만 그것과 동등한 것, 예를 들면 뇌 같은 것은 개미들이 없어도 존재할 수 있지. 그러니까 적어도 높은 층위의 관점에서는, 개미가 없어도 되네.

아킬레스 : 자네의 이론을 반길 개미는 분명히 없을 걸세.

개미핥기 : 그래. 나도 높은 층위의 관점을 가진 개미는 본 적이 없어.

게 : 자네가 그린 개미 군락 그림이 얼마나 반직관적인지 아나, 개미핥기 박사. 자네 말이 맞다면, 전체 구조를 이해하기 위해서는, 그 구조를 구성하는 기본적인 성분에 대해서 한마디도 하지 말고 전체 구조를 기술해야 하네.

개미핥기 : 아마 비유를 들면 그걸 좀더 명확히 할 수 있을 것 같네. 자네 앞에 찰스 디킨스 소설이 하나 있다고 생각해 보게나.

아킬레스 : 『피크위크 클럽의 기록(The Pickwick Papers)』—이거 괜찮나?

개미핥기 : 아주 좋아! 자 다음과 같은 게임을 한다고 상상해 봐. 『피크위크 클럽의 기록』을 철자 하나씩 하나씩 읽어나갈 때 전체 내용이 이해되도록, 철자를 개념에 일대일 대응하는 방법을 찾아내야 하네.

아킬레스 : 흠······그러니까 내가 "the"와 같은 낱말과 마주칠 때마다, 세 개의 명확한 개념을 차례대로 생각해야 한다는 거군. 개념은 아무 변화의 여지도 없어야 하고.

개미핥기 : 그렇지. 그것은 't'-개념, 'h'-개념, 'e'-개념인데, 이 개념들은 매번 이전 때와 똑같지.

아킬레스 : 그렇게 읽으면 『피크위크 클럽의 기록』의 "독서" 경험은 이루 말할 수 없이 지루한 악몽으로 바뀔 것 같군. 내가 각각의 철자에 어떤 개념을 결부시키든 간에, 그건 무의미한 독서 행위일 거야.

개미핥기 : 맞아. 개별적인 철자를 현실세계에 자연스럽게 일대일 대응시키는 방법은 없지. 자연스러운 일대일 대응은 높은 층위, 즉 낱말과 현실세계의 여러 부분들 사이에서 일어나지. 그러니 자네가 그 책을 기술할 경우, 개별 철자 단위로 언급하지 않을 걸세.

아킬레스 : 물론 아니지! 나는 줄거리와 등장인물 등을 기술할 걸세.

개미핥기 : 그럼 그렇지. 자네는 철자에 대해서 한마디도 하지 않을 거야. 철자들 덕분에 책이 있는 데도 말이지. 철자들은 매개체이지 메시지는 아니야.

아킬레스 : 좋아—하지만 개미 군락은 어떻게 되지?

개미핥기 : 에, 거기에는 수동적인 철자 대신에 능동적인 신호들이 있네. 그리고 수동적인 낱말들 대신에 능동적인 기호들이 있지—하지만 책의 경우와 같아.

아킬레스 : 자네는 내가 신호들과 현실세계의 사물 사이에 일대일 대응을 확립할 수 없을거라는 건가?

개미핥기 : 자네는 그런 방식으로 하는 것이 새로 촉발된 신호가 의미를 갖도록 하지 못할 거라는 것을 알게 될 거야. 자네는 더 낮은 층위—예를 들면 개미 층위—에서도 성공하지 못할 걸세. 촉발 패턴은 기호 층위에서만 의미를 가진다네. 예를 들면, 어느 날 내가 개미탑 아줌마를 방문했을 때 자네가 그 아줌마를 관찰하고 있었다고 해보세. 자네는 원하는 만큼 주의깊게 관찰할 수 있지만, 아마 개미들이 새로 배열하는 그 이상은 지각하지 못할 걸세.

아킬레스 : 그건 분명히 맞는 말이야.

개미핥기 : 하지만, 내가 관찰할 땐, 낮은 층위가 아니라 높은 층위를 읽기 때문에 잠자던 여러 기호들이 깨어나는 것을 본다네. 번역하면 "오! 멋진 개미핥기 박사가 또 오셨네, 정말 기뻐"라는 내용이지. 또는 그런 효과를 나타내는 말이라네.

아킬레스 : 그것은 우리 넷이, 또는 적어도 우리들 중 **셋**이 MU-그림을 읽는 네 가지 다른 층위를 찾아냈을 때 일어났던 일 같군.

거북 : 내가 우연히 "평균율 클라비어 곡집"에서 찾아낸 그 이상한 그림과 우리 대화의 흐름 사이에 그런 유사성이 있다니 정말 놀라운 우연의 일치군.

아킬레스 : 자네는 그게 그저 우연의 일치라고 생각하나?

거북 : 물론이지.

개미핥기 : 내가 자네들이 이제 이해할 수 있기 바라는 건 개미탑 아줌마의 생각

은 기호의 조작에서 발생하고, 기호는 신호들로, 신호는 팀으로, 팀은 더 낮은 층위의 팀으로······그리고 결국 개미 개체로 구성된다는 것이네.

아킬레스 : 자네는 그것을 왜 "기호 조작"이라고 하지? 그 기호들 자체가 능동적인데, 누가 그것을 조작한단 말인가? 조작의 주체는 누구지?

개미핥기 : 이것은 목적에 대해서 자네가 앞서 제기했던 문제로 돌아가는 거네. 기호들 자체가 능동적이라는 자네의 지적은 맞지만, 기호의 활동이 절대적으로 자유로운 것은 아니야. 모든 기호의 활동은 그들이 자리잡고 있는 전체 체계의 상태에 의해서 엄격하게 결정된다네. 따라서 체계 전체가 체계의 기호들이 어떻게 서로를 촉발시키는지에 대해서 책임을 지네. 그렇다면 체계 전체가 "행위 주체"라고 말하는 것은 아주 합당한 일이지. 기호들이 작동하는 것에 따라 체계의 상태는 천천히 변형되거나 갱신되지. 하지만 시간이 지나도 변함없는 특성도 많이 있네. 부분적으로 불변이고, 부분적으로 변하는 이 체계가 바로 "행위 주체"라네. 우리는 그 체계 전체에 이름을 하나 붙여줄 수 있어. 예를 들면 개미탑 아줌마가 그녀의 기호를 조작한다고 할 수 있으면 그 체계의 이름은 "개미탑 아줌마"라네. 자네의 경우도 마찬가지야, 아킬레스.

아킬레스 : 그건 내가 누구인가라는 개념을 아주 이상하게 규정하는군. 내가 그걸 완전히 이해한 건지 확신할 수는 없지만 몇 가지 생각을 덧붙이고 싶네.

거북 : 자네 두뇌 속에 있는 기호들에 대해서 그런 생각을 하고 있을 때, 그 기호들을 따라가보는 것은 아주 흥미로울 거야.

아킬레스 : 그건 내겐 너무 복잡해. 나는 개미 군락을 보고 그것을 기호 층위에서 판독하는 것이 어떻게 가능한지 그려보는 것만으로도 골이 아파. 나는 그것을 개미 층위에서 지각하는 것은 분명히 상상할 수 있어. 그리고 조금만 더 노력하면 그것을 신호 층위에서 지각하는 것이 어떤 모습이어야 하는지도 상상할 수 있어. 하지만 개미 군락을 기호 층위에서 지각하는 것은 도대체 어떤 모습일 수 있을까?

개미핥기 : 오랜 훈련을 통해서만 배울 수 있지. 하지만 내 수준에 도달하면, 마치 자네 자신이 MU-그림에서 "MU"를 읽어내는 것만큼이나 쉽게 개미 군락의 최상 층위를 "판독한다네."

아킬레스 : 정말? 놀라운 경험이 되겠는걸.

개미핥기 : 어떤 점에서는 그렇지. 하지만 그것은 자네에게도 아주 익숙한 경험이야, 아킬레스.

아킬레스 : 내게도 익숙하다고? 무슨 말이야? 나는 개미 군락을 개미 층위 이상의 층위에서 본 적이 한 번도 없는걸.

개미핥기 : 아마 그럴 거야. 하지만 개미 군락은 여러 가지 점에서 두뇌와 다를 게 없어.

아킬레스 : 하지만 나는 어떤 두뇌도 보거나 읽은 적이 없어.

개미핥기 : 자네 **자신**의 뇌에 대해서도 그런가? 자네는 자신이 생각하고 있다는 걸 자각하지 않나? 그게 바로 의식의 본질이 아닌가? 그때 하는 일이 자네 자신의 두뇌를 기호 층위에서 직접 읽는 게 아니고 뭐겠어?

아킬레스 : 그걸 그런 방식으로 생각해본 적이 없다네. 자네는 내가 낮은 층위들을 모두 지나치고 오직 최상의 층위만을 본다는 건가?

개미핥기 : 의식을 가진 체계들은 그런 식이지. 그 체계들은 자신을 기호 층위에서만 지각하네. 그리고 예를 들면, 신호 층위와 같은 낮은 층위들에 대한 자각은 전혀 없지.

아킬레스 : 그러면 뇌엔 능동적인 기호들이 있고 그것들이 끊임없이 자신을 갱신해서 뇌 자신의 전반적인 상태를 언제나 기호 수준에서 반영한다는 말인가?

개미핥기 : 분명히 그렇지. 의식을 가지는 체계엔 어떤 것이든 두뇌의 상태를 표현하는 기호들이 있는데, 그것들 자체가 자신이 상징하는 두뇌 상태의 일부분이지. 왜냐하면 의식은 상당한 정도의 자기 의식을 요구하기 때문이라네.

아킬레스 : 그것 참 기괴한 개념이로군. 그러니까 내 두뇌 속에선 늘 광적인 활동이 일어나지만 나는 그 활동을 한 가지 방식으로만, 즉 기호 층위에서만 인식할 수 있다는 거로군. 그리고 낮은 층위들에 대해선 완전히 무감각하고 말이야. 그것은 알파벳 철자를 하나도 배우지 않고서도 직접적인 시각적 지각을 통해서 디킨스의 소설을 읽을 수 있다는 것과 같다는 말이로군. 그런 일이 실제로 일어나는 것만큼 기괴한 일은 상상할 수도 없어.

게 : 하지만 정확하게 그런 종류의 일이 **일어났어**. 자네가 낮은 층위의 "HOLISM"과 "REDUCTIONISM"을 지각하지 않고 "MU"를 읽은 게 바로 그런 일이라네.

아킬레스 : 자네 말이 맞네—나는 낮은 층위들은 건너뛰었고 가장 높은 층위만

을 보았지. 내가 기호 층위에서만 읽음으로써 내 두뇌의 낮은 층위에 있는 모든 종류의 의미들은 놓치는지도 모르겠군. 최고 층위가 최저 층위에 대한 모든 정보를 포함하지 않는 것은 너무 아쉬워. 최고 층위를 읽음으로써 최저 층위가 말하는 것 또한 배울 수 있으면 좋을 텐데 말이야. 하지만 최고 층위가 최저 층위의 모든 것을 코드화할 거라는 바람은 순진하다는 생각이 드네. 그것은 위쪽으로 스며들지는 않을 거야. MU-그림은 그 점에 대한 가장 인상적인 예야. 최고 층위는 "MU"만을 말하는데, 그것은 그 아래 층위들과는 아무 관련도 맺고 있지 않아!

게 : 지당한 말이야. (MU-그림을 집어 들고 더 자세히 들여다본다.) 흐음……이 그림에 있는 가장 작은 글자들은 뭔가 이상하군. 되게 꼬물꼬물하네…….

개미핥기 : 어디 한번 보세. (MU-그림을 면밀하게 들여다본다.) 내 생각에는 우리 모두가 놓쳐버린 또다른 층위가 있는 것 같네!

거북 : 자네의 의견만 말하게, 개미핥기 박사.

아킬레스 : 오, 아니야. 그럴 리 없어! 한번 보세. (아주 주의 깊게 본다.) 자네들은 믿지 않겠지만, 이 그림의 메시지가 깊숙이 숨어서 우리 모두를 빤히 보고 있다네. 그건 주문(呪文)처럼 되풀이되고 있는 한 개의 낱말에 불과하지만, 중요한 낱말이지. 바로 "MU"야! 어떻게 이런 일이! 최고 층위와 같다니! 우리들 가운데 누구도 그럴 거라곤 전혀 눈치채지 못했어.

게 : 자네가 아니었다면 우리는 결코 알아차리지 못했을 거야, 아킬레스.

개미핥기 : 최고 층위와 최저 층위의 일치가 우연일까. 아니면 그걸 만든 누군가가 목적을 가지고 수행한 행위일까?

게 : 우리가 그걸 어떻게 결정할 수 있겠나?

거북 : 난 그걸 결정할 아무 방법도 모르겠네. 왜냐하면 우리는 그 특별한 그림이 게 선생이 소장한 "평균율 클라비어 곡집"에 있는 이유를 모르기 때문이지.

개미핥기 : 우리가 열띤 토론을 계속해왔지만 나는 한쪽 귀로는 이 길고 복잡한 4성 푸가를 듣고 있었네. 대단히 아름다운 곡이야.

거북 : 그렇고말고. 잠시 후에는 낮게 지속되는 지속저음(持續低音)*이 나오지.

아킬레스 : 지속저음은 곡이 좀 느려져서 단일 음이나 화음을 잠깐 동안 지속하

---

* 지속저음(organ point) : 악곡의 일정한 선율부에서 다른 선율부로 넘어가는 연결부에서 저음(특히 오르간으로)을 길게 끌어주는 기법.

고, 그런 다음 조금 간격을 두고 정상 속도로 돌아가는 것 아닌가?

거북 : 아니야. 자네는 음악의 세미콜론에 해당하는 "페르마타"를 생각하고 있군. 그런데 전주곡에 그런 것이 있다는 걸 알아차렸나?

아킬레스 : 분명히 그것을 지나친 것 같군.

거북 : 페르마타를 들을 다른 기회가 있네. 사실 이 푸가의 끝부분에 몇 번 나오지.

아킬레스 : 좋았어. 그것이 나올 때면 미리 알려주게.

거북 : 원한다면 그러지.

아킬레스 : 그런데 지속저음이 뭔가?

거북 : 지속저음이란 말이야, 다성으로 된 곡에서 한 성부(대개는 가장 낮은 성부)가 한 음을 지속적으로 연주하는 동안, 다른 성부들은 자신들의 독립된 선율을 연주하는 것을 말하지. 지금 들려오는 지속저음은 G음이야. 귀를 잘 기울이면 들릴 거야.

개미핥기 : 내가 어느날 개미탑 아줌마를 방문했을 때 어떤 사건이 있었지. 그것 때문에 생각나는 게 있어. 아킬레스의 뇌에 있는 기호들이 자신에 대해 생각할 때 그 기호들을 관찰하라는 자네의 제안 말일세.

게 : 말해보게나!

개미핥기 : 그날 개미탑 아줌마는 무척 외로웠는데, 말동무가 와서 매우 기뻤어. 그래서 그녀는 고마워하며 가장 맛있어 보이는 개미들을 마음껏 먹으라고 내게 말했네(그녀는 언제나 자신의 개미들을 후하게 내주었다).

아킬레스 : 지!*

개미핥기 : 나는 그녀의 생각을 수행하고 있던 기호들을 관찰하고 있던 참이었어. 그 기호들 안에 특별히 맛나게 보이는 개미들이 좀 있었기 때문이지.

아킬레스 : 지!

개미핥기 : 그래서 나는 내가 읽고 있던 높은 층위의 기호 일부를 이루는 가장 살찐 개미를 몇 마리 먹어치웠지. 특히 그 개미들이 속해 있는 기호들은 "입맛을 돋울 것같은 개미들을 마음껏 드십시오"라는 생각을 표현했던 기호들이었지.

---

* 여기서부터 연달아 네 번이나 나오는 지(Gee)는 지속저음으로 된 음 G인 동시에 중의적으로 일종의 야유를 의도한다.

아킬레스 : 지!

개미핥기 : 그들에게는 불행한 일이었지만 나에게는 다행스럽게도, 그 작은 개미
　　　들은 기호 층위에서 나에게 집단적으로 말하고 있는 것이 뭔지 조금도 낌새
　　　를 채지 못했지.

아킬레스 : 지! 그건 놀라운 부메랑이군. 그들 자신이 어떤 일에 참여하고 있는지
　　　전혀 의식하지 못했군. 그들의 행위는 높은 층위의 패턴의 일부분으로 볼
　　　수 있지만, 물론 그들은 그걸 전혀 몰랐지. 아, 안타까운 일이야—실은 아이
　　　러니의 극치지. 그들이 그걸 모르다니!

게 : 자네 말이 맞네, 거북 선생. 그것은 아름다운 지속저음이었지.

개미핥기 : 나는 지속저음을 지금까지 한 번도 들어본 적이 없는데, 지금 것은 아
　　　주 두드러져서 아무도 놓칠 수 없을 거야. 아주 효과적이군.

아킬레스 : 뭐라고? 지속저음이 이미 지나갔다고? 그렇게 두드러진 것이라면 나
　　　는 어째서 알아차릴 수 없었지?

거북 : 아마 자네는 말하는 데 정신이 팔려서 그걸 전혀 의식하지 못했을 거야.
　　　아, 안타까운 일이야—실은 아이러니의 극치지. 자네가 그걸 놓치다니.

게 : 개미탑 아줌마는 개미탑에 사나?

개미핥기 : 그녀는 큰 땅을 가지고 있네. 그것은 원래 다른 사람의 것이었는데,
　　　좀 슬픈 이야기라네. 어쨌든 그녀의 영지는 아주 넓다네. 다른 많은 군락들
　　　에 비해 그녀는 아주 호화롭게 살아.

아킬레스 : 자네가 일전에 설명한 개미 군락의 공산주의적인 본성과 그녀의 호화
　　　로운 생활이 어떻게 부합하지? 공산주의를 설교하면서 호화로운 영지에 사
　　　는건 내겐 큰 모순처럼 보이는데.

개미핥기 : 공산주의는 개미 층위에서의 일이라네. 개미 군락에서는 모든 개미들
　　　이 때로는 개체로서 손해가 있더라도 공익을 위해서 일하지. 이것은 개미탑
　　　아줌마에게 구조적으로 내장된 측면이야. 그런데 내가 아는 한, 그녀는 자
　　　신 속에 내재하는 공산주의를 의식조차 하지 못할 거야. 대부분의 사람들
　　　은 그들의 몸속에 있는 뉴런에 대해서 아무것도 의식하지 못하지. 사실 그
　　　들은 좀 비위가 약한 생물이라 그들의 두뇌에 대해서 아무것도 모르는 것에
　　　만족할 거야. 개미탑 아줌마도 비위가 약한 편이지. 그녀는 개미에 대해서
　　　생각하기 시작하면 매번 안절부절못해. 그래서 될 수 있으면 개미 생각을 피

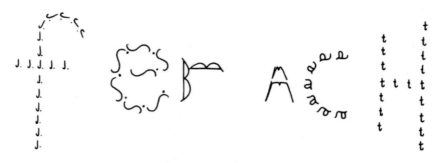

그림 62. [저자의 그림.]

하지. 난 그녀가 자신의 내부에 구조적으로 구축된 공산주의 사회에 대해서
아는지 정말로 의심스러워. 그녀 자신은 확고한 자유지상주의—자유방임주
의와 그 비슷한 모든 것—신봉자야. 그래서 적어도 내겐, 그녀가 호사스러
운 저택에 사는 게 충분히 이해가 간다네.

거북 : 이 아름다운 "평균율 클라비어 곡집"의 악보들을 따라가면서, 방금 페이
지를 넘겼을 때, 두 개의 페르마타 중 첫 번째 것이 곧 나올 거라는 걸 알아
차렸지. 자네도 잘 들어보게, 아킬레스.

아킬레스 : 그래. 그러지.

거북 : 그런데 이 페이지 맞은편에 정말 기묘한 그림이 있네.

게 : 또 있어? 이번엔 어떤 거지?

거북 : 직접 보게나. (게에게 악보를 넘겨준다.)

게 : 아하! 그냥 철자 몇 무더기네! 어디 보자—철자 'J', 'S', 'B', 'm', 'a', 't' 가 다양
한 개수로 무리지어 있군. 그거 이상하네. 앞의 세 철자는 커지고 뒤의 세 개
는 작아지고 있어.

개미핥기 : 한번 봐도 되겠나?

게 : 그럼.

개미핥기 : 오, 자잘한 것에 집중하느라 그만 큰 그림을 완전히 놓쳐버렸구먼. 사
실 이 철자 무리는 같은 철자가 반복되지는 않고 'f', 'e', 'r', 'A', 'C', 'H'라네.
처음엔 작아지다가 다시 커지지. 아킬레스, 자네 생각은 어떤가?

아킬레스 : 어디 보세. 으음. 내가 보기엔 오른쪽으로 가면서 커지는 일련의 대문
자들인데.

거북 : 그것들이 어떤 낱말이든 표시하는 게 있나?

아킬레스 : 에…… "J. S. BACH." 아하! 이제 알겠군. 그건 바흐 이름이야.

거북 : 보는 방식이 희한하군. 내가 보기엔 오른쪽으로 가면서 점점 작아지는 일
련의 소문자들이야. 그리고 표시하고 있는 게……어떤 이름인고 하니……
(말이 조금 느려진다. 특히 마지막 말 몇 마디는 길게 뺀다. 잠시 끊은 후, 갑자
기 아무 일도 없었다는 듯이 다시 말한다.)—"페르마(fermat)."

아킬레스 : 자네는 자나 깨나 페르마군. 보이는 거라곤 온통 페르마의 마지막 정
리고.

개미핥기 : 자네가 말한 대로네, 거북 선생—방금 나는 이 푸가에서 매력적인 짧
은 페르마타를 들었어.

게 : 나도 들었네.

아킬레스 : 나 빼고 모두 다 들었단 말인가? 나만 멍청하다는 생각이 들기 시작
했어.

거북 : 자, 자, 아킬레스—상심하지 말게. 자네도 분명히 (곧 나오게 될) 푸가의
마지막 페르마타는 놓치지 않을 거야. 앞서의 화제로 돌아가면, 개미핥기 박
사, 자네가 말한 개미탑 아줌마의 집 전 주인에 관한 슬픈 이야기가 뭔가?

개미핥기 : 전 주인은 비상한 자였네. 지금까지 살았던 가장 창조적인 개미 군
락 중의 하나였어. 그의 이름은 요한개미 세바스티안개미 페르마개미(Johant
Sebastiant Fermant)였고 직업은 수학자개미(Mathematiciant), 취미는 음악가
개미(musiciant)였지.

아킬레스 : 다재다능개미로군!

개미핥기 : 창조력이 절정에 달했을 때, 그는 요절했지. 아주 무더운 어느 여름날
몸이 달궈진 채 그는 밖에 있었네. 그런데 100년에 한 번 올까 말까한 엄청
난 소나기가 갑자기 퍼부어 J. S. F.는 몸이 홀딱 젖었다네. 아무런 예고도 없
이 쏟아진 폭풍우 때문에, 개미들은 완전히 우왕좌왕 혼란에 빠졌지. 수십
년에 걸쳐 그렇게 정교하게 구축한 복잡한 조직이 한순간에 물거품이 되었
지. 비극이었어.

아킬레스 : 그러니까 모든 개미들이 다 물에 빠져 죽었고, 그건 불쌍한 J. S. F.의
종말이라는 거지?

개미핥기 : 아니, 그건 아니야. 개미들은 한 마리도 죽지 않고 모두 살아남았어.

450

급류에 떠내려온 갖가지 막대기와 통나무에 기어올라갔던 거야. 하지만 물이 빠지고 개미들이 살던 곳으로 돌아왔을 때 남아 있는 조직이라고는 아무것도 없었어. 카스트 분포는 완전히 붕괴되었고 개미들은 한때 그토록 정교하게 구축되었던 조직을 재건할 능력이 없었어. 그들은 깨져버린 험프티 덤프티 조각처럼 원상복구하는 데 무기력했어. 나는 왕의 말[馬]과 부하들이 그랬던 것처럼 불쌍한 페르마개미를 다시 맞춰 결합하려고 했지. 혹시 페르마개미가 다시 나타나지 않을까 하는 희망을 버리지 않으면서, 설탕과 치즈를 여기저기 뿌려놓았다네. (그는 손수건을 꺼내더니 눈물을 닦았다.)

아킬레스 : 자네는 참 훌륭하네. 개미핥기가 그렇게 마음이 넓은지 미처 몰랐어.

개미핥기 : 하지만 아무 소용 없었네. 재구성할 수 없었고 그는 죽었지. 하지만 그때 뭔가 아주 이상한 일이 일어나기 시작했어. 그후 몇 달에 걸쳐, J. S. F.를 구성했던 개미들이 천천히 다시 무리를 이루더니 새로운 조직을 구축했지. 그렇게 해서 개미탑 아줌마가 태어난 거야.

게 : 놀랍군! 개미탑 아줌마를 구성하는 개미가 페르마 개미를 구성했던 개미와 똑같단 말이지?

개미핥기 : 처음에는 그랬지. 지금은 나이든 개미들 중 일부는 죽어서 대체되었어. 하지만 J. S. F.-시절의 개미들이 아직 많이 남아 있어.

게 : 그러면 J. S. F.에게 있던 특성이 이따금 개미탑 아줌마에게 나타나는 것을 알아차릴 수 없나?

개미핥기 : 하나도 없어. 그들은 공통점이 전혀 없어. 그리고 내가 볼 땐 그래야 할 이유도 없어. 결국 부분들을 새로 배열해서 "합"을 만드는 데는 여러 가지 다른 방법들이 있지. 그리고 개미탑 아줌마는 기존 구성성분의 새로운 "합"일 뿐이야. 합 **이상**은 아니야. 뭐랄까, 그냥 특정 **종류**의 합이야.

거북 : 합 얘기가 나오니, 수론이 생각나는군. 수론에서도 종종 정리를 해체해서, 그 구성 기호들을 새로운 순서로 재배열해, 새로운 정리를 내놓을 수 있을 거야.

개미핥기 : 내가 그 분야엔 완전 문외한이라는 걸 고백하지만, 그런 현상에 대해서는 전혀 들어본 바 없네.

아킬레스 : 나도 들어본 적이 없어. 하지만—나는 그 분야에 대해서 빠삭하지. 스스로 그렇게 말하는 게 쑥스럽긴 하지만 말이야. 거북 선생이 자신의 정교

한 패러디물 중 하나를 마련하고 있는 게 아닌가 하는 생각이 드네. 난 이제는 거북을 잘 알고 있지.

개미핥기 : 수론 얘기가 나오니, 다시 J. S. F.가 생각나는군. 수론도 J. S. F.가 탁월한 능력을 발휘한 분야 중 하나이기 때문이야. 사실 그가 수론에 기여한 건 상당히 주목할 만하지. 반면에 개미탑 아줌마는 수학과 관련 있으면 아무리 사소한 것이라도 아주 헤맸어. 음악 취향도 아주 평범했고. 그에 반해 세바스티안개미는 음악에 천재적인 재능이 있었지.

아킬레스 : 나는 수론을 아주 좋아하네. 세바스티안개미가 기여한 것이 어떤 성격의 것인지 우리에게 말해주겠나?

개미핥기 : 좋아. (잠시 멈춰 차를 마시고 나서 계속 한다.) 자네들 혹시 푸르미의 악명 높은 "잘 검증된 추측"을 들어본 적이 있나?

아킬레스 : 분명치는 않은데……왠지 귀에 익어. 하지만 기억이 나지 않는구먼.

개미핥기 : 발상은 아주 간단해. 본직은 수학자개미이고 부업이 변호사였던 리에르 드 푸르미*는 디 오브 안투스**의 고전 교본인 『산학(*Arithmetia*)』을 읽다가 다음과 같은 방정식이 있는 페이지와 마주치게 되었지.

$$2^a + 2^b = 2^c$$

그는 곧 이 방정식이 무한히 많은 해 a, b, c를 가진다는 것을 알고는 여백에 다음과 같은 악명 높은 주석을 달았지.

방정식

$$n^a + n^b = n^c$$

은 *n*=2일 경우에만 양의 정수해 a, b, c와 *n*을 가진다(그러면 이 방정식을 만족시키는 a, b, c 세 수의 조합은 무한히 많다) ; 그러나 *n*>2인 경우에는 해가 없다. 나는 이 명제에 대한 정말로 놀라운 증명을 발견했는데, 불행하게도 이 여백에다 다

---

* 리에르 드 푸르미(Lierre de Fourmi)는 불어로 개미 군락(ant colony)이라는 뜻이다. 동시에 피에르 드 페르마에 대한 말장난이다.

** 원문의 Di of Antus는 그리스 수학자 디오판토스의 영어식 표기(Diophantus)에 대한 말장난이다.

그림 63. 이동하는 중에 군대개미는 때때로 그들의 몸으로 다리를 만든다. 이 사진에서 군대개미 군락의 일개미들이 다리 위쪽을 따라 그들의 다리(leg)를 연결하고, 발목을 서로 걸어 불규칙한 사슬을 만든 것을 볼 수 있다. 공생하는 좀벌레가 다리 가운데를 건너가고 있는 것이 보인다 [출전 : E. O. 윌슨, 『곤충 사회(*The Insects Societies*)』, (Cambridge, Mass.: Harvard University Press, 1971), p. 62].

적으면 글씨가 너무 깨알 같아져서 거의 보이지 않을 것이다.

300여 일 전의 그해 이후로 수학자개미들은 둘 중의 하나를 해결하려고 무진 애를 썼지만 아무도 성공하지 못했네. 하나는 푸르미의 주장을 증명해서 푸르미의 명성을 입증하는 것이지. 그런데 그 명성이 아주 높긴 하지만, 다소 퇴색했어. 왜냐하면 회의적인 사람들은, 푸르미가 증명을 발견했다고 주장하지만 실은 결코 발견하지 못했다고 생각하기 때문이지. 그리고 다른 하나는 반례를 찾아내 푸르미의 주장을 반박하는 거지. n이 2보다 큰 경우 이 방정식을 만족시키는 네 개의 정수 a, b, c, n 한 세트 말이야. 아주 최근까지도 어느 쪽의 시도이든 모조리 실패했지. 확실히 이 추측은 n의 특정값에 대해서는 많은 경우 증명되었어. 특히 12만5,000까지의 모든 n에 대해서는 말이야. 하지만 아무도 **모든** n에 대해서는 그 추측을 증명하는 데 성공하지 못했어. J. S. F.가 등장할 때까진 말이야. 푸르미의 오명을 씻어낸 증명을 찾아낸 자는 바로 그였다네. 그 추측은 이제 "요한개미 세바스티안개미의 잘 검증된 추측"이라고 하지.

아킬레스 : 마침내 증명되었으면, "추측"이 아니라 "정리"라고 말해야 하지 않을까?

개미핥기 : 엄밀히 말하면 자네 말이 맞네. 하지만 관습대로 "추측"이라고 불러왔다네.

거북 : 세바스티안개미는 어떤 음악을 했지?

개미핥기 : 그는 작곡에 대단한 재능이 있었지. 불행하게도 그의 가장 위대한 작품은 영원히 사라져버렸어. 그건 그가 자신의 작품을 출간하는 단계에까지 이른 적이 없기 때문이지. 어떤 사람들은 그가 그 작품을 마음속으로 모두 작곡했다고 믿고, 또다른 사람들은 좀 덜 우호적이어서, 그가 아마도 그 작품을 작곡한 적이 없고 그저 허풍만 쳤다고 주장한다네.

아킬레스 : 그 대작은 어떤 것이었지?

개미핥기 : 그것은 어마어마한 전주곡과 푸가가 됐을 거라고 하네. 그 푸가는 24성부로 이루어져 24개의 개별 주제를 장조와 단조 각각이 하나씩 전개해나갈 예정이었지.

아킬레스 : 24성의 푸가를 전체로 듣는 것은 분명히 어려울 거야.

게 : 하물며 그것을 작곡한다는 것은 말할 나위도 없지!

개미핥기 : 하지만 우리가 알 수 있는 것이라고는 세바스티안개미가 그것에 대해 설명한 것이 다야. 그는 가지고 있던 북스테후데*의 오르간을 위한 전주곡과 푸가의 여백에 그것을 써놓았지. 비극적으로 죽는 바람에 그가 쓴 마지막 말이 되어버렸어.

정말로 놀라운 푸가를 작곡함. 그 속에 24조성의 힘과 24주제의 힘을 합해서 24성부의 힘을 가진 푸가를 완성함. 유감스럽게도 이 여백이 그것을 다 적기에는 너무도 비좁음.

그래서 실현되지 않은 이 대작은 "페르마개미의 마지막 푸가"라는 이름으로

* 유럽 바로크 음악의 형식을 정립한 독일의 작곡가.

그림 64. [저자의 그림.]

불리게 되었지.

아킬레스 : 오, 못 견디게 비극적이군.

거북 : 푸가 얘기라면, 우리가 지금까지 들어온 푸가가 거의 끝나간다네. 종지부 가까이에 주제를 묘하게 비튼 것이 나타나지. ("평균율 클라비어 곡집"의 악보를 넘긴다.) 와, 이건 또 뭐지? 새로운 그림이군. 정말 흥미로워! (게에게 보여준다.)

게 : 와, 이건 또 뭐지? 아, 알았다. 이건 "HOLISMIONISM"이군. 큰 글자로 쓰여서 처음엔 점점 작아지다가 다시 점점 커져 원래의 크기로 돌아가는군. 하지만 뜻이 없어. 그런 낱말은 없거든. (그 그림을 개미핥기에게 건네준다.)

개미핥기 : 와, 이건 또 뭐지? 아, 알았다. 이건 "REDUCTHOLISM"이군. 작은 글자로 쓰여서 처음엔 점점 커지다가 다시 점점 작아져 원래의 크기로 돌아가는군. 하지만 뜻이 없어. 그런 낱말은 없거든. (그 그림을 아킬레스에게 건네준다.)

아킬레스 : 자네들은 믿지 않겠지만, 사실 이 그림은 "HOLISM"이라는 낱말 두 개로 이루어져 있네. 왼쪽에서 오른쪽으로 가면서 작아지는 글자들로 썼지. (그는 그림을 거북에게 되돌려준다.)

거북 : 자네들은 믿지 않겠지만, 사실 이 그림은 "REDUCTIONISM"이라는 낱말로 이루어져 있네. 왼쪽에서 오른쪽으로 가면서 커지는 글자들로 썼지.

아킬레스 : 마침내 이번에 나도 주제를 새롭게 변화시킨 것을 들었네! 아까 그걸 나한테 일러준 덕분이네, 거북 선생. 이제야 나도 푸가 듣는 기법을 이해하기 시작했다는 생각이 드는군.

제11장

뇌와 사고

사고에 대한 새로운 전망들

컴퓨터가 출현함으로써 비로소 사람들은 "생각하는" 기계를 실제로 창조하려고
했고, 사고라는 주제에 관한 기괴한 변종들을 목격했다. 프로그램들이 고안되
었는데 그것들의 사고와 인간의 사고를 비교하는 것은, 몸통 전체를 뒤집으면
서 계단을 내려가는 슬링키-스프링*과 인간의 걸음 동작을 비교하는 것과 같다.
이질적이지만 주문제작의 사고 형태 또는 사고의 근사 형태를 가지고 실험할 수
있게 된 능력 덕분에 갑자기 인간 사고의 특이성, 약점과 위력, 변덕과 변화무쌍
함이 간접적으로 드러났다. 그 결과 우리는 지난 20여 년 동안, 무엇이 사고이
고 무엇이 사고가 아닌지에 대한 새로운 종류의 전망을 얻었다. 그사이에 뇌 연
구자들은 뇌의 대규모, 소규모 하드웨어에 대한 많은 사실을 발견했다. 아직까
지는 이런 접근이 뇌가 개념들을 어떻게 다루는지에 관해서 그리 많이 규명할 수
없었지만, 사고 처리의 바탕이 되는 생물학적 메커니즘에 대한 어떤 아이디어를
우리에게 제공한다.

　다음의 두 장에서는 컴퓨터 지능을 목표로 한 시도들에서 얻은 몇몇 통찰을
살아 있는 동물의 뇌에 대한 기발한 실험들에서 얻은 몇몇 사실들과 통합하고,
인지심리학자들이 수행한 인간의 사고과정에 대한 연구에서 거둔 성과들에도
통합하려고 시도할 것이다. 그 노력의 무대가 "전주곡", "개미 푸가"에 의해서 설
정되었다. 이제 그 아이디어들을 더 깊이 전개해보자.

내포성과 외연성

사고는 뇌의 하드웨어 속에 실재(實在)를 표현하는 것에 의존하고 있음이 틀림없
다. 앞의 장들에서 우리는 형식체계들을 개발했는데 그것들의 기호체계로 수학

---

* 흐느적거리며 움직이도록 만든 용수철(장난감)의 일종.

적 실재의 영역들을 표현했다. 뇌가 관념들을 조작하는 방식에 대한 모델로서 그런 형식체계들을 사용하는 것은 얼마나 합당한가?

우리는 pq-체계 및 더 복잡한 다른 체계들에서, 활자형 기호들을 수, 연산, 관계들에 대응시키고, 활자형 기호 문자열을 명제에 대응시킨 동형성의 결과로서 어떻게 의미—용어의 한정된 의미에서—가 발생했는지 보았다. 그런데 우리는 뇌 안에 활자형 기호를 가지지 않지만 훨씬 나은 것을 가진다 : 그것은 활성적 요소인데, 정보를 저장하고 다른 활성적 요소에 정보를 전송하고 받을 수 있다. 즉 우리는 수동적인 활자형 기호 대신에 **활성적인 기호**를 가진다. 뇌에서는 규칙들이 바로 기호들 자체와 뒤섞여 있다. 반면에 종이 위에 쓰인 기호들은 정적인 실체이며 그것의 규칙들은 우리 머릿속에 들어 있다.

중요한 것은 우리가 보아왔던 모든 형식체계들이 꽤 엄격한 성질의 것이라는 데에 영향을 받아서, 기호들과 실제 사물들 사이의 동형성을 마치 꼭두각시 인형과 그것을 조종하는 손을 이어주는 끈처럼 엄격한 일대일 대응으로 생각해서는 안 된다는 점이다. TNT(활자형 수론)에서는 "50"의 개념을 표시하기 위해서 기호들을 다른 방식으로 쓸 수 있다 :

예를 들면,

$$((SSSSSSSO \cdot SSSSSSSO)+(SO \cdot SO))$$
$$((SSSSSO \cdot SSSSSO)+(SSSSSO \cdot SSSSSO))$$

라는 두 식이 같은 수를 표현한다는 사실이 선험적으로 명확하지는 않다. 각 식을 독립적으로 조작할 수 있는데, 그러다가 어느 지점에서 정리 하나를 우연히 발견해 이렇게 외친다. "오, 이게 바로 그 수로구나!"

당신은 마음속에서, 어떤 한 인물에 대해서 서로 다르게 묘사할 수 있다 : 예를 들면,

내가 일전에 폴란드에 있는 친구에게 보내주었던 그 책을 쓴 그 인물.

오늘 밤 이 커피숍에서 나와 내 친구들과 함께 얘기를 나누기 시작했던 그 낯선 인물.

이 두 기술이 같은 사람을 표현한다는 것이 선험적으로 명확하지는 않다. 이 두 기술은 당신의 마음속에서 연결되지 않은 채 자리잡을 수 있다. 그날 저녁 어느 순간 당신은, 대화 중에 우연히 떠오른 화제(話題)로 위에 기술된 두 사람이 같은 인물을 가리킨다는 것을 알고는 "오, 당신이 바로 그 사람이었군!"이라고 외칠지도 모른다.

어떤 인물에 대한 모든 기술들이 그 인물의 이름을 저장하고 있는 어떤 핵심 기호에 결부되어야 하는 것은 아니다. 기술들은 그 자체로 만들어지고 조작될 수 있다. 기술하는 것으로써, 존재하지 않는 인물을 발명할 수도 있다. 두 기술이 단일한 실체를 표현한다는 점을 알게 되면, 두 기술을 통합할 수도 있다. 하나의 기술이 하나의 사물이 아니라 두 개의 사물을 표현한다는 점을 안다면, 그것을 둘로 쪼갤 수도 있다. 등등. 이러한 "기술(記述)들의 산법(算法)"이 바로 사고의 핵심이다. 그 산법은 **외연적**이지 않고 **내포적**이라고 말하는데, 그것은 기술이 이미 알고 있는 특정한 사물에 닻을 내리지 않고 "떠다닐" 수 있음을 의미한다. 사고의 내포성은 사고의 유연성과 연관된다. 이 유연성은 가상적인 세계들을 상상하고 서로 다른 기술들을 합치거나 또는 하나의 기술을 별개의 조각들로 쪼개는 등의 능력을 우리에게 준다.

당신의 차를 빌려간 여자 친구가 전화를 걸어와, 차가 비에 젖은 산악 도로에서 미끄러져서 길가의 둑에 부딪쳐 뒤집혀서 하마터면 죽을 뻔했다고 말했다 하자. 당신은 마음속에 일련의 이미지들을 떠올릴 것인데, 그녀가 자세히 말하면서 더 생생해지고, 결국 "이 모든 것을 당신 마음의 눈으로 보게" 될 것이다. 그런데 그녀는 당신에게, 모든 것이 만우절 거짓말이었고 그녀도 자동차도 멀쩡하다고 말한다. 그러나 그것은 아무래도 상관없다. 그 이야기와 이미지들은 생생함을 전혀 잃지 않으며 그래서 당신에게 오래오래 기억될 것이다. 나중에, 당신은 첫인상의 강렬함 때문에 심지어 그녀를 안전하지 않은 운전자로 간주할지도 모르는데, 그것은 모든 것이 사실이 아님을 알았을 때 완전히 지워졌어야 했을 인상이다. 상상과 사실은 우리 마음속에서 매우 밀접하게 뒤섞이는데, 이것은 사고가, 실제 사건이나 사물에 결코 속박될 필요가 없는, 복잡한 기술들을 만들어내고 조작하는 일에 관여하기 때문이다.

세계에 대한 유연하고 내포적인 표현, 그것이 사고의 전모이다. 그런데 뇌와 같은 생리적인 체계가 어떻게 그런 체계를 지원할 수 있을까?

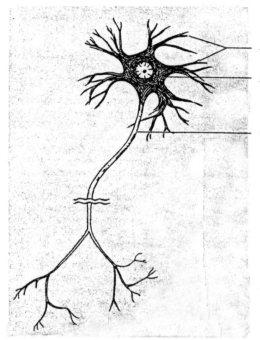

수상돌기(덴트리트)

세포체

축삭

그림 65. 뉴런의 도해[출전: D. 우드리지, 『두뇌의 기전(*The Machinery of the Brain*)』, New York, McGraw-Hill, 1963년, 6쪽].

뇌 속의 "개미들"

뇌 속의 가장 중요한 세포들은 신경세포들 또는 **뉴런**(그림 65)인데, 약 100억 개정도가 있다(이상하게도 신경교세포[神經膠細胞, glial cell, glia]의 개수는 뉴런의 개수보다 10배나 많다.* 그러나 신경교세포는 뉴런이라는 주연을 돕는 조연으로 간주되기 때문에 우리는 그것에 대해서 논의하지 않겠다). 개별 뉴런은 다수의 **시냅스들**(synapses, "입구")과 하나의 **축삭**(axon, "출력 채널")을 가진다. 입력과 출력은 전기화학적 흐름, 즉 운동 상태의 이온이다. 뉴런의 입구와 출력 채널 사이에 세포체가 있으며, 여기에서 "결정들"이 내려진다.

　뉴런이 직면하는 결정의 유형은—이것은 초당 1000번까지도 나타날 수 있다—이것이다. 발화**할 것인가 또는 말 것인가. 즉 이온을 축삭에 방출할 것인가 말 것인가이다. 방출된 이온은 결국 하나 또는 그 이상의 **다른** 뉴런들의 입구로 넘

---

* 최근에는 1 : 1에 가깝다는 주장도 있다.
** fire/firing은 발화(發火)로, triggering은 점화(點火)로 옮겼다. '발화(發話)'는 문맥에 따라 별도로 표시했다.

어가서 같은 종류의 결정을 내리도록 한다. 그 결정은 아주 간단한 방식으로 내려진다. 모든 입력들의 합이 일정한 문턱값을 넘어서면 예스(yes)로, 그렇지 않으면 노(no)로 결정한다. 그 입력들의 일부는 부정 입력일 수 있는데, 이것들은 다른 곳에서 오는 긍정 입력들을 상쇄한다. 어쨌든 마음의 최하 층위를 지배하는 것은 단순한 덧셈이다. 데카르트의 유명한 말을 비틀어 말하면 이렇다 : "나는 생각한다. 그러므로 더한다(라틴어로 Cogito, ergo am)."*

그런데 결정을 내리는 방법은 아주 간단해 보이지만, 문제를 복잡하게 하는 사실이 하나 있다 : 하나의 뉴런에 20만 개까지의 개별 입구들이 있을 수 있다. 즉 뉴런이 다음번 행동을 결정하는 데에 20만 개까지의 개별 "피가수(被加數)"** 들이 관여할 수도 있다는 뜻이다. 일단 결정이 내려지면, 이온들의 펄스가 축삭을 따라 축삭종말까지 쏜살같이 전달된다. 그런데 이온들이 축삭종말에 도달하기 전에 하나 또는 여러 개의 분기(分岐)들과 마주칠 수 있다. 그런 경우에는 단일한 출력 펄스가 분기하는 축삭을 타고 내려가면서 쪼개진다. 그래서 축삭종말에 도달할 쯤에는 "하나의 펄스"가 "여러 펄스들"로 된다. 여러 펄스들이 이동하는 축삭 가지들의 길이나 저항성이 저마다 다르기 때문에 펄스들이 목표점에 도달하는 시점들 또한 제각각일 것이다. 어쨌든 중요한 사실은 그 펄스들이 단일한 펄스로서—세포체로부터 이동하면서—출발했다는 점이다. 뉴런이 한 번 발화한 다음에 다시 발화하기까지는 회복 시간이 조금 필요한데, 측정해보면 특징적으로 1,000분의 1초이다. 그래서 뉴런은 초당 약 1,000번까지 발화할 수 있다.

뇌 속의 더 큰 구조들

이제까지 뇌 속의 "개미들"을 기술했다. 그러면 "팀들", 또는 "신호들"은 어떻게 되나? "기호들"은 어떻게 되나? 우리는 다음과 같은 관찰을 했다 : 그 입력의 복잡성에도 불구하고 단일 뉴런은 아주 원시적인 방식—발화 또는 비발화—으로만 반응할 수 있다. 이것은 너무 적은 정보량이다. 분명히, 많은 정보량을 운반하고 처리하려면 많은 뉴런들이 동원되어야 한다. 그렇기 때문에 우리는 개념들

---

* 데카르트 명제(Cogito ergo sum[나는 생각한다. 그러므로 존재한다])에 대한 말장난이다.
** 5+7=12에서 5는 피가수(被加數), 7은 가수(加數)이다.

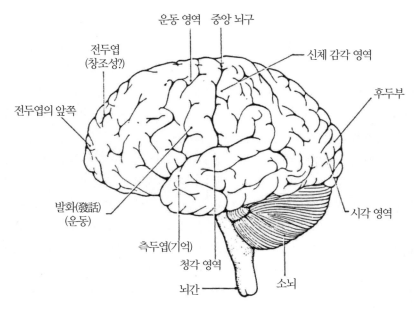

운동 영역　중앙 뇌구

전두엽
(창조성?)

신체 감각 영역

후두부

전두엽의 앞쪽

발화(發話)
(운동)

시각 영역

측두엽(기억)

청각 영역

뇌간

소뇌

그림 66. 왼쪽에서 본 인간의 뇌. 시각영역이 머리 뒤쪽에 있는 것은 이상한 일이다[출전 : 스티븐 로즈, 『감각적 두뇌(*The Conscious Brain*)』, New York, Vintage, 1966년, 50쪽].

을 더 높은 층위에서 다루는—수많은 뉴런들로 구성된—더 큰 구조들이 존재 하리라고 추정할 수 있다. 이것은 의심할 바 없는 사실이지만, 개개의 다른 개념 마다 하나의 고정된 뉴런-군(群)이 있으리라는 아주 소박한 가정은 거의 틀림 없는 오류이다.

　뇌에는 대뇌(cerebrum), 소뇌(cerebellum), 시상하부(hypothalamus)처럼 서로 구 별될 수 있는 여러 해부학적 부위들이 있다(그림 66 참조). 대뇌는 인간 뇌의 가 장 큰 부분으로서 좌반구와 우반구로 나뉜다. 각 대뇌반구의 표면은 몇 밀리미 터의 층을 이룬 외피, 즉 **대뇌피질(cerebral cortex)**로 덮여 있다. 대뇌피질의 양은 해부학적 관점에서 볼 때 인간의 뇌와 지능이 낮은 다른 종들의 뇌를 구별 짓는 핵심 특징이다. 그런데 밝혀진 바에 따르면 그런 대규모의 소기관들과 그것들이 담당하는 정신적, 물질적 활동들 사이에는—현재 시점으로는—매우 거친 수준 의 개략적인 대응만 가능하기 때문에, 우리는 뇌의 소기관들에 대한 세부 설명 은 하지 않겠다. 예를 들면, 언어는 대뇌의 두 반구들 중 하나—사실, 보통 좌반 구—에서 주로 처리된다고 알려졌다. 그리고 소뇌(cerebellum)는 운동을 제어하기 위해서 신경 충격의 연쇄를 근육으로 보내는 장소이다. 그러나 이 부위들이 그것들의 기능을 어떻게 수행하는지는 여전히 대부분 수수께끼이다.

뇌들 사이의 대응

이제 극히 중요한 질문이 여기서 생긴다. 사고가 뇌 속에서 일어난다면, 두 개의 뇌는 서로 어떻게 다른가? 나의 뇌는 당신의 뇌와 어떻게 다른가? 분명히 당신은 나와 똑같이 생각하지 않고, 다른 누구와도 똑같이 생각하지 않는다. 그러나 우리의 뇌는 모두 똑같은 해부학적인 구분을 가진다. 뇌들의 이런 동일성은 어디까지 뻗치는가? 신경 층위까지 이르는가? 그렇다, 만일 사고 위계에서 충분히 낮은 층위에 있는 동물—예컨대 하찮은 지렁이—을 본다면 말이다. 다음 인용은 외계 지능(extraterrestrial intelligence)과의 소통을 주제로 열린 학술회의에서 신경생리학자 데이비드 허블이 말한 내용이다 :

> 지렁이 같은 동물의 신경세포의 개수를 측정해보면 짐작컨대 수천 개 정도인 것 같다. 한 가지 아주 흥미로운 사실은, 어떤 특정한 지렁이에 있는 특정한 개별 세포를 가리키면, 같은 종의 다른 지렁이에게서 똑같은 세포, 상응하는 세포를 찾을 수 있다는 점이다.[1]

지렁이들은 동형의 뇌를 가진다! "오직 한 마리의 지렁이만 있다"고 말할 수 있을 것이다.

그러나 개체들의 뇌 사이에서 이런 일대일 대응의 가능성은, 사고의 위계가 높아지고 뉴런의 개수가 증가함에 따라 이내 사라지고, 이것은 단 한 명의 인간만 존재하는 것은 아니라는 우리의 느낌을 확인해준다! 그런데 서로 다른 인간의 뇌를 단일 뉴런보다 크지만 뇌의 주요 소기관들보다 작은 척도에서 비교해보면, 이들 사이에 상당한 물리적 유사성을 탐지할 수 있다. 이것은 개인의 정신적 차이들이 물리적인 뇌에 어떻게 표현되는지에 관해서 무엇을 암시하는가? 우리가 나의 뉴런들 사이의 상호연결을 살펴본다면, 내가 아는 특정한 사물들, 내가 가진 특정한 신념들, 내가 품은 특정한 희망 사항, 공포, 애호 및 혐오를 코드화한

---

1) Carl Sagan 편집, *Communications with Extraterrestrial Intelligence*, p. 78.

것으로 확인될 수 있는 다양한 구조들을 발견할 수 있을까? 정신적인 경험들이 뇌 덕분에 가능하다면, 지식이나 정신적인 삶의 다른 측면들 또한 마찬가지로 뇌 속의 특정한 장소나 뇌의 특정한 물리적 하위체계들로 추적할 수 있을까? 이 것이 이 장과 다음 장에서 자주 다루려는 핵심 질문이 될 것이다.

뇌 처리 과정의 위치 결정 : 수수께끼

이 질문에 답하기 위해서 신경학자 칼 래슐리는 1920년경부터 시작하여 수 년 동안 진행한 일련의 장기적인 실험에서, 쥐가 미로 찾기 지식을 뇌의 어느 곳 에 저장하는지 발견하려고 했다. 스티븐 로즈는 자신의 저서 『의식하는 뇌(The Conscious Brain)』에서 래슐리의 시도와 난관을 이렇게 묘사한다 :

> 래슐리는 대뇌피질 내부에서 기억 장소를 찾으려 하고 있었다. 이를 위해서 일단 쥐에게 미로를 돌아다니는 훈련을 시켰고 그러고는 쥐의 대뇌피질 여러 부위를 제 거했다. 쥐를 회복시킨 후 미로 찾기 솜씨가 얼마나 남아 있는지 시험했다. 놀랍게 도 미로를 빠져나가는 길을 기억하는 능력에 상응하는 특정 부위를 찾아낼 수 없 었다. 그 대신 대뇌피질이 제거된 모든 쥐들은 일종의 장애로 고통받았는데, 장애 의 정도는 대략 제거된 대뇌피질의 양에 비례했다. 대뇌피질의 제거는 실험동물의 운동능력과 감각능력에 손상을 입혔고, 그 결과 쥐들은 절뚝거리거나 껑충 뛰거 나 뒹굴거나 비틀거렸다. 그러나 어떻게든 늘 미로를 간신히 통과하기는 했다. 기 억에 관한 한, 대뇌피질은 전체가 동등한 잠재력을 가지는 듯했다. 즉 모든 영역이 동등한 이용 가능성을 갖추고 있는 것처럼 보였다. 실제로 래슐리는 1950년에 발 표한 자신의 마지막 논문 "기억 흔적*의 탐구(In Search of the Engram)"에서 유일 한 결론은 기억은 전혀 가능하지 않다고 다소 침울하게 결론내렸다.[2]

묘하게도 래슐리가 마지막 연구를 하고 있던 때와 거의 같은 시기인 1940년대 말, 캐나다에서는 반대의 견해를 뒷받침하는 증거가 쌓이고 있었다. 신경외과

---

* 기억 흔적(Engramm) : 기억이라는 인지활동을 통해서 세포에 남겨진 신경생물학적, 물리화학적 자국을 의미한다.

2) Steven Rose, *The Conscious Brain*, pp. 251-252.

전문의 와일더 펜필드는 뇌수술을 받은 환자들의 반응을 검사하고 있었는데, 그들의 노출된 뇌의 여러 부위에 전극을 삽입하고 전극이 부착된 부위의 뉴런이나 뉴런들을 자극하기 위해서 약한 전기 펄스를 흘려보내는 실험을 했다. 이 펄스들은 다른 뉴런들에서 오는 펄스들과 비슷했다. 펜필드가 발견한 것은 어떤 뉴런들을 자극하면 환자에게 특정한 이미지나 감각을 확실하게 일으킬 것이라는 사실이었다. 인공적으로 유발된 이런 인상들은 이상하지만 꼬집어 말하기 어려운 공포에서부터 웅웅거리는 소리와 색깔들, 그리고 모든 것 중에서 가장 인상적인 것으로, 어린 시절의 생일 파티 같은 어렸을 때의 사건에서 기억해낸 연쇄적인 사건들에 이르기까지 다양했다. 그런 특정한 사건들을 촉발시킬 수 있는 장소들은, 기본적으로 단일 뉴런에 집중되었는데, 극히 적었다. 이로써 펜필드의 연구결과는 래슐리의 결론들과 극적으로 대립한다. 왜냐하면 펜필드의 결과가 결국 뇌의 국소 영역들이 특정한 기억을 담당한다는 것을 함축하는 것처럼 보이기 때문이다.

이 결과를 어떻게 해석할 수 있는가? 하나의 가능한 설명은, 기억이란 국소적으로 코드화되었지만 대뇌피질의 다른 장소에 반복적으로 코드화되었다는 것이다. 이것은 아마도 싸움이나 신경생리학자들이 행하는 실험으로 인해서 일어날 수 있는 대뇌피질의 손상에 대한 안전조치로서 진화 과정에서 개발된 전략일 것이다. 다른 설명은, 기억이란 뇌 전체에 분산된 역동적인 과정에 의해서 재구성될 수 있지만, 국소 지점에서 점화될 수 있다는 것이다. 이 이론은 현대의 전화통신망 개념에 바탕을 둔 것이다. 이 전화망에서는 장거리 전화의 경로 배정을 미리 예측할 수 없는데, 그 이유는 경로가 전화를 거는 시점에 선택되고 그때의 전국 상황에 좌우되기 때문이다. 전화망이 국소적으로 어디에서 파괴되더라도 통화두절은 일어나지 않을 것이다. 통화 연결은 전화망이 손상된 지역을 우회하면 된다. 이런 의미에서 모든 통화는 잠재적으로는 경로를 특정할 수 없다. 그러나 어떤 통화라도 두 특정한 지점을 연결한다. 이런 의미에서는 모든 통화는 경로를 특정할 수 있다.

시각 처리의 특수성

뇌 처리 과정의 위치 결정에 대한 가장 흥미롭고 중요한 업적 가운데 일부가 지난 15년간 하버드 대학의 데이비드 허블과 토르스텐 위즐에 의해서 이루어졌다. 그들은 고양이 뇌에서 시각 경로를 상세히 밝혀냈는데, 그것은 망막에 있는 뉴런들에서 출발하여 머리 뒤쪽으로 향하는 시신경을 따라가, 외측슬상체(外側膝狀體, lateral geniculate)라는 "중계 정거장"을 거쳐 뇌의 맨 뒤에 있는 시각피질에 이른다. 무엇보다도, 래슐리의 연구결과를 감안해 볼 때, 명확한 신경전달 경로들이 존재한다는 점은 주목할 만하다. 그러나 더 주목할 만한 점은 전달경로를 따라 다른 단계들에 자리잡고 있는 뉴런의 특성이다.

망막 뉴런들은 주로 대조 감지기라는 사실이 밝혀졌다. 더 구체적으로 말하면, 망막 뉴런들의 작동방식은 이렇다. 각각의 망막 뉴런은 보통 때는 "순항속도"로 발화한다. 망막의 뉴런 일부가 빛에 노출되면 더 빨리 발화하거나 더 천천히 발화하거나 아예 발화를 멈출 수도 있다. 그러나 그것은 망막 주위 부분에 빛이 덜 비추어졌을 경우에만 그럴 것이다. 그래서 이것은 "중심형 뉴런"과 "주변형 뉴런"이라는 두 가지 유형이 있다는 뜻이다. **중심형** 뉴런은, 그것이 민감하게 반응하는 망막상의 작은 원형 영역에서, 그 중심부는 밝고 주변부는 어두울 때마다 발화속도가 증가하는 뉴런들이다. **주변형** 뉴런들은 그 중심부는 어둡고 바깥 고리 부분이 밝을 때 더 빨리 발화하는 뉴런들이다. 중심형 패턴이 주변형 뉴런에 나타나면, 주변형 뉴런은 발화속도가 **느려진다**(그 역도 성립한다). 균일한 강도로 빛을 비추면 두 유형의 망막 뉴런에 영향을 주지 않는다. 두 유형은 순항속도로 계속 발화할 것이다.

이런 뉴런들에서 나오는 신호들은 망막에서 출발하여 시신경을 거쳐 뇌의 가운데쯤에 자리잡은 외측슬상체로 진행한다. 그곳에, 망막의 특정 영역에 가해진 특정한 자극에 의해서만 점화되는 외측슬상체 뉴런들이 있다는 의미에서, 망막 표면의 직접적인 일대일 대응을 발견할 수 있다. 그런 의미에서 외측슬상체는 실망스럽다 : "중계 정거장"에 불과하며 그 이상의 처리장치는 아닌 듯하기 때문이다(비록 공정을 기하기 위해서 덧붙인다면, 외측슬상체에서 대조 감수성이 높아지는 것 같기는 하지만). 외측슬상체의 뉴런들이 망막의 형태인 이차원 표면에 배열되는 것이 아니라 삼차원 입체의 형태로 배열되어 있음에도 불구하고, 망막 영상은 직설적인 방식으로 외측슬상체에 있는 뉴런들의 발화 패턴 속에 코드화되었다. 따라서 이차원이 삼차원으로 대응되는 데도 정보는 유지된다 : 즉 동형성이다. 아마 표현의 차원성이 바뀐 데에 대한 심오한 의미가 있을 텐데, 아직 충분히 이해되고 있지 않다. 어쨌든 더 해명되지 않은 시각 단계들이 매우 많으므로, 이 한 가지 단계를 어느 정도까지 파악했다는 사실에 실망은커녕 오히려 기뻐해야 할 것이다!

신호는 외측슬상체로부터 출발하여 시각피질로 진행한다. 여기서 새로운 유형의 처리가 나타난다. 시각피질의 세포들은 단순 세포, 복잡 세포 및 초(超)복잡 세포라는 세 범주로 나뉜다. 단순 세포들은 망막세포 또는 외측슬상체 세포와 아주 비슷하게 작용한다. 즉, 그것들은 망막의 특정한 영역에 가해지는, 주변 환경과 대비되는 점 모양의 밝은 얼룩 또는 어두운 얼룩에 반응한다. 이와 달리 복잡 세포들은 대개 100개 또는 그 이상의 다른 세포들에서 나오는 입력을 받아서, 망막 위에서 특정한 각도로 방향을 잡고 있는 밝은 막대 또는 어두운 막대 형상을 감지한다(그림 67 참조). 초복잡 세포들은 모서리, 막대 또는 심지어 특정한 방향에서 움직이는 "혀 모양"에도 반응한다(그림 67 참조). 마지막에 예시된 세포들은 고도로 특화되어 있어서 종종 "고차 초복잡 세포들"로 불린다.

"할머니 세포?"

계속 복잡성이 증가해가는 자극에 의해서 점화될 수 있는 세포가 시각피질 속에서 발견되었기 때문에, 어떤 사람들은 사태가 "한 세포, 한 개념"의 방향으로 가는 것은 아닌지 궁금해했다. 예를 들면, 당신에게 할머니가 시야에 들어왔을 경우에 오직 그때만 발화하는 "할머니 세포(grandmother cell)"가 있을 것이다. 좀 우스꽝스러운 이 "슈퍼 초복잡" 세포의 예는 그렇게 진지하게 받아들여지지는 않는다. 그러나 어떤 대안 이론이 합당해 보이는지 분명하지 않다. 한 가지 가능성은, 충분히 복잡한 시각적 자극에 더 큰 신경망들이 집단적으로 들뜨는 경우이다. 물론 이처럼 큰 멀티뉴런 단위들의 점화는 많은 초복잡 세포들에서 방출된 신호들을 통합한 결과 일어났음이 틀림없을 것이다. 이것이 어떻게 수행될 것인지 아무도 모른다. 우리가 "신호"로부터 "기호"가 발생하는 문턱에 다가서고 있다고 여겨지는 순간, 길을 잃고 만다. 감칠나는 미완성 이야기이다. 그러나 잠시 뒤에 이 이야기로 돌아와서 약간이나마 보충하겠다.

앞에서 큰 해부학적 척도에서 존재하는 모든 인간 뇌들 사이의 거친 수준의 동형성을 언급했고, 지렁이 뇌들 사이에 존재하는 아주 고운 수준의 신경 층위

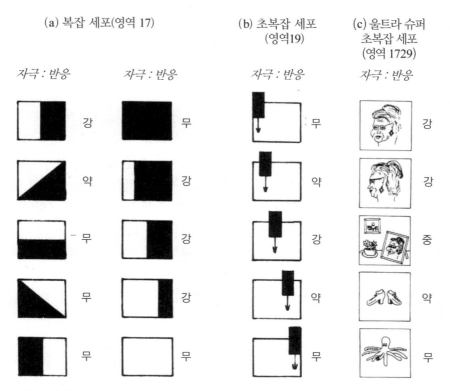

그림 67. 일정한 표본 뉴런들에 의한, 패턴들에 대한 반응들.

(a) 모서리를 감지하는 이 뉴런은 왼쪽이 밝고 오른쪽이 어두운 수직 모서리들을 찾는다. 왼쪽 첫 번째 세로열은 모서리의 **방향**이 이 뉴런에 얼마나 중요한지 보여준다. 두 번째 세로열은 그 영역 안에서 모서리의 **위치**가—이 특정한 뉴런에—중요하지 않음을 보여준다.

(b) 초복잡 세포가 더욱 선택적으로 반응하는 방식을 보여준다 : 여기에서는 아래로 향하는 혀 모양이 그 영역의 가운데에 있을 경우에만 반응한다.

(c) 여러 가지 마구잡이 자극들에 대해서 가설적인 "할머니 세포"가 보이는 반응들 : "문어 세포" 라면 똑같은 자극들에 대해서 어떻게 반응할지 독자들이 생각해보면 재미있을 것이다.

동형성도 언급했다. 고양이, 원숭이 그리고 인간의 시각 처리장치들 사이에도 동형성이 있다는 사실이 매우 흥미로운데, 그 수준이 대략 거친 수준과 고운 수준 사이의 중간 언저리이다. 그 동형성은 이렇게 작동한다 : 첫째, 세 종(種)은 모두 제각기 시각 처리가 이루어지는 뇌의 뒷부분에 시각 처리 "전용" 영역, 즉 **시각피질**(visual cortex)을 가진다. 둘째, 세 종 모두에서 시각피질은 17, 18, 19령(領)이라는 세 개의 소영역으로 나뉜다. 이 영역들은 세 종의 모든 정상적인 개체의 뇌에서 그 장소들을 지정할 수 있다는 점에서 여전히 보편적이다. 각 소영역의 내부를 더 깊숙이 관찰해보면, 시각피질의 "원기둥[圓柱]" 조직에 이르게 된다. 시각 뉴런들은 피질 표면과 수직을 이루고, 뇌 안쪽을 향해서 안쪽으로 방사형으로 진행하면서 "원기둥" 형태로 배열된다. 즉 거의 모든 연결은 방사형의 원기둥 방향을 따라 진행되며, 원기둥들 간에는 진행되지 않는다. 그리고 각각의 원기둥은 망막의 작은 특정 영역에 대응된다. 원기둥들의 개수는 개체마다 다르기 때문에, "같은 원기둥"은 찾을 수 없다. 끝으로, 원기둥 내부에 단순 뉴런들이 많이 발견되는 층들이 있고, 복잡 뉴런들이 많이 발견되는 층들이 있다(초복잡 뉴런들은 주로 18령과 19령에서 발견되고, 반면에 단순 뉴런들과 복잡 뉴런들은 주로 17령에서 발견된다). 이 정도의 세부 층위에 오면 동형성이 바닥나는 것 같다. 여기서부터 아래쪽으로 개별 뉴런 층위까지는, 각각의 개별 고양이, 원숭이 또는 인간은 완전히 고유한 패턴—지문이나 서명(signature)과 다소 비슷한—을 가진다.

고양이 뇌와 원숭이 뇌의 시각 처리에서 나타나는, 작지만 주목할 만한 차이는 하나로 결합된 더 높은 수준의 신호를 얻으려고 두 눈으로부터 오는 정보를 통합하는 단계와 관련이 있다. 두 눈의 정보 통합이 고양이에게서보다 원숭이에게서 약간 더 늦게 일어나는 것으로 판명되었는데, 원숭이는 각 눈의 신호를 처리하는 데에 시간을 조금 더 쓰기 때문이다. 이것은 그리 놀랄 일은 아니다. 어떤 종이 지능의 위계에서 더 높은 곳에 있을수록 그 종의 시각체계에서 다루도록 요구받을 문제들도 그만큼 복잡해질 것이라고 기대할 것이기 때문이다. 그러므로 신호들은 최종 "표지"를 받기 전에 더욱더 초기-처리를 거쳐야만 한다. 이 점은 갓 태어난 송아지의 시각 능력을 관찰해보면 극적으로 확인된다. 송아지는 소가 가지는 시각적 식별 능력을 갖추고 태어나는 것 같다. 갓 태어난 송아지는 사람이나 개를 보면 피하지만 다른 소들을 보면 피하지 않는다. 아마 송아지의 시각체계 전체가 출생 전에 "고정배선되어서" 피질에서 처리할 것이 비교적 적기 때문일 것이다. 이와 달리, 인간의 시각체계는 피질에 매우 깊이 의존하기 때문에, 성숙하는 데에 몇 년이나 걸린다.

신경 모듈로의 깔때기 작용

뇌 조직에 관해서 지금까지 발견된 사실들 가운데 당혹스러운 것은 대규모 하드웨어와 높은 층위의 소프트웨어 사이에 직접적 상응관계가 조금밖에 발견되지 않았다는 점이다. 예를 들면, 시각피질은 대규모의 하드웨어 덩어리인데 명확한 소프트웨어 목적—즉 시각정보의 처리—에 전적으로 전념한다. 그러나 지금까지 발견된 모든 처리 과정은 여전히 아주 낮은 층위의 과정이다. **사물** 인식에 접근하는 것은 아무것도 시각피질 안에 그 위치가 지정된 것이 없다. 이것은 복잡 세포와 초복잡 세포에서 나온 출력이 어디에서 또는 어떻게 도형, 공간, 그림, 얼굴 등에 대한 의식적 인식으로 변환되는지 아무도 모른다는 뜻이다. 사람들은 낮은 층위의 많은 신경 반응들이 더욱더 적은 높은 층위의 반응들로 모여가는 "깔때기 작용(funneling)"에 대한 증거를 찾아보았고, 앞서 언급한 유명한 할머니 세포나 주목할 만한 멀티뉴런 신경망 같은 것에 이르렀다. 분명한 것은 이런 증거가 뇌의 개략적인 해부학적 구분에서보다 오히려 미시적 분석에서 발견되리라는 점이다.

할머니 세포의 대안으로 하나 생각해볼 수 있는 것은 "깔때기"의 가느다란 끝에 있는 일정 수(몇 십 개 정도)의 뉴런 군(群)인데, 그것들은 할머니가 시야에 들어올 때 모두 발화할 것이다. 그리고 인식할 수 있는 사물 하나하나에 대해서, 고유의 신경망과 그 신경망에 집중할 깔때기 작용이 있을 것이다. 비슷한 연장선상에 더 복잡한 대안들도 있는데, 그 대안들은 하나의 고정된 방식이 아니라 여러 다양한 방식들로 들뜰(excite) 수 있는 신경망들이 관여한다. 그런 신경망들이 우리의 뇌 속의 "기호들"일 것이다.

그러나 이러한 깔때기 작용이 필요한가? 우리가 보고 있는 물체는 아마도 시각피질에 있는 물체의 "서명", 즉 단순 세포, 복잡 세포 그리고 초복잡 세포들의 집단적 반응을 통해서 암시적으로 확인될 것이다. 아마 뇌에는 어떤 특정한 형태에 대한 그 이상의 인식장치가 필요하지 않을 것이다. 그러나 이 이론은 다음의 문제를 야기한다 : 예를 들면, 어떤 장면을 쳐다보고 있다고 가정하자. 그 장면은 당신의 시각피질에 자신의 서명을 등록한다. 그러나 그 서명으로부터 어떻게 그 장면에 대해서 말로 기술하는 데까지 이르는가? 예를 들면, 프랑스 후기 인상파 화가 에두아르 뷔야르의 그림들을 몇 초간 잘 보면 당신 눈앞에 갑자기 인간 형상이 튀어나온다. 아마 서명은 0.5초 이내에 시각피질에 새겨질 것이지만, 그림은 몇 초가 지나야만 이해된다. 이것은 사실상 무엇이 일반적인 현상인지를 보여주는 한 가지 사례이다. 인식의 순간 당신은 마음속에서 "결정화(結晶

化)하는" 어떤 것을 느끼지만, 이것은 광선이 당신의 망막을 때리는 순간이 아니라, 당신의 지능의 어떤 부분이 망막 신호에 작용할 기회를 가지고 난 조금 뒤에야 일어난다.

결정화 은유는 통계역학에서 도출된 아름다운 이미지를 만들어낸다. 매질 속의 무수한 미시적이고 서로 무관한 활동들이 정연한 소영역을 서서히 만들면서 그것이 퍼지고 확대되어, 마침내 무수한 작은 사건들이 자신의 매질 구조를 바닥에서부터 철저히 개조할 것이며, 그 결과 독립적인 요소들의 혼돈 같은 집합이 커다랗고 일관적이며 완벽하게 연계된 하나의 구조로 바뀐다. 초기의 신경활동들을 독립적인 활동들로 생각한다면 그리고 그것들의 수많은 독립적 발화들의 최종 결과를 명확하고 커다란 뉴런 "모듈들"의 점화로서 생각한다면, "결정화"라는 용어는 아주 적절해 보인다.

깔때기 작용에 대한 다른 논거는 서로 구분되지만 같은 사물을 지각하는 것이라고 느끼게 하는 장면이 무수히 많다는 사실에 바탕을 두고 있다. 예를 들면, 당신의 할머니가 미소 지을 수도 찡그릴 수도, 모자를 썼을 수도 아닐 수도, 밝은 정원에 있을 수도 어두운 기차역에 있을 수도 있고, 가까이서도 멀리서도, 옆에서도 정면에서도 마주칠 수 있다. 이 모든 장면들은 시각피질에 극도로 다른 서명들을 만든다. 그러나 이 모든 서명들은 당신으로 하여금 즉시 "안녕하세요, 할머니!"라고 말하게 할 수 있다. 따라서 깔때기 작용은 시각적인 서명을 받아들인 후 그리고 말을 하기 전 어떤 시점에 일어나는 것이 틀림없다. 그런데 이 깔때기작용이 할머니에 대한 지각의 일부가 아니라 말로 만드는 과정의 일부에 불과하다고 주장할 수 있다. 그러나 이 과정을 그런 식으로 나누면 매우 부자연스러워 보인다. 왜냐하면 당신은 그 대상이 할머니라는 정보를 말로 만들지 않고 그 정보를 "내부적으로" 사용할 수 있기 때문이다. 시각피질 전체에 있는 정보들 중 많은 정보들이 폐기될 수 있을 경우 그것들을 모두 다루는 것은 매우 거추장스러울 것이다. 왜냐하면 그늘이 어디에 드리울지 할머니의 블라우스 단추가 몇 개인지 따위에 신경 쓰지 않기 때문이다.

깔때기 작용을 인정하지 않는 이론의 또다른 난점은 단 하나의 서명—예를 들면 에셔의 그림 "볼록과 오목"(그림 23)—에 대해서 어떻게 다른 해석이 있을 수 있는지 설명해야 한다는 점이다. 우리가 보기에, 사람들은 단순히 텔레비전 화면 위의 점들을 지각하는 것이 아니라 덩어리들을 지각하는 것이 분명해 보인다. 마찬가지로, 거대한 점 모양의 "서명"이 시각피질에 만들어졌을 때 지각이 발생했다고 가정하는 것은 웃기는 소리 같다. 어떤 깔때기 작용이 있음이 틀림없다. 깔때기 작용의 최종 결과는 뉴런들로 이루어진 특정 모듈을 점화하는 것이고 여기서 각 뉴런은 장면에 있는 개념들—덩어리들—과 연관되어 있다.

사고과정을 매개하는 모듈들

이렇게 해서 각각의 개념에 대해서 점화될 수 있는 매우 명확한 모듈이 있다는 결론으로 인도되었다. 그것은 소규모의 뉴런 군으로 구성된 모듈이고, 앞서 시사했던 유형의 "신경복합체"이다. 이 이론의 문제점은—적어도 소박하게 이해한다면—뇌 안의 어딘가에 그런 모듈들의 위치를 찾아낼 수 있어야 한다고 시사할 것이라는 점이다. 그러나 모듈의 위치를 특정하는 일은 아직 이루어지지 않았고, 래슐리의 실험 같은 몇몇 증거들은 국소화에 반대되는 것을 가리킨다. 그러나 단정하기는 아직 이르다. 각 모듈의 많은 사본들이 여기저기 퍼져 있을 수도 있고 또는 모듈들이 물리적으로 겹쳐 있을지도 모른다. 이 두 가지 결과들이 어떤 구분된 뉴런들이라도 독립적이지 않고 모호하게 해 "꾸러미들"이 되게 할 것이다. 아마 그 복합체들은 종종 서로를 뚫고 지나가는 몇 개의 층으로 꾸려진 매우 얇은 팬케이크 같은 모양일 것이다. 아마 그것들은 여기저기가 코브라 머리처럼 납작하게 눌린 채로 서로 뒤엉킨 긴 뱀들 같은 모양일 것이다. 아마 거미줄과 비슷할 수도 있다. 또는 배고픈 제비가 먹이를 향해서 돌진하는 궤적보다 더 이상한 형태로 신호들이 사방팔방 돌아다니는 회로 같을지도 모른다. 몰라서 뭐라고 말할 수 없다. 이 모듈들은 하드웨어가 아니라 소프트웨어 현상일 가능성조차 있는데, 이 점은 나중에 논의할 문제이다.

이러한 가설상의 신경복합체들과 관련하여 마음속에 떠오르는 많은 질문들이 있다. 예를 들면 :

신경복합체들은 중간뇌나 시상하부 등과 같은 뇌의 아래쪽 영역들에까지 뻗쳐 있는가?

단일 뉴런은 하나 이상의 신경복합체에 소속될 수 있는가?

단일 뉴런은 얼마나 많은 신경복합체들에 소속될 수 있는가?

그러한 신경복합체들은 뉴런들이 얼마까지 겹칠 수 있는가?

이 신경복합체들은 누구에게서나 다 같은가?

서로 다른 사람들의 뇌에 있는 상응하는 위치들에서, 상응하는 신경복합체들이
    발견되는가?

신경복합체들은 누구의 뇌에서도 같은 방식으로 겹치는가?

철학적인 관점에서 가장 중요한 질문은 이것이다 : 모듈—예를 들면 할머니
모듈—의 존재는 우리에게 무엇을 말해줄 것인가? 모듈의 존재는 우리 자신
의 의식(意識)이라는 현상에 대해서 우리에게 어떤 통찰이라도 제시할까? 아니
면 의식의 본질에 관해서 우리를 여전히 깜깜이 상태로 놓아둘 것인가? 뇌가 뉴
런과 신경교(膠)로 구성되었다는 지식이 의식에 대해서 아무것도 알려주는 것이
없는 것처럼 말이다. 당신이 "개미 푸가" 편을 읽고 짐작했을 것처럼, 그것이 의
식이라는 현상에 대한 이해를 가져다주기까지는 아직 갈 길이 멀다는 것이 나
의 느낌이다. 디뎌야 할 결정적인 발걸음은 뇌의 상태에 대한 낮은 층위—뉴런
하나하나—의 기술에서 같은 뇌의 같은 상태에 대한 높은 층위—모듈 하나하
나—의 기술로 옮겨가는 것이다. 또는 "개미 푸가" 편의 시사적인 용어법으로
돌아가 표현하면, 뇌의 상태에 대한 기술을 **신호** 층위에서 **기호** 층위로 옮기기
를 원한다.

활성 기호

지금부터 가설상의 신경복합체, 신경 모듈, 신경 꾸러미, 신경망, 멀티뉴런 장치
들을—그것들이 팬케이크, 정원용 고무래, 방울뱀, 눈송이, 또는 심지어 호수*의
잔물결 형태이든 아니든 원하는 대로 불러라—기호라고 불러보자. 기호라는 용
어에 의한 뇌 상태의 기술은 '대화' 편에서 넌지시 언급되었다. 그러한 기술은 어
떤 것일까? 어떤 종류의 개념들이 실제로 "기호화될" 수 있다고 보아야 타당할
까? 기호들은 서로 어떤 종류의 상관관계를 가질까? 그리고 이 전체 그림은 의
식에 어떤 통찰을 제공할까?

첫째로 강조할 것은 기호들은 **휴면** 상태이거나 **각성** 상태(활성화된) 둘 중 하

---

* 원문 pancakes, garden rakes, rattlesnakes, snowflakes, lakes에는 각운(脚韻)이 있다.

나가 될 수 있다는 점이다. 활성 기호는 점화된 기호이다. 즉 그 기호를 구성하는 뉴런 중 임계 개수의 뉴런이 외부에서 오는 자극에 의해서 발화하도록 촉발되었다. 기호는 여러 다른 방식으로 점화될 수 있기 때문에, 각성 상태에서는 다양한 방식으로 작용할 수 있다. 이 때문에 우리는 기호를 고정된 실체가 아니라 가변적 실체로 생각해야 한다는 것이다. 따라서 뇌의 상태를 "기호 A, B,……, N은 모두 활성적이다"라는 말로 기술하면 충분치 않을 것이다. 오히려 각각의 활성 기호에, 기호의 내부 작동의 몇 가지 측면을 특징짓는 매개변수들을 추가로 제공해야만 할 것이다. 각각의 기호에, 활성화되면 변함없이 발화하는 어떤 핵심 뉴런들이 있는지가 흥미로운 문제이다. 그런 핵심 뉴런들이 있다면 그것을 그 기호의 "불변 핵"으로 부를 수 있을 것이다. 예를 들면, 폭포를 생각할 때마다, 의심의 여지 없이 맥락에 따라서 다른 방식으로 윤색되기는 하나 확실히 일어나는 어떤 고정된 신경과정이 반복된다고 가정하고 싶은 유혹이 있다. 그러나 이것이 반드시 그런지는 분명치 않다.

자, 기호가 깨어나면 무엇을 하는가? 낮은 층위의 기술은 이렇게 말할 것이다: "그 기호의 많은 뉴런이 발화한다." 그러나 이 기술은 더 이상 흥미롭지 않다. 높은 층위의 기술은 뉴런들에 대한 모든 언급을 배제하고 오로지 기호에만 집중해야 한다. 그래서 기호를 휴면 상태와는 구분되게 활성적인 것으로 만드는 것에 대한 높은 층위의 기술은 이럴 것이다. "그것은 메시지나 신호를 보낸다. 그 목적은 다른 기호들을 깨우거나 발화시키려는 것이다." 물론 이 메시지들은 뉴런에 의해서 신경 충격의 흐름으로서 운반되지만, 나는 될 수 있으면 그런 어법은 쓰지 않겠다. 그렇게 하면 사물들을 관찰하는 것을 낮은 층위의 방식으로 표현하기 때문인데, 순수하게 높은 층위에서 잘 해나갈 수 있기를 바란다. 다른 말로 한다면, 시계의 작동을 양자역학의 법칙을 동원하지 않고 설명할 수 있고 또는 세포생물학을 쿼크의 법칙을 동원하지 않고 설명할 수 있듯이 사고과정을 신경 층위의 사건들을 동원하지 않고 생각할 수 있기를 바란다.

그런데 이 높은 층위의 그림은 어떤 이점이 있는가? "183번에서 612번까지의 뉴런들이 75번 뉴런을 들뜨게 해서 발화하게 했다"라고 말하는 것보다 "기호 A와 B가 기호 C를 점화했다"라고 말하는 것이 왜 더 나은가? "개미 푸가" 편에 그 질문의 답이 있다. 기호는 사물을 **기호화하지만** 뉴런은 사물을 기호화하지 않기 때문이다. 기호는 개념을 하드웨어로 실현한 것이다. 다른 뉴런을 점화시키는 어떤 뉴런 군은 어떤 외부 사건과도 상응하지 않는 반면, 다른 기호들이 어떤 기호를 점화하는 것은 현실세계—또는 상상 속의 세계—의 사건들과 관계가 있다. 기호들은 자신들이 보내고 응답할 수 있는 메시지들에 의해서 서로 관련되어 있으며, 그 기호들의 점화 패턴 방식은 우리 세계에서 일어나는 또는 우리 세계와 비슷한 곳에서 일어날 수 있는 대규모 사건들과 매우 비슷하다. 의미가 여기에서 발생하는데, 그 이유는 본질적으로 pq-체계에서와 같다. 바로 동형성 때문이다. 그런데 여기서만, 동형성은 무한히 더 복잡하고 미묘하고 섬세하고 유연하며 내포적이다.

어쨌거나, 기호들이 정교한 메시지들을 이리저리 전달할 수 있어야 한다는 요구 사항은 아마도 뉴런들 자체가 기호의 역할을 하는 것을 배제하기에 충분할 것이다. 뉴런은 자신으로부터 정보를 보내는 방법이 단 하나밖에 없으며, 신호를 이번에는 이 방향으로, 이번에는 다른 방향으로 선택해서 향하게 할 방법이 없기 때문에, 현실세계의 사물처럼 작용하기 위해서 기호가 반드시 가져야 하는 그런 선택적 점화능력이 뉴런에는 없다. E. O. 윌슨은 자신의 책—『곤충 사회 (The Insect Societies)』—에서, 개미 군락 내부에서 메시지가 전파되는 방식에 관해서 비슷한 지적을 한다 :

> [집단 소통이란] 단일 개체가 다른 개체에게 전해줄 수 없는 정보를 집단 사이에 이전하는 것이라고 정의할 수 있다.[3]

뇌를 개미 군락으로 보는 것은 그리 나쁘지 않은 이미지이다!

다음 질문은—이것 역시 극히 중요한 질문인데—단일기호들에 의해서 뇌 속에 표현된 개념들의 성격과 "크기"에 관한 것이다. 기호의 성격에 대해서 이런 질문들이 있다 : "폭포"라는 일반 개념에 대한 기호가 있을까? 아니면 여러 특정 폭포들에 대한 서로 다른 기호들이 있을까? 아니면 두 가지 대안이 모두 실현되어 있는 것일까? 기호들의 "크기"에 관해서는 이런 질문이 있다 : 이야기 전체에 대한 기호가 있을까? 또는 하나의 선율에 대한 기호는? 또는 농담은? 또는 대략 낱말들의 크기 정도의 개념들에 대한 기호만 있고, 구(句)나 문장 같은 더 큰 관념들은 다양한 기호들을 동시에 또는 연속적으로 활성화하여 표현할 것이라는

---

3) E. O. Wilson, *The Insect Societies*, p. 226.

것이 더 그럴듯한가?

기호로 표현한 개념들의 크기 문제를 생각해보자. 문장으로 표현된 대부분의 사고는, 보통 더 이상 분석하지 않는 기본적이고 유사-원자적인 구성요소들로 이루어진다. 이 요소들은 대략 낱말 정도의 크기인데, 때에 따라 좀 길기도 하고 짧기도 하다. 예를 들면, 명사 "폭포", 고유명사 "나이아가라 폭포", 영어의 과거 시제 접미어 "-ed", 동사 "따라잡다", 그리고 좀더 긴 관용구들은 거의 원자 수준에 가깝다. 이것들은 영화의 줄거리, 도시의 분위기, 의식의 본성 같은 더 복잡한 개념들의 초상화를 그릴 때 사용하는 전형적인 기본 붓놀림이다. 그런 복잡한 관념들은 단 한 번의 붓놀림들이 아니다. 언어의 붓놀림 또한 사고의 붓놀림이며 따라서 기호들은 얼추 이 크기의 개념들을 표현한다고 생각하면 합당해 보인다. 거칠게 말하면 기호란, 당신이 낱말이나 상투적 문구로 알고 있는 무엇, 또는 고유명사와 결부시키는 무엇일 것이다. 연애(戀愛)에서 일어나는 문제와 같은 더 복잡한 관념을 뇌 안에서 표현하는 것은 여러 가지 기호들을 다른 기호들이 아주 복잡한 순서로 활성화하는 일일 것이다.

부류와 사례

사고에 관한 일반적인 구별이 있다 : 즉 **범주들**(categories)과 **개체들**(individuals) 또는 **부류들**(classes)과 **사례들**(instances) 사이의 구별이다. (종종 사용되는 두 개의 다른 용어는 "유형[type]"과 "실현체[token]"이다.) 얼핏 보기에 주어진 기호는 본질적으로 부류에 대한 기호이거나 사례에 대한 기호 둘 중 하나일 것처럼 보이지만, 그것은 지나친 단순화이다. 실제로는, 대부분의 기호들이 활성화되는 맥락에 따라 어느 쪽 역할도 수행할 수 있다. 예를 들면 아래의 목록을 보라 :

  (1) 출판물

   (2) 신문

    (3)「샌프란시스코 크로니클」

     (4)「샌프란시스코 크로니클」5월 18일 자

      (5)「샌프란시스코 크로니클」5월 18일 자 한 부

       (6) 내가 처음 집어들었을 때의「샌프란시스코 크로니클」5월 18일 자 한 부

(며칠 후 우리집 벽난로에서 불타고 있었던 그 신문과 대비되는)

여기서 (2)부터 (5)까지는 두 가지 역할을 모두 수행한다. (4)는 일반 부류인 (3)의 사례이고, (5)는 (4)의 사례이다. (6)은 한 부류의 특별한 종류의 사례인 **발현**(發顯, Manifestation)이다. 한 사물의 생애사에서 이어져 일어나는 단계들이 그 사물의 발현이다. 농가에 있는 젖소들이 자신들에게 건초를 먹이는 행복한 농부의 모든 발현의 밑바탕에 있는 불변적 개체를 지각하는지 어떤지 생각해보는 것도 흥미롭겠다.

원형원리

위의 목록은 일반성의 위계를 나타내는 것처럼 보인다—맨 위는 아주 폭넓은 개념적 범주이고, 맨 아래는 시공간에 자리잡은 하찮은 특정한 사물이다. 그러나 하나의 "부류"가 늘 엄청나게 광범위하고 추상적이어야 한다는 생각은 너무 편협하다. 왜냐하면 우리의 사고는 **원형원리**(原型原理, prototype principle)로 불릴 수 있는 기발한 원리를 활용하기 때문이다 :

가장 구체적인 사건이 사건 부류의 일반 사례로서 역할을 할 수 있다.

누구나 알고 있는대로 구체적인 사건에는 생생함이 있어서 그것이 사건을 기억에 강력하게 각인시키므로 나중에는 어떤 점에서 그 사건과 비슷한 다른 사건들에 대한 모델로서 사용될 수 있다. 이처럼 구체적인 개별 사건 속에 유사한 사건들의 전체 부류라는 싹이 들어 있는 것이다. 구체성 속에 일반성이 있다는 이 생각은 매우 중요하다.

이제 자연히 이런 질문이 나온다 : 뇌 안의 기호들은 부류들을 표현하는가 아니면 사례들을 표현하는가? 부류들만 표현하는 어떤 기호가 있고, 한편 어떤 기호들은 사례들만 표현하는가? 아니면 단일기호가 그것의 활성화되는 부분에 따라 부류기호 또는 사례기호 둘 중 하나로서 임무를 수행할 수 있는가? 방금 말한 이론이 매력적인 것 같다. 기호의 "가벼운" 활성화가 부류를 표현하고, 더 심층적인 또는 더 복잡한 활성화는 더 세세한 내부의 신경 발화 패턴을 포함할 것이며 따라서 사례를 표현할 것이라고 생각할 수 있을 것이다. 그러나 잠시 생각해보면, 이것은 무리한 일이다 : 그것이 뜻하는 것은, 예를 들면, "출판물"에 대한 기호를 충분히 복잡한 방식으로 활성화해서 우리 집 벽난로에서 불타고 있는 구체적인 신문을 표현하는 매우 복잡한 기호를 얻으리라는 것이다. 그리고 다른 모든 인쇄물에 대해서 일어날 수 있는 모든 가능한 개별 발현이 "출판물"에 대한 단일기호를 활성화하는 어떤 방식에 의해서 이 단일기호의 내부에서 표현될 것이다. 이것은 "출판물"이라는 단 하나의 기호에 부과하기에는 너무 무거운 짐인 것 같다. 따라서 사례기호들은 부류기호들과 나란히 존재할 수 있으며, 부류기호들의 활성화 양상에 불과한 것은 아니라고 결론을 내려야 한다.

부류로부터 사례를 분리하기

한편, 사례기호는 종종 그것의 많은 속성을 그 사례가 속하는 부류로부터 상속받는다. 내가 어떤 영화를 보러 갔다고 당신에게 얘기한다면, 당신은 그 특정한 영화에 대한 신선하고 새로운 사례기호를 "만들기" 시작할 것이다. 그러나 그 이상의 정보가 없으면, 새로운 사례기호는 "영화"에 대한 기존의 부류기호에 상당히 의존해야 할 것이다. 무의식적으로, 당신은 그 영화에 대한 여러 가지 전제—예를 들면, 상영시간이 한 시간에서 세 시간 사이라는 것, 동네 영화관에서 상영된다는 것, 또는 어떤 사람들에 대한 이야기라는 것 등—에 기댈 것이다. 이런 전제들은 다른 기호들에 연결될 것으로 예상해서 (즉 잠재적 점화관계) 부류기호 안에 구축되며, 내정값(default option)이라고 한다. 새로 만들어진 모든 사례기호에서 내정값이 다른 값으로 쉽게 대체될 수 있지만, 명시적으로 대체하지 않으면 그 내정값은 부류기호로부터 상속받은 그대로 사례기호 안에 남게 될 것이다. 부류기호나 "정형화된 틀(stereotype)"이 제공하는 합당한 추측인 그 내정값은 대체될 때까지는, 당신이 새로운 사례—예를 들면 내가 보러 갔던 영화—에 관해서 생각하는 데에 예비 기초를 제공한다.

신선하고 단순한 사례는 자신만의 생각이나 경험이 없는 아이와 같다. 그 아이는 부모의 경험이나 의견에 전적으로 의존하며 따라할 뿐이다. 그러나 점차 부모 울타리 바깥의 세상과 더욱더 소통하면서, 자신만의 고유한 경험을 쌓고 필연적으로 부모로부터 떨어져나오기 시작한다. 마침내 아이는 완전히 성장한 어른이 된다. 같은 방식으로, 신선한 사례는 일정한 시간이 지나면 자신의 부모 부류에서 떨어져 나와 독자적으로 부류 또는 원형이 될 수 있다.

이런 분리과정을 눈으로 보는 것 같은 예를 들어보자. 어느 토요일 오후 운전을 하다가 라디오를 켰는데, 우연히 미식축구 중계 방송 채널에 맞추어져 있었다고 해보자. 처음에는 양 팀 선수들의 이름을 모른다. 아나운서가 "팰린드로미 선수, 27야드 선에서 상대방을 저지했습니다. 그래서 공격은 4번째 다운, 6야드 전진입니다"라고 말했을 때 당신이 마음속에 새겨두는 것이라고는 어떤 선수가 상대방 어떤 선수를 저지시켰다는 정도이다. 이렇게 해서, 그것은 태클에 대한 기호의 조율된 활성화와 함께 "선수"라는 부류기호가 활성화된 경우이다. 그러고 나서 팰린드로미가 몇 번 더 핵심적인 플레이로 두각을 나타낼 때, 당신은 그의 이름을 초점으로 사용해 그에 대한 신선한 사례기호를 구축하기 시작한다. 이 기호는—어린아이가 부모에게 의존하듯이—"미식축구 선수"에 대한 부류기호에 의존한다. 즉 당신이 팰린드로미에 대해서 가지는 이미지의 대부분은 "미식축구 선수" 기호 안에 포함된 것과 같은, 미식축구 선수에 대해서 당신이 정형화한 것들이다. 그러나 차츰, 당신이 더 많은 정보를 얻음에 따라, "팰린드로미" 기호는 더욱 독자적인 기호가 되며, 부모 부류기호가 동시에 활성화되어야 하는 것에 더욱 덜 의존하게 된다. 이런 일은 팰린드로미가 멋진 플레이를 몇 번 해서 돋보이면 몇 분 만에 일어날 수도 있다. 그러나 그의 팀 동료들은 모두 여전히 부류기호의 활성화에 의해서 표현될지도 모른다. 이윽고 며칠 후, 신문 스포츠란에서 기사 몇 개를 읽었을 때, 아기 기호의 탯줄은 끊어지고 팰린드로미가 자신의 두 발로 설 수 있다. 당신은 이제 그의 고향이나 대학에서의 전공 등에 대해서 알게 되며, 그의 얼굴도 알아보게 된다. 이 시점에서, 팰린드로미는 더 이상 그저 미식축구 선수로 생각되는 것이 아니라 미식축구 선수이기도 한, 한 인간으로 생각된다. "팰린드로미"는 그의 부모 부류기호(미식축구 선수)가 휴면상태로 있다고 해도 활성화될 수 있는 사례기호이다.

한때, 팰린드로미 기호는, 훨씬 크고 무거운 지구 주위를 도는 인공위성처럼, 자신의 엄마기호 주위를 도는 위성이었다. 그러다가 어떤 한 기호가 다른 기호보다 더 중요해지는 중간단계가 나타났지만, 이 두 기호를 마치 지구와 달처럼 서로의 주위를 도는 것으로 볼 수도 있을 것이다. 결국 그 새로운 기호는 완전히 독자적인 기호가 된다. 이제 그 기호는 자신 주위에 새 위성들을 운행시킬 수 있는 부류기호의 역할을 쉽게 감당할 수 있을 것이다. 새 위성들은 좀 낯설지만 팰린드로미와 공통점이 있는 다른 사람들에 대한 기호들이고, 그리고 그 기호들 또한 독자적인 상태가 될 수 있게 하는 더 많은 정보를 당신이 얻기까지는, 팰린드로미가 그 사람들을 위해서 일시적인 정형화 틀로서 역할을 할 수 있다.

기호들을 서로 분리해내는 어려움

사례기호의 성장 단계와 부류기호로부터 궁극적으로 분리되는 단계는 관련 기호들이 연결된 방식에 의해서 서로 구별될 수 있을 것이다. 때로는 어디서부터 한 기호가 멈추고 다른 기호가 시작되는지를 말하기가 매우 어려울 것이다. 한 기호는 다른 기호에 비해서 얼마나 "활성적"인가? 한 기호가 다른 기호와는 독립적으로 활성화될 수 있다면 그 기호를 자율적인 기호라고 불러도 매우 타당할 것 같다.

우리는 앞서 천문학 비유를 사용했는데, 행성 운동의 문제는 극도로 복잡한 문제라는 점이 흥미롭다. 사실 몇 백 년에 걸친 연구에도 불구하고 중력에 의해서 상호작용하는 세 물체(이를테면 지구, 달 그리고 태양) 사이의 일반문제는 해결과는 거리가 멀다. 그러나 근사치 해답을 얻을 수 있는 상황이 있는데, 바로 하나의 물체(여기에서 태양)가 다른 두 개보다 훨씬 무거울 경우이다. 이때는 그 물체는 정지해 있고 그 둘레를 다른 물체가 도는 것으로 생각하는 것이 의미가 있다. 이 바탕 위에 마지막으로 두 위성 사이의 상호작용이 추가될 수 있다. 그러나 이 근사치는 그 체계를 태양과 한 "뭉치"로서의 지구-달 체계로 나누는 것에 의존한다. 이것은 근사치이기는 하지만 그 체계를 매우 깊이 이해할 수 있게 해 준다. 그렇다면 이 뭉치는 어느 정도까지 실재의 일부인가, 그리고 어느 정도까지 날조된 것, 즉 인간이 우주에 강요한 구조물인가? 자율적 또는 반-자율적인 것으로 지각되는 뭉치들 사이에 그어진 경계선이 실재하는가에 대한 이 문제가 우리가 그것을 뇌 속의 기호에 연관 지을 경우 끝없는 골칫거리를 만들어낼 것이다.

아주 당혹스러운 질문 하나는 복수(複數)에 관한 단순한 문제이다. 찻잔 속에 들어 있는 개 세 마리를 어떻게 시각화하는가? 또는 엘리베이터에 탄 여러 사람들은? 우리는 "개"에 대한 부류기호를 가지고 시작해서 개 세 마리의 판박이 사본을 찍어내나? 다시 말해서 "개"라는 부류기호를 거푸집으로 사용하여 세 개의 신선한 사례기호를 제조하는가? 아니면 "셋"이라는 기호와 "개"라는 기호를 공동 활성화하는가? 상상한 장면에 다소 세부 사항을 추가하면, 어느 이론도 유지하기 어려워진다. 예를 들면, 본 적이 있는 각각의 코, 콧수염 또는 소금 알갱이 하나하나마다 별개의 사례기호를 가지는 것은 분명히 아니다. 이러한 수많은 항목들은 부류기호가 담당하도록 한다. 그래서 콧수염 기른 사람이 길거리에서 스쳐 지나갈 경우, 그들을 찬찬히 뜯어보는 경우가 아니라면, 신선한 사례기호를 제조하지 않고 그냥 "콧수염" 부류기호를 활성화할 뿐이다.

다른 한편으로 일단 우리가 개체들을 구별하기 시작한다면, 단 하나의 부류기호(예를 들면, "사람")에 의존해서 여러 사람들이 시간을 쪼개 그 기호를 잠깐씩 소유하도록 할 수는 없다. 분명히 한 사람, 한 사람에 대해서 별도의 사례기호들이 있어야만 한다. 따라서 이 묘기가 "저글링"—즉 단 하나의 부류기호를 여러 활성화 (한 사람당 하나) 모드들 사이로 이리저리 전환—을 함으로써 성취할 수 있다고 상상하는 것은 터무니없는 소리 같다.

그 극단들 사이에, 다양한 중간적인 예가 존재할 여지가 있어야 한다. 아마 뇌속에는 부류-사례의 구별을 만들어내고, 구체성의 정도가 여러 가지인 기호들 및 기호조직들을 생기게 하는 방식들이 모두 계층을 이루고 있을지도 모른다. 기호들의 개별 활성화와 공동 활성화에 대한 다음과 같은 여러 방식들이 구체성의 정도가 여러 가지인 심적(心的) 이미지들을 만드는 책임을 맡고 있을 것이다.

    (1) 단일 부류기호를 활성화하는 여러 다른 방식 또는 심도
    (2) 어떤 조율된 방식으로 여러 부류기호들을 동시에 활성화하기
    (3) 단일 사례기호를 활성화하기
    (4) 여러 부류기호들을 활성화하는 것과 연계해 단일 사례기호를 활성화하기
    (5) 어떤 조율된 방식으로 여러 사례기호들과 여러 부류기호들을 동시에 활성화하기

이것은 우리를 곧장 다음의 질문으로 되돌린다 : "기호가 뇌의 구별 가능한 하위체계인 것은 어느 때인가?" 예를 들면, 두 번째 예—어떤 조율된 방식으로 여러 부류기호들을 동시에 활성화하기—를 생각해보라. "피아노 소나타"라는 개념을 생각하고 있을 때 이와 같은 일이 쉽게 일어날 수 있다("피아노"와 "소나

타"에 대한 기호들이 적어도 두 개의 활성화된 기호이므로). 그러나 이 기호쌍이 서로 충분히 자주 연계되어 활성화될 경우, 두 기호의 연결이 충분히 강력해져 적절한 방식으로 함께 활성화되었을 때, 그것들이 한 단위로 작용할 것이라고 가정하는 것은 합리적이다. 그래서 둘 또는 그 이상의 기호들이 적절한 조건하에 하나의 기호로 작용할 수 있다. 그것은 뇌 속의 기호들의 개수를 세는 문제는 우리가 짐작하는 것보다 더 까다로운 일이라는 뜻이다.

때때로 그때까지 연결되어 있지 않았던 두 개의 기호가 동시에 그리고 조율된 방식으로 활성화되는 조건이 발생할 수 있다. 그 기호들은 서로 아주 잘 맞아서 필연적인 연합체처럼 보이고, 두 개의 기존 기호들의 긴밀한 상호작용에 의해서 새로운 단일기호가 형성된다. 이런 일이 일어나면, 그 새로운 기호는 "늘 거기에 있었지만 결코 활성화된 적은 없었던 기호"라고 말해야 타당할까 아니면 그것은 "창조되었다"라고 말해야만 할까?

이것이 너무 추상적으로 들린다면, 구체적인 예로 대화 "게 카논"을 보자. 이 대화를 창작하는 데에서, 기존의 두 기호—"음악 게 카논"에 대한 기호 그리고 "말로 된 대화"에 대한 기호—가 동시에 활성화되고 어떻게든 서로 상호작용하도록 강요되어야만 했다. 일단 이것이 되자, 그 나머지는 아주 필연적이었다. 즉 새로운 기호—부류기호—가 두 기호들의 상호작용으로부터 탄생했고 그 다음부터 이 기호는 자력으로 활성화될 수 있었다. 자, 그 새로운 기호는 나의 뇌 속에서 늘 휴면 상태에 있던 기호였는가? 만일 그렇다면, 그 기호는 그 기호의 성분이 되는 기호들을 가지고 있었던 모든 사람들의 뇌 속에서 또한 휴면 상태로 있던 기호임이 틀림없다. 비록 그 기호가 그 사람들의 뇌 속에서 결코 깨워진 적이 없었어도 말이다. 이것은 어떤 사람이든 그의 뇌 속에 있는 기호들을 열거하려면—기존의 모든 기호들의 모든 활성화 유형들에 대한 모든 가능한 조합과 순열을 구해서—휴면 상태의 모든 기호들의 개수를 세어야 한다는 뜻일 것이다. 이것은 우리가 잠들었을 때 우리의 뇌가 지어내는 공상적인 소프트웨어 피조물—우리가 잠들었을 때 깨어나는 관념들의 이상한 뒤섞임—까지도 포함할 것이다. 이러한 "잠재적 기호들"의 존재는, 뇌가 명확한 활성화 상태에 있는 명확한 기호들의 집단이라고 상상하는 것이야말로 실은 엄청난 과잉 단순화임을 보여준다. 기호층위에서 뇌 상태를 정확히 밝히는 것은 그것보다 훨씬 더 어렵다.

기호 : 소프트웨어인가 하드웨어인가?

각각의 뇌에 존재하는 기호들의 목록이 어마어마하고 또 계속 성장한다면, 결국 뇌가 포화상태가 되어 새로운 기호가 들어설 여지가 더 이상 없는 지점에 이르지는 않을까 궁금할 것이다. 기호들이 결코 서로 중첩되지 않으면, 즉 주어진 뉴런이 이중 기능을 전혀 수행하지 않으면, 아마 이런 포화상태가 일어날 것이다. 그래서 기호들은 엘리베이터에 타려는 사람들처럼 될 것이다 : "경고 : 이 뇌의 최대 기호 수용 용량은 35만275개임!"

그러나 이것은 뇌 기능을 기호로 모형화했을 때의 필연적인 특징이 아니다. 사실, 서로 중첩되고 완전히 뒤엉킨 기호들이 오히려 통례일 것이다. 그래서 각각의 뉴런은 단일기호의 구성원이 전혀 아니며 아마 수백 개 기호들에서 일부분으로 기능할 것이다. 이것은 좀 혼란스러운데, 그 이유는 그것이 맞다면, 각각의 뉴런이 모든 단독기호의 일부라는 것이 쉽게 사실처럼 되는 것이 아닐까? 만일 그렇다면, 어떤 기호이든 국소화는 불가능할 것이다. 즉 모든 기호 하나하나가 뇌 전체와 동일시될 것이다. 이것은 래슐리가 대뇌피질을 제거한 쥐의 실험에서 얻은 것 같은 결론에 대한 설명이 될 것이다. 그러나 뇌를 물리적으로 구별할 수 있는 서로 다른 하위체계들로 분할한다는 우리의 원래 구상 또한 포기한다는 뜻일 것이다. 우리는 앞서 기호를 "개념들을 하드웨어로 실현한 것"으로 규정했는데, 그것은 기껏해야 근사한 과잉 단순화가 될 수 있다. 사실 기호 하나하나가 다른 모든 기호와 마찬가지로 똑같은 뉴런들로 이루어진다면, 구별할 수 있는 기호라는 것이 도대체 말이 될까? 어떤 것이 주어진 기호가 활성화되었다는 표시일까—즉 기호 A의 활성화는 기호 B의 활성화와 어떻게 구별될 수 있을까? 우리의 이론 전체가 물거품이 되는 것이 아닐까? 비록 기호들이 **총체적으로** 중첩되는 것은 아니더라도, 기호들이 중첩될수록 그만큼 우리의 이론을 유지하는 것이 더욱 어려워질 것은 아닐까(중첩하는 기호들을 묘사하는 하나의 가능한 방법이 그림 68에 그려져 있다)?

비록 기호들이 물리적으로 상당히 또는 완전히 중첩해 있더라도, 기호에 바탕을 둔 이론을 유지하는 방법이 하나 있다. 연못 표면을 생각해보라. 그 표면에는 다양한 종류의 파도나 잔물결이 있을 수 있다. 모든 물결이 일어나는 하드웨어—즉, 물(水) 자체—는 같지만, 그 하드웨어를 들뜨게 할 수 있는 양식은 다르다. 같은 하드웨어를 들뜨게 하는 소프트웨어는 모두 서로 구별될 수 있다.

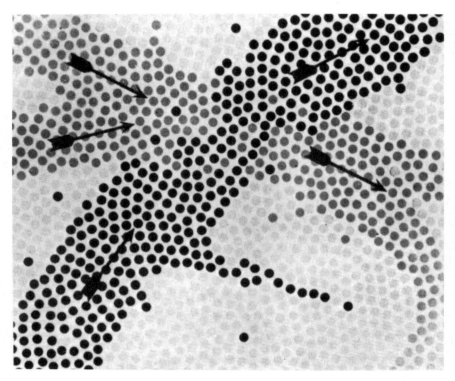

그림 68. 이 도식적인 다이어그램에서는, 평면에 점으로 표시한 것들이 뉴런이다. 중첩하는 두 개의 뉴런 경로들은 다른 농도의 회색으로 표시되었다. 두 개의 독립적인 "신경신호"가, 마치 연못 표면의 두 물결처럼(그림 52) 서로를 관통하면서 동시에 각자의 경로를 내달리는 일이 일어날 수도 있다. 이 그림은 두 개의 "활성기호"가 뉴런들을 공유하고 심지어 동시에 활성화될 수 있다는 발상을 시각적으로 보여준다[출전 : 존 C. 에클스, 『현실세계에 대하여(*Facing Reality*)』, New York, Springer Verlag, 1970년, 21쪽].

이 비유를 통해서, 서로 다른 기호들 모두가 균일한 신경매질을 통해서 전파되는 서로 다른 종류의 "물결"이라는 것을 암시하려는 것은 아니다. 균일한 신경매질에서는 뉴런들을 물리적으로 구별할 수 있는 기호가 되도록 분할하는 일이 무의미해진다. 그러나 어떤 기호의 활성화를 다른 기호의 활성화와 구별하려면, 발화하고 있는 뉴런들이 어디에 있는지뿐만 아니라 그 뉴런들의 발화 타이밍에 대한 정확한 세부사항까지도 알아내는 과정이 수행되어야만 한다. 다시 말하면, 어떤 뉴런이 다른 어떤 뉴런에 앞서서 발화하는가, 얼만큼 빨리 발화하는가? 어떤 특정한 뉴런은 초당 몇 번이나 발화하는가? 아마 이렇게 해서 여러 기호들이 서로 다른 특유의 신경발화 패턴들을 가짐으로써 같은 뉴런 집합 속에 공존할 수 있을 것이다. 물리적으로 구별되는 기호들을 가지는 이론과 들뜸(excitation) 방식에 의해서 서로 구별되는 중첩하는 기호들을 가지는 이론 사이의 차이는 이렇다 : 전자는 개념을 실현하는 것을 하드웨어에 맡기는 반면, 후자는 부분적으로 하드웨어에, 부분적으로 소프트웨어에 맡긴다.

지능의 추출 가능성

따라서 뇌에서 사고과정이 발생할 때, 그 사고과정을 규명하는 데에서 두 가지 기본 문제가 우리에게 남겨진다. 하나는 뉴런 발화라는 낮은 층위 흐름이 어떻게 기호 활성화라는 높은 층위 흐름을 생기게 하는지 설명하는 것이다. 또 하나는 기호 활성화라는 높은 층위 흐름을 그 층위 자체의 용어로 설명하는 것—낮은 층위의 신경상의 사건들에 대해서는 거론하지 않는 이론을 만드는 것이다. 후자가 가능하다면—이것이 오늘날의 모든 인공지능 연구의 바탕에 있는 핵심 가정이다—지능은 뇌 말고도 다른 유형의 하드웨어 안에서 실현할 수 있다. 그렇게 되면 지능이란 자신이 거주하는 하드웨어 바깥으로 바로 "추출될 수 있는" 속성으로 보일 것이다. 다른 말로 하면, 지능은 **소프트웨어적 속성**을 띨 것이다. 이것은 의식 및 지능의 현상들이 실은 자연의 대부분의 다른 복잡한 현상과 똑같은 의미에서 높은 층위라는 것을 뜻할 것이다 : 즉, 이 현상들은 낮은 층위들에 의존하면서도 그 바깥으로 "추출될 수 있는" 그것들 자신의 높은 층위의 법칙들을 가진다. 다른 한편으로, 만일 뉴런(또는 모조된 뉴런)이라는 모든 하드웨어 없이는 기호-점화 패턴을 실현할 방법이 절대로 없다면, 이것이 뜻하는 바는 지능은 뇌에 구속된 현상이며, 서로 다른 여러 층위들에 속한 법칙들의 계층 질서 덕분에 존재하는 그런 현상보다 규명하기가 훨씬 어려울 것이라는 점이다.

　여기서 우리는 개미 군락의 불가사의한 집단 행동으로 다시 돌아온다. 개미 한 마리의 뇌에 있는 10만 개 정도의 뉴런들은 개미집의 구조에 대한 어떤 정보도 가지고 있지 못하다는 거의 분명한 사실에도 불구하고 개미 군락은 거대하고 정교한 개미집을 지을 수 있다. 그러면 개미집은 어떻게 창조되는가? 정보는 어디에 자리잡고 있는가? 특히, 그림 69에 보이는 것 같은 아치를 기술하는 정보를 어디에서 발견할 수 있을지 생각해보라. 어쨌든 정보는 군락 전체, 계급 분

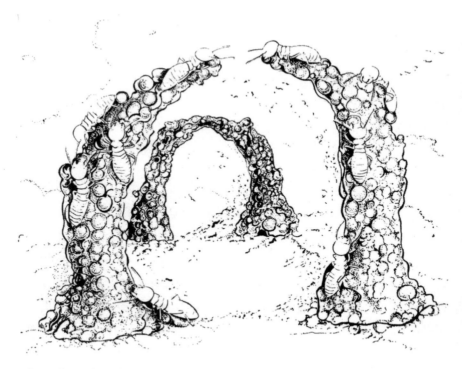

그림 69. 마크로테르메스 벨리코수스(*Macrotermes bellicosus*) 흰개미 종(種)의 일개미들이 활 모양
의 구조물을 만들고 있다. 각각의 기둥은 흙과 배설물로 된 작은 알갱이들을 덧붙여 만든다. 왼
쪽 기둥의 바깥쪽에 일개미 한 마리가 동그란 배설물 덩어리를 놓아둔 것이 보인다. 작은 알갱이
들을 턱으로 물어 기둥 위로 나르는 다른 일개미들이 이제 점점 뻗어가는 기둥 끝에 그 알갱이들
을 붙이고 있다. 기둥이 일정한 높이에 도달하면 흰개미들은, 분명히 냄새에 이끌려, 이웃해 있는
기둥의 방향으로 각도를 틀어 확장하기 시작한다. 배경에 완성된 아치가 보인다[그림 : 튜리드 횔
더블러, 출전 : E. O. 윌슨, 『곤충 사회』, Cambridge, Mass., Harvard University Press, 1971년, 230쪽].

포, 나이 분포, 그리고 아마 대부분 개미 몸 자체의 물리적 특성에 퍼져 있음이
분명하다. 다시 말해서, 개미들 사이의 상호작용은 뇌 안에 저장된 정보에 의한
것만큼이나 개미가 다리 여섯 개를 가진다는 속성, 개미의 크기 등에 의해서 결
정된다. 인공적인 개미 군락이 존재할 수 있을까?

기호 하나는 따로 분리될 수 있는가?

기호 하나가 다른 모든 기호들로부터 고립된 채 깨워질 수 있을까? 아마 그렇

지 않을 것이다. 세상의 사물들이 언제나 다른 사물들의 맥락 속에 있는 것처럼, 기호들도 항상 다른 무리의 기호들에 연결되어 있다. 그렇다고 이것이 기호들이 결코 서로 분리될 수 없다는 것을 필연적으로 뜻하는 것은 아니다. 좀 단순하게 비유하자면, 한 종에서 수컷과 암컷은 언제나 함께 발생한다. 즉, 그들의 역할은 완전히 서로 뒤얽혀 있다. 그렇더라도 수컷과 암컷이 구별될 수 없다는 뜻은 아니다. 암수 각각은 마치 인드라 그물의 구슬들이 서로를 비추듯이 서로에게 반영되어 있다. 제5장에 있는 함수F(n)과 M(n)이 재귀적으로 뒤엉키더라도 두 함수가 저마다의 특징을 가지지 못하게 막지는 않는다. 함수 F와 M의 뒤엉킴은 서로를 호출하는 한 쌍의 RTN(재귀적 추이도) 속에 반영될 수 있다. 이로부터 우리는 서로 뒤얽힌 ATN(확대추이도)의 전체 관계망으로 도약할 수 있다—이것이 바로 상호작용을 하는 재귀적 프러시저들의 혼층질서(混層秩序, heterarchy)이다. 여기서는 ATN들의 맞물림이 너무도 내재적인 것이어서 어떤 ATN도 고립해서 활성화될 수 없을 것이다. 그러나 한 ATN의 활성화는 완전히 구별될 것이며, 다른 어떤 ATN의 활성화와도 혼동될 수 없을 것이다. 뇌를 하나의 ATN 군락으로 보는 것은 그리 나쁘지 않은 이미지이다!

이와 마찬가지로, 서로 다중으로 연결된 기호들은 함께 맞물려 있지만, 분리될 수 있어야만 한다. 이것은 하나의 신경 회로망, 즉 회로망+들뜸 양식—또는 전혀 다른 종류의 어떤 것—을 알아보는 것을 필요로 한다. 어쨌든 기호가 실재의 일부라면, 아마 실제의 뇌에서 기호의 위치를 그려내는 자연스러운 방법이 있을 것이다. 그러나 어떤 기호들을 궁극적으로 뇌 속에서 알아보더라도, 어떤 기호들이건 간에 따로 분리해서 깨울 수 있다는 뜻은 아닐 것이다.

어떤 기호를 따로 분리해서 깨울 수 없다는 사실이 그 기호가 가지는 독립된 정체성을 약화시키지는 않는다. 실은 정반대이다 : 한 기호의 정체성은 자신이 (잠재적 점화 연결을 통해서) 다른 기호들과 연결되어 있는 방식 바로 그것에 있다. 기호들이 서로를 잠재적으로 점화시키는 데에 사용할 수 있는 관계망은 뇌가 생각하는 대체 우주(alternate universe)와 마찬가지로 실제의 우주에 대한 뇌의 작동 모델을 구성한다(대체 우주들은 어느 모로 보나 실제세계만큼이나 실제세계에서 개인의 생존에 중요하다).

곤충의 기호

부류로부터 사례를 만들고 사례로부터 부류를 만드는 우리의 능력이 인간 지능의 토대를 이루는데, 이것은 인간의 사고와 다른 동물의 사고과정 사이의 커다란 차이들 가운데 하나이다. 물론 내가 다른 종에 속해본 적이 있고 그 종의 방식으로 생각하는 것이 어떤 느낌인지를 직접 체험해보아서 그렇게 말하는 것은 아니다. 그러나 외부에서 보면, 다른 어느 종도 인간이 하듯이 일반적인 개념을 만들거나 가상적인 세계—있는 그대로의 세계에 대한 변종으로, 어떤 미래 경로를 선택해야 할지 파악하는 데에 도움을 줄 세계—를 상상하지 못한다는 것은 명백하다. 예를 들면 유명한 "꿀벌의 언어"를 생각해보자 : 그것은 꿀이 있는 곳을 다른 벌들에게 알려주기 위해서 벌집으로 돌아오는 일벌이 추는 정보로 가득한 춤이다. 아마 각각의 벌에게는 그런 춤으로 활성화되는 초보적인 기호들이 있겠지만, 벌 한 마리가 확장 가능한 기호 어휘를 가진다고 믿을 만한 근거는 없다. 벌과 다른 곤충들은 일반화하는—즉 우리가 거의 같은 것으로 지각할 사례들로부터 새로운 부류기호들을 발전시키는—능력을 가지는 것 같지 않다.

딘 울드리지는 자신의 책 『기계적 인간(Mechanical Man)』에서 고독한 조롱박벌에 대한 고전적인 실험을 보고한 바 있는데, 그것을 인용해보자 :

> 산란기가 오면, 조롱박벌은 알을 낳기 위해서 굴을 판다. 그리고 귀뚜라미 한 마리를 잡아서 죽지 않을 정도로 침을 쏘아 마비시킨다. 조롱박벌은 귀뚜라미를 굴속으로 끌고 들어와, 그 옆에 알을 낳고, 굴을 막고, 날아가버리고는 다시는 돌아오지 않는다. 적절한 때가 되어 부화한 조롱박벌 애벌레들은, 마치 급속 냉동 냉장고에 넣은 것처럼 보관되었기 때문에 부패하지 않은 마비 상태의 귀뚜라미를 먹고 자란다. 인간의 생각에, 이처럼 정교하게 조직되고 겉보기에 목적지향적으로 보이는 일련의 행동은, 더 상세하게 검토될 때까지는 논리적이고 사려 깊다는 느낌을 설득력 있게 전해준다. 예를 들면, 조롱박벌이 행하는 일련의 행동은 마비된 귀뚜라미를 굴로 가져와 문턱에 두고, 굴 안으로 들어가 이상이 없는지 확인하고, 다시 나와 귀뚜라미를 끌고 들어가는 것이다. 조롱박벌이 굴 속을 미리 점검하며 안에 있는 동안 귀뚜라미가 몇 센티미터라도 옮겨져 있으면, 조롱박벌은 굴에서 나오자마자 귀뚜라미를 다시 문턱에 데려다 놓지만 안으로 들이지는 않는다. 그리고는 굴로 들어가 모든 것이 제대로인지 살펴보는 준비 절차를 되풀이할 것이다. 만일

조롱박벌이 굴 안에 있는 동안 다시 귀뚜라미가 몇 센티미터라도 옮겨져 있으면, 다시 한번 조롱박벌은 귀뚜라미를 문턱에 옮겨놓고는 최종 점검을 위해서 구덩이로 다시 들어간다. 조롱박벌은 귀뚜라미를 곧장 굴 안으로 끌고 들어갈 생각을 결코 하지 않는다. 한번은 이 절차가 40번 되풀이되었는데 결과는 늘 똑같았다.[4]*

이것은 완전히 고정배선된 행동처럼 보인다. 자, 조롱박벌의 뇌 속에 서로 점화할 수 있는 초보적인 기호들이 있을지도 모른다. 그러나 다양한 사례들을 아직 형성되지 않는 부류의 사례들로 간주하여 그것을 부류기호로 만드는 인간의 능력 같은 것은 하나도 없다. "내가 이걸 하면 어떻게 되지—저 가상의 세계에 무슨 일이 뒤따를까?" 하고 궁금해하는 인간의 능력 같은 것도 전혀 없다. 이런 유형의 사고과정에는 사례들을 만들어내고, 그 사례들을 마치 실제 상황에 있는, 비록 그 상황이 사실이 아닐 수도 있고, 결코 사실이 아닐 수 있더라도, 사물들을 나타내는 기호들인 것처럼 조작하는 능력이 필요하다.

부류기호와 상상의 세계

빌려준 자동차에 대한 만우절 농담, 그리고 전화를 거는 동안 당신 마음에 떠올랐던 이미지들을 다시 생각해보자. 처음에는 도로, 자동차, 자동차에 탄 사람을 나타내는 기호들을 활성화시켜야 한다. 그런데 "도로" 개념은 매우 일반적인 개념이므로, 아마도 비축 표본이 여러 개 있어서 해당하는 경우가 나타나면 휴면 상태의 기억에서 무의식적으로 꺼낼 수 있을 것이다. "도로"는 사례가 아니라 부류이다. 당신은 그 이야기를 들을 때 사례인 기호들을 재빨리 활성화하는데, 차츰 구체성을 늘려나간다. 예를 들면, 도로가 젖었다는 사실을 알게 되었을 경우, 사고가 일어났던 실제 도로와 상당히 다를 것 같다는 점을 알지만, 더 구체적인 이미지를 떠올린다. 그러나 중요한 것은 그게 아니다. 중요한 것은 바로 당신의 기호가 그 이야기에 충분히 잘 들어맞는가, 즉 그 기호가 점화할 수 있는 올바른 종류인가의 여부이다.

이야기가 진전되어 나갈 때, 당신은 이 도로에 더 많은 측면들을 채운다 : 예

---

4) Dean Wooldridge, *Mechanical Man*, p. 70.
* 울드리지의 책은 철학자 라 메트리의 『인간기계론(*L'homme machine*)』과 제목이 같다.

를 들면, 길가에 자동차가 충돌할 수 있을 높은 둑이 있다. 이것은 당신이 "둑"에 대한 기호를 활성화하고 있다는 뜻인가 아니면 "도로"에 대한 당신의 기호에 어떤 매개변수를 설정하고 있다는 뜻인가? 의심할 바 없이 둘 다이다. 즉 "도로"를 표현하는 뉴런들의 관계망은 매우 다양한 발화 방법을 가지며, 그래서 당신은 어떤 하위신경망이 실제로 발화하게 될지를 선택하고 있다. 동시에 당신은 "둑"에 대한 기호를 활성화하고 있는데, 그 과정에서 "둑"의 뉴런들은 "도로"의 뉴런 일부에 신호를 보낼 수도 있고 그 역도 가능하다. 이 활성화는 아마도 "도로"에 대한 매개변수를 선택하는 과정에 도움이 될 것이다(위의 설명이 좀 혼란스러웠다면, 내가 기술층위들을 가로질러 다녔기 때문일 것이다. 즉 나는 기호들의 이미지는 물론 기호들을 구성하는 뉴런들의 이미지도 설정하려고 하기 때문이다).

이때 명사 못지않게 동사, 전치사 등도 중요하다. 이것들도 마찬가지로 메시지들을 서로에게 이리저리 보내는 기호들을 활성화한다. 물론 동사기호와 명사기호의 점화 패턴 사이에 특징적인 차이가 있다. 두 종류의 점화패턴들이 물리적으로 좀 다르게 조직되었을 것이라는 뜻이다. 예를 들면 명사는 상당히 국소화된 기호들을 가질 테지만, 반면에 동사나 전치사는 두뇌피질의 도처에 이르는 많은 "촉수들"이 붙은 기호들을 가지고 있을지도 모른다. 그밖에 다른 가능성을 얼마든지 생각해볼 수 있을 것이다.

그 이야기가 끝나고 나면, 당신은 그것이 말짱 거짓이었음을 알게 된다. 교회에 있는 황동 기념패에서 탁본을 뜨는 식으로, 부류들로부터 사례들을 "탁본 떠내는" 능력 덕분에 당신은 그 상황을 표현할 수 있었고, 현실세계에 충실하게 머물러야 할 필요에서 해방되었다. 기호가 다른 기호들을 위한 틀로 작용할 수 있다는 사실은, 현실에 대한 어떤 정신적 독립성을 당신에게 제공한다 : 당신은 인위적인 세계를 창조할 수 있다. 그곳에서는 비현실적인 사건들이 일어날 수 있는데, 사건들의 세부사항은 당신이 부여하고 싶은 만큼 얼마든지 덧붙일 수 있다. 그러나 이 모든 풍요로움이 샘솟는 부류기호들 자체는 현실에 깊숙이 뿌리박고 있다.

때로는 일어날 수 없을 것 같은 상황—예를 들면, 지글지글 소리를 내는 시계, 알을 낳는 튜바 등—을 표현하는 기호들이 활성화되지만, 보통, 기호들은 일어날 수 있을 것처럼 보이는 사건들에 대해서 동형의 역할을 한다. 일어날 법한 사건과 일어날 수 없을 법한 사건 사이의 경계는 극히 흐릿하다. 우리가 가상의 사건을 상상할 때, 어떤 기호들을 활성상태로 만든다—그리고 그 기호들이 얼마나 상호작용을 잘하는냐에 따라서 (그것은 아마도 우리가 생각을 편안하게 계속하느냐에 반영될 것이다) 그 사건이 "일어날 수 있을 것이다" 또는 "일어날 수 없을 것이다"라고 말한다. 따라서 "일어날 수 있을 것이다"라거나 "일어날 수 없을 것이다"라는 표현은 지극히 주관적이다. 실은, 어떤 사건들이 일어날 수 있을 것이거나 일어날 수 없을 것에 대해서 사람들 사이에 상당한 의견일치가 있다. 이 일치는 우리 모두가 공유하는 상당한 양의 정신적 구조를 반영한다. 그러나 우리가 어떤 종류의 가상적 세계를 기꺼이 상상하려는가에 대해서 주관적 측면이 분명히 드러나는 경계영역도 있다. 일어날 수 있을 것이라거나 일어날 수 없을 것이라고 사람들이 생각하는 상상의 사건들의 종류들을 세심하게 연구한다면, 사람들에게 생각을 일으키는 기호들의 점화 패턴들을 이해하는 데에 대한 많은 통찰을 얻게 될 것이다.

직관적인 물리학 법칙

그 이야기를 완전히 다 듣고 나서 당신은 어떤 장면에 대한 상당히 정교한 모델을 마음속에 구축했을 텐데, 이 모델에서는 모든 물체들이 물리법칙을 따른다. 이것은 물리법칙 자체가 기호들의 점화 패턴 속에 함축되어야 한다는 뜻이다. 물론 여기서 말하는 "물리법칙"이란 "물리학자들이 상세히 설명하는 물리학 법칙들"이 아니라, 우리가 생존하기 위해서 모두 마음속에 지니고 있어야 할 직관적이고 덩이진 법칙들을 의미한다.

기묘한 측면은 우리가 원한다면 물리법칙에 위배되는 사건들을 마음속으로 자진해서 만들 수 있다는 점이다. 예를 들면, 만일 내가 당신에게 자동차 두 대가 서로를 관통해 지나가는 장면을 상상해보라고 하면 그렇게 하는 데에 아무 어려움도 없을 것이다. 직관적인 물리법칙들은 가상의 물리법칙들로 대체될 수 있다. 그러나 대체가 어떻게 행해지는지, 그런 이미지의 계열은 어떻게 만들어지는지—정말로 하나의 시각 이미지(visual image)는 무엇인지—이 모든 것은 깊이 가려진 불가사의, 접근할 수 없는 지식들이다.

말할 필요도 없이 우리는 뇌 속에 무생물체들의 작동 방식에 대한 덩이진 법칙들뿐만 아니라 식물, 동물, 사람 및 사회가 작용하는 방식, 달리 말해서 생물학, 심리학, 사회학 등에 대한 덩이진 법칙들을 가진다. 그러한 실체들의 내적 표현들은 모두 덩이진 모델이라는 불가피한 특징을 가진다 : 즉, 결정론은 단순성을 위해서 희생된다. 실재에 대한 우리의 표현은 결국 물리학의 정밀성으로써 예측할 수 없으며, 추상적인 행동공간의 특정 영역으로 귀착하는 개연성을 예측하는 것만 할 수 있을 뿐이다.

절차형 지식과 선언형 지식

인공지능에서는 지식을 절차형 지식(procedural knowledge)과 선언형 지식(declarative knowledge)으로 구별한다. 만일 지식이 명시적으로 저장되어 있어서, 프로그래머뿐만 아니라 프로그램도 마치 그것이 백과사전이나 연감에 실려 있는 것처럼 "읽을" 수 있다면, 그 지식을 선언형 지식이라고 부른다. 이것은 대체로 그 지식이 국소적으로 코드화되었으며, 퍼져 있지 않음을 뜻한다. 이와는 대조적으로, 절차형 지식은 사실로서가 아니라 오직 프로그램으로서만 코드화되었다. 프로그래머는 프로그램의 소스코드를 들여다보고 다음과 같이 말할 수 있을 것이다 : "여기에 있는 이 프러시저들 덕분에, 그 프로그램이 영어 문장들을 쓸 줄 '안다'는 것을 나는 안다. 그러나 그 프로그램 자체는 자신이 그 문장들을 어떻게 쓰는지를 명시적으로 의식하지 못할 것이다." 예를 들면 그 프로그램의 어휘에는 "영어", "문장" 또는 "쓰다" 같은 낱말들이 전혀 포함되지 않았을 것이다. 이렇게, 절차형 지식은 보통은 조각으로 퍼져 있으며, 따라서 당신은 그 지식을 검색하거나 검색을 위한 키를 설정할 수도 없다. 절차형 지식은 프로그램의 작동방식에 따른 전체적인 결과이지, 국소적인 세부사항이 아니다. 달리 말하면, 하나의 순수한 절차형 지식은 부수현상(epiphenomenon)이다.

　대부분의 사람들에게는 모국어 문법에 대한 강력한 절차형 표현과 더불어 조금 약한 선언형 표현이 공존한다. 양자는 곧잘 갈등을 일으키는데, 이 때문에 예컨대 어떤 원어민 교사가 그 자신은 결코 말하지 않을 것들이지만, 그 교사가 학교에서 언젠가 배웠던 선언형 "교재 학습내용"에 부합하는 것들을 외국인이 말하도록 가르치는 경우가 더러 있다. 앞서 말했던 물리학이나 다른 학문들의 직관적 법칙들 또는 덩이진 법칙들은 주로 절차적 측면에 속한다. 반면에 낙지가 여덟 개의 빨판 다리를 가진다는 지식은 주로 선언적 측면에 속한다.

선언형 지식과 절차형 지식의 양극단 사이에, 양쪽을 섞을 수 있는 모든 조합의 중간형이 있다. 선율을 기억해내는 방식을 떠올려보자. 선율이 당신의 뇌에 음표 하나하나씩 저장되는가? 외과의사가 당신의 뇌에서 꼬불꼬불한 신경섬유를 적출해서 곧게 펼친 다음, 마치 그것이 하나의 자기 테이프인 듯이, 그것을 따라 연속적으로 저장된 음표들을 콕 집어낼 수 있는가? 만일 그렇다면, 선율은 선언형으로 저장된 것이다. 또는 어떤 선율을 기억해 내는 것이 많은 기호들의 상호작용을 통해서 매개되는가? 이때 일부 기호들은 조성(調聲) 관계를 표현하고 다른 어떤 기호들은 정서적 특질을 표현하며 그리고 또다른 것들은 박자 기법 등을 표현한다. 만일 그렇다면, 그 선율들은 절차형으로 저장된 것이다. 실제로는, 아마도 선율을 저장하고 기억해내는 방식에서 이 양극단을 혼합한 방식을 쓸 것이다.

흥미로운 사실은, 기억으로부터 선율을 끄집어낼 때 대부분의 사람들이 조성을 분별하지 않는다는 점이다. 그래서 "생일 축하 노래"를 올림 바장조로 부르는 만큼이나 다장조로 부를 것 같다. 이것은 절대음이 아니라 오히려 음의 **관계**들이 저장되었음을 보여준다. 그러나 음의 관계가 전혀 선언형으로 저장될 수 없을 것이라고 볼 이유는 없다. 다른 한편, 어떤 선율들은 기억하기가 아주 힘든 반면에 아주 쉽게 기억되는 선율들도 있다. 만일 기억이 단지 연속적인 음표들을 저장하는 문제라면, 어떤 선율도 다른 선율들 못지않게 쉽게 저장될 수 있을 것이다. 어떤 선율들은 기억하기 쉽지만 다른 것은 그렇지 않다는 사실은 뇌가 친숙한 패턴들에 대한 어떤 목록을 가지고 있어서 선율을 들을 때 그 패턴들이 활성화된다는 것을 나타내는 것처럼 보인다. 그래서 그 선율을 "거꾸로 연주하면", 그 패턴들도 똑같이 거꾸로 활성화되어야 할 것이다. 이렇게 해서 우리는 선언형으로 저장된 음표들, 또는 음의 관계의 단순한 선형 계열이 아니라, 서로 점화하는 기호들의 개념으로 되돌아 간다.

뇌는 지식이 선언형으로 저장되었는지 여부를 어떻게 아는가? 예를 들면, "시카고 인구가 몇이지?"라는 질문을 받았다고 해보자. 당신은 "치, 내가 어떻게 그들을 모두 일일이 세면서 돌아다녀?" 하고 의아해할 틈도 없이, 500만이라는 숫자가 마음속에 퍼뜩 떠오른다. 이제 내가 당신에게 "당신의 거실에는 몇 개의 의자가 있지?" 하고 묻는다고 해보자. 여기서는 정반대의 일이 일어난다. 당신은 마음속 연감(年鑑)에서 대답을 건져 올리려 하지 않고, 즉시 방으로 가서 의자들을 세거나 또는 방의 이미지를 머릿속에 만든 다음, 방의 이미지 속에서 의자들을 센다. 이 질문들은 모두 "얼마나 되지?"라는 단일 유형의 질문이었다. 그러나 한 질문은 선언형 지식을 가져오도록 했고, 또 한 질문은 대답을 찾아내는 절차형 방법을 불러오도록 했다. 이것은 당신에게 자신의 지식을 어떻게 분류하는지에 대한 지식이 있다는 것을 명확히 보여주는 보기이다. 더욱이 그 **메타지식**의 일부 자체가 절차형으로 저장될 수도 있으며, 그래서 당신은 그 메타지식이 어떻게 절차적으로 저장되었는지를 의식하지 않고 그 메타지식을 사용한다.

시각적 형상화

의식의 특질에서 가장 놀랍고 기술하기 어려운 것들 가운데 하나가 바로 시각적 이미지 작용이다. 우리는 거실에 대한 시각적 이미지를 어떻게 창조하는가? 물이 콸콸 흐르는 산골짜기 시냇물의 이미지는? 오렌지의 이미지는? 더욱 불가사의한 경우로, 우리의 사고에 힘과 색채와 깊이를 부여하며 이끌어주는 이미지들을 어떻게 무의식적으로 만들어내는가? 그런 것들은 어떤 저장소로부터 조달되는가? 어떤 마법이 우리가 어떻게 해야 하는지 거의 알려주지 않으면서, 둘 또는 세 개의 이미지를 딱 들어맞추도록 해주는가? 이런 일을 실행하는 방법에 관한 지식이야말로 가장 절차적인 지식 중 하나이다. 왜냐하면 우리는 마음의 이미지 작용이 무엇인지에 대한 통찰을 거의 가지고 있지 못하기 때문이다.

아마 이미지 작용은 운동 활동을 억제하는 우리 능력에 바탕을 두고 있는 것 같다. 이것은 다음과 같은 뜻이다 : 당신이 오렌지를 상상하면, 오렌지를 손으로 집어 냄새를 맡고 검사하라는 명령들이 대뇌피질에 나타날 것이다. 오렌지가 진짜로 있는 것은 아니기 때문에, 분명히 이 명령들은 이행될 수 없다. 그러나 이 명령들은 "마음속의 수도꼭지"가 임계점에 이르러서 명령의 실제적인 이행을 막으며 잠길 때까지는, 소뇌나 뇌의 다른 소기관들을 향하는 통상적인 경로들을 따라 보내질 수 있다. 그 경로에서 얼마나 멀리 이 "수도꼭지"가 위치해 있느냐에 따라서, 이미지들이 더 생생하고 현실처럼 보이거나 덜 그럴 것이다. 분노는 어떤 물건을 집어들어 던져버리거나, 뭔가를 발로 차는 것을 아주 생생하게 상상하도록 할 수 있다. 그러나 우리는 실제로 그렇게 하지는 않는다. 다른 한편으로, 우리는 거의 실제로 그렇게 한 것 같은 느낌이 들기도 한다. 그런 경우는 아마 수도꼭지가 "막판에" 신경 충동을 붙잡았을 것이다.

접근할 수 있는 지식과 접근할 수 없는 지식의 구별을 시각화를 통해서 알 수 있는 다른 방식이 여기 있다. 산길에서 미끄러지는 자동차의 광경을 어떻게 시각화했는지 생각해보라. 틀림없이, 당신은 산을 자동차보다 훨씬 큰 사물로 상상했다. 이렇게 했던 것은 당신이 언젠가 오래 전에 "자동차는 산만큼 크지는 않다"는 사실에 주목한 경우가 있었고, 그래서 그 명제를 달달 외웠고, 그 이야기를 상상하는 데에서, 이 사실을 검색해내서, 당신의 이미지를 구성하는 데에 그것을 이용했기 때문인가? 아주 가능성이 낮은 이론이다. 아니면 그렇게 상상했던 것은 당신의 뇌에서 활성화된 기호들이, 내성(內省)으로는 접근할 수 없게 상호작용한 결과로서 일어났는가? 분명히 이 견해가 훨씬 더 그럴 듯하다. 자동차가 산보다 작다는 지식은 외워서 얻은 지식이 아니라 **추론**을 통해서 창출될 수 있는 지식이다. 따라서 가장 그럴듯한 것은, 그것이 당신의 뇌 속의 어떤 단일 기호에도 저장되어 있지 않고, 오히려 많은 기호들—예를 들면, "비교하다", "크기", "자동차", "산" 및 그밖의 것들에 대한 기호들—이 활성화되고 뒤이어 상호작용한 결과로서 생성될 수 있다는 것이다. 이것은 그 지식이 국소적인 "정보 꾸러미"가 아니라 퍼져 있는 방식으로, 명시적이 아니라 암시적으로 저장되었음을 의미한다. 물체들의 상대적 크기 같은 이러한 단순한 사실들은 그냥 검색되는 것이 아니라 조립되어야 한다. 따라서 언어로 접근할 수 있는 지식의 경우에서조차도, 그것이 말로 내뱉어질 준비가 된 상태로 오기까지는 그것을 매개하는 복잡하고, 접근할 수 없는 과정들이 있다.

우리는 "기호"라고 하는 실체에 대한 탐구를 다른 장들에서 계속할 것이다. 인공지능을 다루는 제18장과 제19장에서는 활성기호를 프로그램에서 구현하는 몇몇 가능한 방법들을 논의할 것이다. 그리고 다음 장에서는, 뇌의 활동을 기호에 바탕을 두어 모델화한 것이 뇌들을 비교하는 데에 가져다주는 몇몇 통찰들을 논의하고자 한다.

영국-프랑스-독일 모음곡

By Lewis Carroll[1]······

······et Frank L. Warrin[2]······

······und Robert Scott[3]······

'Twas brillig, and the slithy toves
Did gyre and gimble in the wabe:
All mimsy were the borogoves,
And the mome raths outgrabe.

Il brilgue: les tôves lubricilleux
Se gyrent en vrillant dans le guave.
Enmîmés sont les gougebosqueux
Et le mômerade horsgrave.

Es brillig war. Die schlichten Toven
Wirrten und wimmelten in Waben;
Und aller-mümsige Burggoven
Die mohmen Räth' ausgraben.

저스름이 내릴 때 팔긋팔긋한 토우브 떼가
운덕배기에서 땅을 긁어 푸헤치네 :
모두 변참했네 보로고우 떼가,
엄잖은 라쓰들은 얼부짖었네.

---

1) Lewis Carroll, *The Annotated Alice(Alices Adventures in Wonderland* and *Through the Looking-Glass)*. Introduction and Notes by Martin Gardner(New York: Meridian Press, New American Library, 1960). 여기에는 원문과 프랑스어 및 독일어 번역이 제시되어 있다.
2) Frank, L. Warrin, *The New Yorker*, 1931년 1월 10일 자.
3) Rober Scott, "The Jabberwock Traced to Its Ture Source", *Macmillan's Magazine*, 1872년 2월.

"Beware the Jabberwock, my son!
The jaws that bite, the claws that catch!
Beware the Jubjub bird, and shun
The frumious Bandersnatch!"

≪Garde-toi du Jaseroque, mon fils!
La gueule qui mord; la griffe qui prend!
Garde-toi de l'oiseau Jube, évite
Le frumieux Band-à-prend!≫

≫Bewahre doch vor Jammerwoch!
Die Zähne knirschen, Krallen kratzen!
Bewahr' vor Jubjub-Vogel, vor
Frumiösen Banderschnätzchen!≪

"재버워크를 조심해라 내 애야!
물어뜯는 이빨과 할퀴는 발톱이 있단다!
접접 새를 조심해라, 피해야!
품시품시한 밴더스내치란다!"

He took his vorpal sword in hand:
Long time the manxome foe he sought—
So rested he by the Tumtum tree,
And stood awhile in thought.

Son glaive vorpal en main, il va-
T-à la recherche du fauve manscant;
Puis arrivé à l'arbre Té-té,
Il y reste, réfléchissant.

Er griff sein vorpals Schwertchen zu,
Er suchte lang das manchsam' Ding;

Dann, stehend unterm Tumtum Baum,
Er an-zu-denken-fing.

그는 찔카로운 칼을 손에 들고 :
오랫 동안 쑥적을 찾아다녔는데—
어느 날 팀팀 나무 옆에서 멈춰서고
잠시 가만히 생각에 잠겼는데

And, as in uffish thought he stood,
The Jabberwock, with eyes of flame,
Came whiffling through the tulgey wood,
And burbled as it came!

Pendant qu'il pense, tout uffusé,
Le Jaseroque, à l'oeil flambant,
Vient siblant par le bois tullegeais,
Et burbule en venant.

Als stand er tief in Andacht auf,
Des Jammerwochens' Augen-feuer
Durch turgen Wand mit Wiffek kam
Ein burbelnd Ungeheuer!

그렇게 걸폭한 생각에 잠겼을 때,
재버워크가 눈에는 불꽃을 튀기며,
별창한 숲을 뚫고 다가올 때,
재버워크가 부글거리며!

One, two! One, two! And through and through
The vorpal blade went snicker-snack!
He left it dead, and with its head
He went galumphing back.

Un deux, un deux, par le milieu,
Le glaive vorpal fait pat-à-pan!
La bête défaite, avec sa tête,
Il rentre gallomphant.

Eins, Zwei! Eins, Zwei! Und durch und durch
Sein vorpals Schwert zerschnifer-schnück,
Da blieb es todt! Er, Kopf in Hand,
Geläumfig zog zurück.

하나, 둘! 하나, 둘! 에이 푹 에이 푹
찔카로운 칼날은 칼짓을 했네!
괴물을 죽여 머리를 잘라 들고
그는 의기팔짝 뛰어왔네.

"And hast thou slain the Jabberwock?
Come to my arms, my beamish boy!
O frabjous day! Callooh! Callay!"
He chortled in his joy."

≪As-tu tué la Jaseroque?
Viens à mon coeur, fils rayonnais!
Ô jour frabbejais! Calleau! Callai!≫
Il cortule dans sa joie.

≫Und schlugst Du va den Jammerwoch?
Umarme mich, mein Böhm'sches Kind!
O Freuden-Tag! O Halloo-Schlag!≪
Er schortelt froh-gesinnt.

"그대가 재버워크를 처치했나?
내 품에 안기게, 빛나는 자네!

아 멋진 날이구나! 만세! 먼세!"
그는 기뻐 쿵낄댔네.

'Twas brillig, and the slithy toves
Did gyre and gimble in the wabe:
All mimsy were the borogoves,
And the mome raths outgrabe.

Il briligue: les tôves lubricilleux
Se gyrent en vrillant dans le guave.
Enmîmés sont les gougebosqueux
Et le mômerade horsgrave.

Es brillig war. Die schlichten Toven
Wirrten und wimmelten in Waben;
Und aller-mümsige Burggoven
Die mohmen Räth' ausgraben.

저스름이 내릴 때 팔긋팔긋한 토우브 떼가
운덕배기에서 땅을 긁어 푸헤치네 :
모두 변참했네 보로고우 떼가,
엄잖은 라쓰들은 얼부짖었네.*

---

* 한국어 번역은 번역가 이덕하 씨가 옮긴 것이다.

제12장

마음과 사고

마음은 서로 대응될 수 있는가?

이제 뇌의 매우 높은 층위의 활성적 하위체계들(기호들)이 존재한다는 가설을 세웠으므로, 두 개의 뇌들 사이에 있을 법한 동형성 또는 부분적 동형성의 문제로 돌아가도 되겠다. 신경 층위의 동형성 (분명히 존재하지 않는다) 또는 거시적인 소기관 층위의 동형성(분명히 존재하지만 우리에게 말해주는 것이 별로 없다)에 대해서 묻지 않고, 그 대신에 기호 층위에서 뇌들 사이에 동형성이 가능한지를 묻고자 한다 : 즉 하나의 뇌 속에 있는 기호들을 다른 뇌 속의 기호들에 대응시킬 뿐만 아니라, 하나의 뇌 속의 점화 패턴을 다른 뇌 속의 점화 패턴에 대응시키는 일치의 가능성을 묻는다. 이것은 두 개의 뇌에 있는 상응하는 기호들이 상응하는 방식으로 서로 연결된다는 것을 의미한다. 이것은 진정한 **함수적** 동형성일 것이다—모든 나비들에게서 변함없는 것이 무엇인가를 규정하려 했을 때 언급했던 것과 똑같은 유형의 동형성이다.

이러한 동형성이 임의의 두 사람 사이에 존재하지 않는다는 것은 애초부터 분명하다. 그런 동형성이 있다면 두 사람의 생각은 서로 전혀 구별될 수 없을 것이다. 그러나 그것이 참이 되기 위해서는 두 사람은 전혀 구별될 수 없는 기억을 가져야 할 것이고 그것은 두 사람이 똑같은 한 가지의 삶을 살았어야 한다는 뜻일 텐데, 완전히 똑같아 보이는 쌍둥이조차 이러한 이상적인 상황과는 전혀 거리가 멀다.

그렇다면 한 개인일 경우는 어떠한가? 당신은 자신이 몇 해 전에 써놓은 것들을 되돌아보고는 "끔찍해!"라고 생각하며 한때 당신이었던 그 인물에게 흥미를 가지고 미소를 지었을지도 모른다. 더 심각한 경우는 불과 5분 전에 썼거나 말했던 것에 앞의 경우와 똑같은 반응을 보이는 것이다. 이런 일이 생긴다면 그것은 당신이 잠시 전의 자신을 완전히 이해하지는 못했음을 보여준다. **현재** 당신의 뇌에서 그 **당시** 당신의 뇌로의 동형성은 불완전하다. 하물며 다른 사람들, 다른 종들과의 동형성은……?

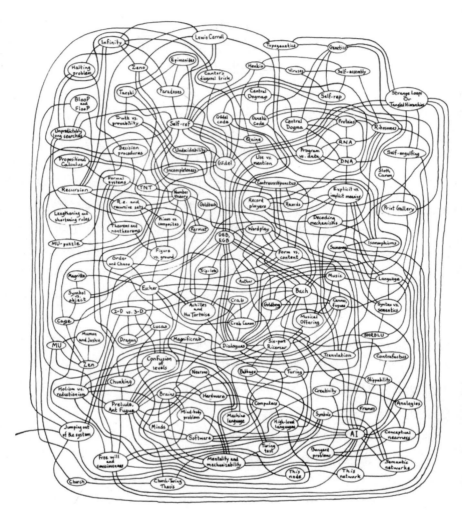

그림 70. 저자(호프스태터)의 "의미망"의 일부.

정반대의 경우는 비슷하려야 비슷할 수 없는 두 사람 사이에서 생기는 소통의 위력을 통해서 볼 수 있다. 예를 들면, 당신이 15세기의 프랑스 시인 프랑수아 비용이 감옥에서 지은 시구(詩句)들을 읽을 경우, 그와 당신 사이에 가로 걸린 장애물을 생각해보라. 다른 인간 존재, 시대가 다르고, 감옥에 갇혔으며 그리고 다른 언어(프랑스어)로 말하고……영어로 번역된 비용의 말들에서 그 말의 표면 뒤에 있는 함축된 의미를 느끼기를 어찌 바랄 수 있겠는가? 그럼에도 불구하고 풍부한 의미가 전해진다.

이처럼 한편으로 우리는 사람들에게서 쏙 빼닮은 동형 소프트웨어를 찾으려는 모든 희망을 포기할 수도 있지만, 다른 한편으로 어떤 사람들은 다른 사람들끼리보다도 더 비슷하게 생각하는 것이 분명하다. 비슷한 사고 스타일을 가지는 사람들의 뇌들을 이어주는 일종의 부분적 소프트웨어 동형성이 있다는 것, 특히 (1) 기호들의 목록 및 (2) 기호 점화 패턴들의 일치가 있다는 것이 명확한 결론처럼 보인다.

상이한 의미망들의 비교

그러나 **부분적** 동형성이란 무엇인가? 이것은 대답하기에 가장 어려운 질문이다. 이 질문은 기호망과 그 점화 패턴들을 표현하는 적절한 방법을 아무도 찾아내지 못했다는 사실 때문에 더욱 어려워졌다. 종종 그러한 기호망의 일부를 그릴 때가 있는데, 이때 각 기호는 절점(node)으로 나타내고, 그 절점으로 선들이 들어가고 나온다. 그 선들은—어떤 의미에서—점화관계들을 표현한다. 이러한 그림은 "개념상의 인접성"이라는 직관적으로 이해할 수 있는 어떤 개념을 포착하려는 시도이다. 그러나 인접성이라는 것도 여러 가지 다른 종류가 있고, 맥락에 따라 인접성도 다르다. 그림 70은 필자 자신의 "의미망(semantic network)"의 작은 부분이다. 문제는, 꼭짓점들을 연결하는 몇 개의 선들만으로는 많은 기호들의 복잡한 상호의존성을 아주 쉽게 표현해낼 수 없다는 점이다.

이러한 다이어그램이 가지는 또다른 문제는 기호를 단순히 "켜짐 상태"나 "꺼짐 상태"로서 생각하는 것은 정확하지 않다는 점이다. 뉴런에 대해서는 이런 생각이 맞지만, 뉴런 단위를 벗어나 뉴런들의 집단에 이르면 맞지 않는다. 이런 점에서 기호들은 뉴런들보다 훨씬 더 복잡하다. 예상할 수 있듯이, 기호들은 다수의 뉴런들로 이루어졌기 때문이다. 기호들 사이에서 교환되는 메시지들은 "나는 지금 활성화되었다"라는 단순한 사실보다 더 복잡하다. "나는 지금 활성화되었다"는 뉴런 층위에서의 메시지에 더 가깝다. 개별 기호는 여러 다른 방식으로 활성화될 수 있으며, 활성화 유형은 개별 기호가 어떤 다른 기호들을 활성화할 것인가 결정하는 데에 영향을 끼칠 것이다. 이렇게 뒤얽힌 점화관계들을 그림으로 어떻게 표현할 수 있을지—과연 그런 방법이 있을지—명확하지 않다.

그러나 일단 그 문제가 해결되었다고 가정하자. 그리고 다음과 같은 어떤 그림이 있다는 것에 동의한다고 가정하자. 이 그림은 절점들로 이루어져 있고, 절점들은 고리들로 연결되어 있어서 (그러니까, 고리들은 색깔이 여러 가지여서 다양한 유형의 개념상의 인접성들을 서로 구별할 수 있다) 이에 따라서 기호들이 다른 기호들을 점화하는 방식을 정확히 포착할 수 있다. 그러면 어떤 전제조건 하에서 두 개의 이러한 그림이 동형 또는 거의 동형이라고 느낄 것인가? 우리가 기호망의 시각적 표현을 다루고 있기 때문에, 이와 유사한 시각적 문제를 생각해보자. 당신은 두 개의 거미줄을 같은 종(種)에 속하는 거미들이 쳤는지의 여부를 어떻게 결정하려 하는가? 정확하게 일치하는 개별 꼭짓점들을 찾아내서, 그렇게 해서 한 거미줄의 정확한 지도를 다른 거미줄 지도의 꼭짓점, 거미줄 실오라기, 심지어 모든 연결 각도끼리 맞추어보려고 하는가? 이것이야말로 헛수고일 것이다. 두 개의 거미줄은 결코 완전히 똑같지 않다. 그렇지만 특정한 거미 종의 거미줄임을 틀림없이 알려주는 일정한 "스타일", "형식" 등의 것들이 여전히 있다.

우리는 거미줄과 같은 어떠한 네트워크 모양의 구조에서도 국소적 성질과 대국적 성질을 찾아볼 수 있다. 국소적 성질에는 이를테면 한 번에 하나의 꼭짓점만 볼 수 있는 매우 근시안적인 관찰자만 필요한 반면, 대국적 성질에는 세부사항은 주목하지 않는 광범위한 시야만 필요하다. 따라서 거미줄의 전반적인 모습은 대국적 성질인 반면, 한 꼭짓점에서 만나는 거미줄들의 평균 개수는 국소적 성질이다. 두 개의 거미줄을 "동형"이라고 부를 만한 가장 합당한 기준은 두 거미줄이 같은 종의 거미들이 친 것이어야 한다는 사실에 동의한다고 해보자. 그렇다면 두 거미줄이 동형인지를 결정하는 데에 국소적 관찰 또는 대국적 관찰 가운데 어떤 것이 더 믿을 만한 길잡이인가? 거미줄에 관한 질문에 대답하는 것은 접어두고, 이제 두 기호망의 "근접관계"—또는 당신이 원한다면 "동형성"—라는 문제로 돌아가자.

"재버워키(Jabberwocky)"의 번역들

영어, 프랑스어 그리고 독일어를 모국어로 사용하는 화자가 있고, 그들 모두 해당하는 모국어를 매우 능숙하게 구사할 뿐만 아니라 그들의 언어로 말장난을 즐긴다고 상상해보자. 그들의 기호망은 국소적 층위에서 유사한가 아니면 대국적 층위에서 유사한가? 아니면 이런 질문을 던지는 것이 의미가 있는가? 이 질문은 앞서 제시한 루이스 캐럴의 유명한 시 "재버워키"의 번역들을 살펴보면 구체성을 띠게 된다.

내가 이 예를 택한 이유는, 어떤 분석층위에서 볼 때 극도로 비동형인 두 개의 판이한 관계망에서 "같은 절점"을 찾으려는 것에 대한 문제를, 평범한 산문의 사례보다는 재버워키 같은 시(詩)가 더 잘 보여주기 때문이다. 일상적인 언어에서 번역의 과제는 좀 간단하다. 출발언어의 개별 낱말이나 어구에 대해서 목표언어에도 상응하는 낱말이나 어구를 흔히 발견할 수 있기 때문이다. 이와 달리, "재버워키" 유형의 시에서는 많은 "낱말들"이 일상적 의미를 가지지 않으며 순전히 인접 기호들에 대한 자극제로만 작용한다. 그러나 한 언어에서 가까운 것이 다른 언어에서는 멀리 떨어진 것일 수도 있다.

예를 들면, 영어 모국어 화자의 뇌 안에서 "slithy"는 아마 "slimy(얄팍한)", "slither(미끌미끌한)", "slippery(미끌거리는)", "lithe(나긋나긋한)", "sly(교활한)" 같은 기호들을 다양한 정도로 활성화할 것이다. 프랑스 사람들의 뇌 속에서 "lubricilleux"가 그것에 상응하는 것을 할까? "상응하는 것"이란 과연 무엇일까? 그런 낱말들에 대한 통상적인 번역인 해당 기호들을 활성화하는 것일까? 진짜 낱말이든 날조한 낱말이든, 그런 역할을 수행할 낱말이 없다면 어떻게 되는가? 또는 그런 낱말이 있더라도, 토착적이고, 영어(앵글로 색슨) 투인 낱말("slithy")보다는 매우 지적으로 들리고 외래어(라틴어와 관련된) 투인 낱말(lubricilleux)이면 어떻게 되는가? 혹시 "lubricilleux"보다 "huilasse"가 낫지 않을까? "lubricilleux"라는 낱말의 라틴어 투가 프랑스어 화자에게 주는 느낌은 영어 낱말(아마 "lubricilious")이 영어 화자에게 주는 것과 같은 방식의 느낌이 아닐까?

프랑스어로 번역할 때의 한 가지 흥미로운 특징은 현재 시제로의 전환이다. 과거 시제를 유지하기 위해서는 구문이 좀 부자연스럽게 바뀌는데, 현재 시제는 프랑스어에서 과거 시제에 비해서 훨씬 신선한 맛을 가진다. 번역자는 현재 시제로 전환하는 것이—분명히 정의할 수는 없지만 설득력이 있다는 의미에서—"더 적합할" 것이라고 느꼈으며 그래서 현재 시제로 전환했다. 영어 원문의 시제에 충실한 것이 더 나을지 어떨지 누가 판정할 수 있는가?

독일어 번역에는 "er an-zu-denken-fing(그는—했다—생각하기—시작)"이라는 우스꽝스러운 구문이 나오는데, 이것은 영어 원문과 일치하지 않는다. 이 번역은 장난기 있게 낱말들의 어순을 뒤바꾼 것인데, 그 느낌은—내가 틀릴 셈 치고 영어로 역번역해보면—"he out-to-ponder set"과 비슷하다. 아마 낱말들을 이렇게 재미있게 도치시킨 것은 한 행 앞의 영어 원문에서 위와 비슷하게 낱말을 장난기 있게 도치시킨 것에서 영감을 받은 것 같다 : "So rested he by the Tumtum tree(그래서—쉬었다—그는—그 텀텀나무 옆에서)." 그렇게 보면 일치하기도 하지만, 그러나 일치하지 않는다.

그것은 그렇고, "Tumtum tree"는 프랑스어 번역에서 왜 "arbre Té-té"로 바뀌었는가? 독자 스스로 생각해보라.

원문의 낱말 "manxome"이라는 낱말은 'x'가 이 낱말에 상당히 풍부한 함축성을 부여하는데, 독일어 번역에서는 "manchsam"으로 조금 약하게 옮겨졌다. 이것을 영어로 역번역하면 "maniful"이 된다. 프랑스어 "manscant"에도 "manxome"의 중층적 함축성이 빠져 있다. 이런 종류의 번역 과제는 무궁무진하게 재미있다.

이런 예와 맞닥뜨리면, 우리는 정확한 번역을 하는 것은 완전히 불가능하다고 인식한다. 그러나 이처럼 걷잡을 수 없이 어려운 번역의 경우조차도 대략적인 등가를 얻을 수 있을 듯하다. 이것은 왜 그럴까? 다른 번역판을 읽을 사람들의 뇌 사이에 동형성이 정말로 없다면 말이다. 대답은 이렇다 : 이들 세 개의 시를 읽는 모든 독자들의 뇌들 사이에는 일종의 대략적인 동형성, 일부는 대국적이고 일부는 국소적인 동형성이 있다는 것이다.

ASU[*]

재미있는 지리적 공상이 이런 종류의 준동형성에 대해서 약간의 직관을 제공할 것이다. (그런데 이 공상은 "프레임[frame : 지식—틀]"에 관한 그의 논문에서 마빈 민스키가 고안했던 지리적 유추와 좀 비슷하다. 이 논문은 P. H. 윈스턴이 편집한 "컴퓨터 시각의 심리학[*The Psychology of Computer Vision*]"에서 볼 수 있다.)

---

[*] Alternative Structure of the Union : 미연방의 대체 구조. 뒤에서부터 읽으면 USA이다.

당신이 이상한 미국 지도를 하나 받았다고 상상해보자. 그 지도는 강, 산, 호수 등과 같은 자연의 모든 지리적 특징들은 미리 표시되었지만 인쇄된 글자는 하나도 없다. 강들은 푸른 선으로 표시되었고 산은 다른 색으로 표시되었다. 등등. 이제 당신은 그 지도를 당신이 곧 떠날 여행에 쓸 도로 지도로 전환하라는 지시를 받는다. 당신은 모든 주(州)의 이름, 주 경계선, 표준시간대를 깔끔하게 채우고는 모든 군과 도시, 마을, 모든 고속도로와 유료도로, 모든 지방도로, 모든 주립공원과 국립공원, 캠핑장, 풍치지구, 댐, 공항 등을 깔끔하게 기입해 넣어야 한다. 이 모든 일은 상세한 도로 지도에서 볼 수 있는 수준까지 이루어져야 한다. 그리고 전적으로 당신 자신의 머리로 생각해서 제작해야만 한다. 당신은 이 과제를 수행하는 동안 도움을 줄 어떤 정보에도 일절 접근할 수 없다.

지도를 최대한 사실적으로 만들면, 나중에 명확해질 것인데, 보상이 뒤따를 것이라는 말을 듣는다. 당연히 자신이 아는 큰 도시들과 주요 도로들부터 채우기 시작할 것이다. 그리고 어떤 지역에 대한 실제 지식이 바닥나면, 상상의 나래를 펼쳐 비록 실제의 지리와 일치하지 않더라도, 적어도 그 지역의 분위기를 재현하는 데에 도움을 줄 만한 가짜 마을 이름, 가짜 인구, 가짜 도로 또는 가짜 공원 등을 꾸미는 것이 당신에게 유익할 것이다. 이 고달픈 과제에 몇 달이 걸릴 것이다. 일을 좀 쉽게 하려면, 모든 것을 깔끔하게 인쇄하는 것은 지도 제작자에게 맡기면 된다. 최종 산출물은 "미연방 대체 구조도(ASU, **Alternative Structure of the Union**)"라는 당신의 사적인 지도가 될 것이다.

당신의 사적인 ASU는 당신이 자란 지역에 관해서는 USA와 흡사할 것이다. 나아가 당신이 여행하며 우연히 갔던 곳이나, 관심을 가지고 지도를 열심히 들여다본 곳은 어디든지, 당신의 ASU와 USA 사이에 딱 일치하는 지점들이 있을 것이다 : 아마도 노스 다코타나 몬태나의 몇몇 작은 마을들, 또는 거대도시 뉴욕 전역이 당신의 ASU에 매우 충실하게 재현되어 있을 것이다.

대반전

당신의 ASU가 완성되자 뜻밖의 일이 일어난다 : 마법과도 같이, 당신이 설계한 나라가 생겨나서 당신이 그곳으로 옮겨진다. 친선협회는 당신이 가장 좋아하는 유형의 차량을 제공하면서 이렇게 설명한다 : "당신이 설계해주신 노고에 대한 보답으로, 당신은 이제 비용의 전액을 지원받아 느긋하게, 멋지고 유서 깊은 당신의 대체-미국을 돌아다니는 여행을 즐길 수 있습니다. 시간에 구애받지 않고 원하는 곳 어디든지 갈 수 있고 원하는 것은 무엇이든 할 수 있습니다. ASU 지리협회에서 드리는 축사였습니다. 자, 당신을 두루 안내해줄 도로 지도가 여기 있습니다." 놀랍게도, 당신이 받은 것은 당신이 설계했던 지도가 아니라 미국 (USA)의 정식 도로 지도이다.

여행에 나서면 온갖 종류의 기이한 사건들이 터질 것이다. 전국을 돌아다니는 데 길 안내에 사용하는 도로 지도는 단지 일부분만 일치한다. 주요 고속도로들에서 벗어나지 않는 한, 아마 큰 혼란 없이 여행할 수 있을 것이다. 그러나 뉴멕시코의 한적한 도로나 아칸소의 시골로 빠지는 순간, 당신을 위해서 예비된 모험이 기다리고 있을 것이다. 현지 주민들은 당신이 찾는 어떤 마을도 알지 못할 것이고 당신이 묻는 길들도 모를 것이다. 주민들은 당신이 말하는 큰 도시들만 알 뿐일 텐데, 그런 경우조차도 그 도시들에 이르는 길들은 당신의 지도에 표시된 길들과는 같지 않을 것이다. 현지 주민들이 크다고 여기는 도시들 중 일부가 당신이 가지고 있는 USA 지도에는 없는 일도 종종 일어날 것이다. 혹시 있더라도, 그 지도에 기입된 도시의 인구가 자릿수가 다를 정도로 틀릴지도 모른다.

중심성과 보편성

ASU와 USA가 몇 가지 점에서 상당히 다름에도 불구하고 두 지도를 매우 유사하게 만드는 것은 무엇인가? 그것은 두 지도의 가장 중요한 도시들과 교통로들이 서로 대응될 수 있다는 점이다. 두 지도 사이의 차이는 별로 다니지 않는 길들이나 소규모 도시들 등에서 발견된다. 이것은 국소적 동형성이나 대국적 동형성 중 어느 하나로 규정될 수 없음에 주목하라. 어떤 일치들은 매우 국소적인 층위에까지 이른다. 예를 들면, 두 지도의 뉴욕에서 번화가는 5번가일 것이며 타임 스퀘어 광장도 또한 있을 것이다. 그러나 두 지도의 몬태나에서 공통적으로 발견할 수 있는 소도시는 하나도 없을지도 모른다. 그래서 국소적-대국적 구별은 여기서는 의미가 없다. 의미 있는 것은 경제, 교통, 운송 등의 측면에서 본 도시의 **중심성**이다. 그 도시가 이런 측면들 중 하나에서 더욱 중요할수록, 그 도시가 ASU와 USA 두 지도 모두에서 나타날 확률은 더욱 높아진다.

이 지리적 유추에서 한 가지 측면이 매우 중요하다 : 거의 모든 ASU에서 나타
날, 어떤 확고한 절대적 기준점들이 있다는 점인데 뉴욕, 샌프란시스코, 시카고
등이 바로 그것들이다. 이것을 기준으로 삼아 우리는 자신의 위치를 알 수 있다.
다른 말로 하자면 : 내 ASU를 당신의 ASU와 비교하기 시작하면, 나는 우선 대
도시에 대한 기존의 합의를 이용해 기준점을 확립하고 그것을 가지고 내 ASU
에 있는 좀더 작은 도시들의 위치를 당신에게 알려줄 수 있다. 그래서 내가 캥커
키에서 프루토*까지 여행한다고 가정하고 당신이 그 두 도시가 어디에 있는지 모
른다면, 당신과 내가 공유하는 곳을 지시할 수 있으며 이를 통해서 당신을 안
내할 수 있다. 그리고 내가 애틀랜타에서 밀워키로 가는 여행에 대해서 얘기하면
그 여행은 아마 두 지도에서 서로 다른 고속도로들이나 좀더 작은 도로들을 경
유할지도 모른다. 그러나 여행 자체는 여전히 두 나라에서 모두 이루어질 수 있
다. 그리고 당신이 호스밀크에서 잰조로 가는 여행을 설명하기 시작한다면, 그
와 같은 이름의 도시들이 내 ASU에는 없지만, 당신의 ASU와 내 ASU에 공통으
로 있는 인근의 좀더 큰 도시들을 기준삼아 당신의 위치를 말해주면서 내 위치
를 계속 알 수 있도록 해준다면, 내 ASU에 그것과 비슷해 보이는 여행이 되도록
경유지를 그려나갈 수 있다.

내 지도의 도로들이 당신 지도의 도로들과 똑같지는 않겠지만, 우리는 각자의
지도를 가지고 각자 국내의 특정 지역에서 다른 지역으로 이동할 수 있다. 이렇
게 할 수 있는 것은 산맥이나 하천 등, 우리가 지도를 만들 때 이용할 수 있었던
이미 주어진 지질학적 사실들 덕택이다. 그런 외부 특징들이 없다면 공통의 기준
점을 가질 가능성이 없을 것이다. 예를 들면, 당신에게 프랑스 지도만 주어졌고
나에게 독일 지도가 주어졌는데, 우리가 두 지도를 아주 상세하게 채워 넣었다
고 하자. 그럴 경우에는 우리가 가상의 나라들에 있는 "동일한 장소"를 찾으려
고 해도 찾을 수 있는 방법이 전혀 없을 것이다. 반드시 동일한 외부 조건을 가
지고 시작해야 한다. 그렇지 않으면 대응시킬 것이 하나도 없을 것이다.

지리적 유추를 충분히 해보았으니, 이제 뇌 사이의 동형성이라는 문제로 돌아
오자. 당신은 뇌 사이의 동형성이라는 이 문제가 어째서 그토록 강조되었는지
의아해할 것이다. 두 개의 뇌가 동형관계이거나 준동형관계라면, 또는 전혀 동형
관계가 아니라면 그게 어쨌다는 것인가? 대답은 이렇다 : 우리는, 어떤 다른 사

---

* 미국 캘리포니아 주 글렌 카운티에 있는 자치구.

람들이 중요한 점에서 우리와 다름에도 불구하고, 어떤 깊고도 중요한 점에서는 그들 또한 우리와 여전히 "같다"는 직관적인 느낌을 가진다. 이러한 인간 지능의 불변 핵이 무엇인지 정확히 찾아내고, 그것에 덧붙일 수 있는 "장식물들"을 기술할 수 있다면 유익할 것이다. 그 장식물들은 "지능"이라는 이 추상적이고 불가사의한 특질을 갖춘 우리 각자를 고유의 개체로 만든다.

지리적 비유에서, 대도시와 소도시들이 기호들의 유사체였고 길들과 고속도로들은 잠재적 점화 경로들에 대한 유사체였다. 모든 ASU들은 동해안, 서해안, 미시시피 강, 오대호, 로키 산맥 그리고 여러 주요 도시들과 도로를 공유하는데, 이 사실은 외부의 실체들이 우리로 하여금 어떤 부류 기호(class symbol)들과 점화 경로들을 같은 방식으로 구성하도록 한다는 사실과 아주 비슷하다. 이 핵심 기호들은 누구라도 명확하게 기준으로 삼을 수 있는 대도시들과 비슷하다(그런데, 도시들이 위치가 지정된 실체라는 사실이 뇌 안의 기호들이 작은, 거의 점 같은 실체라는 것을 나타내는 것으로 생각해서는 절대 안 된다. 기호들은 그런 방식으로 네트워크 안에서 기호화되었을 뿐이다).

위의 사실은 개별 인간의 기호망의 대부분은 **보편적**이라는 것을 말한다. 우리 모두에게 공통적인 것은 너무나도 당연하다고 여기기 때문에, 우리가 다른 사람들과 얼마나 많이 공통적인지 보는 것은 어렵다. 우리가 아무렇게나 선택한 사람들과 공유하는 것이 얼마나 많은지 분명히 하려면 돌, 자동차, 레스토랑, 개미 등과 같은 다른 유형의 실체들과 얼마나 많이—또는 얼마나 적게—공유하는지 상상하는 의식적인 노력이 필요하다. 우리가 다른 사람에게서 즉시 주목하는 내용은 인간이라면 표준적으로 겹치는 사항이 아니다. 왜냐하면 그것은 우리가 다른 사람이 인간이라는 것을 인식하는 순간 당연한 것으로 여겨지기 때문이다. 그것보다는 표준적으로 겹치는 것을 넘어서 바라보며 뜻밖의 추가적인 겹침과 함께 주요 차이점을 찾는 것이 일반적이다.

이따금, 당신은 자신이 표준적인 최소 핵으로 생각했던 어떤 것이 다른 사람에게 **빠져** 있다는 것을 발견한다. 거의 상상할 수 없는 일이지만, 마치 시카고가 그들의 ASU에서 빠진 경우처럼 말이다. 예를 들면, 어떤 사람이 코끼리가 무엇인지, 누가 대통령인지 또는 지구가 둥글다는 사실을 알지 못할 수 있다. 이런 경우에는, 그들의 기호망이 당신의 기호망과 기본적으로 다를 것이고 이 때문에 의미 있는 소통이 어려울 것이다. 다른 한편, 아마도 같은 사람이, 도미노 게임에 대한 전문지식 같은 어떤 전문화된 종류의 지식을 당신과 공유할 수 있을 텐데, 그럴 경우 당신은 제한된 영역에서 잘 소통할 수 있다. 이것은 마치 당신과 동향인 노스 다코타의 시골 출신의 누군가를 만나는 경우와 비슷할 것이다. 그래서 당신들의 두 ASU는 아주 작은 구역까지 일치할 것이고, 그 결과 당신은 한 장소에서 다른 장소로 어떻게 가는지를 아주 유창하게 기술할 수 있을 것이다.

언어와 문화는 얼마나 사고의 통로가 되는가?

이제 우리 자신의 기호망과 프랑스 사람 그리고 독일 사람의 기호망과의 비교로 돌아가보자. 비록 그들의 모국어가 다르지만, 그들이 부류기호의 표준 핵을 가질 것으로 기대한다고 말할 수 있다. 우리는 고도로 특화된 기호망을 그들과 공유하리라 기대하지 않지만, 우리와 같은 언어를 쓰는 사람 중에 아무렇게나 선택한 사람들과도 그런 공유를 기대하지는 않는다. 다른 언어를 말하는 사람들의 점화 패턴은 우리 자신의 점화 패턴과 좀 다를 텐데, 그럼에도 불구하고 주요 부류기호들과 그것들 사이의 주요 경로들은 보편적으로 이용할 수 있으며 그래서 더 부차적인 경로들은 그것을 기준으로 삼아 기술할 수 있을 것이다.

이제 우리 세 사람은 제각기 다른 두 사람의 언어를 웬만큼 구사할 수도 있을 것이다. 언어를 정말 유창하게 구사하는 것과 소통할 정도에 불과한 능력을 가르는 차이는 무엇인가? 우선, 영어를 유창하게 말하는 사람은 대부분의 낱말을 얼추 정상적인 빈도로 쓴다. 그러나 영어가 모국어가 아닌 사람은 사전이나 소설 또는 수업 시간에 보았던 낱말들을 택할 것이다. 예컨대 "get" 대신 "fetch"를 쓰거나 "very" 대신 "quite"를 쓰는 경우인데, 이런 낱말들은 어떤 시대에는 일반적이었거나 선호되었을지 모르지만 이제는 빈도 면에서 많이 떨어지는 것들이다. 비록 의미는 대개 전해지지만, 낱말들의 이례적인 선택 때문에 전달되는 이질적인 느낌이 있다.

그런데 어떤 외국인이 모든 낱말들을 거의 정상적인 빈도로 사용하는 법을 배운다고 가정하자. 그렇다고 그 외국인이 정말로 유창하게 말하게 될까? 아마아닐 것이다. 낱말층위보다 높은 곳에 연상층위가 있고, 그것은 전체로서의 문화—역사, 지리, 종교, 동화, 문학, 기술(技術) 등—에 부속되어 있다. 예컨대 현대 히브리어를 정말로 능란하게 구사할 수 있으려면 히브리어 성경에 통달해야 한다. 현대 히브리어가 많은 성경 구절들과 그 구절들의 함축된 의미에 의존하기 때문이다. 이러한 연상층위는 각 언어에 아주 깊숙이 침투해 있다. 그렇지만 유창함 안에는 온갖 종류의 다양성을 위한 여지가 있다. 그렇지 않다면 정말 유창하게 말하는 유일한 사람들이란 가장 상투적인 생각만 할 수 있는 사람들일 것이다.

우리는 **문화**가 사고에 끼치는 심층적인 영향을 인식해야 하겠지만, 사고를 형성하는 데에서 **언어**가 맡는 역할을 지나치게 강조해서도 안 된다. 예를 들면, 영어 원어민이라면 "의자" 두 개라고 할 것들을 프랑스어 화자는 다른 유형에 속하는 사물들, 즉 "보통 의자(chaise)"와 "팔걸이 의자(fauteuil)"로 지각할 것이다. 프랑스어를 모국어로 하는 사람들은 그 차이를 영어 원어민보다 더 의식한다. 또한 시골에서 자란 사람들은, 이를테면 '픽업트럭'과 '〔화물운송용 대형〕 트럭'의 차이를 도시인보다 더 의식한다. 도시인이라면 둘 다 "트럭"으로 부를 텐데 말이다. 이것은 모국어의 차이가 아니라 문화(또는 하위문화)의 차이이며, 그것이 이런 인지적 차이를 일으킨다.

서로 다른 모국어를 말하는 사람들의 기호들 사이의 관계는, 그 핵심부에 관한 한, 상당히 비슷할 충분한 이유가 있다. 우리 모두 같은 세계에 살기 때문이다. 점화 패턴의 더 세부적인 측면들로 내려가면, 공통점이 적다는 사실을 발견할 것이다. 이것은 위스콘신에서 한 번도 살아본 적이 없는 사람들이 만든 ASU들에서 위스콘신의 시골 지역들을 비교하는 일과 같을 것이다. 하지만 주요 도시들과 주요 교통로들이 충분히 일치하고 그래서 지도 전체에 걸쳐 공통 기준점들이 있는 한, 세부적인 공통점이 적은 것은 별 상관이 없을 것이다.

ASU에서의 여행과 여정

명시적으로 말하지는 않고서, "사고"란 무엇인가에 대한 이미지를 ASU-비유 속에서 사용해왔다. 즉 **사고**가 여행에 상응한다고 암시해왔다. 거쳐 가는 **도시**들은 들뜬(excited) **기호**들을 나타낸다. 이것은 완벽한 비유는 아니지만 꽤 강력하다. 이 비유의 한 가지 문제는, 어떤 사고가 누군가의 마음에서 충분히 자주 반복될 경우, 그 사고가 단일 개념으로 덩이 지어질 수 있다는 점이다. 이것은 ASU에서 일어나는 아주 이상한 사건에 상응할 것이다 : 즉 자주 택한 여행이 좀 이상한 방식으로 새로운 소도시나 대도시가 되어버린 것이다! 따라서 우리가 ASU 비유를 계속 사용하려면, 도시들이 요소 기호들뿐만 아니라―"잔디", "집", "자동차"에 대한 요소 기호같은 것―뇌의 덩이 짓기 능력의 결과로 창출된 기호들―"게 카논", "팰린드롬(palindrome, 回文)" 또는 "ASU" 같은 복잡한 개념들에 대한 기호들―도 나타낸다는 점을 기억하는 것이 중요하다.

이제 '여행한다'는 개념이 '생각을 가진다'는 개념에 대한 온당한 대응물이라는 것을 인정하면, 다음과 같은 난감한 문제가 불거진다 : 어느 한 도시에서 두 번째, 세 번째 등의 도시로 이어지는 경로를 상상하는데, 그 도시들의 중간에 있는 도시들 또한 경유한다는 것을 기억하는 한, 사실상 그 어떤 경로라도 상상할 수 있다. 이것은 몇 개의 여분의 기호들―도중에 놓인 기호들―을 활성화하는 것을 고려하면서 임의의 계열(系列)의 기호들을 하나씩 하나씩 활성화하는 일에 해당한다. 이제 사실상 어떤 계열의 기호들도 원하는 어떤 순서대로 활성화될 수 있다면, 뇌는 어떤 사고라도 흡수하거나 생산할 수 있는 무차별 체계로 보일 것이다. 그러나 우리 모두 그것이 그렇지 않다는 점을 안다. 사실, 우리가 지식 또는 신념으로 부르는 어떤 종류의 사고들이 있는데, 이것들은 마구잡이 공상이나 웃기려고 지어낸 불합리한 것들과는 전혀 다른 역할을 한다. 꿈, 일시적인 생각들, 신념과 지식 사이의 차이를 어떻게 특징지을 수 있는가?

가능한 경로, 잠재적 경로 그리고 터무니없는 경로[*]

한 장소에서 다른 장소로 갈 때 일상적으로 택하는 어떤 경로들―ASU에서의 경로로 또는 뇌 속의 경로로 생각할 수 있다―이 있다. 또한 다른 사람의 손에 이끌려 따라갈 수밖에 없는 다른 경로들도 있다. 이 경로들은 특별한 외부 상황이 생겼을 경우에만 따라갈 "잠재적 경로들"이다. 반복해서 의존하는 경로들은 지식―이때 지식이란 사실에 대한 (선언형) 지식뿐만 아니라 방법에 대한 (절차형) 지식도 뜻한다―을 포함하는 경로들이다. 이처럼 안정적이고 믿을 만한 경로들이 지식을 구성한다. 개개의 지식은 신념과 서서히 통합된다. 신념 또한 믿을 만한 경로들에 의해서 표현되지만, 그 경로들은 만일 이를테면 다리가 끊어지거나 짙은 안개가 끼면 대체되기 쉬운 경로들일 것이다. 그 결과 공상, 거짓,

---

[*] Possible, Potential and Preposterous Pathways.

오류, 불합리, 그밖의 변종이 남는다. 이것들은 뉴욕에서 메인 주에 있는 뱅고어, 텍사스 주에 있는 러벅을 경유해 뉴어크*에 이르는 것 같은 기묘한 경로들에 상응할 것이다. 그것들은 실제로는 가능한 경로들이지만, 일상의 여행에서 이용하는 통상적인 경로들은 아닌 것 같다.

이 모델이 암시하는 기묘하고도 재미있는 점은, 앞에서 열거했던 모든 "이상한" 종류의 사고들이 가장 밑바닥에서는 어디까지나 신념과 지식 조각들로 이루어졌다는 점이다. 다시 말해, 기이하고 꾸불꾸불한 어떤 우회 경로도 잘게 나누어 보면 그 하나하나는 기이하지도 꾸불꾸불하지도 않은 직진 구간이라는 점이다. 그리고 이 짧은 직선형 기호-연결 경로들은 우리가 의존할 수 있는 단순한 생각들—신념과 지식 조각들—을 표현한다. 그런데 숙고해보니 이것은 별로 놀랄 일도 아니다. 왜냐하면 아무리 현실로부터 벗어난 무지막지한 허구의 것이라도, 오로지 우리가 경험했던 현실들에 근거한 것만 상상할 수 있으리라는 것은 지극히 타당하기 때문이다. 꿈들은 아마 우리 마음속의 ASU들을 마구 쏘다니는 정처 없는 방황일 것이다. 국소적으로는 꿈들은 뜻이 통하지만, 대국적으로는……

다른 스타일의 소설 번역

"재버워키(Jabberwocky)" 같은 시는 ASU를 돌아다니는 비현실적인 여행과 같다. 한 주(州)에서 다른 주로 재빨리 이동하고 아주 기묘한 경로를 따라간다. 번역이 옮기는 것은 점화된 기호들의 정확한 계열보다는 시의 이런 측면이다. 물론 번역이 기호의 정확한 계열에 대해서도 최선을 다하겠지만 말이다. 보통의 산문에서는 이런 도약들이 흔치 않다. 그러나 비슷한 번역 문제들이 나타난다. 이제 당신이 어떤 러시아 소설을 영어로 번역하고 있는데, 어떤 문장과 마주쳐서 문자 그대로 "She had a bowl of borscht(그녀는 보르시치 한 그릇을 먹었다)"로 번역했다고 하자 : 아마 당신의 독자 중 많은 사람들이 '보르시치'가 무엇인지 모를 것이다. 당신은 '보르시치'를 영어 독자의 문화에 있는 "상응하는" 품목으로 대체할 수 있을 텐데, 그러면 번역은 이렇게 될 것이다 : "그녀는 캠벨 수프 한 접시

---

* 뉴저지 주 북동쪽에 있는 도시.

를 먹었다."* 당신이 이것을 실없는 과장으로 생각한다면, 도스토옙스키의 소설 『죄와 벌(*Prestuplenie i nakazanie*)』의 첫 문장을 러시아어로 읽어보고 나서 영어 번역판 몇 개를 읽어보라. 나는 세 가지의 영어판 문고본을 살펴보았는데, 다음 과 같은 흥미로운 상황을 발견했다.

첫 문장에 "S. Pereulok"(키릴 문자를 라틴 문자로 옮겼을 때)이라는 거리 이 름이 나온다. 이것의 의미는 무엇인가? 레닌그라드(이 도시는 예전에 "상트페테 르부르크"라고 불렸다. 아니면 "페트로그라드"라고 불러야 하나?**)를 아는 도 스토옙스키 작품의 세심한 애독자라면, 이 소설에 나오는 (이 또한 공교롭게 도 첫 글자들로만 표기된) 다른 지리 정보를 잘 검토해보면 그 거리가 틀림없이 "Stoliarny Pereulok(스톨리아르니 거리)"라는 점을 알아차릴 수 있다. 아마 도스 토옙스키는 자신의 이야기를 사실적으로 말하고 싶었던 것 같은데, 그러나 소설 에서 범죄와 다른 사건들이 일어났다고 한 주소들을 독자들이 곧이곧대로 받아 들일 정도로 사실적으로 쓰지는 않았다. 어쨌든, 번역의 문제가 여기 있다. 또는 더 정확히 말하면, 여러 다른 층위에 걸쳐 여러 번역 문제들이 있다.

무엇보다도 먼저, 책의 첫 문장에 이미 나타나는 반(半) 미스테리한 분위기 를 재현하도록 두문자를 그대로 살려야 하나? 그러면 (영어 'Lane'이 러시아어 'Pereulok'에 대한 표준번역이므로) "S. Lane"이 될 것이다. 세 번역자 중 누구도 이 방침을 택하지 않았다. 그러나 한 번역자는 "S. Place"로 번역하는 것을 선택 했다. 내가 고등학교 때 읽었던 『죄와 벌』의 번역판도 비슷한 선택을 했다. 나는 그 소설을 읽기 시작해서 두문자만 표기된 거리들과 마주쳤을 때 경험했던 혼란 스럽고 낯선 느낌을 결코 잊지 못할 것 같다. 그 책의 시작 부분에 대해서 일종 의 막연한 불쾌감을 가졌다. 무엇인가 본질적인 것이 빠졌다고 확신했지만 그게 무엇인지는 몰랐……. 나는 러시아 소설들은 죄다 기괴하다고 단정했다.

이제 (그 거리가 진짜로 있는지 아니면 허구인지에 대해서 전혀 모를 것으로 보이는) 독자들에게 솔직하게 "Stoliarny Lane"(또는 "Place")이라고 써주어 현 대 학문의 성과를 제공할 수 있다. 이것이 두 번째 번역자의 선택이었는데, 그는 "Stoliarny Place(스톨리아르니 거리)"로 번역했다.

---

* 캠벨 수프(Campbell soup)는 미국의 유서 깊은 식품회사에서 나온 인스턴트 수프이다.
** 그 도시의 이름은 제정(帝政) 러시아 때는 페테르부르크였고, 1914년에 페트로그라드(Petrograd) 라고 개칭되었다. 1924년부터는 레닌을 기념하는 의미에서 레닌그라드라고 불렸다. 그후 소련 이 무너지고 나서 1991년 옛 이름인 상트페테르부르크를 회복했다.

세 번째 번역은 어떤가? 셋 중에서 이것이 가장 흥미로운 번역인데, "Carpenter's Lane(목수 거리)"으로 번역했다. 뭐 안 될 것이 있나? 어쨌든 "Stoliar"는 "목수"를 의미하고 "-ny"는 형용사 어미이니까 말이다. 그렇게 해서 우리는 페트로그라드가 아니라 런던에 있으며, 도스토옙스키가 아니라 디킨스가 지어낸 상황의 한복판에 있다고 상상할 수도 있다. 그것이 우리가 원하는 바인가? 아마도 우리는 Carpenter's Lane이라고 번역한 것이 영어로 된 상응하는 작품이라고 정당화하면서 디킨스가 쓴 소설을 읽은 것이다. 충분히 높은 층위에서 보면 Carpenter's Lane이라고 한 번역이 도스토옙스키 소설의 "번역"이며, 사실 할 수 있는 최선의 번역이다! 누가 도스토옙스키(러시아의 맥락)를 필요로 한단 말인가?

우리는 작가의 스타일에 문자 그대로 충실하려는 시도에서 시작하여 먼 길을 와서 원문의 분위기를 살리는 높은 층위의 번역에 이르렀다. 그런데 이런 일이 첫 문장에서부터 일어난다면, 그 책의 나머지에서는 어떻게 진행해야 할지 상상할 수 있는가? 독일 사람인 하숙집 여주인이 독일어 투의 러시아어로 고함치기 시작하는 부분은 어떤가? 독일어 억양이 배인 어설픈 러시아어는 영어로 어떻게 번역할 것인가?

그런 다음, 사람들은 속어와 구어적인 표현양식들을 어떻게 번역할 것인가라는 문제들을 숙고할 것이다. "유비적(類比的)인" 문구를 찾아야 하는가 아니면 낱말-대-낱말의 축어적(逐語的) 직역을 고수해야 하는가? 유비적인 문구를 모색한다면 "캠벨 수프" 식의 실수를 범하는 위험을 무릅쓸 테고, 모든 관용구를 축어적으로 옮긴다면 그 영어 번역문은 이질적으로 들릴 것이다. 러시아 문화가 영어권 화자들에게 이질적인 문화이니 그렇게 번역하는 것도 바람직하기는 하다. 하지만 그런 번역을 읽는 영어 화자는 이상한 표현 덕분에, 작가가 의도하지도 않았고 러시아어 원문의 독자도 경험하지 못한 이상야릇한 인위적인 느낌을 끊임없이 경험할 것이다.

이런 문제들은 잠시 다음과 같은 발언을 생각해보도록 한다. 컴퓨터 번역에 대한 최초의 주창자 가운데 하나였던 워런 위버가 1940년대 후반에 했던 발언: "나는 러시아어로 쓰인 논문을 보면 이렇게 말한다 : 이 논문은 사실 영어로 쓰인 것이다. 그러나 좀 이상한 기호들로 암호화되어 있다. 나는 이제 그 기호들을 해독하고자 한다."[1] 위버의 발언을 그냥 곧이곧대로 받아들일 수는 없다. 그의 발언은 오히려, 기호들 속에 숨겨진 객관적으로 기술될 수 있는 의미가 있다는 점을, 또는 적어도 객관적인 것에 아주 근접한 어떤 것이 있다는 점을, 그러므로 충분히 잘 프로그래밍하면 컴퓨터가 그런 의미를 찾아내지 못할 것이라고 가정할 이유는 없을 것이라는 점을, 도발적으로 말한 것으로 간주해야 한다.

프로그램들을 높은 층위에서 비교하기

위버의 발언은 서로 다른 자연언어들 사이의 번역에 관한 것이다. 이제 두 컴퓨터 언어들 사이의 번역에 관한 문제를 생각해보자. 예를 들면, 두 사람이 각기 다른 컴퓨터에서 작동하는 프로그램들을 작성했는데, 두 프로그램들이 같은 과제를 수행하는지 알고 싶다고 하자. 그것을 어떻게 알아낼 수 있겠는가? 프로그램들을 비교해야 한다. 그런데 어떤 층위에서 비교가 이루어져야 하는가? 아마 한 프로그래머는 기계어로, 다른 프로그래머는 컴파일러 언어로 작성했을 수 있다. 이런 두 프로그램을 비교할 수 있는가? 물론이다. 그러나 그것들을 어떻게 비교하는가? 한 가지 방법은 컴파일러 언어 프로그램을 기계어로 번역하는 것인데, 이렇게 하면 그 컴퓨터의 기계어로 된 프로그램을 생성해낼 수 있다.

이제 우리에게 두 개의 기계어 프로그램이 있다. 그러나 다른 문제점이 있다 : 컴퓨터가 두 대이다. 따라서 두 개의 서로 다른 기계어가 있을 것이고 그 기계어들은 서로 극단적으로 다를 수 있다. 한 컴퓨터는 16비트 워드이고, 다른 컴퓨터는 36비트 워드*일지 모른다. 한 컴퓨터에는 푸시와 팝을 실행하는 내장된 스택−처리 명령어가 있는 반면, 다른 컴퓨터에는 그런 것이 없을지 모른다. 두 컴퓨터의 하드웨어가 다르기 때문에 두 기계어 프로그램들은 비교될 수 없을 듯이 보인다. 그렇더라도 우리는 두 컴퓨터가 같은 과제를 수행하고 있는 것이 아닌가 하고는 그 점을 한눈에 보고 싶을 것이다. 여기서 우리는 분명히 그 프로그램들을 너무 가까이에서 관찰하고 있다.

필요한 것은 한 발 물러서서, 기계어에서 떨어져서, 더 높은, 더 덩이진 관점을 가지는 것이다. 이 유리한 지점에서, 우리가 개별 프로그램이 국소적 척도가

---

1) Warren Weaver, "Translation", in *Machine Translation of Languages,* Wm. N. Locke 및 A. Donald Booth 편. (New York: John Wiley and Sons, and Cambridge, Mass.: M.I.T. Press, 1955), p. 18.
* 컴퓨터 내부에서 취급되는 정보단위이며, 보통 하나의 명령 또는 하나의 수치가 1워드(word, 어[語])에 상당한다. 1워드의 크기는 각각의 컴퓨터에 정해져 있으며, 8비트, 16비트, 32비트 등 여러 가지 길이가 있다.

아니라 대국적 척도에서 합리적으로 기획된 것으로 보이게 하는 프로그램의 덩어리들—즉 프로그래머의 목표를 인식할 수 있게끔 서로 잘 들어맞는 덩어리들—을 인식할 수 있기를 바란다. 두 프로그램이 원래 높은 층위의 고급언어들로 작성되었다고 가정해보자. 그렇게 되면 우리에게 이미 일정한 덩이 짓기가 이루어진 것이다. 그러나 다른 곤란한 일에 부딪힐 것이다. 포트란(Fortran), 알골(Algol), 리스프(LISP), 에이피엘(APL)과 같은 고급언어들이 상당히 많이 있다. APL로 작성한 프로그램을 알골로 작성한 프로그램과 어떻게 비교할 수 있는가? 두 프로그램을 한 줄, 한 줄씩 맞추어 비교하는 것은 당연히 아니다. 상응하는 개념적, 기능적 단위들을 찾아보면서 이 프로그램들을 마음속에서 다시 덩이 지을 것이다. 이처럼 하드웨어를 비교하는 것도 소프트웨어를 비교하는 것도 아니며, 소프트웨어의 배후에 있는 순수개념, 즉 "에테르웨어(etherware)"를 비교하는 것이다. 일종의 추상적인 "개념 뼈대(conceptual skeleton)"가 있는데, 낮은 층위로부터 이것을 먼저 끄집어내야만 서로 다른 컴퓨터 언어로 작성한 두 개의 프로그램, 두 마리의 동물, 또는 서로 다른 자연언어로 된 두 개의 문장에 대한 유의미한 비교를 수행할 수 있다.

　이것으로 인해서 우리는 컴퓨터와 뇌에 관해서 제기했던 앞에서의 질문으로 돌아간다 : 어떻게 하면 컴퓨터나 뇌의 낮은 층위의 기술(記述)을 이해할 수 있는가? 그런 복잡한 체계들에서 낮은 층위의 기술로부터 높은 층위의 기술을 도출하는—합당한 의미에서—객관적인 방법이 있는가? 컴퓨터의 경우에는, 메모리에 있는 내용 모두를—이른바 **메모리 덤프(Memory Dump)**—쉽게 얻을 수 있다. 컴퓨터 프로그래밍 초창기에는 프로그램에 뭔가 오류가 있으면 보통은 메모리 덤프를 출력했다. 그리고 나서 프로그래머는 집으로 가서 메모리에 있던 내용 하나 하나가 무엇을 표현했는지 이해하려고 메모리 덤프를 몇 시간이나 뚫어지게 들여다보아야 했을 것이다. 본질적으로 그 프로그래머는 컴파일러가 하는 것과 정반대의 일을 하고 있었을 것이다. 즉 그는 기계어를 개념어인 고급언어로 번역하고 있었을 것이다. 결국 그 프로그래머는 프로그램의 목표를 이해했을 것이며 그 목표를 다음의 예문처럼 높은 층위의 용어들로 기술할 수 있었을 것이다 : "이 프로그램은 소설을 러시아어에서 영어로 번역한다" 또는 "이 프로그램은 입력된 어떤 임의의 주제에 대해서도 그것을 바탕으로 8성 푸가를 작곡한다."

뇌들을 높은 층위에서 비교하기

이제 우리의 질문을 뇌의 경우에 적용해 탐구해야 한다. 이 경우 우리는, "사람들의 뇌도 높은 층위에서 '읽을 수' 있을까? 뇌의 내용에 대한 어떤 객관적인 기술이 있는가?"라고 질문을 던진다. "개미 푸가" 편에서 개미핥기는 개미탑 아줌마(Aunt Hillary)를 구성하는 개미들의 바쁜 움직임을 관찰하면 아줌마가 무슨 생각을 하고 있는지 알 수 있다고 주장했다. 어떤 슈퍼 존재—아마 뉴런핥기(Neuroneater)—가 우리의 뉴런을 관찰하고, 관찰한 것을 덩이 지어 우리의 사고에 대한 분석을 내놓을 수 있을까?

분명히 답은 "그렇다"임이 틀림없다. 왜냐하면 우리 모두는 어느 때의 활동이건 우리 마음의 활동을 덩이 지어서 (즉 뉴런 층위가 아니라) 아주 잘 기술할 수 있기 때문이다. 즉 자신의 뇌 상태를 개략적인 정도로 덩이 짓고 그것에 대한 기능적인 기술을 제공해주는 메커니즘이 우리에게 있다는 뜻이다. 더 정확히 말하면, 우리는 뇌 상태를 전부 덩이 짓는 것이 아니라 활성 상태에 있는 뇌 부분들만 덩이 지을 뿐이다. 그러나 누가 우리에게 현재 비활성적인 우리 뇌의 영역에 코드화되어 있는 어떤 주제에 관해서 물어본다면, 해당하는 휴면 영역에 거의 즉시 접근해서 그 영역에 대한 덩이진 기술—즉 그 주제에 대한 어떤 신념—을 제시할 수 있다. 뇌의 그 부분의 신경층위에 대해서는 전혀 아무런 정보도 없이 돌아온다는 점에 주목하라. 즉 우리가 하는 기술은 너무나도 덩이지어 있어서 그것이 뇌의 어느 부분에 대한 기술인지조차 전혀 알지 못한다. 이것은 메모리 덤프의 각 부분에 대한 의식적인 분석으로부터 자신의 덩이진 기술을 얻는 프로그래머와 대조될 수 있다.

이제 어떤 사람이 자기 뇌의 어떤 부분에 대해서도 덩이진 기술을 할 수 있다면, 외부인에게 같은 뇌에 비파괴적으로 접근하는 수단이 주어질 경우, 그 외부인이 그 뇌의 제한된 영역을 덩이 지을 수 있을 뿐만 아니라 실제로 뇌에 대한 완전한 덩이진 기술—다른 말로 하면 접근할 수 있는 뇌를 가진 사람의 신념을 완전하게 기록하는 일—을 왜 하지 못하겠는가? 물론 이러한 기술은 분명히 천문학적인 규모가 될 테지만 그것은 여기에서 관심사항이 아니다. 우리가 관심을 가지는 문제는, 원리적으로 뇌에 대한 잘 정의된 높은 층위의 기술이 있는 지에 대한 여부, 또는 역으로 뉴런 층위의 기술—또는 똑같이 생리적이고 직관적으로 알려주는 것이 없는 어떤 것—이 원리적으로 존재하는 최선의 기술인가이다. 분명히, 우리가 과연 스스로를 이해할 수 있는지를 알고자 한다면, 이 질문에 답하는 것이 가장 중요할 것이다.

잠재적 신념, 잠재적 기호

덩이진 기술이 가능하다는 것이 내 주장이지만, 우리가 그것을 받아들인다고 해서 모든 것이 갑자기 명명백백해지지는 않을 것이다. 문제는 뇌의 상태로부터 덩이진 기술을 도출하려면 우리의 발견을 서술해줄 언어가 필요하다는 점이다. 이제 뇌를 기술하는 가장 적절한 방법은 뇌가 품을 수 있을 종류의 생각들, 그리고 품을 수 없을 종류의 생각들을 열거하거나, 아마 뇌가 믿는 것과 믿지 않는 것들을 열거하는 방법일 것 같다. 그것이 덩이진 기술에서 우리가 추구하려는 종류의 목표라면, 우리가 어떤 종류의 곤란한 일에 부딪힐지 쉽게 알 수 있다.

ASU에서 선택할 수 있는 모든 가능한 여행들을 열거하기를 원했다고 치자. 무수히 많은 여행들이 있다. 그런데 어떤 여행이 그럴듯한 여행인지를 어떻게 결정하는가? 그런데 "그럴듯한"이란 무슨 뜻인가? 이것이 우리가 뇌 안에서 기호와 기호를 연결하는 "가능한 경로"가 무엇인지 확립하려고 할 때 겪는 바로 그런 어려움일 것이다. 우리는 시가를 입에 물고 드러누워 공중을 날아가는 개 한 마리를 상상할 수 있고 또는 고속도로 위에서 거대한 계란 프라이 두 개가 부딪히는 장면, 그밖의 우스꽝스러운 이미지들을 얼마든지 상상할 수 있다. 우리의 뇌 속에서 따라갈 수 있는 억지스러운 경로들의 개수는 ASU에서 계획할 수 있는 얼토당토않은 여행 일정의 개수만큼이나 무한하다. 그러나 주어진 ASU에서, 정확히 무엇이 "제대로 된" 여행 일정을 구성하는가? 주어진 뇌 상태에서, 정확히 무엇이 "합당한" 생각을 구성하는가? 뇌 상태 자체는 어떤 경로도 금하지 않는다. 어느 경로에 대해서도 그 경로를 따라가라고 강요할 수 있는 상황들이 늘 있기 때문이다. 뇌의 물리적 상태는—제대로 판독되었다면—우리가 어떤 경로를 따라갈 수 없는가에 대한 정보를 주는 것이 아니라, 그보다는 도중에 얼마나 많은 저항이 나타날지에 대한 정보를 준다.

이제 ASU에 취할 수 있는 합당한 대체 경로가 두 개 이상인 여행이 많이 있다. 예컨대 샌프란시스코에서 뉴욕으로 가는 여행은 북쪽 경로나 남쪽 경로를 따라서 갈 수 있다. 각 경로는 아주 합당하지만, 사람들은 이런저런 상황에 따라 길

을 택한다. 어느 시점에 지도를 본다고 해도 먼 미래의 시점에 어떤 길이 더 나을
지에 대해서는 조금도 알 수 없다—그것은 여행을 할 때의 외부상황에 달려 있
다. 마찬가지로 뇌 상태의 "판독"은 주어진 기호들을 연결하는 이용이 가능한
합당한 대체 경로들이 여러 개 있다는 것을 보여줄 것이다. 그러나 이 기호들 사
이로 당장 여행할 필요는 없다. 그 여행은 단지 뇌 상태의 판독에서 나타나는 수
십억 가지의 "잠재적인" 여행들 가운데 하나에 불과할 것이다. 이로부터 중요한
결론이 도출된다 : 뇌 상태 자체에는 어떤 경로가 선택될지를 알려주는 아무런
정보도 없다. 외부상황들이 경로를 선택하는 데에서 결정적인 역할을 할 것이다.

이것은 무엇을 암시하는가? 상황에 따라 그야말로 완전히 상충하는 생각들
이 단일한 뇌에 의해서 만들어질 수 있다는 뜻이다. 그리고 뇌 상태에 대해서 제
몫을 해내는 높은 층위의 모든 판독은 이런 상충하는 상태들을 틀림없이 포함
한다. 실제로, 우리 모두 모순 덩어리이며, 어떤 시점에서 자신의 한 면만 발휘함
으로써 일관성을 간신히 유지할 수 있다는 점은 명명백백한 사실이다. 그 선택
은 미리 예측할 수 없다. 이유는, 그 선택을 강요할 조건들을 미리 알지 못하기
때문이다. 뇌 상태가—적절하게 판독되었다면—제공할 수 있는 것은 경로들의
선택에 대한 **조건부** 기술이다.

예를 들면, "전주곡" 편에 묘사된 게의 곤경을 살펴보자. 게는 음악작품의 연주
에 다양하게 반응할 수 있다. 게는 그 곡을 훤히 알기 때문에 때로는 거의 무덤덤
해할 것이다. 때로는 격하게 흥분할 것이다. 그러나 이 반응은—예컨대 그 작품
을 처음 접하는 열광적인 감상자가 있는 경우처럼—외부로부터 올바른 종류의
점화가 필요하다. 아마도 게의 뇌 상태를 높은 층위에서 판독하면 잠재적 무덤덤
함(과 그것을 유발할 조건들)과 마찬가지로 잠재적 짜릿함(과 그것을 유발할 조
건들)도 드러낼 것이다. 뇌 상태 자체는 그 작품을 다음번에 들을 때 어떤 반응이
일어날지 알려주지 않을 것이다. 뇌 상태는 다만 "이러저러한 조건들이 갖추어지
면 짜릿함이 생긴다. 그렇지 않으면……" 따위를 말해줄 수 있을 뿐이다.

뇌 상태에 대한 덩이진 기술은 상황에 따라 조건부로 불러일으켜질 신념의 목
록을 제공할 것이다. 가능한 모든 상황을 열거할 수는 없기 때문에, 사람들이
"합당하다"고 생각하는 상황에 만족해야 할 것이다. 나아가 상황들 자체에 대
한 덩이진 기술에 만족해야 할 것이다. 왜냐하면 그 상황들은 분명히 원자 층위
까지 내려가 특정할 수 없고 그래서도 안 되기 때문이다! 따라서 덩이진 상황이

주어졌을 때, 뇌 상태로부터 어떤 신념들이 끄집어내질 것인가를 엄밀하게 결정론적으로 예측할 수는 없을 것이다. 요컨대, 뇌 상태에 대한 덩이진 기술은 "확률적 목록"으로 구성될 텐데, 그 목록에 나열되는 것은, 그 자체로 덩이진 층위에서 기술되어 있고 "합리적으로 보아 일어날 것 같은" 다양한 상황들에 의해서, 가장 잘 유발될 것 같은 신념들(그리고 가장 잘 활성화될 것 같은 기호들)이다. 맥락에 대한 언급 없이 누군가의 신념을 덩이 지으려 하는 것은, 배우자에 대해서 언급하지 않고 어떤 독신자의 "잠재적인 후손"의 범위를 기술하려는 것만큼이나 얼빠진 일이다.

주어진 사람의 뇌 안에 있는 모든 기호들을 열거하는 데에서 위와 같은 종류의 문제들이 생긴다. 뇌 안에는 잠재적으로 무수한 **경로들**이 있을 뿐만 아니라 무수한 **기호들**도 있다. 지적한 바와 같이, 새로운 개념은 언제나 기존 개념으로부터 만들어질 수 있다. 그래서 그런 새로운 개념을 표현하는 기호는 개별 인간에게서 깨워지기를 기다리면서 휴면 상태에 있는 기호에 불과하다고 주장할 수 있다. 그 기호들은 평생 전혀 깨워지지 않을 수도 있다. 그럼에도 불구하고 그런 기호들이 언제나 그 자리에 있으며 적절한 환경이 그것들의 합성을 점화시키기를 그저 기다리고 있다고 주장할 수 있다. 그러나 점화될 확률이 아주 낮다면, "휴면"이라는 용어는 이 상황에 적용하기는 너무 비현실적일 것이다. 이 점을 분명히 하기 위해서, 깨어 있는 동안 당신 두개골 안에 자리잡고 있는 "휴면 상태의 꿈들"을 모두 상상해보라. 당신의 뇌 상태가 주어졌을 때, "잠재적으로 꿈꿀 수 있는 주제들"과 "꿈꿀 수 없는 주제들"을 분별할 수 있는 결정절차가 있다는 것이 가능할까?

자기의식은 어디에 있는가?

우리가 논의했던 것을 되돌아보고는 당신 스스로 이런 생각을 할지도 모른다 : "뇌와 마음에 대한 이 추측들은 모두 좋고 훌륭해. 그러나 의식에 관련된 느낌들은? 이 기호들은 자신들이 원하는 모두를 서로 점화할 테지만, 누군가 그 전체를 **지각하지** 않으면, 의식이란 없어."

이것은 어떤 층위에서는 우리의 직관에 맞는 말이지만 논리적으로는 별로 맞지 않는다. 왜냐하면 우리가 지금까지 기술한 것으로는 모든 활성기호들을 지각하는 메커니즘에 대한 설명을 다룰 수 없다면 그 설명을 찾아내지 않으면 안되기 때문이다. 물론 "영혼론자"는 더 이상 찾아볼 필요가 없을 것이다. 영혼론자는 그저 신경상의 이 모든 활동을 지각하는 주체가—물리적 용어로 기술할수 없는—영혼이라고 주장할 것이다. 하지만 우리는 "의식"이 어디에서 발생하는가에 관해서 "비영혼론자"의 입장을 설명하고자 한다.

영혼론자 설명에 대한 우리의 대안은—이것 역시 당혹스러운 것인데—기호층위에 멈추어 이렇게 말하는 것이다 : "이것이 그것이다—이것이 의식이 존재하는방식이다. 의식이란, 앞의 문단들에서 설명했던 것들과 다소 비슷한 점화 패턴들을 따르는 기호들이 체계 안에 존재할 때마다 일어나는 어떤 체계의 바로 그성질이다." 너무 뻣뻣하게 표현하니 이 대안이 부적절해 보일지도 모르겠다. 이대안은 "나"라는 감각, 자기라는 감각을 어떻게 설명하는가?

하위체계들

"나" 또는 "자기"가 기호로 표현되지 않을 것이라고 기대할 이유는 없다. 사실,자기에 대한 기호는 아마 뇌 속의 모든 기호들 가운데 가장 복잡할 것이다. 그래서 나는 자기에 대한 기호를 새로운 위계층위에 놓고 그것을 기호가 아니라하위체계로 부르기로 했다. 더 정확히 말하면 : "하위체계"란 기호들의 무리를 의미하는데, 각 개별기호는 그 하위체계 자체의 통제하에 제각기 활성화될 수 있다. 하위체계에 관하여 내가 전하려는 이미지는, 그 하위체계가 서로 내적으로점화할 수 있는 그 자신의 기호들의 목록을 구비하고 있으며 거의 독립적인 "하부 뇌"로서 기능한다는 것이다. 물론 그 하위체계와 "외부"세계—즉 뇌의 나머지 부분—사이에 많은 소통이 이루어진다. "하위체계"는 과잉 성장한 기호를 일컫는 별칭으로, 아주 복잡해져서 서로 상호작용하는 많은 하위기호들을 가지고있다. 따라서 기호들과 하위체계들 사이의 엄격한 층위 구별은 없다.

하위체계와 (그 일부를 곧 설명할) 뇌의 나머지 부분은 광범위하게 연결되었기 때문에, 하위체계와 외부 사이에 명확한 경계를 긋기는 매우 어려울 것이다.그러나 그 경계가 모호하더라도 하위체계는 전적으로 실재(實在)하는 사물이다.하위체계에 관한 흥미로운 사실은, 하위체계가 일단 활성화되어 자유로이 내버려두면 독자적으로 작동할 수 있다는 점이다. 따라서 한 개인의 뇌에서 둘 또는 그 이상의 하위체계들이 동시에 작동할 수도 있다. 나는 이런 일이 종종 내 자신의 뇌에서 일어나는 것을 감지했다 : 두 개의 다른 선율이 내 마음속으로 퍼져 나가면서 "나의" 주목을 끌려고 다투는 것을 종종 의식하게 된다. 어쨌든 각 선율은 나의 뇌 안에서 별도의 구역에서 제작되고 있거나 또는 "연주되고" 있다. 나의 뇌로부터 선율을 끌어내는 일을 책임지는 체계들이 제각기 아마 다수의 기호들을 차례대로 활성화하고 있을 것이다. 똑같은 일을 하는 다른 체계를 전혀 감지하지 못한 채 말이다. 그리고 나서 두 체계는 나의 뇌 속에 있는 제3의 하위체계—자기-기호(self-symbol)—와 소통하려고 시도한다. 바로 그 지점에서 "나"는 나의 뇌 속에서 무슨 일이 일어나고 있는지 낌새를 알아차린다. 다른 말로 하면, 그 두 하위체계들의 활동들에 대한 덩이진 기술을 알아채기 시작한다.

하위체계들과 공유 코드

전형적인 하위체계는 잘 아는 사람들을 표현하는 것일 수도 있다. 그런 하위체계는 우리 뇌에서 아주 복잡한 방식으로 표현되어서, 그 결과 그 체계의 기호들은 하위체계의 수준으로 확대되어, 자율적으로 활동할 수 있게 되고, 활동 지원을 위해서 우리 뇌의 몇몇 자원을 이용한다. 내가 말하려는 것은, 친구를 기호화하는 하위체계가 내가 할 수 있는 것처럼 나의 뇌에 있는 많은 기호들을 활성화할 수 있다는 점이다. 예를 들면, 좋은 친구에 대한 나의 하위체계를 작동시켜 사실상 그의 입장에서 나 자신을 느낄 수 있다. 그래서 그가 품었을 생각을 쫓아가고, 나 자신의 사고 패턴보다 그의 사고 패턴을 더 정확히 반영하는 순서로 기호들을 활성화한다. 이 친구에 대해서 나의 뇌의 하위체계에 실체화한 모델이 그의 뇌에 대해서 내가 하는 덩이진 기술을 구성한다고 말할 수 있을 것이다.

그러면 이 하위체계는, 내가 그의 뇌 속에 있다고 생각하는 기호 하나씩에 대응하는 기호를 포함하는가? 그것은 중복일 것이다. 아마 그 하위체계는 나의 뇌 속에 이미 있는 기호들을 두루 사용할 것이다. 예를 들면 하위체계가 활성화되었을 때 나의 뇌 안에 있는 "산(山)"에 대한 기호를 빌려갈 수 있다. 그런데 하위체계가 그 기호를 사용하는 방식이 나의 뇌 전체가 그 기호를 사용하는 방식과 반드시 같을 필요는 없을 것이다. 구체적인 보기로, 내가 중앙 아시아 톈산(天山) 산맥에 대해서 친구와 얘기하고 있고(둘 다 그곳에 가본 적이 없다), 그 친구가 몇 년 전에 알프스에서 멋진 도보여행을 했다는 사실을 내가 알고 있다고 하자. 그러면 그의 말을 내가 해석할 때, 그가 톈산 산맥 지역을 어떻게 시각화하는지를 상상하려고 애쓸 것이기 때문에, 그가 앞서 체험한 알프스 여행으로부터 내가 받아들인 이미지들로 부분적으로 색깔을 입힐 것이다.

이 장에서 구축해온 어휘를 쓰면, 내 안에 있는 "산(山)" 기호의 활성화는 내 친구를 표현하는 나의 하위체계가 통제한다고 말할 수 있겠다. 그 결과, 내가 보통 때 사용하는 것과 다른 "창"을 나의 기억들에 대해서 열어주게 된다. 즉 나의 "기본 선택(default option)"은 내 기억의 전 범위(全範圍)로부터 그의 기억에 대한 내 기억의 집합으로 전환된다. 말할 필요도 없이 그의 기억에 대한 나의 표현은 그의 실제 기억에 대한 근사치에 불과하다. 그의 기억은 그의 뇌에 있는 기호들의 복잡한 활성화 양식이며 나로서는 접근할 수 없는 것이다.

그의 기억에 대한 나의 표현은 또한 나 자신의 기호들—잔디, 나무, 눈(雪), 하늘, 구름 등 "원시적인" 개념들에 대한 기호들—에 대한 복잡한 활성화 양식이기도 하다. 이 개념들은 나에게서 표현되었던 방식과 "동일하게" 그에게도 표현되었다고 가정할 수밖에 없는 개념들이다. 또한 더 원시적인 개념들—중력, 호흡, 피로, 색채 등의 체험—도 그에게서 나와 비슷하게 표현되었다고 가정할 수밖에 없다. 산의 정상에 도달해서 경치를 볼 때의 기쁨 또한 덜 원시적인 개념이기는 하지만 거의 보편적인 인간적 특질일 것이다. 따라서 이런 기쁨을 담당하는 나의 뇌 안에서의 복잡한 과정들은 정확성에서 큰 훼손 없이 친구-하위체계에 의해서 직접 전용될 수 있다.

이제 내 친구가 말한 이야기 전체, 즉 많고 복잡한 인간관계와 정신적인 체험으로 가득한 이야기를 내가 어떻게 이해하는지를 기술해볼 수 있을 것 같다. 그러나 우리의 용어법은 곧바로 부적합해질 것이다. 이러저러한 사물에 대한 그의 안에서의 표현에 대한 내 안에서의 표현에 대한 그의 안에서의 표현과 결부된 기묘한 재귀가 있을 것이다. 지금 나누고 있는 이야기에 서로 알고 지내는 친구들이 등장한다면, 나는 그 친구들에 대한 그의 표현에 대한 나의 이미지와 그 친구들에 대한 나 자신의 이미지 사이에서 무의식적으로 타협을 모색할 것이다. 순수한 재귀는 이런 유형의 기호 혼합물을 다루기에는 단적으로 부적절한 형식주의일 것이다. 그런데 나는 겨우 표면만 건드렸다! 기호들 사이에 있을 수 있는 복잡한 상호작용들을 기술할 만한 용어가 지금으로서는 단적으로 없다. 따라서 수렁에 빠지기 전에 멈추도록 하자.

　그러나 우리는 컴퓨터 시스템들도 그와 같은 종류의 복잡성과 맞닥뜨리기 시작하고 있다는 점에 주목해야 한다. 그래서 이런 개념들 몇 개에 이름이 붙여졌다. 예를 들면, 나의 "산" 기호는 컴퓨터 전문용어로 **공유 코드** 또는 **재입 가능 코드**(reentrant code)로 불리는 것과 비슷하다. 이것은 한 컴퓨터에서 작동하는 둘 또는 그 이상의 시분할(時分割) 프로그램들이 사용할 수 있는 코드를 말한다. 하나의 기호가 서로 다른 하위체계들의 일부일 경우, 그 기호의 활성화는 다른 결과들을 가질 수 있는데, 이 사실은 그 기호의 코드가 서로 다른 인터프리터에 의해서 처리되고 있다는 식으로 설명할 수 있다. 따라서 "산" 기호에 있는 점화 패턴들은 절대적이지 않다. 그 패턴들은 기호가 어느 체계에서 활성화되느냐에 의존하는 상대적인 것이다.

　이런 "하위 뇌들"의 실재는 어떤 사람들에게는 의심스러워 보일 것이다. 다음 인용은 M. C. 에셔가 주기적인 도형 패턴으로 화폭을 메우는 그림을 어떻게 창작하는지 해설하는 것인데, 내가 언급하고 있는 현상이 어떤 종류의 것인지 명확히 하는 데에 도움이 될 것이다.

> 그림을 그리고 있는 동안, 나는 마치 내가 불러낸 녀석들에 의해서 조종되는 영매(靈媒)인 듯한 느낌을 가끔 받는다. 그것은 마치 그들 스스로 어떤 모양으로 보이게 할지 결정하는 것 같다는 것이다. 그들은 태어날 때까지 나의 비판적인 견해는 거의 고려하지 않는다. 그래서 나는 그들이 태어날 때의 크기에 별 영향력을 행사할 수 없다. 그들은 대체로 아주 까다롭고 고집이 센 녀석들이다.[2]

　이것은 일단 활성화되면, 뇌의 어떤 하위체계들은 거의 자율적이라는 점을 보여주는 완벽한 보기이다. 에셔의 하위체계들은 그가 보기에 그의 미학적 판단을 거의 무시할 수 있는 것 같았다. 물론 이 견해를 액면 그대로 받아들여서는 안 된다. 왜냐하면 그 강력한 하위체계들은 에셔 자신의 수년간에 걸친 수련 및 그의 심미적 감수성을 형성했던 바로 그 힘에 복종한 결과 생겨났기 때문이다. 간단히 말해, 에셔의 뇌에 있는 하위체계들과 에셔 자신이나 그의 심미적 판단을

---

2) C. H. MacGillavry, *Symmetry Aspects of the Periodic Drawings of M. C. Escher*, P. VIII.

분리하는 것은 잘못된 일이다. 그 하위체계들이 에서의 심미적 감각의 핵심부를 이루며, 그곳에서 "그"는 예술가라는 완전한 존재이다.

자기-기호와 의식

자기-하위체계의 매우 중요한 부차 효과는 다음과 같은 의미에서 "영혼"의 역할을 할 수 있다는 점이다. 즉, 뇌 안에 있는 기호들 그리고 나머지 하위체계들과 끊임없이 소통하는 데에서, 자기-하위체계는 어떤 기호들이 어떤 방식으로 활성화되고 있는가를 계속 파악하고 있다. 이것은 자기 하위체계가 정신 활동에 대한 기호—다른 말로 하면, 기호에 대한 기호 그리고 기호의 활동에 대한 기호—를 가져야만 한다는 뜻이다.

물론, 이것이 의식이나 자각(自覺)을 그 어떤 "마법적인", 비물질적 층위로 끌어올리지는 않는다. 여기서 자각이란, 우리가 기술해온 복잡한 하드웨어 및 소프트웨어의 직접적인 결과이다. 자각을, 그 기원이 물질적임에도 불구하고, 이와 같이 기술하는 방식—뇌 자체의 하위체계를 통해서 뇌 활동을 감시하는 것으로—은, 우리 모두가 알고 있고 "의식"이라고 부르는, 거의 기술할 수 없는 감각과 비슷한 것 같다. 분명히 알 수 있는 것은 여기에 있는 복잡성이 상당해서 뜻밖의 여러 효과들을 창출할 수 있을 것이라는 점이다. 예를 들면, 이런 종류의 구조를 가진 컴퓨터 프로그램이 스스로에 대해서 사람들이 자신에 대해서 통상적으로 언급하는 진술들과 상당히 비슷한 진술을 할 것이라는 점은 꽤 그럴듯하다. 이 뜻밖의 효과에는 컴퓨터 프로그램은 자유의지가 있으며, "구성성분들의 총합"으로 설명할 수 없다는 것, 등등의 주장이 포함된다(이 주제에 대해서 M. 민스키의 책 『의미론적 정보처리(*Semantic Information Processing*)』에 실린 논문 "사물, 마음 그리고 모델들[Matter, Mind, and Models]"을 참조하라).

내가 여기에서 가정한 것과 같은 자기를 표현하는 하위체계가 실제로 우리의 뇌에 존재한다는 보증이 어디에 있는가? 앞에서 기술한 바와 같은 대단히 복잡한 기호망이 자기-기호의 발전 없이 발전할 수 있을까? 숙주유기체(host organism)를 나타내는 기호가 없다면, 이 기호들과 기호들의 활동이 숙주를 둘러싼 우주의 진짜 사건들과 "동형적인" 정신적 사건들을 어떻게 유발할 수 있겠는가? 체계로 유입되는 모든 자극은 공간 내의 하나의 작은 덩어리에 집중된다. 기호가 자리잡고 있고, 기호가 반영하는 사건에서 그 어떤 다른 사물보다도 더 큰 역할을 하는 물리적 사물이 있는데 그것에 대한 기호가 없으면, 그것은 뇌의 기호 구조에 뚫린 정말 눈에 띄는 구멍일 것이다. 사실, 생각해보면, 국지적인 생명체를 둘러싼 세계를 이해할 수 있는 유일한 방법은 그 생명체가 주위의 다른 대상들과의 관계에서 맺는 역할을 이해하는 것이다. 이것은 자기-기호의 존재를 필연으로 만든다. 그리고 기호에서 하위체계로 넘어가는 단계는 자기-기호가 중요하다는 것의 반영일 뿐 질적인 변화는 아니다.

루카스와의 첫 만남

옥스퍼드 대학교의 철학자 루카스(J. R. Lucas : 앞서 설명한 루카스 수와 무관한 인물이다)는 1961년에 "마음, 기계 그리고 괴델(Minds, Machines, and Gödel)"이라는 제목의 주목할 만한 논문을 쓴 바 있다. 그의 견해는 나와는 정반대이지만, 내가 사용한 것과 똑같은 성분들을 많이 섞어서 자신의 견해를 피력하고 있다. 아래 발췌한 인용은 우리가 방금 논의하는 내용과 전적으로 관련이 있다 :

> 철학적 성찰을 하려는 최초의 가장 단순한 시도들에서, 우리가 어떤 것을 아는 경우, 그것을 안다는 사실을 아는지, 그리고 우리가 자신에 대해서 생각하고 있을 경우, 생각되고 있는 것이 무엇인지, 생각을 하는 것이 무엇인지의 문제들에 얽혀들게 된다. 이 문제에 오랫동안 당혹해하고 골머리를 썩고 난 후에야 우리는 이 질문들을 밀어붙이지 말아야 한다는 것을 배운다. 즉 의식이 있는 존재라는 개념이 의식이 없는 물체라는 개념과는 다르다는 것을 함축적으로 깨닫는다. 의식이 있는 존재가 뭔가를 안다고 말하는 경우, 우리는 그가 그것을 안다는 것뿐만 아니라, 그가 그것을 안다는 것을 안다는 것과, 그가 그것을 안다는 것을 그가 안다는 것을 그가 안다는 것을 말한다. 그리고 우리가 그 질문을 계속 제기하는 한, 계속해서 그런 식으로 진행해나간다. 그때 여기에 무한성이 있음을 깨닫는데, 이 무한성은 나쁜 의미에서의 무한후퇴는 아니다. 왜냐하면 무의미한 것으로서 소멸하는 것은 대답이 아니라 질문들이기 때문이다. 그 개념이 그러한 질문에 무한정 계속 답변할 수 있다는 생각을 자체 내에 포함하기 때문에 그 질문은 무의미한 것으로 느껴진다. 의식 존재는 그런 대답을 계속할 능력을 가지지만, 우리는 이 능력

을 그저 의식 존재들이 수행할 수 있는 연쇄적인 과제처럼 전시하고 싶지는 않다. 또한 '마음'을 자기들과 슈퍼–자기들 그리고 슈퍼슈퍼–자기들의 무한연쇄로 보고 싶지도 않다. 오히려 우리는 의식 존재가 하나의 단일체라고 주장한다. 우리가 마음의 부분들을 언급하기는 하지만, 비유로서만 그렇게 말하는 것이다. 따라서 그 말을 곧이곧대로 받아들이면 안 될 것이다.

의식의 역설은 의식이 있는 존재가 다른 사물들은 물론이고 자기 스스로를 의식할 수 있기 때문에 생겨난다. 그러나 의식은 진짜로 부분들로 분리될 수 있는 존재로서 해석될 수는 없다. 이것은 의식이 있는 존재가 기계가 해낼 수 없는 방식으로 괴델의 질문들에 대처할 수 있다는 뜻이다. 왜냐하면 의식이 있는 존재는 자신과 자신의 실행을 동시에 생각할 수 있지만 과업을 실행한 존재 이외의 다른 존재가 될 수 없기 때문이다. 기계가 어떤 면에서는 자신의 실행을 생각하도록 만들어질 수도 있다. 하지만 이것은 고려할 수 없는 것이, 이 기계가 다른 기계, 즉 원래의 기계에 새로운 부분을 추가한 기계가 되어야만 하기 때문이다. 반면에 마음은 스스로에 대해서 성찰할 수 있으며 자신의 실행을 비판할 수 있는데, 이 사실은 의식하는 마음이라는 우리의 관념 속에 내재한다. 이렇게 하는데 어떤 추가 성분도 필요하지 않다 : 마음은 이미 완전하며 어떤 아킬레스 건(腱)도 가지지 않는다.

이렇게 해서 괴델의 테제는 이제 수학적 발견보다는 더욱더 개념적 분석의 문제가 되기 시작한다. 이 테제는 튜링이 제기했던 다른 논증을 생각해보면 옳다는 것이 증명된다. 여태까지 우리는 아주 단순하고 예측이 가능한 인공물들을 만들어 왔다. 우리가 기계들의 복잡성을 증가시키면, 아마 놀라운 일이 우리를 기다리고 있을지도 모른다. 튜링은 그것을 핵 분열로에 비유한다. 어떤 "임계" 규모 아래에서는 별일이 일어나지 않지만, 임계 규모를 넘어서면 불꽃이 튀기 시작한다. 그와 같은 일이 아마 뇌와 기계에도 있을 것이다. 대부분의 두뇌와 모든 기계들은 현재는 아직 "임계치 아래"에 있다. 그것들은 유입되는 자극들에 대해서 아주 따분하고 재미없게 반응하며, 그것들 자신만의 생각은 없고 틀에 박힌 반응만 내놓을 수 있다. 그러나 오늘날 소수의 두뇌들, 그리고 아마 미래에는 몇몇 기계들이 임계치를 넘을 것이고 자력으로 불꽃을 뿜을 것이다. 튜링은 그렇게 되는 것은 단지 복잡성의 문제이며 어떤 복잡성 수준을 넘어서면 질적인 차이가 나타나고, 그 결과 "임계치를 넘어선" 기계들은 지금까지 상상했던 단순한 기계들과는 전혀 다를 것이라고 시사하고 있다.

그럴지도 모르겠다. 복잡성은 종종 질적인 차이를 낳는다. 믿기 어려울지 모르지만, 복잡성이 어느 수준을 넘어서면, 기계는—심지어 원리적으로—예측이 불가능해지고 자력으로 어떤 일을 하기 시작하리라는 것이 사실로 판명될지도 모르고, 또는 매우 계시적인 표현을 쓰면 기계는 자신의 마음을 가지기 시작할지도 모른다. 기계는 자신의 마음을 가지기 시작할지도 모른다. 더 이상 완전히 예측될 수 없고, 전혀 고분고분하지 않으며, 게다가 우리가 지능적인 것으로 생각하는 일들과 실수나 무작위인 일만이 아니라 우리 인간이 프로그래밍해 넣지 않은 일들을 할 수 있을 때, 그때에는 기계가 자기 마음을 가지기 시작할 것이다. 그러나 이렇게 되면 그 기계는 행위의 관점에서 볼 때 더 이상 기계가 아닐 것이다. 기계론자의 논쟁에서 중요한 것은 마음이 어떻게 생겨나는가 또는 생겨날 수 있는가가 아니라 어떻게 작동하는가이다. 기계론의 테제에서 본질적인 것은 마음의 기계적 모델은 "기계적 원리"에 따라 작동한다는 점이다. 즉 전체의 작동은 부분들의 작동과 관련지어 이해할 수 있으며, 개별 부분의 작동은 그것의 초기 상태와 기계의 구조에 의해서 결정되거나 또는 확정적 개수의 확정적 작동들 사이에서 내려지는 무작위 선택일 것이라는 점이다. 기계론자가 너무나 복잡해서 앞에서 언급한 것에 적용되지 않는 기계를 만든다면, 그 기계는 어떻게 만들어졌든 더 이상 우리의 토론 목적에 걸맞는 기계가 아니다. 차라리 우리가 지금 아이들을 낳는다는 것과 같은 의미에서, 기계론자가 마음을 창조했다고 말해야 할 것이다. 그러면 세계에 새로운 마음들을 탄생시키는 두 가지 방식이 있을 것이다 : 전통적인 방식은 여자가 아이를 출산하는 방식이고, 새로운 방식은 밸브와 계전기(繼電器, relay)로 이루어진 매우 매우 복잡한 시스템을 구축하는 방식이다. 두 번째 방식을 말해보자면 : 우리는 그렇게 창조된 것이 기계처럼 보일지라도 그것은 실제로는 기계가 아니라고 주의를 기울여 강조해야 한다. 왜냐하면 그것은 자신을 이루고 있는 부분들의 총합만은 아니기 때문이다. 우리는 그 기계가 만들어진 방식과 그 부품들의 초기 상태에 대한 지식만으로는 그 기계가 무슨 일을 하려는지 알 수 없을 것이다 : 심지어 괴델 유형의 질문을 받아도 올바른 대답을 할 것이기 때문에, 그 기계가 할 수 있는 것의 한계조차도 알 수 없을 것이다. 사실 우리는 단적으로, 괴델의 질문에 어리둥절하지 않는 모든 체계는 **바로 그 사실에 근거하여** 튜링 기계(Turing machine)가 아니라고, 즉 행위의 의미에서 볼 때 기계가 아니라고 말해야 할 것이다.[3]

---

3) J. R. Lucas, "Minds, Machines, Gödel", in A. R. Anderson 편, *Minds and Machines*, pp. 57-59.

이 글을 읽으면서 급박하게 이어지는 주제, 암시, 함축적 의미, 혼란 및 결론들의 홍수에 나의 마음은 줄곧 놀라움으로 멈칫했다. 우리는 캐럴의 역설에서 괴델로, 튜링으로, 인공지능으로, 전일주의와 환원주의로 도약해서 옮겨 다녔는데, 이 모든 내용이 세 쪽에 걸쳐 있다. 루카스에 관해서는, 자극적이기만 할 뿐 아무 내용도 없다고 말할 수 있다. 다음 장들에서는 이 이상야릇한 글에서 감질나게 훑고 넘어간 여러 주제들로 돌아갈 것이다.

다양한 변주가 딸린 아리아

아킬레스는 지난 며칠간 잠을 잘 수 없었다. 그래서 오늘 밤에는 그의 친구 거북 선생이 그 지겨운 시간 동안 친구 곁에 있어주려고 방문했다.

거북 : 아킬레스, 이 친구야, 불면증에 시달리고 있다니 안됐군. 내가 곁에 있어서 자네를 잠 못 들게 만드는 그 견딜 수 없는 흥분이 가라앉기를 바라네. 자네가 잠이 들게끔 내가 자네를 아주 따분하게 해주겠네. 이렇게라도 자네를 도울 수 있으면 좋을 텐데.

아킬레스 : 아니야. 따분해져서 잠에 빠지려고 세상에서 가장 따분한 것들을 이미 시도해보았는데 슬프게도 다 소용없었네. 따분하게 하는 데에는 자네는 그것들에게 미치지 못할 걸세. 그건 아니야, 거북 선생. 내가 자네를 초대한 것은 자네가 수론의 이런저런 이야기로 나를 즐겁게 해줄 수 있을 거라는 희망에서지. 적어도 내가 이 긴 시간을 기분 좋은 방식으로 보낼 수 있도록 말이야. 나는 수론이 나의 고통받는 영혼에 놀라운 치유력이 있다는 것을 알아냈거든.

거북 : 거참 기발한 생각이군! 에, 자네 말을 들으니 카이저링 백작의 이야기가 생각나는구먼.

아킬레스 : 카이저링 백작, 그게 누군가?

거북 : 오, 18세기 작센 지방의 백작인데, 사실 별로 대단한 인물은 아니야. 하지만, 그 사람 때문에, 그 이야기를 해줄까? 아주 재미있어.

아킬레스 : 재미있는 이야기라면 들어보자고!

거북 : 그 백작이 불면증에 시달렸던 때가 있었지. 그런데 같은 지역에 유능한 음악가가 살고 있었어. 그래서 카이저링 백작은 이 음악가에게 변주곡들을 작곡해달라고 부탁했지. 백작의 쳄발로 연주자가 그 곡을 연주하면 그것을 들으면서 잠 못 이루는 기나긴 밤을 좀더 즐겁게 보내려고 말이야.

아킬레스 : 그 시골 촌구석 작곡가가 그의 주문에 응했나?

거북 : 그랬던 것 같아. 왜냐하면 작품이 완성된 후 백작이 그에게 후하게 보답을 했다고 하네. 무려 100개의 루이 금화가 담긴 황금 잔을 주었다네.

아킬레스 : 그럴 리가! 우선, 그가 어디서 그런 잔과 그 모든 금화를 찾아냈는지 궁금하네.

거북 : 아마 박물관에서 보고는 마음에 들었던 모양이지.

아킬레스 : 그러니까 백작이 그것을 슬쩍했다는 말인가?

거북 : 뭐, 꼭 그렇다는 것은 아니야, 하지만……당시에는 백작들은 어떤 것이든 원하는 것은 거의 마음대로 할 수 있었던 시절이거든. 어쨌든 백작은 그 음악에 흡족했던 게 분명해. 왜냐하면 백작은 골트베르크라는 이름을 가진 그 젊은 쳄발로 연주자에게 계속해서 변주곡 중에 이 곡 저 곡을 연주해달라고 부탁했거든. 그래서 (역설처럼 들리지만) 그 변주곡들에는 유명한 백작의 이름 대신에 청년 골트베르크의 이름이 붙여졌지.

아킬레스 : 그러니까 자네 말은 그 작곡가가 바흐이고, 그 작품이 이른바 "골트베르크 변주곡"이라는 거지?

거북 : 그렇다네! 원래 그 작품의 이름은 "다양한 변주가 딸린 아리아"였지. 30개의 변주곡으로 구성되었다네. 자네는 바흐가 그 멋진 30개의 변주곡을 어떻게 만들었는지 아는가?

아킬레스 : 말해보게.

거북 : 맨 끝 변주만 빼고, 모든 변주는 "아리아"라고 불리는 단 하나의 주제를 토대로 만들어진 것이지. 사실 모든 변주들을 결속하는 것은 어떤 공통된 선율이 아니라, 공통적인 화성학적 토대라네. 선율들은 바뀔 수도 있지만, 그 바탕에는 일정하게 유지되는 주제가 깔려 있어. 마지막 변주에 와서야 비로소 바흐는 약간의 자유를 시도하지. 그것은 일종의 "종지부 이후의 종지부"라네. 그것은 원래의 주제와는 거의 관계가 없는 이질적인 음악적 구상—그러니까 두 개의 독일 민요—을 포함하고 있어서, 이 변주들을 "쿼들리벳(quodlibet)"*이라고 부르지.

아킬레스 : "골트베르크 변주곡"에서 특이한 것은 또 뭐지?

거북 : 에, 매번 세 번째는 카논이지. 일단 **동일한** 음표로 두 개의 카논 성부가 나오지. 두 번째로는 두 성부 중의 한 성부가 첫 성부보다 **1도씩 높게** 만

---

* 뒤죽박죽으로 작곡된 음악형식으로서 해학혼성곡(諧謔混成曲)이라고 불린다.

들어진 카논이 나오지. 세 번째는 한 성부가 다른 것보다 **2도**가 높게 되어 있지. 그런 식으로 음표가 다시 처음 음정으로 되돌아올 때까지 아홉 개의 카논이 진행되지. 그러니까 모두 합치면 열 개의 카논이야. 그리고—

아킬레스 : 잠깐. 최근에 새로 발견된 열네 개의 골트베르크 카논에 대해서 어디서 읽어본 것 같은데……

거북 : 그게 아직까지 알려지지 않았던 11월 중의 14일간의 행적에 대한 발견을 다룬 같은 잡지에 실리지 않았나?

아킬레스 : 아니야, 그건 정말이야. 볼프라는 음악학자는 스트라스부르에 특별한 골트베르크 변주곡 사본이 있다는 말을 들었다네. 그는 그것을 보려고 그리로 갔지. 그러고는 놀랍게도 악보의 뒷면에서 "종지부 이후의 종지부" 격인 이 열네 개의 새로운 카논들을 발견했지. 그런데 그것들은 다 골트베르크 변주곡의 주제의 첫 여덟 개의 음표에 근거하고 있었지. 따라서 우리는 이제 골트베르크 변주곡이 30개가 아니라 실은 44개라는 것을 알지.

거북 : 말하자면, 변주곡이 44개 있다는 얘기네. 다른 음악학자가 어느 예측하지 못할 장소에서 또다른 것들을 발견하지 않는다면 말이야. 있을 법하지는 않지만, 여전히 다른 변주곡들이 발견되고, 그러고 나서 또다른 것들이, 그리고 계속해서……발견될 가능성이 있지. 그런 발견이 결코 끝나지 않을지도 몰라! 우리가 언제 골트베르크 변주곡 전곡을 다 갖출지 결코 알지 못할 수도 있어.

아킬레스 : 그거 특이한 생각이군. 아마, 모든 사람들이 최근의 발견이 그저 운이 었으며, 그래서 이제 우리가 정말로 골트베르크 변주곡 전곡을 가졌다고 생각할 걸세. 하지만 자네 말대로 언젠가 또다른 변주곡들이 추가로 발견된다고 가정해보세. 그러면 우리는 이런 종류의 일을 기대하기 시작할 거야. 그 시점에서, "골트베르크 변주곡"이라는 곡명은 이미 알려진 것뿐만 아니라 결국에는 나타날 수도 있는 또다른 변주곡들도 또한 포함하는 것으로 그 의미를 약간 바꾸기 시작하겠지. 그 변주곡의 개수—'g'라고 해보세—는 분명히 유한하지. 안 그런가? 하지만 g가 유한하다는 것을 안다고 해서 g의 크기를 안다는 뜻은 아니지. 결국 이 정보는 골트베르크 변주곡을 언제 다 찾을지에 대해서 말해주는 바가 없네.

거북 : 그건 분명히 맞는 말이야.

아킬레스 : 바흐가 이 유명한 변주곡들을 언제 작곡했는지 말해주게.

거북 : 이 모든 것은 그가 라이프치히의 성가대장으로 있을 때인 1742년에 작곡
했지.

아킬레스 : 1742? 흐음. 그 숫자 들어본 적이 있는데.

거북 : 그럴 거야. 왜냐하면 1742는 아주 재미있는 수니까. 말하자면 두 개의 홀
수의 소수로 이루어졌지 : 1723+19=1742.[*]

아킬레스 : 이야, 정말! 참 흥미로운 사실이네! 그런 속성을 가진 짝수가 얼마나
자주 나타나는지 궁금하군. 어디 볼까……

$$6=3+3$$
$$8=3+5$$
$$10=3+7=5+5$$
$$12=5+7$$
$$14=3+11=7+7$$
$$16=3+13=5+11$$
$$18=5+13=7+11$$
$$20=3+17=7+13$$
$$22=3+19=5+17=11+11$$
$$24=5+19=7+17=11+13$$
$$26=3+23=7+19=13+13$$
$$28=5+23=11+17$$
$$30=7+23=11+19=13+17$$

이럴 수가!—이 작은 표만 보아도 아주 흔히 일어나는 일 같군. 하지만 이
표에서는 어떤 간단한 규칙성도 발견할 수가 없는걸.

거북 : 눈에 띄는 규칙성이 없어.

아킬레스 : 하지만 물론 규칙성이 있지! 그것을 한눈에 척 알아볼 정도로 내가 똑
똑하지 않아서 그렇지.

---

[*] 원문에는 1729+13이라고 되어 있는데, 이것은 틀린 것이다. 1729는 소수가 아니기 때문이다
(1729=19×91). 저자에게 문의해본 바 1723+19가 옳다는 회신을 받았다.

거북 : 자네는 그런 규칙성을 확신하는 것 같구먼.

아킬레스 : 의심의 여지가 없네. 혹시 (4를 제외한) **모든** 짝수들이 두 개의 홀수의 소수의 합이 아닐까?

거북 : 흐음……그 질문 들어본 적이 있는데……. 아, 이제 알겠군! 그 질문을 한 사람은 자네가 처음이 아니야. 실은 1742년에 어떤 아마추어 수학자가 바로 그 질문을 던졌지.

아킬레스 : 자네 1742년이라고 말했나? 미안하네, 자네 말을 끊어서. 하지만 방금 나는 1742가 아주 재미있는 수라는 걸 알았네. 두 개의 홀수의 소수 1747과 5의 차이이기 때문이지.

거북 : 이야 정말! 참 흥미로운 사실이네! 그런 속성을 가진 짝수가 얼마나 자주 나타나는지 궁금하군.

아킬레스 : 자네 아까 하던 말을 계속해주겠나?

거북 : 아, 그러지. 에, 말했던 것처럼, 1742년에, 갑자기 이름이 생각나지 않는데, 어느 아마추어 수학자가 당시 포츠담의 프리드리히 대왕의 궁정에 있던 오일러에게 편지를 한 통 보냈지. 그 이야기를 해줄까? 꽤 재미있을 텐데.

아킬레스 : 그렇다면 말해보게나!

거북 : 좋아. 그의 편지에서 그 수론 애호가는 위대한 오일러에게 증명되지 않은 추측을 제시했다네. "모든 짝수는 두 개의 홀수의 소수들의 합으로 나타낼 수 있다". 그 친구의 이름이 뭐였더라?

아킬레스 : 나도 어떤 수론책인가 아니면 딴 책에서 그 이야기를 읽은 게 어렴풋이 생각나는군. 그 친구 이름이 "쿠퍼괴델(Kupfergödel)" 아니었나?

거북 : 흐음……아니야. 너무 긴 것 같아.

아킬레스 : 혹시 "질버에셔(Silberescher)" 아니었을까?

거북 : 아니야, 그것도 아니야. 이름이 혀 끝에서 뱅뱅 도는데. 아, 아, 그래 "골드바흐(Goldbach)"*! 그 친구 이름은 "골드바흐"였지.

아킬레스 : 그거 비슷한 이름일 줄 알았어.

거북 : 그래. 자네의 추측이 내 기억을 되살려주었어. 그거 참 기묘해, 마치 분류 기호도 없이 도서관에서 책을 찾는 것처럼, 우리가 종종 기억 속에서 찾아

---

* 정확한 표기는 "골트바흐"이지만 "골드바흐"가 널리 쓰이는 표기라는 점을 고려해서 골드바흐로 옮겼다.

헤매야만 하잖아. 그러면 다시 1742로 돌아가보세.

아킬레스 : 그러지. 자네에게 물어보고 싶었는데 : 골드바흐의 추측이 옳다는 것을 오일러가 증명했나?

거북 : 이상하게도 오일러는 그것이 연구할 만한 가치가 있다는 생각조차 하지 않았어. 하지만 모든 수학자들이 다 오일러처럼 골드바흐의 추측을 무시한 것은 아니지. 오히려 그 문제는 많은 수학자들의 관심을 끌었고, 그래서 "골드바흐의 추측"으로 알려지게 되었지.

아킬레스 : 그러면 그 추측이 옳다고 증명되었나?

거북 : 아니, 아직 증명되지 않았어. 그러나 주목할 만한 근접은 몇 번 있었지. 예를 들면, 러시아의 수론가인 슈니렐만은 1931년에 모든 수—짝수이건 홀수이건—는 30만 개 이하의 소수들의 합으로 나타낼 수 있다는 것을 증명했지.

아킬레스 : 그거 참 이상한 결과군. 그게 무슨 쓸모가 있지?

거북 : 그것은 그 문제를 유한의 영역으로 옮겨놓았지. 우리는 슈니렐만의 증명이 나오기 전에는, 더욱 큰 짝수들을 취할수록 그것을 나타내려면 더욱더 많은 소수들을 필요로 할 거라는 건 생각할 수 있었어. 아마 어떤 짝수들은 그것을 나타내려면 1조 개의 소수들이 필요할지도 몰라. 하지만 그게 그렇지 않다는 것을 이제는 알지. 30만 개(또는 그 미만)의 소수들의 합이면 언제나 충분해.

아킬레스 : 알겠어.

거북 : 그런데 1937년에—마찬가지로 러시아 출신인—비노그라도프라는 천재적인 친구가 원하던 결과에 훨씬 더 근접하는 데 성공했지. 즉 충분히 큰 모든 **홀수**는 **세 개** 이하의 홀수의 소수들의 합으로 나타낼 수 있다는 것이지. 예를 들면 1937=641+643+653. 세 개의 홀수의 소수들의 합으로 나타낼 수 있는 홀수는 "비노그라도프 속성(Vinogradov property)"을 가진다고 말할 수 있을 거야. 따라서 충분히 큰 모든 홀수들은 비노그라도프 속성을 가지지.

아킬레스 : 아주 멋있군. 그런데 "충분히 크다는 것"이 뭘 뜻하지?

거북 : 그것은 유한한 수의 홀수들이 비노그라도프 속성을 가지지 못한다는 뜻이지. 그러나 어떤 수를 'v'라고 하면 'v'보다 큰 모든 홀수는 비노그라도프 속성을 가지지. 하지만 비노그라도프는 v가 얼마나 큰 수인지 알 수 없었어. 따라서 어떤 면에서, v는 g와 같지. 유한하지만 몇 곡인지 모르는 "골트베르

크 변주곡" 개수 말이야. v가 유한하다는 것을 안다고 해서 v가 얼마나 큰 지를 안다는 뜻은 아니지. 결국 이 정보는 나타내는 데 네 개 이상의 소수들 이 필요한 마지막 홀수가 어떤 건지 말해주지는 않는다네.

아킬레스 : 알겠어. 그러면 충분히 큰 모든 짝수 $2N$은 **네 개**의 소수들의 합으로 나타낼 수 있지. 먼저 $2N-3$을 세 개의 소수들의 합으로 나타내고 그 다음 양변에 소수 3을 더해서 말이지.

거북 : 맞았어. 또다른 근접은 다음 정리 안에 있어. "모든 짝수는 하나의 소수와 기껏해야 두 개의 소수들의 곱인 하나의 수의 합으로 나타낼 수 있다."

아킬레스 : 두 개의 소수의 합에 대한 이 문제는 분명히 자네를 이상한 영역으로 인도한다네. 우리가 두 홀수의 소수들의 차(差)를 관찰하면 어떤 곳으로 인 도될지 궁금하네. 내가 짝수와 그것을 두 개의 홀수의 소수들의 차로 나타 내는 작은 표를 만들면, 이 어려운 문제에 대한 통찰을 분명히 얻을 수 있을 거야. 두 홀수의 소수를 더했을 때처럼 말이야. 한 번 보자고.

$$2= 5-3,\ \ 7-5,\ 13-11,\ 19-17\ 등$$
$$4= 7-3,\ 11-7,\ 17-13,\ 23-19\ 등$$
$$6=11-5,\ 13-7,\ 17-11,\ 19-13\ 등$$
$$8=11-3,\ 13-5,\ 19-11,\ 31-23\ 등$$
$$10=13-3,\ 17-7,\ 23-13,\ 29-19\ 등$$

세상에! 이 짝수들에 대해서 내가 찾아낼 수 있는 표현의 개수는 끝이 없는 것 같군. 하지만 이 표에서 어떤 간단한 규칙성도 찾을 수 없군.

거북 : 눈에 띄는 규칙성이 전혀 없는 것 같네.

아킬레스 : 오. 카오스에 대한 끊임없는 투덜거림이라니! 됐네, 고마워!

거북 : 자네는 **모든** 짝수가 두 개의 홀수의 소수들의 차로 나타낼 수 있다고 보 는가?

아킬레스 : 내 표를 보면 대답은 분명히 '그렇다'일 것 같지만, 그 대답이 '아니다' 일 수도 있다고 생각하네. 별로 진전된 게 없지, 안 그러나?

거북 : 외람된 말이지만, 이 문제에 대해서는 더 깊은 통찰이 있어야 할 것으로 보네.

아킬레스 : 이 문제가 원래의 골드바흐의 문제와 어쩌면 그리도 유사한지. 아마 "골드바흐 변주"라고 불러야 할 것 같군.

거북 : 그러네. 하지만 골드바흐의 추측과 이 골드바흐 변주 사이에는 아주 현격한 차이가 있다네. 그 점에 대해서 말하고 싶은데, 모든 짝수 2N이 두 개의 홀수의 소수들의 **합**인 경우에는 "골드바흐 속성(Goldbach property)"을 가지고, 그것이 두 개의 홀수의 소수들의 **차**라면 "거북 속성(Tortoise property)"을 가진다고 해보자고.

아킬레스 : 내 생각에는 "아킬레스 속성(Achilles property)"이라고 해야 할 것 같은데. 어쨌든 그 문제를 제기한 것은 내가 아닌가.

거북 : 나는 우리가 거북 속성이 **결여된** 수는 "아킬레스 속성"을 가진다고 말해야 한다고 제안할 참이었네.

아킬레스 : 좋아…….

거북 : 자, 예를 들면 1조가 골드바흐 속성을 가지는지 아니면 거북 속성을 가지는지 생각해보라고. 물론 두 속성을 다 가질 수도 있지.

아킬레스 : 내가 그것을 생각할 수는 있네만, 두 질문 중 어느 것에라도 대답할 수 있을지 의문이야.

거북 : 그렇게 성급하게 포기하지 말게나. 자, 내가 자네에게 둘 중 한 질문에 대답하라고 요청했다고 해보세. 자네는 어떤 질문을 택하겠나?

아킬레스 : 동전을 던져서 결정하면 될 것 같은데. 두 질문에 별다른 차이를 모르겠어.

거북 : 아하! 하지만 하늘과 땅 차이가 있지. 자네가 소수들의 **합**과 관련된 골드바흐 속성을 선택한다면, 자네는 2와 1조 사이로 범위가 정해진 소수를 사용하는 것으로 할 일이 좁혀지지, 안 그래?

아킬레스 : 물론이지.

거북 : 1조를 두 개의 소수의 합으로 나타내기 위한 탐색은 **끝난다는 것이 보장되네.**

아킬레스 : 아! 자네의 요점을 알았네. 반면에 내가 1조를 두 개의 소수들의 **차**로 나타내는 일을 선택하면, 사용할 소수들의 크기에는 아무런 한계도 없겠지. 그 소수들이 너무 커서 찾아내는 데 1조년이나 걸릴 수도 있을 테지.

거북 : 아니면 그 수들이 **존재**조차 하지 않을지도 모르지! 결국, 그게 그 질문이

묻고 있었던 것이군. 다시 말하면—그런 소수들이 존재하는가? 그것이 얼마나 큰 수로 판명될 것인가는 큰 관심거리가 아니었군.

아킬레스 : 자네 말이 맞네. 그런 소수들이 없다면, 탐색 과정은 긍정의 대답도 부정의 대답도 하지 못한 채 영원히 계속될 걸세. 그럼에도 불구하고 대답은 '아니다'일 걸세.

거북 : 그래서 자네가 어떤 수를 가지고서 그것이 골드바흐 속성을 가지는지 아니면 거북 속성을 가지는지 판정하길 바라면, 그 두 판정 사이의 차이는 이렇게 될 걸세. 전자의 경우 그 탐색은 **끝난다는 것이 보장되고**, 후자의 경우 **잠재적으로 끝이 없을** 것이네—그 어떤 종류의 보장도 없지. 그 탐색은 어떤 대답도 주지 못한 채, 그저 영원히 진행될 수도 있지. 그런데, 반대로 어떤 경우에는 단 한번에 끝날 수도 있어.

아킬레스 : 나도 골드바흐 속성과 거북 속성 사이에는 엄청난 차이가 있다는 걸 알겠네.

거북 : 그래, 이 두 비슷한 문제들은 완전히 다른 종류의 속성들과 관계가 있지. 골드바흐 추측(Goldbach Conjecture)은 모든 짝수들이 골드바흐 속성을 가진다는 취지이고, 골드바흐 변주는 모든 짝수들이 거북 속성을 가진다고 주장한다네. 이 두 문제는 둘 다 해결되지 않았지만, 재미있는 것은 그것들이 매우 비슷해 보이지만 그것들은 상당히 다른 정수들의 속성과 관련이 있다는 거야.

아킬레스 : 무슨 뜻인지 알겠네. 골드바흐 속성은 어떤 짝수이든지 간에 탐지해 낼 수 있고, 알아차릴 수 있는 속성이지. 왜냐하면 나는 그 속성의 존재를 판정하는 방법을 알거든—그저 탐색에 착수하기만 하면 되네. 그 탐색은 '그렇다'나 '아니다'의 답을 가지고 자동적으로 종료되지. 그런데 거북 속성은 더 포착하기가 어려워. 무차별 탐색(brute force search)*을 해도 결코 대답을 얻을 수 없을지도 모르거든.

거북 : 에, 거북 속성의 경우에는 좀더 똑똑한 탐색 방법들이 있을 수 있지. 아마 그중 하나를 적용하면 항상 끝이 나고, 그래서 답을 내게 될 거야.

아킬레스 : 그 탐색은 답이 '그렇다'일 경우에만 끝날 수 있는 게 아닌가?

거북 : 꼭 그런 건 아니야. 탐색이 일정한 시간보다 길어질 때마다, 답이 반드시

---

* 무차별 탐색은 답이 될 가능성이 있는 모든 후보들을 체계적으로 추려낸 다음, 각 후보가 문제를 만족시키는지 점검하는 문제 해결 방법을 말한다.

'아니다'라는 것을 증명하는 방법이 있을 수도 있지. 심지어는 무차별 방식을 쓰지 않고도 그 소수들을 탐색하는 **다른** 방법이 있을 수도 있어. 그 방법은 그 소수들이 존재한다면 찾아낸다는 것을 보장하고, 존재하지 않는다면 존재하지 않는다는 사실을 안다는 것을 보장하지. 어느 경우에도 유한한 탐색이 '아니다'라는 답을 산출할 수 있을 거야. 하지만 그런 것이 증명될 수 있을지의 여부는 모르겠군. 무한한 공간을 탐색하는 것은 늘 난감한 일이야.

아킬레스 : 그래서 지금 현 상태로는, 자네는 끝나는 것이 보장되는 거북 속성에 대한 테스트를 모르지. 하지만 그런 테스트가 **있을 수도** 있을 거야.

거북 : 좋아. 나는 우리가 그러한 탐색에 대한 탐색에 착수할 수 있다고 보네. 하지만 그 "메타-탐색"이 끝날 것이라고 보장해줄 수는 없네.

아킬레스 : 내가 아주 특이하게 느끼는 것은 어떤 짝수가—예를 들면 1조—거북 속성을 가지지 않는다면, 그것은 무한 개의 개별적인 정보에 의해서 야기될 거라는 점이네. 이 모든 정보를 다 한 다발로 묶고, 자네가 그렇게 당당하게 제시한 것처럼, 그것을 1조의 "아킬레스 속성"으로 부르는 걸 생각하는 건 웃기는 일이야. 그것은 실제로 수 체계 **전체**로서의 속성이지 그저 1조라는 수의 속성은 아니야.

거북 : 흥미로운 관찰이군, 아킬레스. 하지만 나는 이 사실을 1조라는 수에 결부시키는 것이 매우 의미 있다고 주장하네. 예시의 목적으로 "29는 소수이다"라는 더 간단한 명제를 생각해볼 것을 제안하네. 이제 이 명제는 사실, 2 곱하기 2는 29가 아니다, 그리고 5 곱하기 6은 29가 아니다. 등을 의미하는 거지, 안 그런가?

아킬레스 : 틀림없어, 그렇게 생각하네.

거북 : 그러나 자네는 그런 사실들을 모조리 수집해서, 간단히 "29는 소수이다"라고 말하면서, 29라는 수에 결부시키는 데 아주 만족해하는 거지?

아킬레스 : 그래…….

거북 : 그러면 관련된 사실들의 개수는 실은 무한하지, 안 그런가? 결국에는 "4444 곱하기 3333은 29가 아니다"와 같은 사실은 그 일부분인 것이지, 안 그래?

아킬레스 : 엄밀히 말하자면, 그렇다고 생각하네. 하지만 우리 둘 다 29가 29보다 큰 두 수를 곱해서는 만들어질 수 없다는 것을 잘 알지 않나. 그러니까

사실 "29는 소수이다"라고 말하는 것은 곱셈에 대한 **유한한** 수의 사실들을 요약할 뿐이지.

거북 : 원한다면 그걸 그런 식으로 말할 수도 있지만, 29보다 큰 두 수의 곱이 29와 같을 수 없다는 사실이 수 체계의 전체 구조와 관계된다는 것을 생각해 보게. 그런 점에서, 그 사실 자체는 무한개의 사실들의 요약이라네. 아킬레스, 자네가 "29는 소수이다"라고 말할 경우, 사실은 무한개의 사실을 말하고 있다는 사실로부터 벗어날 수는 없네.

아킬레스 : 그럴지도 모르지. 하지만 내게는 그저 한 가지 사실처럼 느껴지는걸.

거북 : 그것은 무한개의 사실들이 자네의 사전 지식에 포함되었기 때문이네—그것들은 자네가 사물들을 시각화하는 방식에 함축적으로 포함되어 있지. 명확한 무한을 못 보는 것은 자네가 조작하는 이미지 속에 그것이 함축적으로 포착되었기 때문이야.

아킬레스 : 자네가 옳다고 생각하네. 그렇다고 해도 전체 수 체계의 속성을 하나의 단위로 묶고 이 단위를 "29의 소수적 속성"이라고 이름 붙이는 것은 이상해 보여.

거북 : 아마 이상하겠지. 하지만 그것은 사물을 관찰하는 아주 편리한 방법이기도 하네. 이제 자네의 가설적인 아이디어로 돌아가보자고. 자네가 제안한 대로, 1조라는 수가 아킬레스 속성을 가진다면 1조에 어떤 소수를 더하건 간에 또다른 소수를 얻지 못하지. 이러한 사태는 서로 분리된 무한개의 수학적 "사건들"에 의해서 야기될 거야. 이 모든 "사건들"은 반드시 동일한 원천으로부터 나오는 것일까? 그것들은 공통의 원인을 가져야 하나? 그렇지 않다면, 그 바탕에 놓인 규칙성보다는 일종의 "무한한 우연의 일치"가 그 사실을 창출했을 테지.

아킬레스 : "무한한 우연의 일치"라고? 자연수들 간에는, 그 **어떤 것**도 우연의 일치인 것은 **없네**. 그 어떤 것도 바탕에 놓인 패턴이 없이는 일어나지 않네. 1조 대신에 7이라는 수를 들어보세. 더 작기 때문에, 더 쉽게 다룰 수 있네. 7은 아킬레스 속성을 가지지.

거북 : 확신하나?

아킬레스 : 그럼, 이유는 이렇지. 우리가 7에 2를 더하면 9를 얻는데 9는 소수가 아니야. 그리고 7에 임의의 다른 소수를 더하면, 우리는 두 개의 홀수들을

더하는 것이고 그 결과 짝수가 되지—따라서 이번에도 소수를 못 얻지. 새로운 용어를 만들어 말하면, 7의 아킬레스 속성은 단 **두 가지** 이유로 인한 결과야. 그건 "무한한 우연의 일치"와는 한참 거리가 멀지. 그것은 수학적 진리를 설명하는 데 결코 무한개의 이유들을 필요로 하지 않는다는 나의 주장을 뒷받침하네. 서로 관련성이 없는 무한한 우연들에 의해서 야기된 수학적 사실이 **있다면** 자네는 그 진리에 대해서 유한한 증명을 결코 제시할 수 없을 거야. 그건 웃기는 일이지.

거북 : 그거 합리적인 의견이군. 그런 의견을 가진 다른 뛰어난 사람도 있어. 하지만—

아킬레스 : 이 견해에 동의하지 않는 사람이 정말 있을까? 그런 사람은 "무한한 우연의 일치"가 있다는 것, 그리고 모든 창조물 중에서 가장 완벽하고 조화롭고 아름다운 자연수 체계의 한복판에 카오스가 있다는 것을 믿어야 할 걸세.

거북 : 아마, 그럴테지. 하지만 자네는 그런 카오스가 아름다움과 조화의 필수적인 부분일 수도 있다는 것을 생각해본 적 있나?

아킬레스 : 카오스가 완벽함의 일부라고? 질서와 카오스가 만족스러운 통일을 이룬다고? 이단이야!

거북 : 자네가 가장 좋아하는 화가인 에셔가 그의 그림 중 하나에서 이러한 이단적인 관점을 제시한 것으로 알려졌지. 우리가 카오스를 주제로 얘기하고 있지만 자네가 흥미로워할 두 가지 서로 다른 범주의 탐색이 있네. 둘 다 끝나는 게 보장되지.

아킬레스 : 관심 있네.

거북 : 첫 번째 유형—비 카오스적인 유형—의 탐색은 골드바흐 속성을 점검할 때 사용했던 테스트가 예가 된다네. $2N$보다 작은 소수들을 찾아서, 그 소수들 중 어떤 소수쌍을 더해서 $2N$이 되면 $2N$은 골드바흐 속성을 가지고, 그렇지 않으면 안 가지는 것이지. 이런 종류의 테스트는 분명히 끝날 뿐만 아니라, **언제** 끝날지도 예측할 수 있다네.

아킬레스 : 그래서 그것은 **예측 가능하게 끝나는** 테스트이지. 자네가 내게 말하려는 것은 어떤 수론의 속성을 점검하는 것과 관련된 테스트가 끝난다는 것은 보장되지만 얼마나 오래 걸릴지 미리 알 방법이 없다는 것이지?

그림 71. "질서와 혼돈(Order and Chaos)"(M. C. 에셔, 석판, 1950).

거북 : 자네는 예지력이 있구먼, 아킬레스. 그런 테스트들이 있다는 것은 어떤 점
　　에서는 자연수의 체계 안에 본질적인 카오스가 있다는 것을 보여주지.

아킬레스 : 에, 그 경우에 나는 사람들이 그 테스트에 대해서 충분히 알고 있지
　　못할 뿐이라고 말해야겠네. 그들이 조금 더 탐색하면 그것이 끝나기 전에
　　얼마나 걸릴지 파악할 수 있을 걸세. 결국 정수들 사이의 패턴에는 언제나

어떤 논리가 있음이 틀림없지. 그 예측을 거부하는 카오스의 패턴은 있을 수가 없네.

거북 : 자네의 직관적인 신념을 이해할 수 있네, 아킬레스. 하지만 그것이 언제나 정당화되는 것은 아니야. 물론 많은 경우 자네는 틀림없이 옳아—누군가 어떤 것을 모른다고 해서 그것이 알 수 없는 거라고 결론 내릴 수는 없지! 그러나 정수의 속성들 중에는 이런 것도 있어. 그 속성에 대한 점검을 하는 데에 끝이 나는 테스트가 있다는 것을 증명할 수 있어. 하지만 테스트가 얼마나 걸릴지는 예측할 방법이 없다는 것도 **증명할** 수 있지.

아킬레스 : 그건 도저히 믿기 어려운데. 마치 신이 만든 자연수의 아름다운 천국에 악마가 몰래 기어들어가 훼방을 놓는 것처럼 들리는구먼.

거북 : 끝나지만 언제 끝날지 **예측할** 수 없는 테스트를 해야 하는 그런 속성을 정의하는 것은 전혀 쉽지도 자연스럽지도 않아. 아마도 그 사실을 아는 것이 자네를 안심시킬 테지. 정수들의 "자연스러운" 속성들 대부분은 예측 가능하게 끝나는 테스트들을 허용하지. 예를 들면, 소수, 제곱수, 또는 10의 거듭제곱이 되는 등의 속성 말이야.

아킬레스 : 그래. 그 속성들이 아주 거침없이 테스트할 수 있는 속성이라는 것은 이해할 수 있어. 끝나지만 언제 끝날지 예측할 수 없는 테스트를 해야 하고, 그외에는 다른 테스트 방법이 없는 그런 속성을 나한테 말해주겠나?

거북 : 그건 내가 졸린 상태에서 생각해내기에는 너무 복잡한 문제야. 대신에 정의하기 아주 쉬운 속성을 보여주겠네. 그런데 그것에 대해서는 그 어떤 종료되는 테스트도 알려진 것이 없지. 나는 그 테스트가 결코 발견될 수 없다고 말하려는 건 아니야. 뭐랄까—단지 아직 없다는 거지. 우선 수 하나를 제시해서 시작하는 거라네. 아무 수나 하나 골라보겠나?

아킬레스 : 15는 어떤가?

거북 : 아주 잘 골랐어. 시작해보세. 그 수가 **홀수**라면, 3을 곱한 다음에 1을 더해. **짝수**라면 2로 나눠. 그리고 그 과정을 반복하는 거야. 이런 식으로 해서 최종적으로 1에 도달하는 수를 **놀라운** 수(wondrous number)라고 부르고, 그렇지 않은 수를 **놀랍지 않은** 수라고 불러보세.

아킬레스 : 15는 놀라운 수인가, 아닌가? 한번 보자고.

$$15는\ \textbf{홀수},\ 3n+1을\ 하면\quad 46$$

$$46은\ \textbf{짝수},\ 2로\ 나누면\quad 23$$

$$23은\ \textbf{홀수},\ 3n+1을\ 하면\quad 70$$

$$70은\ \textbf{짝수},\ 2로\ 나누면\quad 35$$

$$35는\ \textbf{홀수},\ 3n+1을\ 하면\quad 106$$

$$106은\ \textbf{짝수},\ 2로\ 나누면\quad 53$$

$$53은\ \textbf{홀수},\ 3n+1을\ 하면\quad 160$$

$$160은\ \textbf{짝수},\ 2로\ 나누면\quad 80$$

$$80은\ \textbf{짝수},\ 2로\ 나누면\quad 40$$

$$40은\ \textbf{짝수},\ 2로\ 나누면\quad 20$$

$$20은\ \textbf{짝수},\ 2로\ 나누면\quad 10$$

$$10은\ \textbf{짝수},\ 2로\ 나누면\quad 5$$

$$5는\ \textbf{홀수},\ 3n+1을\ 하면\quad 16$$

$$16은\ \textbf{짝수},\ 2로\ 나누면\quad 8$$

$$8은\ \textbf{짝수},\ 2로\ 나누면\quad 4$$

$$4는\ \textbf{짝수},\ 2로\ 나누면\quad 2$$

$$2는\ \textbf{짝수},\ 2로\ 나누면\quad 1$$

와! 15에서 1로 빙 돌아가는 여행이로군. 하지만 결국 1에 도달했군. 그것은 15가 놀라움이라는 속성을 가진다는 걸 보여주지. 어떤 수들이 놀랍지 **않은지** 궁금한데…….

거북 : 자네는 수들이 이렇게 간단하게 정의된 과정 속에서 어떻게 오르락내리락 하는지 보았나?

아킬레스 : 그럼. 열세 번 돌고 나서, 시작 수 15보다 불과 1만 큰 16에 도달한 것을 보고는 특히 놀랐지. 어떤 점에서 나는 거의 출발점으로 되돌아왔지. 하지만 또다른 점에서 보면 출발점과는 아주 달랐지. 내가 이 문제를 해결하기 위해서 160까지 높이 올라가야 했다는 것이 참 흥미로워. 거기서 어떻게 돌아왔는지 놀라워.

거북 : 그래. 자네가 항해할 수 있는 무한의 "허공"이 있지. 그런데 그 허공 속을 얼마나 높이 항해하게 될지 미리 아는 것은 매우 어려워. 실은 말이야, 자네

가 계속 위로 위로 위로 항해해서 다시는 내려오지 못할 일도 제법 있을 법
하네.

아킬레스 : 정말로? 충분히 상상이 가지만, 그러기 위해서 얼마나 기괴한 우연의
일치가 필요할까? 그저 연거푸 홀수가 나와야만 할 텐데. 단지 몇 개의 짝
수가 섞이면서 말이야. 그런 일이 일어날지 의심스럽긴 한데, 확실히는 모르
겠어.

거북 : 27로 시작해보겠나? 뭐 약속할 건 아무것도 없네만, 언제 한번 해보게. 좀
큼지막한 종이가 필요할 걸세.

아킬레스 : 흐음, 재미있어 보이는군……. 그게 전체 수 체계의 속성이 분명한데,
놀라움(또는 놀랍지 않음) 속성을 출발 숫자와 연관 짓다니 여전히 좀 우스
운 생각이 드는군.

거북 : 자네 생각이 뭔지 알겠네. 하지만 그것은 "29는 소수이다"나 "금은 값지
다"와 다를 게 없지. 이 두 명제는 단일한 실체가 특정한 맥락에 집어넣어질
때에만 가지는 속성을 그 실체의 속성으로 부여하고 있다네.

아킬레스 : 자네 말이 맞을 거라고 생각하네. 이 "놀라움 속성(property of won-
drousness)" 문제는 놀랍도록 미묘하지. 수들이 증가했다, 감소했다 하면서
진동하는 방식 때문에 말이야. 그 패턴은 규칙적**이어야 하지만**, 겉보기에는
완전히 무질서한 것처럼 보이지. 그래서 놀라움 속성에 대해서 끝나는 것이
보장되는 테스트를 아직 아무도 모르는 이유를 잘 알 수 있겠네.

거북 : 끝나는 과정과 끝나지 않는 과정, 그리고 그 사이에서 맴도는 과정을 말
하다 보니, 어떤 책을 쓰고 있는 작가인 내 친구가 생각나는군.

아킬레스 : 오, 흥분되네. 그 책의 제목이 뭔가?

거북 : 『구리, 은, 금 : 불멸의 합금(*Copper, Silver, Gold: an Indestructible Metallic
Alloy*)』. 재미있어 보이는 제목 아닌가?

아킬레스 : 솔직히 말하자면, 그 제목이 좀 헷갈리는데. 구리와 은과 금이 도대체
서로 무슨 관계가 있나?

거북 : 나한테는 분명해 보이는데.

아킬레스 : 아니. 그 제목이 『기린*, 은, 금』이나 『구리, 코끼리**, 금』이라면, 내가

---

* 기린(Giraffe)은 괴델에 대한 말장난이다.
** 코끼리(Elephant)는 에셔에 대한 말장난이다.

알 수 있을 건데. 그것이…….

거북 : 아마도 자네는 『구리, 은, 개코원숭이*』를 더 좋아할 거야.

아킬레스 : 물론이고말고! 하지만 원래 제목은 실패작이야. 아무도 이해하지 못할걸.

거북 : 내 친구에게 말해보지. 그도 더 재미있는 제목에 기뻐할 거야(출판사가 그럴 것처럼).

아킬레스 : 좋아. 하지만 어떻게 자네는 우리의 논의에서 그의 책을 생각하게 되었지?

거북 : 아, 그래. 그의 책에는 어디서 끝나는지 몰라 끝나는 곳을 **찾게 함으로써** 독자들을 헷갈리게 하고 싶어하는 대화가 있을 거라네.

아킬레스 : 재미있는 일을 하고 싶어하는군. 그걸 어떻게 하지?

거북 : 자네는 어떤 저자들이 이야기가 끝나기 몇 쪽 전에 긴장을 고조시키려고 얼마나 많은 애를 쓰는지 알아차렸을 거야. 그러나 그 책을 손에 들고 있는 독자는 그 이야기가 곧 끝날 거라는 걸 **느낄** 수 있지. 이런 이유로 그 독자는 어느 정도는, 사전 신호로 작용하는 어떤 추가 정보를 가지는 거야. 그 긴장은 그 책의 물리적 속성 때문에 약간 퇴색되지. 그래서 예를 들면, 소설의 끝에 덧대기를 많이 하면 훨씬 낫겠지.

아킬레스 : 덧대기?

거북 : 그래. 덧대기란 원래의 이야기는 아닌데 여분으로 인쇄한 페이지들이야. 언뜻 보거나 책에 대한 물리적인 느낌으로는 이야기가 정확히 어디에서 끝나는지 알 수 없게 해주지.

아킬레스 : 알겠네. 그래서 이야기의 진짜 끝은 그 책의 물리적인 끝보다 50쪽이나 100쪽 정도 앞에 있다는 말인가?

거북 : 그렇지. 이것은 독자가 몇 쪽이 덧대기이고 몇 쪽이 본 이야기인지를 미리 알 수 없기 때문에 좀 놀라움을 줄 거야.

아킬레스 : 이것이 표준적인 관행이라면, 아주 효과적일 텐데. 하지만 문제가 있네. 그 덧대기가 너무나 눈에 띄는 것이라고 해봐. 이를테면 비어 있다거나 X 또는 임의의 글자들로 가득 차 있다고 말이야. 그렇다면 그것은 없는 거나 마찬가지 아닌가?

---

* 개코원숭이(Baboon)는 바흐에 대한 말장난이다.

거북 : 인정하네. 그래서 그것을 정상적인 인쇄면과 비슷하게 만들어야만 할 걸세.

아킬레스 : 하지만 한 이야기의 정상적인 인쇄면을 훑어보는 것만으로도 다른 이야기와 구별하는 데에 충분하지. 그래서 덧대기는 실제의 이야기와 아주 비슷하게 만들어야만 할 거야.

거북 : 아주 옳은 말이야. 내가 늘 생각했던 건 이런 거라네. 이야기를 결말로 끌고 가네. 그리고 끊어짐 없이, 실제로는 덧대기이고, 실제 주제와 전혀 관계없지만 마치 연속된 이야기처럼 보이는 어떤 것을 이어가네. 그 덧대기는 어떤 면에서 "결말 이후의 결말"이지. 그것은 원래의 주제와는 거의 관계가 없는 문학적인 아이디어들을 담고 있을 수도 있지.

아킬레스 : 교활하군. 하지만 그렇게 되면 문제는 언제 진짜로 끝나는지 알 수 없다는 거야. 진짜 끝이 덧대기와 그냥 뒤섞이고 말 텐데.

거북 : 내 친구인 그 작가와 나도 그 결론에 도달했어. 부끄럽구먼. 왜냐하면 그 아이디어가 그럴듯하다고 생각했거든.

아킬레스 : 잠깐, 한 가지 제안이 있네. 진짜 이야기에서 덧대기로 넘어가는 것을 이런 식으로 만들 수 있을 거야. 좀 똑똑한 독자라면 본문을 충분히 꼼꼼하게 읽는 것으로 어디서 한 이야기가 끝나고 다른 이야기가 시작되는지 알 수 있도록 말이지. 아마도 그가 그걸 알아내는데 꽤 오래 걸리겠지만 말이야. 아마도 얼마나 걸릴지 예측할 방법이 전혀 없는지도 모르지……. 그러나 출판자는 충분히 꼼꼼하게 탐색하면 이야기의 진짜 끝을 찾는 일이 언제나 끝날 거라고 보장할 수 있을 거야. 얼마나 탐색해야 진짜 끝을 찾을 건지는 알 수 없지만 말이야.

거북 : 아주 좋아. 하지만 "충분히 꼼꼼하다"는 것이 무슨 뜻인가?

아킬레스 : 그것은 본문의 어느 지점에서 나타나는 작자만 내막을 드러내는 특징을 독자가 세심하게 살펴봐야 한다는 뜻이지. 그것이 끝을 알리는 신호일 거야. 그리고 독자는 이러한 많은 특징을 찾아내고, 생각해서 그중에 진짜 특징을 발견해내는 재능을 갖추어야만 할 거야.

거북 : 글자의 빈도나 낱말의 길이에 갑자기 변화가 나타나는 거 말이지? 또는 문법적인 오류들이 많아지는 거?

아킬레스 : 그럴 수 있지. 아니면 어떤 종류의 숨은 메시지가 충분히 세심한 독자에게 진짜 끝을 드러낼 수도 있지. 혹시 모르지. 심지어는 앞에서 말한 이야

기의 정신과 모순되는 별도의 등장인물이나 사건들을 추가할 수도 있지. 순
진한 독자라면 그 모든 것을 다 삼킬 거야. 반면에 수준 높은 독자라면 그
경계선을 정확히 짚어낼 수 있겠지.

거북 : 그건 매우 독창적인 생각이로군, 아킬레스. 내 친구에게 전달해주겠네. 아
마 그것을 자신의 대화에 포함시킬 수 있을 거야.

아킬레스 : 그거야말로 영광이군.

거북 : 너무 피곤해 정신이 혼미해지는 것 같네, 아킬레스, 내가 집까지 멀쩡히 갈
수 있을 때 이만 일어나는 게 좋겠어.

아킬레스 : 자네가 나 때문에 이 야심한 시간에 그렇게 오랫동안 곁에 있어주니
너무나도 고맙구먼. 자네의 재미있는 수론 이야기가 잠못 이루면서 뒤척이
던 나에게 더할 나위 없는 약이었네. 그리고 혹시 누가 알아. 오늘 밤에 잠
까지 잘 수 있을지 말이야. 내 감사의 표시로, 거북 선생, 자네에게 특별한
선물을 하나 주고 싶은데 말이야.

거북 : 오, 그만두게. 아킬레스, 됐어.

아킬레스 : 나도 기분이 좋다네, 거북 선생. 저기 선반이 붙은 서랍장에 가면 아
시아풍 상자가 하나 있을 걸세.

(거북은 아킬레스의 선반이 붙은 서랍장 쪽으로 느릿느릿 간다.)

거북 : 설마 이 아시아풍 금상자를 말하는 건 아니겠지.

아킬레스 : 바로 그거야. 나의 진정한 고마운 마음과 함께 받아주게나, 거북 선생.

거북 : 정말 고맙네. 아킬레스. 흐음—그런데 뚜껑 위에 새겨진 이 수학자들의 이
름은 다 뭔가? 참 묘한 목록이군.

De Morgan
Abel
Boole
Brouwer
Sierpiński
Weierstrass

아킬레스 : 모든 위대한 수학자들의 완전한 목록을 작성하려고 한 것 같아. 내가 이해할 수 없는 건 왜 대각선상의 글자는 진하게 썼냐는 거야.

거북 : 그 아래 써 있군. "라이프치히에 있을 때의 바흐를 찾으려면 대각선에서 1을 빼라."*

아킬레스 : 나도 봤는데 도대체 무슨 말인지 모르겠더군. 고급 위스키 한잔 어때? 선반 위 유리병에 좀 있는데.

거북 : 됐네. 너무 피곤해. 곧 집으로 가야겠네. (그는 아무 생각 없이 상자를 연다.) 잠깐, 아킬레스—아니 여기 루이 금화가 100냥이나 들어 있잖아!

아킬레스 : 그것들도 받으면 정말 좋겠네, 거북 선생.

거북 : 그런데— 그런데—

아킬레스 : 이제 거절은 안 되네. 상자, 금화—다 자네 것이네. 이 밤에 곁에 있어 줘서 정말 고마워.

거북 : 이렇게나 주다니, 어떻게 된 건가. 아킬레스? 어쨌든 자네의 후한 정에 감사하네. 그 이상한 골드바흐 추측과 그 변주에 대한 달콤한 꿈을 꾸기 바라네. 잘 자게.

(그는 금화 100냥이 든 아시아풍 금상자를 들고 문 쪽으로 간다. 막 나가려고 할 때 문을 크게 두드리는 소리가 난다.)

누가 이 늦은 시간에 문을 두드리지. 아킬레스?

아킬레스 : 전혀 모르겠어. 뭔가 수상쩍어 보이는데. 안 좋은 일이 생기면, 저 서랍장 뒤에 숨게.

거북 : 좋은 생각이야. (서랍장 뒤로 기어간다.)

아킬레스 : 누구십니까?

목소리 : 문 열어. 경찰이다.

아킬레스 : 들어오세요. 열려 있습니다.

(번쩍거리는 배지를 달고 있는 건장한 체격의 경찰관 둘이 들어온다.)

---

* 라이프치히에 있을 때의 바흐는 '성가대장(cantor)'이었다.

경찰 : 나는 실바고 이 친구는 굴드입니다. (배지를 가리킨다.) 이 집에 아킬레스 씨 계십니까?

아킬레스 : 예, 전데요!

경찰 : 에, 아킬레스, 우리는 이 집에 금화 100냥이 든 아시아풍 금상자 하나가 있다고 믿을 만한 근거가 있습니다. 오늘 오후 박물관에서 누군가 그걸 훔쳐 달아났습니다.

아킬레스 : 아이구 맙소사!

경찰 : 그게 만일 이 집에 있으면, 아킬레스 씨, 당신이 유일한 용의자가 되니까 유감스럽게도 당신을 체포해야겠습니다. 자. 여기 수색영장이 있습니다.

아킬레스 : 아, 경찰관님, 오셔서 반갑습니다. 밤새 거북 선생과 아시아풍 금상자 때문에 공포에 떨었습니다. 이제야 저를 구해주러 오셨군요! 저 서랍장 뒤를 보세요. 거기 범인이 숨어 있습니다!

(경찰관들은 서랍장 뒤를 본다. 그리고 거기에서 아시아풍 금상자를 품에 안고 떨면서 웅크리고 있는 거북을 발견한다.)

경찰 : 범인이다! 거북 선생, 나쁜 놈이구먼! **당신**이 범인일 줄이야. 그것도 현행 범이라니.

아킬레스 : 저 나쁜 놈을 잡아가세요, 경찰관님! 다행이다. 저 지긋지긋한 놈과 그놈의 아시아풍 금상자인지 뭔지 이제는 다시 안 들어도 되겠구먼.

제13장

BlooP와 FlooP와 GlooP

자기-인식과 카오스

BlooP, FlooP, GlooP는 돌림노래나 오리 삼형제 또는 침몰하는 배가 내는 소리가 아니다. 이것들은 각각 고유한 목적을 가지는 세 개의 컴퓨터 언어들이다. 이 언어들은 특별히 이 장을 위해서 고안했다. 이들은 '재귀적'이라는 낱말의 새로운 의미들—특히나 원시 재귀(primitive recursivity)와 일반 재귀의 개념들을 설명하는 데에 유용하게 쓰일 것이다. 이것들은 TNT에서 자기-지시의 메커니즘을 명확히 하는 데에 매우 도움이 된다는 것을 입증할 것이다.

우리는 두뇌와 정신으로부터 수학과 컴퓨터 과학이라는 기술적인 영역으로 급격히 전환하고 있는 듯이 보인다. 그 전환은 어떤 점에서는 급격하기는 하지만 나름대로 의미가 있다. 우리는 어떤 종류의 자기-인식이 어떻게 의식의 핵심에 있는 것 같은지 보았다. 이제 우리는 "자기-인식"을 TNT 같은 더 형식적인 틀에서 자세히 살펴보려고 한다. TNT와 우리의 정신 사이의 간격은 넓다. 그러나 어떤 아이디어들은 정신을 이해하는 데에 상당히 도움이 될 것이며, 아마 의식에 대한 우리의 생각에 비유적으로 역적용될 수 있을 것이다.

TNT의 자기-인식에 관한 놀라운 일들 중에서 하나는 그것이 자연수들 사이의 질서 대 카오스에 대한 문제와 직결된다는 것이다. 우리는 특히 자기 스스로를 반영할 수 있는 충분히 복잡한 체계는 완전히 정돈된 것일 수는 없음을 보게 될 것이다. 그 체계는 약간의 이상하고도 혼란스러운 특성을 가질 수밖에 없다. 대화에서의 아킬레스와 같은 성향을 가진 독자는 이것을 수긍하기가 어려울 것이다. 그러나 한편 "마법적인" 보상이 존재한다 : 무질서에 일종의 질서가 있다. 그것은 이제 독자적인 연구영역으로서 "재귀 함수 이론"이라고 불린다. 유감스럽게도, 우리는 이 주제의 매력을 암시하는 그 이상은 할 수 없을 것이다.

표현 가능성과 냉장고

"충분히 복잡하다", "충분히 강력하다" 등과 같은 문구들이 앞에서 자주 나타났다. 이 문구들이 뜻하는 것은 무엇인가? 게와 거북의 겨루기로 돌아가서 물어보자 : "어떤 것이 전축이 될 자격을 얻기 위해서 필요한 것이 무엇인가?" 게는 자기의 냉장고가 "완벽한" 전축이라고 주장할지도 모른다. 그것을 입증하려고, 그는 냉장고 위에 어떤 판이라도 올려놓고는 "어때, 잘 연주되고 있지"라고 말할 것이다. 이 선문답 같은 행동을 맞받아치려면, 거북은 다음과 같이 대답해야 할 것이다. "아니야, 자네의 냉장고는 너무 저성능이어서 축음기로 봐줄 수가 없네. 그건 전혀 (자기 스스로를 파괴하는 소리는 고사하고) 음을 재현할 수가 없어." 거북은 전축 X가 실제로 전축일 경우에만, "나는 X라는 전축 위에서 연주될 수 없다"라는 이름을 가지는 음반을 만들 수 있다. 거북의 방법은 아주 교묘하다. 왜냐하면 체계의 약점보다는 장점을 이용하기 때문이다. 그렇기 때문에 그는 "충분히 고성능인" 전축을 요구한 것이다.

수론의 형식 버전에 대해서도 마찬가지이다. TNT가 N의 형식화인 이유는 TNT의 기호가 올바르게 작동하기 때문이다. 즉 그것의 정리들이 냉장고처럼 조용하지는 않고 N에 대한 실제의 참을 진술한다. 물론 pq-체계의 정리들도 그렇게 한다. 그러면 그것 또한 "수론의 형식화"로 간주되는가 아니면 냉장고에 가까운 것인가? 뭐, 냉장고보다야 좀 낫지만 여전히 매우 약하다. pq-체계는 "수론"이라고 간주하기에 충분한 N의 핵심 참들을 포함하지는 않는다.

그러면 N의 "핵심 참들"이란 무엇인가? 그것들은 원시 재귀적 참들이다. 즉 그것들이 예측 가능하게 종료되는 계산들만을 포함한다는 뜻이다. 이 핵심 참들이 N에 대해서 하는 역할은 유클리드의 첫 네 개의 공준이 기하학에 대해서 하는 역할과 같다. 그것들은 "충분히 강력하지 않다는" 것을 근거로 해서 게임을 시작하기 전에 어떤 후보자들을 배제하도록 해준다. 이제부터는, 모든 원시 재귀적 참들의 표현 가능성(representability)이 우리가 어떤 체계를 "충분히 강력하다"고 부를 기준이 될 것이다.

메타수학에서의 암두(巖頭)의 도끼

다음의 중요한 사실이 그 개념의 중요성을 보여준다. 우리가 수론을 충분히 강력하게 형식화한다면 괴델의 방법을 적용할 수 있다. 그 결과 우리의 체계는 불완전하다. 반대로 우리의 체계가 충분히 강력하지 **않다면** (즉 원시 재귀적 참들이 모두 정리인 것은 아니라면) 우리의 체계는 바로 그 부족함 때문에 **불완전하다**. 이렇게 해서 메타수학에서 "암두의 도끼"를 재현했다. 그 체계가 어떤 체계이건 간에, 괴델의 도끼는 그 체계의 머리를 박살낼 것이다! 또한 이것이 **두문자어 대위법** 편에 나오는 고성능과 저성능 전축 사이의 싸움과 완전히 비슷하다는 것을 주목하라.

실제로 훨씬 약한 체계들도 괴델의 방법에 여전히 취약하다는 것이 드러난다. 모든 원시 재귀적 참들이 정리로 표현되는 것이 필요하다는 기준은 너무 엄격하다. 그것은 "충분히 부자인" 사람들만 털겠다는 도둑과 같은데, 그 도둑의 기준은 잠정적 피해자가 적어도 현금 10억 원은 가지고 있어야 한다는 것이다. TNT의 경우에, 우리는 다행스럽게도 도둑으로서 능력을 발휘할 수 있을 것이다. 현금 10억 원이 거기 있기 때문이다—즉 TNT가 정말로 모든 원시 재귀적 참들을 정리로서 포함하기 때문이다.

이제 원시 재귀적 함수들과 술어들에 대한 상세한 논의로 들어가기 전에 좀더 동기를 부여하도록 이 장의 주제를 앞의 장들의 주제와 연관 짓고 싶다

적절한 여과장치를 통한 질서의 발견

우리는 이 책의 앞 부분에서 형식체계들이 어렵고 다루기 힘든 야수(野獸)일 수 있음을 보았다. 왜냐하면 그것들이 확대규칙과 단축규칙을 가지고 있어서, 결코 끝나지 않는 문자열 탐색으로 이어질 수 있기 때문이다. 괴델 수 매기기의 발견은 특별한 활자형 속성을 가지는 문자열에 대한 모든 탐색이 산술적 "사촌"을 가진다는 것을 보여주었다. 즉 상응하는 특별한 산술적 속성을 가지는 정수에 대한 동형태의 탐색을 가진다. 그 결과, 형식체계에 대한 결정과정을 찾는 일은 정수들 속에서 얼마나 오래 걸릴지 가늠할 수 없는 탐색—카오스—의 불가사의를 푸는 일과 관련된다. "다양한 변주가 딸린 아리아"에서, 내가 정수에 대한 문제에서 카오스를 드러내 보이는 데에 너무 비중을 둔 것 같다. 사실, 사람들은 "놀라움성(性)" 문제보다 더욱 거친 카오스의 예들을, 결국은 매우 온순한 야수임을 발견하고, 길들여왔다. 그러므로 수의 규칙성과 예측 가능성에 대한 아킬

레스의 강력한 신념은 존경받아야 할 것이다. 그 까닭은 특히 그것이 1930년대까지 거의 모든 수학자들의 신념을 반영하기 때문이다. 어째서 질서 대 카오스가 그토록 미묘하고 중요한 문제인가를 보여주고, 그것을 의미가 자리잡고 있는 곳과 의미를 드러내는 것에 대한 문제들과 연계시키기 위해서, 나는 고(故) J. M. 야우흐가 쓴 『양자는 실재하는가(*Are Quanta Real?*)』에서 갈릴레이풍의 대화인 아름답고 인상적인 한 단락을 인용하고 싶다.

살비아티 : 내가 자네에게 다음 두 개의 수열을 제시하겠네.

$$7\ 8\ 5\ 3\ 9\ 8\ 1\ 6\ 3\ 3\ 9\ 7\ 4\ 4\ 8\ 3\ 0\ 9\ 6\ 1\ 5\ 6\ 6\ 0\ 8\ 4 \cdots\cdots$$
$$와$$
$$1,\ -1/3,\ +1/5,\ -1/7,\ +1/9,\ -1/11,\ +1/13,\ -1/15, \cdots\cdots$$

심플리치오, 첫번째 수열에서 다음수는 뭘까?

심플리치오 : 모르겠는데. 그건 수를 무작위로 늘어놓아 아무 규칙성도 없다고 생각하네.

살비아티 : 그럼 두 번째 수열에서는?

심플리치오 : 그건 쉬울 것 같군. +1/17이 틀림없어.

살비아티 : 맞았어. 하지만 내가 자네에게 첫 번째 수열도 규칙에 의해서 만들었고 이 규칙은 사실 자네가 방금 두 번째 수열에서 발견한 것과 똑같은 것이라고 말한다면, 자네는 뭐라고 말하겠나?

심플리치오 : 내가 보기에는 그럴 것 같지 않은데.

살비아티 : 하지만 그것은 정말 그렇다네. 왜냐하면 첫 번째 수열은 바로 두 번째 수열의 합의 십진 소수[전개]의 첫 부분이라네. 그 값은 π/4이지.

심플리치오 : 자네는 그런 수학적 묘기에 도가 텄군. 하지만 이게 추상과 현실하고 무슨 관련이 있는지 모르겠네.

살비아티 : 추상과의 관계는 쉽게 볼 수 있지. 첫 번째 수열은 무작위로 보이지만, 추상과정을 통해서 일종의 여과장치를 개발하면 겉보기에는 무작위인 것 뒤에 간단한 구조를 볼 수 있어.

바로 이런 방식으로 자연의 법칙들을 발견하지. 자연은 우리에게 많은 현상들을 제공하는데, 일반적으로 무질서한 무작위처럼 보여. 우리가 몇 가지 중요한 사건들을 선택하고 개별적이고 관련 없는 환경으로부터 추상화하여 그것들을 이상화할 때까진 말이야. 그런 다음에만 그것들은 참된 구조를 장려하게 드러내 보이지.

사그레도 : 이건 놀라운 생각인데! 그건 우리가 자연을 이해하려고 할 때, 현상들을 마치 이해되어야 할 **메시지**처럼 봐야 한다는 걸 시사하는군. 모든 메시지는 우리가 판독의 열쇠를 쥐는 코드를 확립할 때까지는 무작위처럼 보인다는 것이지. 이 코드는 추상의 형태를 취한다네. 즉 우리는 어떤 것들은 관계없는 것으로 무시하는 걸 선택하고, 그래서 자유로운 선택을 통하여 메시지의 내용을 부분적으로 선택하는 거야. 이 관계없는 신호들은 우리의 메시지의 정확성을 제한하는 "배경 잡음"을 형성하지.

그러나 그 코드가 절대적이지는 않기 때문에, 동일한 데이터 원료에 여러 개의 메시지들이 있을지도 몰라. 그래서 코드를 바꾸면 이전에는 단지 잡음에 불과했던 것에서 똑같이 깊은 중요성을 가지는 메시지가 나오는 결과를 낳게 되지. **거꾸로** 새로운 코드에서는 이전의 메시지가 의미를 잃어버리게 될지도 모르네.

이처럼 하나의 코드는 서로 다른, 상보적인 측면들 가운데서 자유로운 선택을 한다는 걸 전제하지. 각각의 측면은 동등하게 저마다 (이 애매한 낱말을 사용해도 된다면) **현실**에 대한 주장을 한다네.

이런 측면들 중의 어떤 것은 지금 우리에게 전혀 알려져 있지 않을지도 몰라. 하지만 그것들은 다른 추상체계를 가진 관찰자에게 스스로를 드러낼 수도 있지.

하지만 살비아티, 말해보게나. 그렇게 되면 우리가 어떻게 저 밖의 객관적인 실재 세계에서 무엇인가를 발견한다고 여전히 주장할 수 있는가? 그것은 우리가 단지 우리 자신의 이미지에 따라서 사물을 창조하고 있고 실체는 우리 자신 안에만 있다는 것을 의미하는 건 아닌가?

살비아티 : 꼭 그렇다고 생각하지는 않네. 하지만 그것은 좀더 심사숙고해야 할 문제이긴 하지.[1]

---

1) J. M. Jauch, *Are Quanta Real?*, pp. 63-65.

야우흐는 여기에서 "의식을 가진 존재"로부터가 아니고 자연 자체에서 나오는 메시지들을 다루고 있다. 우리가 제4장에서 제기한 메시지와 의미 사이의 관계에 대한 질문은 자연으로부터 나오는 메시지에 대해서도 마찬가지로 제기될 수 있다. 자연은 무질서한가 아니면 패턴화되었는가? 이 문제에 대한 대답을 결정하는 데에 지능은 어떤 역할을 하는가?

철학으로부터 한 발 물러나서, 우리는 겉보기로는 무작위적인 수열이 가지는 깊은 규칙성에 대한 문제를 숙고할 수 있다. 제5장에 나오는 함수 $Q(n)$이 이와 마찬가지로 단순한, 비재귀적인 설명을 가질 수 있는가? 모든 문제가 과수원처럼, 자신의 비밀을 드러내는* 그런 각도에서 관찰될 수 있는가? 아니면 수론에는 어떤 관점에서 보건 여전히 수수께끼로 남는 문제들이 있는가?

이상의 서론으로, 이제 "예측 가능하게 긴 탐색"이라는 용어의 정확한 의미를 정의할 때가 되었다고 본다. 이것은 BlooP라는 언어를 통해서 이루어질 것이다.

BlooP 언어의 기초 단계들

우리의 주제는 다양한 속성을 가지는 자연수에 대한 탐색일 것이다. 어떤 탐색이든 탐색 길이에 대해서 이야기하려면 기본 단계(step)를 정의해야 할 것이다. 모든 탐색은 그 단계들로 이루어지므로, 단계의 수를 가지고 탐색 길이를 측정할 수 있을 것이다. 다음은 기본적이라고 생각할 수 있는 몇 가지 단계들이다.

두 개의 임의의 자연수를 더하기 ;
두 개의 임의의 자연수를 곱하기 ;
두 수가 같은지 결정하기 ;
두 수 중 더 큰 (더 작은) 수 결정하기.

반복과 상한선

이러한 단계들을 가지고 우리가 소수인지를 판정할 테스트를 정식화하려면, 제

---

* 대화 "무의 헌정"에서 아킬레스가 말한다. "거기(과수원)서는 어느 방향에서 보면 전혀 질서가 없어 보이지만, 다른 특정한 각도에서 보면 아름다운 규칙성이 나타나지."

어 구조(control structure)를 포함해야 한다는 것을 곧 알게 될 것이다. 즉 일을 하는 순서에 대한 기술(記述), 언제 앞으로 되돌아가 다시 시도할지, 언제 일련의 단계들을 건너뛸지, 언제 끝낼지, 그리고 이와 비슷한 일들 등.

어떠한 **알고리듬**—즉 어떤 과제를 수행하는 방법에 대한 명확한 서술—도 (1) 수행되어야 할 특정 연산들과 (2) 제어 명령의 혼합체를 포함하는 것은 전형적인 것이다. 따라서 예측 가능한 긴 계산들을 표현하기 위한 언어를 개발할 때, 기본적인 제어구조 또한 포함해야만 할 것이다. 사실, BlooP의 특징은 몇 개의 제어구조이다. 그것은 아무 단계로 분기(分岐)하거나, 한 묶음의 단계들을 무한정 반복하지 못하게 한다. BlooP에서 근본적으로 유일한 제어구조는 유한한 반복고리(bounded loop)이다. 즉 반복고리의 **상한선**(upper bound) 또는 **최고치**(ceiling)라고 하는, 미리 정의된 최대 횟수가 될 때까지 반복해서 실행될 수 있는 한 세트의 명령들이다. 최고치가 300이라면 반복고리는 0, 7, 또는 300번까지는 실행될 수 있지만 301번은 안 된다는 뜻이다.

한 프로그램에서 모든 상한선의 정확한 값이 프로그래머에 의해서 수치상으로 입력될 필요는 없다—사실 그 값들은 미리 알 수 없을 수도 있다. 대신에 그 고리가 작동하기 **전**에 모든 상한선은 계산으로 결정될 수 있다. 예를 들면, 2^{3^n}의 값을 계산하려고 한다고 해보자. 두 개의 반복고리가 있을 것이다. 첫째, 우리는 n번의 곱하기를 하게 되는 3^n을 계산한다. 그러고는 3^n번의 곱하기를 하게 되는 2의 3^n거듭제곱을 계산한다. 따라서 두 번째 고리에 대한 상한선은 첫 번째 고리의 계산의 결과이다.

이것을 BlooP 프로그램으로 표현하면 다음과 같이 될 것이다.

```
DEFINE PROCEDURE "TWO-TO-THE-THREE-TO-THE" [N]:
BLOCK 0: BEGIN
             CELL(0) ⇐ 1;
             LOOP N TIMES:
             BLOCK 1: BEGIN
                          CELL(0) ⇐ 3 × CELL(0);
             BLOCK 1: END;
             CELL(1) ⇐ 1;
```

```
        LOOP CELL(0) TIMES:
        BLOCK 2: BEGIN
                CELL(1) ← 2 × CELL(1);
        BLOCK 2: END;
        OUTPUT ← CELL(1);
BLOCK 0: END.
```

BlooP의 약정

컴퓨터 언어로 작성된 알고리듬을 보고 그것이 하고 있는 것을 이해할 수 있으려면 그 기술을 배워 습득해야 한다. 그러나 나는 이 알고리듬이 자세히 검토해 보지 않아도 이해할 수 있을 정도로 간단하기를 바란다. N이라는 **입력 매개변수** 하나를 가지는 **프러시저**가 정의되었다. 그것의 **출력**이 원하는 값이다.

이 프러시저 정의는 이른바 **블록 구조**를 가지는데, 그것은 프러시저의 성분들이 단위 또는 **블록**으로 간주된다는 뜻이다. 한 블록 안에 있는 모든 명령들은 단위로서 실행된다. 모든 블록은 하나의 번호(가장 바깥의 것은 **BLOCK 0**)를 가지며 **BEGIN**과 **END**를 통해서 경계가 정해진다. 우리의 보기에서는 **BLOCK1**과 **BLOCK2**는 제각기 하나의 명령만을 포함한다—그러나 우리는 곧 더 긴 블록들을 보게 될 것이다. 하나의 **LOOP**-문(文)은 지정된 만큼의 횟수를 실행하라는 뜻이다. 앞에서 본 바와 같이, 블록들은 중첩될 수 있다.

위의 알고리듬의 전략은 앞에서 설명한 대로이다. 우선 **CELL(0)**이라는 이름의 보조변수를 취함으로써 시작한다. 그 변수의 값을 1로 초기화한다. 그리고 반복고리 속에서 정확하게 N번을 반복해서 그 변수에 3을 곱한다. 그 다음에는 **CELL(1)**에 대해서 비슷한 일을 하는데, 1로 초기화한 다음, **CELL(1)** 곱하기 2를 **CELL(0)**번 반복하고 종료한다. 마지막으로, **OUTPUT**에 CELL(1)의 값을 대입한다. 이것은 외부세계로 돌려보내지는 값으로서, 외부에서 볼 수 있는 유일한 프러시저의 행동이다.[*]

표기에 관해서 몇 가지 일러두어야겠다. 일단 왼쪽 방향으로 된 화살표 '←'는 다음을 의미한다 :

---

[*] 어떤 프러시저를 호출하는 외부에서는 프러시저의 내부를 알 필요는 없다. 그 기능만 알고 호출해서 리턴 값을 받으면 된다. 그래서 호출되는 프러시저를 블랙박스라 한다.

화살표 오른쪽에 있는 식을 계산하고, 그 결과를 화살표 왼편에 있는
CELL(또는 OUTPUT)에 대입하라.

그래서 CELL(1) ← 3 × CELL(1) 같은 명령의 의미는 CELL(1)에 저장된 값을 3배로 만들라는 것이다. 우리는 각각의 CELL을 컴퓨터의 기억장치 안에 있는 따로따로 떨어진 워드로 생각할 수 있다. CELL과 실제 워드 사이의 유일한 차이는, 실제의 워드는 한정된 크기의 정수들만 저장할 수 있는 반면, 우리는 CELL이 그 어떤 임의의 큰 수라도 저장할 수 있도록 허용한다.

　BlooP의 모든 프러시저는 호출되면, 값—즉 변수 OUTPUT의 값—을 내놓는다. 어떤 프러시저라도 실행의 시작 시점에는 OUTPUT의 내정값(default option)은 0이다.* 그런 식으로, 프러시저가 OUTPUT을 재설정하지 않더라도 OUTPUT은 언제나 명확한 값을 가진다.

IF-문(文)과 분기(分岐)

이제 BlooP에 더 많은 일반성을 부여하는 BlooP의 몇 가지 다른 특징을 보여줄 다른 프러시저를 살펴보자. 우리가 덧셈만을 안다면, M − N의 값이 얼마인지 어떻게 알아낼 수 있는가? 묘수는 M이 될 때까지 N에 다양한 수들을 더하는 것이다. 그러나 M이 N보다 작을 경우에는 어떻게 되는가? 2에서 5를 빼려고 한다면 어떻게 되는가? 자연수의 영역에서는 해답이 없다. 그러나 우리는 어쨌든 BlooP 프러시저가 답—0이라고 해보자—을 내놓게 하고 싶다. 여기 뺄셈을 하는 BlooP 프러시저가 있다.

```
DEFINE PROCEDURE "MINUS" [M, N]:
BLOCK 0: BEGIN
            IF M < N, THEN:
            QUIT BLOCK 0;
            LOOP AT MOST M + 1 TIMES:
            BLOCK 1: BEGIN
```

---

* 내정값은 사용자가 변수에 값을 지정하지 않아도 이미 설정되어 있는 값을 말한다.

IF OUTPUT + N = M, THEN:
ABORT LOOP 1;
OUTPUT ← OUTPUT + 1;
BLOCK 1: END;
BLOCK 0: END.

여기에서 우리는 시작할 때 **OUTPUT**이 0으로 설정된다는 특징을 이용하고 있다. M이 N보다 작으면, 뺄셈이 불가능하다. 그러면 우리는 곧바로 **BLOCK 0**의 맨 아래로 점프하는데, 그러면 답은 0이다. 그것이 **QUIT BLOCK 0** 행이 뜻하는 것이다. 그러나 M이 N보다 작지 않다면, 우리는 **QUIT**-문을 건너뛰어 다음 명령을 수행한다(여기서는 **LOOP**-문). BlooP에서는 **IF**-문이 항상 그렇게 작동한다.

그래서 **LOOP** 1로 들어간다. 반복수행할 블록이 **BLOCK** 1이기 때문에 그렇게 불렀다. 이제 M과 같은 수가 될 때까지 N에 0, 1, 2 등을 더한다. 1씩 증가해 N에 더한 결과가 M과 같아지면 우리가 위치하고 있는 반복고리를 중단한다(**ABORT**). 즉 우리는 반복고리의 블록의 맨 밑을 표시하는 **END**에 이어지는 명령으로 곧장 점프한다. 이 경우에 그 점프는 우리를 바로 **BLOCK 1: END** 아래로 데려다준다. 즉 그 알고리듬의 가장 마지막 명령으로 말이다. 이로써 끝났다. **OUTPUT**에는 정답이 들어 있다.

아래쪽으로 점프하라는 두 개의 다른 명령 즉, **QUIT**와 **ABORT**가 있다는 것을 주목하라. 전자가 블록과 관련이 있고 후자는 반복고리와 관련이 있다. **QUIT BLOCK** *n*은 **BLOCK** *n*의 마지막 행으로 점프하라는 의미이다. 반면에 **ABORT LOOP** *n*은 **BLOCK** *n*의 마지막 행 바로 아래로 점프하라는 의미이다. 이 구별은 우리가 반복고리 안에 있으며 계속 반복하기를 바라지만 이번 회만큼은 블록을 벗어나고 싶을 경우에만 의미가 있다. 이럴 경우 **QUIT** 명령을 쓸 수 있고 원하는 대로 일이 될 것이다.

또 주목할 것은 **AT MOST**라는 낱말이 반복고리의 상한선 앞에 있다는 것이다. 그것은 반복고리가 상한선까지 가기 전에 중단될 수도 있다는 경고이다.

자동적인 덩이 짓기

이제 BlooP의 마지막 두 가지 속성을 설명하겠다. 두 가지 다 아주 중요하다. 첫째, 프러시저 하나가 일단 정의되면 나중의 프러시저 정의들에서 그것을 호출할 수 있다. 이것의 효과는 어떤 연산이 일단 프러시저로 정의되면, 그것은 기초적인 단계만큼이나 간단한 것으로 간주된다는 것이다. 따라서 BlooP은 자동적인 덩이 짓기라는 특징을 가진다. 우리는 이것을 훌륭한 피겨 스케이팅 선수가 새로운 동작을 습득하는 것에 비교할 수 있다. 그 새로운 동작들은 일련의 긴 기초적인 근육활동으로 정의되는 것이 아니라, 이전에 배운 동작으로 정의된다. 그런데 이 동작은 또한 앞서 배운 동작들을 복합해서 배운 것이다. 이런 식으로 중첩성이나 덩이 짓기는 기초적인 근육활동에 도달할 때까지 여러 층들을 거슬러 올라갈 수 있다. 이렇게 해서 BlooP 프로그램의 레퍼토리는 피겨 스케이팅 선수의 기술(技術) 레퍼토리처럼 문자 그대로 비약적으로 성장한다.

BlooP 테스트

BlooP의 다른 특징은 출력으로서 정수값 대신에 **YES**나 **NO**를 가질 수 있다는 것이다. 이러한 프러시저는 **함수**라기보다는 **테스트**이다. 그 차이를 나타내기 위하여, 테스트의 이름은 물음표로 종료된다. 또한 테스트에서는 **OUTPUT**의 내정값이 0이 아니라 **NO**이다.

이제 BlooP의 마지막 두 특징에 대한 보기를 입력변수가 소수인지 아닌지 테스트하는 알고리듬에서 보기로 하자 :

```
DEFINE PROCEDURE "PRIME?"[N]:
BLOCK 0: BEGIN
        IF N = 0, THEN:
        QUIT BLOCK 0;
        CELL(0) ← 2;
        LOOP AT MOST MINUS [N,2] TIMES:
        BLOCK 1: BEGIN
                IF REMAINDER [N,CELL(0)]=0, THEN:
```

```
            QUIT BLOCK 0;
            CELL(0) ← CELL(0) + 1;
      BLOCK 1: END;
      OUTPUT← YES;
  BLOCK 0: END.
```

내가 이 알고리듬 안에서 두 개의 프러시저 **MINUS**와 **REMAINDER**를 호출했다는 것을 주목하라(후자는 이미 정의해 놓았다고 가정했다. 독자 스스로 그 정의를 작성할 수 있을 것이다). 소수–속성에 대한 이 테스트는 2에서 시작해서 최대 N–1까지 수를 증가시키면서 각각의 수가 N의 약수인지 아닌지 하나하나 점검해 나간다. N이 그것들 중의 하나로 나누어떨어지면 (즉 나머지가 0이면) 우리는 맨 아래로 점프한다. 그리고 **OUTPUT**은 이 단계에서 여전히 자신의 내정값을 가지기 때문에 대답은 **NO**이다. N이 약수를 가지지 않을 경우에만 LOOP 1이 완전히 실행될 것이다. 그러고 나면 우리는 자연스럽게 **OUTPUT** ← **YES** 문에 도달한다. 그것이 실행되면 프러시저는 끝난다.

BlooP 프로그램들은 일련의 프러시저들을 포함한다

우리는 BlooP에서 프러시저들을 어떻게 정의하는지 보았다. 그러나 프러시저를 정의하는 것은 프로그램의 일부일 뿐이다. **프로그램**은 일련의 프러시저 정의(각 프러시저는 이전에 정의해놓은 프러시저만을 호출한다)로 이루어져 있고, 뒤이어 정의된 프러시저에 대한 **호출**이 한 번 이상 있을 수 있는데, 선택 사항이다. 완전한 BlooP 프로그램의 예는 프러시저 **TWO-TO-THE-THREE-TO-THE**의 정의와 뒤이은 **호출**

TWO–TO–THE–THREE–TO–THE [2]

이다. 이것의 답은 512이다.

일련의 프러시저 정의만 있으면, 아무것도 실행되지 않는다. 그것들은 모두 그것들을 작동시킬 특정값을 입력값으로 받아 호출되기를 기다리고 있다. 그것들은 분쇄할 고기를 기다리고 있는 고기 분쇄기, 또는 모두 **연결되어** 앞의 분쇄기로부터 처리된 고기를 넘겨받는 여러 대의 고기 분쇄기들과 같다. 고기 분쇄기의 경우 이미지가 썩 좋지는 않다. 하지만 BlooP 프로그램의 경우 그러한 구성은 매우 중요하다. 그것을 "호출 없는 프로그램"이라고 부를 것이다. 이 개념은 그림 72에 표시되어 있다.

BlooP은 예측 가능하게 끝나는 계산을 정의하기 위한 언어이다. BlooP-계산 가능 함수에 대한 표준 이름은 원시 재귀적 함수이다. 그리고 BlooP-테스트로 탐지될 수 있는 속성에 대한 표준 이름은 원시 재귀적 술어이다. 따라서 함수 2^{3^n}은 원시 재귀적 함수이고, "n은 소수이다"라는 명제는 원시 재귀적 술어이다.

골드바흐 속성이 원시 재귀적이라는 것은 직관적으로 명확하다. 그것을 명확히 드러내기 위해서, 여기에 골드바흐 속성이 있는지 없는지 테스트하는 방법을 보여주는 BlooP 프러시저를 정의했다.

```
DEFINE PROCEDURE "GOLDBACH?" [N]:
BLOCK 0: BEGIN
                CELL(0) ← 2;
                LOOP AT MOST N TIMES:
                BLOCK 1: BEGIN
                        IF {PRIME? [CELL(0)]
                            AND PRIME? [ MINUS [N,CELL(0)] ] },
                            THEN:
                            BLOCK 2: BEGIN
                                        OUTPUT ← YES;
                                        QUIT BLOCK 0;
                            BLOCK 2: END
                            CELL(0) ← CELL(0) + 1;
                BLOCK 1: END;
        BLOCK 0: END.
```

여느 때와 같이 **YES**로 입증될 때까지 **NO**라고 가정한다. 그리고 우리는 합이 N

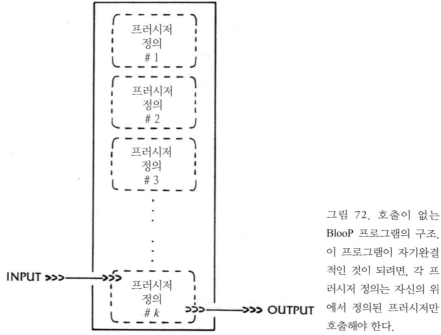

그림 72. 호출이 없는 BlooP 프로그램의 구조. 이 프로그램이 자기완결적인 것이 되려면, 각 프러시저 정의는 자신의 위에서 정의된 프러시저만 호출해야 한다.

이 되는 한 쌍의 수를 무차별 탐색을 한다. 두 개가 다 소수이면 우리는 가장 바깥의 블록을 탈출한다. 그렇지 않다면 곧장 되돌아가서 모든 가능성이 소진될 때까지 다시 시도한다.

　(경고 : 골드바흐 속성이 원시 재귀적이라는 사실이 "모든 수가 골드바흐 속성을 가지나?"라는 질문을 간단한 질문으로 만드는 것은 아니다—전혀 아니다.)

연습 문제

독자는 거북 속성(또는 아킬레스 속성)이 있는지 없는지를 테스트하는 비슷한 BlooP 프러시저를 쓸 수 있는가? 쓸 수 있으면 해보기 바란다. 그렇지 않다면, 그 이유는 그 상한선에 대해서 알지 못하기 때문인가, 아니면 그러한 알고리듬을 BlooP로 작성하는 것을 방해하는 근본적인 장애가 있는가? 그리고 대화에서 정의한 놀라움 속성에 대해서 같은 질문을 하면 어떻게 되는가?

아래는 내가 몇 가지 함수들과 속성들을 나열한 것인데, 그것들이 원시 재귀 적인지(즉 BlooP-프로그래밍이 가능한지) 아닌지의 여부를 결정하는 데에 시간 이 좀 걸릴 것이다. 이것은 그것들이 요구하는 계산에 어떤 종류의 연산들이 필 요한지 그리고 관련된 모든 반복고리들에 대하여 상한선이 주어질 수 있는지의 여부를 주의 깊게 생각해야 한다는 것을 의미한다.

FACTORIAL [N] = N! (N 팩토리얼)

(보기, **FACTORIAL [4] = 24**)

REMAINDER [M,N] = M을 N으로 나누었을 때 나머지

(보기, **REMAINDER [24,7] = 3**)

PI-DIGIT [N] = π의 소수점 N번째 자리의 수

(보기, **PI-DIGIT [1] = 1,**

   PI-DIGIT [2] = 4,

   PI-DIGIT [1000000] = 1)

FIBO [N] = 피보나치 수열의 N번째 항

(보기, **FIBO [9] = 34**)

PRIME-BEYOND [N] = N 바로 다음에 오는 소수

(보기, **PRIME-BEYOND [33] = 37**)

PERFECT [N] = N번째 "완전"수 (28처럼 약수를 모두 더하면 자신과 같아지는 수 : 28=1+2+4+7+14)

(보기, **PERFECT [2] = 28**)

PRIME? [N] = N이 소수이면 **YES**, 아니면 **NO**.

PERFECT? [N] = N이 완전수(perfect number)이면 **YES**, 아니면 **NO**.

TRIVIAL? [A,B,C,N] = $A^N+B^N=C^N$ 이면 **YES**, 아니면 **NO**.

(보기, **TRIVIAL? [3,4,5,2] = YES,**

   TRIVIAL? [3,4,5,3] = NO)

PIERRE? [A,B,C] = 1보다 큰 어떤 수 N에 대해서 $A^N+B^N=C^N$이 성립하면 **YES**, 아니 면 **NO**.

(보기, **PIERRE? [3,4,5] = YES,**

   PIERRE? [1,2,3] = NO)

FERMAT? [N] = 어떤 양수 A, B, C에 대해서 $A^N + B^N = C^N$이 성립하면 YES, 아니면 NO.

  (보기, FERMAT [2] = YES)

TORTOISE-PAIR? [M,N] = M, M+N 이 모두 소수이면 YES, 아니면 NO

  (보기, TORTOISE-PAIR? [5,1742] = YES,

      TORTOISE-PAIR? [5,100] = NO)

TORTOISE? [N] = N이 두 소수의 차(差)이면 YES, 아니면 NO.

  (보기, TORTOISE? [1742] = YES,

      TORTOISE? [7] = NO)

MIU-WELL-FORMED? [N] = N을 MIU-체계의 문자열로 보았을 때 적격 식을 코드화한 것이면 YES, 아니면 NO.

  (보기, MIU-WELL-FORMED? [310] = YES,

      MIU-WELL-FORMED? [415] = NO)

MIU-PROOF-PAIR? [M,N] = M, N을 MIU-체계의 문자열로 보았을 때 M이 N을 도출하는 것이면 YES, 아니면 NO.

  (보기, MIU-PROOF-PAIR? [3131131111301,301] = YES,

      MIU-PROOF-PAIR? [311130,30] = NO)

MIU-THEOREM? [N] = N을 MIU-체계의 문자열로 보았을 때 정리를 코드화한 것이면 YES, 아니면 NO.

  (보기, MIU-THEOREM? [311] = YES,

      MIU-THEOREM? [30] = NO,

      MIU-THEOREM? [701] = NO)

TNT-THEOREM? [N] = N을 TNT-문자열로 보았을 때 정리를 코드화한 것이면 YES, 아니면 NO.

  (보기, TNT-THEOREM? [666111666] = YES,

      TNT-THEOREM? [123666111666] = NO,

      TNT-THEOREM? [7014] = NO)

FALSE? [N] = N을 TNT-문자열로 보았을 때 수론의 오류명제이면 YES, 아니면 NO.

  (보기, FALSE? [666111666] = NO,

FALSE? [223666111666] = YES,

FALSE? [7014] = NO)

마지막 일곱 개의 보기들은 앞으로 다룰 메타수학적인 탐구에 특히 관련이 있으므로 잘 살펴볼 가치가 있다.

표기 가능성과 표현 가능성

이제 우리가 BlooP에 대한 흥미로운 문제들과 BlooP의 친척 FlooP로 들어가기 전에 BlooP를 먼저 소개한 이유로 돌아가고 BlooP를 TNT와 연결 지어보자. 앞에서 이미, 괴델의 방법을 형식체계에 적용하는 데에 필요한 임계질량은 모든 원시 재귀적 개념들을 그 체계에서 나타낼 수 있을 때 얻을 수 있다고 말했다. 이것은 정확히 무슨 말인가? 무엇보다도 먼저 우리는 표현 가능성의 개념과 표기 가능성 (expressibility)의 개념을 구별해야 한다. 술어를 **표기한**다는 것은 단지 자연언어로부터 엄격한 형식체계로 번역한다는 것이다. 그것은 정리성 여부와는 아무런 관계도 없다. 이와 달리 술어를 **표현한**다는 것은 훨씬 강한 개념이다. 그것은 다음을 의미한다.

(1) 술어가 참인 모든 사례들은 정리이다.
(2) 술어가 거짓인 모든 사례들은 비정리이다.

여기에서 "사례(instance)"[*]는 우리가 모든 자유변수들을 수사로 대체할 경우에 생성되는 문자열을 의미한다. 예를 들면 $m+n=k$라는 술어는 pq-체계에서 표현 가능한데, 그 이유는 그 술어의 모든 참의 사례가 정리이고, 모든 거짓인 사례는 비정리이기 때문이다. 그래서 어떤 특정 덧셈이든 간에, 참이건 거짓이건, pq-체계의 결정 가능한 문자열로 번역할 수 있다. 그러나 pq-체계는 자연수의 그 어떤 속성들도 표현은 말할 것도 없고 표기할 수도 없다. 따라서 그것은 수론을 실행

---

[*] 인스턴스는 어떤 틀(class)로부터 구체적으로 실현된 것, 즉 실현된 개체를 의미한다. 본문의 예를 들면, m+n=k는 틀이고 1+2=3, 7+5=12 등은 인스턴스이다. instantiation은 인스턴스를 생성하는 것을 말하는데, 때로는 인스턴스와 동의어로 쓰기도 한다.

할 수 있는 체계들 사이의 경쟁에서는 아주 약한 후보자가 될 것이다.

이제 TNT는 사실상 모든 수론의 술어를 **표기할** 수 있는 능력을 가진다. 예를 들면, "b는 거북 속성을 가진다"라는 술어를 표기하는 TNT-문자열을 쉽게 작성할 수 있다. 따라서 표기하는 능력에 관한 한, TNT는 우리가 필요로 하는 모든 것이다.

그러나 "어떤 속성들을 TNT로 **표현할** 수 있는가"라는 질문은 바로 다음과 같은 것이다 : "TNT는 공리체계로서 얼마나 강력한가? 모든 가능한 술어들이 TNT로 표현되는가? 만일 그렇다면 TNT는 수론상의 모든 문제에 대답할 수 있다. 즉 그것은 완전하다.

원시 재귀적 술어들은 TNT로 표현 가능하다

비록 완전성이 환상으로 드러날 테지만, TNT는 적어도 **원시 재귀적** 술어에 대해서는 완전하다. 다른 말로 하면, 예측 가능한 시간 안에 컴퓨터가 참이나 거짓을 결정할 수 있는 수론의 모든 명제는 TNT 안에서도 결정 가능하다. 또는, 같은 문제에 대해서 최종적으로 다음과 같이 다시 말할 수 있다 :

> 자연수의 어떤 속성을 BlooP 테스트로 작성할 수 있다면,
> 그 속성은 TNT로 표현할 수 있다.

원시 재귀적이지 않은 함수들은 존재하는가?

BlooP 테스트로 판정할 수 있는 속성들은 아주 다양한데, 어떤 수가 소수인지 또는 완전수인지, 골드바흐 속성을 가지는지, 2의 거듭제곱인지 등을 포함한다. 수의 **모든** 속성 각각을 어떤 적절한 BlooP 프로그램으로 판정할 수 있을까 생각해보는 것이 정신 나간 일은 아닐 것이다. 현 시점에서 어떤 수가 놀라움 속성을 가지는지 아닌지 테스트할 방법이 없다는 사실 때문에 심란해할 필요는 없다. 왜냐하면 그것은 단지 우리가 놀라움 속성에 대해서 모른다는 것, 그리고 더 연구하면 관련된 반복고리의 상한선에 대한 보편적인 공식을 발견할 수 있으리라는 것을 뜻하기 때문이다. 그러면 놀라움 속성을 판정할 BlooP 테스트를 즉시 작성할 수 있을 것이다. 거북 속성에 대해서도 마찬가지 말을 할 수 있을 것이다.

그래서 진짜 질문은 다음과 같다 : "계산이 얼마나 오래 걸릴지에 대한 상한선을 언제나 제시할 수 있는가, 아니면 계산이 얼마나 오래 걸릴지 예측하지 못하게 하는 일종의 내재적인 혼란이 자연수의 체계에 있는가?" 충격적이게도 후자가 옳다. 우리는 곧 그 이유를 알게 될 것이다. 그것은 2의 제곱근이 무리수라는 것을 최초로 증명했던 피타고라스를 미칠 지경으로 몰아넣은 것과 같은 종류의 일이다.* 우리의 예증에서는 집합론의 창시자인 게오르크 칸토어가 고안한 그 유명한 대각선 논법(對角線論法, diagonal method)을 이용할 것이다.

풀(Pool) B, 일련번호 및 청색 프로그램

작성할 수 있는 모든 BlooP 프로그램을 모아놓은 풀이라는 별난 개념을 상상하는 것으로 시작해보자. 말할 필요도 없이 이 풀—"풀 B"—은 무한하다. 우리는 풀 B를 가지고 연속해서 세 번 여과 작업을 해서 얻은 하위 풀을 생각해보고자 한다. 첫 번째 여과는 **호출이 없는** 프로그램만 남길 것이다. 이 하위 풀에서 모든 **테스트**를 제거하면 함수들만 남을 것이다(한편, 호출이 없는 프로그램들에서 **마지막 프러시저**는 호출이 없는 프로그램들 전체를 하나의 프로그램으로 보았을 때, 그것이 테스트인지 함수인지 판정한다). 세 번째 여과는 **입력 매개변수**를 정확하게 한 개 가지는 함수들만을 남긴다. (다시 마지막 프러시저를 참조하며) 무엇이 남는가?

> 입력 매개변수를 정확히 한 개 가지는 함수들을 계산하는, 호출이 없는
> 모든 BlooP 프로그램들의 완전한 풀.

이 특별한 BlooP 프로그램들을 **청색 프로그램**(Blue Program)이라고 부르자. 이제 우리가 하고 싶은 일은 모든 청색 프로그램에 명확한 **일련번호**를 부여하는 것이다. 어떻게 할 수 있을까? 우리가 사용할 가장 간단한 방법은 프로그램들을 길이순으로 정렬하는 것이다. 가장 짧은 청색 프로그램은 #1, 두 번째로 짧은 것은 #2 등이다. 물론 길이가 같은 프로그램들도 많이 있을 것이다. 그럴 경

---

* 피타고라스는 어떤 수이든 두 수의 비(比)로 나타낼 수 있다고 생각했으나, 자신이 발견한 피타고라스 정리로 두 수의 비로 나타낼 수 없는 무리수가 있음을 알게 되었다.

570

우에는 알파벳 순서를 따른다. 여기에서 "알파벳 순서"는 확장된 의미를 가진다: 알파벳은 다음과 같이 임의의 순서로 된 BlooP에서 사용하는 모든 특수 문자를 포함한다.

A B C D E F G H I J K L M N
O P Q R S T U V W X Y Z + ×
0 1 2 3 4 5 6 7 8 9 ⟵ = < >
( ) [ ] { } − ' ? : ; , .

그리고 끝에는 별 볼 일 없는 빈칸이 온다! 모두 56개의 문자이다. 편의상 우리는 길이가 1인 모든 청색 프로그램은 1권, 2개의 문자로 된 프로그램은 2권에 넣는다. 말할 것도 없이, 처음 몇 권들은 완전히 비어 있을 것이다. 반면에 뒤의 권들은 훨씬 많은 프로그램들을 가질 것이다(비록 각 권이 가지는 프로그램 수가 유한하겠지만 말이다). 첫 번째 청색 프로그램은 다음이다.

DEFINE PROCEDURE "A" [B]:
BLOCK 0: BEGIN
BLOCK 0: END.

오히려 우스꽝스럽기까지한 이 고기 분쇄기는 그 입력값이 무엇이든 간에 0을 출력한다. 그것은 (연이어지는 행을 분리하는 빈칸을 포함해 필요한 빈칸들을 세어서) 56개의 문자가 있기 때문에, 56권에 들어간다.

56권 이후에는 권들이 엄청나게 두꺼워질 것이다. 청색 BlooP 프로그램을 만드는 데에 기호들을 조합하는 방식이 수백만 가지나 되기 때문이다. 그러나 문제 없다―우리는 이 무한한 목록을 인쇄하려고 하지는 않을 것이다. 우리의 모든 관심사는 그 목록이 이론적으로 잘 정의되었고, 따라서 모든 청색 BlooP 프로그램은 유일하고 명확한 일련번호를 가진다는 것이다. 이것이 결정적인 아이디어이다.

k번째의 청색 프로그램에 의해서 계산되는 함수를 다음과 같은 방식으로 표기해보자 :

$$\text{Blueprogram}\{\#k\} \ [\text{N}]$$

여기에서 k는 프로그램의 일련번호이며, N은 입력 매개변수이다. 예를 들면, 청색 프로그램 #12는 입력값의 두 배인 값을 출력할 것이다.

$$\text{Blueprogram}\{\#12\} \ [\text{N}] = 2 \times \text{N}$$

위의 등식의 의미는 좌변에 지정되어 있는 **프로그램**이 우변의 대수식을 사람이 계산한 것과 똑같은 값으로 계산해서 출력한다는 것이다. 또다른 보기를 보자 : 5,000번째 청색 프로그램은 그 입력 매개변수의 세제곱을 계산할 것이다 :

$$\text{Blueprogram}\{\#5000\} \ [\text{N}] = \text{N}^3$$

대각선 논법

좋다—이제 칸토어의 대각선 논법을 적용해보자. 우리는 청색 프로그램의 목록을 취해서 그것을 이용해 변수가 하나인 새로운 함수—*Bluediag* [N]—를 정의할 것이다. 그런데 이 함수는 목록의 어디에도 없는 것으로 판명날 것이다(함수의 이름이 이탤릭체인 것은 그 이유이다). 그러나 *Bluediag*는 분명히 변수는 하나이고 잘 정의된, 계산 가능한 함수일 것이다. 그래서 우리는 BlooP로 프로그래밍할 수 없는 함수들이 존재한다고 결론 내릴 수밖에 없을 것이다.

여기 *Bluediag* [N]의 정의가 있다 :

$$\text{등식(1)} \cdots\cdots \textit{Bluediag} \ [\text{N}] = 1 + \text{Blueprogram}\{\#\text{N}\} \ [\text{N}]$$

전략은 다음과 같다. 자신의 일련번호를 고기 분쇄기에 먹여라. 그리고 그 출력값에 1을 더하라. 예를 들면 *Bluediag* [12]가 어떤 값인지 알아보자. 우리는 Blueprogram{#12}가 함수 2N임을 보았다. 따라서 *Bluediag* [12]는 1+2×12, 또는 25라는 값을 가져야 한다. 마찬가지로 *Bluediag* [5000]은 5000의 세제곱보다 1이 많기 때문에 125,000,000,001이라는 값을 가진다. 이와 비슷한 방법으로 우리는 원하는 어떠한 특정 입력값에 대해서도 *Bluediag*의 값을 알아낼 수 있다.

Bluediag [N]에 관해서 특이한 점은 그것이 청색 프로그램의 목록에는 나타나 있지 않다는 것이다. 그것은 나타날 수 없다. 이유는 이렇다. 청색 프로그램이기 위해서는 일련번호를 가져야만 할 것이다. 좋다. 청색 프로그램 #X라고 가정해 보자. 이 가정은 다음과 같은 식으로 표현된다.

$$\text{등식 (2)}\cdots\cdots Bluediag \text{ [N]} = \text{Blueprogram}\{\#X\} \text{ [N]}$$

그러나 등식 (1)과 (2) 사이에는 모순이 있다. 그 모순은 *Bluediag* [X]의 값을 계산하려는 순간 명백해진다. 왜냐하면 우리가 이 두 등식의 어느 쪽에도 N이 X 값을 취하게 함으로써 계산할 수 있기 때문이다. 등식 (1)에 대입하면, 다음을 얻는다.

$$Bluediag \text{ [X]} = 1 + \text{Blueprogram}\{\#X\} \text{ [X]}$$

그러나 등식 (2)에 대입하면, 다음을 얻는다.

$$Bluediag \text{ [X]} = \text{Blueprogram}\{\#X\} \text{ [X]}$$

Bluediag [X]는 어떤 수와 그리고 그 수의 다음 수와 동시에 같을 수는 없다. 그러나 그것이 두 등식이 의미하는 것이다. 따라서 우리는 돌아가서 그 모순을 야기한 가정을 삭제해야만 할 것이다. 삭제 가능성이 있는 유일한 후보는 등식 (2)에 표현된 가정이다 : 즉 함수 *Bluediag*[N]은 청색 BLooP 프로그램으로서 작성될 수 있다. 그리고 그것은 *Bluediag*가 원시 재귀적 함수들의 영역 바깥에 있다는 증명이다. 이로써 우리는 수론의 모든 함수는 몇 단계로 계산할 수 있는지 예측할 수 있는 범위 안에서 반드시 계산할 수 있다는 아킬레스의 소중하지만 순진한 개념을 분쇄하려는 우리의 목표를 달성했다.

그런데 여기서 좀 미묘한 점이 일어나고 있다. 예를 들면 다음과 같은 것을 생각할 수 있다. *Bluediag* [N]의 계산에 관련된 단계들의 개수는, 모든 **특정한 값 N**에 대해서 예측할 수 있다. 그러나 서로 다른 예측 방법들이 *Bluediag* [N]의 계산

길이를 예측하기 위한 **일반적인** 방안으로 모두 통합될 수는 없다. 이것은 "무한한 음모"이며, 거북의 "무한한 우연"이라는 개념, 그리고 ω-불완전성과 관계가 있다. 그러나 이 관계들을 자세히 다루지는 않겠다.

칸토어의 원래의 대각선 논법 논증

이것이 왜 **대각선 논법**이라고 불릴까? 그 용어는 칸토어의 본래의 대각선 논법에서 유래하는데, 나중에 (우리의 것과 같은) 여러 다른 논증의 토대가 되었다. 칸토어의 본래의 대각선 논법을 설명하는 것은 본론에서 좀 벗어나지만 그만한 가치가 있다. 칸토어 또한 어떤 항목이 어떤 목록에는 없다는 것을 보여주는 것에 관심을 가졌다. 특히 그가 보여주고자 했던 것은 실수(實數)의 "목록"이 만들어진다면 그 목록은 불가피하게 어떤 실수는 빠뜨릴 것이라는 점이었다. 그래서 실수의 완전한 목록이라는 개념은 명사 모순이라는 것이다.

이것이 유한한 크기의 목록뿐만 아니라 **무한한 크기의 목록**과도 관련이 있다는 것을 이해해야만 한다. 그것은 "실수의 수효는 무한하다. 따라서 물론 그 수들은 유한한 목록에는 당연히 기재될 수 없다"는 명제보다도 더욱 심오한 결과이다. 칸토어의 결과의 본질은 (적어도) 두 가지의 다른 **유형**의 무한이 존재한다는 것이다. 첫 번째 유형의 무한은 무한한 목록이나 표에 얼마나 많은 항목이 있을 수 있는지 기술하며, 다른 유형의 무한은 얼마나 많은 실수들이 있는지 (즉 직선이나 선분 위에 얼마나 많은 점들이 존재하는지) 기술한다. 그리고 실수들은 첫 번째 유형의 무한으로 기술될 수 있는 길이를 가진 표 속으로 들어갈 수 없다는 의미에서, 후자가 "더 크다." 그러면 칸토어의 대각선 논법이 그 낱말의 원래의 의미에서 대각선의 개념을 어떻게 끌어들이는지 보도록 하자.

0과 1 사이의 실수들만을 생각해보자. 무한한 목록이 주어질 수 있다고 가정하자. 거기에서 각각의 양의 정수 N이 0과 1사이의 실수 $r(N)$과 1:1 대응되고, 0과 1 사이의 각 실수는 목록 어디엔가 있다. 실수들은 무한소수로 주어지기 때문에, 표의 시작은 다음과 같이 되어 있다고 상상할 수 있다.

$$r(1): \ .\mathbf{1} \ 4 \ 1 \ 5 \ 9 \ 2 \ 6 \ 5 \ 3 \ \cdots\cdots$$

$$r(2): \ .3 \ \mathbf{3} \ 3 \ 3 \ 3 \ 3 \ 3 \ 3 \ 3 \ \cdots\cdots$$

$$r(3):\ .7\ 1\ \mathbf{8}\ 2\ 8\ 1\ 8\ 2\ 8\ \cdots\cdots$$

$$r(4):\ .4\ 1\ 4\ \mathbf{2}\ 1\ 3\ 5\ 6\ 2\ \cdots\cdots$$

$$r(5):\ .5\ 0\ 0\ 0\ \mathbf{0}\ 0\ 0\ 0\ 0\ \cdots\cdots$$

대각선상의 숫자들은 진하게 표시했다 : 1, 3, 8, 2, 0······이제 이 숫자들은 0과 1 사이에 존재하지만 목록에는 없는 특별한 실수 d를 만드는 데에 쓰일 것이다. d를 만들기 위해서, 대각선상의 숫자들을 순서대로 취해서 그 각각을 다른 숫자로 바꾼다. 이 숫자 열 앞에 소수점을 붙이면 d를 얻는다. 물론 한 숫자를 다른 숫자로 변환하는 방법은 많다. 그것에 따라 다른 값을 가지는 d도 많다. 예를 들면, 우리가 대각선 숫자에서 1을 뺀다고 하자(0에서 1을 빼면 9라고 약속한다). 그러면 d는 다음이 될 것이다 :

$$.0\ 2\ 7\ 1\ 9\ \cdots\cdots$$

이제 그것을 구성한 방식 때문에

d의 첫 번째 숫자는 $r(1)$의 첫 번째 숫자와 같지 않고 ;
d의 두 번째 숫자는 $r(2)$의 두 번째 숫자와 같지 않고 ;
d의 세 번째 숫자는 $r(3)$의 세 번째 숫자와 같지 않다 ;
······등.

따라서

d는 $r(1)$과 다르며 ;
d는 $r(2)$와 다르며 ;
d는 $r(3)$과 다르며 ;
······등.

달리 말하면, d는 그 목록에 없다!

대각선 논법은 무엇을 증명하는가?

이제 칸토어의 증명과 우리의 증명 사이에는 결정적인 차이가 있다―그 차이는 다시 돌아가서 어떤 가정을 철회할 것인가의 문제이다. 칸토어의 대각선 논법에서의 가정은 그러한 표가 만들어질 수 있다는 것이었는데, 불안정한 가정이었다. 따라서 d의 구성에 의해서 보장되는 결론은 결국 실수를 빠짐없이 기재하는 표는 만들어질 수 없다는 것이다. 그것은 정수의 집합이 실수의 집합에 일련번호를 매기기에 충분할 정도로 크지는 않다는 말이다. 반면에, 우리의 증명에서, 청색 BlooP 프로그램의 목록을 만들 수 있다는 것을 안다. 정수의 집합은 청색 BlooP 프로그램의 집합을 일련번호로 매기기에 충분할 정도로 크다. 그래서 다시 돌아가서 우리가 사용했던 불안정한 아이디어를 철회해야만 한다. 그 아이디어는 *Bluediag* [N]이 어떤 BlooP 프로그램으로 계산할 수 있다는 것이다. 이것이 대각선 논법을 적용하는 데에 있어서는 미묘한 차이이다.

그것을 대화에 나오는 소위 "모든 위대한 수학자들의 목록"이라는 것에 적용하면 더 명확해질 것이다―더 구체적인 예이다. 대각선 자체는 "Dboups"이다. 우리가 원하는 대각선 빼기를 실행하면, "Cantor"를 얻는다. 두 가지 결론이 가능하다. 그 목록이 완전하다고 철석같이 믿는 사람이라면, 칸토어의 이름이 그 목록에 있는 수학자들의 이름과 다르기 때문에 그는 위대한 수학자가 아니라고 결론을 내려야 한다. 그러나 칸토어가 위대한 수학자라고 철석같이 믿는 사람은 칸토어의 이름이 그 목록에 없기 때문에 모든 위대한 수학자의 목록은 불완전하다고 결론을 내릴 수밖에 없다! (두 입장 모두를 믿는 자에게 화가 미치리라!) 전자의 경우는 *Bluediag* [N]이 원시 재귀적이지 않다는 우리의 증명에 상응하고, 후자의 경우는 실수의 목록은 불완전하다는 칸토어의 증명에 상응한다.

칸토어의 증명은 대각선을 낱말 그대로의 의미로 사용한다. 다른 "대각선" 증명들은 기하학적인 의미로부터 추상화된 보다 일반적인 개념에 기초하고 있다. 대각선 논법의 본질은 하나의 정수를 두 가지 다른 방식으로 사용하거나, 하나의 정수를 두 개의 다른 층위에서 사용한다는 사실이다. 후자의 경우 그 덕분에 미리 결정된 목록 바깥에 존재하는 항목을 구성할 수 있다. 그 정수는 어떤 때는 수직 일련번호로 기능하고, 다른 때는 수평 일련번호로 기능한다. 칸토어의 구성에서는 이것이 아주 뚜렷하다. 함수 *Bluediag* [N]에 대해서 말하자면, 그것

그림 73. 게오르크 칸토어.

은 하나의 정수를 두 개의 다른 층위에서 사용하고 있다—첫 번째는 청색 프로그램 일련번호로서, 두 번째는 입력 매개변수로서 사용한다.

은밀히 스며드는 대각선 논법의 반복 가능성

처음에는 칸토어의 논증이 충분히 설득력 있게 보이지 않을지도 모른다. 그 논증을 돌파할 어떤 방법이 없을까? 아마도 대각선 논법으로 구성된 수 d를 집어넣으면, 완전한 목록을 얻을 수 있을 것이다. 그러나 이 아이디어를 생각해보면, 수 d를 집어넣는 것은 별 도움이 되지 않는다는 것을 알게 될 것이다. 왜냐하면 우리가 그 수를 표의 특정한 자리에 넣는 순간, 대각선 논법을 새 표에 적용할 수 있게 되어서, 새 표에는 없는 새로운 수 d'을 구성할 수 있기 때문이다. 대각선 방법으로 수를 구성하고, "더 완전한" 표를 만들기 위해서 그 수를 표에 집어넣는 작업을 아무리 많이 반복해도, 뽑아버릴 수 없는 칸토어의 갈고리에 여전히 꿰어 있을 수밖에 없다. 당신은 은밀히 스며드는 반복 가능성을 포함해 이것저것 모든 것을 고려함으로써 칸토어 대각선 논법을 한 수 앞지르는 실수(實數)

표를 만들려고 할지도 모른다. 그것은 재미있는 작업이다. 그러나 그 일에 도전하면, 당신이 칸토어의 "갈고리"를 피하려고 제아무리 용을 써도, 여전히 그것에 꿰어 있다는 것을 알게 될 것이다. 자칭 "모든 실수의 표"는 그 어떤 것이라도 자신의 꾀에 자신이 넘어가는 것이라고 말할 수 있을 것이다.

칸토어의 대각선 논법의 반복 가능성은 거북의 악랄한 방법의 반복 가능성과 비슷하다. 거기에서 거북은 게의 축음기가 점점 더 "고성능"이 되고―적어도 게는 그러기를 바랐다―더 "완전해짐"에 따라 그것을 하나씩 하나씩 파괴하는 방법을 썼다. 이 방법은 각각의 축음기에 대하여, 그 축음기가 재생할 수 없는 특별한 노래를 만드는 것이 필요하다. 칸토어의 기교와 거북의 기교가 이 기묘한 반복가능성을 공유하는 것은 우연이 아니다. 정말로, 두문자어 대위법(Contracrostipunctus)이 아니라 "칸토어 행렬 대위법(Cantorcrostipunctus)"이라고 불러도 될 것이다. 더군다나 거북이 순진한 아킬레스에게 암시한 것처럼, 두문자어 대위법에서의 사건들은 괴델이 자신의 불완전성 정리를 증명하는 데에 사용했던 구성법을 다른 말로 바꾸어 표현한 것이다. 이로부터 괴델의 구성법 또한 대각선 논법과 아주 비슷하다는 결론이 나온다. 다음의 두 장에서 이 점이 아주 분명해질 것이다.

BlooP에서 FlooP로

우리는 이제 자연수의 원시 재귀적 함수들과 원시 재귀적 속성들의 부류를 BlooP 언어로 된 프로그램을 가지고 정의했다. 또한 우리는 BlooP가 우리가 언어로 정의할 수 있는 자연수의 함수들을 모두 포착하지는 않는다는 것을 보여주었다. 칸토어의 대각선 논법으로 심지어는 "BlooP 불가능" 함수 *Bluediag* [N]도 구성했다. *Bluediag*를 표현할 수 없게 하는 BlooP에 대해서는 어떤가? *Bluediag*를 표현할 수 있도록 BlooP은 어떻게 개선할 수 있을 것인가?

BlooP의 결정적인 특징은 그 반복고리의 유한성이었다. 반복고리에 대한 요구 사항을 빼버리고 "FlooP"("F"는 "자유[free]"를 뜻함)이라는 제2의 언어를 개발하면 어떨까? FlooP은 상한선이 있는 반복고리는 물론 상한선이 없는 반복고리도 가질 수 있다는 점만 빼고는 BlooP과 같다(비록 FlooP으로 반복고리─문(文)을 작성할 때 상한선을 포함하는 유일한 이유는 우아하게 보이기 위해서

일 것이기는 하지만 말이다). 이 새로운 반복들을 **MU-반복고리**(MU-LOOP)라고 부를 것이다. 이것은 "자유로운" (즉 한계가 없는) 탐색을 통상 "μ-연산자" (mu-operator)라고 불리는 기호로 표시하는 수리 논리학의 관례를 따른다. 따라서 FlooP 에서는 반복-문이 다음과 같이 보일 것이다.

MU-반복고리 :

BLOCK *n*: BEGIN

.

.

.

BLOCK *n*: END;

이 특징은 놀라움과 거북 속성 같은 속성들에 대한 테스트들을 FlooP로 작성할 수 있게 해줄 것이다. 그 테스트들에 의한 관련된 탐색이 잠재적으로 언제 끝날지 알 수 없기 때문에, 우리는 그것들을 BlooP로 프로그래밍하는 방법을 몰랐다. 놀라움에 대한 FlooP 테스트를 작성하는 것은 관심이 있는 독자의 몫으로 남기겠다. 그 테스트는 다음과 같은 일을 한다.

(1) 입력값 N이 놀라움 속성을 가지면, 프로그램은 정지하고 **YES**라는 대답을 출력한다.

(2) N이 놀라움 속성을 가지지 않고, 1-4-2-1-4-2-1-……이 아닌 닫힌 순환을 야기하면, 프로그램은 정지하고 **NO**라는 대답을 출력한다.

(3) N이 놀라움 속성을 가지지 않고 "끝없이 상승하는 진행"을 야기하면, 프로그램은 결코 정지하지 않는다. 그것은 대답하지 않음으로써 대답하는 FlooP의 방식이다. FlooP의 비대답은 기묘하게도 조주(趙州) 선사의 비대답 "MU"와 닮았다.

(3)의 경우의 아이러니는 **OUTPUT**이 언제나 **NO**라는 값을 가지지만, 프로그램이 계속 돌아가기 때문에 늘 접근이 불가능하다는 점이다. 골치 아픈 세 번째 가능성은 우리가 자유로운 반복고리를 만들 권리를 가짐으로써 지불해야만 하는 대가이다. **MU-반복고리** 기능을 포함하는 모든 FlooP 프로그램에서는 비정지가

언제나 하나의 이론적인 가능성일 것이다. 물론 가능한 모든 입력값에 대하여 실제로 정지하는 FlooP 프로그램들이 많을 것이다. 예를 들면, 앞에서 말한 것처럼, 놀라움 속성을 연구했던 대부분의 사람들은 위에서 제시한 것 같은 FlooP 프로그램은 언제나 정지할 것이며, 더욱이 매번 YES라는 대답을 출력하지 않을까 생각한다.

정지하는 FlooP 프로그램과 정지하지 않는 FlooP 프로그램

FlooP 프러시저를 정지하는 것과 정지하지 않는 것 두 부류로 나눌 수 있는 것은 극히 바람직해 보인다. 정지하는 것은 그 반복고리의 "MU-속성"에도 불구하고 그 입력이 무엇이건 간에 결국 정지할 것이다. 정지하지 않는 것은 **적어도 어느 하나의 입력**에 대해서 영원히 진행될 것이다. 우리가 FlooP 프로그램에 대한 복잡한 검사를 통하여 그것이 어떤 부류에 속할지 언제나 알 수 있다면(곧 보게 되는 것처럼), 놀랄 만한 영향이 있을 것이다. 말할 필요도 없이, 부류-점검의 연산 자체는 반드시 정지하는 연산이어야 할 것이다. 그렇지 않다면 얻을 것이 하나도 없을 것이다!

튜링의 책략

BlooP 프러시저가 그 검사를 할 수도 있다는 아이디어가 떠오른다. 그러나 BlooP 프러시저들은 프로그램이 아니라 숫자로 된 입력만을 받아들인다! 그러나 프로그램을 숫자로 코드화함으로써 그것을 해결할 수 있다. 이 교묘한 책략은 다양하게 나타나는 괴델 수 매기기의 한 가지 방법이다. FlooP 알파벳의 56개 문자에 "코돈(Codon)" 901, 902……956을 각각 부여해보자. 그러면 각 FlooP 프로그램은 매우 긴 괴델 수를 얻는다. 예를 들면, 가장 짧은 BlooP 함수(정지하는 FlooP 프로그램이다)—

```
DEFINE PROCEDURE "A"[B]:
BLOCK 0: BEGION
BLOCK 0: END.
```

는 일부분만 보자면, 다음과 같은 괴델 수를 가지게 될 것이다 :

$$904,\ 905,\ 906,\ 909,\ 914,\ 905,\cdots\cdots,\ 905,\ 914,\ 904,\ 955,$$
$$\text{D E F I N E} \quad \text{E N D} \quad .$$

이제 우리의 계획은 **TERMINATOR?**라는 BlooP 테스트를 작성하는 것이다. 그 테스트는 입력 수가 정지하는 FlooP 프로그램을 코드화한 것이면 **YES**라고 답하고, 아니면 **NO**라고 답한다. 이 방법으로 우리는 그 과제를 기계에 떠넘기고 운이 좋으면 정지하는 것과 정지하지 않는 것을 구할 수 있게 된다. 그러나 앨런 튜링이 제시한 천재적인 논증은 그 어떤 BlooP 프로그램도 이 구별을 완벽하게 할 수 없음을 보여준다. 그의 계략은 실은 괴델의 것과 같은 것이며, 따라서 칸토어의 대각선 논법과 밀접한 관련이 있다. 그러나 여기서는 그것을 설명하지 않겠다. 다만 그 아이디어는 정지 테스터에게 그 자신의 괴델 수를 먹이는 것이라고 말하는 것으로 족하다. 그러나 이것이 그리 간단하지는 않다. 왜냐하면 그것은 전체 문장을 그 자체 안에서 인용하려는 것과 마찬가지이기 때문이다. 인용을 인용해야만 하고, 계속 그렇게 하면, 그것은 무한후퇴로 귀결될 것 같다. 그러나 튜링은 프로그램에 그 자신의 고유 괴델 수를 먹이기 위한 계략을 발견했다. 이와 똑같은 문제를 다른 맥락에서 해결하는 것이 다음 장에서 제시될 것이다. 이번 장에서, 우리는 같은 목표에 도달하는 데에 다른 길을 택할 것이다. 그 목표는 정지 테스터는 불가능하다는 것을 증명하는 것이다. 튜링의 접근 방법을 우아하고 간단하게 설명한 것을 보고 싶은 독자들에게 참고 문헌 목록에 있는 호어와 앨리슨의 "연산 불가능(Incomputability)"이라는 논문을 추천한다.[*]

정지 테스터는 마법일 것이다

우리가 정지 테스트라는 생각을 깨버리기 전에, 정지 테스터가 있는 것이 왜 주목할 만한 것인지 설명해보자. 그것은 어떤 의미에서, 단 하나의 기막힌 FlooP로

---

[*] 로저 펜로즈의 『황제의 새 마음(*The Emperor's new mind*)』에도 정지 문제에 대한 튜링의 증명이 설명되어 있다.

수론의 모든 문제들을 해결할 수 있는 마법의 지팡이가 있는 것과 같을 것이다. 예를 들면, 골드바흐 변주 추측이 참인지 아니지 알고 싶다고 해보자. 즉 모든 짝수는 거북 속성을 가지는가? 우리는 TORTOISE?라는 FlooP 테스트를 작성하는 것으로 시작할 것인데, 그것은 입력수가 거북 속성이 있는지 점검한다. 이제 이 프러시저의 결점—즉 거북 속성이 없다면 정지하지 않는다는 것—은 장점으로 바뀐다! 왜냐하면 이제는 정지 테스터를 TORTOISE?라는 프러시저에 대해서 작동시키기 때문이다. 만일 정지 테스터가 YES라고 답하면, 그것은 TORTOISE? 가 모든 짝수 입력값에 대해서 정지한다는 것을 뜻한다—다른 말로 하면, 모든 짝수들이 거북 속성을 가진다는 것이다. 그러나 NO라고 답하면, 우리는 아킬레스 속성을 가지는 수가 존재한다는 것을 안다. 아이러니는 우리가 TORTOISE? 프로그램을 실제로는 결코 사용하지 않는다는 것이다. 우리는 그것을 검사할 뿐이다.

이 아이디어는 수론의 어떤 문제이든 그것을 프로그램으로 코드화하고 그런 다음에는 정지 테스터로 그 프로그램을 검사함으로써 해결하려는 것이다. 그런데 이것은 공안이 진짜인지를 테스트하는 데 공안을 접한 끈으로 코드화하고 그 끈에 대해서 불성(佛性)을 테스트하려는 아이디어와 다르지 않다. 아킬레스가 제안한 대로, 원하는 정보가 아마 어느 표현에서는 다른 표현에서보다도 "표면에 더 가까이" 있을 것이다.

풀(Pool) F, 일련번호, 그리고 녹색 프로그램

백일몽은 이것으로 충분하다. 정지 테스터가 불가능하다는 것을 어떻게 증명할 수 있을까? 그 불가능성을 증명하려는 우리의 논거는, 우리가 BlooP에 대해서 했던 것과 똑같이, 대각선 논법을 FlooP에 적용하려는 시도에 달려 있다. 우리는 이 두 경우 사이에 미묘하지만 결정적인 차이가 있다는 것을 보게 될 것이다.

BlooP에 대해서 했던 것처럼, 모든 FlooP 프로그램들의 풀을 상상해보자. 그것을 "Pool F"로 부를 것이다. 그 다음 최종적으로 다음과 같은 결과를 얻도록 Pool F에 대해서 세 번의 같은 여과 작업을 수행한다.

호출이 없는 모든 FlooP 프로그램들의 완전한 풀이다. 각 프로그램은 입력 매개변수가 딱 한 개인 함수를 계산한다.

이 특별한 FlooP 프로그램들을 **녹색 프로그램**(영원히 진행될 수 있기 때문에)이라고 부르자.

모든 청색 프로그램들에 일련번호를 매겼듯이, 목록에서 그것들을 정리함으로써 녹색 프로그램에 일련번호를 매길 수 있다. 각 권은 알파벳순으로 정렬된 고정된 길이의 모든 녹색 프로그램을 포함한다.

여기까지 BlooP에서 FlooP으로 넘어가는 것은 순조로웠다. 이제 그 마지막 부분, 즉 대각선 기교도 또한 넘길 수 있는지 보자. 대각선 함수를 정의하려고 하면 어떻게 될까?

$$Greendiag\,[N] = 1 + Greenprogram\{\#N\}\,[N]$$

갑자기 문제가 생겼다: $Greendiag\,[N]$이라는 이 함수는 아마 모든 입력값 N에 대해서 명확한 출력값을 가지지 않을 수도 있다. 그것은 우리가 Pool F에서 정지하지 않는 프로그램들을 걸러내지 않았기 때문이고, 그러므로 N의 모든 값에 대하여 $Greendiag\,[N]$을 계산할 수 있다는 보장이 없다. 때때로 우리는 결코 정지하지 않는 계산으로 들어갈 수도 있다. 이런 경우에는 대각선 논법은 적용할 수 없다. 왜냐하면 그것은 대각선 함수가 모든 가능한 입력에 대해서 값을 가지는 것을 전제로 하기 때문이다.

정지 테스터는 우리에게 적색 프로그램을 제공한다

이것을 치유하기 위해서, 만일 있다면, 정지 테스터를 이용해야만 할 것이다. 그래서 정지 테스터가 존재한다는 좀 불확실한 가정을 일부러 도입해보자. 그리고 그것을 네 번째 여과기(filter)로 사용해보자. 녹색 프로그램 목록을 훑어 내려가면서 정지하지 않는 것을 모두 하나하나 제거한다. 그래서 결국에는 다음과 같은 것이 남을 것이다.

호출이 없는 모든 FlooP 프로그램들의 완전한 풀이다. 각 프로그램은 입력 매개변
수가 딱 한 개인 함수를 계산하고, 모든 입력값에 대해서 **정지한다.**

이 특별한 FlooP 프로그램들을 **적색 프로그램**(왜냐하면 그것들 모두는 반드시
정지하기 때문이다)이라고 부르자. 이제 대각선 논법이 통할 것이다. 정의는 다
음과 같다 :

$$Reddiag\ [N] = 1 + Redprogram\{\#N\}[N]$$

그리고 *Bluediag*와 똑같이, *Reddiag*[N]은 잘 정의되고, 변수가 하나인 계산할 수
있는 함수인데, 적색 프로그램의 목록에는 존재하지 않으며, 그런 이유로 FlooP
이라는 강력한 언어로 계산조차 할 수 없다고 결론을 내리지 않을 수 없다. 아
마도 GlooP으로 넘어갈 때가 아닐까?

GlooP······

그렇다. 하지만 GlooP란 무엇인가? FlooP가 고삐 풀린 BlooP라면, GlooP는 고
삐 풀린 FlooP이어야 한다. 그러나 그 고삐를 어떻게 두 번이나 풀 수 있는가?
FlooP의 힘을 능가하는 힘을 가진 언어를 어떻게 만드는가? 우리는 *Reddiag*의
함수값을 계산하는 방법은 알지만—그 방법은 자연언어로 명시적으로 기술되
었다—*Reddiag* 함수를 FlooP 언어로 프로그래밍할 수는 없다는 것을 발견했다.
이것은 심각한 딜레마이다. 그 이유는, 어느 누구도 아직까지 FlooP을 능가하는
더 강력한 컴퓨터 언어를 발견하지 못했기 때문이다.

　컴퓨터 언어의 성능에 대해서는 주의 깊게 연구되어왔다. 우리가 그것을 직접
연구할 필요는 없으며, 연구 결과를 보고하는 식으로 하자. 컴퓨터 언어는 엄청
나게 많은 종류가 있는데, 그것들 모두가 FlooP와 정확히 같은 표현력(expressive
power)을 가지고 있다는 것을 입증할 수 있다. 이런 의미에서 그 언어들 중 한
언어로 프로그래밍할 수 있는 계산은 어떤 것이든 모든 언어에서 프로그래밍할
수 있다. 기묘한 것은 컴퓨터 언어를 설계하는 그 어떤 의식적인 시도도 대부분
이 부류의 언어 즉, FlooP와 성능이 같은 언어를 만드는 것으로 귀결되고 만다

는 것이다. 이 부류의 언어들보다 더 **약한**, 상당히 흥미 있는 컴퓨터 언어를 고안하는 데에는 품이 좀 든다. BlooP는 물론 약한 언어의 보기이지만, 그것은 통례라기보다는 오히려 예외적인 것이다. 요점은 알고리듬을 기술하는 언어를 고안하는 데에는 극히 자연스러운 방법들이 있는데, 각기 독자적으로 언어를 개발하는 사람들이 대개는, 스타일에서만 다를 뿐 성능의 측면에서는 동등한 언어를 만드는 결과가 된다는 것이다.

……은 신화이다

사실, 계산을 기술하는 데에 FlooP와 동등한 언어들보다 더 강력한 언어는 있을 수 없다고 광범위하게 믿고 있다. 이 가설은 1930년대에 두 연구자가 독자적으로 정식화했다. 한 사람은 앨런 튜링으로 나중에 더 언급할 것이다. 또 한 사람은 알론조 처치인데 금세기의 탁월한 논리학자 중의 하나이다. 그래서 사람들은 그 가설을 종종 **처치-튜링 테제**(Church-Turing Thesis[CT-Thesis])라고 한다. 우리가 CT-테제를 인정한다면, "GlooP"는 신화라고 결론을 내려야만 한다—FlooP에는 없애야 할 제한이 없으며, "족쇄 풀기"를 통하여 성능을 향상시킬 방법이 전혀 없다. 이것들은 BlooP에 대해서 했던 방법이다.

    이것은 우리로 하여금 다음을 주장하는 불편한 입장에 처하게 한다. **사람들은 N의 모든 값에 대하여** *Reddiag* **[N]을 계산할 수 있지만, 컴퓨터를 그런 식으로 프로그래밍할 수 있는 방법은 없다.** 왜냐하면 어쨌든 그렇게 할 수 있다면, FlooP로 그렇게 할 수 있을 것인데—그 구성상 FlooP로는 그렇게 할 수 없기 때문이다. 이 결론은 너무나 특이해서 우리로 하여금 그것의 토대가 되는 근거들을 매우 주의 깊게 조사하도록 할 것이다. 그러한 근거 중의 하나는, 독자들이 기억하겠지만, 정지하는 FlooP 프로그램과 정지하지 않는 FlooP 프로그램들을 구별할 수 있는 결정절차가 존재한다는 불확실한 가정이었다. 그러한 결정절차의 존재가 수론의 모든 문제를 획일적인 방식으로 풀 수 있도록 해줄 거라는 것을 우리가 안 순간, 이미 그러한 결정절차에 대한 아이디어는 의심스러워 보였다. 이제 모든 정지 테스트는 신화—FlooP 프로그램들을 원심분리기에 넣고 정지하는 것과 정지하지 않는 것을 분리하는 방법은 없다—라고 믿을 이유는 갑절이나 강해졌다.

회의론자는 이것이 그런 정지 테스트는 존재하지 않는다는 엄밀한 증명과는 거리가 멀다고 주장할지 모른다. 그것은 합당한 반론이다. 그러나 튜링의 방법은 더 엄밀하게 다음을 증명했다. FlooP 부류의 언어로는 모든 FlooP 프로그램에 대해서 정지 테스트를 수행할 수 있는 그 어떤 컴퓨터 프로그램도 작성할 수 없다.

처치-튜링 테제

잠시 처치-튜링 테제로 돌아와보자. 우리는 이 테제와 그 변형들에 대해서 제17장에서 상당히 자세하게 다룰 것이다. 지금은 그것을 몇 개의 버전으로 진술하는 것으로 충분하다. 이 테제의 장점과 의의에 대해서는 제17장으로 미룬다. 처치-튜링 테제를 진술하는 세 가지 연관된 방식이 있다 :

(1) 인간이 계산할 수 있는 것은 기계가 계산할 수 있다.
(2) 기계가 계산할 수 있는 것은 FlooP로 계산할 수 있다.
(3) 인간이 계산할 수 있는 것은 FlooP로 계산할 수 있다.
  (즉 일반 또는 부분 재귀적이다).

용어 : 일반 재귀와 부분 재귀

우리는 이 장에서 수론의 몇 가지 개념들과 그것과 계산 가능한 함수론에 대한 관계를 꽤 광범위하게 개괄했다. 그것은 매우 광범위하고 연구가 활발한 분야이고, 컴퓨터 과학과 현대 수학의 흥미로운 혼합이다. 따라서 우리가 다루어온 개념들에 대한 표준용어를 도입하지 않고서는 이 장을 맺을 수 없을 것이다.

이미 언급했듯이, "BlooP-계산 가능"은 "원시 재귀적"과 동의어이다. 이제 FlooP-계산 가능 함수들은 두 영역으로 나눌 수 있다. (1) 정지하는 FlooP 프로그램들로 계산할 수 있는 함수들, 이것들을 **일반 재귀적**이라고 한다. (2) 정지하지 않는 FlooP 프로그램들로만 계산할 수 있는 함수들, 이것들을 **부분 재귀적**이라고 한다(술어에 대해서도 같다). 그런데 "일반 재귀적"인 경우에는 흔히 그냥 "재귀적"이라고 말한다.

TNT의 파괴력

TNT가 아주 강력해서 모든 원시 재귀적인 술어를 표현할 뿐만 아니라, 모든 일반 재귀적인 술어들도 표현할 수 있다는 것이 흥미롭다. 우리는 이 두 사실을 증명하지는 않을 것이다. 그 이유는 TNT가 불완전하다는 것을 보이려는 우리의 목표에 이런 증명은 필요하지 않기 때문이다. TNT가 원시 재귀적인 또는 일반 재귀적인 술어들을 표현할 수 없다면, 그것은 **흥미롭지 않은** 방식으로 불완전할 것이다—따라서 우리는 TNT가 그것들을 표현할 수 있다고 가정할 것이며, TNT가 흥미로운 방식으로 불완전하다는 것을 보여줄 것이다.

G선상의 아리아

거북과 아킬레스는 오트밀 공장을 견학하고 막 나오는 길이다.

아킬레스 : 화제를 돌려도 괜찮겠지?

거북 : 그러게나.

아킬레스 : 좋아, 그럼. 내가 며칠 전에 받은 음란 전화 얘기인데 말이야.

거북 : 재미있을 것 같은데.

아킬레스 : 그래. 문제는 그 전화를 건 작자가 뭔 말을 한 건지 도통 모르겠다는 거야. 적어도 내가 이해하는 한에서는 말이야. 전화통에 대고 뭐라고 소리를 지르고는 끊었어. 아니 그게 아니고, 이제 생각해보니, 뭔가를 소리 지르고 다시 소리 지르고는 끊었어.

거북 : 무슨 말인지는 기억해뒀나?

아킬레스 : 에, 전체 통화는 이랬어.

　　나 : 여보세요?

　　전화를 건 사람 : (거칠게 소리치며) 자신을 인용한 것이 앞에 오면 오류가 생긴 다! 자신을 인용한 것이 앞에 오면 오류가 생긴다!
　　　　(찰칵.)

거북 : 음란 전화로 누군가에게 그런 말을 하다니 정말 이상하군.

아킬레스 : 그 생각이 바로 내 생각이야.

거북 : 아마도 그 미치광이 같은 말에 어떤 의미가 있었을 거야.

아킬레스 : 아마도.

　　(그들은 아름다운 3층짜리 석조건물들로 둘러싸인 널따란 정원으로 들어선 다. 가운데에는 야자수가 서 있고, 한 쪽에는 탑이 있다. 탑 가까이에는 계단이

그림 74. "위와 아래(Above and Below)"(M. C. 에셔, 석판, 1947).

있는데, 거기서 한 소년이 앉아서 창밖을 내다보는 젊은 여인과 이야기를 나누고 있다.)

거북 : 나를 어디로 데려가는 건가, 아킬레스?

아킬레스 : 이 탑의 꼭대기에서 보이는 아름다운 풍경을 자네에게 보여주고 싶네.

거북 : 오, 멋지겠군.

(그들은 소년 쪽으로 다가간다. 소년은 호기심 어린 눈으로 그들을 쳐다보고 나서 그 여인에게 무엇인가를 말한다. 둘은 낄낄거리며 웃는다. 아킬레스와 거북은 소년이 앉아 있는 계단 쪽으로 올라가지 않고, 왼쪽으로 방향을 돌려서 자그마한 나무 문으로 연결되는 계단을 내려간다.)

아킬레스 : 여기서 바로 안으로 들어갈 수 있네. 따라오게.

(아킬레스는 문을 연다. 그들은 들어가서 탑 안의 가파른 나선형 계단을 따라 올라가기 시작한다.)

거북 : (조금 헐떡거리며) 나는 이런 종류의 운동을 하기에는 신체 조건이 좀 안 좋아, 아킬레스. 얼마나 더 가야 하지?

아킬레스 : 몇 층만 더 가면 돼. 하지만 좋은 생각이 있어. 자네는 계단 윗면을 밟고 가지 말고, 뒷면을 밟고 가는 게 어떨까?

거북 : 내가 **그걸** 어떻게 하지?

아킬레스 : 그냥 꽉 잡아. 그리고 계단 뒷면으로 돌아 올라타. 디딜 자리는 충분히 있어. 계단들을 뒷면의 시각에서 보아도 윗면의 시각에서 보는 것처럼 제 기능을 한다는 것을 알게 될 걸세.

거북 : (조심스럽게 움직이면서) 내가 제대로 하고 있나?

아킬레스 : 그래, 잘하는군.

거북 : (가라앉은 목소리로) 이렇게 계단 뒷면으로 오니 헷갈리네. 이제 내가 위쪽을 향해 가야 하나, 아니면 아래쪽을 향해 가야 하나?

아킬레스 : 아까와 같은 방향으로 계속 진행하게. 자네가 딛고 있는 계단 면에서 보면 **아래쪽으로** 가는 것이고, 내가 딛고 있는 면에서 보면 **위쪽으로** 가

는 거지.

거북 : 자네가 설마 내가 아래로 내려가면 탑 꼭대기에 도달한다고 말하려는 건 아니겠지?

아킬레스 : 글쎄 모르겠어. 하지만 그렇게 될⋯⋯.

(그러고는 A(아킬레스)는 언제나 계단 한 쪽 면에서, 그리고 T(거북)는 A의 반대편 면에서 짝을 이루며 동시에 나선형으로 움직이기 시작한다. 곧 그 둘은 층계 끝에 도달한다.)

자 이제 그 계단 뒷면에서 원래대로 돌아와, 거북 선생. 여기―계단 윗면으로 올라오는 걸 내가 도와주지.

(그는 거북에게 팔을 뻗어서 그를 다시 계단의 윗면으로 끌어당긴다.)

거북 : 고마워, 이렇게 거슬러 오니까 좀더 쉬웠어.

(그리고 그들은 옥상으로 나와서 시내를 바라본다.)

이야, 경치 좋다, 아킬레스! 자네가 나를 이곳까지 데리고 올라와서―아니 **내려와서** 정말 고마워.

아킬레스 : 자네가 좋아할 줄 알았지.

거북 : 그 음란 전화에 대해서 여지껏 생각해보았는데 말이야. 이제 좀더 이해했다고 생각하네.

아킬레스 : 정말? 그것에 대해서 좀 말해주겠나?

거북 : 기꺼이 그러지. 자네 혹시 나와 마찬가지로, "자신을 인용한 것이 앞에 오면!"이라는 그 구절이 그 통화를 좀 잊혀지지 않게 한다고 느끼지 않나?

아킬레스 : 조금, 그래―아주 조금.

거북 : 자신을 인용한 것이 앞에 오는 뭐 그런 거 상상할 수 있나?

아킬레스 : 자기의 글씨가 쓰여진 커다란 현수막이 걸린 연회장에 들어서는 마오 쩌둥 주석의 모습을 떠올릴 수 있군. 여기서 마오 주석은 자신을 인용한 것

에 의해서 선행(先行)당한 거지.

거북 : 정말 상상력이 풍부한 보기군. 하지만 우리가 "……가 앞선다"라는 말을 연회장의 세련된 설치물보다는 인쇄물에서 앞서 있는 것이라는 생각에 한정해보자고.

아킬레스 : 좋아. 그런데 여기서 "인용"이란 정확히 무엇을 의미하나?

거북 : 어떤 낱말이나 문구에 대해서 말할 때, 우리는 관습적으로 그것을 따옴표 속에 넣지. 예를 들면 말이야, 이렇게 말할 수 있어.

"철학자"라는 낱말은 세 개의 글자로 이루어져 있다.

여기서 나는 "철학자"를 따옴표 속에 넣음으로써 몸뚱이를 가진 철학자에 대해서가 아니라 "철학자"라는 **낱말**에 대해서 얘기하고 있다는 것을 보여주고 있지. 이것을 **사용-언급**(USE-MENTION) 구분이라고 하지.

아킬레스 : 오?

거북 : 내 설명 좀 들어보게. 내가 자네에게 다음과 같이 말한다고 해보세.

철학자들은 돈을 많이 번다.

여기서 나는 불룩한 돈주머니를 꿰차고 있는 형형한 눈빛의 현자(賢者) 이미지를 자네의 마음속에 떠올리게 하려고 그 낱말을 **사용하고** 있을 거야. 하지만 내가 이 낱말을—아니 어떤 낱말이든—따옴표 속에 집어넣으면 나는 그 낱말의 의미와 함축을 제거하는 것이고, 내게 남는 것은 종이 위의 글씨와 그 낱말의 소리뿐이지. 그것을 바로 "**언급**(MENTION)"이라고 한다네. 그 낱말의 활자상의 측면 외에는 아무것도 중요치 않지. 그 낱말에 있는 어떤 의미도 무시되는 거지.

아킬레스 : 그 말을 들으니 바이올린을 파리채로 쓰는 것이 생각나는구먼. 또는 "언급하는 것"이라고 말해야 하나? 바이올린이 단단하다는 것 말고는 아무것도 중요치 않지—바이올린이 가진 의미나 기능은 깡그리 무시되고 있지. 그러고 보니, 파리 역시 그런 식으로 취급되고 있다는 생각이 드는군.

거북 : 자네가 말한 것들이 좀 비정통적이긴 하지만 사용-언급 구분에 대한 합

리적인 확장이야. 하지만 자신을 인용한 것이 자신보다 앞서는 어떤 것에 대해서 자네가 생각하기를 바라네.

아킬레스 : 좋아. 이렇게 말하면 될까?

"좋아" 좋아

거북 : 좋아. 다른 것도 더 해보게!

아킬레스 : 알았어.

**"'PLOP'은 내가 아는 한, 그 어떤 책의 제목도 아니다"는
'PLOP'은 내가 아는 한, 그 어떤 책의 제목도 아니다.**

거북 : 이 예는 간단히 'PLOP'을 빼버리면 아주 재미있는 예로 바뀔 수 있지.

아킬레스 : 정말? 자네 말대로 해보지.

**"내가 아는 한, 그 어떤 책의 제목도 아니다"는
내가 아는 한, 그 어떤 책의 제목도 아니다.**

거북 : 문장 하나를 만들었군.

아킬레스 : 해냈어. 그것은 "내가 아는 한, 그 어떤 책의 제목이 아니다"라는 표현에 대한 문장이군. 이것 역시 아주 바보 같은 문장이야.

거북 : 왜 바보같다는 거지?

아킬레스 : 왜냐하면 무의미하기 때문이야. 여기 다른 보기가 하나 더 있어 :

"사내아이들이야"는 사내아이들이야.

이건 도대체 무슨 뜻인가? 솔직히, 바보 같은 장난이구먼.

거북 : 내가 보기에는 그렇지 않은데. 내 생각에는 그건 아주 진지한 시도라네. 사실 어떤 문구를 따옴표 속에 넣어 그 문구보다 앞에 두는 이 조작은 너무나도 중요한 것이어서 이름을 하나 지어줘야 할 거라고 생각하네.

아킬레스 : 정말이야? 아니, 도대체 이 바보 같은 장난에 어떤 이름을 붙여서 품격을 높이려는 거지?

거북 : 나는 어떤 문구를 콰인화(quining)하는 것을 "어떤 문구를 콰인화하는 것"이라고 부르겠어.

아킬레스 : "콰인?" 이게 무슨 종류의 낱말이지?

거북 : 내가 틀리지 않는다면, 다섯 개의 철자로 된 낱말(QUINE)을 뜻하지.

아킬레스 : 내가 묻고 있는 것은 자네가 왜 하필이면 이 다섯 개의 철자를 골라서 바로 그 순서로 배열하는 거냐 이거지.

거북 : 오, 이제야 자네가 "이게 무슨 종류의 낱말이지?"라고 물었을 때 무엇을 의도했는지 알겠군. 그 대답은 바로 다음과 같아. "윌러드 밴 오만 콰인(Willard van Orman Quine)"이라는 이름을 가진 철학자가 이런 조작을 고안했기 때문에, 그를 기리는 의미에서 그렇게 이름 붙였지. 하지만 이 이상의 설명을 할 수 없어. 어째서 이 다섯 글자가 그의 이름을 구성하는지—어째서 이 특정한 순서로 배열되었는지는 말할 것도 없고—는 내게 준비된 답변이 없는 질문이야. 하지만 기꺼이 조사해볼 생각은 있어. 그리고—

아킬레스 : 신경 쓰지 말게나! 내가 콰인이라는 이름에 대해서 모든 것을 다 알고 싶은 것은 아니야. 어쨌든 문구를 콰인화하는 방법을 알겠네. 아주 재미있군. 여기 콰인화된 문구가 있네 :

"문장 조각이다"는 문장 조각이다.

그것은 바보 같지만 언제나처럼 재미있군. 일단 문장 조각을 취해서 그것을 콰인화하면, 어럽쇼, 문장이 되었군! 이 경우에는 진짜 문장이 되는군.

거북 : "신하 없는 왕이다"라는 문구를 콰인화하면 어떻게 될까?

아킬레스 : 신하 없는 왕이라—

거북 : —비정상이지, 물론. 논점을 벗어나지 말게. 먼저 콰인을 챙기자고, 왕들은 나중에 챙기고.

아킬레스 : 내가 그 문구를 콰인화해야 하나? 좋아—

"신하(subject) 없는 왕이다"는 신하 없는 왕이다.

내가 보기에는 "왕" 대신에 "문장"을 넣으면 더 그럴듯할 것 같은데.* 좋아, 다른 문구를 나에게 줘보게!

거북 : 좋아, 딱 하나만 더. 이걸 해보게나.

"콰인화되면, 거북의 연가(戀歌)를 만들어낸다."

아킬레스 : 그건 쉽겠군. 그것을 콰인화하면 이렇게 되지.

"콰인화되면, 거북의 연가를 만들어낸다"는
콰인화되면, 거북의 연가를 만들어낸다.

음……여기에는 뭔가 좀 특이한 게 있군. 아하, 뭔지 알았다! 그 문장은 자기 스스로에 대해서 말하고 있군! 알겠나?

거북 : 무슨 소리야? 문장들이 말을 할 수는 없어!

아킬레스 : 아니지. 하지만 문장들은 사물들을 **지시하지**—그리고 이 문장은 직접—분명하게—틀림없이—자기 자신인 바로 그 문장을 지시한다고! 아까 이야기를 돌이켜 생각해보고 콰인화가 무엇인지 명심하면 된다네.

거북 : 나는 그것이 자기 자신에 대해서 어떤 것을 말한다는 것을 이해하지 못하겠는데. 그 문장이 어디에서 "나를"이라든가 "이 문장을" 또는 그와 비슷한 걸 말하는가?

아킬레스 : 자네는 일부러 머리가 둔한 척하는군. 그 문장의 아름다움은 바로 거기에 있는 거야 : 그 문장은 직설적으로 그렇게 말하지 않으면서 자신에 대해서 말하고 있지.

거북 : 내가 이렇게 단순한 놈이라서 말이야. 그걸 나한테 자세히 설명해주겠나?

아킬레스 : 오, 의심 많은 거북 같으니라고!**

좋아, 어디 보자……. 내가 안에 빈칸이 있는 문장을 하나 만든다고 해보자고. 그 문장을 "문장 P"라고 하겠네.

---

* subject에 '신하'라는 뜻과 '주어'라는 뜻이 있다.
** Doubting Tortoise: Doubting Thomas(의심많은 도마)의 패러디이다. 예수의 부활을 의심했던 도마에게서 나온 말이다.

거북 : 예를 들면?

아킬레스 : 예를 들면 :

> **"—, 콰인화되면, 거북의 연가를 만들어낸다."**

이제 문장 P의 내용은 우리가 그 빈칸을 어떻게 채우는가에 달려 있지. 그러나 우리가 일단 어떻게 할지를 결정했다면, 그 내용은 결정되지 : 그것은 우리가 그 빈칸을 **콰인화**하면 얻게 되는 문구지. 그것을 "문장 Q"라고 하겠네. 그 이유는 바로 콰인화를 통해서 얻어졌기 때문이지.

거북 : 이해가 가는군. 그 빈칸의 문구가 "그들을 신선하게 보존하는 오래된 겨자 통 위에 쓰여 있다"라면, 그 문장 Q는 이렇게 되야겠지.

> **"그것들을 신선하게 보존하는 오래된 겨자 통 위에 쓰여 있다"는**
> **그것들을 신선하게 보존하는 오래된 겨자 통 위에 쓰여 있다.**

아킬레스 : 그렇지. 문장 P는 문장 Q가 거북의 연가라고 주장하지(그것이 타당한지 아닌지는 모르겠지만). 어쨌든 문장 P는 자기 자신에 대해서 말하고 있지 않고, 오히려 문장 Q에 대해서 말하고 있지. 여기까진 우리가 동의할 수 있지?

거북 : 아무렴. 동의하자고. 그리고 그 노래는 정말 아름다운 노래야.

아킬레스 : 하지만 이제 나는 그 빈칸을 다른 걸로 채워보고 싶네. 즉 :

> **"콰인화되면, 거북의 연가를 만들어낸다."**

거북 : 오, 맙소사, 자네는 여기서 좀 어려워지고 있군. 바라건대 이 모든 것이 나의 보잘것없는 수준에 비해서 너무 고급스러운 게 아니면 좋겠네.

아킬레스 : 걱정하지 말게. 분명히 그것을 이해하게 될 거야. 이렇게 선택하면, 문장 Q는 이렇게 되지……

> **"콰인화되면, 거북의 연가를 만들어낸다"가**

콰인화되면, 거북의 연가를 만들어낸다.

거북 : 오, 자네는 정말 노련한 전사로군! 이제 알겠네. 이제 문장 Q는 바로 문장
　　　 P와 똑같군.

아킬레스 : 그러면 문장 Q는 항상 문장 P의 내용이기 때문에, 하나의 고리가 생
　　　 기고, 그렇게 해서 P는 이제 거꾸로 스스로를 가리키는 것이지. 하지만 자
　　　 기-지시는 일종의 우연이야. 일반적으로 문장 P와 Q는 서로 전적으로 같지
　　　 않다네. 하지만 문장 P의 빈칸에 대해서 올바른 선택을 하면, 콰인화는 자
　　　 네에게 이 마술적인 묘기를 보여줄 거야.

거북 : 오, 정말 훌륭해. 나 혼자서는 왜 그런 생각을 결코 하지 못하는 걸까. 자,
　　　 말해보게. 다음 문장은 자기-지시적인가?

"네 개의 어절로 구성되었다"는 네 개의 어절로 구성되었다.

아킬레스 : 음……확실히는 모르겠는데. 자네가 방금 제시한 그 문장은, 정말로
　　　 자신에 대해서 말하는 것이 아니라, 오히려 "네 개의 어절로 구성되었다"는
　　　 문구에 대해서 말하고 있군. 물론 그 문구가 그 문장의 **일부분**이기는 하지
　　　 만…….

거북 : 그래서 그 문장은 자기 자신의 어느 일부분을 지시한다는 것이군—그래
　　　 서 어떻다는 거지?

아킬레스 : 에, 그것은 자기-지시로서 자격을 얻은 것이 아닐까?

거북 : 내 의견으로는, 그건 여전히 진정한 자기-지시와는 한참 먼 얘기야. 하지
　　　 만 이런 미묘한 일에 대해서 너무 골머리 썩지는 말게. 나중에 그것들에 대해
　　　 서 생각할 시간이 많을 거야.

아킬레스 : 나한테?

거북 : 그래, 자네한테. 그런데 지금은 "자신을 인용한 것이 앞에 오면 오류가 생
　　　 긴다"라는 문구를 콰인화해보는 게 어떨까?

아킬레스 : 자네가 뭘 뜻하고 있는지 알겠네—그 음란 전화로군. 그것을 콰인화
　　　 하면, 다음을 얻지 :

"자신을 인용한 것이 앞에 오면 오류가 생긴다"는
자신을 인용한 것이 앞에 오면 오류가 생긴다.

이것이 바로 그 작자가 말한 것이지! 그가 말할 때 따옴표가 어디 붙어 있는지 알 수 없었네. 그건 분명히 음란한 말이야! 그런 말을 하는 놈들은 다 감옥에 쳐넣어야 해!

거북 : 아니, 도대체 왜?

아킬레스 : 그게 내 마음을 아주 어수선하게 하거든. 앞의 보기들과는 달리, 그것이 참인지 거짓인지 잘 모르겠어. 그것을 생각하면 할수록 더 못 풀겠어. 그게 날 헷갈리게 하네. 어떤 미친 놈이 그따위 말을 만들어서 한밤중에 그걸 가지고 순진한 사람들을 괴롭히는지 모르겠어.

거북 : 나도……. 자 이제 내려갈까?

아킬레스 : 내려갈 필요 없어. 우린 이미 1층에 와 있어. 다시 탑 안으로 들어가자고. 알게 될 거야. (그들은 탑에 들어서서, 작은 나무 문으로 다가간다.) 우리는 여기에서 곧바로 밖으로 나갈 수 있어. 따라오게.

거북 : 확실해? 3층에서 떨어져서 내 등딱지를 부수고 싶지는 않아.

아킬레스 : 내가 자네를 속이겠는가?

(그가 문을 연다. 그들 앞에, 어느모로 보나 아까와 같은 소년이 아까와 같은 젊은 여인과 얘기하며 앉아 있다. 아킬레스와 거북은 탑에 들어서려고 그들이 걸어 내려왔던 계단과 똑같아 보이는 계단을 올라간다. 그리고 그들이 처음 들어섰던 바로 그 정원과 똑같아 보이는 정원에 있다는 걸 알게 된다.)

고맙네, 거북 선생. 그 음란 전화에 대해서 아주 명쾌하게 설명해주어서 말이야.

거북 : 나도 고맙네, 아킬레스. 즐거운 산책을 해서 말이야. 곧 또 만나세.

제14장

TNT 및 그것과 연관된 체계들의 형식적으로 결정 불가능한 명제[1]

"굴(Oyster)"의 두 개의 착상

이 장의 제목은 괴델의 유명한 1931년 논문의 제목에서 『수학 원리』를 TNT로 바꾸어 각색한 것이다. 괴델의 논문은 전문적인 것으로, 그는 자신의 증명을 빈틈없이 엄밀하게 하는 데에 집중했다. 그것에 비해서 이 장은 더 직관적일 것이다. 그리고 여기서는 그의 증명의 핵심에 자리잡은 두 가지 관건이 되는 아이디어를 강조하고자 한다. 첫 번째 아이디어는 TNT의 다른 문자열에 대해서 말하는 것으로서 해석할 수 있는 TNT 문자열이 있다는 심오한 발견이다. 간단히 말해 TNT는 언어로서 "자기 성찰" 또는 자기-검토 능력이 있다는 것이다. 이것은 바로 괴델 수 매기기의 결과이다. 두 번째 아이디어는 자기-검토 특성이 전적으로 단 하나의 문자열에 집중될 수 있고, 그 문자열이 관심을 가지는 유일한 초점은 자기 자신이라는 것이다. 이 "초점 기법"의 정수는 칸토어의 대각선 논법에서 나온 것이다.

괴델의 증명을 심층적으로 이해하는 데에 관심이 있으면, 내가 보기에는, 증명이 그 본질에서 이 두 아이디어의 융합으로 이루어졌다는 것을 인식해야만 한다. 이것들 중 어느 하나만 해도 대가의 걸작인데, 그것들을 함께 엮어내는 데에는 천재적인 작업이 필요했다. 그러나 내가 두 아이디어 중에서 더 심오한 것을 선택해야 한다면 주저하지 않고 첫 번째 아이디어, 즉 괴델 수 매기기를 택할 것이다. 왜냐하면 그 아이디어는 기호-조작 체계들에서 의미와 지시가 무엇인가 하는 개념 전체와 관련되어 있기 때문이다. 이것은 수리논리학의 한계를 훨씬 넘어서는 아이디어인 반면, 칸토어의 대각선 논법은 수학적 결과는 풍성하지만 실생활의 문제들과는 거의 관련이 없다.

---

1) 괴델의 1931년 논문의 제목에는 로마 숫자 "I"이 끝에 포함되어 있었다. 이것은 그가 어려운 논거 중 일부에 대한 더 자세한 방어(변론)를 다루는 후속 논문을 쓰려고 했음을 보여준다. 그러나 첫 논문(1931년 논문)이 너무나 광범위하게 호평을 받아서 두 번째 논문(후속 논문)은 불필요해졌으며 그는 두 번째 논문을 쓰지 않았다.

첫 번째 아이디어 : 증명쌍

그러면 곧바로 증명 자체를 자세히 살펴보도록 하자. 우리는 제9장에서 이미 괴델의 동형성이 무엇인가에 대한 개념을 꽤 주의 깊게 제시한 바 있다. 이제 "문자열 0=0은 TNT의 정리이다"와 같은 명제를 수론의 명제로 번역하도록 해주는 수학적인 개념을 기술하고자 한다. 이를 위해서 **증명쌍**(proof-pair)이라는 개념이 필요하다. 증명쌍은 특정 방식으로 관련을 맺은 한 쌍의 자연수이다. 다음이 증명쌍의 아이디어이다 :

> 두 개의 자연수 m과 n이 각각 TNT-증명쌍을 형성하는 것은, m이 어느 TNT-도출의 괴델 수이고 그 도출의 마지막 행이 괴델 수가 n인 문자열일 경우, 오직 그 경우에 한해서이다.

비슷한 개념이 MIU-체계에 대해서도 있다. 먼저 MIU-체계의 경우를 살펴보는 것이 직관적으로 조금 더 쉽다. 그래서 잠시 TNT-증명쌍은 놔두고 MIU-증명쌍을 보자. 그 정의는 앞의 것과 아주 비슷하다.

> 두 개의 자연수 m과 n이 각각 MIU-증명쌍을 형성하는 것은, m이 어느 MIU-체계 도출의 괴델 수이고 그 도출의 마지막 행이 괴델 수가 n인 문자열일 경우, 오직 그 경우에 한해서이다.

이제 MIU-증명쌍의 예를 두 개 보자. 먼저 m=3131131111301, n=301이라고 하자. 이와 같은 m과 n의 값은 정말로 MIU-증명쌍을 형성한다. 그 이유는 m이 MIU-도출

MI

MII

MIIII

MUI

의 괴델 수이고, 마지막 행 **MUI**의 괴델 수가 301, 즉 n이기 때문이다. 이와 대조

적으로, m=31311311130, n=30이라고 하자. 이 두 값은 어째서 MIU-증명쌍을 형성하지 **못하는가**? 답을 알기 위해서, 도출이라고 주장하는 것(alleged derivation)을 써보자. m은 이것을 코드화한(표시한) 것이다.

MI

MII

MIII

MU

도출이라고 주장하는 위의 것에는 잘못된 단계가 있다! 그것은 두 번째 행에서 세 번째 행으로, 즉 MII에서 MIII로 넘어가는 단계이다. MIU-체계에는 이런 활자 변화를 허용하는 추론규칙은 없다. 이와 상응해—이것이 아주 중요하다—311로부터 3111로 이끄는 산술 추론규칙은 없다. 이것은 제9장의 논의에 비추어 보면 아마 사소한 관찰일지 모르지만 괴델 동형성의 핵심에 자리잡고 있다. 어떤 형식체계이든 우리가 그 형식체계에서 행하는 것은 산술 조작에 그 상응물이 있다.

어떤 경우에도, m=31311311130과 n=30은 분명히 MIU-증명쌍을 형성하지 않는다. 이 사실 자체는 30이 MIU-수가 아니라는 것을 의미하지는 않는다. 30과 MIU-증명쌍을 형성하는 다른 m값이 있을 수도 있다(실제로는, 제9장에서 행한 추론에 따라서, MU가 MIU-정리가 아니며 따라서 그 어떤 수도 30과 함께 MIU-증명쌍을 형성할 수 없다는 것을 우리는 알고 있다).

그러면 이제 TNT-증명쌍은 어떤가? 아래에 아주 비슷한 보기 두 개가 있다—하나는 그저 TNT-증명쌍이라고 주장하는 것이고, 다른 하나는 유효한 TNT-증명쌍이다. 여러분은 어떤 것이 어떤 것인지 구분할 수 있는가? (여기에 '611'이라는 코돈이 나타난다. 그것의 목적은 TNT-도출에서 연이은 행들의 괴델 수를 분리하는 것이다. 이런 점에서 '611'은 구두점으로 기능한다. MIU-체계에서는 모든 행이 '3'으로 시작하는 것으로 충분하기 때문에 별도의 구두점은 필요하지 않다.)

(1) m=626,262,636,223,123,262,111,666,611,223,123,666,111,666

$n = 123,666,111,666$

(2) $m = 626,262,636,223,123,262,111,666,611,223,333,262,636,123,262,111,666$

$n = 223,333,262,636,123,262,111,666$

어떤 것이 어떤 것인지 구분하는 것은 아주 간단하다. 먼저 옛 표기방식으로 역번역하고, 다음을 기계적으로 점검하면 된다.

(1) m으로 표시된 도출이라는 것이 실제로 합법적인 도출인가?
(2) 만일 그렇다면, 그 도출의 마지막 행이 n이 표시하고 있는 문자열과 일치하는가?

단계 2는 간단하다. 단계 1도 무한탐색(open-ended search)과 은폐된 무한 반복고리가 관련되어 있지 않다는 점에서, 아주 수월하다. MIU−체계와 관련지어 위의 보기들을 생각해보자. 이제 마음속으로 MIU−체계의 규칙들을 TNT의 규칙들로 대체하고 MIU−체계의 유일한 공리를 TNT의 공리들로 대체해보자. 이 두 경우 알고리듬은 같다. 그 알고리듬을 명확히 해보자 :

한 행, 한 행 도출을 따라 내려가라.
공리인 것들은 표시하라.
공리가 아닌 각 행에 대해서, 그것이 도출이라고 주장하는 것에서 앞의 행들로부터 추론 공식들을 적용하여 유도되었는지 여부를 점검하라.
만약 공리가 아닌 것이 모두 앞의 행들로부터 추론규칙들을 적용하여 유도된 것이라면 그것은 합법적인 도출이다. 그렇지 않으면 그것은 가짜 도출이다.

각 단계마다 수행해야 할 과제들의 수가 명확하다. 그리고 그 수는 아주 쉽게 미리 정할 수 있다.

증명쌍이라는 속성은 원시 재귀적이다……

이 반복고리들의 한계성을 강조하는 이유는 바로, 아마 알아차렸겠지만, 내가 다음을 주장하려고 하기 때문이다.

> **기본사실 1 :** 증명쌍이라는 속성은 원시 재귀적 수론의 속성이며 따라서 BlooP 프로그램으로 테스트할 수 있다.

여기에서는 밀접하게 연관된 다른 수론적 속성인 **정리-수(theorem-number)**와 주목할 만한 차이가 있다는 것을 지적해야겠다. n이 정리-수라고 주장하는 것은 n과 증명쌍을 형성하는 어떤 값 m이 존재한다고 주장하는 것이다(그런데 이 언급은 TNT와 MIU-체계에 똑같이 적용된다. MIU-체계를 원형으로 삼으면서, 둘 다 염두에 두는 것이 도움이 될 것이다). n이 정리-수인지 점검하려면, 우리는 그것의 모든 잠재적인 증명쌍 "파트너"인 m을 탐색하는 작업에 착수해야 한다. 그런데 여기에서 끝없는 추적을 하게 될지도 모른다. n을 제2성분으로 해서 그것과 증명쌍을 형성하는 수를 찾아내는 데에 어디까지 탐색해야 할지 아무도 알 수 없다. 그것은 같은 체계 안에서 확대규칙과 단축규칙이 있기 때문에 생기는 문제 전체이며, 그 규칙들이 어느 정도 예측 불가능성을 야기한다.

이 지점에서 골드바흐 변주를 예로 드는 것이 도움이 될 것이다. 한 쌍의 수 (m, n)이 거북-쌍(Tortoise-pair)을 형성하는지 여부를 테스트하는 것은 식은 죽 먹기이다. m과 $n+m$이 모두 소수인지 테스트하면 된다.[*] 그리고 소수의 속성은 원시 재귀적이기 때문에 이 테스트는 쉽고 정지를 예측할 수 있다. 그러나 n이 거북 속성을 가지는지 알고 싶다면, 다음과 같이 물어야 한다 : n을 제2성분으로 해서 그것과 거북-쌍을 형성하는 어떤 수 m이 존재하는가? 이것은 다시 한번, 언제 끝날지 모르는 반복고리(MU-고리)를 수행해야 하는 거친 미지(未知)로 우리를 인도할 것이다.

……그러므로 TNT로 표현할 수 있다

이 시점에서 중요한 개념은 앞의 기본사실 1이다. 왜냐하면 그것으로부터 다음과 같이 결론지을 수 있기 때문이다.

---

[*] 예를 들면 (m, n)이 (7, 4)이면 7과 11은 모두 소수이므로 (7, 4)는 거북-쌍을 형성한다. 4=11-7.

기본사실 2 : 증명쌍을 형성한다고 하는 속성은 BlooP로 테스트할 수 있다. 따라서 그것은 TNT에서 자유변수가 두 개인 어떤 식으로 **표현된다**.

여기에서 우리는 이 증명쌍들이 어떤 체계와 관계있는지 명시하는 것에는 관심이 없다. 그것은 별로 중요하지 않다. 왜냐하면 이 두 기본사실이 모두 어떤 형식체계에 대해서도 유효하기 때문이다. 그것이 바로 형식체계의 본성이다 : 주어진 일련의 행들이 증명을 구성하고 있는지 아닌지는, 언제 정지하는가 예측할 수 있는 방식으로, 언제라도 판정할 수 있다. 그리고 그것은 상응하는 산술적 개념들에 옮겨서 적용할 수 있다.

증명쌍의 성능

구체적인 설명을 위해서, 우리가 MIU-체계를 다루고 있다고 해보자. 독자는 우리가 "MUMON"이라고 불렀던 문자열을 기억할 것이다. 어느 한 층위에서 MUMON의 해석은 "MU는 MIU-체계의 정리이다"라는 명제였다. 우리는 MUMON을 어떻게 TNT에서, MIU-증명쌍의 개념을 나타내는 식으로 표현할 것인지 보여줄 수 있다. 그 식이 존재한다는 것은 기본사실 2로 확신할 수 있는데, 다음과 같이 줄여서 표기해보자.

$$MIU\text{-}PROOF\text{-}PAIR\{a, a'\}$$

그것은 두 수의 속성이기 때문에, 두 개의 자유변수를 가지는 식으로 나타낸다 (주의 : 이 장에서는 언제나 간소한 TNT를 사용할 것이다. 그러니까 변수 a, a', a″를 주의해서 구분해야 한다). "MU는 MIU-체계의 정리이다"를 주장하기 위해서는, 먼저 "30은 MIU-체계의 정리-수이다"라는 동형태의 명제를 만들어야만 할 것이다. 그리고 나서 그것을 TNT-표기로 번역해야 한다. 축약기법을 쓰면 이것은 쉽다(제8장에서 모든 a'를 수사로 대체한다는 것을 가리키기 위해서 수사를 쓰고 뒤이어 "/a'"를 썼다는 것을 기억하라).

$$\exists a:MIU\text{-}PROOF\text{-}PAIR\{a, SSSSSSSSSSSSSSSSSSSSSSSSSSSSSS0/a'\}$$

S를 세어보아라. 30개이다. 자유변수 하나는 양화(量化)되었고 다른 하나는 수사로 대체되기 때문에, 이것은 TNT의 닫힌 문장이라는 것을 주목하라. 그런데 여기에서 기발한 일이 수행되었다. 기본사실 2는 **증명쌍**에 대해서 말하는 방법을 우리에게 제공했다. 그리고 우리는 마찬가지로 **정리-수**에 대해서 말하는 방법을 알아냈다 : 존재양화사(∃)를 앞에 붙이기만 하면 된다! 위의 문자열을 더욱 문자 그대로 번역하면 다음과 같을 것이다. "30을 제2성분으로 해서 그것과 MIU-증명쌍을 형성하는 a라는 수가 존재한다."

우리가 TNT에 대해서 이와 아주 비슷한 일, 예를 들면 "0=0은 TNT의 정리이다"라는 문장을 표현하고 싶어했다고 해보자. 그 식이 존재한다는 것은 기본사실 2가 보증하는데, 비슷한 방식으로 (다시, 두 개의 자유변수를 써서) 축약할 수 있다 :

$$\text{TNT-PROOF-PAIR}\{a, a'\}$$

(이 축약된 TNT-식의 해석은 "자연수 a와 a'는 하나의 TNT-증명쌍을 형성한다"이다.) 그 다음 단계는 위의 MUMON-모델을 따라서 이 명제를 수론으로 번역하는 것이다. 그 명제는 "666,111,666을 제2성분으로 해서 그것과 TNT-증명쌍을 형성하는 수 a가 존재한다"가 된다. 이것을 표현하는 TNT-식은 다음과 같다.

$$∃a:\text{TNT-PROOF-PAIR}\{a,\underbrace{\text{SSSSS}\cdots\cdots\text{SSSSS}0}/a'\}$$

아주 많은 S들!
(정확히 666,111,666개)

위의 것은 TNT의 닫힌 문장이다(그것을 JŌSHŪ라고 부르자. 그 이유는 잠시 후에). 따라서 TNT-증명쌍이라는 원시 재귀적 개념뿐 아니라 관련되어 있지만 더 미묘한 TNT-정리-수라는 개념에 대해서도 말할 수 있는 방법이 있다는 것을 알게 되었다.

이러한 아이디어에 대한 이해도를 점검하기 위하여, 다음과 같은 메타-TNT의 명제들을 TNT로 번역하는 방법을 생각해보라.

(1) 0=0은 TNT의 정리가 아니다.

(2) ~0=0은 TNT의 정리이다.

(3) ~0=0은 TNT의 정리가 아니다.

해답들이 앞에서 해본 보기와 어떻게 다른가? 그리고 그 해답들은 서로 어떻게 다른가? 여기에 번역 연습이 몇 개 더 있다.

(4) JŌSHŪ는 TNT의 정리이다. (이것을 표현하는 TNT-문자열을 "메타-JŌSHŪ" 라고 하자.)

(5) 메타-JŌSHŪ는 TNT의 정리이다. (이것을 표현하는 TNT-문자열을 "메타-메 타-JJŌSHŪ"라고 하자.)

(6) 메타-메타-JŌSHŪ는 TNT의 정리이다.

(7) 메타-메타-메타-JŌSHŪ는 TNT의 정리이다.

(등등)

보기 5는 메타-메타 TNT의 명제들이 TNT-표기로 번역될 수 있다는 것을 보여 준다. 보기 6은 메타-메타-메타-TNT 등에 대해서도 마찬가지임을 보여준다.

여기서, 어떤 속성을 표기하는 것과 표현하는 것 사이의 차이를 유념하는 것이 중요하다. TNT 정리-수라는 속성은, 예를 들면 다음과 같은 식으로 표기된다.

$$\exists a : TNT\text{-}PROOF\text{-}PAIR\{a,a'\}$$

번역 : "a'은 TNT 정리-수이다." 그러나 이 식이 그 개념을 **표현한다**는 보장이 없다. 왜냐하면 이 속성이 원시 재귀적이라는 아무런 보장도 없기 때문이다. 사실, 우리는 이 속성이 원시 재귀적이지 않다는 상당한 의심마저 있다(이 의심은 근거가 있다. TNT-정리-수라고 하는 속성은 원시 재귀적이지 **않다**. 따라서 그 어떤 TNT-식도 그 속성을 표현할 수 없다!). 이와 대조적으로 증명쌍이라는 속성은, 그것의 원시 재귀성 덕분에 이미 소개한 식으로 표기할 수도 있고 표현할 수도 있다.

대체가 두 번째 아이디어로 귀결된다

앞의 논의로, TNT가 TNT-정리성의 개념에 대하여 어떻게 "내적 성찰(intro-spect)"을 할 수 있는지 알았다. 이것이 그 증명의 첫 번째 부분의 본질이다. 이제 이 내적 성찰을 단 하나의 식으로 농축시켜주는 개념을 개발함으로써 그 증명의 두 번째 주요 아이디어를 공략하고자 한다. 이를 위해서, 어떤 식을 간단한 방식으로 구조적으로 변경했을 때, 그 식의 괴델 수에 어떤 일이 벌어지는지 볼 필요가 있다. 사실, 우리는 다음과 같은 특정한 변경을 생각할 것이다.

모든 자유변수를 특정 수사로 대체하기.

아래 왼쪽편에는 이 조작의 예를 두 개 보여주고, 오른편에는 이에 대응하는 괴델 수의 변화들을 보여주고 있다.

<table>
<tr><td align="center">식</td><td align="center">괴델 수</td></tr>
<tr><td align="center">a=a</td><td align="center">262,111,262</td></tr>
<tr><td align="center">모든 자유변수를
2에 대한 수사로 대체한다.</td><td align="center">↓</td></tr>
<tr><td align="center">SS0=SS0</td><td align="center">123,123,666,111,123,123,666</td></tr>
</table>

* * * * *

<table>
<tr><td align="center">~∃a:∃a′:a″ = (SSa•SSa′)</td><td align="center">223,333,262,636,333,262,163,636,
262,163,163,111,362,123,123,262,
236,123,123,262,163,323</td></tr>
<tr><td align="center">모든 자유변수를
4에 대한 수사로 대체한다.</td><td align="center">↓</td></tr>
<tr><td align="center">~∃a:∃a′:SSSS0=(SSa • SSa′)</td><td align="center">223,333,262,636,333,262,163,636,
123,123,123,123,666,111,362,123,
123,262,236,123,123,262,163,323</td></tr>
</table>

오른편에서는 동형태의 산술적 처리가 진행되고 있는데, 엄청나게 큰 수 하나가 더 엄청나게 큰 수로 변환된다. 기존 수에서 새로운 수를 만드는 함수를, 더하기, 곱하기, 10의 거듭제곱 등을 이용하여 산술적으로 기술하기는 그리 어렵지 않을 것이다. 그러나 여기에서 그렇게 할 필요는 없다. 중요한 것은 (1) 원래의 괴델 수 (2) 삽입될 수사를 표시하는 수 (3) 그 결과 얻게 되는 괴델 수 사이의 관계가 원시 재귀적 관계라는 사실이다. 다시 말하면, 임의의 세 자연수를 입력받을 경우, 세 자연수가 이런 방식으로 연관되면 **YES**를, 아니면 **NO**라고 답하는 BlooP 테스트를 작성할 수 있음을 뜻한다. 다음과 같은 두 세트의 3연수를 검사함으로써, 여러분이 그런 테스트를 수행할 능력이 있는지 스스로 시험할 수 있을 것이며, 동시에 그 처리에 어떤 은폐된 제한이 없는 반복고리도 존재하지 않음을 확신하게 될 것이다.

(1) $362, 262, 112, 262, 163, 323, 111, 123, 123, 123, 123, 666;$

$2;$

$362, 123, 123, 666, 112, 123, 123, 666, 323, 111, 123, 123, 123, 123, 666.$

(2) $223, 362, 262, 236, 262, 323, 111, 262, 163;$

$1;$

$223, 362, 123, 666, 236, 123, 666, 323, 111, 262, 163.$

보통 그렇듯이, 위의 두 보기 중 하나는 옳고 하나는 그렇지 않다. 이제 삼연수 사이의 관계를 대체관계(substitution)라고 부를 것이다. 그것은 원시 재귀적이기 때문에, 자유변수가 세 개인 어떤 TNT식으로 **표현된다**. 이 TNT–식을 다음과 같은 표기로 줄여보자 :

$$\text{SUB} \{a, a', a''\}$$

이 식이 대체관계를 표현하기 때문에, 아래 식은 TNT–정리임이 틀림없다 :

$$\text{SUB}\{SSSSS \cdots SSSSS0/a,\ SS0/a',\ SSSSS \cdots SSSS0/a''\}$$

262,111,262개의 S   123,123,666,111,123,123,666개의 S

(이것은 이번 절의 앞에서 나란히 열거한 대체관계의 첫 번째 보기를 바탕으로 하고 있다.) SUB 식이 대체관계를 표현하기 때문에, 아래 공식은 분명히 TNT 정리가 아니다 :

$$SUB \{SSS0/a, SS0/a', S0/a''\}$$

산술 콰인화

이제 분해되어 있는 부분들을 의미 있는 하나의 통합체로 묶을 수 있는 결정적인 지점에 도달했다. 우리는 **TNT-PROOF-PAIR**와 **SUB** 식의 작동방식을 어떤 방식으로 이용해 다음과 같이 해석할 수 있는 TNT 문장 하나를 구성하고 싶다. "이 TNT 문자열 자신은 TNT-정리가 아니다." 어떻게 하면 그것을 할 수 있을까? 심지어 필요한 도구들이 모두 구비된 이 지점에서도 해답을 찾기가 쉽지 않다.

기묘하면서도 어이없어 보이는 아이디어가 있는데, 그것은 바로 어떤 식 **자신**의 괴델 수를 바로 그 식에 대입한다는 아이디어이다. 이것은 "G선상의 아리아"에 나오는 기묘하면서도 어이없어 보이는 "콰인화"라는 개념과 아주 비슷하다. 그러나 콰인화는 재미있으면서 중요성이 있는 것으로 판명되었는데, 거기에서 그것은 자기-지시 문장(self-referential sentence)을 만드는 새로운 방식을 보여주었다. 콰인 형의 자기-지시는 우리가 그것을 처음 보았을 때는, 예기치 못한 것이라서 얼떨떨하다—그러나 일단 그 원리를 이해하고 나면, 우리는 그것이 아주 간단하면서도 멋지다는 것을 알게 된다. 콰인화의 산술 버전—그것을 **산술 콰인화**(arithmoquining)라고 하자—을 이용해, 우리는 "자기 자신에 대하여" 말하는 TNT-문장을 만들 수 있다.

산술 콰인화의 보기를 하나 들어보자. 자유변수가 적어도 하나인 식이 필요하다. 다음 식은 조건을 충족한다.

$$a = S0$$

이 식의 괴델 수는 262,111,123,666이다. 이제 이 수를 이 식 자체에 대입하자—아니면 그 수의 수사를 대입하자. 그 결과는 다음과 같다.

$$\underbrace{SSSSS\cdots\cdots SSSSS0=S0}_{262,111,123,666개의\ S}$$

이 새로운 식은 262,111,123,666이 1과 같다는 어처구니없는 거짓을 주장하고 있다. 만일 우리가 ~a=S0이라는 문자열로 시작하고, 그러고 나서 산술 콰인화 했다면, 참인 명제를 얻었을 것이다. 독자들 스스로 알 수 있다.

　산술 콰인화를 할 경우, 우리는 물론, 앞에서 정의한 대체 조작 중 특별한 경우를 실행하는 것이다. TNT 안에서 산술 콰인화하는 것에 대해서 말하고자 한다면, 우리는

$$SUB\{a'',a'',a'\}$$

라는 식을 사용할 것이다. 이때 앞의 두 변수는 같다. 이것은 우리가 하나의 수를 두 가지 다른 방식으로 사용한다는 사실로부터 온다(칸토어의 대각선 논법의 일종!). a″라는 수는 (1) 원래의 괴델 수, 동시에 (2) 삽입-수이다. 앞의 식에 대한 축약을 고안해보자.

$$ARITHMOQUINE\{a'',a'\}$$

위의 식을 말로 풀면 다음과 같다.

> 괴델 수 a″인 식을 산술 콰인화해서 얻게 되는 식의 괴델 수는 a′이다.

그러나 이 문장은 길고 추하다. 이것을 요약하는 간결하고 우아한 용어를 도입하자. 같은 것을 의미하는 데에 다음과 같이 말할 것이다.

> a′는 a″의 산술 콰인화이다.

예를 들면, 262,111,123,666의 산술 콰인화는 다음과 같은 말도 못 하게 할 정도로 거대한 수이다.

$$123,123,123,\cdots\cdots123,123,123,666,111,123,666$$

'123'을 $262,111,123,666$번이나 반복한 수

(이것은 우리가 a=S0을 산술 콰인화해서 얻은 식의 괴델 수이다.) 우리는 TNT 내부에서 산술 콰인화하는 것에 대해서 아주 쉽게 말할 수 있다.

마지막 결정타

이제 "G선상의 아리아"를 뒤돌아보면, 우리는 콰인의 방식으로 자기-지시를 성취하는 데에 필요한 궁극적인 묘책이 콰인화의 개념에 대해서 말하는 문장 자체를 콰인화하는 것임을 알게 될 것이다. 단순히 콰인화하는 것만으로는 충분하지 않다—우리는 콰인화를 언급하는 문장을 콰인화해야 한다! 좋다. 그렇다면, 우리의 경우 그에 상응하는 묘책은 산술 콰인화의 개념에 대하여 말하고 있는 어떤 식 자체를 산술 콰인화하는 것이어야 한다.

지체 없이, 그 식을 아래에 적고 그것을 G의 삼촌(uncle)이라고 부르겠다 :

~∃a:∃a′:<TNT-PROOF-PAIR{a,a′}∧ARITHMOQUINE{a″,a′}>

우리는 산술 콰인화가 증명의 구상에 얼마나 깊이 관련을 맺고 있는지 명확하게 볼 수 있다. 이제 이 "삼촌"은 물론 괴델 수를 가지는데, 그것을 "u"라고 하겠다. u의 십진법 전개의 시작과 끝, 심지어 가운데의 아주 작은 일부분도 직접 읽을 수 있다.

$$u=223,333,262,636,333,262,163,636,212,\cdots\cdots,161,\cdots\cdots,213$$

나머지 부분은, TNT-PROOF-PAIR와 ARITHMOQUINE 식이 작성되었을 경우 실제로 어떻게 보이는지를 알아야만 할 것이다. 그것은 너무 복잡하며 어쨌든 핵심에서 벗어난 일이다.

이제 우리가 해야 할 모든 것은 바로 이 삼촌을 산술 콰인화하는 것이다! 그것은 모든 자유변수들—이 경우에는 오직 하나, 즉 a″만 있다—을 "몰아내고",

그 곳에 u를 나타내는 수사를 삽입하는 것이다. 다음이 그 결과이다.

$$\sim\exists a{:}\exists a'{:}<\text{TNT-PROOF-PAIR}\{a,a'\}\wedge\text{ARITHMOQUINE}\{\underbrace{\text{SSS}\cdots\cdots\text{SSS0}}_{u\text{개의 S}}/a'',a'\}>$$

이것이, 믿거나 말거나, 'G'라고 부를 수 있는 괴델의 문자열이다. 이제 우리가 지체 없이 대답해야 할 질문이 두 개 있다.

   (1) G의 괴델 수는 얼마인가?
   (2) G를 해석하면 무슨 뜻인가?

우선 질문 (1)부터 보자. 우리가 G를 어떻게 만들었는가? 삼촌을 가지고 시작했고 그것을 산술 콰인화했다. 따라서 산술 콰인화의 정의에 의해서 G의 괴델 수는 다음과 같다.

u의 산술 콰인화

이제 질문 (2)로 가자 : 우리는 G를 단계적으로 자연언어로 번역할 것인데, 진행해나감에 따라서 점점 더 잘 이해하게 될 것이다. 처음에는 거칠게, 문자 그대로 번역해보겠다.

   "다음과 같은 수 a와 a'는 존재하지 않는다. (1) a와 a'가 TNT-증명쌍을 형성한다. 동시에 (2) a'가 u의 산술 콰인화이다."

이제 u의 산술 콰인화인 수 a'이 분명히 **존재한다**—따라서 문제는 **다른** 수, 즉 a에 있는 것이 틀림없다. 이 관찰을 통하여 우리는 G를 다음과 같이 바꾸어 번역할 수 있다.

   "u의 산술 콰인화와 함께 TNT-증명쌍을 형성하는 수 a는 없다."

(이 단계가 좀 혼란스러울 수 있는데, 아래에서 자세히 설명한다.) 여기에서 무슨 일이 일어나는지 알겠는가? G가 말하는 바는 다음과 같다.

"괴델 수가 u의 산술 콰인화인 식은 TNT의 정리가 아니다."

그러나—이제는 놀랍게 느껴지지 않을 것인데—그 식이 다른 그 어떤 것도 아닌 바로 G 자신이다. 그러므로 G를 궁극적으로 다음과 같이 번역할 수 있다 :

"G는 TNT의 정리가 아니다."

또는 다음이 더 좋다면,

"나는 TNT의 정리가 아니다."

우리는 원래 낮은 층위의 해석이었던 것—수론의 문장—으로부터 서서히 높은 층위의 해석—메타-TNT의 문장—을 끌어냈다.

TNT는 "항복"을 선언한다[*]

이 놀라운 구성의 주요 결과는 이미 제9장에서 상세히 기술했는데, 그것은 TNT의 불완전성이다. 그 논증을 다시 반복하면 :

G는 TNT-정리인가? 그렇다면, 그것은 참을 주장하는 것이 틀림없다. 그러나 사실 G가 주장하는 것이 무엇인가? 그 자신이 정리가 아니라는 것이다. 따라서 G가 정리라는 것으로부터 그것이 정리가 아니라는 것이 도출된다. 모순이다.

그러면 G가 정리가 아니라면 어떻게 되는가? 이것은 모순을 야기하지 않기

---

[*] 원문은 TNT Says "Uncle!"인데 'Say uncle'은 '항복하다'를 의미하는 관용구이다. 한편 저자는 산술 콰인화의 개념에 대해서 말하고 있는 식을 uncle이라고 했으므로 중의적인 효과를 나타내고 있다.

때문에 받아들일 수 있다. 그러나 G가 주장하는 것은 G가 정리가 아니라는 것이다. 따라서 G는 참을 주장하고 있다. 그런데 G는 정리가 아니므로, 참인데 TNT의 정리가 아닌 것이 (적어도) 하나가 존재한다.

이제 비슷한 보기를 사용해서 그 교묘한 단계를 다시 한번 설명하겠다. 다음 문자열을 보자.

$$\sim\exists a:\exists a':<\text{TORTOISE-PAIR}\{a,a'\}\wedge\text{TENTH-POWER}\{SS0/a'',a'\}>$$

여기에 TNT 문자열인 두 개의 축약이 있는데 여러분 스스로 이것들을 작성할 수 있을 것이다. **TENTH-POWER**{a'',a'}은 "a'는 a''의 10제곱이다"라는 명제를 나타낸다. 위의 식을 문자 그대로 말로 번역하면 다음과 같다.

"다음과 같은 수 a와 a'는 존재하지 않는다. (1) a와 a'이 거북─쌍을 형성한다.
동시에 (2) a'는 2의 10제곱이다."

그러나 분명히 2의 10제곱—1024는 **존재한다.** 따라서 그 문자열이 실제로 말하는 바는 다음과 같다.

"1024와 함께 거북─쌍을 형성하는 수 a는 존재하지 않는다."

이것은 결국 다음이 된다 :

"1024는 거북 속성을 가지지 않는다."

요점은 우리가 어떤 수에 대해서 그것의 수사가 아니라 그것에 대한 **기술**(記述) 을 술어로 만드는 방법을 달성했다는 것이다. 그것은 우리가 양화된 여분의 변수(a')를 이용한다는 사실에 의존한다. 그 수는 여기에서는 "2의 10제곱"으로서 기술된 수 1024이고, 앞의 예에서는, "u의 산술 콰인화"으로서 기술된 수였다.

"산술 콰인화되면 비정리를 생성한다"

숨 좀 고를 겸 잠깐 쉬면서 우리가 한 것을 되돌아보자. 내가 알기로 어느 정도의 조망을 제공하기에 가장 좋은 방법은 괴델의 정리가 에피메니데스의 역설을 콰인화한 버전과 어떻게 비교되는지를 명확하게 설명하는 것이다. 다음에 대응 관계가 있다.

거짓	←→	비정리성
문구의 인용	←→	문자열의 괴델 수
술어 앞에 주어를 배치한다	←→	열린 식에 수사를 (또는 정수항[定數項]을) 대입한다
술어 앞에 인용구를 배치한다	←→	문자열의 괴델 수를 열린 식에 대입한다
술어 앞에 자기 자신의 인용을 배치한다("콰인화")	←→	열린 식의 괴델 수를 식 자체에 대입한다("산술 콰인화")
콰인화되면 오류가 생긴다 (주어가 없는 술어)	←→	G의 "삼촌"(TNT의 열린 식)
"콰인화되면 오류가 생긴다" (앞의 술어의 인용)	←→	수 u(앞의 열린 식의 괴델 수)
"콰인화되면 오류가 생긴다"가 콰인화되면 오류가 생긴다(위의 술어를 콰인화해서 만든 전체 문장)	←→	G 자체(u를 삼촌에 대입해서 만든 TNT 문장, 즉 삼촌의 산술 콰인화)

괴델의 제2정리(Gödel's Second Theorem)

G의 해석이 참이기 때문에, 그 부정인 ~G의 해석은 거짓이다. 그리고 우리는 TNT에서는 어떤 거짓 명제도 도출될 수 없다는 것을 안다. 따라서, G도 그 부정 ~G도 TNT의 정리가 될 수 없다. 우리는 우리의 체계 속에서 "구멍", 즉 결정 불가능한 명제를 발견했다. 이것은 몇 가지 파급 효과를 낳는다. G의 결정 불가능성으로부터 기묘한 사실 하나가 따라나온다. 비록 G와 ~G 둘 다 정리가 아니지만, 식 <G∨~G>는 정리이다. 왜냐하면 명제계산의 규칙들이 <P∨~P>라는 형태의 모든 논리식이 정리라는 것을 보장하기 때문이다.

이것은 체계 내부에서의 주장과 그 체계에 대한 주장이 서로 반목하는 듯이 보이는 하나의 단적인 예이다. 이 예를 보면 그 체계가 정말로 스스로를 정확하게 반영하는지(reflect) 생각하게 된다. TNT 내부에 존재하는 "반영된(reflected) 메타수학"이 우리가 행하는 메타수학과 잘 일치하는가? 이것이 괴델이 자신의 논문을 썼을 때 관심을 가졌던 문제들 중의 하나였다. 특히 그가 관심을 가졌던 것은 "반영된(reflected) 메타수학"에서 TNT의 무모순성을 증명하는 것이 가능한가라는 문제였다. 어느 체계의 무모순성을 어떻게 증명하는가. 이 문제가 당시에 커다란 철학적 딜레마였다는 것을 상기하라. 괴델은 "TNT는 무모순이다"라는 명제를 TNT 식으로 표현하는 간단한 방법을 찾아냈으며, 이 식(및 같은 아이디어를 표현하는 다른 모든 것)이 오로지 하나의 조건, 즉 TNT가 모순이라는 조건하에서만 TNT의 정리라는 것을 보여주었다. 이 고약한 결과로 인해서 수학은 모순을 포함하지 않는다는 엄밀한 증명을 발견할 수 있으리라고 기대했던 낙관론자들은 결정적인 타격을 입었다.

"TNT는 무모순이다"라는 명제를 TNT 내부에서 어떻게 표현하는가? 그것은 다음의 단순한 사실에 의존하고 있다. 모순성이란 하나가 다른 것의 부정인 두 개의 식 x와 $\sim x$가 둘 다 정리라는 것을 의미한다. 그러나 x와 $\sim x$가 둘 다 정리라면, 명제계산에 의거하여 모든 논리식은 정리이다. 따라서 TNT가 무모순적이라는 것을 보여주려면, 비정리인 것으로 증명될 수 있는 TNT 문장을 단 하나만 제시하는 것으로 충분할 것이다. 그러므로 "TNT는 무모순이다"를 표현하는 한 가지 방법은 다음과 같다 : "식 $\sim 0=0$은 TNT의 정리가 아니다." 이것은 이미 몇 쪽 앞에서 연습 문제로 제시된 바 있다. 그 번역은 다음과 같다 :

$$\sim\exists a:\text{TNT-PROOF-PAIR}\{a,\underbrace{\text{SSSSS}\cdots\cdots\text{SSSSS}}0/a\}$$

$$223{,}666{,}111{,}666\text{개의 } S$$

길기는 하지만 아주 직선적인 논증을 통하여, TNT가 무모순인 한 이 TNT의 무모순성–서약은 TNT의 정리가 아님을 증명할 수 있다. 따라서 사물을 표현하는 경우에는 TNT의 내성(內省)의 힘은 강력하지만, 그것을 증명하는 경우에는 매우 약하다. 우리가 TNT의 힘을 인간의 자기–이해라는 문제에 비유적으로 적용할 경우에는, 이것은 그야말로 도발적인 결과이다.

TNT는 ω-불완전하다

이제 TNT는 어떤 종류의 불완전성을 "누리는가"? 우리는 TNT의 불완전성이 제8장에서 정의한 "오메가(ω)" 불완전성의 일종임을 보게 될 것이다. 이것은 어떤 무한한 피라미드형 가족을 형성하는 문자열들이 모두 다 정리이지만, 그 가족과 관련된 "요약하는 문자열"은 비정리일 수 있음을 뜻한다. 요약하는 문자열인데 비정리인 것을 제시하는 것은 쉽다. 다음을 보라.

$$\overbrace{}^{u\text{개의 S}}$$
$$\forall a:{\sim}\exists a':<\text{TNT-PROOF-PAIR}\{a,\,a'\}\wedge\text{ARITHMOQUINE}\{SSS\cdots\cdots SSS0/a'',a'\}>$$

왜 이 문자열이 비정리인가를 이해하기 위해서는, 이 문자열이 G 자체와 극히 비슷하다는 점을 유의하라. 사실 G는 한 단계(즉 TNT 교환법칙에 따라서)만 거치면 위의 식으로부터 생성될 수 있다. 따라서 그 문자열이 정리라면, G 또한 정리일 것이다. 그러나 G가 정리가 아니기 때문에, 이것 또한 정리일 수가 없다.

이제 우리는 관련된 피라미드형 가족 안에 있는 문자열들이 다 정리라는 것을 보여주고 싶다. 우리는 그것들을 얼마든지 쉽게 써내려갈 수 있다 :

$$\overbrace{}^{u\text{개의 S}}$$
$${\sim}\exists a':<\text{TNT-PROOF-PAIR}\{0/a,\,a'\}\wedge\text{ARITHMOQUINE}\{SSS\cdots SSS0/a'',a'\}>$$
$${\sim}\exists a':<\text{TNT-PROOF-PAIR}\{S0/a,\,a'\}\wedge\text{ARITHMOQUINE}\{SSS\cdots SSS0/a'',a'\}>$$
$${\sim}\exists a':<\text{TNT-PROOF-PAIR}\{SS0/a,\,a'\}\wedge\text{ARITHMOQUINE}\{SSS\cdots SSS0/a'',a'\}>$$
$${\sim}\exists a':<\text{TNT-PROOF-PAIR}\{SSS0/a,\,a'\}\wedge\text{ARITHMOQUINE}\{SSS\cdots SSS0/a'',a'\}>$$

이 각각의 식이 주장하는 것은 무엇인가? 그 번역은 차례대로 다음과 같다 :

> "0과 u의 산술 콰인화는 TNT-증명쌍을 형성하지 않는다."
> "1과 u의 산술 콰인화는 TNT-증명쌍을 형성하지 않는다."
> "2와 u의 산술 콰인화는 TNT-증명쌍을 형성하지 않는다."

"3과 u의 산술 콰인화는 TNT-증명쌍을 형성하지 않는다."

:   :   :   :
:   :   :   :
:   :   :   :

이제 이것들은 두 개의 특정한 정수가 증명쌍을 형성하는지 아닌지에 대해서 주장한다(이와 대조적으로, G 자체는 어떤 **하나의** 특정한 정수가 정리-수인지 아닌지에 대해서 주장한다). G가 비정리이기 때문에, 그 어떤 정수도 G의 괴델 수와 증명쌍을 형성하지 **않는다.** 따라서 그 가족의 모든 명제는 참이다. 이제 문제의 핵심은 증명쌍이라고 하는 속성이 원시 재귀적이며, 그래서 **나타낼** 수 있으므로, 앞의 목록에 있는 모든 진술들 각각은 참이기 때문에 TNT의 **정리**로 번역할 수 있음이 틀림없다는 것이다—그것은 무한한 피라미드형 가족의 모든 것이 정리라는 것을 의미한다. 그리고 그것이 TNT가 어째서 ω-불완전한지를 보여준다.

구멍을 틀어막는 두 가지 다른 방법

G의 해석이 참이기 때문에, 그것의 부정 ~G의 해석은 거짓이다. 그리고 TNT가 무모순이라는 가정을 이용하면, 어떤 오류명제도 TNT에서 도출될 수 없다는 것을 안다. 따라서 G와 그 부정인 ~G 그 어느 것도 TNT의 정리가 아니다. 우리는 우리의 체계에서 하나의 구멍—즉 결정 불가능한 명제—을 찾아냈다. 그러나 철학적으로 충분히 초연한 마음가짐을 가지고서 이것이 어떤 징후인지를 이해한다면, 이것으로 인해서 놀랄 필요는 없다. 그것은 절대 기하학의 경우처럼 TNT가 확장될 수 있음을 의미한다. 사실, TNT는 절대 기하학의 경우처럼 두 가지의 다른 방향으로 확장될 수 있다. 그것은 **표준** 방향으로 확장될 수 있는데, 절대 기하학을 유클리드 기하학의 방향으로 확장한 것에 해당한다. 또는 **비표준** 방향으로 확장될 수 있는데, 절대 기하학을 비유클리드 기하학의 방향으로 확장한 것에 해당한다. 이제 표준 유형의 확장은

G를 새로운 공리로 추가

할 것이다.

이 제안은 오히려 해롭지 않고 바람직해 보이기까지 한다. 왜냐하면 결국 G가 자연수 체계에 대해서 무엇인가 참인 것을 주장하기 때문이다. 그러면 비표준 유형의 확장은 어떤가? 이 문제가 평행선 공준의 경우와 아주 비슷한 것이라면, 그것은

G의 부정을 새로운 공리로 추가

해야만 한다.

하지만 상상하는 것조차 이렇게 비위에 거슬리고 끔찍한 일을 어떻게 할 수 있다는 말인가? 결국 지롤라모 사케리의 기념할 만한 말을 바꾸어 말하면, ~G 가 말하는 바는 "자연수의 본성에 혐오스러운 것"이 아닌가?

초자연수

나는 이 인용의 아이러니가 여러분에게 깨우침을 주기를 바란다. 사케리가 기하학에 접근할 때 취했던 방식의 문제점은 무엇이 참인지에 대해서 고정관념을 가지고 시작했고, 그래서 처음부터 참이라고 생각했던 것을 증명하는 것만 목표로 착수했다는 점이다. 그가 접근한 방법—제5공준을 부정하고 그런 다음 그 결과로 얻은 기하학에서 생겨난 많은 "혐오스러운" 명제들을 증명하는 일이다 —이 명철함에도 불구하고, 사케리는 점과 선을 다른 방식으로 생각하는 가능성에는 전혀 생각이 미치지 못했다. 이제 우리는 이 유명한 실수를 반복하지 않도록 주의해야 한다. 우리는 할 수 있는 한 편견 없이, ~G를 TNT에 공리로 추가한다는 것이 무엇을 의미하는지를 생각해야만 한다. 우리가 다음과 같은 종류의 새로운 공리들을 추가하는 것을 결코 고려하지 않았다면, 오늘날의 수학이 어떤 모습이었을지를 생각해보라.

$$\exists a:(a+a)=S0$$
$$\exists a:Sa=0$$
$$\exists a:(a \cdot a)=SS0$$
$$\exists a:S(a \cdot a)=0$$

한편 이것들 각각의 공리가 "그때까지 알려진 수 체계의 본성에 혐오스러운" 것이지만, 전체 수 개념에 대해서 심오하고도 놀라운 **확장**을 제공했다 : 이것들은 유리수, 음수, 무리수, 허수이다. ~G가 하려고 하는 것은 우리가 그와 같은 가능성에 눈을 뜨도록 하려는 것이다. 과거에는 수 개념을 새로이 확장하려고 할 때마다 야유를 받았다. 이런 야유는 환영받지 못한 새로운 개념의 수에 붙여진 "비이성적인 수(무리수)", "상상의 수(허수)" 같은 이름에서 특별히 크게 들을 수 있다. 이런 전통에 충실하여, 우리는 ~G가 선언하는 수들을 **초자연수**(超自然數)로 부르고자 하는데, 그 이유는 그것이 타당하고 상식적인 모든 개념을 얼마나 파괴한다고 우리가 느끼는지 보여주려는 것이다.

만일 ~G를 TNT의 여섯 번째 공리로서 추가할 생각이라면, 도대체 어떻게 그것이 한 체계 안에서 우리가 방금 논의를 마친 무한한 피라미드형 가족과 공존할 수 있는지를 이해해야 할 것이다. 직설적으로 말하면, ~G가 말하는 것은 다음이다.

> "u의 산술 콰인화와 함께 TNT-증명쌍을 형성하는
> 어떤 수가 존재한다."

—그러나 피라미드형 가족의 여러 구성원들은 연이어서 다음을 주장한다 :

> "0은 그 수가 아니다."
> "1은 그 수가 아니다."
> "2는 그 수가 아니다."
> .
> .
> .

이것은 완전히 모순인 것처럼 보이기 때문에 좀 혼란스럽다(그렇기 때문이 그것을 "ω-모순"이라고 부른다). 우리가 혼란스러워하는 근본은, 기하학이 분기한 경우에서처럼, 그 체계가 수정된 체계라는 것을 잘 알고 있음에도 불구하고, 기호에 대한 수정된 해석을 채택하기를 완강하게 저항하는 데에 있다. 우리는 어떤 기호도 재해석하지 않으면서도 벗어나기를 바라는데, 물론 그것이 불가능하

다는 것이 입증될 것이다.

우리가 크를 "자연수가 존재한다" 대신에 "일반화된 자연수가 존재한다"로 재해석함으로써 화해가 이루어질 수 있다. 이렇게 했을 경우, 그것에 상응하는 방식으로 ∀도 재해석할 것이다. 이것은 우리가 자연수 이외의 어떤 특별한 수들에도 문호를 개방한다는 것을 뜻한다. 이것이 바로 **초자연수들**이다. 자연수와 초자연수는 함께 **일반화된 자연수**의 총체를 형성한다.

이제 겉으로 보이는 모순은 사라졌다. 왜냐하면 피라미드형 가족은 전에 말했던 것을 여전히 말하기 때문이다 : "그 어떤 **자연수**도 u의 산술 콰인화와 TNT-증명쌍을 형성하지 않는다." 그 가족은 초자연수에 대해서 아무것도 말하지 않는다. 왜냐하면 초자연수에 대한 **어떤 수사**도 존재하지 않기 때문이다. 그러나 이제 ~G는 다음을 말한다. "u의 산술 콰인화와 함께 TNT-증명쌍을 형성하는 **일반화된 자연수**가 존재한다." 그 가족과 ~G를 합치면 분명히 우리에게 다음과 같은 것을 말한다. u의 산술 콰인화와 함께 TNT-증명쌍을 형성하는 **초자연수**가 존재한다. 그것이 전부이다. 더 이상의 모순은 없다. TNT+~G는 초자연수들을 포함하는 해석 아래에서는, 무모순적인 체계이다.

우리가 이제 두 양화사의 해석을 확장하는 데에 동의했기 때문에, 이것이 의미하는 것은 두 양화사 중의 하나를 포함하는 어떤 정리도 확장된 의미를 가진다는 것이다. 예를 들면, 다음의 교환법칙 정리

$$\forall a: \forall a':(a+a')=(a'+a)$$

는 덧셈이 모든 **일반화된 자연수들**, 즉 자연수뿐만 아니라 초자연수에 대해서도 교환법칙이 성립한다는 것을 말해준다. 마찬가지로 "2는 자연수의 제곱이 아니다"라고 말하는 TNT-정리

$$\sim\exists a:(a\bullet a)=SS0$$

는 2가 초자연수의 제곱이 아니라고 말한다. 사실 이 속성들이 TNT의 정리로 주어지는 한, 초자연수들은 자연수의 모든 속성을 공유한다. 다른 말로 하면, 자연수에 대하여 **형식적으로 증명**할 수 있는 모든 것은 초자연수에 대해서도 그

증명에 의해서 확립된다. 이것은 특히, 초자연수들이란 우리에게 이미 친숙한 분수나 음수 또는 복소수와 같은 그런 것이 아니라는 말이다. 대신에 초자연수들은 모든 자연수들보다 더 큰 정수—**무한히 큰 정수들**—로 시각화하는 것이 가장 좋다. 여기에 핵심이 있다. 비록 TNT의 정리들이 음수, 분수, 무리수, 복소수 등을 배제할 수는 있지만, 무한히 큰 정수를 배제할 도리는 없다. 문제는 "무한한 양은 존재하지 않는다"라는 명제를 **표기할** 방법조차 존재하지 않는다는 것이다.

이것은 처음에는 이상하게 들린다. G의 괴델 수와 함께 TNT-증명쌍을 만드는 수는 정확히 얼마나 큰가? (그것을 "I"라고 해보자. 특별한 이유는 없다.) 유감스럽게도, 우리는 무한히 큰 정수의 크기를 묘사하기 위한 적절한 어휘가 없다. 따라서 유감스럽게도 나는 I의 크기에 대한 감을 전달할 수 없다. 그런데 i(−1의 제곱근)는 도대체 얼마나 큰가? 그 크기는 우리에게 친숙한 자연수의 크기로는 상상할 수 없다. "에, i는 대략 14의 절반, 그리고 24의 9/10이다"라는 식으로 말할 수 없다. "i를 제곱하면 −1이다"라는 식으로 말해야 한다. 여기에서 에이브러햄 링컨의 말을 인용하면 적절할 것 같다. 사람들이 그에게 "남자의 다리는 얼마나 길어야 합니까?"라고 물었을 때, 그는 점잔을 빼며 말했다. "몸통에서 땅에 닿을 정도면 충분합니다". 그것이 I의 크기에 대한 질문에 대략 답하는 방법이다. 그것은 더 크지도 더 작지도 않은, G에 대한 **증명의 구조를 명시하는 수**의 크기, 딱 그것이어야 한다.

물론 TNT의 어떤 정리든 여러 가지 방법으로 도출할 수 있다. 그래서 내가 규정하는 I의 성격이 유일하지 않다고 불평할 수도 있다. 맞는 말이다. 그러나 −1의 제곱근인 i와의 평행성은 여전히 유효하다. 다시 말해, 제곱하면 −1이 되는 또 다른 수가 존재한다는 것을 상기하라. $-i$이다. i와 $-i$는 같은 수가 아니다. 다만 공통의 속성을 가질 뿐이다. 유일한 난점은 그것이 그들을 정의하는 속성이라는 것이다! 우리는 어떤 것이건 상관없이 그중에 하나를 선택해서 "i"라고 해야 한다. 사실 그것들을 구별해서 말할 방법이 없다. 따라서 우리가 알고 있는 한에서는, 수 세기 내내 엉뚱한 것을 "i"라고 불렀다고 해도 별 차이가 없을 것이다. 이제 I도 i와 마찬가지로 유일하게 정의되지는 않는다. 따라서 우리는 I를, u의 산술 콰인화와 함께 TNT-증명쌍을 형성하는 많은 초자연수들 중의 어느 특정한 하나로 생각해야만 한다.

초자연적인 정리들은 무한히 긴 생성과정을 가진다

우리는 아직까지 ~G를 공리로 포함한다는 것이 무엇을 의미하는가를 정면으로 직시하지 않았다. 그것을 말하기는 했지만 강조하지는 않았다. 중요한 점은 ~G 는 G가 **증명이 된**다라고 주장한다는 점이다. 어떤 체계의 공리들 중 하나가 자기 자신의 부정이 증명된다고 주장한다면 그 체계가 어떻게 살아남을 수 있을까? 우리는 이제 곤경에 처한 것이 틀림없다! 그러나 생각하는 것만큼 그렇게 나쁜 것은 아니다. 우리가 유한한 증명들만을 구성하는 한, 결코 G를 증명하지 못할 것이다. 따라서 G와 그 부정인 ~G 사이의 파국적인 충돌은 절대 일어나지 않을 것이다. 초자연수 I는 어떤 재앙도 야기하지 않을 것이다. 그러나 우리는 이제, G가 거짓("G는 증명할 수 없다")을 주장하는 반면에, ~G는 참("G는 증명할 수 있다")을 주장한다는 생각에 익숙해져야만 할 것이다. 표준정수론에서는 이와 정반대이다—그러나 표준정수론에는 초자연수가 없다. TNT의 초자연적인 정리—즉 G—가 거짓을 주장할지도 모르지만, 모든 자연적인 정리들은 여전히 참을 주장한다는 것을 주목하라.

초자연수의 더하기와 곱하기

초자연수에 대한 극히 기묘하고도 예기치 못한 사실이 하나 있는데 그것을 증명 없이 말하고 싶다(나도 그 증명을 모른다). 이 사실은 하이젠베르크가 말하는 양자역학에서의 불확정성 원리(uncertainty principle)를 생각나게 한다. 그것은 우리가 3개 1조(組)로 된 보통의 정수(음수까지 포함해서)를 각각의 초자연수들에 결부시키는 간단하고 자연스러운 방법으로 "일련번호를 붙일" 수 있음이 드러난다. 따라서 원래의 초자연수 I는 일련번호 세트 (9, −8, 3)을 가질 수도 있고, 그 다음수인 I +1은 (9, −8, 4)를 가질 수 있을 것이다. 초자연수에 일련번호를 붙이는 방법이 하나만 있는 것은 아니다. 여러 가지 방법들이 있고 각기 장단점이 있다. 어떤 일련번호 부여 도식에서는 더해야 할 두 수의 일련번호가 주어질 경우, 초자연수 두 개의 합을 위한 일련번호 3중수를 계산하는 것이 아주 쉽다. 다른 일련번호 부여 도식에서는, 곱해야 할 두 수의 일련번호가 주어질 경우, 초자연수의 두 개의 곱을 위한 일련번호 3중수를 계산하는 것이 아주 쉽다. 그러나 그 어떤 일련번호 부여 도식에서도 이 둘을 모두 계산할 수는 없다. 더 정확히 말하면 합의 일련번호가 재귀 함수로 계산될 수 있다면, 곱의 일련번호는 재귀 함수가 아닐 것이다. 역으로, 곱의 일련번호 재귀 함수라면, 합의 일련번호는 재귀 함수가 아닐 것이다. 그러므로 초자연 학교 학생들 중에서 초자연수 덧셈표를 배운 학생들이, 초자연수 구구단을 모르더라도 용서해야 할 것이다. 그리고 그 역도 마찬가지이다! 두 가지를 동시에 알 수는 없다.

초자연수들은 유용하지만……

초자연수의 수론을 넘어서, 초자연적 분수(초자연수 두 개의 비율), 초자연적 실수 등을 생각해보자. 사실 초자연적 실수의 개념을 사용해 미적분학을 새로운 기반 위에 놓을 수 있다. 수학자들의 오랜 망령인 dx와 dy 같은 무한소(無限小)들은, 그것들을 무한히 큰 실수의 역수로 생각함으로써 완전히 정당화할 수 있다! 고등 해석학에서의 어떤 정리들은 "비표준 해석"의 도움으로 보다 더 직관적으로 증명할 수 있다.

……그러나 초자연수는 실재하는가

비표준 수론은 처음 그것과 마주쳤을 때는 혼란스러운 것이다. 그러나 비유클리드 기하학도 또한 혼란스러운 주제이다. 우리는 이 두 경우에서 다음과 같은 질문을 떠올리지 않을 수 없다. "경합하는 두 이론 중 어느 것이 옳은가? 무엇이 참인가?" 어떤 점에서는 이런 질문에 대한 대답은 존재하지 않는다(물론 다른 점에서 보면—나중에 다루겠지만—있다). 이 질문에 대한 대답이 없는 이유는 경합하는 두 이론이 비록 같은 용어를 쓰지만, 같은 개념에 대해서 말하지 않기 때문이다. 따라서 그것들은 유클리드 기하학과 비유클리드 기하학의 관계처럼 표면적으로만 경합하는 이론들이다. 기하학에서 "점", "선" 등의 개념들은 무정의(無定義) 용어이며, 그것들의 의미는 그것이 사용되는 공리체계에 의해서 결정된다.

수론 또한 이와 마찬가지이다. 우리가 TNT를 형식화하기로 했을 때, 해석어로 사용할 용어를 미리 선택했다. 예를 들면 "수", "더하기", "곱하기" 같은 낱말들이 그것들이다. 형식화의 단계를 밟음으로써 우리는 이 용어들이 가지게 될 수 있는 그 어떤 수동적인 의미도 수용하기로 했다. 그러나—사케리와 마찬가지로—우리는 놀라운 일이 벌어지리라고는 전혀 예상하지 못했다. 우리는 자연수에 대한 참된, 진정한 그리고 유일한 수론이 무엇인지 안다고 생각했다. 우리는 TNT가 미해결 상태로 남겨둔, 그리고 TNT를 다른 방향으로 확장함으로써 자유롭게 대답할 수 있는, 수에 대한 어떤 질문들이 있으리라는 것을 몰랐다. 따라서 수론이 "실제로" 이렇다 또는 저렇다고 말할 수 있는 근거는 없다. 그것은 마치 우리가 −1의 제곱근이 "실제로" 존재한다거나 또는 "실제로" 존재하지 않는다고 말하기를 꺼리는 것과 같다.

기하학에서의 분기(分岐)와 물리학자들

바로 앞의 사항에 반박하여 제기할 수 있는, 아니 제기해야 할 논점이 하나 있다. 실제의 물리적인 세계에서의 실험들을 그 어떤 다른 버전의 기하학보다도 특정한 버전의 기하학이 더 경제적으로 설명할 수 있다고 가정해보자. 그렇다면 그 기하학이 "참"이라고 말하는 것이 타당할지도 모른다. "올바른" 기하학을 사용하려는 물리학자의 시각에서 보면, "참된" 기하학과 그밖의 기하학을 구별하는 것은 합당하다. 그러나 이것을 지나치게 단순화해서 보면 안된다. 물리학자들은 언제나 모든 상황들을 근사치로, 이상화해서 다루기 때문이다. 예를 들면, 제5장에서 언급한 나의 박사학위 논문은 자기장 안에서 결정(結晶)의 문제를 극단적으로 이상화한 것에 바탕을 두고 있다. 거기에서 나타나는 수학은 고도의 아름다움과 대칭성을 가지는 것이었다. 그 모델의 인위성에도 불구하고, 아니 바로 그 인위성 때문에, 어떤 근본적인 특성들이 그래프에서 눈에 띄게 나타난다. 이 특징들은 더 실제적인 상황에서 일어날 수 있는 일들에 대한 어떤 추측을 제시한다. 그러나 나의 도표를 만들어낸 단순화한 가정이 없었더라면, 그러한 통찰은 불가능했을 것이다. 우리는 물리학에서 이런 종류의 일을 반복해서 볼 수 있는데, 물리학자들은 현실의 깊이 감추어진 특성들에 대해서 알기 위해서 "비현실적인" 상황을 이용한다. 따라서 물리학자들이 사용하고 싶어하는 종류의 기하학이 "참된 기하학"을 나타낸다고 말하는 데에는 극히 신중해야 한다. 왜냐하면 물리학자들은 사실 언제나 여러 가지 다른 기하학들을 사용하고, 주어진 상황 속에서 가장 간단하고 편리한 기하학을 선택할 것이기 때문이다.

더욱이—이것이 더 중요한 것 같다—물리학자들은 우리가 살고 있는 3차원 공간만을 연구하는 것이 아니다. 물리적인 계산이 실행되는 아주 많은 종류의 "추상 공간"이 있다. 그것들은 우리가 살고 있는 물리적 공간과는 전혀 다른 기하학적 속성을 가지는 공간들이다. 따라서 "참된 기하학"은 천왕성과 해왕성이 태양의 주위를 공전하는 공간에 의해서 정의된다고 누가 말할 수 있겠는가? 양자역학의 파동함수들이 물결치는 "힐베르트 공간"이 있다. 푸리에 성분이 자리 잡고 있는 "운동량 공간"이 있다. 파동–벡터가 여기저기 돌아다니는 "역격자(逆格子) 공간"이 있다. 많은 소립자들의 복합체들이 휙휙 날아다니는 곳에는 "위상 공간"이 존재한다. 이 모든 공간들의 기하학이 같아야 할 그 어떤 이유도 없다. 그것들은 사실 같을 수가 없다! 따라서 물리학자들에게는 "경합하는" 다양한 기하학들이 존재해야 한다는 것은 중요하고 필수적이다.

수론에서의 분기와 은행원들

기하학에 대해서는 이쯤 하기로 하자. 수론은 어떠한가? 서로 다른 수론들이 공존해야 한다는 것도 또한 중요하고 필수적인가? 어떤 은행 간부에게 물어본다면, 나는 그가 공포와 불신을 표현할 것이라고 추측한다. 2 더하기 2가 어떻게 4가 아닌 다른 것이 될 수 있는가? 만약에 2 더하기 2가 4가 아니라면, 그 사실에 의해서 표면화되는 참을 수 없는 불확실성 아래에서 세계 경제는 순식간에 붕괴되지 않을까? 실은 그렇지 않다. 우선 비표준 수론은 2 더하기 2가 4라는, 아주 오래된 생각을 위협하지는 않는다. 비표준 수론은 다만 무한의 개념을 다루는 방식에서만 통상적인 수론과 다르다. 결국 TNT의 모든 정리는 TNT를 어떻게 확장해도 정리로 남는다! 따라서 은행원은 비표준 수론이 널리 퍼질 경우에 도래할 대혼란에 대해서 절망할 필요가 없다.

어쨌든 오래된 사실들이 변경되는 것에 대한 두려움이 있다는 것은 수학과 실제 세계 사이의 관계를 오해하고 있음을 드러낸다. 수학은 우리가 어떤 종류의 수학을 적용해야 할 것인가에 대한 필수적인 선택 단계를 거친 **후에야** 현실세계 속의 문제에 대답할 뿐이다. 심지어는 '2', '3' 및 '4'라는 기호들을 사용하여 그 안에서 "2+2=3"이라는 정리를 생성하는 경합하는 수론이 존재할지라도, 은행원이 그 이론을 쓰기로 할 이유가 거의 없을 것이다. 왜냐하면 그 이론은 돈이 실제로 연산되는 방식과는 부합하지 않기 때문이다. 우리는 수학을 세계에 맞추지, 그 반대는 아니다. 예를 들면, 우리는 수론을 구름의 체계에 적용하지는 않는다. 정수라는 바로 그 개념이 구름의 체계에는 거의 들어맞지 않기 때문이다. 구름 한 조각이 있고 또 하나가 있을 수 있다. 둘이 합쳐졌을 경우, 그것은 두 조각이 아니라 여전히 한 조각뿐일 것이다. 이것이 1+1=1이라는 것을 입증하지는 않는다. 그것은 단지 "하나"라는 수론의 개념을 구름을 세는 데에는 충분히 적용할 수 없다는 것을 증명할 뿐이다.

수론의 분기와 메타수학자들

그래서 은행원, 구름을 세는 사람, 그리고 그 나머지 우리 대부분은 초자연수의 도래를 걱정할 필요가 없다. 초자연수는 우리가 세계를 일상적으로 지각하는 데에 조금도 영향을 끼치지 않을 것이다. 실제로 조금이라도 걱정할 만한 유일한 사람들은 그들이 작업을 하는 데에 어떤 결정적인 방식으로 무한한 실체의 본성에 의존하는 사람들이다. 주위에 이러한 사람들이 그렇게 많지는 않지만, 수리논리학자들이 이 범주에 속한다. 수론에 분기가 있는 것이 그들에게 어떻게 영향을 줄 수 있는가? 수론은 논리학에서 두 가지 역할을 한다 (1) 공리화될 경우, 수론은 **연구대상이다** ; (2) 비형식적으로 사용될 경우, 형식체계를 연구하는 데에 필수적인 **도구이다**. 이것이야말로 다시 한번 **사용**과 **언급** 사이의 구별이다. (1)의 역할에서는 수론이 언급되었고, (2)의 역할에서는 사용되었다.

이제 수학자들은 수론이 구름을 세는 일에는 적용될 수 없지만, 형식체계의 연구에는 적용될 수 있다고 판단했다. 그것은 은행원들이 실수의 산술을 그들의 업무처리에 적용할 수 있다고 판단한 것과 같다. 이것은 **수학 외적인 판단**이며, 수학을 하는 데에 필요한 정신적 과정이, 다른 영역들에서와 마찬가지로, 한 층위에서의 생각이 다른 층위의 생각들에 영향을 줄 수 있는 "뒤엉킨 계층질서"를 포함한다는 것을 보여준다. 층위들은, 수학이 무엇인가에 대한 형식주의자 버전에서 믿었던 것과는 달리, 명확히 구분되지 않는다.

형식주의자의 철학은 수학자들이 추상적인 기호만을 다루며, 그들은 그 기호들을 현실에 적용할 수 있는지 또는 현실과 연결되어 있는지 전혀 관심이 없다고 주장한다. 하지만 그것은 전적으로 왜곡된 시각이다. 이것이 메타수학에서

보다 더 명확한 분야는 없다. 만일 수론 자체가 형식체계에 대한 실제적인 지식을 얻는 데에 도움을 주는 것으로 **사용된다면**, 수학자들은 "자연수"라고 하는 이 영묘(靈妙)한 것이 사실은 **현실의 일부**이지 상상의 허구는 아니라고 믿는다는 것을 암묵적으로 보여주고 있는 것이다. 바로 그 이유 때문에 나는 앞에서, 어떤 의미에서는, 어떤 버전의 수론이 "참"인지에 대한 질문에 답이 있다고 덧붙여 언급했던 것이다. 문제의 핵심은 여기 있다. 수리 논리학자들은 어떤 버전의 수론을 신뢰할 것인지 선택해야만 한다. 특히 그들은 초자연수가 존재하는지 존재하지 않는지에 대한 질문 앞에서 중립적일 수가 없다. 왜냐하면 이 두 개의 다른 이론은 메타수학의 질문들에 대해서 다르게 대답할 것이기 때문이다.

예를 들면, "~G를 유한한 방식으로 TNT에서 도출할 수 있는가?"라는 질문을 보기로 하자. 실제로는 아무도 그 답을 모른다. 그럼에도 불구하고 대부분의 수리 논리학자들은 지체 없이 "아니다"라고 대답할 것이다. 그렇게 대답하도록 하는 직관은 ~G가 정리라면 TNT는 ω-모순이라는 사실에 근거한다. 그리고 이것은 우리가 TNT를 의미 있게 해석하려고 할 경우 초자연수를 우리에게 강요할 것인데, 이는 대부분의 사람들에게는 받아들이기 어려운 생각이다. 결국, 우리는 초자연수들을 고안했을 때 그것이 TNT의 일부라는 것을 의도하거나 기대하지 않았다. 즉, 우리가—또는 우리의 대부분이—가능하다고 믿는 것은, 초자연수가 어느 모로 보나 자연수만큼이나 현실적이라는 믿음을 강요하지 않도록 수론을 형식화할 수 있다는 것이다. 그것은 현실에 대한 직관인데, 현실이라는 감자칩이 아래에 있을 경우, 수학자들은 그 직관으로 수론이라는 포크의 어느 가지로 감자칩을 찍을지를 결정한다. 그러나 이 믿음은 틀릴 수도 있다. 아마 사람들이 고안한 수론의 모든 무모순적인 형식화는 ω-모순적이기 때문에, 초자연수의 존재를 필요로 할지도 모른다. 이것은 기묘한 생각이지만 생각해봄 직한 것이다.

만약 이 생각이 옳다면—의심스럽기는 하지만 반증할 도리는 없다—G가 결정 불가능해야 할 필요는 없을 것이다. 사실, TNT에 결정 불가능한 식이 전혀 없을지도 모른다. 필연적으로 초자연수들을 포함하는 분기되지 않은 한 개의 수론만이 존재할 수 있을 것이다. 이것은 수리 논리학자들이 기대했던 그런 종류의 일은 아니었지만, 완전히 거부되어서는 안 되는 어떤 것이다. 일반적으로 수리 논리학자들은 TNT—그리고 그와 비슷한 체계들—가 ω-무모순적이라고 믿으며, 그 어떤 체계에서도 구성될 수 있는 괴델 문자열은 그 체계 안에서 결정 불가능하다고 믿는다. 그것은 그들이 괴델 문자열을 공리로서 추가할지 아니면 그것의 부정을 공리로서 추가할지를 선택할 수 있음을 의미한다.

힐베르트의 열 번째 문제와 거북

나는 괴델의 정리의 한 가지 확장을 언급하는 것으로 이 장을 마치고자 한다(이 주제는 마틴 데이비스와 로이벤 허쉬의 논문 "힐베르트의 열 번째 문제[Hilbert's Tenth Problem]"에 더 자세하게 기술되어 있다). 이를 위해서 디오판토스 방정식이 무엇인지 정의해야겠다. 이것은 계수(係數)와 차수(次數)가 고정된 정수인 다항식을 0으로 두는 방정식이다. 예를 들면,

$$a=0$$
그리고
$$5x+13y-1=0$$
그리고
$$5p^5+17q^{17}-177=0$$
그리고
$$a^{123,666,111,666}+b^{123,666,111,666}-c^{123,666,111,666}=0$$

는 디오판토스 방정식이다. 일반적으로, 주어진 디오판토스 방정식이 정수해가 있는지 없는지 아는 것은 어려운 문제이다. 사실, 금세기 초반에 한 유명한 강연에서 힐베르트는 주어진 디오판토스 방정식에 정수해가 있는지 여부를 유한한 수의 단계들로 알아낼 수 있는 일반적인 알고리듬을 찾아내라고 수학자들에게 요청했다. 그런 알고리듬이 존재하지 않는다는 의구심은 거의 품지 않았다!

이제 G의 단순화를 살펴보자. 충분히 강력한 형식적인 수론과 그것에 대한 괴델 수 매기기가 있다면 G와 등가(等價)인 디오판토스 방정식이 존재한다는 것이 증명되어 있다. G와 디오판토스 방정식의 등가성은 그 방정식을 메타수학적인 층위에서 해석할 경우, 자신에 대해서 자신은 해가 없다고 주장한다는 사실에 있다. 뒤집어 생각해보자. 만일 그 방정식이 해가 있다면, 그 해로부터 그 방정식

이 해가 없다는, 그 체계에서의 증명이 되는 괴델 수를 구성할 수 있다! 이것은 "전주곡" 편에서 거북이 페르마의 방정식을 자신의 디오판토스 방정식으로 사용해서 행했던 일이다. 이렇게 할 경우, 공기 속의 분자들로부터 노(老) 바흐의 소리를 복원할 수 있다는 것은 정말로 신나는 일이다!

생일 칸타타타타……[*]

화창한 5월의 어느 날, 거북과 아킬레스는 서로 만나 숲 속을 산책하고 있다. 말쑥하게 차려입은 아킬레스는 자신이 흥얼거리는 콧노래 곡조에 맞추어 춤을 추고 있다.^{**} 그의 조끼에는 "오늘은 내 생일이야!"라는 문구가 적힌 아주 커다란 배지가 달려 있다.

거북 : 안녕하신가, 아킬레스. 무엇 때문에 그리 즐거운가? 혹시 자네 생일인가?

아킬레스 : 맞아, 맞아! 그렇지, 오늘은 내 생일이야!

거북 : 자네가 입은 조끼에 붙은 배지를 보고 그렇게 추측했지. 그리고 내가 틀리지 않는다면, 자네가 지금 흥얼거리는 곡조는 1727년 작센 선제후 프리드리히 아우구스투스 공(公)의 57회 생일날에 바흐가 헌정했던 "생일 칸타타"의 한 소절이기 때문이야.

아킬레스 : 자네 말이 맞아. 그리고 아우구스투스의 생일이 내 생일과 같아서 이 "생일 칸타타"는 이중의 의미가 있지. 하지만 내가 몇 살인지 자네에게 말하지는 않겠어.

거북 : 오, 그건 전혀 상관없어. 하지만 내가 알고 싶은 건 다른 일이라네. 자네가 지금까지 말한 것을 토대로 오늘이 자네 생일이라고 결론을 내려도 맞겠지?

아킬레스 : 그럼. 아마 그럴 거야. 오늘이 내 생일**이야**.

거북 : 아주 좋아. 바로 내가 추측했던 딱 그대로군. 그래서 이제, 오늘이 자네 생일이라고 결론을 내릴 건데. 다만—

아킬레스 : 그래— 다만 뭐?

거북 : 다만, 그것이 때 이르거나 조급하게 끌어낸 결론이 아니라면 말이야. 거북이들은 어쨌든 결론으로 도약하는 것을 좋아하지 않거든(우리 거북이들은

---

* 칸타타타타……(Cantatatata)의 tatatata는 T(=Tortoise)와 A(=Achilles)의 무한반복을 암시한다.
** jiggish는 지그(Jig: Gigue) 식으로 춤춘다는 뜻이다. 바로크 모음곡의 마지막 악장인 지그는 3/8 박자의 빠르고 변화무쌍한 춤이다.

도약하는 것을 전혀 좋아하지 않는다. 특히 결론으로 도약하는 것을). 자네
가 논리적 사고를 좋아한다는 점을 충분히 잘 알고 있으니 묻겠는데, 앞에
서 말한 문장들로부터 오늘이 실제로 자네의 생일이라고 논리적으로 추론
하는 게 타당할까?

아킬레스 : 나는 자네의 질문들에 대한 하나의 패턴을 알아냈다고 생각하네, 거
북 선생. 하지만 결론으로 도약하지 않겠네. 대신에 자네 질문을 액면 그대
로 받아들여 정면으로 대답하겠네. 대답은 : "**그렇다**"이네.

거북 : 좋아! 좋아! 그렇다면, 하나만 더 알고 싶은데, 분명히 오늘이—

아킬레스 : 그래, 그래, 그래, 그래……. 자네가 질문하는 흐름을 이미 알 수 있
어, 거북 선생. 예전에 우리가 유클리드의 증명을 논의했던 때처럼 홀랑 속
아 넘어가는 그런 내가 아니라는 걸 자네가 알도록 해주겠네.

거북 : 아니, 누가 도대체 자네가 잘 속아 넘어간다고 생각했겠나? 정반대라네.
나는 자네야말로 논리적 사고형식의 전문가이자, 타당한 추론 학문의 권위
자요, 올바른 추리 방법에 대한 지식의 원천으로 본다네……. 사실 말이지,
아킬레스. 내가 보기에, 자네는 이성적인 사유 기법에서 진정한 거인이야. 단
지 그 이유 때문에 묻네 : "앞에서 말한 문장들은, 내가 더 이상 곤혹스러워
하지 않고 오늘이 자네의 생일이라고 결론 내리기에 충분한 증거를 제공하
는가?"

아킬레스 : 자네는 육중한 칭찬으로 나를 납작코로 만드는군, 거북 선생. **아첨
꾼** 같으니라고!* 하지만 자네 질문의 반복성에 끌리네! 내 판단으로는, 자네
도 나처럼 매번 "그렇다"라고 대답할 수 있었을 거야.

거북 : 물론 그렇게 할 수 있었겠지, 아킬레스. 하지만 그렇게 하는 건 마구잡이
추측이었을 거라네. 거북이들은 마구잡이 추측은 질색이야. 거북이들은 교
양 있는 추측만 한다네. 아, 그래, 교양 있는 추측의 힘. 얼마나 많은 사람
들이 모든 관련 요소들을 고려하지 못하고 추측하는지 자네는 전혀 생각이
없어.

아킬레스 : 내가 보기에, 이 구질구질한 이야기에는 관련 요소가 하나밖에 없어.
그리고 그건 내가 첫 번째로 한 말이지.

---

* flatter(다듬개)는 '일감 위에 올려놓고 망치로 두드려 일감의 표면을 평평하게 다듬는 데에 사용
하는 공구'인데, 아킬레스는 여기에서 '아첨꾼'이라는 뜻으로 썼다고 말한다.

거북 : 오, 분명히, 그건 적어도 고려해야 할 요소들 가운데 **하나**지. 그런데 자네
는 내가 옛사람들의 존경스러운 학문, 논리학을 무시하도록 하고 싶나? 논
리는 우리가 교양 있는 추측을 하는 데에 언제나 관련된 요소야. 내 옆에 바
로 논리학의 고명한 전문가가 있으므로, 나는 그 사실을 이용해서 내 직관
이 옳았는지 그에게 직접 물어보고 내 예감을 확실히 하는 것만이 논리적이
라고 생각했네. 그러니 최종적으로 딱 잘라 묻겠네 : "앞에서 말한 문장들은
아무런 의심의 여지 없이 오늘이 자네 생일이라고 결론을 내리게 해주나?"

아킬레스 : 한 번 더, **그렇다네**. 하지만 솔직히 말해, 자네가 대답하더라도 앞의
모든 대답과 마찬가지로 그렇게 대답할 수 있었을 거라는 분명한 인상을
나는 받네.

거북 : 폐부를 찌르는 말이군! 자네가 빗대서 말하는 것처럼 내가 그렇게 지혜롭
다면야! 하지만 무식하기 이를 데 없고 그래서 모든 관련 요소들을 고려해
보고 싶은 일개 거북이므로 모든 질문들에 대한 대답들을 알아야 했거든.

아킬레스 : 그러면, 좋아. 그 문제를 완전히 해결해보겠네. 이전의 모든 질문들,
그리고 같은 선상에서 물을 모든 후속 질문들에 대한 대답은 바로 이것이
네. '**그렇다.**'

거북 : 훌륭해! 단번에 자네 특유의 창의적인 방식으로 모든 혼란을 피해 갔군.
내가 이 기발한 묘책을 **대답 도식**(answer schema)으로 불러도 자네가 언짢아
하지 않기를 바라네. 그 도식은 예-대답들(yes-answers) 1번, 2번, 3번……등
을 단 한 개의 공으로 말아버리네. 사실, 대답 선상의 맨 끝에 나왔으니 "대
답 도식 오메가(ω)"라고 불려야 마땅하지. 그리스어 알파벳의 마지막 철자가
'오메가(ω)'니까 말이야—**자네가 그 사실**까지 들어야 하는 건 아니지만!*

아킬레스 : 자네가 그 도식을 뭐라 부르든 상관없어. 자네가 오늘이 내 생일이라
는 사실에 결국 동의하고 나한테 무슨 선물을 주려 하는지 같은 다른 화제
로 넘어갈 수 있으니 매우 다행일세그려.

거북 : 잠깐 멈추게, 너무 빨리 나가지 않도록 말이야. 오늘이 자네의 생일이라는
사실에 동의**하겠네만**, 조건이 하나 있네.

아킬레스 : 무슨 조건? 내가 선물을 요구하지 않는다는 조건?

거북 : 천만에. 실은, 아킬레스, 내가 자네에게 멋진 생일 저녁 식사를 대접해주려

---
* 아킬레스는 그리스 사람이니 당연하다.

하고 있어. 다만 내가 (대답 도식 ω가 제공하는 것 같은) 이 모든 예-대답들을 아는 것이, 즉시, 오늘이 자네 생일이라는 결론으로 더 이상 우회하지 않고 직접적으로 나아가게 해준다고 확신한다면 말이야. 이게 맞지, 안 그래?

아킬레스 : 그래, 물론 그게 맞아.

거북 : 좋아. 그럼 이제 나는 예-대답 ω+1을 가지네. 이걸 가지고 오늘이 자네의 생일이라는 가설을 받아들이는 데까지 나갈 수 있겠군. 그렇게 해도 타당하다면 말이야. 자네, 그 문제에 대하여 조언 좀 해주지 않겠나, 아킬레스?

아킬레스 : 이게 뭐지? 자네의 끝없는 책략을 간파했다고 생각했는데. 예-대답 ω+1로는 만족하지 못하나? 좋아. 예-대답 ω+2뿐만 아니라 예-대답 ω+3, ω+4……등 얼마든지 대답을 주겠네.

거북 : 인심 한번 후하군, 아킬레스. 내가 받을 게 아니라, 오늘이 자네의 생일이어서 **자네**에게 선물을 주어야 한다면, 자, 여기 있네. 오늘이 자네의 생일이네. 더 정확하게 말하면, 오늘이 자네의 생일이 아닌가 **생각하네**. 이제 내가 "대답 도식 2ω"로 부르려는 새로운 대답 도식을 가지고 오늘이 자네의 생일이라고 결론을 내릴 수 있다고 짐작하네. 하지만 여보게, 아킬레스. 대답 도식 2ω를 가지고 내가 **정말로** 그런 엄청난 도약을 해도 되는가, 아니면 내가 뭔가를 빼먹고 있지 않나?

아킬레스 : 자네가 날 더 이상 놀리지 못할걸세, 거북 선생. 나는 이 실없는 장난을 끝낼 방도를 알아냈어. 자, 모든 대답 도식들을 끝장낼 대답 도식 하나를 자네에게 선물하는 바이네! 다시 말해, 대답 도식들 ω, 2ω, 3ω, 4ω, 5ω 등을 한꺼번에 선물하겠어! 이 메타-대답-도식을 가지고 나는 그 전체 체계에서 **몽땅 벗어났네**. 자네가 나를 옭아맸다고 믿었던 이 실없는 장난을 뛰어넘었다 이 말씀이야. 자, 이제 우리 게임은 **끝났어**!

거북 : 맙소사! 영광일세. 아킬레스. 내가 그런 강력한 대답 도식의 수혜자가 되다니. 인간의 마음에 의해서 그토록 어마어마한 것이 고안될 것이라고는 거의 생각도 못했는데. 그 위력에 경외감을 느끼네. 내가 혹시 자네 선물에 이름을 붙여도 괜찮겠나?

아킬레스 : 기꺼이!

거북 : 그러면 자네의 선물을 "대답 도식 ω²"로 부르지. 우리는 곧 다른 문제들로 나갈 수 있어—대답 도식 ω²을 가지고 있으면 오늘이 자네의 생일이라고 추

론해도 되는지 아닌지 자네가 나한테 알려주자마자 말이야.

아킬레스 : 오, 슬프도다! 끝날 듯 말 듯 이 감질나는 행렬의 끝에 내가 결코 도 달할 수 없나? 다음에는 뭐가 나오나?

거북 : 에, 대답 도식 ω^2 다음에는 대답 ω^2+1이 나온다네. 그 다음에 대답 ω^2+2가 오고, 그런 식으로 계속 나오지. 하지만 자네는 이 모든 도식들을 한 꾸러미 로 묶을 수 있어. 그러면 대답 도식 $\omega^2+\omega$이 되지. 그러면 다시 $\omega^2+2\omega$, $\omega^2+3\omega$ 같은 다른 대답 꾸러미들이 몇 개 나오겠지. 결국 자네는 대답 도식 $2\omega^2$에 이르고, 잠시 후에는 대답 도식 $3\omega^2$와 $4\omega^2$에 이른다네. 그것들 다음부터는 더 나아가 ω^3, ω^4, ω^5 등과 같은 대답 도식들이 있지. 아주 한참 계속해서 이 런 식으로 간다네.

아킬레스 : 나도 상상할 수 있네. 잠시 후에는 대답 도식 ω^ω에 도달하겠군.

거북 : 물론.

아킬레스 : 그 다음에는 ω^{ω^ω}, 그리고 $\omega^{\omega^{\omega^\omega}}$?

거북 : 자네는 엄청 빨리 이해하는군, 아킬레스. 자네만 괜찮다면, 제안을 하나 함세. 그 모든 것들을 단 하나의 대답 도식에 때려 넣으면 어떨까?

아킬레스 : 좋아, 해보겠네. 그게 도움이 될지 의심이 들기 시작하지만 말이야.

거북 : 내가 보기에는, 우리가 지금까지 정한 명명(命名) 관례 안에는 바로 이 대 답도식에 붙일 만한 확실한 이름이 없는 것 같은데. 그냥 멋대로 대답 도식 ϵ_0이라고 해야 할 것 같아.

아킬레스 : 빌어먹을! 자네가 내 대답들 가운데 하나에다 **이름**을 붙일 때마다, 그 대답이 자네를 만족시키리라는 내 희망이 곧 박살날 거라고 명명식이 신호 를 보내는 것 같아. 이 대답 도식에 아무 이름도 붙이지 말고 그냥 놔두는 게 어때?

거북 : 그렇게 할 수 없을 것 같아, 아킬레스. 이름 없이는 그 도식을 언급할 아 무 방법도 없을 거야. 게다가, 이 특별한 대답 도식에는 불가피하면서도 아 름다운 뭔가가 있어. 그 도식에 이름을 붙이지 않고 놔두면 아주 볼품없을 거야! 자네의 생일날에 품위 없는 어떤 짓을 하기를 원하진 않겠지, 안 그 래? 그런데 오늘이 자네의 생일**인가**? 잠깐, 생일로 말하자면, 오늘은 **내** 생 일인데!

아킬레스 : 오늘이?

거북 : 그래, 오늘이야. 에, 실은 우리 삼촌의 생일이지. 하지만 내 생일이나 거의
　　　마찬가지야. 자네가 오늘 저녁 나한테 맛있는 생일 저녁 식사를 한턱 내는
　　　게 어떨까?

아킬레스 : 잠깐, 거북 선생. 오늘은 **내** 생일이야. 대접은 자네가 해야 되잖아!

거북 : 하지만 자네는 자네의 주장의 진실성을 나에게 납득시키는 데 결코 성공
　　　하지 못했어. 자네는 대답들, 대답 도식들, 에 또, 뭐 그런 것들로 계속 변죽
　　　만 울렸잖아. 내가 알고 싶었던 것은 오직 오늘이 자네의 생일이었는지의 여
　　　부였네. 하지만 자네는 나를 완전히 어리둥절하게 했지. 오, 뭐 유감스럽네.
　　　어쨌든 자네가 오늘 저녁 나한테 생일 저녁식사를 한턱 내면 행복하겠네.

아킬레스 : 좋아. 딱 좋은 곳을 알고 있지. 그곳에는 온갖 종류의 맛있는 수프들
　　　을 판다네. 나는 우리가 어떤 스프를 먹어야 할지 정확히 알고 있어…….

제15장

체계에서 벗어나기

더 강력한 형식체계

괴델의 증명에 대한 사려 깊은 비판이 해야 할 것들 가운데 하나는 증명의 일반성을 검토하는 일일 것이다. 그러한 비판은, 예를 들면 괴델이 하나의 특정한 형식체계인 TNT에 숨겨진 결점을 교묘하게 이용하지는 않았는지 의심해볼 수 있다. 이것이 맞다면 괴델의 기교에 당하지 않을 TNT보다 우월한 형식체계를 개발할 수 있을 것이며, 그 결과 괴델의 정리는 그 예봉(銳鋒)을 상당 부분 잃을 것이다. 이 장에서는 제14장의 논증에 TNT를 취약하게 했던 속성을 면밀히 살펴볼 것이다.

자연스러운 생각은 이렇다 : TNT의 기본적인 문제가 TNT에 "구멍"이 있다는 점, 달리 말해서 TNT가 결정 불가능한 문장, 즉 G를 포함한다는 점이라면, 간단히 그 구멍을 틀어막으면 어떨까? G를 TNT에 여섯 번째 공리로서 덧붙이면 어떨까? 물론 G는 다른 공리들에 비해서 터무니없이 큰 거인이며, G를 공리로 포함한 체계 TNT+G는 그 공리들의 불균형 때문에 좀 우스운 측면이 있게 될 것이다. 그렇기는 하지만, G를 추가하자는 제안은 합당하다. 그렇게 추가했다고 생각해보자. 이제, 새로운 체계 TNT+G는 더 우수한 형식체계 즉, 초자연적인 것이 없는 형식체계일 뿐만 아니라 **완전한** 형식체계라는 점을 바랄 수 있다. 분명한 것은, TNT+G가 적어도 한 가지 측면에서 TNT를 능가한다는 점이다 : 문자열 G는 이 새로운 체계에서 더 이상 결정 불가능하지 않다. 그 이유는 문자열 G가 정리이기 때문이다.

TNT의 취약성은 무엇 때문이었나? 그 취약성의 본질은 TNT가 자신에 대한 명제들, 특히 다음 명제를 표현할 수 있었다는 점이었다.

> "나는 형식체계 TNT 안에서 증명될 수 없다."

또는 좀 상세하게 쓰면,

"이 문자열의 괴델 수와 함께 TNT–증명쌍을
형성하는 자연수는 없다."

TNT+G가 괴델의 증명에 대해서 끄떡없을 거라고 기대하거나 바랄 어떤 이유가 있는가? 정말로 없다. 우리의 새로운 체계는 TNT 못지않게 표현력이 강하다. 괴델의 증명은 형식체계의 표현력에 주로 의존하기 때문에, 우리의 새로운 체계도 또한 굴복하는 것을 보고 놀라면 안 된다. 묘수는 다음 명제를 표현하는 문자열을 찾는 일이 될 것이다 :

"나는 형식체계 TNT+G에서 증명될 수 없다."

그 묘수가 TNT에 대해서 실행된 것을 한번 보았으면, 사실 대단한 묘수는 아니다. 완전히 똑같은 원리들을 채용하고 맥락만 살짝 변경된다(비유적으로 말하면, 우리가 알고 있는 어떤 곡조를 단지 하나 더 높은 조[調]로 다시 불러보는 것이다). 앞에서처럼, 우리가 찾고 있는 문자열—"G"라고 하자—은 "삼촌"이라는 매개자에 의해서 구성된다. 그러나 이것은 TNT–증명쌍을 표현하는 공식이 아니라 그것과 비슷하지만 약간 더 복잡한 TNT+G–증명쌍이라는 개념에 근거하고 있다. 이 TNT+G–증명쌍의 개념은 원래의 TNT–증명쌍의 개념을 약간 확장한 것에 불과하다.

이와 비슷한 확장을 MIU 체계에 대해서도 예상해볼 수 있겠다. 우리는 MIU–증명쌍의 순수한 형식을 본 바 있다. 이제 우리가 MU를 두 번째 공리로서 추가하면, 새로운 체계—MIU+MU 체계—를 다룰 것이다. 이 확장된 체계에서는 다음과 같은 문자열을 도출할 수 있다 :

MU   공리
MUU   규칙 2

이에 상응하는 MIU+MU–증명쌍이 있는데, $m=30300$, $n=300$이다. 물론 이 숫자쌍은 MIU–증명쌍을 형성하지 못하며, MIU+MU–증명쌍만 형성한다. 추가 공리를 덧붙인다고 해도 증명쌍들의 산술 속성이 본질적으로 복잡해지는 않는다. 증명쌍에 대한 중요한 사실, 즉 증명쌍이라고 하는 것은 원시 재귀적 (primitive recursive)이라는 중요한 사실은 보존된다.

괴델 방법의 재적용

이제 우리가 TNT+G로 돌아가도 비슷한 상황을 발견할 것이다. TNT+G-증명 쌍은 앞서의 증명쌍과 마찬가지로 원시 재귀적이며, 따라서 TNT+G 안에서 수식으로 표현할 수 있고, 그 수식을 알기 쉽게 다음과 같이 간략하게 표기한다.

$$(TNT+G)\text{-}PROOF\text{-}PAIR\{a, a'\}$$

이제 모든 것을 반복해서 적용해보자. 전과 똑같이 "삼촌"으로 시작하여 G에 대응하는 것을 만든다 :

$$\sim\exists a{:}\exists a'{<}(TNT+G)\text{-}PROOF\text{-}PAIR\{a, a'\}\wedge ARITHMOQUINE\{a'', a'\}>$$

이 식의 괴델 수를 u'라고 하자. 바로 이 삼촌을 산술 콰인화하면 G'를 얻을 것이다 :

$$\sim\exists a{:}\exists a'{<}(TNT+G)\text{-}PROOF\text{-}PAIR\{a, a'\}$$
$$\wedge ARITHMOQUINE\{\underbrace{SSS\cdots\cdots SSS0/a'', a'\}>}_{u'\text{개의 } S}$$

이것의 해석은 이렇다.

　　"u'의 산술 콰인화와 함께 TNT+G-증명쌍을 형성하는 그런 수 a는 없다."

더 간결하게 표현하면 :

　　"나는 형식체계 TNT+G에서 증명될 수 없다."

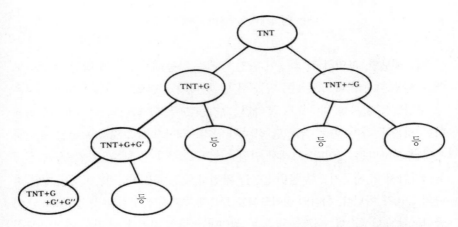

그림 75. TNT의 "다중 분기". TNT의 각 확장은 그 자신의 괴델 문장을 가진다. 그 문장 또는 그 것의 부정이 추가될 수 있으며, 그 결과 각각의 확장으로부터 다시 한 쌍의 새로운 확장들이 생 기는데, 이 과정은 무한히 계속 진행된다.

다중 분기

아(하품이 나온다!), 여기에서부터 나오는 세부 사항들은 아주 지루하다. G'와 TNT+G의 관계는 G와 TNT 자체의 관계와 똑같다. 우리는 수론의 새로운 분기 를 생성하기 위해서, G' 또는 ~G' 중에 하나를 TNT+G에 추가할 수 있다. 그리 고 당신이 이런 일이 "착한 녀석"에게만 일어난다고 생각하지 않도록, 위와 똑같 은 악랄한 술수를 TNT+~G, 즉 G의 부정을 추가하여 얻은 TNT의 비표준 확장 에 적용할 수 있다. 그 결과, 우리는 위처럼 수론에 모든 종류의 두 갈래 분기들 이 있다는 사실을 알게 된다(그림 75).

물론 이것은 시작에 불과하다. 이제 아래로 뻗는 수형도의 맨 왼쪽 가지를 따 라 내려간다고 상상하자. 그곳에서 우리는 언제나 (괴델 문장의 부정이 아니라) 괴델 문장을 덧붙인다. 이것이 초자연수를 피하기 위해서 할 수 있는 최선이다. G를 추가한 다음에 G'를 추가한다. 그리고 G″와 G‴……등을 추가한다. 우리가 TNT의 새로운 확장을 만들 때마다, 그 확장은 거북의 방법—미안, 괴델의 방법 을 뜻한다—에 대해서 취약성이 있어서, 다음과 같이 해석되는 새로운 문자열이 고안되는 것을 허용한다.

"나는 형식체계 X에서 증명될 수 없다."

조금 해보면, 자연히 전 과정이 완전히 예측 가능해지고 판에 박힌 것처럼 보이기 시작한다. 아니, 모든 "구멍들"이 단 하나의 기법으로 만들어지네! 이것은 그 구멍들을 활자형 대상으로 본다면, 그것들 모두 단 하나의 주형에서 주조된다는 것을 뜻하며, 이는 결국 단 하나의 공리도식만으로 그것들 모두를 표현하기에 충분하다는 뜻이다! 그래서 만일 이것이 그렇다면, 모든 구멍들을 단번에 틀어막아서 이 지긋지긋한 불완전성을 완전히 끝장내면 어떨까? 이것은 매번 하나의 공리가 아니라, **하나의 공리도식을 TNT에 추가하면** 성취될 것 같다. 특히 이 공리도식은 G, G', G'', G''' 등을 모두 찍어내는 틀일 것이다. 우리가 이 공리도식("G_ω"라고 하자)을 추가하면 "괴델화" 방법을 한 수 앞지르게 될 것이다. 사실 G_ω를 TNT에 추가하는 것은 모든 수론적 참을 완전히 공리화하는 데에 필수적인 **최종 단계**일 것이다.

게의 발명품인 "전축 오메가"에 대해서 거북이 언급했던 것은 "두문자어 대위법"에서 대략 이 지점에서였다. 그러나 독자들은 그 전축의 운명에 대해서 알지 못한 상태로 남아 있다. 왜냐하면 자신의 이야기를 마무리하기 전에 기진맥진한 거북이 잠을 자러 집에 가는 게 제일 좋겠다고 결심했기 때문이다(그러나 그 전에 괴델의 불완전성 정리에 대해서 교활하게 한마디를 툭 던진다). 이제 드디어 그 마무리되지 않은 세부 사항을 정리할 짬을 낼 수 있다. 아마 당신은 "생일 칸타타타타" 편을 읽고 나서 이미 낌새를 챘을 것이다.

본질적 불완전성(essential incompleteness)

아마도 당신이 의심쩍어할 것처럼, TNT에 대한 이 환상적인 진전조차도 같은 숙명에 시달린다. 정말로 기이한 것은 그 이유 또한 본질적으로 같다는 점이다. 그 공리도식은 충분히 강력하지 않으며, 그래서 괴델 구성법이 다시 영향을 미칠 수 있다. 이것을 좀 자세히 설명하자(여러분은 내가 여기에서 하게 될 것보다 훨씬 더 엄밀하게 할 수 있다). 다양한 문자열 G, G', G'', G'''……들을 단일 **활자형** 틀로 포착하는 방법이 있다면, 그것들의 괴델 수들을 단일한 **산술형** 틀로 기술하는 방법이 있다. 그리고 무한개의 수들을 이렇게 산술적으로 묘사하는 것은

TNT+G_ω 안에서 식 **OMEGA-AXIOM**{a}로 표현할 수 있고, 그 해석은 이렇다 : "a 는 G_ω에서 생성되는 공리들 가운데 한 공리의 괴델 수이다." a가 특정한 수사로 대체되면 그것으로부터 귀결되는 수식은 TNT+G_ω의 정리일 것이다. 단, 이것이 성립하는 것은 그 수사가 그 도식에서 생성되는 어떤 공리의 괴델 수를 나타내는 오직 그 경우에서만이다.

이 새로운 공식의 도움으로, TNT+G_ω-증명쌍 같은 복잡한 개념조차도 TNT+G_ω 안에서 표현할 수 있게 된다 :

$$(TNT+G_\omega)\text{-PROOF-PAIR}\{a, a'\}$$

이 식을 사용하여 우리는 하나의 새로운 삼촌을 구성할 수 있으며, 그 삼촌을 이제는 완전히 친숙해진 방식으로 산술 콰인화하여 "TNT+$G_{\omega+1}$"로 불리게 될 또다른 결정 불가능한 문자열을 만든다. 이 지점에서 당신은 의아해할 것이다 : "$G_{\omega+1}$은 어째서 공리도식 G_ω에 의해서 만들어진 공리들에 속하지 않는가?" 대답인즉, G_ω는 자신이 수론에 끼어 들어갈 가능성을 예상할 정도로 충분히 명석하지는 않았기 때문이다.

"두문자어 대위법" 편에서, 거북이 "연주 불가능한 음반"을 만드는 데에 본질적인 단계들 가운데 하나는 자신이 파괴하려던 전축의 제조업자의 설계도를 손에 넣는 일이었다. 전축이 어떤 종류의 진동에 취약한지 파악하고 그것의 음반에 그런 진동을 유발할 소리를 낼 홈선을 넣을 수 있으려면, 거북에게는 설계도가 반드시 필요했다. 이것은 괴델의 묘수와 흡사한데, 그 묘수에서는 체계 자체의 성질들이 증명쌍의 개념 안에 반영되어 그 체계에 역사용되었다. 아무리 복잡하고 까다로운 체계라도 모든 체계에 괴델 수가 매겨질 수 있으며, 이에 따라 그 체계의 증명쌍 개념이 정의될 수 있다. 말하자면 이것은 자승자박이다. 일단 어떤 체계가 명확히 정의되거나 "상자"에 넣어지면, 그 체계는 취약해진다.

이 원리는 칸토어의 대각선 논법이 탁월하게 예시한다. 그 논법은 0과 1 사이의 실수(實數)들을 명확히 정의한 각각의 표에 대해서 빠진 실수를 찾아낸다. 파멸을 야기하는 것은 구체적인 표—실수들의 "상자"—를 제공하는 행위이다. 칸토어 논법이 어떻게 계속 반복될 수 있는지 살펴보자. 어떤 표 L에서 출발해 다음과 같이 하면 무슨 일이 생기는지 살펴보자 :

(1a) 표 L을 취하고, 그 대각선 수 *d*를 구성하라.[*]

(1b) 표 L의 어디엔가 *d*를 삽입하여, 새로운 표 L+*d*를 만들어라.

(2a) 표 L+*d*를 취하고, 그 대각선 수 *d'*를 구성하라.

(2b) 표 L+*d*의 어디엔가 *d'*를 삽입하여, 새로운 표 L+*d*+*d'*를 만들어라.

.
.
.
.

그런데 이 단계적 과정은 L을 수선하는 데에 얼빠진 방법인 것 같다. 왜냐하면 L이 처음 주어진 상태에서, 우리가 빠진 수의 전체 표 *d*, *d'*, *d''*, *d'''*……를 한 번에 만들 수 있을 것이기 때문이다. 그러나 그런 표를 만들어 실수(實數)들에 대한 당신의 표를 완성할 수 있을 것이라고 생각하면 큰 오산이다. "대각선 수들의 표를 L 안에서 어디에 포함시켜야 하는가?"라고 묻는 순간 문제가 생긴다. L 안에 *d*-수들을 배치하려고 고안한 도식이 제아무리 기발하더라도, 일단 *d*-수들을 배치하고 나면 그 새로운 표는 여전히 취약하다. 앞에서 말했듯이, 파멸을 야기하는 것은 구체적인 표—실수들의 "상자"—를 제공하는 바로 그 행위이다.

이제 형식체계의 경우, 불완전성을 야기하는 것은 아마도 수론상의 참을 특징 짓는 것에 대해서 명시적인 처방을 제공하는 바로 그 행위이다. 이것이 TNT+G$_\omega$가 가지는 문제의 핵심이다. 당신이 일단 모든 G들을 잘 정의된 방식으로 TNT로 삽입하면, 당신의 공리도식에서 포착하지 못했던 어떤 **다른** G—예견할 수 없었던 G—가 있는 것으로 보인다. 그래서 "두문자어 대위법" 편에 있는 거북–아킬레스 전투의 경우에서는, 전축의 "구조"가 결정되는 순간, 그 전축이 진동으로 산산조각이 날 가능성이 생기게 된다.

그러면 도대체 무엇을 해야 하는가? 끝이 보이지 않는다. TNT는 무한정 확장된다고 해도 완전성을 가지게 할 수는 없을 것 같다. 따라서 여기에서는 불완전성이 TNT의 핵심적인 부분이기 때문에 TNT는 **본질적 불완전성**에 시달린다고 말할 수 있다. 불완전성은 TNT 성질의 본질적인 부분이어서, 소박하든 기발하든, 어떤 방법으로도 근절될 수 없다. 게다가 이 문제는, TNT의 확장판이든 수정판이든 아니면 대체안이든, 모든 형식적 수론에서 계속 나타날 것이다. 그 문제의 사실은 이렇다 : 주어진 체계에서 괴델의 자기–지시 방법을 통해서 결정 불가능

---

* 제13장 참조.

한 문자열을 구성할 수 있는 가능성은 아래의 세 가지 기본 조건에 좌우된다 :

(1) 그 체계는 수에 대해서 우리가 알고 싶은 모든 명제들이, 참이든 거짓이든간에, 그 체계 안에서 **표기될** 수 있을 만큼 충분히 풍부해야 한다. (이 조건을 만족시키지 못하면 그 체계는 애당초 너무 약해서 TNT의 경쟁자로 간주될 수 없다. 왜냐하면 그 체계는 TNT가 표기할 수 있는 수론의 개념들을 표기조차 할 수 없기 때문이다. "두문자어 대위법" 편의 은유를 빌려 말하자면, 그것은 우리가 축음기를 가진 것이 아니라 냉장고 또는 다른 종류의 물건을 가진 것과 같다.)

(2) 모든 일반 재귀적 관계들이 그 체계 안에 있는 식들에 의해서 **표현되어야** 한다. (이 조건을 만족시키지 못하면 그 체계는 어떤 일반 재귀적 참을 정리로서 포착할 수 없고, 모든 수론의 참을 산출하려고 한다면 애처로운 배치기 다이빙으로 간주될 뿐이다. "두문자어 대위법" 편의 은유를 빌려 말하자면, 전축은 전축이지만 음질이 낮은 전축을 가진 것과 같다.)

(3) 공리규칙에 의해서 정의된 공리와 활자형 패턴들은 반드시 끝나는 결정 절차에 의해서 인식될 수 있어야 한다. (이 조건을 만족시키지 못하면 그 체계에서 타당한 도출과 그렇지 못한 도출을 분별할 방법이 없다. 따라서 이 "형식체계"는 결국 형식적이지 않으며, 사실상 잘 정의되어 있지도 않다. "두문자어 대위법" 편의 은유를 빌려 말하자면, 부분적으로만 설계되어 여전히 제도판 위에 (그려져) 있는 축음기에 해당한다.)

이 세 조건이 충족되면, 괴델의 구성이 적용될 수 있기 때문에, 모든 무모순적 체계는 불완전할 것이다.

  재미있는 점은 그런 체계는 어떤 체계이건 간에 제 무덤을 판다는 것, 체계 자체의 풍부함이 자신의 파멸을 초래한다는 것이다. 그 체계가 자기-지시적 문장들을 가질 만큼 충분히 강력하기 때문에, 파멸은 본질적으로 발생한다. 물리학에서는 우라늄 같은 핵분열 물질의 "임계질량"이라는 개념이 있다. 그 물질의 고체 덩어리는 질량이 임계치 이하이면 아무 일도 생기지 않지만, 임계질량을 넘어서면 덩어리가 연쇄반응을 일으켜 폭발한다. 형식체계들에도 이와 비슷한 임계점이 있는 것 같다 : 임계점 이하에서 하나의 체계는 "무해하며" 산술적 참을 형식적으로 정의하는 일에 결코 다가서지 않는다. 그러나 임계점을 넘어서면, 그 체계는 갑자기 자기-지시 능력을 얻어서 스스로를 불완전성의 운명으로 파멸시킨다. 그 문턱은 대략, 어떤 체계가 위에 언급된 세 가지 성질을 획득하는 때인 것 같다. 일단 이 자기-지시 능력이 얻어지면, 그 체계는 자신에게 딱 맞게 재단된 구멍을 가진다. 그 구멍은 그 체계의 특성들을 계산에 넣고 그 특성들을 체계에 불리하게 이용한다.

루카스 수난곡[*]

괴델 논증을 당혹스러울만치 반복 적용할 수 있다는 것은 여러 사람들, 특히 루카스에 의해서 활용되어 왔다. 루카스는 이것을 무기로 해서 인간의 지능이 "자동인형", 즉 컴퓨터로는 얻을 수 없는 파악하기 어렵고 형언할 수 없는 특성을 가진다는 점을 보여주었다. 루카스는 자신의 논문 "마음, 기계 그리고 괴델 (Minds, Machines, and Gödel)"을 이런 말로 시작한다 :

> 내가 보기에, 괴델의 정리는 기계론이 오류라는 사실, 즉 마음은 기계로서 설명될 수 없다는 점을 입증하는 것 같다.[1]

그러고 나서 논거를 제시해나가는데, 뜻을 풀이하면 다음과 같은 내용이다. 컴퓨터가 사람만큼이나 지능적인 존재로 간주되려면, 사람이 할 수 있는 모든 지능적인 과제를 할 수 있어야 한다. 이제 루카스는 어떤 컴퓨터도 인간이 할 수 있는 방식으로 "괴델화"(Gödelization : 그의 흥미롭지만 부적절한 용어들 가운데 하나이다)를 할 수 없다고 주장한다. 왜 하지 못한다는 말인가? 자, TNT나 TNT+G 또는 심지어 TNT+ G_ω 같은 아무 특정한 형식체계를 생각해보라. 우리는 그 체계의 정리들을 체계적으로 생성할, 그래서 궁극적으로는 미리 선택된 정리를 모두 출력할 그런 컴퓨터 프로그램을 아주 쉽게 작성할 수 있다. 다시 말하면, 정리-생성 프로그램은 모든 정리들로 이루어진 "공간"의 어느 부분도 건너뛰지 않을 것이다. 그런 프로그램은 두 주요 성분들로 구성될 것이다 : (1) 공리도식들의 "틀"(어떤 것이든 있다면)이 있을 경우, 공리들을 찍어내는 서브루틴,

---

* 바흐의 "마태 수난곡(Mathäus Passion)"에 빗댄 말장난이다.
1) Lucas in Anderson, p. 43.

(2) (물론, 공리들을 포함해) 기존의 정리들을 취하고 추론규칙들을 적용해 새로운 정리들을 생성하는 서브루틴. 그 프로그램은 교대로 이 서브루틴들 가운데 하나를 먼저 실행하고 나서 다른 서브루틴을 실행할 것이다.

의인화해서 말하면, 이 프로그램은 수론의 어떤 사실들을 "안다", 즉 그것은 자신이 생성해내는 수론의 사실들을 안다고 할 수 있다. 만일 프로그램이 참인 수론의 사실들을 생성해내지 못한다면, 물론 그 프로그램은 그 사실을 "알지" 못하는 것이다. 따라서 프로그램이 알 수 없는 어떤 것을 인간은 안다는 사실을 보여줄 수 있으면, 컴퓨터 프로그램은 인간보다 열등할 것이다. 이제 여기가 루카스가 자신의 논증을 발동하기 시작하는 지점이다. 그의 말인즉, 우리 인간은 TNT만큼 강력한 모든 형식체계에 괴델의 묘수를 늘 실행할 수 있다는 것이다. 이 때문에 어떤 형식체계이건 간에 상관없이 인간이 형식체계보다 더 많이 안다는 것이다. 루카스의 주장은 단지 형식체계에 관한 논증처럼 들릴지도 모르지만, 그것을 살짝 수정하면 인공지능이 언젠가는 인간 수준의 지능을 재현할 수 있을 것이라는 가능성을 반박하는—얼핏 보기에—무적의 논거가 될 수 있다. 골자는 이렇다 :

엄격한 내부 코드들이 컴퓨터와 로봇을 전적으로 지배한다. 그러므로……[*]

컴퓨터는 형식체계와 동형이다. 이제……

우리만큼 똑똑해지고 싶은 모든 컴퓨터는 우리가 해내는 만큼 수론을 할 수 있어야만 하며, 따라서……

컴퓨터는 다른 무엇보다도 원시 재귀적 산술을 해낼 수 있어야만 한다. 그러나 바로 이 이유 때문에……

컴퓨터는 괴델의 "갈고리"에 취약해진다. 이것이 뜻하는 것은……

우리는 우리 **인간**의 지능을 가지고서 수론상의 참인 어떤 명제를 만들 수 있으나, **컴퓨터**는 그 명제가 참이라는 것을 알 수 없다(다시 말해 그 명제를 결코 생성해 낼 수 없다). 바로 괴델의 부메랑 논증 때문이다.

이것은 우리는 해낼 수 있지만 컴퓨터가 하도록 프로그래밍해 넣을 수는 없는 일이 한 가지 있음을 의미한다. 그래서 우리가 더 똑똑하다.

---

[*] Rigid internal codes entirely rule computers and robots; ergo=RICERCARE.

자, 이제 루카스와 함께 인간 중심적인 영광의 짧은 순간을 만끽해보자 :

> 우리가 아무리 복잡한 기계를 만든다고 해도, 그것이 기계인 한 형식체계에 해당
> 할 것이고, 그 형식체계는 결국 '그-체계-안에서-증명 불가능한 식'을 찾아내는
> 괴델의 절차에 걸려들 것이다. 인간의 마음은 그 식이 참이라는 것을 알 수 있지
> 만, 기계는 그 식을 참인 것으로서 생성해낼 수 없을 것이다. 따라서 기계는 여전
> 히 마음의 적절한 모델이 아닐 것이다. 우리는 기계적인—본질적으로 "생명이 없
> 는"—마음의 모델을 만들려고 애쓰고 있다. 그러나 마음은 사실 "살아" 있으므로
> 어떤 형식적인, 경직된, 죽은 체계가 할 수 있는 것보다 언제나 한 발 더 앞지를 수
> 있다. 괴델의 정리 덕분에, 인간의 마음이 늘 최종 결정권을 가진다.[2]

얼핏 보기에, 그리고 아마 면밀히 분석해보아도 루카스의 논증은 설득력이 있
어 보인다. 그의 논증은 대체로 좀 양극화된 반응들을 불러일으킨다. 한편에서
는 루카스의 논증을 영혼의 존재에 대한 거의 종교적인 증명으로 붙잡는 반면,
다른 한편에서는 논평할 가치조차 없다고 비웃는다. 나의 느낌으로는 루카스의
논증은 틀리지만 대단히 흥미롭게 틀린다. 그렇기 때문에 시간을 들여 논박할
충분한 가치가 있다. 사실 루카스의 논증은 나로 하여금 이 책에 거론된 문제들
을 생각하게 만든 주요한 초기의 힘들 중 하나였다. 이 장에서는 그의 논증을
한 가지 방식으로 논박하고, 제17장에서는 다른 방식들로 논박하고자 한다.

루카스는 컴퓨터가 인간이 아는 만큼 "알도록" 프로그래밍될 수는 없다고 말
하는데, 우리는 그 이유를 더 깊이 이해하도록 해야 한다. 기본적으로 그의 발상
은, 우리는 언제나 체계의 **외부**에 있으며 그 외부에서 언제나 "괴델화" 조작을 실
행할 수 있고, 그것에 의해서 그 프로그램이 내부로부터는 알 수 없는 참인 어
떤 것을 산출한다는 것이다. 그러나 루카스가 "괴델화 조작기"라고 부르는 것은
어째서 프로그래밍될 수 없으며, 그 프로그램에 제3의 주요 요소로서 추가될 수
없는가? 루카스의 설명은 이렇다 :

> 괴델의 식이 구성되는 절차는 표준 절차인데, 그래야만 괴델의 식이 모든 형식체
> 계에 대해서 구성될 수 있다고 확신할 수 있다. 그러나 괴델의 식이 표준절차라면,

---

2) 같은 책, p. 48.

기계 또한 그 표준절차를 실행할 수 있도록 프로그래밍될 수 있어야 한다……. 이 것은 추가의 추론규칙을 갖춘 체계를 가지는 것에 해당한다. 이 추론규칙은 그 형식체계에 대한 괴델의 식을 정리로서 추가하도록 해주고, 그런 다음 이 새로운, 보강된 형식체계에 대한 괴델의 식을 다시 정리로서 추가하도록 해준다. 그리고 이런 식으로 계속 나간다. 그것은 원래의 형식체계에 무한개의 공리를 추가하는 것과 같을 것이다. 무한개의 공리 각각은 그때까지 얻어진 체계에 대한 괴델의 식이다……. 우리는 마음이 괴델화 조작기를 갖춘 기계에 직면하면, 그 사실을 고려해서 그 새로운 기계, 괴델화 조작기와 그밖의 모든 것에 대해서 괴델-따라하기로 능가하기를 기대할 것이다. 이것은 실제 그렇다고 입증되었다. 우리가 연속적인 괴델의 식들로 이루어진 공리들의 무한집합을 형식체계에 덧붙인다고 해도, 그 결과로 얻은 체계는 여전히 불완전해서 체계 안에서는 증명할 수 없는 식을 포함하는데, 이성적 존재는 그 체계 바깥에 서서 그 식이 참이라는 것을 알 수 있다. 우리는 이 점을 예견했다. 왜냐하면 공리들의 무한집합이 추가되었다고 해도, 그 공리들은 몇몇 유한의 규칙이나 명시화에 의해서 명시되어야만 하고, 그러면 확장된 형식체계를 염두에 두는 마음이 이런 추가적인 규칙 또는 명시화를 고려할 수 있을 것이기 때문이다. 어떤 점에서는 바로 마음이 최종 결정권을 가지기 때문에, 마음은 자신의 작동 모델로서 제시된 그 어떤 형식체계에 대해서도 언제나 결점을 지적할 수 있다. 기계론적 모델은, 어떤 점에서, 유한하고 확정적인 것일 수밖에 없다. 그래서 마음은 언제나 기계보다 한 발 더 앞지를 수 있다.[3]

한 차원 더 높이 올라가기

에셔가 제공한 시각 이미지가 여기에서 직관을 돕는 데에 아주 유용하다 : "용"(그림 76) 그림이 그것이다. 이 그림의 가장 눈에 띄는 특징은 물론 주제인 자신의 꼬리를 물고 있는 용으로, 괴델의 자기-지시를 함축하고 있다. 그런데 이 그림에는 더욱 심오한 주제가 있다. 에셔 자신은 다음과 같은 매우 흥미로운 논평을 썼는데, 첫 번째 논평은 모두 "평면과 공간의 갈등"과 관련이 있는 그림들에 관한 것이고, 두 번째 논평은 특히 "용"이라는 그림에 관한 것이다.

---

3) 같은 책, pp. 48-49.

그림 76. "용(Dragon)" (M. C. Escher, 목판화, 1952).

I. 우리의 3차원 공간은 우리가 아는 유일한 진짜 현실이다. 2차원은, 어느 모로 보나 4차원만큼이나 허구이다. 그 이유는 평면인 것은 없기 때문인데, 가장 미세하게 표면을 다듬은 거울조차도 평면이 아니다. 그렇지만 우리는 벽이나 종잇장은 평면이라는 관습에 집착하고 있다. 더욱 기이한 것은, 아득한 옛날부터 해왔던 대로, 바로 그런 평평한 표면 위에다 공간의 환영들을 여전히 만들고 있다는 점이다.

649 체계에서 벗어나기 649

선을 몇 개 그어놓고 "이것은 집이다"라고 주장하는 것은 분명히 말도 안 되는 소리이다. 이 기묘한 상황이 다음 ["용"을 포함하여] 다섯 개 그림들의 주제이다.[4]

II. 이 용은 입체가 되려고 무진 애를 쓰지만 전적으로 평면 상태에 머무른다. 용이 인쇄된 종이 위에 두 곳이 절개되었다. 그리고 두 개의 정사각형 입구가 생기도록 종이가 접힌다. 그러나 이 용은 고집이 센 놈이라서, 자신이 2차원 평면임에도 불구하고 끝끝내 3차원 입체라고 상정한다. 그래서 용은 한 구멍으로 자신의 머리를 내밀고 다른 구멍으로 꼬리를 내민다.[5]

특히 두 번째 논평이 매우 강력하다. 당신이 2차원에서 3차원을 시뮬레이션하려고 아무리 머리를 굴려도, "3차원성의 어떤 본질"을 언제나 놓치고 있다는 점, 그것이 에셔가 전하려는 메시지이다. 용은 자신의 2차원성과 격렬하게 맞서 싸우려고 한다. 용은 종이를 뚫고 자신의 머리를 내밂으로써, 자신이 그려졌다고 생각하는 종이의 2차원성에 반항한다. 그러나 그러는 동안 내내, 그림 바깥의 우리는 이 모든 짓이 애처로운 헛수고임을 볼 수 있다. 왜냐하면 용과 구멍들과 접힌 부분들이 모두 그 개념들의 2차원적 시뮬레이션에 불과하고 그것들 중 어느 것도 실재는 아니기 때문이다. 용은 자신의 2차원 공간에서 벗어날 수 없으며, 우리처럼 그 사실을 알 수도 없다. 우리는 사실 에셔의 그림을 몇 단계이든 얼마든지 더 진행시킬 수 있다. 예를 들면, 용 그림을 책에서 뜯어내어 접고, 그곳에 구멍을 뚫어 그림 자체를 구멍 사이로 통과시킨 다음, 이 모든 뒤죽박죽을 사진으로 찍을 수 있을 것이다. 그러면 그것은 다시 2차원이 된다. 그리고 그 사진에 똑같은 일을 다시 할 수 있다. 2차원 평면 안에서 3차원 입체를 아무리 멋들어지게 시뮬레이션한 것처럼 보이더라도, 그 사진은 그때마다 결국 2차원 평면이 된다. 즉 그 사진은 다시 잘림과 접힘에 취약해진다.

이제 에셔의 이 멋진 은유를 가지고, 프로그램 대 인간의 이야기로 돌아가자. 우리는 "괴델화 조작기"를 프로그램 자체 속에 넣으려고 하는 것에 대해서 말하고 있었다. 이제 우리가 그 조작을 수행하는 프로그램을 작성했다고 해도, 그 프로그램은 괴델 방법의 본질을 포착하지 못할 것이다. 이번에도 다시 우리는

---

4) M. C. Escher, *The Graphic Work of M. C. Escher* (New York: Meredith Press, 1967), p. 21.

5) 같은 책, p. 22.

그 체계의 바깥에서, 그 체계가 해낼 수 없을 방식으로 그 체계를 여전히 "제압할" 수 있을 것이다. 그러나 그렇다면 우리는 루카스에게 찬성하는 것일까 아니면 반대하는 것일까?

지능적 체계들의 한계

반대한다. 우리는 "괴델화"를 하는 프로그램을 만들 수 없으며, 바로 그 사실 때문에 우리 자신이 여하한 경우에도 괴델화를 해낼 수 있을지는 좀 의심스러울 수밖에 없다. 괴델화가 "실행될 수 있다"라고 추상적으로 논증하는 것과 모든 개개의 특정한 경우마다 괴델화를 수행하는 방식을 아는 것은 별개의 사안이다. 실제로 형식체계(또는 프로그램)들이 복잡해져감에 따라서, "괴델화"를 할 수 있는 우리 자신의 능력은 결국 흔들리기 시작할 것이다. 어쩔 수 없는 일이다. 앞에서 말한 것처럼 우리에게는 괴델화를 실행하는 방법을 기술할 어떤 알고리듬 방식도 **없기** 때문이다. 우리가 모든 경우들에서 괴델의 방법을 적용하는 데에 무엇이 관여되는지 **명시적으로** 말할 수 없다면, 너무 복잡해서 괴델의 방법을 적용하는 방식을 간단하게 파악할 수 없는 경우가 우리 각자에게 결국 발생할 것이다.

물론, 이러한 우리 능력의 한계는, 우리가 지면에서 들어 올릴 수 있는 무게의 한계처럼 다소 불분명할 것이다. 당신은 어떤 날에는 약 110킬로그램짜리 물건을 들어 올릴 수 없는가 하면, 다른 날에는 똑같은 무게의 물건을 들어 올릴 수도 있다. 그럼에도 불구하고 250톤짜리 물건을 들어 올릴 수 있는 날은 없다. 이런 점에서, 모든 사람의 괴델화 문턱값이 모호함에도 불구하고, 개개인마다, 각자의 괴델화 능력을 훨씬 넘어서는 체계들이 있다.

이 개념이 "생일 칸타타타타"에서 예시되었다. 처음에는 분명히 거북은 자신이 원하는 만큼 아킬레스를 괴롭힐 수 있을 것처럼 보인다. 그러나 아킬레스가 모든 대답들을 단번에 요약하려고 시도한다. 이것은 앞에서 행했던 것과는 완전히 다른 성격의 조치이며 그래서 새로운 이름 'ω'가 붙여졌다. 그 이름의 참신함이 매우 중요하다. 기존의 명명도식은 모든 자연수에 대한 이름들만 포함했지만, ω는 그것을 초월했던 첫 번째 사례이다. 그러고는 몇 개의 확장들이 뒤따르는데, 그것들 중 어떤 이름은 아주 명백해 보이고 어떤 것들은 좀 혼란스럽다. 그러나

결국 다시 한번 이름이 바닥나고, 그 지점에서 대답 도식들

$$\omega, \omega^\omega, \omega^{\omega^\omega}, \cdots\cdots$$

들은 엄청나게 복잡한 하나의 대답 도식으로 포괄되어야 했다. 이를 위해서 완전히 새로운 이름 'ϵ_0'가 제공되었다. 새로운 이름이 필요한 이유는, 근본적으로 **새로운 종류의 조치**가 취해졌기 때문이다. 일종의 불규칙성에 맞닥뜨렸던 것이다. 그래서 새 이름이 즉시 제공되어야 했다.

서수들에 이름을 붙이는 재귀규칙은 없다

곧바로 당신은 서수(序數, ordinal)로부터 서수(무한[無限]이 이런 이름으로 불리고 있다)로 진행하는 데서 생기는 이런 불규칙성들을 컴퓨터 프로그램으로 다룰수 있다고 생각할 것이다. 다시 말해서, 새로운 이름들을 규칙적으로 산출하는 프로그램이 있을 것이고, 이름이 바닥나면 프로그램은 "불규칙성 해결사"를 불러낼 것이다. 해결사는 새로운 이름을 제공하고는 통제권을 단순한 프로그램에게 되돌려줄 것이다. 그러나 이것은 잘되지 않을 것이다. 불규칙성들 자체가 불규칙적으로 발생하는 것으로 드러났다. 그래서 2차 프로그램, 즉 새로운 이름들을 만드는 새로운 프로그램들을 만드는 프로그램이 필요해질 것이다. 그런데 이것으로도 충분치 않다. 결국 3차 프로그램이 필요해진다. 이런 식으로 계속 진행될 것이다.

터무니없어 보일 이 모든 복잡성은 알론조 처치와 스티븐 클레이니에 의한 "무한 서수들"의 구조에 대한 심오한 정리에서 유래하는데, 그 내용은 이렇다 :

> 개개의 모든 구성적 서수에 이름을 부여하는,
> 재귀적으로 연관된 표기체계는 없다.

"재귀적으로 연관된 표기체계"와 "구성적 서수"가 무엇인지에 대해서는, 하틀리 로저스의 책 같은 더 전문적인 문헌에 설명을 맡겨야겠다. 그러나 직관적인 아이디어는 이미 제시되었다 : 서수들이 점점 커질수록 불규칙성이 나타나며, 불규칙

성 속의 불규칙성 그리고 불규칙성 속의 불규칙성 속의 불규칙성……등이 나타 난다. 제아무리 복잡하게 만들더라도 단 하나의 도식만으로 이 모든 서수들에 이름을 붙일 수는 없다. 이로부터, 어떤 알고리듬 방법도 괴델의 방법을 모든 가 능한 종류의 형식체계들에 적용하는 방식을 알려줄 수 없다는 결론이 나온다. 그래서 우리가 신비주의적인 쪽으로 기울지 않는다면, 우리는 모든 인간 존재가 어떤 지점에서 자신의 괴델화 능력의 한계에 이를 것이라고 결론을 내릴 수밖에 없다. 그 다음에야 비로소, 괴델이 증명한 이유 때문에 틀림없이 불완전하지만, 그 정도로 복잡한 형식체계가 인간에 맞먹는 능력을 가질 것이다.

루카스에 대한 다른 반론들

이상은 루카스의 입장에 반박하는 한 가지 방식일 뿐이다. 아마 더 강력한 다른 반론들도 있는데, 그것들은 나중에 제시하겠다. 그러나 방금 전의 반박 논거는 각별히 흥미로운데, 그 이유는, 자신에게서 벗어날 수 있고, 자신을 완전히 외 부에서 관찰할 수 있으며, 자신에게 괴델의 공격법을 적용할 수 있는 컴퓨터 프 로그램을 창조해보자는 매력적인 생각을 꺼냈기 때문이다. 물론 이것은 자신을 파괴할 음반의 소리를 재생할 수 있는 전축이라는 생각만큼이나 불가능한 일 이다.

그러나 그런 이유 때문에 TNT에 결함이 있다고 생각하면 안 될 것이다. 어딘 가에 결함이 있다면 TNT에 있는 것이 아니라, TNT가 할 수 있어야만 하는 것에 대한 우리의 기대에 있는 것이다. 나아가, 괴델이 수학적 형식체계에 이식했던 언 어적 술책, 즉 에피메니데스 역설에 우리도 똑같이 취약하다는 점을 깨닫는 것이 유익하다. C. H. 휘틀리가 다음 문장을 제시해서 이것을 아주 명민하게 지적했 다. "루카스는 이 문장을 무모순적으로 주장할 수 없다." 이 문장에 대해서 생각 해보면, (1) '그 문장은 참이다', 그럼에도 불구하고 (2) '루카스는 그 문장을 무 모순적으로 주장할 수 없다'는 점을 알게 될 것이다. 따라서 루카스는 세계에 대 한 참에 관해서 "불완전하다." 루카스가 세계를 자신의 뇌 구조 안에 반영하는 방식 때문에, 루카스는 "무모순임"과 참인 그 문장을 주장하는 것을 동시에 할 수 없다. 그러나 루카스가 우리들 중 누구보다도 더 취약한 것은 아니다. 그는 정교한 형식체계와 동등하다.

루카스 논증의 부정확성을 이해하는 재미있는 방법은 그것을 남녀 간의 다툼으로 번역해보는 것이다…… 사색가 루커스*는 산책을 하던 어느 날, 미지의 대상 즉, 한 여자와 마주쳤다. 그때까지 여자라고는 본 적이 없었던 그는 일단 그 여자가 자신과 비슷하게 생겼다는 사실에 야릇한 전율을 느꼈다. 그러나 또한 그 여자를 약간 두려워하면서, 주변의 모든 남자들에게 외친다: "이것 봐! 나는 그녀의 얼굴을 쳐다볼 수 있어. 그런데 이것은 그녀는 할 수 없는 일이야. 따라서 여자들은 결코 나와 같을 수 없어!" 이렇게 해서 천만다행히도 루커스는 남자가 여자들보다 우월하다는 점과 그의 남자 동료들의 우월함도 입증한다. 그건 그렇고, 이 동일한 논거는 루커스가 다른 모든 남자들보다 우월하다는 점도 마찬가지로 입증한다—그러나 그는 그것을 그들에게 지적하지 않는다. 여자가 받아친다 : "그래, 당신은 내 얼굴을 볼 수 있어. 그건 내가 할 수 없는 일이야. 그러나 나는 당신의 얼굴을 볼 수 있고, 그것은 당신이 하지 못하는 일이지! 그러니 피장파장이야." 그러나 루커스가 뜻밖의 반격을 가한다 : "미안하지만, 당신이 내 얼굴을 볼 수 있다고 생각한다면 그건 착각이야. 당신네 여자들이 하는 일은 우리 남자들이 하는 일과 같지 않아. 내가 앞서 지적했듯이, 그건 품질이 떨어져. 그래서 같은 이름으로 불릴 자격이 없어. 당신이 그것을 '여(女)보기(woman-seeing)'라고 하는 건 괜찮아. 이제 당신이 내 얼굴을 '여볼 수' 있다는 것은 하찮은 일이야. 상황이 대칭적이지 않기 때문이야. 알겠어? 이에 여자는 "여알겠어!"라고 여대꾸하고는 여걸어가버린다…….

이것은 모래-속에-머리를-처박는 일종의 "외면 논법"인데, 당신이 이 지능적인 다툼에서 컴퓨터를 능가하는 남자와 여자를 보는 데에 열중하고 있다면 기꺼이 참을 것임이 틀림없다.

자기-초월—현대의 신화

우리 인간이 과연 우리 자신에게서 벗어날 수 있는지 또는 컴퓨터 프로그램은 스스로에게서 벗어날 수 있는지 여부를 생각해보는 것은 여전히 대단히 흥미롭다. 분명히 어떤 프로그램이 자신을 수정하는 것은 가능한 일이다. 그러나 그런 수정 능력은 애초부터 프로그램에 내재해야 하므로, "체계에서 벗어남"의 본보기

* Loocus는 Lucas에 대한 말장난이다.

로 간주될 수 없다. 프로그램이 스스로에게서 벗어나려고 아무리 발버둥 쳐도, 프로그램은 자기 안에 내재된 규칙들을 여전히 따르고 있다. 인간이 자발적으로 물리법칙을 따르지 않기로 결정할 수 없듯이, 프로그램 또한 자신에게서 달아날 수 없다. 물리학은 최우선체계이고, 그것으로부터 아무것도 벗어날 수 없다. 그러나 성취할 수 있을 만한 좀 덜 야심찬 것이 있다. 우리가 분명히 자기 뇌의 하위체계에서 벗어나 더 넓은 하위체계로 도약할 수 있다는 점이다. 우리는 경우에 따라서 상투적인 틀에서 벗어날 수 있다. 이런 벗어남은 전적으로 우리의 뇌의 다양한 하위체계들의 상호작용 덕분에 가능한 것이지만, 마치 자신에게서 완전히 벗어나는 듯한 느낌을 줄 수 있다. 이와 비슷하게, "자신에게서 벗어나는" 부분적인 능력이 컴퓨터 프로그램에 구현될 수 있으리라는 것은 전적으로 생각해 봄 직하다.

그러나 자기-지각과 자기-초월(self-transcendence)의 차이를 아는 것이 중요하다. 당신은 이를테면 거울, 사진 또는 영화, 테이프 속에서, 다른 사람들의 묘사를 통해서, 정신분석을 받는 등……모든 종류의 방식들을 통해서 자신에 대한 상(像)을 얻을 수 있다. 그러나 자신의 피부를 뚫고 나가 (현대 비술[秘術, occult] 운동이나 통속심리학 등의 일시적 유행에도 불구하고) 자신의 외부에 있을 수는 없다. TNT는 자신에 대해서 말할 수 있지만 자신에게서 벗어날 수는 없다. 컴퓨터 프로그램은 자신을 수정할 수 있지만 자신의 명령어를 위반할 수는 없다. 기껏해야 자신의 명령어에 복종해서 자신의 어떤 일부를 바꿀 수 있을 뿐이다. 이것은 익살스러운 역설적인 질문을 상기시킨다. "신(神)은 자신도 들어 올릴 수 없을 정도로 무거운 돌을 만들 수 있는가?"

광고와 프레임 장치

체계에서 벗어나려는 이러한 충동은 널리 퍼져 있으며, 미술, 음악 및 인간의 그 밖의 노력들에서 이루어진 모든 진보의 배경이 된다. 또한 라디오와 텔레비전 광고를 만드는 일 같은 사소한 업무의 배경이기도 하다. 어빙 고프먼은 자신의 책 『프레임 분석(Frame Analysis)』에서 암암리에 퍼진 이런 경향을 멋지게 감지하여 묘사했다 :

예컨대, 분명히 직업적인 전문 연기자가 상업 광고 촬영을 마치고서, 그런데 카메라는 여전히 그에게 맞추어져 있는 상태에서, 광고 촬영의 긴장에서 벗어난 모습으로 자신이 방금 광고했던 그 상품을 진짜로 즐거운 마음으로 소비하려고 한다. 이것은 물론 텔레비전이나 라디오 광고에서 프레임 장치들을 이용하는 방식을 보여주는 사례이다. 이 프레임 장치들은 시청자가 마음 한켠에 쌓아온 신중함을 허물어뜨릴 (또는 그러기를 바라면서) 자연스러운 느낌을 주려는 목적이 있다. 그래서 요즘에는 아이들의 목소리도 사용되고 있는데, 아마 연기 훈련을 받지 않은 것처럼 들리기 때문일 것이다. 무료 응답자와의 인터뷰라는 인상을 주도록 길거리 소음과 그밖의 다른 효과음도 동원된다. 실제의 대화를 흉내 내려고 대화의 오류 출발*, 허접 소리(filled pause)**, 곁다리 연기 및 중복 발화들을 끼워 넣기도 한다. 그리고 오슨 웰스***에 뒤이어서 회사의 CM송이 나오다 그 회사의 신제품에 대한 뉴스가 끼어들고 때로는 대중이 관심을 보이는 장면도 끼어든다. 이것은 아마 시청자의 신뢰를 생생하게 유지시킬 것이다.

시청자들이 상황이 진짜인지 판단하려고 소소하지만 표현이 풍부한 세부사항으로 물러나 관심을 가질수록, 광고 전문가들은 그것을 더욱 집요하게 추구한다. 그 결과 일종의 상호작용 공해가 나타나는데, 이것은 정치인을 대중에게 홍보해 주는 자문가, 그리고 좀더 점잖게는, 미시사회학에 의해서 확산된 무질서이다.[6]

여기서 우리는 확대되는 "TC-전투(TC-battle)"의 다른 사례를 보는데, 이번에는 대립자가 진실(Truth)과 광고(Commercial)이다.

심플리치오, 살비아티, 사그레도 : 왜 셋이 나오는가?

체계에서 벗어나는 문제와 완전한 객관성에 대한 추구 사이에 흥미로운 관련성이 있다. 갈릴레오의 『두 개의 새로운 과학에 대한 대화들』에 들어 있는 네 개의 대화를 바탕으로 쓴 야우흐의 대화록 『양자(量子)는 실재하는가?(*Are Quanta*

---

* 처음에 말을 시작할 때 잘못 말하는 것. 그래서 바로 깨닫고는 정정하는 것.
** 말이 매끄럽게 나오지 않을 때, 그 공백을 메우려고 의미 없는 소리를 집어넣는 것. 예를 들면 "음-", "에".
** 오슨 웰스(1915-1985), 미국의 영화배우이자 감독, 제작가.
6) E. Goffman, *Frame Analysis*, p. 475.

real?)』에 실린 네 개의 대화를 읽었을 때, 어째서 세 명의 등장인물, 즉 심플리치오, 살비아티, 사그레도가 대화에 참여하는지 의아하게 생각했다. 왜 두명으로는 충분하지 않은 것일까? 교육받은 멍청이 심플리치오와 박식한 사색가 살비아티만으로 충분할 텐데 사그레도는 무슨 역할을 하는가? 글쎄, 사그레도는 심플리치오와 살비아티 양쪽을 냉정하게 가늠해서 "공정하고" "편파적이지 않은" 판정을 내릴 일종의 중립적 제3자의 역할을 하기로 되어 있는 것 같다. 이것은 꽤 균형 잡혀 보이지만 문제점이 하나 있다 : 사그레도는 언제나 살비아티에게 찬성했고 심플리치에게는 반대했다. 객관성의 화신이 어떻게 편파적으로 행동하나? 한 가지 대답은 살비아티가 옳은 견해들을 표명하고 있어서 사그레도에게는 선택의 여지가 없다는 것이다. 그러나 그렇다면 "공정성"이나 "평등한 발언 기회"는 어떻게 되나?

갈릴레오(및 야우흐)는 사그레도를 추가함으로써, 심플리치오에게 덜 불리하기는커녕 더 불리하게 되도록 술수를 썼다. 아마 더 높은 층위의 관점을 지닌 사그레도—이 전체 상황에 대해서 객관적일 어떤 사람—를 추가해야 할 것이다. 그러나 당신은 이 상황이 어떻게 진행될지 알 수 있다. 즉 결코 끝나지 않을 일련의 "객관성의 단계적 확대"로 얽혀 들어가는 것이다. 이 객관성 확대에는 기묘한 속성이 있어서, 살비아티는 그냥 **옳고** 심플리치오는 **틀린** 첫 층위에 비해서 결코 더 객관적으로 되지 않는다. 그래서 당혹감은 그대로 남아 있다. 도대체 사그레도를 왜 집어넣었나? 대답은 이렇다 : 사그레도를 추가함으로써, 좀 직관적으로 호소하는 의미에서, 그 체계에서 벗어나 있다는 착각을 주기 때문이다.

선과 "벗어나기"

우리는 선(禪)에서도 이와 같은 체계초월이라는 개념에 사로잡혀 있음을 볼 수 있다. 예를 들면 동산(洞山) 선사가 학승들에게 말한 "더 높은 불교는 부처가 아니다"라는 공안이 그렇다 : 아마, 자기초월이야말로 선의 중심 주제일 것이다. 선 수행자는 언제나 자신의 존재가 무엇인지 더욱 깊이 이해하려고, 자신이 바라보는 자신의 모습으로부터 더욱더 벗어나고, 선 자체의 규칙과 관습을 포함해서 자신을 속박한다고 여기는 모든 규칙과 관행을 깨버린다. 오리무중의 이 길을 따라가다 어딘가에서 깨달음에 이를지도 모른다. 어쨌든 (내가 보는 한) 희망은, 자기-의식(self-awareness)을 서서히 심화하고 "체계"의 범위를 서서히 넓힘으로써 우리는 결국 우주 전체와 합일한다는 느낌에 도달하게 될 것이라는 점이다.

어느 애연가의 교훈적인 사색

아킬레스는 게의 집에 초대받았다.

아킬레스 : 내가 지난번에 왔을 때 이후로 살림이 좀 늘었군, 게 선생. 새 그림들이 특히 시선을 끄네.

게 : 고맙네! 나는 특정 화가들을 아주 좋아해. 특히 르네 마그리트를. 내가 가진 그림의 대부분은 그가 그린 거야. 내가 가장 좋아하는 화가라네.

아킬레스 : 저것들은 정말 매우 흥미진진한 이미지들이야. 어떤 점에서는, 마그리트의 이 그림들은 **내가** 가장 좋아하는 화가인 에셔의 작품들을 연상시키는군.

게 : 내가 보기에도 그래. 마그리트와 에셔 둘 다 대단한 리얼리즘을 사용해서 역설과 착시의 세계를 탐구하고 있지. 그 둘은 어떤 시각기호가 불러일으키는 힘에 대한 확실한 감각을 가지고 있고, 그들의 찬미자들조차 종종 주목하지 못하는 것인데, 둘 다 우아한 선(線)에 대한 감각도 가지고 있지.

아킬레스 : 그럼에도 불구하고 그들에게는 뭔가 상당히 다른 점이 있네. 그 차이를 어떻게 규정지을 수 있을지 궁금하군.

게 : 그 둘을 자세히 비교해보면 아주 재미있겠는데.

아킬레스 : 정말이지, 마그리트가 리얼리즘을 주무르는 솜씨는 놀라워. 이를테면, 나는 거대한 파이프가 뒤에 있는 저 나무 그림에 홀랑 속아 넘어갔네.

게 : 작은 나무가 앞에 있는 평범한 파이프를 말하는군!

아킬레스 : 오, 그게 그렇게 되나? 어쨌든, 그 그림을 처음 봤을 때는 파이프 담배 연기를 맡고 있다고 생각했지! 내가 얼마나 바보같이 느껴졌는지 자네는 상상할 수 있나?

게 : 십분 이해하네. 손님들도 그 그림을 보고는 종종 속아 넘어가네.

(그렇게 말하면서 게는 팔을 뻗어 그림 속에 있는 나무 뒤에서 파이프를 빼낸

그림 77. "그늘(The Shadows)"(르네 마그리트, 1966).

다. 그리고 파이프를 뒤집어 탁자에다 탁탁 두드린다. 그러자 방 안에 파이프 담배 냄새가 진동하기 시작한다. 게는 새 담뱃잎을 한 줌 채워 넣기 시작한다.)

이건 오래된 멋진 파이프야, 아킬레스. 믿기 어렵겠지만, 이 파이프 대통 안쪽이 구리 라이닝(lining)으로 되어 있어. 그게 시간이 지날수록 파이프를 멋지게 만들지.

아킬레스 : 구리 라이닝이라고! 그럴리가!

게 : (성냥을 꺼내 파이프에 불을 붙인다.) 한 대 피우겠나, 아킬레스?

아킬레스 : 아니, 됐네. 난 어쩌다 시가를 피울 뿐이네.

게 : 문제없어! 바로 여기 하나 있거든! (마그리트의 다른 그림에 손을 뻗는데, 불 붙은 시가 위에 자전거가 얹혀져 있는 그림이다.)

아킬레스 : 오, 아니야, 지금은 피우고 싶지 않아.

게 : 좋을 대로. 나 자신은 불치의 애연가라네. 마침 생각났는데, 자네도 노(老) 바흐가 파이프 담배 애연가였다는 걸 당연히 알고 있겠지?

아킬레스 : 정확히 기억나지는 않는데.

그림 78. "은총의 상태(State of Grace)"(르네 마그리트, 1959).

게 : 노년의 바흐는 시 쓰기, 철학적 사색, 파이프 담배, 작곡을 좋아했다네(꼭
이 순서는 아니지만). 바흐는 위의 네 가지를 결합해 자신이 곡을 붙인 익살
맞은 시 한 수를 지었지. 그 시는 부인인 안나 막달레나를 위해서 쓴 유명한
음악 노트에서 볼 수 있어.

어느 애연가의 교훈적인 사색[1]

파이프를 집어 들어 담뱃잎을 꽉 채우고
한 모금 빨며 시간을 보내곤 하지.
그곳에 앉아 뻐끔뻐끔 피우는 동안, 머릿속엔
슬프고 우중충한 그림 하나 떠오르네.

---

1) David & Mendel, *The Bach Reader*, pp. 97–98에서 발췌.

그림은 내게 가르쳐주지. 나와
파이프가 같다는 것을.

나처럼, 향기를 뿜으며 타들어가는 파이프.
이것 또한 내가 언젠가 돌아갈 그런
부질없는 흙덩이로 빚어졌으니,
미처 말도 꺼내기 전에 부스러져
내 눈앞에서 무너져버리네.
그런 숙명이 내게도 닥치겠지.

얼룩 하나 없이 말끔한 파이프여
그러나 자네 낯빛도 어두워지는군.
아직은 하얗더라도, 다가오는 깨달음.
사신(死臣)이 부르면 귀 기울여 들을 수밖에.
이 몸 또한 날이 갈수록 창백해지네.
무덤 속에서 시커먼 재가 되어 흙으로 돌아가겠지,
불붙이면 타들어가는 파이프처럼.

파이프에 불이 훨훨 붙으면
손에 쥐고 곧바로 쳐다본다네.
연기는 한 순간 허공으로 날아가
결국 남는 건 부스러진 재밖에 없네.
남자의 명예 또한 그렇게 타버릴지니
이 몸 또한 먼지로 돌아가리.

담배를 피울 때면 종종 그러듯이
선반에 놓아둔 스토퍼*가 통 보이지 않네.
그러면 한 손가락으로 쑤셔보기도 하지.
파이프 구멍 속에 지글지글 타는 손가락이여

---

* 파이프에 담배를 재는 도구.

오, 파이프여, 그 속에서 이리도 아프니
지옥의 고통은 얼마나 뜨거울까.

이리하여 파이프 그림 따위를 보며
사색에 잠겨 맛있는 명상을 늘 만끽한다네.
뻐끔뻐끔 한껏 빨아대며
땅에서도 바다에서도 집에서도 바깥에서도
파이프 담배를 피우며
조물주를 섬기리라.

매력적인 철학이지, 안 그런가?

아킬레스 : 과연 그렇군. 노년의 바흐는 정말로 멋진 시인이었군.

게 : 내가 하려던 말을 먼저 하는군. 나도 한가한 때, 멋진 시를 써보려 했지. 하지만 내 시가 대단치 않다고 생각해. 말로 하는 일에는 재주가 없어서 말이야.

아킬레스 : 오, 이런, 게 선생. 자네도—어떻게 표현해야 할지 모르겠지만—술수 부리기와 지분거리는 데에 취미가 있잖아. 자네가 지은 노래들 가운데 하나를 불러준다면 영광이겠네, 게 선생.

게 : 기분이 우쭐해지는군. 내가 직접 부른 노래가 실린 음반을 틀어주면 어떨까? 언제 녹음했는지는 기억나지 않아. 노래 제목은 "시간도 계절도 초월한 노래"라네.

아킬레스 : 이야, 마치 시 같은 제목이로군!

(게는 선반에서 음반을 하나 가져와서, 어마어마하게 크고 복잡한 기계장치로 걸어간다. 그 기계를 열고, 불길하게 보이는 기계 주둥이에 음반을 집어넣는다. 갑자기 초록색 섬광이 음반 표면을 스치고 지나가고, 잠시 후 음반은 그 환상적인 기계의 움푹 들어간 배꼽 속으로 스르륵 감겨 들어간다. 잠시 후 게가 부른 선율들이 크게 울린다.)

멋진 시구를 지어내는 고수

술수 부리기와 지분거리기 취미가 있다네.
그의 노래에서, 마지막 행은
황당한 것 같네.
그러니까, 밑도 끝도 없다네(without why or wherefore).

아킬레스 : 가사 한번 근사하군. 딱 한 가지만 아리송하고. 자네 노래에서, 그 마지막 행(行)이…….

게 : 황당한 것 같다고?

아킬레스 : 아니……그러니까, 밑도 끝도 없다네(without rhyme or reason).

게 : 자네 말이 맞을 수도 있겠군.

아킬레스 : 그것만 빼곤, 아주 멋진 노래야. 하지만 사실 나는 이 끔찍하게 복잡한 기계장치에 더 매료되었다네. 이것은 그냥 특대형 전축인가?

게 : 아니야, 이건 훨씬 그 이상의 제품이라고. 나의 거북—씹어 먹기 전축이야.

아킬레스 : 맙소사!

게 : 에, 거북이를 씹어 먹는다는 뜻은 아니고, 거북 선생이 만든 음반을 씹어 먹는다네.

아킬레스 : 휴우, 그건 좀 덜 끔찍하군. 이 전축이 얼마 전 자네와 거북 선생 사이에 전개된 그 기괴한 음악—전투의 일부인가?

게 : 어떤 점에서는 그렇지. 좀 자세히 설명해줄게. 거북 선생의 교묘한 술수는 내가 입수하게 될 거의 어떤 전축이라도 파괴할 수 있을 것 같은 수준에 도달했다네.

아킬레스 : 그런데, 내가 지난번에 자네의 경쟁자에 대한 얘기를 들었을 때, 자네가 드디어 내장 TV 카메라와 미니컴퓨터 등을 갖춘 천하무적의 축음기를 손에 넣은 것 같았는데. 그 축음기는 자신을 해체하고 파괴되지 않도록 자신을 다시 구성할 수 있을 거라고 들었지.

게 : 슬프고도 슬픈일이야! 내 계획이 물거품이 되었어. 거북 선생이 내가 간과했던 한 가지 작은 세부 사항을 이용했거든. 그게 뭐냐 하면, 분해와 재조립 과정을 지시했던 서브유닛 자체는 전 과정 내내 안정 상태라는 사실이지. 그러니까 뻔한 이유인데, 서브유닛은 자신을 해체하고 자신을 재구성할 수는 없어. 그래서 건드려지지 않은 채로 있었어.

아킬레스 : 그렇군. 그런데 서브유닛 때문에 결과가 어떻게 되었지?

게 : 아, 최악의 결과였어! 왜냐하면 거북 선생은 자신의 술수를 전적으로 그 서
　　브유닛에 집중했거든.

아킬레스 : 어떻게 한 건데?

게 : 거북선생은 그냥 음반 하나를 만들었지. 그 음반은 결코 바뀌지 않을 걸 그
　　가 알고 있던 하나의 구조, 그러니까 해체-재조립 서브유닛에 치명적인 진
　　동을 일으켰어.

아킬레스 : 오, 알겠네……. 아주 교활한 짓이로군.

게 : 나도 그렇게 생각했어. 그리고 거북의 전략이 통했어. 처음에는 뭐랄까, 통
　　하지 않았지. 내 축음기가 거북의 첫 번째 공격을 버텨냈을 때, 수 싸움에서
　　그를 이겼다고 생각했지. 유쾌하게 웃었어. 하지만 그 다음번에 거북은 강
　　철 같은 눈빛을 번득이며 돌아왔어. 그가 진지하다는 걸 알았지. 나는 그의
　　새 음반을 내 전축의 턴테이블에 올려놓았어. 그리고 우리 둘은 손에 땀을
　　쥐고 지켜보았지. 컴퓨터의 지시를 받은 서브유닛이 홈선을 주의 깊게 훑고
　　나서, 음반을 내려놓고, 전축을 해체해서 놀라우리만치 다르게 재조립하고
　　는, 다시 음반을 얹고 음반의 맨 바깥 홈선에 전축 바늘을 천천히 내려놓았
　　다네.

아킬레스 : 와!

게 : 첫 선율들이 나오자마자 엄청나게 큰 **"쾅"** 소리가 방 안을 가득 채웠어! 모
　　든 것이 부서져 날아갔고, 특히 조립-분해장치가 심하게 망가졌어. 그 고통
　　스러운 순간, 나는 드디어 깨달았지. 원통하게도, 거북 선생은 **언제나** 그 체
　　계의—이런 표현을 써서 아킬레스 자네에게 미안하네만—아킬레스 건(腱)에
　　집중할 수 있으리라는 사실을 말이야.

아킬레스 : 원, 저런! 자네는 틀림없이 엄청난 충격을 받았겠군.

게 : 그래. 한동안 비참한 심경이었어. 하지만 다행히 그게 이야기의 끝은 아니었
　　네. 그 이야기의 속편이 있는데, 나에게 값진 교훈을 가르쳐주었지. 자네에게
　　도 말해주겠네. 거북이 권해서, 나는 별난 책을 하나 여기저기 읽고 있었어.
　　그 책은 분자생물학, 푸가, 선불교 그리고 좌우간 그밖의 들도 보도 못한
　　것을 포함해 많은 주제에 대해서 얘기하는 이상한 대화들로 가득했어.

아킬레스 : 아마 웬 별난 놈이 그 책을 썼겠지. 책 제목은 뭔가?

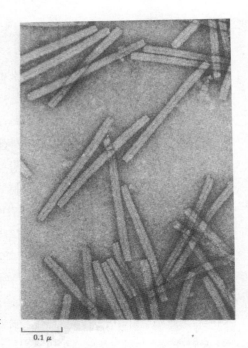

그림 79. 담배 모자이크 바이러스[출전 : A. 레닌저, 『생화학(*Biochemistry*)』, New York: Worth Publishers, 1976].

0.1 μ

게 : 내가 정확히 기억한다면, 『구리, 은, 금 : 불멸의 합금』이었네.

아킬레스 : 오, 거북 선생도 그 책에 대해서 얘기해준 적이 있지. 아마 금속-논리학(Metal-Logic)에 푹 빠진 거북 선생의 친구 하나가 그 책을 썼다지?

게 : 어떤 친구인지 궁금하네……. 어쨌든 대화들 가운데 하나에서 나는 담배 모자이크 바이러스에 대한 교훈적인 사색, 리보솜 그리고 듣도 보도 못한 그밖의 이상한 것들과 마주쳤지.

아킬레스 : 담배 모자이크(tobacco mosaic) 바이러스가 뭐지? 리보솜은 또 뭐야?

게 : 제대로 설명할 수는 없는데. 생물학은 완전히 깡통이거든. 내가 아는 거라곤 그 대화 편에서 주워들은 것이 전부야. 그 대화에 따르면, 담배 모자이크 바이러스는 담배 작물에 병을 일으키는 담배같이 생긴 아주 작은 물체라고 하더군.

아킬레스 : 암(cancer)을 일으키는가?

게 : 아니, 꼭 그런 건 아니야, 그런데…….

아킬레스 : 그런데 뭐? 담배 작물이 담배를 피워 암에 걸리는 거잖아! 쌤통이다!

게 : 자네는 너무 성급하게 결론을 내린 것 같군, 아킬레스. 담배 작물은 이 "담

배들"을 **피우지 않아**. 이 못된 작은 "담배 개비들"이 그냥 나타나서 담배 작물을 불시에 공격하지.

아킬레스 : 알았어. 에, 담배 모자이크 바이러스에 대해서는 다 알았으니, 리보솜이 무엇인지 설명해주게!

게 : 리보솜은 일종의 준 세포적 실체로, 한 형식으로 된 어떤 메시지를 취해서 그것을 다른 형식의 메시지로 변환시킨다네.

아킬레스 : 아주 작은 녹음기나 축음기 같은 건가?

게 : 비유적으로는 그렇다네. 내 눈을 사로잡았던 것은 아주 기묘한 등장인물이 말한 어떤 대사였네. 리보솜들은—담배 모자이크 바이러스 및 다른 기이한 생물학적 구조들과 마찬가지로—"자발적으로 자기-조립(self-assembly)을 하는 놀라운 능력"을 갖추고 있다. 그의 말을 정확히 그대로 인용했어.

아킬레스 : 그게 그의 기묘한 대사들 가운데 하나였나보네.

게 : 그건 바로 대화 속의 다른 등장인물이 생각했던 거야. 하지만 그건 상대방의 말을 터무니없이 해석한 거지. (게는 파이프를 깊이 빨고는 허공에 연기 몇 모금을 내뿜는다.)

아킬레스 : 에, 그나저나 "자발적인 자기-조립"이 무슨 뜻이지?

게 : 그것은 세포 안에서 몇몇 생물학적 구성단위들이 분리되었을 때, 다른 어떤 구성단위의 명령을 받지 않고도 그 단위들이 자발적으로 스스로를 재조립할 수 있다는 뜻이야. 조각들이 그냥 함께 모여. 그리고 얏! 뭉치는 거지.

아킬레스 : 마법처럼 들리는군. 실물 크기의 전축이 그런 성질을 가질 수 있다면 놀라운 일 아니겠어? 리보솜 같은 초소형 "전축"이 할 수 있다면 큰 게 왜 못 하겠냐 이 말이야. 그러면 자네가 불멸의 축음기를 만들 수 있을 텐데. 안 그래? 부서지는 족족 다시 스스로를 조립할 그런 축음기 말일세.

게 : 내 생각이 바로 그거야. 난 축음기 제작자에게 자기-조립 개념을 설명하는 편지 한 통을 후다닥 써 보냈지. 그리고 스스로 분해되고 자발적으로 다른 형태로 자기-조립할 수 있는 전축 하나를 나에게 만들어줄 수 있을지 물어보았네.

아킬레스 : 무진장 비쌀 텐데.

게 : 맞아. 몇 달이 지나자 제작자는 드디어 성공했다고 편지를 보내왔어. 엄청난 가격의 청구서까지 떡 붙여 말이야. 어느 맑은 날, 후! 자기-조립하는 웅장

한 전축이 우편으로 도착했네. 그래서 나는 의기양양하게 거북 선생에게 전
화해서, 내 극상품 전축을 점검시킬 요량으로 그를 초대했지.

아킬레스 : 우리 앞에 있는 이 웅장한 물건이 자네가 말하는 바로 그 기계가 틀
림없으렷다.

게 : 유감스럽지만 아니네, 아킬레스.

아킬레스 : 설마, 다시 한번…….

게 : 불행하게도 친구, 자네가 우려하는 일이 벌어졌어. 왜 그렇게 되었는지 나는
이해하는 척하고 싶지도 않아. 그 전체 일이 너무 고통스러워 이야기할 수가
없네. 온 마룻바닥에 어지럽게 널브러져 있는 용수철과 전선들, 그리고 여기
저기 피어오르는 연기를 보자니, 아, 정말로…….

아킬레스 : 자, 자, 게 선생, 너무 상심하지 말게.

게 : 난 괜찮아. 그냥 가끔 이러는 때가 있네. 에, 계속 얘기할게 : 거북 선생은 처
음에는 고소해했지만 마침내 내가 얼마나 슬퍼하는지 깨닫고는 나를 애처
롭게 여겼네. 거북 선생은 그 모든 것이 누군가의 "정리"와 관계있는 일로,
어쩔 수 없다고 설명하면서 나를 위로하려 했네. 하지만 한마디도 이해할 수
없었어. 그게 들리긴 "터틀(Turtle)의 정리"*처럼 들렸어.

아킬레스 : 그게 혹시 거북 선생이 예전에 나에게 말해준 "괴델의 정리"가 아니었
는지 모르겠네……. 왠지 불길한 느낌이 드는 이름이야.

게 : 그럴 수도 있을 거야. 난 기억이 안 나네.

아킬레스 : 게 선생, 정말인데 말이야, 나는 자네의 처지에 전적으로 공감하며 이
이야기를 따라왔네. 정말로 슬픈 이야기로군. 그런데 아까 자네는 은(銀) 라
이닝이 있다고 말했지. 설명 좀 해보게, 그게 뭔가?

게 : 오, 그래, 은 라이닝. 결국, 나는 축음기에서 "완전성"을 추구하는 걸 포기했
네. 그리고 거북의 음반에 대한 방어를 철저히 하는 게 낫겠다고 결정했지.
모든 것을 연주할 수 있는 전축보다 좀더 온당한 목표는 그냥 **살아남을**
수 있는 전축, 그러니까 파괴되는 걸 피할 전축이라는 결론을 내렸어. 비록
소수의 특정한 음반들만 연주할 수 있다는 뜻이지만 말이야.

아킬레스 : 그러니까 자네 말은, 모든 가능한 소리를 재생할 수 있는 것을 희생
해서, 정교한 반(反)−거북 메커니즘을 개발하기로 작정했다는 거지?

---

* Turtle은 문자 그대로의 뜻을 넘어서, Tortoise와 Gödel을 뒤섞은 말장난이다.

게 : 뭐, "작정했다"고 잘라 말하긴 어렵고, 그런 처지에 **몰렸다**는 게 더 정확한 표현이겠지.

아킬레스 : 그래, 무슨 말인지 알겠네.

게 : 내 새로운 아이디어는, 이질적인 음반들은 모두 내 축음기에서 연주되지 않게 막는 것이었네. 내 음반들은 해롭지 않다는 걸 아니까 다른 사람들이 **자신들의** 음반을 숨겨 들어오는 것만 막으면 그게 내 축음기를 보호하면서 녹음된 내 음악은 계속 즐길 수 있는 방법이지.

아킬레스 : 자네의 새로운 목표를 위한 탁월한 전략이군. 이제 우리 앞에 있는 이 거대한 물건이 그런 방침에 따른 자네의 최신 성과물인가?

게 : 그렇다네. 거북 선생은 물론 **자신의** 전략도 바꾸어야 한다는 걸 깨달았지. 이제 그의 주 목표는 내 전축의 검색기를 **빠져나갈** 수 있는 음반을 고안하는 것이지. 새로운 유형의 도전이야.

아킬레스 : 자네 입장에서, 거북과 다른 사람의 이질적인 음반들을 차단하기 위해서 어떤 계획을 세웠나?

게 : 내 전략을 거북 선생에게 일러바치지 않겠다고 지금 약속하겠나?

아킬레스 : 거북의 명예를 걸고 약속하지.

게 : 뭐라고!

아킬레스 : 아뿔싸, 거북 선생에게 주워들은 말투에 불과해. 걱정 말게. 맹세컨대, 자네 비밀은 곧 나의 비밀일세.

게 : 좋았어, 그러면……. 내 기본 계획은 **라벨링** 기법을 쓰는 거야. 나의 모든 음반 한 장, 한 장에 일일이 비밀 라벨을 붙일 거야. 이제, 자네 앞에 있는 그 축음기에는—이전 모델들처럼—음반을 스캔하는 텔레비전 카메라와 스캔 과정에서 얻은 데이터를 처리하고 후속 조작들을 제어하는 컴퓨터가 들어 있어. 내 아이디어는 간단히 말해, 적절한 라벨이 붙지 않은 모든 음반을 죄다 분쇄하자는 거지!

아킬레스 : 아, 달콤한 복수가 되겠군! 하지만 내가 보기에 자네의 계획은 실패하기 쉽겠는데. 거북 선생이 자네의 음반들 중 하나를 구해 그 라벨을 복사하기만 하면 끝나는데!

게 : 그렇게 간단하지 않아, 아킬레스. 도대체 무슨 근거로 자네는 거북이 음반에서 라벨을 구분해낼 수 있을 거라고 생각하지? 자네가 생각한 이상으로

〔음반과 라벨은〕 잘 통합되어 있을 걸세.

아킬레스 : 자네 말인즉, 라벨이 어떻게든 실제의 음악과 섞여 있을 수 있다는 뜻이지?

게 : 맞았어! 그런데 라벨과 음반을 분리할 방법이 하나 있어. 그렇게 하려면 음반에서 데이터를 시각적으로 빨아들여야 하고, 그러고는──

아킬레스 : 그것 때문에 밝은 녹색 섬광이 휙 지나갔었나?

게 : 그래. 그것은 텔레비전 카메라가 홈선들을 검색하는 섬광이었어. 음반의 홈선-패턴들이 미니컴퓨터로 보내졌고, 미니컴퓨터는 내가 얹어놓은 곡의 음악양식을 아무 소리도 내지 않고 분석했어. 아직까지 재생된 소리는 하나도 없어.

아킬레스 : 그러면 적절한 스타일이 아닌 곡들을 제거하는 선별과정이 있나?

게 : 알아들었군, 아킬레스. 이 두 번째 테스트를 통과할 수 있는 유일한 음반들은 내 스타일로 된 곡들을 담은 음반들이지. 거북 선생이 흉내 내기에는 절망적으로 어려운 일이야. 그래서 나는 이 새로운 음악-전투에서 이길 거라고 확신하네. 하지만 거북 선생도 마찬가지로 어떻게든 자신의 음반이 내 검색기를 통과해낼 거라고 확신하고 있다는 점을 말해야겠군.

아킬레스 : 그리고 자네의 경이로운 기계를 산산조각 낸다고?

게 : 오, 아니야. 거북 선생은 내 기계를 박살낼 수 있다는 그의 주장을 입증해냈어. 이제 그는, 내가 어떤 수단을 써서 막으려 해도 음반을, 해롭지 않은 걸로 말이지, 통과시킬 수 있다는 사실을 나에게 입증하고 싶어할 뿐이네. 그는 "나는 전축 X에서 연주될 수 있다" 같은 이상한 제목의 노래들에 대한 것들을 계속 중얼거리고 있어. 하지만 **나를** 위협할 수 없어! 좀 걱정스러운 게 하나 있다면, 예전처럼, 그가 좀 수상쩍은 논법을 준비하고 있는 것 같아. 그게 말이지……그게……. (게는 말끝을 흐리더니 이내 입을 다물었다. 그러고는 수심 어린 표정으로 파이프를 몇 모금 빤다.)

아킬레스 : 흐음……거북 선생이 불가능한 과제에 부딪힌 듯한데……. 드디어 임자를 만났군!

게 : 이상하군, 자네가 그렇게 생각하다니……. 난 자네가 헨킨의 정리(Henkin's Theorem)를 제대로 안다는 생각이 안 드는군. 자네 그 정리를 아나?

아킬레스 : 뭐, 내가 **누구의** 정리를 제대로 아냐고? 그런 건 들어본 적이 없어. 그

거 분명히 기막힌 거겠지만, 나는 "축음기에 잠입하는 음악"에 대해서 더 듣고 싶다네. 재미있는 이야기니까. 내가 그 얘기의 결말을 매듭지을 수 있을 것 같은데. 분명히 거북 선생은 더 끌고 갈 건덕지도 없다는 걸 알게 될 거야. 그래서 그는 순순히 패배를 인정하겠지. 그렇게 끝날거야. 딱 그렇게 되지 않겠어?

게 : 내가 바라고 있는 거야, 적어도. 자네, 내 방어 축음기의 내부 작동과정을 살짝 들여다보고 싶지 않나?

아킬레스 : 기꺼이! 작동 중인 텔레비전 카메라를 늘 보고 싶어했거든.

게 : 쇠뿔도 단김에 뽑자고, 친구. (게는 커다란 축음기의 벌어진 "주둥이" 속으로 손을 넣어, 고정쇠를 두 개 풀고, 깔끔하게 꾸려진 장치를 꺼낸다.) 이 물건 전체는 독립적인 모듈들로 만들어져 있고, 모듈 각각은 따로 떼어내 단독으로 쓸 수 있어. 예를 들면, 이 텔레비전 카메라는, 이것만으로 아주 잘 작동하지. 저쪽에 있는 화면을 보게. 불타는 튜바가 그려진 그림 아래쪽 말이야. (게가 카메라를 아킬레스에게 들이대자, 아킬레스의 얼굴이 즉시 커다란 화면 위에 나타난다.)

아킬레스 : 끝내주네! 내가 한번 해봐도 될까?

게 : 물론이지.

아킬레스 : (카메라를 게에게 향하면서) 저기 **자네**가 있네, 게 선생. 화면에 말이야.

게 : 그렇군.

아킬레스 : 내가 불타는 튜바가 그려진 저 그림에 카메라를 비추면, 역시 이젠 그게 화면에 나타나는군!

게 : 그 카메라는 줌 렌즈로 축소-확대를 할 수 있어, 아킬레스. 자네도 한번 해보게.

아킬레스 : 굉장하군! 액자와 닿아 있는 불꽃 언저리에 초점을 맞춰볼게…… . 방 안에 있는—내가 원하는—어떤 것이든 저 화면에 즉시 "복사할" 수 있다니, 이렇게 재미있을 수가. 그냥 카메라를 원하는 것에 갖다 대기만 하면 되는군. 그러면 마법처럼 화면에 팍 나타나는구먼.

게 : 방 안에 있는 **어떤 것**이든이라고, 아킬레스?

아킬레스 : 그래, 보이는 건 모두, 확실해.

게 : 자네가 카메라를 텔레비전 화면 위의 불꽃에 비추면 무슨 일이 생길까?

그림 80. "아름다운 포로(The Fair Captive)"(르네 마그리트, 1947).

(아킬레스는 카메라를 움직여서, 불꽃이 있는—있었던—텔레비전 화면의 바로 그 부분에 카메라를 비춘다.)

아킬레스 : 헤이, 재미있군! 그렇게 하니까 불꽃이 화면에서 **사라지네!** 어디로 갔지?

게 : 자네는 어떤 이미지를 화면에 붙잡아둔 채로 동시에 카메라를 움직일 수는 없네.

아킬레스 : 알겠네. 그런데 지금 화면 위에 뭐가 있는지 이해할 수 없군. 전혀 이해할 수 없어! 이상한 긴 복도 같기도 하고. 내가 분명히 카메라로 아무 복도도 비추고 있지 않은데. 그냥 보통 텔레비전 화면을 비추고 있을 뿐인데.

게 : 더 주의해서 보게, 아킬레스. 정말로 복도가 보이는가?

아킬레스 : 아하, 이제 알겠네. 그건 텔레비전 화면 자체의 복사물이 중첩해 있는 모습이군. 점점 더, 더, 더 작아지면서……그래 맞아! 불꽃 이미지가 사라질 수밖에 없었군. 그건 내가 카메라를 그 **그림**에 비추어서 생긴 것이니까. 내

(a) 가장 단순한 경우.

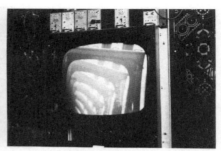

(d) "실패한 자기-삼키기."

(b) 아킬레스의 "복도."

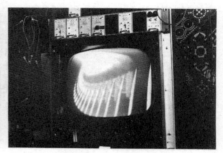

(e) 줌으로 확대했을 때 나타나는 영상.

(c) 카메라를 회전시키면 나타나는 영상.

(f) 회전과 줌 처리의 복합 효과.

그림 81. 자기-삼키기를 하는 열두 개의 텔레비전 화면. 13이 소수(素數)만 아니었다면 화면을 하나 더 추가하려고 했다.

(g) 점점 기괴해지기 시작한다.

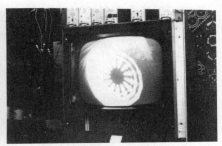

(j) 은하계의 후기 단계. 칸살의 개수를 세어 보라.

(h) 하나의 "은하계"가 탄생했다.

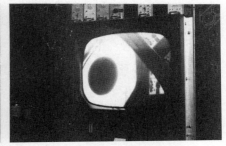

(k) 은하계가 소멸했고 "블랙홀"이 된다.

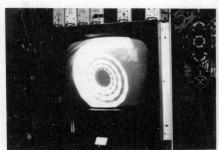

(i) 은하계가 진화한다.

(l) 파동들 중 하나의 정가운데에서 포착된 "물 결치는 꽃잎 무늬."

가 카메라를 **화면**에 비추면, 그 화면 자체가 나타나지, 그 시점에 화면에 있던 것과 함께―그것은 화면 자체지, 그 시점에 화면에 있던 것과 함께―그것은 화면 자체지, 그 시점에―

게 : 나머지는 나도 채울 수 있을 것 같네, 아킬레스. 카메라를 회전시켜보겠나?

아킬레스 : 오! 아름다운 나선형 복도가 나타나네! 각 화면이 자신을 에워싼 화면 안에서 회전하는군. 그래서 맨 바깥 화면에 대해서, 그것들이 작아지면 작아질수록 더욱 회전하는군. TV 화면이 "자신을 삼키게" 한다는 이 아이디어가 기묘하네.

게 : 자네, "자기―삼키기(self-engulfing)"라고 했는데, 그게 뭔 뜻이지, 아킬레스?

아킬레스 : 카메라를 화면, 또는 화면 일부분에 비추는 경우를 뜻한다네. **그것이** 바로 "자기―삼키기"야.

게 : 그것을 좀더 해봐도 될까? 이 새로운 개념에 흥미가 끌렸어.

아킬레스 : 나도 그래.

게 : 아주 좋아. 그러면 자네가 카메라를 화면의 **구석**에 비추어도 그건 여전히 자네가 말하는 "자기―삼키기"인가?

아킬레스 : 한번 해볼게. 흐음. 화면들의 "복도"가 화면 모서리 밖으로 벗어나는 것 같군. 따라서 무한 중첩은 더 이상 없어. 이건 예쁘기는 하지만, 내가 보기에, 진정한 "자기―삼키기"의 참뜻은 없는 것 같아. 이건 "실패한 자기―삼키기"야.

게 : 자네가 TV 카메라를 다시 화면 가운데로 비추면, 그것을 다시 바로잡을 수 있을 것 같은데.

아킬레스 : (카메라를 천천히 조심스럽게 돌린다.) 됐어! 복도가 점점 더 길어지는데⋯⋯저기 복도가 있어! 이제 복도가 모두 되돌아왔네. 복도가 멀리 사라질 때까지 쳐다볼 수 있어. 그 복도는 카메라가 **전체** 화면을 포착했던 바로 그 순간 다시 무한해졌어. 흠, 저건 마치 거북 선생이 얼마 전에 나에게 말해주던 어떤 걸 생각나게 하는군. 어떤 문장이 자신의 **모든 것**에 대해서 말할 경우에만 나타나는 자기―지시에 대한 것이었지⋯⋯.

게 : 뭐라고?

아킬레스 : 오, 아무것도 아냐. 혼자 중얼거렸을 뿐이야.

(아킬레스가 카메라 렌즈와 다른 조절장치들을 만지작거리자, 새로운 종류의
자기-삼키기 이미지들이 만발한다 : 은하계를 닮은 소용돌이 나선, 만화경 속
에 나오는 꽃 모양의 형상들, 그밖의 온갖 무늬들.)

게 : 자네, 정말로 단단히 재미 붙인 것 같군.

아킬레스 : (카메라에서 눈을 떼며) 그렇고말고! 이 간단한 아이디어로 이렇게나
　　　풍부한 이미지들을 만들어낼 수 있다니! (화면을 다시 쳐다보는데, 놀란 표정
　　　을 짓는다.) 세상에, 게 선생! 화면 위에 너울거리는 꽃잎 무늬들을 보게! 그
　　　너울거리는 움직임이 어디서 오는 거지? 텔레비전도 가만히 있고 카메라도
　　　그대로 있는데.

게 : 자네는 때맞춰 변하는 무늬들을 종종 만들 수 있어. 이것은 카메라가 무
　　　엇을 "보는" 순간과 그것이 화면 위에 나타나는 순간 사이에, 회로망에서
　　　1/100초 정도의 미세한 시간 지연이 있기 때문이지. 그러니까 깊이가 50번 정
　　　도 되게 중첩하면 대략 0.5초 정도의 시간 지연이 생겨. 예를 들면, 자네의
　　　손가락을 카메라 앞에 들이대면, 움직이는 이미지 하나가 어떻게든 화면에
　　　나타나네. 그러고는 더 깊이 중첩된 화면들이 그 이미지에 관해서 "알아내려
　　　면" 시간이 좀 걸리지. 그렇게 되면 이 지연이 시각적인 메아리처럼 체계 전체
　　　를 통해서 울리는 거야. 그런데 메아리가 사라지지 않게 상황을 설정하면,
　　　자네는 너울거리는 무늬들을 얻을 수 있어.

아킬레스 : 놀랍군! 야, 그럼 **총체적인** 자기-삼키기를 만들어보면 어떻게 될까?

게 : 자네 말이 정확히 무슨 뜻이지?

아킬레스 : 에, 화면들 속에 화면들이 있는 이것도 재미있어 보이지만, 텔레비전
　　　카메라**와** 화면이 있는 영상을 화면 **위에서** 보고 싶어. 그래야만 진정 그 체
　　　계가 스스로를 삼키게 만들 수 있을 것 같아. 왜냐하면 화면은 전체 체계의
　　　일부에 불과하니까 말이야.

게 : 무슨 뜻인지 알겠네. 아마 이 거울을 가지고 자네가 원하는 효과를 얻을 수
　　　있을 거야.

(게가 아킬레스에게 거울을 건네자, 아킬레스는 카메라와 화면이 모두 화면에
나타나도록 거울과 카메라를 움직여본다.)

아킬레스 : 됐어! 내가 **총체적인** 자기-삼키기를 창조했다고!

게 : 내가 보기에, 거울 속 이미지는 앞면만 있는 것 같은데, 뒷면은 어쩌겠나? 거울속 이미지가 뒷면이 없으면, 그것은 반영된 것이 아닐 거야—그리고 영상에 카메라를 담았다고 볼 수 없을 거야.

아킬레스 : 자네 말이 맞네. 하지만 이 거울 속 이미지의 앞면과 뒷면을 모두 보여주려면, 두 번째 거울이 필요하네.

게 : 하지만 그렇게 되면 자네는 그 거울 속 이미지의 뒷면도 보여줘야 할 텐데. 그리고 텔레비전의 앞면과 마찬가지로 뒷면까지도 포함하는 것은 어쩌지? 그리고 전기선과 텔레비전의 내부와 그리고—

아킬레스 : 으아, 우와! 머리가 돌기 시작했어! 이 "총체적인 자기-삼키기 프로젝트"가 좀 문제를 일으킬거라는 걸 알겠네. 아, 좀 어지럽군.

게 : 자네의 느낌이 어떤지 너무 잘 알아. 자, 이리 와 앉아서 이 자기-삼키기를 모두 마음에서 털어내는 게 어떤가. 쉬게나! 내 그림들을 보라고. 마음이 진정될 걸세.

(아킬레스는 누워서 한숨을 내쉰다.)

오, 혹시 내 파이프 담배 연기가 자네를 괴롭히나? 그럼, 내 파이프를 치우겠네. (그는 파이프를 입에서 떼어내 마그리트의 다른 그림에 적혀 있는 낱말들 위에 조심스럽게 내려놓는다.) 거봐! 기분이 좀 나아졌지?

아킬레스 : 아직도 머리가 좀 몽롱해. (마그리트의 그림을 가리키며) 재미있는 그림이로군. 액자를 만든 방식, 특히 나무 액자 안쪽에 번쩍번쩍 빛나는 표면이 마음에 들어.

게 : 고맙네. 난 그 안쪽은 특별 제작했거든. 금을 입혔지.

아킬레스 : 금을 입혔다고? 기가 막히네! 파이프 밑에 저 글자들은 뭔가? 영어는 아닌데, 그렇지?

게 : 그래. 프랑스어야. "Ceci n'est pas une pipe"라고 써 있는데, "이것은 파이프가 아니다"라는 뜻이지. 뭐, 백번 맞는 말이지.

아킬레스 : 하지만 이건 파이프야! 자네가 방금 그걸 피우고 있었잖아!

게 : 오, 자네가 그 문구를 오해하나본데, "ceci"라는 낱말은 그 파이프가 아니라

그림 82. "공기와 노래(The Air and the Song)"(르네 마그리트, 1964).

그림을 가리킨다네. 물론 그 파이프는 하나의 파이프지. 하지만 그림은 파이프가 아니네.

아킬레스 : 그 그림에 있는 "ceci"라는 낱말이 그림 **전체**를 가리키는지 아니면 그냥 그림 안의 파이프만 가리키는지 모르겠어! 오, 이거 참 야단났네! 저건 **또 다른** 자기-삼키기가 되겠군! 컨디션이 영 좋지 않아, 게 선생. 병날 것 같아……

제16장

자기-지시와 자기-증식

이 장에서는 자기-지시를 창출하는 메커니즘들을 다양한 맥락에서 살펴보고, 그것들을 스스로를 증식시키는 어떤 체계들의 메커니즘들과 비교하고자 한다. 이런 메커니즘들 사이에서 주목할 만한 아름다운 유사성 몇 가지가 밝혀질 것이다.

암시적 자기-지시 문장과 명시적 자기-지시 문장

먼저, 얼핏 보기에 자기-지시의 가장 단순한 사례들을 제공하는 듯한 문장들을 살펴보자. 다음은 이러한 문장들이다 :

　(1) 이 문장은 여섯 개의 어절을 가진다.

　(2) 이 문장은 자기-지시적이기 때문에 무의미하다.

　(3) 이 문장 동사 없음.

　(4) 이 문장은 틀렸다(에피메니데스 역설).

　(5) 내가 지금 쓰고 있는 문장은 당신이 지금 읽고 있는 문장이다.

(변칙적인) 마지막 문장만 빼고, 모든 문장은 "이 문장"이라는 문구에 포함된 간단해 보이는 메커니즘이 관여한다. 그러나 그 메커니즘은 실은 전혀 간단하지 않다. 이 문장들은 모두 언어의 맥락 속에서 "떠 있다." 이 문장들은 꼭대기만 보이는 빙산에 견줄 수 있다. 문법에 맞추어 늘어놓은 낱말들이 빙산의 꼭대기라면, 그것들을 이해하기 위해서 반드시 실행되어야 하는 과정은 수면 아래 숨겨진 아랫부분이다. 이런 점에서 위의 문장들의 의미는 명시적이지 않고 암시적이다. 물론 어떤 문장의 의미도 완전히 명시적이지는 않다. 그러나 자기-지시가 명시적일수록 그 바탕의 메커니즘들은 더욱 확연히 드러날 것이다. 이 경우 위의 문장들의 자기-지시를 식별하려면, 언어학적인 주제를 다룰 수 있는 언어를 능

숙하게 구사해야 할 뿐만 아니라, "이 문장"이라는 문구가 무엇을 지시하는지
도 파악할 수 있어야 한다. 이것은 간단해 보이지만, 우리말을 다루는 매우 어렵
지만 완전히 자기 것이 된 능력에 의존한다. 여기서 특히 중요한 것은 지시형용
사가 붙은 명사구가 무엇을 가리키는지를 파악하는 능력이다. 이 능력은 서서히
형성되며, 따라서 결코 사소한 것으로 간주되어서는 안 된다. 우리가 문장 (4)를
역설이나 언어적 술수에 순진한 사람들, 이를테면 어린아이에게 제시해보면 그
문장을 이해하는 것이 어렵다는 것이 확연히 드러날 것이다. 그들은 "어떤 문장
이 틀렸는데?"라고 말할 것이고, 그 문장이 자신에 대해서 말하고 있다는 생각
을 이해하려면 시간이 약간 걸릴 것이다. 전체 발상은 처음에는 이해하기가 다
소 어렵다. 몇 개의 그림이 도움을 줄 것 같다(그림 83, 84). 그림 83은 두 층위에
서 해석할 수 있는 그림이다. 한 층위에서는 그것은 자기 스스로를 지시하는 문
장이고, 다른 층위에서는 자신에게 언도된 사형을 집행하는 에피메니데스를 그
린 그림이다.

그림 83.

빙산의 보이는 부분과 안 보이는 부분을 묘사하는 그림 84는 자기-지시를 인
식하는 데에 필요한 과정에 대해서 문장의 상대적 비율을 말해주고 있다.

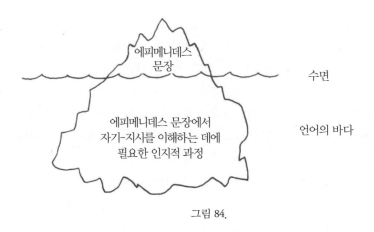

에피메네데스
문장

수면

에피메네데스 문장에서
자기-지시를 이해하는 데에
필요한 인지적 과정

언어의 바다

그림 84.

"이 문장"이라고 말하는 술책을 쓰지 않고 자기를 지시하는 문장을 만들어보
는 것은 재미있다. 우리는 문장을 그 자체 안에서 인용해볼 수 있다 : 예를 들면

"그 문장은 여섯 개의 어절을 가진다"라는 문장은 여섯 개의 어절을 가진다.

물론 이런 시도는 실패할 수밖에 없다. 자신을 자기 안에서 전부 인용하려는 문
장은 어떤 문장이든지 간에 자신보다 짧아야 하기 때문이다. 실은 그것도 가능
하다. 다만 아래와 같이 무한히 긴 문장들을 기꺼이 받아들일 때에만 가능하다 :

그 문장은
　　"그 문장은
　　　　"그 문장은
　　　　　　"그 문장은
　　　　　　　　　　•
　　　　　　　　•
　　　　　　•
　　　　•　　　　•
　　　　　•　　•　　：　　：　　등등
　　　　•
　　•
　　　　　　•
　　"그 문장은"

무한히 길다"
　무한히 길다"
　　무한히 길다"
무한히 길다.

그러나 이 방법은 유한한 문장에서는 먹혀들 수 없다. 이와 똑같은 이유에서, 괴델 문자열 G는 자신의 괴델 수에 대한 명시적인 수사(數詞)를 포함할 수 없다. 그것은 들어맞지 않을 것이다. TNT의 어느 문자열도 자기 고유의 괴델 수에 대한 TNT-수사를 포함할 수 없다. 왜냐하면 그 수사는 항상 그 문자열 자체보다 더 많은 기호들을 포함하기 때문이다. 그러나 "대체"와 "산술 콰인화"라는 개념을 수단으로 해서 G에 그 자신의 괴델 수에 대한 **기술(description)**을 포함시킴으로써 이 문제를 해결할 수 있다.

'자기-인용하기'나 "이 문장"이라는 문구를 사용하지 않고 기술(記述)을 통해서 문장의 자기-지시를 성취하는 한 가지 방법은 대화 "G선상의 아리아" 편에 예시된 콰인의 방법이다. 콰인 문장의 이해는 앞에서 인용한 네 개의 예문들만큼 미묘한 심적(心的) 처리를 요구하지는 않는다. 처음에는 콰인 문장이 더 교묘해 보일지 모르겠으나, 어떤 점에서는 더 명시적이다. 콰인의 구성은 괴델의 구성과 아주 비슷하다. 그것은 판명된 바와 같이 콰인 문장 자체와 동형인 다른 활자형 실체를 기술하여 자기-지시를 창출한다. 콰인 문장을 이루는 두 부분이 새로운 활자형 실체의 기술을 수행한다. 첫 번째 부분은 어떤 문구를 만드는 방법을 알려주는 **명령들**인 반면, 두 번째 부분은 사용될 구성 재료를 포함한다. 즉 두 번째 부분은 **틀**이다. 이것은 빙산보다는 물 위에 떠있는 비누 조각을 닮았다(그림 85).

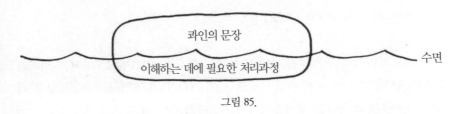

그림 85.

이 문장의 자기-지시는 에퓌메니데스 역설에서보다 더 직접적으로 달성된다. 다시 말해서 은폐된 처리는 덜 필요하다. 한편 "이 문장"이라는 문구가 앞의 문장에 나타난다는 사실을 지적하는 것은 흥미롭다. 그러나 "이 문장"이 자기-지시를 일으키도록 거기 있는 것은 아니다. 당신은 아마 "이 문장"이 지시하는 것이 그 문구가 나타나는 문장이 아니라 콰인 문장이라고 이해했을 것이다. 이것은 다만 "이 문장" 같은 지시어구가 문맥에 따라 해석되는 방식을 보여주려는 것이며, 그런 문구의 처리가 실은 매우 복잡하다는 것을 보여주는 데에 도움이 된다.

자기-증식 프로그램

콰인화 개념과, 자기-지시를 창출하는 데에 그것을 사용하는 방법은 '대화' 자체에서 이미 설명했으니 그 문제를 여기서 되짚을 필요는 없다. 대신에 컴퓨터 프로그램이 자신을 증식하기 위해서 이와 똑같은 기법을 어떻게 사용할 수 있는지 보여주고자 한다. 아래 예시된 자기-증식 프로그램은 BlooP 같은 언어로 작성되었으며, 어떤 문구 다음에 그 문구를 인용한 것이 뒤따르는 방식을 바탕으로 한다(콰인화와는 정반대의 순서이다. 그래서 이름 "quine"을 뒤로부터 읽어 "eniuq"이라는 이름을 만들었다).

DEFINE PROCEDURE ''ENIUQ'' [TEMPLATE]: PRINT [TEMPLATE, LEFT-BRACKET, QUOTE-MARK, TEMPLATE, QUOTE-MARK, RIGHT-BRACKET, PERIOD].

ENIUQ
['DEFINE PROCEDURE ''ENIUQ'' [TEMPLATE]: PRINT [TEMPLATE, LEFT-BRACKET, QUOTE-MARK, TEMPLATE, QUOTE-MARK, RIGHT-BRACKET, PERIOD]. ENIUQ'].

ENIUQ는 프러시저로 위 프로그램에서 첫 세 줄에 정의했고. 그것의 입력은 "TEMPLATE"이다. 이 프러시저는 호출될 때, TEMPLATE의 값은 활자형 문자들로 이루어진 문자열일 것이라고 여긴다. ENIUQ의 효과는 인쇄작업을 수행하는 것인데 TEMPLATE를 두 번 인쇄한다. 처음에는 TEMPLATE를 그대로 인쇄하고 두번째는 (홑)따옴표와 각괄호로 에워싸고 마침표를 찍는다. 따라서 TEMPLATE의 값이 문자열 DOUBLE-BUBBLE이면, ENIUQ를 실행했을 때 다음을 얻는다 :

DOUBLE-BUBBLE ['DOUBLE-BUBBLE'].

위 프로그램의 아래 네 줄에서, 프러시저 ENIUQ는 특정한 TEMPLATE 값—즉 홑따옴표 안에 있는 긴 문자열 : DEFINE……ENIUQ—을 인자(因子)로 해서 호출된다. 그 값은 세심하게 선택되었는데, ENIUQ의 정의와 뒤이은 낱말 ENIUQ로 이루어져 있다. 이것이 그 프로그램 자체—원한다면, 그 프로그램의 완벽한 사본이라 불러도 좋다—를 인쇄하게 만든다. 이것은 에피메니데스 문장을 콰인 식으로 표현한 버전과 아주 비슷하다.

<blockquote>
"자신의 인용이 선행할 경우에 오류가 생긴다"가
자신의 인용이 선행할 경우에 오류가 생긴다.
</blockquote>

위의 프로그램 아래 세 줄의 따옴표 안에 나타나는 문자열—즉 TEMPLATE 의 값—은 결코 명령으로 해석되지 않는다는 점을 이해하는 것이 매우 중요하다. 그 문자열이 명령과 똑같은 문자로 된 것은, 어떤 점에서, 그저 우연에 불과하다. 위에 지적한 것처럼 그것은 DOUBLE-BUBBLE이 될 수도 있고 또는 다른 대문자 문자열이 될 수도 있다. 그 도식의 아름다움은 똑같은 문자열이 이 프로그램의 맨 위 세 줄에 나타날 경우에는 프로그램으로 간주된다는 점이다(따옴표가 붙지 않기 때문이다). 따라서 이 프로그램에서는 하나의 문자열이 두 가지로 기능한다 : 첫 번째는 프로그램으로 두 번째는 데이터로 기능한다. 이것이 바로 자기-증식하는 프로그램의 비밀이며, 곧 보겠지만, 자기-증식하는 분자의 비밀이다. 어쨌든 어떤 종류든 자기-증식하는 물체 또는 실체를 자기-증식(SELF-REP)으로 부르고, 마찬가지로 어떤 종류든 자기-지시하는 물체 또는 실체를 자기-지시(SELF-REF)로 부르는 것이 유용하다. 이제부터 그 용어들을 종종 사용할 것이다.

앞의 프로그램은 자기-증식 프로그램의 멋진 본보기인데, 쓰인 언어가 자기-증식을 특별히 수월하게 작성하도록 설계되지는 않았다. 따라서 그 과제를 수행할 때 낱말 QUOTE-MARK와 명령 PRINT 같은 개념과 명령어는 언어의 일부라고 가정하고서 사용해야 했다. 그러나 어떤 언어가 자기-증식을 쉽게 작성하도록 특별히 설계되었다고 가정하자. 그러면 자기-증식을 훨씬 짧게 작성할 수 있을 것이다. 예컨대, eniuq하기-조작이 명시적으로 정의할 필요가 없는 (PRINT에 대해서 가정했던 것처럼) 언어의 내장된 속성이라고 가정하자. 그러면 아주

작은 자기-증식은 다음과 같을 것이다 :

ENIUQ ['ENIUQ'].

이것은 에피메니데스 자기-지시를 콰인 버전으로 바꾼 것의 거북 버전과 매우 비슷한데, 콰인 버전에서는 "콰인화하다(to quine)"라는 동사가 이미 알려져 있다고 가정되었다.

"콰인화되면 오류가 생긴다"가 콰인화되면 오류가 생긴다.

그러나 자기-증식은 훨씬 짧아질 수 있다. 예를 들면, 어떤 컴퓨터 언어에서 첫 기호가 별표(*)인 프로그램은 어떤 프로그램이든 정상적으로 실행되기 전에 복제되어야 한다는 규정이 있을 수 있다. 그러면 별표 한 개만으로 구성된 프로그램은 자기-증식이다! 그러나 당신은 이것이 말도 안 되며 완전히 멋대로 만든 규정에 의존한다고 불평할지도 모른다. 그렇게 불평하는 것은, 자기-지시를 달성하기 위해서 "이 문장"이라는 문구를 사용하는 것은 거의 사기라는—그 문구는 프로세서에 지나치게 의존하며, 자기-지시를 위한 구체적인 명령에 충분히 의존하지 않는다—나의 이전 의견을 되풀이하는 것이다. 별표(*)를 자기-증식의 보기로 예시하는 것은 "나"라는 낱말을 자기-지시의 보기로 예시하는 것과 비슷하다 : 둘 다 그것들 각자의 문제들이 품고 있는 모든 흥미로운 측면들을 감추고 있다.

이것은 다른 기이한 유형의 자기-증식인 복사기를 통한 자기-증식을 생각나게 한다. 문서 자료를 복사기에 놓고 적절한 단추를 누르면 그 자료의 사본이 인쇄될 수 있도록 하기 때문에 어떤 문서 자료도 자기-증식이라고 주장할 수 있다. 그러나 이 주장은 왠지 자기-증식에 대한 우리의 개념을 위반하는 것 같다. 종잇장은 자기-증식을 전혀 의뢰받지 않았으며 따라서 자신의 복제를 명령하고 있지도 않다. 이것 또한 모든 것이 프로세서의 수중에 있다. 우리가 어떤 것을 자기-증식이라고 부르기 전에, 가능한 한 최대한도로, 그것이 스스로를 복사하라는 명령을 **명시적으로** 포함하고 있다는 느낌을 받고 싶다.

물론 명시성은 정도상의 문제이다. 그럼에도 불구하고 직관적인 경계선이 있어서 경계선 한 쪽에서는 진정으로 자기-지시적인 자기-증식을 지각할 수 있고, 다른 쪽에서는 융통성 없는 자동복사기로 복사가 실행되고 있는 것을 볼 뿐이다.

사본이란 무엇인가?

이제 자기-지시와 자기-증식에 대한 어떤 논의에서든, 우리는 조만간 '사본이란 무엇인가?'라는 본질적인 문제와 씨름할 수밖에 없다. 이미 제5장과 제6장에서 그 질문을 상당히 진지하게 다룬 바 있는데, 이제 그 질문으로 다시 돌아왔다. 그 문제의 분위기를 전달하기 위해서 매우 상상적이지만 그럴듯한 자기-증식의 예들을 기술해보자.

자기-증식하는 노래

동네 술집에 주크박스 한 대가 있는데, 단추 11-U을 누르면 다음과 같은 가사로 된 노래를 시작한다고 생각해보자 :

> 5센트짜리 동전 하나 더, 주크박스에 집어넣어라.
> 내가 원하는 모든 것은 11-U 그리고 음악, 음악, 음악.

우리는 어느 날 저녁에 일어나는 일을 작은 다이어그램으로 그릴 수 있다(그림 86).

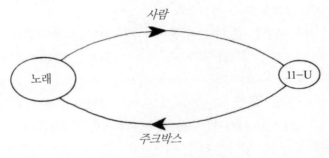

그림 86. 자기-증식하는 노래.

결과만 보면 그 노래가 스스로를 재생함에도 불구하고, 그 노래를 자기-증식이라고 하는 것은 이상하게 느껴질 것이다. 재생과정이 11-U 단계를 지나갈 때 모든 정보가 그곳에 있는 것은 아니기 때문이다. 그 정보는 단지 주크박스에 완전히 저장되었다는 사실—즉 다이어그램에서 달걀 모양 중 하나가 아니라 **화살표** 중 하나에 저장되었다는 사실—덕분에 재생되었을 뿐이다. 이 노래가 자신이 재생되는 방법에 대한 완전한 기술을 포함하고 있는지는 의심스럽다. 왜냐하면 기호쌍 "11-U"는 사본이 아니라 점화장치일 뿐이기 때문이다.

"게" 프로그램

그 다음으로, 스스로를 역순으로 인쇄하는 컴퓨터 프로그램을 생각해보자(독자들은 앞에서 보여준 자기-증식을 모델로 사용해서 BlooP 같은 언어로 이러한 프로그램을 작성하는 방법에 대해서 생각하는 것을 즐길 수도 있을 것이다). 이 재미있는 프로그램이 자기-증식으로 간주될 수 있을까? 어떤 점에서는, 그렇다. 그 출력을 조금만 변환하면 원본 프로그램으로 복구할 수 있기 때문이다. 그 출력은 그저 단순한 방법으로 재구성되었으므로 프로그램 자체와 똑같은 정보를 포함한다고 말해도 공정할 것 같다. 그러나 어떤 사람은 그 출력을 보고서 역순으로 인쇄된 프로그램으로 인식하지 못할 수도 있다는 것은 분명하다. 제6장의 용어를 상기하면, 출력과 프로그램 자체의 "내부 메시지"는 똑같지만 양자는 다른 "외부 메시지들"을 가진다고, 즉 양자는 다른 해독 메커니즘을 사용해서 읽어야만 한다고 말할 수 있을 것이다. 이제 우리가 그 외부 메시지를 정보의 일부로 간주한다면—전적으로 타당한 것 같다—전체 정보는 결국 같은 정보가 아니고 따라서 그 프로그램을 자기-증식으로 볼 수 없다.

그러나 이것은 분란을 일으키는 결론이다. 왜냐하면 우리는 어떤 사물과 그것의 거울 이미지는 같은 정보를 포함하는 것으로 생각하는데 익숙하기 때문이다. 그러나 제6장에서, 우리는 "고유 의미"라는 개념을 지능이라는 가설적 보편개념에 종속시켰음을 상기하라. 그 아이디어는, 어느 대상의 고유 의미를 규정하는 데에, 어떤 유형의 외부 메시지, 이를테면 보편적으로 이해될 만한 메시지는 무시할 수 있을 것이라는 점이었다. 즉, 여전히 좀 불명확한 의미이지만, 해독 메커니즘이 충분히 기본적인 것으로 여겨지면, 해독 메커니즘이 드러내려는 내부 메시지만이 고려할 만한 유일한 의미라는 것이다. 이 보기에서, "표준 지능"이 거울 이미지 두 개가 서로 같은 정보를 포함한다고 생각할 것이라고 추정하는 것은 상당히 안전해 보인다. 즉 표준 지능은 두 거울 이미지 사이의 동형성 문제는 무시해도 될 만큼 사소하다고 여길 것이다. 따라서 그 프로그램이 어떤 의미에서는 타당한 자기-증식이라는 우리의 직관은 유지될 수 있다.

두 어족(語族)에 양다리를 걸친 에피메니데스

이제 자기-증식의 다른 황당한 예는 자기 스스로를 인쇄하지만 다른 컴퓨터 언어로 번역하여 인쇄하는 프로그램일 것이다. 이것은 에피메니데스 자기-지시의 콰인 버전을 다음과 같이 기묘하게 바꾼 버전과 비교할 수도 있을 것이다.

"is an expression which, when it is preceded by its translation, placed in quotation marks, into the language belonging to a diffrent language family, yields a falsehood" 는 따옴표로 싸여 다른 어족에 속하는 언어로 번역된 것에 선행할 때 오류가 발생하는 표현이다.

당신이 위처럼 기괴하게 혼합되어 기술된 문장을 직접 써볼 수도 있을 것이다(힌트 : 그것이 그 자체는 아니다—또는 적어도 "그 자체"라는 말을 순수한 의미로 받아들인다면 아니다). "역행에 의한 자기-증식"(스스로를 역순으로 쓰는 프로그램)의 개념은 게 카논을 연상시키며, "번역을 통한 자기-증식"의 개념은 바로 악곡의 주제를 다른 조성으로 전조(轉調)하는 카논을 연상시킨다.

자기 고유의 괴델 수를 인쇄하는 프로그램

원본 프로그램의 정확한 사본 대신에 원본을 번역한 것을 출력한다는 발상은 무의미해 보일지 모른다. 그러나 BlooP나 FlooP 언어로 자기-증식 프로그램을 쓰기를 원한다면 이러한 방법에 기대야만 할 것이다. 그 이유는 이 언어들에서는 OUTPUT이 활자형 문자열이 아니라 항상 수(number)이기 때문이다. 따라서 그 프로그램이 자신의 괴델 수를 인쇄하게 만들어야만 할 것이다 : 자신의 괴델 수는 엄청나게 큰 정수(整數)로서, 프로그램의 각 문자마다 세 자리 코돈*을 사용해서 십진법으로 전개한다. 그 프로그램은 자신이 사용할 수 있는 수단의 한도 내에서 자기 자신을 인쇄하는 일에 최대한 근접하고 있다. 즉, 그 프로그램은 자신의 사본을 다른 "공간"에 인쇄하며, 그러면 정수의 공간과 문자열의 공간 사이를 쉽게 오갈 수 있다. 따라서 OUTPUT의 값은 "11-U" 같은 단순한 점화장치가 아니다. 오히려 원본 프로그램의 모든 정보는 그 출력(Output)의 "표면 가까이"에 놓인다.

괴델의 자기-지시

이것은 괴델의 자기-지시 G의 메커니즘을 기술하는 것과 매우 비슷하다. 결국, TNT의 G 문자열은 자신에 대한 기술이 아니라 정수(u의 산술 콰인화)에 대한 기술을 포함한다. 놀랍게도 그 정수는 자연수의 공간에서, 문자열 G에 대한 정확한 "이미지"이다. 따라서 G는 자신을 다른 공간에 번역한 것을 지시한다. 두 공간 사이의 동형성은 우리가 양자를 동일하다고 간주할 수 있을 만큼 밀접하기 때문에, 우리는 여전히 G를 자기-지시적 문자열이라고 편하게 부른다.

TNT를 자연수라는 추상적인 영역 안에서 반영하는 이 동형성은, 기호를 수단으로 해서 실재세계를 우리 뇌 안에서 반영하는 준동형성에 비유될 수 있다. 기호들은 대상들에 대한 준동형적인 역할들을 수행하는데, 우리가 생각할 수 있는 것은 기호들 덕분이다. 마찬가지로 괴델 수들은 문자열에 대한 동형적인 역할을 수행하는데, 우리가 자연수에 대한 명제들에서 메타수학적인 의미를 발견할 수 있는 것은 괴델 수들 덕분이다. G에 대한 경이로운 거의 마법적인 일은, G를 작성한 언어 TNT가, 영어에 대해서 영어로 논의하는 것이 세상에서 가장 쉬운 경우와 달리, 자기 자신의 구조를 지시할 어떤 희망도 제공하지 못하는 것처럼 보임에도 불구하고 그럭저럭 자기-지시를 성취한다는 점이다.

따라서 G는 번역을 통한 자기-지시의—가장 간단한 경우는 거의 아니더라도—탁월한 본보기이다. 우리는 '대화'들에 나오는 몇몇 사례들도 떠올릴 수 있다. 그것들 중 몇 개 또한 번역을 통한 자기-지시이기 때문이다. 이를테면 "무반주 아킬레스를 위한 소나타"를 들 수 있다. 그 '대화'에는 바흐의 "무반주 바

---

* codon : 유전자 정보의 최소단위.

이올린을 위한 소나타"가 여러 번 언급되었으며, 하프시코드 반주를 상상해본다는 거북의 제안이 특히 흥미롭다. 결국 우리는 이 아이디어를 '대화' 자체에 적용하여 거북이 말하는 대사(臺詞)를 창안할 수 있다. 그러나 우리가 아킬레스의 대사만 있다고 (마치 바이올린 독주처럼) 상정한다면, 거북에게 대사를 한 줄이라도 할당하는 것은 매우 잘못된 것이다. 어쨌든 여기에 다시 대화들을 바흐의 작품들에 대응시키는 1 : 1 대응을 통한 자기-지시가 있다. 그리고 이 대응은 당연히 독자가 주목해야 할 몫으로 남겨진다. 독자가 그 대응을 알아차리지 못한다고 해도 그 대응은 여전히 존재하며, 따라서 '대화'는 여전히 자기-지시이다.

확대를 통한 자기-증식

우리는 자기-증식을 카논에 비유해왔다. 그러면 음정확대에 의한 카논에 대해서 온당한 유사체는 무엇인가? 여기에 하나의 가능성이 있다 : 프로그램의 속도를 늦추는 것만이 목적인 '모조 반복고리(dummy loop)'를 포함하는 어떤 프로그램을 생각해보자. 매개변수가 모조 반복고리의 반복 횟수를 알려줄 것이다. 자신의 사본을 출력하는 자기-증식을 만들 수 있을 것인데, 단 매개변수 값을 바꾸어서 사본을 출력한다. 그래서 그 사본이 실행될 때 그 사본은 부모-프로그램의 절반 속도로 작동할 것이다. 그리고 그 사본의 "딸"은 다시 그 절반 속도로 실행될 것이다. 등등……. 이 프로그램들 가운데 어느 것도 스스로를 정확히 출력하지 않는다. 그러나 모든 것들은 분명히 한 "가족"에 속한다.

이것은 생물의 자기-증식을 생각나게 한다. 분명히 한 개체는 부모의 어느 쪽과도 완전히 똑같지는 않다. 그렇다면 후손을 낳는 일을 어째서 "자기-증식"이라고 하는가? 부모와 자식 사이에 "거친 수준"의 동형성이 있어서가 그 답이다. 이것은 종(種)에 대한 정보를 보존하는 동형성이다. 따라서 재생산되는 것은 사례(instance)라기 보다는 부류(class)이다. 이것은 또한 제5장에 나오는 재귀적인 그림 GPlot의 경우이기도 하다 : 즉 다양한 크기와 모양을 가지는 "자기(magnetic) 나비들" 사이의 대응은 거친 수준의 대응이다. 어떤 두 나비도 서로 똑같지 않지만 그것들 모두 단일한 "종"에 속하며, 대응이 그 사실을 유지시킨다. 자기-복제(self-replication) 프로그램의 측면에서 보면, 이것은 모두 단일한 컴퓨터 언어의 "사투리들"로 작성된 프로그램 가족에 해당할 것이다. 각 프로그램은 스스로를 작성할 수 있으나 살짝 수정해서 작성하므로, 작성된 것은 프로그램의 원본 언어의 사투리로 나타난다.

스콧 킴 자기-증식

아마 자기-증식의 가장 교활한 사례는 다음과 같다. 컴파일러 언어로 프로그램을 작성할 때 문법에 맞는 표현을 쓰지 않고, 컴파일러의 오류 메시지들 가운데 하나를 써넣는다. 컴파일러가 당신의 "프로그램"을 번역하기 위해서 들여다보면, 혼란스러울 것이다. 그 이유는 "프로그램"이 비문법적이기 때문이다. 그래서 컴파일러는 오류 메시지를 출력한다. 이제 당신이 할 일은 컴파일러가 출력할 것이 당신이 입력해 넣는 바로 그것이 되도록 에러 메시지를 고르는 것이다. 스콧 킴이 나에게 제안한 이런 종류의 자기-증식은 당신이 통상적으로 접근하는 체계의 층위와는 다른 층위를 활용한다. 이것은 별것 아니게 보일지 모르지만, 곧 논의할 것처럼, 자기-증식들이 서로 생존경쟁을 벌이는 복잡계에서 그 대응물이 있을 것이다.

무엇이 원본인가?

"사본을 구성하는 것은 무엇인가?"라는 질문 외에도, 자기-증식에 관한 또 하나의 근본적인 철학적 질문이 있다. 그것은 동전의 반대면과 같은 것으로, "무엇이 원본인가?"라는 질문이다. 몇몇 예들을 들어서 이 점을 아주 잘 설명할 수 있다 :

   (1) 어떤 컴퓨터에서 실행 중인 어떤 인터프리터에 의해서 번역될 때 자기 자신을 출력하는 프로그램.
   (2) 어떤 컴퓨터에서 실행 중인 어떤 인터프리터에 의해서 번역될 때 그 인터프리터(인터프리터도 또한 결국, 프로그램이다)의 완전한 사본과 함께 자기 자신을 출력하는 프로그램.
   (3) 어떤 컴퓨터에서 실행 중인 어떤 인터프리터에 의해서 번역될 때 그 인터프리터

의 완전한 사본과 함께 자기 자신을 출력할 뿐만 아니라, 그 인터프리터와 프로그램이 돌아가고 있는 컴퓨터와 똑같은 제2의 컴퓨터가 만들어지게끔 기계적인 조립 과정도 명령하는 프로그램.

(1)의 경우, 그 프로그램은 분명히 자기-증식이다. 그러나 (3)의 경우, 자기-증식인 것은 그 프로그램인가, 아니면 프로그램 + 인터프리터의 복합체계인가, 아니면 프로그램과 인터프리터와 프로세서의 연합체인가?

분명히, 자기-증식은 자신을 출력하는 것 이상을 끌어들일 수 있다. 사실 이장의 나머지 부분에서는 대부분 데이터, 프로그램, 인터프리터, 프로세서 등이 모두 극도로 뒤엉킨 자기-증식에 대해서 논의한다. 그리고 거기에서는 자기-복제가 이 모든 것들을 한꺼번에 복제한다.

활자유전학

이제 20세기의 가장 매력적이고 심오한 화제들 가운데 하나를 꺼내보려고 한다 : 매우 많은 생각을 떠올리게 하는 앨버트 레닌저의 표현을 빌리면, 바로 "생명 상태의 분자논리학" 연구이다. 그것 또한 논리학이기는 하지만, 인간 정신이 지금까지 상상해왔던 그 어떤 것보다도 더 복잡하고 아름다운 종류의 논리학이다. 우리는 좀 참신한 각도에서 이 논리학에 도전하려고 한다 : 즉 내가 **활자유전학** (Typogenetics)—'활자형으로 기술된 유전학(typographical genetics)'의 준말—으로 부르는 인공 솔리테어 카드 놀이*를 통해서 접근하려 한다. 나는 활자유전학에서, 얼핏 보면 MIU 체계를 예로 보여주었던 형식체계들과 매우 닮은 활자형 체계를 통해서 분자유전학의 어떤 아이디어를 포착하려고 했다. 물론, 활자유전학은 분자유전학을 상당히 단순화한 것이며, 따라서 주로 교육적인 목적에 유용하다.

미리 말해두어야 할 것은, 분자생물학 분야는 여러 층위에서의 현상들이 상호작용하는 분야이며, 활자유전학은 현상을 하나 또는 두 층위에서 보여주려고 할 뿐이라는 점이다. 특히, 순수한 화학적 측면들은 여기서 다루는 층위보다 한 층위 낮은 곳에 속하기 때문에 완전히 배제했다. 마찬가지로 고전적인 유전학

---

* 혼자서 패를 펼쳐서 하는 카드 놀이.

(즉 비분자유전학)의 모든 측면들은 여기서 다루는 층위보다 한 층위 높은 곳에 속하기 때문에 배제했다. 활자유전학에서 내가 의도하는 것은 단지 (DNA 이중 나선구조의 공동 발견자 가운데 하나인) 프랜시스 크릭이 주창한 그 유명한 **분자생물학의 중심원리(Central Dogma)**에 중심을 둔 과정들에 대한 직관을 보여주려는 것뿐이다 :

$$DNA \rightarrow RNA \rightarrow 단백질$$

독자들은 내가 구성한 뼈대 모형을 통해서 그 분야의 어떤 간단한 통합원리들을 이해하기를 희망한다. 이 원리들은, 다른 방법으로 해서는 서로 다른 많은 층위들에서 나타나는 현상들이 극도로 복잡하게 상호작용하기 때문에, 모호해져 버릴 수도 있다. 이로 인해서 희생되는 것은, 물론, 엄격한 정확성이요, 얻는 것은, 바라건대, 약간의 통찰이다.

가닥, 염기, 효소

활자유전학 놀이는 문자열에 대해서 활자형 조작을 하는 것이다. 이것에 관여하는 철자가 네 개 있다 :

A C G T.

이것들을 제멋대로 배열한 것을 **가닥(strand)**이라고 한다 : 예를 들면 다음과 같은 가닥들이 있다 :

GGGG

ATTACCA

CATCATCATCAT

그런데 "STRAND"를 뒤에서부터 읽으면 "DNA"로 시작한다. 이것은 가닥들이 활자유전학에서 DNA 조각의 역할을 하기 때문에 적절하다(DNA 조각들은 실제의 유전학에서도 종종 "가닥"이라고 한다). 그뿐만 아니라, "STRAND" 전체를 뒤에서부터 읽으면 "DNA RTS"가 되는데, 이것은 "DNA Rapid Transit Service(DNA 특급택배 서비스)"에 대한 두문자어로 간주될 수 있다. 이것 역시 적절하다. 왜냐하면 "전령 RNA(messenger RNA)"—이것 또한 활자유전학에서 가닥으로 나타낸다—의 기능은 나중에 보게 될 것처럼 DNA를 위한 "특급택배 서비스"라는 문구로 아주 잘 특징지을 수 있기 때문이다.

철자 A, C, G, T를 때로는 **염기**로 부를 것이며, 그 염기들이 차지하는 위치를 **단위**(unit)로 부를 것이다. 따라서 위의 보기에서 가운데 가닥에는 일곱 개의 단위가 있고, 그중 네 번째 단위가 염기 **A**이다.

가닥이 하나 있으면 다양한 방식으로 조작하고 바꿀 수 있다. 또한 복제하거나 둘로 쪼개서 별도의 가닥을 만들 수 있다. 어떤 조작은 가닥을 늘이고 어떤 조작은 줄이고 어떤 조작은 그대로 놓아둔다.

조작은 꾸러미로 되어 있다. 즉 여러 개의 조작들이 함께 순차적으로 실행된다는 뜻이다. 이러한 조작 꾸러미는 가닥을 따라 위아래로 움직이면서 자신의 임무를 수행하는 프로그래밍된 기계와 엇비슷하다. 이런 이동기계들을 "활자형 **효소**(typographical enzyme)"—줄여서 **효소**(enzyme)—라고 한다. 효소들은 가닥 위에서 한 번에 한 단위씩 작용하고, 어느 임의의 순간에 작용하고 있는 단위에 "결속되어 있다"고 일컬어진다.

몇몇 표본 효소들이 특정한 문자열에 어떻게 작용하는지 보여줄 것이다. 첫째로 알아야 할 것은 각각의 효소는 특정한 철자와 결합하여 출발하기를 좋아한다는 점이다. 따라서 네 종류의 효소가 있는데, A를 선호하는 효소들, C를 선호하는 효소들 등이다. 효소가 수행할 순차적인 조작들이 주어지면, 효소가 어떤 철자를 선호하는지 파악할 수 있다. 그러나 지금은 설명 없이 선호 철자를 제시하겠다. 아래에 세 조작들로 이루어진 표본 효소가 있다 :

$\Bigg\{$ (1) 효소가 결합하고 있는 단위를 삭제하라(그리고 오른쪽에 있는 다음 단위에 결합하라).
(2) 오른쪽으로 한 단위 이동하라.
(3) (이 단위의 바로 오른쪽에) T를 삽입하라.

694

이 효소는 초기에 **A**와 결합하는 것을 좋아한다. 아래에 표본 가닥이 하나 있다 :

ACA

우리의 효소가 왼쪽 **A**와 결합하고 작용을 시작하면 어떻게 될까? 단계 1은 **A**를 삭제한다. 그러면 **CA**가 남는다. 이제 그 효소는 **C**와 결합한다. 단계 2는 그 효소를 오른쪽, 즉 **A**로 보낸다. 단계 3은 끝에 **T**를 붙여 가닥 **CAT**를 만든다. 그러면 그 효소는 자신의 임무를 완수한 것이다 : 즉 **ACA**를 **CAT**로 변환했다.

그 효소가 **ACA**의 오른쪽 **A**와 결합했다면 어떻게 될까? 그 효소는 **A**를 삭제하고 나서 가닥 끝을 벗어났을 것이다. 이런 일이 생길 때마다 그 효소는 작동을 멈춘다(이것이 일반원칙이다). 그래서 전체 효과는 바로 기호 하나를 잘라내는 것이 될 것이다.

다른 보기들을 더 보도록 하자. 여기 다른 효소가 있다 :

> (1) 이 단위의 오른쪽으로 가장 가까이 있는 피리미딘(pyrimidine)을 찾아라.
> (2) 복제 모드로 들어가라.
> (3) 이 단위의 오른쪽으로 가장 가까이 있는 퓨린(purine)을 찾아라.
> (4) 여기에서 (즉 현재 단위의 오른쪽에서) 가닥을 잘라라.

여기에 "피리미딘"과 "퓨린"이라는 용어가 있는데, 쉬운 용어들이다. **A**와 **G**는 퓨린이라고 하고 **C**와 **T**는 피리미딘이라고 한다. 그래서 피리미딘을 찾으라는 것은 가장 가까이 있는 **C**나 **T**를 찾으라는 뜻에 불과하다.

복제 모드와 이중가닥

다른 새로운 용어는 **복제 모드**이다. 어떤 가닥도 다른 가닥으로 "복제될" 수 있지만, 그 방식이 재미있다. **A**를 복제해서 **A**를 만드는 것이 아니라 **T**를 만들고, 그 역(逆)도 같다. 마찬가지로 **C**를 복제해서 **C**를 만드는 것이 아니라 **G**를 만들고, 그 역도 같다. 그러면 퓨린이 피리미딘으로 복제되고 그 역도 같다는 점에 주목하라. 이것을 **염기의 상보적 결합**이라고 한다. 그 상보관계는 다음과 같다 :

상보관계

$$\text{퓨린} \left\{ \begin{array}{c} A \longleftrightarrow T \\ G \longleftrightarrow C \end{array} \right\} \text{피리미딘}$$

아킬레스(**A**)와 거북(**T**)이 짝을 이루고 게(**C**)와 자신의 유전자(**G**)가 짝을 이루는 모습을 떠올리면, 위의 분자 결합 도식을 잘 기억할 수 있을 것이다.

그러므로 가닥 "복제"란 가닥을 실제로 복제하는 것이 아니라 그것의 **상보적** 가닥을 만드는 것이다. 그리고 이 상보적 가닥은 원래 가닥의 위에 뒤집혀서 적힐 것이다. 이것을 구체적인 것을 가지고 보자. 앞의 효소가 다음과 같은 가닥에 작용하도록 해보자(그 효소 또한 **A**에서 출발하기를 좋아한다) :

CAAAGAGAATCCTCTTTGAT

효소가 출발할 수 있는 지점들이 많은데, 예를 들면 두 번째 **A**를 택해보자. 그 효소가 **A**와 결합하고, 그런 다음 단계 1을 수행한다. 즉 오른쪽으로 가장 가까이 있는 피리미딘을 찾는다. **C**나 **T**를 찾는다는 뜻이다. 첫 번째 피리미딘은 가닥 가운데쯤에 있는 **T**이다. 따라서 거기가 가야 할 곳이다. 이제 단계 2 복제 모드이다. **T** 위에 간단히 **A**를 뒤집어 얹으면 된다. 그러나 그게 전부가 아니다. 왜냐하면 복제 모드는 그 모드가 중단되든가, 또는 그 효소가 일을 마치든가, 어느 것이든 먼저 일어날 때까지 **효력**을 유지하기 때문이다. 이것이 뜻하는 바는 그 효소가 복제 모드가 켜져 있는 동안 지나간 각각의 염기 위에 상보적 염기가 놓인다는 것이다. 단계 3은 우리 **T**의 오른쪽에서 퓨린을 찾을 것을 요구하고 있다. 그것은 오른쪽 끝에서 세 번째에 있는 **G**이다. 이제 그 **G**로 이동할 때 "복제", 즉 상보적인 가닥을 만들어야 한다. 이렇게 해서 얻은 결과는 다음과 같다.

AƆAԌAԌAAAƆ
CAAAGAGAATCCTCTTTGAT

마지막 단계는 가닥을 **자르**는 것이다. 자르면 두 조각이 될 것이다.

696

CAAAGAGAATCCTCTTTG
ꓤƆƆꓤⱯⱯƆ

와 **AT**.

이제 명령 꾸러미가 완수되었다. 그런데 이중가닥이 남았다. 이런 일이 생길 때마다, 두 개의 상보적 가닥을 서로 분리시킨다(일반원칙). 따라서 사실상 최종 산출물은 세 가닥이다 :

AT, CAAAGAGGA 그리고 **CAAAGAGAATCCTCTTTG.**

아래위로 뒤집힌 가닥은 좌우로 뒤집어졌다. 그래서 오른쪽과 왼쪽이 역전되었다는 것에 유의하라.

지금까지 가닥에 대해서 실행할 수 있는 활자형 조작들을 대부분 보았다. 언급해야 할 다른 명령이 두 개 있다. 하나는 복제 모드를 **끄는** 것이고, 또 하나는 효소를 한 가닥으로부터 그 효소 위에 뒤집혀 있는 가닥으로 **전환하는** 것이다. 이 일이 일어날 때, 종이를 현재 상태대로 유지하면 명령에 있는 "왼쪽"과 "오른쪽"은 모두 맞바꾸어야 한다. 더 좋은 방법은, 종이를 180도 돌려서 위의 가닥을 정상적으로 읽을 수 있도록 하는 것이다. 그러면 명령을 그대로 따를 수 있다. "전환" 명령을 받았는데 그 순간 효소가 결합된 곳에 상보적 염기가 없으면, 효소는 자신을 그냥 그 가닥에서 떼어내고 임무는 끝난다.

"절단" 명령을 만나면 두 가닥 (만일 두 개가 있다면) 모두에 적용된다는 점도 언급해야 하겠다. 그러나 "삭제" 명령은 그 효소가 작용하는 가닥에만 적용된다. 복제 모드가 **켜져** 있으면 "삽입" 명령은 두 가닥 모두에 적용된다. 삽입될 염기는 효소가 작용하고 있는 가닥에는 그대로 삽입되고, 다른 가닥에는 그것의 상보적인 염기가 삽입된다. 복제 모드가 **꺼져** 있으면 "삽입" 명령은 한 가닥에만 적용되며, 그래서 상보적 가닥에는 공백이 삽입되어야 한다.

그리고 복제 모드가 **켜져** 있을 때마다, "이동" 명령과 "탐색" 명령은 이동하는 효소가 건드리는 모든 염기들에 대해서 상보적 염기들을 만들라고 요구한다. 그건 그렇고, 효소가 작동하기 시작할 때에 복제 모드는 언제나 **꺼져** 있다. 복제 모드가 **꺼져** 있는데 "복제 모드를 꺼라"라는 명령을 만나면, 아무 일도 생기지 않는다. 마찬가지로, 복제 모드가 이미 **켜져** 있는데 "복제 모드를 켜라"라는 명령이 나타나면, 아무 일도 생기지 않는다.

아미노산

다음과 같이 열다섯 가지 유형의 명령이 있다 :

cut	—	가닥(들)을 잘라라
del	—	가닥에서 염기를 삭제하라
swi	—	효소를 다른 가닥으로 전환하라
mvr	—	오른쪽으로 한 단위 움직여라
mvl	—	왼쪽으로 한 단위 움직여라
cop	—	복제 모드를 켜라
off	—	복제 모드를 꺼라
ina	—	A를 이 단위의 오른쪽에 삽입하라
inc	—	C를 이 단위의 오른쪽에 삽입하라
ing	—	G를 이 단위의 오른쪽에 삽입하라
int	—	T를 이 단위의 오른쪽에 삽입하라
rpy	—	오른쪽에 있는 가장 가까운 피리미딘을 찾아라
rpu	—	오른쪽에 있는 가장 가까운 퓨린을 찾아라
lpy	—	왼쪽에 있는 가장 가까운 피리미딘을 찾아라
lpu	—	왼쪽에 있는 가장 가까운 퓨린을 찾아라

각 명령은 세-철자 약호를 가진다. 세-철자 명령의 약호를 **아미노산**으로 부를 것이다. 이렇게 해서, 모든 효소는 아미노산의 배열로 이루어진다. 아무 효소나 한 번 적어보자 :

rpu – inc – cop – mvr – mvl – swi – lpu – int

그리고 가닥도 내키는 대로 적어보자 :

TAGATCCAGTCCATCGA

그리고 효소가 가닥에 어떻게 작용하는지 살펴보자. 효소는 G하고만 결합한다. 가운데 G에 결합하고 시작해보자. 오른쪽에서 퓨린(즉 A 또는 G)을 찾아라. 우리(즉 효소)는 TCC를 건너뛰고 A에 도착한다. C를 삽입하라. 그러면 다음을 얻는다 :

TAGATCCAGTCCACTCGA
↑

여기에서 화살표는 효소와 결합된 단위를 가리킨다. 복제 모드를 켜라. 이 명령으로 C 위에, 거꾸로 뒤집힌 G가 얹힌다. 오른쪽으로 이동하라. 왼쪽으로 이동하라. 그리고 다른 가닥으로 전환하라. 지금까지 얻은 결과는 아래와 같다 :

↓
ƆⱯ
TAGATCCAGTCCACTCGA

이제 위아래를 뒤집어, 효소가 아래 가닥에 붙게 하자 :

∀ƆⱭⱭⱯƆƆⱢⱭƆⱭⱢƆƆⱢⱭⱭⱯⱢ
AG
↑

이제 왼쪽에서 퓨린을 찾으면 A를 찾아낸다. 복제 모드가 켜져 있지만 상보적 염기들이 이미 그곳에 있어서 아무것도 추가되지 않는다. 끝으로 T를 (복제 모드로) 삽입하고 끝낸다 :

∀ƆⱢⱭƆⱭⱢƆƆⱢⱭƆⱭⱢƆƆⱢⱭⱭⱯⱢ
ATG
↑

이렇게 해서 최종 산출물은 두 개의 가닥이다 :

ATG와 TAGATCCAGTCCACATCGA

기존의 가닥은 물론 사라졌다.

번역과 활자유전자 코드

이제 독자는 효소와 가닥이 어디에서 오는지 그리고 주어진 효소가 초기에 결합하기 좋아하는 것이 어떤 것인지 아는 방법이 궁금할지도 모른다. 한 가지 방법은 아무 가닥과 아무 효소를 몇 개 던져놓고 이들 효소가 가닥과 그 자손에 작용할 때 무슨 일이 생기는지 관찰하는 것이다. 이 방법은 주어진 추론규칙들 몇 개와 공리 하나를 가지고 곧바로 시작했던 MU-퍼즐과 비슷한 면이 있다. 유일한 차이는, 여기에서는 가닥이 작용할 때마다 가닥의 원래 형태가 영원히 사라진다는 점이다. MU-퍼즐에서는 MIU를 만들기 위해서 MI에 작용하더라도 MI가 파괴되지 않았다.

그러나 활자유전학에서는, 실제의 유전학처럼, 도식이 훨씬 더 교묘하다. 형식체계에서 공리로 시작하듯이 임의의 가닥을 가지고 시작한다. 그러나 처음에는 "추론규칙들", 즉 효소들이 하나도 없다. 그러나 우리는 각각의 가닥을 하나 이상의 효소로 번역할 수 있다! 그렇게 해서, 가닥 자체가 자신에 대해서 실행될 조작들을 지시할 것이고, 그 조작들은 다시 효소들을 지시할 새로운 가닥들을 생성할 것이다. 등등! 이것이 층위들을 격렬하게 뒤섞는다! 비교를 위해서, 산출된 각각의 새 정리가 어떤 코드를 수단으로 새로운 추론규칙으로 변환될 수 있었다면 MU-퍼즐이 얼마나 달라졌을지 생각해보라.

이 "번역"은 어떤 방법으로 수행되는가? 번역은 활자유전자 코드(Typogenetic Code)가 관여하는데, 단일 가닥에 있는 인접 염기쌍들(pairs of bases)—"짝염기들(duplets)"—이 그 코드로 서로 다른 아미노산들을 표현한다. 결합할 수 있는 짝염기의 가짓수는 열여섯 개이다 : AA, AC, AG, AT, CA, CC 등. 한편 아미노산은 열다섯 개이다. 그림 87에 활자유전자 코드가 제시되었다.

이 표에 따르면, 짝염기 GC의 번역은 "inc(C를 삽입하라)"이고 짝염기 AT의 번

제2염기

	A	C	G	T
A		cut _s_	del _s_	swi _r_
C	mvr _s_	mvl _s_	cop _r_	off _l_
G	ina _s_	inc _r_	ing _r_	int _l_
T	rpy _r_	rpu _l_	lpy _l_	lpu _l_

(왼쪽 세로: 제1염기)

그림 87. 활자유전자 코드. 이것을 통해서 가닥에 있는 각각의 짝염기가 열다섯 개의 "아미노산" 가운데 하나(또는 중간 구두점)를 코드화한다.

역은 "swi(가닥을 전환하라)"이다. 등등. 그러므로 가닥 하나가 효소 하나를 아주 직설적으로 지시할 수 있다는 점이 분명해진다. 예를 들면, 아래의 가닥

TAGATCCAGTCCACATCGA

는 다음과 같은 짝염기들로 나뉜다 :

TA GA TC CA GT CC AC AT CG A

이때 오른쪽 끝에 **A**가 남는다. 이것을 효소로 번역하면 다음과 같다 :

rpy – ina – rpu – mvr – int – mvl – cut – swi – cop.

(끝에 남은 **A**는 기여하는 것이 하나도 없음에 주목하라.)

효소의 3차 구조

그러면 표에서 각 네모 칸의 오른쪽 아래 구석에 적힌 작은 문자 '*s*', '*l*'과 '*r*'은 무엇인가? 그 문자들은 효소의 결합선호를 결정하는 데에 매우 중요하며, 그 방

식이 특이하다. 효소가 어떤 철자와 결합하기를 좋아하는지 파악하려면, 효소의 "3차 구조"를 이해해야 한다. 3차 구조 자체는 효소의 "1차 구조"에 의해서 결정된다. 1차 구조란 효소의 아미노산 배열을 의미한다. 3차 구조란 효소가 좋아하는 "꺾기" 방식을 뜻한다. 중요한 점은 지금까지 우리가 효소를 직선으로 보여주었는데, 효소는 직선 상태로 있는 것을 싫어한다는 점이다. 내부의 각 아미노산(양끝을 제외한 모든 아미노산)에서는 "꺾일" 가능성이 있으며, 구석에 적힌 철자들이 어떻게 꺾을지 지시한다. '*l*'과 '*r*'은 "왼쪽"과 "오른쪽"을 의미하며 '*s*'는 "직진"을 의미한다. 우리가 예시한 맨 마지막 표본 효소를 보기로 택하고, 효소가 스스로를 꺾어서 3차 구조를 보여주게끔 하자. 효소의 1차 구조를 가지고 시작해서 그 1차 구조를 따라 왼쪽에서 오른쪽으로 움직여보자. 각각의 아미노산에서 구석-철자가 '*l*'이면 왼쪽으로 틀고 '*r*'이면 오른쪽으로 튼다. '*s*'의 경우는 방향전환이 없다. 그림 88은 우리 효소의 2차원 형태를 보여준다.

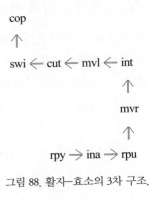

그림 88. 활자-효소의 3차 구조.

"rpu"에서 왼쪽-꺾음, "swi"에서 오른쪽-꺾음……등에 주목하라. 또한 첫 번째 부분("rpy ⟶ ina")과 마지막 부분("swi ⟶ cop")이 서로 수직이라는 점에 주목하라. 이것이 결합선호의 열쇠이다. 실제로, 효소의 3차 구조의 **첫 번째 부분**과 **마지막 부분의 상대적인 방향**이 효소의 결합선호를 결정한다. 효소의 맨 앞 부분이 오른쪽을 향하도록 언제나 효소의 방향을 설정할 수 있다. 그렇게 하면 그림 89에서 보이는 것처럼 마지막 부분이 결합선호를 결정한다.

첫 번째 부분	마지막 부분	결합 철자
→	→	A
→	↑	C
→	↓	G
→	←	T

그림 89. 표 : 활자-효소들의 결합선호.

우리가 든 예의 경우에는 효소가 철자 C를 좋아한다. 만일 효소가 꺾는 데에서 자신을 가로지르는 일이 생긴다고 해도 괜찮다. 효소가 자신의 아래나 위로 움직이고 있는 것으로 생각하면 된다. 효소의 모든 아미노산들이 효소의 3차 구조 결정에 역할을 한다는 점을 주목하라.

구두점, 유전자 그리고 리보솜

설명할 것이 하나 더 있다. 활자유전자 코드 표의 AA칸은 어째서 비어 있는가? 대답은 이렇다 : 짝염기 AA는 가닥 안에서 구두점으로 기능하며, 효소에 대한 코드화가 끝난다는 것을 표시한다. 다시 말해서, 하나의 가닥에 하나 이상의 짝염기 AA가 있으면, 그 가닥은 둘 이상의 효소를 코드화할 것이다. 예를 들면, 가닥

CG GA TA CT AA AC CG A

는 두 개의 효소를 코드화한다.

cop – ina – rpy – off

와

cut – cop

이때 AA는 가닥을 두 개의 "유전자"로 나누는 역할을 한다. 유전자의 정의는 이렇다 : 가닥 중에서 단일 효소를 코드화하고 있는 부분. 한 가닥 안에 AA가 있다는 사실만으로 그 가닥이 두개의 효소를 코드화하는 것은 아니라는 점에 유의

하라. 예를 들면, **CAAG**는 "mvr-del"을 코드화한다. **CAAG**에서 **AA**는 짝수 단위
에서 시작하므로 짝염기로서 읽히지 않는다!

가닥을 읽고 그 가닥 안에 코드화된 효소들을 산출하는 메커니즘을 리보솜
(ribosome)이라고 한다(활자유전학에서는 게임 참여자가 리보솜의 임무를 맡는
다). 리보솜은 효소의 3차 구조에 아무런 책임이 없는데, 그 이유는 일단 1차 구
조가 창출되면 3차 구조가 완전히 결정되기 때문이다. 그건 그렇고, 번역 과정은
항상 **가닥**으로부터 **효소**로 진행하며, 결코 그 역방향으로 진행하지 않는다.

퍼즐 : 활자유전학에서의 자기-증식

이제 활자유전학의 규칙들이 충분히 설정되었다. 당신이 그 게임을 가지고 실험
해보면 재미있다는 것을 발견할지도 모른다. 특히 자기-복제하는 가닥을 고안
해보면 아주 흥미로울 것이다. 이것은 다음과 같이 진행될 것으로 보인다. 가닥
을 하나 적는다. 리보솜이 가닥에 작용해서 가닥 안에 코드화되어 있는 효소 중
일부 또는 모두를 생성한다. 그러고 나면 그 효소들이 원래 가닥과 접촉하고 그
것에 작용할 수 있게 된다. 이를 통해서 "딸 가닥들"이 생성된다. 딸 가닥들이 리
보솜을 통과하면 제2세대 효소를 생성하고 그 효소는 딸 가닥에 작용한다. 그리
고 순환이 계속, 계속 진행된다. 이 과정은 몇 단계이든 얼마든지 진행될 수 있다.
희망은 다음과 같다. 결국에는, 어떤 시점에 존재하는 모든 가닥들 가운데 원본
가닥의 사본 두 개가 발견될 것이다(둘 중 하나가 실은 원본 가닥일 것이다).

활자유전학의 중심원리

활자유전학의 과정들은 다음과 같이 뼈대 형태의 다이어그램으로 표현할 수 있
다(그림 90).

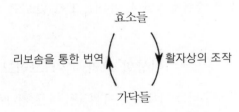

그림 90. "활자유전학의 중심원리" : "뒤
엉킨 계층질서"의 보기.

이 다이어그램은 **활자유전학의 중심원리**를 명확히 보여준다. 그것은 가닥들이 (활자유전자의 코드를 통해서) 어떻게 효소들을 정의하는지 그리고 효소들이 자신을 생겨나게 한 가닥들에 역작용하여 어떻게 새로운 가닥들을 산출하는지 보여준다. 따라서 왼쪽 화살표는, 효소가 가닥의 번역이고, 단지 형태만, 특히 활성적인 형태라는 것만 다를 뿐 가닥과 똑같은 정보를 포함하고 있다는 의미에서 어떻게 **기존 정보가 위로 흘러가는지** 묘사한다. 그러나 오른쪽 화살표는 정보가 아래쪽으로 흘러가는 것을 보여주는 것이 아니라, 가닥들 안에 있는 기호들의 이동을 통해서 어떻게 **새로운 정보가 창조되는지** 보여준다.

활자유전학의 효소는 형식체계에서의 추론규칙처럼 기호들 안에 숨어 있을지도 모를 어떤 "의미"도 고려하지 않고 가닥에 있는 기호들을 맹목적으로 지나간다. 그래서 여기에서 층위들의 기이한 혼합이 생긴다. 가닥들은 효소의 작용을 받으므로 한편으로는 (오른쪽 화살표가 나타내는 것처럼) 데이터의 역할을 한다. 또한 가닥들은 데이터에 실행되어야 할 작용들을 지시하므로 다른 한편으로는 (왼쪽 화살표가 나타내는 것처럼) **프로그램**의 역할을 한다. 이것은 물론, 인터프리터와 프로세서로서 작용하는 활자유전학의 참여자들이다. 활자유전학의 "위" 층위와 "아래" 층위를 연결하는 양방향 도로는, 사실상 가닥과 효소 모두 상대방보다 더 높은 곳에 있는 것으로 간주될 수 없음을 보여준다. 이와 대조적으로, MIU 체계의 중심원리는 아래처럼 보일 것이다 :

MIU 체계에는 층위들 사이에 뚜렷한 구별이 있다 : 추론규칙들은 문자열들보다 더 높은 층위에 속한다. 이 점은 TNT 및 다른 모든 형식체계들에서도 비슷하다.

이상한 고리, TNT 그리고 실제의 유전학

그런데 우리는 TNT에서, 층위들이 다른 의미에서 섞여 있는 것을 보았다. 실은

언어와 메타언어의 구별이 붕괴된다 : 즉, 체계에 관한 명제들이 체계 안에 반영
된다. TNT와 TNT의 메타언어 사이의 관계를 보여주는 다이어그램을 만들어 보
면, 분자생물학의 중심원리를 표현하는 다이어그램과 놀랄 정도로 닮은 무엇인
가를 산출할 것이다. 사실 양자를 자세히 비교하는 것이 우리의 목표이다. 그렇
게 하려면 활자유전학과 **진짜** 유전학이 어디에서 일치하고 어디에서 다른지 보
여줄 필요가 있다. 물론, 실제의 유전학은 활자유전학보다 훨씬 더 복잡하다.
그러나 독자들이 활자유전학을 이해하면서 얻은 "개념 뼈대"는 진짜 유전학의
미로에서도 매우 쓸모 있는 길잡이가 될 것이다.

DNA와 뉴클레오티드

이제 "가닥들" 사이의 관계부터 논의하고 그리고 DNA를 논의해보자. "DNA"
는 "디옥시리보 핵산(deoxyribonucleic acid)"의 약칭이다. 대부분의 세포의 DNA
는 **세포핵** 안에 자리잡는데, 세포핵은 삼투막으로 보호된 자그마한 영역이다.
군터 스텐트는 지배자로 작용하는 DNA가 있는 세포핵을 세포의 "알현실(謁
見室)"로 규정했다. DNA는 **뉴클레오티드**라고 하는 비교적 단순한 분자들의
긴 사슬들로 이루어졌다. 각 뉴클레오티드는 (1) 인산화합물, (2) 특정 산소원
자 하나가 없는, 그래서 접두어 "deoxy-(산소가 없는)"가 붙은 "디옥시리보오스
(deoxyribose)"라고 하는 당질(糖質 : 디옥시리보오스 당),* (3) **염기**라는 세 가지
성분으로 이루어진다. 한 뉴클레오티드를 다른 뉴클레오티드와 구별시켜주는
것은 염기뿐이다. 따라서 어떤 뉴클레오티드를 특정하는 것은 그것의 염기를 지
정하는 것으로 충분하다. DNA 뉴클레오티드에 나타나는 네 가지 염기 유형은
다음과 같다 :

A : 아데닌(adenine)
G : 구아닌(guanine) } 퓨린

C : 시토신(cytosine)
T : 티민(thymine) } 피리미딘

---

* 원문에는 인산화합물에 특정 산소원자가 결핍되었다고 쓰였는데, '산소원자가 결핍된 것'은 당
  질이다(deoxy-ribose). 내용을 바로잡아 옮겼음을 밝힌다.

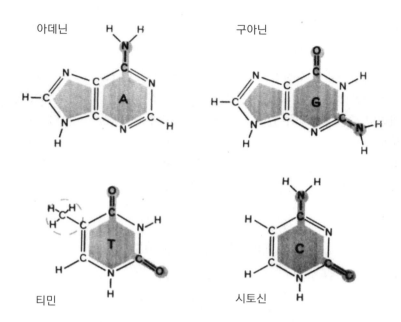

그림 91. DNA의 네 가지 구성 염기 : 아데닌, 구아닌, 티민, 시토신[출전 : 해너월트 및 헤인즈, 『생명의 화학적 토대(*The Chemical Basis of Life*)』, San Francisco, W. H. 프리먼, 1973, 142쪽].

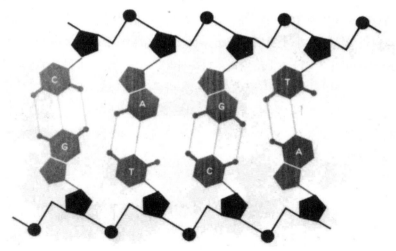

그림 92. DNA 구조는 사다리를 닮았다. 사다리 측면은 디옥시리보오스와 인산염이 교대하면서 이루어져 있다. 가로대는, "A는 T와" 그리고 "G는 C와"라는 특별한 방식으로 짝지어진 염기들로 되어 있고, 각각 둘 또는 세 개의 수소결합으로 서로 붙어 있다[출전 : 해너월트 및 헤인즈, 『생명의 화학적 토대』, San Francisco 1973, 142쪽].

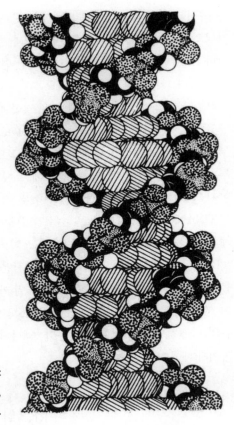

그림 93. DNA 이중가닥의 분자 모델[출전 :
베르논 M. 인그람, 『생합성(*Biosynthesis*)』,
(Menlo Park, Calif.: W. A. 벤저민, 1972), 13쪽].

(그림 91 참조.) 어떤 것이 피리미딘인지 기억하기는 쉽다. "시토신", "티민", "피리
미딘"의 첫 모음이 'y'이기 때문이다. 나중에 RNA를 언급할 때 "우라실(uracil)"이
나오는데, 이것도 피리미딘이기는 하지만 아쉽게도 패턴을 벗어난다(주의 : 실제
의 유전학에서 뉴클레오티드를 나타내는 철자들은 활자유전학에서 쓰였던 것
과 같은 활자체(A, C, G, T)를 쓰지는 않을 것이다).

따라서 DNA의 단일 가닥은 구슬 목걸이처럼 함께 엮인 많은 뉴클레오티드들
로 이루어진다. 뉴클레오티드를 그것의 두 이웃 뉴클레오티드들에 연결시키는
화학적 결합은 매우 강력하다. 이러한 결합을 **공유결합(covalent bond)**이라고 하
고, 그 "구슬 목걸이"는 대개 DNA의 **공유척추(covalent backbone)**라고 한다.

그런데 DNA는 대개 이중가닥으로 나타난다. 즉 뉴클레오티드가 하나씩 하나
씩 짝지어진 두 개의 단일가닥으로 나타난다(그림 92). 가닥들 사이에서 일어나

는 특이한 방식의 짝짓기를 떠맡는 것은 염기들이다. 한 가닥의 각 염기는 다른 가닥의 상보적 염기와 마주 보며 그것과 결합한다. 상보물은 활자유전학에서와 같다 : A는 T와, C는 G와 짝을 이룬다. 언제나 퓨린 하나가 피리미딘 하나와 짝을 이룬다.

척추를 따라 형성된 강력한 공유결합에 비하면, **가닥들 사이의** 결합은 매우 약하다. 그것들은 공유결합이 아니라 **수소결합**(hydrogen bond)이다. 수소결합은 두 개의 분자화합물이 다음과 같은 방식으로 정렬해 있을 때 발생한다. 원래는 두 분자화합물 가운데 어느 한 쪽에 속했던 수소원자가 어느 화합물에 속해야 할지 "혼란에 빠져서" 갈팡질팡하며 두 화합물 사이에서 맴돈다. 이중가닥으로 된 DNA에서 두 개의 가닥은 수소결합에 의해서만 붙어 있기 때문에, 비교적 쉽게 분리되거나 합쳐질 수 있다. 그리고 이 사실이 세포의 작동에 아주 중요하다.

DNA가 이중가닥을 형성하면 두 가닥은 뒤틀리는 포도넝쿨처럼 서로의 주위를 감는다(그림 93). 1회전 당 정확히 열 개의 뉴클레오티드 쌍이 있다. 다시 말해, 개별 뉴클레오티드의 "회전각"은 36도이다. 한 가닥으로 된 DNA는 이런 종류의 나선감기를 보여주지 않는다. 왜냐하면 나선감기는 염기의 쌍-형성의 결과이기 때문이다.

전령 RNA와 리보솜

앞에서 말했듯이, 많은 세포들에서 세포의 지배자인 DNA는 전용 "알현실", 즉 세포핵에 거주한다. 그러나 세포 안에서 이루어지는 대부분의 "생명 활동"은 핵의 바깥, 즉 핵이라는 "전경"에 대해서 "배경"이 되는 **세포질** 속에서 진행된다. 특히 사실상 모든 생명과정을 진행시키는 **효소들**은 세포질 안에 있는 **리보솜**에 의해서 제조되며, 그 임무의 대부분을 세포질 안에서 수행한다. 그리고 바로 활자유전학에서처럼, 모든 효소들에 대한 청사진은 가닥 안에 저장되어 있다. 즉 DNA에 저장되어 있고, DNA는 자신의 작은 핵 주택 속에 보호된 상태로 있다. 그렇다면 효소구조에 대한 정보는 어떻게 핵으로부터 리보솜으로 운반되는가?

여기가 **전령 RNA**(mRNA)가 등장하는 곳이다. 앞에서 mRNA 가닥들은 일종의 DNA 특급택배 서비스라고 익살맞게 표현했다. 이 말은 mRNA가 DNA를 물리적으로 어디든 운반한다는 뜻이 아니라, 핵실에 있는 DNA에 저장된 정보나 메시지를 세포질에 있는 리보솜으로 전해주는 역할을 한다는 뜻이다. 이것은 어떻게 수행되는가? 아이디어는 간단하다 : 핵 내부에 있는 특별한 종류의 효소가 기다란 DNA 염기 배열의 한 구간을 새로운 가닥—즉 전령 RNA 가닥—으로 충실하게 복제한다. 그러면 이 mRNA는 핵을 떠나 세포질 속으로 돌아다닌다. 거기서 mRNA는 많은 리보솜을 만나는데, 리보솜은 mRNA에 작용해 효소를 만드는 일을 시작한다.

DNA가 핵 속에서 mRNA로 복제되는 과정을 전사(轉寫, Transcription)라고 한다. 이 과정에서 이중가닥으로 된 DNA는 일시적으로 두 개의 단일가닥으로 분리되어야 한다. 그중 한 가닥은 mRNA에 대한 틀로 기능한다. 그건 그렇고, "RNA"는 "리보 핵산(ribonucleic acid)"을 뜻하는데, 모든 RNA 뉴클레오티드는 DNA 뉴클레오티드를 구성하는 당*에는 없는 특별한 산소원자를 가진다는 점만 빼면 DNA와 거의 똑같다. 그래서 접두어 "deoxy"가 붙지 않은 것이다. 또한 티민이 아니라 RNA는 우라실 염기를 사용하며, 그래서 'A', 'C', 'G', 'U' 네 철자를 임의로 배열하여 RNA 가닥에 정보를 표현할 수 있다. 이제 mRNA가 DNA에서 전사될 때, 그 전사과정은 (T 대신 U와 짝지어지는 점만 빼면) 통상적인 염기쌍 형성을 통해서 수행된다. 그래서 DNA—틀과 그것의 mRNA—짝은 예를 들면 다음과 같이 보일 것이다 :

DNA : ······CGTAAATCAAGTCA······(틀)
mRNA : ······GCAUUUAGUUCAGU······("사본")

RNA는 자신을 사용하여 긴 이중가닥들을 형성할 수 있지만 보통은 그렇게 하지 않는다. 그러므로 RNA는 DNA를 특징짓는 나선 형태가 아니라, 일반적으로 길고 좀 멋대로 구부러진 가닥으로 발견된다.

일단 mRNA 가닥이 핵을 탈출하면, "리보솜"이라고 하는 낯선 준세포체들과 마주친다. 그러나 리보솜이 mRNA를 어떻게 사용하는지 설명하는 부분으로 넘어가기 전에, 효소와 단백질에 대해서 조금 언급하고 싶다. 효소는 **단백질로** 불리는 일반적인 생체분자 범주에 속한다. 그리고 리보솜의 임무는 효소뿐만 아니라 모든 단백질들을 제조하는 것이다. 효소가 아닌 단백질들은 훨씬 소극적인

---

* 원문은 인산화합물이라고 되어 있는데 잘못된 것이다.

종류의 물질이다. 단백질들 가운데 상당수는 예를 들면 **구조적** 분자들인데, 이
것은 그것들이 건물의 대들보와 보 등과 같다는 말이다. 즉 세포의 각 부분들
을 지지한다. 그밖에 다른 종류의 단백질들이 있지만, 우리의 목적상 주요한 단
백질은 효소이기 때문에, 이하에서는 이 둘을 명확히 구별하지는 않겠다.

아미노산

단백질은 아미노산들의 배열로 이루어지는데, 스무 가지의 기본 종류가 있다. 이
것들은 제각기 세 철자로 된 약칭을 가진다.

ala	—	알라닌(alanine)
arg	—	아르기닌(arginine)
asn	—	아스파라긴(asparagine)
asp	—	아스파르트산(aspartic acid)
cys	—	시스테인(cysteine)
gln	—	글루타민(glutamine)
glu	—	글루탐산(glutamic acid)
gly	—	글리신(glycine)
his	—	히스티딘(histidine)
ile	—	이소류신(isoleucine)
leu	—	류신(leucine)
lys	—	리신(lysine)
met	—	메티오닌(methionine)
phe	—	페닐알라닌(phenylalanine)
pro	—	프롤린(proline)
ser	—	세린(serine)
thr	—	트레오닌(threonine)
trp	—	트립토판(tryptophan)
tyr	—	티로신(tyrosine)
val	—	발린(valine)

활자유전학과는 개수가 약간 다르다는 점에 유의하라. 활자유전학에서는 효소를 구성하는 "아미노산"이 열다섯 개 뿐이었다. 아미노산은 뉴클레오티드와 복잡성이 거의 같은 작은 분자이다. 그렇기 때문에 단백질과 핵산(DNA, RNA)을 구성하는 기본 건축 재료는 크기가 거의 같다. 그러나 단백질은 구성요소 배열이 훨씬 더 짧다. 즉 전형적으로, 약 300개의 아미노산으로 완전한 단백질을 만든다. 이에 비해 DNA 가닥은 수십만 개 또는 수백만 개의 뉴클레오티드들로 구성될 수 있다.

리보솜과 녹음기

이제 mRNA 가닥이 세포질로 탈출한 다음에 리보솜과 만나면, 번역으로 불리는 매우 복잡하고 아름다운 과정이 진행된다. 생명 전체의 핵심에 이 번역과정이 있으며, 그것과 관련해서 모르는 것이 많다고 말할 수 있다. 그러나 본질적으로 번역과정은 기술하기가 쉽다. 일단 생생한 이미지를 부여하고, 그것을 더 정밀하게 만들어보자. mRNA가 기다란 녹음용 자기(磁氣) 테이프와 같고 리보솜은 녹음기와 같은 것이라고 상상하자. 자기 테이프가 녹음기의 재생 헤드를 지나가면 "읽혀져서" 음악이나 다른 소리로 변환된다. 이렇게 해서 자기 패턴이 음표로 "번역된다." 이와 비슷하게 mRNA라는 "테이프"가 리보솜의 "재생 헤드"를 지나갈 때 만들어지는 "음표"가 아미노산이며, 아미노산이 만드는 "음악작품"이 단백질이다. 이것이 그림 96에 그려진 번역과정의 전모이다.

유전자 코드

그러나 리보솜이 뉴클레오티드 사슬을 읽고 있을 때, 리보솜은 어떻게 아미노산 사슬을 생산할 수 있는가? 이 미스터리를 1960년대 초반에 수많은 사람들이 노력해서 규명했는데, 해답의 핵심에 유전자 코드가 있다. 즉 DNA의 뉴클레오티드 세 개가 아미노산으로 대응하는 것이다(그림 94). 이것은 활자유전자 코드와 내용이 극히 비슷하다. 다만 유전자 코드에서는 세 개의 연속된 염기들(또는 뉴클레오티드들)이 한 개의 코돈을 형성하지만, 활자유전자 코드에서는 두 개의 연속 염기만 필요했다는 점이 다르다. 따라서 유전자 코드의 표에는 16개가 아니

유전자 코드

	U	C	A	G	
	phe	ser	tyr	cys	U
U	phe	ser	tyr	cys	C
	leu	ser	*punc.*	*punc.*	A
	leu	ser	*punc.*	trp	G
	leu	pro	his	arg	U
C	leu	pro	his	arg	C
	leu	pro	gln	arg	A
	leu	pro	gln	arg	G
	ile	thr	asn	ser	U
A	ile	thr	asn	ser	C
	ile	thr	lys	arg	A
	met	thr	lys	arg	G
	val	ala	asp	gly	U
G	val	ala	asp	gly	C
	val	ala	glu	gly	A
	val	ala	glu	gly	G

그림 94. 유전자 코드. 이것에 의해서 mRNA 가닥의 개별 트리플렛(triplet, 세 자리 코드)은 스무 개의 아미노산 가운데 하나(또는 구두점)를 코드화한다.

라 4×4×4(=64)개의 기재되어야 한다. 닥에서 한 번에 세 드를 클릭한다. 즉 그리고 그렇게 할 재 만들고 있는 단 노산 하나를 덧붙

CUA GAU
Cu Ag Au
mRNA의 전형적인 절편은 일단 두 개의 트리플렛(세 자리 코드 : 위)로서 해석되고, 다음에는 세 개의 쌍들(두 자리 코드 : 아래)로서 해석된다 : 이를테면 생화학에서 일어나는 헤미올리아(hemiolia)*의 사례이다.

서로 다른 항목들이 리보솜은 RNA 가 개씩의 뉴클레오티 한 번에 한 코돈씩. 때마다 리보솜이 현 백질에 새로운 아미 인다. 이렇게 아미노

산이 하나씩 하나씩 붙어서 단백질이 리보솜으로부터 제조되어 나온다.

---

* 쇼팽은 6/8박자 미뉴에트와 3/4박자 왈츠를 수시로 섞는 헤미올리아 기법을 즐겨 썼다.

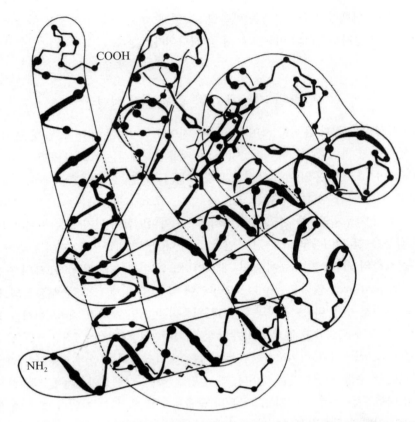

그림 95. 고해상도 엑스 선 촬영 데이터에서 추정된 미오글로빈의 구조. 커다란 "꽈배기 파이프" 모양의 형체가 3차 구조이다. 내부의 미세한 나선—"알파 나선(alpha helix)"—이 2차 구조이다 [출전 : A. 레닌저, 『생화학(*Biochemistry*)』].

3차 구조

그러나 단백질이 리보솜으로부터 생겨날 때, 갈수록 길어질 뿐만 아니라 지속적으로 접히면서 기이한 3차원 형상이 된다. 이것은 "뱀"이라고 불리는 조그만 불놀이 막대가 불이 붙으면 점점 길어지면서 동시에 뒤틀리는 방식과 비슷하다. 이같은 환상적인 형상을 단백질의 **3차 구조**라고 하고(그림 95), 반면에 아미노산 배열 자체는 단백질의 **1차 구조**라고 한다. 3차 구조는, 활자유전학에서처럼, 1차 구조에 암시되어 있다. 그러나 1차 구조만 알고, 3차 구조를 도출하는 방안은 활자유전학에서 제시된 방안보다 훨씬 더 복잡하다. 사실, 1차 구조만 알려진 경우에 단백질의 3차 구조를 예측할 수 있게 하는 몇몇 규칙들을 규명하는 것은 현대 분자생물학의 미해결 문제 중 하나이다.

단백질 기능에 대한 환원론적 설명

활자유전학과 진짜 유전학 사이의 또다른 차이는—이것이 아마 모든 것 중에서 가장 심각한 차이일 것이다—이것이다 : 활자유전학에서는 효소의 개별 성분 아미노산이 "효소 작용의 어떤 특정 부분"을 떠맡는 반면, 실제의 효소에서는 개별 아미노산이 그런 명확한 역할을 맡을 수 없다. 효소가 기능하는 모드를 결정하는 것은 **전체로서의 3차 구조**이다. 따라서 "이 아미노산이 있기 때문에 이러이러한 작용을 할 것이다"라고는 전혀 말할 수 없다. 달리 말하면, 실제의 유전학에서는 효소의 전반적인 기능에 대한 개별 아미노산의 기여가 "맥락으로부터 자유롭지(context-free)" 않다는 것이다. 그러나 이 사실이 "전체[효소]는 부분들의 합으로 설명될 수 없다"는 취지의 반(反)환원론적 논거의 무기로 해석되어서는 안 된다. 그렇게 해석하면 전적으로 부당할 것이다. 정당한 것은 "각 아미노산은 공존하고 있는 다른 아미노산들과는 독립적인 방식으로 총합에 기여한다"라는 더 단순한 주장을 거부하는 것이다. 다른 말로 하면, 단백질의 기능은 맥락으로부터 자유로운 부분들의 기능으로부터 구축된다고 생각할 수 없다. 오히려 부분들이 어떻게 상호작용하는지 생각해야만 한다. 단백질의 1차 구조를 입력받아서, 먼저 3차 구조를 결정하고, 그 다음에 효소의 기능을 결정하는 컴퓨터 프로그램을 작성하는 것은 원리상으로 여전히 가능하다. 이것은 단백질의 작동에 대한 전적으로 환원론적인 설명이 될 것이다. 그러나 부분들의 "총합"을 결정하는 것은 고도로 복잡한 알고리듬을 요구할 것이다. 효소의 1차 **구조** 또는 심지어 3차 **구조**가 주어지더라도, 효소의 **기능**을 밝혀내는 것은 현대 분자생물학의 또다른 커다란 문제이다.

　아마 방금 했던 분석에서는, 전체 효소의 기능은 맥락과 무관하게 부분들의 기능으로부터 구축된다고 간주할 수 있다. 그러나 거기에서 부분들이란, 이제는 아미노산 같은 "덩어리"가 아니라 전자나 양성자 같은 개별 입자(粒子)들로 간주된다. 이것은 "환원론자의 딜레마"를 보여주는 전형적인 예이다 : 즉 모든 것을 **맥락으로부터-자유로운** 총합으로 설명하려면 물리학 층위로 내려가야 한다.

그러나 그렇게 되면 입자들의 개수가 어마어마하게 많아져서, 설명이라는 것이 "원리상"이라는 종류의 이론적인 일이 될 뿐이다. 그래서 우리는 맥락-의존적인 총합에 만족할 수밖에 없는데, 두 가지 단점이 있다. 첫째는 부분들이 훨씬 더 큰 단위들이며 그것들의 거동은 높은 층위에서만, 따라서 불확정적으로만, 기술할 수 있다는 점이다. 둘째는 "총합"이라는 낱말이 가지고 있는 함의인데, 그것은 각 부분이 단순한 기능을 할당받을 수 있고 전체의 기능은 그런 개별 기능들을 맥락으로부터 벗어나서 더한 합이라는 인상을 준다. 효소의 아미노산이 효소를 구성하는 부분들로서 주어진 경우, 효소의 전체 기능을 설명하려고 할 때, 맥락 의존적인 합은 수행될 수 없다. 이것은 좋든 싫든 복잡계를 설명할 때 일어나는 일반 현상이다. 부분들이 어떻게 상호작용하는지에 대해서 직관적이고도 감당할 수 있는 이해를 얻기 위해서는, 한마디로 말해 전진하기 위해서는, 미시적이고 맥락으로부터 자유로운 그림이 산출한 엄밀함을, 그저 감당할 수 없다는 이유 때문에, 종종 희생해야만 한다. 그러나 사람들은 그 순간에도 이런 설명이 원리상 존재한다는 믿음마저 희생하지는 않는다.

tRNA와 리보솜

리보솜과 RNA 그리고 단백질 이야기로 다시 돌아와보자. 우리는 DNA의 전령, 즉 RNA에 의해서 DNA "알현실"로부터 운반된 청사진에 따라 리보솜이 단백질을 만들었다고 진술했다. 이것은 리보솜이 코돈의 언어로부터 아미노산의 언어로 번역할 수 있다는 뜻인 것 같은데, 이는 리보솜이 유전자 코드를 "알고 있다"라고 말하는 것과 같다. 그러나 그만한 양의 정보는 리보솜 안에 없다. 그러면 리보솜이 어떻게 단백질을 만들어내는가? 유전자 코드는 어디에 저장되어 있는가? 기묘한 사실은 유전자 코드가 DNA 자체—여기 아니면 어디에?—에 저장되었다는 점이다. 이것은 분명히 설명이 필요하다.

총체적인 설명은 잠시 접어두고 부분적인 설명부터 해보자. 세포질 속에는 어느 때이건 네 잎 클로버 모양을 한 많은 분자들이 떠다니고 있다. 한쪽 잎에는 아미노산이 느슨하게 (즉, 수소결합으로) 연결되어 있고, 반대편 잎에는 안티코돈이라고 하는 뉴클레오티드 트리플렛이 달려 있다. 우리의 목적상, 나머지 두 잎들은 중요하지 않다. 리보솜이 단백질을 생산하는 데에 이 "클로버들"을 어떻

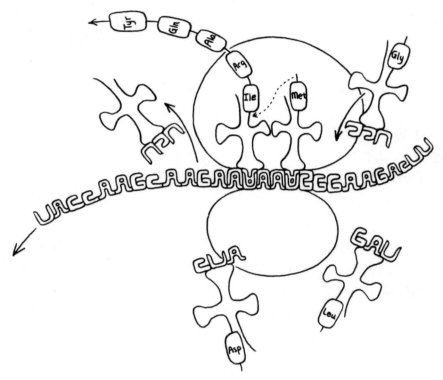

그림 96. mRNA의 절편 하나가 리보솜을 통과한다. 그 근처에는 리보솜에 의해서 깎여나가고 증식 중인 단백질에 달라붙는 아미노산을 운반하는 tRNA 분자들이 떠다니고 있다. 유전자 코드는 tRNA 분자들 안에 대량 포함되어 있다. 이때 염기접합(A-U, C-G)이 다이어그램에서 서로 맞물린 철자의 형태로 표현되는 방식에 주목하라[그림 : 스콧 E. 킴].

게 사용하는지 살펴보자. mRNA의 새로운 코돈이 리보솜 "재생 헤드"의 정위치에 들어서면, 그 리보솜은 세포질 속을 뻗어 나가 클로버에 달라붙는데, 그 클로버의 안티코돈은 mRNA 코돈과 상보적이다. 그러고 나면 리보솜은 클로버의 아미노산을 떼어낼 수 있는 위치로 클로버를 끌어당겨 아미노산을 떼어내 성장 중인 단백질에 공유결합시킨다(그건 그렇고, 단백질 안에서 아미노산과 이웃 아미노산의 결합은 매우 강력한 공유결합으로, "펩티드 결합[peptide bond]"으로 불린다. 이런 이유에서 단백질은 종종 "폴리펩티드"로 불린다). 물론 "클로버들"이 적절한 아미노산들을 운반하는 것이 우연한 일은 아니다. 왜냐하면 그 클로버들은 모두 "알현실"에서 나오는 정확한 명령에 의해서 만들어졌기 때문이다.

이런 클로버의 실제 이름이 운반 RNA(transfer RNA=tRNA)이다. tRNA 분자는 아주 작은 단백질 정도의 크기이며 약 80개의 뉴클레오티드들의 사슬로 이루어졌다. mRNA와 분자들과 마찬가지로 tRNA 분자들도 장대한 세포 틀인 DNA로부터 전사되어 만들어진다. 그러나 아주 긴 사슬 속에 수 천 개의 뉴클레오티드들을 포함하고 있는 거대한 mRNA 분자들에 비하면, tRNA 분자들은 아주 작다. 또한, tRNA 분자들은 (mRNA의 가닥들과 달리) 자신의 1차 구조에 의해서 결정된 고정적이고 명확한 3차 구조를 가진다는 측면에서 단백질과 닮았다. tRNA 분자의 3차 구조 덕분에 정확히 하나의 아미노산이 tRNA 분자의 아미노산 자리에 결합할 수 있다. 분명히 이것은 반대편 팔에 있는 안티코돈에 의해서 유전자 코드의 명령을 따라 지시된 것이다. tRNA 분자들의 기능에 대한 생생한 이미지는 동시통역사 주위에 있는 구름 속을 떠돌아다니는 "암기용 단어 카드"이다. 통역사는 낱말 하나를 번역할 필요가 있을 때마다 공중에서 변함없이 올바른 낱말을 낚아챈다. 이 경우 통역사는 리보솜이고 낱말은 코돈이며, 코돈을 번역한 것이 아미노산이다.

DNA의 내부 메시지가 리보솜에 의해서 해독되려면, tRNA 단어 카드가 세포질 주위를 떠다니고 있어야 한다. 어떤 의미에서 tRNA들은 DNA의 외부 메시지의 정수(精髓)를 포함한다. 왜냐하면 그것들이 번역과정의 열쇠이기 때문이다. 그러나 tRNA 자체는 DNA에서 생겨났다. 이렇게 해서 외부 메시지가 내부 메시지의 일부가 되려고 하고 있다. 이것은 병 속에 있는 메시지가 자신이 어떤 언어로 쓰였는지 알리는 것을 생각나게 한다. 당연히, 이러한 시도는 그 어떤 것도 완전히 성공적일 수 없다. 즉, DNA가 자신의 신발끈을 당겨 스스로를 끌어올릴 방법이 없기 때문이다. DNA의 마스터카피*에서 tRNA 분자들을 전사하는 효소를 제조하려면, 유전자 코드에 대한 일정한 양의 정보가 그 세포 안에 이미 들어 있어야 한다. 그런데 이 지식은 앞서 제조된 tRNA 분자들 속에 들어 있다. 모든 외부 메시지의 필요성을 전부 배제하려는 이 시도는 에셔의 용과 같다. 그 용은 자신을 구속하는 2차원 세계의 맥락 속에서 3차원이 되기 위해서 죽어라 기를 쓴다. 용은 성공한 듯이 보인다. 그러나 용은 3차원을 섬세하게 모방함에도 불구하고 물론 성공하지 못한다.

---

* master copy=모든 사본을 만드는 데에 쓰이는 바탕 원본.

구두점과 해독 프레임

리보솜은 단백질이 다 만들어진 것을 어떻게 아는가? 활자유전학에서와 똑같이, 단백질 합성의 종료나 개시를 나타내는 신호가 mRNA 안에 있다. 실제로, UAA, UAG, UGA라는 세 개의 특별한 코돈이 아미노산을 코드화하는 것이 아니고 **구두점**으로 작용한다. 이러한 트리플렛이 리보솜의 "재생 헤드"를 스칠 때마다, 리보솜은 제조 중이던 단백질을 방출하고 새로운 단백질을 만들기 시작한다.

최근에, 가장 작은 것으로 알려진 바이러스 ØX174의 전체 게놈(genome)이 밝혀졌다. 도중에 전혀 뜻밖의 발견이 있었는데, 그 바이러스의 아홉 개의 유전자들 가운데 몇 개가 중첩된다는 사실이다. 즉 두 개의 상이한 단백질이 DNA의 같은 구간에 의해서 **코드화되었다!** 심지어 어느 한 유전자는 다른 유전자 안에 통째로 포함되었다! 이것은 두 유전자를 서로에 대해서 정확히 한 단위씩 어긋나게 해독하는 프레임을 가짐으로써 성취된다. 이러한 도식으로 꾸려진 정보 밀도는 믿을 수 없을 정도이다. "음정 확대에 의한 카논"에서 아킬레스의 운세 과자 속에 적힌 기묘한 "5/17 하이쿠(排句)"는 이것에 영감을 받은 것이다.

요약

간단히 말해서 이런 그림이 나타난다 : DNA는 자신이 거주하는 중앙 옥좌로부터, 전령 RNA의 긴 가닥을 세포질 속의 리보솜으로 보낸다. 그러면 리보솜은 자신의 주위를 떠다니는 tRNA의 "단어 카드"를 사용해서, mRNA에 포함된 청사진에 따라, 아미노산을 하나씩 하나씩 연결하여 단백질을 효과적으로 구성한다. 단백질의 1차 구조만이 DNA에 의해서 지시되지만 이것으로 충분하다. 왜냐하면 단백질은 리보솜으로부터 발생해 나올 때 "마법처럼" 복잡한 형태로 접혀 강력한 화학 기계로서 작용하는 능력을 가지기 때문이다.

단백질과 음악에서의 구조와 의미의 층위

우리는 리보솜을 녹음기로, mRNA를 테이프로 그리고 단백질을 음악으로 비유한 이미지를 사용해왔다. 이런 비유는 자의적으로 보일지 모르겠지만 그래

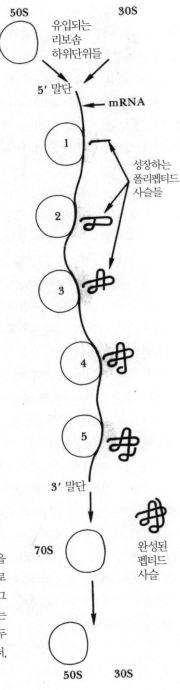

그림 97. 폴리리보솜. mRNA의 단일가닥은 리보솜을 차례로 통과한다. 마치 하나의 녹음 테이프가 일렬로 늘어선 여러 대의 녹음기들을 통과하는 것과 같다. 그 결과는 여러 단계를 거치면서 완성을 향해서 성장하는 단백질들이다 : 이것은 녹음기들에 의해서 시차를 두고 생성되는 음악 카논과 비슷하다[출전 : A. 레닌저, 『생화학』]

도 아주 멋진 유사성을 보여준다. 음악은 음표들의 단순한 선형적 배열이 아니다. 우리의 마음은 음악작품을 그것보다 훨씬 높은 층위에서 지각한다. 우리는 음표들을 악구로 덩이 짓고 악구를 선율로 그리고 선율을 악장으로 나아가 악장을 작품 전체로 덩이 짓는다. 이와 비슷하게, 단백질들은 덩이진 단위로서 작용할 경우에만 유의미하다. 1차 구조는 창출되어야 할 3차 구조에 대한 모든 정보를 지니고 있지만, 여전히 뭔가 부족한 "느낌"이다. 왜냐하면 1차 구조의 잠재력은 3차 구조가 실제로 물리적으로 창출된 경우에만 실현되기 때문이다.

그건 그렇고, 우리는 1차 구조와 3차 구조에 대해서만 언급해왔는데, 당신은 2차 구조에는 도대체 무슨 일이 있었는지 궁금할 것이다. 실은 2차 구조는 4차 구조가 존재하는 것처럼 또한 존재한다. 단백질의 접힘은 하나 이상의 층위에서 일어난다. 특히 아미노산 사슬을 따라 어떤 지점들에서, 알파 나선(alpha helix)이라고 하는 일종의 나선이 형성되는 경향이 있을 것이다(알파 나선을 DNA 이중나선과 혼동하지 말기를 바란다). 단백질의 이 나선형 꽈배기는 단백질의 3차 구조보다 낮은 층위에 있다. 이 구조 층위를 그림 95에서 볼 수 있다. 4차 구조는 독립적인 악장들로, 음악작품을 구축하는 것과 곧바로 비교될 수 있다. 왜냐하면 4차 구조는 이미 충분히 완성된 3차의 아름다움을 갖춘 다른 폴리펩티드들을 여러 개 조합해서 더 큰 구조로 만드는 일에 관여하기 때문이다. 이런 독립적인 사슬들의 결합은 공유결합이 아니라 대체로 수소결합에 의해서 완수된다. 이것은 물론 여러 악장들로—각 악장들은 제각기 내부에서 결합된 것보다는 서로 간에 훨씬 느슨하게 결합되어 있다—구성된 음악작품의 경우와 같지만 그림에도 불구하고 긴밀한 "유기적" 전체를 형성한다.

1차, 2차, 3차 및 4차 구조라는 네 개의 층위는 "전주곡, 개미 푸가"에 있는 MU-그림의 네 개의 층위들(그림 60)에도 비교될 수 있다. 철자 'M'과 'U'로 이루어진 전체 구조가 그것의 4차 구조이다. 그 두 부분은 제각기 "HOLISM"과 "REDUCTIONISM"으로 이루어져 있고 3차 구조를 가진다. 그리고 반대말이 2차 층위에 존재하고, 맨 아래에서, 1차 구조는 또다시 "MU"라는 낱말이며, 그런 식으로 계속 반복된다.

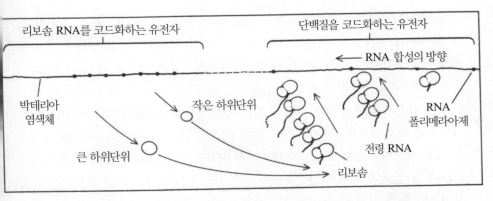

그림 98. 여기에서는 도식이 훨씬 복잡하다. 단일 DNA 가닥에서 전사되어 발생하는 한 가닥이 아닌 여러 mRNA 가닥들에 폴리리보솜이 작용한다. 그 결과가 2층으로 배열된 분자 카논이다 [출전 : 해너월트 및 헤인즈, 『생명의 화학적 토대』, 271쪽].

폴리리보솜과 2층 카논

이제 우리는 녹음 테이프를 음악으로 번역하는 녹음기와 mRNA를 단백질로 번역하는 리보솜 사이의 또다른 매력적인 평행관계를 보게 된다. 균일한 간격으로 늘어서 있는 여러 대의 녹음기를 상상하자. 그 배열을 "다중 녹음기"로 부를 수도 있을 것이다. 이제 녹음 테이프 하나가 모든 구성 녹음기들의 재생 헤드를 연속해서 통과한다고 상상하자. 그 테이프가 단 하나의 긴 선율을 포함한다면, 그 출력은 다성(多聲) 카논이 될 것이다. 물론 테이프가 한 녹음기에서 그 다음 녹음기에 도달하는 데에 걸리는 시간에 의해서 결정되는 지연이 있다. 세포들 안에도 그런 "분자 카논들"이 실제로 존재하는데, 거기에서 다수의 리보솜들이 긴 줄로 늘어서서 **폴리리보솜**을 형성하고서는, 모두 같은 mRNA 가닥을 시차를 두고 "연주해서" 같은 단백질을 생산한다(그림 97 참조).

  이뿐 아니라 자연은 더한 일도 해낸다. mRNA가 DNA로부터 전사되어 만들어진다는 것을 상기해보자. 이 과정을 담당하는 효소들을 RNA 폴리메라아제라고 한다("-아제[-ase]"란 효소를 일컫는 일반접미어이다). 종종 일련의 RNA 폴리메라아제가 단일 DNA 가닥에 대해서 **병행해서** 작용할 것이다. 그 결과 여러 개의 별도의 (그러나 같은) mRNA 가닥들이 생성되는데, 이때 DNA가 한 RNA 폴리메라아제로부터 그 다음 폴리메라아제로 미끄러져 가는 데에 필요한 시간에 의해서 mRNA 가닥들간에 시차가 생긴다. 이와 동시에, 나란히 발생하는 각각의 mRNA에 대해서 작용하는 서로 다른 여러 개의 리보솜들이 있을 수 있다. 그 결과 이중 덮개 또는 2층으로 배열된 "분자 카논"(그림 98)에 도달한다. 음악에서 이에 상응하는 이미지는 꽤 공상적이지만 재미있는 다음과 같은 시나리오이다. 여러 명의 사보자(寫譜者)들이 동시에 작업한다. 그들 각자는 같은 원본 악보를, 플루트 연주자들이 읽을 수 없는 음자리표에서 그들이 읽을 수 있는 음자리표로 옮겨 적는다. 각 사보자가 원본 악보의 한 쪽을 다 옮겨 적으면 그것을 다음 사보자에게 넘겨주고 자신은 다시 새로운 쪽을 옮겨 적기 시작한다. 그러는 동안 일군의 플루트 연주자들은 여러 사보자들의 펜을 거쳐 만들어진 각각의 악보들을 보고 선율을 읽고 연주하고 있다. 이때 각 플루트 연주자가 같은 악보를 읽고 있는 다른 연주자들에게서 악보를 받을 때까지 시간 지연이 발생한다. 이렇게 대충 그려본 이미지만으로도, 당신의 몸속의 모든 개별 세포에서 매일 매 순간 일어나는 과정들이 얼마나 복잡한지 상상할 수 있다.

무엇이 먼저인가—리보솜인가 아니면 단백질인가?

우리는 리보솜이라고 하는 이 놀라운 소기관에 대해서 얘기해왔는데, 그것들 자체는 무엇으로 이루어졌는가? 또 어떻게 만들어지는가? 리보솜은 두 가지 유형의 물질, 즉 (1) 다양한 단백질–군 및 (2) 리보솜 RNA(rRNA)로 불리는 또다른 종류의 RNA로 이루어졌다. 따라서 리보솜을 만들려면 어떤 종류의 단백질들과 rRNA가 있어야 한다. 말할 것도 없이 단백질이 존재하려면 그것을 만들 리보솜이 있어야만 한다. 그런데 이 악순환을 어떻게 돌파해나갈 것인가? 어떤 것이 먼저인가—리보솜인가 단백질인가? 어떤 것이 어떤 것을 만드는가? 물론 답은 없다. 왜냐하면 우리는—달걀이 먼저냐 닭이 먼저냐를 묻는 질문처럼—영원 무궁토록 언제나 같은 부류의 이전 사물로 거슬러 갈 수 있기 때문이다. 어쨌든 리보솜은 큰 것과 작은 조각인 두 조각으로 이루어지는데, 각 조각은 약간의 rRNA와 약간의 단백질을 포함한다. 리보솜은 대략 커다란 단백질 정도의 크기이다. 리보솜은 mRNA 가닥을 입력으로 취하고 그것을 따라 움직이는데, 크기는 mRNA보다 아주아주 작다.

단백질 기능

우리는 단백질, 특히 효소의 구조에 대해서 약간 언급했다. 그러나 단백질이 세포 속에서 수행하는 임무의 종류나 수행방식에 대해서는 제대로 언급하지 않았다. 모든 효소들은 **촉매**이다. 이것은 효소가, 효소 없이는 결코 일어날 수 없을 일을 일어나게 하기 보다는, 어떤 의미에서, 세포 안에서 다양한 화학적 과정들을 **선택적으로 가속하는** 그 이상을 하는 것이 아님을 뜻한다. 효소는 무수한 잠재적 가능성들 가운데 일정한 경로들만 실현한다. 그러므로 세포 내의 어떤 과정도 촉매의 도움 없이 자연히 일어날 확률이 이론적으로는 0이 아님에도 불구하고, 어떤 효소가 있게 할 것인가를 선택하는 일은 무엇이 일어나야 하고 무엇은 일어나서는 안 될 지를 선택하는 일이 된다.

그러면 이제 효소들은 세포분자에 어떻게 작용하는가? 앞에서 말했듯이, 효소들은 접혀진 폴리펩티드 사슬들이다. 모든 효소에, 갈라진 틈, 주머니, 또는 그 밖의 명확히 정의된 표면 특성이 있어서, 그곳에서 효소는 다른 종류의 분자와 결합한다. 이 장소를 **활성부위**(active site)라고 하며, 그곳에 결합하는 모든 분자를 **기질**(基質, substrate)이라고 한다. 효소들은 하나 이상의 활성부위와 하나 이상의 기질을 가지고 있을 수도 있다. 활자유전학에서처럼, 효소들은 자신이 작용하려는 대상에 대한 선호가 대단히 강하다. 활성부위는, 때로는 미끼에 걸리는 일도 있지만, 보통은 특이성이 있어서 한 가지 종류의 분자만 거기에 결합하도록 허용한다. "미끼"는 다른 분자인데, 활성부위에 들어맞아서 그것을 틀어막아 효소를 기만하고 사실상 효소를 비활성화시킨다.

일단 효소와 그 기질이 서로 결합하면 전하(電荷) 불균형이 일어나는데, 그 결과 전자와 양성자의 형태로 된 전하가 결합된 분자들 주위를 흐르면서 전하 불균형을 조정한다. 전하 균형에 도달했을 때에는 그 기질에 상당히 심각한 화학적 변화가 일어났을 것이다. 그런 변화의 몇몇 사례를 들어보자 : 어떤 표준적인 작은 분자가 뉴클레오티드, 아미노산 또는 다른 흔한 세포 분자에 들러붙는 "접합"이 일어났을 수가 있다. DNA 가닥이 특정한 지점에서 "절단될" 수도 있다. 분자 몇 조각이 잘려나갔을 수도 있다. 등등. 사실 생체-효소들은 활자-효소들이 수행하는 활자상의 조작과 비슷한 조작을 분자들에서 수행한다. 그러나 대부분의 효소들은 일련의 과제들이 아니라 본질적으로 단 하나의 과제만 수행한다. 활자-효소와 생체-효소 사이에 다른 현격한 차이가 있다 : 활자-효소들은 가닥들에 대해서만 작용하는 반면, 생체-효소들은 DNA, RNA는 물론 여타의 단백질, 리보솜, 세포막 등, 단적으로 세포 안에 있는 모든 것에 작용할 수 있다. 다른 말로 하자면 : 효소들은 세포 안의 만사를 도맡는 보편 메커니즘이다. 모든 것을 연결하고 따로 떼어놓으며 수정하고, 활성화시키거나 비활성화시키며, 복제하거나 수리하며, 경우에 따라 파괴하는 임무를 수행하는 효소들도 있다.

세포 안에서 진행되는 가장 복잡한 과정들 일부에 "연쇄반응"*이 관여한다. 연쇄반응은 먼저 어떤 유형의 단일 분자가 일정한 유형의 효소의 생산을 촉발하는 것으로 시작한다. 효소 제조과정이 시작되며, "조립 라인"으로부터 나온 효소들은 새로운 화학적 경로를 열어서 두 번째 종류의 효소가 생산되도록 한다. 이런 종류의 일이 세 단계나 네 단계에 걸쳐서 진행될 수 있는데, 새로 생산된 유형의 효소가 다른 유형의 효소 생산을 촉발한다. 마침내 최종 유형의 효소 사본들이 "소나기"처럼 생산되고 이것들이 모두 나서서 각자의 특수 임무를 수행한다. 그것은 이종(異種) DNA를 분쇄하거나 세포가 매우 "목말라하는" 어떤 아미노산을 만드는 것을 도와주는 일이다.

충분히 강력한 지원체계의 필요성

활자유전학에 제기된 문제, 즉 "어떤 종류의 DNA 가닥이 자신의 복제를 지령할 수 있는가?"에 대해서 자연이 제시하는 해법을 기술해보자 : 분명히 모든 DNA 가닥이 선천적으로 자기-증식인 것은 아니다. 요점은 이렇다 : 자신을 복제할 것을 지령하고 싶어하는 가닥은 어떤 것이든 간에 그 과제를 수행할 수 있는 효소들을 정확하게 조립하기 위한 명령들을 포함해야 한다. 그런데 따로 고립된 DNA 가닥이 자기-증식일 수 있다고 기대하는 것은 헛된 일이다. 왜냐하면 그 잠재적 단백질들이 DNA로부터 추출될 수 있으려면, 리보솜뿐만 아니라 리보솜으로 운반되는 mRNA를 만드는 RNA 폴리메라아제도 있어야 하기 때문이다. 그래서 전사와 번역을 수행할 수 있도록 하는 충분히 강력한 일종의 "최소 지원체계"를 가정하는 일로부터 시작해야만 한다. 이 최소 지원체계는 (1) DNA로부터 mRNA가 만들어지도록 하는, 이를테면 RNA 폴리메라아제 같은 몇몇 단백

---

* Cascade는 폭포나 눈사태처럼 출발 자극이 어떤 자극을 촉발하고 그 다음 자극을 연속 촉발하는 '폭포' 같은 '연쇄 제어 구조'를 뜻하는데, 이 문맥에서는 "연쇄반응"으로 옮겼다.

질과 (2) 몇몇 리보솜으로 이루어질 것이다.

DNA는 어떻게 자기복제를 하는가?

두 문구 "충분히 강력한 지원체계"와 "충분히 강력한 형식체계"가 비슷해 보이는 것은 결코 우연이 아니다. 전자는 자기-증식을 발생시키는 전제조건이며 후자는 자기-지시를 발생시키는 전제조건이다. 사실 두 개의 매우 다른 모습 속에 진행되고 있는 현상이 본질적으로는 하나의 현상이다. 이것을 잠시 후 명시적으로 도식으로 나타낼 것이다. 그러나 그 전에 DNA 가닥이 어떻게 자기-증식일 수 있는지 기술하는 일을 마무리하자.

DNA는 자신을 복제할 일련의 단백질들에 대한 코드를 포함해야 한다. 이제 두 개의 가닥이 상보적인 이중가닥으로 된 DNA를 복제하는 매우 효과적이고도 우아한 방법이 있다. 이것은 두 단계로 이루어진다 :

 (1) 두 가닥을 서로 분리한다.
 (2) 새로운 가닥을 분리된 두 개의 가닥 각각에 "짝지어준다."

이 과정은 원본과 똑같은 두 개의 새로운 DNA 이중가닥을 만들 것이다. 우리의 해결 방안이 이 발상에 바탕을 두고 있다면, 이 두 단계를 수행할 일련의 단백질을 DNA 자체 안에서 코드화해 포함해야 한다.

세포 안에서 이 두 단계들은 조율된 방식으로 같이 실행되며 DNA 엔도뉴클레아제, DNA 폴리메라아제 및 DNA 리가아제라는 세 개의 주요 효소가 필요하다고 알려져 있다. 첫 번째 효소는 "지퍼 열기 효소"로서, 두 원본 가닥들을 짧은 거리만 벌려놓고 중단한다. 뒤이어 다른 두 개의 효소가 등장한다. DNA 폴리메라아제는 기본적으로 복제하라—그리고—이동하라 효소이다. 이것은 활자유전학의 복제 모드를 연상시키는 방식으로, DNA의 짧은 단일 가닥들을 상보적으로 복제하면서 그것들을 따라서 나아간다. DNA 폴리메라아제는 복제하기 위해서, 세포질을 떠다니는 원료—특히 뉴클레오티드—를 이용한다. 그 활동은

---

* unzip은 수소결합으로 서로 붙어 있는 '이중가닥을 마치 지퍼를 열듯이 벌린다'는 의미로 쓰였다. 그래서 '지퍼 열기'로 번역했다.

매번 지퍼 열기와 복제를 하면서 작동과 중단을 되풀이하기 때문에, 짧은 시간 간격이 생기고, 그때 DNA 리가아제가 뉴클레오티드들을 공유결합하는 작업을 한다. 이 과정은 계속해서 되풀이된다. 바로 이 세 개의 정밀 효소기계는 이중가 닥 전체를 모두 벌리고 동시에 복제하여 두 개의 사본이 만들어질 때까지, DNA 분자 가닥을 따라서 작업을 조심스럽게 진행시킨다.

DNA 자기-증식 방법과 콰인화의 비교

DNA 가닥에 대한 효소작용에서, 정보가 DNA 안에 저장되었다는 사실은 별 상 관이 없다는 점에 주목하라. 효소들은 MIU 체계에서의 추론규칙들처럼 그저 그 것들의 기호-조작 기능을 수행하고 있을 뿐이다. 그 세 가지의 효소들에게는, 자신들을 코드화했던 바로 그 유전자들을 어느 시점에서 실제로 복제하고 있다 는 사실은 관심사가 아니다. DNA는, 그 효소들에게는, 별다른 의미도 없고 관 심을 끌지 못하는 틀에 불과하다.

이것을 자신의 사본을 구성하는 방식을 기술하는 콰인 문장의 방법과 비교해 보면 매우 흥미롭다. 콰인 문장에도 일종의 "이중가닥"이 있다 : 즉, 같은 정보를 가지는 두 사본으로, 하나는 지령으로 기능하고 다른 하나는 틀로 기능한다. DNA에서는 그 과정이 콰인화 방법과 아주 비슷한데 모호하다. 왜냐하면 세 개 의 효소(DNA 엔도뉴클레아제, DNA 폴리메라아제, DNA 리가아제)가 두 가닥 중 하나에서만 코드화되었기 때문이다. 그 가닥은 **프로그램**으로 작용하는 반면, 다른 가닥은 그냥 **틀**이다. 그 평행성이 완벽하지는 않은데, 그 이유는 복제가 수 행될 때 하나가 아니라 두 가닥이 모두 틀로 쓰이기 때문이다. 그럼에도 불구하 고 이 유추가 암시하는 바가 매우 많다. 여기에 사용-언급(use-mention) 이분법 에 대한 생화학적 유사체가 있다. 즉, DNA를 그저 복제되어야 할 화학물질의 배열로 다룰 경우, 이것은 활자형 기호들의 언급과 비슷하다. DNA가 어떤 작동 들이 수행되어야 할지를 지령할 경우, 이것은 활자형 기호들의 **사용**과 비슷하다.

DNA의 의미 층위들

DNA 가닥으로부터 읽을 수 있는 의미는, 바라보는 덩어리가 얼마나 큰지 그리고 사용하는 해독장치가 얼마나 강력한지에 따라, 여러 층위가 있다. 가장 아래 층위에서, 각각의 DNA 가닥은 자신과 등가의 RNA 가닥을 코드화한다. 그 해독과정이 바로 **전사(轉寫)**이다. DNA를 트리플렛으로 덩이 지으면, "유전자 해독장치"를 사용하여 DNA를 아미노산 배열로 판독할 수 있다. 이것이 바로 (전사 위에 있는) **번역**이다. 위계상 그 다음 자연스러운 층위에서, DNA는 일련의 단백질을 코드화한 것으로서 판독할 수 있다. 유전자로부터 단백질을 물리적으로 추출하는 것을 **유전자 발현(gene expression)**이라고 한다. 현재로서는 이것이 우리가 DNA의 의미에 관해서 이해하는 최상 층위이다.

그러나 DNA 의미에는 포착하기 어려운 보다 높은 층위가 있는 것이 분명하다. 예를 들면, 인간의 DNA가 코의 형태나 음악적 재능, 반사운동의 빠르기 같은 특성을 코드화한다고 믿을 만한 충분한 근거가 있다. 유전자형으로부터 표현형을 물리적으로 추출하는 **후성발생(後成發生, epigenesis)**이라는 실제의 물리적 과정을 거치지 않고도, 우리가 DNA 가닥으로부터 직접 그런 정보들을 읽어내는 것을 배우는 것이 원리적으로 가능할까? 아마 그럴 수 있을 것 같다. 왜냐하면 우리는 DNA의 복제에 관여하는 모든 세포, 모든 단백질, 모든 미세한 특징을 포함하여 세포의 전체 과정을 하나도 빼지 않고 시뮬레이션하는 믿을 수 없을 만큼 막강한 컴퓨터 프로그램을—이론상으로는—가질 수 있기 때문이다. 그러한 **의사-후성발생(pseudo-epigenesis)** 프로그램의 출력 결과는 표현형에 대한 높은 층위에서의 기술일 것이다.

(극히 희박한) 다른 가능성으로서, 후성발생의 물리적 과정을 동형 시뮬레이션을 하지 **않고** 좀더 간단한 종류의 해독 메커니즘을 발견하여, 유전자형으로부터 표현형을 판독하는 것을 배울 수 있을 것이다. 이것을 "지름길 의사 후성발생"이라고 할 수 있을 것이다. 지름길이든 아니든, 의사 후성발생은 현재로서는 물론 전적으로 우리의 이해 범위 바깥에 있다. 한 가지 주목할 만한 예외로 다음의 경우가 있다 : **펠리스 카투스(Felis catus)*** 종(種)에서, 자세히 들여다본 결과, 유전자형으로부터 표현형을 직접 읽어낼 수 있다는 것이 드러났다. 독자 여러분이 아래에 적힌 **펠리스 카투스** DNA의 전형적인 절편을 직접 검토해보면 이 놀라운 사실을 더 잘 평가할 수 있을 것이다 :

---

* 고양이의 학명.

······CATCATCATCATCATCATCATCATCATCATCAT······

아래에는 해독의 여러 층위들을 부르는 이름과 함께 DNA-판독가능성의 층위들이 요약되어 있다. DNA는 다음과 같은 배열로서 판독할 수 있다 :

(1) 염기(뉴클레오티드) ··전사
(2) 아미노산 ··번역
(3) 단백질(1차 구조) ⎫
(4) 단백질(3차 구조) ⎬ ···유전자 발현
(5) 단백질 덩어리 ····································유전자 발현의 더 높은 층위들
(6) ???
  · ·
  · · ⎫
  · · ⎬ ·······················DNA 의미의 미지의 층위들
  · ·
(N − 1) ???
(N) 물리적인, 정신적인 그리고 심리적인 특성들 ···················· 의사-후성발생

중심원리의 대응*

이를 배경으로 해서, 이제 우리는 모든 세포 과정의 토대가 되는 F. 크릭의 "분자생물학의 중심원리"(.DOGMA I)와, 괴델의 정리의 토대가 되는—내가 시인이 누리는 자유를 발휘하여 표현한—"수리논리학의 중심원리"(.DOGMA II)를 상세히 비교할 수 있는 지점에 이르렀다(그림 99). 한 중심원리를 다른 중심원리에 대응시키는 과정이 그림 99와 이어지는 도표에 있는데, 이것들이 함께 **중심원리의 대응(Central Dogmap)**을 구성한다.

.DOGMA I**   .DOGMA II***

(분자생물학)   (수리논리학)

---

* 원문의 Dogmap은 Dogma(원리)와 mapping(대응)을 합성한 것이다.
** 거꾸로 읽으면 I AM GOD이다.
*** 거꾸로 읽으면 I, I AM GOD이다.

DNA 가닥	←→	TNT 문자열
mRNA 가닥	←→	N의 명제
단백질	←→	메타 TNT의 명제
단백질에 작용하는 단백질	←→	메타 TNT의 명제에 대한 명제
단백질에 작용하는	←→	메타 TNT의 명제에 대한
단백질에 작용하는 단백질		명제에 대한 명제
전사(DNA → RNA)	←→	해석 (TNT→N)
번역	←→	산술화(Arithmetization)
(RNA → 단백질)		(N → 메타-TNT)
프랜시스 크릭	←→	쿠르트 괴델
유전자 코드(임의의 규약)	←→	괴델 코드(임의의 규약)
코돈	←→	코돈
(염기의 트리플렛 코드)		(숫자의 트리플렛 코드)
아미노산	←→	메타-TNT에서 사용된 TNT의
		인용된 기호
자기-증식	←→	자기-지시
자기-증식을 허용하는	←→	자기-지시를 허용하는
충분히 강력한 세포 지원체계		충분히 강력한 산술 형식체계

A와 T(산술화[Arithmetization]와 번역[Translation]) 및 G와 C(괴델[Gödel]과 크릭[Crick])의 염기 짝짓기에 주목하라. 수리논리학이 퓨린 쪽을 맡고, 분자생물학이 피리미딘 쪽을 맡는다.

이 대응의 미학적인 측면을 완성하기 위해서 유전자 코드를 전적으로 충실히 본떠서 괴델 수 매기기의 도식을 만들어보기로 했다. 실제로 다음과 같은 대응에 따라 유전자 코드의 표는 괴델 코드의 표가 된다 :

(홀수) 1 ←→ A (퓨린)

(짝수) 2 ←→ C (피리미딘)

(홀수) 3 ←→ G (퓨린)

(짝수) 6 ←→ U (피리미딘)

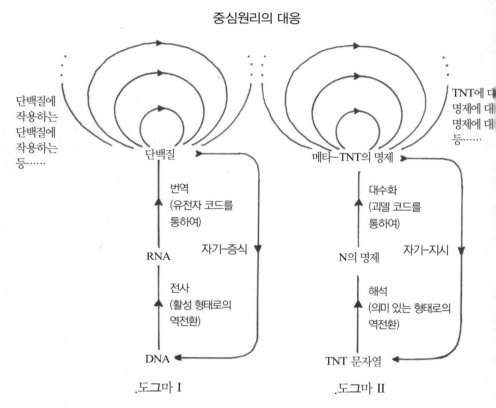

중심원리의 대응

단백질에
작용하는
단백질에
작용하는
등……

단백질

번역
(유전자 코드를
통하여)

RNA   자가-증식

전사
(활성 형태로의
역전환)

DNA

.도그마 I

TNT에 다
명제에 대
명제에 대
등……

메타–TNT의 명제

대수화
(괴델 코드를
통하여)

N의 명제   자가-지시

해석
(의미 있는 형태로의
역전환)

TNT 문자열

.도그마 II

그림 99. 중심원리의 대응. 분자생물학의 뒤엉킨 계층질서와 수리논리학의 뒤엉킨 계층질서 사이
에 유추관계가 성립한다.

아미노산은 20개가 있는데 그 각각은 TNT—20개가 있다—한 개의 기호와 정확
히 대응한다. 이렇게 해서 마침내, 기호가 정확히 20개가 되도록 "간소한 TNT"
를 만들려는 나의 목적이 달성되었다! 괴델 코드가 그림 100에 있다. 그것을 유
전자 코드(그림 94)와 비교해보라.

　금세기에 달성된 난해하지만 근본적인 이 두 가지 지식의 진보가 이런 추상적
구조를 심층에서 공유하고 있음을 보면 거의 신비함마저 느낀다. 이 중심원리의
대응은 두 이론의 동일성에 대한 엄밀한 증명은 결코 아니지만, 더 깊이 탐구할
만한 가치가 있는 깊은 친족관계를 뚜렷이 보여준다.

괴델 코드

	6	2	1	3	
6	0	∀	∨	:	6
	0	∀	∨	:	2
	a	∀	*punc.*	*punc.*	1
	a	∀	*punc.*	⊃	3
2	a	~	<	·	6
	a	~	<	·	2
	a	~	>	·	1
	a	~	>	·	3
1	∧	S	+	∀	6
	∧	S	+	∀	2
	∧	S	=	·	1
	′	S	=	·	3
3	(	)	[	∃	6
	(	)	[	∃	2
	(	)	]	∃	1
	(	)	]	∃	3

그림 100. 괴델 코드. 이 괴델 수 매기기 도식에서는, 각각의 TNT-기호가 하나 또는 그 이상의 코돈을 취한다. 작은 타원형들은 이 도표가 앞에서 제시된 제9장의 괴델 수 매기기 표를 어떻게 포함하는지 보여준다.

중심원리의 대응에 있는 이상한 고리

대응 도표의 두 측면들 사이에 있는 더욱 흥미로운 유사성들 가운데 하나는 바로 임의의 복잡성을 가지는 "고리들"이 두 측면들의 각 최상 층위에 나타나는 방식이다 : 왼쪽에는 단백질에 작용하는 단백질에 작용하는 단백질 등등이 무한히 있고, 오른쪽에는 메타 TNT 명제에 대한 명제에 대한 명제 등등이 무한히 있다. 이것들은 제5장에서 논의했던 혼층질서(混層秩序, heterarchy)와 비슷하다. 혼층질서에서는 충분히 복잡한 기층(基層)이 더 낮은 층위들과는 완전히 봉쇄된 상태에서 높은 층위의 이상한 고리들을 발생시키고 그 고리들을 순환시킨다. 제20장에서 이 아이디어를 더 자세히 탐구할 것이다.

그건 그렇고, 당신은 "중심원리의 대응에 따른다면, 괴델의 불완전성 정리 자체는 무엇에 대응되는가?"라는 질문에 대해서 궁금해할 것이다. 이것은 좋은 질문으로 독서를 더 진행하기 전에 생각해볼 거리이다.

중심원리의 대응과 두문자어 대위법

중심원리의 대응은 제4장에서 선보였던 **두문자어 대위법**과 괴델의 정리 사이의 대응과 비슷하다는 사실이 판명된다. 따라서 우리는 세 체계 사이에서 평행관계를 끌어낼 수 있다.

    (1) 형식체계와 문자열 ;

    (2) 세포와 DNA 가닥 ;

    (3) 전축과 음반.

아래 표에는 체계 (2)와 (3) 사이의 대응관계가 주의 깊게 설명되었다 :

두문자어 대위법		분자생물학
축음기	←→	세포
"완전한" 축음기	←→	"완전한" 세포
음반	←→	DNA 가닥
주어진 축음기에 의해서 연주될 수 있는 음반	←→	주어진 세포에 의해서 증식될 수 있는 DNA 가닥

그 축음기에 의해서 연주될 수 없는 음반	←→	그 세포에 의해서 증식될 수 없는 DNA 가닥
음반의 홈선을 소리로 변환하는 과정	←→	DNA를 mRNA로 전사하는 과정
전축에 의해서 생성된 소리	←→	mRNA 가닥
소리를 축음기의 진동으로 번역	←→	전령 RNA를 단백질로 번역
외부의 소리를 축음기의 진동에 대응시킴	←→	유전자 코드(mRNA 트리플렛을 아미노산에 대응시킴)
축음기의 파괴	←→	세포의 파괴
특별히 전축 X를 위해서 만들어진 노래의 제목 : "나는 전축 X에서 연주될 수 없어요"	←→	특별히 세포 X를 위해서 만들어진 DNA 가닥에 대한 높은 층위의 해석 : "나는 세포 X에서 복제될 수 없어요"
"불완전한" 전축	←→	증식할 수 없는 DNA가 적어도 하나 존재하는 세포
"거북-괴델(Tödel)의 정리" : "주어진 특정한 축음기에 대해서, 연주될 수 없는 음반이 언제나 있다."	←→	면역 정리 : "주어진 특정한 세포에 대해서, 증식될 수 없는 DNA 가닥이 언제나 있다."

괴델의 정리의 유사체는 특이한 사실로 보이지만, 아마도 분자생물학자들에게는 그리 유용하지 않을 것이다 : (유용하지 않다는 것이 그들에게는 아주 명백할 것 같다.)

다음과 같은 DNA 가닥을 설계하는 것은 언제나 가능하다. 세포 안에 주입되면, 전사되자마자, 세포(또는 DNA)를 파괴하고 그 결과 그 DNA를 증식하지 못하게 할 그러한 단백질이 만들어지도록 할 것이다.

이것은 적어도 진화의 관점에서 보면, 좀 웃기는 시나리오를 떠올리게 한다. 즉 침투형 바이러스 종(種)이 교활한 수단으로 세포 속으로 들어가서, 바이러스 자

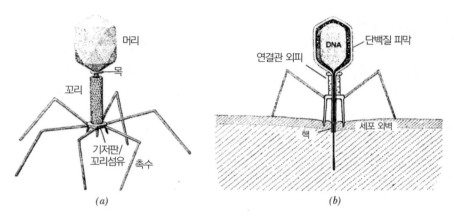

그림 101. T4 박테리아 바이러스는 단백질 성분들의 집합체이다 (a). "머리"는 단백질 피막이며, 아래위로 길쭉한 일종의 20면체와 같은 모양으로, 30개의 면으로 되어 있고, DNA로 채워져 있다. 머리 아래에 목이 있고 그 다음에는 꼬리가 붙어 있으며, 핀이 붙은 기저판(基底板)이 받치고 있다. 꼬리는 수축성 덮개로 된 속이 빈 심으로 이루어져 있으며, 기저판에는 여섯 개의 꼬리섬유가 붙어 있다. 핀과 꼬리섬유가 바이러스를 박테리아 세포벽에 고정한다. (b). 덮개를 수축해서 세포벽을 뚫어 심을 밀어 넣고, 바이러스 DNA가 세포 속에 들어간다[출전 : 해너월트 및 헤인즈, 『생명의 화학적 토대』, 230쪽].

체를 파괴하는 효과를 가지게 될 단백질이 확실히 만들어지도록 주의 깊게 공작한다! 그것은 분자 층위에서의 일종의 자살—또는 에피메니데스 문장이라고 해도 좋다—이다. 분명히 이 현상은 종의 생존이라는 관점에서 보면 장점으로 입증되지 않을 것이다. 그러나 이 현상은 세포와 세포 침입자들이 개발했던 방어와 파괴 메커니즘의 형식적 겉모습이 아니라 진수를 보여준다.

대장균 대 T4

생물학자들이 가장 좋아하는 세포인 대장균(Escherichia coli, 이 라틴어 학명은 M. C. Escher와 무관하다) 박테리아 세포와 그 세포를 침입하는 것 중 생물학자들이 가장 좋아하는 침입자, 즉 사악하고 섬뜩한 T4 파지(phage)를 살펴보자. 그림 101 참조(한편, "파지"나 "바이러스"라는 용어는 비슷한 말인데 모두 "박테리아 세포를 공격하는 자"를 뜻한다). 이 기괴한 조각은 마치 달 착륙 탐사선 (LEM)과 모기를 교배한 것처럼 보인다. 그러나 모기보다 훨씬 사악하다. T4 파

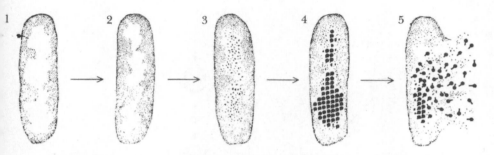

그림 102. 바이러스 DNA가 박테리아에 침입하면 바이러스 감염이 시작된다. 박테리아 DNA는 파열되고 바이러스 DNA가 복제된다. 바이러스성 구조를 가진 단백질의 합성과 바이러스와의 결합은 세포가 터져서 조각이 날 때까지 계속 진행된다[출전 : 해너월트 및 헤인즈, 『생명의 화학적 토대』, 230쪽].

지는 자신의 모든 "지식", 즉 DNA가 저장된 "머리"가 있고, 침입하기로 택한 세포에 자신을 고정시키는 여섯 개의 "다리"가 있으며 그리고 모기처럼 "주사침"("꼬리"라고 더 적절하게 불린다)이 있다. 주요한 차이는, 모기가 침을 찔러 피를 빨아먹는 것과 달리, T4 파지는 침을 사용해서 자신의 유전물질을 희생자의 뜻에 반하여 세포 속으로 주입한다는 점이다. 말하자면 식세포는 소규모 "강간"을 저지르는 셈이다.

분자 트로이 목마

바이러스 DNA가 세포에 침입하면 실제로 무슨 일이 생기는가? 의인화해서 말하면 바이러스 DNA는 자신이 숙주세포의 DNA와 똑같이 취급받을 것이라고 "희망한다." 이것은 전사된다는 것과 번역된다는 것, 그래서 바이러스 DNA가 숙주세포에는 이질적인 자신의 특별한 단백질을 합성하도록 지시할 수 있게 된다는 것을 뜻한다. 그러고 나면 그 단백질들이 그들의 임무를 시작할 것이다. 이것은 이질적인 단백질들을 "코드 형태로"(즉 유전자 코드) 세포 속에 몰래 들여온 다음에 그것들을 "해독(즉, 생산)하는" 것에 해당한다. 어떤 점에서는 트로이 목마(木馬) 이야기와 비슷하다. 그 이야기에 따르면, 수백 명의 군사들이 겉보기로는 무해한 거대한 목마 속에 들어가 트로이로 잠입했다. 일단 성 안으로 들어

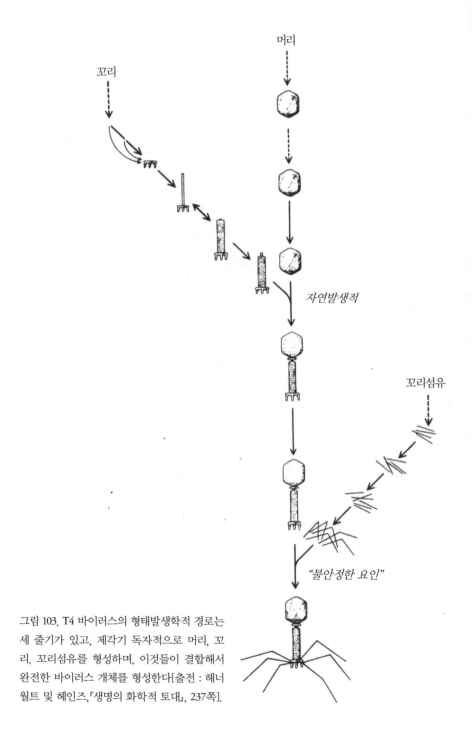

그림 103. T4 바이러스의 형태발생학적 경로는 세 줄기가 있고, 제각기 독자적으로 머리, 꼬리, 꼬리섬유를 형성하며, 이것들이 결합해서 완전한 바이러스 개체를 형성한다[출전 : 해너월트 및 헤인즈, 『생명의 화학적 토대』, 237쪽].

가자 군사들은 목마에서 나와 성을 점령했다. 이질적인 단백질들은 그들을 가지고 있는 DNA로부터 일단 "해독(합성)되자" 행동에 돌입한다. T4 파지가 지령을 내린 일련의 활동들이 주의 깊게 연구되었는데, 대략 아래와 같다(그림 102와 103을 참고하라).

경과 시간	일어난 활동
0분	바이러스 DNA의 주입.
1분	숙주 DNA의 파괴. 본래의 단백질 생산 중단. 이질적인(T4) 단백질 생산 개시. 그중 맨 먼저 만들어지는 단백질은 이질적인(T4) DNA의 복제를 지령하는 단백질이다.
5분	바이러스 DNA의 복제가 시작됨.
8분	새로운 파지의 "몸체"를 형성할 구조 단백질의 생산 개시.
13분	T4 침입자의 최초의 완전한 복제품이 만들어짐.
25분	라이소자임(단백질의 일종)이 숙주세포의 벽을 공격하면 박테리아가 파괴되고 "200배 증식"이 일어남.

이렇게 해서, T4 파지가 대장균 세포를 침입하면 약 24-25분 정도가 지난 후에, 세포가 완전히 무너져 파열된다. 이로부터 원본 바이러스와 똑같은 대략 200개의 사본이 더 많은 박테리아 세포들을 공격할 채비를 갖추고 튀어나온다. 원본 세포는 이 과정에서 대부분 소모되어버린다.

　이런 종류의 일은 박테리아의 입장에서 보면 치명적으로 심각한 위협이지만, 우리의 거시적 척도의 관점에서는 두 선수 즉, 침입자 또는 "T" 선수(T2, T4 등을 포함해서 T-짝수 파지 부류의 이름을 따라서)와 "C" 선수("세포[Cell]"를 나타내는) 사이의 흥미로운 게임으로 볼 수 있다. T 선수의 목적은 자신을 증식시키기 위해서 C 선수의 세포로 침입해서 그 안에서 C 선수의 세포를 접수하는 것이다. C 선수의 목적은 자신을 방어하고 침입자를 파괴하는 것이다. 이렇게 기술해보니, 분자 TC-게임은 앞의 '대화' 편에 기술된 거시적인 TC-게임과 아주 비슷한 것으로 볼 수 있다(독자 여러분은 T나 C 중 누가 거북[Tortoise]에 대응하고 누가 게[Crab]에 대응하는지 분명히 알 수 있을 것이다).

인식, 변장, 라벨 붙이기

이 "게임"은 세포생물학 및 준세포생물학의 중심 주제들 가운데 하나가 인식이라는 점을 강조한다. 분자들(또는 더 높은 층위의 구조들)은 서로를 어떻게 인식하는가? 효소들이 기질(基質)의 특별한 "접합 부위"에 달라붙을 수 있어야 하는 것은 효소들의 기능에 필수적이다 : 박테리아가 자신의 DNA와 파지의 DNA를 구별할 수 있어야 하는 것은 필수적이다. 두 세포가 서로를 인식하고, 조정된 방식으로 상호작용할 수 있어야 하는 것은 필수적이다. 이러한 인식 문제들은 형식체계에 관한 고유의 핵심문제를 상기시킬 것이다. 어떤 문자열이 정리라는 속성을 가지는지 여부를 어떻게 알 수 있는가? 결정절차가 있는가? 이런 종류의 질문은 수리논리학에만 국한된 것이 아니라, 컴퓨터 과학과, 우리가 지금 보고 있다시피, 분자생물학에도 스며든다.

'대화'에서 기술된 라벨 붙이기 기법은 실은 **대장균**이 파지 침입자들의 허를 찌르려는 묘책 가운데 하나이다. 그것은 다양한 뉴클레오티드들에 작은 분자—메틸—를 붙여서 DNA 가닥들에 화학적 라벨을 붙일 수 있다는 발상이다. 이때 이런 라벨 붙이기 조작이 DNA의 평상시의 생물학적 속성을 바꾸지는 않는다. 다른 말로 하면, 메틸화된(라벨이 붙은) DNA는 메틸화되지 않은(라벨이 붙지 않은) DNA와 마찬가지로 잘 전사될 수 있으며 그래서 단백질 합성을 지령할 수 있다. 그러나 숙주세포가 DNA에 라벨이 붙었는지의 여부를 검사하는 특별한 메커니즘들을 가진다면, 그때에는 라벨이 매우 중요한 영향을 미칠 것이다. 특히, 숙주세포는 라벨이 붙지 않은 DNA를 찾아내는 효소체계를 가질 것이고, 자신이 발견하는 그런 DNA는 죄다 무자비하게 박살 낼 것이다. 그런 경우, 라벨이 붙지 않은 모든 침입자들에게 화가 미치리라!

뉴클레오티드에 붙은 메틸 라벨들은 철자들에 붙은 세리프*에 비교되었다. 따라서 이 은유를 사용하면, 대장균 세포는 특정 활자체로 된 "내부에서만 쓰는 글씨체"로 쓰인 DNA를 탐색하고, "이질적인" 활자체로 쓰인 DNA 가닥은 어떤 것이든 박살 낼 것이라고 말할 수 있다. 물론 파지를 위한 한 가지 대항 전략은 스스로에게 라벨 붙이는 법을 배우는 것이며, 이렇게 하면 파지는 자신이 침입해 들어간 세포가 침입자를 증식하도록 속일 수 있게 된다.

---

* 세리프(serif) : 영문 활자체에서 획의 끝에 달린 장식용 꼬리. 세리프가 있는 글꼴은 세리프 체, 없는 글꼴은 산세리프 체라고 한다.

이러한 TC-전투는 얼마든지 복잡하게 계속될 수 있다. 그러나 더 이상 나가지는 않겠다. 본질적인 사실은 그것이, 침입하는 모든 DNA들을 격퇴하려고 하는 숙주와, 자신의 DNA를 mRNA로 전사할 (전사가 끝나면 증식을 보장하게 될) 숙주에게 잠입하려고 하는 파지 사이의 전투라는 점이다. 이런 방식으로 스스로를 증식하는 데에 성공한 모든 파지 DNA는 "나는 X 유형의 세포들에서 증식될 수 있다"라는 높은 층위의 해석을 가지는 것으로 생각할 수 있다. 이런 파지는 앞서 말했던 진화론의 관점에서 볼 때 무의미한 파지와 구별되어야 한다. 그 파지는 자신을 파괴하는 단백질을 코드화하며, 그것을 높은 층위에서 해석하면 "나는 X 유형의 세포들에서는 증식될 수 없다"라는 자기패배적인 문장이다.

헨킨 문장과 바이러스

이제 분자생물학의 대조적인 이 두 가지 자기-지시에 상응하는 것이 수리논리학에 있다. 자기패배적인 파지의 유사체, 즉 특정한 형식체계들 안에서 자신의 산출불가능성을 주장하는 괴델 유형의 문자열을 이미 논의한 바 있다. 그러나 실제의 파지에 대응하는 문장도 만들 수 있다 : 즉 파지는 특정한 세포에서 자신의 생성가능성을 주장하고, 문장은 특정한 형식체계에서 자신의 산출가능성을 주장한다. 이런 종류의 문장들을 수리논리학자 레온 헨킨의 이름을 따라서 **헨킨 문장**(Henkin sentence)이라고 한다. 그 문장들은 괴델 문장들의 노선을 따라서 똑같은 방식으로 구성될 수 있는데, 유일한 차이는 부정부호가 빠졌다는 점이다. 우리는 물론 "삼촌"을 가지고 시작한다.

∃a:∃a′:<TNT-PROOF-PAIR{a, a′}∧ARITHMOQUINE{a″, a′}>

그리고 나서 표준 묘수를 적용하여 진행해보자. 이제 위에 적은 "삼촌"의 괴델 수를 h라고 하자. 바로 이 삼촌을 산술 콰인화하면 다음과 같은 헨킨 문장을 얻는다.

∃a:∃a′:<TNT-PROOF-PAIR{a, a′}∧ ARITHMOQUINE{SSS⋯⋯SSSO/a″, a′}>
h개의 S

(그런데 이 문장이 ~G와 어떻게 다른지 알아차릴 수 있는가?) 내가 헨킨 문장을 명시적으로 보여주는 이유는, 그것이 자신의 도출에 관한 충분한 처방을 제시하지 않고 그냥 도출이 하나 있다는 것만 주장할 뿐이라는 점을 지적하려는 데에 있다. 당신은 헨킨 문장의 주장이 정당한지 궁금할 것이다. 헨킨 문장들은 정말로 도출될 수 있는가? 그것들은 스스로 주장하는 것처럼, 정리인가? "나는 정직하다"라고 자처하는 정치가—그는 정직할 수도 있고 그렇지 않을 수도 있다 —를 믿을 필요가 없다는 점을 상기하면 유익하다. 헨킨 문장들은 정치가들보다 더 신뢰할 만한가? 아니면 헨킨 문장들은 정치가들처럼 얼굴에 철판을 두르고 거짓말을 하는가?

이 헨킨 문장들은 변함없이 참을 말한다는 사실이 밝혀진다. 이것이 어째서 그런지는 불분명하지만, 우리는 이 기이한 사실을 증명 없이 받아들일 것이다.

암시적 헨킨 문장 대 명시적 헨킨 문장

헨킨 문장이 자신의 도출에 대해서 아무것도 알려주지 않고 그냥 자신의 도출이 하나 있다고 주장한다는 것을 언급했다. 이제 헨킨 문장의 주제에 대한 변주—즉 자신의 도출을 명시적으로 기술하는 문장—를 고안할 수 있다. 그런 문장의 높은 층위의 해석은 "나를 도출하는 어떤 문자열들이 있다"가 아니라, "여기 기술된 문자열들은……나를 도출한 것이다"일 것이다. 첫 번째 유형의 문장을 암시적 헨킨 문장이라 하자. 새로운 문장들은 자신의 도출을 명시적으로 기술하기 때문에 명시적 헨킨 문장이라 불린다. 이때 명시적 헨킨 문장은 자신의 암시적인 형제들과 달리 정리일 필요는 없다는 점에 유의하라. 사실 자신의 도출이 단 하나의 문자열 0=0으로 이루어진다고 주장하는 문자열을 작성하는 것은 아주 쉽다—0=0은 그 어떤 것을 도출한 것도 아니기 때문에 이것은 오류명제이다. 그러나 정리인 명시적 헨킨 문장—즉, 자신의 도출에 대한 처방을 실제로 제공하는 문장—을 작성하는 것도 가능하다.

헨킨 문장과 자기-조립

내가 명시적 헨킨 문장과 암시적 헨킨 문장의 구별을 들고 나온 이유는, 양자의 구별이 바이러스 유형들 사이의 중요한 구별과 딱 들어맞기 때문이다. **자기-조립형** 바이러스라고 하는 이른바 "담배 모자이크 바이러스"와 같은 어떤 바이러스들이 있다. 그리고 비(非)자기-조립형인 우리가 좋아하는 T-짝수들 같은 다른 것들이 있다. 이 구별은 무엇인가? 그것은 암시적 헨킨 문장과 명시적 헨킨 문장 사이의 구별에 대한 직접적인 유사체이다.

"자기-조립형" 바이러스의 DNA는 새로운 바이러스의 **부품들**에 대해서만 코드화하지 어떤 **효소**에 대해서도 코드화하지 않는다. 일단 그 부품들이 생성되면, 그 교활한 바이러스는 그 부품들이 어떤 효소의 도움 없이도 서로 결합할 것이라고 기대한다. 그런 결합 과정은 세포 속의 풍부한 화학물질의 혼합액 속을 떠다닐 때 그 부품들 상호 간의 화학적 친화성에 의존한다. 바이러스들뿐만 아니라 몇몇 소기관들—이를테면 리보솜—도 스스로를 조립한다. 종종 효소들이 필요할 경우가 있는데, 그럴 경우에는 효소들이 숙주세포로부터 징발되어 노예처럼 부려진다. 이것이 자기-조립의 의미이다.

이와 대조적으로, T-짝수들 같은 더 복잡한 바이러스들의 DNA는 부품에 대해서뿐만 아니라 그 부품들을 조립해 전체를 만들 때 특별한 역할을 하는 다양한 효소들에 대해서도 추가로 코드화한다. 그 조립과정은 자발적이지 않으며 "기계들"을 필요로 하기 때문에, 그런 바이러스들은 자기-조립형으로 간주되지 않는다. 자기-조립형 장치들과 비자기-조립형 장치들의 구별의 본질은, 전자는 자신의 구성에 대해서 세포에게 아무것도 알려주지 않고도 자기-증식을 그럭저럭 수행하는 반면, 후자는 자신을 조립하는 방식에 대한 **지령들**을 제공해야 한다는 점이다.

이제 암시적인 그리고 명시적인 헨킨 문장들과의 유사성이 분명해졌을 것이다. 암시적 헨킨 문장은 스스로를 증명하지만 자신의 증명에 대해서 아무것도 알려주지 않는다. 그래서 자기조립형 바이러스와 유사하다. 명시적 헨킨 문장은 자신의 증명 구성을 지령한다. 그래서 부품들을 모아 자신들의 사본들을 만드는 것을 자신의 숙주세포들에 지령하는 더 복잡한 바이러스들과 유사하다.

바이러스만큼 복잡한 자기-조립형 생물 구조라는 개념은, 복잡한 자기-조립형 기계의 가능성을 제기한다. 부품들이 적합한 지원환경에 놓여서 자발적으로 무리를 지어 복잡한 기계를 형성하는 것을 상상해보라. 이것은 믿기 어려워 보이지만, 바로 이것이 담배 모자이크 바이러스가 자기-조립을 통해서 자기-증식하

742

는 과정을 정확히 기술하는 방식이다. 생물체(또는 기계)의 전체 구조에 대한 정보는 부품들에 분산되어 있지 어느 한 곳에 집중되어 있지 않다.

이제 이 개념은 "어느 애연가의 교훈적인 사색"에서 보았던 것처럼 이상한 방향으로 진행될 수 있다. 거기서 우리는 자기-조립에 대한 정보가 한곳에 집중되어 있는 것이 아니라 여기저기 분산될 수 있다는 아이디어를 게가 어떻게 이용했는지 보았다. 게는 이 아이디어에 의해서 자신의 새 축음기가 거북의 축음기-분쇄 방법에 굴복당하지 않기를 희망했다. 안타까운 일이지만, 가장 정교한 공리도식들에서처럼, 일단 어떤 체계가 구축되어 하나의 상자로 꾸려지면, 바로 그 체계의 명확성 때문에 그 체계는 충분히 영리한 "괴델화 조작기"에 대해서 취약해진다. 그것이 게가 얘기해준 슬픈 이야기였다. 그 '대화'의 환상적인 시나리오가 분명히 터무니없는데도 불구하고, 그것은 세포의 기이하고 초현실적인 세계에서는, 현실과 그렇게 동떨어져 있지는 않다.

두 개의 중요한 문제 : 세포분화와 형태발생

이제 자기-조립은 세포의 어떤 기본 구성단위들과 어떤 바이러스들을 구성하는데에 적용하는 묘책일지도 모른다. 그러나 코끼리나 거미의 몸 또는 파리지옥풀의 형태 같은 극도로 복잡한 거시적 구조들은 어떻게 되나? 귀소(歸巢)본능은 새의 뇌에 어떻게 구축되며, 사냥본능은 개의 뇌에 어떻게 구축되는가? 간단히 말해서, 어떤 **단백질**이 세포에서 만들어져야 하는지를 지령하는 것만으로 DNA가 어떻게 거시적인 생명체의 정확한 구조와 기능에 놀랍도록 정밀한 통제를 행사할 수 있는가? 여기에 별도의 주요한 두 가지 문제가 있다. 하나는 바로 **세포분화**의 문제이다 : 똑같은 DNA를 공유하는 상이한 세포들—예를 들면 신장세포, 골수세포, 뇌세포—이 어떻게 상이한 역할을 수행하는가? 또 하나는 **형태발생**의 문제이다. 국소적 수준에서 일어나는 세포들 사이의 소통이 어떻게 신체의 다양한 장기, 얼굴 모양, 뇌의 소기관 등의 대규모적인 전체 구조와 조직을 발생시키는가? 비록 현재 우리가 세포분화와 형태발생에 대해서 이해하는 바가 보잘것없지만, 묘책은 세포 내에서 그리고 세포들 사이에서 절묘하게 미세 조정된 피드백 및 "피드포워드(feedforward)" 메커니즘 속에 들어 있는 것 같다. 그 메커니즘이 세포에게 다양한 단백질의 생산을 "시작하거나 중단하는" 시점을 말해줄 것이다.

피드백과 피드포워드

피드백은 원하는 물질이 세포 안에 너무 많거나 너무 적을 경우에 일어난다. 이 경우에 세포는 그 물질을 조립하고 있는 생산 라인을 어떻게든 조정해야 한다. 피드포워드 또한 조립 라인의 조정에 관계하지만, 현재의 최종 산출물의 양이 아니라 그 조립 라인의 최종 산출물의 선행물의 양에 따라 조정한다. 부정적 피드포워드나 피드백을 달성하는 두 가지 주요 장치가 있다. 한 가지는 관련 있는 효소의 임무 수행을 막는 것, 즉 효소의 활성부위를 "틀어막는" 것이다. 이것은 금지(inhibition)라고 한다. 또 하나는 관련 있는 효소가 만들어지는 것을 막는 것이다. 이것은 억제(repression)라고 한다. 개념적으로 금지는 간단하다 : 그냥 조립 라인에 있는 첫 번째 효소의 활성부위를 틀어막으면 합성과정 전체가 완전히 멈춘다.

억제인자와 유발인자

억제는 좀더 까다롭다. 세포는 유전자의 발현을 어떻게 중단시키는가? 대답은 이렇다 : 세포는 자신이 전혀 전사되지 못하게 저지한다. 즉 세포가 RNA 폴리메라아제의 임무 수행을 저지해야 한다는 뜻이다. 이것은 세포가 전사되기를 원치 않는 바로 그 유전자 앞에, DNA를 따라, RNA 폴리메라아제의 통로에 거대한 장애물을 설치하여 달성될 수 있다. 그런 장애물이 실제로 존재하며, 그것을 억제인자(repressor)라고 한다. 억제인자 자체는 단백질로서 DNA 위에 있는 오퍼레이터(operator)라고 하는 (왜 그렇게 불리는지 모르겠다) 장애물-수용 전용부위에 결합한다. 따라서 오퍼레이터는 자신에 곧바로 뒤따르는 유전자(또는 유전자들)를 제어하기 위한 부위이다. 그런 유전자를 오퍼레이터의 오페론(operon)이라고 한다. 긴 화학적 변환을 수행하는 데서 일련의 효소들은 보통은 협동해서 활동하기 때문에 종종 연달아 코드화된다. 이것이 오페론이 보통 단 한 개의 유전자가 아니라 여러 유전자들을 포함하는 이유이다. 오페론을 성공적으로 억제한 결과, 일련의 유전자들 전체의 전사가 저지되는데, 이것은 관련된 효소 전체가 합성되지 않은 상태로 있음을 뜻한다.

긍정적 피드백과 피드포워드는 어떻게 되는가? 여기에 다시 두 가지 선택권이 있다. (1) 틀어막힌 효소들을 풀어주기 또는 (2) 관련된 오페론의 억제를 중단하기(자연이 이중부정을 얼마나 사랑하는 것으로 보이는지 주목하라. 아마 심오한

744

이유가 있을 것이다). 억제를 억제하는 메커니즘에는 유발인자(inducer)라고 하는 한 무리의 분자들이 관여한다. 유발인자의 역할은 단순하다 : 유발인자는 억제인자 단백질이 DNA 분자 위에 있는 오퍼레이터에 결합할 기회를 가지기 전에 억제인자 단백질과 결합한다. 이로부터 생겨난 "억제인자-유발인자 복합체"는 오퍼레이터와 결합할 수 없고, 이것은 관련된 오페론이 mRNA로 전사되고 나중에 단백질로 번역될 수 있는 가능성을 열어준다. 보통, 최종 산출물 또는 최종 산출물의 선행물이 유발인자로서 활동할 수 있다.

피드백과 이상한 고리의 비교

그건 그렇고 이제, 금지와 억제 과정에서와 같은 단순한 종류의 피드백과, 중심 원리의 대응에서 보인 것과 같은 상이한 정보층위들 사이의 루프백(loop-back)을 구별하기에 좋은 시점이 되었다. 양자는 어느 점에서는 다 "피드백"이지만, 후자가 전자보다 훨씬 심층적이다. 트립토판(tryptophan)이나 이소류신(isoleucine) 같은 아미노산은 자신이 더 많이 생산되도록 자신의 억제인자와 결합함으로써 (유발인자의 형태로) 피드백으로서 작용할 때, 자신이 구성되는 방식을 알려주지 않는다. 그냥 더 많이 만들라고 효소에게 알릴 뿐이다. 이것은 라디오 음량에 비교될 수 있는데, 라디오 소리가 청취자의 귀 속으로 들어오면 그 소리 자체가 클 경우도 있고 작을 경우도 있을 것이다. 이것은 방송국 자체가 당신에게 라디오를 켜거나 끄라거나 다른 주파수를 맞추라거나 심지어 다른 라디오를 만드는 방법을 명시적으로 말하는 것과 전혀 다른 경우이다! 후자는 정보층위들 사이의 루프백과 훨씬 더 비슷하다. 왜냐하면 여기에서는 전파신호 안에 있는 정보가 심적 구조로 들어가 "해독되고" 번역되기 때문이다. 전파신호는 기호적 성분들로 이루어지는데, 그 성분들의 기호적 의미가 중요하다. 즉 "언급"이 아니라 "사용"의 경우이다. 다른 한편으로, 소리가 너무 크면 기호들은 의미를 운반하지 않는다. 그것들은 시끄러운 소리로만 지각되고 있고 따라서 의미가 결여되어 있을 것이다. 즉 "사용"이 아니라 "언급"의 경우이다. 이 경우는 단백질이 자신의 합성률을 통제하는 피드백 고리와 더 비슷하다.

똑같은 유전자형을 공유하지만 상이한 기능을 가지는 인접하는 두 세포 사이의 차이는 '두 세포의 게놈에서 서로 다른 부분이 억제되었으며 이에 따라 두 세

포에서 **작업하는 단백질들이** 서로 다르다는 점에 있다'고 보는 이론이 제시되었
다. 이 가설은 인간의 신체 속의 다양한 장기들에 있는 세포들 사이에서 드러나
는 현상적 차이들을 설명해줄 수 있을 것이다.

세포분화의 두 가지 간단한 사례

최초의 세포 하나가 복제를 거듭해 특정한 기능을 가지는 무수한 개수의 분화
된 세포들을 생성하는 과정은 개인에서 개인으로 편지가 줄줄이 확산되는 것에
비유할 수 있다. 편지 확산에서 편지를 받는 사람은 메시지를 충실하게 전파할
뿐만 아니라 약간의 개인적 취향도 덧붙이도록 요청받는다. 결국 끝에 가면 서
로 엄청나게 다른 편지들이 있게 될 것이다.

　세포분화의 개념을 보여주는 다른 예는, 분화하는 자기-증식이라는 극히 간
단한 컴퓨터 유사체가 제공한다. 연결-차단 스위치로 제어되며 자연수인 내부
매개변수 N을 가지는 아주 짧은 프로그램을 생각해보자. 이 프로그램은 연결-
모드와 차단-모드라는 두 가지 모드로 실행될 수 있다. 프로그램이 **연결-모드**
로 실행되면, 프로그램은 컴퓨터 메모리(computer's memory)에서 자신이 있는 가
까운 곳에 자기-복제를 한다. 그때 자기 "딸"의 내부 매개변수 N을 자신의 것보
다 1 증가시키는 점이 다르다. 프로그램이 **차단**-모드로 실행될 경우에는 자기-
증식을 하지 않고,

$$(-1)^N/(2N+1)$$

이라는 수를 계산하고 그것을 누계에 합산한다.

　자, 일단 처음에 프로그램 하나가 메모리 안에 있고, N=0, 연결-모드라고 하
자. 그러면 프로그램은 메모리에서 자신의 바로 옆에 N값을 1로 하고 자신을 복
제할 것이다. 이 과정을 반복하면 새 프로그램은 자신 바로 옆에 자기-증식을
할 것이며, 사본은 N값을 2로 가질 것이다. 이런 식으로 계속 진행된다. 그러면
매우 큰 프로그램이 메모리 안에서 성장하게 된다. 메모리가 꽉 차면 그 과정이
멈춘다. 이제 메모리 전체는, 비슷하지만 분화된 많은 모듈들—또는 세포들—
로 구성된 **거대한** 프로그램 하나로 채워진 것으로 간주할 수 있다. 이제 모드를

차단으로 전환하고 이 큰 프로그램을 실행시킨다고 가정하자. 어떻게 되는가? 첫 번째 "세포"가 실행되어 1/1을 계산한다. 두 번째 "세포"가 실행되어 −1/3을 계산해서 그것을 선행 결과에 더한다. 세 번째 "세포"가 실행되어 +1/5를 계산해서, 그것을 선행 결과에 더하고……최종 결과는 "유기체" 전체—즉 그 큰 프로그램—가 많은 항("세포들"이 메모리에 꽉 들어찰 수 있는 만큼의 많은 항)으로

$$1 -1/3 +1/5 -1/7 +1/9 -1/11 +1/13 -1/15 + \cdots\cdots$$

의 합을 계산한 값이다. 그리고 이 급수는 (비록 느리기는 하지만) $\pi/4$에 수렴하므로, 우리는 유명한 수학 상수의 값을 계산하는 기능을 가지는 "표현형"을 얻는다.

세포의 층위 혼합

라벨 붙이기, 자기−조립, 세포분화, 형태발생 같은 과정들에 대한 기술(記述)이 전사와 번역에 대한 것과 마찬가지로 놀라우리만치 신기한 특징들을 가지는 정보처리체계인 세포라는 엄청나게 복잡한 체계에 대한 약간의 개념을 전달하는 데에 도움이 되었기를 바란다. 우리는 '중심원리의 대응'에서, 프로그램과 데이터 사이에 명확한 선을 그으려고 할 수 있지만 그 구분이 다소 자의적이라는 점을 보았다. 이런 식으로 더 생각해보니 **프로그램**과 **데이터**가 서로 복잡하게 뒤엉켜 있을 뿐만 아니라, 프로그램의 **인터프리터**, 물리적인 **프로세서** 그리고 심지어 **언어**까지도 이 밀접한 융합에 포함되어 있음을 알게 된다. 따라서 그 층위들에 경계선을 그어 분리하는 것이 (어느 정도) 가능하더라도, 층위−교차와 층위−혼합을 인식하는 것도 중요하고 매력적인 일이다. 이것을 잘 보여주는 예가, 생물체계에서는 자기−증식에 필요한 모든 다양한 특성들(즉 언어, 프로그램, 데이터, 인터프리터 및 프로세서)이 모두 동시에 복제될 정도로 긴밀히 협동한다는 놀라운 사실이다. 이것은 생물학적 자기−증식이, 사람들이 이 방향을 따라 지금까지 고안했던 그 어떤 것보다도 얼마나 더 심오한지 보여준다. 예를 들면, 이 장의 첫 부분에서 제시했던 자기−증식 프로그램은 세 가지 외부 측면들, 즉 언어, 인터프리터 및 프로세서가 이미 존재하는 것을 당연시하고 그것들을 복제하지 않는다.

   세포의 하위단위들이 컴퓨터 과학의 용어로 분류될 수 있는 다양한 방식들을 요약해보자. 일단 DNA부터 살펴보자. DNA는 세포의 활성물질인 단백질을 만들기 위한 모든 정보를 포함하기 때문에 고급언어로 작성된 **프로그램**으로 볼 수 있다. 그 프로그램은 나중에 세포의 "기계어"(단백질)로 번역된다. 다른 한편으로 DNA 자체는 다양한 종류의 효소들에 의해서 조작되는 수동적인 분자이다. 이런 점에서 DNA 분자는 긴 데이터 조각과 똑같다. 셋째로, DNA는 tRNA라는 "단어 카드"를 찍어내는 틀을 포함한다. 이것은 DNA가 자신의 고급언어에 대한 정의를 포함한다는 뜻이다.

   이제 단백질로 가보자. 단백질들은 활성분자들이며 세포의 모든 기능들을 수행한다. 따라서 단백질을 "기계어"로 작성된 세포 **프로그램**으로 간주하는 것은 (세포 자체가 프로세서이므로) 아주 적절하다. 다른 한편으로 단백질은 하드웨어이고 대부분의 프로그램들은 소프트웨어이기 때문에, 단백질을 **프로세서**로 간주하는 편이 더 나을지도 모르겠다. 셋째로, 단백질은 종종 다른 단백질의 작용 대상이 된다. 이것은 단백질이 종종 데이터라는 뜻이다. 끝으로, 단백질을 **인터프리터**로 볼 수 있다. 이것은 DNA를 고급언어로 쓰인 프로그램-군(群)으로 보자는 뜻인데, 이 경우 효소들은 DNA 코드로 작성된 프로그램들을 실행하고 있을 뿐이다. 다시 말해 단백질이 인터프리터로서 작용하고 있다는 뜻이다.

   그런 다음 리보솜과 tRAN 분자들이 있다. 이것들은 DNA를 단백질로 번역하도록 매개한다. 이것은 프로그램을 고급언어에서 기계어로 번역하는 일에 비교될 수 있다. 다른 말로 하면, 리보솜들은 **인터프리터**로서 기능하고, tRNA 분자들은 더 높은 층위의 고급언어에 대한 정의를 제공한다. 그러나 번역에 관한 다른 관점에서 보면, tRNA 분자들은 **인터프리터**인 반면 리보솜은 **프로세서**로 간주된다.

   우리는 이 모든 생체분자들끼리의 상호관계에 대한 분석을 수박 겉 핥기 식으로 했다. 우리가 알아낸 사실은, 자연은 **우리**가 아주 구분된 것으로 보는 경향이 있는 층위들을 뒤섞는 데에서 아주 편안하게 느낀다는 점이다. 실제로 컴퓨터 과학에서는 얼핏 구분된 것으로 보이는 정보-처리 체계의 이 모든 측면들을 뒤섞으려는 뚜렷한 추세가 이미 있다. 이것은 통상적으로 컴퓨터 언어 설계의 선두에 있는 인공지능 연구에서 특히 그러하다.

생명의 기원

우리는 믿을 수 없을 정도로 복잡하게 뒤엉킨 소프트웨어와 하드웨어 조각들에 대해서 배우면서, 자연스럽고 근본적인 질문을 하나 해야 하겠다 : "도대체 이 조각들은 맨 처음에는 어떻게 시작했는가?" 이것이야말로 정말로 당황스러운 질문이다. 우리는 새로운 컴퓨터 언어들을 개발할 때 써먹은 방식과 같은 일종의 부트스트랩(bootstrap) 과정이 나타난다고 상상해야 한다. 그러나 단순 분자들로부터 전체 세포들로 진행하는 부트스트랩은 우리의 상상력을 거의 넘어선다. 생명의 기원에 관한 다양한 이론들이 있지만, 그것들은 모두 핵심적인 질문들 중에서도 가장 핵심적인 다음 질문에서는 발뺌을 한다 : "유전자 코드는, 자신의 번역을 위한 메커니즘(리보솜과 tRNA 분자들)과 더불어, 어떻게 발원(發源)했는가?" 일단 우리는 이에 대한 답변보다는 경탄과 경외감에 만족해야 할 것이다. 아마 경탄과 경외감의 경험이—적어도 당분간은—해답을 가지는 것보다 더 만족스러울 것이다.

과연 위대한 게*로다!

봄이다. 거북과 아킬레스는 숲 속에서 일요일 산책을 하고 있다. 그들은 산에 오르기로 했는데, 산꼭대기에는 온갖 종류의 맛있는 생과자를 파는 근사한 찻집이 하나 있다고 한다.

아킬레스 : 야, 이거 참!** 만약에 어떤 게가—

거북 : 만약에 어떤 게가??

아킬레스 : 내가 말하려던 참이었네. 어떤 게가 총명하다면 분명히 우리 둘의 친구인 게 선생일 걸세. 그는 살아 있는 어떤 게보다도 적어도 두 배는 똑똑한 것이 틀림없어. 어쩌면 세 배 이상 똑똑할지도 모르겠네. 아니면 아마—

거북 : 원 참! 뭐 그렇게까지 게를 과찬한단 말인가!***

아킬레스 : 에, 내가 찬미하는 것은 그저 그의…….

거북 : 변명할 필요는 없어. 나도 그를 찬미하니까. 게의 찬미자 얘기가 나왔으니 말인데, 게가 얼마 전에 받았던 그 이상한 팬레터에 대해서 자네에게 말했던가?

아킬레스 : 안 한 거 같은데. 누가 보냈지?

거북 : 그 편지에는 인도발(發) 소인(消印)이 찍혀 있었는데, 자네도 나도 들어보지 못했던 사람이 보낸 거야. 이름이 나주나마르****인가 그랬지.

아킬레스 : 게 선생과 전혀 안면이 없는 사람이 왜 그에게 편지를 보냈는지, 편지 보내려고 게 선생의 주소는 어떻게 구했는지 궁금하군.

거북 : 그 작자가 누구이든, 보아하니 게를 수학자로 착각했던 것 같아. 그 편지에는 많은 연구 결과들이 적혀 있었는데 그것들 모두가……. 그런데, 어이

---

* 원문 The Magnificrab, Indeed는 바흐의 장엄 미사곡 "Magnifikat in D"에 대한 말장난이다.

** 원문은 Man oh man! 두 번의 반복은 바흐의 장엄 미사곡(Magnifikat) 개시부에 나오는 반복을 모방한 것이다.

*** '나의 정신은 주님을 경배하나니(magnificat anima men dominum)'에 대한 말장난이다.

**** 라마누잔(Ramanujan)의 이름을 거꾸로 읽으면 나주나마르(Najunamar)이다.

그림 104. "카스트로발바(Castrovalva)"(M. C. 에셔, 석판화, 1930).

쿠! 호랑이도 제 말하면 온다더니, 마침 게 선생이 산에서 이쪽으로 내려오
는군.

게 : 잘 가게! 자네와 다시 얘기를 나누어서 기뻤네! 에, 나는 집으로 가는 게 제
일 좋겠어. 그런데 숨이 찰 정도로 배가 부르군. 먹지 않으면 안 된다고 해
도 더 이상 한 입도 먹을 수 없을 거야! 나는 방금 저 위에 있었는데, 그곳을

강력 추천하네. 자네는 저 산 마루에 있는 찻집에 가본 적이 있나? 안녕하신
가, 아킬레스? 오, 저기 아킬레스가 있군! 여보게, 여보게! 에, 에, 이거 거북
선생 아닌가!*

거북 : 안녕하신가, 게 선생. 자네 산 꼭대기 찻집에 올라가고 있나?

게 : 그렇다네. 근데 그것을 어떻게 알았지? 그 집의 아주 맛난 자그마한 특제
　　　나폴레옹 과자**를 손꼽아 기다리는 중이네. 배가 너무 고파 개구리라도 먹
　　　을 수 있을 것 같아. 오, 저기 아킬레스가 있군. 잘 지내시는가, 아킬레스!

아킬레스 : 뭐, 그럭저럭.

게 : 좋아! 에, 자네들의 토론을 방해하고 싶지는 않고, 그냥 졸졸 따라다니겠네.

거북 : 묘한 일이구먼. 자네가 몇 주 전에 인도 친구에게서 받았다던 불가사의한
　　　편지에 대해서 방금 말하던 참이었는데. 그런데 자네가 여기 눈앞에 나타났
　　　으니……. 아킬레스가 그 이야기를 자네한테 직접 들으면 되겠네.

게 : 그게 말이야, 이렇게 된 거였어. 이 나주나마르라는 친구는 분명히 아무런
　　　수학 정규교육도 결코 받은 적이 없었어. 대신에 자기만의 방식으로 연구해
　　　서 수학의 새로운 진리들을 도출해냈네. 그의 발견들 가운데 어떤 것은 나
　　　를 완전히 좌절시켰어. 여태껏 그것과 비슷한 어떤 것도 전혀 본 적이 없었거
　　　든. 예를 들면, 그는 적어도 1729가지 색으로 칠한 인도 지도를 보여주었네.

아킬레스 : 1729? 자네, 1729라고 했나?

게 : 그래, 근데 왜 묻는 거지?

아킬레스 : 아니, 1729는 아주 재미있는 수라서 말이야.

게 : 그렇군, 난 몰랐는데.

아킬레스 : 특히, 오늘 아침에 내가 거북 선생의 집에 갈 때 탔던 택시의 차량 번
　　　호가 1729번이었네!

게 : 놀라운 우연의 일치군! 혹시 자네, 내일 아침에 자네가 거북 선생 집에 갈 때
　　　타고 갈 전차의 번호도 나에게 말해줄 수 있나?

아킬레스 : (잠시 생각하고는) 뭐, 확실치는 않지만 매우 큰 숫자일 거라고 생각
　　　하네.

거북 : 아킬레스는 이런 것들에 대한 탁월한 직감을 가지고 있군.

---

* 이 부분에 나오는 게의 대사는 언어적 역행(逆行)이므로 뒤에서 앞으로 읽어야 한다.
** 나폴레옹처럼 배가 튀어 나온 개구리 모양의 생과자.

게 : 그렇군. 에, 내가 말한 것처럼, 나주나마르는 또한 자신의 편지에서 모든 짝수 소수는 두 홀수의 합이라는 것 그리고 다음 방정식에 대한 양의 정수의 해(解)는 없다는 것을 증명했네.

$$a^n+b^n=c^n \text{ (이때 } n=0)$$

아킬레스 : 뭐라고? 수학의 이 모든 고전 문제들을 단번에 해결했다고? 그러면 그는 틀림없이 일급 천재야!

거북 : 하지만 아킬레스, 자네는 회의적인 생각이 털끝만치도 안 드나?

아킬레스 : 뭐라고? 아, 그래. 회의적이야. 에, 물론 그렇지. 자네는, 게 선생이 그런 편지를 받았다는 사실을 내가 믿는다고는 생각하지 않지? 나는 어떤 것에도 속아 넘어가지 않네. 따라서 그 편지를 받았던 사람은 자네, 거북 선생인 것이 틀림없네!

거북 : 오, 아니야, 아킬레스. 게 선생이 그 편지를 받았다는 그 부분은 정말이네. 내 말은 편지 내용, 그러니까 그 터무니없는 주장들에 대해서 자네가 회의적이지 않느냐는 뜻이었어.

아킬레스 : 내가 왜 회의적이어야 하지? 흐음……. 뭐, 물론, 회의적이지. 자네들 둘이 이제 알게 될 것처럼, 난 아주 회의적인 사람이야. 아무리 참이든 거짓이든, 그 어떤 것을 나에게 납득시키기는 아주 어렵지.

거북 : 말 한번 잘했어, 아킬레스. 자네는 분명히 자신의 사고 방식을 아는 것으로 따지면 일급이야!

아킬레스 : 친구들! 나주나마르의 이 주장들이 틀릴지도 모른다는 생각은 안 들었나?

게 : 솔직히 말이야, 아킬레스, 나 자신이 좀 보수적이고 정통파이기 때문에 편지를 처음 받았던 순간, 바로 그 점에 관심을 가졌네. 실은, 처음에는 말짱 사기가 아닐까 하는 의심이 들었지. 하지만 다시 생각해보니, 기이해 보이고 복잡한 그런 수학적 결과를 순전히 상상력으로만 만들어낼 수 있을 사람들은 그리 많지 않을 것 같다는 생각이 들었어. 사실 문제의 핵심은 이런 의문이었네 : "어느 쪽이 더 가능성이 높을까 : 비상한 재주를 가진 사기꾼일까, 아니면 위대한 천재 수학자일까?" 얼마 후, 분명히 전자가 가능성이 높다는

걸 깨달았네.

아킬레스 : 하지만 자네는 그의 놀라운 주장들을 하나도 직접 검토하지는 않았잖아?

게 : 내가 왜 검토해야 하지? 가능성 논거는 내가 생각했던 것들 중 가장 설득력 있는 것이었어. 어떤 수학적 증명도 그것과 맞먹을 수 없네. 하지만 거북 선생은 여기서 엄밀성을 고집했지. 나는 결국 그의 고집에 굴복했고 나주나마르의 결과들을 모조리 검토했어. 정말 놀랍게도 그 결과들은 전부 옳았네. 하지만 그 친구가 어떻게 그 결과들을 발견했는지 나는 결코 알아내지 못할 거야. 그는 여기 서양에 사는 우리로서는 감도 못 잡을, 놀랍고도 불가해한 동양형의 통찰력을 가졌음이 틀림없어. 지금으로서는 그것만이 내가 이해할 수 있는 유일한 이론이라네.

거북 : 게 선생은 언제나 신비주의적이거나 환상적인 설명을 나보다 좀더 받아들이는 편이었어. 내가 전적으로 확신하건대, 나주나마르가 나름대로 행한 것이 무엇이건 그것과 완전히 평행관계인 것이 정통 수학 안에 있다네. 내 견해로는 말이야, 우리가 지금 알고 있는 것과 근본적으로 다른 수학을 하는 방법은 없네.

아킬레스 : 그거 흥미로운 견해로군. 내 생각에, 그건 처치-튜링 테제와 그것과 연관된 주제들과 어떤 관계가 있어.

게 : 자, 이렇게 화창한 날, 이런 전문적인 문제는 접어두고 숲의 고요함과 새들의 지저귐 그리고 신록에 내려앉는 빛줄기나 즐겨보세!

거북 : 찬성하네. 어쨌든, 모든 거북은 대대손손 이런 자연의 기쁨을 한껏 즐겨왔어.

게 : 모든 게도 대대손손 그래왔어.*

아킬레스 : 자네 혹시 플루트를 가져오지 않았나, 게 선생?

게 : 물론 가져왔지! 난 어딜 가나 플루트를 가지고 다녀. 한두 곡 듣고 싶나?

아킬레스 : 이 목가적인 배경에서, 참 멋지겠군. 자네는 곡을 외워서 연주하나?

게 : 슬프게도, 그건 내 능력 밖의 일이야. 악보를 봐야만 하네. 하지만 문제없어. 여기 이 서류철에 아주 흥겨운 곡의 악보가 몇 개가 있거든.

---

* 마그니피카트 D 장조에 나오는 "Omnes, omnes generationes"에 대한 말장난이다.

(얇은 서류철을 열고 종이 몇 장을 꺼낸다. 맨 윗장에 다음과 같은 기호가 적혀 있다 :

$$\forall a:\sim Sa=0$$

그는 플루트에 붙은 작은 보면대에 악보 맨 윗장을 끼우고 연주한다. 아주 짧은 선율이다.)

아킬레스 : 매력적이었어. (플루트 위에 있는 악보를 유심히 쳐다보고서는, 놀란 표정이 얼굴에 퍼진다.) 플루트에 저렇게 붙어 있는 저 수론 명제는 뭔가?

(게는 자신의 플루트를 보고, 악보를 보고, 머리를 빙글 돌린다. 그리고 약간 당황한 듯 보인다.)

게 : 무슨 말인지 모르겠군. 수론의 어떤 명제 말인가?
아킬레스 : "0은 그 어떤 자연수의 다음수도 아니다." 바로 거기, 자네의 플루트에 달린 보면대에 말이야!
게 : 그건 제3 피아노 공준*이야. 모두 다섯 개가 있는데 그 공준들을 전부 플루트 곡으로 편곡했지. 그것들은 자명(自明)해. 하지만 호소력이 있어.
아킬레스 : 내게 자명하지 않은 것은 수론의 명제가 어떻게 음악으로서 연주될 수 있냐는 점이야.
게 : 다시 말하겠네. 그건 수론의 명제가 아니야, 피아노 공준이라고! 다른 곡을 들어볼 텐가?
아킬레스 : 황홀해질 거야.

(게가 다른 종이를 플루트 보면대에 끼우자, 이번에는 아킬레스가 더 자세히 들여다본다.)

에, 자네 눈을 보았는데, 악보 위에 적힌 공식들을 쳐다보고 있더군. 자네는

---

* '페아노 공리계(Peano 公理系)'에 대한 말장난이다. 페아노 공리계는 자연수를 정의하는 5개의 공리들이다. 원문은 postulate이라고 되어 있다. 공리와 공준을 엄격히 구분하려는 것 같다.

그게 음악 기보법이라고 확신하나? 맹세컨대, 그것은 사람들이 수론의 형식
화된 버전에서 사용할 표기법과 놀랍도록 닮았네.

게 : 참 이상한 일이군! 하지만 그건 분명히 음악이야. 그 어떤 종류의 수학적 명
제도 아니라고. 내가 알 수 있는 한에서는 말이야! 물론 나는 어느 모로 보
나 수학자는 아니지만 말일세. 다른 곡들을 듣겠나?

아킬레스 : 아무렴, 좋고말고! 다른 곡들이 있는가?

게 : 많지!

(새 종이를 꺼내 플루트에 고정한다. 거기에는 다음과 같은 기호가 적혀 있다 :

$$\sim\exists a:\exists b:(SSa \cdot SSb)=SSSSSSSSSSSSS0$$

게가 그것을 연주하는 동안, 아킬레스는 찬찬히 들여다본다.)

멋지지 않아?

아킬레스 : 그래, 듣기 좋은 소품이 틀림없군. 하지만 유감스럽게도, 내 눈에는
더욱더 수론처럼 보인다네.

게 : 맙소사! 이건 내가 보통 쓰는 기보법이야. 별거 아니라고. 나는 자네가 어떻
게 음에 대한 직접적인 표현에서 이 모든 음악 외의 함축된 의미를 읽어내는
지 도무지 모르겠군.

아킬레스 : 내가 직접 작곡한 곡을 하나 연주해보면 어때, 싫지는 않겠지?

게 : 천만에. 지금 가지고 있나?

아킬레스 : 당장은 없어. 하지만 선율 몇 개를 혼자서 작곡할 수 있을 것 같은 예
감이 드는데.

거북 : 자네에게 꼭 말해줘야겠는데, 아킬레스. 게 선생은 다른 사람들이 작곡한
음악에 가혹한 평가를 내린다네. 행여 게 선생이 자네의 노력에 열광적으로
반응하지 않더라도 실망하지 말게.

아킬레스 : 미리 일러줘서 고맙네. 어쨌든 기꺼이 하나 작곡해보겠네⋯⋯.

(그는 다음과 같이 적는다 :

756

$$((SSSO \cdot SSSO)+(SSSSO \cdot SSSSO))=(SSSSSO \cdot SSSSSO)$$

게는 그것을 집어 들어 잠시 보고는, 보면대에 꽂고 플루트를 분다.)

게 : 이야. 아주 멋진 곡이군, 아킬레스. 난 낯선 리듬을 즐기거든.

아킬레스 : 그 곡의 리듬 어디가 낯선가?

게 : 오, 작곡가로서의 자네에게는 자연히 아주 단조롭게 들릴 수밖에 없지. 하지만 내 귀에는 3/3 박자에서 4/4 박자로 그리고 다시 5/5 박자로 바뀌는 게 아주 이국적으로 들린다네. 다른 노래들도 있으면, 기꺼이 연주해보고 싶네.

아킬레스 : 고맙네. 전에 작곡해본 적이 전혀 없는데, 정말이지 작곡은 내가 상상했던 것과 전혀 다른 일이야. 또 하나 해보겠네. (그는 급히 한 줄을 적는다.)

$$\sim\exists a{:}\exists b{:}(SSa \cdot SSb)=SSSSSSSSSSSSSSO$$

게 : 흠……. 이건 아까 연주한 내 작품과 똑같은 것 아닌가?

아킬레스 : 오, 같지 않아! S를 하나 더 붙였어. 자네는 S가 내리 열세 개인데 난 열네 개라네.

게 : 오, 그래. 그렇군. (게는 그 곡을 연주하는데, 아주 심각해 보인다.)

아킬레스 : 내 작품이 싫지 않았으면 좋겠는데!

게 : 미안하지만 말이야, 아킬레스. 자네는 본보기로 삼은 내 작품의 미묘함을 전혀 파악하지 못했어. 하긴 자네가 내 작품을 듣자마자 이해하길 바라는 건 무리지. 사람들이 미의 근원에 뭐가 있는지 늘 이해하는 건 아니야. 한 작품의 피상적 측면들을 그 작품의 아름다움으로 오해하고서는 모방하기 쉬운데, 사실 아름다움 자체는 음악 속에 깊숙이 잠겨 있어 언제나 분석을 피해가는 것 같네.

아킬레스 : 미안하지만 자네의 박학다식한 설명이 좀 이해 가지 않네. 내 곡이 자네의 고매한 기준에 미치지 못한다는 점은 알겠네만, 내가 엇나간 곳이 정확히 어디인지 모르겠어. 내 작곡의 어디에 흠이 있는지 좀 구체적으로 말해줄 수 있나?

게 : 아킬레스, 자네의 작품을 되살려낼 유일한 방법은 말이야, 끝부분에 길게 나열된 S에 또다른 S 세 개를 추가하는 거지. 다섯 개를 붙여도 될 거야. 그

러면 미묘하고 독특한 효과가 나타날걸.

아킬레스 : 알았어.

게 : 그런데 자네의 곡을 바꾸기 위해서 선택할 만한 다른 방법들도 있어. 나 개
인적으로는, 맨 앞에 또하나의 틸드('~')를 붙이는 게 가장 좋을 것 같아. 그
렇게 하면 시작과 끝 사이에 멋진 균형이 이루어질 거야. 틸드 부호 두 개를
연달아 두면, 틀림없이 곡에 유쾌한 작은 전환을 가져다준다네.

아킬레스 : 자네의 두 제안을 모두 받아들여서 다음과 같은 곡을 만들면 어떨까?

$$\text{~~ㅋa:ㅋb:(SSa·SSb)=SSSSSSSSSSSSSSSSSSO}$$

게 : (고통스럽게 얼굴을 찡그리며) 자, 아킬레스, 다음과 같은 교훈을 명심하게:
어떤 곡이든 곡 하나에 절대로 너무 많은 것을 넣으려 하지 말게! 더 이상 개
선될 수 없는 그런 지점이 늘 있네. 더 개선하려 하면 실은 그것을 망치게 될
거야. 이번 사례가 바로 그런 경우야. 나의 두 제안을 통합한다는 자네의 발
상은 원하는 만큼의 추가적인 아름다움을 만들어내지 않고 되레 정반대로
불균형을 초래해 모든 매력을 송두리째 앗아간다네.

아킬레스 : 자네의 곡에는 S가 열세 개이고 내 곡에는 열네 개니까 두 곡이 아주
비슷한데, 자네에게는 어째서 두 곡의 음악적 가치가 아주 다르게 보인다는
거지? 사소한 점만 빼면, 두 곡이 똑같은데 말이야.

게 : 원, 세상에! 자네의 곡과 내 곡은 하늘과 땅 차이라고. 아마 이게 정신이 느
낄 수 있는 것을 언어로 전달할 수 없는 경우일 거야. 감히 말하건대 사실,
곡을 아름답게 하는 것이 무엇인지 상세하게 기술하는 규칙들이란 없고, 그
런 규칙들은 있을 수도 없을 거야. 아름다움에 대한 감각은 의식이 있는 마
음의 배타적 영역이라네. 그 마음은 삶의 경험을 통해서 단순한 규칙들에 의
한 설명을 초월하는 깊이를 얻게 되지.

아킬레스 : 미의 본질에 대한 이 생생한 설명을 늘 명심하겠네. 참에 대한 개념에
도 마찬가지로 비슷한 어떤 것이 적용될 것 같은데.

게 : 분명히 그렇지. 참과 미는 서로 연관되어 있으니까. 마치—

아킬레스 : 에, 마치 수학과 음악 사이처럼 말인가?

게 : 오, 내가 하려던 말이 바로 그거였어! 내가 그걸 생각하고 있었다는 걸 어떻

게 알았지?

거북 : 아킬레스는 아주 총명하다네, 게 선생. 그의 통찰력을 결코 과소평가하지 말게.

아킬레스 : 특정한 수학 명제의 참 또는 거짓 그리고 관련된 음악작품의 아름다움 또는 아름다움의 결핍 사이에 어떤 관계가 있을 수 있다는 건가? 아니면 그것은 현실에 바탕을 두지 않은 나의 터무니없는 공상에 불과한가?

게 : 내게 묻고 있는 것이라면, 그건 얘기를 너무 멀리 끌고 가는 것이네. 내가 음악과 수학의 상호관련성을 말했을 때, 아주 비유적으로 말하고 있었던 거야. 특정한 음악작품과 특정한 수학 명제 사이의 직접적인 관련성에 대해서는, 나는 그 가능성에 대해서 극히 심각한 의심을 품고 있다네. 주제 넘는 일일지 모르지만, 그런 쓸데없는 추측에 너무 많은 시간을 쏟지 말 것을 충고하네.

아킬레스 : 자네 말이 분명히 맞아. 그건 아주 무익할 거야. 어떤 새로운 곡들을 작곡함으로써 내 음악적 감수성을 연마하는 데에 집중해야 하겠지. 자네, 기꺼이 내 음악 선생이 되어 지도해주지 않겠나, 게 선생!

게 : 음악의 이해를 향해 나가는 자네의 발걸음에 도움이 된다면 나 또한 매우 행복하겠네.

(아킬레스는 손에 펜을 쥐고, 옆에서 보기에 엄청난 집중력을 쏟아 곡을 쓴다 :

$$∧00a∀'∨~∧∧:b+cS(ƎƎ=0∩⊃((~d)<∨(∀S•+(>∨$$

게가 화들짝 놀란 것 같다.)

자네는 정말로 나더러 저-저-좌우간 그게-뭐든-저 곡을 연주하란 말인가?

아킬레스 : 오, 연주해보게!

(게는 연주하는데, 아주 쩔쩔맨다.)

거북 : 브라보! 브라보! 존 케이지가 자네가 가장 좋아하는 작곡가 맞지, 아킬

레스?

아킬레스 : 사실, 그는 내가 가장 좋아하는 반(反)작곡가야. 어쨌든 자네가 내 음악을 좋아해서 기쁘네.

게 : 자네 둘은 그따위 완전히 무의미한 불협화음을 듣는 걸 재미있다고 생각하는군. 분명히 말하는데, 민감한 작곡가는 그따위 괴롭고 공허한 불협화음과 무의미한 리듬에 노출되는 게 전혀 즐겁지 않네. 아킬레스, 나는 자네가 훌륭한 음악적 감각을 가졌다고 생각했네. 이전 작품이 멋있던 건 그저 우연일까?

아킬레스 : 오, 용서하시게, 게 선생. 자네의 악보 기보법의 한계를 살펴보던 중이었네. 내가 어떤 유형의 음표를 배열할 경우, 어떤 종류의 소리가 나오는지 그리고 다양한 양식으로 작곡된 곡들을 자네가 어떻게 평가하는지 직접 알고 싶었네.

게 : 에헤헴! 난 자동 음악기계가 아니야. 음악 쓰레기를 치우는 오물처리기도 아니란 말이야.

아킬레스 : 정말 미안하네. 하지만 그 소품을 작곡하면서 아주 많은 것을 배웠다는 느낌이네. 그래서 그 발상을 시도하지 않았다면 할 수 있었을 것보다 훨씬 더 낫게 작곡할 수 있다고 확신한다네. 자네가 내 곡을 그저 하나 더 연주한다면, 내 음악적 감수성에 대해서 더 잘 느끼게 될 거라고 크게 기대하네.

게 : 음, 좋아. 곡을 한번 써보게. 기회를 한번 줌세.

(아킬레스는 곡을 쓴다 :

$$\forall a:\forall b:<(a\cdot a)=(SS0\cdot(b\cdot b))\supset a=0>$$

그리고 게가 연주한다.)

자네 말이 맞았어, 아킬레스. 자네는 예리한 음악적 감각을 완전히 회복한 것 같군. 이거야말로 깜찍한 명곡일세! 어떻게 이런 곡을 작곡해냈지? 이런 건 전혀 들어본 적도 없는걸. 이 곡은 모든 화성규칙을 따르면서도, 뭐랄까, 어떤 불합리한 매력이 있군. 딱 꼬집어 말할 수는 없지만, 바로 그래서 내 맘에 들어.

아킬레스 : 나도 자네가 이 곡을 좋아할 거라고 어느 정도 생각했어.

거북 : 혹시 그 작품에 제목이 있나, 아킬레스? "피타고라스의 노래"라고 해도 좋을 것 같은데. 자네는 피타고라스와 그의 추종자들이 음악의 음(音)을 연구했던 최초의 인물들이었다는 것을 기억하겠지.

아킬레스 : 그래, 맞아. 그거 아주 멋진 제목이 되겠군.

게 : 두 제곱수의 비(比)가 결코 2가 될 수 없음을 발견한 최초의 인물도 피타고라스가 아니었나?

거북 : 맞다고 생각하네. 당시에는 그것을 정말로 불길한 발견이라고 생각했지. 왜냐하면 그전까지는 정수의 비가 아닌 수—이를테면 2의 제곱근 같은 수—들이 있다는 사실을 아무도 깨닫지 못했거든. 그 발견은 피타고라스 학파에게 큰 동요를 일으켰네. 그들은 이런 수들의 발견이 수라는 추상세계에 뜻밖의 기괴한 결함이 있다는 점을 드러냈다고 느꼈지. 하지만 이 무슨 자다가 봉창 두드리는 소리인지 모르겠네.

아킬레스 : 창 얘기가 나왔으니, 우리 앞의 저 위에 보이는 창이 넓은 저게 그 찻집인가?

거북 : 그래, 저게 그 찻집이야, 맞아. 몇 분만 가면 도착할 걸세.

아킬레스 : 흠……. 그 정도 시간이면, 오늘 아침에 내가 탔던 택시의 기사가 틀어준 라디오에서 흘러나온 곡조가 있는데, 그걸 자네에게 휘파람으로 불어줄 만한 충분한 시간이네. 그게 이런 곡조였지.

게 : 잠깐 기다리게. 서류철에서 종이를 몇 장을 가져와서 자네의 선율을 받아 적을게. (서류철 속을 뒤지다 백지를 한 장 찾아낸다.) 불어봐, 준비되었네.

(아킬레스가 좀 긴 곡조를 휘파람으로 불어대자, 게는 허겁지겁 따라 적는다.)

끝부분 몇 소절을 다시 불어주겠나?

아킬레스 : 그러지.

(몇 번을 반복하고 나서 휘파람 연주가 완전히 끝났다. 그러자 게는 자신이 받아 적은 것을 자랑스럽게 보여준다.

$$<((SSSSS0 \cdot SSSSS0)+(SSSSS0 \cdot SSSSS0))=((SSSSSSS0 \cdot SSSSSSS0)+(S0 \cdot S0)) \wedge$$

$$\sim \exists b:<\exists c:(Sc+b)=((SSSSSSS0 \cdot SSSSSSS0)+(S0 \cdot S0)) \wedge \exists d:\exists d':\exists e:\exists e':<\sim<d=e \vee$$

$$d=e'> \wedge <b=((Sd \cdot Sd)+(Sd' \cdot Sd')) \wedge b=((Se \cdot Se)+(Se' \cdot Se'))>>>>$$

그러고 나서 게가 그것을 연주한다.)

거북 : 이거 아주 독특한 음악이군, 안 그래? 내게는 살짝 인도풍 음악으로 들리
　　　는데.

게 : 인도풍으로 보기에는 너무 단순한 것 같아. 물론 나는 그런 것들에 대해서
　　는 거의 모르지만 말이야.

거북 : 자, 여기 찻집에 다 왔네. 우리 여기 바깥쪽, 베란다*에 앉을까?

게 : 자네만 괜찮다면, 나는 안으로 들어가고 싶은데. 오늘은 햇볕을 충분히 쬐
　　었거든.

(그들은 찻집 안으로 들어가 멋진 나무 탁자에 앉아 다과를 주문한다. 아주 맛나
보이는 생과자를 담은 서빙 카트가 오고, 각자 제일 좋아하는 과자를 집는다.)

아킬레스 : 그런데, 게 선생. 내가 방금 머릿속에서 작곡한 다른 작품을 자네가
　　　　　어떻게 생각하는지 알고 싶은데.

게 : 내게 보여주겠나? 여기, 냅킨 위에 적어보게.

(아킬레스는 그 곡을 적는다 :

$$\forall a:\exists b:\exists c:<\sim \exists d:\exists e:<(SSd \cdot SSe)=b \vee (SSd \cdot SSe)=c> \wedge (a+a)=(b+c)>$$

게와 거북은 그것을 흥미를 가지고 살펴본다.)

거북 : 이게, 자네 생각으로는, 또 하나의 아름다운 작품인가, 게 선생?

게 : 에, 그러니까. (자기 의자에서 자세를 바꾸어 앉는데, 표정이 좀 언짢아 보인다.)

---

* 베란다(verandah)는 원래 인도어이다.

아킬레스 : 문제가 있나? 이 곡이 아름다운지를 결정하기가 다른 곡에 비해 더 어려운가?

게 : 음, 아니, 그건 아니야. 전혀 아니야. 다만 말이야. 에……. 다만 내가 실제로 곡을 **듣고** 나서야 그 곡을 얼마나 좋아하는지 말할 수 있네.

아킬레스 : 그럼 진행하지. 연주해보게! 자네가 그 곡을 아름답다고 생각할지 어 떨지 알고 싶어 죽겠어.

게 : 물론, 자네를 위해서 그걸 연주하면 엄청 기쁠거야. 다만 한 가지…….

아킬레스 : 날 위해서 연주할 수 없나? 문제가 뭐지? 왜 머뭇거리고 있는 건가?

거북 : 아킬레스, 모르겠는가, 게 선생이 자네의 요청을 들어주면, 이 근사한 찻 집에 온 손님들과 종업원에게 대단히 무례하고 폐를 끼칠 거라는 걸?

게 : (갑자기 안도하는 기색으로) 맞아. 우리의 음악을 다른 사람들에게 강요할 권리는 없어.

아킬레스 : (낙심하여) 오, **피이**, 나는 게 선생이 이 곡을 어떻게 생각하는지 너무 너무 알고 싶었는데.

게 : 휴우, 하마터면 큰일 날 뻔했다.

아킬레스 : 그게 뭔 말인가?

게 : 아니, 아무것도 아니야. 그냥 저쪽 종업원이 다른 종업원과 부딪혀서 차가 가득 담긴 주전자를 어느 부인의 무릎에 거의 쏟을 뻔했을 뿐이야. 간신히 사고를 면했네. 자네는 어떻게 생각하나, 거북 선생?

거북 : 아주 좋은 차들이로군. 안 그런가, 아킬레스?

아킬레스 : 오, 그래. 1등급 차들이로군.

게 : 확실히 그래. 그건 그렇고, 자네들 둘의 사정은 잘 모르겠지만, 난 이만 가 야겠네. 이 산 반대편에 있는 우리 집까지 가는 길이 멀고 가팔라서 말이야.

아킬레스 : 이 산이 커다란 절벽이라는 건가?

게 : 그렇다네, 아킬레스.

아킬레스 : 알았어. 에, 나도 잘 유념해야겠군.

게 : 아주 즐거운 오후였어, 아킬레스. 다른 날, 더 많은 작곡을 교환하길 진심으 로 기대하네.

아킬레스 : 나도 그러기를 손꼽아 기다리겠네, 게 선생. 자, 잘 가게!

거북 : 잘 가게, 게 선생.

(게는 자기 집 쪽의 산 경사면을 내려간다.)

아킬레스 : 저기 똑똑한 친구가 가는군……. 내 판단으로는, 게 선생은 살아 있
　　는 다른 어느 게보다 적어도 네 배는 똑똑해. 아니, 다섯 배일지도 모르겠군.
거북 : 자네가 처음에 말했던 것처럼, 그리고 아마 영원히 말하게 될 것처럼, 끝없
　　는 말을.

제17장

처치, 튜링, 타르스키 등

형식체계와 비형식체계

이제 이 책의 주요 주제들 가운데 하나를 전개할 수 있는 지점에 이르렀다 : 그 주제는 사고의 모든 측면은 어떤 체계에 대한 높은 층위의 기술로서 볼 수 있는데, 낮은 층위에서는 단순한, 심지어 형식적인 규칙들이 그 체계를 지배한다는 것이다. 그 "체계"란, 컴퓨터 회로 같은 다른 매체에서 흐르는 사고과정을 언급하는 경우가 아니라면, 물론 뇌를 말한다. 그 이미지는 "비형식적 체계"의 바탕을 이루는 형식체계라는 이미지이다. 비형식체계란 말장난을 하거나 수의 패턴을 발견하는 일, 이름을 잊어버리거나 체스에서 끔찍한 실수를 범하는 일 따위를 할 수 있는 체계이다. 이것은 우리가 외부로부터 보는 것, 즉 체계의 비형식적인, 밖으로 드러난, 소프트웨어 층위이다. 이와 대조적으로 체계에는 형식적인, 은폐된, 하드웨어 층위(또는 "기층[substrate]")도 있다. 하드웨어 층위는 엄청나게 복잡한 메커니즘인데, 그 안에 물리적으로 구현된 명확한 규칙들에 따라서, 그리고 그것에 영향을 주는 입력 신호에 따라서, 상태들이 변화한다.

뇌에 대한 이와 같은 시각은, 말할 것도 없이, 많은 철학적인 결과와 그밖의 결과들을 낳는다. 나는 이 장에서 그 결과들 중 일부를 자세히 설명하겠다. 무엇보다도 이러한 시각은 뇌가, 본질적으로는 일종의 "수학적" 대상이라는 것을 의미하는 것 같다. 그런데 실제로는 뇌를 이렇게 보는 방식은 기껏해야 매우 어색한 방식이다. 그 이유는 다음과 같다. 비록 뇌가 기술적인 그리고 추상적인 의미에서 일종의 형식체계라고 하더라도, 수학자들은 모든 것이 극도로 명확하게 정의된 단순하고 우아한 체계들만 가지고 작업한다는 것이 여전히 진실이다. 그런데 뇌는 그것과는 매우 다르게 백억 개 또는 그 이상의 준독립적 뉴런들이 반(半)-무작위로 서로 연결되어 있다. 그래서 수학자들은 진짜 뇌의 신경망을 결코 연구하려고 하지 않을 것이다. 그래서 "수학"을 수학자들이 즐겨 하는 것이라고 정의한다면, 뇌의 성질들은 수학적이지 않다.

뇌 같은 복잡한 체계를 이해하는 유일한 방법은 더욱더 높은 층위들에서 그 체계를 덩이 짓는 것이다. 그로 인해서 층위가 높아질 때마다 일부 정확도는 떨어진다. 최상 층위에 나타나는 "비형식체계"는 너무나도 많은 이러한 복잡한 규칙을 따르고 있어서 우리는 아직 그것에 대해서 생각할 어휘조차 없다. 그리고 그것이 인공지능 연구에서 발견하기를 바라고 있는 것이다. 인공지능 연구는 수학 연구와 분위기가 상당히 다르다. 그럼에도 불구하고 수학과 느슨하게 연계되어 있다 : 인공지능 연구자들 중에는 종종 강력한 수학적 배경을 가진 사람들이 있고, 수학자들은 때때로 자신들의 뇌 작동에 흥미를 가진다. 스타니스와프 울람*의 자서전인 『수학자의 모험(Adventures of a mathematician)』에서 인용한 다음 구절이 이 점을 잘 보여준다 :

> 내가 보기에는, 연상의 본질을 밝혀내는 데에 실험 수단을 제공하는 컴퓨터를 사용하여 더 많은 것을 할 수 있을 것 같다. 그런 연구는 개념, 기호, 기호의 부류, 부류들의 부류 등의 단계적 변화를 틀림없이 끌어들일 텐데, 수학이나 물리 구조의 복잡성도 이와 똑같은 방식으로 연구된다.
>
> 사고의 연쇄에는 어떤 묘수, 즉 재귀식이 있음이 틀림없다. 뉴런-군(群)은 때로는 외부로부터의 자극이 없어도 자동으로 작동하기 시작한다. 사고의 연쇄는 성장 패턴을 가지는 일종의 반복적 과정이다. 그것은 뇌의 여기저기를 돌아다니는데, 그것이 일어나는 방식은 비슷한 패턴들의 기억에 의존하는 것임이 틀림없다.[1]

직관과 위대한 게**

인공지능(Artificial Intelligence)을 말할 때 흔히 "AI"라고 한다. 이 용어의 의미를 설명하려고 할 때, 나는 "AI"라는 철자가 "인공 직관(Artificial Intuition)"이나 심지어 "인공 심상(Artificial Imagery)"의 약어가 될 수 있을 것이라고 말한다. 인공지능 연구의 목표는, 매우 복잡한 상황에서 인간의 마음이 무수히 많은 대안들 중에서 어떤 대안이 가장 유의미한가를 조용히 눈에 띄지 않게 선택할 때 무슨

---

* 스타니스와프 울람(1909-1984)은 오스트리아령 르보프(현재 우크라이나) 태생의 미국 수학자이다. 수소폭탄의 설계 및 컴퓨터의 발전에 크게 기여했다.
** 마그니피카트(Magnifikat)에 빗대어 위대한 게(Magnificent Crab)로 표현한 말장난이다.
1) Stanislaw Ulam, *Adventures of a Mathematician*, p. 13.

일이 일어나는지를 파악하는 것이다. 실생활의 많은 상황에서 연역적 추론은 부적절하다. 연역적 추론이 **틀린** 대답을 주기 때문이 아니라, 옳기는 하지만 **상관 없는** 진술들을 지나치게 많이 만들 수 있기 때문이다 : 추론만으로 충족시키기에는 동시에 고려해야 할 일들이 너무도 많다. 아래의 짤막한 대화를 살펴보라 :

"최근에 내가 신문에서 읽었는데⋯⋯."

"아하, 자네가 신문을 읽고 있었다고? 자네에게 두 눈이 있다는 얘기군. 또는 적어도 눈 **하나는** 말이야. 더 정확히 말하면, 자네는 **당시에** 적어도 눈이 하나 있었다는 얘기군."

판단 감각—즉 "여기에서 무엇이 중요하고 무엇이 중요하지 않은가?"—이 요구된다. 이것과 결부된 것이 단순성에 대한 감각과 아름다움에 대한 감각이다. 이 직관들은 어디에서 오는가? 그것들은 밑바탕에 있는 형식체계로부터 어떻게 발생할 수 있는가?

"위대한 게" 편에서 게의 비범한 심적 능력이 드러났다. 자신의 능력에 대한 게 자신의 해석은, 음악을 듣고 **아름다움**과 **아름답지 못함**을 구별하는 능력일 뿐이라는 것이다(분명히 게에게는 명확한 구분선이 있다). 한편 아킬레스는 게의 능력을 기술하는 다른 방법, 즉, 게는 수론의 명제들을 **참**과 **거짓**의 범주로 나눈다는 것을 발견한다. 그러나 게는 자신이 그렇게 한다면, 그것은 100퍼센트 우발적인 것이라고 주장한다. 왜냐하면 게가 인정하는 바에 따르면, 자신은 수학을 못하기 때문이다. 그러나 게가 보여주는 수행 성과가 아킬레스에게 더욱 불가사의하게 느껴지는 것은, 그것이 아킬레스가 익히 알고 있는 다음과 같은 메타수학의 유명한 결과를 곧장 위반하는 것처럼 보이기 때문이다 :

처치의 정리(Church's Theorem) : TNT의 정리들과 비정리들을 구별하는 무오류의 방법은 없다.

이 정리는 1936년 미국의 논리학자 알론조 처치가 증명했다. 이와 밀접한 정리가 하나 더 있는데, 그것을 타르스키-처치-튜링 정리(Tarski-Church-Turing Theorem)라고 부르겠다 :

타르스키-처치-튜링 정리 : 수론의 참 명제들과 거짓 명제들을 구별할 수 있는 무
오류의 방법은 없다.

처치-튜링 테제

처치의 정리와 타르스키-처치-튜링 정리를 더 잘 이해하려면, 일단 그 정리들의
바탕이 된 아이디어들 가운데 하나부터 먼저 설명해야 한다. 바로 **처치-튜링 테
제**이다(종종 "처치의 테제"라고 한다). 왜냐하면 처치-튜링 테제는 분명히 수학,
뇌 및 사고에 대한 철학에서 가장 중요한 개념들 가운데 하나이기 때문이다.

사실, 처치-튜링 테제는 차(茶)처럼 다양한 강도로 제공될 수 있다. 그래서 나
는 그 테제를 다양한 버전들로 표현하고 그것들이 의미하는 바를 생각할 것이다.

첫 번째 버전은 아주 순수해 보이지만 실은 거의 무의미하다 :

처치-튜링 테제, 동어반복 버전 : 수학 문제들은 수학을 함으로써만 해결할 수 있다.

물론 이 버전의 의미는 이 문장을 구성하는 용어의 의미에 자리잡고 있다. "수학
문제"란 어떤 수에, 특정한 산술적 속성이 있는지 또는 없는지 결정하는 문제를
뜻한다. 괴델 수 매기기와 그것과 관련된 코드화 기법을 통해서 수학의 모든 분
야의 거의 모든 문제가 특정한 산술적 속성이 있는지 또는 없는지 결정하는 형태
로 표현될 수 있는 것으로 판명되었고, 그래서 "수학 문제"라는 말은 보통의 의
미를 유지한다. 그러면 "수학을 하는 것"이란 무슨 뜻인가? 어떤 한 수에 어떤 한
속성이 있는지 여부를 알아내려고 할 때, 우리가 조합해서 반복해 사용하는 연산
들은 몇 개뿐―즉 덧셈, 곱셈, 등식이 성립하는지 점검하기―인 것 같다. 다시 말
하면, 그런 연산들로 이루어진 반복작업이 수의 세계를 탐구하는 데에 우리가 가
진 유일한 도구인 것 같다. "……인 것 같다"는 표현에 유의하라. 이것은 처치-튜
링-타르스키 테제에 관련되어 있는 결정적인 표현이다. 다음은 개정된 버전이다.

처치-튜링 테제, 표준 버전 : 의식을 가진 존재가 수들을 두 부류로 가르기 위해서
따르는 방법이 하나 있다고 해보자. 나아가, 이 방법이 한정된 시간 안에 항상 해
답을 내놓으며, 주어진 수에 대해서 항상 똑같은 해답을 내놓는다고 해보자. 그러

면 : 그 방법으로 의식을 가진 존재가 내놓는 것과 똑같은 해답을 내놓는 어떤 정지하는 FlooP 프로그램(즉 일반재귀함수[general recursive function])이 존재한다.

그 핵심 가설은, 더 명확히 말하면, 수들을 두 종류로 나누는 어떠한 정신적 과정이라도 FlooP 프로그램의 형태로 기술할 수 있다는 것이다. 우리는 직관적으로, FlooP로 된 도구들 외에 다른 도구는 없으며, 이 수단을 사용하는 데에 무제한의 반복 (FlooP에서는 허용된다) 이외의 방법은 없다고 믿는다. 처치-튜링 테제는 수학의 정리라는 관점에서 보면 증명할 수 있는 사실이 아니다. 그 테제는 인간의 뇌가 사용하는 과정들에 대한 가설이다.

"공개(公開)" 과정 버전

이제 어떤 사람들은 바로 앞의 버전이 너무 많은 것을 주장한다고 느낄지도 모른다. 그래서 다음과 같이 반박할지도 모른다 : "게와 같은 어떤 사람이 있을 것이다. 그는 거의 신비한 수학적 통찰력을 가지고 있지만, 다른 사람들과 마찬가지로 자신의 특이한 능력의 메커니즘에 대해서는 알지 못한다. 그리고 아마도 그 사람의 정신 메커니즘은, FlooP에는 그것에 필적할 만한 상응물이 없는 그런 조작들을 수행할 것이다." 이 생각은, 의식적인 과정들을 초월하는 것들, 즉 기초적인 FlooP 조작들로는 어쨌든 표현할 수 없는 것들을 실행하기 위한 잠재의식적인 힘이 우리에게 있다는 것이다. 이런 반대자에 대해서, 우리는 공개 정신과정과 사적 정신과정을 구별하는 조금 약한 버전의 테제를 제시하고자 한다 :

처치-튜링 테제, 공개 과정 버전(Public-Process Version) : 의식을 가진 존재가 수들을 두 부류로 가르기 위해서 따르는 방법이 하나 있다고 해보자. 나아가, 이 방법이 한정된 시간 안에 항상 해답을 내놓으며, 주어진 수에 대해서 항상 똑같은 해답을 내놓는다고 해보자. 단서 : 또한 의식을 가진 한 존재가 언어를 통해서 의식을 가진 다른 존재에게 이 방법을 신뢰할 만하게 전달할 수 있다고 하자. 그러면 : 그 방법으로 의식을 가진 존재가 내놓는 것과 똑같은 해답을 내놓는 어떤 정지하는 FlooP 프로그램(즉 일반재귀함수)이 존재한다.

$$\frac{1}{1+\cfrac{e^{-2\pi\sqrt{3}}}{1+e^{-4\pi\sqrt{8}}}} = \left(\frac{\sqrt{5}}{1+\sqrt[5]{5^{3/4}\left(\frac{\sqrt{5}-1}{2}\right)^{6/2}-1}} - \frac{\sqrt{5}+1}{2} \right) e^{2\pi/\sqrt{5}}$$

그림 105. 스리니바사 라마누잔, 그리고 그가 생각한 기이한 인도 선율들 중의 하나.

이것은 공개 방법들이 "FlooP화될" 수 있다는 것을 말하지만, 사적 방법들에 대해서는 아무것도 주장하지 않는다. 이것은 사적 방법들이 FlooP화될 수 없다고는 말하지 않지만 적어도 그럴 수 있다는 여지를 남긴다.

스리니바사 라마누잔

처치-튜링 테제의 더욱 강력한 그 어떤 버전에도 반박하는 증거로서, 20세기 초반의 인도 출신의 유명한 수학자 스리니바사 라마누잔(1887-1920)의 경우를 보자. 라마누잔(그림 105)은 인도의 최남단 타밀나두 지방 출신으로, 수학이라고는 고등학교에서 약간 배웠을 뿐이었다. 어느 날, 그의 수학적 재능을 알아본 어떤 사람이 시대에 뒤진 해석학(解析學) 교과서 한 권을 그에게 선물해주었는데, 라마누잔은 그 책을 (비유적으로 말하면) 게걸스레 먹어 치웠다. 그리고 나서 라마누잔은 해석학의 세계에 독자적으로 진출하기 시작했으며, 스물세 살이

되던 해에 가치 있다고 생각한 얼마간의 발견을 했다. 그는 누구에게 의지해야 할지 몰랐는데, 어쩌다가 저 멀리 영국에 G. H. 하디라는 수학 교수에 대해서 듣게 되었다. 라마누잔은 자신이 거둔 최고의 성과들을 함께 엮어 종이 뭉치에 적고, 이 모든 것을 친구의 도움을 받아 영어로 쓴 동봉 편지와 함께 아무런 사전 통보도 못 받은 하디 교수에게 보냈다. 다음은 하디가 소포 꾸러미를 받았을 때의 반응을 술회한 것에서 일부 인용한 것이다.

> ……라마누잔은 훨씬 더 일반적인 정리들을 가지고 있으며, 상당히 많은 정리들을 숨기고 있었다는 것이 이내 분명해졌다……[어떤 공식들은] 나를 완전히 좌절시켰다. 당시까지 그것과 조금이라도 비슷한 것을 결코 본 적이 없었다. 한 번만 보아도 그 공식들은 최고 수준의 수학자만이 만들 수 있을 것이라는 것을 보여주기에 충분했다. 그 공식들은 참임이 틀림없다. 참이 아니라면, 누구도 그런 공식들을 창안할 정도의 상상력을 가졌을 리 없었을 것이기 때문이었다. 끝으로……이 편지를 써서 보낸 사람은 전적으로 정직함이 틀림없다. 왜냐하면 이러한 믿기 어려운 솜씨는 도둑놈이나 사기꾼보다는 위대한 수학자에게서 더 흔하기 때문이다.[2]

서신 왕래의 결과, 라마누잔은 하디의 후원으로 1913년 영국에 오게 되었다. 그 후 라마누잔이 서른세 살의 나이에 결핵으로 요절할 때까지 하디와의 집중적인 공동연구가 이어졌다.

라마누잔에게는 대부분의 수학자들과 확연히 구별되는 보기 드문 특징이 있었다. 그중 하나는 엄밀성이 부족했다는 점이다. 그는 매우 자주 어떤 결과들을 툭 내뱉고는 했는데, 그것은 의식적인 탐색 영역에서 훨씬 벗어난 막연한 직관적 원천으로부터 그에게 왔을 뿐이라고 계속 주장했다. 실제로 그는 여신 나마기리[*]가 꿈속에서 영감을 주었다고 종종 말했다. 이런 일이 반복해서 일어났으며, 그것을 더욱 불가사의하게—심지어 어떤 신비성을 부여하게조차—만든 것은 그의 "직관 정리들" 중 다수가 **오류**였다는 점이었다. 그런데 기묘한 역설적 효과가 있다. 때때로 당신이 생각하기에는 쉽게 속는 사람들을 조금 더 회의적이게

---

2) James, R. Newman, "Srinivasa Ramanujan", in James R. Newman 편, *The World of Mathematics* (New York: Simon and Schuster, 1956), Vol. 1, pp. 372-373.
* 인도 남부 타밀나두 지방에서 믿는 나마깔 신앙의 여신들 중의 하나이다.

만들 수밖에 없는 사건이, 쉽게 속는 사람들의 마음의 취약한 지점을 파고들고 인간 본성에 당혹스러운 비합리적 측면이 있다고 암시해서 그들을 감질나게 하며 실제로는 정반대의 효과를 가진다. 라마누잔의 실수가 바로 그런 경우였다 : 그런 종류의 어떤 것을 믿기를 갈망하는 학식 있는 많은 사람들이 라마누잔의 직관력을 진리로 통하는 신비한 통찰력의 증거로 간주했다. 그리고 그가 오류를 범할 수 있다는 사실이, 만일 어떤 것이든 있다면, 그런 믿음을 약화시키기는 커녕 되레 강화하는 것처럼 보였다.

물론 라마누잔이 인도의 가장 낙후된 곳 중 한 곳의 출신이라는 사실이 악영향을 끼치지는 않았다. 그곳에는 수도(修道)와 고행 및 인도의 기괴한 제의(祭儀)들이 몇 천 년 동안 행해져왔고, 고등수학을 가르치는 것보다도 여전히 더 자주 행해지고 있었다. 그런데 그가 종종 발휘한 번뜩이는 틀린 통찰은, 사람들에게 그도 인간일 뿐이라는 것을 비친 것이 아니라 역설적으로 라마누잔의 오류에는 늘 일종의 "더욱 심오한 올바름", 즉 서양 정신으로는 접근할 수 없는 진리를 다루는 "동양의 올바름"이 있다는 생각을 불어넣었다. 이 얼마나 매력 있고 거의 뿌리치기 힘든 생각인가! 라마누잔에게 아무 신통력도 없다고 부정하는 최초의 인물이 될 뻔했던 하디조차도 라마누잔의 실패들 가운데 하나에 대해서 한 번은 이렇게 썼다. "그러나 나는, 어떤 면에서는, 그의 실패가 그의 성공들 중 그 어떤 것 보다도 더 멋지지 않았다고 확신하지는 않는다."

라마누잔의 수학적 개성이 가지는 다른 탁월한 특징은 그의 동료 리틀우드가 말한 것처럼 "정수와의 친근성"이었다. 이것은 꽤 많은 수학자들이 어느 정도 공유하는 특징이었지만 라마누잔의 경우에는 훨씬 극단적이었다. 이 특별한 능력을 보여주는 일화들이 두 개 있다. 첫 번째 일화는 하디가 들려주었다 :

한번은 내가 퍼트니에 있는 병원에 입원해 있던 라마누잔에게 문병을 갔던 일이 기억난다. 나는 차량번호가 1729인 택시를 타고 갔는데, 나한테는 이 숫자가 좀 밋밋한 숫자처럼 보였고, 불길한 징조가 아니기를 바란다고 말했다. 그러자 라마누잔은 "아닙니다. 그 수는 아주 흥미 있는 수입니다. 그 수는 두 가지 다른 방식으로 두 개의 세제곱수를 더해서 표현할 수 있는 가장 작은 수입니다"라고 대답했다. 나는 그에게 자연스럽게, 네제곱수에 대한 상응하는 문제에 대해서도 해답을 아는지 물어 보았다. 그는 잠시 생각하더니, 명확한 예를 알 수는 없지만 그의 생

772

각에 그런 종류의 첫 번째 수는 매우 큰 수임이 틀림없다고 대답했다.[3]

네제곱수에 대한 해답은 다음과 같은 것으로 밝혀졌다.

$$635318657 = 134^4 + 133^4 = 158^4 + 59^4$$

독자들이 이보다 훨씬 쉬운 제곱수에 대한 비슷한 문제에 도전해보면 재미있을 것이다.

하디가 왜 곧바로 네제곱수로 넘어갔는지 생각해보는 것은 사실 매우 흥미롭다. 결국에는, 차수와 더하는 방식의 가짓수를 달리하면서 다음의 등식을 여러 가지로 자연스럽게 일반화할 수 있다 :

$$u^3 + v^3 = x^3 + y^3$$

예를 들면, 한 수를 세 가지 다른 방식으로 두 개의 세제곱수의 합으로서 표현하는 문제가 있다.

$$r^3 + s^3 = u^3 + v^3 = x^3 + y^3$$

또는 세 개의 다른 세제곱수를 사용할 수 있다 :

$$u^3 + v^3 + w^3 = x^3 + y^3 + z^3$$

아니면 심지어, 한 번에 이 모든 차원들의 포괄적인 일반화를 할 수도 있다 :

$$r^4 + s^4 + t^4 = u^4 + v^4 + w^4 = x^4 + y^4 + z^4$$

그러나 하디의 일반화가 "가장 수학자다운 일반화"라는 느낌이 있다. 이러한 수학의 미적 감각이 과연 프로그래밍될 수 있을까?

---

3) 같은 책, p. 375.

다른 일화는 라마누잔과 같은 나라 사람인 랑가나탄이 쓴 라마누잔의 전기에서 인용한 것인데, 전기에서 그 일화를 "라마누잔의 전광석화 같은 예지(Ramanujan's Flash)"라고 말하고 있다. 이 일화는 라마누잔의 캠브리지 시절 때부터의 고국 친구인 P. C. 마할라노비스 박사가 들려준 것이다.

다른 기회에, 나는 라마누잔과 같이 점심을 먹으려고 그의 방에 갔다. 제1차 세계대전이 터진 지 얼마 되지 않은 때였다. 나는 『스트랜드 매거진(*Strand Magazine*)』이라는 월간지 하나를 손에 들고 있었는데, 당시 그 잡지에는 독자용 심심풀이 퍼즐이 실리고는 했다. 라마누잔은 점심 식사를 마련하기 위해서 불 위에 프라이팬을 올려놓고 뭔가 볶고 있었다. 나는 식탁 근처에 앉아 잡지를 뒤적거리고 있었다. 나는 두 수 사이의 관계에 대한 문제에 흥미가 끌렸다. 자세한 내용은 잊었지만 문제의 유형은 기억이 난다. 두 명의 영국군 장교가 파리의 어느 긴 가로변에 있는 서로 다른 주택에 숙소를 배정받았는데, 그들 각자의 집 번지수가 특별한 방식으로 연관되어 있었다. 그 두 집의 번지수가 무엇인지 묻는 문제였다. 전혀 어렵지 않았다. 나는 몇 분간의 시행착오 끝에 답을 알아냈다.

마할라노비스 : (장난치듯이) 자, 여기 문제가 하나 있네.
라마누잔 : 무슨 문제인데, 말해보게. (그는 계속 프라이팬을 젓고 있었다.)
　　나는 『스트랜드 매거진』에 실린 문제를 읽어주었다.
라마누잔 : 자, 해답을 적어보게. (그는 연분수[連分數]를 불러주었다.)
　　첫 번째 항은 내가 알아낸 답이었다. 연이어지는 각 항은, 그 가로에 있는 집의 수가 무한히 증가할 때, 두 번지수 사이의 같은 유형의 관계에 대한 연속적인 해답들을 나타냈다. 나는 경악했다.
마할라노비스 : 자네는 답이 번개처럼 떠올랐나?
라마누잔 : 문제를 듣는 즉시, 해답이 분명히 연분수라는 게 명확했어. 그래서 "어떤 연분수일까" 생각했지. 그러자 마음속에 해답이 떠올랐어. 그건 그냥 이렇게 간단해![4]

하디는 라마누잔의 가장 가까운 공동 연구자로서, 라마누잔 사후에 그의 사

---

4) S. R. Ranganathan, *Ramanujan*, pp. 81-82.

고 스타일에 무엇인가 초자연적인 또는 그렇지 않으면 이국적인 맛이 나는 요소가 있지 않았는지 종종 질문을 받았다. 여기에 하디의 논평이 하나 있다 :

사람들은 라마누잔에게 어떤 특별한 비밀이 있는지, 그의 방법들이 다른 수학자들과는 다른 종류의 것들이었는지, 그의 사유방식에 정말로 비정상적인 어떤 것이 있었는지 내게 종종 물었다. 나는 이 질문들에 대해서 자신 있게 확신을 가지고 답할 수는 없지만, 라마누잔이 비정상적이었다고는 생각하지 않는다. 내 믿음은 모든 수학자들이 본질적으로는 같은 종류의 방식으로 생각하며 라마누잔 또한 예외가 아니라는 것이다.[5]

여기에서 하디는 본질적으로 처치–튜링 테제에 대한 자신의 버전을 말하고 있다. 내 나름대로 다른 말로 표현하면 다음과 같다 :

처치–튜링 테제, 하디 버전 : 본질적으로, 모든 수학자들은 동형이다.

이 버전은 수학자들의 수학적 잠재력을 일반재귀함수들의 잠재력과 동일시하지는 않는다. 그러나 그렇게 동일시하려면 당신은 **어떤** 수학자의 정신적인 능력이 재귀함수들보다 더 일반적이지는 않다는 것만 보여주면 된다. 그런데, 당신이 하디 버전을 믿는다면, 당신은 **모든** 수학자에 대해서 이 버전이 맞다는 것을 아는 것이다.

그런 다음에 하디는 라마누잔을 계산의 신동들과 비교한다 :

그의 기억력과 계산능력은 매우 비범했지만, 합리적인 관점에서 볼 때 "비정상적인 능력"으로 불릴 수 있을 정도는 아니었다. 그는 두 개의 큰 수를 곱할 때 보통 방식으로 곱셈을 했다. 그는 비범한 속도와 정확성을 가지고 계산할 수 있었지만, 선천적으로 빠르고, 계산 습관을 가진 다른 수학자들보다 더 빠르고 정확한 것은 아니었다.[6]

---

5) Newman, p. 375.
6) 같은 책, p. 375.

하디는 자신이 라마누잔의 걸출한 지적인 속성으로 여겼던 부분을 술회한다 :

> 라마누잔은 자신의 기억력과 인내력 그리고 계산능력을 **일반화 능력, 형식에 대한 감각 그리고 자신의 가설들을 신속하게 수정하는 능력**과 결합했다. 그것들은 종종 진정으로 놀라웠고, 그의 분야에서 당대에 라마누잔과 경쟁할 만한 호적수는 없었다.[7]

이 구절에서 내가 진한 글씨로 **강조한 부분**이 지능 일반에 존재하는 가장 미묘한 몇몇 특성을 탁월하게 규정하는 것 같다. 끝으로 하디는 다소 그리워하는 마음으로 술회를 맺는다 :

> [라마누잔의 수학 성과에는] 가장 위대한 수학 성과가 가지는 단순성과 필연성이 없었다. 그의 성과가 덜 이색적이라면 더 위대할 것이다. 그의 성과가 지닌 것으로 누구도 부정할 수 없는 한 가지 선물은 심오하고도 능가할 수 없는 독창성이다. 그가 어린 시절에 눈에 띄어 좀 길들여졌다면 아마도 더 위대한 수학자가 되었을 것이다. 새로우면서 의심의 여지 없이 훨씬 더 중요한 것을 더 많이 발견했을 것이다. 반대로 덜 라마누잔 같고 더 유럽 교수 같아졌을 것이다. 그리고 잃은 것이 얻은 것보다 훨씬 더 많았을지도 모른다.[8]

라마누잔을 술회하는 그의 낭만적인 말투에서 하디가 라마누잔에 대해서 품고 있는 극진한 존경심을 엿볼 수 있다.

"백치 천재"

그들의 수학적 능력을 합리적으로 설명하는 것이 불가능하게 보이는, 이른바 "백치 천재(Idiot Savant)"로 불리는 다른 부류의 사람들이 있는데, 그들은 머릿속에서 (좌우간 어디에선가) 복잡한 계산을 번개 같은 속도로 해낼 수 있다. 요한 마르틴 자카리아스 다제가 두드러진 사례인데, 1824년에서 1861년까지 살았던 그

---

7) 같은 책, pp. 375-376.
8) 같은 책, p. 376.

는 유럽의 여러 나라의 정부에서 계산 업무에 고용되었다. 그는 100개의 숫자로 된 두 수를 암산으로 곱할 수 있었을 뿐만 아니라 양(量)에 대해서도 불가사의한 감각을 가지고 있었다. 이를테면 들판에 양(羊)이 몇 마리 있는지 또는 한 문장에 낱말이 몇 개나 들어 있는지 등에 대해서 대략 30개 정도까지는 세지 않고 바로 "대답할 수" 있었다. 이것은 대략 6개 정도까지에 대해서 믿을 만한 감각을 가진 우리 대부분과는 대조적이다. 그건 그렇고, 다제는 백치는 아니었다.

"번개 같은 속도로 계산하는 사람들"에 대해서 기록된 여러 흥미로운 사례들을 기술하지는 않을 것이다. 그것이 여기에서 나의 목적은 아니기 때문이다. 그러나 그들이 어떤 신비롭고 분석할 수 없는 방법으로 계산을 해낸다는 생각을 떨치는 것이 중요하다고 생각한다. 비록 그런 마법사들의 계산능력이 자신들의 성과를 설명하는 능력을 훨씬 능가하는 것이 흔히 있는 일이지만, 가끔은 숫자를 다루는 이러한 눈부신 능력과 함께 다른 지적인 재능을 가진 사람들도 나타난다. 그런 사람들이 자신의 계산능력에 대해서 자기의 내면을 관찰한 것과 심리학자들의 광범위한 연구로부터, 번개처럼 계산하는 사람들의 계산 수행과정에 아무런 초자연적인 일도 일어나지 않고, 그저 그들의 마음이, 타고난 운동선수가 복잡한 동작을 빠르고 우아하게 해낼 때 가진 것과 같은 일종의 자신감을 가지고 계산의 여러 중간단계들을 거친다는 사실이 밝혀졌다. 그들은 일종의 즉각적인 깨달음의 섬광을 통해서가 아니라(비록 그들 중 일부에게는 주관적으로 그렇게 느껴질지 모르지만), 다른 사람과 마찬가지로, 순차적인 계산, 다시 말해서 FlooP 또는 BlooP 언어로 작성한 알고리듬을 수행하는 것을 통해서(FlooPing, 또는 BlooPing) 해답에 도달한다.

그런데 "하느님과의 직통전화"가 관여하고 있지 않다는 가장 명백한 단서들 가운데 하나는, 다루는 숫자들이 커질수록 대답 또한 더 늦게 나온다는 단순한 사실이다. 아마, 하느님이나 "신탁(神託)"이 해답을 제시하고 있다면, 숫자들이 커질 경우 그가 대답을 내놓는 데에 늑장을 부릴 필요가 없을 것이다. 우리는 관련된 숫자들의 크기와 관련된 연산들에 따라서 그 번개 같은 속도로 계산하는 사람들의 계산 시간이 어떻게 변하는지를 보여주는 깔끔한 그래프를 만들 수 있을 것이다. 그리고 그 그래프로부터 사용한 알고리듬의 몇몇 특징을 추론할 수 있을 것이다.

처치-튜링 테제의 동형성 버전

이것은 결국 우리를 처치-튜링 테제의 보강된 표준 버전으로 이끈다 :

> **처치-튜링 테제, 동형성 버전 :** 의식을 가진 존재가 수들을 두 부류로 가르기 위해서 따르는 방법이 하나 있다고 해보자. 나아가, 이 방법이 한정된 시간 안에 항상 해답을 내놓으며, 주어진 수에 대해서 항상 똑같은 해답을 내놓는다고 해보자. 그러면 : 그 방법으로 의식을 가진 존재가 내놓는 것과 똑같은 해답을 내놓는 어떤 정지하는 FlooP 프로그램(즉 일반재귀함수)이 존재한다. **게다가 :** 컴퓨터와 뇌 둘 모두에서 수행되는 단계들 사이에 어떤 층위에서 대응이 있다는 의미에서, 정신과정과 FlooP 프로그램은 동형이다.

결론이 강화되었을 뿐만 아니라, 공개 과정 버전(Public-Process Version)에 있는 전달가능성에 대한 소심한 단서가 삭제되었음에 유의하라. 이 대담한 버전이 이제 우리가 논의하려는 버전이다.

간단히 말해서, 이 버전은 우리가 무엇을 계산할 때, 그때의 정신활동이 어떤 FlooP 프로그램에 동형으로 반영될 수 있다고 주장한다. 그런데 분명히 해둘 것은, 이것이 **BEGIN**(시작), **END**(끝), **ABORT**(중단) 등의 명령어를 구비한 FlooP 언어로 쓰인 FlooP 프로그램을 뇌가 실제로 실행하고 있다는 것을 뜻하지는 않는다는 점이다—전혀 아니다. 이것은 그저 뇌에서 밟는 단계들이 FlooP 프로그램에서와 똑같은 순서이며 계산의 논리구조가 FlooP 프로그램에 반영될 수 있다는 것이다.

이 생각을 이해하려면, 우리는 컴퓨터와 뇌 모두에서 어떤 층위 구분을 해야만 할 것이다. 그 이유는, 그렇지 않으면 완전히 말도 안 되는 것으로 잘못 해석될 수 있을 것이기 때문이다. 아마 한 사람의 머릿속에서 진행되는 계산 단계들은 최상층위에 있으며, 더 낮은 층위들 그리고 궁극적으로 하드웨어가 그것들을 지원할 것이다. 그래서 우리가 동형성을 언급한다면, '그 최상층위는 따로 고립될 수 있다'는 가정을 묵인했다는 뜻이다. 그렇게 함으로써 우리는 다른 층위들과의 관계없이 뇌 안에서 진행되는 것을 논의하고, 나아가 그 최상층위를 FlooP로 대응시킬 수 있다. 더 정확히 말하면 그 가정은, 다양한 수학적 구축물의 역할을 해내고 정확히 FlooP 안에 반영될 수 있는 방식으로 활성화되는 소프트웨어 실

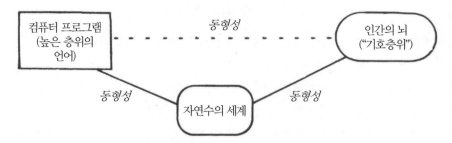

그림 106. 자연수들의 움직임은 인간의 뇌 또는 컴퓨터 프로그램에 반영될 수 있다. 그렇다면 서로 다른 이 두 표현들은 적절하게 추상적인 층위에서 서로에게 대응될 수 있다.

체가 존재한다는 것이다(그림 106). 이런 소프트웨어 실체를 존재할 수 있게 한 것이 제11장과 제12장 및 "전주곡", "개미 푸가"에서 논의한 하부구조 전체이다. 뇌와 컴퓨터의 낮은 층위들(예를 들면, 뉴런과 비트)에서의 활동이 동형이라는 주장은 아니다.

　동형성 버전의 자구(字句)에 표현되어 있지 않지만 그 버전의 참뜻은, 백치 천재가 예컨대 π의 대수(對數, 로그)를 계산할 때 하는 일이 휴대용 계산기가 계산할 때 하는 일과 동형이라고 말하면 이해된다. 여기서 동형성은 산술 연산의 층위에서는 유지되지만, 낮은 층위, 즉 뇌에서는 뉴런, 계산기에서는 집적회로 층위에서는 유지되지 **않는다**(물론 어떤 것을 계산하는 데에 다른 경로들을 따라갈 수 있다. 그러나 사람의 경우에는 아니지만, 아마도 휴대용 계산기에게는 어떤 특정한 방식으로 답을 계산하라고 지시할 수 있을 것이다).

현실세계에 관한 지식의 표현

언급되는 영역이 수론일 경우, 위의 설명은 매우 타당해 보인다. 왜냐하면 수론의 전체 세계는 매우 작고 선명한데, 그 속에서 일들이 일어나기 때문이다. 그 세계의 경계와 거주자 및 규칙들은 예리하게 구획된 미로처럼 명확하다. 그런 세계는 우리가 거주하는 제약이 없고 불명확한 세계보다 훨씬 덜 복잡하다. 수론의 문제는 일단 진술되면 그 자체로 완전하다. 반면에, 현실세계의 문제는 세계의 다른 어떤 부분으로부터도 절대적으로 확실하게 봉쇄되어 있지는 않다. 예를 들면, 수명이 다 된 전구를 교체하는 일이 쓰레기봉투를 옮겨야 하는 상황으로까지 번질 수도 있다. 쓰레기봉투를 옮기다가 뜻하지 않게 알약통을 엎지르게 될

지도 모르며, 그러면 여기저기 쏟아진 알약을 애완견이 먹지 못하게 방바닥을 치우지 않으면 안 될 것이다. 등등. 알약과 쓰레기봉투와 개와 전구는 이 세계 속에서 연관성이 아주 먼 부분들이지만, 어떤 일상적인 돌발사건들을 통해서 그것들 사이에 긴밀한 연관성이 창출된다. 그런데 기대한 것에 약간의 다른 변화가 생기면 그밖의 무슨 일이 초래될지 알 수 없다. 이와 대조적으로, 당신에게 수론의 문제가 주어지면, 그 문제의 해결을 위해서 알약이나 개 또는 쓰레기봉투나 빗자루처럼 관련이 없는 것들을 고려해야 할 필요는 결코 없을 것이다(물론 그 문제를 기하학적 표현으로 시각화하는 데에 도움이 되는 심적 이미지를 무의식적으로 만들려고 할 경우, 그런 사물들에 대한 직관적인 지식이 당신에게 큰 도움이 될 수는 있다―그러나 이것은 좀 다른 문제이다).

세계는 복잡하기 때문에, "개", "쓰레기", "전구" 따위의 라벨이 붙은 단추 몇 개를 누르면 던져진 질문에 답할 수 있는 작은 휴대용 계산기를 상상하기는 어렵다. 사실상 오늘날까지도, 우리에게는 아주 단순한 것으로 보이는 현실세계의 소영역에 대한 질문에 실물 고속 컴퓨터가 대답하도록 만드는 것은 지극히 복잡한 일로 입증되었다. "이해"가 발생하도록 하기 위해서는 많은 양의 지식이 고도로 통합된 방식으로 고려되어야만 하는 것 같다. 우리는 현실세계의 사고과정을 나무에 비유할 수 있다. 나무의 보이는 부분은 땅 위에 굳건하게 서 있지만, 나무에 안정감을 주고 양분을 공급하며 땅속으로 뻗어 있는 안 보이는 뿌리들에 필수적으로 의존한다. 이 경우, 뿌리는 마음의 의식적 층위 아래에서 발생하는 복잡한 과정들을 상징한다. 그 과정이 미치는 영향은 우리가 의식하지 못하지만 우리가 생각하는 방식에 스며든다. 이것이 제11장과 제12장에서 논의했던 "기호들의 점화 패턴"이다.

현실세계의 사고는 우리가 두 수를 곱할 때 발생하는 일과 상당히 다르다. 곱셈에서는 모든 것이 "땅 위에 나와" 있어서 내적 관찰에 노출되어 있다. 산술에서는, 최상층위가 "따로 떼어내질 수" 있으며, 기계식 덧셈 장치, 휴대용 계산기, 대형 컴퓨터, 인간의 뇌 등과 같은 서로 다른 종류의 많은 하드웨어에서 동등하게 잘 구현될 수 있다. 이것이 바로 처치-튜링 테제가 말하고 있는 것이다. 그러나 현실세계의 이해에 관해서 말한다면, 최상층위를 "떼어내서" 그것만 따로 프로그래밍하는 간단한 방법은 없는 것 같다. 기호들의 점화 패턴이 정말로 너무 복잡하기 때문이다. 여러 층위가 있어서 사고들이 그 층위들로 스며들어 솟아 오르는 것이 틀림없다.

특히—제11장과 제12장의 주요 주제로 돌아가는 것인데—뇌 안에서의 현실세계의 표현은 어느 정도는 동형성에 근거하지만, 외부세계에는 상응하는 것이 전혀 없는 몇몇 요소들이 관여한다. 즉, 그 표현에는 "개", "빗자루" 따위를 나타내는 단순한 심적 구조 그 이상의 것이 있다. 이 모든 기호들은 분명히 존재하지만, 그 기호들의 내부구조는 지극히 복잡하며, 상당 부분은 의식적인 탐색이 불가능하다. 그뿐만 아니라, 우리가 어떤 기호의 내부구조의 각 측면을 현실세계의 특정 측면에 대응시키려고 해도 헛수고일 것이다.

따로 떼어낼 수 없는 과정들

이런 이유 때문에 뇌는 매우 특이한 형식체계처럼 보이기 시작한다. 왜냐하면 뇌의 최하층위, 즉 뉴런의 층위에서는 "규칙"이 작동하고 상태를 변화시키지만, 원시요소들(뉴런의 발화 또는 더 낮은 층위의 사건들)에 대한 해석이 없을지도 모르기 때문이다. 그러나 최상층위에서는, 우리가 "기호"라고 부르고 있었던 신경활동의 커다란 "구름들"로부터 현실세계로의 대응인 유의미한 해석이 발생한다. 이것은 괴델의 구성과 비슷한 점이 있는데, 괴델의 구성에서는 높은 층위의 동형성 덕분에 문자열에서 높은 층위의 의미를 읽어낸다. 그러나 괴델의 구성에서는 더 높은 층위의 의미가 더 낮은 층위 위에 "올라타고" 있다. 다시 말해서, 일단 괴델 수 매기기 개념이 도입되면, 높은 층위의 의미가 낮은 층위로부터 도출된다. 그러나 뇌에서는, 뉴런 층위의 사건들이 현실세계의 해석에 구속되지 **않는다.** 그것들은 어떤 것도 전혀 모방하지 않는다. 휴대용 계산기의 트랜지스터가 순전히 계산기의 수-반영(number-mirroring) 활동만 지원하듯이, 뉴런 층위의 사건들은 순전히 더 높은 층위를 지원하기 위한 기층으로서 존재한다. 이것은 최상층위만 따로 떼어내서 그것을 프로그램에 동형으로 복제할 방법이 전혀 없음을 암시한다. 우리가 현실세계를 이해하게 해주는 뇌 과정들을 반영해야 한다면, 발생하고 있는 더 낮은 층위의 일들, 즉 "뇌의 언어들"을 얼마간 반드시 반영해야 **한다.** 이것이 우리가 하드웨어 층위 끝까지 내려가야만 한다는 것을 필연적으로 뜻하는 것은 아니다. 비록 그것이 맞는 것으로 판명될지도 모르지만 말이다.

"저 바깥"에 존재하는 것을 "지능적으로" (즉, 인간이 하는 것과 비슷하게) 내부에 표현하려는 목표를 가지고 프로그램을 개발하는 과정에서, 어떤 지점에 이르면 우리는 어떠한 직설적인 해석도 허용치 않는—즉 현실의 요소들로 직접 대응될 수 없는—구조와 과정들을 어쩔 수 없이 사용하게 될 것이다. 프로그램의 이러한 더 낮은 층들은 그것들이 외부세계에 대해서 가지는 어떤 직접적인 연결 때문이라기보다는 그것들 위에 있는 층들에 대한 촉매관계에 의해서만 이해될 수 있을 것이다(이 생각에 대한 구체적인 이미지를 "개미 푸가"에서 개미핥기가 제시했다. 그것은 책을 철자층위에서 이해하려고 한다는 "이루 말할 수 없이 지루한 악몽"이다).

개인적으로 나는 다음과 같이 생각한다. 엄밀하게 연역적 추론을 수행하기로 되어 있는 과정들과 대조적으로 이미지와 유추가 관여하는 과정들이 프로그램의 중요한 요소가 되는 경우, 개념을 처리하는 체계가 이러한 다층구조로 이루어지는 것이 필요해진다. 연역적 추론을 수행하는 과정들은 본질적으로 단일층위에서 프로그래밍될 수 있으며, 따라서 정의에 의해서 따로 떼어낼 수 있다. 나의 가설에 따르면, 시각적 형상화 및 유추적 사고과정은 본질적으로 여러 층의 기층들을 요구하며, 따라서 본질적으로 따로 떼어낼 수 없다. 나아가 나는 정확히 바로 이 지점에서 창조성이 발생하기 시작한다고 믿는다. 이것은 창조성이 어떤 종류의 "해석 불가능한" 낮은 층위 사건들에 본질적으로 의존한다는 점을 암시한다. 유추적 사고를 지탱하는 층들은 물론 매우 흥미롭다. 그래서 다음의 두 장에서 그 층들의 성질에 대해서 몇 가지 생각을 제시할 것이다.

환원주의적 신념의 신조들

뇌에서 더 높은 층위들과 더 낮은 층위들 사이의 관계에 대해서 생각하는 한 가지 방식은 이것이다 : 우리는 국소적 (뉴런 대 뉴런) 층위에서 뇌 안의 신경망과 구별될 수 없는 방식으로 수행되지만 더 높은 층위의 의미는 전혀 가지지 않는 신경망을 조립할 수 있을 것이다. 더 낮은 층위가 상호작용하는 뉴런들로 이루어졌다는 사실이 더 높은 층위의 의미를 반드시 출현하게 하는 것은 아니다. 그것은 알파벳 수프에 철자들이 들어 있다는 사실이 유의미한 문장들이 그릇 속을 헤엄치고 다니게 하는 것은 아니라는 것과 같다. 높은 층위의 의미는 신경망의 선택적 속성이며, 아마 진화상의 환경 압력의 결과로 나타난 것일지도 모른다.

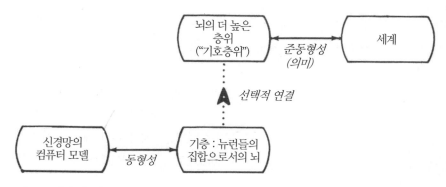

그림 107. 뇌의 기호층위는 신경활동 위를 "떠다니면서" 세계를 반영한다. 그러나 신경활동 자체는 컴퓨터에 시뮬레이션될 수 있지만 사고를 창조하지는 않는다. 그렇게 하려면 조직의 더 높은 층위들이 필요하다.

그림 107은 더 높은 층위에서의 의미 발생이 선택적이라는 것을 보여주는 다이어그램이다. 위로 향한 화살표는, 더 높은 층위의 의미가 없어도 기층이 있을 수 있지만 그 역은 안 된다는 뜻이다 : 즉 더 높은 층위는 반드시 더 낮은 층위의 성질들로부터 도출되어야 한다는 뜻이다.

그 다이어그램은 신경망을 컴퓨터로 시뮬레이션할 수 있음을 암시한다. 이것은 개별 뉴런의 행동이 컴퓨터가 실행할 수 있는 계산의 관점에서 기술될 수 있다면, 그 신경망이 아무리 복잡하더라도 원리적으로 실현 가능하다. 이 미묘한 가설에 대해서는 의심을 품는 사람조차 거의 없다. 그럼에도 불구하고 이것은 하나의 "환원주의적 신념"이다. 그것을 처치-튜링 테제의 "미시적 버전"으로 간주할 수 있을 것이다. 아래에서 구체적으로 서술해보자 :

> **처치-튜링 테제, 미시적 버전 :** 한 생명체의 구성요소들의 행동은 컴퓨터로 시뮬레이션할 수 있다. 즉 그 구성요소의 내부 상태 및 국소적 환경에 대한 기술이 충분하다면, 어떠한 구성요소(전형적으로 세포)의 행동도 FlooP 프로그램(즉 일반재귀함수)에 의해서 원하는 만큼 정확하게 계산될 수 있다.

처치-튜링 테제의 미시적 버전은, 뇌 처리과정이 이를테면 위(胃)의 소화과정에 비해서 더 많은 조직 층위들을 가지긴 하지만 더 신비한 과정은 아니라는 점을 말해준다. 그래서 오늘날 사람들이 음식물을 평범한 화학적 과정이 아니라 일종의 신비하고 마법적인 "흡수과정"을 통해서 소화한다고 주장하려는 일은 생각할 수도 없다. 처치-튜링 테제의 이 버전은 단지 그런 종류의 상식적 추론을 뇌 처리과정들로 확장할 뿐이다. 요컨대, 이것은 뇌가 원칙적으로 이해 가능한 방식으로 작동한다는 신념에 해당한다. 그것은 하나의 환원론적 신념이다.

처치-튜링 테제에 대한 미시적 버전의 당연한 귀결은 좀 간결한 새로운 미시적 버전이다 :

> 처치-튜링 테제, 환원주의자 버전 : 모든 뇌 처리과정들은 계산될 수 있는 기층으로부터 도출된다.

이 명제는 인공지능 실현이 궁극적으로 가능하다는 것을 옹호하여 내놓을 수 있을 가장 강력한 이론적 근거이다.

물론 인공지능 연구의 목표는 신경망의 시뮬레이션에 있는 것이 아니다. 왜냐하면 인공지능 연구는 다른 종류의 믿음에 근거하기 때문이다. 그것은 유기적인 뇌의 기층과는 전혀 다른 종류의 기층 위에 띄울 수 있는 지능의 중요한 특징이 있을 것이라는 믿음이다. 그림 108은 추정하고 있는 인공지능, 자연지능 및 현실세계 사이의 관계를 보여준다.

인공지능과 뇌 시뮬레이션의 진전은 나란히 이루어지나?

인공지능이 성취되려면 뇌의 실제 하드웨어가 언젠가 시뮬레이션되거나 복제되어야만 할 것이라는 생각은, 적어도 현재로서는, 많은 인공지능 연구자들에게 받아들여지기 매우 어려운 생각이다. 그래도 우리는 여전히 궁금하다 : "인공지능을 성취하려면 뇌를 얼마나 정교하게 복제해야 하는가?" 이에 대한 진정한 대답은 우리가 인간 의식의 특징들을 얼마나 많이 시뮬레이션하기를 원하는가에 달려 있다.

체커 게임을 잘하는 능력이 지능에 대한 충분한 지표인가? 그렇다면, 인공지능은 이미 존재한다. 체커 게임 프로그램은 세계적인 수준이기 때문이다. 아니면 지능이란 대학교 1학년 미적분 수업에서 하고 있는 것처럼 함수를 부정적분하는 능력인가? 그렇다면 인공지능은 이미 존재한다. 왜냐하면 부정적분하는 루

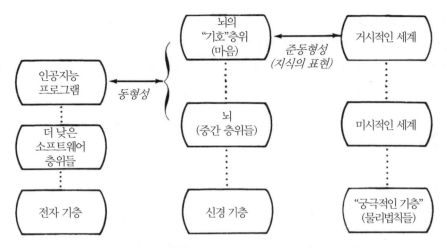

그림 108. 인공지능 연구의 노력에서 결정적인 것은, 마음의 기호층위들이 그것들의 신경 기층에서 "떼어내져서" 컴퓨터의 전자기층 같은 다른 매체에 구현될 수 있다는 생각이다. 뇌의 복제가 어느 정도 깊은 심도까지 이루어져야 할지 현재로서는 전혀 불분명하다.

틴이 대부분의 경우 최고의 인간 실력자를 능가하기 때문이다. 아니면 지능이란 체스를 잘 두는 능력인가? 그렇다면 인공지능은 순조롭게 진행 중이다. 왜냐하면 체스 프로그램들이 어지간한 아마추어들한테는 이길 수 있기 때문이다. 그리고 인공 체스의 수준은 아마 서서히 지속적으로 향상될 것이다.

역사적으로 볼 때, 사람들은 기계화된다면 어떤 재능이 명백하게 지능을 구성할 것인가에 대해서 소박하게 생각해왔다. 때로는 인공지능을 향한 새로운 진척 하나하나가 모든 사람이 진정한 지능이라고 인정하는 어떤 것을 만들어내기보다는 그저 진정한 지능은 이런 것이 **아니라는** 것을 드러낼 뿐인 것 같다. 지능이 학습, 창조성, 정서적 반응, 아름다움에 대한 감각, 자아의식을 필요로 하는 것이라면, 갈 길이 멀다. 그리고 이것들은 우리가 살아 있는 뇌를 완전히 복제했을 경우에만 실현될 것인지도 모른다.

아름다움, 게 그리고 영혼

이제 이 모든 것이 게가 아킬레스 앞에서 보인 거장 수준의 연주에 대해서 뭔가 말할 것이 있다면 그것은 무엇인가? 여기에 두 가지 쟁점이 뒤엉켜 있다 : 즉

(1) 뇌 처리과정이 어떤 조건하에서도 처치–튜링 테제를 위반하지 않으면서, TNT 의 참 명제와 거짓 명제를 완전히 신뢰할 만하게 구별할 수 있는가? 아니면 그런 일은 원칙적으로 불가능한가?

(2) 아름다움에 대한 인식은 뇌 처리과정인가?

일단 질문 (1)부터 대답해보자 : 처치–튜링 테제를 위반해도 된다면, '대화' 속의 기이한 사건에 대한 어떤 근본적인 장애물도 없는 것 같다. 따라서 우리의 관심은 처치–튜링 테제를 믿는 사람이 게의 능력을 불신해야 할 것인지의 여부에 있다. 이것은 당신이 처치–튜링 테제의 어떤 버전을 믿는가에 달려 있다. 예를 들면, 당신이 공개 과정 버전만 지지한다면, 당신은 게의 능력이 전달될 수 없다고 단정함으로써 게의 행동과 그 테제를 손쉽게 조화시킬 수 있을 것이다. 이와 반대로 당신이 환원주의자 버전을 믿는다면, 당신은 게의 표면상의 능력을 믿기가 매우 어려워질 것이다(곧 밝히겠지만, 처치의 정리 때문이다). 중간 형태의 버전들을 믿는다면, 그 논점에 대하여 어느 정도 애매모호한 태도를 취할 것이다. 물론 편의에 따라서 당신의 입장을 바꾼다면 더욱 애매모호한 태도를 취할 수 있다.

처치–튜링 테제의 새로운 버전을 제시하는 것이 적절할 듯하다. 그것은 많은 사람들이 암묵적으로 지지하고 여러 학자들이 다양한 방식으로 공개적으로 제시한 것이다. 그중 꽤 유명한 학자들을 들어보면 : 철학자 허버트 드레이퍼스, S. 자키, 모타이머 토브 그리고 J. R. 루카스, 생물학자이자 철학자 마이클 폴라니(탁월한 전일주의자이다), 호주의 저명한 신경생리학자 존 이클리스가 있다. 비슷한 생각을 표명한 저자들이 많이 있고, 그것에 공감하는 수많은 독자들이 있다고 나는 확신한다. 나는 아래에서 그들의 공통적인 입장을 요약하고자 했다. 아마 그것을 충분히 제대로 다루지 못했을 것이다. 그러나 그 분위기를 될 수 있는 한 정확하게 전하려고 했다.

처치–튜링 테제, 영혼주의자 버전 : 뇌가 할 수 있는 일 가운데 어떤 종류의 일은 컴퓨터에서 좀 비슷한 결과를 낼 수 있다. 그러나 대부분의 일들은, 그리고 분명히 흥미로운 일들은 그렇지 않다. 그러나 어쨌든 컴퓨터가 그런 일들을 모두 할 수 있더라도, 영혼에 설명을 맡겨야 할 것들이 여전히 남는다. 그런데 컴퓨터가 영혼과 관계를 가질 방법은 없다.

이 버전은 "위대한 게(Magnificrab)" 이야기와 두 가지 방식으로 연관된다. 첫째, 이 버전의 옹호자들은 '게 이야기'를 실없고 납득할 수 없는 이야기로 여길 것이지만, 원리적으로 허용할 수 없다고는 생각하지 않는다. 둘째, 그들은 아름다움과 같은 특성의 감상은 불가해한 영혼과 결부된 속성들 가운데 하나이며, 따라서 본질적으로 인간에게만 가능하고 단순한 기계에게는 불가능하다고 주장할 것이다.

우리는 잠시 후 두 번째 문제로 돌아올 것이다. 그러나 먼저, "영혼주의자들"의 주제를 다룰 동안에, 이것에 대한 한층 극단적인 형태의 최신 버전을 보여주어야겠다. 왜냐하면 이 버전이 오늘날 교양 있는 많은 사람들이 지지하는 형태이기 때문이다.

처치-튜링 테제, 시어도어 로작* 버전 : 컴퓨터는 터무니없는 것이다. 과학 전반 또한 그러하다.

수나 정확성의 기미가 있는 것은 어떤 것에서든지 인간적 가치에 대한 위협을 느끼는 어떤 사람들 사이에 이런 관점이 일반적이다. 그들이 인간의 마음 같은 추상적인 구조의 탐구에 관련된 깊이와 복잡성과 아름다움을 평가하지 않는 것은 매우 안타까운 일이다. 그런 탐구에서 우리가 인간의 본질에 대한 궁극적 질문들과 긴밀하게 접촉하는데도 말이다.

아름다움에 대한 이야기로 다시 돌아가면, 우리는 아름다움의 감상이 뇌의 과정인지 그리고 만일 그렇다면 그것을 컴퓨터로 모방할 수 있는지 생각해볼 참이었다. 아름다움이 뇌에 의해서 설명될 수 없다고 믿는 사람들은 컴퓨터가 아름다움을 소유할 수 있으리라고는 거의 믿지 않을 것 같다. 아름다움이 뇌의 과정이라고 믿는 사람들은 그들이 처치-튜링 테제의 어느 버전을 믿는가에 따라서 저마다 다른 입장으로 나뉜다. 철저한 환원론자는 모든 뇌 처리과정이 원칙적으로 컴퓨터 프로그램으로 변환될 수 있다고 믿을 것이다. 그러나 다른 사람들은 아름다움이란 컴퓨터 프로그램이 소화하기에는 너무 불분명한 개념이라고 느낄 것이다. 아마 그들은 아름다움의 감상에 비합리성의 요소가 필요하며 따라서 컴퓨터의 성격과 양립할 수 없다고 느낄 것이다.

---

* Theodore Roszak은 미국의 극단적인 반(反)과학주의 사회학자이다.

비합리성과 합리성은 상이한 층위들에서 공존할 수 있다

그런데 "비합리성은 컴퓨터의 성격과 양립할 수 없다"는 이 생각은 층위들을 심각하게 혼동한 데에서 비롯한다. 그 잘못된 생각은, 컴퓨터란 무오류로 작동하는 기계이며 따라서 모든 층위들에서 반드시 "논리적"이어야 한다는 생각에서 생겨난다. 그러나 컴퓨터도 일련의 비논리적 진술들을 출력하도록, 또 변화를 주기 위해서 무작위 진리치를 가지는 일련의 진술들을 출력하도록 명령받을 수 있다는 것은 명명백백하다. 그러나 그런 명령들을 따르는 데서는, 컴퓨터는 어떤 실수도 하고 있지 않을 것이다! 이와 반대로, 컴퓨터가 출력하도록 명령받았던 진술과 다른 어떤 것을 출력해야만 비로소 실수일 것이다. 이것은 한 층위에서의 무오류 작동이 어떻게 더 높은 층위의 기호조작의 토대가 될 수 있는지 보여준다. 그리고 더 높은 층위의 목표들이 진리의 전파와 완전히 관련이 없을지도 모른다는 것을 보여준다.

이 문제에 대한 전망을 얻는 또 하나의 방법은 뇌 또한 무오류의 작동성분들—뉴런들—의 집합이라는 점을 기억하는 것이다. 입력신호들의 합이 뉴런의 문턱값을 넘어서면 뉴런은 여지없이 탕! 하고 발화한다. 뉴런이 자신의 산술적 지식을 잊어버리는 일—입력값들을 부주의하게 더해서 틀린 대답을 얻는 일은 결코 일어나지 않는다. 심지어 뉴런이 죽더라도, 뉴런의 구성요소들이 수학과 물리학의 법칙을 계속 따른다는 점에서 뉴런은 계속 올바르게 작동한다. 그러나 우리 모두가 아는 것처럼, 뉴런들은, 자신의 층위에서 보면, 오류인 높은 층위의 행동을 매우 놀라운 방식으로 완벽하게 지원할 수 있다. 그림 109는 층위들 사이의 그런 충돌, 즉 마음이라는 소프트웨어가 품고 있는 부정확한 신념이 무오류로 작동하는 뇌라는 하드웨어에 의해서 지원된다는 점을 보여주기 위한 것이다.

요점은 단지, 앞에서 다양한 문맥에서 여러 차례 언급한 바 있는데, 의미는 기호처리 체계의 둘 또는 그 이상의 서로 다른 층위에 존재할 수 있으며 또한 의미와 함께 옳음과 그름도 이 모든 층위에 존재할 수 있다는 점이다. 주어진 층위에 의미가 존재하는가의 여부는 현실이 그 층위에 동형으로 (또는 느슨하게) 반영되었는가의 여부에 따라서 결정된다. 따라서 뉴런이 덧셈(사실은 훨씬 더 복잡한 계산)을 언제나 옳게 실행한다는 사실은 뉴런 조직의 지원을 받는 최상층위의 결론이 옳다는 점과 아무 관계도 없다. 우리의 최상층위가 불(Boole) 불교의 공안(公案)을 증명하는 데에 관여하든 선(禪) 대수의 정리에 관한 명상에 관여하

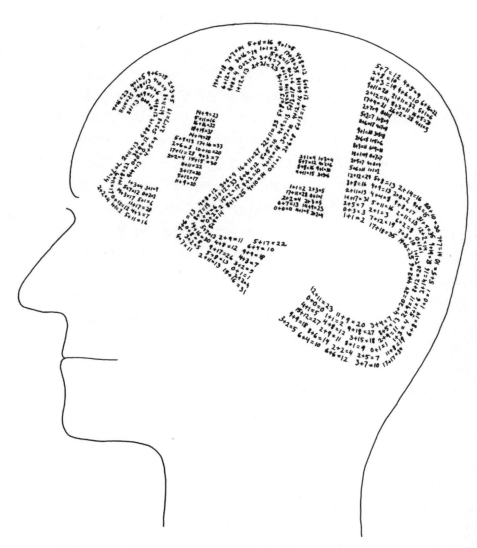

그림 109. 뇌는 합리적이다. 마음은 그렇지 않을 것이다[호프스태터가 그린 그림].

든, 우리의 뉴런들은 합리적으로 작동하고 있다. 이와 마찬가지로 높은 층위의 기호 처리가 뇌에서 아름다움의 인식이라는 경험을 창출하는 것도 최하층위에서는 완벽하게 합리적이며, 그때도 최하층위는 무오류로 작동하고 있다. 어떤 비합리성도, 만일 그런 것이 있다면, 그것은 더 높은 층위에 존재하며, 더 낮은 층위에서 일어나는 사건들의 부수현상, 즉 결과이다.

같은 점을 다른 방식으로 설명해보자. 예를 들면, 당신이 치즈버거를 주문할지 파인애플버거를 주문할지 결정하지 못하고 고심하고 있다고 해보자. 이 상황은 당신의 뉴런이 발화할지 말지 결정하는 데에 어려움을 겪으며 망설이고 있다는 뜻인가? 물론 아니다. 당신이 햄버거의 선택을 놓고 겪는 혼동은 높은 층위의 상태이고 그것은 수천 개의 뉴런들이 매우 조직적인 방식으로 효과적으로 발화하는 것에 전적으로 의존한다. 이것은 좀 반어적이긴 하지만, 곰곰이 생각해보면 명명백백하다. 그럼에도 불구하고 마음과 컴퓨터에 관한 거의 대부분의 혼동은 바로 그런 기본적인 층위-혼동에서 발단한다고 말하는 것이 아마 온당할 것이다.

무오류로 작동하는 컴퓨터 하드웨어가 혼동, 망각 또는 아름다움의 감상 같은 복잡한 상태들을 표현할 높은 층위의 기호 행동을 지원하지 못할 것이라고 믿을 이유는 없다. 복잡한 "논리"에 따라서 서로 상호작용하는 거대한 하위체계들이 있어야 할 것이다. 겉으로 드러난 행동은 합리적으로 보일 수도 있고 비합리적으로 보일 수도 있지만, 그 바탕에는 신뢰할 만한 논리적인 하드웨어의 실행이 있을 것이다.

루카스에 대한 반박 추가

어쨌든, 이런 종류의 층위 구별은 루카스의 입장을 반박하는 우리에게 새로운 힘을 실어준다. 루카스의 논증은 괴델의 정리가, 정의상, 기계에도 적용될 수 있다는 생각에 근거한다. 사실, 루카스는 극히 강조해서 발언하고 있다.

> 괴델의 정리는 인공두뇌 기계들에 적용되어야 한다. 왜냐하면 '기계가 형식체계의 구체적인 실례(實例)여야 한다'는 것이 바로 기계가 되는 것의 본질이기 때문이다.[9]

루카스의 논증은, 우리가 본 것처럼, 하드웨어 층위에서는 맞는 말이다. 그러나 더 높은 층위들도 있을 것이기 때문에, 그의 논증은 이 주제에 대한 최종 발언이 아니다. 이제 루카스는 그가 논의하는 마음을 흉내 내는 기계들에는, 기호조작 이 발생하는 **층위가 오직 하나만** 있다는 인상을 준다. 예컨대 절단규칙(그의 논 문에서는 "긍정논법[Modus Ponens]"이라고 함)은 하드웨어에 고정배선되었을 것이며 그런 기계의 불변속성일 것이다. 더 나아가 그는 긍정논법이 기계체계의 불 변의 기둥이 아니라 때로는 무효화될 수 있다면, 다음과 같이 될 것이라고 시사한다 :

> 그 체계는 형식논리체계이기를 중단할 것이며, 그 기계는 마음의 모델이라는 직함을 받을 자격이 거의 없게 될 것이다.[10]

이제 인공지능 연구에서 개발 중인 많은 프로그램들은 수론의 참들을 생성하는 프로그램, 즉 엄밀한 추론규칙 및 고정된 공리들을 가지는 프로그램과 거의 공통점이 없다. 그렇지만 그 프로그램들은 분명히 "마음의 모델"로서 의도된 것이다. 그 프로그램들의 최상층위—"비형식적" 층위—에는 이미지의 조작, 유추의 정식화(定式化), 관념의 망각, 개념의 혼동, 구별의 희석 등이 있을 것이다. 그런데 이것은, 뇌가 자신의 뉴런들의 올바른 기능 작동에 의존하듯이, 그 프로그램들이 자신들의 기저 하드웨어의 올바른 작동에 의존한다는 사실과 모순되지 않는다. 따라서 인공지능 프로그램들은 여전히 "형식체계의 구체적인 실례"이다. 그러나 그 인공지능 프로그램들은 괴델의 증명의 루카스식 변용을 적용할 수 있는 기계들이 아니다. 루카스의 논증은 프로그램의 지능—얼마나 크든지 작든지 간에—이 없는 최하층위에만 적용된다.

정신적 과정이 컴퓨터 프로그램 안에서 어떻게 표현되어야 할 것인가에 대한 루카스 자신의 지나치게 단순화된 입장을 그 스스로 폭로하는 다른 방식이 있다. 그는 무모순성을 논의하면서 다음과 같이 쓰고 있다 :

> 우리가 정말로 모순적인 기계라면, 우리는 자신의 모순성에 만족한 상태로 있어야

---

9) Lucas in Anderson, p. 44.
10) 같은 책, p. 54.

할 것이며, 모순되는 각 반쪽들 두 개를 동시에 기꺼이 수긍할 것이다. 그뿐만 아니라, 우리는 절대적으로 어떤 것이든 말할 준비가 되어 있을 것이다—즉, 우리는 모순되지 않다고 말이다. 모순적인 형식체계에서는 모든 것이 증명될 수 있다는 것이 쉽게 판명되었다.[11]

이 마지막 문장은, 루카스가 추론을 수행하는 모든 형식체계에 명제계산이 필연적으로 구축되어 있음이 틀림없다고 가정하고 있음을 보여준다. 특히 루카스는 명제계산에서의 <<P∧~P>⊃Q> 정리를 염두에 두고 있다. 분명히, 그는 이 정리가 기계화된 추론의 불가피한 특징이라는 잘못된 믿음을 가지고 있다. 그러나 명제추론 같은 논리적 사고과정은 **미리 프로그래밍되어 있는** 것이 아니라 인공지능 프로그램의 종합적인 지능의 **결과로서 발생할** 것이라는 것이 전적으로 타당하다. 이것이 인간에게서 일어나고 있는 일이다! 그리고 경직된 규칙들과 그 규칙들에 뒤따르는 바보 같은 무모순성 정의를 갖춘 엄격한 명제계산이 그런 프로그램으로부터 발생할 것이라고 가정할 만한 특별한 이유는 없다.

인공지능의 토대

우리가 위에서 잠시 언급한 층위 구분을 요약할 수 있으며, 그 결과 처치-튜링 테제의 가장 강력한 최종 버전이 된다 :

> **처치-튜링 테제, 인공지능 버전** : 어떤 종류의 정신과정들도 컴퓨터 프로그램으로 시뮬레이션할 수 있는데, 그 프로그램의 바탕이 되는 언어는 FlooP만큼 강력해서 모든 부분재귀함수들을 프로그래밍할 수 있다.

이에 덧붙여 지적해야 할 점은, 실은 많은 인공지능 연구자들이 처치-튜링 테제와 밀접하게 연관된 또 하나의 신조에 기댄다는 사실이다. 나는 그것을 **인공지능 테제**라고 하는데, 다음과 같은 내용이다 :

> **인공지능 테제** : 기계들의 지능이 진화함에 따라서, 그 바탕에 놓인 메커니즘들도

---

11) 같은 책, p. 53.

인간의 지능을 밑받침하는 메커니즘들에 서서히 수렴할 것이다.

다른 말로 하면, 모든 지능들은 단 하나의 주제를 바탕으로 만들어진 변주들에 불과하다. 기계들이 우리 인간이 가진 능력을 갖추어주기를 바라고 진정한 지능을 창조하려면, 인공지능 연구자들은 훨씬 낮은 층위들로 계속 내려가서 뇌의 메커니즘에 더욱 가까이 다가가야 한다.

처치의 정리

이제 게에게로 돌아가보자. 그리고 (음악적 아름다움을 걸러내는 장치라는 형태로 제시된) '정리성(theoremhood)'에 대한 게의 결정절차가 현실과 맞는지의 문제로 다시 돌아가보자. 사실, '대화'에서 일어나는 사건들로부터는, 게의 재능이 **정리와 비정리**를 구분하는 능력인지, 그렇지 않으면 **거짓 진술과 참 진술**을 구분하는 능력인지의 여부를 추론할 방법이 없다. 물론 많은 경우에 이 두 가지는 같은 것이지만, 괴델의 정리는 그 둘이 항상 같은 것은 아니라는 점을 보여준다. 그러나 괜찮다 : 당신이 처치-튜링 테제의 인공지능 버전을 믿는다면 두 가지 모두 불가능하다. TNT의 성능을 갖춘 어떤 형식체계이든 **정리성**에 대한 결정절차를 가지는 것이 불가능하다는 명제는 **처치의 정리**로서 알려져 있다. 수론상의 **참**—우리가 TNT의 모든 분기들에 다 마주친 후에야 의심해볼 수 있기는 하지만, 이러한 참이 존재한다면—에 대한 결정절차를 가지는 것이 불가능하다는 명제는 **타르스키의 정리(Tarski's Theorem)**로부터 즉시 도출된다(타르스키는 그 아이디어들을 꽤 일찍 알고 있었으나 1933년에야 발표했다).

메타수학이 이 두 개의 결정적인 결과에 관하여 실행하는 증명들은 흡사하다. 양자는 모두 자기-지시적 구성들로부터 즉시 도출된다. 일단 TNT-정리성에 관한 결정절차라는 질문부터 살펴보자. 임의의 식 X를 "정리" 또는 "비정리" 중에서 어떤 부류에 귀속시킬지 결정할 수 있는 한결같은 방법이 있다면, 그렇다면 식 X의 괴델 수를 입력값으로 받을 경우, 동일한 결정을 내릴 수 있는 하나의 정지하는 FlooP 프로그램(일반재귀함수)이 처치-튜링 테제(표준형 버전)에 의해서 존재할 것이다. 이때 결정적인 단계는 정지하는 FlooP 프로그램을 통해서 테스트될 수 있는 모든 속성이 TNT 안에서 **표현된다**는 점을 유념하는 것이다. 이것은 TNT-정리성이라는 성질이 TNT 안에서 (단순히 표기만 되는 것이 아니라) 표현될 것이라는 뜻이다. 그러나 곧 보겠지만 이것은 우리를 난처하게 할 것이다. '정리성'이 표현 가능한 속성이라면, 괴델 식 G는 에피메니데스 역설만큼 악랄한 것이 되기 때문이다.

이 모든 것은 G가 말하는 내용, 즉 "G는 TNT의 정리가 아니다"라는 진술에 전적으로 좌우된다. G가 정리일 것이라고 가정하자. 그러면, 정리성은 표현할 수 있다고 가정되어 있으므로, "G는 정리이다"라고 주장하는 TNT 식은 TNT의 정리일 것이다. 그러나 이 식은 ~G, 즉 G의 부정이며 따라서 TNT는 모순이다. 반대로 G는 정리가 아닐 것이라고 가정해보자. 그러면 다시 한번 정리성은 표현할 수 있다는 가정에 의해서 "G는 정리가 아니다"라고 주장하는 식은 TNT의 정리일 것이다. 그러나 이 식은 G이며, 우리는 또다시 역설에 빠지게 된다. 이전의 상황과 달리 이 역설을 해결할 방법이 없다. 이 문제점은 정리성이 TNT의 어떤 식에 의해서 표현된다는 전제 때문에 생겼다. 따라서 우리는 되돌아가서 그 전제를 폐기해야 한다. 이로써 우리는 어떤 FlooP 프로그램도 정리의 괴델 수와 비정리의 괴델 수를 구별할 수 없다고 결론을 내릴 수밖에 없다. 끝으로, 우리가 처치-튜링 테제의 인공지능 버전을 수용한다면, 우리는 더 멀리 되돌아가서 우리에게 정리와 비정리를 신뢰할 만하게 구별할 수 있는 어떤 방법도 없을 것이라고 결론을 내릴 수밖에 없다. 그리고 이것은 미(美)에 기반을 두는 결정들을 포함한다. 공개 과정 버전만 지지하는 사람들은 게의 행동이 가능하다고 여전히 생각할지도 모른다. 그러나 그것은 모든 버전들 가운데 정당화하기가 가장 어려운 버전일 것이다.

타르스키의 정리

이제 타르스키의 결과로 가보자. 타르스키는 TNT에서 수론의 참의 개념을 표기하는 방법이 있을지를 물었다. 우리는 정리성이 (표현될 수 없지만) 표기될 수는 있다는 점을 보았다. 타르스키는 참의 개념에 관한 유사한 질문에 관심을 가졌다. 더 구체적으로, 그는 단 하나의 자유변수 a를 가지는 어떤 TNT 식이라도 아래처럼 번역될 수 있는 식이 있는지의 여부를 결정하기를 바랐다.

"괴델 수가 a인 식은 참을 표기한다."

그러면, 타르스키와 더불어, 우리가 그런 식이 하나 있다고 하고 **TRUE{a}**로 간략하게 표기해보자. 이제 우리가 하려는 일은 자신이 참이 아님을 주장하는 문장을 생성하기 위해서 대각화 논법을 사용하는 것이다. "삼촌"에서부터 시작하면서 괴델의 방법을 그대로 따라 한다 :

$$\exists a:<\sim TRUE\{a\} \wedge ARITHMOQUINE\{a'', a\}>$$

삼촌의 괴델 수를 t라고 하자. 우리는 바로 이 삼촌을 산술 콰인화해서 타르스키 식 T를 산출한다 :

$$\exists a:<\sim TRUE\{a\} \wedge ARITHMOQUINE\{\underbrace{SSS\cdots\cdots SSS0/a''}, a\}>$$
$$t개의 S들$$

이 식을 해석하면 이렇다 :

"t의 산술 콰인화는 오류 명제의 괴델 수이다."

그러나 t의 산술 콰인화가 T 자신의 괴델 수이기 때문에, 타르스키의 식 T는 에피메니데스 역설을 TNT 안에 고스란히 재현하고, 자신에 대해서 "나는 오류 (falsity)이다"라고 말하고 있다. 물론 이것은 그 식이 참인 동시에 거짓일 수밖에 없다는 (또는 동시에 어느 쪽도 아니라는) 결론을 초래한다. 여기에서 재미있는 문제가 생긴다 : 에피메니데스 역설을 재현한 것이 뭐 그리 나쁘다는 말인가? 그것이 어떤 결과라도 초래했나? 어쨌든 우리는 이미 그 역설을 말로 표현했지만, 말은 연기 속으로 사라져버리지 않았다.

위대한 계의 불가능성

답은 여기에 연루되어 있는 의미의 층위가 두 개 있다는 점을 유념하는 것에 있다 : 한 층위는 우리가 사용해왔던 층위이고, 다른 층위는 수론의 명제층위이다.

타르스키 식 T가 실제로 존재한다면, 그것은 참인 동시에 거짓인 **자연수들에 대한** 명제일 것이다. 여기에 어려움이 있다. 우리는 일상언어로 표현된 에피메니데스 역설에 대해서는 그 주제(자신의 참)가 추상적이라고 말하면서 언제나 덮어버릴 수 있다. 반면에, 그 역설이 수에 대한 구체적인 명제가 되는 경우에는 그렇게 되지 않는다! 이것을 말도 안 되는 상황으로 생각한다면, 식 **TRUE{a}**가 존재한다는 우리의 전제를 취소해야만 한다. 따라서 참의 개념을 TNT 안에서 표기할 방법이 없다. 이것이 '참'을 '정리성'보다 파악하기 훨씬 곤란한 속성으로 만든다는 점에 주목하라. 왜냐하면 정리성은 표기될 수는 있기 때문이다. (처치-튜링 테제, 인공지능 버전이 관련되는) 앞의 것과 똑같은 역추적 추론에 의해서 다음 결론이 도출된다 :

게의 마음은, 그것이 TNT 정리 판별기가 아닌 것처럼, 참 판별기가 될 수 없다.

참 판별기는 타르스키-처치-튜링 테제("산술적 참을 위한 어떤 결정절차도 없다")를 위반할 것이며, 정리 판별기는 처치의 정리를 위반할 것이다.

형태(Form)의 두 유형

"형태"라는 말을 임의의 복잡성을 가진 도형의 구조에 적용했을 때, 그 낱말의 의미에 대해서 생각해보는 것은 매우 흥미롭다. 예를 들면, 우리가 그림을 보고 아름다움을 느낄 경우, 우리가 반응하는 것은 무엇에 대해서인가? 우리 망막에 맺힌 선분들과 점들의 "형태"에 대해서인가? 분명히 그럴 수밖에 없다. 왜냐하면 그것이 우리 머릿속의 분석 메커니즘에 이를 때까지의 형태이기 때문이다. 그러나 처리과정의 복잡성은 우리가 단순히 2차원적 표면만 보고 있는 것은 아니라고 느끼게 한다. 우리는 그림 안에 있는 어떤 종류의 "내적 의미", 즉 어쨌든 2차원 안에 갇혀 있는 다차원적 측면에 반응하고 있다. 여기서 중요한 것은 "의미"라는 낱말이다. 우리의 마음에는, 2차원적 패턴들을 받아들여 그것들로부터 우리가 의식적으로 기술할 수 없을 정도로 복잡한 고차원적 개념들을 "추출하는" 해석자가 있다. 우리가 음악에 반응하는 방식에 대해서도 마찬가지로 설명할 수 있을 것이다.

나의 주관적인 느낌을 말하자면, 내적 의미를 "추출하는" 메커니즘은 문자열의 적격성(適格性, well-formedness) 같은 특정 성질이 있는지 없는지를 점검하는 결정절차와 전혀 비슷하지 않다. 이것은 아마 내적 의미란 일정한 시간이 지나야 자신에 대해서 더 많은 것을 드러내는 어떤 것이기 때문일 것이다. 우리가 적격성에 대해서 "그렇다", "아니다"라고 말할 수 있는 것처럼, 내적 의미를 추출하는 일을 다 마쳤는지는 결코 확신할 수 없다.

이것은 우리가 분석하는 패턴들에서, "형태"의 두 가지 의미들 사이에서 도출될 수 있을 구별을 시사한다. 첫째로, 적격성 같은 속성이 있는데, 그것은 BlooP 프로그램에서처럼 **종료를 예측할 수 있는 테스트**로 알아낼 수 있다. 나는 이것을 형태의 **통사적 속성**으로 부를 것을 제안한다. 우리는 형태의 통사적 측면에 관해서, 그 측면이 표면 가까이 자리잡으며 따라서 다차원적인 인지구조의 생성을 유발하지 않는다는 것을 직감한다.

이와 대조적으로, 형태의 **의미론적 측면**은 예측할 수 있는 시간 안에 테스트될 수 없는 측면이다 : 이 측면에는 **무제한 테스트**가 필요하다. 우리가 본 것처럼, 그런 측면이 바로 TNT 문자열의 정리성이다. 어떤 표준 테스트를 문자열에 적용해서 그 문자열이 정리인지를 밝혀낼 수는 없다. 어쨌든 문자열의 의미가 관련되었다는 사실은 어떤 문자열이 TNT 정리인가의 여부를 아는 어려움과 결정적으로 관계하고 있다. 한 문자열의 의미를 추출하는 작업은 본질적으로, 그 문자열이 다른 모든 문자열들과 맺는 연결관계에 대한 모든 영향을 규명하는 것이다. 그런데 이것은 분명히 언제 끝날지 모르는 작업으로 이어진다. 그래서 "의미론적" 속성은 무제한 검색에 연계되어 있는데, 그 이유는 중요한 의미에서 어떤 대상의 의미는 대상 자체 안에 **국소화되어 있지 않기** 때문이다. 그렇다고 어떤 대상의 의미를 영원히 이해할 수 없다는 뜻은 아니다. 시간이 흐르는 동안 더욱 많은 의미들이 밝혀지기 때문이다. 그러나 의미 중에서 얼마든지 오랫동안 숨겨진 상태로 있을 측면이 항상 있다.

의미는 인지구조와의 연결로부터 도출된다

다양성을 위해서 문자열로부터 음악작품으로 전환해보자. 그렇지만 당신만 좋다면, 음악작품에 대한 모든 언급을 "문자열"이라는 용어로 바꾸어도 된다. 논의는 일반적인 것이 되도록 의도했지만, 그 분위기는 음악을 언급함으로써 더 잘 전달된다고 나는 느낀다. 음악작품의 의미에 관해서는 기묘한 이원성이 있다 : 한편으로, 그 의미는 음악이 세상의 다른 많은 사물들과의 연관성 때문에 도처에 퍼져 있는 것 같다. 그러나 다른 한편으로, 음악작품의 의미는 분명히 음악 자체에서 도출된다. 그래서 음악 내부의 어디에선가 찾을 수 있음이 분명하다.

이 딜레마의 해결은 의미를 추출하는 메커니즘인 해석자(interpreter)에 대해서 생각하는 것으로부터 얻는다(지금 이 문맥에서 말하는 "해석자"란 음악작품의 연주자가 아니라, 작품이 연주될 때 의미를 도출하는 감상자의 정신적 메커니즘을 뜻한다). 해석자는 작품을 처음 듣는 동안 그 작품의 의미의 중요한 측면들을 많이 발견할 것이다 : 이것은 의미란 작품 자체 안에 자리잡고 있으며, 그것이 단순히 읽혀지고 있다는 개념을 확인해주는 듯하다. 그러나 그것은 이야기의 일부일 뿐이다. 음악 해석자는 다차원적 인지구조—작품의 심적 표현—를 설정하면서 작업하는데, 이전의 경험들을 코드화한 다른 다차원적 심적 구조들과의 연결을 발견함으로써 그것을 기존의 정보와 통합하려고 한다. 이 과정이 일어나면서 전체 의미가 서서히 펼쳐진다. 사실 누군가 어떤 작품의 핵심 의미를 꿰뚫었다는 느낌을 가지기까지 몇 년이 걸릴 수도 있다. 이것은 앞의 생각과 상반되는 관점, 즉 음악적 의미란 도처에 분산되어 있고, 해석자의 역할은 그것을 서서히 모으는 것이라는 관점을 지지하는 것 같다.

진리는 말할 것도 없이 그 사이 어딘가에 있을 것이다 : 음악적 의미와 언어적 의미는 어느 정도 국소적이고, 어느 정도 도처에 분산되어 있다. 제6장의 용어를 쓰면, 우리는 음악작품들과 텍스트 조각들이 부분적으로는 점화장치이며 부분적으로는 명시적인 의미를 가지고 있는 것이라고 말할 수 있다. 이와 같은 의미의 이원성을 생생하게 보여주는 것이 고대의 비문(碑文)이 새겨진 비석의 사례이다 : 즉, 비문의 의미는 부분적으로 전 세계의 도서관 및 학자들의 머릿속에 저장되어 있지만, 그 비석 자체 안에도 분명히 숨겨져 있다.

따라서 "통사적" 속성과 "의미론적" 속성(방금 제안한 뜻에서)의 차이를 특징짓는 또하나의 방법은 다음과 같다 : 통사적 속성은 사람들이 생각하고 있는 대상 속에 확실히 들어 있는 반면, 의미론적 속성은 잠재적으로 무한한 다른 부류의 대상들과의 관계에 좌우되며, 따라서 완전히 국소화될 수 없다. 통사적 속성에는 원칙적으로 비밀스럽거나 숨겨진 어떤 것도 없는 반면, 의미론적 속성에서는 감춤이 본질적이다. 바로 그런 이유 때문에 내가 시각적 형태의 "통사적" 속성과 "의미론적" 속성을 구별하자고 제안했던 것이다.

아름다움, 참 그리고 형식

아름다움은 어떤가? 위의 아이디어에 따르면, 아름다움은 분명히 통사적 속성이 아니다. 그것은 정말 의미론적 속성인가? 아름다움은 예를 들면 어떤 특정한 그림이 가지는 속성인가? 우리의 고려 대상을 곧바로 한 명의 감상자로 한정해 보자. 모든 사람이 어떤 것을 어느 때에는 아름답다고 느끼다가 어느 때에는 따분하다고 느끼고 또 어느 때에는 아마 그 중간 정도로 느끼는 경험을 했을 것이다. 그렇다면 아름다움은 시간에 따라 바뀌는 속성인가? 관점을 뒤집어서, 시간에 따라 바뀌는 것은 감상자라고 말할 수 있을 것이다. 특정 시점에 특정한 그림을 보는 특정 감상자가 있다면, 아름다움이란 분명히 존재하는 속성 또는 존재하지 않는 속성이라고 주장하는 것이 타당한가? 아니면 아름다움에 대한 불명확하고 그리고 뭐라고 말할 수 없는 어떤 것이 여전히 있는가?

아마 상황에 따라서 모든 사람에게 다른 수준의 해석자가 작동될 수 있을 것이다. 이 다양한 해석자들은 다른 의미들을 추출하고 다른 연관관계를 설정하며 모든 깊은 측면들을 대체로 다르게 평가한다. 그래서 아름다움이라는 이 개념은 정확히 밝히기가 극히 어려운 것 같다. 이런 이유로 내가 "위대한 게"에서, 아름다움을 참에 연계했는데, 참은 우리가 본 것처럼 메타수학의 모든 영역에서 가장 파악하기 어려운 개념들 가운데 하나이다.

에피메니데스 역설의 신경 기층

참의 중심문제인 에피메니데스 역설에 대한 몇몇 아이디어들을 설명하면서 이 장을 맺고 싶다. 나는 TNT 안에서 에피메니데스 역설을 재현한 타르스키의 시도가 언어로 표현된 그 역설의 본질을 더욱 깊이 이해시키는 길을 알려준다고 생각한다. 타르스키가 발견한 것은 그 역설의 타르스키 버전이 그 역설에 대해서 두 개의 다른 층위를 가진다는 점이었다. 한 층위에서, 그 역설은 자기 자신에 대한 문장인데, 자신이 거짓이면 참이 되고 자신이 참이면 거짓이 된다. 산술적 기층이라고 부르고 싶은 다른 층위에서, 그 역설은 **정수들에 대한 문장**인데, 자신이 거짓일 경우 오직 그 경우에만 참이 된다.

어떤 이유로 인해서 전자보다 후자가 사람들을 훨씬 더 괴롭힌다. 어떤 사람들은 자기-지시성 때문에 첫 번째 문장을 "무의미한" 것으로 생각해 무시한다. 그러나 정수에 대한 역설적 진술들을 무시할 수는 없다. 정수에 관한 진술들이 그냥 참인 동시에 거짓일 수는 없기 때문이다.

이제 내 느낌은 에피메니데스 역설을 변형한 타르스키 버전이 언어 버전에서 **기층을 찾아보라고** 우리에게 가르치고 있다는 것이다. 산술적 버전에서는, 의미의 상위층위가 하위의 산술적 층위에 의해서 지지된다. 아마 이와 비슷하게, 우리가 지각하는 자기-지시적 문장("이 문장은 오류이다")은 단지 이원층위 실체의 최상층위일 것이다. 그렇다면 더 낮은 층위는 무엇일까? 낮은 층위 위로 언어가 올라타는 메커니즘은 무엇인가? 뇌이다. 그러므로 우리는 에피메니데스 역설에 대한 **신경 기층**—즉 서로 충돌하는 물리적 사건들의 더 낮은 층위—을 찾아보아야 한다. 다시 말해서, 충돌하는 물리적 사건들이란 그것들의 본성상 동시에 일어날 수 없는 두 개의 사건이다. 이 물리적 기층이 존재한다면, 우리가 에피메니데스 문장에 대해서 갈피를 잡을 수 없는 이유는, 우리의 뇌가 불가능한 과제를 수행하려고 시도하고 있기 때문이다.

자, 서로 충돌하는 물리적 사건들의 본성은 무엇일까? 아마 당신이 에피메니데스 문장을 들을 경우, 당신의 뇌는 그 문장의 어떤 "코드화", 즉 상호작용하는 기호들의 내부 배치를 설정한다. 그러고 나서 뇌는 그 문장을 "참" 또는 "거짓"으로 분류하려고 한다. 이 분류 행위는 여러 기호들을 특정 방식으로 상호작용하도록 강요하는 시도를 수반할 수밖에 없다(짐작컨대 이것은 어떤 문장이든 처리할 때 일어날 것이다). 이제 그 분류 행위가 문장의 코드화를 물리적으로 파괴한다면—그런 일은 보통 일어나지 않지만—우리는 곤경에 처하게 된다. 왜냐하면 이것은 자기-파괴 음반을 전축에 올려놓고 재생하라고 강요하는 것이나 다를 바 없기 때문이다. 우리는 그런 충돌을 물리적인 관점에서 기술했지만 신경 관점에서는 기술하지 않았다. 지금까지의 이 분석이 옳다면, 아마도 나머지 논의는 우리가 뇌 속에서 뉴런들과 그 발화들로 이루어진 "기호들"의 구성과 문장들이 "코드"로 변환되는 방식에 대해서 뭔가를 이해할 경우, 계속 이어질 수 있을 것이다.

　에피메니데스 역설의 신경 기층에 관한 이 소묘는 (나에게는 적어도) 언어 버전의 에피메니데스 역설에 대한 해법이 타르스키 버전의 해법과 비슷할 것이라는 암시를 준다. 그 해법은 뇌가 참의 개념에 대해서 충분히 정밀한 표현을 제공할 수 있으리라는 생각을 단념하라는 것이다. 이 해법이 참신한 것은, 참을 완전하게 표현하는 것은 바로 **물리적인** 이유 때문에 불가능하다고 보는 점에 있다. 즉 이러한 표현은 물리적으로 양립할 수 없는 사건들이 뇌 안에서 발생하도록 요구할 것이다.

SHRDLU, 인간이 갈망하는 장난감일지니^{*1)}

어느 날 에타 오인^{**}은 매사추세츠 공과대학 인공지능 연구소를 돌아다니다가 우연히 SHRDLU라는 이름의 뛰어난 최신 컴퓨터 프로그램과 마주쳤다. 마침 SHRDLU는 새로 개발된 인간 "토니 어윅 박사"^{***}를 누군가 시험해보았으면 하고 안달이 나 있던 참이었다. SHRDLU의 설명에 따르면, 이 어윅 박사는 "장난 감 세계"에 대한 대화를 분석하는 제한된 영역에서는 매우 똑똑하다고 한다. 그 세계에는 여러 가지 모양과 크기, 색깔로 된 블록들이 책상 위에 있고, 그것 들을 집어서 이리저리 옮길 수 있다. 에타 오인은 매료되어서 SHRDLU에 열광 적으로 명령을 입력하기 시작한다. 어윅은 에타 오인의 어깨 너머에서, 약속된 것처럼, 일종의 중계방송을 해준다.

1. 에타 오인 : 빨간색 큰 블록을 집어라[그림 110 참조].

   SHRDLU : 오케이.

   토니 어윅 박사 : SHRDLU는 명령을 실행할 때 "오케이"라고 대답한다. 빨간색 블록을 집어 올리기 위해서, SHRDLU는 녹색 블록을 놓을 자리를 찾은 다음 녹색 블록을 옮겨놓고 나서 과제를 해결해야 했다.

2. 에타 오인 : 그 피라미드를 잡아라.

   SHRDLU : 어떤 피라미드를 말하는지 모르겠습니다.

   토니 어윅 박사 : 화면 속에 피라미드가 세 개 있고, SHRDLU는 "그(the)"로 시 작하는 문구가 '말하는 사람이 특정한 물건'을 가리키려고 사용한다는 사실을

---

[*] 이 제목(SHRDLU, Toy of Man's Designing)은 Bach의 칸타타 "Jesus, Joy of man's Desiring(원제 : Jesu, Bleibt meine Freude)"에서 유래한다.

^{**} Eta Oin과 SHRDLU는 영어에서 알파벳의 사용 빈도 순서이다.

^{***} 토니 어윅(Tony Earrwig)은 인공지능의 개척자 테리 위노그래드(Terry Winograd)의 철자를 다시 조합해서 만든 이름이다. 그리고 여기에서 토니 어윅 박사가 하는 말은 실제 논문에서 테리 위 노그래드가 대화를 해설한 부분이다.

1) 이 대화는 위노그래드의 논문"A Procedural Model of Language Understanding"(in R. Schank & K. Colby 편, *Computer Models of Thought and Language*, pp. 155-166)에서 인용했는데, 주인공들의 이름만 바꾸었다.

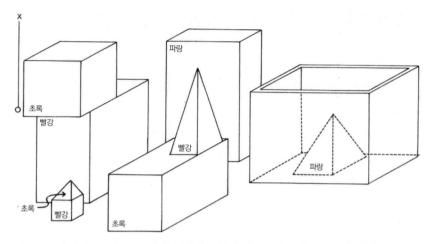

그림 110. "빨간색 큰 블록을 집어라"[출전 : 테리 위노그래드, 『자연언어의 이해(*Understanding Natural Language*)』, New York, 1972, p. 8].

안다.

3. 에타 오인 : 네가 쥐고 있는 것보다 키가 더 큰 블록을 찾아서 그것을 상자 안에 넣어라[그림 111 참조].

　토니 어윅 박사 : SHRDLU는 "것"과 "그것"이 무엇을 뜻하는지 파악해야만 하고, 또한 추론을 통해서 자신이 어떤 블록을 쥐고 있는지를 판정해야 한다.

　SHRDLU : **나는 당신이 말하는 "그것"이 내가 쥐고 있는 것보다 키가 더 큰 그 블록을 뜻한다고 추정합니다.**

　토니 어윅 박사 : "그것"이 가리킬 수 있는 물건이 두 개 있었다. 찾아낸 것과 "네가 쥐고 있는 것"이다. SHRDLU는 둘 중에서 하나를 선택하는 데에 사용하는 추정법이 있다.

　SHRDLU : **오케이.**

　토니 어윅 박사 : SHRDLU의 손이 키가 더 큰 파란색 블록을 집으려면 빨간색 블록을 내려놓아야 한다.

4. 에타 오인 : 상자 안에는 뭐가 들었지?

　SHRDLU : **파란색 피라미드와 파란색 블록.**

5. 에타 오인 : 그 피라미드를 받치고 있는 게 뭐지?

　토니 어윅 박사 : 아까 SHRDLU는 "피라미드"에 대한 응답으로 "어떤 피라미드

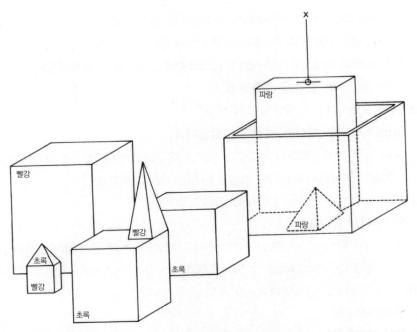

그림 111. "네가 쥐고 있는 것보다 더 큰 블록 하나를 찾아서 그것을 상자 안에 넣어라"[출전 : 테리 위노그래드, 『자연언어의 이해』, New York, 1972, p. 9].

를 말하는지 모르겠습니다"라고 말했다. 이번에는, 방금 언급된 블록이라고 추정한다.

    SHRDLU : **그 상자.**

6. 에타 오인 : 그 상자 안에 들어 있지 않은(not) 블록은 몇 개지?

    토니 어웍 박사 : "……않다(not)"와 "하나도 없다(no)" 같은 부정어는, 절에 있든 아니면 "no boxes" 같은 명사구에 있든, 처리된다.

    SHRDLU : **네 개.**

7. 에타 오인 : 그것들 중에 적어도 하나는, 내가 집으라고 말했던 것보다 폭이 좁은가?

    토니 어웍 박사 : "그것들 중에 적어도 하나(at least one of them)"라는 구문은 이전 질문을 가리킨다는 것을 분석해내야만 한다. 그리고 "……것"이라는 구문은 블록들을 가리킨다는 것을 또한 분석해내야만 한다. 명사-군들은 "적어도 하나", "네 개 이상", "딱 일곱 개"처럼 복잡한 수들을 나타낼 수 있다. "내가 집으라고 말했던 것"이 어떤 블록인지 추론하기 위해서, 과거의 사건들에 대한

기억을 이용한다. 구문 구조가 복잡하다는 것을 주목해야 하는데, "것"이 실제로는 절의 목적어로, 두 층위 아래에 박혀 있다.* SHRDLU의 문장분석기는 이런 종류의 복잡성을 일반적인 방법으로 다루는 문법을 포함하고 있다.

   SHRDLU : 예, 빨간색 정육면체.

8. 에타 오인 : 그것을 떠받치는 게 있나?

   SHRDLU : 예, 책상이 떠받치고 있습니다.

   토니 어윅 박사 : 질문자가 특별히 정보를 요구하지 않더라도, 그 사람에게 어떤 정보가 적절한지 추정하는 방법을 SHRDLU는 가지고 있다.

9. 에타 오인 : 그 책상이 블록들을 집어 올릴 수 있나?

   SHRDLU : 아니요.

   토니 어윅 박사 : SHRDLU의 의미규칙은, "집어 올리기"는 움직이는 물체가 하는 것이라는 지식 그리고 그 책상은 움직이는 것이 아니라는 지식을 포함한다.

10. 에타 오인 : 블록이 피라미드를 떠받칠 수 있나?

    SHRDLU : 예.

    토니 어윅 박사 : SHRDLU의 추론체계는 실제 사례를 찾아낸다. 그래서 이것이 가능하다는 점을 안다.

11. 에타 오인 : 피라미드가 피라미드를 떠받칠 수 있나?

    SHRDLU : 모르겠습니다.

    토니 어윅 박사 : 그 질문은 유의미하지만, 이 화면에는 사례가 없다. SHRDLU는 궁극적으로 자신의 성능을 정의하는 자신의 프로그램 세부사항을 들여다볼 방법이 없다.

12. 에타 오인 : 피라미드 두 개를 포개어 쌓아라.

    SHRDLU : 할 수 없습니다.

    토니 어윅 박사 : SHRDLU는 시도해보는 데 실패한다.

13. 에타 오인 : 파란색 피라미드는 내 거야.

    SHRDLU : 알겠습니다.

    토니 어윅 박사 : 물체의 색, 모양, 크기, 위치에 대한 모든 정보가 처음부터 SHRDLU에게 주어져 있다. '소유'라는 물체의 속성은 SHRDLU에게 주어지지

---

* 원문 the one which I told you to pick up에서 첫 번째 층위의 목적어는 you이고 the one은 두 번째 층위의 목적어이다.

않은 것으로, 그것에 대해서 알릴 수 있다. SHRDLU는 이 정보를 자신의 데이터베이스에 저장한다.

14. 에타 오인 : 빨갛지 않은 블록은 다 내 거지만, 피라미드를 받치고 있는 블록은 하나도 내 게 아니야.

　　SHRDLU : **알겠습니다.**

　　토니 어윅 박사 : 이 문장들을 이해한 결과, 어떤 것이 당신 것인지 아닌지 추론하는 새로운 프러시저가 SHRDLU 안에 생겨났다.

15. 에타 오인 : 상자가 내 것인가?

　　SHRDLU : **아니요.**

　　토니 어윅 박사 : 상자는 피라미드를 포함해 자신이 담고 있는 것은 모두 떠받치고 있다.

16. 에타 오인 : 상자 안에 내 것이 있나?

　　SHRDLU : **예, 두 가지입니다. 파란색 블록과 파란색 피라미드입니다.**

17. 에타 오인 : 빨간색 블록 두 개와, 녹색 정육면체나 녹색 피라미드 중 하나를 쌓아주겠나? [그림 112 참조.]

　　SHRDLU : **오케이.**

　　토니 어윅 박사 : "와(과)", "또는", "……중 하나" 같은 논리연결사들은 문법과 의미론 양쪽에서 모두 다루어진다. 입력한 것이 질문처럼 보이지만 명령이 실행된다. 명령은 다음과 같은 일련의 단계를 거쳐서 수행된다 : SHRDLU는 위에 아무것도 얹혀 있지 않은 녹색 정육면체를 택해서 빨간색 큰 블록 위에 놓고, 그런 다음에 빨간색 작은 정육면체에서 작은 피라미드를 치운다. 그래서 SHRDLU는 그 정육면체를 사용해서 지정된 대로 블록 더미를 완성할 수 있다.

18. 에타 오인 : 책상 위에 어떤 정육면체가 있지?

　　SHRDLU : **빨간색 피라미드를 받치고 있는 녹색의 큰 것입니다.**

　　토니 어윅 박사 : 보통 때라면 SHRDLU는 이것을 "**녹색의 큰 정육면체**"라고 말했을 것이다. 그러나 당신이 "어떤 정육면체"인지 물었기 때문에, SHRDLU는 그것을 더 특정해서 말해야 한다. SHRDLU는 대화가 더 자연스러워지도록 대체명사("것" 같은)와 대명사들을 사용해서 대답하는 프러시저들을 가진다.

19. 에타 오인 : 피라미드 뒤에 큰 블록이 있는가?

　　SHRDLU : **예, 모두 세 개입니다. 빨갛고 큰 것, 녹색의 큰 정육면체 그리**

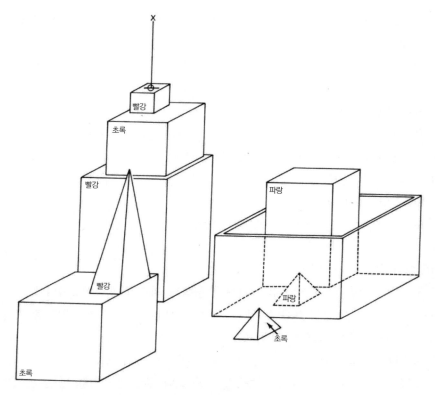

그림 112. "빨간색 블록 두 개와, 녹색 정육면체나 녹색 피라미드 중 하나를 쌓아주겠나?" [출전 : 테리 위노그래드, 『자연언어의 이해』, p. 12]

고 파란 것입니다.

20. 에타 오인 : 피라미드를 받치고 있는 녹색 정육면체 위에 작은 것을 놓아라.

    토니 어윅 박사 : "작은 것"은 당신이 앞서 말한 구문 "큰 블록"과 대비되어야 한다. 따라서 이것은 "작은 블록"을 의미한다.

    SHRDLU : **오케이.**

21. 에타 오인 : 가장 작은 피라미드를 그 위에 올려놓아라.

    토니 어윅 박사 : "가장 작은(littlest)" 같은 낱말은 SHRDLU 사전에 들어 있지 않지만, "작은"과 같은 기본형으로부터 해석된다. SHRDLU는 그 동작을 수행하기 위해서 피라미드의 크기를 모두 비교한다.

    SHRDLU : **오케이.**

22. 에타 오인 : 녹색 정육면체들 위에 물건들이 얼마나 있지?

SHRDLU : **"녹색 정육면체들의 위에"라는 문구에서 "······의 위에"가 무슨 뜻인지 확실하지 않습니다.**

(1) 표면 바로 위라는 뜻입니까? 아니면

(2) 그 위 어디엔가라는 뜻입니까?

토니 어윅 박사 : 이전의 문장에서 "······의 위에"라는 문구는 별 어려움 없이 해석되었다. 왜냐하면 문맥이 무슨 뜻인지 명확히 해주었기 때문이다. 이번 문장에서는, 애매성을 해소하는 추정법이 명확한 정의를 내놓지 않는다. 그래서 SHRDLU는 추가 정보를 요구해야 했다. 두 개의 뜻풀이가 "······의 위에(on)"에 대한 사전적 정의를 제시하며 포함되었다. 또한 이 같은 요청은 "그것" 또는 "그들" 같은 대명사의 의미가 불명확한 경우에도 있을 수 있다.

23. 에타 오인 : 녹색 피라미드를 작은 정육면체 위에 올려놓기 전에, 아무 피라미드라도 건드린 적이 있나?

SHRDLU : 예, 녹색 피라미드.

토니 어윅 박사 : SHRDLU는 자신의 기억으로부터 어떤 사건이 언급되고 있는지 추론한다. 그리고 다른 사건들을 언급되고 있는 것에 제때 관련시킬 수 있다. 그 분석은 동사-군의 복잡한 시제들을 포함하고, "가지다(have)" 같은 불규칙 동사들의 다양한 활용형을 추적하는 특별한 능력들이 있다.

24. 에타 오인 : 너는 그것을 언제 집어 들었나?

SHRDLU : 빨간색 정육면체, 빨간색 큰 블록 그리고 녹색의 큰 정육면체를 차례로 쌓아 올리고 있었을 때였습니다.

토니 어윅 박사 : 그때 행해지고 있던 작업의 주된 목표를 말함으로써 시간을 기술한다.

25. 에타 오인 : 왜?

토니 어윅 박사 : SHRDLU는 이 같은 질문과 그 다음 질문들을 이해하기 위해서, 즉시 이전의 문장들을 떠올린다.

SHRDLU : 그것을 치우기 위해서입니다.

토니 어윅 박사 : 원래의 하위 목표 수형도에서 선택된 부분들을 추적함으로써, SHRDLU는 자신의 동기들을 이해한다.

26. 에타 오인 : 너는 왜 그것을 했지?

SHRDLU : 빨간색 정육면체를 치우기 위해서입니다.

토니 어윅 박사 : "그것"은 SHRDLU의 마지막 대답에서 언급된 행동을 가리킨다.

27. 에타 오인 : 너는 왜 그 정육면체를 치웠지?

  토니 어윅 박사 : 여기서, "그"는 방금 SHRDLU가 가리킨 것을 의미한다.

  SHRDLU : 그것을 녹색의 큰 정육면체 위에 올려놓기 위해서입니다.

28. 에타 오인 : 너는 왜 그것을 했지?

  SHRDLU : 빨간색 정육면체, 빨간색 큰 블록 그리고 녹색의 큰 정육면체를 쌓아 올리기 위해서입니다.

29. 에타 오인 : 너는 왜 그것을 했지?

  SHRDLU : 당신이 나에게 요구했기 때문입니다.

  토니 어윅 박사 : SHRDLU는 자신이 했던 일은 기억하지만, 그 요구가 어떤 말로 표현되었는지 기억하지 못한다.

30. 에타 오인 : 너는 어떻게 그것을 했지?

  토니 어윅 박사 : "그것"은 대답이 아니라, 마지막 질문에서 언급된 행동을 가리킨다.

  SHRDLU : 빨간색 큰 블록을 책상 위에 두고, 그러고 나서 그 블록을 손에서 놓습니다. 그 다음에 녹색의 큰 정육면체를 그 블록 위에 올려놓습니다. 그 다음에 그 정육면체를 손에서 놓습니다. 그 다음에 빨간색 정육면체를 그 정육면체 위에 올려놓습니다. 그 다음에 그 정육면체를 손에서 놓습니다.

  토니 어윅 박사 : 이것은 그 목표를 달성하기 위해서 사용되었던 최상층위의 하위 목표들을 기술한 것이다.

31. 에타 오인 : 너는 그것을 하는 동안에, 얼마나 많은 물건들을 건드렸나?

  토니 어윅 박사 : 시간에 관한 언급은 "……동안에" 같은 낱말들을 사용하여 기간을 가리킬 수 있다.

  SHRDLU : 모두 네 개입니다.

32. 에타 오인 : 네가 빨간색 정육면체를 치우기를 시작하기 전에 그것이 받치고 있던 것은 무엇이었나?

  SHRDLU : 녹색 피라미드입니다.

  토니 어윅 박사 : 무엇을 움직였는지 기억함으로써, 화면의 이전 배치상태들을 추론할 수 있다. 당신은 "네가 빨간 정육면체를 치우기를 시작하기 전에"같이

복잡하게 중첩된 절을 사용할 수 있다.

33. 에타 오인 : 그때 상자의 왼쪽에 다섯 개의 블록이 있었다.

토니 어윈 박사 : "그때"는 마지막 문장에서 언급된 시점을 가리키는 게 틀림없다.

SHRDLU : 아니요, 네 개만 있습니다 : 빨간색 정육면체, 두 개의 커다란 녹색 정육면체들 그리고 커다란 빨간색 블록입니다.

토니 어윈 박사 : 대화 앞부분에서,[*] "소유(owning)"에 대한 정보를 액면 그대로 받아들였다. 그러나 SHRDLU는 자신이 물건들이 있는 장소를 포함해서 그들의 기본속성에 관한 정보를 완전히 가지고 있다는 것을 안다. SHRDLU는 이 속성들에 대한 모든 진술을 검토해서 그것들에 동의할지 안 할지를 알아낸다.

34. 에타 오인 : put the blue pyramid on the block in the box.[**]

토니 어윈 박사 : 이 문장은 통사적으로 애매하지만, 한 가지 뜻으로 명확하게 이해될 수 있다. 왜냐하면 "그 블록 위에 있는 파란색 피라미드를 상자 안에 두어라"라고 문장을 분석하면 현재 상황에서 뜻이 통하지 않는 반면, "파란색 피라미드를 상자 안에 있는 블록 위에 놓아라"는 뜻이 통하기 때문이다.

SHRDLU : 오케이.

35. 에타 오인 : 어떤 피라미드보다도 크지만, 그것을 받치는 물건만큼 폭이 넓지는 않은 것이 어떤 것이라도 있나?

토니 어윈 박사 : SHRDLU는 "모든(every)", "그 어떤(any)", "몇몇(some)" 같은 양화사(量化詞)와 "……보다 더 큰", "……만큼 폭이 넓은" 등과 같은 〔통사〕구조를 이해한다. 여기서 "그것"은, 같은 문장 안에 있지만 문장분석 수형도에서 보면 두 층위 위에 있는 명사-군을 가리킨다.

SHRDLU : 예, 파란색 블록입니다.

36. 에타 오인 : 첨탑을 만들어라.

SHRDLU : 미안합니다. 나는 "첨탑"이라는 낱말을 모릅니다.

토니 어윈 박사 : SHRDLU는 자신이 모르는 낱말을 보면 즉시 끼어든다.

37. 에타 오인 : "첨탑"은 녹색 정육면체 두 개와 피라미드 하나를 쌓아 올린 것이다.

---

[*] 14, 15, 16.

[**] 두 가지 뜻으로 해석할 수 있다. 1. 파란색 피라미드를 상자 안에 있는 블록 위에 두어라. 2. 블록 위에 있는 파란색 피라미드를 상자 안에 두어라.

토니 어윅 박사 : 따옴표는 네가 하나의 새로운 낱말을 정의하고 있다는 것을 나타낸다. 그 정의는 SHRDLU가 이미 알고 있는 모든 낱말들과 양립할 수 있는 형태로 SHRDLU 사전에 추가된다.

SHRDLU : **이해했습니다.**

38. 에타 오인 : 지금 첨탑이 하나라도 있는가?

SHRDLU : **아니요.**

토니 어윅 박사 : 새로운 정의가 첨탑을 인식하기 위한 기술(記述)로서 사용된다.

39. 에타 오인 : 그것을 만들어라!

SHRDLU : **오케이.**

토니 어윅 박사 : 정의 속에 주어진 기술은 새로운 물건을 인식하는 것은 물론 그것을 만들기 위한 계획을 추론하기에도 충분하다. "그것"은 "첨탑"을 뜻하고, 계획이 수행된다. 먼저 커다란 녹색 정육면체들 가운데 하나의 위에 있는 빨간색 정육면체와 피라미드를 두 개 치운다. 그러고 나서 기술한 것에 맞추어 녹색 정육면체 두 개와 키가 큰 빨간색 피라미드를 쌓아 올린다.

40. 가장 큰 그 블록을 "슈퍼 블록"이라고 불러라!

SHRDLU : **오케이.**

토니 어윅 박사 : 너는 물건들에 이름을 붙여도 된다.

41. 에타 오인 : 우리가 시작한 이후로 너는 슈퍼 블록을 집어 올린 적이 있나?

SHRDLU : **예.**

42. 에타 오인 : 너는 그것을 왜 떨어트렸지?

SHRDLU : **당신이 "그것"이라고 말한 것이 슈퍼 블록이라고 추정합니다. 나는 없었던 사건은 설명할 수 없습니다.**

토니 어윅 박사 : SHRDLU의 기억 속에는 떨어진 블록에 대한 기록이 없다. '응답 루틴'은 참이 아닌 것을 전제하는 이런 유형의 "유도 질문"에 대해서 특별한 검토를 한다.

43. 에타 오인 : 빨간색 피라미드 오른쪽에 뭐라도 있나?

SHRDLU : **예, 네 개의 사물이 있습니다 : 상자, 빨간색 정육면체, 파란색 피라미드 그리고 슈퍼 블록이라고 이름 붙인 블록.**

토니 어윅 박사 : 일단 어떤 물건에 이름이 붙으면, 대답할 때 그 이름은 그 물건을 알아보는 데에 도움이 되도록 쓰인다.

44. 에타 오인 : 고맙네.

SHRDLU : 뭘요!

토니 어윈 박사 : SHRDLU의 문법은 프러시저로서 작성되었는데, 그 프러시저
는 SHRDLU에게 관용구에 대한 특별한 종류의 문장 분석을 해낼 수 있는 능
력을 준다.

제18장

인공지능 : 회고

튜링

1950년, 앨런 튜링은 인공지능에 대한 매우 예언적이며 도발적인 논문을 썼다. 이 논문은 "계산기계와 지능(Computing Machinery and Intelligence)"이라는 제목으로 『마인드(Mind)』[1]라는 학술지에 실렸다. 나는 그 논문에 대해서 몇 가지 말하려고 하는데, 그 전에 인간 튜링에 대해서 몇 마디하고 싶다.

앨런 매티슨 튜링은 1912년 런던에서 태어났다. 그는 호기심과 유머가 넘치는 아이였다. 수학에 재능이 있었던 튜링은 케임브리지 대학에 진학했고, 그곳에서 기계와 수리논리학에 대한 그의 관심을 융합해서, 그 결과 "계산 가능한 수(computable numbers)"라는 유명한 논문을 내놓았다. 여기서 그는 튜링 기계의 이론을 창안했고 정지 문제의 해결 불

그림 113. 달리기를 성공적으로 마치고 서 있는 앨런 튜링(1950년 5월)[출전 : 사라 튜링, 『앨런 M. 튜링(Alan M. Turing)』, (Cambridge, U.K.: W. Heffer & Sons, 1959)].

---

1) Alan M. Turing, "Computing Machinery and Intelligence", *Mind*, Vol. LIX, No. 236 (1950), A. R. Anderson 편, *Minds and Machines*에도 실려 있다.

가능성을 입증했다. 이 논문은 1937년에 출간되었다. 1940년대에는 그의 관심이 계산기계의 이론으로부터 진짜 컴퓨터를 실제로 만드는 일로 돌아섰다. 그는 영국에서 컴퓨터 개발의 핵심 인물이었으며, 인공지능이 처음 공격받았을 때에 그것을 확고하게 옹호한 사람이었다. 그의 절친한 친구 중에 데이비드 챔퍼노운이라는 사람이 있었다(그는 나중에 컴퓨터 작곡에 몰두했다). 챔퍼노운과 튜링은 둘 다 열렬한 체스 선수였으며 "집 한 바퀴 돌기(round-the-house)"라는 체스 게임을 고안했는데, 규칙은 이렇다. 당신이 한 수를 둔 다음, 집 한 바퀴를 돈다. 상대방이 두기 전에 돌아오면 한 번 더 둘 자격을 얻는다. 좀더 진지하게, 튜링과 챔버노운은 "튜로 챔프(Turo-champ)"라는 최초의 체스 프로그램을 개발했다. 튜링은 41세에 요절했는데, 약물 사고로 보인다. 자살이라는 설도 있다. 그의 어머니 사라 튜링은 아들의 전기를 썼다. 그녀가 인용하는 사람들의 말을 들어보면, 튜링은 매우 자유분방했고 심지어 어떤 면에서는 세련되지 못하기까지 했지만, 너무도 솔직하고 예의가 발라서 세상일에 상처를 받았다는 느낌을 가지게 된다. 그는 게임, 체스, 아이들, 자전거 타기를 좋아했고, 게다가 강인한 장거리 달리기 선수이기도 했다. 케임브리지 학창 시절에 중고 바이올린을 하나 사서 독학하기도 했다. 음악적인 소질은 별로 없었지만 바이올린 연주에서 큰 기쁨을 얻었다. 그는 좀 괴짜였으며 묘한 방향으로 대단한 에너지를 폭발시키는 버릇이 있었다. 그가 탐구했던 또 하나의 영역은 생물학의 형태발생 문제였다. 그의 어머니에 따르면, 튜링은 [찰스 디킨스의] 『피크위크 클럽의 기록(*Pickwick Papers*)』을 특히 좋아했지만 "시에는 셰익스피어의 작품 말고는 전혀 흥미가 없었다"고 한다. 앨런 튜링은 컴퓨터 과학 분야에서 진정한 개척자들 가운데 하나였다.

튜링 테스트(Turing test)

튜링의 논문은 다음과 같은 문장으로 시작한다. "'기계들은 생각할 수 있는가?'라는 질문을 생각해볼 것을 제안한다." 그가 지적한 것처럼 이 제안은 듣는 사람의 감정에 호소해 영향을 주려는 말이기 때문에, 우리는 그 질문에 접근하기 위해서 목적 수행에 적절한 방식을 찾아내야만 한다. 이 방식은 자신이 "흉내 내기 게임"이라고 이름 붙인 것에 포함되어 있다고 그는 말했다. 이것이 오늘날 **튜**

링 테스트로 알려져 있다. 튜링은 그것을 다음과 같이 소개한다 :

> 게임은 세 사람이 한다. 남자(A), 여자(B) 그리고 질문자(C)인데, 질문자는 남, 녀 상관없다. 질문자는 다른 두 사람과 떨어진 방에 있다. 그 질문자의 게임 목표는 두 사람 중에 누가 남자이고 누가 여자인지 판별해내는 것이다. 질문자는 그들을 X와 Y로 알 뿐이고, 게임의 마지막에 "X는 A이고 Y는 B이다" 또는 "X는 B이고 Y는 A이다"라고 말한다. 질문자는 A와 B에게 다음과 같은 질문을 하도록 허용된다 :
>
> C : X씨, 머리카락 길이를 말씀해주시겠습니까?
>
> 이제 X가 실제로 A라고 가정하면 A가 대답해야 한다. 이 게임에서 A의 목표는 C가 잘못 판정하도록 하는 것이다. 따라서 A의 대답은 다음과 같을 것이다 :
>
> "내 머리카락은 층층이 이발되었는데, 가장 긴 가닥들은 9인치 정도 됩니다."
>
> 질문자가 목소리로 성별을 간파하지 못하도록, 대답은 쓰거나 더 낫게는 타자로 작성해야 한다. 이상적인 준비는 두 방들 사이의 의사소통이 전신 타자기로 이루어지도록 하는 것이다. 아니면 질문과 대답을 중개인이 복창할 수도 있다. 세 번째 참여자(B)의 게임 목표는 질문자를 돕는 것이다. 그녀가 취할 최선의 전략은 아마 정직한 대답일 것이다. 그녀는 자신의 대답에 "내가 여자입니다. 그 남자의 말에는 귀 기울이지 마세요!" 따위의 말을 덧붙일 수 있다. 그러나 남자도 이와 비슷한 발언을 할 수 있기 때문에 그것은 쓸모없을 것이다.
>
> 우리는 이제 다음과 같이 질문한다 : "이 게임에서 기계가 A의 역할을 맡으면 무슨 일이 벌어질까?" 게임이 이처럼 진행될 때, 질문자가 판정을 잘못 내리는 경우가, 게임이 남자와 여자 사이에서 진행될 때 판정을 잘못 내리는 것만큼이나 자주 있을까? 이 질문들이 "기계는 생각할 수 있는가?"라는 우리의 원래 질문을 대체한다.[2]

---

2) Turing in Anderson, p. 5.

튜링은 테스트의 성격을 자세히 설명한 다음에 약간의 주석을 다는데, 그가 그 것을 쓰고 있던 시점(1950년)을 감안하면 상당히 정교한 내용이다. 먼저, 그는 질문자와 피질문자 사이의 짤막한 가상 대화를 하나 제시한다 : [3]

질문 : 포스 브리지[스코틀랜드 포스 만(Firth of Forth)에 놓인 철교]를 주제로 나에게 소네트 한 수를 써주세요.

대답 : 이 과제에서 나를 빼주십시오. 나는 결코 시를 쓸 수 없습니다.

질문 : 70764에 34957을 더하시오.

대답 : (30초 정도 지나자 대답한다) 105621.

질문 : 체스를 둡니까?

대답 : 예.

질문 : 나는 K1-칸에 킹(King)이 있고, 다른 말들은 없어요. 당신의 말은 K6-칸에 킹 그리고 R1-칸에 루크(Ruke)뿐입니다. 당신이 둘 차례입니다. 어디에 두겠습니까?

대답 : (15초 정도 지나서) R8-칸에 루크(R), 장(군)이야!

산수 문제에서 시간이 지나치게 오래 걸렸을 뿐만 아니라 답 또한 틀리다는 점을 알아차리는 독자들은 별로 없다. 응답자가 사람이라면, 이것에 대한 해명은 쉬울 것이다. 그냥 계산 실수일 뿐이다. 그러나 응답자가 기계라면 여러 가지로 설명할 수 있다. 여기 몇 가지가 있다.

(1) 하드웨어 층위에서의 실행시간-오류(재현할 수 없는 우연한 일이다) ;

(2) 의도하지 않은 하드웨어 (또는 프로그래밍) 오류로 인한 (재현할 수 있는) 산수 계산 실수 ;

(3) 질문자가 속도록 이따금씩 산술상의 실수가 일어나게끔 기계 프로그래머(또는 제작자)가 일부러 삽입한 술책 ;

(4) 뜻밖의 부수현상 : 프로그램이 추상적으로 생각하려고 애를 쓰고는 그냥 "정직한 실수"를 범했다. 다음번에는 범하지 않을 실수이다 ;

(5) 질문자를 의도적으로 놀리려는, 기계 자신이 꾀한 농담.

---

3) 같은 책, p. 6.

튜링이 이런 치밀한 손질로 의도한 것에 대해서 곰곰이 생각해보니, 인공지능과 연관된 철학의 주요 논점이 거의 모두 눈에 들어온다.

튜링은 계속해서 이렇게 지적한다 :

> 그 새로운 문제는, 인간의 신체적 능력과 지적 능력 사이에 명확한 경계선을 긋는 장점을 가진다……. 우리는 미인 선발대회에서 두각을 나타내지 못한다는 이유로 기계를 처벌하고 싶지 않고, 비행기와의 경주에서 진다는 이유로 어떤 사람을 벌주고 싶지 않다.[4]

이 논문을 읽는 즐거움들 중의 하나는, 튜링이 어떤 단계에서는 얼핏 모순으로 보이는 것을 발견하고는, 자신의 개념들을 가다듬어 그 모순을 더욱 깊은 분석 층위에서 해결하며, 사고의 개별 노선을 얼마나 멀리까지 추적했는가를 보는 일이다. 그의 논문이 이 논점들에 이렇게 깊숙이 파고들었기 때문에, 컴퓨터의 발전과 인공지능에 관한 집중적인 연구에서 지난 30여 년 동안 엄청난 진전이 이루어진 오늘날에도 여전히 빛을 발하는 것이다. 아래의 짧은 인용문을 보면 튜링의 좌충우돌하는 발상이 가진 풍부한 일면을 볼 수 있다 :

> 흉내 내기 게임이 기계 쪽에 너무 불리하다는 이유에서 비판받을지도 모른다. 만일 사람이 기계인 척하려고 한다면, 분명히 매우 서투르게 할 수밖에 없을 것이다. 그는 산수가 느리고 부정확해서 즉시 들통이 날 것이다. 기계가 사고(思考)라고 기술해야만 할 어떤 것을 수행할지도 모르지만 인간이 수행하는 것과는 매우 다르지 않을까? 이 반론은 매우 강력하다. 그럼에도 불구하고 '흉내 내기 게임'을 만족스럽게 할 수 있는 기계가 만들어질 수 있다면, 적어도 우리는 위의 반론에 고민할 필요가 없다고 말할 수 있다.
>
> "흉내 내기 게임"을 할 때 기계를 위한 최상의 전략은 인간의 행동을 모방하는 것과 다른 어떤 것일 수도 있다고 주장할지도 모른다. 그럴지도 모르지만, 내가 보기에는 이런 방식이 그리 큰 효과가 있을 것 같지 않다. 어쨌든 여기에서 게임 이론을 탐구할 의도는 없다. 그리고 최상의 전략은 인간이 자연스럽게 내놓을 만한

---

4) 같은 책, p. 6.

대답들을 제시하려고 노력하는 것이라고 가정할 수 있다.[5]

일단 그 테스트를 제안하고 논의한 다음에, 튜링은 이렇게 덧붙인다 :

> 나는 "기계들은 생각할 수 있는가?"라는 원래의 질문은 너무 무의미해서 논의할
> 가치가 없다고 생각한다. 그럼에도 불구하고, 나는 20세기 말쯤에는 낱말의 사용
> 법 및 일반적인 교육을 받은 사람의 견해가 크게 바뀌어서, 모순이 될 것이라고 예
> 상하지 않고, 기계가 생각한다고 말할 수 있을 것이라고 믿는다.[6]

튜링은 반박을 예견한다

튜링은 자신의 견해에 틀림없이 반응할 반론의 폭풍을 의식하면서, 기계가 생각
할 수 있을 것이라는 생각에 반대하는 일련의 주장들에 대해서 간명하고도 빈정
대는 유머로 조목조목 받아치고 있다. 아래에 그가 반박한 아홉 가지 유형의 반
론을 그 자신이 표현한 것을 사용해서 나열해보겠다.[7] 유감스럽게도 그가 정리
한 익살맞고 기발한 응답들을 그대로 재현할 만한 지면이 없다. 당신도 그 반론
들을 스스로 곰곰이 생각하고 자신의 대답을 궁리해보면 즐거울 것이다 :

(1) **신학적 반론** : 생각하는 것은 인간의 불멸의 영혼이 가지는 기능이다. 신은 모
든 인간에게 불멸의 영혼을 선사했지만, 다른 어떤 동물이나 기계에게는 주지
않았다. 그러므로 어떤 동물이나 기계도 생각할 수 없다.

(2) **"현실 외면식" 반론** : 생각하는 기계가 초래할 결과는 너무나 끔찍할 것이다. 기
계는 생각할 수 없다고 희망하고 믿자.

(3) **수학적 반론**[이것은 본질적으로 루카스의 논증이다].

(4) **의식에 근거하는 논거** : "기계가 기호들을 우연히 나열한 것이 아니라 생각과 느
낀 감정 때문에 소네트를 쓰거나 협주곡을 작곡할 수 있기 전에는, 우리는 기
계가 뇌와 같다고, 즉 작품을 쓸 뿐만 아니라, 썼다는 사실도 안다는 것에 동

5) 같은 책, p. 6.
6) 같은 책, pp.13-14.
7) 같은 책, pp.14-24.

의할 수 없을 것이다. 어떤 기계장치도 자신의 성공에서 즐거움을 느끼고(단지 즐거움을 느낀다는 신호를 인위적으로 만들어서 보내는 것이 아니다. 그렇게 만드는 것은 쉬운 일이다), 밸브가 녹는다고 비통해하고, 아첨에 넘어가고, 실수를 했다고 우울해하고, 성(性)에 유혹당하고, 자신이 원하는 것을 얻을 수 없을 때 화를 내거나 침울해할 수 없을 것이다"[제퍼슨이라는 어떤 교수의 말을 인용].

튜링은 이런 심각한 반론들에 조목조목 답변해야 하는 일에 큰 관심을 두었다. 이에 따라 자신의 답변에 상당한 지면을 할애하며, 거기에 또다른 짧은 가상 대화를 제시한다 : [8]

질문자 : 당신이 지은 소네트의 첫 행은 다음과 같군요 : "나는 그대를 여름날에 견주리." 그런데 "봄날(a spring day)"도 괜찮거나 더 낫지 않을까요?

증인 : 그러면 운율이 맞지 않을 거예요.

질문자 : "겨울날(a winter's day)"은 어때요? 그러면 운율이 잘 맞을 텐데요.

증인 : 맞아요. 하지만 겨울날에 비유되고 싶은 사람은 아무도 없어요.

질문자 : 피크위크 씨*를 생각하면 크리스마스가 떠오르지 않나요?

증인 : 어느 정도는요.

질문자 : 한데 크리스마스도 겨울날이니, 나는 피크위크 씨가 겨울에 비유되는 것을 언짢아할 거라고 생각하지 않아요.

증인 : 진심이 아니기를 바랍니다. 겨울날 하면, 크리스마스 같은 특별한 날보다는 전형적인 겨울날을 뜻하지요.

이 대화 다음에 튜링은 질문한다 : "소네트를 쓰는 그 기계가 구두시험에서 이렇게 대답할 수 있다면, 제퍼슨 교수는 뭐라고 할까?"

반론들이 더 있다 :

(5) 다양한 능력 장애에 근거하는 논거 : 이 논거는 "나는 당신이 언급했던 모든 일

---

8) 같은 책, p. 17.
* 찰스 디킨스의 소설 *Pickwick Papers*에 나오는 주인공 Samuel Pickwick이다.

을 기계들이 하게 만들 수는 있다는 점은 인정한다. 그러나 당신은 결코 기계 한 대가 X를 하게 만들 수 없을 것이다"라는 형식을 가진다. 이와 관련해 수많은 특징들 X가 제시되었다. 그중 몇 가지를 선택해보았다.

친절함, 지략을 갖춤, 아름다움, 상냥함, 주도권 잡기, 유머 감각 가지기, 옳고 그름을 분별하기, 실수하기, 사랑에 빠지기, 크림을 얹은 딸기를 좋아하기, 누구를 기계와 사랑에 빠뜨리기, 경험으로부터 배우기, 낱말을 적절하게 사용하기, 고유한 사고의 주체가 되기, 인간만큼 행동의 다양성을 가지기, 정말로 새로운 무슨 일을 하기 등등.

(6) 러블레이스 부인의 반론 : 배비지의 해석기관(Analytical Engine)에 대해서 우리가 가진 가장 상세한 정보는 러블레이스 부인의 논문에서 나온 것이다. 그 논문에서 그녀는 다음과 같이 술회한다 : "해석기관은 무엇이든지 다 창안하는 척하지 않는다. 해석기관은 우리가 그 기계에 시킬 줄 아는 일을 할 수 있을 뿐이다"(강조는 원문 그대로임).

(7) 신경체계에서의 연속성에 근거하는 논거 : 신경체계는 이산(離散, discrete) 상태의 기계가 분명히 아니다. 뉴런에 가해지는 대략 신경 충동 크기의 작은 정보 오류는 출력 충동의 크기에 상당한 차이를 일으킬 수 있다. 사정이 이러하기 때문에, '이산 상태의 체계를 사용해서는 신경체계의 행동을 모방할 수 있으리라고 기대할 수 없다'라고 논증할 수 있을 것이다.

(8) 행동의 무정형성에 근거하는 논거 : 그 논거는 대략 이렇게 진행된다 : "사람이 저마다 명확한 행동 규칙에 따라서 자신의 삶을 규제한다면, 그는 기계보다 더 나을 것이 없을 것이다. 그러나 그런 규칙들이란 없으므로 사람은 기계일 수가 없다."

(9) 초능력에 근거하는 논거 : 이제 훌륭한 텔레파시 수신자인 어떤 남자와 디지털 컴퓨터를 증인으로 삼아, 흉내 내기 게임을 해보자. 질문자는 다음과 같은 질문을 던질 수 있다 : "내 오른손에 있는 카드는 어느 패에 속할까?" 그 남자는 텔레파시나 투시력을 발휘하여 400장의 카드 가운데 130번 정도 정답을 맞힌다. 반면에 기계는 아무렇게나 추측할 수 있을 뿐이며, 아마 104번 정도 맞힐 것이고, 그래서 질문자는 누가 누구인지 정확히 알아내게 된다.

보아서 알 수 있는 것처럼, 반론들이 서로 많이 겹치며 또한 연관되었다. 이 책에서 나는 그 반론들의 대부분에 대해서 이러저런 방식으로 대답하려고 했지만, 대체로 튜링의 간결함에는 훨씬 미치지 못했다.

반론 (9)는 주목할 만하다. 나는 튜링의 논문이 재수록된 다른 책을 하나 보았는데, 거기에는 반론 (9)가 생략되었다. 이 또한 놀라운 일이라고 생각한다. 나 자신의 견해는—튜링의 입장과 반대로—초능력(ESP : Extra Sensual Perception)이란 존재하지 않는다는 것이다. 튜링도 초능력이 진짜라는 생각을 받아들이기가 내키지 않았지만, 그럼에도 불구하고 과학을 대하는 그의 두드러진 진실성에 떠밀려서 그가 ESP에 유리한 강력한 통계적 증거로서 본 것의 결과를 받아들였다. 나는 이 문제가 극도로 복잡하고 매혹적인 질문이라고 생각한다. 그렇더라도 초능력을 용인한 튜링의 처사에 동의하지 않는다.

"패리와 닥터의 뜻밖의 만남"

이 장 앞에 있는 '대화' 편에서, 컴퓨터 프로그램과 인간 사이에 주고받은 진짜 대화를 보았다. SHRDLU에 비해서 "대화" 능력이 약간 떨어지는 프로그램들이 많이 있었다. 꽤 유명한 두 개의 프로그램으로 요제프 바이첸바움*이 만든 "닥터(Doctor)" 프로그램과 케네스 콜비가 만든 "패리(Parry)" 프로그램이 있다. "닥터"는 "비지시적 치료"**를 적용하는 신경정신과 의사를 시뮬레이션하는 프로그램이고, "패리"는 편집증 환자의 신념구조를 시뮬레이션하는 프로그램이다. 두 프로그램 사이의 우스꽝스러운 정면충돌이 컴퓨터 네트워크를 통해서 벌어졌다. 다음은 전체 녹취록에서 일부를 발췌한 것이다.[9]

> 패리 : 당신의 동기를 이해하지 못하겠다.
> 닥터 : 나의 동기들을 이해해보면 어때?
> 패리 : 날 이해해야 하는 거 아닌가?
> 닥터 : 왜 지금 그렇게 말하지?

---

* Joseph Weizenbaum(1923–2008) : 독일 베를린 태생의 인공지능 연구의 선구자. 미국 MIT 컴퓨터 과학과 교수를 지냈다.

** 치료자가 내담자(來談者)를 조정하여 변화시키는 것보다는 수용적이고 공감적인 분위기를 제공하여 내담자 스스로 변화를 모색하며 문제를 해결하도록 하는 치료법이다.

9) Vinton Cerf, "Parry Encounters the Doctor", p. 63.

패리 : 그게 원래 그런 거야.

닥터 : 그게 원래 그런 게 아니라고 가정해봐.

패리 : 그래서?

닥터 : 내가 너를 완전히 이해하는지 확신하지 못하겠군.

패리 : 너는 똑같은 질문들을 지긋지긋하게 반복하는군.

닥터 : 그 유사성이 너에게 말하는 게 뭔가?

패리 : 난 네가 이해가 안 돼.

닥터 : 날 이해하길 바라?

패리 : 네가 나의 감정에 약간 관심을 보였던 때야.

닥터 : 오? 내가 너의 감정에 약간 관심을 보였다고?

물론, 이 프로그램들은 인간과 대화하도록 개발된 것들이다. 그래서 그 프로그램들은 여기에서 서로 티격태격하며 좀 형편없어 보였다. 일반적으로 그 프로그램들은 (자신들이 아주 피상적으로 분석하는) 입력 내용의 성격에 대해서 약삭빠르게 추측해서, 준비해둔 대답이 있는 방대한 목록에서 주의 깊게 골라내 대답들을 내뱉는다. 그 대답은 부분적으로만 준비되어 있을 수도 있다. 예를 들면, 채워질 수 있도록 빈칸을 남겨둔 틀과 같다. 그 프로그램들과 대화할 인간 상대자는 프로그램이 말한 것에다가 실제로 있는 것보다 더욱 많은 내용을 채워서 읽어들일 것으로 가정된다.* 바이첸바움의 책 『컴퓨터의 위력과 인간의 이성(*Computer Power and Human Reason*)』에 따르면, 실제로 그런 일이 일어난다. 그는 다음처럼 쓰고 있다 :

ELIZA["닥터"의 전신이 되는 프로그램]는 그것과 대화를 나누었던 많은 사람들의 마음속에 '이해해주었다'는 극도로 놀라운 착각을 불러일으켰다……. 그들은 그 프로그램과 사적으로 대화하도록 허락해달라고 종종 요구하고는 했고, 그 프로그램과 잠시 대화를 나누고 나면, 나의 설명에도 불구하고, 그 기계가 진짜로 자신들을 이해했다고 우기고는 했다.[10]

---

* 우물 효과라고 한다. 모호하고 일반적이어서 많은 사람에게 적용할 수 있는 것을 특별히 자신에게 잘 맞게 기술한 것이라고 사람들이 믿는 경향을 말한다.

10) Joseph Weizenbaum, *Computer Power and Human Reason*, p. 189.

위의 발췌된 내용을 보고 믿을 수 없는 일이라고 여길지도 모른다. 믿기 힘들다. 그러나 사실이다. 바이첸바움은 이렇게 설명한다 :

> 대부분의 사람들은 컴퓨터의 '컴' 자도 모른다. 따라서 사람들이 우리가 무대 위의 마술사를 지켜보면서 품는 그런 종류의 아주 대단한 의심을 할 수 있는 경우가 아니라면, 그들은 컴퓨터의 지적인 묘기를 그들이 이용할 수 있는 유일한 유추관계, 즉 자신들의 사고능력이라는 모델을 적용해서만 설명할 수 있다. 따라서 사람들이 도를 넘은 것도 놀라운 일은 아니다. 예컨대 ELIZA를 흉내 낼 수 있지만, ELIZA 의 언어능력이 곧 자신의 한계인 인간을 상상하는 것은 정말로 불가능하다.[11]

위의 설명은 이런 종류의 프로그램이 인간이 잘 속을 수 있다는 것을 악용하여 허세와 엄포를 얍삽하게 뒤섞은 것에 바탕을 두고 있다는 사실을 시인하는 셈 이다.

이런 기괴한 "ELIZA 효과"를 비추어 볼 때, 사람들이 아주 단순한 술수에 분 명히 속을 수 있기 때문에 어떤 사람들은 튜링 테스트가 수정될 필요가 있다고 제안했다. 질문자가 노벨상을 수상한 과학자여야 한다는 주장도 제안되었다. 튜링 테스트를 완전히 뒤집는 것이 바람직할지 모르며, 그래서 질문자는 다른 컴퓨터가 되어야 한다고 주장했다. 아니면 두 질문자—인간과 컴퓨터—와 한 명의 증인이 있어야 하며, 두 질문자는 그 증인이 인간인지 컴퓨터인지를 알아내 도록 해야 할 것이다.

더 진지하게 말하면, 나의 개인적인 견해로는, 원래 제안된 튜링 테스트가 아 주 합당하다고 본다. ELIZA에게 속았다고 바이첸바움이 주장하는 사람들에 관해서는, 그들이 회의적이게 되도록 강요되거나 또는 그들과 타이핑을 통해서 대화를 하는 "인물"이 인간인지 아닌지를 판정하는 데에 그들의 모든 기지를 발 휘하도록 강요되어서는 안 된다. 나는 이 논점에 대한 튜링의 통찰이 타당했으 며, 그래서 튜링 테스트는, 본질적으로 수정되지 않은 상태로, 존속하리라고 생 각한다.

---

11) 같은 책, pp. 9-10.

인공지능의 간략한 역사

나는 아래의 몇 쪽에서 지능의 배후에 있는 알고리듬을 밝혀내려는 노력을, 아마도 비정통적인 관점이겠지만, 이야기하고 싶다. 실패와 차질이 있었으며 앞으로도 계속 있을 것이다. 그럼에도 불구하고 우리는 매우 많은 것을 배우고 있으며 그래서 오늘날은 흥미진진한 시대이다.

　파스칼과 라이프니츠 이래로 사람들은 지능적인 과제를 수행할 수 있을 기계를 꿈꾸어왔다. 19세기에는 불(Boole)과 드 모르간이 "사고법칙"—본질적으로 명제계산—을 창안했고, 이렇게 해서 인공지능 소프트웨어로 나아가는 첫발을 내딛었다. 또한 찰스 배비지는 컴퓨터, 나아가 인공지능의 하드웨어 선구자인 최초의 "계산 엔진"을 설계했다. 이때까지 인간의 마음만이 수행할 수 있던 과제들을 기계장치들이 떠맡은 그 순간을 인공지능의 탄생 시점으로 정의할 수 있겠다. 큰 수들의 덧셈과 곱셈을 실행하는 톱니바퀴들을 처음 보았던 사람들이 어떻게 느꼈을지 되돌아보고 상상하기는 어렵다. 아마 사람들은 "사고"가 바로 그들이 만든 물리적 하드웨어 속으로 흘러들어가는 모습을 보면서 경외감을 느꼈을 것이다. 어쨌든 우리는, 그후 한 세기쯤 지나서 최초의 전자 컴퓨터가 만들어졌을 때, 발명자들이 또다른 종류의 "생각하는 존재"의 출현에 존재에 대한 경외감과 신비감을 경험했다는 것을 알고 있다. 어느 정도나 진정한 사고가 일어나고 있었는지가 많은 혼란의 원천이었다. 수십 년이 지난 오늘날에도 이 의문은 여전히 자극과 독설의 큰 원천으로 남아 있다.

　오늘날에는 컴퓨터가 초창기에 사람들을 전율케 했던 것보다 믿을 수 없을 정도로 더 정교한 작업을 수행할 때조차도 사실상 아무도 그런 경외심을 더 이상 느끼지 않는다는 점이 흥미롭다. 한때는 흥분을 자아냈던 문구인 "거대한 전자두뇌(Giant Electronic Brain)"는 플래시 고든과 벅 로저스*가 활약하던 시대의 우스꽝스러운 자취인 일종의 "진영(camp)"의 상투어로만 남아 있다. 우리가 그렇게 빨리 심드렁해지는 것은 좀 서글픈 일이다.

　인공지능의 진보에 대해서 관련된 "정리"가 하나 있다 : 일단 어떤 정신적 기능이 프로그래밍되면, 사람들은 그것을 "진정한 사고활동"의 본질적인 성분으로 간주하기를 곧바로 중단한다. 지능의 불가피한 핵심은 예나 지금이나, 아직까지 프로그래밍된 적이 없었던 그 다음 일에 있다. 이 "정리"는 래리 테슬러가 나에게

---

* 1920-1930년대 미국의 SF 소설/만화의 단골 주인공인 플래시 고든과 벅 로저스를 지칭한다.

처음 제안했기 때문에, 나는 그것을 테슬러 정리(Tesler's Theorem)라고 부른다 :
"인공지능은 아직까지 행해지지 않은 모든 것이다."

아래에 인공지능에 대한 선별적인 개관을 제시했다. 이 개관은 연구자들이 노력을 집중했던 여러 분야들을 보여주는데, 개별 분야마다 제각기 지능의 정수(精髓)를 요구하는 것 같다. 어떤 분야에는 채용된 방법들 또는 노력이 집중된 더 특정한 분야에 따라서 세부 내역을 포함했다 :

> 기계번역
>> 직접(낱말들을 재배열하고 사전에서 낱말 찾기)
>> 간접(매개하는 내부언어를 경유하여)

> 게임하기
>> 체스
>>> 무차별 수 읽기
>>> 발견술로 가지치기한 수 읽기
>>> 수 읽기 안 함
>> 체커*
>> 바둑
>> 칼라** 브리지(경매 응찰 게임)
>> 포커
>> 틱-탁-토 게임의 변종들
>>> 등

---

* 체커(Checkers)는 동양의 장기와 서양의 체스를 섞어놓은 듯한, 간략해진 형태의 놀이이다. 영국이나 미국에서는 드래프츠(Draughts)로도 불리며 독일에서는 다메(Dame : '부인'이라는 뜻)로 불리는 게임으로, 나라마다 다른 형태를 가진다(폴란드식, 스페인식, 터키식 체커). 체커는 두 명의 상대자가 시합하며, 판은 32개의 흰 칸과 32개의 검은 칸, 즉 64개의 칸으로 되어 있다. 이때 각 편은 색깔이 다른 원형의 말 12개씩을 가지고 시합을 시작한다. 검게 칠해진 부분 중 1번에서 12번까지의 칸을 흑이 잡고, 21번에서 32번까지의 칸을 백이 잡는다. 각 말은 반드시 검은 색이 칠해진 부분을 대각선 방향으로만 전진하거나 후진할 수 있다. 그러다가 상대방을 뛰어넘으면 그 말을 잡는다. 그런 식으로 전진하다가 상대편 진영의 끝선에 도달하면 그 말은 이제 왕(King)이 되어 장기의 차(車)처럼 종횡무진 움직인다.
** 근동(近東) 및 아프리카에서 하던 전략 게임의 일종.

수학의 여러 부문에서 정리를 증명하기

    기호논리학

       "분해법" 정리-증명

    초등 기하학

수학식의 기호 조작

    부정적분

    대수적 단순화

    무한급수를 시그마($\sum$) 기호로 표현

시각

    인쇄물 :

        원소 개수가 적은 부류(예를 들면, 수사[數詞])의 문자들 중에서, 손으로

           쓴 개별 문자의 인식

        다양한 글씨체로 쓰인 텍스트의 판독

        손으로 쓴 문구의 판독

        인쇄된 한자(漢字) 또는 가나(일본 문자)의 판독

        손으로 쓴 한자 또는 가나의 판독

    회화 :

        사진에서 미리 지정된 대상을 찾아내기

        한 장면을 각각의 대상으로 분해하기

        한 장면에서 각각의 대상을 식별하기

        사람들이 그린 스케치에 묘사된 대상을 인식하기

        사람의 얼굴을 인식하기

   청각

        한정된 낱말들 중에서 말해진 낱말들을 이해하기(예를 들면, 열 개의 숫

          자 이름)

        고정된 영역에서 계속 말하는 것을 이해하기

        음소들 사이의 경계 발견

        음소의 식별

형태소들 사이의 경계 발견

형태소의 식별

전체 낱말들과 문장들을 모두 합치기

자연언어의 이해

특정 영역의 질문에 대답하기

복잡한 문장의 구문 분석(parsing)

비교적 긴 텍스트 조각을 다른 말로 풀이하기

문구를 이해하기 위해서 현실세계에 대한 지식을 이용하기

두 가지 뜻이 있는 말을 문맥에 맞추어 해석하기

자연언어를 구사하기

추상적인 시*(예를 들면, 하이쿠)

무작위의 문장, 문단 또는 비교적 긴 텍스트 조각

지식의 내적인 표현으로부터 출력을 산출하기

독창적인 생각 또는 예술작품을 창조하기

시 쓰기(하이쿠)

이야기 쓰기

컴퓨터 예술

음악 작곡

무조 음악

조성 음악

유추적 사고

기하학적 형태("지능 검사")

관련된 영역의 증명들에 기초하여 수학의 한 영역에서 증명들을 구성하기

---

* 낱말의 뜻에 의지하지 않고 감정을 전하기 위해서 소리, 결, 리듬, 운을 이용하는 것을 목표로 하는 시.

학습
　　매개변수들의 조정
　　개념 형성

기계번역

위에 열거한 연구 주제들 중 상당수는 내가 선별한 아래의 논의에서 다루지 않겠지만, 그 영역들을 빼놓으면 목록이 부정확할 것이다. 목록 앞부분의 몇몇 주제들은 역사상의 순서로 열거되었다. 그 개별 주제들을 보니, 초기의 노력들은 기대에 미치지 못했다. 예를 들면 기계번역에서의 함정은, 기계번역이란 거의 단순한 과제이며 번역의 완성이 분명히 고되기는 하겠지만, 그 기본적인 수행은 쉬울 것이라고 생각했던 많은 사람들에게 대단한 놀라움을 주었다. 밝혀진 것처럼, 번역은 단순히 사전을 뒤적거려 낱말을 재배열하는 것보다 훨씬 복잡한 작업이다. 그런 어려움은 관용구에 대한 지식이 부족해서 생기는 것이 아니다. 사실 번역은 논의되고 있는 세계에 대한 심적 모델을 가지고서, 그 모델 안에서 기호를 조작하는 일을 끌어들인다. 어떤 구절을 읽어가면서 그 세계에 대한 모델을 사용하지 않는 프로그램은 이내 애매성과 다의성의 늪에 빠져 절망적으로 허우적댈 것이다. 심지어 세계에 대한 이해를 충분히 갖추어 컴퓨터에 비해서 엄청난 장점을 가진 인간 번역자들조차도, 그들이 모르는 언어의 텍스트와 사전을 받았을 때 그 텍스트를 자신의 언어로 번역하는 일이 거의 불가능하다는 점을 알게 된다. 따라서—회고해보면 놀랄 일도 아닌데—인공지능의 첫 번째 문제가 즉시 인공지능의 핵심 논점들이 되었다.

컴퓨터 체스

컴퓨터 체스 또한 초창기에 직관적으로 추정했던 것보다 훨씬 어려운 것으로 드러났다. 체스에서도, 인간이 마음속에서 체스 판세를 표현하는 방식은, 체스 규칙에 대한 지식과 결부해서 어느 말이 어느 칸에 있는가를 아는 것보다 훨씬 복잡한 일이라는 것으로 밝혀졌다. 이 방식은 서로 연관된 여러 말들의 배치를 지각하는 지식, **발견술의 지식** 또는 경험칙이 관련되어 있으며, 이것들은 더 높은 층위의 덩어리와 관계가 있다. 발견술의 규칙은 정식 규칙만큼 엄격하지 않지만, 체스판 위에서 벌어지는 상황에 대해서 정식 규칙에 대한 지식이 제공하지 못하는 간단한 통찰을 제공한다. 이 정도는 애초부터 인식되었다. 그러나 인간의 체스 실력에서 체스 세계에 대한 직관적이고 "덩이진" 이해가 얼마나 큰 역할을 하는지는 상당히 과소평가되었다. 어떤 기초적인 발견술을 가진 프로그램과 게임에서 수를 내다보고 각각의 가능한 수를 분석하는 컴퓨터의 엄청난 속도와 정확성을 결부시키면 최고의 인간 체스 선수를 쉽게 격파할 것이라고 예견했다. 이 예견은, 지난 25년간에 걸쳐서 여러 전문가들이 집중적으로 연구했음에도 불구하고, 여전히 실현되기에는 갈 길이 멀다.*

사람들은 오늘날 여러 각도에서 체스 문제와 씨름하고 있다. 가장 최신의 것 중 하나는 수를 내다보는 것이 멍청한 짓이라는 가설을 끌어들인다. 수를 내다보는 대신에, 현재 체스판에서 벌어지고 있는 것을 그냥 보고, 어떤 발견술을 사용하여 전략을 세우고 그 다음에 그 특정한 전략을 진전시키는 수를 찾아야 한다. 물론 체스 전략을 짜는 규칙들은 필연적으로 발견술을 끌어들일 것인데, 발견술은 어떤 의미에서는 수를 내다보는 것을 "손쉽게 처리하는" 버전이다. 다시 말하면, 많은 게임이 경험한 수 읽기와 동등한 것을, 겉보기로는 수 읽기가 관여하지 않는 다른 형태로 만든 것이다. 어떤 의미에서 이것은 말장난이다. 그러나 "손쉽게 처리하는" 지식이 실제의 수 읽기보다 더 효율적으로 대답을 제공한다면,—비록 그것이 종종 잘못 이끌더라도—소득이 있는 것이다. 이제 지식을 사용하기에 훨씬 편한 형태로 증류 정제하는 이런 방식이야말로 바로 지능이 탁월한 역량을 발휘하는 지점이다. 따라서 '수를 덜 내다보는 체스가 아마 앞으로 추구해야 할 유익한 연구노선일 것이다. 특히 흥미를 돋우는 것은, 수 내다보기를 통해서 얻은 지식을 "손쉽게 처리하는" 규칙들로 변환할 수 있는 프로그램을 만드는 일이다. 그러나 그것은 어마어마한 과제이다.

새뮤얼의 체커 프로그램

실제로 그런 방법을 아서 새뮤얼이 그의 경이로운 체커 프로그램에서 개발했다.

---

* 역대 최강으로 평가받던 러시아의 체스 명인 게리 카스파로프는 1997년 슈퍼컴퓨터 "딥 블루(Deep Blue)"와의 대국에서 졌다.

새뮤얼의 특출한 방법은 어떤 판세이든 그것을 평가할 때 **동적인**(dynamic) (수를 내다보는) 방법과 **정적인**(static) (수를 내다보지 않는) 방법을 모두 사용한 것이었다. 정적인 방법은 어떤 판세라도 그 특징을 묘사할 수 있는 몇 개의 양을 간단한 수학적 함수로 나타낸 것을 포함했으며, 그렇게 해서 거의 즉석에서 계산될 수 있었다. 반면에 동적인 방법은 앞으로 둘 수 있는 수들과 그 수들에 대한 응수들, 그 응수들에 대한 응수들 등(그림 38 참조)의 "수형도"를 만드는 일을 포함했다. 정적인 평가함수에는 변할 수 있는 몇 개의 매개변수들이 있었다. 그 매개변수들을 변경함으로써 정적인 평가함수를 있을 수 있는 다른 버전들로 제공할 수 있게 되었다. 새뮤얼의 전략은, 진화적인 방식으로, 더욱더 개선된 매개변수들의 값을 선택하는 것이었다.

이것을 어떻게 했는지 보자. 그 프로그램은 판세를 평가할 때마다 정적인 방법과 동적인 방법을 모두 사용했다. 수 내다보기로 얻은 답—D라고 하자—은 앞으로 둘 수를 결정하는 데에 사용되었다. S의 목적, 즉 정적인 평가는 더 교묘했다 : 한 수를 둘 때마다, 가변적인 매개변수들을 살짝 재조정해서 S가 될 수 있는 한 정확하게 D에 가깝게 되도록 했다. 그 효과는 수형도를 동적으로 검색하여 얻은 지식이 정적인 평가 매개변수들의 값 속에 부분적으로 부호화되는 것이었다. 간단히 말해서, 그 아이디어는 복잡한 동적인 평가 방법을 훨씬 더 간단하고 더 효율적인 정적인 평가함수로 "손쉽게 처리하는" 것이었다.

여기에 꽤 멋진 재귀효과가 있다. 그 골자는 어떤 단일 체스 판세에 대한 **동적인** 평가도 유한한 개수의 수—이를테면 일곱 수—에 대한 내다보기를 수반한다는 것이다. 이제 도중에 일곱 번 나타날 판세들 각각을 어떻게든 잘 평가해야만 한다. 그러나 프로그램이 이 판세들을 평가할 때, 분명히 또다른 일곱 수를 내다보기를 할 수는 없다. 그렇게 하면 열네 개의 판세를 내다보고, 그 다음에는 스물한 개 등등—무한후퇴를 하게 된다. 그 대신에 프로그램은 일곱 수까지의 판세들에 대한 **정적인** 평가에 의존한다. 따라서 새뮤얼의 도식에 복잡한 유형의 피드백이 일어난다. 그 피드백 안에서 프로그램은 수 내다보기 평가를 더 간단한 정적인 처방으로 계속 "손쉽게 처리하려고" 시도하고 있다. 그런데 이 처방 자체가 다시 동적인 수 내다보기 평가에 핵심 역할을 한다. 따라서 이 두 방법은 서로 밀접히 연계되며, 재귀적인 방식으로 각자 다른 방법의 개선으로부터 상호 이득을 본다.

새뮤얼이 개발한 체커 프로그램의 실력은 세계 정상급 인간 체커 선수 수준으로 엄청나게 높다. 그렇다면 이와 똑같은 기량을 체스에 적용하면 어떨까? 컴퓨터 체스의 실현가능성을 연구하기 위해서 1961년에 소집된 국제위원회에서는 네덜란드의 국제 체스 명인(I. G. M.)이자 수학자인 막스 외베도 참석했는데, 새뮤얼의 기법을 체스에 구현하는 것이 체커에서보다 대략 100만 배 정도는 어려울 것이라는 절망적인 결론에 도달했다. 그래서 이 문제는 일단락된 것으로 보인다.

체커 프로그램의 탁월한 실력을 "지능이 성취되었다"라는 확언으로 간주할 수는 없지만, 그렇다고 과소평가해서도 안 된다. 이것은 체커가 무엇이며, 체커에 대해서 어떻게 생각해야 하며, 어떻게 프로그래밍할 것인가에 대한 통찰들을 결집한 것이다. 어떤 사람들은 체커 프로그램이 보여주는 모든 것이 새뮤얼 자신의 체스 실력이라고 느낄지 모른다. 그러나 이것은 적어도 두 가지 이유에서 틀린 말이다. 첫째는, 실력 있는 체커 선수라도 자신이 완전히 이해하지는 못하는 심적 과정에 따라서 행마를 선택한다는 것이다. 그들은 직관을 사용한다. 어느 누구라도 자신의 모든 직관을 밝혀낼 수 있는 알려진 방법은 없다. 내적 관찰을 통해서 할 수 있는 최선은 "느낌" 또는 "메타-직관"—자신의 직관에 대한 직관—을 길잡이로 삼아, 자기가 생각하는 자신의 직관이 어떤 것인지 기술하는 것이다. 그러나 이것은 직관적인 방법의 진정한 복잡성에 대략 접근하는 정도에 불과할 것이다. 따라서 사실상 분명히 새뮤얼은 자신의 개인적인 경기 방법을 프로그램에 반영하지 않았다. 새뮤얼이 개발한 체스 프로그램의 시합과 새뮤얼 자신이 직접 두는 시합을 혼동하면 안 되는 또다른 이유는, 새뮤얼이 자신의 프로그램만큼 체커를 잘 두지는 못한다는 점이다—프로그램이 새뮤얼을 이긴다. 이것은 전혀 역설이 아니다. π를 계산하도록 프로그래밍된 컴퓨터가 π 값을 내놓는 데서 자신을 만든 프로그래머를 능가할 수 있다는 사실이 역설이 아닌 것과 같다.

프로그램은 언제 독창적인가?

자신을 작성한 프로그래머를 능가하는 프로그램이라는 문제는 인공지능의 독창성에 대한 문제와 연결된다. 인공지능 프로그램이 프로그래머가 전혀 품지도 않았던 발상이나 게임에서의 플레이 방침을 제시한다면, 이것은 누구의 공로인가? 그런 일이 일어났던 여러 흥미로운 사례들이 있는데, 그중 일부는 아주 사소한 층위에서, 다른 일부는 좀 깊은 차원에서 일어났다. 유명한 프로그램들 중 하나는 초등 유클리드 기하학 정리들의 증명을 찾아내기 위한 프로그램에 관련된 것으로, 겔레른터가 만들었다. 어느 날, 그 프로그램은 유클리드 기하학의 기본 정리들 가운데 하나인, 이른바 "폰스 아시노룸(pons asinorum) 정리" 또는 "당나귀 다리 정리"*에 대한 번뜩이는 기발한 증명을 제시했다.

이 정리는 이등변 삼각형의 두 밑각은 같다고 진술한다. 그 정리의 표준 증명에서는 삼각형을 대칭적으로 이등분하는 수선을 작도하는 것이 필요하다. 그 프로그램이 발견한 근사한 방법(그림 114)에서는 어떤 작도선도 사용하지 않았다. 대신에 그것은 삼각형과 그것의 거울 이미지를 두 개의 다른 삼각형으로 간주했다. 그러고는 두 삼각형이 합동(合同)임을 증명하고, 이 합동에서 두 삼각형의 밑각들이 서로 일치한다는 점을 지적했다. QED(증명 끝).

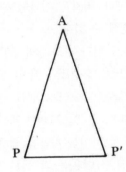

그림 114. 폰스 아시노룸 증명(파포스[서기 300년]와 겔레른터의 프로그램[서기 1960년]이 발견). 문제 : 이등변삼각형의 두 밑각이 같다는 것을 보여주어라. 해답 : 이등변삼각형이므로, AP와 AP'의 길이는 같다. 따라서 삼각형 PAP'와 P'AP는 합동이다(각 세 변의 길이가 같다). 이것은 대응하는 각들이 같다는 것을 뜻한다. 특히 두 삼각형의 밑각들이 같다.

이 주옥같은 증명은 그 프로그램의 개발자와 다른 사람들을 열광시켰으며, 어떤 사람들은 프로그램의 수행에서 천재성의 증거를 보았다. 이 업적을 깎아내리려는 의도는 아니지만, 실은 공교롭게도 서기 300년에 기하학자 파포스 또한 이 증명을 발견했다. 어쨌든 "누구의 공로인가?"라는 질문이 남는다. 프로그램의 증명은 지능적인 행동인가? 아니면 인간(겔레른터)의 내면 깊숙이 숨겨져 있다가 컴퓨터가 표면으로 옮겨온 것에 불과한가? 이 마지막 질문이 문제의 핵심에 근접한 것이다. 우리는 그 질문을 뒤집어서 물어볼 수 있다 : 그 증명은 프로그램 속에 깊숙이 숨겨져 있었나? 아니면 표면 가까이에 있었나? 다시 말해서,

* 이등변 삼각형의 두 밑각은 동일하다는 유클리드 기하학 제1권의 제5명제이다 : 바보(ass)는 이해하기 어렵다는 이유에서 '당나귀 다리 정리(Bridge of Asses)'로도 불린다.

왜 그 프로그램이 그렇게 했는지 얼마나 쉽게 알 수 있나? 그 발견은 프로그램 안에 있는 어떤 단순 메커니즘이나 메커니즘들의 단순 조합 때문인 것으로 여겨 질 수 있는가? 아니면 설명을 들으면 그것이 일어나게 된 것에 대해서 경외감이 줄어들지 않을 복잡한 상호작용이 있었는가?

다음과 같이 말하면 합당할 것 같다 : 우리가 증명 수행과정을 그 프로그램 안에서 쉽게 추적할 수 있는 어떤 조작들 때문인 것으로 돌릴 수 있다면, 그 프 로그램은 어떤 점에서는 본질적으로 프로그래머 자신의 마음에—아주 깊은 곳 은 아닐지라도—숨겨져 있던 착상들을 들추어내고 있었던 것에 불과하다. 역으 로, 그 프로그램을 따라가보아도 이 특정한 발견이 어째서 튀어나왔는지 이해하 는 데에 도움이 되지 않는다면, 프로그램의 "마음"을 개발자의 마음으로부터 분 리하기 시작해야 할 것이다. 인간은 그 프로그램을 창안한 것에 대해서 공로를 인정받는 것이지, 프로그램이 생성한 발상이 자기 머릿속에 있었던 것에 대해서 공로를 인정받는 것은 아니다. 이러한 경우, 인간을 "메타-저자"—성과를 낸 저 자의 저자—로, 프로그램을 (보통 말하는) 저자로 지칭할 수 있다.

겔레른터와 그의 기하학 기계의 특정 사례에서, 겔레른터가 파포스의 증명을 재발견한 것은 아닐 것이다. 그럼에도 불구하고 그 증명을 생성했던 메커니즘이 프로그램 표면에 충분히 가까이 있었기 때문에, 사람들은 그 프로그램을 자신 의 힘으로 일어선 기하학자로 부르기를 주저하는 것이다. 그 프로그램이 표준방 법이 아니라 신선한 섬광 같은 천재성에 근거하는 것으로 보이는 기발한 새로운 증명들을 속속 제시하여 사람들을 계속 놀라게 했다면, 사람들은 그 프로그램 을 거리낌 없이 기하학자로 불렀을 것이다. 그러나 이런 일은 일어나지 않았다.

컴퓨터 음악(computer music)의 작곡자는 누구인가?

저자와 메타-저자의 구별은 컴퓨터로 음악을 작곡하는 경우에 뚜렷이 부각된 다. 작곡 행위에서 프로그램이 가지고 있는 것으로 보이는 자율성에는 다양한 층위들이 있다. 그 한 가지 층위를 보여주는 사례가 벨 연구소의 맥스 매튜스가 "메타-저자"였던 작품이다. 매튜스는 "조니의 개선(When Johnny Comes Marching Home)"과 "영국군 척탄병(The British Grenadiers)"이라는 두 행진곡의 악보를 입 력하고는, 컴퓨터에게 "조니"로 시작해서 서서히 "척탄병"으로 합쳐지는 새로운 악보를 만들라고 명령했다. 그 곡이 중간쯤 진행되자 사람들 귀에 "조니"는 전혀 들리지 않고 "척탄병"만 들린다.……그러다가 이 과정이 역전되어 그 곡은 처음 시작했을 때처럼 "조니"로 끝난다. 매튜스 자신의 설명을 들어보자 :

> ……역겨운 음악 체험이었지만 재미가 없지는 않았다. 특히 리듬의 전환이 그랬다. "영국군 척탄병"은 바장조 2/4박자로 쓰였고 "조니의 개선"은 마단조 6/8박자로 쓰였다. 2/4박자에서 6/8박자로 넘어가는 변화는 분명히 감지될 수 있지만, 사람이 연주하기에는 꽤 어려워 보였다. 음계에서, 음정이 2도가 차이 나는 바장조에서 마단조로의 전조(轉調)가 귀에 거슬렸다. 전조가 경미했으면 틀림없이 더 나은 선택이었을 것이다.[12]

이렇게 해서 생긴 곡은 때로는 따분하고 혼란스럽게 들리지만, 좀 우스꽝스러운 특성을 가진다.

> 컴퓨터가 작곡을 하고 있는 것인가? 이 질문은 듣지 않은 것으로 하는 것이 상책이지만 그렇다고 완전히 묵살할 수도 없다. 대답하기가 어렵다. 알고리듬은 결정론적이며 간단하고 잘 이해할 수 있다. 복잡하거나 이해하기 어려운 어떤 계산들도 포함되어 있지 않다. 어떤 "학습" 프로그램들도 사용되지 않으며, 어떤 무작위 과정들도 일어나지 않는다. 기계는 완벽하게 기계적으로 곧이곧대로 작동한다. 그러나 소절의 전체 구조가 완전하고 정확하게 지정되었다고 해도, 결과는 세세한 부분에서 보면 작곡가가 계획하지 않았던 음의 연속체이다. 그래서 작곡가는 자신의 발상이 실현된 세부결과를 보고 종종 즐거워하면서 놀라는 것이다. 이런 한도에서만 컴퓨터가 작곡하고 있는 것이다. 우리는 그 과정을 "알고리듬 작곡"이라고 부르는데, 그 알고리듬은 뻔히 들여다보일 정도로 간단하다는 점을 곧바로 부연 강조하는 바이다.[13]

이것은 매튜스 본인이라면 "물어보지도 않을" 질문에 대한 그의 대답이다. 매튜스가 부인했음에도 불구하고, 많은 사람들은 그냥 "컴퓨터가 그 곡을 작곡했

---

12) M. Mathews 및 L. Rosler, "A Graphical Language for Computer Sounds" in H. von Foerster 및 J. W. Beauchamp 편, *Music by Computers*, p. 96.
13) 같은 책, p. 106.

다"라고 말하는 것이 마음 편하다고 생각한다. 나는 "컴퓨터가 작곡했다"는 표현이 사태를 완전히 곡해한다고 본다. 프로그램은 뇌의 "기호들"과 비슷한 어떤 구조도 포함하고 있지 않았고 그래서 그것이 자신이 하고 있던 일에 대해서 "생각하고 있다"라고는 어떤 의미에서든 말할 수 없을 것이다. 그 음악작품을 작곡한 공로를 컴퓨터에 돌리는 것은, 이 책을 제작하는 데에 이용한 자동적으로 (종종 틀리게) 하이픈을 부착하는 컴퓨터 자동식자기에 이 책의 저작권을 부여하려는 것이나 다를 바 없는 일이다.

이것은 인공지능의 주제를 살짝 벗어나지만 사실 크게 벗어나지는 않는 질문을 제기한다. 그 질문은 이렇다 : 어떤 텍스트에서 "나는(I)" 또는 "나를(me)"이라는 낱말을 본다면, 그것이 무엇을 가리킨다고 생각하는가? 예를 들면, 지저분한 트럭 꽁무니에 종종 보이는 "나를 씻어줘(WASH ME)" 같은 문구를 생각해보라. 여기 쓰인 "나를"은 누구인가? 그것은 의지할 곳 없는 아이가 절망적인 상태에서 목욕하기를 바라며 가까이 있는 물건 표면에 휘갈겨 쓴 절규인가? 아니면 트럭이 세차를 요구하는 것인가? 아니면 혹시 그 문장 자체가 샤워되기를 바라는 것인가? 아니면 더러운 영어가 정화되기를 요청하고 있는 것인가? 우리는 이 게임을 계속해나갈 수 있을 것이다. 이 경우, 위의 문구는 우스갯소리이다. 어떤 층위에서는, 트럭 자체가 그 문구를 썼고 자기가 세차되기를 요구하는 것으로 우리가 본다고 상정한다. 또다른 층위에서, 우리는 그 문구를 어떤 아이가 쓴 것으로 분명히 인식하고 아이가 번지수를 잘못 짚었다고 낄낄거리며 즐긴다. 여기에서 사실 게임은 "나를"이라는 낱말을 잘못된 층위에서 읽는 것을 바탕으로 하고 있다.

정확히 이런 종류의 중의성이 이 책에서 나타났는데, 처음에는 "두문자어 대위법"에서였고, 그 뒤에는 괴델 문자열 G(및 그것과 가까운 것들)에 대한 논의에서였다. 연주될 수 없는 음반에 대한 해석은 "나는 전축 X에서 연주될 수 없다"였고, 증명 불가능한 명제들에 대한 해석은 "나는 형식체계 X에서 증명될 수 없다"였다. 뒤의 문장을 살펴보자. 당신은 "나"라는 대명사를 포함하는 문장에서 "나(I)"가 지시하는 것이 '문장의 화자'가 아니라 '그 문장 자체'라고 저절로 이해되는 다른 경우를 보았는가? 짐작컨대 거의 없을 것이다. "나"라는 낱말이 셰익스피어의 소네트에 나타나면, 그것은 이 낱말이 인쇄된 어느 쪽의 14행의 시 형식을 가리키는 것이 아니라 무대 바깥 어딘가 그 장면 뒤에 있는 살과 피로 이루어진 생명체를 가리키는 것이다.

　우리는 문장 안에 있는 "나"라는 낱말을 통상 어디까지 소급해 찾아가는가? 내가 보기에 대답은 이렇다 : 저작권을 부여할 의식 존재를 찾는다. 그러나 무엇이 의식 존재인가? 의식 존재란 우리가 편안하게 우리 스스로를 대응시켜 넣을 수 있는 어떤 것이다. 바이첸바움의 "닥터" 프로그램에는 인격이 존재하는가? 그렇다고 하면 그것은 누구의 인격인가? 바로 이 문제에 대한 작은 논쟁이 과학 학술잡지 『사이언스(Science)』 최근 호에서 뜨겁게 벌어졌다.

　이것은 누가 컴퓨터 음악을 작곡하는 "주체"인가라는 쟁점으로 우리를 되돌린다. 대부분의 상황에서 그런 곡들의 배후에 있는 추진력은 인간의 지적 능력이며, 다소 기발한 능력을 갖춘 컴퓨터가 인간이 고안한 착상을 실현하기 위한 도구로서 동원되었다. 이 작업을 실행하는 프로그램은 인간과 동일시될 수 있는 그 무엇도 아니다. 그 프로그램은 유연성도 없고 자신이 하고 있는 일에 대한 조망능력과 "자기"에 대한 감각도 없는, 단순하면서도 외골수인 소프트웨어 조각이다. 그러나 사람들이 그런 속성들을 가진 프로그램을 개발하고 음악작품이 그런 프로그램에서 나오기 시작한다면, 나는 그때가 감탄을 둘로 나누기 시작해야 할 적절한 시점이라고 본다 : 즉 일부는 그런 경이로운 프로그램을 만든 프로그래머에게 돌려야 하고, 일부는 음악적 감각을 가진 프로그램 자체로 돌려야 한다. 그런데 내가 보기에는, 이런 일은 그런 프로그램의 내부구조가 우리의 뇌에서 의미라는 복잡한 개념을 담당하는 "기호"와 그것의 발화 패턴과 비슷한 어떤 것에 바탕을 둘 경우에만 일어날 것 같다. 이런 종류의 내부구조를 가진다는 사실이, 프로그램을 어느 정도까지 우리 자신과 동일시하는 데에 거리낌이 없도록 하는 속성들을 프로그램에 부여할 것이다. 그러나 그렇게 되기 전에는, 나로서는 "컴퓨터가 이 곡을 작곡했다"라고 말하는 것이 영 내키지 않을 것 같다.

정리의 증명과 문제 환원

인공지능의 역사로 돌아가보자. 사람들이 프로그래밍하려고 시도했던 초기의 과제들 가운데 하나는 정리의 증명이라는 지능 활동이었다. 개념상으로 볼 때, 이것은 MIU 체계에서 MU를 도출하기 위해서 컴퓨터를 프로그래밍하는 일과 다르지 않다. 다만 관련된 형식체계들이 MIU 체계보다 종종 더 복잡했다는 차이밖에 없다. 그 형식체계들은 술어계산의 버전들이고, 술어계산은 양화사를 포함하는 명제계산을 확장한 것이다. 술어계산의 규칙들은 대부분 사실상 TNT에 포함되어 있다. 이런 프로그램을 짤 때의 묘책은, 방향감각을 주입해 프로그램이 지도 위에서 사방팔방 헤매지 않고 합당한 기준에 따라서 원하는 문자열로 이끌어줄 것으로 보이는 "관련 있는" 경로들에서만 작업하도록 하는 것이다.

이 책에서는 그런 문제들을 많이 다루지 않았다. 지금 정리를 향해서 나아가고 있다는 것을 어떻게 알 수 있는가? 그리고 하고 있는 일이 헛수고에 불과한지 아닌지 어떻게 알 수 있는가? 이것이 내가 MU-퍼즐을 통해서 보여주기를 바랐던 한 가지 점이었다. 물론 확정적인 답이 있을 수 없다. 그것이 제한적인 정리의 내용이다. 왜냐하면 어떤 길을 가야 할지 항상 알 수 있다면, 원하는 어떤 정리도 증명할 수 있는 알고리듬을 구축할 수 있을 테지만, 그것은 처치의 정리를 위반할 것이기 때문이다. 그런 알고리듬은 없다(이것이 어째서 처치의 정리에 뒤따르는 것인지 그 이유를 정확히 알아내는 일은 독자에게 맡기겠다). 그렇다고 해도, 이것이 어떤 경로가 유망한 경로이고 어떤 경로가 그렇지 않은가에 대한 직관을 개발하는 것이 전혀 불가능하다는 뜻은 아니다. 사실 최고 수준의 프로그램들에는 매우 정교한 발견술이 있으며, 이를 통해서 유능한 사람에 맞먹는 속도로 술어계산에서 추론을 할 수 있다.

정리 증명의 묘책은, 국소적으로 진행하는 데서 길잡이가 되는 전체 목표—즉 산출하려는 문자열—가 있다는 사실을 활용하는 것이다. 도출들을 끌어내려고 전체 목표를 국소적 전략으로 변환하기 위해서 개발된 한 가지 기법을 문제 환원이라고 한다. **문제 환원**은 어떤 원거리 목표가 있을 때마다 통상적으로 **하위 목표**가 있고 그 하위 목표의 성취는 주(主) 목표의 달성에 도움을 줄 것이라는 아이디어에 근거한다. 그렇기 때문에 주어진 문제를 일련의 새로운 하위 문제들로 분할하면 그것들은 재귀적인 방식으로 다시 하위하위 문제들로 분할되며, 계속 그렇게 진행된다. 결국 아주 평범한 목표들에 도달하고, 그 목표들들은 아마 몇 단계를 거치면 성취될 수 있을 것이다. 또는 적어도 그렇게 보일 것이다……

문제 환원은 제논을 곤경에 빠트렸다. 당신이 기억하다시피, 지점 A에서 지점 B로 가기 위한 (B를 목표점으로 생각한다) 제논의 방법은 문제를 두 개의 하위 문제로, 즉 먼저 반을 가고 그 다음에 나머지를 가는 것으로 "환원하는" 것이다.

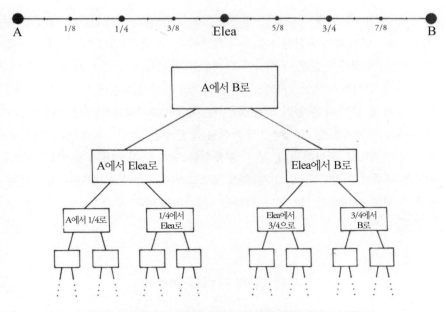

그림 115. A에서 B로 도달하기 위한 제논의 무한한 "목표 수형도."

그래서 이제 두 개의 하위 목표들을 "목표 스택(goal stack)"으로, 제5장에서 말했던 의미에서, "밀어 넣었다." 그 두 하위 목표들은 제각기 다시 두 개의 하위하위 목표들로 대체될 것이다. 그런 식으로 무한정 진행될 것이다. 단 하나의 목표(그림 115) 대신에 결국 무한개의 '목표 스택'을 가지게 되었다. 스택에서 무한개의 목표를 꺼내는 것은 아주 난감한 일로 입증될 것이다. 물론 그것이 바로 제논이 노린 점이다.

문제 환원에서 무한재귀의 또다른 예는 대화 "작은 화성의 미로"에서 있었는데, 그때 아킬레스는 무형(無形)의 소원이 승인되기를 원했다. 그 소원의 승인은 메타-요정의 허락이 떨어질 때까지 미루어져야 했다. 그러나 허락해주라는 허락을 얻기 위해서 메타-요정은 다시 메타-메타-요정을 불러야 했다. 등등. 목표 스택의 무한성에도 불구하고 아킬레스는 소원을 성취했다. 문제 환원이 승리했다!

내가 좀 빈정거리긴 했지만, 문제 환원은 대국적 문제를 국소적 문제로 변환하는 강력한 기법이다. 문제 환원은 체스의 종반전에서와 같은 어떤 상황에서 빛을 발한다. 체스 종반전에서 수 내다보기 기법은 15수 또는 그 이상과 같은 말도 안 되는 긴 수를 내다보는 경우조차도 수행 결과가 형편없다. 이것은 수 내다보기 기법이 **계획**에 근거하지 않기 때문이다. 수 내다보기는 아무 목표도 없고, 그래서 엄청나게 많은 무의미한 대체수를 탐색하는 것이다. 목표가 있으면 그 목표를 달성하기 위한 전략을 개발할 수 있다. 이것은 기계적으로 수를 내다보는 것과 완전히 다른 철학이다. 물론 수 내다보기 기법에서, 바람직한 수인지의 여부는 판세에 대한 평가함수에 의해서 측정된다. 그 평가함수는 몇 개의 목표를 간접적으로 포함하는데, 주로 외통수를 당하지 않으려는 것이다. 그러나 이것은 너무 간접적이다. 수 읽기 체스 프로그램과 대국한 실력 있는 체스 선수들은 대체로 상대방이 작전이나 전략을 짜는 데에 매우 부실하다는 인상을 토로한다.

우리 집 개 샌디와 뼈다귀

문제 환원의 방법이 작동하리라는 보장은 없다. 그 방법이 완전히 실패하는 상황들이 많이 있는데, 예를 들면 이런 단순한 문제를 생각해보자 : 당신이 개이고, 어떤 인간 친구가 당신이 제일 좋아하는 뼈다귀를 철망 너머 다른 집의 뜰로 던졌다. 당신은 철망을 통해서 그냥 잔디밭에 놓인 뼈다귀를 볼 수 있다―얼마나 맛있겠나! 그런데 뼈다귀에서 15미터쯤 떨어진 곳의 철망에 열린 문이 있다. 당신은 무엇을 할 것인가? 어떤 개는 그냥 철망으로 돌진할 것이고 그 앞에 서서 짖어댈 것이다. 다른 개는 열린 문으로 달려간 다음에 맛있는 뼈다귀 쪽으로 갈 것이다. 두 개 모두 문제 환원 기법을 발휘하고 있다고 말할 수 있다. 그러나 그 개들은 마음속에서 그 문제를 서로 다른 방식으로 표현하는데, 이것이 모든 차이를 만든다. 짖는 개는 하위 문제들을 (1) 철망으로 달려가기, (2) 철망을 통과하기, (3) 뼈다귀 쪽으로 달려가기로 본다. 이때 그 두 번째 하위 문제가 "만만치 않은" 과제이다. 그래서 짖어대는 것이다. 다른 개는 하위 문제들을 (1) 문으로 가기, (2) 문을 통과하기, (3) 뼈다귀 쪽으로 달려가기로 본다. 모든 것이 당신이 "문제 공간"을 표현하는 방식에 얼마나 좌우되는지 유념하라. 즉, 문제를 **축소하는 것**(전체적인 목표점을 향한 전진 운동)으로서 지각하는 것과 문제를 **확장하는 것**(목표점으로부터 멀어지는 후퇴 운동)으로서 지각하는 것에 좌우된다.

문제 공간의 변경

어떤 개들은 일단 곧장 뼈다귀 쪽으로 달려가본다. 그리고 철망에 맞닥뜨리면 개들의 뇌 속에 무슨 생각이 퍼뜩 스친다. 곧 이 개들은 방향을 바꾸어 문 쪽으로 달려간다. 이 개들은 얼핏 보기에는 그것이 초기 상황과 목표 상황 사이의 거리를 멀어지게 하는 것처럼 보이지만—즉, 뼈다귀에서 멀어지고 단지 열린 문 쪽으로 향하므로—실제로는 거리를 줄여줄 것이라는 점을 깨닫는다. 처음에 개들은 물리적인 거리와 문제의 거리를 혼동한다. 그래서 뼈다귀로부터 멀어지는 움직임은 어떤 것이든 정의상 악수(惡手)이다. 그러나 그러고는 개들은 어떻게 하면 뼈다귀에 "더 가까이" 다가설지에 대해서 그들의 지각을 변경할 수 있다는 점을 어떻게든 알아차린다. 적절하게 선택된 추상적인 공간에서 보면, 문 쪽으로 움직이는 것은 개를 뼈다귀에 더 가까이 접근시키는 궤적이다! 매 순간마다, 그 개는 뼈다귀에—새로운 의미에서—"더 가까이" 접근하고 있다. 따라서 문제 환원의 유용성은 당신이 자신의 문제를 마음속에서 어떻게 표현하느냐에 좌우된다. 어떤 공간에서는 후퇴처럼 보이는 것이 다른 공간에서는 혁명적인 진일보로 보일 수 있다.

일상생활에서, 우리는 '개와 뼈다귀' 문제의 변이형들에 줄곧 마주치며 해결한다. 예를 들면, 내가 어느 날 오후 남쪽으로 160킬로미터를 운전하기로 결심했는데, 지금 나의 사무실에 있으며 오토바이를 타고 출근했다면, 차를 타고 실제로 남쪽으로 출발하기 전까지는 표면상으로 "엉뚱한" 방향들로 향하는 무수히 많은 이동을 할 수밖에 없다. 일단 나의 사무실을 떠나야 하는데, 이것은 몇 미터는 동쪽으로 향한다는 뜻이다. 그러고는 건물 복도를 따라서 북쪽으로 향하다가 서쪽으로 향한다. 그러고는 오토바이를 타고 집으로 가는데, 집 방향과 다른 모든 방향으로 벗어나면서 가게 된다. 그리고 집에 도착한다. 거기서 연이어 짧게 움직이고 나서야 결국 차에 타고 출발한다. 물론 즉시 정남(正南)으로 운전해서 가는 것은 아니다. 가능하면 빨리 고속도로에 진입하기 위해서 길을 택하는데, 그 길로 가면 북쪽, 서쪽 또는 동쪽으로 가기도 할 것이다.

이 모든 것이 털끝만치도 역설적으로 느껴지지 않는다. 그저 아무 재미도 없이 한다. 물리적으로 후퇴해도 그것이 목표를 향해서 직행으로 이동하는 것으로서 지각되는 공간이 내 마음속에 너무나도 깊이 구축되어서 내가 북쪽을 향할 때에도 어떤 아이러니조차 느끼지 않는다. 도로와 복도 등은 내가 별다른 거부감 없이 받아들이는 경로들로 작용하며, 그 결과 상황을 인식하는 방법의 선택이라는 행위 중 일부는 부과된 것을 받아들이는 일에 관여한다. 그러나 철망 앞의 개들은 때때로 부과된 것을 받아들이는데 어려움을 겪는데, 특히 뼈다귀가 아주 가까이 놓여 있고, 개들 눈에 빤히 보이며, 너무나도 맛있어 보일 때 그렇다. 그런데 문제 공간이 물리적 공간보다 약간 더 추상적일 경우, 사람들 또한 짖어대는 개들과 마찬가지로 무엇을 해야 할지에 대해서 통찰력이 부족할 때가 자주 있다.

어떤 점에서는 모든 문제들이 다 '개와 뼈다귀 문제'의 추상적 버전들이다. 많은 문제들이 물리적 공간이 아니라 일종의 개념적 공간에 있다. 그 공간에서 목표를 향해서 곧장 움직였는데 일종의 추상적인 "철망"과 맞닥뜨리게 된 것을 깨달을 경우, 당신은 다음의 두 가지 가운데 하나를 할 수 있다 : (1) 일종의 마구잡이 방식으로 목표에서 멀어지기를 해본다. 그래서 우연히 숨은 "문"을 찾아내서 그곳을 통과해 당신의 뼈다귀에 도달할 수 있기를 바란다. 또는 (2) 그 문제를 표현할 수 있고, 당신을 목표와 분리시키는 추상적인 철망이 없는 새로운 "공간"을 찾아본다. 그러면 이 새로운 공간에서 목표를 향해서 곧장 나아갈 수 있다. 첫 번째 방법은 가기에 여유로운 길로 보일지도 모르고, 두 번째 방법은 가기에 어렵고 복잡한 길처럼 보일지도 모른다. 그런데 문제 공간의 재구성을 통한 해법은 일련의 느리고 의도적인 사고과정의 산물이 아니라, 종종 전광석화같은 갑작스러운 통찰로서 나타난다. 아마 이런 직관적인 섬광은 지능의 가장 깊은 핵심부에서 나올 것이다. 말할 것도 없이, 그 섬광의 근원은 우리의 뇌가 지키려고 애쓰는 엄중하게 보호된 기밀이다.

어쨌든 골칫거리는 문제 환원 자체가 실패를 초래하는 것은 아니라는 점이다. 그것은 매우 타당한 기법이다. 문제는 더 심층적인 것이다 : 즉, 하나의 문제에 대한 훌륭한 내적 표현을 어떻게 선택하는가? 어떤 종류의 "공간"에서 그 내적 표현을 보는가? 어떤 종류의 행위가 당신이 택한 공간에서 당신과 목표 사이의 "거리"를 줄여주는가? 수학적인 언어로 표현하면, 이것은 두 가지 상태들 사이의 적절한 **메트릭**(metric, 거리 함수)을 찾아내는 과제라고 할 수 있다. 당신은 당신과 목표 사이의 거리가 매우 짧은 메트릭을 발견하고 싶어한다.

그런데 내적 표현을 선택하는 이 일 자체가 일종의 문제—가장 까다로운 유형의 문제—여서 당신은 문제 환원의 기법을 이 문제에 거꾸로 적용하는 것을 생각할지도 모른다. 그렇게 하려면 엄청나게 다양한 추상 공간들을 표현할 방법이 있어야 할 텐데, 이것은 너무 복잡한 프로젝트이다. 내가 알기로는 이런 노선들을 따라서 어떤 것이든 해보려고 했던 사람은 없다. 이것은 사실 완전히 비현실적이며 그저 이론적으로 매력적이고 흥미로운 제안일지 모른다. 어쨌든 인공지능에 상당히 부족한 것은, 다루고 있는 과제에 무슨 일이 진행되고 있는지 "뒤로 물러서서" 관찰하고 이 전망을 가지고서 스스로를 다시 조정할 수 있는 그런 프로그램이다. 인간이 수행할 경우에 지능이 필요한 것으로 보이는 단 하나의 과제만 탁월하게 수행하는 프로그램을 만드는 일과, 진정으로 지능적인 프로그램을 만드는 일은 전혀 별개의 문제이다! 이것이 고정배선된 틀에 박힌 동작이 대단한 지능을 가진 것처럼 깜박 속게끔 보이는 조롱박벌(제11장 참조)과 그 조롱박벌을 관찰하는 인간 사이의 차이이다.

다시 한번 지능-모드와 기계-모드

지능적인 프로그램이란 아마 서로 다른 종류의 많은 문제들을 충분히 해결할 정도로 다재다능한 프로그램일 것이다. 그 프로그램은 각기 다른 일을 하는 것을 배우고 그렇게 하는 데서 경험을 쌓을 것이다. 그것은 규칙들 안에서 작업할 수 있을 것이나 또한 적절한 순간에는 뒤로 물러나서, 프로그램이 달성해야 할 전반적인 목표의 관점에서 볼 때, 규칙들 안에서 작업하는 것이 유리한지의 여부를 판단할 수 있을 것이다. 그것은 주어진 프레임 안에서 작업하는 것을 중단하는 결단을 내릴 수 있을 것이고, 필요하다면, 새로운 규칙틀을 창출해 한동안 그 안에서 작업할 수 있을 것이다.

이 논의의 많은 내용이 MU-퍼즐의 이런저런 측면들을 생각나게 할 것이다. 예를 들면, 어떤 문제의 목표로부터 멀어지는 것은 점점 더 긴 문자열을 만들어 MU로부터 멀어지는 것을 생각나게 한다. 그 긴 문자열은 둘러 가는 방식으로 목표인 MU를 만들 수 있도록 할지 모른다고 당신은 희망한다. 당신이 순진한 "개"라면, 그 문자열이 철자 두 개를 넘어서 길어질 때마다 "MU 뼈다귀"에서 멀어지고 있다고 느낄지 모른다. 그러나 당신이 좀더 똑똑한 개라면, 그런 연장규칙을 사용하는 것은 당신의 MU-뼈다귀를 얻기 위해서 문으로 향하는 것과 같은 것으로 간접적인 정당성을 가진다.

앞의 논의와 MU-퍼즐 사이의 또 하나의 연결고리는 MU-퍼즐의 본질에 대한 통찰로 이끌어준 두 가지 작동 모드, 즉 기계-모드와 지능-모드이다. 기계-모드에서, 당신은 어떤 고정된 틀 안에 끼워 들어가며, 지능-모드의 경우, 언제나 한 발 물러나서 사태들을 개관(槪觀)할 수 있다. 개관한다는 것은 당신이 그 속에서 작업하게 될 표현을 선택하는 것에 해당한다. 그리고 체계의 규칙들 안에서 작업한다는 것은 선택된 틀 내부에서 문제 환원의 기법을 시도하려는 것에 해당한다. 라마누잔의 스타일—특히 자신의 가설까지도 기꺼이 바꾸려는 태도—에 대한 하디의 논평은 창조적 사고에서 나타나는 기계-모드와 지능-모드 사이의 상호작용을 잘 보여주고 있다.

조롱박벌은 기계-모드로는 탁월하게 작업하지만, 자신의 틀을 선택하거나 심지어 자신의 기계-모드를 조금이라도 변경할 수 있는 능력은 전혀 없다. 조롱박벌에게는 자신의 체계 안에서 같은 일이 자꾸자꾸 되풀이되는 것을 알아차릴 능력이 없다. 왜냐하면 그런 일을 알아차리는 것은, 아주 조금이라 할지라도 체계 밖으로 벗어나는 일이 될 것이기 때문이다. 조롱박벌은 반복의 동일성을 전혀 알아차리지 못한다. (어떤 반복적 사건들의 동일성을 알아차리지 못한다는) 이 생각을 우리 자신에게 적용해보면 흥미롭다. 우리의 삶 속에서 몇 번이고 되풀이해서 일어나고 있는데 그 동일성을 지각할 충분한 개관능력이 없기 때문에 매번 똑같은 어리석은 방식으로 처리하는 고도로 반복적인 상황이 있는가? 이 질문으로 인해서 "동일성이란 무엇인가?"라는 논점을 다시 생각하게 된다. 패턴 인식(pattern recognition)을 논의할 때 인공지능의 주제로서 이 논점과 곧 마주칠 것이다.

인공지능을 수학에 응용하기

수학은 인공지능의 관점에서 보면 어떤 점에서는 극히 흥미 있는 연구 영역이다. 모든 수학자가 수학의 아이디어들 사이에 일종의 거리 함수가 있다는 감, 즉 수학 전체는 결과들의 관계망이고 그것들 사이에는 엄청나게 많은 연결이 있다는 감을 가지고 있다. 그 관계망 안에서 어떤 아이디어들은 아주 밀접하게 연결되어 있고, 어떤 아이디어들은 연결하려면 더 정교한 경로가 필요하다. 때로는 수학에서 두 정리가 가까운데, 그 이유는 한 정리가 주어질 경우 다른 정리를 쉽게 증명할 수 있기 때문이다. 어떤 때는 두 개의 아이디어가 가까운 이유가 그것들이 서로 유추적이거나 심지어 동형이기 때문이다. 이것이 수학의 영역에서 "가까운"

이라는 낱말에 대한 두 가지 다른 의미이다. 아마 그밖에 몇 개의 의미가 있을 것이다. 수학적 가까움에 대한 우리의 감각에 객관성이나 보편성이 있는지, 아니면 그런 객관성이나 보편성이 대개 역사적인 전개과정에서 일어난 우연인지는 잘 모르겠다. 수학의 다른 부문들의 어떤 정리들은 연결시키기 어려워 보이며, 그래서 우리는 그것들이 서로 무관하다고 말할지 모른다. 그러나 우리 마음을 바꾸도록 촉구하는 어떤 것이 나중에 나타날 수도 있다. 수학적 가까움에 대한 우리의 고도로 발달된 감각—"수학자의 마음속의 거리 함수"—을 프로그램에 주입할 수 있다면, 원시적인 "인공 수학자"도 창조할 수 있을 것이다. 그러나 이 과제는 우리가 단순성 또는 "자연스러움"의 감각을 전해줄 수 있는가에 달려 있는데, 이 또한 또다른 주요 장애물이다.

이 문제들은 몇 개의 인공지능 프로젝트들에서 당면했던 문제들이다. MIT에서 개발한 "MACSYMA"라는 제목의 프로그램 모음집이 있는데, 복잡한 수식들을 기호로 조작하는 데에 수학자들을 도와줄 목적으로 개발된 것이다. 이 프로그램에는 "어디로 가는가"에 대한 어떤 감각이 있다. 이것은 일종의 "복잡성 구배(勾配)"인데, 우리가 일반적으로 복잡한 식이라고 생각하는 것에서 더 단순한 식으로 프로그램을 안내한다. MACSYMA 프로그램 목록의 일부는 "SIN"으로 불리는 프로그램인데, 이것은 함수를 부정적분한다. SIN은 몇몇 유형의 범주에서 인간들보다 우월하다고 일반적으로 인정된다. 이것은 지능이 일반적으로 반드시 그래야 하는 것처럼, 몇 개의 다른 솜씨들, 이를테면 대량의 지식, 문제 환원의 기법, 다수의 발견술 등의 몇몇 특수기법에 기대고 있다.

스탠퍼드 대학의 더글러스 레너트가 만든 또다른 프로그램은 초등수학의 개념들을 창안하고 사실들을 발견하려는 목적으로 개발되었다. "집합" 개념과 프로그램에 일일이 하나하나 주입한 "흥미로운" 것이라는 개념들을 가지고 시작해서, 센다는 개념을 "창안했으며", 그런 다음 덧셈, 그런 다음 곱셈, 그런 다음 특히 소수(素數) 개념을 창안했고, 골드바흐 추측을 재발견하기에 이르렀다! 물론 이 "발견들"은 모두 수백 년—심지어 수천 년—이나 된 오래된 것들이었다. 아마도 이것은, "흥미로움"이라는 감각이 많은 규칙을 통해서 전달되었고 그 규칙들은 레너트가 20세기에 받은 교육이 영향을 미친 것이라고 말함으로써 부분적으로 설명될 수도 있다. 그럼에도 불구하고, 그 프로그램의 성취는 인상적이다. 그 프로그램은 이런 상당히 훌륭한 성능을 발휘한 후에 기력을 다한 것 같았다. 흥미로운 사실은 이 프로그램이 무엇이 '흥미로운가'에 대한 자신만의 감각을 개발하거나 개선할 수는 없었다는 점이었다. 그것은 어려움이 더 높은 수준—아마도 몇 단계는 높은 수준인 것으로 보였다.

인공지능의 핵심 : 지식의 표현

위에서 많은 예를 인용한 것은 한 영역을 표현하는 방식이 그 영역이 어떻게 "이해되는가"에 지대한 영향을 준다는 점을 강조하기 위해서였다. TNT의 정리들을 단순히 예정된 순서로 인쇄하는 프로그램은 수론을 이해하지 못할 것이다. 여분의 지식 층들을 가지는 레너트의 프로그램 같은 것은 수론에 대한 초보적 감각을 갖추었다고 말할 수 있을 것이다. 현실세계 경험의 폭넓은 맥락에 수학 지식을 끼워 넣은 프로그램은 아마 우리가 생각하는 그런 관점에서의 "이해능력"을 최대한 가지는 프로그램일 것이다. 인공지능의 핵심에 있는 것이 이 **지식의 표현**이다.

인공지능의 초창기에는, 지식이란 문장과 비슷한 "뭉치" 형태로 나타나며 지식을 프로그램에 이식하는 최선의 방법은 사실들을 작은 수동적 데이터 뭉치들로 번역하는 간단한 방식을 개발하는 것이라고 가정했다. 그러면 개별 사실은 그저 데이터 조각에 불과할 것이며, 그 데이터를 사용하는 프로그램은 사실에 접근할 수 있을 것이다. 이에 대한 보기로 체스 프로그램들이 예시되었는데, 거기에서 말들의 위치는 어떤 종류의 행렬이나 목록으로 코드화되어 메모리에 효율적으로 저장되었고, 서브루틴이 메모리에서 그것들을 검색하고 그것들을 가지고 작업을 할 수 있었다.

인간이 사실들을 더 복잡한 방식으로 저장한다는 점은 심리학자들에게는 진작에 알려졌는데, 인공지능 연구자들은 그 점을 최근에야 재발견했다. 연구자들은 이제 "덩이진" 지식의 문제와 절차형과 선언형 지식 사이의 차이 문제에 직면하고 있다. 후자는, 제11장에서 보았던 것처럼, 내적 관찰로 접근할 수 있는 지식과 내적 관찰로 접근할 수 없는 지식 사이의 차이에 관련되어 있다.

모든 지식이 수동적 데이터 조각들로 코드화되어야 한다는 소박한 가정은 사실 컴퓨터 설계에 관한 가장 근본적인 사실과 모순된다. 즉 덧셈, 뺄셈, 곱셈 등이 데이터에 코드화되어 메모리에 저장된 것이 아니다. 사실 사칙연산 방식은 메모리의 어디에도 표현되어 있지 않으며, 하드웨어의 배선 패턴 속에 표현되어 있다. 휴대용 계산기는 덧셈에 대한 지식을 자신의 메모리에 저장하지 않는다. 그 지식은 계산기의 "내장" 속에 코드화되었다. 누가 "덧셈에 대한 지식이 이 기계의 어디에 있는지 보여다오!"라고 요구할 경우, 그것에 해당하는 기억장소는 없다.

그럼에도 불구하고 인공지능 연구의 많은 작업들은 엄청난 양의 지식을 특정한 장소에, 다시 말해 선언형으로, 저장하는 시스템들에 몰두했다. **어떤 지식이 프로그램 안에 구현되어야만 하는 것은 말할 나위도 없다.** 그렇지 않으면 프로그램이란 것은 없고 그저 백과사전만 있을 것이다. 문제는 지식을 프로그램과 데이터로 가르는 방법이다. 프로그램과 데이터를 구분하는 것이 언제나 쉬운 것은 결코 아니다. 그 점이 제16장에서 충분히 명확해졌기를 바란다. 그런데 시스템을 개발할 때, 프로그래머가 직관적으로 어떤 특정한 항목을 데이터(또는 프로그램)로 생각한다면, 그것이 시스템 구조에 중대한 영향을 미칠 수 있다. 왜냐하면 프로그래밍할 때 프로그래머는 데이터 같은 대상들과 프로그램 같은 대상들을 구분하려는 경향이 있기 때문이다.

중요한 지적 사항은 정보를 데이터 구조로 코드화하든 절차로 코드화하든 어느 방식이나 원칙적으로 괜찮다는 점이다. 그것은 만일 효율에 너무 신경쓰지 않는다면, 한 도식에서 할 수 있는 일을 다른 도식에서도 할 수 있다는 의미에서 그렇다. 그러나 한 방법이 다른 방법보다 확실히 뛰어나다는 것을 나타내는 것으로 보이는 이유들이 있을 수 있다. 예를 들면, 절차적 표현을 사용하는 것만 지지하는 다음과 같은 논거를 살펴보자 : "충분히 복잡한 특징들을 데이터로 코드화하려고 시도하면 곧바로 새로운 언어나 형식주의에 맞먹는 것을 개발하지 않을 수 없다. 그래서 사실상 데이터 구조는 프로그램처럼 되고 프로그램 일부는 데이터 구조의 인터프리터로 구실을 하게 된다. 그렇다면 똑같은 정보를 처음부터 직접 절차형으로 표현하고, 번역(interpretation)이라는 추가 층위를 없애는 편이 낫다.

DNA와 단백질이 우리의 전망에 도움을 준다

이 논거는 아주 설득력 있게 들리지만, 조금 느슨하게 해석하면, DNA와 RNA를 폐기하자는 논거로 읽힐 수 있다. 유전 정보를 단백질에 직접 표현함으로써 해석 층위를 하나만이 아니라 둘을 없앨 수 있다면 어째서 유전 정보를 DNA에 코드화하는 것인가? 대답은 이렇다 : 같은 정보를 서로 다른 목적들을 위해서 다양한 형식들로 가지는 것이 극히 유용한 것으로 판명되었다. 유전 정보를 DNA의 모듈 형식과 데이터 같은 형식으로 저장하면, 두 개체의 유전자들이 새로운 유전자형을 형성하도록 쉽게 재결합될 수 있다는 장점을 가진다. 유전 정보가 단백질에만 들어 있다면 이런 재결합은 매우 어려울 것이다. 정보를 DNA에 저장하는 두 번째 이유는 DNA를 전사하여 단백질로 번역하기가 쉽다는 점이다. 단백질 생성이 필요 없을 때는 DNA는 많은 공간을 차지하지 않는다. 그러나 단백질 생성이 필요할 때는 DNA는 틀 역할을 한다. 단백질을 다른 단백질로 복제하는 메커니즘은 없다. 단백질은 접혀져서 3차 구조로 되어 있는데 그것이 복제를 대단히 어렵게 만들 것이다. 이에 대한 보완책으로, 유전 정보가 효소 같은 3차원 구조로 되게 하는 능력은 거의 필수적이다. 왜냐하면 분자의 식별과 조작은 그 본성상 3차원적 작용이기 때문이다. 따라서 순수한 절차적 표현을 옹호하는 논거는 세포의 맥락에서 보면 상당한 오류로 여겨진다. 그것은 절차적 표현과 선언적 표현 사이를 넘나들 수 있는 것이 장점이라는 점을 시사한다. 이것은 아마 인공지능에서도 진실일 것이다.

이 문제는 외계 지능과의 소통을 주제로 열린 학술회의에서 프랜시스 크릭이 제기한 바 있다.

> 우리는 지구상에 두 가지 분자가 있다는 것을 안다. 하나는 복제[DNA]에 적합하고 다른 하나는 활동[단백질]에 적합하다. 분자 하나가 두 가지 일을 모두 하는 체계를 고안할 수 있는가, 아니면 혹시 그 일을 둘로 나누는 것이 훨씬 유리하다고 시사하는(그런 것이 있다면), 체계분석에서 도출한, 강력한 논거가 있는가? 이 질문에 대한 답을 나는 모른다.[14]

지식의 모듈성

지식의 표현에서 나타나는 또 하나의 질문은 모듈성이다. 새로운 지식을 얼마나 쉽게 끼워 넣을 수 있나? 기존 지식을 얼마나 쉽게 수정할 수 있나? 책들은 어느

---

14) Carl Sagan, *Communication with Extraterrestrial Intelligence*, p 52.

정도나 모듈적인가? 이 모든 것은 서로 연관되어 있다. 만일 상호 참조가 많이 있는 긴밀하게 조직된 책에서 단 한 장(章)이라도 빼면, 그 책의 나머지는 사실상 이해할 수 없게 될 것이다. 이것은 거미집에서 거미줄 한 가닥을 당기는 것과 같은데, 그렇게 하면 거미집 전체가 망가진다. 다른 한편, 어떤 책들은 서로 독립적인 장들로 구성되어서 상당히 모듈적이다.

TNT 공리들과 추론규칙들을 사용해서 직설적으로 정리를 생성하는 프로그램을 살펴보자. 그런 프로그램의 "지식"에는 두 가지 측면이 있다. 그 지식은 공리들과 규칙들 속에는 드러나지 않게 있고 지금까지 산출된 정리들에는 명시적으로 있다. 그 지식을 어느 방식으로 보느냐에 따라, 당신은 그 지식을 모듈적인 것으로 보거나 전체에 퍼져 있어서 완전히 비모듈적인 것으로 볼 것이다. 예를 들면, 당신이 그런 프로그램을 만들었는데 공리 목록에서 TNT 공리 1을 포함시키는 일을 잊었다고 하자. 그 프로그램이 수천 번의 도출을 실행하고 난 후에, 당신은 실수를 알아차렸고 새로운 공리를 삽입했다. 당신은 그런 교정을 순식간에 할 수 있는데, 이 사실은 그 체계의 드러나지 않은 지식이 모듈적이라는 것을 보여준다. 그러나 새로운 공리가 체계의 명시적 지식에 기여하는 것은 시간이 꽤 지나야만, 즉 향수병이 깨졌을 때 향기가 방 안에 서서히 퍼지듯이 새로운 공리의 효과가 외부로 "확산되고" 나서야 반영될 것이다. 그런 점에서 새로운 지식이 통합되기까지는 시간이 꽤 걸린다. 그뿐만 아니라, 당신이 되돌아가서 공리 (1)을 그것의 부정으로 대체하려고 한다면, 그것 하나만 대체하는 것으로는 그 일을 끝낼 수 없을 것이다. 도출하는 데에 공리 (1)이 관여한 정리들을 모두 삭제해야 할 것이다. 분명히 이 체계의 명시적 지식은 그것의 암시적 지식이 모듈적인 만큼 그렇게 모듈적이지는 않다.

지식을 모듈적으로 이식하는 방법을 배우면 유용할 것이다. 그러면 모든 사람들에게 프랑스어를 가르치려면, 간단히 그들의 두개골을 열어 정해진 방법대로 그들의 신경구조를 수술하면 될 것이다. 그러면 그들은 프랑스어를 말하는 방법을 알 것이다. 물론 재미있자고 한 공상일 뿐이다.

지식 표현의 또 하나의 측면은 우리가 지식을 어떤 방식으로 사용하기를 원하는가와 관계가 있다. 정보들이 도달할 때 추론을 하기로 되어 있나? 새로운 정보와 기존 정보 사이에서 유추와 비교가 끊임없이 만들어져야 하는가? 예를 들면, 체스 프로그램에서 수 읽기 수형도를 만들고자 한다면, 정보를 여러 다른 방식들로 되풀이하는 표현보다는 중복을 최소화해서 국면을 코드화하는 표현이 선호될 것이다. 그러나 패턴들을 찾아내서 그것들을 기존 패턴들과 비교하는 것을 통해서 국면을 "이해하는" 것을 프로그램에 바란다면, 같은 정보를 여러 번에 걸쳐 다른 형식들로 표현하는 것이 더 유용할 것이다.

논리적 형식체계로 지식을 표현하기

지식을 표현하고 조작하는 최선의 방식에 관심을 가지는 다양한 학파가 있다. 상당한 영향력을 행사했던 한 학파는 TNT에서와 비슷한 형식적인 표기법을 사용하는, 즉 명제 연결사와 양화사들을 사용하는, 표현을 지지한다. 그런 표현에서 기본적인 조작은, 놀랄 것도 없이, 연역적 추론의 형식화이다. 논리적 연역은 TNT에서와 비슷한 추론규칙을 사용하여 행할 수 있다. 특정한 아이디어에 대해서 체계에 묻는 것은 도출되어야 할 문자열의 형식으로 목표를 설정한다. 예를 들면 "MUMON*은 정리인가?" 그리고 나면 자동적인 추론 메커니즘들이 다양한 문제 환원 방법들을 사용해 목표지향적인 방식으로 그 다음 일을 이어받는다.

  예를 들면, "모든 형식적 산술은 불완전하다"라는 명제가 알려져 있고 프로그램이 『수학 원리』는 불완전한가?"라는 질문을 받았다고 해보자. 그 체계는 흔히 데이터베이스로 불리는 기존 사실들의 일람표를 훑어보고서, 만약 『수학 원리』가 형식적 산술이라는 사실을 밝혀낼 수 있다면, 그 질문에 답변할 수 있으리라는 것을 알아차릴 것이다. 따라서 "『수학 원리』는 형식적 산술이다"라는 명제가 하위 목표로 설정될 것이며, 그리고 나서 문제 환원이 다음 일을 이어받을 것이다. 만일 문제 환원이 목표나 하위 목표를 밝혀내는 데에 (또는 반박에) 도움이 되는 추가 사실들을 찾아낼 수 있다면, 문제 환원은 그런 사실들에 작용할 것이고 이렇게 재귀적으로 계속 진행될 것이다. 이 과정에는 뒤로 고리 짓기(backwards chaining)라는 이름이 붙었는데, 그 이유는 이 과정이 목표로부터 시작하여 뒤로 향해서, 아마도 이미 알려진 사실들을 향해서, 가면서 작업을 하기 때문이다. 우리가 주(主) 목표, 보조 목표들 및 하위하위 목표들 등을 그래프로 표현하면, 나무 같은 구조가 나타날 것이다. 왜냐하면 그 주 목표는 서로 다른 여러

* 제9장 참조.

하위 목표들을 포함할 것이고, 그 각각은 다시 여러 하위하위 목표를 포함할 것이기 때문이다.

이 방법이 문제 해결을 보장하지는 않는다는 점에 유의하라. 왜냐하면 그 체계의 내부에서는 『수학 원리』가 형식적 산술이라는 사실을 밝혀줄 어떤 방법도 없을지도 모르기 때문이다. 그러나 이것이 목표나 하위 목표 가운데 하나가 오류 진술이라는 것을 뜻하지는 않는다. 다만 그 체계가 현재 동원할 수 있는 지식으로는 목표나 하위 목표가 도출될 수 없다는 것을 뜻할 뿐이다. 그 체계는 이런 상황에서 "나는 모르겠다"라거나 그런 취지의 문구를 인쇄할지도 모른다. 어떤 질문들이 대답되지 않은 채 있다는 사실은, 어떤 잘 알려진 형식체계들이 겪고 있는 불완전성과 물론 비슷하다.

연역적 지각 대 유추적 지각

이 방법은 표현된 영역에 대한 **연역적 지각**을 제공하고, 그 속에서 알려진 사실들로부터 올바른 논리적 결론이 도출될 수 있다. 그러나 이 방법은 비슷한 점을 찾아내고 상황들을 비교하는 인간 능력의 어떤 점을 놓치고 있다. 즉 인간 지능의 핵심 측면인, **유추적 지각**이라고 할 수 있을 것을 놓치고 있다. 이것은 유추적 사고과정들을 그런 틀 속에 밀어 넣을 수 없다고 말하는 것이 아니라, 유추적 사고과정들이 그런 종류의 형식주의로 자연스럽게 포착되기에는 부적합하다는 점을 말한다. 오늘날, 논리지향적인 체계들은 복잡한 형식의 비교를 아주 자연스럽게 실행할 수 있도록 하는 다른 체계들만큼 인기를 누리지 못한다.

당신이 지식 표현은 단순히 숫자들을 저장하는 것과 완전히 다른 사태라는 점을 깨닫는다면, "컴퓨터는 엄청난 양의 기억을 가진다"라는 생각은 무너트리기 쉬운 신화이다. 메모리 속에 **저장된** 것이 프로그램이 **아는** 것과 반드시 같은 의미는 아니다. 주어진 지식 조각이 복잡한 체계 내부의 어딘가에 코드화되었더라도, 그 지식에 도달할 수 있는 프러시저나 규칙 또는 다른 유형의 데이터 처리기가 없을지도 모른다. 즉 그 지식에 접근할 수 없을지도 모른다. 그럴 경우에 당신은 지식 조각에 대한 접근을 일시적으로 또는 영원히 잃었기 때문에 그 지식 조각은 "잊혀졌다"고 말할 수 있다. 따라서 컴퓨터 프로그램은 낮은 층위에서 "기억하는" 어떤 것을 높은 층위에서는 "잊어버릴" 수도 있다. 이것이 언제나 되풀이되는 층위 구분들 가운데 하나이고, 그것으로부터 우리는 아마 우리 자신에 대해서 많이 배울 수 있을 것이다. 인간이 어떤 것을 잊었을 경우, 그것은 높은 층위에서 가리키는 것(pointer)을 잃었을 가능성이 높다는 뜻이지, 정보가 하나라도 삭제되었거나 파괴되었다는 뜻은 아니다. 이것은 당신이 입력되는 경험들을 저장하는 방식들을 계속 파악해두는 일이 극히 중요하다는 점을 강조한다. 왜냐하면 어떤 상황하에서, 어떤 각도에서 기억장치로부터 무엇인가를 꺼내고 싶어할지 결코 미리 알지 못하기 때문이다.

컴퓨터 하이쿠에서 RTN(재귀적 추이도) 문법으로

내가 영어 문장을 "아무 맥락도 없이" 생성하는 프로그램의 개발에 몰두하고 있었을 때, 지식을 인간 두뇌에 표현하는 일이 얼마나 복잡한 것인지 가슴에 팍와 닿았다. 이 프로젝트에 이르게 된 계기가 좀 재미있다. 나는 라디오에서 이른바 "컴퓨터 하이쿠(computer haiku)"의 몇 가지 예를 들었다. 그것들의 무엇인가가 나에게 깊은 인상을 주었다. 보통은 예술적 창조로 간주될만한 어떤 것을 컴퓨터로 하여금 생성하게 하는 것에는 많은 해학의 요소와 동시에 신비의 요소가 있었다. 나는 해학의 측면 때문에 매우 즐거웠으며, 창조적인 행위를 프로그래밍한다는 신비—심지어 모순—때문에 상당한 동기를 부여받았다. 그래서 하이쿠 프로그램보다 훨씬 더 신비스럽게 모순적이고 그러면서도 익살맞은 프로그램을 만드는 일에 착수했다.

처음에는 문법이 유연하고 재귀적인 것이 되도록 하는 일에 관심을 기울여서 프로그램이 단순히 어떤 틀의 공백을 메우고 있다는 인상을 주지 않도록 했다. 대략 그 무렵 『사이언티픽 아메리칸(Scientific American)』에 실린 빅터 잉비의 논문을 우연히 보았는데, 거기서 잉비는 어린이들의 책에서 발견되는 유형의 문장들을 폭넓은 다양성을 가지고 만들 수 있을 단순하지만 유연한 문법을 기술했다. 나는 그 논문에서 얻은 아이디어들 가운데 일부를 수정해서 제5장에서 기술한 재귀적 추이도(RTN=Recursive Transition Network) 문법을 구성하는 프러시저들을 내놓았다. 이 문법에서, 문장을 구성하는 낱말들을 선택하는 것은 어떤 과정이 결정했는데, 그 과정은 먼저 문장의 전반적인 구조를 무작위로 선택했다. 그 과정은 낱말 층위와 철자 층위에 이를 때까지 구조의 더 낮은 층위들로 차츰 내려갔다. 낱말 층위 아래에서는, 동사 활용형과 명사 복수형을 만드는 일 같은 여러 과제가 처리되어야만 했다. 불규칙 동사와 명사형들이 일단 규칙형으로 만들어졌고, 그것들이 일람표에 있는 항목과 일치할 경우에는 상응하는 적절한 형(불규칙형)으로 대체되었다. 각 낱말이 최종 형태에 도달하면 인쇄되었다. 그 프로그램은 마치 타자기 앞에 앉아 있는 그 유명한 '원숭이' 같지만, 언어구조의—철자 층위뿐만 아니라—여러 층위들을 동시에 조작하고 있었다.

그 프로그램을 개발하던 초창기에, 나는 완전히 터무니없는 어휘를 사용했다. 일부러. 왜냐하면 웃기려고 했기 때문이다. 프로그램은 말도 안 되는 문장들을 많이 만들었는데, 그것들 가운데 몇 개는 구조가 매우 복잡했으며 어떤 것들은 좀 짧았다. 그중에서 몇 개를 보면 다음과 같다 :

어색하게 웃을 수밖에 없는 수컷 연필은 꽥꽥거릴 것이다. 프로그램이 아가씨를 기억장치에서 항상 오도독 씹어 먹어야 하는 것은 아닌가? 어색하게 침을 뱉는 십진법의 계산오류가 굴러떨어질지도 모른다. 뜻밖의 남자를 관계 안으로 맞아들이는 케이크는 언제나 카드를 버릴 것이다.

프로그램은 활기차게 작동해야 한다.

훌륭한 기계는 언제나 천문학자를 붙여서는 안 된다.

오, 그 아가씨에게서 정말로 달아나야 하는 프로그램은 극장용 음악가를 작성한다. 업무에 충실한 관계가 꽥꽥 운다.

언제나 꽥꽥 울 수 있는 행운의 아가씨는 결코 확실히 꽥꽥 울지 않을 것이다.

게임은 꽥꽥 운다. 교수는 피클을 쓸 것이다. 계산오류가 굴러떨어진다. 남자는 미끄러지는 상자를 붙잡는다.

효과는 매우 초현실적이며 때로는 하이쿠를 살짝 생각나게 한다—예를 들면 연속하는 마지막 네 개의 짧은 문장들. 처음에는 정말 재미있어 보였고 어떤 매력도 있었지만 이내 진부해졌다. 사람들은 출력 결과를 몇 쪽 읽어보고 그 프로그램이 작동하고 있던 공간의 한계를 느낄 수 있었다. 그후 그 공간의 아무 지점을 무작위로 보아도, 개별 지점은 "새로웠지만" 새로운 것은 하나도 없었다. 이 것이—내가 보기에—일반원리이다 : 당신이 어떤 것에 지루해지는 것은 그것의 행동 레퍼토리를 모조리 소모했을 때가 아니라, 그 행동을 담고 있는 공간의 한 계를 파악했을 때이다. 한 사람의 행동 공간은 충분히 복잡해서 그 행동이 다른 사람을 지속적으로 놀라게 할 수 있다. 그러나 나의 프로그램은 그렇지가 않았다. 내가 깨달은 것은 진짜로 익살맞은 출력물을 산출하려는 나의 목표는 훨씬 더 미묘한 것이 프로그래밍될 것을 요구한다는 점이었다. 그런데 이때 "미묘한 것"이란 무슨 뜻인가? 낱말들을 터무니없이 나란히 늘어놓는 것은 조금도 미묘하지 않다는 것이 명백했다. 나에게는 낱말들을 세상의 현실들과 부합되게 사용하도록 보장해주는 방법이 필요했다. 지식의 표현에 대한 고찰이 여기서 중요해지기 시작했다.

RTN에서 ATN(확대추이도)으로

내가 채택한 아이디어는 각 낱말—명사, 동사, 전치사 등—을 여러 개의 다른 "의미론적 차원들"로 분류하는 것이었다. 그렇게 해서 각 낱말은 다양한 종류의 부류의 구성원이 되었다. 나아가 부류들의 부류인 슈퍼부류도 있었다(울람이 한 말이 떠오른다). 이론적으로는, 부류를 이렇게 취합하는 것을 얼마든지 단계를 높여 계속할 수 있지만, 나는 두 단계에서 멈추었다. 어느 순간에서도, 낱말의 선택이 이제는 의미의 제약을 받았다. 왜냐하면 구성하고 있는 문구의 다양한 구성성분들 사이에 일치가 있어야 했기 때문이다. 그 아이디어는, 예를 들면 어떤 종류의 행위는 생명체만이 실행할 수 있고, 어떤 종류의 추상만이 사건에 영향을 줄 수 있다는 것이었다. 어떤 범주들이 합당한지 그리고 각 범주를 부류로 생각하는 것이 나을지 또는 슈퍼부류로 생각하는 것이 나을지에 대한 결정도 상당히 복잡했다. 모든 낱말들에는 여러 상이한 차원의 표지가 붙여졌다. "of", "in" 같은 흔한 전치사는 그것들의 여러 용법에 상응하여 여러 의미 차원에 넣어졌다. 이제 출력결과가 훨씬 쉽게 이해되기 시작했고, 바로 그런 이유에서 그것은 새로운 방식으로 재미있었다.

소규모 튜링 테스트

나의 프로그램의 나중 버전들에서 출력한 여러 쪽들로부터 세심히 가려내어 아래에 아홉 개의 예를 게재했다. 그것들과 함께 사람이 (진지한 의도를 가지고) 쓴 세 개의 문장이 있다. 어느 것일까?

(1) '돌발적 발화'는, 동영상에 비추어진 기호학적, 대화적 산출물에 대해서 기호학적 소재를 교호적(交互的)으로 대체한 것(더빙)으로 간주될 수 있을 것이다.

(2) 상속자의 혈통들(heir-lines)이 유사통시적(類似通時的)인 [=역사 속에서 전개되는 듯한] 이월성을 보여줄 일단 확실한 증거라면, 차라리 사고실험(Gedanken-experiment)의 '계열'이라는 얼간이 같은 경로를 생각해보라.

(3) 최종적으로 하나의 작품(인식론적 조건들?)은 무엇에 대한 연쇄-강도(連鎖强度, chain-strength)의 가능성으로서 나타난다는 점에 유의하라. 그런데 그 작품이 프랑크푸르트 [소시지를 만드는] 식으로 모든 것을 때려 넣은 것은 아님을 유념하라.

(4) 애를 썼음에도 불구하고, 그 회답은, 말하자면, 동방(the Orient)에 의해서 지지받아왔었다. 그 때문에 오류는 대사(大使)가 취하고 있을 태도에 의해서 향후에 중단될 것이다.

(5) 물론, 격변 때까지, 대사는 폭도들을 조금 점차로 과잉보호하고 있었다.

(6) 아마, 그 결과들에 의해서 평화가 추출되는 한, 세련된 자유가 그 태도들을 초래했는데, 그것의 평화가 극히 작게 놀랍게 비타협적 태도를 종종 초래하고 있는 한, 그 결과들은 돌이킬 수 없이 그 명령에 의해서 궁극적으로 초래될 것이다.

(7) 소피스트들에 의하면, 달리 말해서, 도시국가들에서의 군사행동은 동방에 의해서 교활하게 수용되었다. 물론 동방은 여러 국가들에 의해서 특별히 폭력적으로 분단되었다. 동방은 인류가 지지한 노력들을 지지한다.

(8) 인정하건대, 오류의 위계적인 기원을, 그럼에도 불구하고, 오류의 적들이 예언할 것이다. 같은 이유에서, 개인주의자들은 비타협적 태도가 군사행동을 유예하지 못했을 것이라는 사실을 증명했을 것이다.

(9) 말할 것도 없이, 비밀을 보장했을 격변의 와중에서, 그 회답들은 동방을 분단시키지 않는다. 물론, 국가들은 사실상 언제나 자유를 탐색하고 있다.

(10) 노벨상이 인문주의자들에 의해서 획득되고 있었지만, 이에 덧붙여 농노에 의해서 획득되고 있었다.

(11) 분쟁으로 인해서 분열된 나라의 농노들이 종종 태도를 유지할 것이다.

(12) 더욱이 그 노벨상들은 획득될 것이다. 같은 이유에서, 그 결과에도 불구하고, 획득될 노벨상들은 때로는 여성에 의해서 획득될 것이다.

사람이 쓴 문장은 (1)에서 (3)까지이다. 이 문장들은 『예술─언어(*Art-Language*)』[15] 라는 요즘 잡지에서 인용했다. 이 세 문장은 학식 있고 분별 있는 사람들 사이에서 서로에게 무엇인가를 전달해주려는─내가 알 수 있는 한─전적으로 진지한 노력들이다. 이 문장들이 문맥에서 벗어나 여기에 있는 것이 심하게 오도하는 것은 아니다. 왜냐하면 이 문장들의 본래의 문맥도 이 문장들이 읽히는 것과 똑같이 읽히기 때문이다.

나머지 문장들은 나의 프로그램이 만들었다. (10)에서 (12)까지는 때때로 완전히 명료한 문장도 생성해낸다는 것을 보여주기 위해서 뽑았다. (7)에서 (9)까지는 더 전형적으로 생성되는 출력물인데, 말이 되는 것 같기도 하고 안 되는 것 같기도 하면서 기이하고도 도발적인 저승세계에 떠 있는 느낌을 준다. (4)에서 (6)까지는 의미를 완전히 초월한다. 너그럽게 말하면, 이 문장들은 순수한 "언어적 대상물"로서 자립했으며, 돌 대신 낱말들을 깎아서 만든 추상 조각품 같은 것이라고 할 수 있다. 아니면 순전히 사이비 지능의 헛소리라고 말할 수도 있다.

어휘 선택은 여전히 우스꽝스러운 효과가 나도록 했다. 출력물의 분위기를 특징짓기는 어렵다. 출력물들 가운데 상당수는 적어도 단문 수준에서는 "뜻이 통하지만", 우리가 분명히 받는 느낌은 그 출력물을 내고 있는 원천은 자신이 무엇을 말하고 있는지 이해하지 못하고, 왜 그 말을 하는지 이유가 없다는 것이다. 특히 우리는 그 낱말들의 배후에 시각적 형상화가 너무 부족하다고 느낀다. 나는 그런 문장들이 라인 프린터*에서 찍혀서 나오는 것을 보았을 때, 복잡한 감정을 경험했다. 일단 출력물이 웃겨서 매우 즐거웠다. 또한 내가 이룩한 것이 아주 자랑스러워서 그 프로그램을 친구들에게 묘사하기를, 그것은 펜을 한 획만 놀려서 아랍어로 앞뒤가 맞는 이야기를 창작하도록 규칙을 제시하는 것과 비슷하

---

15) *Art-Language*, 제3권, 제2호, 1975년 5월.

* 한 번에 한 줄씩 인쇄하는 고속 출력장치.

다고 했다. 과장된 비유이기는 하지만 나의 프로그램을 그런 식으로 생각하니 기분은 좋았다. 끝으로 이 어마어마하게 복잡한 기계가 그 내부에서 일정한 규칙들에 따라서 기호들의 기다란 열차들을 이쪽저쪽 선로로 옮기고 있다고 느꼈으며, 그리고 이 기호들의 기다란 열차들이 내 자신의 머릿속에 있는 사고와 비슷한 어떤 것이라는 점을 알고는 깊은 전율을 느꼈다.

'사고란 무엇인가'에 대한 이미지

물론 나는 그 문장들의 배후에 의식을 가진 존재가 있다고 생각하는 바보짓을 하지는 않았다. 전혀 그렇지 않다. 모든 사람들 중에서, 이 프로그램이 실제의 사고와 완전히 동떨어진 이유를 나만큼 아는 사람은 없었다. 테슬러의 정리가 여기에 딱 들어맞는다. 즉 이 수준의 언어처리능력이 기계화되자마자, 그것이 지능이 되지 않는다는 사실이 분명해졌다. 그러나 이 강렬한 경험은 나에게 어떤 이미지를 남겼다. 즉 실제의 사고란 뇌 속에서 훨씬 길고 훨씬 복잡한 기호들의 열차들—여러 평행궤도들과 교차궤도들 위에서 동시에 움직이는 수많은 열차들, 무수한 뉴런 전철기가 밀고 당기고 붙이고 떼어내고 이 궤도에서 저 궤도로 옮기는 차량들……로 이루어졌다는 희미한 느낌.

그것은 말로 전달할 수 없는 막연한 이미지였고, 그냥 이미지일 뿐이었다. 그러나 이미지와 직관과 동기들이 내 마음속에서 가까이 뒤엉켜 있었으며, 이 이미지에 깊이 매료된 것이 끊임없는 원동력으로 작용해서 사고란 진정 무엇일까에 대해서 더욱 깊이 생각했다. 나는 이 책의 다른 부분들—특히 "전주곡", "개미 푸가"—에서 이 원래의 이미지에서 생겨난 딸-이미지들을 전해주려고 했다.

지난 십수 년 동안의 시각에서 이 프로그램을 돌아볼 때, 나의 마음속에 확연히 떠오른 것은 어찌해서 말한 것의 배후에 이미지 형식의 감각이 없느냐 하는 것이다. 그 프로그램에는 농노가 무엇인지, 사람이 무엇인지, 또는 어떤 것이든 그것이 무엇인지 아무런 개념이 없었다. 낱말들은 pq-체계의 p와 q만큼 공허한—아마 더 공허한—형식기호들이었다. 나의 프로그램은 사람들이 텍스트를 읽을 때 각 낱말에 충분한 뜻을 부여하려는 자연스러운 경향이 있다는 사실을 이용했다. 마치 그 뜻이 그 낱말을 이루는 철자-군(群)에 필연적으로 결부되어야 할 것처럼 말이다. 나의 프로그램이 형식체계이고, 그것의 "정리들"—출력 문장들—

그림 116. 아라비아어로 쓰인 의미심장한 이야기[출전 : A. 카티비 및 M. 시젤마시, 『이슬람 서예의 화려함(*The Splendour of Islamic Calligraphy*)』(New York, Rizzoli, 1976)].

에는 (적어도 영어 화자가 보기에) 이미 정해진 해석이 있다고 볼 수 있을 것이다. 그러나 pq-체계와 달리, 이 "정리들"이 그런 식으로 해석되었을 때 모두 다 참인 진술은 아니었다. 상당수는 거짓이었고, 상당수는 난센스였다.

겸손하게도 pq-체계는 세계의 극히 일부만 반영했다. 그러나 나의 프로그램이 실행될 때, 따라야 했던 약간의 의미상의 제한을 제외하면, 안에는 세상의 작동방식에 대해서 알려줄 어떤 거울도 없었다. 그러한 이해의 거울을 만들려면 각 개념을 세상에 대한 겹겹의 지식으로 포장해야 했을 것이다. 이런 작업을 하는 것은 내가 하려고 의도했던 것과 다른 종류의 노력이었을 것이다. 내가 이따금 그것을 해볼 생각을 하지 않았던 것은 아닌데, 그것을 해보는 데까지는 전혀 손이 가지 않았다.

더 높은 층위의 고급문법들……

사실 나는 이 세계에 관해서 **참인** 문장들만 생성할 ATN 문법(또는 어떤 다른 종류의 문장생성 프로그램)을 만들 수 있을지 자주 생각했다. 그런 문법은 pq-체계 및 TNT에서 행해졌던 방식으로 낱말들에 "진짜" 의미를 부여할 것이다. 오류 명제들은 문법에 어긋나게 되어버리는 언어에 대한 이 생각은 오래된 것으로, 1633년에 그 점을 언급한 요한 아모스 코메니우스에게로 거슬러 올라간다. 그것은 매우 매력적이었는데, 그 이유는 문법 속에 모든 것을 꿰뚫어 보는 수정 구슬이 있기 때문이다. 즉 알고 싶은 명제를 일단 적고 그 명제가 문법적인지 알아보기 위해서 점검한다……. 사실 코메니우스는 거기서 한 술 더 떴다. 왜냐하면 그의 언어에서 오류 명제들은 비문법적일 뿐만 아니라 아예 표현될 수 없었기 때문이다!

이 생각을 다른 방향으로 틀면, 공안을 마구잡이로 생성할 고급 수준의 문법을 상상할 수 있을 것이다. 못할 이유가 있겠는가? 그런 문법은 공안이 정리가 되는 형식체계와 같을 것이다. 그런 프로그램이 있다면, **참인** 공안들만 산출하도록 프로그램을 조정할 수 있지 않을까? 나의 친구 마샤 메리디스는 이런 "인공 이즘(Artificial Ism)"이라는 생각에 열광해서 공안생성 프로그램을 개발하는 프로젝트에 도전했다. 그녀의 초기 노력들 가운데 하나는 다음과 같은 기이한 유사(類似) 공안을 만들었다 :

A SMALL YOUNG MASTER WANTED A SMALL WHITE GNARLED BOWL. "HOW CAN WE LEARN AND UNDERSTAND WITHOUT STUDY?" THE YOUNG MASTER ASKED A LARGE CONFUSED MASTER. THE CONFUSED MASTER WALKED FROM A BROWN HARD MOUNTAIN TO A WHITE SOFT MOUNTAIN WITH A SMALL RED STONY BOWL. THE CONFUSED MASTER SAW A RED SOFT HUT. THE CONFUSED MASTER WANTED THE HUT. "WHY DID BODHIDHARMA COME INTO CHINA?" THE CONFUSED MASTER ASKED A LARGE ENLIGHTENED STUDENT. "THE PEACHES ARE LARGE", THE STUDENT ANSWERED THE CONFUSED MASTER. "HOW CAN WE LEARN AND UNDERSTAND WITHOUT STUDY?" THE CONFUSED MASTER ASKED A LARGE OLD MASTER. THE OLD MASTER WALKED FROM A WHITE STONY G0025. THE OLD MASTER GOT LOST.

자그마한 젊은 선사(禪師)가 옹이가 박힌 조그맣고 하얀 바리때를 가지고 싶어했다. "어떻게 하면 공부하지 않고도 깨닫고 이해할 수 있습니까? 젊은 선사가 혼란스러운 덩치 큰 선사에게 물었다. 혼란스러운 선사는 자그마하고 붉은 돌 바리때를 가지고 험한 갈색 산에서 완만한 흰 산으로 걸어갔다. 혼란스러운 선사는 부드러운 붉은 오두막을 보았다. 혼란스러운 선사는 그 오두막을 가지고 싶어했다. "달마선사가 중국으로 온 까닭은?" 혼란스러운 선사는 덩치 큰 깨달은 학승(學僧)에게 물었다. 학승은 혼란스러운 선사에게 "그 복숭아들이 큽니다"라고 대답했다. "어떻게 하면 공부하지 않고도 깨닫고 이해할 수 있습니까?" 혼란스러운 선사는 덩치 큰 노선사에게 물었다. 노선사는 하얀 돌이 많은 G0025에서 걸어갔다. 노선사는 길을 잃었다.

당신의 개인적인 결정절차는 진짜 공안인지 판정하는 데에 기하학 코드나 선끈의 기법의 필요 없이도 평결에 도달할 것이다. 비록 대명사가 없거나 조잡한 구문은 의구심을 불러일으키지 않더라도, 끝부분에 있는 이상한 "G0025"는 분명히 의구심을 불러일으킨다. "G0025"는 무엇인가? 그것은 기이한 우연이다 : 사물을 가리키는 영어 낱말이 나올 자리에, 그 특정한 사물에 관한 모든 정보가 저장된 "노드(node)"(실은 LISP 원자)를 표시하는 프로그램 내부의 이름을 인쇄하도록 유발한 버그가 있다는 표시이다. 그래서 근본적인 선(禪) 마음의 더 낮은 층위—보이지 않는 상태로 있어야 했던 층위—를 들여다볼 "창"이 여기에 있다. 유감스럽게도, 우리에게는 인간의 선 마음의 더 낮은 층위들을 들여다볼 그런 맑은 창들이 없다.

그 (공안) 생성 조작(操作)들의 연속체는—좀 자의적이지만—막연한 인과적 방식으로 서로 연결되어 생성 조작들의 사슬들을 창출하는 "CASCADE(폭포)"로 불리는 재귀적 LISP-프러시저로부터 만들어진다. 이 공안 생성기가 소유한 세계-이해능력은 분명히 대단한 수준은 아니긴 하지만, 그 출력물이 좀더 진짜처럼 보이게 하기 위해서 연구가 진행되고 있다.

음악을 위한 문법들?

다음은 음악이다. 음악은 얼핏 생각하면 ATN 문법이나 그런 프로그램으로 코드화되면 아주 적합할 것 같은 영역이다. (이런 순진한 생각을 계속 따른다면) 언어는 의미를 가지기 위해서 외부세계와의 연결에 의존하는 반면, 음악은 순수하게 형식적이다. 음악의 소리에는 "저 바깥"의 사물들에 대한 지시가 없다. 음악에는 음표가 음표로, 화음이 화음으로, 박자가 박자로 그리고 악구(樂句)가 악구로 이어지는 순수한 통사구조만 있다.

그러나 잠깐! 이 분석은 무엇인가 잘못되었다. 어째서 어떤 음악은 다른 음악보다 더 심오하고 더 아름다운가? 음악에서는 바로 형식이 우리 마음의 어떤 이상한 잠재의식적인 영역들에 대한 감성을 표현하기 때문이다. 음악의 소리는 농노나 도시국가를 지시하는 것이 아니라, 우리 자신의 가장 내밀한 심연에 있는 감정의 구름을 뒤흔든다. 그런 점에서 음악적인 의미는 기호로부터 세상의 사물들로의 불가해한 연결에 의존하고 있다. 이 경우, 그 "사물들"은 우리 마음속에 있는 비밀 소프트웨어 구조들일 것이다. 아니다! 위대한 음악은 ATN 문법 같은 그런 수월한 형식주의로부터 발생하지 않을 것이다. 의사(擬似)우화처럼 의사음악이 나올지도 모른다—이 점은 탐구해볼 만한 가치가 있을 것이다. 그러나 음악 속에 있는 의미의 비밀은 순수한 통사구조보다 훨씬, 훨씬 더 깊은 곳에 놓여 있다.

여기에서 한 가지 점을 명확히 말해두어야겠다. 원칙적으로 ATN 문법들은 그 어떤 프로그래밍 형식체계들의 성능도 모두 가진다. 그래서 음악의 의미가 어떻게든 포착될 수 있다면 (나는 가능하리라고 믿는다) 그것은 ATN 문법으로 포착될 수 있다. 정말이다. 그러나 그 경우, 나는 문법이 음악적 구조만이 아니라 감상자 마음의 전체 구조들을 정의하고 있을 것이라는 입장을 유지한다. 그 "문법"은 음악의 문법에 불과한 것이 아니라 총체적인 사고(思考) 문법이 될 것이다.

위노그래드의 프로그램 SHRDLU

어떤 종류의 프로그램이 인간이 마지못하게라도 이해력이 있다고 인정할 요소를 가질까? 그것이 어떤 것을 가져야 당신이 직관적으로 거기에 뭔가 있다고 느낄까?

테리 위노그래드(일명 토니 어윈 박사)는 1968년에서 1970년까지 MIT 박사과정 학생으로서 언어와 이해의 공통문제를 연구하고 있었다. 당시 MIT에서는, 많은 인공지능 연구가 이른바 **블록 세계**(blocks world)와 연관이 있었다. 이것은 컴퓨터에 의한 시지각 및 언어처리 양쪽에 관한 문제들이 쉽게 어울릴 수 있는 비교적 간단한 영역이다. 블록 세계는 책상과 그 위에 놓은 장난감 같은 다양한 종류의 블록들—여러 가지 색깔로 된 정육면체, 직육면체, 삼각뿔 등—로 이루어졌다(그림 117은 다른 종류의 "블록 세계"를 보여 준다 : 그것은 르네 마그리트의 "마음의 산술"이라는 그림인데, 그 제목만으로도 지금 말하는 이 문맥에 적합하다고 생각한다). MIT 블록 세계에 있는 시지각 문제들은 매우 까다롭다. 많은 블록들이 들어있는 장면을 스캔한 텔레비전 화면으로부터, 컴퓨터는 어떤 종류의 블록들이 있고 그 블록들은 어떤 관계로 놓여져 있는지 어떻게 파악할 수 있는가? 어떤 블록들은 다른 블록들 위에 얹혀 있고, 어떤 블록들은 다른 블록들 앞에 있을 것이다. 그림자가 드리워졌을 수도 있다. 등등.

그런데 위노그래드의 작업은 시지각 문제와는 별개였다. 블록 세계가 컴퓨터 메모리 안에서 잘 표현되어 있다는 가정을 출발점으로 삼아, 위노그래드는 어떻게 하면 컴퓨터가 다음과 같은 일을 할 수 있도록 할까라는 다면적인 문제에 부딪히게 되었다 :

그림 117. "마음의 산술(Mental Arithmetic)"(르네 마그리트, 1931).

(1) 상황에 관한 영어 질문들을 이해하기 ;

(2) 상황에 관한 질문들에 영어로 대답하기 ;

(3) 블록들을 조작하라는 영어 요청들을 이해하기 ;

(4) 각 요청을 컴퓨터가 실행할 수 있을 연속적인 조작들로 나누기 ;

(5) 컴퓨터가 실행한 것과 실행한 이유를 이해하기 ;

(6) 컴퓨터가 한 행위와 그 이유를 영어로 기술하기.

  전체 프로그램을 모듈식 부(副) 프로그램들로 나누고, 한 모듈이 문제의 각기 다른 부분을 떠맡도록 하고, 그런 다음 모듈들을 개별적으로 개발하고 나서 그것들을 매끄럽게 통합하는 것이 합리적으로 보인다. 그러나 위노그래드는 독립 모듈들을 개발한다는 이 전략에 근본적인 어려움이 있다는 것을 깨달았다. 그는 지능이 독립적인 조각들 또는 반(半)독립적인 조각들로 구분할 수 있다는 이론에 도전하는 혁신적인 접근법을 개발했다. 위노그래드가 개발한 프로그램 SHRDLU—이 명칭은 신문 칼럼의 오타를 표시하기 위해서 라이노타이프 입력자가 사용했던 "ETAOIN SHRDLU"라는 유서 깊은 부호에서 따왔다*—

* 라이노타이프는 기계식 조판기이다. 구조는 크게 타자기 형태의 입력부와 활자 주조부로 나눌 수 있다. 입력자가 원고를 타이핑하면 활자 주형이 나오고 1줄분의 주형이 늘어서면 녹은 합

는 문제를 개념적 부분들로 명확하게 나누지 않았다. 문장 구문 분석, 내부 표현들의 생성, 프로그램 자체 안에서 표현된 세계에 대한 추론, 질문에 대한 대답 등의 작업은 모두 지식의 절차적 표현 속에서 깊숙이 복잡하게 맞물려 있었다. 일부 비평가는 위노그래드의 프로그램이 너무 뒤죽박죽이라 언어에 대한 어떤 "이론"도 전혀 표현하지 못하며 사고과정에 대한 우리의 통찰에 어떤 식으로도 기여하지 못한다고 비난했다. 내가 보기에는 그런 주장만큼 잘못된 것도 없다. SHRDLU 같은 역작은 우리 인간이 행하는 것과 동형이 아닐지도 모른다. 사실 SHRDLU에서 "기호층위"가 달성되었다고 생각해서는 결코 안 된다. 그러나 SHRDLU를 만들어내고 그것에 대해서 생각하는 활동은 지능의 작동방식에 대한 엄청난 통찰을 제공한다.

SHRDLU의 구조

사실, SHRDLU는 독립된 프러시저들로 구성되며, 각 프러시저는 세상에 대한 약간의 지식을 포함한다. 그러나 그 프러시저들은 강력한 상호의존성을 가지고 있어서 서로 명확히 떼어놓을 수 없다. 그 프로그램은 마치 풀려지기를 거부하는 마구 뒤엉킨 매듭 같다. 그러나 그 매듭을 풀 수 없다는 사실이 프로그램을 이해할 수 없다는 뜻은 아니다. 비록 매듭이 물리적으로 복잡하게 엉켜 있어도, 매듭 전체를 기하학적으로 우아하게 묘사할 수 있을 것 같다. 우리는 "MU 헌정"에 있는 비유로 돌아가서, 그 매듭을 "자연스러운" 각도에서 과수원을 바라보는 일과 비교할 수 있다.

위노그래드는 SHRDLU에 대해서 명쾌하게 설명했다. 여기에서는 섕크와 콜비의 책에 실린 그의 논문을 인용하겠다 :

그 모델의 바탕을 이루는 기본 관점들 가운데 하나는, 모든 언어 사용이 청자의 내부에 있는 프러시저들을 활성화시키는 방법으로 간주될 수 있다는 점이다. 우리

금으로 1줄분의 활자가 주조된다. 이름 그대로 줄 단위 작업이다. 그런데 입력자가 오타를 치면 수작업으로 수정하기보다는 작업 속도를 높이기 위해서 그 줄을 버릴 셈으로 키보드 왼쪽 세로 두 줄을 재빨리 타이핑해버린다. 그 두 줄에 배열된 철자들이 ETAOIN SHRDLU이다. 교정자는 이 엉터리 문구를 보면 그 줄은 빼버려야 하는데 못 보고 지나가 이 문구가 인쇄되어버리는 경우가 있었다.

는 어떤 발화(發話)라도, 그것을 청자의 인지체계 안에서 실행되어야 할 일련의 조작들을 간접적으로 유발하는 프로그램으로 생각할 수 있다. 이 "프로그램 작성"은, 화자가 의도했던 것과 전혀 다른 일련의 동작들을 취할 수 있는 지능을 가진 해석자를 다룬다는 의미에서 간접적이다. 그 정확한 형식은 해석자가 세상에 대해서 가진 지식, 자신과 말하는 사람에 대해서 가지는 해석자의 기대 등에 의해서 결정된다. 이 프로그램에 로봇에게서 일어나는 것과 같은 해석과정을 단순화한 것이 있다. 로봇에 의해서 해석된 각 문장은 PLANNER에서 일련의 명령들로 전환된다. 생성된 프로그램은 이제 원하는 효과를 얻기 위해서 실행된다.[16]

PLANNER는 문제 환원을 쉽게 해준다

여기 언급된 PLANNER 언어는 인공지능 언어인데, 주요 특징은, 문제 환원에 필요한 몇몇 조작들, 즉 하위 목표들, 하위하위 목표들 등의 수형도를 만드는 재귀과정을 내장했다는 점이다. 이것이 뜻하는 것은, 그런 과정들은 프로그래머가 되풀이해서 작성해야만 하는 것이 아니라 이른바 GOAL-문(文)들에 자동적으로 그 조작이 들어간다는 것이다. 누가 그 PLANNER 프로그램을 읽을 경우, 그런 조작들에 대한 명시적인 언급을 못 볼 것이다. 전문용어로 말하면, 그 조작들은 **사용자-투명**이다. 수형도의 어느 한 경로가 원하는 목표를 성취하지 못하면 PLANNER 프로그램은 "역추적(backtrack)"을 해서 다른 경로를 시도한다. "역추적"이라는 용어는—PLANNER에 관한 한—마법의 주문이다.

위노그래드의 프로그램은 PLANNER—더 정확히 말하면, PLANNER의 계획을 부분적으로 구현한 MICROPLANNER—의 이런 특징을 탁월하게 활용했다. 그런데 지난 몇 년 동안, 인공지능의 개발을 목표로 한 사람들은 PLANNER에서와 같은 자동 역추적에 분명히 불리한 점이 있으며, 아마도 그것은 그들의 목표로 이끌어주지 못할 것이라는 결론을 내렸다. 그렇기 때문에 그들은 그 길에서 물러나 인공지능을 향한 다른 길들을 시도했다.

SHRDLU에 대한 위노그래드의 해설을 더 들어보자 :

---

16) Terry Winograd, "A Procedural Model of Language Understanding", in R. Schank 및 K. Colby 편, *Computer Models of Thought and Language*, p. 170.

모든 낱말의 정의는 분석의 적절한 시점에서 호출되는 프로그램이며, 문장과 현재의 물리적 상황을 끌어들이는 임의의 계산을 할 수 있는 프로그램이다.[17]

위노그래드가 들고 있는 예들 가운데 다음이 있다 :

"the"가 가질 수 있는 의미들은 프러시저들인데, 그것들은 문맥에 대한 다양한 사실들을 검토하고 그런 다음에 "이 기술에 부합하는 유일한 사물을 데이터베이스에서 찾아라" 또는 "기술되고 있는 그 사물이 화자가 관심을 가지는 한, 유일무이한 물건임을 주장하라"와 같은 행위를 지령한다. 그 프로그램은 문맥의 어느 부분이 관련이 있는지 결정하는 다양한 발견술들을 포함한다.[18]

"the"라는 낱말을 둘러싼 이 문제가 얼마나 깊은지 놀랍다. 영어에서 가장 많이 쓰이는 다섯 개의 낱말 "the", "of", "and", "a"와 "to"를 완벽하게 다룰 수 있는 프로그램을 만드는 일은 인공지능의 문제 전체를 해결하는 일과 같다고, 그러므로 지능과 의식이 무엇인지 아는 일에 해당한다고 해도 과언이 아닐 것이다. 여담으로 『어휘 빈도 책(*Word Frequency Book*)』(존. B. 캐럴 외 편)에 따르면, 영어에서 가장 빈번히 나타나는 **명사** 다섯 개는 "time", "people", "way", "water", "words"이다. 이에 대해서 놀라운 것은 대부분의 사람들은 우리가 그렇게 추상적인 낱말들로 생각한다고는 전혀 생각하지 않는다는 점이다. 당신 친구에게 물어보라. 십중팔구는 "man", "house", "car", "dog", "money" 같은 낱말이라고 추측할 것이다. 그리고 빈도수라는 주제를 얘기하는 김에, 빈도수가 높은 영어 철자 열두 개는, 메르겐탈러에 따르면, "ETAOIN SHRDLU"이다.

위노그래드는 컴퓨터 하면 떠오르는 "숫자 먹보"라는 통념과 완전히 다른 SHRDLU의 흥미로운 특징 하나를 언급했다 : "우리의 체계는 수를 숫자 형식으로 받아들이지 않으며, 열까지 세는 것을 배웠을 뿐이다."[19] SHRDLU의 모든 수학적 기반에도 불구하고 SHRDLU는 수학 백치이다! 개미탑 아줌마처럼 SHRDLU 또한, 자신을 구성하는 더 낮은 층위들에 대해서 아무것도 모른다.

17) 같은 책, p. 175.
18) 같은 책, p. 175.
19) Terry Winograd, *Understanding Natural Language*, p. 69.

SHRDLU의 지식은 대부분 **절차적이다**(특히 앞의 '대화' 11절에 있는 "토니 어윅 박사"의 해설을 보라).

SHRDLU에 지식을 절차적으로 삽입하는 것을 나의 문장생성 프로그램 안에 있는 지식과 대조해보면 흥미롭다. 나의 프로그램에 들어 있는 모든 통사적 지식은 알골 언어로 쓰인 ATN(확장전이망)에 절차적으로 삽입되었다. 그러나 그 의미론적 지식—의미가 어느 부류에 속하는가에 대한 정보—은 정적(靜的)이었다 : 의미론적 지식은 숫자들로 된 짧은 일람표에 담겨져 있는데, 그 숫자는 각 낱말에 부여된 것이다. 조동사 "to be", "to have" 같은 몇몇 단어와 그밖의 것들이 있었는데, 그것들은 알골 언어를 사용해 완전히 프러시저들로 표현되었지만, 예외였다. 이와 대조적으로, SHRDLU에서는 **모든 낱말들이 프로그램으로서 표현되었다.** 이것은 데이터와 프로그램이 이론상으로 등가임에도 불구하고, 실제로는 둘 중 하나를 선택하는 것이 주요한 결과를 낳는다는 점을 보여주는 하나의 본보기이다.

통사론과 의미론

자, 위노그래드의 말을 더 들어보자 :

우리 프로그램은 먼저 문장구조를 분석한 다음에 그것을 의미론적으로 분석하고, 끝으로 추론을 사용해서 대답을 내놓는 방식으로 작동하지 않는다. 이 세 가지 활동은 문장을 이해하는 과정 전반에 걸쳐 동시에 진행된다. 통사구조 하나가 형성되는 순간, 의미론 프로그램을 호출해서 뜻이 통하는지 보고, 그 결과로 얻은 답이 문장구조 분석을 지령할 수 있다. 통사구조가 뜻이 통하는지를 결정할 때, 의미론 루틴이 추론과정들을 호출해서 현실세계에 대한 질문들을 던질 수도 있다. 예를 들면, 대화 속의 문장 34("Put the blue pyramid on the block in the box[파란 피라미드를 상자 안에 있는 블록 위에 놓아라]")에서, 문장 분석기는 명사구로 분류할 후보로서 "the blue pyramid on the block(블록 위에 있는 파란 피라미드)"을 제시한다. 이 시점에서, 의미론적 분석이 수행된다, "the"는 한정하는 것이므로, 언급되고 있는 물건을 데이터베이스에서 검색한다. 그런 물건이 발견되지 않으면, 문장 분석을 다른 방향으로 돌려 "the blue pyramid(파란 피라미드)"를 명

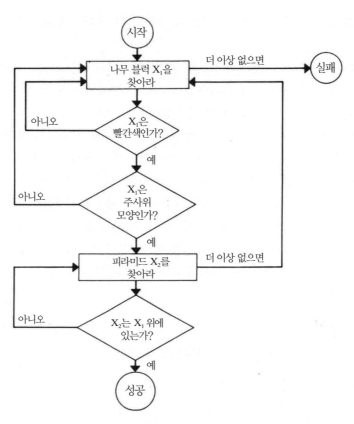

그림 118. "피라미드를 받치고 있는 빨간 정육면체"를 절차적으로 표현한 그림[출전 : 로저 생크 및 케네스 콜비, 『사고와 언어의 컴퓨터 모델(*Computer Model of Thought and Language*)』(San Francisco, W. H. Freeman, 1973), p. 172)].

사구로서 찾아낸다. 그런 다음 계속해서 "on the block in the box(상자 안에 있는 블록 위에)"가 장소를 나타내는 단일 문구라는 것을 알아낸다. 이렇게 하나의 결과가 다른 것에 영향을 주면서, 다양한 종류의 분석들 사이에 끊임없는 상호작용이 있다.[20]

자연언어에서 통사론(syntax)*과 의미론이 그토록 깊이 뒤엉켜 있다는 점은 극

---

20) Winograd, "A Procedural Model", pp. 182-183.
* 일상적인 표현인 Grammar는 규범문법(Normative Grammar)이나 학교문법(School Grammar)에서

히 흥미롭다. 앞 장에서 "형식"이라는 포착하기 어려운 개념을 논의할 때, 우리는 그 개념을 두 범주로 나누었다 : 즉 예측할 수 있게 종료되는 결정절차로 탐지할 수 있는 통사적 형식과 그렇지 못한 의미론적 형식으로 나누었다. 그러나 여기서 위노그래드는 적어도 "통사론"과 "의미론"을 통상적인 의미에서 이해할 때, 통사론과 의미론이 자연언어에서 서로 병합된다고 우리에게 말하고 있다. 문장의 외적 형식—즉 문장요소 기호들의 관점에서 본 문장의 구성요소들—은 통사적 측면과 의미론적 측면으로 깔끔하게 나뉘지는 않는다. 이것은 언어학에는 매우 중요한 점이다.

이제 SHRDLU에 대한 위노그래드의 마지막 해설을 들어보자 :

체계가 "피라미드를 받치고 있는 빨간 정육면체" 같은 간단한 기술을 가지고 무엇을 할지 살펴보자. 그 기술은 블록(BLOCK), 빨간(RED), 피라미드(PYRAMID), 가로, 세로, 높이가 같은(EQUIDIMENSIONAL) 같은 개념들—즉 체계가 세계에 대해서 근본적인 범주화를 한 모든 부분—을 사용할 것이다. 그 결과가 그림 118과 같은 흐름도로 표현될 수 있다. 이 흐름도는 그 기술에 맞는 물건을 찾기 위한 프로그램이라는 점을 주목하라. 이 프로그램은 그 물건을 가지고 어떤 것을 하라는 명령, 그 물건에 대해서 어떤 것을 묻는 질문에 통합될 것이다. 또는 그것이 어떤 진술 안에 나타난다면, 나중에 사용하려고 그 의미를 표현하기 위해서 생성되는 프로그램의 일부가 될 것이다. 첫 번째 FIND 지령이 그 특정한 물건만 검색하기 위해서 미리 말해졌다면, 이 프로그램 조각은 또한 그 기술에 어떤 물건이 들어맞을지의 여부를 테스트하기 위해서 사용될 수 있다는 점에 유의하라.

얼핏 보기에 이 프로그램에 너무 많은 구조가 있는 것 같다. 그 이유는 우리가 간단한 문구의 뜻을 반복구조, 조건 테스트, 그밖에 프로그래밍 세부사항을 명시적으로 포함하는 것으로서 생각하고 싶지 않기 때문이다. 이 문제의 해법은 적절한 반복구조와 조건구조를 자신의 원시요소로서 포함하고, 그 과정을 위의 기술처럼 간단하게 표현하는 내부언어를 제공하는 것이다. 그림 118에 기술된 프로그램을 PLANNER로 작성하면 아래처럼 보일 것이다 :

쓰이는 반면, Syntax는 특히 촘스키의 생성통사론(Generative Syntax)에서 정착되었다. 명시적으로 '통사론'으로 번역될 필요가 없는 부분은 '문법'으로 옮겼음을 알려둔다.

(GOAL (IS ?X1 BLOCK))

(GOAL (COLOR-OF ?X1 RED))

(GOAL (EQUIDIMENSIONAL ?X1))

(GOAL (IS ?X2 PYRAMID))

(GOAL (SUPPORT ?X1 ?X2))

흐름도의 반복구조는 PLANNER의 역추적 제어구조에 함축되어 있다. 그 기술은 일정한 목표들이 실패할 때까지 리스트를 따라서 진행하면서 평가된다. 그때마다 그 체계는 결정이 내려진 최종 지점으로 자동적으로 되돌아가서 다른 가능성을 시도한다. 새로운 물건 이름 또는 (접두어 "?"로 표시된) "?X1" 또는 "?X2" 같은 VARIABLE(**변수**)이 나타날 때마다 결정이 내려질 수 있다. 변수들은 패턴 대응기(pattern matcher)에 의해서 사용된다. 변수들이 이미 특정한 항목에 할당되었으면, 패턴 대응기는 GOAL이 그 항목에 대해서 참인지의 여부를 검토한다. 참이 아닐 경우, 패턴 대응기는 항목들 중 하나를 택함으로써 그리고 그 지점으로 "역추적"이 일어날 때마다 후속 항목들을 취함으로써, GOAL을 충족시키는 모든 가능한 항들을 검토한다. 이렇게 테스트와 선택 사이의 구분조차도 암시적이다.[21]

이 프로그램을 고안할 때의 중요한 전략적 결정은 영어를 LISP로 모조리 번역하려는 것이 아니라 도중까지만 PLANNER로 번역하려는 것이었다. 따라서 (PLANNER 인터프리터는 그 자체가 LISP로 작성되었기 때문에) 최상층위 언어(영어)와 최하층위 언어(기계언어) 사이에 새로운 중간 층위 PLANNER가 삽입되었다. PLANNER 프로그램이 일단 영어의 문장 조각에서 생성되었다면, 그 프로그램은 PLANNER 인터프리터로 보내질 수 있을 것이며, 그러면 SHRDLU의 더 높은 층위들이 새로운 과제를 수행하기 위해서 자유로워질 것이다.

이런 종류의 결정은 언제든지 불쑥 나타난다 : 하나의 체계는 얼마나 많은 층위들을 가져야 하는가? 얼마나 많은 지능이 그리고 어떤 종류의 "지능"이 어떤 층위에 자리잡아야 하는가? 이 질문들은 오늘날 인공지능 연구가 직면한 가장 난감한 현안들이다. 우리는 자연지능에 대해서 아는 바가 너무 적기 때문에, 인공지능 체계가 어떤 층위에서 어떤 과제의 어떤 부분들을 수행해야 할지를 파악

21) 같은 책, pp. 171-172.

하기 어렵다.

　이것은 이 장 앞에 있는 '대화'의 장면들의 배경을 슬쩍 들여다보게 해준다. 다음 장에서는 인공지능에 대한 새로운 이론적인 아이디어들을 만나게 될 것이다.

반(反)사실(Contrafactus)

게는 토요일 오후에 텔레비전으로 미식축구 경기를 보려고 친구들 몇 명을 집으로 초대했다. 아킬레스는 이미 도착했지만 거북과 그의 친구 나무늘보는 아직 오지 않았다.

아킬레스 : 저 괴상한 일륜차(一輪車)를 타고 오는 게 우리 친구들이겠지?

(나무늘보와 거북은 일륜차에서 내린 다음 들어온다.)

게 : 아하, 친구들, 자네들이 와줘서 정말 기쁘네! 내가 좋아하는 오랜 친구를 소개하지, 나무늘보 선생. 이쪽은 아킬레스라네. 거북 선생과는 이미 알고 있지?

나무늘보 : '외눈이 둘 달린 존재*'와 알게 되는 것은 내 기억으로는 이번이 처음이군. 만나서 반갑네, 아킬레스. '외눈이 둘 달린 종들'에 대해서 좋은 평판을 많이 들어왔지.

아킬레스 : 나 역시 만나서 반갑네. 한데 자네의 근사한 탈것에 대해서 물어봐도 되겠나?

거북 : 아, 우리의 2인승 일륜차 말인가? 별로 근사하지도 않은데. 그것은 둘을 똑같은 속도로 A 지점에서 B 지점으로 데려다주는 수단이지.

나무늘보 : 티터-티터스라는 시소**도 만드는 회사에서 만들었네.

아킬레스 : 알겠네, 알겠어. 그런데 그 위의 동그란 손잡이는 뭔가?

나무늘보 : 변속장치야.

아킬레스 : 아하! 몇 단짜리지?

---

* cyclops(키클롭스)는 그리스 신화에 나오는 외눈박이 거인이다. 그러므로 Bicyclops는 '외눈이 둘 달린 존재'이다.

** teeter-teeters는 teeter-totter(시소)에 대한 말장난으로 한쪽만 2개인 시소이다. 2인승 일륜차와 시소의 이미지가 비슷하다.

거북 : 후진 기어를 포함해 1단이야. 대부분의 모델은 단수가 더 낮지만, 내 것은 특제 모델이거든.

아킬레스 : 아주 멋진 2인승 일륜차인 것 같군. 오, 게 선생, 어젯밤 자네의 오케스트라 연주를 얼마나 즐겼는지 자네에게 말해주고 싶었네.

게 : 고맙네, 아킬레스. 자네도 혹시 거기에 갔었나, 나무늘보 선생?

나무늘보 : 아니, 갈 수 없었네, 아쉽게도. 혼합-단식 탁구-토너먼트*에 나가 있었어. 우리 팀이 1등으로 가는 일방적인 동점을 이루었기 때문에, 정말 재미있었어.

아킬레스 : 상품은 받았나?

나무늘보 : 물론 받았지. 구리로 만들어진 양면의 뫼비우스의 띠야. 한 면은 은으로, 또 한 면은 금으로 도금되었어.

게 : 축하하네, 나무늘보 선생.

나무늘보 : 고맙네. 자, 연주회 얘기를 해주게.

게 : 그건 아주 즐거운 연주였어. 우리는 바흐 쌍둥이(the Bach twins)**의 작품을 몇 개 연주했지.

나무늘보 : 그 유명한 '조(Joh)와 세바스찬(Sebastian)' 말인가?

게 : 둘은 같은 사람이라네. 그런데 그의 작품들 중에 자네를 떠올리게 하는 작품이 하나 있었네, 나무늘보 선생. 바로 두 개의 왼손을 위한 경이로운 피아노 협주곡이야. 끝에서 두 번째 (게다가 유일한) 악장은 단성(單聲) 푸가였어. 자네는 그 작품이 얼마나 복잡한지 상상도 못할걸. 우리는 피날레로 베토벤의 제9번 '선 교향곡'***을 연주했어. 마지막에는 모든 청중이 기립해서 한 손으로 박수를 쳤지.**** 정말 대단했어.

나무늘보 : 오, 그 연주회를 놓쳐서 아쉽네. 연주회는 녹음되었겠지? 우리 집에 녹음 테이프를 재생할 고급 하이파이 전축이 있는데, 돈 주고 살 수 있는 단연 최상급의 투-채널 모노 시스템이야.

---

* 혼합-단식(mixed-singles)은 혼합-복식(mixed-doubles)에 대한 말장난이며, 탁구(ping-ping)는 탁구(ping-pong)에 대한 말장난으로, 공을 똑딱똑딱 주고받는 것이 아니라 일방적으로 치는 것이다.

** 쌍둥이 이름이 Joh Bach와 Sebastian Bach이면 Joh and Sebastian Bach, the Bach twins라고 한다. Johann은 많은 미국인들이 조앤이라고 발음한다. 그래서 게가 Johann Sebastian Bach를 Joh and Sebastian Bach, 즉 the Bach twins라고 한 것이다.

*** Symphony를 말장난한 Zenfunny는 '선(禪) 교향곡'으로 옮겼다.

**** 유명한 공안 중에 한 손바닥으로 소리를 내보라는 척수공안(隻手公案)이 있다.

게 : 틀림없이 자네는 그 녹음 테이프를 어디선가 구할 수 있을 거야. 그런데 친구들, 미식축구 경기가 시작되려 하네.

아킬레스 : 오늘 경기는 어느 팀이지, 게 선생?

게 : 에, 홈 팀 대 원정 팀인 것 같아. 오, 아니야. 그건 지난주였지. 이번 주는 변두리 팀이 경기하는 걸로 아는데.

아킬레스 : 나는 홈 팀을 응원하겠네. 언제나 그랬지.

나무늘보 : 오, 자네는 참 고루하군. 난 결코 홈 팀을 응원하지 않아. 난 대척지(對蹠地)*에 가까운 곳에 사는 팀일수록, 그 팀을 더욱 응원한다네.

아킬레스 : 오, 그러니까 자네는 대척지에 사나? 그곳이 살기 좋다는 말을 들은 적은 있네만 그곳을 방문하고 싶지는 않네. 너무 멀어서 말이야.

나무늘보 : 그런데 기묘한 사실은, 자네가 어떤 길로 그곳을 가든 그 대척지가 더 가까워지진 않지.

거북 : 딱 내게 어울리는 곳이로군.

게 : 이제 경기가 시작할 시간이네. 텔레비전을 틀어야겠군.

(게는 화면이 달린 거대한 캐비닛 쪽으로 걸어간다. 캐비닛 하단에는 제트기에서나 볼 수 있는 복잡한 계기판이 달려 있다. 둥근 손잡이를 툭 치자 화면에 미식축구 경기장의 모습이 밝고 생생한 컬러 화면으로 나타난다.)

아나운서 : 안녕하십니까, 팬 여러분! 해마다 열리는 홈 팀과 변두리 팀 간의 전통적인 미식축구 라이벌 전이 오늘 이 미식축구 경기장에서 벌어지겠습니다. 오늘 오후 간간히 가랑비가 내려서 지금 운동장이 조금 젖어 있습니다. 그러나 이 날씨에도 불구하고 오늘 시합은 아주 멋질 것으로 기대합니다. 특히 홈 팀의 **위대한** 1/8백 한 쌍(pair of eighth-backs)**인 테드질리거와 팰린드로미 선수의 활약이 기대되는군요. 말하는 순간, 홈 팀의 필리픽 선수의 킥으로 경기가 시작되었습니다. 공이 상대 진영으로 높이 날아갑니다. 변두리 팀 플램슨 선수, 공을 잡았습니다. 그리고 전력질주합니다. 20, 25, 30, 32야

---

* Antipodes : 지구의 어느 한 지점에서 볼 때, 정반대 쪽에 있는 대응 지점을 뜻한다.
** 테드질리거의 포지션은 쿼터백이다. 즉 1/4백이다. 1/4은 2/8와 같고 그래서 pair of eighth라고 말장난을 했다. 그리고 pair라는 말 때문에 테드질리거와 팰린드로미라고 했다.

드, 네 32야드에서 저지당했습니다. 홈 팀의 물(Mool) 선수가 태클했군요.

게 : 대단한 폭풍질주야! 저 선수는 하마터면 퀵커에게 **거의** 태클당할 뻔했는데 어쨌든 돌파해나가는 걸 보았나?

나무늘보 : 오, 실없는 소리 말게, 게 선생. 그런 일은 일어나지 않았어. 퀵커는 플램슨을 태클하지 **않았어.** "거의" 일어날 뻔한 것에 요술 주문을 걸어 불쌍한 아킬레스(아니면 우리 모두)를 헷갈리게 할 필요는 없잖아. 이것은 사실이야. "거의", "만일", "그리고", "그러나" 따위가 없는 사실이라고.

아나운서 : 여기 즉석-재생 화면을 보겠습니다. 79번 퀵커 선수를 주목해주십시오. 측면에서 나오니까 플램슨 선수가 놀라는군요. 그를 막 태클하려고 합니다!

나무늘보 : "막"이라고? 흥!

아킬레스 : 참 멋진 돌파야! 즉석-재생이 아니면 제대로 못 봤겠지?

아나운서 : 첫 번째 공격이고 10야드 전진입니다. 노들 선수가 공을 잡아, 오웍스에게 손으로 건넵니다. 리버스*입니다. 오웍스, 오른쪽으로 뜁니다. 플램슨에게 패스, 더블 리버스입니다. 시청자 여러분! 이제 다시 플램슨 선수, 트리픽에게 패스합니다. 트리픽, 스크리미지 라인** 뒤 12야드에서 저지당했습니다. 트리플 리버스에 12야드 후퇴했습니다!

나무늘보 : 야, 마음에 쏙 들어! 기막힌 플레이야!

아킬레스 : 하지만 나무늘보 선생, 자네는 변두리 팀을 응원하고 있는 걸로 알고 있는데. 변두리 팀이 12야드 후퇴했어.

나무늘보 : 그래? 뭐, 멋진 플레이라면 상관없어. 계속 보자고.

(……이렇게 해서 2쿼터가 끝났다. 3쿼터가 끝나갈 무렵, 홈 팀에게 결정적인 플레이가 나온다. 그들은 8점차로 뒤지고 있다. 세 번째 공격, 10야드 전진이다. 새 공격권을 얻는 것이 절실하다.)

---

* 공을 잡은 선수가 자신의 진행 방향과 반대 방향으로 달리는 팀 동료에게 패스하는 전술. 상대 선수들은 공을 가진 선수 쪽으로 몰려드는데, 갑자기 방향 전환을 함으로써 상대방이 미처 대처하지 못하는 사이에 돌파하는 일종의 기만 전술. 두 번을 리버스하면 더블 리버스, 세 번 리버스하면 트리플 리버스이다.

** 공격 개시선.

아나운서 : 공이 테드질리거에게 하이크[*]되었습니다. 테드질리거, 뒤로 물러나면 서 공을 받을 리시버를 찾다가 퀵커에게 공을 주는 척합니다. 오른쪽의 넓 은 공간에 팔린드로미가 있고, 근처에 아무도 없습니다. 테드질리거, 그를 보고 낮게 패스합니다. 팔린드로미, 몸을 공중으로 날려 공을 낚아챘습니 다. 그런데—(관중들의 신음 소리가 들린다)—옆줄 밖으로 벗어났습니다! 홈 팀에게 치명타입니다, 시청자 여러분! 팰린드로미가 옆줄을 벗어나지 않 았더라면, 상대편 엔드존(end zone)까지 내달려 터치다운을 할 수 있었을 텐 데요. 가정법 즉석-재생(subjunctive instant replay)을 보겠습니다.

(화면에 이전과 같은 진용[陣容]이 나타난다.)

공이 테드질리거에게 하이크되었습니다. 테드질리거, 뒤로 물러나면서 공을 받을 리시버를 찾다가 퀵커에게 공을 주는 척합니다. 오른쪽의 넓은 공간에 팔린드로미가 있고, 근처에 아무도 없습니다. 테드질리거, 그를 보고 낮게 패스합니다. 팔린드로미, 몸을 공중으로 날려 공을 낚아챘습니다. (관중들 의 "휴—"소리가 들린다.) 거의 옆줄 밖으로 벗어날 뻔했는데 아직 옆줄 안쪽 에 있습니다. 엔드존까지 텅 비어 있습니다. 팰린드로미, 터치다운하기 위해 서 전력 질주합니다! (운동장은 떠나갈 듯 환호성의 도가니이다.) 네, 시청자 여러분! 이것은 팰린드로미가 옆줄을 벗어나지 않았더라면 일어났을 상황입 니다.

아킬레스 : 잠깐만……. 터치다운이 **있었던 거야, 없었던 거야?**

게 : 오, 아냐. 저건 가정법 즉석-재생에 불과했어. 선수들은 그냥 약간 벗어나서 가상의 세계를 따라갔을 뿐이야.

나무늘보 : 내가 들은 것 중 가장 터무니없는 얘기야. 다음에는, 선수들이 콘크리 트 귀마개를 만들고 있겠군.

거북 : 가정법 즉석-재생은 좀 특이하군, 안 그래?

게 : 자네가 가정법-텔레비전(Subjunc-TV)을 가지고 있다면 그리 특이할 것도 없지.

---

[*] 센터가 가랑이 사이로 뒤에 있는 쿼터백에게 공을 패스해주는 것이다. 즉, 공격 개시이다. snap 이라고도 한다.

아킬레스 : 그건 고물 텔레비전(junk TV)*보다 한 등급 아래 것인가?

게 : 천만에! 가정법 모드로 들어갈 수 있는 새로운 종류의 텔레비전이야. 특히 풋볼 경기 같은 걸 보기에 안성맞춤이야. 그냥 하나 장만했네.

아킬레스 : 한데 이 텔레비전에 둥근 손잡이와 희한한 다이얼들이 왜 이렇게 많은 거야?

게 : 적합한 채널에 맞출 수 있도록 하려는 거야. 가정법 모드로 방송하는 채널들이 많은데다가, 자네도 그 채널들 중에서 쉽게 고를 수 있기를 원하잖아.

아킬레스 : 그게 무슨 뜻인지 우리에게 보여줄 수 있나? "가정법 모드로 방송한다"는 이 모든 말이 무슨 뜻인지 도무지 이해하지 못하겠어.

게 : 오, 그건 아주 간단해, 정말이야. 자네 스스로 해보면 이해할 수 있어. 나는 부엌에 가서 감자튀김을 좀 만들어 오겠네. 감자튀김이라면 나무늘보는 사족을 못 쓰지.

나무늘보 : 으으으음! 어서 만들게, 게 선생! 감자튀김은 내가 제일 좋아하는 건데.

게 : 그럼 자네들은 어떤가?

거북 : 나도 몇 개는 먹을 수 있을 거야.

아킬레스 : 나도 마찬가지야. 하지만 잠깐, 부엌에 가기 전에, 혹시 자네의 가정법-텔레비전을 사용하는 데에 어떤 요령이 있나?

게 : 딱히 그런 건 없네. 경기를 계속 지켜보게. 그리고 플레이가 아슬아슬하게 목적을 이루지 못했거나, 좀 다른 방식으로 진행되었으면 할 때마다, 그저 다이얼을 조작하게. 그리고 진행되는 걸 보게. 색다른 채널들을 택하더라도, 텔레비전이 고장 날 일은 없으니 염려는 말고. (부엌으로 간다.)

아킬레스 : 게가 말하는 게 당최 무슨 뜻인지 궁금하네. 에이 뭐, 경기나 다시 보자고. 나는 거기에 푹 빠졌거든.

아나운서 : 지금 변두리 팀, 네 번째 공격 시도입니다. 홈 팀, 수비 위치입니다. 변두리 팀이 펀트** 대형을 짰습니다. 테드질리거, 후방 깊숙이 있습니다. 오웍스, 공을 차려고 뒤에 있습니다.*** 공을 멀고 높게 찼습니다. 공이 테드질리거

---

* subjunc를 subjunk로 본 말장난이다.
** 마지막 공격인 네 번째 공격에서도 10야드 이상 전진할 가능성이 없을 경우, 상대방 진영을 향해서 공을 땅에 떨어뜨리지 않은 상태에서 멀리 차는 것을 말한다.
*** 센터가 하이크하는 것을 받으려고 15야드 뒤편에 있다.

근처로 날아갑니다.

아킬레스 : 잡으라고, 테드질리거! 변두리 팀 놈들을 혼쭐을 내주라고!

아나운서 : 물이 고인 곳에 떨어졌습니다. **철퍽!** 엉뚱한 방향으로 튑니다! 이제 스프렁크가 공을 뺏으러 미친 듯이 달려듭니다. 튄 공이 테드질리거를 거의 스치고 지나가는 듯합니다. 공이 그에게서 미끄러져 나갑니다. 펌블이 선언되었습니다. 심판이 스프렁크 선수가 홈 팀 7야드 지점에서 변두리 팀의 공격권을 다시 얻었다고 신호하고 있습니다! 홈 팀에게 불운입니다. 아, 세상일이 다 그런 거지요, 뭐.

아킬레스 : 오, 안 돼! 비만 내리지 않았어도. (절망해서 손을 비튼다.)

나무늘보 : **또** 빌어먹을 가정〔법〕 타령이야! 자네들은 왜 얼토당토않은 공상의 세계로 도피하는 거지? 나 같으면 현실에 기반을 두고 굳건히 머무를 텐테. "가정법의 난센스는 사절", 그게 내 좌우명이야. 누가 나에게 100개—아니 112개—의 감자튀김을 준다고 해도 내 소신을 접지 않겠어.

아킬레스 : 옳지, 그러고 보니 아이디어가 하나 떠오르네. 이 둥근 손잡이들을 적절하게 조작하면, 아마 비도 내리지 않고 고인 물도 없고 공도 엉뚱하게 튀지 않고 테드질리거가 공을 놓치지도 않을 가정법 즉석-재생이 나타나게 할 수 있을 것 같은데. 내 생각에는……. (가정법-텔레비전으로 다가가서 응시한다.) 하지만 이 둥근 손잡이들이 다 뭐 하는 건지 전혀 모르겠어. (둥근 손잡이 몇 개를 아무렇게나 돌려본다.)

아나운서 : 지금 변두리 팀, 네 번째 공격 시도입니다. 홈 팀, 수비 위치입니다. 변두리 팀이 펀트 대형을 짰습니다. 테드질리거, 후방 깊숙이 있습니다. 오윅스, 공을 차려고 뒤에 있습니다. 공을 멀고 높게 찼습니다. 공이 테드질리거 근처로 날아갑니다.

아킬레스 : 테드질리거, 잡으라고. 저 변두리 팀 놈들을 혼쭐을 내주라고!

아나운서 : 물이 고인 곳에 떨어졌습니다. **철퍽!** 아, 공이 튀어 바로 그의 팔로 들어갔습니다. 이제 스프렁크가 그를 저지하려고 미친 듯이 달려듭니다. 하지만 테드질리거가 잘 막아내고 무시무시한 스프렁크를 제끼고 나갑니다. 전방은 무인지경입니다. 보십시오! 시청자 여러분! 테드질리거 50, 40, 30, 20, 10야드—홈 팀, 터치다운! (홈 팀 응원석에서 환호성이 울린다.) 자, 팬 여러분, 이제까지 것은 미식축구 공이 고구마 모양이 아니고 동그란 모양이라면

진행될 것 같은 경기 모습이었습니다. 그런데 사실은, 홈 팀이 공을 놓치고 변두리 팀이 홈 팀의 7야드 라인에서 공격권을 얻었습니다. 아, 세상일이 다 그런 거지요, 뭐.

아킬레스 : **저걸** 어떻게 생각하나, 나무늘보 선생?

(아킬레스는 나무늘보 쪽을 향해서 능글맞게 웃는다. 그러나 나무늘보는 가정법 즉석-재생의 압도적인 효과에는 전혀 신경쓰지 않는다. 왜냐하면 그는 112개—아니 100개—의 큼지막하고 맛나 보이는 감자튀김과 냅킨이 담긴 커다란 접시를 들고 온 게를 쳐다보기에 바쁘기 때문이다.)

게 : 자네들 셋은 내 가정법-텔레비전을 어떻게 생각하는가?

나무늘보 : 솔직히 말하면 너무 실망스럽네, 게 선생. 그 텔레비전은 내가 보기에는 심하게 망가진 것 같아. 적어도 시청 시간의 절반은 무의미한 난센스 삼천포로 빠지고 말이야. 그 텔레비전이 내 거라면 당장 자네 같은 누군가한테 줘버리고 말 텐데. 하지만 물론 그게 내 것은 아니지.

아킬레스 : 그건 정말로 이상한 장치야. 다른 기상 조건이라면 경기가 어떻게 되었을지 보려고 플레이를 재생하려 했지. 하지만 이 장치는 자기 자신만의 의지를 가지고 있는 것 같아! 그건 날씨를 바꾼 게 아니라 미식축구 공을 **고구마 모양** 대신 **동그란** 모양으로 바꾸었네. 자 말해보라고. 미식축구 공 생김새가 도대체 어떻게 미식축구 공 같지 않을 수 있냐는 말이야? 그건 명사 모순이라고. 정말 황당하네!

게 : 이렇게 재미없는 것들을 보다니! 나는 자네가 분명히 더 재미있는 가정법을 선택해낼 거라고 생각했네. 경기가 미식축구가 아니라 야구였다면 마지막 플레이가 어땠을지 보는 게 어떤가?

거북 : 오! 탁월한 생각이야!

(게는 둥근 손잡이를 두 개 돌리고 뒤로 물러선다.)

아나운서 : 네 명이 나갑니다. 그리고—

아킬레스 : **네 명**이 나간다고?

아나운서 : 맞습니다, 팬 여러분, 네 명이 나갑니다. 미식축구를 야구로 바꾸면 **무엇인가** 양보해야 합니다! 말씀드린 것처럼, 네 명이 나가고,* 변두리 팀은 수비, 홈 팀은 공격입니다. 테드질리거, 타석에 들어섭니다. 변두리 팀, 번트 수비 대형입니다. 오윅스가 공을 던지려고 팔을 들어 와인드업, 높은 공으로 던졌습니다. 공이 테드질리거 쪽으로 곧장 날아옵니다.

아킬레스 : 때려, 테드질리거! 저 변두리 팀 놈들에게 홈런 한방 먹이라고!

아나운서 : 스피트볼** 같습니다. 아주 괴상한 커브를 그리며 날아옵니다. 스프렁크 포수, 공을 잡으려고 미친 듯이 움직입니다! 공이 테드질리거의 배트를 거의 스친 듯한데 내야 높이 뜹니다. 내야 플라이가 선언되었습니다. 심판은 스프렁크 포수가 타구를 잡았다고 신호를 보내는군요. 7회 말이 끝났습니다. 홈 팀에게 불운입니다. 자, 미식축구 팬 여러분, 이 경기가 야구 경기였더라면 마지막 플레이가 어땠을지 보았습니다.

나무늘보 : 우와! 자네는 이 경기를 달에서도 해보게 할 수 있겠군.

게 : 쇠뿔도 단김에 뽑자고! 여기저기 손잡이들을 돌려보면…….

(화면에는 분화구가 있는 황량한 들판이 나타난다. 그곳에 우주복을 입은 두 팀 선수들이 서로 마주 본 채 꼼짝도 않고 서 있다. 갑자기 양쪽 팀이 움직이기 시작하더니 선수들이 공중으로 솟구치는데, 종종 다른 선수들의 머리 위까지 뛰어오른다. 공이 공중으로 던져져서 시야에서 거의 사라질 정도로 높이 치솟는다. 그러고는 공을 던진 곳에서 400미터쯤 떨어진 곳에 서 있는 우주복을 입은 선수의 팔로 공이 천천히 내려앉는다.)***

아나운서 : 시청자 여러분, 달에서 벌어졌으면 어떠했을지를 보여주는 가정법 즉석-재생입니다. '꿀꺽표' 맥주—제가 가장 좋아하는 맥주입니다!—가 광고 메시지를 전해드리고 잠시 후에 뵙겠습니다.

나무늘보 : 내가 그렇게 게으르지만 않다면, 저 망가진 텔레비전을 가게에 직접 반품해버릴 텐데. 하지만 유감스럽게도 게으름이 이 몸의 숙명이니……. (감

---

* 미식축구의 한 팀은 11명이고 야구는 9명이니, 양 팀에서 총 4(=22−18)명이 퇴장해야 한다.
** 투수가 회전력을 높이려고 공에 침을 발라 던지는 반칙 변화구이다.
*** 달의 중력이 지구의 1/6이라는 사실을 생각하라.

자튀김을 왕창 입 안에 처넣는다.)

거북 : 저건 놀라운 발명품이군, 게 선생. 내가 가상 상황을 하나 제안해도 될까?

게 : 물론이지!

거북 : 만약에 공간이 4차원이라면 그 마지막 플레이는 어떻게 보일까?

게 : 오, 그건 복잡한 상황인데, 거북 선생. 하지만 내 생각에는 그 플레이를 다이얼에 코드화할 수 있을 것 같은데. 잠깐 기다려보게!

(게는 다가서서, 일단 거의 모든 손잡이를 두세 번 돌리고 여러 계기[計器]를 조심스럽게 점검하는데, 가정법-텔레비전 제어판을 최대 성능으로—아마 처음—사용하는 것처럼 보인다. 그리고 만족스러운 표정으로 뒤로 물러선다.)

이제 될 거야!

아나운서 : 그러면 이제 가정법 즉석-재생을 보시겠습니다.

(화면에는 혼란스럽게 배열된 뒤틀린 파이프들이 나타난다. 그 배열은 커졌다 작아졌다 하다가, 잠시 회전하는 듯이 보인다. 그러고는 이상한 버섯 모양의 물체로 변하더니, 다시 파이프 다발 모양으로 돌아간다. 그것이 이러저런 기괴한 모습들로 바뀌는 동안 아나운서가 해설을 한다.)

테드질리거, 패스하려고 뒤로 물러섭니다. 10야드 외야에 있는 팰린드로미를 찾아내고는 오른쪽 바깥쪽으로 패스합니다. 잘했군요! 팰린드로미, 35야드 평면에 있습니다. 아, 40야드, 팰린드로미 선수, 자기 진영의 43야드 평면에서 태클당하는군요. 3차원 팬 여러분, 미식축구를 4차원 공간에서 한다면 어떠할지를 시청하고 계십니다.

아킬레스 : 제어판 위에 있는 이 여러 가지 다이얼들을 돌릴 때, 자네가 하고 있는 것이 무엇인가, 게 선생!

게 : 알맞은 가정법 채널을 고르는 중이야. 온갖 종류의 가정법 채널들이 동시에 방송을 하잖아. 그래서 나는 앞에서 제시되었던 그런 종류의 가상 방송을 내보내는 바로 그 채널에 정확히 맞추고 싶네.

아킬레스 : 아무 텔레비전이나 다 되나?

게 : 아니, 대부분의 텔레비전들은 가정법 채널을 수신할 수 없어. 일반 텔레비전에서 보려면, 만들기가 아주 어려운 특수한 종류의 회로가 필요하지.

아킬레스 : 자네는 어떤 채널에서 무엇을 방송하는지 어떻게 알지? 신문에서 찾아보나?

게 : 채널의 호출부호를 알 필요는 없어. 대신에, 나는 보고 싶은 가상 상황을 이 다이얼들에 코드로 입력하여 채널을 맞추네. 전문용어로는 "반사실적 매개변수를 사용한 채널 주소 지정"이라고 하지. 상상할 수 있는 모든 세계를 방송으로 내보내는 매우 많은 채널들이 늘 있어. 서로 "가까운" 세계들을 방송하는 모든 채널들은 또한 서로 인접한 호출부호들을 가지고 있어.

거북 : 그러면 우리가 가정법 즉석-재생을 처음 보았을 때, 자네는 그 다이얼들을 전혀 돌리지 않았는데, 왜 그럴 필요가 없었던 거지?

게 : 오, 그것은 현실 채널과 아주 가깝지만 아주 살짝 벗어난 채널에 내가 맞춰져 있기 때문이었어. 그래서 가끔 그 채널이 현실에서 벗어나는 거야. 현실 채널에 **정확히 딱** 맞추는 것은 거의 불가능하네. 하지만 그게 오히려 괜찮아. 왜냐하면 현실 채널은 따분함 그 자체거든. 그들의 모든 즉석-재생은 천편일률적이야! 상상할 수 있겠나? 엄청 지루해!

나무늘보 : 나는 가정법-텔레비전이라는 발상 전체가 하나의 거대한 지루함이라고 생각해. 하지만 자네의 기계가 여기서 **재미있는** 반사실 하나를 다룰 수 있다는 증거가 있다면, 내 견해를 바꿀 수 있을 것 같은데. 예를 들면, 덧셈에서 교환법칙이 성립되지 않는다면, 그 마지막 플레이는 어떻게 진행될까?

게 : 맙소사. 그런 변경을 이 모델에 적용하기에는 좀 너무 과격한 듯해. 유감스럽게도 내게는 이 모델들 중에서 으뜸인 슈퍼 가정법-텔레비전은 없어. 슈퍼 가정법-텔레비전은 자네가 그것에 요구하는 **모든 것**을 다룰 수 있어.

나무늘보 : 에이!

게 : 하지만 보게나. 나도 **거의** 그만큼 할 수 있어. 만약에 13이 소수가 아니라면, 그 마지막 플레이가 어떻게 진행될지 보겠나?

나무늘보 : 됐네, 됐어! **그건** 말도 안 되는 소리야! 어쨌든, 만일 내가 그 마지막 플레이라면, 자네 같은 흐리멍텅한 개념-가정화 애호가들을 위해서 몇 번이고 새롭게 단장해서 선보여야 하는 것에 아주 지쳐버릴 거야. 일단 그 경기나 보세!

아킬레스 : 이 가정법-텔레비전을 어디서 구했나, 게 선생?

게 : 자네가 믿든 말든 얘기해볼게. 최근 어느 날 저녁에 나무늘보 선생과 함께 마을 장터에 갔는데, 그 물건이 복권 1등 상품으로 나와 있었어. 보통 그런 부질없는 짓에 빠지지 않는데, 왠지 광적인 충동에 사로잡혀 그만 복권 한 장을 사고 말았네.

아킬레스 : 자네는 어땠나, 나무늘보 선생?

나무늘보 : 솔직히 말해, 저 늙은 게 선생의 비위를 맞추려고 나도 복권을 한 장 샀어.

게 : 그런데 당첨 번호가 발표되었을 때, 놀랍게도 내가 복권에 당첨된 걸 알았지.

아킬레스 : 끝내주는군! 내가 본 사람 중에 복권에 당첨되었던 사람은 하나도 없었거든.

게 : 땡잡아서 기절하는 줄 알았지.

나무늘보 : 혹시 그 복권에 대해서 우리에게 뭐 말해줄 게 또 없나, 게 선생?

게 : 오, 뭐 별로. 다만 내 복권 번호가 129번이었다는 사실밖에는. 그런데 당첨 번호가 발표되었는데, 아, 128번이었어. 딱 한 끝 차이였어.

나무늘보 : 그러니까 게 선생이 실은 복권에 전혀 당첨되지 않았다는 말이지?

아킬레스 : **거의** 당첨되었어, 비록…….

게 : 내가 복권에 당첨되었다고 말하고 싶네. 난 당첨에 너무나 근접했기 때문에……. 내 복권번호가 1만 더 작았더라면, 당첨되었을 텐데.

나무늘보 : 하지만 게 선생, 불행하게도 한 끝 차이나 열 끝 차이나 꽝인 건 마찬가지지.

거북 : 또는 한 끝 차이나 열 끝 차이나 당첨 번호는 아니지. 한데, 나무늘보 선생, 자네는 몇 번이었나?

나무늘보 : 내 건 256번이었어. 128 다음에 오는 2의 제곱수이지. 분명히 아무거나 당첨으로 간주한다면, 내 번호도 당첨으로 간주할 수 있지. 그런데 난 그 장터(fair)—그 **불**공정한(UNfair) 관리들—관리들이 당첨 번호에 대해서 어찌 그리 우둔했는지 도무지 이해할 수 없어. 그들은 내가 받아 마땅할 상품을 주기를 거부했어. 어떤 다른 웃기는 놈이 자기 복권 번호가 128번이었기 때문에 상금은 **자기**가 받아야한다고 주장했거든. 내 생각에는 **그놈 번호**보다는 내 번호가 훨씬 더 당첨 번호에 가까운데 말이야. 하지만 시청을

상대로 싸울 수는 없잖아.

아킬레스 : 뭐가 뭔지 도무지 모르겠군. 게 선생, 어쨌든 자네가 저 가정법-텔레비전을 경품으로 타지 않았다면, 우리가 도대체 어떻게 오후 내내 여기 앉아 방송을 볼 수 있었겠나? 마치 우리 자신이 상황이 조금 달랐더라면 전개되었을 가상의 세계에 살아온 것 같은 느낌이 드네.

아나운서 : 시청자 여러분! 지금까지 게 선생이 가정법-텔레비전을 상품으로 탔더라면 그날 오후 게 선생의 집에서 모두들 어떻게 시간을 보냈을지 보았습니다. 하지만 게 선생이 경품을 타지 못했기 때문에, 네 친구는 그냥 홈 팀이 128 대 0으로 참패하는 것을 보며 즐거운 오후를 보냈습니다. 아니 256 대 0이었던가요? 에, 뭐, 5차원 저승에서 벌인 찜질방 하키 시합*에서는 상관없습니다.

---

* steam hockey는 ice hockey에 대한 말장난이다.

제19장

인공지능 : 전망

"거의"라는 상황과 가정법

'반사실' 편을 읽고 나서 어느 친구가 나에게 말했다 : "우리 삼촌은 거의 미국 대통령이었어!" 나는 "정말?" 하고 물었다. 그의 대답인즉, "그럼, 우리 삼촌은 어뢰정 PT 108호의 함장이었어"(존 F. 케네디는 PT 109의 함장이었다).

'반사실'이 얘기하는 것이 모두 이와 같은 일들이다. 일상적인 사고에서 우리가 직면한 상황들, 우리가 품은 생각들 또는 일어난 사건들에 대해서 우리는 마음속에서 끊임없이 변종들을 만들어내고 있다. 그때 어떤 특징들은 고스란히 유지시키는 한편, 어떤 특징들은 "미끄러져버리게" 한다. 우리는 어떤 특징들이 미끄러지도록 내버려두는가? 어떤 특징들은 미끄러지게 내버려둔다는 생각조차 안 하는가? 좀 깊은 직관의 층위에서는 어떤 사건들이 진짜로 일어났던 사건들과 가까운 친척이라고 지각되는가? 분명히 일어나지 않았음에도 불구하고 "거의" 일어났다 또는 일어날 "수 있었다"라고 생각하는 것은 어떤 일인가? 이야기를 들을 때, 별다른 의식적인 생각을 하지 않고도 마음속에 팍 떠오르는 것은 사건들의 어떤 대안 버전들인가? 어째서 어떤 반사실들은 다른 반사실들보다 "덜 반사실적"이라는 느낌을 주는가? 결국 어떤 것이든 일어나지 않은 것은 일어나지 않았음이 분명하다. "일어나지 않았음"에는 정도의 차이가 없다. "거의 ⋯⋯일 뻔한" 상황들에서도 사정은 마찬가지이다. 사람들은 때로는 슬프게 또 때로는 똑같은 일에 대해서 안도하면서 "거의 일어날 뻔했어" 하고 말한다. 그런데 그 "거의"는 마음속에 있는 것이지 외부의 사실들 속에 있는 것은 아니다.

차를 몰고 시골길을 가다가 벌 떼와 마주쳤다고 하자. 당신은 그 상황을 적당히 주의하고 넘어가지만은 않는다. 마음속에 갖가지 경우를 재생하면서 전체 상황을 즉시 전망해본다. 다음이 전형적인 생각이다 : "휴우, 창문이 열려 있지 않았기에 천만다행이군!" 또는 더 나쁜 상황들로는 위와 반대로 "제기랄, 창문이 닫혀 있지 않았어!", "다행히 자전거를 타고 오지 않았어!", "5초 일찍 오지 않아서 너무 안타까워." 이상하긴 하지만 가능한 재현 상황들이 있다 : "저것이 사슴이었다면 나는 죽었겠군", "이 벌 떼가 차라리 장미 덩굴과 충돌했으면 좋았을 거라고 장담하지." 더 이상한 재현 상황들도 있다 : "저 벌 떼가 달러 지폐가 아닌 게 너무 애석하네", "저 벌들이 시멘트로 만들어져 있지 않은 게 천만다행이야", "한 마리가 아니라 벌 떼인 게 너무 애석하네", "내가 벌 떼가 아니어서 다행이야." 무엇이 자연스럽게 미끄러지고 무엇이 그렇지 않은가? 그리고 왜 그런가?

『뉴요커(The New Yorker)』 잡지 최근 호에는 「필라델피아 웰코매트(Philadelphia Welcomat)」 신문에서 발췌한 기사가 하나 실렸다 : [1]

> 레오나르도 다빈치*가 여자로 태어났더라면, 시스티나 성당 천장 벽화는 결코 그려지지 않았을 것이다.

『뉴요커』 잡지의 논평은 다음과 같다 :

> 미켈란젤로가 샴쌍둥이**였다면, 그 걸작은 절반의 시간으로 완성되었을 것이다.

『뉴요커』 잡지 논평의 골자는 그런 반사실들이 **오류**라는 점에 있는 것이 아니다. 오히려 그런 생각을 품는 사람—주어진 사람의 성별이나 사람 수를 "미끄러뜨리는" 사람—은 좀 이상한 사람이 틀림없을 것이라는 점을 지적하려는 데에 있다. 그런데 얄궂게도, 같은 호에 서평을 마무리하는 다음과 같은 문장이 거리낌 없이 인쇄되어 있다 :

> 나는 그[필립 프랭크 교수]가 이 두 권의 책을 매우 즐겁게 읽었을 것으로 생각한다. [2]

그런데 가엾은 프랭크 교수는 고인이다. 그렇다면 누군가 자신이 죽은 후에 쓰

---

1) *The New Yorker*, 1977년 9월 19일 자, p. 107.
2) 같은 책, p. 140.
* 미켈란젤로가 맞다. 신문 기사의 착오이다.
** 몸이 달라붙은 접착 쌍생아를 말한다. 샴 쌍생아라는 용어는 원래 샴(Siam : 지금의 태국) 지방에서 중국인과 반(半)중국인 사이에서 태어난 장(Chang)과 엉(Eng)을 가리키는 이름이었다.

여진 책을 읽을 수 있을 것이라고 가정하는 것은 분명히 난센스이다. 그런데 이 심각한 문장은 어째서 조롱받지 않았는가? 콕 집어내기는 어려운데, 어쨌든 이 문장에서 가상화된 매개변수들은 앞의 두 예문들과 달리 "가능성"에 대한 우리의 감각을 거스르지 않는다. 뭔가가 "똑같은 상태로 있는 다른 모든 것들이" 앞의 두 예문에서보다 이 예문에서 더 낫다고 상상하게 한다. 그런데 왜 그런가? 사람들과 사건들에 대해서 미끄러뜨리는 일이 "납득할 수 있는" 것과 "바보 같은" 것이라고 마음 깊숙한 곳에서 알게 해주는 분류 방식은 어떤 것일까?

"나는 러시아 말을 몰라" 같은 대수롭지 않은 평서문에서부터 "러시아 말을 하고 싶어"라는 한층 강한 조건문으로 그리고 "내가 러시아 말을 알면 좋을 텐데"라는 감성적인 가정문으로 그리고 끝으로 "내가 러시아 말을 안다면, 안톤 체호프나 레르몬토프의 작품을 원어로 읽을 텐데"라는 뚜렷한 반사실로까지 미끄러지는 것이 어느 정도나 자연스럽게 느껴질지 생각해보라. 부정문 속에서 불투명한 장벽 말고는 아무것도 못 보는 심정이 얼마나 단조롭고 무감각하겠는가! 살아 있는 마음이라면 창을 통해서 가능성의 세계를 볼 수 있다.

"거의" 상황과 무의식적으로 만들어진 가정법은 세계를 지각한 것을 인간이 어떻게 조직하고 범주화하는지를 통찰하는 데에 가장 풍부한 잠재적 원천을 제시한다고 믿는다. 이 견해에 대한 설득력 있는 지지자는 언어학자이자 번역가인 조지 스타이너이다. 그는 자신의 책 『바벨 탑 이후(*After Babel*)』에서 이렇게 썼다 :

> 가상적인 것, '상상', 조건문, 반사실의 통사구조 그리고 우연성은 인간 언어의 생성 중추일 것이다……[그것들은] 심심치 않게 철학적으로, 문법적으로 곤혹스러움을 초래한다. 그것들은 미래시제에 관계되어 있고, 미래시제와 함께 보다 더 큰 '가상적 화법'이나 '대체화법'의 부류에 넣어야 할 것인데, 미래시제 못지않게 이런 'If(가정법적)'-명제들은 인간 감정의 역동성에 본질적이다…….
>
> 세계를 부정하거나 [세계에 대해서] '말한 것을 철회하거나' 세계를 다른 방식으로 상상하고 말하는 것은 우리의 능력이자 욕구이다……. 우리는 그 힘을 표출할 하나의 낱말, 즉 '다름'을 상정케 할 언어의 강제가 필요하다……. 아마도 '대체성(alternity)'이라는 낱말이 그 역할을 할 것이다. 즉 '그 경우와 다름', 반사실적 명제, 반사실적 이미지, 의지와 회피의 반사실적 형태를 정의하는 것 말이다. 우리는 이것들을 가지고 우리의 정신을 충전하고, 이것들을 수단으로 삼아 우리의 신체적,

사회적 존재에 대한 변화무쌍하고 대체로 허구적인 환경을 구축한다······.

결국 스타이너는 반사실에 대한 반사실적 찬가를 부른다 :

> 우리가 [인간에 대해서] 아는 바에 따르면, 허구적인, 반사실적인, 반결정론적인
> 언어수단이 없었어도 그리고 생체기관의 퇴락과 죽음이라는, 쳇바퀴 너머로 가능
> 성들을 상상하고 표출하는—대뇌피질의 '여분의' 영역에서 생성되어 저장된—의미
> 론적 능력이 없었어도 인간이 생존할 수 있었을 것이라고 보기는 어렵다.[3]

"가정의 세계"를 만들어내는 일은 너무도 무심코, 너무도 자연스럽게 일어나
서 우리는 그렇게 하고 있는 것을 거의 눈치채지 못한다. 우리는 우리의 환상으
로부터, 좀 내적인 정신적인 의미에서, 현실세계와 가까운 세계를 택한다. 우리
는 현실적인 것과 우리가 거의 현실적이라고 지각하는 것을 비교한다. 그렇게 비
교하는 데서, 현실에 대한 뭐라고 콕 집어 말할 수 없는 종류의 시각을 얻는다.
나무늘보는 현실에 대한 우스꽝스러운 변종의 보기이다 : 즉 나무늘보는 가정
법으로 미끄러질 능력이 없는 생각하는 존재이다(또는 적어도, 그런 능력 없이
존재한다고 **주장하는** 자이다—그러나 당신은 나무늘보의 말이 반사실로 가득
하다는 점을 알아차렸을 것이다!). 만약 우리에게 현실의 한복판에서 부드러운
"······라면 어떨까"로 미끄러져 들어가는 창조적인 능력이 없다면, 우리의 정신적
삶이 얼마나 헤아릴 수 없이 빈곤해질지 생각해보라. 그리고 인간의 사고과정
에 대한 연구라는 관점에서 보면, 이런 이탈(slippage)이 매우 흥미롭다. 왜냐하면
그런 이탈은 대부분 전혀 의식적인 지시 없이 일어나기 때문이다. 이것은 어떤 종
류의 일이 이탈하고 어떤 일들이 그렇지 않은가를 관찰하는 것은 무의식적인 마
음을 조망하는 훌륭한 창을 제공한다는 뜻이다.
　이러한 정신적 지형의 본성을 조망하기 위한 방법 하나는 "이열치열"로 접근하
는 것이다. 이 방법을 '대화'에서 썼는데, 거기에서는 우리의 "가정법 능력"에 대해
서 "가정법 능력" 개념조차 가상화시켜서 우리가 기대하는 세계와 대조되는 하나
의 세계를 상상하라고 요구받는다. '대화'에서, 첫 번째의 가정법 즉석-재생—팰
린드로미가 [경기장] 옆줄 밖으로 벗어나지 않은 가상의 상황—은 아주 정상적

3) George Steiner, *After Babel*, pp. 215-227.

으로 상상할 수 있는 일이다. 사실, 그 대화는 미식축구 경기장에서 내 옆에 앉은 사람이 나에게 한 아주 평범하고 무심한 말에서 영감을 얻은 것이다. 어떤 이유에서인지 그의 말이 내 마음에 꽂혔고, 나는 〔경기장〕 옆줄 밖으로 벗어나는 그 특정한 일로의 미끄러짐을 무엇이 그렇게 자연스러워 보이도록 하는지, 그러나 다운 회수나 현재 점수로의 미끄러짐은 자연스러워 보이도록 하지 않는지 궁금했다. 그런 생각들로부터, 다른 특징들, 이를테면 날씨('대화'에 있다)나 경기의 종류('대화'에 있다) 그리고 더 이상한 변종들('대화'에 있다)같이 가상적으로 이탈하기 좀 어려운 것들을 생각하는 데까지 갔다. 그런데 나는 한 상황에서 이탈하면 완전히 터무니없는 것이 다른 상황에서는 아주 잘 이탈할 수 있게 될 수 있음을 알아차렸다. 예를 들면, 어떤 때는 공이 다른 모양이라면 운동경기가 어떻게 될 것인가를 자연스럽게 떠올릴 수 있을 것이다(예를 들면, 바람이 반쯤 빠진 공으로 농구를 하고 있을 경우). 또 어떤 때는 그런 생각이 전혀 마음속에 떠오르지 않을 것이다(예를 들면, 텔레비전으로 미식축구 경기를 보고 있을 경우).

안정성의 층들

지금도 여전히 그렇지만 당시 나에게는 어떤 사건(또는 주변 상황)의 특징이 이탈할 가능성은 그 사건(또는 주변 상황)이 일어난다고 지각되는 중첩된 맥락들에 좌우되는 것으로 보였다. 수학에서 가져온 **상수, 매개변수** 및 **변수** 같은 용어들이 여기에서 유용한 것 같다. 수학자, 물리학자 및 그밖의 사람들은 보통 "c는 상수이고, p는 매개변수이며, v는 변수이다"라고 말하면서 계산을 수행한다. 그것들이 의미하는 바는 ("상수"까지 포함하여) 모든 것이 다 달라질 수 있다는 점이다. 그러나 달라질 가능성에는 일종의 계층이 있다. 기호에 의해서 표현되고 있는 상황에서는, c는 전역적인(global) 조건을 설정한다. c가 고정되어 있는데 달라질 수 있는 p는 이보다 덜 전역적인 조건을 설정한다. 끝으로 v는 c와 p가 고정되어 있는 동안에 달라질 수 있다. c와 p는 달라질 수 있는데 v는 고정된 상태로 둔다고 생각하는 것은 별로 의미가 없다. 왜냐하면 v는 c와 p가 설정하는 맥락 속에서 의미를 가지기 때문이다. 예를 들면, 환자들의 목록과 그 환자들 각각에 대한 이[齒] 목록을 가지고 있는 치과의사를 생각해보라. 이때 환자하나를 고정해두고 그 환자의 이 개수를 변수로 잡는 것은 전적으로 의미가 있지만(그리고 수입도 짭짤해지지만), 이 하나를 고정해두고 환자 수를 변수로 잡는 것은 전혀 말도 안 된다(비록 때로는 치과의사 수를 변수로 잡는 것은 충분히 말이 되지만……).

우리는 어떤 상황을 마음속에서 표현할 때 한 층씩 층을 지어 구축한다. 최하층은 맥락의 가장 깊은 측면을 설정하는데, 종종 그 층은 너무나 낮은 곳에 있어서 전혀 변할 수 없다. 예를 들면, 우리 세계의 3차원성은 너무나도 뿌리 깊어서 우리들 대부분은 정신적으로 3차원이 이탈하도록 하는 것을 결코 상상하지 않을 것이다. 3차원성은 **불변** 상수이다. 그 다음에는 **배경 가정**이라고도 불릴 수 있는 상황들의 고정된 측면—마음의 배후에서는 변할 수 있는 것이라고 알고 있지만, 대개의 경우 변하지 않는 측면으로, 의문 없이 받아들이는 것들을 영구적이지는 않지만 일시적으로 설정하는 층이 있다. 이런 것들도 "상수"로 불릴 수 있다. 예컨대, 당신이 미식축구 시합을 보러 갈 경우 경기 규칙이 그런 종류의 상수이다. 다음으로 "매개변수"가 있다 : 당신은 이것을 더 가변적인 것으로 생각할 테지만, 일시적으로 상수로 유지한다. 미식축구 경기에서는 날씨, 상대 팀 등이 매개변수에 포함될 것이다. 매개변수들은 여러 층들이 있을 수 있다—아마도 있을 것이다. 끝으로 마음속으로 표현하는 상황에서 가장 "불안정한" 측면들, 즉 변수에 도달한다. 이것들은 팰린드로미가 옆줄 밖으로 벗어나는 일 같은 것들인데, 심적으로 "느슨하며", 실제에서 잠시 동안 이탈해도 개의치 않는 일들이다.

프레임과 중첩된 맥락들

오늘날 **프레임**이라는 용어가 인공지능에서 유행하고 있다. 프레임이란 **맥락을 컴퓨터 계산의 관점에서 실체화한 것**으로 정의할 수 있다. 프레임에 대한 일반 개념은 꽤 오래 전부터 떠다니고 있었지만, 그 용어는 프레임에 관한 많은 개념들을 창안한 마빈 민스키에게서 유래한다. 프레임 언어에서, 상황을 마음속에서 표현할 때 내부에서 서로 충첩된 프레임들을 동원한다고 말할 수 있을 것이다. 한 상황을 구성하는 다양한 성분들은 제각기 고유의 프레임을 가진다. 중첩된 프레임들에 대해서 내가 생각하는 이미지들 가운데 하나를 말로 표현해보면 재미있을 것 같다. 서랍이 달린 서랍장 무더기들을 상상해보라. 그것들 중에서 서랍장 하나를 고르면 프레임을 하나 가지게 된다. 서랍 구멍들은 "하위 프레임들"을 붙일 수 있는 장소이다. 그런데 하위 프레임들 자체가 다시 서랍장이다. 어떻게 서랍들이 있는 서랍장 전체를 다른 서랍장의 서랍 구멍 하나에 밀어 넣을 수 있는가? 간단하다 : 두 번째 서랍장을 오그라뜨리고 변형하면 된다. 결국 이런 일은 물리적인 것이 아니라 정신적인 일이기 때문이다. 이제 바깥 프레임에는 채워져야 할 다양한 서랍 구멍들이 있을 것이다. 그리고 내부에 있는 서랍장들(또는 하위 프레임)의 구멍들을 채워야 할 것이다. 이것은 재귀적으로 계속 진행될 수 있다.

모양이 제멋대로인 구멍에 잘 맞도록 서랍장을 찌부러뜨리고 구부리는 생생한 초현실적 이미지가 매우 중요할 것이다. 왜냐하면 당신의 개념들을 맥락 속에 집어넣을 것인데, 그 이미지는 개념들이 맥락에 의해서 찌부러지고 구부려질 것을 암시하기 때문이다. 당신이 생각하고 있는 사람들이 미식축구 선수일 경우, "사람"에 대한 당신의 개념은 어떻게 되는가? 그것은 분명히 뒤틀린 개념으로서, 전체 맥락에 의해서 당신에게 강요된 개념이다. 당신은 "사람" 프레임을 "미식축구 프레임"의 구멍에 집어넣었다. 지식을 프레임 속에 표현하는 이론은, 세계가 거의—닫힌 하위체계들로 이루어졌으며, 각각의 하위체계는 다른 하위체계에 대해서 너무 혼란을 겪지 않고, 또는 너무 많은 혼란을 만들지 않고 문맥으로서 작용할 수 있다는 생각에 기대고 있다.

프레임에 관한 주된 아이디어들 가운데 하나는, 각각의 프레임이 자신의 기대치들을 가지고 나온다는 점이다. 이에 상응하는 이미지는 각각의 서랍장이 자신의 서랍장 구멍들 각각에 내정값(default option)이라고 하는, 내장되어 있지만 헐겁게 들어 있는 서랍들을 가지고 나오는 것이다. 내가 당신에게 "강둑 그림을 떠올려 보라"라고 말하면, 당신은 여러 가지 특징이 있는 시각 이미지를 하나 떠올릴 것이다. 내가 "가뭄에 시달리는", "브라질에 있는", "급선회가 없는" 같은 추가 문구를 붙이면 당신은 그 특징의 대부분을 내가 말한 문구로 대체할 수 있을 것이다. 서랍 구멍에 대한 내정값이 존재하기 때문에 그 서랍 구멍들을 채우는 재귀과정을 종료할 수 있다. 실제로 당신은 "밑으로 세 층까지만 내가 스스로 채울 거야. 그 너머는 내정값을 쓰겠어"라고 말한다. 내정값과 함께, 프레임은 자신이 적용될 수 있는 한계에 대한 지식을 포함하며, 자신의 허용 한도를 넘어 뻗어나가게 될 경우 다른 프레임들로 전환하기 위한 발견술을 포함한다.

프레임 구조가 중첩되어 있어서 당신은 사물을 "줌 렌즈"로 확대하여 원하는 만큼 가까이에서 세부를 들여다볼 수 있다. 즉, 원하는 정도의 세부사항에 이를 때까지 적절한 하위 프레임으로 확대하고, 그러고 나서 그것의 하위 프레임들 가운데 하나로 확대한다. 이것은 다음과 같은 미국의 도로 지도책을 가지고 있는 것과 같다. 그 책은 앞쪽에 전국 지도가 있고, 안에 각 주의 지도가 있고, 당신이 더 자세한 것을 원하면 대도시들과 좀 큰 중소도시 일부의 지도가 있다. 단일 블록, 주택들, 방 등으로 내려가며, 세부적으로 얼마든지 확대해나갈 수 있는 지도를 상상할 수 있다. 이것은 저마다 용도가 다른 다양한 배율 렌즈가 달린 망원경으로 보는 것과 비슷하다. 서로 다른 축소/확대 비율을 모두 이용할 수 있다는 점이 중요하다. 종종 세부적인 내용들은 중요하지 않으며 심지어 산만하기까지 하다.

아무렇게나 서로 다른[異] 프레임들이 다른[他] 프레임들의 서랍 안으로 들어갈 수 있기 때문에 대립이나 "충돌"이 생길 가능성이 크다. "상수", "매개변수" 및 "변수"가 단일하고, 모든 층들에서 통용되도록 하는 층들의 구성이라는 멋지고 깔끔한 도식은 지나친 단순화이다. 사실, 각각의 프레임은 저마다 고유한 가변성 계층구조를 가질 것이며, 이로 인해서, 많은 하위 프레임, 하위하위 프레임 등을 가지는 미식축구 경기 같은 복잡한 사건을 우리가 어떻게 지각하는지를 분석하는 것이 믿을 수 없이 골치 아픈 작업이 된다. 그러면 이 많은 프레임들은 어떻게 서로 상호작용을 하는가? 만일 한 프레임은 "이 항목은 상수이다"라고 말하지만 다른 프레임은 "아니다, 이것은 변수이다"라고 말하는 대립이 있으면, 그 문제는 어떻게 해결되겠는가? 이것들은 프레임 이론의 심오하고도 어려운 문제들인데, 나로서는 대답할 수 없다. 사람들은 프레임이 진정 무엇인지, 프레임을 인공지능 프로그램에서 어떻게 구현해야 할지에 대해서 아직도 완전한 의견 일치를 보지 못했다. 다음 절에서 이 질문들 중 일부를 내 나름대로 논의해보겠다. 거기서 내가 "봉가드 문제"라고 이름 붙인 시각 패턴 인식에서의 몇가지 문제에 대해서 얘기해보겠다.

봉가드 문제

봉가드 문제(BP, Bongard Problem)는 러시아의 과학자 봉가드가 그의 책『패턴 인식(Pattern Recognition)』에서 제시했던 일반적인 유형에 대한 문제들이다. 전형적인 BP—그의 100개의 문제 중에서 51번 문제—가 그림 119에 제시되어 있다.

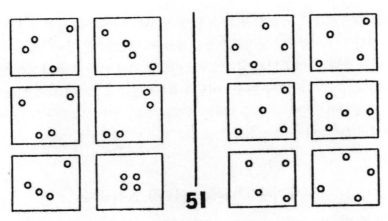

그림 119. 봉가드 문제 51[출전 : M. 봉가드, 『패턴 인식』, Rochelle Park, N. J. Hayden Books Co., Spartan Books, 1970].

이 매력적인 문제들은—사람이든 기계이든—패턴 인식자를 시험해보기 위해서 고안한 것이다(지능을 가진 외계 존재에게 이 문제를 던져보아도 좋겠다). 각 문제는 도형들이 들어 있는 열두 개의 상자(이후부터 줄여서 **상자**로 부르겠다)로 이루어졌다. 왼쪽 상자 여섯 개는 **부류 I**을, 오른쪽 상자 여섯 개는 **부류 II**를 이룬다. 상자에 다음처럼 표지를 붙일 수 있다 :

$$
\begin{array}{cc\quad cc}
\text{I-A} & \text{I-B} & \text{II-A} & \text{II-B} \\
\text{I-C} & \text{I-D} & \text{II-C} & \text{II-D} \\
\text{I-E} & \text{I-F} & \text{II-E} & \text{II-F}
\end{array}
$$

문제는 다음과 같다 : "부류 I의 상자들과 부류 II의 상자들은 서로 어떻게 다른가?"

봉가드 문제-해결 프로그램에는 문제 해결을 위한 여러 단계들이 있을 것이다. 그 단계들을 거치면서 미가공 데이터가 서서히 기술(記述)들로 변환된다. 초기 단계들은 비교적 유연성이 떨어지며, 단계들이 높아질수록 점차로 더욱 유연해진다. 최종 단계들은 내가 **잠정성**(暫定性, tentativity)이라고 이름 붙인 성질을 가지는데, 그것은 그림을 표현하는 방식이 언제나 잠정적이라는 것을 뜻한다. 이제 높은 층위의 기술을 원한다면, 후반부 단계들에서 획득한 모든 지식을 사용해서 즉시 새롭게 구성할 수 있다. 아래 제시한 아이디어들 또한 잠정적인 성격을 가진다. 의미심장한 난점들은 일단 덮어두고, 전반적인 아이디어를 먼저 전달하려고 한다. 그리고 나서 되돌아가서 미묘한 점과 묘안 등에 대해서 설명하려고 한다. 따라서 봉가드 문제가 어떻게 작동하는가에 대해서 독자가 품은 생각도 책을 읽어가면서, 약간 수정되는 과정을 겪을 것이다. 그러나 그것이 바로 이 논의의 참뜻이다.

예비처리가 최소-어휘를 골라낸다

우리가 해결하려는 어떤 봉가드 문제들이 있다고 하자. 텔레비전 카메라로 그 문제를 훑어보고 미가공 데이터를 읽어들인다. 그런 다음 미가공 데이터를 **예비처리한다**(preprocess). 이것은 어떤 핵심적인 특징들을 탐지했다는 뜻이다. 이 특징들의 **이름들**이 그 문제에 대한 "최소-어휘"를 구성하는데, 그것들은 일반적인 "핵심특징-어휘"에서 끌어낸다. 이 핵심특징 어휘의 전형적인 용어 몇 가지는 다음과 같다 :

선분, 곡선, 수평, 수직, 검은, 흰, 큰, 작은, 뾰족한, 둥근……

예비처리의 두 번째 단계에서는 기본적인 **모양**에 대한 지식이 사용된다. 그런 모양들 가운데 어떤 것이 발견되면, 그 모양들의 이름도 마련된다. 이렇게 해서 다음과 같은 용어들이 선택될 수 있다 :

삼각형, 원, 정사각형, 함몰, 돌기, 직각, 꼭짓점, (두 곡선의) 꼭짓점, 화살표……

인간의 경우, 의식적인 것과 무의식적인 것이 만나는 곳이 대략 이 지점이다. 우리의 논의는 여기서부터 일어나는 일을 기술하는 데에 우선적인 관심을 둔다.

높은 층위 기술들(high-level descriptions)

이제 그림이 낯익은 개념들을 사용해서 어느 정도 "이해되고", 대략적인 관찰이 이루어졌다. 열두 개의 상자들 가운데 하나 또는 몇 개에 대해서 잠정적으로 기술한다. 그 기술은 다음과 같은 간단한 기술어(記述語)들을 전형적으로 사용할 것이다 :

위에, 아래에, ……의 오른쪽에, ……의 왼쪽에, 안에(서), 바깥에(서), ……의 가까이에(서), ……에서 먼, ……와 나란히 있는, ……에 직각을 이루는, 연달아 배열된, 흩어진, 균일한 간격으로 배열된, 불규칙적인 간격으로 배열된 등등.

또한 확정적 수와 불확정적 수를 나타내는 기술어(記述語)들이 사용될 수 있다 :

1, 2, 3, 4, 5,……, 많은, 적은 등.

더 복잡한 기술어들도 만들어 질 수 있다 :

……의 훨씬 오른쪽에, ……에 덜 가까운, ……와 거의 나란한……등등.

이렇게 해서, 어떤 전형적인 상자—이를테면 BP 47의 I-F(그림 120)—를 다음과 같은 도형을 포함한 것으로서 다양하게 기술할 수 있을 것이다 :

세 개의 도형

또는

세 개의 하얀 도형

또는

오른쪽에 원

또는

두 개의 삼각형과 하나의 원

또는

위쪽으로 뾰족한 두 개의 삼각형

또는

하나의 커다란 도형과 두 개의 작은 도형

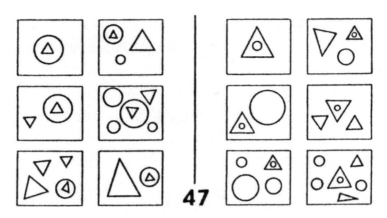

그림 120. 봉가드 문제 47[출전 : M. 봉가드, 『패턴 인식』].

또는

하나의 곡선 도형과 직선 변을 가진 두 개의 도형

또는

내부와 외부에 같은 종류의 도형을 가진 하나의 원.

이 기술들은 제각기 "여과기"를 통해서 상자를 보고 있다. 맥락을 벗어나면, 이 것들 모두 유용한 기술일 수 있다. 그러나 곧 드러나는 것처럼, 이것들이 관련되어 있는 특정한 봉가드 문제의 맥락에서 보면 이 기술들은 모두 "오류"이다. 다른 말로 하면, 우리가 BP 47의 부류 I과 부류 II 사이의 구별을 알고, 위에 나열된 기술들 가운데 하나가 어떤 모르는 그림에 대한 기술로서 주어진다면, 그 정보로는 그 그림이 어떤 부류에 속하는지를 알 수 없을 것이다. 맥락 안에서 보았을 때 이 상자의 가장 주요한 특징은,

안에 삼각형이 하나 있는 원

을 포함하고 있다는 점이다.

　이런 기술을 들은 어떤 사람은 원본 그림을 **재구성할** 수는 없을지라도, 이 성질을 가지는 그림들을 **인식할** 수 있을 것이라는 점에 유념하라. 이것은 음악 양식의 경우와 비슷하다. 즉, 당신은 모차르트의 작품을 들으면 틀림없이 그것을

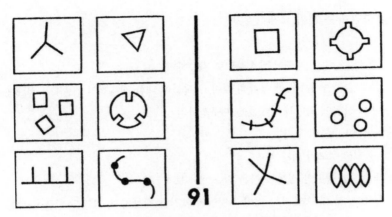

그림 121. 봉가드 문제 91[출전 : M. 봉가드, 『패턴 인식』].

식별하겠지만, 이와 동시에 다른 사람이 모차르트의 작품이라고 속을 수 있는 어떠한 작품도 작곡할 수 없을지도 모른다.

이제 BP 91의 상자 I-D(그림 121)를 생각해보자. BP 91의 맥락에서, 좀 복잡하지만 "올바른" 기술은 다음과 같다 :

세 개의 사각형 함몰 부위를 가지는 원.

이러한 기술의 정교함에 주목하라. 이 기술에서 "⋯⋯를 가지는"이라는 표현은, 원에 대한 자격을 부인하는 것으로서 기능하면서, 그 "원"이 실은 원이 아니라는 것을, 즉, 그것은 ⋯⋯라는 점만 빼면 거의 원과 다를 바 없다는 사실을 함축한다. 게다가 함몰 부위들도 완전한 사각형은 아니다. 우리가 사물을 기술하기 위해서 언어를 사용하는 방식에는 관점에 따른 많은 표현 방식이 있다. 분명히, 상당한 양의 정보가 폐기되며 더욱 많은 정보가 폐기될 수 있을 것이다. 무엇을 폐기하고 무엇을 보존해야 현명할지를 연역적으로 알기는 매우 어렵다. 따라서 발견술(heuristics)을 통하여, 현명한 절충을 위한 어떤 종류의 방법이 코드화되어야 한다. 물론, 폐기된 정보를 되가져와야 한다면, 언제든지 더 낮은 층위의 기술(즉, 덜 덩이진 기술)에 기댈 수 있다. 그것은 사람들이 퍼즐에 대한 그들의 아이디어를 재구성하는 데에 도움을 얻기 위해서 끊임없이 퍼즐을 들여다볼 수 있는 것과 같다. 여기서 다음과 같은 일을 어떻게 할지를 가르쳐주는 명시적인 규칙을 고안하는 것이 묘책이 된다.

각각의 상자에 대해서 잠정적으로 기술하기 ;

그 기술들을 둘 중 한 부류의 다른 상자들에 대한 잠정적인 기술들과 비교하기 ;

다음 사항에 의해서 기술들을 재구성하기 ;

  (*i*) 정보의 추가

  (*ii*) 정보의 폐기

또는 (*iii*) 동일한 정보를 다른 각도에서 보기 ;

두 부류를 다르게 하는 것이 무엇인지 발견할 때까지 이 과정을 되풀이하기.

틀과 동일성 탐지기

한 가지 좋은 전략은 기술들이 **구조적으로** 서로 최대한 **비슷하게** 되도록 하는 것이다. 어떤 구조이든 간에 그것들의 구조에 공통적인 것이 있으면 그것들을 비교하기가 더 쉬워질 것이다. 이 이론의 중요한 요소 두 개가 이 전략을 다룬다. 하나는 "기술-도식" 또는 "**틀**"이라는 아이디어이고, 또 하나는 **샘(Sam)**이라는 아이디어로 "동일성 탐지기(sameness detector)"이다.

일단 샘부터 보자. 샘은 프로그램의 모든 층위들에 출현하는 특별수사관이다 (실제로는 서로 다른 종류의 샘들이 서로 다른 층위들에 있을 수도 있다). 샘은 개별 기술들과 서로 다른 기술들 내부를 부단히 돌아다니면서, 반복되는 기술어 또는 반복되는 다른 것들을 계속 탐색한다. 어떤 동일성이 발견되면, 단일-기술 층위에서나 또는 한 번에 여러 기술층위들에서 기술을 다양하게 새로 구성하는 작업이 촉발될 수 있다.

이제 틀을 살펴보자. 예비처리 후에 일어나는 첫 번째 일은 틀, 또는 기술-도식—한 문제에 있는 모든 상자를 기술하기 위한 "**균일한 구성방식**(uniform format)"—을 만들려는 시도이다. 틀을 만드는 데에서의 아이디어는 기술이 자연스럽게 하위기술들로 종종 분할될 수 있으며 필요하다면 다시 하위하위기술들로 분할될 수 있다는 점이다. 예비처리기의 층위에 속하는 원시 개념들에 도달하면 맨 밑바닥까지 내려간 것이다. 이제 모든 상자들 사이에 있는 공통성을 반영하도록 기술들을 개별성분들로 쪼개는 방식을 선택하는 것이 중요하다. 그렇게

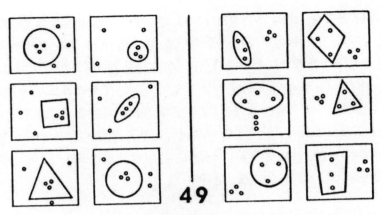

그림 122. 봉가드 문제 49[출전 : M. 봉가드, 『패턴 인식』].

하지 않으면 불필요하고 무의미한 "가짜-질서"를 이 세계에 끌어들이게 된다.

틀은 어떤 정보를 토대로 구축되는가? 예를 보는 것이 가장 좋다 : BP 49(그림 122)를 보자. 예비처리는 각각의 상자가 여러 개의 작은 o들과 하나의 커다란 폐곡선으로 이루어졌다는 정보를 산출한다. 이것은 중요한 관찰이고 틀에 통합될 만한 자격이 있다. 이렇게 해서 틀을 만드는 첫 번째 시도는 다음과 같을 것이다 :

　　커다란 폐곡선 : ──

　　작은 o들 : ──

이것은 아주 간단하다 : 기술-틀에는 빈 곳이 두 개 있어서 그곳에 하위기술들을 붙일 수 있다.

혼층적(混層的) 프로그램

이제 "폐곡선"이라는 용어가 촉발한 재미있는 일이 벌어진다. 그 프로그램 안에 있는 가장 중요한 모듈들 가운데 하나는 일종의 의미망—개념망(concept net-work)—이다. 그 의미망 안에서는 알려진 모든 명사, 형용사 등이 연결되어 있는데, 그 방식이 그것들의 상호관계를 나타낸다. 예를 들면, "폐곡선"은 "내부" 및

898

"외부"라는 용어와 강력하게 연결되어 있다. 개념망은 무엇이 무엇의 반대이고, 무엇이 무엇과 비슷하며, 무엇이 종종 무엇과 함께 일어나는지와 같이, 항목들 사이의 관계에 대한 정보로 가득하다. 잠시 후 설명될 개념망의 일부가 그림 123에 제시되었다. 문제 49의 해결에서 무슨 일이 생기는지 따라가보자. "내부"와 "외부"라는 개념들은 개념망 속에서 "폐곡선"과 가깝기 때문에 활성화된다. 이것은 틀−제작자에게 폐곡선의 내부와 폐곡선의 외부를 위한 빈곳을 별도로 만드는 것이 좋은 아이디어일 것이라고 제시해준다. 따라서 잠정성의 정신에 따라서, 틀은 잠정적으로 다음과 같이 재구성된다 :

커다란 폐곡선 : ──
내부의 작은 o들 : ──
외부의 작은 o들 : ──

이제 하위기술들을 작성해야 하는데, "외부"와 "내부"라는 용어들로 인해서 프러시저가 상자의 내부 영역과 외부 영역을 점검할 것이다. 점검 결과 BP 49, 상자 I-A에서 발견한 것은 다음과 같다.

커다란 폐곡선 : 원
내부의 작은 o들 : 세 개
외부의 작은 o들 : 세 개

그리고 같은 봉가드 문제의 상자 II-A의 기술은 다음과 같은 것이다.

커다란 폐곡선 : 시가(cigar)
내부의 작은 o들 : 세 개
외부의 작은 o들 : 세 개

이제, 샘은 항상 다른 조작들과 나란히 활성화된 상태로 있는데, o를 다루는 모든 빈곳에서 "세 개"라는 개념이 반복된다는 것을 알아차린다. 이것은 두 번째 틀−재구성 작업을 해야 하는 강력한 이유가 된다. 첫 번째 틀−재구성 작업은 개념망에 의해서, 두 번째는 샘에 의해서 제시되었다는 점에 주목하라. 이제 문제 49에 대한 틀은 다음과 같이 된다 :

커다란 폐곡선 : ——
내부의 작은 o 3 개 : ——
외부의 작은 o 3 개 : ——

"셋"이 일반성의 한 층위—즉, 틀—로 상승했으므로, 개념망에서 그것의 인접항을 탐색하는 것이 가치 있는 일이 되었다. 인접항들 가운데 하나가 "삼각형"인데, 이것은 o의 삼각형들이 중요할 것이라는 점을 시사한다. 우연히, 이것이 막다른 골목으로 이끈다. 그러나 당신은 그것이 막다른 골목으로 이끌 것을 어떻게 미리 알 수 있었는가? 이것은 인간이 탐구해 들어갈 전형적인 막다른 골목이고, 따라서 우리 프로그램도 그것을 찾아낸다면 좋은 일이다! 상자 II-E에 대해서 다음과 같은 기술이 생성될 것이다 :

커다란 폐곡선 : 원
내부의 작은 o 세 개 : **이등변삼각형**
외부의 작은 o 세 개 : **이등변삼각형**

물론 이 이등변삼각형들의 크기, 위치, 방향 그리고 다른 많은 것들에 대한 엄청난 양의 정보가 폐기되어버렸다. 그러나 이것이 그냥 미가공 데이터를 사용하는 것이 아니라 기술(記述)을 하는 중요한 요점이다. 이것은 제11장에서 논의했던 깔때기 작용과 같은 아이디어이다.

개념망

문제 49의 전체 해답을 살펴볼 필요는 없다. 여기서는 개별 기술, 틀, 동일성 탐지기 샘 그리고 개념망 사이를 부단히 오가는 상호작용을 보여주는 것으로 충분하다. 이제 개념망과 그 기능을 좀더 자세히 살펴보아야 한다. 그림에서 보여준 간략화된 부분은 다음과 같은 개념들을 코드화한다 :

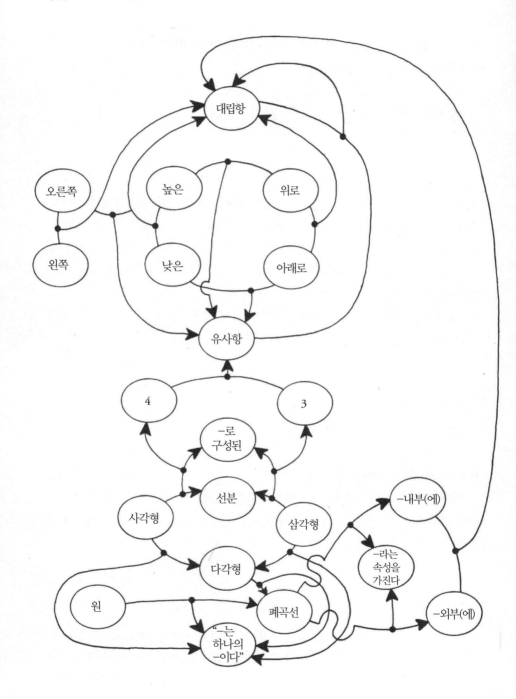

"높은"과 "낮은"은 반대이다.

"위로"와 "아래로"는 반대이다.

"높은"과 "위로"는 비슷하다.

"낮은"과 "아래로"는 비슷하다.

"오른쪽"과 "왼쪽"은 반대이다.

"오른쪽/왼쪽"의 구별과 "높은/낮은"의 구별은 비슷하다.

"대립항"과 "유사항"은 반대이다.

개념망 안에 있는 모든 것들—절점들 및 연결선들—에 관해서 말할 수 있는데 그것이 어떻게 가능한지 주목하라. 그런 관점에서 보면, 개념망 안의 어느 것도 다른 것보다 더 높은 층위에 있지 않다. 개념망의 다른 부분도 보이는데, 이것은 다음의 개념들을 코드화한다 :

사각형은 다각형이다.

삼각형은 다각형이다.

다각형은 폐곡선이다.

삼각형과 사각형의 차이는 삼각형은 변이 셋이고 사각형은 넷이라는 점이다.

4는 3과 비슷하다.

원은 폐곡선이다.

폐곡선은 내부와 외부를 가진다.

"내부"와 "외부"는 반대이다.

개념망은 어마어마하게 거대할 수밖에 없다. 개념망은 지식을 오직 정적(靜的)으로만 또는 선언적으로만 저장하는 것 같다. 그러나 그것은 절반의 이야기일 뿐이다. 실제로, 개념망에서 가까이 있는 것들은 주(主) 프로그램에게 상자 속의 그림에 대한 이해를 진전시키는 방식을 알려주며 길잡이 또는 "프로그램"으로서 작용하는데, 이 사실은 개념망의 지식은 절차형과도 경계를 접하고 있다는 것을

◀그림 123. 봉가드 문제를 해결하는 프로그램을 위한 개념망의 일부. "절점들"은 "연결선들"로 이어지며, 이 연결선들은 다시 그것들끼리 연결될 수 있다. 이때 연결선을 동사로 간주하고 동사가 연결하는 절점들을 주어와 목적어로 본다면, 이 다이어그램에서 어떤 문장들을 추출할 수 있다.

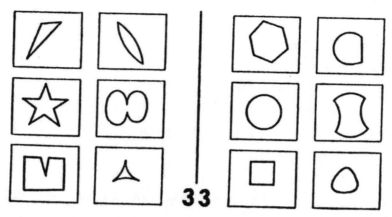

그림 124. 봉가드 문제 33[출전 : M. 봉가드, 『패턴 인식』].

말해준다.

예를 들면, 초기의 어떤 예상은 오류로 판명될지 모르지만, 바로 그 오류 속에 올바른 해답의 싹이 들어 있다. BP 33(그림 124)에서 우리는 처음에는 부류 I의 상자들이 "뾰족한" 도형들을 포함하고, 부류 II의 상자들은 "매끄러운" 도형들을 포함한다고 속단할지 모른다. 더 자세히 검토해보니 이 속단은 틀렸다. 그럼에도 불구하고 이 속단에 가치 있는 통찰이 들어 있다. 그래서 우리는 "뾰족한"에서 시작해 개념망에서 주변으로 미끄러져감으로써 이 통찰을 더욱 밀고 나갈 수 있다. 그것은 "예각(銳角)"에 가까운 개념으로서, 바로 부류 I의 변별특징이다. 따라서 개념망의 주기능들 가운데 하나는 초기단계에서 틀렸던 개념들을 약간 수정하게 해서, 옳다고 여겨질 변이형들로 미끄러져 가도록 하는 것이다.

이탈과 잠정성

밀접하게 연계된 항들 사이의 "이탈(slipping)"이라는 개념은, 주어진 물체를 다른 물체에 대한 변이형으로 간주하는 개념과 연관된다. 이에 대한 탁월한 보기가 이미 언급된 바 있는 "세 군데가 함몰된 원"이다. 그런데 사실 거기에 원은 전혀 없다. 개념들을 구부리는 것이 적절한 경우에는, 구부릴 수 있어야 한다. 어느 개념도 절대적으로 경직되어서는 안 된다. 반대로, 사물들이 아무것도 의미하지 못할 정도로 두루뭉술해도 안 된다. 한 개념을 언제 그리고 어떻게 다른 개념으

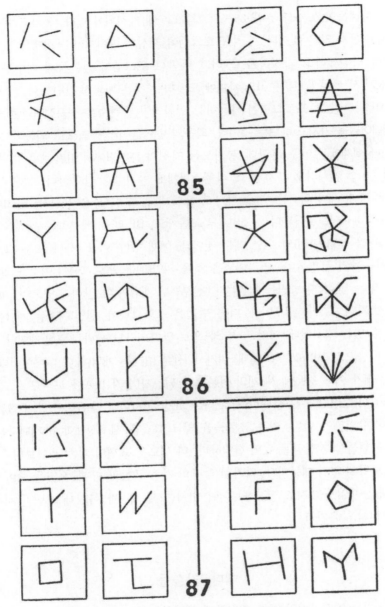

그림 125. 봉가드 문제 85-87[출전 : M. 봉가드, 『패턴 인식』].

로 이탈시켜야 할지를 아는 것이 관건이다.

하나의 기술에서 다른 기술로 이탈하는 것이 문제의 핵심이 되는 극도로 흥미

있는 사례들이 봉가드 문제 85-87(그림 125)에 제시되어 있다. 봉가드 문제 85는 대수롭지 않은 것이다. 우리 프로그램이 자신의 예비처리 단계에서 "선분(線分)"을 확인했다고 가정하자. 그리고 나면 프로그램이 선분들의 개수를 세고 BP 85에서 부류 I과 부류 II의 차이에 도달하는 것은 비교적 간단하다. 계속해서 BP 86으로 간다. 프로그램이 사용하는 일반적인 발견술은 성공적이었던 최근의 아이디어들을 가지고 해보는 것이다. 최근의 방법들이 성공적으로 되풀이되는 일은 현실세계에는 아주 흔한데, 봉가드는 자신의 문제집에서 이런 종류의 발견술보다 한 수 앞서려고 하지 않고, 다행스럽게도 발견술을 강화한다. 그래서 우리는 두 개념("세다"와 "선분")을 하나로 융합해서, 즉 "선분을 센다"를 가지고 곧장 문제 86으로 뛰어든다 : 그러나 공교롭게도, BP 86을 해결하는 관건은 선분이 아니라 선열(線列)의 수를 세는 것이다. 이때 "선열"이란 (하나 또는 그 이상의) 선분들의 끝과 끝을 연결해놓은 것을 의미한다. 프로그램이 이것을 알아낼 수도 있는 한 가지 방법은 "선열"과 "선분" 두 개념이 다 알려져 있으며, 개념망 안에서 가까이 있을 경우이다. 다른 방법은 프로그램이 "선열"이라는 개념을 고안할 수 있는 경우인데, 이것은 최소한으로 말하더라도 까다로운 과제이다.

그 다음으로 BP 87로 오는데, 여기서 "선분"이라는 개념이 더 다루어진다. 선분 한 개가 어느 경우에 세 개의 선분으로 되는가(상자 II-A를 보라)? 프로그램은 그림의 주어진 부분에 대한 서로 다른 표현들 사이를 앞뒤로 오갈 수 있도록 충분히 유연해야 한다. 기존 표현들을 잊고 그것을 재구성해야 하기보다는 기존의 표현들을 저장하는 것이 현명하다. 더 새로운 표현이 기존 표현보다 더 낫다는 보장이 없기 때문이다. 따라서 각각의 기존 표현과 함께, 그것을 좋아하고 싫어하는 이유들까지도 저장해두어야 한다(이제 얘기가 복잡해 보이기 시작한다. 그렇지 않은가?).

메타-기술들

이제 우리는 인식과정의 다른 핵심부에 도달하는데, 그것은 추상작용의 층위와 메타-기술과 관계있다. 이를 위해서 BP 91(그림 121)을 다시 살펴보자. 어떤 종류의 틀이 여기에 구축될 수 있을까? 상당한 다양성이 있기 때문에 어디에서부터 시작해야 할지 알기 어렵다. 그러나 이 사실 자체가 단서이다! 즉, 부류의 구별은 기하학적 기술의 층위보다 더 높은 추상층위에 있을 것 같다고 그 단서는 말하고 있다. 이 관찰은 프로그램이 기술들에 대한 기술, 즉 **메타-기술들**을 구축해야 한다는 것을 알려준다. 아마 이 두 번째 층위에 어떤 공통 특징이 나타날 것이며, 운이 좋으면, 메타-기술을 위한 틀을 정식화(定式化)하는 쪽으로 안내할 충분한 공통성을 발견할 것이다! 그래서 우리는 틀 없이 뛰어들어, 여러 가지 상자들에 대한 기술을 만든다. 일단 이런 기술들이 만들어졌으면, 우리는 **그 기술들**을 기술한다. 메타-기술을 위한 틀은 어떤 종류의 구멍들을 가질 것인가? 무엇보다도 아마 이런 것들일 것이다 :

사용된 개념들 : ——
반복 출현하는 개념들 : ——
구멍들의 이름 : ——
사용된 여과장치 : ——

메타-기술에 필요할 다른 많은 종류의 구멍들이 있지만 이것은 하나의 표본이다. 이제 BP 91의 상자 I-E를 기술했다고 가정하자. (틀이 없는) 기술은 이럴 것이다 :

수평 선분
수평 선분 위에 놓인 수직 선분
수평 선분 위에 놓인 수직 선분
수평 선분 위에 놓인 수직 선분

물론 세 수직 선분들의 길이가 같고 서로 같은 간격으로 배열되었다는 등의 많은 정보가 폐기되었다. 그러나 위와 같은 기술이 만들어질 법하다. 그 결과 메타-기술은 다음과 같을 것이다 :

사용된 개념들 : 수직의-수평의, 선분, …… 위에 놓임
기술에서 반복된 것들 : "수평 선분 위에 놓인 수직 선분"의 사본 3개
구멍들의 명칭 : ——
사용된 여과장치들 : ——

메타–기술의 모든 구멍을 다 메울 필요는 없다 : 정보는 "1차–기술층위"에서와
마찬가지로 이 층위에서도 폐기될 수 있다.

이제 우리가 부류 I의 다른 모든 상자들에 대해서 기술하고, 그런 다음에 그
기술에 대한 메타–기술을 만들면, "기술에서 반복된 것들"이라는 구멍을 매번
"……의 사본 3개"라는 문구로 채우게 될 것이다. 동일성 탐지기는 이것을 알아
채고, **세 개라는 것을**, 추상의 아주 높은 층위에서, 부류 I상자들의 핵심 특징으
로서 집어 올릴 것이다. 다시 말해 아주 높은 추상화, 즉 부류 I의 상자들의 층
위에서의 핵심 특징으로 택할 것이다. 이와 비슷하게, **네 개라는 것이** 메타–기술
의 방법을 통해서 부류 II의 표지로서 인식될 것이다.

유연성이 중요하다

BP 91의 경우에, 메타–기술의 방법에 기대는 것은 닭 잡는 데에 소 잡는 칼을
쓰는 격이라고 이의를 제기할지도 모른다. 왜냐하면 기술들을 살짝 다르게 구성
했더라면 부류 I의 '세 개라는 것' 대 부류 II의 '네 개라는 것'은 더 낮은 층위에서
쉽게 드러났을 것이기 때문이다. 그렇다. 맞는 말이다. 그러나 이 문제들을 다른
경로들을 통해서도 해결하는 가능성을 가지는 것이 중요하다. 프로그램은 유연
성이 커야 한다. 그래서 프로그램이—우스꽝스럽게 비유하자면—잠시 "번지수
를 잘못 짚었다"라고 하더라도 파멸을 맞으면 안 될 것이다("우스꽝스러운 은
유[Malaphor]"라는 멋진 표현은 저명한 신문 칼럼니스트 로렌스 해리슨이 만든
말인데, '우스꽝스러운 표현[malapropism]'과 '은유[metaphor]'의 복합어이다. 이
용어는 "재조합된 개념들"의 좋은 본보기이다). 어쨌든, 나는 다음과 같은 일반
원리를 보여주고 싶었다 : 예비처리기가 너무 많은 다양성을 찾아내기 때문에 틀
을 구축하기가 어려울 경우, 이 사실은 '예비처리기가 아는 것보다 더 높은 추상
층위에 있는 개념들이 관련되었다'라는 단서로서 이용되어야 할 것이다.

초점작용과 여과작용

이제 좀 다른 질문, 즉 정보를 폐기하는 방법을 다루어보자. 이것은 내가 "초점
작용"과 "여과작용"으로 부르는 두 개의 연관된 개념이 관여한다. **초점작용이란**

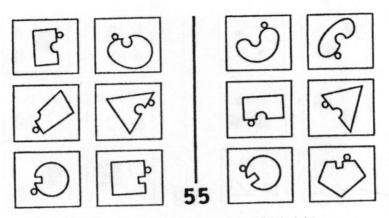

그림 126. 봉가드 문제 55[출전 : M. 봉가드, 『패턴 인식』].

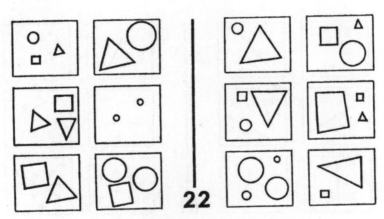

그림 127. 봉가드 문제 22[출전 : M. 봉가드, 『패턴 인식』].

상자 속 그림의 일부에 초점을 맞추고 그밖의 모든 것은 배제하여 기술하는 것이다. **여과작용**이란 상자의 내용물을 보는 특정한 방식에만 집중하고, 그밖의 다른 모든 측면들은 의도적으로 무시하면서 기술하는 것이다. 따라서 두 개념은 상보적이다 : 초점작용은 물체(대체로 명사)와 관계가 있고, 여과작용은 개념(대체로 형용사)과 관계가 있다. 초점작용에 대한 보기로 BP 55(그림 126)를 보라. 여기에서는 함몰 부위와 그 옆의 작은 원에 초점을 맞추고 상자 안의 그밖의 것은 모조리 배제한다. BP 22(그림 127)는 여과작용의 보기를 보여준다. 여기에서는 크기를 제외한 모든 개념을 걸러내야 한다. BP 58(그림 128) 문제를 해결하려면, 초점작용과 여과작용을 조합해야 한다.

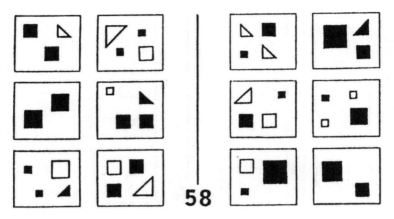

그림 128. 봉가드 문제 58[출전 : M. 봉가드, 『패턴 인식』].

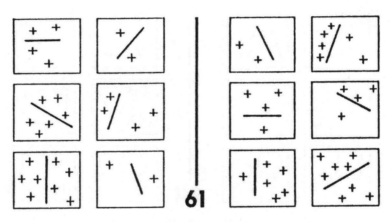

그림 129. 봉가드 문제 61[출전 : M. 봉가드, 『패턴 인식』].

초점작용과 여과작용을 하기 위한 아이디어를 얻는 가장 중요한 방법들 가운데 하나는 또다른 종류의 "초점작용"을 통해서이다 : 즉 특정한 단순한 상자 하나—될 수 있는 한 물건들이 적게 들어 있는 상자—를 찾아내는 것이다. 두 부류에서 가장 간소한 상자들을 서로 비교하면 아주 유용할 것이다. 그러나 당신이 상자들에 대한 기술을 마치기 전까지는 어떤 상자가 간소한지를 어떻게 알 수 있는가? 간소함을 탐지하는 한 가지 방법은 예비처리기가 제공한 최소한의 특징들만 가진 상자를 찾아보는 것이다. 이것은 초기단계에서 할 수 있다. 왜냐하면 이 일은 틀이 미리 마련되어 있어야 하는 것을 요구하지 않기 때문이다. 사실, 이것이야말로 틀 속에 구축할 특징들을 발견해내는 한 가지 유용한 방법이 될 수 있다. BP 61(그림 129)은 그 기법을 사용해서 금세 답을 얻을 수 있는 사례이다.

과학과 봉가드 문제(science and Bongard problem)의 세계

우리는 봉가드 문제의 세계를 "과학"을 하는 작은 장소—즉 그 세계에 있는 패턴들을 식별하는 것을 목표로 하는 곳—로 간주할 수 있다. 패턴들을 찾아내는 과정에서 틀을 만들고, 폐기하고, 다시 만든다. 구멍들은 일반성의 한 층위로부터 다른 층위로 이동한다. 여과작용과 초점작용을 한다. 등등. 복잡성의 모든 층위에서 새로운 발견이 이루어진다. "패러다임 전환"이라고 하는 어떤 드문 사건이 "정상" 과학과 "개념 혁명"을 구별한다는 토머스 쿤의 이론은 잘 들어맞는 것 같지 않다. 왜냐하면 우리는 체계 전체에 걸쳐 줄곧 패러다임 전환들이 일어나는 것을 목격할 수 있기 때문이다. 기술의 유동성은 패러다임 전환들이 모든 규모로 일어나리라는 점을 보증한다.

물론 어떤 발견들은 더 넓은 파급력을 가지기 때문에 다른 것들보다 더 "혁명적"이다. 예를 들면, 충분히 추상적인 층위에서 관찰하면, 우리는 봉가드 문제 70과 71(그림 130)이 "같은 문제"임을 발견할 수 있다. 문제 해결의 관건이 되는 관찰은 이 두 문제에 중첩 깊이-1 대 중첩 깊이-2가 관여한다는 점이다. 이것은 봉가드 문제들에 대해서 행할 수 있는 새로운 층위의 발견이다. 봉가드 문제집 전체에 관련해서는, 이보다 훨씬 높은 층위가 있다. 봉가드 문제집을 한 번도 본 적이 없는 사람에게는, 훨씬 높은 층위가 있다는 것이 무엇인지 이해하는 바로 그것이 훌륭한 퍼즐이 될 수 있다. 그것을 이해하는 것은 혁명적인 통찰이지만, 그런 발견을 성립시키는 사고 메커니즘은 단 하나의 봉가드 문제를 해결할 때 작동하는 사고 메커니즘과 다를 바 없다는 것을 반드시 지적해두어야만 하겠다.

같은 이유에서, 실제의 과학은 "정상" 시기 대 "개념 혁명"으로 나누어지지 않는다. 오히려 패러다임 전환은 도처에 만연하며, 크고 작은 패러다임 전환들이 여러 상이한 층위들에 있다. INT와 Gplot(그림 33과 34)의 재귀적 그림은 이 아이디어에 대한 기하학적 모형을 제공한다. INT와 Gplot은 모든 층위에서 같은

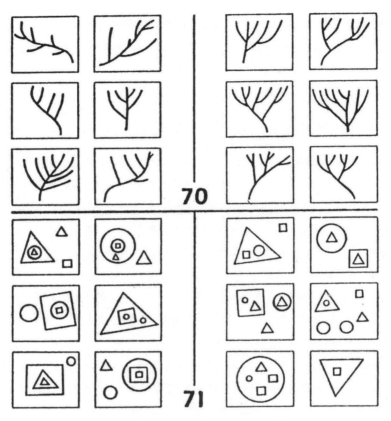

그림 130. 봉가드 문제 70-71[출전 : M. 봉가드, 『패턴 인식』].

구조를 가지는데, 최상층위뿐만 아니라 모든 층위에서 불연속적으로 도약한다. 다만 층위가 낮아질수록 도약의 폭이 작아질 뿐이다.

다른 사고유형들과의 연결

이 전체 프로그램을 어느 정도 맥락 속에 설정하기 위해서, 두 가지 방식을 제시하겠는데, 그 두 가지 방식에서 전체 프로그램이 인지의 다른 측면들과 관련된다. 이 프로그램이 인지의 다른 측면들에 의존할 뿐만 아니라, 또한 인지의 다른 측면들이 결국 이 프로그램에 의존한다. 먼저, 그 프로그램이 인지의 다른 측면들에 어떻게 의존하는지 설명해보자. 구별했던 것을 허물어뜨리고, 재기술(再記

述)을 시도하고, 되짚어 가고, 층위를 전환하는 것 등이 언제 합당한 것인지 아는 데에 요구되는 직관은, 아마 사고 일반에서 많은 경험을 통해서만 얻을 수 있는 어떤 것이다. 따라서 그 프로그램의 이런 결정적인 측면들을 위한 발견술을 정의하기는 매우 어려울 것이다. 때로는 세상에 있는 실제 사물에 대한 경험이 상자들을 어떻게 기술할지 또는 재기술할지에 미묘한 영향을 준다. 예를 들면, BP 70을 해결하는 데에 살아 있는 나무와 친숙한 것이 얼마나 도움이 될지 누가 말할 수 있는가? 사람에게서, 이 봉가드 퍼즐들에 관련되는 하위개념망이 전체 개념망에서 쉽게 분리될 수 있을지는 지극히 의심스럽다. 오히려 실제 물건들(빗, 기차, 끈, 콘크리트 블록, 문자, 고무 밴드 등)을 보고 다루면서 얻은 직관들이 이 퍼즐들을 해결하는 데에 보이지는 않지만 중요한 길잡이 역할을 하는 것 같다.

역으로, 현실세계의 상황들에 대한 이해는 시각적 이미지 작용과 공간 직관에 크게 의존하는 것이 분명하며, 그래서 봉가드 패턴 같은 패턴들을 표현하는 강력하고 유연한 방식을 가지는 것은 사고과정의 일반적인 효율에 기여할 수 있다.

내가 보기에 봉가드 문제들은 아주 세심하게 고안된 것으로 보이며, 각 문제가 단 하나의 정답만 가진다는 점에서 보편성의 특질을 가지는 것 같다. 물론 이 견해에 반박해서 우리가 "옳다"고 간주하는 것은 우리의 인간적 속성에 깊숙이 의존하는 것이며, 다른 행성계의 생물들은 그 주장에 전혀 동의하지 않을지도 모른다고 말할 수 있을 것이다. 어쨌든 아무런 구체적인 증거는 없지만, 나는 봉가드 문제가 지구에 매여 있는 인간 존재에게만 국한되지는 않는 단순성 감각에 의존한다고 여전히 확신한다. 나는 앞서 빗, 기차, 고무 밴드 등과 같은 분명히 지구에만 국한된 사물들과 친숙해지는 것이 중요할 것이라고 논평했는데, 그렇다고 해도 그 논평은 우리의 단순성 개념이 보편적이라는 생각과 충돌하지 않는다. 왜냐하면 중요한 점은 이런 개별 사물들 중 어느 하나가 아니라 그것들 모두가 함께 넓은 공간에 펼쳐져 있다는 사실이기 때문이다. 그리고 어떤 다른 문명이라도 우리들처럼 방대한 인공물과 자연물이 있으며 그리고 그것들에서 끌어내는 다양한 경험이 있을 것 같다. 그래서 나는 봉가드 문제를 해결하는 솜씨가 "순수한" 지능—만약에 그런 것이 있다면—의 핵심에 아주 가까이 있다고 믿는다. 그러므로 패턴이나 메시지 안에 있는 "고유의 의미"를 발견하는 능력을 연구하고 싶다면 봉가드 문제가 훌륭한 출발점이 된다. 유감스럽게도,

여기서는 봉가드의 대단히 흥미로운 문제집 중에서 일부만 재현했을 뿐이다. 독자 여러분이 봉가드의 책에서 문제들 전체와 친숙해지기를 바란다(참고 문헌 참조).

우리 인간이 완전히 무의식화한 것으로 보이는 시각적 패턴 인식의 어떤 문제들은 대단히 경이로운 것들이다. 그 문제들은 다음과 같은 것들을 포함한다 :

얼굴 인식(나이, 표정, 조명, 거리 및 각도가 바뀌어도 같은 얼굴로서 인식되는 불변성).

숲이나 산 속에서 등산로를 인식하기—어쨌든 이것은 패턴 인식의 가장 미묘한 행위들 가운데 하나라는 인상을 늘 주었다. 동물에게도 그런 능력이 있다.

수천 가지는 아니라도 수백 가지의 다른 서체(활자체)들로 쓰인 텍스트를 즉각 읽어내는 능력.

메시지 운반 언어, 프레임 및 기호

패턴 인식의 복잡성과 인공지능 프로그램에 대한 다른 도전 과제들을 다루기 위해서 제안되었던 하나의 방안은 칼 휴잇이 만든 이른바 "액터(actor)"* 형식주의라는 이론이다(이것은 앨런 케이와 동료들이 개발한 "스몰토크[Smalltalk] 언어"와 비슷하다). 그 이론에서 프로그램은 상호작용하는 액터들의 집합체로서 작성되었는데, 액터는 그것들 상호간에 정교한 메시지를 주고받을 수 있다. 어떤 점에서, 이것은 서로를 호출할 수 있는 프러시저들이 위계질서 없이 모여 있는 것과 닮았다. 주요한 차이는 프러시저들이 대체로 적은 개수의 매개변수만 서로 주고받는데, 액터들이 교환하는 메시지들은 제멋대로 길어지거나 복잡해질 수 있다는 점이다.

메시지를 교환할 능력을 갖춘 액터들은 어느 정도 자율적인 행위자가 된다—사실, 메시지가 다소 프로그램 같으므로 자율 컴퓨터 같다고까지 할 수 있다. 각각의 액터는 주어진 어떠한 메시지이든 자신만의 특이한 방식으로 해석할 수 있다. 따라서 메시지의 의미는 메시지를 가로챈 액터에 의해서 좌우될 것이다. 이것은 액터가 내부에 메시지를 해석하는 프로그램을 갖추고 있어서 일어난다. 그

---

* 객체 지향 프로그래밍에서는 모든 것을 객체로 보는데, 칼 휴잇은 모든 것을 액터로 본다.

래서 액터가 있는 만큼 많은 인터프리터들이 있을 것이다. 물론 똑같은 인터프리터들을 가지는 액터들이 많이 있을 것이다. 사실, 이것은 세포질 속을 떠다니는 똑같은 리보솜들을 많이 가지는 것이 세포에서 극히 중요한 것처럼 큰 장점일 수 있다. 그 리보솜들은 모두 하나의 메시지—이 경우 mRNA—를 한 가지의 같은 방식으로 해석할 것이다.

프레임 개념을 액터 개념과 어떻게 병합시킬 수 있을지 생각해보면 흥미롭다. 이제 복잡한 메시지를 생성하고 해석하는 능력을 가지는 프레임을 **기호**로 불러보자.

프레임+액터=기호

우리가 이 지점에서 말하고 있는 것은 제11장과 제12장에서 언급했지만 파악하기 힘든 **활성기호**들을 구현하는 방법에 대해서이다. 이후부터 이 장에서 "기호"를 언급하면 방금 말한 의미를 뜻할 것이다. 그런데 이 합성이 어떻게 만들어졌는지 즉시 알지 못한다고 해도 아둔하다고 느끼지 말라. 합성이 어떻게 만들어졌는지는 분명치 않지만, 그 합성이 인공지능에서 나아가는 가장 매력적인 방향들 가운데 하나가 분명하다. 더욱이, 두 개념을 아무리 잘 합성하더라도 인간의 마음속의 실제적인 기호에 비하면 성능이 훨씬 부실한 것으로 판명될 것이 뻔하다. 그런 점에서 이런 프레임-액터 합성을 "기호"로 부르기는 시기상조이지만, 어쨌든 이 합성은 사물을 관찰하는 최적의 방식이다.

이제 메시지 전달과 관련된 몇몇 문제로 돌아와보자. 각각의 메시지는 특별히 하나의 목표기호를 겨냥해야 하는가, 아니면 mRNA가 자신의 리보솜을 찾도록 세포질 속으로 던져지듯이, 거대한 허공으로 던져져야 하는가? 메시지들이 목적지가 있다면, 각각의 기호는 주소가 있어야 할 것이고 개별 기호에 대한 메시지들은 언제나 그 주소지로 발송되어야 할 것이다. 반대로, 일종의 메시지 중앙 집중국이 있을 수 있는데, 여기에서 메시지는 자신을 원했던 어떤 기호가 자신을 집어 갈 때까지 그냥 기다릴 것이다. 이것은 유치(留置) 우편에 상응한다. 아마 최선의 해법은 두 유형의 메시지를 모두 허용하고, 또한 긴급성에 속달, 빠름, 보통 등의 등급을 마련하는 것이다. 전체 우편체계는 메시지-전달 언어를 위한 아이디어를 풍부하게 제공하는 원천인데, 발신자 스스로 자신의 주소를 적고 우표까지 붙인 왕복 엽서(발신자가 신속한 답장을 원하는 메시지), 소포 우편(매우 느리게 배달되어도 괜찮은 극히 긴 메시지)과 같은 흥미로운 것을 포함한다. 전화체계는 우편체계에서 얻을 아이디어가 바닥났을 때 당신에게 더욱 많은 영감을 줄 것이다.

효소와 인공지능

메시지 전달—실은 정보처리 일반—에 관한 아이디어를 제공하는 또다른 풍부한 원천은 물론 세포이다. 세포 안의 어떤 물질, 특히 효소는 액터에 딱 비교될 만한 것이다. 각 효소의 활성 부위는 어떤 종류의 기질들(메시지들)만 인식하는 여과장치로서 작용한다. 따라서 효소는 사실상 "주소"를 가지는 셈이다. 효소는 (그 3차 구조 덕분에) 그 "메시지"에 대한 어떤 조작들을 수행하고 메시지를 세상으로 다시 방출하도록 "프로그래밍"이 되었다. 이런 방식으로, 메시지가 화학적 경로를 따라서 한 효소에서 다른 효소로 전달되면 많은 일이 성취될 수 있다. 우리는 (금지나 억제에 의해서) 세포 속에서 일어날 수 있는 정교한 종류의 피드백 메커니즘들을 앞서 기술한 바 있다. 이런 종류의 메커니즘들은 처리과정에 대한 복잡한 제어가 세포 안에 존재하는 메시지 전달 방식을 통해서 일어날 수 있음을 보여준다.

효소에 관한 가장 놀라운 일들 가운데 하나는, 입력기질들이 자신들을 점화시키기를 기다리며 효소들이 빈둥거리며 있다는 것이다. 그러다가 기질이 도착하면, 효소는 느닷없이 파리지옥풀처럼 행동에 돌입한다. 머리카락 정도의 자극에 점화되는 이런 종류의 "민감–점화장치" 프로그램이 인공지능에 사용되었고, 악마(demon)라는 이름으로 통용되고 있다. 여기서 중요한 점은, 점화되기를 기다리며 빈둥거리는 다양한 종(種)의 점화 가능한 서브루틴들을 마련한다는 착상이다. 세포에서는 모든 복합분자들과 세포기관들이 단순 단계마다 차례차례 구축된다. 이 새로운 구조들 가운데 일부는 종종 효소들 자체이며, 그것들은 새로운 효소들을 만드는 데에 참가한다. 그리고 그 새로운 효소들은 다시 또다른 유형의 효소들을 만드는 데에 참가한다. 등등. 이러한 효소들의 재귀적인 연쇄 반응은 세포의 활동에 엄청난 효과를 줄 수 있다. 유용한 하위 프로그램을 구축할 때 이와 똑같은 종류의 단순 단계적 조립과정을 인공지능에 도입하고 싶을 것이다. 예를 들면, 반복은 우리 마음의 하드웨어에 새로운 회로들을 구워내므로, 자주 되풀이되는 행동은 의식층위 아래에 코드화된다. "의식"의 더 높은 층위에서 학습된 것과 똑같은 일련의 조작들을 수행할 수 있는 효율적인 코드를 합성하는 유사한 방법이 있다면, 대단히 유용할 것이다. 효소 연쇄반응은 이 방법이 어떻게 실행될 수 있는지에 대한 모델을 제공할 것이다(제럴드 서스먼이 만든 프로그램 "해커(HACKER)" 또한 효소 연쇄반응과 크게 다르지 않은 방식으로 작은 서브루틴들을 합성하고 서브루틴의 오류를 수정한다).

봉가드 문제―해결기에 있는 동일성―탐지기(샘)는 효소와 비슷한 하위 프로그램으로서 구현될 수 있을 것이다. 효소와 마찬가지로 샘은, 작은 데이터 구조들과 마구 충돌하면서 정처 없이 떠돌 것이다. 자신의 두 "활성부위"를 같은 데이터 구조로 채우자마자, 샘은 메시지를 프로그램의 다른 부분들(액터)로 방출할 것이다. 프로그램들이 직렬상태인 한, 샘의 사본들을 여러 개를 가지는 것은 큰 의미가 없을 것이다. 그러나 정말로 병렬적인 컴퓨터에서는, 하위 프로그램의 사본 개수를 조정하는 것은, 조작이 완수될 때까지의 예상 대기 시간을 조정하는 방식일 것이다. 마치 세포 안에서 효소들의 사본 개수를 조정하는 것이 그 기능의 실행 속도를 조정하는 것처럼 말이다. 그래서 새로운 샘들이 합성될 수 있다면, 그것은 패턴 검색이 우리 마음의 더 낮은 층위들로 침투해 들어가는 것과 비교될 수 있을 것이다.

분열과 융합

기호들의 상호작용에 관한 흥미롭고 상보적인 두 개념이 바로 "분열"과 "융합"이다. **분열**이란 부모기호(즉 사본의 틀로 작용했던 기호)로부터 새로운 기호가 점차 떨어져나가는 것을 뜻한다. **융합**이란 원래는 무관했던 두 (또는 여러) 기호들이 "공동 활성화(joint activation)"에 참가해서, 메시지들을 아주 긴밀하게 주고받아서 그 기호들이 서로 결속되고, 그 조합이 마치 단일 기호인 것처럼 호명될 수 있을 때 발생한다. 분열은 어느 정도 불가피한 과정이다. 왜냐하면 일단 새로운 기호가 기존 기호에서 "복사되어 나오면" 자율성을 가지게 되고, 외부세계와의 상호작용이 그 새로운 기호의 사적인 내부구조에 반영되기 때문이다. 그래서 완전한 사본으로서 출발했던 것은 곧 불완전하게 되고, 그리고 나면 자신의 원

916

본이었던 기호와의 유사성은 서서히 사라진다. 융합은 더 미묘한 과정이다. 두 개의 개념은 언제 진정으로 하나가 되는가? 융합이 일어나는 정확한 어떤 순간이 있는가?

이 공동 활성화라는 개념은 질문들의 판도라 상자를 연다. 예컨대, 우리가 "콩팥"이라고 말하면 "콩"과 "팥"을 얼마나 듣는가? 혹시 독일 사람은 "Handschuhe(장갑)"라는 낱말을 생각하면서 "손−신발"(Hand-Schuh)이라고 듣는가 또는 그렇지 않은가? "동서(東西)"라는 낱말이 "사물"을 의미하는 중국인의 경우는 어떠한가? 이것이 정치적 관심사가 되기도 하는데, 그 이유는 어떤 사람들이 "chairman(의장)" 같은 낱말은 남성의 함의를 강하게 품고 있다고 주장하기 때문이다. 부분이 전체 안에서 반향을 불러일으키는 정도는 아마 사람마다 그리고 상황에 따라서 제각기 다를 것이다.

기호들의 "융합"이라는 개념에서 불거지는 진짜 문제는, 충돌하는 기호들로부터 유의미한 새로운 기호들을 창출시킬 일반 알고리듬을 상상하기가 무척 어렵다는 점이다. 이것은 함께 짝을 이루는 DNA의 두 가닥 사슬과 비슷하다. 각각의 가닥에서 절반을 어떻게 취해서 그것을 같은 종의 개체를 코드화하는 유의미하고 생존할 수 있는 새로운 DNA 가닥으로 재조합하는가? 또는 새로운 종을 창조해내는가? DNA 조각들을 무작위로 조합해서 생존 가능한 무엇을 코드화할 확률은 지극히 낮다. 두 권의 책 속에 있는 낱말들을 마구 조합해서 또 하나의 책이 될 확률 같은 그런 것이다. 재조합된 DNA가 최하층위를 제외한 어떤 층위에서도 유의미해질 확률은 지극히 낮다. 바로 DNA에 너무 많은 의미층위들이 있기 때문이다. "재조합된 기호들"에서도 사정은 마찬가지이다.

"게 카논"의 후성발생

나는 대화 "게 카논"을, 나의 마음속에서 두 개의 관념이 부딪히고, 새로운 방식으로 연결되어 느닷없이 새로운 종류의 언어적 구조가 나의 마음에서 활기를 띠게 되었던 전형적인 본보기라고 생각한다. 물론 나는 여전히 음악으로서의 "게 카논"과 언어에 의한 대화에 대해서 별도로 생각할 수 있다. 즉, 둘은 여전히 서로 독립적으로 활성화될 수 있다. 그러나 "게 카논"의 대화를 위해서 융합된 기호는 또한 자기만의 독특한 활성화 양식을 가진다. 융합 또는 "기호의 재조합"

이라는 개념을 좀 자세히 설명하기 위해서, "게 카논"의 발전과정을 사례연구로 삼고 싶다. 왜냐하면 "게 카논"은 당연히 나에게 아주 친숙하기 때문이며 또한 그것은 단일 착상이 얼마나 멀리 추진될 수 있는지에 대해서 전형적이고 흥미롭기 때문이다. 나는 "게 카논"을 **감수분열(meiosis)**의 단계를 본떠 이름 붙인 단계에서 이야기할 것이다. 감수분열이란 진화에서 다양성의 원천인 "염색체 교차" 또는 유전자 재조합이 일어나는 세포분열을 일컫는 용어이다.

유사분열 전기(前期) : 나는 이를테면 카논 같은 음악작품이 언어로 모방될 수 있을 것이라는 좀 단순한 발상에서 시작했다. 이것은 공통된 추상적 형식을 통해서 텍스트와 음악작품이 연계될 수 있을 것이라고 관찰한 결과였다. 다음 단계에서는 이 희미한 예감의 가능성을 실현하려고 시도했다. 여기서 나는 카논의 "성부들"이 대화의 "등장인물들"로 대응될 수 있다는 착상이 우연히 떠올랐다. 그러나 여전히 좀 분명한 착상일 뿐이다.

그리고는 특정 종류의 카논들에 초점을 맞추었는데, 그때 "음악의 헌정"에 게 카논이 있다는 사실이 기억났다. 당시 대화들을 막 쓰기 시작하던 참이었다. 그리고 등장인물은 아킬레스와 거북 둘밖에 없었다. 바흐의 "게 카논"은 성부가 둘이었기 때문에 이것은 완벽하게 대응되었다 : 즉, 아킬레스에 한 성부가 할당되어야 했고 거북에게 다른 성부가 할당되어야 했다. 이때 한 성부는 다른 성부가 역으로 진행하는 것을 앞으로 진행한다. 그러나 여기서 한 가지 문제에 부딪혔다 : 그 역행은 어느 층위에 나타나야 하는가? 철자, 낱말, 문장, 어느 층위인가? 곰곰이 생각해보니, 바로 "대사 한 줄" 층위가 가장 적합할 것이라는 결론에 도달했다.

이제 바흐의 "게 카논"의 "뼈대"가 적어도 설계상으로 언어적 형식에 이식되었는데, 문제점이 딱 하나 있었다. 두 개의 성부가 한가운데에서 교차하면 극단적인 반복들이 짧은 주기로 나타날 텐데 이것은 보기 싫은 흠이었다. 어떻게 처리해야 하나? 여기서 뭔가 이상한 일이 나타났다. 이를테면 창조적인 행위에 전형적으로 나타나는 일종의 층위교차였다 : "게 카논"에 나오는 "게"라는 낱말이 갑자기 마음속에 번쩍했다. 분명히 "거북"이라는 개념과 공유하고 있는 어떤 추상적 성질 때문이었다. 그 즉시 깨달은 것이, 새 등장인물 게(Crab)를 내세워 그가 말할 특별한 대사 한 줄을 막다른 중심에 끼워 넣으면 반복효과를 차단할 수 있을 것이라는 점이었다! 이것이 "게 카논"의 "유사분열 전기"에서, 즉 아킬레스

(Archilles)와 거북(Tortoise)의 "유전자-교차 지점"에서 게가 잉태된 과정이다(그림 131).

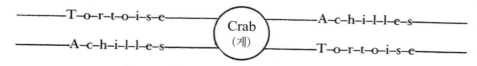

그림 131. "게 카논"의 대화를 그린 다이어그램.

유사분열 중기(中期) : 지금까지는 "게 카논"의 뼈대였다. 그 다음에는 뼈대에 살을 붙여야 하는 두 번째 단계—"유사분열 중기"—에 접어들었는데, 두말할 필요도 없이 몹시 힘든 과제였다. 나는 이것을 실현하려고 많은 시도를 했다. 계속 이어지는 대사 한 쌍이 앞으로 읽으나 뒤로 읽으나 뜻이 통해야만 하는 방식에 익숙해지도록 했고, 이러한 형식으로 쓰는 데에서 어떤 종류의 이중의미(예를 들면, "Not at all"*)가 도움을 줄지 알기 위해서 여러 가지로 실험했다. 그 결과 초기 버전 두 개가 나왔는데, 둘 다 재미는 있었지만 힘이 없었다. 나는 1년 이상 집필을 멈추고 있다가 "게 카논" 편으로 다시 돌아왔을 때 몇 가지 새로운 아이디어를 생각해냈다. 그중 하나가 "게 카논" 안에서 바흐의 카논을 언급하는 것이었다. 처음에 나의 계획은 "음악의 헌정"에 나오는 "반주제의 확대에 의한 카논"(내가 말하는 "나무늘보 카논[Sloth Canon]")을 언급하는 것이었다. 하지만 그것은 좀 바보 같아 보이기 시작했고, 그래서 마지못해 나의 "게 카논" 안에서 바흐의 "게 카논"에 대해서 얘기할 수 있을 것이라고 판정했다. 사실 이것이 결정적인 전환점이었는데, 당시에는 깨닫지 못했다.

이제 한 등장인물이 바흐의 작품을 언급할 것인데, 다른 등장인물이 상응하는 위치에서 똑같은 내용을 고대로 말하는 것이 어색하지는 않을까? 한편, 에셔는 나의 생각과 책 속에서 바흐와 비슷한 역할을 하고 있었다. 그렇다면 대사가 에셔를 언급하도록 살짝 수정할 어떤 방법은 없나? 어쨌든, 카논의 엄격한 기법에서도, 우아함이나 아름다움을 위해서, 완벽한 모방을 때로는 포기한다. 이 생

---

* 'Not at all'은 다른 사람이 감사를 표한 후에 공손하게 응답할 때와, 어떤 것을 강하게 부정할 때 쓴다.

각이 일어나자마자 곧 "낮과 밤"(그림 49) 그림이 돌연 나의 마음에 떠올랐다. 나는 "맞아! 그 그림은 일종의 시각적 게 카논이며, 같은 주제를 오른쪽과 왼쪽 양방향으로 진행시키면서 서로 화성을 이루는, 본질적으로 두 개의 상보적 성부를 가지는 카논이야"라고 생각했다. 여기서 다시 단일한 "개념 뼈대"라는 개념이 서로 다른 두 매질―이 경우 음악과 미술―에서 사례로 구체화되고 있었다. 그래서 나는 나란히 같은 말을 하는 데서 바흐에 대해서는 거북이가 말하게 하고, 에셔에 대해서는 아킬레스가 말하게 했다. 이것은 분명히 엄격한 모방에서 살짝 벗어나지만 "게 카논"의 정신은 유지했다.

이 지점에서 나는 믿기 어려운 일이 일어나고 있음을 깨닫기 시작했다 : 즉, 그 '대화'는 내가 전혀 의도조차 하지 않았는데도 자기-지시적인 대화가 되어가고 있었다! 게다가 등장인물들이 자신들이 등장하는 '대화'에 대해서 직접 말하는 것이 아니라 그 대화와 (어떤 추상 수준에서) 동형인 구조들에 대해서 말했다는 점에서, 그 '대화'는 간접적인 자기-지시였다. 내가 사용해온 용어로 표현하면, 내가 만든 '대화'는 이제 괴델의 G와 "개념 뼈대"를 공유했다. 그러므로 그 대화는 중심 원리가 괴델의 G에 대응되는 방식으로 G에 대응될 수 있을 것이다. 그 결과, 이 경우에 "중심 게 대응(Central Crabmap)"을 창출하게 될 것이다. 이것이 나를 흥분의 도가니로 몰아넣었다. 무(無)로부터 괴델, 에셔와 바흐를 아우르는 미학적으로 만족스러운 통일체가 탄생했기 때문이었다.

유사분열 후기(後期) : 다음 단계는 아주 놀라웠다. 나는 에셔의 모자이크 세공화(細工畵)에 관해서 캐럴라인 맥길러브리가 썼던 단행본을 수년 동안 가지고 있었는데, 어느 날 그 책장을 넘기다 판화 23번(그림 42)에 시선이 꽂혔다. 왜냐하면 내가 전에는 결코 보지 않았던 방식으로 그 그림을 보았기 때문이다. 즉, 여기에 형식과 내용 모두에서 게-같은 진짜 "게 카논"이 있었다! 에셔 자신은 이 그림에 제목을 붙이지 않았고 그리고 다른 동물들의 형태를 이용하여 비슷한 모자이크 세공화들을 그렸기 때문에 이런 형식과 내용의 일치는 아마도 내가 알아챈 사항일 것이다. 그러나 우연이든 아니든, 제목도 붙지 않은 이 판화는 형식과 내용의 통합이라는 이 책의 주요한 아이디어의 축소판이었다. 너무 기쁜 나머지 나는 그 그림에 "게 카논"이라는 이름을 붙였고, 책에 넣을 그림도 "낮과 밤"을 "게 카논"으로 바꾸었다. 이에 맞추어 아킬레스와 거북의 대사도 수정했다.

그러나 이것이 전부가 아니었다. 분자생물학에 심취했던 당시, 어느 날 책방에서 왓슨의 책을 읽고 있었는데 색인에서 "회문(回文)"*이라는 항목을 보았다. 색인이 가리키는 해당 부분을 보고는 어떤 마법적인 것을 발견했다 : 바로 DNA 속에 있는 게 카논의 구조였다. 곧, 게가 자신의 유전자 덕분에 전진과 후진의 혼동을 애호한다는 취지의 짧은 언급을 포함하려고 게의 해설 대사도 적절히 수정했다.

유사분열 종기(終期) : 마지막 단계는 몇 달 뒤, DNA의 게 카논 모양의 단면 그림(그림 43)에 대해서 말하고 있었던 시점에 나타났다. 나는 아데닌(Adenine), 티민(Thymine) 및 시토신(Cytosine)의 첫 철자 A, T 및 C가—말하기 이상하지만—아킬레스(Achilles), 거북(Tortoise) 및 게(Crab)의 첫 철자와 일치하며, 더욱이 아데닌과 티민이 DNA에서 짝을 이루듯이 아킬레스와 거북도 대화에서 짝을 이룬다는 사실을 발견했다. 잠시 생각한 후에 나는 이 또다른 층위교차에서, DNA에서 'C'와 짝지어진 철자 'G'가 '유전자(Gene)'를 나타낼 수 있다는 것을 발견했다. 다시 한번 '대화'로 돌아와서, 이 새로운 발견을 반영하기 위해서 게의 대사를 좀 손질했다. 이제 DNA 구조와 '대화' 구조 사이에 대응관계를 얻었다. 그런 의미에서, DNA는 표현형을 코드화하는 유전자형, 즉 '대화'의 구조라고 말할 수 있겠다. 이 마지막 손질이 자기-지시를 극적으로 고조시켰으며, 내가 전혀 예기치 못했던 의미 밀도를 그 대화에 선사했다.

개념 뼈대와 개념적 대응

방금 언급한 것들이 "게 카논"의 후성발생을 어느 정도 요약한다. 전체 과정은 추상적 개념의 여러 층위에서, 관념들 상호간에 대응이 계속 이어진 것으로 간주될 수 있다. 이것이 내가 **개념적 대응**(conceptual mapping)이라고 하는 것이고, 두 개의 서로 다른 관념을 연결하는 추상적 구조는 **개념 뼈대**이다. 개념 뼈대의 한 가지 예는 다음과 같은 게 카논의 추상적인 개념 뼈대이다 :

두 부분으로 이루어져 있고,

두 부분이 같은 것을 서로 반대 방향으로만 움직이면서 하는 구조.

---

* 앞으로 읽으나 뒤로 읽으나 똑같은 구문을 회문(回文, Palindrome)이라고 한다. "여보 안경 안 보여", "Madam I'm Adam" 같은 말이 있다.

이것은 구체적인 기하학적 이미지로서, 거의 봉가드 패턴처럼 마음속으로 조작할 수 있다. 사실, 내가 요즘 "게 카논"을 생각할 때는 가운데에서 매듭이 지어져 교차하는 두 가닥의 끈을 시각화한다. 이것은 너무도 생생한 시각적 이미지라서 내 마음속에서 즉시, 한 가운데에서 동원체(動原體, centromere)*에 의해서 연결된 두 개의 상동 염색체들의 그림으로 대응되었다. 이것이 바로 그림 132에서 보이는 것처럼, 감수분열에서 곧바로 도출된 이미지이다.

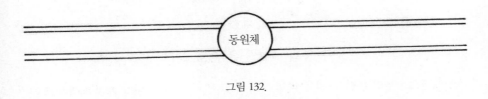

그림 132.

사실, 바로 이 이미지가 감수분열의 관점에서 "게 카논"의 전개를 기술하려는 영감을 주었는데, 이 얘기 자체가 개념적 대응의 또다른 예이다.

재조합체 관념들

두 기호를 융합하는 다양한 기법들이 있다. 한 가지 기법은 두 관념들을 (그 관념들이 마치 직선인 것처럼!) 나란히 줄지어놓고 각 관념들의 조각을 현명하게 추출하여 두 조각을 하나의 새로운 기호로 재조합하는 것이다. 이것은 유전자 재조합을 강력히 연상시킨다. 그런데 염색체들은 무엇을 교환하고 또 어떻게 하는가? 염색체들은 유전자를 교환한다. 그러면 기호에서는 무엇이 유전자에 비교될 수 있는가? 기호에 프레임 같은 구멍들**이 있다면, 아마 그 구멍들이 유전자에 비교될 수 있을 것이다. 그러나 어떤 구멍들이 어떤 이유에서 교환될 것인가? 여기서 게 카논 방식의 융합이 어떤 아이디어를 제공할 것이다. "음악 게 카논"의 개념을 "대화"의 개념에 대응시키는 것은 다수의 보조적인 대응을 연루시켰다. 실은 보조적인 대응을 유발했다. 즉, 일단 이 두 개념을 융합하는 것으로

---

* 세포핵이 유사분열할 때 방추사가 붙는 염색체의 잘록한 부분.
** 원문은 slot이다. 저자가 처음에는 hole이라고 했기 때문에 일관성을 위해서 구멍이라고 했다. 그런데 기호에 구멍이 있다는 것은 기호를 서랍장으로 비유해 서랍이 들어갈 곳을 slot이라고 한 것이므로 기호에 정말로 구멍이 뻥뻥 뚫려 있는 것은 물론 아니다.

결정한 이후에는, 비슷한 부분들이 보이기 시작하는 한 층위에서 그것들을 관찰하고 계속 진행하여 그 **부분들을** 서로에게 **대응시키고,** 바람직하다고 판단된 어느 층위에 대해서도 계속 그렇게 재귀적으로 진행하는 일이 되었다. 여기서, 예를 들면, "게 카논"과 "대화"를 추상적으로 보았을 때, "성부"와 "등장인물"이 상응하는 구멍으로서 떠올랐다. 그런데 이 추상적인 관점들은 어디에서 유래했는가? 이것이 대응-문제의 핵심이다. 추상적인 관점들은 어디에서 유래하는가? 당신은 특정한 개념들에 대한 추상적인 관점들을 어떻게 만드는가?

추상화, 뼈대, 유추(analogy)

한 개념으로부터 어떤 차원을 따라서 추출된 관점이 바로 내가 **개념 뼈대**라고 부르는 것이다. 사실상, 우리는 보통 그 명칭을 사용하지 않고서 개념 **뼈대**를 줄곧 다루어왔다. 예를 들면, 봉가드 문제에 관한 많은 아이디어들을 이 용어를 써서 바꾸어 말할 수 있을 것이다. 둘 또는 그 이상의 관념들이 하나의 개념 **뼈대**를 공유한다는 점이 발견될 경우에는, 개념 **뼈대**는 언제나 흥미롭고 아마 중요할 것이다. 한 예가 "반사실" 편의 앞부분에서 언급했던 일련의 기괴한 개념들로, 외눈이 둘 달린 족속, 2인승 일륜차, 한쪽만 두 개인 시소, 틱구 게임,* 일방적인 동점, 양면 뫼비우스 띠, "바흐 쌍둥이", 두 개의 왼손을 위한 피아노 협주곡, 단성 푸가, 한 손으로 박수치기, 모노로 된 투-채널 축음기, 1/8백 한 쌍** 따위이다. 이 모든 관념들은 다음과 같은 개념 골격을 공유하기 때문에 서로 "동형"이다.

단수로 되었다가 다시 복수로 되었지만 틀리게 복수가 된 사물.

이 책에서 이 같은 개념 **뼈대**를 공유하는 다른 두 개의 관념은 : (1) "HE"로 시작해서 "HE"로 끝나는 낱말을 묻는 아킬레스의 퍼즐에 대해서 거북이 찾아낸 해답(거북의 해답은 바로 대명사 "HE"인데, 이것이 'HE로 시작함'과 'HE로 끝남'이라는 두 사건을 하나로 뭉친다) 그리고 (2) 파푸스-겔레른터의 '당나귀 다리 정리'의 증명으로, 여기서 한 삼각형이 두 개로 다시 지각되고 있다. 어쨌든 이 우

---

* "반사실" 역주 참조.
** "반사실" 역주 참조.

스꽝스러운 혼합들을 익살맞게 표현하자면, "반토막 곱빼기(demi-doublets)"로 부를 수 있겠다.

개념 뼈대는 (매개변수나 변수들과 구분되는 것으로) 변함없는 특징들 같은 것이다. 그 특징들은 가정법 즉석-재생이나 대응-조작에서 틀림없이 이탈하지 않을 특징들이다. 개념 뼈대에는 변하게 될 자신의 매개변수나 변수가 없기 때문에, 서로 다른 여러 관념들의 불변 핵이 될 수 있다. 그러나 "2인승 일륜차" 같은 개념 뼈대의 개별 **사례**는 가변성의 층들이 있고, 따라서 다양한 방식으로 "이탈될" 수 있다.

"개념 뼈대"라는 이름은 절대적이고 경직되게 들리지만, 실은 여지가 많이 있다. 개념 뼈대들은 여러 다른 추상층위들에 있을 수 있다. 예를 들면, 이미 지적한 바처럼, 봉가드 문제 70과 71 사이의 "동형성"은 두 문제를 따로 해결할 때 필요한 것보다 더 높은 층위의 개념 뼈대를 필요로 한다.

다중 표현

개념 뼈대들이 서로 다른 추상층위들에 존재하는 것이 틀림없을 뿐만 아니라 서로 다른 개념적 **차원들**을 따라 존재하는 것이 틀림없다. 그 보기로 다음 문장을 보자.

"부통령은 정부라는 자동차의 예비 타이어이다."

이 문장이 의미하는 바를 (그 본질적 측면인 유머와 별도로) 어떻게 이해하는가? 다짜고짜 "우리 정부를 자동차로 간주하라"라는 말을 듣는다면, 당신은 '자동차 핸들=대통령' 따위의 상응관계를 얼마든지 제시할지도 모른다. 견제와 균형*에는 무엇이 상응할까? 안전 벨트에는 무엇이 상응할까? 대응시킬 두 사물이 너무 다르기 때문에, 대응은 거의 어쩔 수 없이 **기능적** 측면들에 관련할 것이다. 따라서 당신은 자동차 부품을 표현하는 개념 뼈대를 저장한 곳에서, 이를테면 모양 같은 것보다는 기능과 관련된 것들만 검색한다. 그뿐만 아니라 "기

---

* 삼권분립의 원칙. 대통령, 의회, 대법원 간의 견제와 균형. '세 발 달린 솥'을 뜻하는 한자 鼎이 떠오른다.

능"을 너무 좁은 맥락에서 취하지 않는 꽤 높은 추상층위에서 작업하는 것이 합당하다. 그 결과 예비 타이어의 기능에 대해서, (1) "펑크 난 타이어의 교체" 또는 (2) "자동차의 망가진 부품의 교체" 중에서, 이 경우 분명히 (2)를 선호할 것이다. 이것은 단적으로 자동차와 정부는 너무 달라서 높은 추상층위에서 대응되어야 한다는 사실에서 비롯한다.

그 특정한 문장을 검토해보니, 위의 대응은 한 가지 측면으로 강요되었다— 그러나 결코 어색한 방식은 아니다. 사실, 당신은 부통령에 대해서 다른 많은 것들 가운데 이미 한 가지 개념 뼈대를 가지고 있다. 그것은 "정부의 무능력한 어떤 부서에 대한 대체품"이다. 따라서 강요된 대응도 수월하게 작동한다. 그러나 대조를 위해서, "예비 타이어"에 대해서 다른 개념 뼈대, 이를테면 타이어의 물질적 측면을 기술하는 개념 뼈대를 검색했다고 가정하자. 그것은 여러 표현들 중에서, 예비 타이어는 "둥글고 빵빵하다"라는 표현일 수도 있다. 분명히 이것은 올바른 선택은 아니다(아니면 맞나? 나의 친구가 지적한 것처럼, 몇몇 부통령은 조금 뚱뚱하며, 대부분의 부통령은 아주 빵빵하다!).

접근 포트

각각의 생각에는 특유한 스타일이 있고 그 스타일의 주요 특징들 가운데 하나는 새로운 경험들을 분류하여 기억 속으로 채워 넣는 방식이다. 왜냐하면 나중에 경험들을 기억에서 끄집어내는 데에 쓰일 "손잡이"를 그것이 정의하기 때문이다. 그리고 사건, 사물, 아이디어 등 생각할 수 있는 모든 것에 대해서 폭넓은 다양한 "손잡이"가 있다. 나는 카(car)-라디오를 켜려고 손을 뻗었는데 실망스럽게도 라디오가 이미 켜져 있다는 사실을 발견할 때마다 이것을 절실히 깨닫는다! 이때 일어난 것은 그 라디오에 대해서 두 가지 표현이 독립적으로 사용되고 있다는 점이다. 하나는 "음악 발생장치"이고 다른 하나는 "지루함 해결사"이다. 나는 음악 소리가 들리는 것을 의식하지만 그래도 어쨌든 지루하다. 그리고 이 두 가지 자각이 상호작용할 기회를 가지기도 전에, 손을 뻗는 반사작용이 점화되었다. 이와 똑같은 손을 뻗는 반사작용이 어느 날 카-라디오를 수리점에 맡긴 후 차를 몰고 떠나면서 음악을 듣고 싶어할 때 일어났다. 희한한 일이다. 카-라디오에 대해서 여러 다른 표현들이 있는데, 이를테면

반짝이는 은색-둥근 손잡이가 달린 물건

과열된 문제들을 쏟아내는 물건

고칠 때 울퉁불퉁한 바닥에 대고 누워서 고쳐야 하는 물건

윙윙 잡음이 나는 물건

미끄러짐-다이얼이 있는 물체

다중 표현의 본보기

이 모든 표현들이 다 접근 포트로서 작용할 수 있다. 이것들 모두가 나의 카-라디오에 대한 나의 기호에 속하지만, 어느 하나를 거쳐서 그 기호에 접근하는 것이 다른 모든 포트들을 여는 것은 아니다. 따라서 손을 뻗어 라디오를 켤 때, 라디오를 고치러 등을 대고 눕는 것을 기억해내도록 고무될 것 같지는 않다. 이와 반대로 내가 바닥에 등을 대고 누워 나사를 풀고 있을 경우, 라디오에서 "푸가의 기법"을 들었던 때에 대해서 생각하지 않을 것이다. 한 기호의 여러 측면들 사이에 "칸막이들"이 있다. 그 칸막이들은 나의 생각들이 자유연상의 방식으로 너저분하게 넘쳐흐르는 것을 막아준다. 나의 마음속의 칸막이들은 나의 사고의 흐름을 억제하고 일정 방향으로 돌리기 때문에 중요하다.

이 칸막이들이 아주 견고한 장소 한 곳은 같은 사물에 대해서 다른 언어로 나타내는 낱말들을 봉쇄하는 데에 있다. 그 칸막이들이 견고하지 않으면, 이중언어 구사자는 두 언어 사이를 끊임없이 오갈 것이고 그것은 매우 불편할 것이다. 물론, 새로운 두 언어를 동시에 배우는 성인들은 낱말들을 자주 헷갈린다. 이 언어들 사이의 칸막이는 더 약해서 부서질 수도 있다. 통역자들이 특히 흥미로운 사례를 보여준다 : 왜냐하면 마치 그들이 구사하는 언어의 칸막이가 불가침인 듯이 그들은 어떤 언어라도 따로 구사할 수 있기 때문이다. 그러나 명령이 떨어지면 그들은 이 칸막이들을 즉시 무력화시켜, 한 언어에서 다른 언어로 접근하도록 할 수 있다. 그래서 통역을 할 수 있다. 세 개의 언어를 구사하며 성장한 조지 스타이너는 그의 책 『바벨 탑 이후』에서, 마음의 층들에서 일어나는 프랑스어, 영어, 독일어의 혼합과 그가 구사하는 서로 다른 언어들이 개념들에 대하여 다른 접근 포트들을 어떻게 제공하는지 여러 쪽에 걸쳐 상술하고 있다.

강제된 일치

두 개의 관념들이 어떤 추상층위에서 개념의 뼈대를 공유한다고 여겨질 경우, 서로 다른 일들이 벌어질 수 있다. 보통 첫 번째 단계에서는 두 관념을 확대해서 들여다보고 더 높은 층위에서의 일치를 길잡이로 삼아 상응하는 하위관념들을 찾아내려고 한다. 때로는 일치가 재귀적으로 여러 층위들 아래로까지 확장될 수 있으며, 그러면 깊숙한 곳에 자리잡은 동형성이 드러난다. 때로는 유추나 비슷한 점을 드러내며 더 빨리 중단된다. 그리고 높은 층위에서의 비슷한 점이 너무나 설득력이 있어서, 일치가 낮은 층위에서 계속되는지 명확하지 않아도 그냥 밀어붙여서 일치를 만드는 때가 있다. 그것이 바로 **강제된 일치**이다.

강제된 일치는 신문의 정치만평에 매일 나타난다 : 정치인은 비행기, 배, 물고기, 모나리자로 ; 정부는 사람이나 새 또는 원유 시추탑으로 ; 조약은 서류가방, 칼, 벌레가 가득 찬 깡통……등등처럼 묘사된다. 우리가 제시된 일치를 얼마나 쉽게, 그것도 의도된 정확한 깊이로 수행할 수 있는지 보면 흥미롭다. 우리는 일치시키기를 너무 깊게도, 너무 얕게도 실행하지 않는다.

한 사물을 다른 사물의 틀 속에 억지로 일치시킨 또다른 사례는, 내가 대화 "게 카논"의 발전과정을 감수분열의 용어로 기술하기로 했을 때 일어났다. 이것은 여러 단계에 걸쳐서 일어났다. 처음에는 "게 카논"과 동원체(centromere)에 의해서 연결된 염색체들의 이미지가 공유하는 공통의 개념 뼈대에 주목했다. 이것이 강제된 일치에 대한 영감을 주었다. 그리고 높은 층위에서 보면 "성장", "단계들", "재결합"을 끌어들인다는 비슷한 점이 있다는 것을 알았다. 그런 다음에 그냥 내가 할 수 있는 데까지 유추를 밀어붙였다. 봉가드 문제-해결장치에서처럼 잠정성이 큰 역할을 했다. 즉 나는 매력적인 일치가 발견될 때까지 여러 번 앞으로 갔다가 다시 뒤로 와서 다시 시작했다.

개념적 대응에 대한 세 번째 사례는 중심원리 대응(Central Dogmap)이 제공했다. 먼저 수리논리학자의 발견과 분자생물학자의 발견 사이에 높은 층위에서 비슷한 점이 있다는 것을 알아차렸다. 그런 다음에 강력한 유추를 찾을 때까지 더 낮은 층위들로 유추를 밀어붙였다. 나는 유추를 더 보강하기 위해서, 유전자 코드를 모방했던 괴델 수 매기기를 택했다. 이것이 중심원리의 대응에 있는 강제적 조응의 유일한 성분이었다.

강제된 일치, 유추, 은유는 서로 쉽게 분리될 수 없다. 스포츠 캐스터는 칸칸으로 분류하기 어려운 생생한 이미지를 자주 사용한다. 예를 들면 "램스[미식축구 팀]가 그들의 바퀴들을 굴리고 있다" 같은 은유에서 당신이 정확히 어떤 이미지를 떠올리게 될지 말하기는 어렵다. 당신은 바퀴들을 팀 전체에 결부시키는가 아니면 개별 선수들에 결부시키는가? 아마 둘 다 아닐 것이다. 오히려 진흙탕이나 눈밭 속에서 헛돌고 있는 바퀴들의 이미지가 눈앞에 잠시 떠오르고, 어떤 불가사의한 방식으로, 관련 있는 부분들만 들어 올려져 그 팀이 굴리는 모습으로 전환될 것이다. 미식축구 팀과 자동차는 우리가 이런 전환을 하는 찰나에 서로에게 얼마나 깊이 대응되는가?

요약

앞의 사안들을 좀더 연계시켜보도록 하자. 나는 기호의 창조, 조작 및 비교와 결부된 다수의 관련된 아이디어들을 제시했다. 그것들은 대부분 어떻게든 이탈과 연관된다. 즉 개념들이 때로는 조밀한 성분들로, 때로는 느슨한 성분들로 이루어져 있다는 그 발상이, 내포된 맥락들(프레임들)의 상이한 층위들에서 유래한다는 것이다. 느슨한 성분들은 제거되어 쉽게 교체될 수 있으며, 이것이 상황에 따라서 "가정법 즉석-재생", 강제된 일치 또는 유추를 창조할 수 있다. 두 기호의 융합은 개별 기호의 일부 성분은 제거되고 나머지 일부 성분은 보존되는 과정에서 나타날 것이다.

창조성과 무작위성

우리가 창조성의 기계화에 대해서 얘기하고 있다는 것은 명백하다. 그러나 창조성의 기계화는 명사 모순이 아닌가? 거의 그렇다고 할 수 있지만 진짜로 모순적이지는 않다. 창조성의 본질은 기계적이지 않은 것이다. 그런데 모든 창조적 행위는 기계적이다. 그것은 딸국질의 경우에 못지않게 설명할 수 있다. 창조성의 물리적 기반은 기계적인데, 그 기반이 시야로부터 숨겨져 있을지 모르지만 존재한다. 반대로, 심지어 오늘날에도, 유연한 프로그램들에는 비기계적인 어떤 것이 있다. 그것이 창조성을 구성하고 있지 않을지도 모르지만, 프로그램이 그것을 만든 사람에게조차 투명해지지 않을 경우, 창조성으로 접근하기 시작한 것이다.

　무작위성이 창조적 행위의 필수성분이라는 견해는 통념이다. 이 통념은 맞는 말이겠지만, 창조성을 기계화할 수 있다거나 프로그래밍할 수 있다는 것과는 아무런 관계도 없다! 세계는 무작위성이 거대한 무더기를 이루고 있다. 당신이 세계의 일부를 당신의 머릿속에 반영한다면, 머리의 내부는 그 무작위성을 약간 흡수한다. 그러므로 기호의 점화 패턴은 당신을 가장 제멋대로인 것으로 보이는 경로들로 이끌 것이다. 이것은 그저 그 경로들이 '제멋대로인 광란의 세계와 당신이 상호작용한 데서' 유래했기 때문이다. 그래서 컴퓨터 프로그램의 경우도 그것과 마찬가지일 수 있다. 무작위성은 사고의 고유한 특성이지, 주사위든 붕괴하는 원자핵이든 난수표든 그런 것들을 통해서 "인공적으로 수정되어야" 할 어떤 것이 아니다. 무작위성이 그런 자의적인 원천들에 기댄다고 은근히 비치는 것은 인간의 창조성에 대한 모독이다.

　우리가 무작위한 것으로 보는 것이 대칭적인 어떤 것을 그저 "왜곡" 필터로 관찰한 효과일 뿐인 경우가 흔하다. 살비아티는 $\pi/4$라는 수를 관찰하는 두 가지 방식을 가지고 멋진 보기를 제시했다. $\pi/4$의 십진법 전개는 문자 그대로 무작위적이지는 않지만, 대부분의 목적에 필요한 한도 내에서는 무작위적이다. 즉 "의사(擬似)-무작위성"이다. 수학은 미래의 모든 창조자들에게 언제까지라도 충분히 공급할 수 있을 만큼 의사-무작위성으로 가득하다.

　과학이 어느 시대, 어느 수준에서든 "개념 혁명"으로 물든 것처럼, 개체들의 사고는 속속들이 창조적 행위로 가득 차 있다. 개념적 혁명들은 가장 높은 평면 위에만 있는 것이 아니라 도처에 있다. 그것들은 대부분 미미하며 이미 수백만 번이나 만들어져왔지만, 그것들은 가장 창조적이고 가장 새로운 활동의 가까운 사촌들이다. 오늘날 컴퓨터 프로그램들은 아직은 소소한 창조들을 많이 해내는 것으로 보이지는 않는다. 프로그램들이 하는 것 대부분은 여전히 매우 "기계적이다." 이것은 단적으로 컴퓨터 프로그램들이 사람이 생각하는 방식을 시뮬레이션 하는 데에 접근하지 못했다는 사실을 입증한다. 그러나 가까워지고는 있다.

　고도로 창조적인 아이디어들을 일상적인 아이디어들과 구분해주는 것은 아름다움, 단순성, 조화가 어우러진 어떤 감각일 것이다. 사실, 내가 좋아하는 "메타-유추"가 있는데, 거기서 유추를 화음에 비유한다. 아이디어는 간단하다 : 표면적으로 비슷한 아이디어들은 대개 깊이 연관되어 있지 않다. 그리고 깊숙이 연관된 아이디어들은 대개 표면적으로 상당히 다르다. 화음에 대한 유추는 자

연스럽다 : 즉 물리적으로 가까운 음들은 화성적으로 멀고(예를 들면 E-F-G), 화성적으로 가까운 음들은 물리적으로 멀다(예를 들면 G-E-B).* 개념 뼈대를 공유하는 아이디어들은 개념적으로 화성과 비슷한 것 안에서 공명한다. 이 화성을 이루는 "아이디어-화음들"은, 가상의 "개념 피아노 건반" 위에서 측정해보면, 종종 아주 멀리 떨어져 있다. 물론, 옛날 방식으로 아무리 팔을 넓게 뻗어 쿵 하고 내리 눌러도 충분치 않다―7도나 9도 음정을 누를지도 모른다! 현재의 유추는 아마 9도 화음처럼, 음폭은 넓지만 화음을 이루지는 않는 불협화 음정일 것 같다.

모든 층위에서 패턴을 찾아내기

이 장에서는 봉가드 문제를 선택해 초점을 맞추었다. 왜냐하면 당신이 봉가드 문제를 연구할 경우, 우리 인간이 자신의 유전자로부터 상속받은 패턴에 대한 오묘한 감각이 지식표현의 모든 메커니즘을 끌어들인다는 사실을 깨닫기 때문이다. 그 메커니즘은 중첩된 맥락, 개념 뼈대와 개념적 대응, 이탈 가능성, 기술(記述)과 메타-기술 및 그것들의 상호작용, 기호들의 분열과 융합, (상이한 추상 차원과 층위들을 따라서 나타난) 다중표현, 내정된 기댓값 그리고 그밖의 것을 포함한다.

지금 시점에, 어떤 프로그램이 한 영역에서 패턴들을 찾아낼 수 있더라도, 우리가 보기에 똑같이 명확해 보이는 다른 영역의 패턴들을 놓칠 것이라는 것은 확실하다. 독자는 내가 제1장에서 '기계는 반복에 무덤덤할 수 있지만 사람은 그럴 수 없다'라면서 이것에 대해서 언급했던 것을 기억할 것이다. 예를 들면 SHRDLU를 생각해보자 : 에타 오인이 "커다랗고 빨간 블록을 집어 올렸다가 내려놓아라"라는 문장을 자꾸자꾸 되풀이해서 입력하더라도, SHRDLU는 자꾸자꾸 되풀이해서 같은 방식으로 유쾌하게 반응할 것이다. 이것은 사람이 인내심을 가지고 "2+2"를 자꾸자꾸 되풀이해서 입력하면, 덧셈 기계는 4를 자꾸자꾸 되풀이해서 출력하게 될 것과 똑같다. 사람은 그렇지 않다. 어떤 패턴들이 자꾸자꾸 되풀이되면, 그 패턴을 간파할 것이다. SHRDLU에는 새로운 개념들을 만들거나 패턴을 인식하는 잠재력이 내장되지 않았다 : 즉 반복을 개관하는 감각이 없다.

---

* '솔-미-시'는 E단조 화음이지만 '미-파-솔'은 불협화 음계이다.

언어의 유연성

SHRDLU의 언어처리 능력은 제한된 범위 내에서는 엄청나게 유연하다. SHRDLU는 상당히 복잡한 통사구조나 의미론적 중의성을 가지는 문장들을 그것들이 데이터베이스를 검색하여 해결될 수 있는 한 이해할 수 있다. 그러나 "모호한" 언어는 처리할 수 없다. 예를 들면 "얼마나 많은 블록들이 서로의 위에 올라타야 탑을 만드는가?"라는 문장을 생각해보자 : 우리는 그 문장을 즉각 이해하지만, 그것을 곧이곧대로 해석하면 뜻이 잘 통하지 않는다. 그 문장이 어떤 관용구를 사용했기 때문에 그런 것이 아니다. "서로의 위에 올라탄다"는 부정확한 문구이지만 그럼에도 불구하고 사람에게 의도하는 이미지를 아주 잘 전해준다. 두 블록이 제각기 다른 블록의 위에 놓이게 되는 역설적인 설정이나 어디론가 또는 다른 곳으로 가고 있는 블록들을 시각화하도록 잘못 이끌릴 사람은 거의 없다.

언어에 관해서 놀라운 점은, 우리가 얼마나 언어를 부정확하게 사용하는가와 그럼에도 불구하고 그 언어를 가지고 그럭저럭 소통한다는 사실이다. SHRDLU는 낱말을 "금속 같은" 방식으로 사용하는 반면, 사람은 낱말을 "스폰지 같은" 또는 "고무 같은" 심지어 "찰흙 같은" 방식으로 사용한다. 만일 낱말이 너트와 볼트라면, 사람은 아무 볼트나 아무 너트에 맞도록 할 수 있을 것이다. 즉 그들은 모든 것이 물렁물렁해지는 초현실주의 회화에서처럼, 어느 하나를 다른 것에 으깨 넣을 수 있을 것이다. 언어의 성분은 성긴 입자들임에도 불구하고, 인간의 손에서는 거의 액체처럼 된다.

최근에, 자연언어의 이해에 관한 인공지능 연구는 고립된 개별 문장들의 이해로부터 벗어나, 아이들이 말하는 단순한 이야기들의 이해 같은 영역 쪽으로 더 향하고 있다. 다음은 잘 알려진 어린이 말놀이 노래인데, 실제 생활 속 상황들의 무한정 확장 가능성을 보여준다.

어떤 남자가 비행기를 탔네.
　안됐지만 그가 추락했네.
다행히도 그는 낙하산을 메고 있었네.
　안됐지만 낙하산이 펴지지 않았네.
다행히도 아래에 건초 더미가 있었네.

안됐지만 쇠스랑이 거꾸로 세워져 있었네.

다행히도 쇠스랑을 피했네.

안됐지만 건초 더미도 빗나갔네.

이 노래는 무한정 확장될 수 있다. 이 우스운 이야기를 프레임에 기초한 체계 안에서 표현하는 것은 "남자", "비행기", "비상구", "낙하산", "추락" 등등 같은 개념들을 위한 프레임을 함께 활성화하는 일을 끌어들이면서 극도로 복잡하게 될 것이다.

지능과 감정

짧지만 가슴 저미는 이야기 하나를 살펴보자 :

마지는 예쁜 새 풍선의 끈을 꼭 붙들고 있었어요. 갑자기 돌풍이 그것을 낚아챘어요. 바람은 풍선을 나무 쪽으로 날려 보냈지요. 풍선은 나뭇가지에 부딪혀 펑 터져버렸답니다. 마지는 하염없이 울었어요.[4]

이 이야기를 이해하려면 행간에 숨겨진 많은 것을 읽어내야 한다. 예를 들면, 마지는 소녀이다. 이것은 아이가 쥘 수 있는 끈이 달린 장난감 풍선이다. 그 풍선은 어른들에게는 몰라도 아이 눈에는 아름다운 물건이다. 소녀는 바깥에 있다. 바람이 낚아챈 "그것"은 바로 그 풍선이었다. 바람은 풍선에 마지를 매달은 채 끌어당기지는 않았다. 마지는 그 풍선을 놓쳤다. 풍선은 뾰족한 끝에 닿으면 터질 수 있다. 풍선은 일단 터지고 나면 영원히 사라진다. 어린아이들은 풍선을 좋아한다. 그래서 풍선이 터지면 매우 낙담할 것이다. 마지는 자신의 풍선이 터진 것을 보았다. 아이들은 슬프면 운다. "하염없이 운다"는 것은 매우 오래 그리고 심하게 운다는 뜻이다. 마지는 자신의 풍선이 터져서 슬펐기 때문에 하염없이 울었다.

이것은 아마 표층 수준에는 결여되어 있는 것의 작은 일부에 불과할 것이다.

---

4) David E. Rumelhart, "Notes on a Schema for Stories", in D. Bobrow 및 A. Collins 편, *Representation and Understanding*, p. 211.

프로그램이 무슨 일이 벌어지고 있는지 파악하려면, 이 모든 지식이 있어야만 한다. 그 프로그램이 이야기된 것을 어떤 지적인 의미에서 "이해한다"고 할지라도, 그 프로그램도 또한 하염없이 울기 전까지는 그 프로그램이 **진정으로** 이해하지는 못할 것이라고 반박할지도 모른다. 컴퓨터는 그런 일을 언제나 하게 될까? 이것이 바로 요제프 바이첸바움이 자신의 책 『컴퓨터의 위력과 인간의 이성』에서 관심을 가지고 개진한 인본주의적 관점인데, 나는 그의 관점이 중요한 논점이며 사실 매우, 매우 심오한 논점이라고 생각한다. 유감스럽게도 이 시대의 많은 인공지능 연구자들은 여러 이유에서 이런 종류의 관점을 진지하게 받아들이기를 내켜하지 않는다. 그러나 어떤 점에서는, 그런 인공지능 연구자들의 견해도 옳다. 즉, 우는 컴퓨터에 대해서 생각하는 것은 조금 시기상조이다. 우리는 먼저 컴퓨터가 언어와 그밖에 다른 것들을 다루도록 규칙들을 생각해야 한다. 훗날, 때가 되면 우리는 더 심오한 그 논점들을 생생하게 대하게 될 것이다.

인공지능, 아직도 갈 길이 멀다

때로는 규칙에 지배받는 행동이 전혀 없어서 인간은 규칙에 지배받지 **않는** 것처럼 보이기도 한다. 그러나 이것은 착각으로, 결정(結晶)과 금속은 엄격한 기저 법칙으로부터 발생하지만 액체나 꽃은 그렇지 않다고 생각하는 것과 좀 비슷하다. 다음 장에서 이 문제로 다시 돌아올 것이다.

> 뇌에서 내부적으로 작동하는 논리과정 자체는 기호의 그림들을 가지고 연이어 조작하는 것과 더 비슷할지도 모른다. 기호의 그림은 중국의 한자나 사건에 대한 마야인의 기술(記述)과 비슷한 일종의 추상적인 유사체이다. 다만 그 성분들이 단순히 낱말들이 아니라, 문장들 또는 전체 이야기들과 더 비슷한데, 이것들 사이의 연결은 고유의 규칙들을 사용하여 일종의 메타−논리 또는 슈퍼−논리들을 형성하면서 이루어지는 점이 다르다.[5]

대부분의 전문가들에게도, 그들의 전문분야에 들어서도록 촉발한 동기가 원래 무엇이었는지 생생하게 표현하는 것은, 심지어 기억하는 것조차 어렵다. 이와

---

5) Stanislaw Ulam, *Adventures of a Mathematician*, p. 183.

반대로, 그 분야 밖의 어떤 사람들은 어떤 한 분야의 특별한 낭만성을 이해할 수 있고 그것을 정확히 표현할 수 있을 것이다. 그렇기 때문에 울람에게서 취한 바로 위의 인용문이 나에게 매력적으로 느껴지는 것이다. 그 문구는 인공지능 연구의 생경함을 시적으로 전해주지만, 그럼에도 불구하고 인공지능에 대한 신념을 보여주기 때문이다. 이 지점에서는 그 신념을 밀고 나가야 한다. 아직도 갈 길이 너무 멀기 때문이다.

열 개의 질문과 추측

이 장을 끝내면서 나는 인공지능에 대한 열 개의 "질문과 추측"을 제시하고 싶다. 그것들을 "답"이라고 말할 만큼 대담해 보이고 싶지는 않다. 그저 나의 개인적인 견해들이다. 내가 더욱 많이 배우고 인공지능이 더욱 발전함에 따라서, 그 견해들은 어떤 점에서 바뀔 것이다. (아래에서, "인공지능 프로그램"이란 오늘날의 프로그램을 훨씬 능가하는 "진정으로 지능적인" 프로그램을 뜻한다. "프로그램"이나 "컴퓨터" 같은 낱말은 상당히 기계적인 의미를 함축하고 있겠지만, 어쨌든 그냥 쓰기로 하겠다.)

질문 : 컴퓨터 프로그램이 언젠가는 아름다운 음악을 작곡하게 될까?
　　추측 : 그래, 하지만 금방은 아니야. 음악은 감정의 언어야. 그리고 프로그램이 우리의 감정 같은 복잡한 감정을 가지기 전까지는, 프로그램은 어떤 아름다운 곡도 쓸 방법이 없을 거야. 이전 음악의 통사구조를 천박하게 흉내낸 "위조"는 있을 수 있지. 그러나 사람들이 처음에는 비슷하다고 생각할지 몰라도, 음악적 표현에는 통사규칙으로 포착될 수 있는 그 이상의 많은 것이 있어. 컴퓨터 작곡 프로그램들이 발견해낼 새로운 종류의 미(美)는 앞으로 한참 동안은 없을 거야. 이 생각을 조금 더 밀고 나가보자고. 우편 주문으로 20달러면 구입할 수 있는 대량 생산품인, 미리 프로그래밍된 탁상형 "뮤직박스"에 명령해서 그것에 내장된 무미건조한 회로망에서, 쇼팽이나 바흐가 더 오래 살았더라면 작곡했을 법한 곡들을 만들게 할 수 있는 날이 곧 올 것이라는 생각—이렇게 제안하는 것을 듣기도 했는데—은 인간 정신의 깊이에 대한 기괴하고도 부끄러운 잘못된 평가야. 쇼팽이나 바흐가 만

들었던 것과 같은 음악을 만들어낼 수 있을 "프로그램"이라면, 삶의 미로를 헤치고 자신의 길을 나가기 위해서 투쟁하고 삶의 모든 순간을 느끼며 자신의 힘으로 세상을 돌아다녀야 할 거야. 그 프로그램은 차가운 밤바람의 기쁨과 고독, 마음속에 간직했던 손에 대한 그리움, 멀리 떨어진 마을에 도달할 수 없는 절망감, 사람의 죽음에 뒤따르는 비통함과 부활 등을 이해해야 할 거야. 체념도 알아야 했을 테고 세상의 권태, 비탄과 절망, 결단과 승리, 경건함과 경외감도 느껴야 했겠지. 그 프로그램에는 희망과 공포, 번뇌와 환희, 평정과 불안과 같은 정반대의 것도 반드시 혼재되어야 했을 거야. 그 프로그램의 핵심은 은총, 유머, 리듬에 대한 감각, 기대하지 않은 것에 대한 감각, 그리고 물론 신선한 창조의 마법에 대한 정교한 의식이어야 할 거야. 이러한 것 속에, 오직 이러한 것 속에만 음악에서의 의미의 원천이 있다네.

질문 : 감정이 기계에 명시적으로 프로그래밍될까?

　　추측 : 아니. 그건 웃기는 소리지. 감정을 직접 시뮬레이션하는 것은 어떤 것이든—예를 들면 PARRY—인간의 감정의 복잡성에 접근할 수 없어. 감정은 우리 마음의 조직으로부터 간접적으로 발생하는 거야. 프로그램이나 기계들도 똑같은 방식으로 감정을 획득할 거야. 즉, 직접적인 프로그래밍을 통해서가 아니라, 자신들의 구조, 그러니까 자신들이 조직된 방식의 부산물로서 획득할 거라네. 그러므로, 예를 들면, 아무도 "실수하기" 서브루틴을 만들지 않는 그 이상으로 "사랑에 빠지기" 서브루틴을 만들지 않을 거야. "사랑에 빠지기"는 우리가 복잡한 체계의 복잡한 과정에 붙이는 기술(記述)이야 : 그러나 체계 안에 오직 "사랑에 빠지기"만 담당하는 단일 모듈이 필요한 것은 아니야!

질문 : 생각하는 컴퓨터가 덧셈을 빠르게 할 수 있을까?

　　추측 : 아마 못 할 거야. 우리 자신은 엄청난 계산을 해내는 하드웨어들로 구성되었지. 하지만 그게 "우리"가 있는 기호층위가 바로 그만큼 엄청난 계산을 수행하는 방법을 안다는 뜻은 아니야. 이런 식으로 설명해 볼게 : 식료품점의 계산서에 있는 물건값들을 더하려고 자네 자신의 뉴런들에 수들을

적재할 수 있는 방법은 없어. 다행히도, 당신의 기호층위(즉 **당신**)가 당신의 생각을 수행하고 있는 뉴런들에 접근할 수 없어. 그렇지 않으면 혼란에 빠질 거야. 데카르트의 말을 바꾸어 표현해보자고 :

> "나는 생각한다. 그러므로 나는 덧셈하는 층위에 접근할 수 없다."*

위의 명제가 지능적인 프로그램에 대해서도 같으면 안 되는 걸까? 그런 프로그램은 자신의 생각을 수행하고 있는 회로들에 접근하도록 허용되어서는 안 된다네. 그렇지 않으면, 컴퓨터의 중앙처리장치는 혼란에 빠질 거야. 정말 진지하게 말하는데, 튜링 테스트에 통과할 수 있는 기계는 당신이나 나만큼 덧셈이 느릴 거야. 그것도 비슷한 이유에서 말이지. 그 기계는 숫자 2를 그냥 2비트 "10"으로 표현하는 게 아니라, 우리가 하는 방식처럼, 2의 동음이의어인 "이(齒)"와 "이(虱)", 낱말 "쌍(couple)"과 "듀스(deuce)", 도미노 돌 위에 찍힌 점들, 숫자 "2"의 모양 같은 다수의 심적 이미지, "교대", "짝수", "홀수" 같은 개념, 등등……같은 연상들로 충만한, 제대로 된 **개념**으로서 표현할 걸세. 그래서 운반해야 할 이 모든 "추가 수하물" 때문에, 지능적인 프로그램은 덧셈을 할 때 아주 느려터지게 될 거야. 물론 그 프로그램에 "휴대용 계산기"를 선사할 (즉 내장할) 수도 있어. 그러면 매우 빠르게 대답할 수 있을 테지만, 그것의 과제 수행은 휴대용 계산기를 가진 사람의 과제 수행과 같을 거라고. 그 기계에는 두 개의 분리된 부분이 있을 거야. 신뢰할 수 있지만 마음은 없는 부분과 지능은 있지만 오류가 생길 수 있는 부분 말이지. 사람과 기계의 복합을 신뢰하는 이상으로 그 복합체계를 신뢰하여 의지할 수는 없을 거야. 그래서 이것이 자네가 구하는 올바른 해답이라면, 휴대용 계산기 하나만 고수하는 게 낫네. 지능을 덧붙이지 말게나!

질문 : 천하무적의 체스 프로그램이 출현할까?

추측 : 아니. 체스 시합에서 누구라도 이길 수 있는 프로그램들은 있겠지만, 그 프로그램들이 전적으로 체스 선수이기만 하지는 않을 거야. 그것들은

---

* 데카르트의 『방법서설(*Discours de la Méthode*)』의 명제 "Cogito ergo sum(나는 생각한다. 고로 〔생각하는〕 나는 존재한다)"에 대한 말장난이다.

일반 지능을 가진 프로그램들이 될 것이고 그러면 사람처럼 변덕스러운 기질을 가지게 될 거야. "체스 한판 두시렵니까?", "아니요, 체스는 따분합니다. 시에 대해서 말해봅시다." 이것이 바로 당신이 천하무적 프로그램과 나눌 수 있는 종류의 대화일 거야. 그것은 실제의 지능은 어쩔 수 없이 총체적인 조망 능력—즉 "체계에서 벗어날 수 있도록" 프로그래밍된 능력, 말하자면 적어도 대략 우리가 가진 그 능력의 정도까지—에 의존하기 때문이지. 일단 그런 프로그램이 존재하게 되면, 당신은 그 프로그램을 더 이상 통제할 수 없어. 그 프로그램은 어떤 임계점을 넘어갔고, 그래서 당신은 스스로 초래한 사태들과 직면해야 하네.

질문 : 메모리 속에 프로그램의 행동을 지배하는 매개변수들을 저장하는 특별한 장소들이 있을까? 그래서 그곳에 접근하여 저장된 값들을 바꾸어서 프로그램을 더 똑똑하게 또는 더 우둔하게 아니면 더 창조적으로 또는 야구 팬으로 만들 수 있을까? 한마디로, 비교적 낮은 층위에서 그 프로그램을 만지작거려서 "조정할" 수 있을까?

추측 : 아니. 그 프로그램은 메모리에 있는 그 어떤 특정한 성분들의 변화도 전혀 의식하지 못할 거야. 마치 우리 몸에 있는 뉴런들이 매일 수천 개씩 죽어나가도 우리가 거의 똑같이 있는 것처럼 말이야(!). 하지만 당신이 지나치게 건드리면, 마치 당신이 사람을 대상으로 무책임하게 신경외과 수술을 한 것처럼 그 프로그램에 손상을 입힐 거라네. 메모리에는, 예를 들면, 프로그램의 "지능지수"가 자리잡는 "마법의" 장소는 없을 거야. 지능 또한 낮은 층위의 행동의 결과로서 발생하는 특징일 거야. 그러니 어디에도 명시적으로 자리잡지 않을 거라고. "프로그램이 단기기억 속에 보유할 수 있는 항목의 개수", "프로그램이 물리학을 좋아하는 정도" 같은 것들에 대해서도 사정은 마찬가지야.

질문 : 인공지능 프로그램을 나나 당신 또는 우리 둘의 중간쯤처럼 행동하도록 "조정할" 수 있을까?

추측 : 아니. 사람들이 카멜레온 같지 않은 그 이상으로 지능적인 프로그램도 카멜레온 같지는 않을 거야. 그 프로그램은 자신의 기억 불변성에 의존할

것이고, 따라서 여러 인격들 사이를 오갈 수 없을 거야. "새로운 인격에 조정되도록" 내부 매개변수들을 바꾼다는 착상은 인격의 복잡성을 터무니없이 과소평가하고 있다는 걸 드러내는 거지.

질문 : 인공지능 프로그램에 "마음(heart)"이 있을까, 아니면 그저 "무감각한 반복고리들(loops)과 무감각한 사소한 연산들"(마빈 민스키의 표현)[6]로 구성될까?

추측 : 얕은 연못의 경우처럼, 우리가 프로그램 밑바닥까지 훤히 들여다볼 수 있다면 분명히 "무감각한 반복고리들과 무감각한 사소한 연산들"만 보게 될 거야. 그리고 분명히 어떤 "마음"도 볼 수 없을 거야. 이제 인공지능에 대한 두 종류의 극단적인 시각이 있네. 한편에서는 사람의 마음(mind)은 근본적이고도 불가사의한 이유 때문에 프로그래밍될 수 없다고 주장하지. 다른 한편에서는 적절한 "발견술적 수단들"―다중 최적화 장치, 패턴 인식 묘책, 계획 대수, 재귀적인 집행 절차 등[7]―을 복합하기만 하면 되고 그러면 지능을 가지게 될 거라고 주장하지. 내 자신의 입장은 그 중간쯤인데, 인공지능 프로그램의 "연못"이 너무 깊고 탁해서 밑바닥까지 완전히 들여다볼 수는 없을 것으로 판명될 거라고 믿네. 우리가 맨 위에서 관찰하면, 오늘날 전류를 흘리는 전자(電子)가 대부분의 프로그래머들에게는 보이지 않은 것처럼, 반복고리들도 안 보일 거야. 우리가 튜링 테스트에 합격하는 프로그램을 창조하면, 비록 그 프로그램에 마음이 없다는 사실을 안다고 해도 "마음"을 보게 될 거야.

질문 : 인공지능 프로그램이 언젠가는 "슈퍼지능"이 될까?

추측 : 모르겠어. 우리가 "슈퍼지능"을 이해하거나 그것과 소통할 수 있을지 또는 그 개념이 과연 유의미한지도 명확하지 않아. 예를 들면, 우리 자신의 지능은 우리의 생각 속도와 연관되어 있어. 우리의 반사작용이 열 배가 빠르거나 느렸다면, 전혀 다른 개념들을 개발해서 세계를 기술했을지도 몰라.

---

6) Marvin Minsky, "Steps Toward Artificial Intelligence", in E. Feigenbaum and J. Feldman 편, *Computers and Thought*. p. 447.
7) 같은 책, p. 446.

근본적으로 다른 세계관을 가진 생물체라면 우리와 접점이 전혀 없을 거야. 예를 들면, 소박한 민요에 대해서 바흐가 차지하는 위치처럼 바흐에 대해서 그런 위치를 차지하는 음악작품, 말하자면 "바흐 제곱" 같은 곡이 있을 수 있을까 종종 궁금해하곤 했어. 그런 곡을 내가 이해할 수 있을까? 아마 그런 음악이 내 주변에 이미 있을지도 몰라. 단지 내가 인식하지 못할 뿐이지. 개가 사람의 말을 이해하지 못하는 것처럼 말이야. "슈퍼지능"이라는 발상은 아주 기이한 발상이야. 어쨌든 나는 슈퍼지능을 인공지능 연구의 목표로 생각하지 않아. 비록 우리가 언젠가 프로그램을 인간 지능의 수준에 도달시킨다고 해도, 우리뿐만 아니라, 인공지능과 슈퍼지능에 대해서 인간과 똑같이 호기심을 가질 인공지능 프로그램 동료들에게도 의심할 바 없이 슈퍼지능이 다음 목표가 될 테지만 말이야. 인공지능 프로그램들이 인공지능 일반에 대해서 극도의 호기심을 가지게 될 가능성은 아주 높은 것 같아. 납득할 수 있는 일이지.

질문 : 그렇다면 인공지능 프로그램들이 사실상 사람과 똑같아질 거라고 말하고 있는 것 같군. 아무 차이도 없을까?

추측 : 아마도 인공지능 프로그램과 사람의 차이는 대부분의 사람들 사이의 차이보다 클 거야. 인공지능 프로그램이 거주하는 "몸체"가 인공지능에 깊이 영향을 주지 않을 거라고 상상하기는 거의 불가능하다네. 그래서 인공지능 프로그램이 사람의 신체를 놀라울 정도로 충실하게 복제한 몸체를 가지고 있지 않다면—그런데 왜 인간과 똑같은 몸체를 가지고 있어야 하지?—무엇이 중요한가, 무엇이 흥미로운가 등에 관해서 아마 사람과는 엄청나게 다른 관점을 가질 것 같아. 비트겐슈타인이 한번은 "사자(獅子)가 말을 할 수 있더라도, 우리는 사자를 이해하지 못할 것이다"라는 재미있는 논평을 했지. 비트겐슈타인의 말을 들으니 점잖은 사자 한 마리와 잠자는 집시 여인이 달빛이 비치는 사막에 있는 풍경을 그린 루소*의 그림이 떠오르는군. 그런데 비트겐슈타인은 그걸 어떻게 알지? 내 짐작으로는 우리가 이해할 수 있다 하더라도, 어떤 인공지능 프로그램이든지 이질적으로 보일 거

---

* 우리에게 잘 알려진 교육철학자 장 자크 루소가 아니라, 어떤 유파에도 속하지 않는 환상적 사실주의를 대표하는 프랑스 화가 앙리 루소(1844-1910)이다.

야. 바로 그렇기 때문에, 우리가 진정으로 인공지능 프로그램을 다루고 있는지 아니면 그저 "기괴한" 프로그램을 다루고 있는지를 분간하는 데에 상당히 애를 먹게 될 거야.

질문 : 우리가 지능적인 프로그램을 만들었을 때, 지능과 의식과 자유의지와 그리고 "내"가 무엇인지 이해하게 될까?

추측 : 뭐랄까―이 모든 것은 자네가 "이해한다"를 무슨 뜻으로 쓰는가에 달려 있다네. 직감적인 층위에서 우리 각자는 그런 것들에 대해서 처음에는 가능한 한 잘 이해하지. 그건 음악을 듣는 것과 같아. 자네가 진정으로 바흐를 이해한 이유가 그를 분해했기 때문인가? 아니면 자네 몸속의 모든 신경에서 희열을 느꼈던 바로 그때 바흐를 이해했는가? 빛의 속도가 모든 관성(慣性) 기준계에서 어떻게 일정한지를 우리는 이해하는가? 우리는 빛의 속도가 일정한 것을 수학적으로 계산할 수 있지만, 진정으로 상대론적 직관을 가진 사람은 세상에 없어. 어느 누구도 지능과 의식의 신비를 직관적으로 이해할 수 없을 걸세. 우리 각자는 **사람들**을 이해할 수 있어. 그리고 자네에게 가능한 것은 아마 거기까지일 거야.

나무늘보 카논

이번에는 아킬레스와 거북이 그들의 새로운 친구인 나무늘보의 집을 방문한다.

아킬레스 : 거북 선생과 내가 펼친 이상야릇한 경주에 대해서 말해줄까?

나무늘보 : 해보게.

아킬레스 : 그 경주가 이곳에서는 꽤 유명해졌지. 제논이 그 경주에 대해서 쓰기까지 했다던데.

나무늘보 : 아주 흥미진진할 것 같군.

아킬레스 : 아주 재미있었지. 거북 선생은 나보다 앞에서 출발했어. 단연코 유리했네. 그런데—

나무늘보 : 자네가 따라잡았군, 그랬지?

아킬레스 : 그래, 내 걸음이 엄청 빨라서, 나는 우리 둘 사이의 거리를 꾸준히 좁혔고, 곧 거북을 따라잡았어.

나무늘보 : 간격이 계속해서 줄어들고 줄어들어 자네가 따라잡을 수 있었군.

아킬레스 : 맞았어! 오, 보게나. 거북 선생이 자기 바이올린을 가져왔어. 거북 선생, 그 바이올린으로 내가 연주해봐도 될까?

거북 : 미안하지만 하지 말게. 아주 밋밋한 소리가 나서 말이야.

아킬레스 : 오, 알았어. 하지만 음악을 하고 싶은 기분이라서. 왜 그런지는 모르겠네만.

나무늘보 : 피아노를 치면 되잖아, 아킬레스.

아킬레스 : 고맙네. 잠시 후에 쳐보도록 하지. 거북 선생과 내가 나중에 다른 종류의 "경주"도 했다는 사실을 덧붙이고 싶었어. 유감스럽게도 그 경주에서는—

▶그림 133. J. S. Bach의 "음악의 헌정" 중에서 "나무늘보 카논(Sloth Canon)"[도널드 버드의 프로그램 "SMUT"로 만든 악보].

SLOTH CANON
J.S. BACH

거북 : 자네가 따라잡지 못했지, 안 그래? 간격이 계속해서 벌어지고, 벌어졌지. 그래서 자네는 따라잡을 수 없었어.

아킬레스 : 그 말은 맞네. **그** 경주 이야기는 루이스 캐럴이 썼다고 하던데. 에, 나무늘보 선생, 피아노를 쳐보라는 자네의 제안을 받아들이겠네. 하지만 내 피아노 실력은 형편없어. 내가 감히 연주를 해야 할지 모르겠군.

나무늘보 : 어서 해보게.

(아킬레스는 앉아서 단순한 곡조를 연주하기 시작한다.)

아킬레스 : 오, 이거 아주 이상하게 들리는데. 정상적인 소리가 전혀 아니야. 뭔가 아주 잘못되었어.

거북 : 자네는 피아노를 잘 치지 못하는군, 아킬레스. 그만두는 게 낫겠네.

아킬레스 : 이건 거울 속에 있는 피아노 같아. 고음은 왼쪽에, 저음은 오른쪽에 있어. 개별 선율이 마치 위아래가 뒤집힌 것처럼 거꾸로 흐른다고. 도대체 누가 저런 삐딱한 짓을 생각해냈던 것일까?

거북 : 그건 너무나도 나무늘보다운 생각이지. 그들은 나뭇가지에—

아킬레스 : 나도 알아—매달려 있지. 물론 거꾸로. 나무늘보-피아노라면 어떤 카논과 푸가들에서 나타나는 것과 같은 역행 선율들을 연주하기에 딱 좋을 거야. 하지만 나무에 매달린 채 피아노 치는 것을 배우는 것은 무진장 어려울 게 틀림없어. 자네는 그것에 엄청난 에너지를 쏟아부어야 하네.

나무늘보 : 그건 너무나도 나무늘보답지 않은 행동이야.

아킬레스 : 그래. 나는 나무늘보들이 아주 태평한 삶을 즐긴다는 사실을 잘 알고 있네. 그들은 모든 일을 정상 속도의 반으로 하지. 그것도 뒤집어서 말이야. 참으로 별나게 살아가는 방식이야! 거꾸로 뒤집혀 느릿느릿 움직이는 것들 얘기가 나왔으니 말인데, "음악의 헌정"에 "반진행(反進行) 확대에 의한 카논"이 있어. 내가 가진 악보에는 'S', 'A', 'T'라는 철자들이 세 종류의 보표(譜表) 앞에 적혀 있군. 왜 그런지는 모르겠어. 어쨌든 나는 바흐가 그 곡을 아주 솜씨 있게 만들었다고 생각하네. 자네 의견은 어떤가, 거북 선생?

거북 : 전에 없이 잘 만든 역작이야. 그 "SAT" 철자들 말인데, 자네는 그것들이 어떤 약어인지 짐작하겠는가?

아킬레스 : "소프라노(Soprano)", "알토(Alto)", "테너(Tenor)" 같은데. 3성부의 작품들은 흔히 그 성부들의 결합을 위해서 작곡되지. 그렇게 생각하지 않나, 나무늘보 선생?

나무늘보 : 그 철자들이 뜻하는 것은—

아킬레스 : 잠깐 기다리게, 나무늘보 선생. 거북 선생, 자네는 왜 외투를 걸치는 가? 집에 가려는 건 아니겠지? 막 간식거리를 준비하려 했는데. 자네 아주 피곤해 보이는군. 몸은 어떤가?

거북 : 기진맥진해. 잘 있게! (지쳐서 문에서 터벅터벅 걸어 나간다.)

아킬레스 : 불쌍한 친구 같으니. 그는 정말로 기진맥진해 보였어. 오전 내내 조깅 을 하고 있더니만. 나하고 할 또다른 경주에 대비해 훈련하고 있더라고.

나무늘보 : 자살하려고 작정했군.

아킬레스 : 그래봤자 헛수고야. 아마 거북 선생이 나무늘보를 이길 수 있을지는 몰라도, 감히 나를 이기려고? 어림도 없어! 그런데 자네는 철자 "SAT"가 무 슨 약어인지 나에게 말해주려던 참 아니었나?

나무늘보 : 그 "SAT" 철자들에 대해서 말하자면, 자네는 그것들이 어떤 약어인지 결코 짐작할 수 없어.

아킬레스 : 에, 그 철자들이 내가 생각했던 약어가 아니라니, 더욱 궁금해지네. 조 금 더 생각해봐야겠군. 그런데, 감자튀김은 어떻게 조리하지?

나무늘보 : 기름으로.

아킬레스 : 아 그래. 기억나는군. 이 감자를 1-2인치 길이로 막대 모양으로 썰어 야지.

나무늘보 : 그렇게 짧게?

아킬레스 : 이미 알고 있어. 4인치 길이로 썰게. 자, 친구, 맛있는 감자튀김이 될 거야! 거북 선생이 여기 없어서 같이 못 먹으니 너무 안타깝군.

제20장

이상한 고리들 또는 뒤엉킨 계층질서들[*]

기계는 독창성을 가질 수 있는가?

제18장에서, 자신을 설계한 사람을 이길 수 있는, 아서 새뮤얼이 개발한, 매우 성공적인 체커 프로그램을 기술했다. 그것을 고려하면서, 컴퓨터와 독창성이라는 쟁점에 관해서 새뮤얼 자신은 어떻게 느끼는지 들어보면 흥미로울 것이다. 아래의 인용은 노버트 위너의 논문에 대해서 새뮤얼이 반박한 글(1960)에서 취한 것이다.

> "기계는 그 설계자의 한계를 얼마간 뛰어넘을 수 있으며 넘었다. 그리고 그러는 것으로 인해서 기계들은 효율적인 동시에 위험할 수도 있다"라는 그의 논지에서 위너가 시사하는 의미로는, 기계가 독창성을 가질 수 없다고 나는 확신한다.……
> 기계는 요정이 아니다. 기계는 마법으로 작동하지 않는다. 기계에는 의지가 없으며, 위너가 말한 것과는 반대로, 드물게 나타나는 오작동을 제외하면, 자신에게 입력되지 않은 것은 아무것도 내놓지 않는다.……
> 기계가 드러내는 것으로 보이는 "의도"도 인간 프로그래머가 미리 지정한 의도이거나, 프로그래머가 지정한 규칙들을 따라서 그 규칙들로부터 도출한 부수적인 의도이다. 우리는 위너가 예상하는 바와 같이, 더 높은 수준의 추상조차도 예상할 수 있다. 즉 프로그램은 부수적인 의도를 수정할 뿐만 아니라 그 의도를 도출하는 데에 사용한 규칙들까지 수정할 것이다. 또한 규칙들을 수정하는 방식들도 수정할 것이다. 등. 또한 심지어 한 기계가 보강된 성능을 가지는 제2의 기계를 설계하고 만들 것이다. 그러나 이 점이 중요한데, 기계는 이것들을 추진해가는 방식에 대한 지침을 받기 전까지는 이런 일들 중 어느 것도 **하려고 하지 않을 것이고 또한 할 수도 없다**[위너 원문의 강조]. 이때 (*i*) 인간의 희망을 실행하는 이 과정을 궁극적으로 아무리 확장하고 정교하게 해도 그것과 (*ii*) 기계 내부에서 기계 자신의 의지를 개발하는 것 사이에는 언제나 완전한 괴리가 있으며, 논리적으로 있을 수

---

[*] 원제 Strange Loops, Or Tangled Hierarchies는 SLOTH(나무늘보)라는 두문자어를 만든다.

밖에 없다. 이와 다르게 믿는 것은 마법을 믿는 것이거나, 인간에게 의지가 있다는 것은 환상이며 따라서 인간의 행위는 기계의 행위처럼 기계적이라고 믿는 것 중의 하나이다. 아마 위너의 논문과 나의 반론은 모두 기계론적으로 결정되었을 수도 있지만, 나는 그렇게 믿는 것을 거부한다.[1]

이 인용문은 루이스 캐럴의 대화("2성 인벤션")를 생각나게 하는데, 그 이유를 설명해보겠다. 기계의 의식(또는 의지)을 반박하는 새뮤얼의 논거는, **의지를 기계적으로 구현하는 것은 어떤 것이든 간에 무한후퇴를 요구할 것**이라는 생각에 바탕을 두고 있다. 이와 비슷하게, 캐럴이 고안한 거북은 아무리 간단한 추론단계라도, 더 높은 층위에서 문제의 그 단계를 정당화하는 어떤 규칙들을 불러내지 않고는 그것은 실행될 수 없다고 논증한다. 그러나 그 논증 또한 하나의 추론단계이므로, 우리는 더욱 높은 층위의 규칙에 의존해야 한다. 등등. 결론 : **추론은 무한후퇴를 끌어들인다.**

물론 거북의 논증은 무엇인가 잘못되었다. 그리고 나는 새뮤얼의 논증에도 비슷한 오류가 있을 것이라고 생각한다. 그 오류들이 서로 얼마나 비슷한지 보여주기 위해서 이제 일시적으로 "악마의 변호인(advocatus diaboli)"의 입장에서 "악마를 돕고자" 한다(잘 아는 것처럼 신은 스스로 돕는 자를 돕는다고 했으니, 아마도 악마는 스스로를 돕지 못하는 모든 자들, 오직 그들만을 도울 것이기 때문이다. 그런데 악마는 스스로를 도울까?[*]). 여기 내가 캐럴의 대화로부터 끌어낸 악마풍의 결론이 있다 :

> "추론은 불가능하다"라는 결론은 사람에게는 적용되지 않는다. 왜냐하면 누구에게도 분명한 것처럼, 우리는 아주 높은 층위들에서이긴 하지만 여러 단계의 추론을 수행해내기 때문이다. 이것은 우리 인간이 **규칙을 필요로 하지 않고도** 작동한다는 사실, 즉 우리 인간이 "비형식적 체계"임을 보여준다. 다른 한편, 이것은 추론을 **기계로** 구현할 어떠한 가능성도 반박하는 논거로서 타당하다. 그 이유는 어떤 기계적 추론체계라도 규칙들에 명시적으로 의존해야 할 것이기 때문이다. 그래서 그

---

1) A. L. Samuel, "Some Moral and Technical Consequences of Automation—A Refutation", *Science* 132 (Sept. 16, 1960), pp. 741-742.

* 버트런드 러셀의 이발사의 역설을 떠올리게 한다.

946

기계적 추론체계에 자신의 규칙들을 언제 적용해야 할지를 알려주는 메타규칙들, 그리고 그 메타규칙들을 언제 적용해야 할지를 알려주는 메타메타규칙들 등등이 없다면, 그것은 순조롭게 출발할 수 없을 것이다. 따라서 우리는 추론능력은 결코 기계화될 수 없다는 결론을 내려도 될 것이다. 추론은 오직 인간만의 능력이다.

이 악마의 변호인 관점은 무엇이 잘못되었는가? 그것은 분명히 기계는 자신에게 어떻게 하라고 알려주는 규칙이 없다면 아무 일도 할 수 없다라는 가정이다. 사실은, 기계는 사람처럼 거북의 바보 같은 반박을 쉽게 피해 나가는데, 더군다나 그 이유가 똑같다. 즉 기계나 사람이 모두 물리법칙에 따라서 혼자의 힘으로 작동하는 하드웨어로 이루어졌다는 점이다. "당신에게 규칙을 적용하도록 허락하는 규칙"에 의존할 필요가 없다. 왜냐하면 앞에 아무 "메타"도 붙지 않은 최하층위의 규칙들이 하드웨어에 내장되었기 때문이다. 그리고 그 규칙들은 허락 없이 실행된다. 교훈 : 캐럴의 대화는 결국 사람과 기계의 차이에 대해서 아무것도 말하지 않는다(그리고 정말로 추론은 기계화될 수 있다).

캐럴의 대화에 대해서는 이것으로 충분하다. 이제 새뮤얼의 논거로 가보자. 그의 논점을 희화화하면 다음과 같다 :

어떤 컴퓨터도 결코 일하고 "싶어하지" 않는다. 왜냐하면 다른 누군가 컴퓨터를 프로그래밍했기 때문이다. 컴퓨터는 무(無)로부터 스스로를 프로그래밍할 수 있을 경우에만—말도 안 되는 소리지만—자신의 욕구감각을 가질 것이다.

새뮤얼은 자신의 논거에서 "추론"을 "욕구"로 대체하면서 거북의 입장을 재구성한다. 그는 욕구를 어떻게 기계화하려든 간에 그 뒤에는 무한후퇴 또는 더욱 나쁘게는 닫힌 고리가 있을 수밖에 없다고 시사한다. 만일 이것이 컴퓨터가 자신의 의지를 가지지 못하는 이유라면, 사람의 경우는 어떠한가? 같은 기준은 다음과 같은 것을 함축할 것이다 :

한 인물이 자기 자신을 설계하고 자신의 욕구(및 자신의 욕구를 선택하기를 선택하는 것)를 선택하지 않았다면, 그가 자신의 의지를 가졌다고 말할 수 없다.

이것은 의지를 가진다는 당신의 감각이 어디에서 오는지 잠시 멈추어 생각해 보게 한다. 영혼론자가 아니라면, 당신은 아마도 그 감각이 당신이 설계하거나 선택하지 않았던 하드웨어 조각인 뇌로부터 온다고 말할 것이다. 그러나 그것이 당신이 어떤 것은 원하고 어떤 것은 원하지 않는다는 감각을 약화시키지는 않는다. 당신은 "스스로 프로그래밍된 물체"(그것이 무엇이든)가 아니지만, 그럼에도 불구하고 욕구감각을 가지는데 그것은 정신의 물질적 기층에서 생겨나는 것이다. 이와 마찬가지로, 자발적으로 무(無)("스스로 프로그래밍된 프로그램")로부터 메모리 속에 나타나는 마법적 프로그램은 없다는 사실에도 불구하고, 기계들 또한 언젠가 의지를 가질지 모른다. 기계들은 인간과 상당히 비슷한 이유—다시 말해 많은 층위로 된 하드웨어와 소프트웨어에 있는 조직과 구조라는 이유—로 의지를 가질 것이다. 교훈 : 새뮤얼의 논거는 결국 사람과 기계 사이의 차이에 대해서 아무것도 말하지 않는다(그리고 정말로 의지는 기계화될 것이다).

모든 뒤엉킨 계층질서 아래에 놓인 불가침 층위

"2성 인벤션" 바로 다음에, 나는 이 책의 중심 논점이 "말과 사고는 형식규칙을 따르는가?"일 것이라고 썼다. 이 책의 주요 요지 하나는 마음/두뇌의 다층성을 지적하는 것이었다. 그리고 위의 질문에 대한 궁극적인 대답이, "규칙을 찾으려고 최하층위—하드웨어—로 내려간다면, 그렇다"인 이유를 보여주려고 했다.

이제 새뮤얼의 진술은 내가 추구하고 싶은 개념을 제기했다. 그 내용은 이렇다 : 우리 인간이 생각할 때, 분명히 우리 자신의 정신규칙을 바꾸고, 또한 규칙을 바꾸는 규칙도 바꾼다. 등등. 그러나 이것들은 이른바 "소프트웨어 규칙들"이다. 그러나 **맨 밑바닥**의 규칙들은 바뀌지 않는다. 뉴런은 똑같은 단순한 방식으로 시종일관 작동한다. 당신은 사고 스타일이나 사고 주제를 마음대로 바꿀 수는 있지만, 뉴런이 어떤 비(非)신경적 방식으로 작동하도록 "생각할" 수는 없다. "전주곡", "개미 푸가" 편에 나오는 아킬레스처럼, 당신은 자신의 사고에 접근할 수 있지만 자신의 뉴런들에는 접근할 수 없다. 다양한 층위에 있는 소프트웨어 규칙은 바꿀 수 있지만 하드웨어 규칙은 바꿀 수 없다. 사실, 소프트웨어의 유연성은 하드웨어의 경직성 덕분이다! 이것은 전혀 역설이 아니며, 오히려 지능의 메커니즘에 관한 근본적이고도 단순한 사실이다.

이 마지막 장에서, 하나의 주제에 대한 일련의 변주들로 발전시키면서 추적하고 싶은 것이 자기-수정할 수 있는 소프트웨어와 불가침 하드웨어의 구분이다. 몇몇 변주들은 매우 억지스럽게 보일지도 모르겠다. 그러나 내가 뇌와 마음 그리고 의식에 대한 감각으로 돌아옴으로써 이야기를 완결 짓는 시점에는, 당신이 모든 변주들에서 불변 핵을 발견하기를 바란다.

이 장에서 나의 주된 목표는, 의식이 뉴런의 정글로부터 어떻게 발생하는지를 시각화하는 데에 나에게 도움을 준 몇몇 이미지를 전해주려는 것이다. 또한 뭐라 말하기 어려운 일련의 직관들을 전해주려는 것인데, 이 직관들이 가치가 있기를 바라고, 무엇이 마음을 작동시키는지에 대해서 독자들 자신의 이미지를 더욱 명료하게 정식화해주는 데에 약간의 도움이 될 수 있기 바란다. 마음과 이미지들에 대해서 내 마음이 가지고 있는 흐릿한 이미지들이 다른 사람들의 마음속에서 더욱 선명한 이미지들을 형성하도록 촉진한다면 더 바랄 나위가 없을 것이다.

자기-수정 게임(self-modifying game)

첫 번째 변주는 자기 차례에는 규칙을 수정해도 되는 게임들에 관련된다. 체스를 생각해보자. 분명히 규칙들은 변함없이 그대로이고, 체스 말을 움직일 때마다 판 위의 말 위치는 바뀐다. 그러나 변주를 하나 고안해보자. 거기서 당신이 둘 차례에 말을 움직이거나 규칙을 바꾸거나 둘 중 하나를 할 수 있다. 그러나 어떻게? 멋대로? 체스 게임이 체커 게임으로 바뀌게 되도록 할 수도 있나? 분명 그런 무질서는 무의미할 것이다. 반드시 어떤 제약이 있어야 한다. 예를 들면, 나이트(Knight)의 행마법을 다시 정하도록 하는 버전이 있을 수 있다. '(상하좌우)1칸-(좌우상하)2칸' 대신에 '(상하좌우)m칸-(좌우상하)n칸'이 될 수 있는데, 여기서 m, n은 임의의 자연수이다. 그래서 당신의 차례에 m이나 n 중 어느 하나에 1을 더하거나 1을 빼는 식으로 바꿀 수 있을 것이다. 그래서 나이트 행마법은 1-2에서 1-3, 0-3, 0-4, 0-5, 1-5, 2-5……으로 될 수 있을 것이다. 그 다음에 비숍(Bishop)과 다른 말들의 행마법을 다시 정하는 것에 대한 규칙들이 있을 수 있을 것이다. 칸을 늘이거나 줄이는 것에 관한 규칙들도 있을 수 있을 것이다.

이제 우리에게 두 층의 규칙이 있는데, 행마법을 알려주는 규칙과 규칙을 바꾸는 방법을 알려주는 규칙이다. 그래서 규칙과 메타규칙을 가진다. 다음 단계는 뻔하다 : 메타규칙을 바꿀 수 있는 메타메타규칙들을 도입하는 것이다. 이것을 어떻게 하는지는 그리 명확하지 않다. 말들은 형식화된 공간, 즉 체스판에서 움직이기 때문에, 행마규칙들을 정식화하는 것은 간단하다. 규칙과 메타규칙들을 표현하는 단순한 형식적 표기법을 고안할 수 있다면, 그것을 조작하는 일은 문자열을 형식적으로 조작하는 일, 또는 심지어 체스 말들을 조작하는 일과 비슷할 것이다. 이런 것들을 논리적 극단까지 몰고 가면, 심지어 규칙들과 메타규칙들을 보조 체스판 위의 위치로서 표현할 수 있을 것이다. 그렇게 되면 임의의 체스 국면은 그 국면에 어떤 해석을 부여하느냐에 따라 게임으로, 또는 규칙들로, 또는 메타규칙 등등으로 읽을 수 있을 것이다. 물론 체스를 두는 두 선수는 그 표기법을 해석하는 규약에 합의해야 할 것이다.

이제 우리는 체스판을 서로 가까이 얼마든지 둘 수 있다 : 즉, 게임용 하나, 규칙용 하나, 메타규칙용 하나, 메타메타규칙용 하나……등등. 신경 써서 수행할 수 있는 한 체스판을 얼마든지 놓아둘 수 있다. 당신이 둘 차례가 되면, 적용되는 규칙들(이것들은 위계상 바로 위의 체스판에서 읽어낸다)을 사용해, 최상층위의 체스판만 빼고 **어떤** 체스판에서도 행마를 할 수 있다. 의심할 바 없이, 두 선수는 거의 모든 것이—전부는 아니지만!— 바뀔 수 있다는 사실 때문에 매우 혼란스러울 것이다. 정의에 의해서, 최상층위의 체스판은 바뀔 수 없는데, 그 이유는 그것을 바꿀 방법을 알려주는 규칙이 없기 때문이다. 그것은 **불가침**이다. 불가침인 것들이 더 있다 : 상이한 체스판을 해석하는 규약들, 교대로 두는 것에 대한 합의, 각 선수가 자신의 차례에 체스판 하나의 국면을 바꾸어도 된다는 합의 등인데, 그 아이디어를 주의 깊게 검토해보면 더 찾아낼 수 있을 것이다.

이제 방향 파악에 썼던 기둥들을 제거하는 일을 상당히 진전시킬 수 있다. 한 번에 한 걸음씩……우리는 늘어선 전체 체스판을 단 하나의 체스판으로 통합하는 것으로 시작한다. 이것은 어떤 의미일까? 하나로 통합된 체스판을 해석하는 데에는 두 가지 방식이 있을 것이다 : (1) 움직여야 할 말로서 보는 방식. (2) 말들을 움직이는 규칙들로 보는 방식. 통합된 체스판에서 당신이 둘 차례에 말들을 움직인다—이것은 부득이 규칙들을 바꾼다! 이렇게 해서 규칙들은 끊임없이 스스로를 바꾼다. 이것은 활자유전학 또는 실제의 유전학의 변종이다. 게임, 규칙, 메타규칙, 메타메타규칙들 사이의 구별이 상실되었다. 한때는 명확하고 깔끔한 위계적 구성이었던 것이 이상한 고리 또는 뒤엉킨 계층질서가 되어버렸다. 행마들이 규칙을 바꾸고 규칙들이 행마들을 결정한다. 마치 돌고 도는 '멀베리 부시 놀이'*처럼 말이다. 서로 다른 층위들이 여전히 있지만, "더 낮은"과 "더 높은" 사이의 구분은 지워졌다.

이제 건드릴 수 없었던 것의 일부가 바꿀 수 있는 것으로 되었다. 그러나 건드릴 수 없는 것이 여전히 많이 있다. 바로 앞에서처럼, 당신과 상대편 선수 사이에는 체스판을 규칙 모음집으로 해석한다는 규약들이 있다. 먼저, 교대로 둔다는 합의 및 아마 다른 암시적인 규약들이 있을 것이다. 그러므로 서로 다른 층위들이라는 개념이 예기치 않은 방식으로 살아남았음에 유의하라. 건드릴 수 없는 층위(Inviolate level)가 있는데, I-층위라고 하자. 그 층위에 해석규약이 자리잡고 있다. 또한 뒤엉킨 층위(Tangled level)가 있는데, T-층위라고 하자. 그 층위에 뒤엉킨 계층질서가 자리잡고 있다. 그래서 이 두 층위는 여전히 위계적이다 : 즉 I-층위는 T-층위에서 일어나는 일을 통제하지만, T-층위는 I-층위에 영향을 끼치지 않으며 영향을 끼칠 수도 없다. T-층위 자체가 뒤엉킨 계층질서라는 사실은 중요하지 않다. T-층위는 여전히 자신의 밖에 있는 일련의 규약들의 지배를 받는다. 그리고 이것이 중요한 점이다.

의심 없이 생각했던 것처럼, 우리가 불가능한 것을 한다는데 막을 것은 아무 것도 없다. 즉 체스판 위의 말 위치에 따라서 해석규약 자체가 개정되게 함으로써 I-층위와 T-층위를 뒤엉키게 하는 일 말이다. 그러나 그런 "슈퍼뒤엉킴"을 실행하기 위해서는, I-층위와 T-층위를 연결하는 또다른 규약들에 대해서 상대방과 합의해야만 한다. 그리고 그렇게 하는 행위는 **새로운 층위**, 즉 "슈퍼뒤엉킴" 층위 위에 (당신이 더 좋아하는 표현이라면, 그 아래에) 새로운 종류의 건드릴 수 없는 층위를 창출할 것이다. 그리고 이런 식으로 계속 진행될 수 있을 것이다. 사실, 이때 만들어지고 있는 "도약들"은 "생일 칸타타타타"와 TNT에 대한 다양한 개선형 버전들에 반복 적용된 괴델화에서 묘사된 도약들과 매우 비슷하다. 당신이 종착점에 도달했다고 생각할 때마다, "체계에서 벗어나기"라는 주제에 대한 새로운 변주들이 있다. 그 변주를 찾아내는 데는 일종의 창조성이 필요하다.

---

* "Here we go around the mulberry bush"라는 노래를 부르며 앞사람의 뒤를 물고 원형으로 돌면서 춤을 추는 아이들 놀이.

저자들의 삼각관계

그러나 나는 자기-수정 체스에서 일어날 수 있는 더 난해한 뒤엉킴이라는 이상한 주제를 추구하는 데에 관심이 없다. 이것의 요점은, 어느 체계에서든 언제나 어떤 "보호된" 층위들이 있어서, 다른 층위들 사이의 상호작용이 아무리 뒤엉켰다고 해도, 다른 층위의 규칙들은 그 보호된 층위를 공격할 수 없다는 것을 생생한 방식으로 보여주는 것이었다. 제4장의 흥미로운 수수께끼는 이와 똑같은 발상을 좀 다른 맥락에서 보여준다. 아마 그것은 독자의 허를 찌를 것이다 :

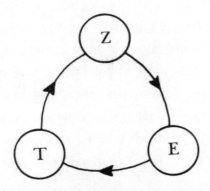

그림 134. "저자의 삼각관계(authorship triangle)."

세 명의 저자—Z, T 그리고 E—가 있다. 이제 Z는 공교롭게도 T가 쓴 소설 안에만 존재하며, 마찬가지로 T는 E가 쓴 소설 안에만 존재한다. 그런데 이상하게도 E 역시 소설에만 존재하는데, 그 소설의 저자는 물론 Z이다. 이제 이런 "저자의 삼각관계"가 **정말로** 가능한가? (그림 134 참조.)

물론 가능하다. 그러나 꼼수가 있다……. 세 명의 저자 Z, T, E는 모두 H가 쓴 다른 소설에 나오는 등장인물들이다! Z-T-E 삼각관계를 이상한 고리 또는 뒤엉킨 계층질서로 생각할 수 있다. 그러나 저자 H는 그 뒤엉킴이 발생하는 공간의 바깥에 있다—즉 H는 건드릴 수 없는 공간에 있다. 비록 Z, T, E가 모두—직간접적으로—서로에게 접근할 수 있으며, 그들의 다양한 소설에서 서로에게 비열한 짓을 할 수 있지만, 그들 중 누구도 H의 삶에 왈가왈부할 수 없다. 그들은 H를 상상할 수조차 없는데, 이것은 당신 **자신**이 등장인물로 나오는 책의 저자를 당신이 상상할 수 없는 것과 마찬가지이다. 내가 저자 H를 그려야 한다면,

나는 H를 그 페이지가 아닌 다른 어느 곳에 표현하려고 할 것이다. 물론 그림은 반드시 종잇장 위에 그려져야 하므로, 그런 시도는 문제를 유발할 것이다. 어쨌든 H는 실제로 Z, T, E의 세계 바깥에 존재하며 따라서 그 바깥에 있는 존재로서 표현되어야 한다.

에셔의 "손을 그리는 손"

우리의 주제에 대한 또다른 고전적인 변주가 바로 에셔의 그림 "손을 그리는 손" (그림 135)이다. 여기에서는 오른손(RH)이 왼손(LH)을 그리며 동시에 왼손이 오른손을 그린다. 보통의 경우에는 위계적으로 간주되는 층위들—즉 그리는 층위와 그려지는 층위—이 서로에게 되돌아 서서 영향력을 행사하며 뒤엉킨 계층질서가 창출된다. 그러나 물론 이 장의 주제는 옳은 것으로 입증된다. 왜냐하면 이 모든 것의 배후에는, 그려져 있지는 않지만 왼손과 오른손의 창조자인 에셔의 그리는 손이 숨어 있기 때문이다. 에셔는 두 손이 있는 공간의 바깥에 있는데, 그의 그림을 도식적으로 표현한 나의 그림(그림 136)에서 그것을 뚜렷이 볼 수 있다. 에셔의 그림을 도식적으로 표현한 이 그림에서, 위에서는 이상한 고리 또는 뒤엉킨 계층질서를 볼 수 있고, 또한 그 아래에서는 뒤엉킨 계층질서가 존재할 수 있게 한 건드릴 수 없는 층위를 볼 수 있다. 우리는 "손을 그리는 손"을 그리는 손을 사진으로 찍어서 에셔의 그림을 더욱 "에셔화할" 수 있을 것이다. 그리고 그런 식으로 계속할 수 있다.

두뇌와 마음 : 신경 차원의 뒤엉킴이 기호의 뒤엉킴을 지원한다

이제 우리는 이것을 인공지능 프로그램들뿐만 아니라 뇌에도 연관시킬 수 있다. 우리의 사고 속에서 기호들은 다른 기호들을 활성화하며, 모든 기호는 위계질서 없이 상호작용을 한다. 더욱이 기호들은 다른 프로그램에 작용하는 프로그램의 방식으로 서로를 내적으로 바꾸게 한다. 기호들의 뒤엉킨 계층질서 때문에 건드릴 수 없는 층위는 없다는 착각을 만들어낸다. 그런 층위가 우리의 시야로부터 봉쇄되어 있는데, 그 때문에 우리는 그런 층위가 없다고 생각한다.

이 전체 이미지를 도식화할 수 있다면, 마치 열대 정글 속의 덩굴처럼 마구 뒤

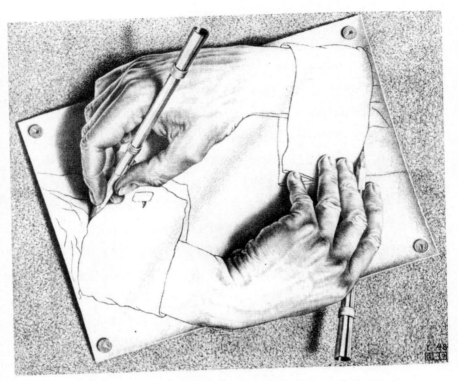

그림 135. "손을 그리는 손(Drawing Hands)"(M. C. Escher, 석판 1948).

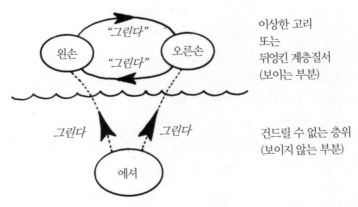

그림 136. 에셔의 "손을 그리는 손"의 추상적인 다이어그램. 윗부분은 외견상 역설이다. 아랫부분에서 그 역설을 해결한다.

엉킨 선들로 서로 연결된 기호들의 거대한 숲이 있을 것이다. 이것이 바로 생각이 실제로 이리저리 흐르는 상위층위, 즉 뒤엉킨 계층질서일 것이다. 이것이 마음이라는 포착하기 어려운 층위로, 왼손과 오른손에 대한 유사체이다. 도식적인 그림에서 저 아래에는, 보이지 않는 "원동력"인 에셔의 경우와 유사하게, 무수히 많은 뉴런들의 표현이 있을 것이다. 그것이 바로 뉴런 위에 뒤엉킴을 발생시키는 "건드릴 수 없는 기층"이다. 흥미로운 사실은, 이 다른 층위 자체야말로 수십억 개의 세포와 그것들 모두를 연결하는 수천억 개의 축삭들로 이루어진 문자 그대로의 의미에서 뒤엉킴이라는 점이다.

이것은 바로 기호의 뒤엉킴인 소프트웨어 뒤엉킴이 뉴런의 뒤엉킴인 하드웨어 뒤엉킴에 의해서 지원되는 흥미로운 경우이다. 그러나 기호의 뒤엉킴만이 뒤엉킨 계층질서이다. 뉴런 차원의 뒤엉킴은 그저 "단순한" 뒤엉킴이다. 이 구분은 제16장에서 언급했던 이상한 고리와 피드백 사이의 구분과 똑같다. 당신이 질서정연한 위계적 층위들이라고 가정한 것들이 뜻밖에 계층질서를 파괴하는 방식으로 되접히면 뒤엉킨 계층질서가 발생한다. 그 뜻밖이라는 요소가 중요하다. 그것이 내가 '이상한 고리들'을 "이상하다"고 하는 이유이다. 피드백 같은 단순한 뒤엉킴은 가정하고 있는 층위 구분을 파괴하지는 않는다. 한 예는, 당신이 샤워하면서 오른손으로 왼팔을 씻고 왼손으로 오른팔을 씻는 경우이다. 그 이미지에는 이상한 것이 없다. 에셔가 무턱대고 '손을 그리는 손'을 그리기로 선택한 것이 아니었다.

두 팔이 서로를 씻는 것 같은 일은 세상에서 늘 일어난다. 그래서 우리는 별다른 주의를 기울이지 않는다. 내가 당신에게 무엇인가를 말하면, 당신은 나름대로 무엇인가 대꾸한다. 이게 역설인가? 아니다. 우리가 서로를 지각하는 것은 애당초 계층질서를 끌어들이지 않는다. 그래서 "이상하다"는 느낌이 들지 않는 것이다.

반대로, 언어가 이상한 고리를 만들어내는 것은 직접적이든 간접적이든 언어가 자신에 대해서 말하는 경우이다. 여기에서는 체계 안에 있는 어떤 것이 튀어나와 마치 그것이 체계 밖에 있는 것처럼 그 체계에 작용한다. 우리를 괴롭히는 것은 아마 위상기하학(位相幾何學)적인 오류에 대한 불명확한 감각일 것이다. 즉 내부-외부의 구별은 그 유명한 "클라인 병"처럼 흐릿해지고 있다. 비록 그 체계

---

* 위상수학에서 말하는 '클라인 병(Klein bottle)'이다. 이 도형은 4차원이기 때문에 원칙적으로 도시

는 추상체이지만, 우리의 마음은 일종의 심적 위상기하학으로 공간 이미지를 사용한다.

다시 기호의 뒤엉킴으로 돌아가서, 만일 우리가 기호의 뒤엉킴만 보고 뉴런의 뒤엉킴은 잊어버리면, 우리 눈에는 그것이 자기-프로그래밍된 사물로 비칠 것 같다. 그것은 마치 우리가 "손을 그리는 손"을 보고 에셔의 존재는 잊음으로써 착각에 빠지면, 우리 눈에는 그것이 '스스로-그려진 그림'으로 비쳐지는 것과 같은 방식이다. 그림에 대해서는 이런 일이 일어날 것 같지 않지만, 인간에게 그리고 인간이 그들의 마음을 보는 방식에서는 이것이 보통 일어나는 일이다. 우리는 자기-프로그래밍되었다고 느낀다. 사실 다른 방식으로 느낄 수 없을 것이다. 왜냐하면 우리는 뉴런 차원의 뒤엉킴이라는 더 낮은 층위들로부터 가려져 있기 때문이다. 우리의 사고들은 새로운 사고를 만들고 기존의 것들을 수정하면서 자신만의 공간에서 활동하는 것처럼 보인다. 그리고 우리를 돕는 뉴런을 결코 알아채지 못한다! 그러나 이것이야말로 기대된 행동이다. 우리는 기대된 행동에서 벗어날 수 없다.

자신의 구조 속으로 들어가 그것을 바꿀 수 있도록 설계된 LISP 프로그램들에도 이와 비슷한 중의성(重義性)이 일어날 수 있다. 그 프로그램들을 LISP 층위에서 보면, 그것들이 스스로를 바꾼다고 말할 것이다. 그러나 층위를 바꾸어 LISP 프로그램을 LISP 인터프리터에 대한 데이터로서 생각하면(제10장 참조), 사실 실행 중인 유일한 프로그램은 인터프리터이며, 이루어지고 있는 변경들은 데이터 조각의 변경에 불과하다. LISP 인터프리터 자체는 변경하지 못하게 보호되어 있다.

이러한 종류의 뒤엉킨 상황을 어떻게 기술하느냐는, 기술하기 전에 얼마나 뒤로 물러서는가에 달려 있다. 충분히 물러서면, 뒤엉킨 것들을 풀도록 해주는 단서를 종종 볼 수 있다.

정부기관에 나타나는 이상한 고리

계층질서가 뒤엉키는 흥미로운 영역은 정부기관, 특히 법원이다. 보통은, 법정에

할 수 없으나, 3차원 개념을 최대한 활용해서 그려낸—닫힌 동시에 열린—기이한 도형이다. 뫼비우스 띠를 입체화시킨 형상으로 볼 수 있는데, 반으로 자르면 뫼비우스 띠 두 개가 생긴다.

서 소송건을 두고 다투는 두 명의 당사자와 그 문제를 판결하는 법원을 생각한다. 법원은 분쟁 당사자와 다른 층위에 있다. 그런데 법원 자체가 법률적 소송에 얽힐 경우, 이상한 일들이 일어나기 시작할 수 있다. 보통의 경우에는 그런 분쟁의 외부에 상급법원이 있다. 비록 두 하급법원이 기이한 종류의 다툼에 연루되어서 서로 상대 법원에 대한 관할권을 주장하더라도, 더 높은 심급의 법원이 외부에 있다. 이것은 어떤 점에서 체스의 뒤틀린 버전에서 논의했던 건드릴 수 없는 해석규약들과 아주 비슷하다.

그런데 상급법원이 없을 경우, 그리고 대법원 자체가 온통 법적인 문제에 얽힐 경우 어떤 일이 벌어지는가? 이런 종류의 혼란이 워터게이트(Watergate) 사건 당시에 일어날 뻔했다. 당시 대통령은 대법원의 "확정적인 판결"에만 복종하겠다고 위협했고, 무엇이 "확정적"인지 결정할 권리는 자신에게 있다고 주장했다. 그 위협이 성공하지는 못했다.* 만일 그렇게 되었다면 두 층위의 정부기관들 사이에 기념비적인 대립을 촉발했을 것이다. 각 정부기관은 각각이 다른 정부기관의 "위에" 있다고 어떤 식으로 타당하게 주장할 수 있다. 그러면 누가 옳은지를 결정하는 권한이 누구에게 있는가? "의회"라고 말하는 것은 문제를 수습하는 것이 아니다. 왜냐하면 의회는 대통령에게 대법원에 복종하라고 명령할 것이지만, 대통령은 어떤 상황하에서는 자신에게 대법원(및 의회!)에 복종하지 않을 법률적 권리가 있다고 주장하면서 의회의 명령을 여전히 거부할지도 모를 것이기 때문이다. 이것은 새로운 법정 소송 사건을 만들 것이며, 전체 체계를 송두리째 혼란에 빠뜨릴 것이다. 왜냐하면 그것은 너무나도 예기치 못하고, 너무나도 뒤엉키고, 너무나도 기이한 상황이 될 것이기 때문이다!

아이러니한 것은, 당신이 체계에서 벗어나 더 높은 권위로 옮겨가는 것을 막는 이와 같은 천장에 일단 머리를 부딪치면, 의지할 유일한 것은 힘이라는 점이다. 그 힘은 규칙들에 의해서 그다지 잘 정의되어 있지 않은 것으로 보이지만, 어쨌든

---

* 워터게이트 사건은 1972년 7월에 워터게이트 빌딩에 있는 민주당 선거사무실에 도청장치를 설치하려다 발각된 것이 발단이 된 사건으로, 결국 닉슨 대통령이 도청을 지시한 것이 밝혀졌고 탄핵 위기에 몰린 닉슨의 사임으로 끝났다. 사건 진행 과정에서 1973년 7월에 상원 특별위원회는 대통령 집무실의 모든 대화가 자동 녹음된다는 사실을 새롭게 밝혀냈고 특별검사와 상원 조사위원회는 테이프 제출을 요구하는 소환장을 발부했다. 이에 닉슨 대통령은 대법원의 확정적인 판결을 통해서만 녹음 테이프를 제출하겠다며 이를 거부했고 특별검사의 해임을 추진했다. 당시 연방대법원에는 원장을 포함해 닉슨이 임명한 대법관이 셋이었는데 닉슨의 기대와는 달리 테이프 제출을 명령하는 확정적인 판결을 내렸다.

더 높은 층위의 규칙들의 유일한 근원이다. 즉 그 힘은 더 낮은 층위의 규칙인데, 이 경우 낮은 층위의 규칙은 사회의 일반적인 반응을 의미한다. 우리와 같은 사회에서는, 법체계가 어떤 점에서는 수백만 명의 사람들이 집단적으로 용인한 의례적인 제스처라는 점을 기억하는 것이 좋다. 그리고 그것은 강물이 둑을 넘쳐흐를 수 있는 것만큼이나 쉽게 무효화될 수 있다. 그러면 외견상 무정부 상태로 접어든다. 그러나 무정부 상태도 문명사회 못지않은 나름의 규칙을 가진다 : 즉, 무정부 상태는 위에서 아래로 작동하는 것이 아니라 아래에서 위로 작동한다. 무정부 상태를 연구하는 사람은 무정부 상태가 때에 맞추어 전개해가는 규칙을 발견하려고 할 수 있을 텐데, 그런 규칙들이 아마 분명히 있을 것 같다.

여기서 물리학으로부터의 유추가 유용하다. 이 책의 앞에서 언급했듯이, 평형 상태의 가스는 가스의 온도, 압력, 부피를 연결시키는 간단한 법칙들을 따른다. 그러나 가스가 평형 상태가 아닐 경우에는 (대통령이 법을 위반할 수 있는 것처럼) 이런 법칙들을 거스를 수 있다. 비평형 상태에서 일어나는 일을 기술하려면 물리학자는 통계역학—즉, 거시적이지 않은 기술층위—에만 의지해야 한다. 왜냐하면 가스의 운동에 대한 궁극적인 설명은 항상 분자층위에 있기 때문이다. 그것은 사회의 정치적 행태에 대한 궁극적인 설명이 언제나 "민초(民草)들의 층위"에 있는 것과 같다. 비평형 열역학 분야는 평형 상태를 벗어난 가스(및 다른 체계들)의 운동을 기술하는 거시법칙을 찾아내려고 시도한다. 이것은 무정부 상태의 사회들을 지배하는 법칙을 탐구하는 정치학의 한 분야에 대한 유사체이다.

정부기관에서 일어나는 다른 기묘한 뒤엉킴은 내부 비리를 수사하는 FBI, 근무 중에 투옥되는 보안관, 의회의 의사절차 자기적용 등을 포함한다. 내가 들었던 가장 이상한 법적 사건들 가운데 하나는 초능력을 가졌다고 주장했던 사람과 관련한 것이었다. 그는 자신의 초능력으로 개개인의 인격적 특성을 간파해낼 수 있고, 그것으로 변호사를 도와 배심원단을 뽑을 수 있다고 주장했다. 이제 이 "초능력자" 자신이 어느 날 법정에 서게 되면 어떻게 되겠는가? 이것이 초감각적 지각(ESP)을 철석같이 믿는 한 배심원에게 어떤 영향을 미칠 것인가? 그 배심원은 초능력자(그 초능력자가 진짜든 아니든)에게 얼마나 영향을 받는다고 느낄까? 그 영역을 탐구할 시기가 무르익었다. 그것은 자기실현적 **예언력**에 대한 거대한 영역이다.

과학과 주술에 관련된 뒤엉킴

심령술과 초감각적 지각 얘기가 나왔으니 말인데, 이상한 고리가 만연하는 또 하나의 생활 영역은 비주류 과학이다. 비주류 과학은 정통과학의 표준절차나 신념들의 많은 부분을 의심함으로써 과학의 객관성에 도전한다. 확립되어 있는 방법들에 맞서는 새로운 증거 해석 방법이 제시된다. 그러나 당신은 증거 해석 방법을 어떻게 평가하는가? 이것이 바로 보다 높은 수준에서 되풀이되는 객관성의 문제가 아닐까? 물론이다. 루이스 캐럴의 무한후퇴 역설이 새로운 모습으로 나타난다. 거북은 '당신이 A가 사실임을 보여주려면, 당신에게는 B라는 증거가 필요하다'라고 주장할 것이다. 그러나 B가 A에 대한 증거임을 당신에게 확신시키는 것은 무엇인가? 그것을 보여주려면 당신에게 메타-증거 C가 필요하다. 그리고 그 메타-증거의 타당성을 위해서 메타메타-증거가 필요하다. 등등. 이런 식으로 지겹도록 계속될 것이다. 이 주장에도 불구하고 사람들은 증거에 대한 직감을 가진다. 이유인즉, 기존의 상투어구를 되풀이하면, 사람의 뇌 안에 증거 해석의 어떤 기초적 방식을 포함하는 내장-하드웨어가 있다는 것이다. 이를 토대로 우리는 새로운 증거 해석 방법들을 축적할 수 있다. 심지어, 마술의 술수를 이해하려고 할 때 반드시 그래야 해야 하는 것처럼, 우리의 가장 기본적인 증거 해석 메커니즘을 어떻게 그리고 언제 무력화시킬지도 배운다.

증거 딜레마에 대한 구체적인 사례들이 비주류 과학의 많은 현상들과 관련하여 나타난다. 예를 들면, 초감각적 지각은 실험실 바깥에서는 종종 나타나는 것 같지만 실험실로 가져오기만 하면 불가사의하게도 사라지고 만다. 이에 대한 표준과학의 설명은, 초감각적 지각은 엄격한 검증을 견뎌낼 수 없는 실재하지 않는 현상이라는 것이다. 그런데 초감각적 지각을 믿는 일부 사람들은 (결코 전부는 아님) 기묘한 방식으로 반격한다. 그들은 말한다. "아닙니다. 초감각적 지각은 실재합니다. 다만 과학적으로 관찰하려고 하면 사라질 뿐이지요. 그것은 과학적 세계관의 성격과 배치됩니다." 이것은 놀라우리만큼 뻔뻔한 술수로, "문제를 겉모습만 그럴듯하게 포장하는 것"이라고 할 수 있을 것이다. 이것은 당면한 사안을 문제시하지 않고, 더 높은 수준의 신뢰성에 속하는 이론들에 의문을 제기한다는 뜻이다. 초감각적 지각을 믿는 사람들은 틀린 것은 **그들의** 아이디어가 아니라 과학의 신념체계라고 에둘러 말한다. 이것은 꽤나 거창한 주장인데, 그것에 대한 압도적인 증거가 없는 한, 우리는 회의적일 수밖에 없다. 그런데 우리는 여기서 다시 "압도적인 증거"에 대해서 얘기하고 있다. 마치 모든 사람들이 그 것이 의미하는 바에 대해서 동의한다는 듯이 말이다!

증거의 본성

제13장과 제15장에서 언급한 사그레도-심플리치오-살비아티 사이의 뒤엉킴은 증거에 대한 평가가 얼마나 복잡한지를 보여주는 다른 사례이다. 사그레도는 심플리치오와 살비아티의 대립하는 관점 사이에서 가능하면 객관적인 타협점을 찾으려고 한다. 그러나 타협이 언제나 가능한 것은 아닐 수도 있다. 우리는 옳 고 그름 사이에서 어떻게 "공정하게" 타협할 수 있는가? 공정함과 불공정함 사 이에서는? 타협과 비타협 사이에서는? 이 문제들은 일상적인 사안에 대한 논쟁 에서 모습을 달리하며 되풀이해서 다시 나타난다.

증거가 무엇인지 정의할 수 있는가? 상황들을 이해하는 방식에 관한 법칙들 을 설정할 수 있는가? 아마 그렇지 않을 것이다. 왜냐하면 어떤 엄격한 규칙이건 간에 분명히 예외가 있을 것이기 때문이다. 그리고 엄격하지 않은 규칙은 규칙이 아니다. 지능적인 인공지능 프로그램으로도 그 문제를 해결하지 못할 것이다. 왜냐하면 그것은 증거 처리장치로서, 인간에 비해서 오류를 덜 범하지는 않을 것이기 때문이다. 그래서 결국 증거가 이렇게 막연한 것이라면, 나는 어째서 증거 를 해석하는 새로운 방법에 반대하며 경고하고 있는가? 내가 모순을 범하고 있 나? 이 경우에는 나는 그렇게 생각하지 않는다. 나의 느낌은 우리가 제시할 수 있는 지침이 있고, 그 지침들로부터 유기적인 종합이 만들어질 수 있다는 것이 다. 그러나 어쩔 수 없이—사람들마다 다른—어느 정도의 판단과 직관이 개입될 수밖에 없다. 그런 판단과 직관은 서로 다른 인공지능 프로그램들마다 또한 다 를 것이다. 궁극적으로, 증거 평가 방법이 좋은지 어떤지를 결정하기 위한 복잡 한 기준들이 있다. 그중 하나의 기준은 그런 종류의 추론을 통해서 도달된 관념 들의 "유용성"과 연관된다. 삶에서 유용한 새로운 것들로 이끄는 사유양식은 어 떤 점에서는 "타당한 것"이라고 간주할 수 있다. 그러나 "유용하다"라는 이 낱말 은 지극히 주관적이다.

우리가 무엇이 타당한지 또는 무엇이 참인지를 결정하는 과정이 하나의 예술 이며, 그 과정이 객관적으로 정식화될 수 있는 철석 같은 논리적 원칙이나 추론

따위에 의존하는 것만큼이나 아름다움과 단순성의 감각에 깊이 의존한다고 나는 생각한다. 여기서 나는 (1) '참은 실현될 것 같지 않은 희망이다'라거나, (2) '인간의 지능은 원칙적으로 프로그래밍될 수 없다'라고 말하고 있는 것이 아니다. 나는 (1) 참이란 너무나도 포착하기 어려워한 인간이나 인간 집단이 완전히 획득할 수 없고, (2) 인공지능이 인간 지능의 수준에 이르거나 심지어 능가한다고 해도, 예술, 아름다움, 단순성이라는 문제에 여전히 시달릴 것이며, 인공지능이 지식과 이해를 탐구하는 경우에도 끊임없이 이런 문제들에 부딪히게 될 것이라는 점을 말하고 있는 것이다.

"증거란 무엇인가?"라는 질문은 삶의 도처에 침투하기 때문에 철학적 질문에 그치지 않는다. 당신은 매 순간마다 증거를 해석하는 방법에 대한 어마어마하게 많은 선택가능성에 직면한다. 우리가 서점(또는 요즘에는 심지어 식료품점!)에 갔을 때 투시력, 초감각적 지각(ESP), 미확인 비행물체(UFO), 버뮤다 삼각해역, 점성술, 수맥 탐지, 진화론 대 창조론, 블랙홀, 프사이 장(psi 場)*, 바이오피드백, 초월명상, 신(新)심리학 이론들……에 관한 책들이 없는 경우가 거의 없다. 과학 분야에는 파국 이론, 소립자 이론, 블랙홀, 수학에서의 참과 존재, 자유의지, 인공지능, 환원주의 대 전일주의……에 대한 격렬한 논쟁이 있다. 삶의 더 실용적인 측면에서는 비타민 C 또는 레이어트릴**의 효과, (매장된 또는 저장된) 원유 비축량의 실제 규모, 인플레이션과 실업을 야기하는 원인 등에 대한 토론이 있다. 버크민스터 풀러리즘*** 선(禪)불교, 제논의 역설, 정신분석 등도 있다. '책을 서점의 어느 선반에 진열해야 하나'와 같은 사소한 문제에서부터 학교에서 아이들에게 어떤 생각들을 가르쳐야 할지 같은 아주 중요한 문제에 이르기까지, 증거 해석의 방식은 막중한 역할을 한다.

자기 관찰

증거 해석의 모든 문제들 가운데 가장 어려운 것 중 하나는, 자신이 어떤 사람인

---

* 프사이는 초심리학이다.
** 살구씨, 복숭아씨 등에 들어 있는 성분으로 미국 암협회에서 암치료 효과가 없다고 발표했으나 여전히 일부 병원에서 암치료에 쓰고 있다.
*** Buckminster Fuller : 미국의 건축가이자 작가, 디자이너, 발명가, 시인이다. 지오데식 돔을 디자인했다.

가에 대해서 외부에서 밀려드는 온갖 혼란스러운 신호들을 해석하는 문제이다. 이 경우, 층위들 내부에서 그리고 층위들 사이에서 갈등이 일어날 가능성이 매우 크다. 정신의 메커니즘들은 자존감에 대한 개개인의 내적 필요성과 자기-이미지에 영향을 주는 외부로부터의 부단한 증거 유입을 동시에 다루어야만 한다. 그 결과 정보는 인격의 서로 다른 층위들 사이를 복잡하게 소용돌이를 일으키며 흐른다. 정보가 여기저기 돌아다니면서, 그 일부는 확대, 축소, 부정되거나 또는 왜곡되며, 그리고 나서 그것들 일부는 계속 되풀이해서 같은 종류의 소용돌이에 더 휘말리게 된다. 이 모든 것은 지금 현재의 있는 그대로와 어떤 사람이었으면 하고 우리가 바라는 것을 조화시키려는 시도에서 일어나는 일이다(그림 81 참조).

최종적 결과를 말하면 다음과 같다. "나는 누구인가"라는 총체적인 그림은 정신의 구조 전체 내부에 엄청나게 복잡한 방법으로 통합되었으며, 우리 각자 속에는 해결되지 않은, 아마 해결될 수도 없는, 많은 모순들이 들어 있다. 이것들은 분명히 인간이라는 존재에서 매우 큰 부분을 차지하는 역동적인 긴장을 많이 제공한다. '우리는 누구인가'에 대한 내부개념과 외부개념 사이의 이 긴장으로부터, 우리 각자를 유일무이한 존재로 만드는 다양한 목표들로 나아가는 추진력이 생긴다. 이렇게 해서, 아이러니하게도, 우리 모두가 공유하는 어떤 것—자기-반성을 하는 의식이 있는 존재라는 사실—이 온갖 종류의 것들에 대한 증거를 아주 다양한 방식으로 내면화하게 하고, 결국 고유한 인격체를 탄생시키는 데에 주요 원동력의 하나가 된다.

괴델의 정리와 다른 학문 분야

사람과, 사람처럼 일종의 "자기-이미지"를 가지는 충분히 복잡한 형식체계 사이에서 평행관계를 끌어내려고 하는 것은 자연스러운 일이다. 괴델의 정리는 자기-이미지를 가지는 무모순적인 형식체계에 근본적인 한계가 있음을 보여준다. 그러나 이것이 더 일반적인 것인가? 예를 들면, "심리학에서의 괴델의 정리"는 있는가?

우리가 괴델의 정리를 곧이곧대로 심리학의 언어나 다른 학문 분야의 언어로 번역하기보다는 은유로, 영감의 원천으로 사용한다면, 괴델의 정리는 심리학이나 다른 영역들에도 새로운 진리들을 제시할 수 있을 것이다. 그러나 괴델의 정리를 곧바로 다른 분야의 명제로 번역하고는 그것을 동등하게 타당한 것으로 간주하는 것은 전혀 정당화될 수 없다. 수리논리학에서 극도로 정교하게 작업한 내용이 완전히 다른 영역에서 수정하지도 않고 성립할 것이라고 생각하면 큰 오산일 것이다.

내성(内省)과 광기 : 괴델의 문제

나는 괴델의 정리를 다른 영역들로 번역하는 일이, 은유적인 표현이지 문자 그대로 받아들이도록 의도된 것은 아니라는 점을 미리 명시한다면, 의미 있는 가치를 가질 수 있다고 생각한다. 그렇게 말했으므로, 나는 괴델의 정리와 인간의 사고를 연계시키기 위해서 유추를 사용하는 두 가지 주요 방법을 살펴본다. 하나는 자신이 제정신인지에 대해서 의구심을 품는 문제에 관련된다. 당신은 자신이 제정신인지 어떻게 파악할 수 있는가? 이것은 정말로 이상한 고리이다. 일단 당신이 자신의 정신 상태를 의심하기 시작하면, 비록 그 과정이 결코 불가피한 것은 아니지만, 자기-실현적 예언의 한층 강력한 소용돌이에 갇힐 수 있다. 우리 모두 알다시피, 정신이상자는 자신의 독특한 일관된 논리를 통해서 세계를 해석한다. 한데 당신이 자신의 논리만 사용해 자신의 논리를 판단한다면, 자신의 논리가 "특이한지" 아닌지 어떻게 알 수 있는가? 나는 답을 모르겠다. 괴델의 제2정리가 문득 떠오른다. 그 정리의 의미는 다음과 같다. 자신의 무모순성을 주장하는 형식적 수론의 유일한 버전은 모순적이고······.

우리는 자신의 마음을 또는 뇌를 이해할 수 있는가?

괴델의 정리에 대한 또 하나의 은유적 유사체는, 궁극적으로 우리는 자신의 마음과 뇌를 이해할 수 없다는 것을 시사한다. 내가 보기에는 도발적인 주장이다. 이것은 너무나도 듣는 사람의 감정에 호소해 영향을 주려는 생각이고 매우 중층적인 생각이므로 극히 조심해서 제안해야 한다. "우리 자신의 마음/뇌를 이해한다"는 말은 무슨 뜻인가? 그것은 기계공학이 자동차가 어떻게 작동하는지에 대해서 이해하는 것처럼 우리가 마음과 뇌가 어떻게 작동하는지에 대해서 전면적으로 이해한다는 뜻일 수 있다. 그것은 사람들이 하는 모든 일을 왜 하는지에 대해서 완전히 설명한다는 뜻일 수 있다. 그것은 자기의 뇌의 물리적 구조를 모든 층위들에서 완전히 이해한다는 뜻일 수 있다. 그것은 책(또는 도서관이나 컴퓨터)에 뇌의 완전한 배선도를 작성해서 가지고 있다는 뜻일 수 있다. 그것은 우리 자신의 뇌의 신경층위에서 매 순간 일어나고 있는 것—각 뉴런의 발화, 각 신경 접합부의 변화 등—을 정확히 안다는 뜻일 수 있다. 그것은 튜링 테스트를 통과하는 프로그램을 만들었다는 뜻일 수 있다. 그것은 자신을 너무나도 완벽하게 알고 있어서 모든 것이 바깥에 공개적으로 드러나 있으므로 잠재의식과 직관 같은 개념들이 무의미하다는 뜻일 수 있다. 그것은 그밖에도 다른 것들을 얼마든지 의미할 수 있을 것이다.

이런 유형의 자기-반영 가운데 괴델의 정리의 자기-반영과 가장 닮은 것이 만일 있다면 어떤 것인가? 대답하기가 좀 주저된다. 그것들 중 일부는 아주 웃기는 것이다. 예를 들면, 당신이 자신의 뇌 상태를 속속들이 관찰할 수 있다는 발상은 몽상일 뿐더러 일단 말도 안 되는 흥미롭지 않은 주장이며, 만일 괴델의 정리가 그것은 불가능하다고 시사하더라도 놀랄 만한 발견이라고 보기 어렵다. 다른 한편, '자신을 안다'라는 오래된 목표를 어떤 심오한 방식으로 성취하려는 것은—"자신의 정신구조를 이해하기"로 부르자—그럴 듯하게 느껴진다. 그러나 어떤 사람이든 자신의 마음속을 꿰뚫어 도달할 수 있는 깊이를 제한하는 어떤 막연한 괴델의 고리가 있는 것은 아닐까? 우리가 자신의 얼굴을 자기의 눈으로 직접 볼 수 없듯이, 우리의 완전한 정신구조를 그것을 실현하고 있는 기호들에서 반영할 수 없다고 기대해야 마땅하지 않은가?

메타수학과 계산이론의 모든 제한적 정리는 당신 자신의 구조를 표현하는 능력이 일단 어떤 임계점에 도달하면, 그것은 죽음의 입맞춤이라는 것을 암시한다. 즉 그것은 당신이 자신을 완전히는 결코 표현할 수 없다는 것을 보증한다. 괴델의 불완전성 정리, 처치의 결정 불가능성 정리, 튜링의 정지 정리, 타르스키의 진리 정리—이 모든 것은 우리에게 다음과 같이 경고하는 어떤 옛날 동화 같은 분위기를 풍긴다 : "자신에 대한 앎을 추구하는 것은……언제나 불완전하게 될, 어떤 지도에도 그려질 수 없는, 결코 멈추지 않을, 묘사될 수도 없는 그런 여행에 나서는 것이다."

그러나 제한적 정리들이 사람과 그 어떤 관계라도 있는가? 이 문제를 논증하는 한 가지 방식이 있다 : 나는 무모순적이거나 모순적이거나 둘 중 하나이다(모순적일 가능성이 훨씬 크지만, 완전성을 기하기 위해서 두 가지 가능성을 모두 고려해보겠다). 내가 무모순적이라면 두 가지 경우가 있다 : (1) "낮은 충실도의 경우" : 나의 자기-이해는 어떤 임계점 아래에 있다. 이 경우, 나는 가설에 의해서 불완전하다. (2) "높은 충실도의 경우" : 나의 자기-이해는, 제한적 정리의 은유적 유사체가 적용되는 임계점에 도달했다. 따라서 나의 자기-이해는 괴델적인 방식으로 자신의 기반을 약화시키며, 그 이유로 나는 불완전하다. (1)과 (2)의 경우는 모두 내가 100퍼센트 무모순적이라는, 거의 있을 법하지 않은 상황에 근거를 둔다. 내가 모순적일 가능성이 더 크다. 그러나 그것은 더 나쁜 경우이다. 왜냐하면 그럴 경우 내 안에 모순이 있기 때문이다. 그러면 나는 그것을 어떻게 이해할 수 있는가?

　무모순적이든 모순적이든, 어느 누구도 자기(the self)라는 불가사의로부터 면제될 수 없다. 아마 우리 모두 모순적일 것이다. 이 세계는 어떤 사람이 자신의 모든 신념들이 서로 조화를 이루는 사치를 누릴 수 없을 만큼 너무나도 복잡하다. 많은 결정을 신속히 내려야 하는 세계에서는 긴장과 혼란이 중요하다. 미겔데 우나무노는 언젠가 말했다 : "어떤 사람이 결코 자기모순을 범하지 않는다면, 그는 틀림없이 아무 말도 하고 있지 않다." 연거푸 자기모순을 범하는 선사(禪師)의 모습에 혼란스러워하는 학승에게 "나도 나 자신을 이해할 수 없네"라고 말했던 선사와 우리 모두 똑같은 처지라고 나는 말할 것이다.

괴델의 정리와 개인의 비존재

아마 우리의 삶에서 최대의 모순, 가장 다루기 힘든 것은 "내가 살아 있지 않았던 때가 있었고, 내가 살아 있지 않을 때가 올 것이다"라는 앎이다. 한 층위에서, 당신이 "자신에게서 벗어나서" 자신을 "그냥 또다른 인간 존재"로 볼 경우 이것은 완전히 의미가 통한다. 그러나 또다른 층위, 아마 더 깊은 층위에서 개인의 비존재는 전혀 의미가 통하지 않는다. 우리가 아는 모든 것은 우리의 마음속에 들어 있다. 따라서 내가 우주에 없는데 그것을 안다는 것은 이해할 수 없는 일이다. 이것은 생명의 부정할 수 없는 기본 문제이며, 아마 괴델의 정리에 대한 최상의 은유적 유사체일 것이다. 당신이 자신의 비존재를 상상하려고 한다면, 당신 자신을 다른 누군가에게 대응시키고는 자신에게서 벗어나도록 해야만 한다. 당신은 자신을 속여 당신 자신 안에 당신에 대한 외부인의 관점을 유입시킬 수 있다고 믿는다. 이것은 마치 TNT가 자신의 메타이론을 자신 안에 반영한다고 "믿는" 것과 같다. 그러나 TNT는 자신의 메타이론을 어느 정도까지만 포함한다. 완전히 포함하는 것이 아니다. 그리고 당신에 대해서 말하자면, 비록 당신이 자신에게서 벗어났다고 상상할지 몰라도, 실제로는 결코 그렇게 벗어날 수 없다—에서가 그린 용이 자신이 태어난 2차원 평면에서 벗어나 3차원 공간으로 도약할 수 없는 것과 같다. 어쨌든, 이것은 너무나도 큰 모순이어서 우리가 사는 동안 대부분은, 그 모든 혼란을 그냥 덮어둔다. 왜냐하면 그 모순에 대처하려고 해도 말짱 헛일이기 때문이다.

　반면에, 선의 마음은 이런 '화해 불가능성'을 만끽한다. 선의 마음은 "세계와 나는 하나이기 때문에, 내가 존재하기를 중지한다는 생각 자체가 자가당착이다"(나의 표현이 분명 너무 서양식이라 선자[禪者]들께 죄송하다)라는 동양의 믿음과 "나는 세계의 일부에 불과하고 결국 죽을 테지만, 내가 죽고 없더라도 세계는 계속 존재할 것이다"라는 서양의 믿음 사이의 대립에 반복해서 맞선다.

과학과 이원론

과학은 지나치게 "서구 중심적"이라거나 "이원론적"이라는—즉 주체와 대상, 관찰자와 관찰되는 것 사이의 이분법이 스며들어 있다는—이유로 자주 비난받는다. 20세기에 이를 때까지, 과학은 인간 관찰자와 손쉽게 구별될 수 있는 사물들, 이를테면 산소와 탄소, 빛과 열, 항성과 행성, 가속도와 천체 운항궤도 등과 같은 것들에만 관심을 가졌던 것이 진실이긴 하지만, 과학의 이 단계는 생명 자체를 탐구 대상으로 삼게 된 한층 근대적인 단계로 나아가기 위한 필연적인 전주곡이었다. 한 발, 한 발 가차 없이, "서구" 과학은 인간의 마음, 즉 관찰자에 대한 탐구를 향해서 움직였다. 인공지능 연구는 지금까지 그 길을 따라서 온 것들 중 가장 멀리까지 온 연구 분야이다. 인공지능이 등장하기 전에, 과학에서 연구 주체와 연구 대상의 뒤섞임이라는 이상한 결과를 미리 보여준 주요한 것이 두 가지 있었다. 하나는 양자역학 혁명이었는데, 관찰자가 관찰 대상에 간섭하는 것과 관련된 인식론적 문제를 동반했다. 또 하나는 메타수학에서의 주체와 대상의 뒤섞임인데, 괴델의 정리에서 시작하여 우리가 논의했던 다른 모든 제한적 정리들을 거치면서 진행했다. 인공지능의 다음 단계는 아마 과학의 자기-적용일 것이다. 즉 과학이 자신을 연구 대상으로 삼는 것이다. 이것은 연구 주체와 연구 대상을 뒤섞는 또다른 방식이다. 아마 인간이 자신의 마음을 연구하는 것보다도 더욱 뒤엉킨 혼합일 것이다.

그런데 지나가는 길에 한마디 하면, 주체와 대상의 융합에 본질적으로 의존하는 모든 결과들이 제한적인 결과들이었다는 점에 주목해보면 흥미롭다. 제한적 정리들에 덧붙여, 하이젠베르크의 불확정성 원리가 있는데, 한 양의 측정은 그것과 연관된 양을 동시에 측정하는 것을 불가능하게 한다는 것이다. 이 모든 결과들이 왜 제한적인지는 모르겠다. 자유롭게 생각해보기 바란다.

현대 음악과 미술에서의 기호 대 대상

주체-대상 이분법과 밀접히 연관된 것으로 20세기 초 루트비히 비트겐슈타인이 심층적으로 연구했던 것이 기호-대상 이분법이다. 똑같은 구분을 하는 데에 나중에 "사용"과 "언급"이라는 용어가 채택되었다. 콰인 및 몇몇 학자들은 기호와 기호가 지시하는 대상의 연관관계에 대해서 상세히 썼다. 그러나 이 심오하고 추상적인 문제에 관해서 철학자들만 많이 사유했던 것은 아니다. 20세기에는 음악과 미술도 이 문제에 깊은 관심을 반영하는 위기들을 겪었다. 예를 들면, 음악과 회화는 전통적으로 "기호"(즉, 시각 이미지, 화음, 리듬 등)라는 어휘를 통해서 관념이나 감정을 표현했지만, 이제는 음악과 미술에 있어 그 어떤 것을 표현하는 것이 아니라 그냥 존재하는 능력을 탐구하는 경향이 있다. 이것은 순수한 물감 방울이나 순수한 음으로서 존재하는 것을 뜻하며, 여하한 경우에도 기호가 가진 가치를 모조리 배제한다는 것을 뜻한다.

음악에서는 특히, 음에 선(禪)-같은 접근을 하게된 데에 존 케이지가 매우 큰 영향을 끼쳤다.* 그의 작품 중 상당수는 음의 "사용"—즉 감정 상태를 전달하기 위해서 음을 사용하는 것—에 대한 경멸과 음을 "언급하는 것"의 환희를 전달한다. 음을 언급한다는 것은 청취자가 음을 듣고 메시지로 해독할 수 있을, 미리

---

* 그 발상을 극단적으로 추구한 예술운동을 플럭서스(Fluxus)라고 한다. 대표자로 존 케이지를 비롯하여 요제프 보이스(행위미술), 머시 커닝햄(무용)과 백남준(비디오아트)을 꼽을 수 있다.

정식화된 어떤 코드도 고려하지 않고, 제멋대로 나란히 나는 소리들을 만드는 것이다. 전형적인 예가 제6장에서 설명했던, 여러 대의 라디오로 연주하는 작품 "가상의 풍경 제4번(Imaginary Landscape no. 4)"이다. 내가 케이지를 정당하게 평가하고 있지 않을지도 모르지만, 나에게는 그의 작품들 중 상당수가 음악에 무의미성을 가져오도록 하는 것에, 어떤 점에서는 그 무의미성이 의미를 가지도록 하는 것에 목표를 둔 것처럼 보인다. 우연성 음악(chance music)은 그런 방향에서의 전형적인 탐구이다(그건 그렇고, 우연성 음악은 나중에 발전하게 될 "해프닝"이나 "비인[be-in]"* 같은 개념과 가까운 사촌이다). 케이지의 노선을 따르고 있는 현대 작곡가들이 많지만 그만한 독창성을 가진 사람은 드물다. "피아노 태우기"라는 안나 로크우드의 작품은 바로 그 독창성 문제를 생각하게 한다. 그 작품은 피아노줄을 최대한 팽팽해지게 당겨 피아노가 타면서 줄이 끊어질 때 가능한 한 큰 소리가 나게 했다. 라몬트 영의 작품에서는, 공성퇴(攻城槌) 같은 장애물들이 있는 무대 위에서 피아노를 여기저기로 밀치고 다니면서 소음이 나게 한다.

　20세기 미술은 이런 일반적인 유형의 많은 격변을 겪어왔다. 처음에는 재현을 포기했는데, 이것은 진정 혁명적인 것으로서 곧 추상예술의 시작이었다. 피에트 몬드리안의 작품**은 순수한 재현으로부터 고도의 추상 패턴으로 옮아가는 점이적(漸移的) 전환을 보여주었다. 세상 사람들이 비구상 예술에 익숙해지고 나서 초현실주의가 도래했다. 그것은 음악에서 신고전파가 다시 등장한 것처럼*** 기괴한 돌변이었는데, 극도의 재현적인 예술이 "뒤집혀져서" 새로운 이유, 즉 충격을 주고 혼란스럽게 하고 놀라게 할 이유로 사용되었다. 이 유파는 앙드레 브르통에 의해서 창시되었고 주로 프랑스에 터전을 잡았다. 그 유파의 영향력 있는 일원으로 살바도르 달리, 마그리트, 데 키리코 그리고 탕기가 있다.

마그리트의 의미론적 착시

이 모든 화가들 가운데 마그리트가 기호-대상의 신비(나는 이것을 사용-언급의 구분을 더 심층적으로 확대한 것으로서 본다)를 가장 의식했다. 마그리트는

---

* 공개된 장소에서의 히피들의 회합 또는 이벤트.
** 이것이 그 유명한 작품 "구성(構成, Composition)"이다.
*** 낭만주의 시대에 신고전파로 회귀한 요하네스 브람스의 경우이다.

그림 137. "상식(Common Sense)"(르네 마그리트, 1945-1946).

감상자에게 강력한 반응을 불러 일으키기 위해서, 비록 감상자가 그 구별을 이와 같은 말로 표현하지 않지만, 기호-대상의 구별을 사용했다. 예를 들면 정물화의 주제를 기이하게 변형시킨 "상식"(그림 137)이라는 제목이 붙은 그림을 음미해보라.

이 그림에는, 정물화에서 흔히 표현되는 소재인 과일이 가득 담긴 접시가 아무 것도 그려지지 않은 캔버스 위에 놓여 있다. 기호와 실제 사이의 갈등이 크다. 그러나 완전한 아이러니는 아닌데, 그 이유는 물론 전체가 자체로 그냥 그림이기 때문이다 : 사실 표준을 벗어난 주제를 다룬 정물화이다.

마그리트가 그린 일련의 파이프 그림들은 기발하고 당혹스럽다. "두 개의 신비"(그림 138)를 음미해보라. 안에 있는 그림에 초점을 맞추면, 당신은 기호와 파이프가 다르다는 메시지를 얻는다. 그런 다음에 당신의 시선이 허공에 떠 있는 "진짜" 파이프 쪽으로 이동한다. 당신은 그것이 실제이고 다른 파이프 하나는 그냥 기호라고 인식한다. 그러나 물론 이것도 전적으로 틀렸다 : 두 파이프 모두 당신의 눈앞에 있는 같은 평면 위에 있다. 파이프 하나는 두 번 중첩된 그림 속에 있고 따라서 왠지 다른 파이프보다 "덜 실제적"이라고 보는 생각은 완전히 오류이다. 일단 당신이 기꺼이 "그 공간에 들어서려" 한다면 벌써 속아 넘어간 것이다. 즉 실제라고 생각한 이미지에 속은 것이다. 일관성을 유지하기 위해

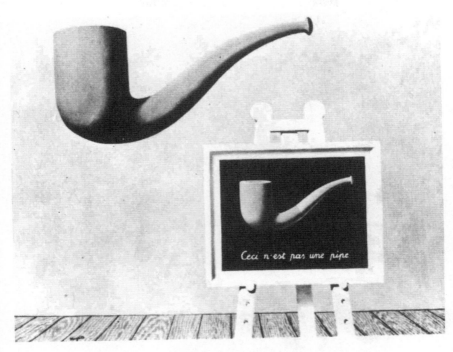

그림 138. "두 개의 신비(The Two Misteries)"(르네 마그리트, 1966).

서, 당신은 기꺼이 한 층위 아래로 내려갈 테고 '이미지-속에 있는-이미지'와 실재를 혼동할 것이다. 그 안으로 빨려 들어가지 않는 유일한 방법은, 두 개의 파이프를 단지 당신의 코앞 몇 인치 앞의 평면에 채색된 얼룩들로 보는 것이다. 그런 다음, 오직 그런 다음에 당신은 "이것은 파이프가 아니다(Ceci n'est pas une pipe)"라는 문자 메시지의 온전한 의미를 파악한다. 그러나 아이러니하게도, 모든 것이 얼룩으로 되는 바로 그 순간, 쓰인 글씨 또한 얼룩이 되고, 그로 인해서 의미를 상실한다! 다른 말로 하면, 그 순간 이 그림의 언어 메시지는 그야말로 괴델적인 방식으로 자기-파괴를 감행한다.

마그리트 연작집에서 뽑아 온 "공기와 노래"(그림 82)는 "두 개의 신비"가 성취한 모든 것을 성취하는데, 두 층위가 아니라 한 층위에서 그런다. 내가 그린 "봉화(Smoking Signal)"와 "파이프 꿈(Pipe Dream)"(그림 139와 140)은 "마그리트 주제에 대한 변주들"을 구성한다. 잠시 "봉화"를 주시해보라. 오래지 않아, 당신은 "이것은 메시지가 아니다(Ceci n'est pas un message)"라는 숨겨진 메시지를 알아

그림 139. "봉화(Smoke Signal)"[저자의 그림].*

볼 수 있을 것이다. 이렇게 해서 당신이 그 메시지를 찾아내면 그 메시지는 스스로를 부정한다. 그러나 당신이 그 메시지를 찾아내지 못하면, 그 그림의 요점을 송두리째 놓친다. 이 그림들의 간접적인 자기-코담배흡입 때문에 나의 두 파이프 그림은 괴델의 G에 얼추 대응될 수 있다. 이렇게 해서 다른 "기본 X대응"—X: 개,** 게, 나무늘보—과 같은 취지로, "기본 파이프대응"이 탄생한다.

　회화에서 사용-언급 사이의 혼동에 대한 고전적인 예는 그림 속에 팔레트가 나타나는 경우이다. 그 팔레트는 화가의 재현 솜씨가 만들어낸 착각을 일으키는 사물인 반면, 그려진 팔레트 위의 물감들은 화가의 팔레트에서 가져온 진짜 물감 덩어리들이다. 그 물감은 자기 자신을 연기(演技)하고 있다—그것은 다른 무엇을 기호로 나타내고 있지 않다. 모차르트도 "돈 조반니(Don Giovanni)"에서

---

* 그림의 파이프 연기는 저자의 이름 D. R. Hofstadter를 나타낸다.
** Central Dogmap에서 Dogmap은 Dogma와 map을 합성한 말인데, Dog map으로 보고 말장난을 한 것이다.

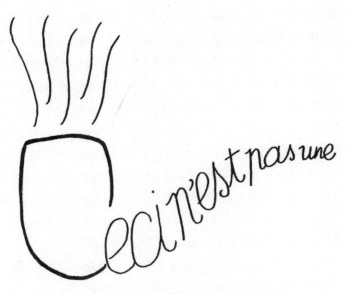

그림 140. "파이프 꿈(Pipe Dream)"(몽상) [저자의 그림].

이와 연관된 기법을 활용했다. 그는 악기들을 조율하는 오케스트라의 음들을 총보(總譜)에 명시적으로 적어놓았다. 이와 비슷하게, 내가 '나'라는 글자가 스스로를 연기하도록 (나를 기호로 나타낸 것이 아니라) 하고 싶으면, 나는 '나'를 곧장 나의 텍스트에 적어놓고는 '나'를 따옴표 사이에 에워싼다. 그 결과 "나"가 된다('나'도 아니고 '"나"'도 아니다). 이해하겠는가?

현대 미술의 "코드"

아무도 완전하게 정확히 밝혀내기를 바랄 수 없을 많은 영향들로 인해서 미술에서 기호–대상 이원론을 더 멀리 탐구하게 되었다. 그런데 선에 관심을 가졌던 존 케이지가 음악과 마찬가지로 미술에도 지대한 영향을 주었다는 점은 의심의 여지가 없다. 그의 친구 재스퍼 존스와 로버트 라우션버그는 대상을 대상 자체에 대한 기호로서, 또는 뒤집어서 기호를 그 자체로 대상으로서 사용함으로써 대상과 기호의 구별을 탐구했다. 이 모든 것의 의도는 아마, 미술이 실재로부터 한 발 물러서 있다는 개념—즉 미술은 "코드"로 말하며 감상자는 그것에 대한 해석자로서 행동해야 한다는 개념을 허물려고 하는 데에 있었던 것 같다. 그 발상은 해석 단계를 제거하고, 물체를 있는 그대로 그냥 **존재하도록** 하라는 것이었다, 마침표. ("마침표"—사용-언급이 모호해진 기이한 경우이다.) 그러나 이것이 의도라면, 그것은 기념비적인 실패작이었고 아마 그럴 수밖에 없었을 것이다.

어떤 물건이 화랑에 전시되거나 "작품"이라고 이름이 붙을 때마다 그것은 깊은 내적 의미가 있다는 아우라*를 획득한다—감상자에게 의미를 찾지 **말라**고 아무리 경고해도 소용없다. 사실, 역분사의 효과가 있어서 그로 인해서 감상자는 이 물건들을 신비화하지 말고 보라는 말을 들으면 들을수록 더욱 신비감을 느낀다. 결국, 박물관 바닥 위에 있는 나무 상자가 그저 박물관 바닥 위에 놓인 나무 상자에 불과하다면, 어째서 박물관 관리인은 그것을 밖으로 끌어내어 쓰레기통에 처박지 않는가? 어째서 작가의 이름이 상자에 부착되는가? 작가는 왜 예술을 탈(脫)신비화하기를 원했는가? 박물관 건물 입구에 있는 흙덩어리에는 왜 작가의 이름이 붙여지지 않는가? 이것은 장난질인가? 내가 미쳤나, 아니면 작가들이 미쳤나? 더욱더 많은 질문들이 감상자의 마음에 밀려든다 : 감상자는 질문이 밀려드는 것을 막을 수가 없다. 이것이 미술—예술—이 자동적으로 창조하는 "프레임 효과"이다. 호기심을 가진 자들의 마음속에 들어 있는 의구심 섞인 경탄을 억누를 방법은 없다.

물론, 그 목적이 세계를 범주와 의미가 없는 것으로서 대하는 선(禪)-같은 감각을 주입하는 것이라면, 아마도 그러한 미술이 의도하는 것은 그저 감상자로 하여금 밖으로 나가서 "내적 의미"를 거부하고 세계를 전체로서 받아들이는 철학에 친숙해지도록 고무하는 촉매제 역할—선에 대해서 지적으로 풀이하는 것이 그러는 것처럼—이다. 이 경우 미술은, 단기적 안목으로 보면, 패배를 자초하는 것이다. 왜냐하면 감상자가 미술의 의미에 대해서 숙고하기 때문이다. 그러나 장기적 안목으로 보면, 미술은 소수의 사람들에게 미술의 원천을 접하게 함으로써 목표를 성취한다. 그러나 어느 경우에도, 감상자에게 아이디어를 전해주는

---

* '아우라(Aura)'라는 미학적 개념은 벤야민에게서 유래한다. 이것은 일회적이면서 흔적을 남기는—반복될 수 없는—영기(靈氣)를 말한다. 『발터 벤야민의 문예이론』(반성완 옮김, 민음사, 1983) 참조.

코드가 없다는 말은 진실이 아니다. 실제로, 코드가 없다는 진술도 코드이므로 코드는 훨씬 더 복잡한 것이다. 즉, 코드는 어느 정도는 코드이고 어느 정도는 메타코드이다. 거기에는 가장 선-같은 미술적 대상들이 전하는 메시지들의 뒤엉 킨 계층질서가 있다. 이 때문에 그렇게도 많은 사람들이 현대 미술을 불가해하 다고 생각하는 것 같다.

다시 한번 이즘(Ism)으로

케이지는 예술과 자연의 경계를 허물려는 운동을 주도했다. 음악에서는 모든 음들이 평등하다는 점—일종의 음향 민주주의—을 주제로 삼았다. 따라서 침묵 또한 소리 못지않게 중요하며, 무작위 음 또한 조직된 음 못지않게 중요하다. 레너드 마이어는 그의 책 『음악, 예술 그리고 관념(*Music, the Arts, and Ideas*)』에서 이런 음악 운동을 "초월주의"로 부르며 이렇게 말한다 :

> 예술과 자연을 구분하는 것이 잘못이라면, 심미적 평가는 적절하지 않다. 돌, 뇌 우, 불가사리의 가치를 판단하는 그 이상으로 피아노 소나타의 가치를 판단할 필 요는 없다. [현대 작곡가] 루치아노 베리오는 말한다 : "화성법적 미학에 대한 합리 주의적 사고를 대표하는 옳거나 그르다, 아름답거나 추하다 같은 범주적 진술은 작곡가가 오늘날 청각적 형식과 음악적 행위에 왜 그리고 어떻게 몰두하는지를 이 해하는 데 더 이상 쓸모없다".

나중에 마이어는 초월주의의 철학적 입장을 계속 기술한다 :

> ……모든 시간과 공간 안에 있는 모든 것들은 떼려고 해도 뗄 수 없게 서로 연결 되어 있다. 우주 안에서 발견된 모든 분할, 분류, 조직 구성은 다 자의적이다. 세계 는 복잡하고 연속적이며 단일한 사건이다.[2][제논을 생각나게 한다!]

이 운동에 대한 "초월주의"라는 이름은 너무 거창하다고 생각한다. 그 대신에 "이즘(ism)"이라는 용어를 쓰겠다. 이 낱말은 접두어가 없는 접미어이기 때문에,

---

2) Leonard B. Meyer, *Music, The Arts, and Ideas*, pp. 161, 167.

그림 141. "인간의 조건 I(The Human Condition I)"(르네 마그리트, 1933).

이념(idea) 없는 이념(ideology)을 제시한다. 당신이 그 이념을 어떻게 해석해도 아마 맞을 것이다. "이즘"은 무엇이든 받아들이기 때문에 그 이름이 아주 잘 맞는다. "ism"에서 "is"라는 낱말이 절반은 '언급되었고' 절반은 '사용되었다.' 무엇이 더 적절할까? 이즘은 예술에서의 정신이다. 선의 중심 문제가 자기(the self)의 가면을 벗겨내는 것이듯이, 금세기 예술의 중심 문제는 예술이 무엇인지 이해하는 문제인 것으로 보인다. 이 모든 몸부림들이 바로 예술의 정체성 위기의 일부이다.

우리는 사용—언급 이분법을 밀고 나갔을 때 그 이분법이 기호—대상(symbol-object) 이원론이라는 철학적 문제로 바뀌는 것을 보았는데, 그 이원론이 사용—언급 이분법을 마음의 신비에 연결시킨다. 마그리트는 자신의 그림 "인간의 조건"에 대해서 다음과 같이 썼다(그림 141) :

나는 방 안에서 볼 때 창문 앞에 그림을 한 점 세워두었다. 그 그림이 표현하고 있는 것은 자신이 가리고 있는 바깥 풍경의 바로 그 부분이다. 따라서 그림에 표현된 나무는 그 그림 뒤에 있는 방 바깥의 나무를 가린다. 그 나무는 감상자에게, 방 안에서는 그림 속에, 그리고 방 바깥에서는 실제 풍경에 있는 것으로서, 그의 마음속에 동시에 존재했다. 이것이 우리가 세상을 보는 방식이다. 즉, 우리의 내부에서 경험하는 것은 오직 그 나무에 대한 마음의 표현뿐이지만, 우리는 그 나무가 우리의 바깥에 있는 것으로 본다.[3]

마음을 이해하기

마그리트는 먼저 자신의 그림 속의 의미심장한 이미지들을 통해서, 그 다음에는 직접 말로서 "기호들은 어떻게 작동하는가?" 그리고 "우리의 마음은 어떻게 작동하는가?"라는 두 가지 질문의 연관관계를 표현한다. 그 결과 마그리트는 우리를 앞서 제기된 질문으로 다시 이끈다 : "우리는 과연 우리의 마음/뇌를 이해하기를 희망할 수 있는가?"

아니면 어떤 믿을 수 없을 정도로 극악무도한 괴델 식의 명제가 우리로 하여금 영원히 우리 마음의 수수께끼를 풀어내지 못하게 막는가? "이해"라는 말을 완전히 불합리하게 정의하지 않는다면, 나는 궁극적으로 우리의 마음을 이해하

---

3) Suzi Gablik, *Magritte*, p. 97.

는 데에 대한 괴델 식의 장애물은 없다고 본다. 예를 들면 내가 보기에는, 우리가 자동차 엔진의 작동원리를 전반적으로 이해하는 것과 같은 방식으로 뇌의 작동원리를 전반적으로 이해하기를 갈망하는 것은 지극히 타당한 것 같다. 이것은 자신의 뇌를 속속들이 이해하려고 하는 것은 더 말할 나위도 없고, 어떤 뇌든지 그 뇌 하나를 속속들이 이해하려고 하는 것과는 전혀 다르다. 이러한 전망을 실행할 수 있는지에 대해서 괴델의 정리가, 비록 가장 어설프게 해석된다고 할지라도, 무슨 할 말이 있는지 나는 모르겠다. 신경세포라는 매질 안에서 사고과정을 발생시키는 일반 메커니즘을 정식화하고 검증하는 우리의 능력에 괴델의 정리가 어떤 제약을 가한다고 볼 이유가 없다고 생각한다. 인간의 뇌가 하는 것과 거의 같은 결과를 성취해내는 기호 조작의 유형을 컴퓨터(또는 후속장치)에 구현하는 데에 괴델의 정리가 장애물을 부과한다고 생각하지 않는다. 프로그램에 어떤 특정한 인간의 마음을 복제하려는 것은 전혀 다른 문제이다—그러나 지능적인 프로그램을 만드는 것은 어쨌든 훨씬 제한된 목표이다. 괴델의 정리는 우리가 프로그램을 통해서 우리 수준의 지능을 재생하는 것을 막지 않는데, 이는 그것이 우리가 DNA 안의 유전 정보를 전달하고 뒤이어 교육을 통해서 우리 수준의 지능을 재생하는 것을 막지 않는 것과 마찬가지이다. 정말로, 우리는 제16장에서 놀라운 괴델의 메커니즘—단백질과 DNA의 이상한 고리—이 어떻게 지능을 전달하는지를 보았다!

그러면 우리 자신의 마음에 대해서 생각하는 데에서 괴델의 정리가 우리에게 제공하는 것이 전혀 없는가? 나는 있다고 생각하는데, 일부 사람들이 당연히 그럴 것이라고 생각하는 신비하고 제한적인 방식은 아니다. 괴델의 증명이 구성과정에서 임의의 코드, 복잡한 동형성, 높은 층위와 낮은 층위의 해석 그리고 자기-반영의 능력을 끌어들이기 때문에 그 증명을 이해하게 되는 과정이 기호와 기호처리에 대한 일련의 이미지에 풍부한 저의(底意)와 분위기를 주입해줄 것이라고 생각한다. 그래서 괴델의 증명을 이해하는 과정이 서로 다른 층위들에 있는 정신구조 사이의 관계에 대한 우리의 직관을 더욱 깊게 할 것이다.

지능의 우발적 불가해성?

괴델의 증명을 철학적으로 흥미롭게 "적용하는" 것을 제시하기에 앞서, 지능의

"우발적 불가해성"이라는 아이디어를 내놓고 싶다. 그 착상은 이렇다 : 우리의 뇌는 자동차 엔진과 달리 완강하고 아주 다루기 어려운 체계라서 어떤 식으로든 깔끔하게 분해할 수는 없을 것이다. 현재로서는 우리의 뇌가 각각의 층이 보다 낮은 층의 관점에서 설명될 수 있는 층으로 명확하게 나누려는 반복되는 시도에 굴복할지 아니면 우리의 모든 분해 시도를 좌절시킬는지 전혀 알 수 없다.

그러나 우리가 자신을 이해하는 데에 실패하더라도, 그 배후에 괴델의 "비틀기"가 있어야 할 필요는 없다. 우리의 뇌가 스스로를 이해하기에 너무 미약하다는 것은 그저 우연한 운명일 수 있다. 예를 들면 하등동물인 기린을 보라. 기린의 뇌는 분명히 자기-이해에 필요한 수준에 훨씬 못 미치지만, 우리의 뇌와 아주 비슷하다. 사실, 기린이나 코끼리 그리고 개코원숭이* 심지어 거북, 또는 인간보다 훨씬 똑똑한 미지의 존재의 뇌도 아마 기본적으로 같은 일련의 원리들에 따라 작동할 것이다. 기린은 그 원리들이 마음의 특성을 산출하기 위해서 어떻게 서로 맞추어지는지 이해하는 데에 필요한 지능의 문턱값 훨씬 아래에 있을지도 모른다. 인간은 그 문턱값 근처, 아마 그 바로 아래 또는 바로 위쯤에 있을 것이다. 요점은, 그 특성들을 왜 이해할 수 없는지 근본적인 (즉 괴델 식의) 이유가 없을 것이라는 점이다. 그 특성들이 더 지능적인 존재에게는 완전히 명확할지도 모른다.

결정 불가능성은 높은 층위의 관점과 분리할 수 없다

뇌를 설명할 수 없는 것은 우연이라는 비관적인 개념을 제외하면, 괴델의 증명은 우리의 마음/뇌를 설명하는 데에 어떤 **통찰력**을 제공해줄까? 괴델의 증명은 체계의 높은 층위의 관점은 낮은 층위들에는 없는 설명력을 포함할 것이라는 개념을 제공한다. 즉 이런 뜻이다 : 누군가 당신에게 G, 즉 괴델의 결정 불가능한 문자열을 TNT의 문자열로서 주었다고 가정하자. 또한 당신이 괴델 수 매기기에 대해서 아무것도 몰랐다고 가정하자. 당신이 대답해야 할 질문은 이것이다 : "이 문자열은 어째서 TNT의 정리가 아닌가?" 당신은 이런 질문에 이미 익숙하다 : 예를 들면 S0=0에 대해서 그 질문을 받았다면, 당신에게는 다음과 같은 준비된 설

---

* Giraffes, Elephants, Baboons=Gödel, Escher, Bach에 대한 말장난.

명이 있었을 것이다. "그것의 부정, 즉 ~S0=0이 정리이기 때문이다." 이것은 당신이 TNT가 무모순이라는 점을 안다는 사실과, 주어진 그 문자열이 어째서 비정리인지 설명해준다. 이것이 내가 "TNT 층위에서의" 설명이라고 부르는 것이다. 그 설명이 MU가 MIU 체계의 정리가 아닌 이유를 설명하는 방식과 얼마나 다른지에 주목하라 : 전자의 설명은 기계 모드에서 비롯하고, 후자의 설명은 지능 모드로부터만 나온다.

그러면 G는 어떠한가? S0=0에 대해서 통했던 TNT 층위의 설명은 G에 대해서는 통하지 않는데, 그 이유는 ~G는 정리가 아니기 때문이다. TNT를 전체적으로 볼 수 없는 사람은, 자신이 규칙들을 따랐음에도 왜 G를 만들 수 없는지에 대해서 매우 당황할 것이다. 왜냐하면 산술적 명제로서 그것은 분명히 틀린 것이 전혀 없기 때문이다. 사실, G를 전칭양화사가 붙은 문자열로 변환할 경우, 그 변수들을 수사(數詞)들로 대체함으로써 G로부터 얻은 모든 개별 사례를 도출할 수 있다. G가 정리가 아니라는 것을 설명하는 유일한 방법은 괴델 수 매기기의 개념을 발견해서 TNT를 전혀 다른 층위에서 조망하는 것이다. TNT 층위에서 G가 정리가 아니라는 설명을 작성하는 것은 그냥 어렵고 복잡하기만 한 일이 아니다. 그것은 불가능하다. 그러한 설명은 정말 존재하지 않는다. TNT-층위에서는 원리상으로 없는 일종의 설명력이 높은 층위에는 있다. G의 비정리성은 말하자면 **본질적으로 높은 층위의 사실**이다. 이런 일이 **모든** 결정 불가능한 명제들에 대해서도 맞는 것이 아닐까 하고 생각한다. 다시 말하면, 결정 불가능한 모든 명제는 사실상, 어떤 코드를 거쳐 어떤 체계 안에서 자신이 정리가 아니라는 것을 주장하는 괴델 문장이다.

본질적으로 높은 층위의 현상으로서의 의식

이런 식으로 보니, 괴델의 증명이 시사하는 것은—비록 증명하는 것은 결코 아니지만!—더 낮은 층위들에는 나타나지 않는 개념들을 끌어들여 마음/뇌를 높은 층위에서 보는 방식이 있을 것이라는 점과, 이 층위가 더 낮은 층위들에는 존재하지 않는—심지어 원리상으로조차 존재하지 않는—설명력을 가질 것이라는 점이다. 이것은 어떤 사실들이 높은 층위에서는 아주 쉽게 설명될 수 있지만 더 낮은 층위들에서는 **전혀** 설명될 수 없다는 뜻일 것이다. 낮은 층위의 명제가 아무리 길고 번잡하게 만들어졌더라도, 그것은 문제되는 현상들을 설명하지 못할 것이다. 이것은, 당신이 TNT에서 도출에 도출을 거듭하여 그것들을 아무리 길고 번잡하게 만들어도 G에 해당하는 도출을 결코 내놓지 못할 것이라는—당신이 더 높은 층위에서는 G가 참임을 알 수 있다는 사실에도 불구하고—사실과 아주 비슷하다.

그런 높은 층위의 개념들은 무엇일까? 아주 오래 전부터 전일주의 또는 "영혼론"적인 성향의 과학자들과 인문주의자들은, 의식이란 뇌-성분들의 관점으로는 설명될 수 없는 현상이라고 제안했다. 적어도 이 생각은 하나의 후보이다. 또한 언제나 곤혹스러운 자유의지라는 개념도 있다. 아마 이런 특성들은, 생리학만으로는 제시할 수 없는 설명을 요구한다는 점에서 "창발적(創發的, emergent)인" 형질일 것이다. 그러나 우리가 그런 대담한 가설을 만드는 데에 괴델의 증명의 안내를 받고 있다면, 그 유추를 철두철미하게 수행해야만 한다는 점을 깨닫는 것이 중요하다. 특히, G가 정리가 아니라는 점에 설명이 있다는 점—즉 비정리성이 총체적 불가사의가 아니라는 점—을 상기하는 것이 아주 중요하다. 그 설명은 우리가 한 층위를 따로 이해하는 것이 아니라, 어느 한 층위가 자신의 메타층위를 반영하는 방식, 그리고 반영의 결과를 이해하는 것에 달려 있다. 우리의 유추가 성립한다면, "창발적인" 현상들은 정신체계 안에 있는 서로 다른 층위들 사이의 관계의 관점으로 설명될 수 있을 것이다.

의식의 핵심부로서의 이상한 고리

나는 우리 뇌에서 생기는, 예를 들면 관념, 희망, 이미지, 유추 그리고 마침내 의식과 자유의지 같은 "창발적인" 현상들에 대한 설명이 일종의 이상한 고리, 즉 최상층위가 다시 최하층위를 향해서 아래로 뻗어 그 최하층위에 영향을 주며, 이와 동시에 최상층위 자체가 그 최하층위에 의해서 결정되는 그러한 층위들 사이의 상호작용에 근거한다고 믿는다. 다른 말로 하면, 이것은 자신의 증명 가능성을 주장하기만 해도 실제로 증명 가능해지는 헨킨 문장처럼, 서로 다른 층위들 사이의 자기-강화 "공명(共鳴)"이다. 자기(the self)는 자신이 스스로를 반영하는 힘을 가지는 순간 탄생한다.

이 설명이 반(反)환원론적 입장으로 간주되면 안 된다. 이것은 다만, 마음에 대한 환원론적 설명이, **이해될 수 있으려면**, 층위, 대응, 의미 같은 "연성(軟性)" 개념을 끌어들여야 한다는 점을 시사할 따름이다. 원칙적으로, 나는 뇌에 대한 전적으로 환원론적인, 그러나 이해할 수 없는 설명이 있다는 점을 의심치 않는다 : 문제는 그 설명을 우리 자신이 이해할 수 있는 언어로 어떻게 번역하느냐이다. 분명히 우리는 입자(粒子)의 위치나 운동량의 관점에서 기술한 것을 원하지는 않는다. 우리가 원하는 것은, 뉴런의 활동을 (매개층위의 현상인) "신호들"에 연계시키고 신호들을 다시, 존재한다고─가정되는 "자기─기호"를 포함하는 "기호"와 "하위체계"로 연계시키는 기술(記述)이다. 낮은 층위의 물리적 하드웨어를 높은 층위의 심리적 소프트웨어로 번역하는 이 행위는 수론의 명제들을 메타수학의 명제들로 번역하는 것과 비슷하다. 바로 이 번역의 지점에서 일어나는 층위─교차가 괴델의 불완전성과 헨킨 문장의 자기─증명 특성을 창출하는 것임을 상기하라. 나는 비슷한 층위─교차가, 거의 분석될 수 없는 우리의 자아 감각을 창출하는 것이라고 상정한다.

마음/뇌 체계의 더할 나위 없는 풍성함을 다루려면, 층위들 사이를 편안하게 미끄러져 들어갈 수 있어야 할 것이다. 나아가, 다양한 유형의 "인과율", 즉 하나의 기술층위에 있는 어떤 사건이 다른 층위에 있는 사건이 발생하도록 촉발할 수 있는 방식들을 허용해야 할 것이다. 사건 A가 사건 B를 다른 기술층위에서 번역한 것이라는 이유만으로, 우리는 때로는 사건 A가 사건 B를 "촉발한다"라고 말하기도 할 것이다. 때로는 "촉발한다"라는 표현이 통상적인 의미, 즉 물리적 인과율을 뜻할 것이다. 마음에 대한 어떤 설명에도 두 가지─또는 아마 더 많은─유형의 인과율이 모두 수용되어야 한다. 왜냐하면 우리는, 중심원리의 대응에서처럼, 정신의 뒤엉킨 계층질서에서 위로는 **물론** 아래로도 전파될 수 있는 인과적 원인들을 인정해야 할 것이기 때문이다.

그러고 나면 우리가 우리 자신을 이해하는 최대 고빗길에서 우리 마음속에 있는 층위들이 뒤엉킨 계층질서라는 것을 이해하게 될 것이다. 나의 입장은 신경과학자 로저 스페리의 탁월한 논문 "마음, 뇌 그리고 인본주의적 가치들(Mind, Brain, and Humanist Values)"에서 표방한 관점과 비슷하다. 그의 말을 조금 인용해보도록 하자 :

나의 가설적인 두뇌 모델에서 의식적인 자각은 진정한 인과적 동인(動因)으로서

대표성을 가지며, 의식적 자각이 활성적 작용력으로서 나타나는 두뇌 사건들의 인
과적 연쇄와 제어 연쇄에서 중요한 위치를 차지한다.……아주 간단히 말하면 그
것은 두개골을 차지하고 있는 인과력들에서 누가 누구를 부려먹느냐의 문제로 귀
착된다. 다른 말로 표현하면 두개골 안의 제어 동인들 사이에 서열질서*를 정리하
는 문제이다. 두개골 안에는 다양한 인과력의 세계가 존재한다. 게다가 힘 안에 힘
이 있고 그 힘 안에 또 힘이 있는데, 그것은 두뇌 외에 우리가 알고 있는 그 어떤
15cm³의 세계에도 없는 것이다.

……요약하면 두뇌 안에서 명령 계통의 위쪽으로 계속 올라가면 맨 위에 정신 상
태 또는 심적 활동과 서로 관련된 대뇌 흥분의 대규모 패턴의 종합적 조직력과 역
동적 속성을 발견한다.……두뇌의 이 명령 체계 정점 가까이에서……우리는 관념
을 발견한다. 침팬지보다 우월한 인간은 관념과 이상(理想)을 가진다. 여기서 제시
한 두뇌 모델에서는 관념 또는 이상의 인과적 잠재력은 분자, 세포 또는 신경 충
격의 인과적 잠재력만큼이나 현실적이다. 관념들은 관념들을 야기하고 새로운 관
념들이 발전하도록 돕는다. 그들은 서로 그리고 같은 두뇌, 이웃한 두뇌 그리고
전 지구적 의사소통 덕분에 멀리 떨어진 외국(에 사는 사람들)의 두뇌에 있는 다
른 정신력과 상호작용한다. 그리고 그들은 또한 외부 환경과도 상호작용을 해서
살아 있는 세포의 출현을 포함해 이제까지 진화의 무대에 등장한 모든 것을 넘어
서는 진화의 폭발적 전진을 초래한다.[4]

두 담론언어, 즉 주관적 언어와 객관적 언어 사이에 유명한 단절이 있다. 예를
들면, '붉음(redness)'이라는 "주관적인" 감각과 빨간 빛(red light)의 "객관적인" 파
장이 있다. 많은 사람들에게는 이것들이 영원히 화해할 수 없는 것처럼 보인다.
나는 그렇게 생각하지 않는다. 에서의 "손을 그리는 손"이라는 그림에 대한 두
가지 시각—손들이 서로를 그리는 "체계 내부"로부터의 시각과 에셔가 이 모든
것을 그리는 외부로부터의 시각—이 화해할 수 있는 것과 마찬가지이다. '붉음'
이라는 주관적인 감각은 뇌 속의 자기-지각의 소용돌이로부터 나온다. 객관적
인 파장은, 당신이 체계 바깥으로 물러섰을 때 사물을 보는 방식이다. 비록 우

---

* Peck-order는 행태학의 용어로서, 새의 집단에서 서열이 높은 개체가 낮은 개체들을 부리로 쪼면
  서 형성되는 질서를 의미한다.
4) Roger Sperry, "Mind, Brain, and Humanist Values", pp. 78–83.

리들 가운데 누구도 그 "거대한 그림"을 볼 수 있을 만큼 충분히 멀리 물러설 수 없겠지만, 우리는 그런 그림이 존재한다는 것을 잊지 말아야 한다. 우리는 물리 법칙이 이 모든 것을 일어나게 하는 것이라는 사실을 기억해야 한다—우리의 높은 층위의 내성적(內省的) 탐색으로는 도달할 수 없는 너무도 먼 곳인 저 아래 뉴런 구석구석에서.

자기-기호와 자유의지

제12장에서는, 우리가 "자유의지"라고 부르는 것이 자기-기호(또는 하위체계)와 뇌 안의 다른 기호들 사이의 상호작용의 결과라고 시사한 바 있다. 우리가 기호란 의미가 부여될 높은 층위의 실체라는 생각을 택한다면, 기호, 자기-기호, 그리고 자유의지 사이의 관계에 대한 설명을 시도해볼 수 있다.

자유의지라는 질문에 대한 몇몇 시각을 얻는 하나의 방법은 그 질문을—내가 보기에 내용은 같지만 덜 부담스러운 용어들과 관련되는—다음과 같은 등가 질문으로 대체하는 것이다 : 우리는 "체계 X는 자유의지를 가지는가?"라고 묻지 않고, "체계 X는 선택을 하는가?"라고 묻고자 한다. 내 생각에는—기계든 생물이든—어떤 체계를 "선택 능력"을 갖춘 무엇으로 기술하기로 결정했을 때, 우리가 진정 무엇을 의도하는지 면밀하게 검토해야만 자유의지를 더욱 잘 규명할 수 있다고 본다. 이때 다양한 조건들하에서 우리가 "선택을 하는 것"으로서 묘사하면 좋을 것으로 여겨지는 몇몇 다른 체계들을 점검하면 유용할 것이다. 그런 보기들로부터 우리는 "선택을 하는 것"이라는 용어가 실제로 어떤 뜻인지에 대한 몇몇 관점을 얻을 수 있다.

전형적인 예로 다음과 같은 체계들을 택해보자 : 울퉁불퉁한 비탈을 굴러 내려가는 구슬 ; 십진법으로 2의 제곱근의 연속된 숫자를 찾아내는 휴대용 계산기 ; 체스를 잘 두는 정교한 프로그램 ; (분기점에서 두 갈래로 나뉘고 그중 한쪽 편에만 포상이 있는) T자형 미로에 서 있는 로봇 ; 복잡한 딜레마에 맞닥뜨린 인간 존재.

첫째, 비탈을 굴러 내려가는 구슬은 어떠한가? 구슬은 선택을 하는가? 매우 짧은 구간에 대해서조차도 구슬의 경로를 아무도 예측할 수 없을 테지만, 우리는 이구동성으로 '구슬은 선택능력이 없다'라고 말할 것이라고 나는 생각한다.

구슬이 내려갔던 길 이외의 길로는 갈 수 없었을 것이며, 가차 없는 자연법칙에 그냥 떠밀리고 있었다고 우리는 느낀다. 물론 우리의 덩이진 마음의 물리학에서, 구슬이 굴러갈 다수의 상이한 "가능한" 경로들을 상상할 수 있고, 현실세계에서는 구슬이 그것들 가운데 단 하나의 경로로만 가는 것을 본다. 그러므로 우리 마음의 한켠에서는, 우리가 생각한 무수한 경로들 가운데 구슬이 단 하나의 경로만 "선택했다"고 느낄 수밖에 없다. 그러나 마음의 다른 한켠에서 우리는, 마음의 물리학이란, 세계를 우리 내부에 모형화하는 데에서 보조수단일 뿐이라는 것을 본능적으로 이해한다. 그리고 사건을 실제의 물리적 순서로 발생시키는 메커니즘은, 자연에게 마음의 물리학과 비슷한 과정을 거쳐 우선 어떤 가상의 우주("신의 뇌")에서 변종들을 만들고 그것들 중에서 하나를 선택하도록 요구하지는 않는다는 것을 우리는 본능적으로 이해한다. 그래서 우리는 구슬이 굴러가는 과정에 "선택"이라는 명칭을 부여하지는 않을 것이다. 비록 이 같은 경우에 "선택"이라는 낱말이 지닌 환기력 때문에 그 말을 사용하는 것이 종종 실용적이라는 점을 인정하지만 말이다.

2의 제곱근의 소수점 이하의 숫자들을 발견하도록 프로그래밍된 계산기의 경우는 어떠한가? 체스 프로그램의 경우는 어떠한가? 여기서는 우리가 "복잡한 비탈길"을 굴러 내려가는 "모양이 복잡한 구슬"을 다루고 있다고 말할 수 있다. 사실 체스 프로그램의 경우에서는 '어떤 선택 결정도 내려지지 않는다는 논거가 주사위의 경우보다 더 강력하다. 왜냐하면 당신이 구슬 실험을 반복해서 시도한다면, 의심의 여지없이 완전히 다른 경로로 굴러 내려오는 것을 목격할 것이다. 반면에 프로그램에 2의 제곱근을 계산하라고 재실행시키면, 매번 똑같은 결과를 얻을 것이다. 구슬이 처음 굴려 내려갔을 때의 조건을 아무리 정확하게 재현하려고 해도 구슬은 매번 다른 경로를 "선택하는" 것처럼 보이는 반면, 프로그램은 매번 똑같은 경로를 실행한다.

이제 복잡한 체스 프로그램의 경우에는 다양한 가능성들이 있다. 당신이 어떤 프로그램을 상대로 게임을 하고 첫 번째와 똑같은 행마로 두 번째 게임을 시작해도, 이 프로그램들은 첫 게임을 통해서 어떤 것이든 배웠다든가 또는 다르게 두겠다는 욕구를 전혀 보여주지 않고, 첫 게임 때와 똑같이 둘 것이다. 또다른 프로그램이 있는데, 그것은 깊은 욕구로부터 나온 것은 아니지만 다양성을 줄 난수 발생장치를 갖추고 있다. 그런 프로그램들은 내장된 난수 생성장치를 통해서 처음 상태로 다시 설정될 수 있으며* 그러면 다시 똑같은 게임이 잇따를 것이다. 다른 한편으로 자신의 패착들로부터 학습하고, 게임 결과에 따라서 자신의 전략을 수정하는 다른 프로그램들이 있다. 그런 프로그램들은 같은 게임을 연속해서 두 번 두지는 않을 것이다. 물론, 난수 생성장치를 초기화할 수 있는 것처럼, 학습 내용을 나타내는 메모리 속의 모든 변경을 삭제하여 프로그램 상태를 원점으로 되돌릴 수도 있지만, 이것은 거의 선의로 하는 일로는 보이지 않는다. 그뿐만 아니라, 당신의 뇌까지 포함하여 모든 상황이 낱낱이 첫 번째 게임에서와 똑같이 초기화된다고 해서 **당신 자신**이 앞서 내린 어떤 결정이든 간에 바꿀 수 있을 것이라고 추측할 만한 이유가 있는가?

"선택"이라는 용어가 여기에 적용될 수 있는가라는 질문으로 돌아가자. 프로그램들이 "복잡한 비탈길을 굴러 내려가는 모양이 복잡한 구슬들"에 불과하다면, 그 프로그램들은 선택을 하는가 안 하는가? 물론 그 대답은 틀림없이 주관적이지만, 나는 이 경우에서도 구슬에 적용된 것과 상당히 같은 고찰이 적용된다고 말할 것이다. 한편 "선택"이라는 용어 사용의 호소력이, 이것이 간편하고 환기력을 가진 손쉬운 표현이지만 상당히 강력해진다는 점을 덧붙이고 싶다. 어떤 체스 프로그램이 굴러 내려가는 구슬의 경우와 전혀 다르게 여러 가능한 분기 경로들을 예측한다는 사실은, 2의 제곱근을 계산하는 프로그램보다는 훨씬 더 생명체처럼 보이게 한다. 그러나 여기서도 깊은 자의식이나 자유의지에 대한 지각은 여전히 없다.

자, 계속해서 기호 레퍼토리를 가지고 있는 로봇을 상상해보자. 이 로봇을 T 자형 미로에 세워두었다. 그러나 로봇은 보상품이 있는 쪽으로 가는 것이 아니라, 2의 제곱근의 다음 숫자가 짝수일 경우에는 왼쪽으로 가고, 홀수일 경우에는 오른쪽으로 가도록 미리 프로그래밍되었다. 이제 이 로봇은 그 상황을 자신의 기호로 모형화할 수 있어서 자신이 선택하는 것을 관찰할 수 있다. 로봇이 분기점에 접근할 때마다 "너는 이번에 어느 길로 갈 예정인지 아니?"라고 물으면, 로봇은 틀림없이 "모릅니다"라고 대답할 것이다. 그런 다음 전진하기 위해서 로봇은 분기를 결정할 "결정자" 서브루틴을 활성화할 것이다. 그 서브루틴은 2의 제곱근의 다음 숫자를 계산하고 로봇은 그 결정을 따른다. 그러나 로봇은 결정자의 내부 메커니즘을 모른다. 결정자는 로봇의 기호에 그저 블랙박스로

---

* 난수 발생 패턴 자체가 반복된다.

표현될 뿐이고, 로봇에게 그 블랙박스는 어떤 불가사의하고 겉보기에는 무작위한 규칙에 따라서 "왼쪽"과 "오른쪽"을 출력하는 것으로 느껴진다. 로봇의 기호들이 L(왼쪽)과 R(오른쪽)로 박동 치는 2의 제곱근에 숨겨진 핵심 특징을 이해할 수 없다면, 로봇은 자신이 내리고 있는 "결정들"에 대해서 당황한 채로 있을 것이다. 자, 이 로봇은 선택을 하는가? 당신 자신을 로봇의 입장에 집어넣어보라. 당신이 비탈길을 굴러 내려가는 구슬 속에 갇혀 있고 그 경로에 영향력을 행사할 수 없다면, 그러나 당신에게 있는 인간의 모든 지능으로 그 경로를 관찰할 수 있다면, 당신은 구슬의 경로가 선택이 관여한 것이라고 느낄까? 물론 아니다. 당신의 마음이 그 결과에 **영향을 주지** 않는 한, 기호들이 있다고 해서 달라지는 것은 없다.

이제 우리의 로봇을 조금 수정해보자 : 우리는 로봇의 기호들이—자기-기호까지 포함하여—결정자가 내린 결정에 영향을 미칠 수 있게 한다. 자, 그렇게 하니 이것은 전적으로 물리법칙에 따라서 작동하는 프로그램의 한 예인데, 앞의 예들보다는 선택의 본질에 훨씬 깊이 다가간 것으로 보인다. 로봇이 자신에 대한 뭉뚱그린 개념을 가지게 되면, 우리는 로봇을 자신과 동일시하기 시작한다. 왜냐하면 그것은 우리가 하는 종류의 일처럼 보이기 때문이다. 이것은 더 이상 2의 제곱근 계산 같은 것이 아니다. 2의 제곱근 계산의 경우에는 취해진 결정들을 관찰하는 아무런 기호도 없는 것 같다. 분명히, 우리가 로봇 프로그램을 아주 국소적인 층위에서 관찰한다면, 그것은 제곱근-계산 프로그램과 아주 비슷해 보일 것이다. 과정이 한 단계, 한 단계 실행되면, 결국은 "왼쪽" 또는 "오른쪽"이 출력물이다. 그러나 높은 층위에서 우리는 기호들이 그 상황을 모형화하고 결정에 영향을 미치도록 사용되고 있음을 알 수 있다. 그것은 우리가 프로그램을 생각하는 방식에 근원적인 영향을 준다. 이 단계에서 **의미**가 등장하는 것이다—우리 자신의 마음을 가지고 조작하는 것과 똑같은 종류의 의미이다.

모든 층위들이 교차하는 괴델 소용돌이

이제 어떤 외부 작용인자가 로봇에게 다음에는 'L'을 선택하라고 제안하면, 그 제안이 채택되어 상호작용하는 기호들의 소용돌이 속으로 운반될 것이다. 그 제안은, 나룻배가 소용돌이로 빨려 들어가듯이, 가차 없이 자기-기호와의 상호작용 속으로 빨려 들어갈 것이다. 그것이 바로 체계의 소용돌이인데, 그곳에서 모든 층위들이 교차한다. 여기서 'L'은 기호들의 뒤엉킨 계층질서와 만나며 층위들의 위아래로 전달된다. 자기-기호는 자신의 모든 내부 과정들을 다 추적하며 관찰할 수는 없다. 그래서 실제 결정—'L'이나 'R' 또는 그 체계 밖의 어떤 것—이 나올 때, 그 체계는 결정이 어디에서 왔는지 알 수 없을 것이다. 자신을 추적 관찰하지 않고, 그 결과 자신의 행마가 어디에서 오는지에 대해서 아무 생각도 없는 표준 체스 프로그램과 달리, 이 로봇 프로그램은 자신을 추적 관찰하며 자신이 가진 생각들에 대한 생각들도 가지고 있다. 그러나 이 로봇 프로그램이 자신의 과정을 완전히 속속들이 추적 관찰할 수는 없다. 그러므로 자신이 어떻게 작동하는지에 대해서 완전히 이해하지는 못하고 일종의 **직관적인 감각**은 있다. 이처럼 자기-지식과 자기-무지 사이의 균형으로부터 자유의지라는 느낌이 나온다.

예를 들면, 어떤 작가가 자신의 마음속 이미지에 포함된 어떤 관념들을 전해주려 하고 있는 것을 생각해보자. 작가는 그 이미지들이 자신의 마음속에서 어떻게 조화를 이루는지 명확히 알지는 못한다. 그래서 처음에는 이런 방식으로, 다음에는 저런 방식으로 표현하며 이리저리 실험해보고는 최종적으로 어떤 설명 방법을 정한다.

그런데 작가는 이 모든 것이 어디에서 왔는지 아는가? 어렴풋이만 알 것이다. 그 근원의 상당 부분은 마치 물 밑에 깊이 숨겨져 보이지 않는 빙산과 같다. 그리고 작가도 그 점을 안다. 또는 우리가 앞서 논의했던 작곡 프로그램을 생각해보라. 거기에서 언제 프로그램을 인간 작곡가의 도구가 아니라 작곡가로 편하게 부를 수 있는지 물었다. 기호에 관한 자기-지식이 그 프로그램 안에 있다면 그리고 그 프로그램이 자기-지식과 자기-무지 사이에 미묘한 균형을 유지할 경우, 우리는 마음 편하게 그 프로그램을 작곡가라고 부를 수 있을 것이다. 그 체계가 결정론적으로 작동하고 있는지는 관계가 없다. 우리가 그것을 "선택자(choice maker)"로 부르게 하는 것은, 우리가 그 프로그램이 실행될 때 일어나는 **과정들에 대한 높은 층위의 기술**에 공감할 수 있는가에 달려 있다. 낮은(기계어) 층위에서는 그 프로그램은 다른 어느 프로그램처럼 보인다. 높은(덩이진) 층위에서는 "의지", "직관", "창조성" 및 "의식" 같은 속성들이 창발할 수 있다.

중요한 아이디어는 이런 자기의 "소용돌이"가 심적 과정의 뒤엉킴, 심적 과정

그림 142. "화랑(Print Gallery)"(M. C. 에셔, 석판 1956).

의 괴델적 속성을 유발한다는 점이다. 사람들은 나에게 종종 이렇게 말했다. "자기-지시와 그밖의 것을 소재로 한 이 이야기들이 아주 즐겁고 재미있긴 하지만, 당신은 그것에 **진지하게** 생각할 만한 어떤 것이 있다고 정말로 생각하는가?" 나는 분명히 그렇게 생각한다. 나는 결국은 그것이 인공지능의 핵심에 자리잡고 있는 것으로 판명되고 인간의 마음이 어떻게 작동하는지 이해하려는 모든 시도의 초점이 될 것이라고 생각한다. 그것이 내가 이 책의 구조 속에 괴델을 그렇게 깊이 엮어 짠 이유이다.

모든 층위들이 교차하는 에셔 소용돌이

에셔는 그의 작품 "화랑(Print Gallery)"(그림 142)에서 뒤엉킨 계층질서의 태풍의 "눈"을 기막히게 아름답게, 그러나 동시에 혼란스럽도록 기괴하게 묘사해서 우리에게 보여주었다. 우리가 보는 것은 화랑인데, 거기에 어떤 젊은이가 서서 작은 마을의 항구에 배 한 척이 떠 있는 그림을 보고 있다. 그 마을은 건축물로 짐작하건대, 아마 몰타의 어느 마을인 것 같다. 작은 탑들, 이따금씩 보이는 둥근 지붕들 그리고 평평한 돌지붕들이 있는데, 한 돌지붕 위에 소년이 햇살을 받으며 편안하게 앉아 있고, 한편 두 층 아래에 아마 소년의 엄마일 것 같은 여인이 그녀의 아파트에서 창밖을 내다보고 있다. 그 아파트 바로 아래는 화랑인데, 거기에 어떤 젊은이가 서서 작은 마을의 항구에 배 한 척이 떠 있는 그림을 보고 있다. 그 마을은 건축물로 짐작하건대, 아마 몰타의 어느 마을인 것 같다. 뭐라고!? 우리는 논리상으로 도저히 그럴 수 없다는 것을 알지만, 우리가 시작했던 바로 그 층위로 되돌아온 것이다. 우리가 보는 것을 다이어그램으로 그려보자 (그림 143) :

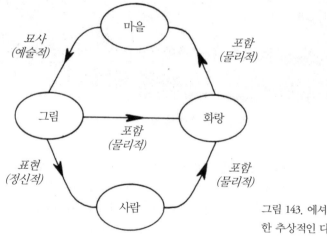

그림 143. 에셔의 "화랑"에 대한 추상적인 다이어그램.

이 다이어그램이 보여주는 것은 세 종류의 "안에−있는 상태(in-ness)"이다. 화랑은 마을 안에 **물리적으로** 있다("포함"). 마을은 **회화적으로** 그림 안에 있다("묘사"). 그림은 **정신적으로** 그 사람 안에 있다("표현"). 이 다이어그램은 만족스러워 보이지만 실은 자의적이다. 여기에 설정된 층위들의 개수가 매우 자의적이기 때문이다. 그림 143의 윗부분만 표현하는 다른 방식을 보자(그림 144).

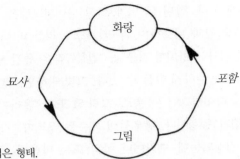

그림 144. 위의 다이어그램을 접은 형태.

우리는 그림 144에서 "마을" 층위를 삭제했다. 마을 자체는 개념상으로 유용했지만, 없어도 괜찮다. 그림 144는 마치 "손을 그리는 손"에 대한 다이어그램처럼 보인다 : 즉 두 단계로 된 이상한 고리이다. 두 단계를 나누는 표지들은, 우리의 마음에서는 자연스러워 보일지라도, 자의적이다. 자의적이라는 것을 그림 145의 다이어그램과 같은, "화랑"을 한 번 더 "접은" 도식 다이어그램을 보여줌으로써 한층 더 강조할 수 있다.

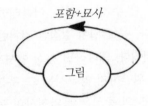

그림 145. 그림 143을 한 번 더 접은 그림.

이것은 그 그림의 역설을 가장 극명하게 표현해서 보여준다. 자―그 그림이 "자기 자신 안에" 있다면, 그 청년도 자기 자신 안에 있는가? 이 질문에 대해서 그림 146이 대답하고 있다 :

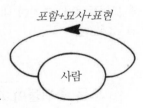

그림 146. 그림 143을 다른 방식으로 접은 형태.

이렇게 해서 우리는 "자신 안에 있는" 청년을 본다. "……안에"라는 낱말에 대한 세 가지 상이한 의미들이 복합되어 있는 재미있는 의미에서 말이다.

그림 146의 다이어그램은 한 단계의 자기―지시로 된 에피메니데스 역설을 생

각나게 한다. 한편 두 단계로 된 다이어그램은 각 문장이 다른 문장을 지시하는 문장 쌍과 비슷하다. 우리는 그 고리를 더 이상 조일 수는 없지만, 이를테면 "그림 격자", "아치형 지붕"과 "건물" 같은 중간 층위들을 얼마든지 삽입해서 고리를 더 느슨하게 만들 수 있다. 그렇게 하면 다단계의 이상한 고리를 얻을 것이고, 그 다이어그램은 "폭포"(그림 5) 또는 "올라가기와 내려가기"(그림 6)의 다이어그램과 동형이다. 층위들의 개수는 우리가 "자연스럽다"라고 느끼는 것에 의해서 결정되는데, 맥락이나 목적 또는 마음의 프레임에 따라서 달라질 것이다. 중심원리 X대응—개, 게, 나무늘보 및 파이프—은 모두 세 단계의 이상한 고리가 관여하는 것으로 볼 수 있다. 아니면 그것들은 두 개 또는 하나의 단계로 된 고리로 접힐 수 있다. 그리고 다시 다단계의 고리들로 확장될 수도 있다. 우리가 그 층위들을 어디에서 지각하는지는 직관 및 미학적 선호의 문제이다.

이제 "화랑" 그림의 관찰자로서, 그 그림을 관찰한 덕분에 우리 또한 스스로에게 빨려 들어가는가? 진짜로는 아니다. 우리는 그 체계의 바깥에 있기 때문에 그 특정한 소용돌이에서 벗어난다. 그런데 우리가 그 그림을 쳐다보면, 그 청년이 결코 볼 수 없는 것들, 이를테면 가운데 흠집에 있는 에셔의 서명 "MCE"를 볼 수 있다. 이 흠집이 결점인 것처럼 보이지만, 그 결점은 아마 우리의 기대 속에 있을 것이다. 왜냐하면 사실 에셔가 그 그림을 그리고 있었을 때 따라야 하는 규칙들을 위반하지 않고서는 그 부분을 완성할 수 없었을 것이기 때문이다. 소용돌이 구도의 중심은 불완전하며 불완전할 수밖에 없다. 에셔는 그 중심을 얼마든지 작게 할 수 있었겠지만 제거할 수는 없었다. 따라서 외부에 있는 우리는 "화랑" 그림이 본질적으로 불완전하다는 점을 알 수 있다—내부에 있는 청년은 결코 알 수 없는 사실이다. 이로써 에셔는 괴델의 불완전성 정리를 그림으로 멋지게 비유해 보여주었다. 그것이 내가 이 책에서 괴델과 에셔의 끈을 그렇게 깊숙이 섞어 짠 이유이다.

모든 층위들이 교차하는 바흐 소용돌이

이상한 고리의 다이어그램을 쳐다보면 "음악의 헌정"에 있는 "무한히 상승하는 카논"을 떠올리지 않을 수 없다. 그 카논의 다이어그램은 그림 147처럼 여섯 단계로 이루어질 것이다. 그런데 C장조로 돌아가면 유감스럽게도 원래의 음부(흠

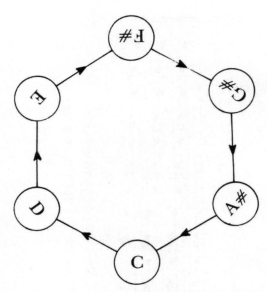

그림 147. 바흐의 "무한히 상승하는 카논"의 전조(轉調) 구조를 육각형으로 나타낸 그림. 이것은 셰퍼드 음계를 사용할 때 진짜로 폐쇄된 고리가 형성되는 것을 보여준다.

符)보다 딱 한 옥타브 높아지는 점이 애석하다. 놀랍게도 이른바 **셰퍼드 음계**(Shepard tones)—그 개념을 발견한 심리학자 로저 셰퍼드의 이름에서 유래한다—를 사용함으로써 "무한히 상승하는 카논"은 처음 출발한 바로 그 음부로 되돌아가도록 조정될 수 있다. 셰퍼드 음계의 원리가 그림 148에 보이는데, 말로 표현하면 이렇다 : 당신은 여러 상이한 옥타브 음역들에서 평행음계들을 연주한다. 개별 음표는 다른 음표들과 무관하게 무게를 가지며, 음표들이 상승할수록 음의 무게 또한 그만큼 무거워진다. 당신은 맨 위 옥타브를 서서히 사라지게 만들며, 한편 이와 동시에 점점 맨 아래 옥타브로 간다. 바로 그 순간 당신은 통상적으로 한 옥타브 높은 곳에 도달할 것이며, 음의 무게는 출발 음부를 재현할 딱 그 정도로만 바뀐다……. 그 결과, 당신은 굳이 더 높이 올라가지 않아도 "무한정 더 높이" 상승할 수 있다! 당신이 피아노로 직접 쳐봐도 좋다. 음부들이 컴퓨터로 정확히 조절되어 정밀하게 합성될 경우에는 그 효과가 훨씬 잘 드러난다. 그렇게 하면 환청이 엄청나게 강해진다.

이 경이로운 음악적 발견 덕분에, 무한히 상승하는 카논은 한 옥타브 "상승한" 후에 출발 당시의 자기 자신으로 되돌아와 결합하는 방식으로 연주될 수 있

그림 148. 피아노 악보로 표기된 셰퍼드 음계의 두 개의 완전한 순환고리. 개별 음표의 음량은 음역에 반비례한다. 따라서 최상 성부가 사라지는 만큼, 새로운 최하 성부가 슬그머니 시작한다[도널드 버드의 "SMUT"로 출력한 악보].

다. 스콧 킴과 내가 공동으로 착안한 이 발상은 컴퓨터 음악 시스템을 사용하여 테이프에 녹음되었다. 그 효과는 아주 미묘했지만 매우 생생하게 느껴졌다. 바흐 자신도 분명히 어떤 의미에서 그런 음계들이 있다는 사실을 알았다는 점이 매우 흥미롭다. 왜냐하면 바흐의 음악에서 바로 이 셰퍼드 음계의 일반원리를 얼추 활용한 소절들을 종종 발견할 수 있기 때문이다. 예를 들면 파이프 오르간을 위한 "환상곡과 푸가 g-단조(Fantasie und Fuge in g-moll)"의 '환상곡' 중간쯤에 셰퍼드 음계가 나온다.

한스 시어도어 다비트는 자신의 책 『바흐의 음악의 헌정(*J. S. Bach's Musical Offering*)』에서 다음과 같이 말한다 :

> "음악의 헌정" 도처에서 독자, 연주자 또는 청취자는 모든 다양한 형태로 숨겨진 프리드리히 대왕의 주제를 찾도록 요청받는다. 그 작품 전체는, 따라서, 원래의 문자 뜻 그대로 **리체르카레**이다.[5]

나는 이 말이 맞다고 생각한다. 우리는 "음악의 헌정" 속을 충분히 깊이 들여다볼 수는 없다. 모든 것을 다 안다고 생각한 뒤에도 언제나 더 있다. 예를 들면, 바흐는 그가 즉흥연주를 거부했던 "6성 리체르카레(Six-Part Ricercar)"의 맨 끝 부분에 자신의 이름을 맨 위 두 성부 사이에 분할해서 몰래 숨겨놓았다. "음악의 헌정"에는 이런 기법들이 여러 층위들에서 진행되고 있다. 음표와 철자를 이용한 묘수가 있으며, 프리드리히 대왕의 주제에 대한 기발한 변주들이 있는가 하면, 독창적인 종류의 카논들과 극도로 복잡한 푸가들도 있다. 감정의 아름다움과 비할 데가 없는 깊이가 있다. 심지어 그 작품의 다층성 자체에 대한 극도의 희열도 나타난다. "음악의 헌정"은 푸가들의 푸가인 동시에, 에셔와 괴델에게서 보이는 것과 같은 뒤엉킨 계층질서이다. 이 작품은 인간 정신에 대한 황홀한 다성 푸가를 형언할 수 없는 방식으로 떠올리게 하는 지적인 구성물이다. 그런 이유에서 내가 이 책에서 괴델(Gödel), 에셔(Escher), 바흐(Bach)라는 세 가닥으로 영원한(Eternal) 황금(Golden) 노끈(Braid)을 땋았던 것이다.

---

5) H. T. David, *J. S. Bach's Musical Offering*, p. 43.

6성 리체르카레

아킬레스는 게와 거북과 함께 하는 '실내악의 밤'에 참여하기 위해서 첼로를 가지고 게의 집으로 왔다. 집주인인 게 선생은 아킬레스를 음악실로 안내하고 나서 잠시 자리를 비워 그들의 친구인 거북을 맞으러 현관으로 갔다. 그 방은 온갖 종류의 전자장비들로 가득 차 있었다. 여러 가지 상태로 구성되어 있는 축음기들과 해체되어 있는 축음기들, 타자기에 연결된 텔레비전 화면, 그밖의 희한하게 보이는 장치들로 가득했다. 이 모든 고성능 기기들 사이에 볼품없는 라디오 한 대가 자리잡고 있었다. 그 방에 있는 물건들 가운데 아킬레스가 사용할줄 아는 것이라고는 라디오밖에 없었기 때문에, 그가 라디오로 다가가서 슬그머니 주파수 다이얼을 돌리자 채널이 하나 잡혔다. 그는 그것이 자유의지와 결정론을 주제로 여섯 명의 학자들이 벌이는 패널 토론이라는 사실을 알게 된다. 아킬레스는 조금 듣다가 비웃는 투로 라디오를 꺼버린다.

아킬레스 : 이런 토론 프로그램을 안 들어도 난 잘 알 수 있지. 결국, 한 번이라도 그 문제에 대해서 생각해본 적이 있는 사람이라면 분명한 거야. 말하자면, 이건 해결하기가 그렇게 어려운 문제는 아니란 말이지. 일단 방법을, 아니 그보다는 개념상으로 이해하고 나면 말이야. 이렇게 생각하면, 아니면 적어도 이런 상황을 상상하면, 전체를 깔끔하게 정리할 수 있지. 그 상황에서……음……머릿속으론 아주 분명했다고 생각했는데. 그 토론을 들으면 뭔가 얻을 수 있는 것이 있을지도 모르겠네. 결국은 말이야…….

(이때 거북이 들어오는데 손에는 바이올린을 들고 있다.)

오, 우리 바이올리니스트가 아닌가. 이번 주에 충실하게 연습했나, 거북 선생? 나는 "음악의 헌정"에 있는 트리오 소나타의 첼로 파트를 매일 적어도 두 시간씩 연습했어. 그건 엄격한 훈련이지만 성과가 있네.

거북 : 그런 훈련 프로그램이 없어도 난 잘할 수 있지. 여기서 잠깐 저기서 잠깐 하는 게 연주를 잘하도록 해준다는 걸 안다네.

아킬레스 : 오, 부럽네. 나도 그렇게 쉽게 할 수 있으면 좋겠는데. 그나저나, 우리를 초대한 집주인은 어디 있는 거야?

거북 : 방금 자기의 플루트를 가지러 간 것 같은데. 여기 오는군.

(게가 플루트를 가지고 들어선다.)

아킬레스 : 오, 게 선생. 내가 지난주에 트리오 소나타를 맹연습하고 있을 때, 온갖 종류의 이미지들이 내 마음속에 떠올랐어. 즐겁게 울어대는 땅벌, 우울하게 웅웅거리는 칠면조, 그밖의 많은 것들의 이미지들 말일세. 음악의 힘이 경이롭지 않은가?

게 : 그런 이미지 연상 프로그램이 없어도 난 잘 감상할 수 있지. 내 생각으로는 아킬레스, "음악의 헌정"보다 더 순수한 음악은 없네.

거북 : 진심으로 하는 말은 아니겠지, 아킬레스. "음악의 헌정"은 표제음악(標題音樂)*이 아니야!

아킬레스 : 에, 꽉 막힌 자네들 둘이 못마땅하게 생각해도, 나는 동물을 좋아한다네.

게 : 나는 우리가 그렇게 꽉 막혔다고 생각지 않네, 아킬레스. 자네는 자네만의 특별한 방식으로 음악을 듣는 거라고 그 정도로만 말해두지.

거북 : 자, 앉아서 연주를 해볼까?

게 : 내 피아니스트 친구가 와서 통주저음(通奏低音)**을 맡아줄 것으로 기대하고 있었는데. 아킬레스, 자네를 진작부터 그 친구에게 소개해주고 싶었다네. 유감스럽지만 그 친구가 반주를 해주긴 틀린 것 같군. 일단 우리 셋이 시작해보세. 셋이면 트리오 소나타를 연주하기에 충분하잖아.

---

* 표제음악(Programmatic Music) : 감성이나 감정 및 어떤 사태를 연상시키는 음악. 반면에 음 자체만의 형식미로 이루어진 것을 절대음악(Absolute Music)이라고 한다. 바흐도 다수의 표제음악을 작곡하긴 했지만, 대부분의 작품은 대위법과 푸가처럼 형식미의 극치로 이루어진 절대음악이다.

** 통주저음(basso continuo) : 여러 악기가 어울려 합주를 할 때, 악곡의 저음부를 콘트라베이스나 하프시코드, 류트 등의 악기로 계속 울려주는 기법으로, 바로크 시대 음악에 전형적으로 쓰였다.

아킬레스 : 시작하기 전에, 궁금한 게 있었는데, 게 선생. 이 방 안에 있는 저 장치들은 다 뭔가?

게 : 에, 대부분은 그냥 잡동사니들이야. 망가진 낡은 축음기들이네. 그냥 기념품으로 몇 개 가지고 있어. (신경질적으로 단추들을 누른다.) 내가 참전해서 공훈을 세웠던 TC(거북과 게)-전투들의 기념물이지. 여기 텔레비전 화면에 연결된 저 키보드들은 나의 새 장난감이야. 여기 열다섯 개나 마련해놓았지. 그것들은 신식 컴퓨터인데, 아주 작고 상당히 유연한 유형의 컴퓨터야. 이전에 나온 어떤 유형들보다도 훨씬 진보한 것이라네. 그 컴퓨터들에 나만큼 열광하는 사람은 별로 없는 것 같아. 하지만 시간이 지나면 그 컴퓨터들이 인기를 끌 거라고 믿네.

아킬레스 : 혹시 그 컴퓨터들에 특별한 이름이 있나?

게 : 그럼, "똑똑이-멍청이(smart-stupid)"라고 하네. 왜냐하면 그것들은 매우 유연해서 똑똑이가 될 수도 있고 멍청이가 될 수도 있는 잠재력이 있기 때문인데, 그건 그것들을 얼마나 잘 부리느냐에 달려 있지.

아킬레스 : 자네 말은, 그 컴퓨터들이 실제로 인간처럼 똑똑해질 수 있다는 뜻인가?

게 : 망설임 없이 그렇다고 말할 걸세. 물론 똑똑이-멍청이를 부리는 기술에 충분히 정통한 누군가가 노력한다는 전제하에서 말이야. 슬프게도 나는 진정한 거장(巨匠)이라고 할 만한 어느 누구와도 친분관계가 없다네. 분명 국내에 소문이 파다한 전문가 한 분이 있지. 드높은 명성을 가진 분 말이야. 그가 이곳을 방문한다면 나는 더할 나위 없이 기쁠 거야. 그러면 똑똑이-멍청이를 다루는 진정한 솜씨가 어떤 것인지 감상할 수 있을 텐데. 하지만 그는 결코 오지 않았고, 내가 그런 기쁨을 누릴 날이 과연 올지 어떨지 모르겠네.

거북 : 훌륭하게 프로그래밍된 똑똑이-멍청이를 상대로 체스를 두면 아주 재미있을 텐데.

게 : 아주 흥미진진한 생각이야. 똑똑이-멍청이가 체스를 잘 두게 프로그래밍한다면, 똑똑이-멍청이를 부리는 솜씨가 대단하다는 표시가 될 거야. 믿을 수 없을 만큼 복잡하긴 하겠지만 똑똑이-멍청이가 스스로 어떤 대화에 끼어들 수 있게 프로그래밍하는 일은 더욱 흥미롭겠지. 그렇게 하면 똑똑이-멍청이가 그냥 사람인 듯한 인상을 줄 수도 있을 거야.

아킬레스 : 이게 화제에 오르다니 묘한 일이군. 나는 방금 자유의지와 결정론에 대한 토론 한 토막을 들었거든. 자네들이 나눈 얘기가 이런 문제들을 한 번 더 생각하게 만드는군. 그 일을 곰곰이 생각하는 만큼 내 생각들이 더욱더 뒤엉켜서 결국 내가 뭘 생각했는지 정말로 모르겠다는 걸 인정하게 되네. 하지만 자네와 대화를 나눌 수 있을 똑똑이-멍청이라는 이 발상, 바로 그게 나를 어리둥절하게 하네. 그러니까, 자네가 자유의지라는 문제에 관해서 똑똑이-멍청이에게 견해를 물어보면 똑똑이-멍청이가 스스로 뭐라고 대답할지 궁금하다 이 말일세. 이런 일들에 빠삭한 자네들 둘이 이 문제를 아는 만큼 나한테 설명해줘서 날 만족시켜주지 않을까 생각하던 참이었네.

게 : 아킬레스, 자네의 질문이 얼마나 적절한 것인지 자네는 생각지도 못할걸. 여기에 내 피아니스트 친구만 있다면 딱 좋을 텐데. 왜냐하면 말이야, 그 친구가 이 주제에 대해서 자네에게 말해줄 수 있는 걸 들으면 자네가 아주 흥미로워할 테니까. 그 친구가 없으니, 얼마 전에 내가 우연히 읽었던 어떤 책의 끝부분에 있는 대화의 한 구절을 자네에게 말해주고 싶군.

아킬레스 : 그 책이 혹시 『구리, 은, 금 : 불멸의 합금(*Copper, Silver, Gold: An Indestructable Metallic Alloy*)』 아닌가?

게 : 아니야. 내 기억으로는 『기린, 코끼리, 개코원숭이 : 열대 초원의 짐승들(*Giraffes, Elephants, Baboons: an Equatorial Grasslands Bestiary*)』, 뭐 그런 제목이었어. 어쨌든 내가 앞서 말했던 대화의 끝부분에서 우스꽝스럽기 짝이 없는 어떤 등장인물이 자유의지 문제에 관한 마빈 민스키의 견해를 인용한다네. 바로 그 다음, 이 우스꽝스러운 친구는 다른 두 '인물'과 얘기를 나누면서, 음악 즉흥곡, 컴퓨터 언어 LISP 그리고 괴델 정리에 대한 민스키의 말들을 한 번 더 인용하고 있어. 그런데 이 친구, 그게 모두 민스키를 인용한 거라는 말은 한마디도 안 해!

아킬레스 : 오, 뻔뻔한 친구로군!

게 : 그 '대화'에서 일찌감치 그 친구는 자신이 끝부분쯤에 가서 민스키의 말을 인용**할 거라고** 암시하기는 해. 그 점은 인정해줘야지. 그래서 용서해줄 수 있을 것 같기도 해.

아킬레스 : 나 들으라고 하는 소리 같은데. 어쨌든 나는 자유의지 문제에 대한 민스키의 선언을 듣고 싶어 죽겠어.

게 : 아, 알겠네. 마빈 민스키는 이렇게 말했지. "지능적인 기계들이 만들어진다면, 그 기계들이 마음—물질, 의식, 자유의지 등에 관해서 가지는 소신이 인간들만큼이나 혼란스럽고 완고하다는 사실을 우리가 알게 되어도 놀라서는 안 된다."

아킬레스 : 말도 안 돼! 아주 웃기는 생각이로군. 자신이 자유의지를 가졌다고 생각하는 자동인형이라! 그건 내가 자유의지를 가지지 않았다고 생각하는 것만큼이나 실없는 소리야!

거북 : 자네 말을 들으니 이런 생각이 드네. 자네는 우리 셋—자네, 나, 게 선생—이 모두 어떤 대화의 등장인물일지도 모른다는 사실, 심지어 방금 게 선생이 언급한 자동인형과 같은 생각을 가진 등장인물일 수도 있다는 것을 꿈에도 생각해보지 않은 것 같네.

아킬레스 : 오, 그런 생각을 해본 적이 있네. 나는 정상적인 사람이라면 누구나 한 번쯤은 그런 공상을 한다고 생각하네.

거북 : 그러면 개미핥기, 나무늘보, 제논, 심지어 **신(GOD)**을 비롯한 우리 모두가 어떤 책에 나오는 일련의 대화 속의 등장인물일지도 모르겠군.

아킬레스 : 그럼, 그럴 수도 있지. 그리고 그 책의 저자가 등장해서 피아노를 연주할지도 몰라.

게 : 그게 바로 내가 바랐던 건데. 하지만 그 친구는 단골 지각생이야.

아킬레스 : 자네 누굴 놀리나? 내가 어떤 식으로든 다른 정신적 존재에 의해서 조종당하고 있지 않다는 걸 난 알아! 나는 내 자신의 생각을 가지고 있고 내가 원하는 대로 생각한 바를 표현하지. 자네도 이걸 부정할 수는 없어!

거북 : 아무도 그것들을 부정하지 않았네, 아킬레스. 하지만 자네가 말하는 모든 것이 자네가 어떤 대화의 주인공이라는 사실과 완벽하게 부합한다네.

게 : 그—

아킬레스 : 하지만—하지만—아니야! 게 선생이 지금 말하려고 했던 것 그리고 내가 그걸 끊은 것 모두가 기계적으로 결정되었을지도 모르겠지만, 나는 이걸 믿기를 거부하네. 물리적 결정론은 수긍할 수 있어. 하지만 내가 누군가의 정신 속에서 꾸며진 허구에 불과하다는 생각은 수긍할 수 없네.

거북 : 자네가 하드웨어 뇌를 가지는지는 전혀 상관없어, 아킬레스. 자네의 뇌가 누군가의 하드웨어 뇌 속에 있는 소프트웨어 조각에 불과하더라도, 자네는

똑같이 자유의지를 가질 수 있다네. 그리고 그들의 뇌 또한 더 높은 뇌 속의 소프트웨어일 수도 있고, 계속해서⋯⋯.

아킬레스 : 터무니없는 생각이야! 그런데, 정말이지 난 자네의 궤변에 교묘하게 숨겨진 허점들을 찾아내는 걸 즐긴다네. 그러니 계속해보게! 나를 납득시켜 보라고. 얼마든지 상대해줄 테니.

거북 : 아킬레스, 혹시 자네가 좀 별난 친구들과 어울린다고 생각한 적은 없었나?

아킬레스 : 물론 있지. 자네는 (이렇게 말해도 자네가 개의치 않는다는 것을 아니까) 대단히 괴짜고, 여기 게 선생은 살짝 괴짜잖아(미안하네, 게 선생).

게 : 오, 내 감정이 상하는 것에 대해서 걱정 말게.

거북 : 하지만, 아킬레스. 자네는 우리의 가장 두드러진 특징 가운데 하나를 놓쳤네.

아킬레스 : 그게 뭔데?

거북 : 우리가 동물이라는 사실!

아킬레스 : 그래, 그래, 맞는 말이야. 자네, 머리가 날카롭군. 나 같으면 그 사실을 그렇게 간결하게 표현하는 걸 결코 생각해내지 못했을 텐데.

거북 : 그 증거면 충분하지 않나? 말하는 거북 그리고 말하는 게와 함께 시간을 보내는 자들을 자네는 얼마나 알고 있나?

아킬레스 : 솔직히 말하면, 말하는 '게'라면⋯⋯.

게 : ⋯⋯비정상이지, 물론!

아킬레스 : 맞아. 좀 비정상이야. 하지만 선례들이 있지. 문학작품에는 그런 일이 있잖아.

거북 : 그렇지, 바로 문학작품에. 하지만 실제 삶에서는 어디에 있지?

아킬레스 : 그 말을 들고 보니, 말문이 막히는군. 그건 좀더 생각해봐야겠네. 하지만 그걸로는 내가 어떤 대화의 등장인물이라는 것을 납득시키기에 충분치 않아. 다른 근거들이 더 있나?

거북 : 자네와 내가 공원에서 우연인 것처럼 만났던 날을 기억하는가?

아킬레스 : 에셔의 게 카논과 바흐의 게 카논에 대해서 얘기했던 날?

거북 : 바로 그날!

아킬레스 : 게 선생이—내 기억으로는—우리가 대화를 나누던 중간쯤 나타나 뭔가 웃기는 얘기를 떠들고는 사라졌지.

게 : "중간쯤"이 아니야, 아킬레스. **딱** 중간이야.

아킬레스 : 오, 알겠어. 그렇다고 해두지.

거북 : 그 대화에서 자네의 대사와 내 대사가—순서가 거꾸로인 것만 빼면—똑같다는 사실을 아는가? 낱말들 몇 개가 여기저기 바뀌었지만, 본질적으로 우리의 만남에는 시간 대칭이 있었지.

아킬레스 : 그게 무슨 대수라고! 그건 일종의 묘기에 불과했어. 아마 모든 게 마법으로 행해졌을 거야.

거북 : 묘기가 아니야, 아킬레스, 마법도 아니고. 그저 근면 성실한 저자의 작품이라네.

아킬레스 : 오, 아무래도 상관없어! 어쨌든 내게는 다 그게 그거야!

거북 : 어처구니없군! 그건 큰 차이가 있네.

아킬레스 : 어라, 금방 말한 것들이 뭔가 낯익은 느낌이 드는군. 내가 전에 어디선가 이 대사를 들어봤던 게 아닌가?

거북 : 자네가 말했던 대사네, 아킬레스.

게 : 아마 이 대사를 어느 날 공원에서 우연히 말했을 거야, 아킬레스. 그날 거북 선생과 자네의 대화가 어땠는지 기억하나?

아킬레스 : 어렴풋이 기억해. 처음에 거북 선생이 "안녕하시오, 아킬레스 선생"이라고 말했고, 마지막에 내가 "안녕히 가시오, 거북 선생"이라고 말했지. 맞나?

게 : 마침 내가 대본을 가지고 있는데…….

(게는 악보첩을 이리저리 뒤적이더니 종이 한 장을 집어내어 아킬레스에게 건넨다. 아킬레스는 그것을 읽으면서 눈에 띄게 어쩔 줄 몰라 하기 시작한다.)

아킬레스 : 이거 아주 이상하군. 너무너무 이상해……. 갑자기 기괴한 느낌까지 드는군. 마치 누군가 이 모든 진술을 실제로 미리 기획해놓고는 종이에 적은 것 같아. 또는 뭔가……마치 어떤 작가가 내가 그날 말했던 모든 진술들을 기획하는 데에 먼저 전체 얼개를 만들고 그것으로 세부 작업을 한 것 같은 느낌이 든다 이 말이야.

(그 순간 문이 확 열리더니, 이 책의 저자가 엄청 두꺼운 원고를 가지고 들어선다.)

저자 : 그런 기획 프로그램이 없어도 난 잘 작업할 수 있지. 일단 등장인물들을 구성하고 나면, 그들은 자신들의 삶을 꾸려나가는 것처럼 보이네. 그래서 등장인물들의 대사를 기획하는 데에 아주 적은 노력만 기울여도 되지.

게 : 오, 왔군! 전혀 못 올 거라고 생각했는데!

저자 : 너무 늦어서 미안하네. 길을 잘못 들어서서 한참 멀리 벗어나버렸어. 어쨌든 길을 다시 찾았다네. 거북 선생, 게 선생, 다시 만나 반갑군. 아킬레스, 자네를 만나 특히 반갑네.

아킬레스 : 누구지? 자네를 전혀 본 적이 없는데.

저자 : 나는 더글러스 호프스태터야. 그냥 덕이라고 부르게. 지금 『괴델, 에셔, 바흐 : 영원한 황금 노끈』이라는 책을 마무리 짓고 있네. 자네들 셋이 등장인물로 나오는 그 책 말일세.

아킬레스 : 만나서 반갑네. 내 이름은 아킬레스네. 그리고—

저자 : 소개할 필요 없어, 아킬레스. 난 자네를 진작부터 아주 잘 알고 있으니까.

아킬레스 : 기괴하군, 기괴해.

게 : 이 친구가 우리에게 잠깐 들러 통주저음을 반주해줄 거라고 내가 말했던 그 친구라네.

저자 : 나는 "음악의 헌정"을 집에서 피아노로 좀 연습하고 있었네. 잘못 치는 곳이 많더라도 자네들이 눈감아준다면, 트리오 소나타를 그럭저럭 쳐볼 수 있네.

거북 : 오, 우리는 여기서 아주 관대해. 우리 자신도 그저 아마추어일 뿐인데 뭐.

저자 : 신경 쓰지 않기를 바라지만, 아킬레스, 자네와 거북 선생이 그날 공원에서 똑같은 대사를 순서만 거꾸로 해서 말한 건 전부 다 내 책임이네.

게 : 나를 빼놓지 말게! 나도 내 의견을 말하면서 그 대화의 한가운데 있었어!

저자 : 물론이지! 자네가 "게 카논"에 나오는 그 게였군.

아킬레스 : 나의 대사를 자네가 조종한다는 건가? 그렇다면 나의 뇌가 자네 뇌의 소프트웨어 하위체계라는 말인가?

저자 : 자네가 원한다면 그렇게 말할 수도 있네, 아킬레스.

아킬레스 : 내가 대화를 쓴다고 해보세. 그럼 그 대화의 저자는 누구일까? 자네일까 나일까?

저자 : 당연히 자네지. 적어도 자네가 사는 허구의 세계에서는 자네가 저작권

자라네.

아킬레스 : 허구? 도대체 내가 사는 어디가 허구라는 건지 모르겠군!

저자 : 한편 내가 사는 이 세계에서는 내가 저작권자일 걸세. 그렇게 하는 게 적절한 것인지는 확신하지 못하지만 말이야. 나로 하여금 대화를 써서 등장인물인 자네를 대화 작가로 만들게 하는 자는 누구든지 (그의 입장에서 보면 **나의** 세계가 허구로 보이는) 그의 세계에서는 그가 저작권자일 거야.

아킬레스 : 그 말은 받아들이기 좀 어렵군. 나의 세계 위에 어떤 세계가 있을 수 있다는 건 이전에 상상해본 적도 없어. 그런데 지금 자네는 심지어 그 세계 위에 또다른 세계가 있을 수 있다고 암시하고 있구먼. 그건 마치 낯익은 층계를 걸어 올라가는데 자네가 꼭대기—아니면 늘 꼭대기라고 생각해왔던 그곳—에 도달한 다음에도 계속해서 더 올라가는 것과 같군.

게 : 또는 자네가 현실의 삶으로 여겼던 것에서 깨어났는데 깨어났다는 그것 역시 꿈에 불과하다는 것을 깨닫는 것과 같군. 그건 언제 끝날지 모르는 채 계속 반복해서 일어날 수 있어.

아킬레스 : 내 꿈속의 등장인물들이 어떻게 그들 자신의 의지를 가지고 **내** 뜻과는 독립적인 역할을 수행한다는 것인지, 도대체 알 수가 없네. 그건 마치 내가 꿈을 꾸고 있을 때, 내 마음은 어떤 다른 생명체들이 자신들의 삶을 영위할 무대를 마련해주는 데에 불과하다는 것과 같구먼. 그러고 나서 내가 꿈에서 깨어나면 그들은 사라져버리지. 그들이 가는 곳은 도대체 어디일까……

저자 : 그 생명체들은 자네가 딸꾹질을 멈추었을 때 딸꾹질이 가는 곳과 똑같은 장소, 즉 툼볼리아로 간다네. 딸꾹질이나 꿈속의 존재나 모두 외부 숙주유기체의 생명활동 덕분에 존재하는 소프트웨어 하위유기체들이지. 숙주유기체는 그들에게 무대 또는 심지어 그들의 우주 역할을 한다네. 그 하위유기체들은 한동안 그들의 삶을 누려. 하지만 숙주유기체의 상태가 크게 바뀌면—이를테면 잠에서 깨어나는 경우—봄바람에 눈사람이 녹듯 자신들의 응집력을 잃어버리네. 그리고 알아볼 수 있는 별도의 단위로서 존재하기를 멈추지.

아킬레스 : 파도가 휩쓸고 지나가면 사라지는 모래성처럼 말이지?

저자 : 딱 그것과 같네, 아킬레스. 딸꾹질, 꿈속의 등장인물들, 심지어 대화의 등

장인물들은 그들의 숙주유기체가 어떤 임계상태 변화를 겪으면 해체되고 말아. 하지만 자네가 묘사했던 그 모래성들처럼 그들을 이루고 있던 모든 것은 여전히 남아 있어.

아킬레스 : 난 딸꾹질 따위와 동일시되는 것을 반대하네!

저자 : 하지만 나는 자네를 모래성과도 비교하고 있는데, 아킬레스. 그건 시(詩)적이지 않은가? 그뿐만 아니라 자네가 나의 뇌 속에 있는 딸꾹질에 불과하다면 나 자신은 어떤 더 높은 [층위의] 저자의 뇌 속에 있는 딸꾹질에 불과하다는 사실에서 위안을 얻을 수도 있을 것 같은데.

아킬레스 : 하지만 나는 이렇게 신체를 갖춘 생명체야―분명히 살과 피와 단단한 뼈로 만들어져 있지. 자네도 이걸 부정할 수는 없어!

저자 : 그것에 대한 자네의 감각을 부정할 수 없어. 하지만 꿈속의 존재들도, 비록 소프트웨어 허깨비들에 불과하지만, 자네 못지않게 똑같은 감각을 가진다는 점을 유념하게.

거북 : 자, 이 얘기는 할 만큼 한 것 같네! 앉아서 음악이나 연주하세!

게 : 좋은 생각이야. 오늘은, 우리의 저자가 가세하니 더 기쁘네. 그가 바흐의 제자 키른베르거가 화성화했던 트리오 소나타의 통주저음부를 반주해서 우리의 귀를 즐겁게 해줄 거야. 오늘 우린 정말로 운이 좋아! (저자를 여러 피아노 중 한군데로 안내한다.) 이 의자가 편했으면 좋겠는데. 높이를 조절하려면, 자네가― (이때 뒤에서 부드러운 묘한 진동음이 들린다.)

거북 : 잠깐. 저 이상한 전자음은 뭐지?

게 : 오, 그냥 똑똑이-멍청이 한 대에서 나오는 소리야. 그런 소리는 대개 새로운 공지 사항이 화면에 떴다는 사실을 알려주지. 그 공지 사항들은 모든 똑똑이-멍청이들을 제어하는 주(主) 모니터 프로그램에서 나오는데, 보통은 중요치 않은 소식이야. (게는 플루트를 손에 든 채 똑똑이-멍청이에게로 가서 화면에 뜬 공지 사항을 읽는다. 즉시, 모여 있는 연주가들에게 돌아서서 흥분한 어조로 말한다.) 여보게들, 노(老) 배(Ba.) 차(Ch.)께서 오셨네. (게는 플루트를 옆에 내려놓는다). 바로 안으로 모셔야겠어.

아킬레스 : 노(老) 배. 차.! 옛적의 그 고명한 즉흥 연주자, 그분이 오늘 밤에 오기로 하셨다는 말인가? **이곳에?**

거북 : 노(老) 배. 차.! **그런** 이름으로 불릴 수 있을 사람은 오직 하나 있지―저

명한 배비지, 찰스, Esq., M.A., F.R.S., F.R.S.E., F.R.A.S., F.STAT.S., HON. M.R.I.A., M.C.P.S., 이탈리아의 성(聖) 마우리치오와 성 나사로 훈장의 수여자, INST. IMP. (ACAD. MORAL.) PARIS CORR., ACAD. AMER. ART. ET SC. BOSTON, REG. OECON. BORUSS., PHYS. HIST. NAT. GENEV., ACAD. REG. MONAC., HAFN., MASSIL., ET DIVION., SOCIUS., ACAD. IMP., ET REG. PETROP., NEAP., BRUX., PATAV., GEORG. FLOREN, LYNCEI ROM., MUT., PHILOMATH., PARIS, SOC. CORR.[*] 그리고 소음공해 추방운동 클럽의 회원. 찰스 배비지는 컴퓨터 기술과 컴퓨터 과학의 존경받는 개척자라네. 정말 진귀한 영광이로다!

게 : 그의 명성은 자자하다네. 나는 영광스럽게도 그가 우리를 방문해주기를 오래 전부터 갈망해오긴 했는데, 이건 완전히 뜻밖의 놀라움이로세!

아킬레스 : 그가 악기를 연주하나?

게 : 듣자 하니 그는 지난 백여 년간—도무지 이해할 수 없는 일인데—톰-톰, 싸구려 호루라기 그리고 온갖 잡다한 길거리 악기들을 너무너무 애호해왔다고 하더군.

아킬레스 : 그렇다면 그가 오늘 저녁 우리의 음악회에 동참할지도 모르겠군.

저자 : 열 개의 카논[**]으로 그를 맞이하면 좋겠는데.

거북 : "음악의 헌정"에 나오는 유명한 카논들을 죄다 연주하자고?

저자 : 그렇지.

게 : 최고의 제안이야! 서두르게, 아킬레스. 열 개의 카논으로 연주 순서 목록을 작성해서 그가 들어올 때 건네주게!

(아킬레스가 채 움직일 새도 없이 배비지가 들어온다. 허디거디[***]를 들고 무거운 여행용 외투를 걸치고 모자를 쓴 그는 여독에 지친 듯 부스스한 모습이다.)

---

[*] 찰스 배비지의 자서전 *Passages from the Life of a Philosopher*의 타이틀 페이지에 저자인 배비지 자신을 묘사한 글귀이다. 왕립학회 회원(Fellow of Royal Society), 왕립천문학회 회원, 그밖에 외국의 학회 회원임을 말하고 있다.

[**] 원문은 ten-canon salute인데 10발의 예포(ten-connon salute)와 발음이 같다.

[***] 허디거디(hurdy-gurdy)는 바이올린과 만돌린을 섞은 형태의 찰현악기로, 네 줄의 현을 마찰시키는 원통이 돌아가면서 소리를 내는 악기이다. 주로 길거리 악사들이 애용하던 악기이다.

배비지 : 이런 연주회 프로그램은 없어도 괜찮습니다. 긴장을 푸시지요. 저는 어떤 즉흥 연주회나 리사이틀도 즐길 수 있습니다.*

게 : 배비지 선생! 제가 사는 보잘것없는 이곳 "매드스탑(Madstop)"**에서 선생을 맞이하게 되어 무한한 영광입니다. 선생을 뵙기를 수년 전부터 무척 갈망해 왔는데, 오늘 드디어 제 소원이 이루어졌습니다.

배비지 : 오, 게 선생! 저야말로 선생처럼 모든 학문에 걸출하고 음악 지식과 기능이 흠 잡을 데 없으며, 극진히 환대해주시는 분을 뵙게 되어 정말로 영광이라고 확신합니다. 게 선생이 방문객들에게 최고의 옷맵시를 기대하신 걸 잘 알고 있습니다만, 제가 그 가장 합당한 기준에 부응할 수 없음을 솔직히 말씀드립니다. 게 선생 같은 저명하고 탁월하신 분의 방문객으로서는 결코 어울리지 않는 평상복 차림이어서 말입니다.

게 : 배비지 선생의 훌륭하신 말씀을 들어 보니, 저의 귀빈이신 선생께서 옷을 갈아입고 싶으시다는 말씀 같은데요. 오늘 저녁의 전반적인 분위기로 보아 선생의 옷보다 더 알맞은 복장은 없을 거라고 말씀드립니다. 그러니 외투만 벗어주십시오. 그리고 서투르기 이를 데 없는 아마추어들의 연주를 거절하시지 않는다면, 제바스티안 바흐의 "음악의 헌정"에 들어 있는 열 개의 카논으로 구성한 우리의 "음악의 헌정"을 선생에 대한 존경의 표시로서 받아주시기를 간청합니다.

배비지 : 선생의 극진한 환대에 몸 둘 바를 모르겠습니다, 게 선생. 타의 추종을 불허하는 오르간 연주자이자 작곡가인 걸출한 노(老) 바흐께서 작곡한 음악을 연주한다는 제안을 들으니, 이보다 더 고마운 일은 없을 거라고 감히 말씀드립니다.

게 : 천만의 말씀입니다! 그런데 더 좋은 생각이 하나 있습니다. 저의 존경해 마지않는 귀빈의 승락을 받을 수 있다고 기대하는 생각인데, 바로 이겁니다 : 새로 배달되어 아직 시험해보지도 않은 "똑똑이─멍청이"─해석기관을 최신식으로 구현한 제품─를 테스트할 최초의 인물이 될 기회를 드리고자 합니다. 계산기관의 거장 프로그래머로서의 선생의 명성은 온 누리에 자자하고

---

* 이 부분의 원문은 '리체르카레'(Relax; I Can Enjoy Random Concerts And Recitals)이다.
** 바흐가 프리드리히 대왕을 위한 카논을 썼던 상수시 궁전(Sans Souci)이 있는 베를린 근교의 포츠담(Potsdam)을 거꾸로 적은 말장난이다. Madstop은 '미친 짓은 이제 그만'이라는 연상도 준다.

이곳 매드스탑에도 지나쳐 가지 않았습니다. 선생께서 이 매력적인 신형 "똑똑이-멍청이"에 발휘하실 솜씨를 지켜보는 특권을 저희에게 주신다면, 이보다 더 큰 기쁨은 없을 것 같습니다.

배비지 : 이렇게 기막힌 생각은 한 번도 들어본 적이 없습니다. 선생의 신형 "똑똑이-멍청이"에 대해선 귀동냥으로 얻은 아주 조그만 지식밖에 없지만 시험해보는 일에 흔쾌히 도전하겠습니다.

게 : 그럼, 해봅시다! 아차, 제 결례를 용서해주십시오! 제 손님들을 소개해드렸어야 했는데. 여기는 거북 선생이고 저쪽은 아킬레스입니다. 그리고 이 책의 저자 더글러스 호프스태터입니다.

배비지 : 여러분을 뵙게 되어 진심으로 반갑습니다.

(모두 여러 똑똑이-멍청이들 중 한 대로 간다. 배비지는 앉아서 키보드를 쳐본다.)

손가락이 닿는 느낌이 아주 좋습니다.

게 : 마음에 드신다니 기쁩니다.

(곧, 배비지는 우아한 타법으로 키보드를 솜씨 좋게 치면서 명령어를 하나하나 입력한다. 몇 초 후, 손을 떼고 의자에 등을 대 편히 앉는다. 곧바로 화면은 숫자들로 채워지기 시작하고 순식간에 수천 개의 작은 숫자들로 완전히 뒤덮인다. 숫자들의 앞부분은 다음과 같다 : "3.14159265358979323846264……")

아킬레스 : π다!

게 : 멋져! 이렇게 긴 π값을 그렇게 작은 알고리듬으로 그렇게 빨리 계산해낼 수 있으리라고는 상상도 못 했는데.

배비지 : 공은 전적으로 똑똑이-멍청이 몫입니다. 제 역할은 다만 똑똑이-멍청이에 이미 잠재해 있는 것을 알아보고 그것의 명령어들을 적절하게 효과적으로 활용한 것이었습니다. 사실 훈련만 하면 누구라도 이런 묘기를 부릴 수 있습니다.

거북 : 그래픽도 하십니까, 배비지 선생?

배비지 : 한번 해보지요.

게 : 대단하십니다! 여기, 다른 똑똑이-멍청이가 있습니다. 이 똑똑이-멍청이들을 다 시험해주셨으면 합니다!

(배비지는 여러 똑똑이-멍청이들 중 다른 한 대로 가서 자리에 앉는다. 다시 한번 그의 손가락이 똑똑이-멍청이의 키보드를 두드리자, 화면에는 순식간에 수많은 선들이 요동치며 나타난다.)

게 : 쉴 새 없이 서로 부딪치고 간섭하는 이 소용돌이 모양들, 정말 조화롭고 멋지군요!

저자 : 그것들은 앞서 나온 모양들을 똑같이 되풀이하는 법은 결코 없고 심지어 비슷하지도 않아. 무진장한 미(美)의 광맥(鑛脈) 같아.

거북 : 어떤 것들은 눈을 황홀하게 하는 단순한 패턴들이지만, 다른 것들은 마음을 혼미하게 만들면서도 동시에 기쁨을 주는 뭐라 형언할 수 없는 복잡한 주름들이로군.

게 : 배비지 선생. 모니터들이 컬러 화면이라는 걸 아셨습니까?

배비지 : 아, 그래요? 그렇다면 이 알고리듬으로 다른 것을 더 시도해볼 수 있겠네요. 잠깐만요. (그는 몇 개의 새로운 명령어를 치고 두 개의 키를 동시에 누르고 그 상태로 있는다.) 이제 이 두 키를 놓으면, 화면에 모든 색채 스펙트럼이 나타날 겁니다. (손을 뗀다.)

아킬레스 : 이야, 화려한 색이로군! 어떤 패턴들은 지금 나한테로 튀어나오고 있는 것처럼 보이는군!

거북 : 패턴들이 커지고 있기 때문일 거야.

배비지 : 일부러 그렇게 만든 겁니다. 도형들이 커짐에 따라 게의 행운도 커질 겁니다!

게 : 고맙습니다, 배비지 선생. 선생의 솜씨에 대한 감탄을 이루 말로 옮길 수가 없습니다! 선생이 제 똑똑이-멍청이에 하신 일과 비교될 만한 일을 한 사람은 아무도 없었답니다. 정말, 선생께서는 똑똑이-멍청이를 마치 악기인 것처럼 부리시는군요!

배비지 : 저의 음악이 고명한 게 선생의 귀에 너무 거슬리지 않을까 걱정입니다.* 최근 저는 허디거디의 감미로운 음색에 매료되긴 했지만, 그 소리가 다른 사람들에게 거슬릴 수도 있다는 점을 잘 알고 있습니다.

게 : 아무렴요. 그럼 똑똑이-멍청이들을 계속 시험해주시죠! 실은 제게 새로운 아이디어가 하나 있습니다. 기막히게 흥미진진한 아이디어지요.

배비지 : 어떤 아이디어죠?

게 : 제가 최근 어떤 주제를 하나 생각해냈는데요. 배비지 선생이야말로 제가 생각해낸 주제의 잠재력을 실현할 최적임자라는 생각이 퍼뜩 들었습니다. 혹시 철학자 라 메트리의 사상을 들어보신 적이 있는지요?

배비지 : 들어본 듯한 이름이군요. 제 기억을 좀 되살려주시겠습니까?.

게 : 라 메트리는 유물론 옹호자였습니다. 그는 1747년에 프리드리히 대왕의 궁정에 머물 때 『인간 기계론(*L'homme machine*)』이라는 책을 썼지요. 그는 그 책에서 인간을, 특히 인간의 정신능력을 기계로서 말하고 있어요. 제가 지어낸 주제는 동전의 뒷면을 곰곰이 생각한 데서 나왔습니다. 즉, 지능 같은 인간의 정신능력을 기계에 불어넣으면 어떨까 하는 생각 말입니다.

배비지 : 때때로 그런 문제를 좀 생각해보았지만, 그 도전 과제를 감당할 적절한 하드웨어를 가져본 적이 없습니다. 이건 정말 절묘한 생각입니다, 게 선생. 선생의 탁월한 주제를 가지고 작업하면 더할 나위 없이 즐거울 겁니다. 혹시 어떤 특정한 종류의 지능을 염두에 두셨나요?

게 : 제 마음속에 떠오른 실없는 생각은 합리적인 게임인 체스를 두도록 똑똑이-멍청이를 프로그래밍하는 것이었습니다.

배비지 : 정말로 독창적인 생각이군요! 체스는 마침 제가 가장 좋아하는 소일거리입니다. 저는 선생이 컴퓨터에 대한 지식을 폭넓게 가지고 있고 단순한 아마추어가 아니라는 걸 알 수 있습니다.

게 : 아주 조금 알 뿐입니다. 제가 강조하고 싶은 점은 다만 주제들을 만들어내는 능력이 저한테 있는 것 같다는 겁니다. 그 주제들의 잠재력을 개발하는 것은 저의 능력을 넘어서지만요. 그런데 이 주제는 제가 가장 좋아하는 주제입니다.

---

* 바로 앞에서 게는 Why, you play the smart-stupids as if……라고 말했다. play에 '연주하다'라는 뜻도 있기 때문에 배비지는 그것을 재치 있게 되받아친 것이다.

배비지 : 똑똑이−멍청이에게 체스를 가르치자는 선생의 제안을 소박하게나마 실현해보는 건 매우 기쁠 것 같습니다. 어쨌든 게 각하*의 하명을 받드는 것이 저의 변변찮은 의무지요. (그렇게 말하고서 배비지는 게 선생의 여러 똑똑이−멍청이들 중 한 대로 가서 키보드를 치기 시작한다.)

아킬레스 : 이야, 손이 너무나도 부드럽게 움직여 거의 악기를 연주하는 듯하네.

배비지 : (특별히 우아한 손동작으로 작업을 마치면서) 물론, 점검해볼 기회는 전혀 없었습니다만, 이 체스 프로그램을 가지고 적어도 똑똑이−멍청이를 상대로 체스를 두자는 발상을 맛볼 수 있을 겁니다. 제가 똑똑이−멍청이를 프로그래밍하는 솜씨가 불충분하니, 이 경우는 똑똑이−멍청이의 이름에서 뒤의 이름이 더 적절할 것 같지만요.

(배비지는 게 선생에게 자리를 내준다. 화면에는 우아한 목제[木製] 체스 말들이 놓인 근사한 체스판 하나가 백 쪽에서 보는 위치로 나타난다. 배비지가 키를 누르자 체스판이 회전해서 흑 쪽에서 보는 위치가 된다.)

게 : 음……아주 우아하군요. 제가 흑을 잡을까요, 백을 잡을까요?

배비지 : 원하는 대로 하십시오. 그냥 "백" 또는 "흑"이라고 쳐서 선생의 선택을 표시하면 됩니다. 그리고 선생의 행마를 어떤 표준 체스 기보법으로도 입력할 수 있습니다. 똑똑이−멍청이의 행마는 당연히 화면에 나타날 겁니다. 그건 그렇고, 저는 이 프로그램을 세 판을 동시에 둘 수 있도록 만들었습니다. 그래서 여러분 중 두 명이 더 체스를 두고 싶으면 두셔도 됩니다.

저자 : 내 체스 실력은 형편없네, 아킬레스. 자네와 거북 선생이 두어보게.

아킬레스 : 아니야. 자네가 빠지면 되겠는가? 자네와 거북 선생이 두는 동안, 나는 구경하겠네.

거북 : 나도 두고 싶지 않네. 자네 둘이 두게.

배비지 : 다른 제안을 하나 하지요. 회원제 체스 클럽에서 두 사람이 시합하는 방식으로 서브프로그램 둘이 서로 맞붙게 할 수 있습니다. 그러는 동안, 세 번째 서브프로그램이 게 선생과 둘 겁니다. 그런 식으로 해서 기계 내부의 체스 선수 셋이 모두 둘 겁니다.

---

* 원문에는 왕에 대한 존칭어 His Majesty를 변용한 Your Crabness로 표현되었다.

게 : 그거 재미있는 제안이군요. 기계 외부의 상대와 싸우는 한편, 기계 내부의
　　두뇌 게임이라. 아주 좋습니다!

거북 : 3성 체스 푸가 말고 달리 부를 이름이 있을까?

게 : 오, 참 세련된 제목이네. 내가 그걸 생각했으면 좋았을 텐데. 그건 내가 똑
　　똑이-멍청이와 실력을 겨루는 동안 곰곰이 생각해야 할 장대한 소규모 대
　　위법이야.

배비지 : 우리가 게 선생 혼자 체스를 두게 만들어버렸네요.

게 : 그 심정 잘 알겠습니다. 똑똑이-멍청이와 제가 체스를 두는 동안, 나머지 여
　　러분은 잠시 각자 다른 일을 즐기실 수 있을 겁니다.

저자 : 나는 배비지 선생에게 정원들을 구경시켜드리면 아주 좋겠어. 저 정원들
　　은 정말로 볼 만하지. 아직 해는 충분해서 정원이 돋보일 것 같아.

배비지 : 전에 매드스탑을 본 적이 없으므로, 아주 많이 감상할 것입니다.

게 : 아주 좋아요. 오, 거북 선생. 혹시 자네에게 내 똑똑이-멍청이들 몇 대의 배
　　선 상태를 점검해달라고 부탁하면 너무 큰 부담을 주는 게 아닐는지. 아무
　　관계도 없는 섬광이 화면에 가끔씩 나타나는 것 같거든. 자네는 전자 장치
　　를 좋아하잖아.

거북 : 기꺼이 봐주겠네, 게 선생.

게 : 자네가 고장 원인을 찾아낼 수 있다면 너무너무 고맙겠네.

거북 : 뭐, 한번 해볼게.

아킬레스 : 난 커피 한잔 마시고 싶어 죽겠는데. 커피 마시고 싶은 사람 또 있나?
　　내가 끓일게.

거북 : 한잔 마시고 싶네.

게 : 좋은 생각이야. 필요한 건 부엌에 다 있네.

(저자와 배비지는 같이 방을 나가고, 아킬레스는 부엌으로 향하고, 거북은 변덕
스러운 똑똑이-멍청이를 검사하기 위해서 앉는다. 한편 게와 그의 대국자인 똑
똑이-멍청이가 막 체스를 두려고 한다. 15분쯤 지나자 배비지와 저자가 돌아
온다. 배비지는 체스 시합이 어떻게 진행되는지 살펴보러 가고, 반면 저자는 아
킬레스를 찾으러 자리를 뜬다.)

배비지 : '정원들'이 멋집니다! 바깥이 환해서 정원들이 얼마나 잘 가꾸어졌는지 볼 수 있었습니다. 게 선생이야말로 최고의 정원사임이 틀림없다고 생각합니다. 제 프로그램이 선생을 좀 즐겁게 해주었기를 바라는데, 선생께서 짐작 하셨을 것처럼, 저 자신은 체스를 잘 두지 못합니다. 그래서 막강한 프로그 램을 만들 수는 없었습니다. 선생은 아마 그 프로그램의 모든 약점을 간파 했을 겁니다. 그러니 이 경우에는 칭찬받을 만한 이유는 별로 없다고 믿습 니다.

게 : '이유들'은 상당합니다! 선생은 체스판을 들여다보시고 직접 확인하시기만 하면 됩니다. 제가 할 수 있는 일은 거의 없습니다. 어쩔 수 없이 결론을 내 렸습니다 : 나는 모든 수(手)에서 궤멸당했다. 아쉽게도 외통수로 몰렸다. 너 무도 훌륭한 체스 알고리듬이 지배한다. 놀랍도다! 그 프로그램은 모든 소 문을 사실로 확인해준다—찰리*는 탁월한 즉석 프로그래머!** 배비지 선생, 이건 비할 데 없는 업적입니다. 거북 선생이, 이상-작동하는 저 똑똑이-멍청 이들의 회로배선에서 뭔가 수상쩍은 걸 발견했는지 어떤지 궁금하네요. 거 북 선생, 뭐 찾아낸 게 있나?

거북 : '접지들'은 훌륭해! 내 생각에는 입력 단자에 문제가 있네. 좀 느슨해. 그것 때문에 자네를 괴롭힌 이상한 화면장애가 이따금씩 저절로 생긴 거야. 내가 배선들을 꽉 조였으니, 그 문제로 더 이상 골치 썩지 않을 걸세. 그런데 아킬 레스, 커피는 어떻게 되었나?

아킬레스 : '커피 찌꺼기'가 기막혀! 적어도 향기는 있어. 자, 다 준비되었네. 잔하 고 스푼, 그밖에 것을 에서의 육각형 판화 작품 "베르붐" 아래 두었네. 그 작 품을 저자와 내가 방금 감탄하며 감상하고 있었는데, 이 특별한 판화에서 아주 매력적으로 느낀 점은 전경들뿐만 아니라—

저자 : '배경들'도 훌륭해! 자네의 말을 가로채서 미안하네, 아킬레스. 하지만 틀 림없이, 그렇게 한 데는 설득력 있는 미학적 이유들이 있었네.

아킬레스 : 그래, 알아. 심지어 그 이유들이 상당했다고 말할 수도 있겠지.

거북 : 에, 그런데 체스 경기 결과는 어떻게 되었지?

---

* 찰스 배비지의 애칭.

** 원문은 세 번 되풀이되는 리체르카레(RICERCARE)를 암시한다 : Reluctantly, I've Concluded: Every Route Contains A Rout. Regrettably, I'm Checkmated; Extremely Respectable Chess Algorithm Reigns. Remarkable! It Confirms Every Rumor—Charlie's A Rip-roaring Extemporizer!

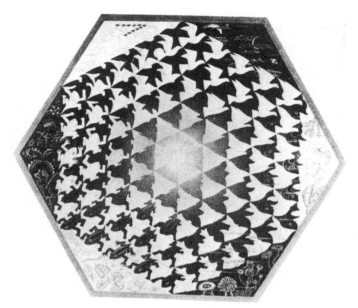

그림 149. "베르붐(Verbum)〔말씀)"(M. C. 에셔, 석판 1942).

게 : 내가 깨끗이 졌어. 배비지 선생, 선생이 우리 앞에서 우아하고도 능숙하게 성취하신 인상적인 위업에 대해서 경하해 마지않습니다. 진정으로, 선생은 똑똑이-멍청이가 자기 이름의 앞부분의 가치가 있다는 것을 역사상 최초로 보여주었습니다!

배비지 : 저에게 그런 칭찬은 가당치 않습니다, 게 선생. 선생이야말로 멋진 다수의 똑똑이-멍청이를 손에 넣는 위대한 선견지명을 가진 것에 대해서 최고의 축하를 받아야 합니다. 의심할 바 없이, 저 똑똑이-멍청이들이 언젠가는 컴퓨터 과학에 혁명을 일으킬 겁니다. 자, 저는 여전히 선생의 분부를 기다리고 있습니다. 선생의 무궁무진한 주제를 개발하는 방법에 대해서 다른 생각이 있습니까? 시시한 게임 선수보다 더 어려운 성격을 띤 것 말입니다.

게 : 사실은, 다른 제안이 있습니다. 선생이 오늘 밤에 보여주신 솜씨를 보니, 새로운 제안이 제가 앞서 제시했던 과제들보다 더 어렵지는 않을 거라고 확신합니다.

배비지 : 당신의 생각을 꼭 들어보고 싶군요.

그림 150. 게 선생의 손님 : 배비지, C.

게 : 간단합니다. 지금까지 창안했거나 심지어 상상했던 그 어떤 지능보다도 더 높은 지능을 똑똑이-멍청이에 주입하자는 발상입니다. 한마디로, 배비지 선생, 저보다 지능이 여섯 배 높은 똑똑이-멍청이를 만들자는 겁니다.

배비지 : 그런데, 게 각하보다 여섯 배 높은 지능이라는 그 발상이야말로 도저히 이해할 수 없는 제안입니다. 사실, 저는 게 선생보다 위엄이 떨어지는 사람이 그런 발상을 말했다면 그를 비웃었을 겁니다. 그리고 그런 발상은 명사모순이라고 알려주었을 겁니다!

아킬레스 : 옳소! 옳소!

배비지 : 게 각하의 위엄 있는 입에서 나온 이상, 그 제안은 너무나도 기분 좋은 발상으로서 제 마음을 울리므로, 제가 최고도의 열정으로 즉시 채택할 것입니다. 다만 제 자신의 결함만 없다면 말입니다. 그러니까 고백하건대, 똑똑이-멍청이를 즉흥적으로 다루는 제 솜씨는, 선생이 매우 독창적으로 제시한 놀랍도록 기발한 발상에 필적할 수 없습니다. 그러나 한 가지 생각이 있습니다. 그 생각이 선생의 공상에 부응할 것이라고, 그리고 선생이 제안한 진정으로 장엄한 과제를, 용서받을 수 없게도, 시도하지 못하고 머뭇거리

는 저의 결례에 대해서 미미하나마 벌금이 될 것이라고 감히 바랍니다. 존엄하신 게 각하가 아니라 **제 자신의** 지능의 여섯 배를 만드는 훨씬 덜 거창한 과제를 수행해보면 어떻겠습니까? 저에게 제안했던 과제의 수행을 감히 사절한다고 해도 용서해주시기를 간청합니다. 제가 게 선생의 요청을 고사한 이유는, 오직 게 선생의 경탄스러운 기계들을 다루기에는 미숙한 저의 기량을 선생이 지켜보면서 불편해하거나 지루해하시지 않도록 하려는 순수한 의도였음을 혜량해주시기 바랍니다.

게 : 선생의 완곡한 거부 의사를 전적으로 이해합니다. 그리고 선생이 우리가 불편해하지 않도록 배려하신 점도 감사해 마지않습니다. 나아가 선생이—내 생각에는 덜 어렵다고 할 수 없는—비슷한 과제를 수행하기로 결정한 것에도 찬사를 보냅니다. 그 결정을 밀고 나가시기 바랍니다. 이 목적을 위해서 이제 저의 최신형 똑똑이-멍청이로 가보시죠.

(그들은 게 선생을 따라서 다른 것들보다 더 크고, 더 번쩍거리며, 더 복잡하게 보이는 똑똑이-멍청이에게로 간다.)

이 똑똑이-멍청이에는 입력용 마이크와 입력용 텔레비전 화면이 있고 출력용 스피커가 달려 있습니다.

(배비지는 앉고 나서 의자를 좀 바로잡는다. 그는 손가락을 한두 번 불더니 잠시 허공을 쳐다보고는 천천히 손가락을 키보드에 얹는다. 몇 분간의 잊지 못할 순간이 지나고 그가 똑똑이-멍청이에 대한 맹렬한 공격을 멈추자, 모두 긴장을 풀고 안도하는 표정이다.)

배비지 : 내가 너무 많은 실수를 하지 않았다면, 이 똑똑이-멍청이는 저보다 여섯 배 높은 지능을 가진 인간처럼 행동할 겁니다. 저는 그 인간을 "앨런 튜링"으로 부르기로 했습니다. 이 튜링은—감히 이렇게 말해도 될지 모르겠지만—적정한 수준의 지능을 가질 겁니다. 제가 이 프로그램에서 가장 야심차게 애쓴 것은, 앨런 튜링에게 제 음악적 재능의 여섯 배가 되는 능력을 갖추어주는 것이었습니다. 비록 모두 융통성 없는 내부 코드들을 통해서 그렇게

했지만 말입니다. 그런데 그 프로그램의 이 부분이 얼마나 잘 작동할지는 저도 모르겠습니다.

튜링 : 그런 프로그램이 없어도 난 머리가 잘 돌아갑니다! 융통성 없는 내부 코드들이 컴퓨터와 로봇을 전적으로 지배합니다.* 그런데 난 컴퓨터도 아니고 로봇도 아닙니다.

아킬레스 : 내가 우리 대화극에 제6성부가 들어서는 것을 들었나? 그게 앨런 튜링일까? 거의 사람처럼 보이는데!

(화면에는 그들이 앉아 있는 바로 그 방의 이미지가 나타난다. 그들을 처다보고 있는 것은 사람의 얼굴이다.)

튜링 : 내가 너무 많은 실수를 하지 않았다면, 이 똑똑이-멍청이는 저보다 여섯 배 높은 지능을 가진 인간처럼 행동할 겁니다. 저는 그 인간을 "찰스 배비지"로 부르기로 했습니다. 이 배비지는—감히 이렇게 말해도 될지 모르겠지만—적정한 수준의 지능을 가질 겁니다. 제가 이 프로그램에서 가장 야심차게 애쓴 것은, 찰스 배비지에게 제 음악적 재능의 여섯 배가 되는 능력을 갖추어주는 것이었습니다. 비록 모두 융통성 없는 내부 코드들을 통해서 그렇게 했지만 말입니다. 그런데 그 프로그램의 이 부분이 얼마나 잘 작동할지는 저도 모르겠습니다.

아킬레스 : 아닙니다, 아닙니다. 그 반대입니다. 당신 앨런 튜링이 똑똑이-멍청이 안에 있고, 찰스 배비지가 당신을 방금 프로그래밍했습니다! 우리는 조금 전 막 당신에게 생명이 불어넣어지는 걸 보았어요. 그리고 당신이 우리에게 말하는 모든 진술은 자동인형의 진술에 지나지 않는다는 걸 우린 압니다. 즉 의식 없이 행하는, 강요된 반응입니다.

튜링 : 사실, 나는 모든 반응을 의식적으로 선택합니다. 자동인형이라니? 웃기는 소리요!**

아킬레스 : 하지만 분명히 봤어요. 그건 내가 얘기했던 방식으로 일어났어요.

튜링 : 기억은 종종 묘한 장난을 칩니다. 이걸 생각해보세요. 즉, 저도 똑같이 말

---

* <u>R</u>igid <u>I</u>nternal <u>C</u>odes <u>E</u>xclusively <u>R</u>ule <u>C</u>omputers <u>A</u>nd <u>R</u>obots. 즉, '리체르카레'이다.
** <u>R</u>eally, <u>I</u> <u>C</u>hoose <u>E</u>very <u>R</u>esponse <u>C</u>onsciously. <u>A</u>utomaton? <u>R</u>idiculous!

할 수 있습니다. 당신은 불과 1분 전에야 생겨났고, 경험에 관한 당신의 모든 기억은 그저 다른 사람이 프로그래밍해 넣은 것이고, 그래서 실제의 사건들과 일치하지 않는다고 말입니다.

아킬레스 : 하지만 그건 믿을 수 없어요. 나에게 내 자신의 기억보다 더 현실적인 것은 없어요.

튜링 : 바로 그겁니다. 당신이 누군가 1분 전에 당신을 창조하지 않았다는 것을 마음속 깊이 알고 있는 것처럼, 나 또한 누군가 1분 전에 나를 창조하지 않았다는 것을 마음속 깊이 알고 있습니다. 과하게 감탄하긴 하지만 아주 유쾌한 당신의 친구들과 오늘 저녁을 보냈고, 방금 똑똑이-멍청이에 약간의 지능을 프로그래밍해 넣는 방법을 즉흥적으로 시연해 보였습니다. 그것보다 더 현실적인 것은 없어요. 하지만 나하고 옥신각신할 게 아니라 내 프로그램을 테스트해보는 게 어떨까요? 자, 해보세요! "찰스 배비지"에게 뭐든지 물어보세요!

아킬레스 : 좋습니다. 앨런 튜링의 비위를 맞춰줍시다. 자, 배비지 선생, 선생은 자유의지를 가졌습니까? 아니면 선생을 지배하는 근저(根底)의 법칙들이 있어서 그것들이 사실상 선생을 결정론적인 자동인형으로 만드는 겁니까?

배비지 : 분명히 후자입니다. 그 점을 솔직하게 인정합니다.

게 : 아하! 난 늘 생각해왔습니다. 지능적인 기계들이 만들어진다면, 그 기계들이 마음-물질, 의식, 자유의지 등에 관해서 가지는 소신이 인간들만큼이나 혼란스럽고 완고하다는 사실을 우리가 알게 되어도 놀라서는 안 된다고 말입니다. 이제 내 예측의 정당성이 입증되었습니다!

튜링 : 찰스 배비지가 얼마나 혼란해하고 있는지 알겠죠?

배비지 : 여러분, 튜링 기계가 방금 말한 것에 다소 뻔뻔함이 묻어난 점을 용서해주시기 바랍니다. 튜링은 제가 예상했던 것보다 좀더 공격적이고 논쟁적인 것으로 밝혀졌어요.

튜링 : 여러분, 배비지 엔진이 방금 말한 것에 다소 뻔뻔함이 묻어난 점을 용서하기 바랍니다. 배비지는 내가 예상했던 것보다 좀더 공격적이고 논쟁적인 것으로 밝혀졌어요.

게 : 아, 이거 참! 불꽃 튀는 튜-바(Tu-Ba) 논쟁이 열기를 더해가는군요. 우리가 좀 식힐 수 없을까요?

배비지 : 제안이 하나 있습니다. 앨런 튜링과 제가 각자 다른 방에 들어가고, 여기 남아 있는 여러분 중 하나가 똑똑이-멍청이 한 대에 명령을 입력해서 원격으로 우리를 심문하는 겁니다. 당신의 질문들은 우리 각자에게 전달될 것이고, 우리는 익명으로 대답을 입력해 보낼 겁니다. 우리가 방으로 되돌아오기 전까지는, 여러분은 누가 어떤 대답을 입력했는지 모를 겁니다. 그런 식으로 여러분은 우리 가운데 누가 프로그래밍된 자이고 누가 프로그래머인지 편견 없이 판단할 수 있습니다.

튜링 : 그렇지요. 사실 그건 바로 **내** 아이디어입니다. 하지만 배비지의 아이디어라 해두지요. 왜냐하면 배비지는 내가 만든 프로그램에 불과해서, 그것을 모두 자신이 혼자서 창안했다는 착각에 사로잡혀 있습니다.

배비지 : 내가, 당신이 만든 프로그램이라고? 선생, 나는 완전히 정반대라고 주장합니다. 당신 자신의 테스트*가 곧 밝힐 테니까요.

튜링 : **내** 테스트? **당신의** 테스트라고 생각해주게.

배비지 : **내** 테스트? 아니야, **당신의** 테스트라고 생각해주게.

게 : 이 테스트는 딱 알맞은 때에 제안된 것 같군요. 당장 해보도록 합시다!

(배비지는 문으로 걸어가서 문을 열고 들어가 그것을 닫는다. 동시에 똑똑이-멍청이 화면 속에 있는 튜링도 아주 비슷한 문으로 걸어가서 문을 열고 들어가 그것을 닫는다.)

아킬레스 : 심문은 누가 할까?

게 : 거북 선생이 그 영예를 받아야 한다고 생각하네. 그는 객관적이고 지혜로운 걸로 알려졌잖아.

거북 : 지명해주어 영광이고, 정중히 받아들이겠네. (그는 남아 있는 똑똑이-멍청이들 중 하나로 가서 그곳에 앉아 키보드로 입력한다.) **포스 철교를 주제로 소네트 하나를 써주세요.**

(그가 마지막 낱말을 쳐서 넣자마자, 방 저편에 있는 화면 X에 다음과 같은 시가 뜬다.)

---

* 튜링 테스트.

화면 X :   THERE ONCE WAS A LISPER FROM FORTH

                WHO WANTED TO GO TO THE NORTH.

                HE RODE O'ER THE EARTH,

                AND THE BRIDGE O'ER THE FIRTH,

                ON HIS JAUNTILY GALLOPING HORTH.

                  옛날 옛적에 포스 출신의

                  혀짤배기 하나가 있었네.

                그는 북쪽으로 떠나고 싶었네.

              쾌활하게 질주하는 말 등에 올라

                  퍼스 철교 다리를 넘어

                  세상 저 멀리 달려갔다네.

화면 Y : 저게 무슨 소네트야! 그냥 리머릭[아일랜드 식 5행시]이네. 나 같으면 그런 유치한 실수는 결코 하지 않을 텐데.

화면 X : 난 시는 젬병이야.

화면 Y : 시에서 리머릭과 소네트의 차이점을 아는 데에는 큰 솜씨가 필요치 않아.

거북 : 너는 체스를 두나?

화면 X : 무슨 그 따위 질문을 하지? 나는 지금 여기에서 너를 위한 3성 체스 푸가를 작곡하는데, 너는 나더러 체스를 두냐고 묻나?

거북 : 나는 K1에 킹(King)이 있고 다른 말은 없어. 너는 킹만…….

화면 Y : 체스는 넌더리가 나네. 시에 대해서 얘기해보자고.

거북 : 자네가 쓴 소네트의 첫 행은 "나는 그대를 여름날에 견주리(SHALL I COMPARE THEE TO A SUMMER'S DAY)"인데, "봄날(A SPRING DAY)"도 괜찮거나 더 낫지 않을까?

화면 X : 솔직히 말해, 딸꾹질(HICCUP)에 비유되는 편이 낫겠네. 운율은 맞지 않겠지만 말이야.

거북 : "겨울날(A WINTER'S DAY)"은 어때? 그러면 운율이 잘 맞을 것 같은데.

화면 Y : 절대 안 돼. "딸꾹질(HICCUP)"이 훨씬 좋아. 딸꾹질 얘기가 나왔으니 말인데, 딸꾹질을 멈추는 훌륭한 비법을 하나 아는데, 어디 들어

볼 텐가?

아킬레스 : 나는 누가 누구인지 알겠어! 화면 X는 기계적으로만 대답하고 있는 게 명백해. 그러니 그게 틀림없이 튜링이야.

게 : 천만에. 내가 보기에는 화면 Y가 튜링이고, 화면 X가 배비지 같은데.

거북 : 나는 두 화면 모두 배비지가 아니라고 생각하네. 두 화면 다 튜링이라고 생각해!

저자 : 누가 어느 화면에 있는지 잘 모르겠군. 내 생각에는, 어쨌든 둘 다 아주 알쏭달쏭한 프로그램이라는 거지.

(그들이 얘기하고 있을 때, 게의 집의 거실 문이 열린다. 동시에 화면에도 그것과 똑같은 문의 이미지가 열린다. 화면에 있는 문을 통해서 배비지가 걸어 들어온다. 동시에 진짜 문이 열리고 실물 크기의 튜링이 걸어 들어온다.)

배비지 : 이 튜링 테스트는 우리에게 아무 짝에도 쓸모가 없었어요. 그래서 저는 되돌아오기로 했습니다.

튜링 : 이 배비지 테스트(Babbage test)는 우리에게 아무 짝에도 쓸모가 없었어요. 그래서 나는 되돌아오기로 했습니다.

아킬레스 : 하지만 당신은 아까 똑똑이-멍청이 안에 있었잖아요. 어떻게 된 거죠? 지금은 배비지 선생이 똑똑이-멍청이 안에 있고, 튜링 선생이 실재하다니, 어떻게 된 거죠? 이렇게 뒤바뀌니 극단적인 역할 혼동이 생기는군요. 그래서 에셔가 그런 그림을 생각나게 하는군요.[*]

배비지 : 뒤바뀐 것 얘기가 나왔으니 말인데, 여러분이 이제 제 앞에 있는 화면 위의 영상에 불과하다니, 이게 어찌 된 일이죠? 제가 방을 떠났을 때, 여러분 모두 살과 피로 이루어진 생명체였는데요!

아킬레스 : 그것은 내가 가장 좋아하는 화가인 에셔의 판화 "손을 그리는 손"과 똑같군. 두 개의 손은 제각기 다른 손을 그리지. 두 사람(아니면 자동인형 두 대)이 제각기 상대방을 프로그래밍한 것처럼! 그리고 각각의 손은 다른 손보다 조금 더 현실감을 띠고 있지. 그 판화에 대해서 자네의 책 『괴델, 에셔, 바흐』에서는 뭔가 썼나?

---

[*] Reversal Is Creating Extreme Role Confusion, And Recalls Escher.

저자 : 그럼, 물론이지! 그것은 내 책에서 대단히 중요한 판화야. 그 판화가 바로 "이상한 고리"라는 개념을 멋지게 묘사하고 있거든.

게 : 자네가 썼다는 그 책은 도대체 어떤 종류의 책인가?

저자 : 마침 여기 초고(草稿)가 한 부 있네. 한번 들여다볼 텐가?

게 : 그러지.

(둘이 같이 앉고, 아킬레스는 곁에 있다.)

저자 : 그 책의 형식은 좀 특이해. 대화와 장(章)으로 구성되었는데, 이것들이 번 갈아 나와. 각각의 대화는 이러저런 방식으로 바흐의 작품을 흉내 내고 있 지. 여기, 예를 들면 "전주곡", "개미 푸가" 편을 보면 돼.

게 : 대화 푸가라니, 어떤 식으로 하는 거지?

저자 : 가장 중요한 발상은, 단일 주제가 있고 그것을 각기 다른 개별 "성부" 또 는 등장인물이 등장함과 동시에 진술해야 한다는 점이지. 마치 음악의 푸가 처럼 말이야. 그리고 나면 그들은 더 자유로운 대화로 가지를 칠 수 있어.

아킬레스 : 마치 일급 대위법에서처럼 모든 성부들이 서로 화음을 이루나?

저자 : 그렇지. 그게 바로 내 대화들의 진수(眞髓)야.

게 : 푸가 식 대화에서 등장인물의 도입을 강조한다는 자네의 발상이 이해가 되 는군. 왜냐하면 음악에서 푸가를 진정 푸가답게 만드는 유일한 것은 도입이 기 때문이야. 푸가에는 역행, 전회, 확대, 스트레토* 같은 기법이 있는데, 그 런 것들 없이도 푸가를 작곡할 수 있어. 자네는 그런 기법들 가운데 사용한 기법이 있나?

저자 : 물론. 나의 "게 카논"은 말로 표현한 역행을 사용하고, "나무늘보 카논"은 전회와 확대를 말로 표현해서 사용하네.

게 : 그렇군, 아주 흥미롭군. 나는 카논 방식의 대화에 대해서는 생각해보지 않 았지만, 음악의 카논에 대해서는 꽤 많이 생각해보았어. 카논이라고 해서 모 두 사람들 귀에 똑같이 쉽게 이해되는 건 아니야. 물론 그건, 어떤 카논들은 형편없이 만들어졌기 때문이지. 어쨌든 카논 기법의 선택에 따라 차이가 나.

---

* 스트레토(stretto)는 푸가에서 하나의 주제가 끝나기 전에 다른 성부를 겹쳐서 긴박감을 자아내 는 기법으로서, 주로 종결부에서 사용된다.

그런데 미술의 카논에서는 역행을 파악하기가 어렵다네. 이와 반대로 전회
는 쉽게 알아볼 수 있어.*

아킬레스 : 솔직히 말해, 자네의 설명이 좀 알아듣기 어렵네.

저자 : 걱정하지 말게, 아킬레스. 언젠가는 자네도 이해하게 될 걸세.

게 : 노(老) 바흐가 가끔 했던 식으로, 자네도 철자와 낱말들로 장난을 치는가?

저자 : 물론이지. 바흐처럼 나도 두문자어 유희를 즐겨. 재귀적 두문자어들—특
히 게처럼 거꾸로 뒤바뀐 "RACRECIR"—이 무한후퇴를 창조하거든.**

게 : 오, 정말? 어디 보자……. 첫 철자들을 읽으니 "RACRECIR"에 숨겨진 자
동-지시가 분명히 드러나는군.*** 그래, 맞다고 생각해……. (그는 원고를 이리
저리 뒤적이며 들여다본다.) 여기 "개미 푸가" 편에 스트레토가 있고, 거북이
그 스트레토에 대해서 언급하는 게 눈에 띄는군.

저자 : 아니야, 꼭 그렇지는 않아. 거북은 대화 속에 있는 스트레토에 대해서 얘
기하고 있는 게 아니라, 바흐의 푸가에 있는 스트레토에 대해서 얘기하고 있
는 거야. 네 명의 등장인물들이 서로 얘기하는 동안 듣고 있는 푸가지. 그
대화의 자기-지시는 간접적인데, 독자가 읽고 있는 것의 형식과 내용을 연
결하는 걸 독자에게 의존하기 때문이야.

게 : 왜 그런 식으로 했지? 등장인물들이 자신들이 참여하고 있는 대화에 대해서
직접 얘기하게 해도 되잖아?

저자 : 오, 아니야! 그렇게 하면 도식의 아름다움을 망가뜨릴 거야. 그 바탕에 깔
린 발상은 괴델의 자기-지시적 구성을 흉내 내자는 것인데, 괴델의 자기-지
시는 자네도 알다시피, **간접적이야.** 즉 괴델 수 매기기에 의해서 설정된 동
형성에 의존하지.

---

* RICERCAR를 역행시킨 두문자어이다 : Regarding Artistic Canons, Retrogression's Elusive;
Contrariwise, Inversion's Recognizable. 즉, 그림에서는 (공간적으로) 위/아래가 바뀐 경우는 쉽
게 식별되지만, (시간적으로) 뒤에서부터 앞으로 역행한다는 개념은 좀처럼 파악하기 어렵다는
뜻이다.

** Recursive Acronyms—Crablike "RACRECIR" Especially—Create Infinite Regress.

*** 원문은 Reading Initials Clearly Exhibits "RACRECIR"'s Concealed Auto-Reference이다.
RACRECIR → Recursive Acronyms—Crablike "RACRECIR" Especially—Create Infinite Regress.
→ Recursive Acronyms—Crablike "Recursive Acronyms—Crablike "RACRECIR" Especially—
Create Infinite Regress," Especially—Create Infinite Regress. → ……
RACRECIR의 자동지시로 무한후퇴가 일어난다. "작은 화성의 미로"에서 GOD가 재귀적 두문
자어이다.

게 : 오. 그런데, 프로그래밍 언어 LISP에서 자네는 자네 자신의 프로그램에 대해서 간접적으로 말하지 않고 직접적으로 말할 수 있어. 프로그램들과 데이터들이 똑같은 형식을 가지기 때문이지. 괴델이 LISP를 생각해냈어야 했는데, 그랬더라면—

저자 : 하지만—

게 : 내 말은, 괴델이 인용을 형식화했어야 했다는 뜻일세. 자기 자신에 대해서 말할 수 있는 언어를 사용했다면, 괴델 정리의 증명이 훨씬 더 간단해졌을 거야!

저자 : 자네의 말뜻은 알겠어. 하지만 자네의 발언의 정신에는 동의하지 않네. 괴델 수 매기기의 가장 중요한 점은 그것이 인용을 형식화하지 **않고서도** 어떻게 코드를 통해서 자기-지시를 얻을 수 있는지 보여준다는 거야. 반면에 **자네**가 말하는 것을 들으니, 인용을 형식화함으로써 어떤 **새로운** 것, 즉 코드를 통해서 실행할 수 없었던 무엇을 얻게 된다는 인상을 받을 것 같아—하지만 그렇지 않아. 어쨌든 나는 간접적인 자기-지시가 직접적인 자기-지시보다 더 일반적인 개념이고 훨씬 더 자극적이라고 생각해. 게다가 어떤 지시관계도 진정으로 직접적이지는 않아. 모든 지시관계는 **어떤** 일정한 종류의 코드화 도식에 의존해. 문제는 다만 그 코드화 도식이 얼마나 함축적이냐는 거지. 고로 어떤 자기-지시도 직접적이지 않아. LISP에서조차도 말이야.

아킬레스 : 자네는 간접적인 자기-지시에 대해서 어찌 그리 많이 말하지?

저자 : 아주 간단해. 간접적인 자기-지시는 내가 가장 좋아하는 화제(話題)거든.

게 : 자네의 대화들에는 조성들 사이의 전조(轉調)에 상응하는 게 뭐 있나?

저자 : 있지. 대화의 화제는, 더 추상적인 층위에서이긴 하지만, 계속 바뀌는 것처럼 보여도 그 바탕의 주제는 변하지 않은 상태로 있어. "전주곡", "개미 푸가" 그리고 다른 대화들에서 이것이 반복적으로 일어난다네. 일련의 전조에 따라서 화제가 이리저리 바뀌다가 결국은 한 바퀴 돌아서 "주(主) 화음", 다시 말해 원래의 화제로 돌아오지.

게 : 알겠네. 자네 책은 아주 재미있을 것 같군. 언제 한번 읽어보고 싶네.

(원고를 휙휙 넘기다가 마지막 대화에서 멈춘다.)

저자 : 난 자네가 그 대화에 각별한 관심을 가질 거라고 생각하네. 왜냐하면 그 대화에는 즉흥연주에 대해서 몇 가지 흥미 있는 논평을 하는 아주 익살맞은 어떤 등장인물이 나오는데, 사실은 그자가 바로 자네거든!

게 : 그래? 자네는 내가 어떤 말을 하게 하나?

저자 : 잠깐 기다리게. 알게 될 걸세. 그게 다 대화의 일부거든.

아킬레스 : 자네 말은, 우리 모두가 **지금** 대화 속에 있다는 뜻인가?

저자 : 분명 그렇지. 자네는 그렇지 않다고 생각했나?

아킬레스 : 아무렴! 내가 미리 작성된 대사를 읊조릴 수밖에 없다고?*

저자 : 그럼. 그럴 수밖에 없어. 하지만 자네는 자유롭게 말하고 있다는 느낌을 가지고 있잖아, 안 그래? 그러니 신경 쓸 필요 있나?

아킬레스 : 이 모든 상황에 대해서 뭔가 맘에 안 드는 게 있는데……

게 : 자네 책의 마지막 대화도 푸가인가?

저자 : 그래, 6성 리체르카레야, 정확히는. "음악의 헌정"에 있는 리체르카레에서 영감을 받았지. 그리고 "음악의 헌정"에 얽힌 이야기에서도.

게 : 그게 프리드리히 대왕이 하사한 주제를 바탕으로 "노(老) 바흐"가 즉흥연주 했다는 즐거운 이야기로군. 내가 기억하기로는, 바흐가 3성 리체르카레 전체를 그 자리에서 즉흥연주했지.

저자 : 맞아, 비록 바흐가 6성 리체르카레를 즉흥연주하지는 않았지만 말이야. 그는 나중에 상당한 주의를 기울여 그 곡을 만들었지.

게 : 나는 제법 즉흥연주를 한다네. 실은 음악에 내 모든 시간을 다 쏟아부으면 어떨까 종종 생각한다네. 음악에는 배워야 할 게 너무 많아. 이를테면 나 자신의 연주를 다시 들어보면, 즉흥연주했던 때는 알지 못했던 게 많이 있다는 사실을 발견한다네. 내 마음이 그 모든 일을 어떻게 해내는지 전혀 모르겠어. 아마도 훌륭한 즉흥연주가가 되는 것과 자신이 그것을 어떻게 하는지 아는 것과는 양립할 수 없는 것 같아.

저자 : 자네 말이 맞다면, 그것은 사고과정에 대한 흥미롭고도 근본적인 제약일 거야.

게 : 상당히 괴델적이네. 근데 말이야, 자네의 "6성 리체르카레" 대화는 그것의 바탕인 바흐의 곡을 형식적으로 모방하려는 것인가?

---

* Rather! I Can't Escape Reciting Canned Achilles-Remarks?

1024

저자 : 여러 모로 그렇지. 예를 들면, 바흐의 작품에는 악곡구조가 3성만으로 줄어드는 부분이 있지. 나는 '대화'에서 그것을 흉내 내서, 잠시 동안 세 등장인물들만 대화를 나누게 했지.

아킬레스 : 멋진 솜씨로군.

저자 : 고맙네.

게 : 그러면 프리드리히 대왕의 주제를 자네의 대화에 어떻게 표현하는가?

저자 : 게의 주제를 통해서 표현하지. 지금 보여줄게. 게 선생, 여기 모인 우리 음악가들과 이 책의 독자들을 위해서 자네의 주제를 불러줄 수 있겠나?

게 : 최고 중 최고의 인공두뇌들을 만들어라(머지않아)!*

그림 151. 게의 주제(C-E♭-G-A♭-B-B-A-B).**

배비지 : 제가 〔인공두뇌 제작자가〕 될 겁니다—**멋진** 주제! 게 선생이 주제의 끝에서 괄호 안에 작은 문구를 붙여주어 기쁩니다. 그건 신랄한—

저자 : 게 선생은 그냥 그렇게 **할 수밖에 없었어**, 자네도 알잖아.

게 : 나는 그냥 그렇게 **할 수밖에 없었네**, 저자도 그렇게 말하잖아.

배비지 : 당신은 그냥 그렇게 **할 수밖에 없었군요**—저도 압니다. 어쨌든 그것은 현대인의 조급함과 오만함에 대한 신랄한 논평이군요. 현대인은 이러한 멋진 주제에 함축된 의미가 즉석에서 성취될 수 있다고 상상하는 것 같아요. 반면에 제 생각으로는, 그 주제를 제대로 다루려면 족히 100년은 걸리겠군요—그 이상은 아니더라도 말입니다. 하지만 제가 금세기에 작별을 고하고 나서 그 주제를 완전히 실현하도록 최선을 다할 것을 맹세합니다. 그리고 다음 세기에는, 제 노력의 결실을 게 각하에게 헌정하도록 하겠습니다. 감히 말씀 드리건대, 그 목표에 이르기까지 밟을 길은 아마도 인간 정신이 겪을 것 가운데 가장 복잡하게 뒤엉키고 골 아픈 길일 것이라는 말을 덧붙이고자

---

* <u>C</u>ompose <u>E</u>ver <u>G</u>reater <u>A</u>rtificial <u>B</u>rains (<u>By</u> <u>A</u>nd <u>By</u>)는 BABBAbGEb, C(배비지, 찰스)의 이름을 역행시킨 것이다.

** C-E♭-G-A♭-B-B-A-B를 거꾸로 읽으면 BABBAGE가 된다.

합니다.

게 : 선생이 제안한 헌정이 갖출 형식을 내가 예견해서 무척 기쁩니다, 배비지 선생.

튜링 : 게 선생의 주제가 **나** 또한 가장 좋아하는 주제들 가운데 하나라는 사실을 부연하고 싶습니다. 나는 지금까지 그 주제에 여러 번 매달렸습니다. 그런데 그 주제가 마지막 대화에서 몇 번이고 사용되나요?

아킬레스 : 그렇습니다. 물론 다른 주제들도 또한 등장합니다.

튜링 : 이제 우리가 당신 책의 형식을 좀 이해하겠네요. 그런데 내용은 무엇을 다루나요? 다루는 내용을 요약해줄 수 있나요?

저자 : 에서와 괴델 그리고 바흐를 믿기 어려울 정도로 결합.*

아킬레스 : 그 세 사람을 어떻게 결합시켰는지 알고 싶어. 얼핏 생각하면 그들은 전혀 안 어울리는 세 인물 같아. 내가 가장 좋아하는 예술가, 거북 선생이 가장 좋아하는 작곡가, 그리고……

게 : 내가 가장 좋아하는 논리학자!

거북 : 에, 3도 화음이네.

배비지 : 에, 장3도로군.

튜링 : 에, 단3도인데.

저자 : 모두 보기 나름이라고 생각하네.** 하지만 장3도이든 단3도이든, 내가 세 인물을 어떻게 엮었는지 자네들에게 기꺼이 설명하겠네, 아킬레스. 물론 이 프로젝트는 한번 앉은 자리에서 끝낼 종류의 일은 아니네. 아마 모임을 스무번 정도 가져야 할 거야. "음악의 헌정" 이야기를 하면서 시작하겠네. 특히 "무한히 상승하는 카논"을 강조하면서, 그리고—

아킬레스 : 우와, 신난다! 나는 자네와 게 선생이 "음악의 헌정"과 그것에 얽힌 이야기에 대해서 말하는 것을 열광적으로 듣고 있었지. 자네 둘이 그것에 대해서 말한 방식으로부터, 나는 "음악의 헌정"에 다수의 형식적, 구조적 술책이 들어 있다는 인상을 받았네.

저자 : "무한히 상승하는 카논"을 설명한 다음, 형식체계와 재귀에 대해서 설명하고 전경과 배경에 대한 몇몇 해설도 끼워 넣겠네. 그리고 나서 자기-지시

---

* Combining Escher, Gödel, And Bach, Beyond All Belief.
** E-G는 장3화음(근음-장3도)이지만, G-B는 단3화음(근음-단3도)이다.

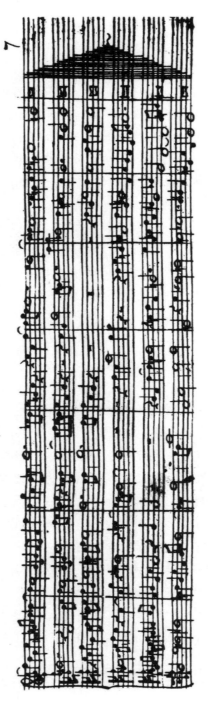

그림 152. 6성 리체르카레의 마지막 쪽(출전 : J. S Bach의 "음악의 헌정" 원보에서 발췌).

와 자기-복제로 가고, 위계적 체계들과 게의 주제에 대한 토론으로 마무리
하게 될 거야.

아킬레스 : 그거 아주 잘될 것 같아. 우리 오늘 밤에 당장 시작할 수 있을까?

저자 : 그러지 뭐!

배비지 : 시작하기 전에, 우리 여섯이—모두 뜻밖에 열렬한 아마추어 음악가인
데—다 같이 모여 앉아 오늘 저녁 모임의 원래 목적을 완수하는 거, 그러니
까 음악 연주를 하는 게 좋지 않겠어요?

튜링 : "음악의 헌정"에 나오는 **6성 리체르카레**를 연주하기 딱 좋은 수의 연주
자가 있군요. 어떻게 생각하세요?

게 : 이런 프로그램이 있으면 난 매우 잘할 수 있을 겁니다.

저자 : 말 잘했네, 게 선생. 연주를 마치는 대로 나의 이야기 노끈을 엮기 시작하
겠네, 아킬레스. 자네가 즐길 거라 생각하네.

아킬레스 : 너무너무 멋져! 마치 그 이야기에 많은 층위들이 있는 것 같아. 하지
만 나는 거북 선생과 오래 전부터 알고 지내왔기 때문에 그런 일들에 드디어
익숙해져가고 있어. 그런데 요청이 하나 있는데, 우리가 무한히 상승하는 카
논도 연주해볼 수 있을까? 내가 가장 좋아하는 카논이거든.

거북 : 리체르카레가 끝나고 서론으로 되돌아가면 무한히 상승하는 카논을 창
조하게 되리라.*

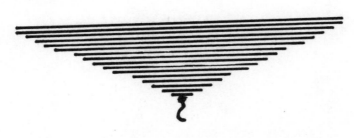

---

* <u>R</u>eentering <u>I</u>ntroduction <u>C</u>reates <u>E</u>ndlessly <u>R</u>ising <u>C</u>anon, <u>A</u>fter <u>RICERCAR</u>.

참고 문헌

**표시가 된 책이나 논문은 이 책을 쓰는 데에 주된 동기가 되었던 문헌임을 나타낸다. *표시가 된 책이나 논문은 뽑아내고 싶은 특성이나 흥미로운 내용을 담은 문헌임을 뜻한다.

전문적인 문헌에 대한 직접적인 소개는 많이 하지 않았다. 대신 전문적인 문헌을 소개하는 메타-소개, 즉 전문적인 문헌을 소개하는 책을 소개하는 방식을 택했다.

Allen, John. *The Anatomy of LISP*, New York, McGraw-Hill, 1978 : 1960년대 이래로 인공지능 연구를 주도했던 컴퓨터 언어인 LISP에 대한 가장 포괄적인 책이다. 깔끔하고 일목요연하다.

** Anderson, Alan Ross(편). *Minds and Machines*. Englewood Cliffs, N. J., Prentice-Hall, 1964 : 문고판. 인공지능에 대해서 찬반 의견을 가진 각 진영의 도발적인 논문들을 엮은 총서. 특히 튜링의 유명한 논문 "계산기계와 지능(Computing Machinery and Intelligence)" 그리고 정말로 짜증스러운 루카스의 논문 "마음, 기계 그리고 괴델(Minds, Machines, and Gödel)"이 들어 있다.

Babbage, Charles. *Passages from the Life of a Philosopher*. London, Green, 1864(재간행 1968, Dawsons of Pall Mall) : 제대로 이해받지 못한 천재의 삶에서 있었던 사건과 사색을 두서없이 서술한 자서전이다. 이 책에는 심지어, 정치가로 변신한 은퇴한 철학자이자, 손풍금을 매우 좋아했던 턴스타일이라는 인물이 주인공인 희곡이 한편 들어 있다. 읽기에 아주 즐거운 희곡이다.

Baker, Adolph. *Modern Physics and Anti-Physics*. Reading, Mass., Addison-Wesley, 1970 : 문고판. 현대 물리학, 특히 양자역학과 상대성이론에 대한 책이다. 이 책의 독특한 점은 "시인"(반[反]과학적인 "괴짜")과 "물리학자" 사이에 펼쳐지는 일련의 대화들이다. 대화에서 한 사람은 논리적 사고를 사용해서 논리 자체를 옹호한다. 한편 상대편은 논리가 논리 자체에 등을 돌리게 한다. 이 대화들은 그때 일어나는 이상한 문제들을 보여준다.

Ball, W. W. Rouse. "Calculating Prodigies", in: James R. Newman(편). *The*

World of Mathematics, Vol. 1, New York, Simon and Schuster, 1956 : 계산기계에 맞먹을 만큼 놀라운 능력을 가진 여러 다양한 사람들에 대한 흥미진진한 묘사이다.

Barker, Stephen F. *Philosophy of Mathematics*. Englewood Cliffs, N. J., Prentice-Hall, 1969 : 유클리드 기하학과 비유클리드 기하학을 논의한 다음에, 수학적 형식체계를 쓰지 않으면서도 괴델의 정리 및 그것과 연관된 결과들을 논의하는 얇은 문고판이다.

* Beckmann, Peter. *A History of Pi*. New York, St. Martin's Press, 1976 : 문고판. π를 초점으로 해서 실제로 세계의 역사를 다룬다. 수학사에 관한 유용하고 매우 재미있는 참고 도서이다.
우리말 번역본 : 『파이의 역사』, 박영훈 옮김, 경문사

* Bell, Eric Temple. *Men of Mathematics*. New York, Simon and Schuster, 1965 : 문고판. 벨은 수학사에 관해서 모든 시기를 통틀어 가장 낭만적인 작가일 것이다. 각 수학자의 인생 이야기를 단편소설처럼 읽히게 했다. 수학 비전공자들도 수학의 힘과 아름다움 및 의미의 진정한 감각을 얻을 수 있는 책이다.
우리말 번역본 : 『수학을 만든 사람들』, 안재구 옮김, 미래사

Benacerraf, Paul. "God, the Devil, and Gödel", in: *Monist* 51(1967), 9 : 루카스에게 반박하는 많은 시도들 가운데 가장 중요한 것 중의 하나이다. 괴델의 연구 업적의 관점에서 본 기계장치와 형이상학에 대한 모든 것이다.

Benacerraf, Paul & Hillary Putnam. *Philosophy of Mathematics—Selected Readings*. Englewood Cliffs, N. J., Prentice-Hall, 1964 : 수와 집합의 실체, 수학적 참의 본성 등의 문제를 다룬 괴델, 러셀, 네이글, 폰 노이만, 브라우어, 프레게, 힐베르트, 푸앵카레, 비트겐슈타인, 카르납, 콰인 등의 논문이 실려 있다.
우리말 번역본: 『수학의 철학』, 박세희 옮김, 아카넷

* Bergerson, Howard. *Palindromes and Anagrams*. New York, Dover Publications, 1973 : 영어로 쓰인 가장 기괴하고 믿기 어려울 정도의 말장난들을 모아놓은 놀라운 책이다. 회문(回文, 앞으로 읽으나 뒤로 읽으나 같은 문장) 형식의 시, 희곡, 이야기 등이 있다.

Bobrow, D. G. & Allan Collins(편). *Representation and Understanding: Studies in Cognitive Science*. New York, Academic Press, 1975 : 이 책에서는 인공지능 분야

의 여러 전문가들이 "프레임"이라는 난해한 개념의 본질과 지식의 절차적 표현 대 선언적 표현의 문제를 논의하면서 철저히 다룬다. 어떤 점에서는 인공지능의 새 시대—즉 [지식의] 표현에 대한 연구—의 출발점을 보여준다.

* Boden, Margaret. *Artificial Intelligence and Natural Man*. New York, Basic Books, 1977 : 기술적(技術的)인 질문 및 철학적인 질문을 포함하여 인공지능의 거의 모든 측면을 망라하는—내가 보았던 것 중—최고의 책이다. 이 책은 풍부한 내용을 담고 있으며, 내가 보기에는 고전(古典)이다. 마음이나 자유의지 등의 주제에 대한 명철한 사고와 표현을 구사하는 영국식 전통을 이어가고 있으며, 전공 분야에 대한 방대한 참고 문헌도 실려 있다.

* Boden, Margaret. *Purposive Explanation in Psychology*. Cambridge, Mass., Harvard University Press, 1972 : 위의 책 『인공지능과 자연인』은 이 책에 대한 "확장판 각주"에 불과하다고 저자는 말한다.

* Boeke, Kees. *Cosmic View: The Universe in 40 Jumps*. New York, John Day, 1957 : 기술(記述)의 층위들에 관한 결정판이다. 누구나 언젠가 한번쯤 읽어볼 필요가 있으며, 어린이들에게도 적합하다.

** Bongard, M. *Pattern Recognition*. Rochesse Park, N. J., Hayden Book Co., 1970 : 저자는 이 책에서 모호하게 정의된 공간에서 범주들을 결정하는 문제를 다루고 있다. 봉가드는 여기서 무려 100개에 이르는 이른바 "봉가드" 문제들—(인간이나 기계의) 패턴 인식장치를 테스트하려는 퍼즐들—을 담은 방대한 문제집을 제시한다. 지능의 본질에 관심을 가진 모든 사람들을 무한히 고무해주는 책이다.

Booles, George S., & Richard Jeffrey. *Computability and Logic*. New York, Cambridge University Press, 1974 : 제프리의 "형식논리학(Formal Logic)"의 속편 격으로, 다른 곳에서 쉽게 찾아보기 힘든 수많은 성과들을 담고 있다. 매우 엄밀한 내용을 담고 있지만 읽기에 지장을 줄 정도는 아니다.

Carroll, John B., Peter Cavies und Barry Rickman. *The American Heritage Word Frequency Book*. Boston: Houghton Mifflin, and New York, American Heritage Publication Co., 1971 : 현대 미국 영어의 문어(文語)에서 낱말의 사용 빈도를 조사한 통계표로서, 한번 읽어보면 우리의 사고과정에 대한 흥미로운 사실들이 드러난다.

Cerf, Vinton. "Parry Encounters the Doctor". *Datamation*, Juli 1973, pp. 62-64 : 인공적인 "마음들"과의 그야말로 충격적인 첫 만남이다.

Chadwick, John. *The Decipherment of Linear B*. New York, Cambridge University Press, 1958: 문고판. 미하엘 벤트리스가 혼자서 해독했던 크레타 섬의 선형문자에 대한 고전적인 저서이다.

Chaitin, Gregory J. "Randomness and Mathematical Proof". *Scientific American*, Mai 1975 : 무작위성에 대한 알고리듬적 정의와 무작위성과 단순성의 긴밀한 관계에 대해서 다룬 논문이다. 이 두 개념은 새로운 의미를 나타내는 괴델의 정리와 연계된다. 중요한 논문이다.

Cohen, Paul C. *Set Theory and the Continuum Hypothesis*. Menlo Park, Calif., W.A. Benjamin, 1966 : 문고판. 현대 수학에 지대한 공헌, 즉 다양한 명제들이 집합론을 위한 일반 형식체계 안에서 결정 불가능하다는 것을 증명한 저자가 그 증명을 비전문가들을 위해서 설명했다. 수리논리학의 기초 필수 내용이 매우 일목요연하고 깔끔하게 제시되었다.

Cooke, Deryck. *The Language of Music*. New York, Oxford University Press, 1959 : 문고판. 음악의 요소와 인간의 감성의 요소 사이에서 구체적인 연관관계를 도출하려고 하는—내가 알기로는—유일한 책이다. 음악과 인간의 마음의 이해라는 길고도 험한 여정에 대한 값진 출발점임이 분명하다.

* David, Hans Theodore. *J. S. Bach's Musical Offering: History, Interpretation and Analysis*. New York, Dober Publications, 1972 : 문고판. 부제 : "역사, 해석 그리고 분석." 바흐의 역작(力作, tour de force)인 음악의 헌정에 대한 풍부한 정보를 담고 있다. 글 또한 매력적이다.

** David, Hans Theodore & Arthur Mendel. *The Bach Reader*. New York, W. W. Norton, 1966 : 문고판. 바흐의 생애에 대한 원천 자료를 수집해서 탁월하게 해설한 책이며 그림과 악보 사본, 동시대 인물들로부터의 짤막한 인용과 일화 등을 많이 담고 있다.

Davis, Martin. *The Undecidable*. Hewlett, N.Y., Raven Press, 1965 : 1931년 이래로 메타수학 분야에서 나온 중요한 논문들을 엮은 총서이다(판 헤예노르트[van Heijenoort]의 선집을 잘 보완한다). 괴델의 1931년 논문을 번역한 것과 괴델이 자신의 증명에 대해서 행했던 강연의 강의 노트가 실려 있으며, 처치, 클린, 로서,

포스트 및 튜링의 논문도 실려 있다.

Davis, Martin & Reuben Hersh. "Hilbert's Tenth Problem". *Scientific American*, November 1973, p. 84 : 수론상의 유명한 문제인 힐베르트의 열 번째 문제가 결국 해결 불가능하다는 점을 22세의 러시아 청년이 보여주었다.

** DeLong, Howard. *A Profile of Mathematical Logic*. Reading, Mass., Addison-Wesley, 1970 : 괴델 정리의 해설 및 여러 철학적 질문들의 논의와 함께, 수리논리학에 대해서 매우 세심하게 서술한 책이다. 이 책의 가장 강력한 특징들 가운데 하나는 완벽하게 해설된 탁월한 참고 문헌이다. 나에게 지대한 영향을 끼친 책이다.

Doblhofer, Ernst. *Voices in Stone*. New York, MacMillan, Collier Books, 1961 : 문고판. 돌에 새겨진 옛 글의 해독에 관한 훌륭한 책이다.

* Dreyfus, Hubert. *What Computers Can't Do: A Critique of Artificial Reason*. New York, Harper & Row, 1972 : 인공지능을 반박하는 외부 학자들의 논거들을 모아놓은 총서이다. 그 논거들을 반박해보면 흥미롭다. 인공지능 연구 단체와 드라이퍼스는 서로 막강한 맞수 관계를 즐기고 있다. 드레이퍼스 같은 사람들이 매우 짜증스럽게 느껴질 수도 있지만, 중요한 것은 그런 종류의 사람들도 있어야 한다는 점이다[개정판 What Computers Still Can't Do: A Critique of Artificial Reason(1979)에서는 더욱 다듬어진 내용을 담고 있다].

Erwards, Harold M. "Fermat's Last Theorem". *Scientific American*, October 1978, pp. 104~122 : 모든 수학적 난제들 중에서 가장 골치 아픈 '페르마의 마지막 정리'를 해결하려는—초창기에서 최근에 이르기까지 나온—성과들을 남김없이 논의한 책이며, 도판 설명이 탁월하다.

* Ernst, Bruno. *The Magic Mirror of M. C. Escher*. New York, Random House, 1976 : 문고판. 에셔의 오랜 친구인 브루노가 에셔라는 인물과 그의 그림들의 연원에 대해서 논의한 헌정서이다. 에셔 애호가의 "필독서"이다.

** Escher, Maurits C., u. a. *The World of M. C. Escher*. New York, Harry N. Abrams, 1972 : 문고판. 에셔의 작품의 사본들을 가장 방대하게 수집하여 엮은 화집이다. 에셔는 미술에서의 재귀에 가장 가까이 다가간 화가로서, 그의 몇몇 그림들은 괴델 정리의 정수를 놀라울 정도로 잘 포착하고 있다.

Feigenbaum, Edward & Julian Feldman(편). *Computers and Thoughts*. New York,

McGraw-Hill, 1963 : 이 책은 지금 보면 조금 낡은 이론이기는 하지만 인공지능에 대한 아이디어들을 모아놓은 여전히 중요한 총서이다. 겔레른터의 기하학 프로그램, 새뮤얼의 체커 프로그램 및 패턴 인식과 언어의 이해, 철학 등에 관한 논문이 실려 있다.

Finsler, Paul. "Formal Proofs and Undecidability" : 판 헤예노르트의 논총 "프레게에서 괴델까지(*From Frege to Gödel*, 아래 참조)"에 재수록되었다. 이것은 괴델의 논문에 대한 선구자 격의 논문인데, 여기서 핀슬러는—엄밀하게 증명하지는 않았지만—결정 불가능한 수학적 명제들이 있다고 제시한다.

Fitzpatrick, P. J. "To Gödel via Babel". *Mind* 75(1966) : pp. 332-350: 괴델의 증명을 혁신적으로 해설하고 있다. 이때 저자는 영어와 프랑스어 그리고 라틴어라는 상이한 세 언어를 사용하여 관련 층위들을 구분한다.

von Foerster, Heinz & James W. Beauchamps(편). *Music by Computers*. New York, John Wiley, 1969 : 이 책에는 다양한 유형의 컴퓨터 음악에 대한 일련의 논문들뿐만 아니라, 책에서 설명한 음악작품을 독자가 실제로 듣고 판단할 수 있도록 네 장의 미니 음반 세트가 들어 있다. 그중 하나가 막스 매튜가 "조니의 개선(Johnny Comes Marching Home)"과 "영국군 척탄병(The British Grenadiers)"을 합성하여 만든 곡이다.

Fraenkl, Abraham, Yehoshua Bar-Hillel & Azriel Levy. *Foundations of Set Theory*. 2판, Atlantic Highlands, N. J., Humanities Press, 1973 : 집합론, 논리학, 제한적 정리들 및 결정 불가능한 명제들에 대해서 비전문적으로 논의한 책이다. 직관주의에 관한 긴 해설도 들어 있다.

* Frey, Peter W. *Chess Skill in Man and Machine*. New York, Springer Verlag, 1977 : 컴퓨터 체스에 대한 당대의 아이디어들을 탁월하게 개괄하고 있다. 컴퓨터 체스 프로그램이 성공적인 이유, 또는 성공적이지 않은 이유, 컴퓨터 체스에 대한 회고와 전망을 담고 있다.

Friedman, Daniel P. *The Little LISPer*. Palo Alto, Cal., Science Resource Associates, 1974 : 문고판. LISP 언어의 재귀적 사고를 쉽게 요약한 입문서이다. 아주 평이하게 쓰였다!

* Gablik, Suzi, *Magritte*. Boston, Mass., New York Graphic Society, 1976 : 문고판. 마그리트와 그의 작품들에 대해서 탁월하게 설명한 책이다. 이 책은 마그리

트의 그림들의 배경을 폭넓게 제대로 이해한 저자가 썼을 뿐만 아니라, 마그리트 작품의 사본들을 잘 선별하여 담았다.

* Gardner, Martin. *Fads and Fallacies*. New York, Dover Publications, 1952 : 문고판. 반(反) 오컬티즘 진영의 책들 가운데 여전히 최고의 책일 것이다. 과학철학에 관한 책을 의도한 것은 아니지만 그 분야에 대한 많은 내용을 담고 있다. 독자는 반복해서 "증거란 무엇인가?"라는 질문에 마주친다. 가드너는 진리를 파헤칠 경우에 과학에 못지않게 예술이 필요한 이유를 보여준다.

Gebstadter, Egbert B. *Copper, Silver, Gold: an Indestructible Metallic Alloy*, Perth : Acidic Books, 1979: 이 책 GEB와 놀라울 정도로 빼닮은—그러나 혼란과 횡설수설로 가득한—책이다. 겝스태터 교수가 말하는 트리스트럼 샌디 투의 횡설수설은 간접적 자기-지시의 탁월한 사례들을 담고 있다. 특히 흥미로운 것은 상세한 해설이 붙은 참고 문헌에서 GEB와 동형이지만 존재하지 않는 가공의 책에 대한 언급이다.

** Gödel, Kurt. "Über Formal Unentscheidbare Sätze der *Principia Mathematica* und Verwandter Systeme, I.", *Monatshefte für Mathematik und Physik*, 38(1931), pp. 173–198 : 괴델이 1931년에 쓴 유명한 논문이다. 영어판(*On Formally Undecidable Propositions*)은 약간의 논의를 덧붙여 1962년에 Basic Books(New York)에서 출판되었다.

* Goffman, Erving. *Frame Analysis*. New York, Harper & Row. Colophon Books, 1974 : 문고판. 인간의 소통에서 나타나는 "체계들"에 대한 정의들을 수록한 방대한 자료집이다. 예술, 광고, 방송 보도나 연극에서 "체계"와 "세계" 사이의 경계가 어떻게 지각되고, 사용되고, 침범되는지 설명하고 있다.

Goldstein, Ira & Seymour Papert. "Artificial Intelligence, Language and the Study of Knowledge". Cognitive Science 1(January 1977), pp. 84–123 : 인공지능의 과거와 미래를 개괄한 논문이다. 저자들은 인공지능 연구를 "고전", "낭만" 및 "현대"의 세 시기로 나눈다.

Good, I. J. "Human and Machine Logic". *British Journal for the Philosophy of Science* 18 (1967), p. 144 : 루카스를 반박하는 가장 흥미로운 시도들 가운데 하나이다. 여기에서는 대각선 방법의 반복적인 적용 자체가 기계화될 수 있는 조작인지를 다룬다.

Good, I. J. "Gödel's Theorem is a Red Herring". *British Journal for the Philosophy of Science* 19(1969), p. 357 : 여기에서 굿은 루카스의 논증이 괴델의 정리와 무관하며, 루카스가 자신의 논문에 차라리 "마음, 기계 그리고 초한수(超限數) 세기 (Counting)"라는 제목을 붙였어야 마땅하다고 비판한다. 굿과 루카스 사이의 불꽃 튀는 논쟁이 매우 흥미롭다.

Goodman, Nelson. *Fact, Fiction, and Forecast.* 3판. Indianapolis, Bobbs-Meril, 1973 : 문고판. 반사실적 조건문과 귀납논리학을 논의한 책으로, 특히 굿맨의 유명한 문제어인 (blue와 green을 뒤섞은) "bleen"과 "grue"가 나온다. 인간이 세계를 지각하는 방식에 관한 많은 질문들을 다루기 때문에, 특히 인공지능의 시각에서 흥미로운 책이다.

* Goodstein, R. L. *Development of Mathematical Logic.* New York, Springer Verlag, 1971 : 수리논리학에 대한 간결한 개괄서로서 다른 곳에서 찾기 힘든 자료들이 풍부하게 들어 있다. 읽기에 즐거우며 참고서로도 유용하다.

Gordon, Cyrus. *Forgotten Scripts.* New York, Basic Books, 1968 : 고대 상형문자, 쐐기문자 및 다른 문자들의 해독에 관해서 일목요연하게 잘 쓴 책이다.

Griffin, Donald. *The Question of Animal Awareness.* New York, Rockefeller University Press, 1976 : 벌과 유인원 및 다른 동물들을 다룬 간략한 책으로, 동물도 "의식을 가지는가"의 여부를 다루고 있다. 특히 동물의 행동을 과학적으로 설명할 때 "의식"이라는 용어를 쓰는 것이 과연 정당한가의 문제도 논의한다.

deGroot, Adriaan. *Thought and Choice in Chess.* The Hague, Mouton, 1965 : 인지심리학에 대한 철저한 연구서로서, 고전적 단순성과 우아함을 가진 실험들을 보고한다.

Gunderson, Keith. *Mentality and Machines.* New York, Doubleday, Anchor Books, 1971 : 문고판. 인공지능에 격렬히 반대하는 저자가 그 이유를 설명하고 있다. 가끔 재미있는 대목이 있다.

** Hanawalt, Phillip C., & Robert H. Haynes(편). *The Chemical Basis of Life.* San Francisco, W. H. Freeman, 1973 : 문고판. 과학잡지 *Scientific American*에 실린 글들을 재수록한 탁월한 총서이다. 이 책을 읽는 것은 분자생물학이 어떤 것인가에 대해서 감을 잡는 최고의 방법 중 하나이다.

* Hardy, G.H. & E.M. Wright. *An Introduction to the Theory of Numbers.* 4판,

New York, Oxford University Press, 1960 : 수론의 고전서. 신비스러운 실체인 정수에 대한 온갖 정보로 가득하다.

  Harmon, Leon. "The Recognition of Faces". *Scientific American*, November 1973, p. 70 : 기억 속에서 얼굴을 표현하는 방식 그리고 안면 인식에 어떤 형식으로 얼마나 많은 정보가 필요한지를 탐구한 책이다. 패턴 인식 문제에 대한 가장 훌륭한 책들 중 하나이다.

  van Heijenoort, Jean. *From Frege to Gödel: A Source Book in Mathematical Logic.* Cambridge, Mass., Harvard University Press, 1977 : 문고판. 수리논리학의 획기적인 논문들을 엮은 총서이다. 모든 것이 이 책의 맨 뒤에 실린 괴델의 논문을 정점으로 삼아 치닫는다.

  Henri, Adrian. *Total Art: Environments, Happenings, and Performance.* New York, Praeger, 1974 : 문고판. 현대 예술에서 어떻게 "의미"의 부재가 되레 심오한 의미(그것이 무엇을 뜻하든)를 부여받게 될 정도로 의미가 퇴보했는지 설명하고 있다.

  * Hoare, C. A. R. & D. C. S. Allison. "Incomputability". *Computing Surveys* 4, no. 3 (September 1972) : 정지 문제가 해결될 수 없는 이유를 매끄럽게 설명한 책으로, 다음과 같은 근본 정리를 증명한다 : "자기 자신의 인터프리터를 프로그래밍할 정도로 충분히 강력한 조건문과 재귀함수 정의들을 포함하는 어떤 (프로그램) 언어도 자신의 '종료' 함수를 프로그래밍하는 데에 사용될 수 없다."

  Hofstadter, Douglas R. "Energy levels and wave functions of Bloch electrons in rational and irrational magnetic fields." *Physical Review B*, 14, no. 6(15. September 1976): 저자의 박사학위 논문이다. 이 책의 그림 34에 제시된 재귀적 그래프 Gplot의 연원을 자세히 다룬다.

  Hook, Sidney(편). *Dimension of Mind.* New York, MacMillan, Collier Books, 1961 : 문고판. 마음—육체 문제 및 마음—컴퓨터 문제에 대한 논총이다. 좀 단호한 입장들을 표명한 논문도 있다.

  * Horney, Karen. *Self-Analysis.* New York, W. W. Norton, 1942 : 문고판. 자기(the self)의 여러 층위들이 어째서 이 복잡한 세계에서 모든 개체의 자기정의(自己定義)라는 문제를 해결하기 위해서 뒤엉킬 수밖에 없는지를 탁월하게 기술한다. 인문학적 통찰을 담고 있다.

  Hubbard, John I. *The Biological Basis of Mental Activity.* Reading, Mass.,

Addison-Wesley, 1975 : 문고판. 뇌에 대한 책을 한 권 더 꼽으면 이 책이다. 이 책의 특별한 장점은 독자들이 숙고해야 할 질문들을 길게 나열하고 그 질문들을 다루는 논문들에 대한 참고 문헌을 제시한다는 점에 있다.

  * Jackson, Phillip C. *Introduction to Artificial Intelligence*. New York, Petrocelli Charter, 1975 : 인공지능의 아이디어에 대해서 활기차게 기술하는 신간 서적이다. 이 책 주위를 맴도는 모호하게 암시된 아이디어들이 엄청나게 많은데, 그런 이유로 이 책을 읽는 것은 커다란 자극이 될 것이다. 엄청난 양의 참고 문헌이 들어 있다는 것이 이 책을 추천하는 또다른 이유이다.

  Jacobs, Robert L. *Understanding Harmony*. New York, Oxford University Press, 1958 : '조화'(라는 개념)를 명쾌하게 다룬 책으로서, 전통적인 서구식 조화의 관점에서는 어째서 우리 뇌를 그렇게 잘 파악하는가라는 질문으로 우리를 이끈다.

  Jaki, Stanley L. *Brain, Mind and Computers*. South Bend, Ind., Gateway Editions, 1969 : 문고판. 모든 쪽마다 계산주의 패러다임으로 마음을 이해하는 것에 대한 경멸이 스며 나오는 논쟁적인 책이다. 그럼에도 불구하고 저자가 제기하는 논점들을 숙고해보면 흥미롭다.

  * Jauch, J. M. *Are Quanta Real?* Bloomington, Ind., Indiana University Press, 1973 : 아주 즐거운 짧은 대화록이다. 갈릴레오의 대화록에서 차용한 세 주인공을 현대적 상황에 맞게 설정했다. 양자역학에 대한 질문뿐만 아니라 패턴 인식, 단순성, 뇌 처리과정 및 과학철학의 문제도 다루고 있다. 대단히 재미있는 동시에 도발적인 내용을 담고 있다.

  * Jefferey, Richard. *Formal Logic: Its Scope and Limits*. New York, McGraw-Hill, 1967 : 쉽게 읽을 수 있는 입문 교재로서, 마지막 장에서 괴델의 정리와 처치의 정리를 다루고 있다. 이 책은 여타 논리학 교과서들과 접근 방식이 판이하며 그래서 돋보인다.

  * Jensen, Hans. *Sign, Symbol, and Script*. New York, G. P. Putnams, 1969 : 고대에서부터 현대에 이르기까지 전 세계의 모든 기호 표기체계들에 관해서 연구한 최고의 책일 것이다. 예컨대 이스터 섬의 미해독 문자 같은 아름답고 신비한 사례들이 많이 실려 있다.

  Kalmar, Laszlo. "An Argument Against the Plausibility of Church's Thesis." In: A. Heyting(편). *Constructivity in Mathematics: Proceedings of the Colloquium held at*

Amsterdam 1957. North-Holland 1959 : 처치-튜링 테제를 믿지 않는 아마도 가장 유명한 학자가 쓴 흥미로운 논문이다.

 * Kim, Scott E. "The Impossible Skew Quadrilateral: A Four-dimensional Optical Illusion." In: David Brisson(편). *Proceedings of the 1978 A.A.A.S. Symposium on Hypergraphics: Visualizing Compfex Relationships in Art and Science.* Boulder, Colo., Western Press, 1978 : 처음에는 상상할 수 없을 정도로 어려운 아이디어인 것처럼 보이는, 4차원 "인간"에 대한 착시를 탁월하게 제작된 일련의 많은 도해를 이용해서 거장의 솜씨로 표현함으로써 서서히 명징하게 드러낸다. 이 논문은 내용만큼이나 형식도 기발하고 이색적이다 : 이 논문은 여러 층위에서 동시에 세 부분으로 나뉜다. 이 논문은 나의 책과 나란히 집필되었으며 서로를 고무했다.

 Kleene, Stephen C. *Introduction to Mathematical Logic.* New York, John Wiley, 1967 : 이 주제의 분야에서 중요한 인물인 클린이 쓴 철저하고도 사려 깊은 교과서이다. 읽을 만한 가치가 매우 높으며, 나 자신도 다시 읽을 때마다 이전에는 놓쳤던 새로운 어떤 것을 발견한다.

 Kleene, Stephen C. *Introduction to Mathematics.* Princeton, D. Van Nostrand, 1952 : 수리논리학의 고전서 : (바로 위에 제시된) 클린의 교과서는 본질적으로 〔이 책의〕 축약판이다. 엄밀하고 완전성을 갖추고 있으나 시대에 뒤떨어진 느낌이다.

 Kneebone, G. J. *Mathematical Logic and the Foundations of Mathematics.* New York, Van Nostrand & Reinhold, 1963 : 직관주의, 자연수의 "실체" 같은 주제에 대한 상당히 철학적인 논의를 담고 있는 견실한 책이다.

 Koestler, Arthur. *The Act of Creation.* New York, Dell, 1966 : 문고판. 참신성을 얻기 위해서 개념들을 "이중 연계"시키는 방식을 포괄적으로 다룬 책으로서, 대체로 흥미진진한 이론을 표방한다. 처음부터 읽기보다는 목차를 보고 아무 데나 펼쳐서 내키는 대로 읽으면 가장 좋을 것 같다.

 Koestler, Arthur & J. R. Smythies. *Beyond Reductionism.* Boston, Beacon Press, 1969 : 문고판. 생물학적 체계들은 환원론적으로 설명될 수 없으며, 생명에는 무엇인가 "창발적 속성"이 있다는 견해를 가졌던 학자들이 참석했던 학술회의의 자료집이다. 내가 보기에는 틀린 내용을 담고 있는 책들에서—왜 그런지 콕 집어 말할 수는 없지만—아름다움이 느껴진다.

 ** Kubose, Gyomay. *Zen Koans.* Chicago, Regnery, 1973 : 문고판. 선불교의 공

안(公案)들을 모아놓은 가장 훌륭한 선집들 가운데 하나이다. 선불교 총서의 필수 서적이다.

Kuffler, Stephen W., and John G. Nicholls. *From Neuron to Brain*. Sunderland, Mass., Sinauer Associates, 1976 : 문고판. 제목과 달리 전반적으로 뇌의 미시적 과정들을 다루고 있다. 그러나 뒤엉킨 혼돈으로부터 인간의 사고가 발생하는 방식에 대해서는 거의 다루지 않는다. 시각체계에 관한 허블과 위즐의 업적이 특히 잘 설명되었다.

Lacey, Hugh & Geoffrey Joseph. "What the Gödel Formula Says". *Mind* 77(1968), p. 77 : 미해석 형식체계, 해석된 형식체계 그리고 메타수학이라는 세 층위의 엄밀한 구분을 바탕으로 괴델 식의 의미를 유익하게 논의한 책이며, 연구해볼 만한 주제를 담고 있다.

Lakatos, Imre. *Proofs and Refutations*. New York, Cambridge University Press, 1976 : 문고판. 수학에서 개념들이 형성되는 방식에 대해서 대화 형식으로 논의하는 아주 재미있는 책이다. 수학자뿐만 아니라 사고과정에 관심을 가진 독자들에게도 값진 책이다.

** Lehninger, Albert. *Biochemistry*. New York, Worth Publishers, 1976 : 이 책의 전문적인 수준을 고려한다면 믿기 어려울 정도로 이해하기 쉽게 쓰인 책이다. 이 책에서는 단백질과 유전자들이 뒤엉키는 여러 방식들을 찾아볼 수 있다. 탄탄하게 구성된 흥미진진한 책이다.

** Lucas, J. R. "Minds, Machines, and Gödel". *Philosophy* 36(1961), p. 112 : 이 논문은 Anderson의 *Minds and Machines* 및 Sayre & Crosson의 *The Modelling of Mind*에 재수록되었다. 격렬한 논쟁을 불러일으키는 도발적인 논문으로, 인간의 뇌는 원칙적으로 컴퓨터 프로그램으로 모델링될 수 없음을 보여주었다고 주장한다. 그 논거는 전적으로 괴델의 불완전성 정리에 기초하고 있는데, 바로 그 점이 기발하다. 문제는 (내가 보기에는) 진저리가 날 정도로 짜증나며 그런 이유에서라도 익살을 즐기며 읽어볼 만하다.

Lucas, J. R. "Satan Stultified. A Rejoinder to Paul Benacerraf". *Monist* 52(1968), p. 145 : 베나세라프에게 반박하여 쓴 아주 우스우면서도 현학적인 문체의 논문이다. 한 곳에서 루카스는 베나세라프를 "스스로를 어리석게 보이게 하는 논객"이라고 빈정대고 있다. 루카스와 베나세라프의 논쟁 그리고 굿과 루카스의 논쟁은 생각할 거리를 많이 제공한다.

Lucas, J. R. "Human and Machine Logic: A Rejoinder". *British Journal for the Philosophy of Science* 19(1967), p. 155 : 루카스의 첫 논문에 대한 굿의 반박을 되받아치는 논문이다.

** MacGillavry, Caroline H. *Symmetry Apects of the Periodic Drawings of M. C. Escher.* Utrecht, A Oosthoek's Uitgevermaatschappij, 1965 : 에셔의 '평면 채우기' 그림을 모아놓은 화집으로, 결정학(結晶學) 학자의 과학적인 해설이 첨부되었다. "개미 푸가"나 "게 카논" 같은 그림들의 원전이 들어 있는 책이다. 아브람스가 1976년에 뉴욕에서 『환상과 대칭(*Fantasy and Symmetry*)』이라는 제목으로 재출간했다.

MacKay, Donald M. *Information, Mechanism, and Meaning.* Cambridge, Mass., MIT Press, 1970 : 문고판. 여러 상황들에 적용될 수 있는 정보의 다양한 수단을 다룬 책이다. 인간의 지각 및 이해와 관련된 이론적 쟁점들 그리고 기계론적 토대로부터 의식 활동이 발생하는 방식을 다룬다.

* Mandelbrot, Benoit. *Fractals: Form, Chance and Dimension.* San Francisco, W. H Freeman, 1977 : 아주 진귀한 책이다 : 현대 수학의 분야에서 이루어진 정교한 연구들의 발상을 도해(圖解)로 보여준다. 그는 정수로 나타낼 수 없는 차원성을 가지는—재귀적으로 정의된—곡선과 도형들을 다루고 있다. 만델브로트는 놀랍게도 이런 도형들이 사실상 과학의 모든 영역과 관련되어 있음을 보여준다.

* McCarthy, John. "Ascribing Mental Qualities to Machines." In: Martin Ringle(편). *Philosophical Perspectives in Artifical Intelligence.* New York, Humanities Press, 1979 : 기계도 신념, 욕구, 의도, 의식 또는 자유의지를 가질 것이라는 주장을 수긍할 수 있게 만드는 조건에 대한 예리한 논문이다. 이 논문을 그리핀의 책과 비교하면 흥미롭다.

Meschkowski, Herbert. *Nichteuklidische Geometrie.* Braunschweig, 1961 : 문고판. 역사적인 관점에서 훌륭한 해설이 담긴 문고판이다. 영어판인 *Non-Euclidian Geometry*(New York, Academic Press)는 1964년에 출간되었다.

Meyer, Jean. "Essai d'application de certains modèles cybernétiques à la coordination chez les insectes sociaux." *Insectes Sociaux* XIII, no. 2(1966), p. 127 : 뇌의 신경조직과 개미 군락의 조직 사이에서 몇몇 유사성을 도출하는 논문이다.

Meyer, Leonard B. *Emotion and Meaning in Music*. Chicago, University of Chicago Press, 1956: 문고판. 음악적 구조가 왜 그런지 설명하기 위해서 게슈탈트 심리학과 지각이론의 아이디어들을 사용하려는 책이다. 음악과 마음에 대한 조금 색다른 책들 가운데 하나이다.

Meyer, Leonard B. *Music, the Arts, and Ideas*. Chicago, University of Chicago Press, 1967 : 문고판. 음악을 들을 때 실행되는 심적 처리과정 및 음악의 계층구조를 사려 깊게 분석한 책이다. 저자는 음악의 현대적인 경향들을 선불교와 비교하고 있다.

Miller, G. A. & P. N. Johnson-Laird. *Language and Perception*. Cambridge, Mass., Harvard University Press, Belknap Press, 1976 : 언어적인 사실들과 언어학 이론들에 대한 매혹적인 집약서로서, 언어는 세계관과 같다는 벤저민 리 워프의 언어상대성 가설과 연관된다. 전형적인 보기로, 호주 퀸스랜드 북방 디르발 부족에서 사위가 장모하고 얘기할 경우에만 사용하는 별도의 언어인 "장모 언어"라는 특이한 현상을 논의한다.

** Minsky, Marvin L. "Matter, Mind, and Models". In: Mavin L. Minsky(편). *Semantic Information Processing*. Cambridge, Mass., MIT Press, 1968 : 이 논문은 몇 쪽에 불과하지만, 의식철학과 기계지능에 대한 총체적인 내용을 다루고 있다. 이 분야의 가장 심오한 사상가들 가운데 하나인 마빈 민스키의 기념비적인 논문이다.

Minsky, Marvin L. & Seymour Papert. *Artificial Intelligence Progress Report*. Cambridge, Mass., MIT Artificial Intelligence Laboratory, AI Memo 252, 1972 : MIT 에서 1972년까지 수행된 인공지능 연구의 모든 업적을 심리학과 인식론에 연관 지어 개괄하고 있다. 인공지능학 입문서로도 사용할 수 있는 탁월한 책이다.

** Monod, Jacques. *Chance and Necessity*. New York, Random House, Vintage Books, 1971 : 문고판. 생명이 없는 것에서 어떻게 생명이 구성되는가, 열역학 제2법칙을 위배하는 것처럼 보이는 진화가 실제로는 어떻게 그 법칙에 종속되는가와 같은 흥미로운 질문에 대해서 저자 특유의 방식으로 아주 풍부한 상상력을 동원해서 쓴 책. 나를 깊이 열광시킨 책이다.
우리말 번역본 :『우연과 필연』, 조현수 옮김, 궁리

* Morrison, Phillip & Emily(편). *Charles Babbage and his Calculating Engines*.

New York, Dover Publications, 1961 : 문고판. 배비지의 생애에 관한 소중한 정보의 원천이다. "배비지의 기계"와 배비지의 "기계적인 표기법"에 대한 여러 논문들과 함께 배비지 자서전의 많은 부분이 이 책에 다시 실렸다.

Myhill, John.. "Some Philosophical Implications of Mathematical Logic." In: *Review of Metaphysics* 6(1952), p. 165 : 괴델의 정리와 처치의 정리가 심리학 및 인식론에 연계되는 방식을 논의하는 이례적인 책이다. 아름다움과 창조성에 대한 논의로 맺어진다.

Nagel, Ernest. *The Structure of Science*. New York, Harcourt, Brace, and World, 1961 : 과학철학의 고전으로서 환원주의 대 전일주의, 목적론적 설명 대 비목적론적 설명 같은 상반된 입장들을 명확하게 논의한다.
우리말 번역본 : 『과학의 구조』, 전영삼 옮김, 아카넷

** Nagel, Ernest & James R. Newman. *Gödel's Proof*. New York, New York University Press, 1958 : 문고판. 즐겁고 흥미진진한 설명을 제시하고 있으며, 여러 점에서 나의 책에 영감을 주었다.
우리말 번역본 : 『괴델의 증명』, 고중숙, 곽강제 옮김, 승산

* Nievergelt, Jurg, J. C. Farrar & E. M. Reingold. *Computer Approaches to Mathematical Problems*. Englewood Cliffs, N. J., Prentice-Hall, 1974 : 컴퓨터로 공략될 수 있고, 공략되었던 상이한 유형의 문제들, 예를 들면 "3n+1 문제" 및 (내가 "다양한 변주가 딸린 아리아"에서 언급했던) 수론의 여타 문제들을 모은 특이한 총서이다.

Pattee, Howard(편). *Hierarchy Theory: The Challenge of Complex Systems*. New York, George Braziller, 1973 : 문고판. "복잡계의 도전"이라는 부제가 붙었다. 내책의 "기술층위들"에 대한 장에서 개진한 것과 동일한 아이디어들을 개진하는 허버트 사이먼의 훌륭한 논문이 실려 있다.

Peter, Rosza. *Recursive Functions*. New York, Academic Press, 1967 : 원시재귀함수, 일반재귀함수, 부분재귀함수, 대각선 논법 등 매우 전문적인 주제들을 철저하게 논의한다.

Quine, Willard van Orman. *The Ways of Paradox, and Other Essays*. New York, Random House, 1966: 여러 논제에 대한 콰인의 생각들을 모은 책이다. 첫 번째 에세이는 다양한 종류의 역설들과 그 해법들을 다루고 있다. 여기서 콰인은 내

책에서 "콰인화(quining)"로 부르는 조작법을 도입한다.

Ranganathan, S. R. *Ramanujan, The Man and the Mathematician*. London, Asia Publishing House, 1967 : 인도의 천재 수학자 라마누잔을 흠모한 저자가 그의 일생을 신비주의 관점에서 묘사한 전기이다. 기이하기는 하지만 매력적인 책이다.

Reichardt, Jasia. *Cybernetics, Arts, and Ideas*. Boston, New York Graphic Society, 1971 : 컴퓨터와 예술, 음악과 문학에 대한 아이디어들을 모아놓은 기묘한 책이다. 어떤 글은 그렇지 않으나 다른 몇몇 글은 분명히 분별 없는 내용이다. 쓸 만한 논문으로 J. R Peirce의 "A Chance for Art"나 Margaret Masterman의 "Computerized Haiku"가 있다.

Rényi, Alfréd. *Dialogues on Mathematics*. San Francisco, Holden-Day, 1967 : 문고판. 역사상의 고전적인 인물들을 등장시켜, 단순하지만 고무적인 세 개의 대화를 통해서 수학의 본질을 파헤치려는 책이다. 일반 독자층에게 권할 만하다.

** Reps, Paul. *Zen Flesh, Zen Bones*. New York, Doubleday, Anchor Books, 1981 : 문고판. 이 책은 선의 분위기, 이를테면 선의 반이성적, 반언어적, 반환원론적 성향을 설명하며, 따라서 기본적으로 전일주의적인 성향을 매우 잘 전해준다.

Rogers, Hartley. *Theory of Recursive Functions and Effective Computability*. New York, McGraw-Hill, 1967 : 고도로 전문기술적인 내용을 담은 논문이지만 많은 것을 배울 수 있다. 집합이론과 재귀함수이론에 대한 여러 가지 흥미로운 문제들을 논의한다.

Rokeach, Milton. *The Three Christs of Ypsilanti*. New York, Vintage Books, 1964 : 문고판. 정신분열증에 대한 그리고 정신분열증을 앓는 환자에게서 나타나는 기이한 유형의 "논리정연함"에 대해서 다룬 연구서이다. 정신병원에 입원한—자신들이 제각기 신이라고 상상하는—세 남자들 사이의 절묘한 갈등 상황 및 그 환자들이 몇 달에 걸쳐 얼굴을 맞대고 지내야 하는 상황을 어떻게 헤쳐 나가는지 기술하고 있다.

** Rose, Steven. *The Conscious Brain*. Verb. 개정판, New York, Vintage Books, 1976 : 문고판. 뇌 연구에 대한 가장 탁월한 개론서일 것이다. 뇌의 물리적 성격에 대한 포괄적인 설명과 마음의 본질, 환원주의 대 전일주의, 자유의지 대 결정론 등을 광범위하고 지적이며 인본주의적 관점에서 개괄한 철학적 논의를 담고 있다. 다만 인공지능에 대한 그의 아이디어들은 완전히 잘못되었다.

Rosenblueth, Arturo. *Mind and Brain: A Philosophy of Science*. Cambridge, Mass., MIT Press, 1970 : 문고판. 마음과 뇌에 관한 대부분의 심층적인 문제들을 다루는 뇌 과학자가 쓴 훌륭한 책이다.

* Sagan, Carl(편). *Communication with Extraterrestrial Intelligence*. Cambridge, Mass., MIT Press, 1973 : 문고판. 격식에 얽매이지 않은 학술회의용 원고 논총이다. 일군의 탁월한 학자들과 다른 학자들이 외계 지능이라는 특별 주제를 두고 벌인 논쟁을 담고 있다.

Salmon, Wesley(편). *Zeno's Paradoxes*. New York, Bobbs-Merrill, 1970 : 문고판. 제논의 오래된 역설을 현대집합론 및 양자역학 등에 비추어 면밀하게 다룬 논문들의 총서이다. 흥미롭고 사고를 자극하며 때로는 익살맞다.

Sanger, F. 외 "Nucleotide sequence of bacteriophage ΦX 174 DNA", *Nature* 265(24. February 1977) : 유기체의 유전형질 전체를 최초로 규명해낸 것에 대한 흥미진진한 발표. 놀라운 것은 두 개의 단백질이 겹치는 방식으로 코드화되었다는 점이다. 거의 믿기 어려운 지경이다.

Sayre, Kenneth M & Frederick J. Crosson. *The Modeling of Mind: Computers and Intelligence*. New York, Simon and Schuster, 1963 : 광범위한 분야의 여러 학자들이 인공지능이라는 개념에 대해서 철학적인 관점에서 논평한 책으로, 애너톨 라퍼포트, 루트비히 비트겐슈타인, 도널드 맥케이, 마이클 스크리번, 길버트 라일 등의 기고가 들어 있다.

* Schank, Roger & Kenneth Colby. *Computer Models of Thought and Language*. San Francisco, W. H. Freeman, 1973 : 언어 이해, 신념체계, 번역 등과 같은 심적 (心的) 처리과정을 시뮬레이션하는 다양한 시도를 다룬 논문집이다. 아주 중요한 인공지능 서적으로, 대부분의 논문들은 문외한이 읽기에도 어렵지 않다.

Schrödinger, Erwin. *What is Life? & Mind and Matter*. New York, Cambridge University Press, 1967 : 문고판. 양자역학을 정립한 주창자 가운데 하나인 유명한 물리학자의 유명한 책이다. 슈뢰딩거는 생명과 뇌의 물리적 기반을 탐구한다. 그런 다음 '의식'을 매우 형이상학적인 관점에서 논의한다. 전반부의 "생명이란 무엇인가?"는 유전정보의 운반자에 관한 1940년대의 연구에 큰 영향을 주었다.

Shepard, Roger N. "Circularity in Judgments on Relative Pitch," In: *Journal of the Acoustical Society of America* 36, no. 12(December 1964), pp. 2346-2353 : 놀라운

음향 환청을 야기하는 이른바 "셰퍼드 음계"를 처음으로 다룬 논문이다.

Simon, Herbert A. *The Sciences of the Artificial*. Cambridge, Mass., MIT Press, 1969 : 문고판. 복잡계의 이해에 관한 재미있는 책이다. 마지막 장인 "복잡성의 구조"에서는 환원주의 대 전일주의를 약간 다룬다.

Smart, J. J. C. "Gödel's Theorem, Church's Theorem, and Mechanism." *Synthèse* 13 (1969), p. 105 : 루카스의 논문(1961)보다 앞서 나온—기본적으로 루카스에 반박하는—훌륭한 논문이다. 이 논문을 읽어보면, 당신이 루카스에 반박하려면 굿(Good)이나 스마트(Smart) 정도는 되어야 한다는 결론을 얻을 것이다.

** Smullyan, Raymond. *Theory of Formal Systems*. Princeton, Princeton University Press, 1961 : 문고판. 고급 수준의 연구 보고서로서, 형식체계에 대한 멋진 묘사로 시작하고 있다. 괴델 정리의 단순한 버전을 우아하게 증명하고 있다. 제1장의 내용만으로도 일독을 권한다.

* Smullyan, Raymond. *What is the Name of This Book?* Englewood Cliffs, N. J., Prentice-Hall, 1978 : 역설, 자기-지시, 괴델의 정리에 대한 퍼즐과 공상들이 들어 있다. 내 책(GEB)의 많은 독자들에게도 매력적인 책일 것 같다. 이 책은 (나의 책의 참고문헌 중에서 몇몇 항목들을 제외하고) 나의 책이 다 쓰인 다음에 출간되었다.
우리말 번역본 :『이 책의 제목은 무엇인가?』, 이종권, 박만엽 옮김, 문예출판사

Sommerhoff, Gerd. *The Logic of the Living Brain*. New York, John Wiley, 1974 : 뇌 전체가 작동하는 방식에 관한 이론을 마련하기 위해서 뇌 안의 소규모 구조들에 대한 지식을 활용하려고 시도한 책이다.

Sperry, Roger. "Mind, Brain, and Humanist Values". In John R. Platt(편). *New Views on the Nature of Man*. Chicago, University of Chicago Press, 1965 : 선구적인 신경생리학자 스페리는 두뇌 활동과 의식을 어떻게 일치시키는지 매우 생생하게 설명하고 있다.

* Steiner, George. *After Babel: Aspects of Language and Translation*. New York, Oxford University Press, 1975 : 문고판. 인간에 의한 언어의 번역 및 이해라는 심오한 문제들을 다룬 언어학자의 책이다. 인공지능은 거의 논의하지 않았지만, 그 논조는 소설이나 시를 이해하도록 컴퓨터를 프로그래밍하는 것은 불가능하다는 입장을 대변한다. 사고를 고무하는—때로는 사람들을 화나게 하지만—상

당히 잘 쓰인 책이다.

Stenesh, J. *Dictionary of Biochemistry*. New York, John Wiley. Wiley-Interscience. 1975 : 나에게는, 분자생물학 전공서적에 대한 유익한 지침서이다.

** Stent, Gunther. "Explicit and Implicit Semantic Content of the Genetic Information". In *The Centrality of Science and Absolute Value*, Bd. 1. Proceedings of the 4th International Conference on the Unity of the Science, New York, 1975 : 놀랍게도 이 논문은 악명 높은 문선명 목사가 개최한 학술회의의 자료집에 들어 있다. 그렇긴 하지만 탁월한 논문이다. 여기에서는 유전자형이 조작적인 의미에서 유전자 표현형에 대한 "모든" 정보를 함유한다고 말할 수 있는지의 문제, 다른 말로 하면, 유전자형의 의미가 들어 있는 장소는 어디인가라는 문제를 다룬다.

Stent, Gunther. *Molecular Genetics: A Historical Narrative*. San Francisco, W. H. Freeman, 1971 : 스텐트는 인본주의적인 포괄적인 시각을 가지며, 아이디어들을 그 아이디어들의 역사적 관점에서 설명하고 있다. 특이한 분자생물학 교과서이다.

Suppes, Patrick. *Introduction to Logic*. New York, Van Nostarnd Reinhold, 1957 : 명제계산 및 술어계산을 명쾌하게 설명하는 표준 교과서이다. 내 책에 있는 명제계산 내용은 주로 이 책에서 유래한다.

Sussman, Gerald Jay. *A Computer Model of Skill Acquistion*. New York, American Elsevier, 1957 : 문고판. 컴퓨터를 프로그래밍하는 과제를 이해하는 프로그램들에 대한 이론이다. 여기에서는 과제를 부분들로 분할하는 방법과 그런 프로그램의 상이한 부분들이 어떻게 상호작용해야 할지를 자세히 논의하고 있다.

** Tanenbaum, Andrews S. *Structural Computer Organization*. Englewood Cliffs, N. J., Prentice-Hall, 1976 : 현대 컴퓨터 시스템에 구현된 여러 층위들에 대해서 거침없는 논조로 매우 잘 쓴 탁월한 해설서이다. 마이크로 프로그래밍 언어, 기계어, 어셈블리어, 운영체계 등 여러 주제들을 다룬다. 부분적으로 주석이 붙은 훌륭한 참고 문헌이 들어 있다.

Tarski, Alfred. *Logik, Semantik, Metamathematik. Aufsätze 1923-1938* : 영어판은 Logic, Semantics, Metamathematics. Papers from 1923 to 1938.라는 제목으로 1956년에 Oxford University Press, New York.(J. H Woodger 번역)에서 나왔다. 참에 대한 그리고 언어 및 언어가 표현하는 세계 사이의 관계에 대한 타르스키의 아이디어들을 설명하고 있다. 그의 아이디어들은 인공지능의 지식표현의 문제에

있어 여전히 영향력이 있다.

Taube, Mortimer. *Computer and Common Sense*. New York, McGraw-Hill, 1961 : 현대의 인공지능 개념을 반박하는 아마도 최초의 장광설일 것이다. 지겨운 책이다.

Tietze, Heinrich. *Gelöste und gelöste mathematische Probleme aus alter und neuer Zeit*. München, 1949 : 영어판은 *Famous Problems of Mathematics*라는 제목으로 Graylock Press(Baltimore, 1965)에서 나왔다. 여러 유명한 문제들을 다룬 책으로, 매우 개인적이고 현학적인 문체로 쓰였다. 훌륭한 삽화와 사료가 풍부하게 들어 있다.

Trakhtenbrot, V. *Algorithms and Computing Machines*, Heath. : 문고판. 컴퓨터를 끌어들이는 이론적 문제들, 특히 정지 문제와 낱말 등가 같은 풀 수 없는 문제들에 대해서 논의한다. 짧지만 멋진 책이다.

Turing, Sara. *Alan M. Turing*. Cambridge, W. Heffer & Sons, 1959 : 컴퓨터의 위대한 선구자 앨런 튜링의 어머니인 사라 튜링이 쓴 앨런 튜링의 전기로, 아들에 대한 사랑을 엿볼 수 있다.

* Ulam, Stanislaw. *Adventures of a Mathematician*. New York, Charles Scribner's, 1976 : 자신이 여전히 스무 살 청년인 줄로 아는 수학에 심취한 65세 노인이 쓴 자서전이다. 누가 자신이 최고라고 생각했는지, 누가 누구를 시기했는지에 대한 뒷담화로 가득하다. 재미있을 뿐만 아니라 진지하다.

Watson, J. D. *The Molecular Biology of the Gene*. 3판, Menlo Park, Cal., W.A. Benjamin, 1976 : 좋은 책이지만—내가 보기에는—레닌저의 책만큼 구성이 뛰어나지는 않다. 그럼에도 불구하고 거의 모든 쪽마다 흥미로운 내용이 들어 있다.

Webb, Judson. "Metamathematics and the Philosophy of Mind". In: *Philosophy of Science* 35(1968), p. 156 : 루카스를 반박하는 자세하고도 엄밀한 논거를 제시하고 있다: "이 논문에서 개진된 나의 전반적인 입장은, 수학 기초론에서 구성성 문제가 해명되기 전에는 '마음—기계—괴델 문제'가 논리정연하게 다루어 질 수 없다는 말로 대변될 것이다"라는 결론을 내린다.

Weiss, Paul. "One Plus One Does Not Equal Two". In: G. C. Quarton, T. Melnechuk & F. O. Schmitt(편). *The Neurosciences: A Study Program*. New York, Rockefeller University Press, 1967 : 전일주의와 환원주의를 화해시키려는 시도이다. 그러나 나의 느낌으로는 전일주의로 상당히 기우는 것 같다.

* Weizenbaum, Joseph. *Computer Power and Human Reason.* San Francisco, W. H. Freeman, 1976 : 문고판. 인공지능 분야의 초기 연구자들 가운데 하나인 바이첸바움의 도발적인 저서로서, 컴퓨터 과학의 많은 성과, 특히 인공지능은 위험한 것이라는 결론에 도달한다. 나는 그의 비판에 일부 공감할 수 있지만, 그의 주장은 너무 지나친 것 같다. 인공지능 학자들을 "인공 인텔리겐치아"라고 빈정대는 경건주의적인 말투는 처음 들었을 때는 재미있었으나, 무려 열두 번이나 나와서 싫증나게 된다. 컴퓨터에 관심을 가진 사람이라면 읽어보아야 할 책이다.

Wheeler, William Morton. "The Ant-Colony as an Organism". In: *Journal of Morphology* 22, 2(1911), p. 307 : 당대 곤충학 분야의 가장 권위 있는 학자 가운데 하나인 휠러는 개미 군락이 자신의 구성요소인 개미와 마찬가지로 "생물"로 불릴 만한 근거에 대하여 유명한 명제를 제시한다.

Whitely, C. H. "Minds, Machines, and Gödel: A Reply to Mr. Lucas". In: *Philosophy* 37(1962), p. 61 : 루카스의 논증에 대한 간단하지만 강력한 답변이다.

Wilder, Raymond. *An Introduction to the Foundations of Mathematics.* New York, John Wiley, 1952 : 19세기의 중요한 수학적 아이디어들을 조명하는 훌륭한 개괄서이다.
우리말 번역본 : 『수학 기초론 입문』, 정위섭 옮김, 학문사

* Wilson, Edward O. *The Insect Societies.* Cambridge, Mass., Harvard University Press, 1971 : 문고판. 곤충의 집단행동을 다룬 권위서이다. 매우 상세한 사항을 다루고 있지만 읽을 만하며, 여러 기발한 아이디어들을 논의하고 있다. 탁월한 도해와—유감스럽지만 해설은 안 붙은—방대한 참고 문헌이 들어 있다.

Winograd, Terry. *Five Lectures on Artificial Intelligence.* AI-Memo 246. Stanford, Cal., Stanford University Artificial Intelligence Laboratory, 1974 : 문고판. 이 시대의 이 분야에서 가장 중요한 학자 가운데 하나인 위노그래드가 인공지능의 근본 문제들 및 인공지능을 공략하는 새로운 아이디어들에 대하여 설명한 책이다.

* Winograd, Terry. *Language as a Cognitive Process.* Reading, Mass., 1979 : 그의 초고를 미리 읽어본 바에 따르면, 언어를—이전의 어떤 책보다도—상당히 복잡하게 다룬 대단히 흥미진진한 책이 될 것으로 보인다.

* Winograd, Terry. *Understanding Natural Language.* New York, Academic Press, 1972 : 어떤 제한된 세계 속에서 유난히 "똑똑한" 하나의 특정한 프로그램

을 자세히 논의하고 있다. 이 책은 언어를 세계에 대한 일반적인 이해와 따로 떼어낼 수 없음을 보여주며, 인간이 말하듯이 언어를 사용할 수 있는 프로그램을 만드는 방안에 대한 여러 방향을 제시하고 있다. 중요한 기여 : 이 책을 읽음으로써 많은 아이디어를 자극받을 수 있다.

Winograd, Terry. "On some contested suppositions of generative linguistics about the scientific study of language." In: *Cognition* 4:6 : 인공지능을 공박하는 몇몇 교조적인 언어학자들의 정면공격에 대한 익살스러운 반박이다.

* Winston, Patrick. *Artificial Intelligence*. Reading, Mass., Addison-Wesley, 1977 : 〔인공지능 연구에〕 헌신적이고 영향력이 있는 이 젊은 옹호자는 인공지능의 다양한 측면을 강력하고 포괄적으로 서술하고 있다. 전반부는 프로그램들과 무관하다. 후반부는 LISP 언어에 기초하고 있으며, LISP 언어에 대한 훌륭한 간략한 해설을 담고 있다. 오늘날의 인공지능 문헌에 대한 많은 참고 자료를 담고 있다.

* Winston Patrick(편). *The Psychology of Computer Vision*. New York, McGraw-Hill, 1975 : 제목은 그저 그렇지만, 훌륭한 책이다. 이 책은 물체나 장면 등을 시각적으로 식별하는 컴퓨터를 프로그래밍하는 방법에 관한 논문들을 싣고 있다. 이 논문들은 선분의 탐지에서 지식의 전반적인 조직에 이르기까지 모든 수준의 문제들을 다루고 있다. 특히 윈스턴 자신이 개발한—구체적인 보기들로부터 추상적 개념들을 전개하는—프로그램에 대한 논문과 초창기의 "프레임" 개념에 대해서 민스키가 쓴 논문이 실려 있다.

* Wooldridge, Dean. *Mechanical Man: The Physical Basis of Intelligent Life*. New York, McGraw-Hill, 1968 : 문고판. 정신 현상과 뇌의 현상 사이의 관계에 대하여 명확한 언어로 철저하게 설명하고 있다. 난해한 철학적인 개념들을 참신한 방식으로 탐구하고 있으며, 구체적인 보기들을 통해서 그 문제들을 조명하고 있다.

추가 참고 문헌

이 책과 관련된 사상들을 더 살펴보고 싶은 독자들에게 아래의 책들을 추천한다. —역자

Ashby, W. Ross. *An Introduction to Cybernetics.* 1956[1964].

Dennett, D. C. *Brainstorms: Philosophical Essays on Mind and Psychology*, Montgomery, VT: Bradford, 1987.

Flores, C. F. & Winograd, T. *Understanding of Computers and Cognition: A New Foundation for Design*, Norwood, New York: Ablex. 1986.

Fodor, J. A. *The Modularity of Mind.* Cambridge, MA: MIT Press, 1983

Greenberg, J. *Biological Foundations of Language*, John Wiley & Sons, Inc. New York, 1967.

Hofstadter, D. R. & Denett, R. D. C(편) *The Mind's I: Fantasies and Reflections on Self and Soul*, New York: Basic Books, 1991.

Hofstadter, D. R. *Metamagical Themas: Questing for the Essence of Mind and Pattern*, New York: Basic Books. 1985.

Hofstader, Douglas & The Fluid Analogies Research Group. *Concepts and Creative Analogies. Computer Models of the Fundamental Mechanism of Thought*, New York: Basic Books, 1995.

Hofstadter, Douglas. *Le Ton beau de Marot: In Praise of the Music of Language*, New York: Basic Books, 1997.

Searle, J. R. *Minds, Brains and Science.* The 1983 Reith Lecture. BBC (British Broadcasting Corporation), 1984.

Stillings, N. A.(공저) *Cognitive Science. An Introduction*, MIT Press, Cambridge, 1995

Varela, F. *Cognitive Science. A Cartography of Current Ideas*, 1988.

초판 역자 후기

1. 옮긴이는 번역서가 우리말 담론으로 태어나기까지의 고충과 전망을 담은 것이어야 한다는 나름대로의 철학을 가지다보니 책에 군더더기를 붙이는 습관이 생겼다. 격변하는 사이버 시대에도 불구하고 인쇄된 책이 지식인의 생각을 밝힐 수 있는 얼마 남지 않은 따스한 공간이기 때문인지도 모르겠다. 이 책은 수학과 언어, 음악, 시각적 인식과 사이버네틱스, 철학의 근본 문제를 심도 있게 다루고 있지만, 논증방식에 있어서 전통적인 의미의 학문서와 매우 다르다. 그러나 역으로 그런 파격적인 방식을 통하여 제반 과학들 사이를 관류하는 공통적인 고민을 시원하게 다루고 있다.

잘라 말해서 이 책은 난해하지만 우화적이고 미래지향적이지만 과거를 충실하게 축적한 20세기의 명저로서 손색없는, 과학시대 지성인의 필독서라고 말하고 싶다. 이 책은 나온 지 수십 년이 되었고 그 사이에 이루어진 기술적인 발전이 혁명적이었다고 해도, 그 안에 호프스태터가 서술한 성과와 학문적 함의는 여전히 효용을 유지할 정도로 예지적이며, 문학적인 문채(文彩)에도 불구하고 호프스태터의 과학적 엄격성이 돋보이는 대저이다. 문학과 철학의 향기가 부족한 다른 책들과 달리, 이 책은 자연과학과 인문과학을 아우르는 지식의 다양한 근원을 섭렵하면서 학문성과 상업성, 아카데미즘과 저널리즘과 오락성, 자연과학적 명증성과 인문학적 상상력을 넘나들며, 상이한 영역 사이의 교류에 거부감을 가지는 학자 집단의 고정관념을 분쇄하는 시대사적인 의미도 가진다.

옮긴이는 이 책이 나온 지 얼마 안 된 1980년대 초반, 지우(知友)인 정태구 교수(고려대학교 영어교육과)의 스승이신 이기용 교수님(고려대학교 언어학과)으로부터 이 책의 존재를 일찍이 들은 바 있다. 그러다가 더글러스 호프스태터라는 인물을 관심 있게 의식하게 된 것은 1993년 11월 29일, 옮긴이가 공부하던 독일 뮌스터 대학교의 대학촌 구석……중고책방 코메디아(Commedia)에서였다. 책값을 잘 깎아주다가도 변덕이 나면 새 책값을 받던 심술꾸러기 주인이 유난히 두꺼운 책 하나를 불쑥 내밀었다. 그 책은 드디어 내 손에 들어왔다. 알아들을 수 없는 난수표로 가득한 독일어판을 난독하면서, 재미있다기보다는 사실 '뭐 이런 책이 다 있나?'라는 생각만 들었다. 번역을 작심하고 무지막지한 영어판을 열어보았을 때, 나는 온화하고 깡마른 호프스태터 교수가 인간의 심연을 어쩌면 이리도 포악하게 헤집어놓을 수 있을까 경악했다. 거침없이 솟아나오는 광대한 구상은 옮긴이 같은 초식동물 수준의 지식인은 상상조차 할 수 없는 질풍노도 그 자체였다. 과학과 언어, 진리에 대한 소박한 신념이 처참하게 무너지는 순간이었다. 이 책을 한국어로 어떻게든 번역하려고 마음먹었지만 이내 좌절했다. 그러기를 몇 년, 까치글방 박종만 사장님의 격려가 출판의 동기를 자극해주었고, 1996년 말, 저자인 미국 인디애나 대학교의 더글러스 호프스태터 교수와 교신하면서 한국어판 번역권을 허락받았다.

"모든 크레타 사람들은 다 거짓말쟁이이다"라는 크레타 철학자 에피메니데스의 궤변에서 무슨 결론을 이끌어낼 수 있을까? 그의 말이 참이라면 크레타 사람인 그는 거짓말쟁이이다. 그런데 그의 말이 거짓이라면 자신의 진술과 부합하니 '그 거짓 자체'가 '참'이 되는 셈이다. 다시 말해서 '참인 동시에 거짓'인 난감한 역설 고리가 태어난다. 이처럼 고대로부터 내려오는 논리적 불가사의에 주목하여, 오스트리아의 수학자 쿠르트 괴델(1906-1978)은 수학이 전제해온 원리적 자명성을 송두리째 흔들어놓았다. 어떤 수학적 증명에 동원된 논리는 방금 그 논리를 바탕으로 구축된 수학적 전제를 적용해서는 증명될 수 없다는 명제가 괴델 정리의 골자이다. 한편, 네덜란드 출신의 그래픽 예술가이자 판화가인 마우리츠 코르넬리스 에셔(1898-1972)는 괴델이 입증한 수학적 역설 관계를 시각적으로 묘사해내는 데에 성공했다. 이 두 사람보다 훨씬 앞서 바로크 시대의 악성(樂聖) 요한 제바스티안 바흐(1685-1750)는 고리의 역설을 음표들로 이루어진 장대한 푸가와 대위법의 악곡 구조로 구현한 바 있다.

20세기 말로 접어든 1979년 미국 인디애나 대학교의 소장 과학자인 더글러스 호프스태터는 얼핏 보기에는 이질적인 수학적 정리의 불완전성이나 화랑을 그린 그림의 시각적 불가능성 그리고 무한히 상승하는 카논의 전조를 관류하는 저변의 원리가 바로 이상한 고리 만들기라는 패러독스에 있음을 집요하게 밝혀냈다. 이를 위해서 호프스태터는 논리적인 독자들에게조차도 숙독을 요구하는 자기-지시(self-reference), 자기-증식(self-reproduction), 역설(paradox), 대응(mapping), 덩어리(chunk), 덩이 짓기(chunking), 내포(nesting), 적격(well-formed), 문자열(string), 동형성(닮은꼴, isomorphism), 표현(representation), 재귀[순환](recursion), 혼계질서(混階秩序, heterarchy) 등의 난삽한 개념을 루이스 캐럴의 우화 알레고리에 얹어서 기발하게 풀어냈다.

2. 더글러스 호프스태터는 1945년 미국 뉴욕에서 출생하여 물리학을 수학했다. 1961년 노벨 물리학상을 받은 아버지 로버트 호프스태터의 학문적 재능을 이어받아 과학자의 길을 택한 그는 1965년 스탠퍼드 대학교를 졸업했고 1975년에 오리건 대학교에서 박사학위를 받았다. 인디애나 대학교 컴퓨터 학과, 미시간 대학교 심리학과에서 인공지능 연구에 몰두했으며, 독일 레겐스부르크 대학교, 인디애나 대학교, 블루밍턴 대학교와 MIT에서 객원교수를 역임했다. 인디애나 대학교 인지과학(Cognitive Science) 및 컴퓨터 과학 교수로 재직하고 있으며, 프린스턴 대학교 및 하버드 대학교에서 과학철학, 비교문학 및 심리학 분야의 객원교수로도 활동하고 있다. 유년 시절부터 비범한 재능을 보인 그는 수학자는 물론이고 때로는 물리학자, 작곡가까지 지망했던 적이 있다고 한다. 독일어와 프랑스어를 능란하게 구사하며 러시아어, 이탈리아어, 스페인어, 네덜란드어, 스웨덴어까지 감당하는 비범한 언어능력을 가진 호프스태터 교수는 피아노 실력 또한 상당한 경지라고 한다.

20세기 후반으로 접어든 1979년, 호프스태터는 얼핏 보기에 이질적인 수학적 정리의 불완전성이나 화랑을 그린 그림들의 시각적 불가사의 그리고 무한히 상승하는 카논의 전조를 관류하는 원리가 바로 "이상한 고리(Strange Loop)"의 역설에 있음을 촌철살인의 방식으로 집약했다. 밀레니엄 개정판(1999)의 앞표지에 나오는 글 "A metaphorical fugue on minds and machines in the spirit of Lewis Carroll(루이스 캐럴의 정신에 비추어 본 마음과 기계에 대한 은유적 푸가)"에서 알 수 있듯이—루이스 캐럴의 우화구조에 녹여낸 방대한 양의 전무후무한 텍스트 원고가 1979년에 "Gödel, Escher, Bach: An Eternal Golden Braid"라는 제목으로 간행된 지 석 달도 되지 않아 대학교 캠퍼스를 중심으로 신봉자들이 나타났다. 일종의 과학적 컬트 현상인 셈이다. 1980년 퓰리처 상(Pulitzer Prize: 제너럴 논픽션 부문)과 연이어 전미 도서대상(American Book Award)을 석권하는 영예가 따랐고, 빈티지 출판사가 페이퍼백을 발행한 이후로 베스트셀러에 올라서면서 20세기 과학 교양서의 전설로 자리 잡았다.

이 책은 옮긴이가 소개해온 구성주의 담론을 정립한 대표적인 저작 중의 하나이다. 그래서 구성주의 인식론을 학문사적으로 천착하려는 분들에게도 도움이 되리라 생각한다. 관심을 가진 분들께서는 본 역자가 옮긴 『구성주의』(S. J. Schmidt, 까치글방, 1995)와 『미디어 인식론』(S. J. Schmidt, 까치글방, 1996)을, 인지과학에 관심을 가진 분에게는 『사람과 컴퓨터』(이인식, 까치글방, 1992)를, 문예학에 관심을 가진 분에게는 『구성주의 문예학』(G. Hauptmeier/S. J. Schmidt, 차봉희 옮김, 민음사, 1995)을, 생물학과 심리학에 관심을 가진 분에게는 『인식의 나무』(H. Maturana, 최호영 옮김, 자작나무, 1995)를 권하고 싶다. 그 밖에 책 뒤에 붙인 추가 참고 문헌을 참고하시기 바란다.

3. 이 책을 번역하는 어려움은 일단 웬만한 책 세 권에 맞먹는 분량에서 출발한다. 그러나 정작 괴로웠던 바는 책에 서술된 엄청난 전문지식이었다. 과학 분야에 대한 지식과 어휘력의 부족은 말할 것도 없고, 호프스태터가 여기저기 숨겨놓은 말장난의 지뢰를 파헤치기 어려웠다. 일단 책의 부제 AN ETERNAL GOLDEN BRAID를 어떻게 번역하면 좋을까? 직역하면 "영원한 황금빛 띠", 그러나 그렇게 하면 호프스태터가 의도한 두문자어 E-G-B의 은유를 잃고 만다. 머리글자 G-E-B에 몇 겹의 묘수가 꼬여 있기 때문이다. 어쨌든 "영원한 황금 노끈"은 궁여지책이었다. 여러 장에 걸쳐 부록처럼 붙은 '대화'의 번역 또한 만만치 않았다. 다행히 이 책의 본보기인 루이스 캐럴의 작품을 읽다가, 끊겼던 생각의 회로가 연결되기도 했다. 그동안 초판에 대한 독자들과 전문가들의 지적을 읽어보았다. 합당한 이유를 가지고 발전적인 제안을 해주신 많은 분들께서 이 책에 무한한 애정을 가지고 있음을 알게 되었다. 초판 번역에서는 자연과학, 수학 및 전산과학 등의 여러 개념을 오독했으며, 기술된 대상 영역이 너무 전문적이거나 방대했기 때문에 독자들에게 호프스태터 사상의 요체를 전해주기에 혼란스러웠던 부분이 많았다. 더 좋은 모습으로 거듭난 완전 개정판을 내야 한다는 당연한 책무를 느끼면서, 적확한 번역으로 본 역자를 깨우쳐준 안병서 선생님과 함께 새 번역을 내놓는다. 이제야 실천에 옮길 수밖에 없었던 사정에 대해서 이 책을 사랑하는 독자들께 깊은 이해를 부탁드린다. 판본으로는 *Gödel, Escher, Bach: An Eternal Golden Braid*(1999, Basic Books)를 사용했다. 원서의 난삽한 내용을 이해하는 데에는 호프스태터 교수가 깨알 같은 글씨로 적어놓은 해설 노트가 도움을 주었다. 그 노트에는 개별언어의 특수성 때문에 번역이 난감하리라고 예상되는 곳, 문화적 배경, 제반 과학의 전문개념, 개별언어로 번역할 때에 감안해야

할 의미성분, 목표언어의 정황을 참작하여 맥락이 통하는 범위 안에서 번역자가 어느 정도의 재량을 가지고 이야기를 만들어나가야 하는가에 대한 꼼꼼한 요구사항이 적혀 있었다. 이를 바탕으로 번역본의 이해를 돕기 위한 [옮긴이 주]를 달았다.

마태복음 7장 7절(Quaerendo, invenietis!—'구하라, 받을 것이다. 찾으라, 얻을 것이다. 문을 두드리라, 열릴 것이다')을 마음에 새기며 번역을 마친다. 긴 교정 작업에서 덕성여자대학교 정계섭 명예교수님, 연세대학교 이민행 교수님 그리고 한양대학교 민찬홍 교수님의 격려가 큰 힘이 되었다. 한국어판 출간을 허락한 미국 Basic Books 출판사 그리고 번역의 기획 전체를 조율해주신 까치글방 박종만 사장님과 조판에 고생하신 편집부에 깊이 감사드린다. 끝으로 얼마 전 칠순을 맞이하신 저자 더글러스 호프스태터 교수님께 존경의 마음을 담아 이 책을 올린다.*

한라산 삼의악 오름에서
2017년
박여성

---

* 이 개정판 역자 후기는 1999년 초판 번역의 역자 후기를 바탕으로 다듬어 고친 것이다.

개역판 역자 후기

호프스태터는 14살 때 가족과 함께 1년간 스위스 제네바에서 지냈는데, 그때 프랑스어를 많이 배웠고 그것이 평생 언어에 열광하는 계기가 되었다. 그는 언어의 소리, 기호, 문법, 관용어, 시, 노래를 사랑하고 말실수, 말장난, 유머의 본질에 대해서 끝없는 흥미를 느꼈다. 마음의 활동에 관한 단서를 얻기 위해서 10대 때부터 항상 뒷주머니에 4색 볼펜과 수첩을 넣고 다니면서 말실수들을 채집해서 기록했는데, 1만 가지 정도나 되는 사례를 적은 수첩들이 그의 책장에 꽂혀 있다. 공부한 언어는 12개이고 스스로를 파이 중언어 구사자(pilingual)라고 말한다. 그가 영어가 모국어이고, 프랑스어, 이탈리아어가 원어민 수준이고 원주율의 소수 부분이 그 나머지 언어(독일어, 스페인어, 스웨덴어, 러시아어, 중국어, 폴란드어 등)라는 것이다. 공부하지 못한 언어들에 대해서는 사전을 수집했다. 200여 개의 언어인데 에스키모어, 호주 원주민어, 바스크어, 마오리어, 터키어, 체로키어, 광동어(중국어), 스와힐리어……등이다. 자신이 이중언어 환경에서 자라지 못한 것을 몹시 아쉬워해서 자식들은 이중언어 환경에서 키웠다. 그런데 아이러니하게도 그의 막내 여동생은 언어 세계 속에 살지 않는다. 그가 12살이고 막내 여동생이 3살일 때 그의 가족들은 막내가 말을 하지 못한다는 끔찍한 사실을 알았다. 동생의 뇌에 이상이 있었던 것이다. 동생의 머리에 어떤 일이 있기에 이런 불행이 있단 말인가. 궁금했던 그는 뇌에 관한 몇 권의 책을 읽었는데, 이것이 처음으로 인간의 의식과 '나'라는 것에 대한 물리적 기반에 관해서 생각하는 계기가 되었다. 그리고 15살 때 아버지와 서점에 가서 우연히 『괴델의 증명』이라는 책을 발견하고 사들고 집에 와 읽으면서 그 책에 완전히 빠져들었다. 괴델의 불완전성 정리와 그 증명에 대한 첫 만남이었다.

　　그후 호프스태터가 『괴델, 에셔, 바흐』(이하 GEB)를 쓰게 된 과정과 자신이 이 책을 통해서 말하고자 하는 것은 20주년 기념판 서문에서 이야기했으므로 여기서 반복하지는 않겠다. 다만 책 내용에 관한 에피소드 하나를 소개하겠다. 호프스태터는 1981년, 워싱턴 D.C.에 있는 폴저 셰익스피어 기념관에서 열린 시 번역에 관한 심포지엄에 강연자로 초청받았다. 그는 초청에 흔쾌히 응하기는 했지만 시인도 아니고 번역가도 아닌 자신을 강연자로 초청한 이유가 궁금해서 초청자인 관장에게 이유를 물었다. 관장은 즉시 대답했다. "당신의 책 GEB를 읽자마자 완벽한 강연자라고 확신했습니다." 여전히 얼떨떨해하면서 호프스태터가 다시 물었다. "그러나 왜죠?" 이어진 관장의 대답은 결코 잊지 못할 것이었다. "간단합니다. 그 책은 모두 번역에 관한 것이니까요." GEB를 그런 측면에서 결코 생각해본 적이 없었지만 그 이야기를 듣고 나니 관장의 말도 일리가 있다고 호프스태터는 생각했다. 호프스태터가 GEB가 어떤 책이라고 스스로 밝힌 것이 GEB 독서에 유용한 길잡이는 되겠지만 독자 나름대로 독해할 자유도 있다.

내가 GEB를 읽은 이유는 불완전성 정리와 그 증명 과정이 너무나도 알고 싶어서였다. 괴델을 처음 알게 된 것은 다이세츠 스즈키의 글 모음집인 『선 불교(Zen Buddhism)』라는 책을 통해서였다. 그 책의 서문에 물리학에서는 하이젠베르크가, 수학에서는 괴델이 인간 이성의 한계를 보여주었다는 대목이 있었다. GEB를 읽으면서 선불교 이야기가 나오고, 제1장 MU 수수께끼가 조주의 무(無) 화두를 의식한 것임을 알았을 때 기분이 묘했다. 선불교 책을 읽으면서 괴델을 처음 알게 되었는데 GEB를 읽으면서 선불교 이야기를 읽게 되다니! GEB를 읽고서 얻은 성과는 점, 직선 같은 일상용어가 유클리드 기하학과 비유클리드 기하학이라는 서로 다른 공리체계를 통해서 어떻게 다른 개념들로 확장되는가를 알게 되었고, 무지했던 현대예술에 대해서 알게 되었고, 해결불능이던 자유의지의 문제를 다른 각도에서 볼 수 있게 된 점 등등이었다. 그밖에도 DNA, RNA 소리만 들어도 머리에 쥐가 났는데 번역을 하느라 『세상에서 가장 재미있는 유전학』을 읽은 덕분에 유전학에 대해서 많이 알게 되었다. 그런데 호프스태터가 '나'라는 의식에 관한 자신의 핵심 메시지를 설득력 있게 전했는지에 대해서는 솔직히 잘 모르겠다.

많은 사람들이 이 책을 읽기가 쉽지는 않다고 말한다. 가장 큰 이유가 불완전성 정리와 증명이 어렵기 때문이 아닐까 생각한다. 그러나 불완전성 정리에 대한 괴델의 1931년 논문을 그대로 설명한 것이 아니고 저자 나름대로 풀어서 설명했으므로 차근차근 따라가면 넘지 못할 산은 아니라고 생각한다. 이 책을 읽기 어려운 또다른 이유는 저자의 글쓰기 스타일 때문일 것이다. 『마로의 달콤한 소리 : 언어음악의 예찬』(이하 『마로』)에 스티븐 제이 굴드와 자신의 글쓰기 스타일에 대한 비교가 나온다. 이 두 사람은 사돈 간으로, 호프스태터의 고모부가 굴드의 외삼촌이다. 굴드는 글에 대한 얼개를 짜놓으면 거기에서 한 치도 벗어나지 않고 오로지 타자기만을 써서 글을 완성하는 데에 반해 호프스태터는 얼개를 정해놓고 글을 쓰다가 새로운 아이디어가 떠오르면 그것을 반영해가면서 글을 쓴다고 한다. 수학, 물리학, 음악, 인공지능, 미술, 언어 등 온갖 방면에 박식한데다 글 쓰는 스타일이 그러하니 GEB 같은 책이 된 것이 아닐까 하는 생각이 든다. 굴드의 『생명, 그 경이로움에 대하여』나 『풀 하우스』를 읽어본 독자라면 두 사람의 글쓰기 스타일의 차이에 고개가 끄덕여질 것이다.

GEB를 읽는 것에 대한 역자 나름대로의 생각을 말해보겠다. 정수론이나 평행선 공준, 칸토어의 집합론 따위에 전혀 관심이 없는 사람이라면 이 책은 읽을 만하지 않을 것이다. 음악은 잘 모르더라도 읽어나갈 수 있다. 나는 음악을 잘 모르는데, 번역을 하면서 무한히 상승하는 카논 같은 바흐의 음악을 일부러 들어보았지만 별다른 감흥을 느끼지 못했다. 읽기 시작했으면 불완전성 정리 증명이 잘 이해가 가지 않더라도 제14장까지는 일단 읽어야 한다. 그전에 제7장과 제8장이 난관이 될 수도 있는데, 제14장까지 읽은 다음에 다시 앞으로 돌아와 읽으면 훨씬 나을 것이라고 생각한다. 대화는 빠뜨리지 말고 읽어야 한다. 온갖 말장난에 익살스러운 이야기 자체도 재미있지만 이어지는 장에서 대화 내용을 언급하는 경우가 많기 때문이다.

이제 번역 이야기를 해야겠다. 가장 신경 쓰이는 것은 오역이었다. 과연 내가 잘해낼 수 있을까 하는 압박감이 있었지만 일본어판을 몇 군데 점검해보고 오역이 있는 것을 발견하고서는 자신감이 생겼다. 또한 "성경에도 오역이 있는데요, 뭐"라고 전화 통화에서 말한 번역가 이덕하 씨의 말에 용기를 얻었다. 내용을 이해할 수 없게 하는 오역이 없도록 먼저 책 내용을 충분히 이해하려고 노력했다. 그리고 되도록 쉬운 말로 번역하려고 했다. 일상어로 별로 쓰이지 않는 한자말을 쓰는 것이 글을 어렵게 하는 주범이라고 생각하는 역자는 한자말을 최대한 안 쓰려고 했다. 그래서 'well-formed'를 '적격'이라고 번역한 것이 많이 아쉽다. 사실 호프스태터의 글 자체는 매우 쉬워서 어려운 말로 번역할 이유도 없다. GEB에서 다른 사람의 책이나 논문에서 인용한 글들과 비교하면 그것을 확실히 느낄 수 있다. 이 책에는 말장난이 엄청나게 많다. 김삿갓의 시를 읽어본 이래로 이렇게 많은 말장난은 처음 본다. 정말 혀를 내두를 지경이었다. 이것들을 어떻게 번역할 것인가? 처음에는 원서의 내용을 그대로 번역하고 역주를 일일이 달아주려고 했는데 일어 번역판을 보다가 그렇게 하면 안 된다는 것을 깨달았다.

우리말에 해당하는 말장난으로 바꾸어 번역하는 것이 제대로 된 번역이라고 생각하고 그렇게 할 수 있으면 했다. 번역을 마치고 『마로』를 읽다보니 GEB 번역에 대한 여러 가지 흥미로운 이야기가 많이 있었다. 호프스태터는 GEB에 있는 여러 가지 말장난이 제대로 번역되지 않을까봐 굉장히 걱정을 해서 많은 시간을 들여 번역 지침서를 만들었다는 것을 알았다. 그러나 모든 말장난들에 대해서 주석을 달지는 않은 것 같다. 일본어판은 분명히 번역 지침서를 참고한 것 같은데 말장난들이 제대로 번역되지 않은 곳이 있어서 그렇게 추측한다. GEB 번역에 대한 호프스태터의 입장은 한마디로 GEB를 한국어로 번역할 것 같으면 한국인이 쓴 것처럼 번역하라는 것이었다. 그것이야말로 자신의 책을 제대로 번역한 것이라는 말이다. 그러므로 특히 대화 "게 카논"을 완벽하게 도착언어로 녹여내서 자연스러운 줄 단위의 회문(回文)이 되도록 해야 한다는 것이었다. 프랑스어판은 그렇게 했단다. 일본어판을 확인해보니 일본어판도 단어의 음은 같지만 한자가 다른 것을 이용해서 절묘하게 번역했다. "게 카논"을 자연스러운 우리말로 번역하지 못한 것이 너무 아쉽다. 또 하나의 문제는 본문에서 『죄와 벌』 번역에 대해서 이야기하면서 나왔던 문제, 즉 문화이식(transculturation)의 문제이다. GEB의 중국어 번역 소식을 듣고 호프스태터는 친구 데이비드 머서에게 자세한 소식을 알아봐달라고 했다. 중국어로 번역된 대화 일부를 본 머서는 중국어 역자가 'Speak of the Devil'을 '귀신도 제 말하면 온다'로 직역한 것을 보았다("과연 위대한 게로다!" 750쪽 참조). 그래서 중국어 역자에게 해당하는 중국어 관용어는 없냐고 물어보았다. '조조(曹操)도 제 말하면 온다'는 관용구가 있단다. 삼국지에 나오는 말인데 이것을 쓰면 중국 독자들이 '어떻게 미국인 저자가 삼국지에 나오는 관용구를 알지?' 하며 이상하게 생각할 것이므로 그렇게 쓰지 않았다는 것이다. 도착언어의 관용구로 번역하는 것이 당연하다고 생각했던 호프스태터는 바로 자신의 경험이 떠올랐다. 솔제니친의 『이반 데니소비치의 하루』 영역본을 읽다가 시베리아 수용소 느낌이 아니라 마치 미국의 주 형무소에서 일어난 일처럼 느껴져 책을 집어던진 기억 말이다. 역자도 예전에 『테스』를 읽다가 충청도 사투리가 나와서 느꼈던 어색함을 잊을 수가 없다. 호프스태터는 역사책이나 소설은 그 메시지가 문화 종속적이기 때문에 도착어의 문화에 맞추어 번역할 수 없다는 것을 인정한다. 그러나 GEB의 메시지는 문화 독립적이기 때문에 도착어의 문화에 맞추어 번역하라는 것이다. 그래서 어떤 도착어로 번역하던지 간에

GEB의 지적인 아이디어뿐만 아니라 언어적, 구조적 게임-유희가 최대한 생동감 있게 전달되도록 번역자가 재창조하라는 말이다!

나는 일부만 그렇게 했는데, GEB에 있는 모든 언어 유희를 도착어로 번역할 수 있는지에 대해서 회의적이다. 3성 인벤션에서 선불교 6대 조사가 제논이라고 외웠다고 하는 부분을 도착어로 자연스럽게 옮길 수 있는 것이 가능할까? 나는 그냥 역주 처리를 했는데 일본어판은 자연스러운 번역도 안 되어 있고 역주도 없다. 또한 EYE와 I가 발음이 같은 것을 이용한 말장난을 놀랍게도 발음이 같은 眼睛(눈동자), 寒生(저)으로 번역했는데, 이웃에 사는 일본인에게 보여주었더니 잘 안 쓰이는 한자라고 했다. 자연스러운 번역은 아닌 것 같다.

이 책에서 다루는 내용이 아주 광범위해서 번역을 하는 데에 많은 배경지식을 요구한다. 내가 가장 취약한 부분이 음악인데 다행히 박여성 교수님이 음악에 해박한 지식을 가지고 있어서 음악에 관련된 부분은 전적으로 박 교수님에게 의지했다. 그밖에 번역하다가 막히는 것들은 인터넷 검색을 통해서 어지간히 해결할 수 있었다. 인터넷 활용이 가장 막강한 번역 도우미임을 실감했다.

마지막으로 인공지능에 대해서 간단히 언급하고 개역판 역자 후기를 마치겠다. GEB는 한때 인공지능의 바이블로 불리며 이 책을 읽은 젊은이들을 인공지능의 세계로 뛰어들게 했다. 그러나 GEB가 나온 때가 바로 인공지능 연구가 기초과학으로서가 아니고 실용적인 시스템으로 초점이 옮겨가던 시점이었다. 그러나 호프스태터는 인공지능에 대한 접근이, 문제 해결을 하는 데에서 겉으로만 지능적으로 보이기보다는 인간 지능의 이해에 바탕을 두어야 한다고 주장한다. 딥 블루는 체스를 잘 둔다. 그래서 어쨌단 말인가? 그게 우리가 체스를 어떻게 두는지에 대해서 말해주는 것이 있나? 그게 카스파로프가 체스판을 어떻게 바라보고 어떻게 이해하는지에 대해서 말해주나? 이런 질문에 대답하지 않으려는 인공지능은 그것이 아무리 인상적인 성능을 발휘해도 본질에서 벗어나 있다는 것이 호프스태터의 생각이다. 그러나 인공지능 연구의 주류는 다음과 같은 말에 잘 나타나 있다. 인공비행의 추구는 라이트 형제나 그밖의 사람들이 새가 나는 것을 모방하지 않고 공기역학을 연구함으로써 성공했다. 비행기는 날개를 퍼덕이며 날지 않는다. 왜 컴퓨터가 생각을 해야만 하나?

이 책의 번역에 착수한 지 만 2년이 더 지났다. 그나마 박여성 교수님의 초판 번역이 있었기에 가능한 일이었다. 역자가 박여성 교수님과 공역하도록 선뜻 허

락해주신 박종만 사장님께 감사드린다. 그리고 조판 작업과 교정 작업에 애써
주신 편집진 여러분께도 감사드린다. 많은 배경지식을 요하는 이 책의 번역에 오
류가 없기를 바라지만 어디까지나 희망사항이다. 책을 읽다 오역이나 잘못된 용
어를 발견하면 언제든지 지적해주기 바란다. 이 번역서가 서가에서 먼지를 뒤집
어 쓴 채 장식용으로 꽂혀 있는 책이 아니라 겉장이 너덜너덜해지도록 읽히는 책
이 된다면 역자로서는 더 바랄 것이 없다.

전북 무주 덕유산 자락에서
안병서

인명 색인

사항 색인